Abkürzungsverzeichnis

A

a. A.	anderer Auffassung
Abb.	Abbildung
ABS	Asset Backed Securities
Abs.	Absatz
Abschn.	Abschnitt
Abt.	Abteilung
ADS	Adler/Düring/Schmaltz
AFN	Arbeitsgemeinschaft für Fuzzy-Logik von Soft Computing in Norddeutschland
AG	Aktiengesellschaft
Die AG	Die Aktiengesellschaft (Zeitschrift)
AKEU	Arbeitskreis „Externe Unternehmensrechnung" der Schmalenbach-Gesellschaft – Deutsche Gesellschaft für Betriebswirtschaft e. V.
AktG	Aktiengesetz
Anm. d. Verf.	Anmerkung der Verfasser
AO	Abgabenordnung
a. o.	außerordentlich(er)
ARB	Accounting Research Bulletin
Art.	Artikel
Aufl.	Auflage

B

BB	Betriebs-Berater (Zeitschrift)
BBK	Betrieb und Rechnungswesen: Buchführung, Bilanz, Kostenrechnung (Zeitschrift)
BBankG	Bundesbankgesetz
BBR	Baetge-Bilanz-Rating
Bd.	Band
bearb. v.	bearbeitet von
bez.	bezüglich
BfG AG	Bank für Gemeinwirtschaft AG
BFH	Bundesfinanzhof
BFuP	Betriebswirtschaftliche Forschung und Praxis (Zeitschrift)
BGB	Bürgerliches Gesetzbuch
BGBl.	Bundesgesetzblatt
BGH	Bundesgerichtshof
Bilanzkomm.	Bilanzkommentar
BilReG	Bilanzrechtsreformgesetz
BiRiLiG	Bilanzrichtlinien-Gesetz
BMF	Bundesministerium der Finanzen
BMJ	Bundesministerium der Justiz

BörsG	Börsengesetz
BP	Back Propagation
BPV	BPV Baetge & Partner GmbH & Co. Verfahrensentwicklung KG
BT	Deutscher Bundestag
BuW	Betrieb und Wirtschaft (Zeitschrift)
BW AG	Baden-Württembergische Bank AG
bzw.	beziehungsweise

C

ca.	circa
CAPM	Capital Asset Pricing Model
DCF	Discounted Cashflow(s)
Co.	Compagnie
c. p.	ceteris paribus

D

DAX	Deutscher Aktienindex
DB	Der Betrieb (Zeitschrift)
DBW	Die Betriebswirtschaft (Zeitschrift)
DCGK	Deutscher Corporate Governance Kodex
d. h.	das heißt
DM	Deutsche Mark
DMBilG	Gesetz über die Eröffnungsbilanz in Deutscher Mark und die Kapitalneufestsetzung (D-Markbilanzgesetz)
DRS	Deutscher Rechnungslegungsstandard
DSGV	Deutscher Sparkassen- und Giroverband e. V.
DSR	Deutscher Standardisierungsrat
DStR	Deutsches Steuerrecht (Zeitschrift)
DVFA	Deutsche Vereinigung für Finanzanalyse und Anlageberatung e. V.

E

E-DRS	Entwurf eines Deutschen Rechnungslegungsstandards
EG	Europäische Gemeinschaften
EGHGB	Einführungsgesetz zum Handelsgesetzbuch

ELITE	European Laboratory for Intelligent Techniques Engineering
ertragswirt.	ertragswirtschaftlich(er)
EStG	Einkommensteuergesetz
etc.	et cetera
EU	Europäische Union
EUFIT	The European Congress on Intelligent Techniques and Soft Computing
EuGH	Europäischer Gerichtshof
evtl.	eventuell
e. V.	eingetragener Verein
EWG	Europäische Wirtschaftsgemeinschaft

F

f.	folgende (Randnummer, Seite)
ff.	folgende (Seiten)
FASB	Financial Accounting Standards Board
FB	Finanzbetrieb (Zeitschrift)
Fn.	Fußnote
FördG	Gesetz über Sonderabschreibungen und Abzugsbeträge im Fördergebiet (Fördergebietsgesetz)

G

G	gesunde Unternehmen
GAAP	Generally Accepted Accounting Principles
GewStG.	Gewerbesteuergesetz
ggf.	gegebenenfalls
GKV	Gesamtkostenverfahren
GmbH	Gesellschaft mit beschränkter Haftung
GmbHG	Gesetz betreffend die Gesellschaft mit beschränkter Haftung
GmbHR	GmbH-Rundschau (Zeitschrift)
GoB	Grundsätze ordnungsmäßiger Buchführung
GuV	Gewinn- und Verlustrechnung
GV	Gewinnvortrag

H

HB	Handelsbilanz
HBeglG	Haushaltsbegleitgesetz
HdJ	Handbuch des Jahresabschlusses in Einzeldarstellungen
HdK	Handbuch der Konzernrechnungslegung
HdR-E	Handbuch der Rechnungslegung – Einzelabschluss
HFA	Hauptfachausschuss des Instituts der Wirtschaftsprüfer in Deutschland e. V.
HGB	Handelsgesetzbuch
HGB-E	Regierungsentwurf eines Gesetzes zur Einführung internationaler Rechnungslegungsstandards und zur Sicherung der Qualität der Abschlussprüfung (Bilanzrechtsreformgesetz)
Hrsg.	Herausgeber
hrsg. v.	herausgegeben von

I

IAS	International Accounting Standard(s)
IASB	International Accounting Standards Board
i. d. R.	in der Regel
IDW	Institut der Wirtschaftsprüfer in Deutschland e. V.
IFRIC	International Financial Reporting Interpretations Committee
IFRS	International Financial Reporting Standard(s)
i. H. v.	in Höhe von
Inc.	Incorporated
InsO	Insolvenzordnung
IO	Industrielle Organisation (Zeitschrift)
IRW	Institut für Revisionswesen der Westfälischen Wilhelms-Universität Münster
i. S. d.	im Sinne der, des
i. V. m.	in Verbindung mit

J

JA	Jahresabschluss
JoF	Journal of Finance

K

K	kranke Unternehmen
KA	Konzernabschluss
k. A.	keine Angabe(n)
Kap.	Kapitel
KapAEG	Kapitalaufnahmeerleichterungs-Gesetz
kfr.	kurzfristig(e)
KGaA	Kommanditgesellschaft auf Aktien

KG	Kommanditgesellschaft
KNN	Künstliches Neuronales Netz
KNNA	Künstliche Neuronale Netz-analyse
KonTraG	Gesetz zur Kontrolle und Transparenz im Unternehmensbereich
KoR	Kapitalmarktorientierte Rechnungslegung (Zeitschrift)
KRP	Kostenrechnungspraxis: Zeitschrif für Controlling, Accounting & System-Anwendungen
KSt	Körperschaftsteuer
KStG	Körperschaftsteuergesetz
KWG	Gesetz über das Kreditwesen (Kreditwesengesetz)

L

Lifo	Last in – first out

M

mbH	mit beschränkter Haftung
MDA	Multivariate Diskriminanzanalyse
mfr.	mittelfristig(e)
Mio.	Million(en)
Mrd.	Milliarde(n)
MU	Mutterunternehmen
m. w. N.	mit weiteren Nachweisen

N

Nr.	Nummer

O

o. Ä.	oder Ähnliche(s)
o. J.	ohne Jahr
opt.	optimal(e)
ord.	ordentlich(es)
o. V.	ohne Verfasser

P

p. a.	per annum
PublG	Gesetz über die Rechnungslegung von bestimmten Unternehmen und Konzernen (Publizitätsgesetz)

R

rd.	rund
RL	Rentabilität(s)-Liquidität(s)
Rn.	Randnummer
RWZ	Österreichische Zeitschrift für Recht und Rechnungswesen

S

S.	Seite
sbr	Schmalenbach Business Review (Zeitschrift)
SFAS	Statement of Financial Accounting Standards
SG	Schmalenbach-Gesellschaft – Deutsche Gesellschaft für Betriebswirtschaft e. V.
SIC	Standing Interpretations Committee
sog.	so genannte(n)
SolZG	Solidaritätszuschlaggesetz
Sp.	Spalte
StSenkG	Gesetz zur Reform der Steuersätze und zur Reform der Unternehmensbesteuerung (Steuersenkungsgesetz)
StB	Der Steuerberater (Zeitschrift)
StuB	Steuern und Bilanzen (Zeitschrift)
StVergAbG	Gesetz zum Abbau von Steuervergünstigungen und Ausnahmeregelungen (Steuervergünstigungsabbaugesetz)

T

TDM	Tausend Deutsche Mark
TM	Trademark
TransPuG	Transparenz- und Publizitätsgesetz
TÜV	Technischer Überwachungs-Verein

U

u.	und
u. a.	unter anderem, und andere
u. Ä.	und Ähnliche(s)
u. E.	unseres Erachtens
UKV	Umsatzkostenverfahren
U. S.	United States
USA	United States of America
u. U.	unter Umständen

V

v.	von, vom
vbo	Vereinigung für Bankbetriebsorganisation e. V.
Verf.	Verfasser
v. H.	vom Hundert
vgl.	vergleiche
Vol.	Volume
VVC	Verband der Vereine Creditreform e. V.

W

WHU	Wissenschaftliche Hochschule für Unternehmensführung
WiSt	Wirtschaftswissenschaftliches Studium (Zeitschrift)
WISU	Das Wirtschaftsstudium (Zeitschrift)
WP	Wirtschaftsprüfer
WPg	Die Wirtschaftsprüfung (Zeitschrift)
WpHG	Wertpapierhandelsgesetz
WPK	Wirtschaftsprüferkammer

Z

z. B.	zum Beispiel
ZfB	Zeitschrift für Betriebswirtschaft
ZfbF	Zeitschrift für betriebswirtschaftliche Forschung
ZfhF	Zeitschrift für handelswissenschaftliche Forschung
z. T.	zum Teil

Symbolverzeichnis

A

α-Fehler	Anteil der tatsächlich kranken Unternehmen, die fälschlich als „gesund" klassifiziert werden
AD	Anlagendeckung
AGJÜ	auf andere Gesellschafter entfallender Jahresüberschuss
AK	Anschaffungskosten
AKZ	Akzepte
ALS	aktivische latente Steuern
Aus	Ausschüttung
AW	Anschaffungswert

B

β	Betafaktor
β-Fehler	Anteil der tatsächlich gesunden Unternehmen, die fälschlich als „krank" klassifiziert werden
b	durchschnittlicher Fremdkapitalzinssatz
BankVB	Bankverbindlichkeiten
BERG	ordentliches Betriebsergebnis
BISU	Bilanzsumme

C

c*	Kapitalkostensatz des EVA-Konzeptes
CF	Cashflow
CF-ROI	Cashflow-Return on Investment
CFK	Cashflow zu Gesamtkapital
CFR	Cashflow-Rendite
CFU	Cashflow zu Umsatz

D

Δ	Differenz
Ø	Durchschnitt, durchschnittlich
D	Disagio, Diskriminanzfunktion/-wert
D_T	Trennwert
Div	Dividendenausschüttung
D-Wert	Diskriminanzwert

E

E	Entstehungsseite/Erfolg
EBIT	Earnings before Interest and Taxes
EBITD	Earnings before Interest, Taxes and Depreciation

EBITDA Earnings before Interest, Taxes, Depreciation and Amortisation

EBT	Earnings before Taxes
EESt	Steuern vom Einkommen und vom Ertrag
EK	Eigenkapital
EKQ	Eigenkapitalquote
EKR	Eigenkapitalrentabilität
Erh.ANZ	erhaltene Anzahlungen
EVA	Economic Value Added

F

FAV	Finanzanlagevermögen
FE	Fertigerzeugnisse
F & E	Forschung und Entwicklung
FINK	Finanzkraft
FK	Fremdkapital
FKQ	Fremdkapitalquote
FKS	Fremdkapitalstruktur
FM	Flüssige Mittel
FLL	Forderungen aus Lieferungen und Leistungen

G

GE	Geldeinheiten
GK	Gesamtkapital
GKR	Gesamtkapitalrentabilität
GL	Gesamtleistung
GoF	Geschäfts- oder Firmenwert
GPW	Gesamtpunktwert
GS	Gesamtscore
GuB	Grundstücke und Bauten
GV	Gewinnvortrag

H

h	Gewerbesteuerhebesatz der Gemeinde
HK	Herstellungskosten

I

i	Fremdkapitalzinssatz
IEA	Ingangsetzungs- und Erweiterungsaufwendungen
IVG	immaterielle Vermögensgegenstände

J

JÜ	Jahresüberschuss
JÜvSt	Jahresüberschuss vor Steuern

K

k	Kennzahl
K_{aus}	Ausfallkosten
$K_{prüf}$	Prüfkosten
KB	Kapitalbindung
KBD	Kapitalbindungsdauer
K-CF-V	Kurs-Cashflow-Verhältnis
KFR	Kapitalflussrechnung
KGV	Kurs-Gewinn-Verhältnis
KUH	Kapitalumschaghäufigkeit

L

LQ	Liquiditätsquote

M

m	Gewerbesteuermesszahl
ME	Mengeneinheiten
MH	Mittelherkunft
MV	Mittelverwendung

N

NOPAT	Net Operating Profit after Taxes
N-Wert	Neuronaler Netz-Wert

P

p	Wahrscheinlichkeit
PAQ	Personalaufwandsquote
PD	Probabilities of Default
PER	Price-Earnings-Ratio
PERSA	Personalaufwand

R

r	interne Rendite der operativen Prozesse
r_{EK}	Eigenkapitalrendite
r_{FK}	Fremdkapitalrendite
r_M	Rendite des Marktportfolios
RAP	Rechnungsabgrenzungsposten
RHB	Roh-, Hilfs- und Betriebsstoffe
RLA	Rücklagenauflösung
RLZ	Rücklagenzuführung
ROCE	Return on Capital Employed
ROI	Return on Investment
RSTG	Rückstellungen

S

SAV	Sachanlagevermögen
s	relevanter Ertragsteuersatz
s_{GewSt}	effektiver Gewerbesteuersatz
s_{KSt}	effektiver Körperschaftsteuersatz
s_{SolZ}	effektiver Solidaritätszuschlagsatz

SoPo	Sonderposten mit Rücklageanteil
SOVB	sonstige Verbindlichkeiten

T

T	Tage, Tangentialpunkt
t	Zeitpunkt

U

U	Umsatz
UR	Umsatzrentabilität
UV	Umlaufvermögen

V

V	Verschuldungsgrad/Verteilungsseite
VLL	Verbindlichkeiten aus Lieferungen und Leistungen

W

WEK	Wirtschaftliches Eigenkapital
W_i	Insolvenzwahrscheinlichkeit
WRBS	Wachstumsrate Bilanzsumme
WRU	Wachstumsrate Umsatz
W_s	Solvenzwahrscheinlichkeit

X

x	Kennzahlenwert

Z

Z	(latente) Variable (Einflussstärke)
ZL	Zahl der Lernschritte
Zuf.PRST	Zuführung zu den Pensionsrückstellungen

Kapitel I:
Grundlagen der Bilanzanalyse

1   Begriff und Ziel der Bilanzanalyse

Unter **Bilanzanalyse** versteht man die methodische Untersuchung von Jahresabschluss und Lagebericht mit dem Ziel, **entscheidungsrelevante Informationen über die gegenwärtige wirtschaftliche Lage und die künftige wirtschaftliche Entwicklung** eines Unternehmens zu gewinnen. Der Begriff „wirtschaftliche Lage" umfasst in diesem Zusammenhang sowohl die Vermögens-, die Finanz- als auch die Ertragslage eines Unternehmens.[1] Während die Vermögenslage und die Finanzlage vor allem aus den Bestandsgrößen der Bilanz erkennbar sind, wird die Ertragslage (Erfolgslage) vor allem aus den Stromgrößen der Gewinn- und Verlustrechnung deutlich. Entscheidungsrelevante Informationen über die wirtschaftliche Lage lassen sich dem Jahresabschluss und dem Lagebericht eines Unternehmens indes nicht unmittelbar entnehmen. Sie erschließen sich dem Bilanzanalytiker bestenfalls erst dann, wenn die Jahresabschlussdaten im Zusammenhang mit Anhangangaben und Angaben des Lageberichts ausgewertet werden. Die Angaben sind daher methodisch aufzubereiten, in Beziehung zu setzen, zu vergleichen und vor dem Hintergrund der wirtschaftlichen Rahmenbedingungen zu interpretieren. Schließlich muss aufgrund der Teilurteile über die Vermögens-, Finanz- und Ertragslage ein Gesamturteil über die wirtschaftliche Lage des Unternehmens gefällt werden.

Bei der Bilanzanalyse werden – anders als der Begriff auszusagen scheint – nicht allein die Bestandsgrößen der Bilanz, sondern auch die Stromgrößen der Gewinn- und Verlustrechnung und die sonstigen Angaben im Jahresabschluss (z. B. im Anhang) und Lagebericht sowie die darüber hinaus verfügbaren Unternehmensinformationen (z. B. freiwillige Angaben im Geschäftsbericht) ausgewertet. Ferner können anstelle eines Jahresabschlusses und Lageberichtes auch ein Konzernabschluss und Konzernlagebericht analysiert werden. Das vorliegende Buch müsste daher streng genommen nicht „Bilanzanalyse", sondern „Jahres- und Konzernabschlussanalyse" oder „Analyse von

---

1   Vgl. LEFFSON, U., Bilanzanalyse, S. 36-38; BAETGE, J./COMMANDEUR, D., in: Küting/Weber, HdR-E, 5. Aufl., § 264 HGB, Rn. 13.

Geschäftsberichten" heißen. Im betriebswirtschaftlichen Sprachgebrauch hat sich aber für dieses Vorgehen der **Begriff der Bilanzanalyse**[2] eingeprägt, der auch im Folgenden vereinfachend verwendet wird.

An der wirtschaftlichen Lage und Entwicklung eines Unternehmens sind verschiedene Gruppen, etwa aktuelle und potentielle Anteilseigner, Gläubiger, Kunden, Lieferanten, Arbeitnehmer des betreffenden Unternehmens, interessiert, die jeweils unterschiedliche Entscheidungen zu treffen haben.[3] So fragt sich der Anteilseigner, ob er seine Gesellschaftsanteile halten soll und zu welchen Konditionen er dem Unternehmen ggf. künftig Kapital überlassen soll. Aufgrund der unterschiedlichen Entscheidungssituationen haben die verschiedenen Interessentengruppen in einigen Punkten voneinander abweichende Analyseziele.

Zwei wesentliche Informationsziele haben indes eine zentrale Bedeutung für die Bilanzanalyse aller Interessengruppen: Zum einen wird bei der Bilanzanalyse das Ziel verfolgt, Informationen über die Ertragslage bzw. über die Ertragskraft eines Unternehmens zu erhalten.[4] Der Teil der Bilanzanalyse, bei dem das primäre Ziel darin besteht, Informationen über die Ertragslage eines Unternehmens zu gewinnen, wird auch als **erfolgswirtschaftliche Analyse** bezeichnet. Zum anderen wird eine Bilanz mit dem Ziel analysiert, Informationen über die Vermögens- und Finanzlage eines Unternehmens zu erhalten.[5] Eine Analyse der Bilanz mit dem Ziel, Informationen über die Vermögens- und Finanzlage eines Unternehmens zu erhalten, wird auch als **finanzwirtschaftliche Analyse** bezeichnet. Diese beiden Ziele der Bilanzanalyse,

- Ermittlung der Ertragslage und
- Ermittlung der Vermögens- und Finanzlage,

korrespondieren mit den zwei Zielen jeder unternehmerischen Tätigkeit, nämlich mit dem Ziel, **Geld zu verdienen**, und mit dem Ziel, die **Verdienstquelle zu sichern**.[6] Während der Bilanzanalytiker mit der erfolgswirtschaftlichen Analyse Informationen darüber erhalten möchte, ob und vor allem auf welche Weise das analysierte Unternehmen Geld verdient oder verloren hat, möchte der Bilanzanalytiker mit Hilfe der finanzwirtschaftlichen Analyse vor allem Informationen darüber erhalten, ob und wieweit die Verdienstquelle gesichert werden konnte. Zu beachten ist indes, dass auch die Ertragslage nicht losgelöst von der Vermögens- und Finanzlage betrachtet werden darf. Denn das Vermögen und das Kapital eines Unternehmens bilden das Potential eines Unternehmens, künftig Erträge zu erzielen.

---

2   Vgl. LEFFSON, U., Bilanzanalyse, S. 3; BALLWIESER, W., Bilanzanalyse, Sp. 211 f.; REHKUGLER, H./PODDIG, T., Bilanzanalyse, S. 9.

3   Vgl. BALLWIESER, W., Bilanzanalyse, Sp. 212.

4   Vgl. COENENBERG, A. G., Jahresabschluss und Jahresabschlussanalyse, S. 921 f.; GRÄFER, H., Bilanzanalyse, S. 18.

5   Vgl. COENENBERG, A. G., Jahresabschluss und Jahresabschlussanalyse, S. 921; GRÄFER, H., Bilanzanalyse, S. 18.

6   Vgl. dazu auch BAETGE, J./KIRSCH, H.-J./THIELE, S., Bilanzen, S. 6-12.

Zwischen den Zielen eines Unternehmens, einerseits die Ertragskraft zu stärken und andererseits die Vermögens- und Finanzlage zu stabilisieren, besteht zumindest langfristig kein Zielkonflikt. Vielmehr sind eine stabile Vermögens- und Finanzlage und eine gute Ertragskraft langfristig interdependente Unternehmensziele. Auf Dauer finanziell stabil ist nur ein ertragsstarkes Unternehmen. Umgekehrt ist die finanzielle Stabilität Voraussetzung für einen langfristigen kontinuierlichen Einkommensstrom.[7] Sowohl eine finanzielle Stabilität als auch eine hohe Ertragskraft sind daher ausgewogen im monetären Zielsystem eines Unternehmens zu berücksichtigen. Aus diesem Grund darf keines der beiden finanziellen Ziele bei der Bilanzanalyse vernachlässigt werden. Nachstehende Übersicht I-1 fasst diese Überlegungen zusammen:

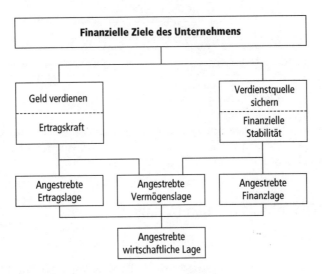

Übersicht I-1:   *Die finanziellen Ziele des Unternehmens*

Der Bilanzanalytiker will erfahren, wieweit das Unternehmen die angestrebten finanziellen Ziele auch tatsächlich erreicht hat. Zu diesem Zweck analysiert der Bilanzanalytiker den Jahresabschluss unter erfolgswirtschaftlichen und unter finanzwirtschaftlichen Gesichtspunkten:

---

7   Vgl. BAETGE, J./KIRSCH, H.-J./THIELE, S., Bilanzen, S. 6 f.; COENENBERG, A. G., Jahresabschluss und Jahresabschlussanalyse, S. 921.

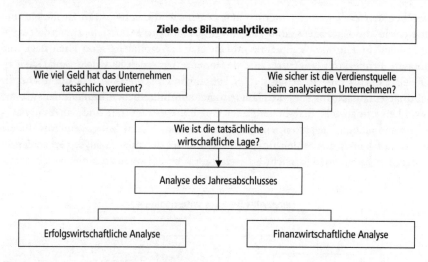

Übersicht I-2:   *Die Ziele des Bilanzanalytikers*

Die konkrete Vorgehensweise zum Erreichen dieser Ziele hängt dabei maßgeblich von der zur Verfügung stehenden Datenbasis (Abschn. 2) und von den Interessenten der Analysen (Abschn. 3) ab.

2   Die Datenbasis der Bilanzanalyse

21   Der Jahresabschluss und der Lagebericht nach HGB

Unternehmen müssen über die wirtschaftliche Entwicklung ihrer Geschäftstätigkeit mindestens einmal jährlich Rechenschaft[8] ablegen.[9] Nach § 242 HGB muss jeder Kaufmann für den Schluss eines jeden Geschäftsjahres auf der Grundlage der Finanzbuchführung eine das Verhältnis seines Vermögens und seiner Schulden darstellende **Bilanz** sowie eine **Gewinn- und Verlustrechnung** aufstellen, in der die Aufwendungen und Erträge des Geschäftsjahres gegenüber gestellt werden. Bilanz und Gewinn- und Verlustrechnung bilden zusammen den Jahresabschluss.

Für Kapitalgesellschaften und haftungsbeschränkte Personenhandelsgesellschaften i. S. d. § 264a HGB[10] gelten erweiterte Rechnungslegungspflichten (§ 264 HGB bis § 335 HGB). Sie müssen den Jahresabschluss gemäß § 264 Abs. 1 Satz 1 HGB um

---

8   Zum Jahresabschlusszweck der Rechenschaft vgl. vor allem LEFFSON, U., Die Grundsätze ordnungsmäßiger Buchführung, 1. Aufl., S. 47-53; MOXTER, A., Fundamentalgrundsätze ordnungsmäßiger Rechenschaft, S. 87-100.

9   Die Pflicht, gemäß § 40 BörsG regelmäßig einen Zwischenbericht aufzustellen, gilt nur für börsennotierte Unternehmen.

10   Kapitalgesellschaften und haftungsbeschränkte Personenhandelsgesellschaften i. S. d. § 264a HGB werden im Folgenden zusammenfassend auch als „Kapitalgesellschaften (& Co.)" bezeichnet.

einen **Anhang** erweitern, der mit der Bilanz und der Gewinn- und Verlustrechnung eine Einheit bildet. Der Anhang hat die Aufgabe, die durch die anderen Jahresabschlusselemente vermittelten Informationen näher zu erläutern, zu ergänzen, zu korrigieren bzw. die Bilanz oder die GuV von bestimmten Angaben zu entlasten.[11] Ohne ausführliche Erläuterung, etwa der im Jahresabschluss angewandten Bilanzierungs- und Bewertungsmethoden im Anhang, wird der Bilanzanalytiker nur sehr eingeschränkt in der Lage sein, sich ein Bild von der wirtschaftlichen Lage des Unternehmens zu machen. Insofern trägt der Anhang wesentlich zum Verständnis von Bilanz und GuV bei.[12] Neben Informationen des Jahresabschlusses, die verpflichtend aufgrund handelsrechtlicher oder rechtsformspezifischer Vorschriften in den Anhang aufzunehmen sind, dürfen bestimmte Informationen wahlweise in der Bilanz bzw. in der GuV oder im Anhang ausgewiesen werden. Werden Informationen in den Anhang verlagert, so führt dies einerseits zu einer leicht lesbaren Bilanz und GuV; andererseits erschwert dies die Arbeit des Bilanzanalytikers, da die Darstellung der Informationen im Anhang nicht verbindlich geregelt ist und der Anhang wegen der möglichen Informationsfülle an Klarheit und Übersichtlichkeit verlieren kann.[13] Eine umfassende Analyse und Aufbereitung der Informationen des Anhangs ist daher für die Bilanzanalyse unverzichtbar. Folgende Übersicht zeigt die verschiedenen Teilberichte des Anhangs:[14]

---

11 Vgl. FISCHER, T. R./PASKERT, D., Inhalt und Struktur des Anhangs, S. 293; ARMELOH, K.-H., Die Berichterstattung im Anhang, S. 25-28.

12 Vgl. MÜLLER, E., in: Beck HdR, B 500, Rn. 29; ARMELOH, K.-H., Die Berichterstattung im Anhang, S. 25.

13 Vgl. KÜTING, K./WEBER, C.-P., Die Bilanzanalyse, S. 8.

14 Vgl. BAETGE, J./KIRSCH, H.-J./THIELE, S., Bilanzen, S. 692.

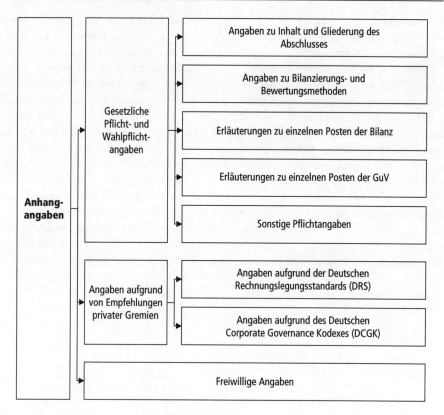

Übersicht I-3:   *Die Komponenten des Anhangs*

Zusätzlich zum Jahresabschluss müssen große und mittelgroße Kapitalgesellschaften (& Co.) gemäß § 264 Abs. 1 Satz 1 HGB einen **Lagebericht** aufstellen; kleine Kapitalgesellschaften (& Co.) sind gemäß § 264 Abs. 1 Satz 3 HGB von der Aufstellung eines Lageberichts befreit. Der Lagebericht tritt als eigenständiges Informationsinstrument neben den Jahresabschluss und soll die Angaben im Jahresabschluss verdichten sowie sachlich und zeitlich ergänzen.[15] Aufgrund seiner mehrwertigen, vergangenheits- und zukunftsbezogenen sowie qualitativen und quantitativen Daten unterstützt der Lagebericht die Zielsetzung einer kapitalmarktorientierten Berichterstattung und liefert dem Bilanzanalytiker Informationen, die dem Jahresabschluss nicht unmittelbar zu entnehmen sind.[16] Nachstehende Übersicht stellt die einzelnen Elemente des Lageberichts zum handelsrechtlichen Einzelabschluss dar:[17]

---

15   Vgl BAETGE, J./FISCHER, T. R./PASKERT, D., Der Lagebericht, S. 9 f.

16   Vgl. BÖCKING, H.-J., Zum Verhältnis von Rechnungslegung und Kapitalmarkt, S. 30; ADS, 6. Aufl., § 298 HGB, Rn. 26; KRUMBHOLZ, M., Die Qualität publizierter Lageberichte, S. 18 f.

17   Vgl. BAETGE, J./KIRSCH, H.-J./THIELE, S., Bilanzen, S. 726.

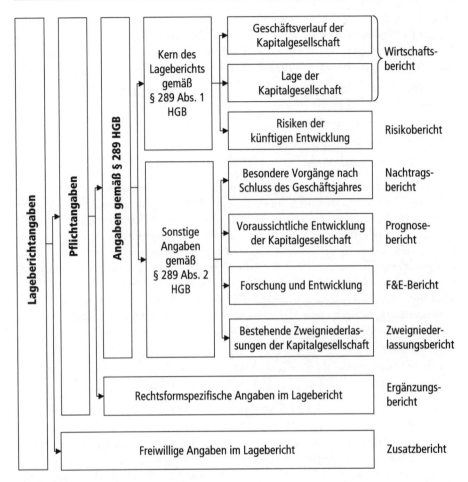

Übersicht I-4:   *Die Komponenten des Lageberichts zum Einzelabschluss*

Häufig wird der Lagebericht zusammen mit der Bilanz, der GuV und dem Anhang sowie mit weiteren, freiwillig publizierten Unternehmensinformationen in einem einheitlichen Druckwerk, dem Geschäftsbericht, zusammengefasst. Obwohl das HGB keine konkrete Platzierung des Lageberichts vorschreibt, wird der Lagebericht oft an den Anfang der schriftlichen Berichterstattung gestellt.[18]

Am 21. April 2004 hat das Bundeskabinett auf Vorschlag des Bundesministeriums der Justiz (BMJ) und des Bundesministeriums für Finanzen (BMF) den Regierungsentwurf eines Bilanzrechtsreformgesetzes (**BilReG**[19]) beschlossen. Ziele des BilReG sind die Fortentwicklung und Internationalisierung des Bilanzrechts sowie die Stär-

---

18   Vgl. IDW (Hrsg.), WP-Handbuch 2000, Bd. I, Rn. F 784.

19   Sofern sich durch das BilReG künftig Änderungen ergeben, wird hierauf gesondert hingewiesen.

kung der Rolle des Abschlussprüfers.[20] In diesem Zusammenhang werden durch das derzeit als Regierungsentwurf vorliegende Gesetz die zwingenden Vorgaben aus vier – die Rechnungslegung betreffenden – EG-Rechtsakten umgesetzt, die bisher noch nicht in nationales Bilanzrecht transformiert wurden. Im Einzelnen handelt es sich dabei um

- die Verordnung der EG zur Anwendung der IAS,[21]
- die Modernisierungsrichtlinie,
- die Schwellenwertrichtlinie und
- die Fair-Value-Richtlinie.

Im Hinblick auf die Analyse des Einzelabschlusses einer Kapitalgesellschaft (& Co.) sind verschiedene im Regierungsentwurf vorgeschlagene Änderungen von besonderer Bedeutung. Zum einen werden die Berichtspflichten im Anhang verschärft. Künftig sind im Anhang umfangreiche Informationen über derivative Finanzinstrumente bereitzustellen, wodurch der Informationswert des Abschlusses verbessert wird.[22] Zum anderen werden mit dem BilReG die Anforderungen an die Berichterstattung im Lagebericht in erheblichem Umfang erhöht. Die neuen Regelungen zielen darauf, sowohl den Informationsgehalt des Lageberichts als auch die Vergleichbarkeit der Berichterstattung zu verbessern.[23] Letztendlich sollen die Änderungen zum besseren Verständnis des Abschlusses beitragen.[24] Der gesetzliche Mindestumfang der Lageberichterstattung ändert sich wie folgt:

- Ergänzend zum Geschäftsverlauf ist auch auf das Geschäftsergebnis einzugehen.
- Wesentliche Ziele und Strategien der gesetzlichen Vertreter sind zu beschreiben.
- Die voraussichtliche Entwicklung der Unternehmung mit ihren wesentlichen Chancen und Risiken ist zu beurteilen und zu erläutern.
- Auf die Risikomanagementziele und -methoden der Gesellschaft einschließlich der Methoden zur Risikoabsicherung sowie die Preisänderungs-, Ausfall- und Liquiditätsrisiken sowie die Risiken aus Zahlungsstromschwankungen in Bezug auf Finanzinstrumente ist einzugehen.

22 Der Konzernabschluss und der Konzernlagebericht nach HGB

Die Bilanzanalyse eines Unternehmens wird erschwert, wenn es zu einem **Konzern** gehört und zu anderen Unternehmen desselben Konzerns Geschäftsbeziehungen unterhält. Als Konzern bezeichnet man dabei die Verbindung mehrerer rechtlich selbständiger, wirtschaftlich aber voneinander abhängiger Unternehmen. Das Bild der wirtschaftlichen Lage aus dem Jahresabschluss eines einzelnen Konzernunterneh-

---

20 Vgl. Regierungsentwurf des Bilanzrechtsreformgesetzes (BilReG), S. 39.
21 Vgl. hierzu Abschn. 23 dieses Kapitels.
22 Vgl. RICHTER, M., in: Baetge/Kirsch/Thiele, Aktuelles – Bilanzrechtsreformgesetz, S. 3.
23 Vgl. Regierungsentwurf des Bilanzrechtsreformgesetzes (BilReG), S. 62.
24 Vgl. BÖCKING, H.-J., in: Baetge/Kirsch/Thiele, Aktuelles – Modernisierungsrichtlinie, S. 3.

mens, das zu anderen Konzernunternehmen intensive Geschäftsbeziehungen unterhält, ist wegen dieser Geschäftsbeziehungen regelmäßig verfälscht, weil dadurch z. B. Erfolge zwischen einzelnen Konzernunternehmen verlagert werden können. Außerdem lässt sich die Liquiditätssituation eines konzerngebundenen Unternehmens dann nicht sinnvoll isoliert beurteilen, wenn die Liquidität für alle Konzernunternehmen vom Mutterunternehmen zentral gesteuert wird und ein Liquiditätsdefizit in einem Konzernunternehmen durch einen Liquiditätsüberschuss in einem anderen Konzernunternehmen ausgeglichen wird.[25]

Steht ein Unternehmen in einem Konzern zu einem oder mehreren Unternehmen in einem Über-/Unterordnungsverhältnis, so ist das übergeordnete Unternehmen unter bestimmten Voraussetzungen nach § 290 HGB bzw. nach § 11 PublG zur Aufstellung eines **Konzernabschlusses** und eines **Konzernlageberichts** verpflichtet.[26] Der Konzernabschluss hat nach der Generalnorm für den Konzernabschluss in § 297 Abs. 2 Satz 2 HGB unter Beachtung der Grundsätze ordnungsmäßiger Buchführung ein den tatsächlichen Verhältnissen entsprechendes Bild der Vermögens-, Finanz- und Ertragslage des Konzerns zu vermitteln und soll somit die im vorhergehenden Absatz beschriebenen Mängel des Jahresabschlusses eines Konzernunternehmens kompensieren.[27] Im Konzernabschluss soll dazu die Vermögens-, Finanz- und Ertragslage gemäß § 297 Abs. 3 Satz 1 HGB so dargestellt werden, als wenn alle einbezogenen Unternehmen zusammen ein einziges Unternehmen wären (sog. Einheitsgrundsatz). Die konzerninternen Geschäfte und Kapitalverflechtungen sind daher zu eliminieren. Vor diesem Hintergrund ist die Analyse des Einzelabschlusses eines konzerngebundenen Unternehmens nur in Verbindung mit der Analyse des Konzernabschlusses zweckmäßig.[28] Die Komponenten des Konzernlageberichtes sind im Handelsrecht in § 315 HGB geregelt. Mit Ausnahme des Zweigniederlassungsberichts, welcher gemäß § 315 HGB nicht gefordert ist, umfasst der Konzernlagebericht indes dieselben Elemente wie der Lagebericht zum Einzelabschluss.[29]

Gemäß § 297 Abs. 1 Satz 2 HGB ist der Konzernabschluss bei kapitalmarktorientierten Mutterunternehmen um eine **Kapitalflussrechnung**[30], eine **Segmentberichterstattung**[31] sowie einen **Eigenkapitalspiegel** zu erweitern. Kapitalmarktorientierte

---

25 Vgl. HUSMANN, R., Defizite der handelsrechtlichen Konzernrechnungslegung, S. 1660.

26 Zur Pflicht, einen Konzernabschluss und einen Konzernlagebericht aufzustellen, vgl. BAETGE, J./KIRSCH, H.-J./THIELE, S., Konzernbilanzen, S. 87-123; BUSSE VON COLBE, W. U. A., Konzernabschlüsse, S. 60-99; KÜTING, K./WEBER, C.-P., Der Konzernabschluss, S. 69-98; SCHILDBACH, T., Der handelsrechtliche Konzernabschluss, S. 76-106; WYSOCKI, K. V./WOHLGEMUTH, M., Konzernrechnungslegung, S. 25-77.

27 Vgl. BAETGE, J./KIRSCH, H.-J./THIELE, S., Konzernbilanzen, S. 42 f.; BUSSE VON COLBE, W. U. A., Konzernabschlüsse, S. 26; SCHRUFF, W., Einflüsse der 7. EG-Richtlinie, S. 43 f.

28 Vgl. PELLENS, B., Konzernabschlussanalyse, S. 375-379; „ARBEITSKREIS EXTERNE UNTERNEHMENSRECHNUNG" DER SCHMALENBACH-GESELLSCHAFT, Empfehlungen zur Vereinheitlichung von Kennzahlen in Geschäftsberichten, S. 1989; LACHNIT, L./AMMANN, H./MÜLLER, S., Wesen und Besonderheiten der Konzernabschlussanalyse, S. 383.

29 Vgl. Übersicht I-3 in Abschn. 23 in diesem Kapitel.

30 Zur Kapitalflussrechnung vgl. Kap. V Abschn. 43.

31 Zur Segmentberichterstattung vgl. Kap. VI Abschn. 5.

Mutterunternehmen sind in diesem Zusammenhang solche Mutterunternehmen, die entweder selbst oder durch ein Tochterunternehmen einen organisierten Markt i. S. d. § 2 Abs. 5 WpHG durch die Ausgabe von Wertpapieren i. S. d. § 2 Abs. 1 Satz 1 WpHG in Anspruch nehmen oder für die die Zulassung an einem solchen Markt beantragt worden ist.[32] Seit In-Kraft-Treten des Transparenz- und Publizitätsgesetzes (TransPuG)[33] zum 1. Januar 2003 stellen Kapitalflussrechnung, Segmentberichterstattung und Eigenkapitalspiegel eigenständige Elemente des Konzernabschlusses dar. Da sie von nun an im Konzernabschluss auf einer Ebene mit Bilanz, GuV und Anhang stehen, wurde ihr Stellenwert in der Berichterstattung des Konzerns aufgewertet.[34] Zudem wurde mit dieser Erweiterung des Konzernabschlusses um die drei neuen Elemente die Transparenz in der Kapitalmarktkommunikation weiter erhöht.

Durch das **BilReG** werden die Bestandteile des Konzernabschlusses erneut geändert. Die aktuelle Fassung des § 297 Abs. 1 HGB bezieht sich ausschließlich auf kapitalmarktorientierte Mutterunternehmen. Künftig müssen diese Unternehmen einen Konzernabschluss nach International Financial Reporting Standards (IFRS) aufstellen (vgl. Abschn. 23 in diesem Kapitel). Folglich ergibt sich die Pflicht, eine Kapitalflussrechnung, einen Eigenkapitalspiegel sowie eine Segmentberichterstattung zu erstellen, direkt aus den IFRS. § 297 Abs. 1 HGB verliert somit weitgehend seinen Anwendungsbereich. Im Regierungsentwurf wird daher vorgeschlagen, für alle Konzernabschlüsse Kapitalflussrechnung und Eigenkapitalspiegel als verbreitet genutzte Analyseinstrumente vorzuschreiben.[35] Zudem darf der Konzernabschluss um eine Segmentberichterstattung erweitert werden. Nach der Begründung des Gesetzentwurfes wurde dieses Wahlrecht eingeräumt, da die Segmentberichterstattung häufig besonders sensitive Informationen enthält.

Das HGB enthält indes keinerlei Vorschriften, wie die Kapitalflussrechnung, die Segmentberichterstattung und der Eigenkapitalspiegel konkret zu gestalten sind. Die Ausarbeitung dieser Konzernabschlusselemente hat der Gesetzgeber dem **Deutschen Standardisierungsrat** (DSR) überlassen, zu dessen Aufgaben die Entwicklung von Grundsätzen ordnungsmäßiger Konzernrechnungslegung gehört. Ergänzend zu den gesetzlichen Bestimmungen hat der DSR daher die Deutschen Rechnungslegungsstandards DRS 2 „Kapitalflussrechnung", DRS 3 „Segmentberichterstattung" und zur Eigenkapitalveränderungsrechnung DRS 7 „Konzerneigenkapital und Konzerngesamtergebnis" verabschiedet. Aufgrund der Bekanntmachung der Standards durch das BMJ gelten die Standards als Grundsätze ordnungsmäßiger Buchführung für die

---

32 Zu den Voraussetzungen, wann ein kapitalmarktorientiertes Mutterunternehmen vorliegt, vgl. Tschesche, F., in: Baetge/Kirsch/Thiele, § 292a HGB, Rn. 21-33.

33 Gesetz zur weiteren Reform des Aktien- und Bilanzrechts, zu Transparenz und Publizität (Transparenz- und Publizitätsgesetz), BGBl. I 2002, S. 2681-2687.

34 Vgl. BT-Drucksache 14/8769, S. 26.

35 Vgl. Regierungsentwurf des Bilanzrechtsreformgesetzes (BilReG), S. 67.

Konzernrechnungslegung, ohne allerdings selbst Gesetzeskraft zu erlangen. Trotzdem sind sie für die abschlusserstellenden kapitalmarktorientierten Mutterunternehmen faktisch verpflichtend.

In der Darstellung ihrer Berichterstattung gehen zahlreiche große Konzerne mittlerweile dazu über, im Geschäftsbericht nur noch den Konzernabschluss zu veröffentlichen und Interessierten den Einzelabschluss des Mutterunternehmens nur auf Anfrage zur Verfügung zu stellen. Diese Entwicklung unterstreicht die zunehmende Bedeutung des Konzernabschlusses für die Bilanzanalyse. Dennoch muss sich der Bilanzanalytiker auch ein Bild von der wirtschaftlichen Lage wesentlicher Konzernunternehmen und hier zumindest des Mutterunternehmens machen.[36] Deshalb sollte u. E. im Geschäftsbericht neben dem Konzernabschluss zusätzlich auch der Einzelabschluss des Mutterunternehmens veröffentlicht werden.[37]

Grundsätzlich unterscheidet sich die Vorgehensweise bei der Analyse eines Konzernabschlusses nicht von der Vorgehensweise bei der Analyse eines Jahresabschlusses. Auf Besonderheiten bei der Analyse eines Konzernabschlusses wird im Folgenden jeweils hingewiesen.

23   Der Jahres- und Konzernabschluss nach IFRS

Auf internationalen Kapital- und Handelsmärkten agierende deutsche Konzerne sahen sich aufgrund der zunehmenden Internationalisierung der Rechnungslegung in der Vergangenheit oftmals veranlasst, ihre Konzernrechnungslegung freiwillig an internationalen Standards zu orientieren und seit der gesonderten Regelung gemäß § 292a HGB anstelle eines HGB-Konzernabschlusses einen befreienden Konzernabschluss nach international anerkannten Rechnungslegungsgrundsätzen aufzustellen. Als international anerkannte Rechnungslegungsgrundsätze gelten die International Financial Reporting Standards (IFRS) sowie die United States Generally Accepted Accounting Principles (U. S. GAAP).[38] Ein Mutterunternehmen darf nur dann gemäß § 292a HGB einen befreienden Konzernabschluss nach international anerkannten Rechnungslegungsgrundsätzen aufstellen, wenn es einen organisierten Markt entweder durch von ihm oder einem seiner Tochterunternehmen ausgegebene Wertpapiere in Anspruch nimmt. Darüber hinaus verlangt die Börsenordnung, dass Unternehmen, die zum Börsensegment „Prime Standard" in Deutschland gehören, einen Abschluss nach IFRS oder nach U. S. GAAP aufstellen bzw. zumindest eine Überleitungsrechnung vom handelsrechtlichen Abschluss auf den Abschluss nach IFRS bzw. U. S. GAAP erstellen.[39]

---

36   Vgl. LACHNIT, L./AMMANN, H./MÜLLER, S., Wesen und Besonderheiten der Konzernabschlussanalyse, S. 383 f.

37   Vgl. BAETGE, J./ARMELOH, K.-H./SCHULZE, D., Sonstige Angaben im Geschäftsbericht, S. 285.

38   Vgl. BT-Drucksache 13/9909, S. 12.

39   Vgl. DEUTSCHE BÖRSE AG (Hrsg.), Börsenordnung für die Frankfurter Wertpapierbörse, § 62 und § 77.

Aufgrund der am 19. Juli 2002 verabschiedeten EG-Verordnung zur Anwendung der IAS, der sog. IAS-Verordnung, müssen kapitalmarktorientierte Unternehmen in der EU für Geschäftsjahre, die nach dem 1. Januar 2005 beginnen, ihren Konzernabschluss nach IFRS aufstellen.[40] Diese Anforderung der IAS-Verordnung ist unmittelbar verbindlich und bedarf daher keiner Umsetzung in nationales Recht. Darüber hinaus enthält die IAS-Verordnung verschiedene Mitgliedstaatenwahlrechte. So wird unter anderem in Artikel fünf der IAS-Verordnung den nationalen Gesetzgebern das Wahlrecht eröffnet, die Anwendung der IFRS sowohl in den Konzernabschlüssen der übrigen – nicht kapitalmarktorientierten – Unternehmen als auch in den Einzelabschlüssen aller Unternehmen entweder vorzuschreiben oder als Unternehmenswahlrecht zuzulassen. Die in der IAS-Verordnung enthaltenen Mitgliedstaatenwahlrechte sollen mit dem BilReG ins Handelsrecht transformiert werden. Diesbezüglich sieht der Regierungsentwurf des BilReG die folgenden wesentlichen Änderungen der handelsrechtlichen Vorschriften vor:

■ Gemäß dem Entwurf des § 315a Abs. 3 HGB-E dürfen künftig auch **nicht kapitalmarktorientierte Unternehmen ihren Konzernabschluss nach IFRS** aufstellen. Den Unternehmen wird hierdurch die Möglichkeit eröffnet, einen international „verständlichen" sowie vergleichbaren Konzernabschluss zu präsentieren.[41]

■ Zudem werden laut § 325 Abs. 2a HGB-E große Kapitalgesellschaften künftig von der Verpflichtung befreit, einen Jahresabschluss nach HGB im Bundesanzeiger offen zu legen, wenn sie einen **Einzelabschluss nach IFRS** aufstellen und **offen legen**. Allerdings wird sich ein Unternehmen nicht von der Aufstellung eines handelsrechtlichen Jahresabschlusses befreien, wenn es einen Einzelabschluss nach IFRS aufstellt und offen legt. Der handelsrechtliche Jahresabschluss bildet weiterhin die Grundlage der Ausschüttungsbemessung sowie der steuerlichen Gewinnermittlung. Dem Einzelabschluss nach IFRS kommt damit lediglich eine Informationsfunktion zu. Diese neue Regelung des geplanten Gesetzes ist besonders für Mutterunternehmen, die ihren Konzernabschluss nach IFRS aufstellen, von Vorteil.

■ Unternehmen, deren Anteile an einer Börse außerhalb der EU notiert sind oder die Fremdkapitaltitel emittiert haben, dürfen bis zum 1. Januar 2007 auch andere international anerkannte Rechnungslegungsstandards anwenden. Diese **zweijährige Übergangsvorschrift** betrifft im Wesentlichen jene Unternehmen, die an der New York Stock Exchange gelistet sind und daher die U. S. GAAP anwenden.

■ Mit Ausnahme der letztgenannten Unternehmen, für die eine Übergangsfrist von zwei Jahren gilt, ist **§ 292a HGB** gemäß Art. 58 Abs. 3 EG-HGB-E **letztmals** auf Geschäftsjahre **anzuwenden**, die vor dem 1. Januar 2005 beginnen.

---

40 Verordnung (EG) Nr. 1606/2002, S. 1-4.
41 Vgl. Regierungsentwurf des Bilanzrechtsreformgesetzes (BilReG), S. 41.

In ihrer gegenwärtigen Form sind die IASB-Vorschriften grundsätzlich allgemein verbindlich (IAS 1.3 f.).[42] Abgesehen von wenigen sachlogisch notwendigen Ausnahmen wird im Normsystem des IASB nicht zwischen der Anwendung der Vorschriften im Einzelabschluss oder im Konzernabschluss unterschieden.[43] Im Gegensatz zu den handelsrechtlichen Vorschriften sind nach IFRS die Rechtsform und Größe des bilanzierenden Unternehmens unerheblich für den Umfang der Berichterstattung. Die Allgemeingültigkeit der Standards wird allerdings durch verschiedene Einzelregelungen durchbrochen. Zum einen finden sich in den IFRS branchenspezifische Bilanzierungs- und Ausweisvorschriften, d. h., ein bestimmter Standard ist nur von Unternehmen einer bestimmten Branche anzuwenden. So regelt der IAS 30 besondere Angabepflichten im Abschluss von Kreditinstituten und ähnlichen Finanzinstitutionen. Zum anderen engt der IASB bei einzelnen Standards den Anwendungsbereich auf solche Unternehmen ein, die börsennotiert sind oder die sich gerade im Going-Public-Prozess befinden, die also bereits eine Börsenzulassung in die Wege geleitet haben. Diese Einschränkung des Anwendungsbereiches betrifft beispielsweise den IAS 14 zur Segmentberichterstattung.

Nach IAS 1.8 besteht ein IASB-Abschluss aus folgenden gleichwertigen Bestandteilen: *1.10 · (2014)*

- Bilanz,
- GuV,
- Eigenkapitalspiegel,
- Kapitalflussrechnung,
- Anhang.

Im Gegensatz zur handelsrechtlichen Rechnungslegung haben alle Unternehmen, die einen IFRS-Abschluss erstellen, unabhängig von der Rechtsform und der Unternehmensgröße einen Eigenkapitalspiegel, eine Kapitalflussrechnung und einen Anhang aufzustellen.

Der **Anhang** nach IFRS hat im Unterschied zum deutschen Handelsrecht keine Korrekturfunktion, da unangemessene Rechnungslegungsmethoden weder durch die Angabe der angewandten Bilanzierungs- und Bewertungsmethoden noch durch zusätzliche Erläuterungen im Anhang geheilt werden können (IAS 1.16).

Der **Eigenkapitalspiegel** hat die Aufgabe, den Abschlussadressaten die einzelnen Ursachen der Eigenkapitalveränderungen im Geschäftsjahr zu zeigen. Bei einem IFRS-Abschluss ist dies indes von größerem Interesse als bei einem Jahresabschluss nach HGB, da in der IFRS-Rechnungslegung verschiedene Vorschriften eine erfolgsneutrale Verrechnung von Beträgen mit dem Eigenkapital zulassen oder vorschreiben. Ohne

---

42 In diesem Buch wird auf die neuesten bis zum 30. Juni 2004 veröffentlichten Versionen der IFRS abgestellt. Sofern auf frühere Versionen der Standards verwiesen wird, ist dies durch entsprechende Jahresangaben in Klammern kenntlich gemacht. Sofern auf einen nicht im Rahmen des Improvement Project überarbeiteten Standard verwiesen wird, liegt dem Verweis die am 30. Juni 2004 gültige Version des Standards zugrunde.

43 Vgl. HEUSER, P. J./THEILE, C., IAS Handbuch, S. 30.

einen Eigenkapitalspiegel wäre es für den Bilanzanalytiker schwierig, diese Eigenkapitalveränderungen im IFRS-Abschluss nachzuvollziehen. Der Bilanzierende hat nach IAS 1.8 das Wahlrecht, entweder sämtliche Veränderungen des Eigenkapitals oder nur die Veränderungen jenes Eigenkapitalteils, der nicht durch Kapitaltransaktionen mit Eigentümern bzw. Ausschüttungen an Eigentümer entsteht, darzustellen.

Die **Segmentberichterstattung** nach IAS 14 gehört nicht zu den Pflichtbestandteilen des IFRS-Abschlusses aller Unternehmen. Ist ein Unternehmen gemäß IAS 14.3 verpflichtet, einen Segmentbericht offen zu legen, so wird dieser in der Publizitätspraxis i. d. R. Bestandteil des Anhangs.[44]

Die IFRS enthalten **keine Verpflichtung zur Erstellung eines Lageberichts**. Indes sind nach einzelnen IFRS im Anhang Informationen zu vermitteln, die den nach § 289 HGB in den Lagebericht bzw. nach § 315 HGB in den Konzernlagebericht aufzunehmenden Informationen entsprechen. Zudem wird den Unternehmen in IAS 1.9 empfohlen, außerhalb des Abschlusses einen Bericht der Unternehmensleitung über die Unternehmenslage zu veröffentlichen. In diesem Bericht (financial review by management) sollten die wesentlichen Merkmale der Vermögens-, Finanz- und Ertragslage des Unternehmens sowie die wichtigsten Unsicherheiten beschrieben und erläutert werden, denen sich das Unternehmen gegenübersieht. Sofern ein Mutterunternehmen einen befreienden Konzernabschluss gemäß § 292a HGB aufstellt, ergeben sich hinsichtlich der Informationsvermittlung für einen IFRS-Abschluss zusätzliche Anforderungen. § 292a Abs. 1 Satz 1 HGB fordert, dass neben dem Konzernabschluss ein Konzernlagebericht aufgestellt und publiziert werden muss. Sowohl der Konzernabschluss als auch der Konzernlagebericht müssen zudem bestimmte Befreiungstatbestandsmerkmale erfüllen.[45] Die Befreiungswirkung ist unter anderem nur dann gegeben, wenn die Aussagekraft des internationalen Konzernabschlusses der eines HGB-Konzernabschlusses und HGB-Konzernlageberichts mindestens gleichwertig ist. Damit die Voraussetzung der Gleichwertigkeit erfüllt ist, muss der befreiende Konzernlagebericht die für den HGB-Konzernlagebericht vorgesehenen Pflichtbestandteile, z. B. den Risikobericht, enthalten.

3 Die Interessenten einer Bilanzanalyse

31 Überblick

Der handelsrechtliche Jahresabschluss wird unter Beachtung der Grundsätze ordnungsmäßiger Buchführung für bestimmte berechtigte Informationsempfänger aufgestellt, denen Rechenschaft über das abgelaufene Geschäftsjahr gegeben werden soll.[46] Zu den berechtigten Informationsempfängern zählen je nach Rechtsform des

---

44 Vgl. HALLER, A., in: Baetge u. a., Rechnungslegung nach IAS, 2. Aufl., IAS 14, Rn. 6.

45 Vgl. BAETGE, J./KIRSCH, H.-J./THIELE, S., Konzernbilanzen, S. 118-120.

46 Zur Rechnungslegung als Interessenregelung vgl. etwa BAETGE, J./THIELE, S., Gesellschafterschutz versus Gläubigerschutz, S. 12-20. Zum Begriff der Interessenregelung vgl. BAETGE, J., Rechnungslegungszwecke, S. 21.

Unternehmens z. B. die Ersteller des Jahresabschlusses, die Gesellschafter, die Gläubiger und die Arbeitnehmer des Unternehmens.[47] Die berechtigten Informationsempfänger werden mit SPRENGER und MOXTER als **Jahresabschlussadressaten** bezeichnet, d. h., nur der Jahresabschlussadressat hat einen gesetzlich begründeten und insofern durchsetzbaren Anspruch auf Information.[48] Nicht zu den Jahresabschlussadressaten zählen aber z. B. die Konkurrenzunternehmen, denn der handelsrechtliche Jahresabschluss wird nicht mit Blick auf die Informationsbedürfnisse der Wettbewerber aufgestellt. Neben den Jahresabschlussadressaten erhalten aber viele weitere Personen Kenntnis von dem Jahresabschluss, obgleich er nicht an sie adressiert ist. Diese Personen werden als Rechenschaftsinteressenten oder Informationsinteressenten bezeichnet.

Grundsätzlich kommt sowohl jeder Jahresabschlussadressat als auch jeder Informationsinteressent als potentieller Bilanzanalytiker in Betracht. Einen Überblick über die potentiellen Bilanzanalytiker gibt Übersicht I-5, wobei im Folgenden auf die Analyse des Jahresabschlusses einer Publikumsaktiengesellschaft abgestellt wird. Die Ausführungen treffen aber grundsätzlich auch auf andere Gesellschaftsformen – gleich welcher Größe – analog zu.

Externe Bilanzanalytiker	Interne Bilanzanalytiker
■ Kreditgeber, Kreditversicherer, Auskunfteien ■ (Klein-)Aktionäre, externe Gesellschafter ■ Rating-Agenturen ■ Lieferanten ■ Kunden ■ Finanzanalysten ■ Bundesbank ■ Arbeitnehmer, Gewerkschaften ■ Konkurrenzunternehmen ■ Presse	■ Unternehmensleitung (Vorstand, Geschäftsführung) ■ Kontrollorgane (Aufsichtsrat, Beirat, Abschlussprüfer) ■ Beteiligungscontroller ■ Großaktionäre ■ Großkreditgeber ■ Finanzverwaltung

Übersicht I-5: *Überblick über potentielle Bilanzanalytiker*

Abhängig von den zur Verfügung stehenden Informationen lassen sich die Bilanzanalytiker in externe Analytiker und interne Analytiker unterscheiden. Primäres und häufig einziges Informationsinstrument der **externen Bilanzanalytiker** über das interessierende Unternehmen ist der veröffentlichte oder anderweitig erhaltene Jahresabschluss und gegebenenfalls der Lagebericht. Zu den **internen Bilanzanalytikern** zählen diejenigen Gruppen, die über den Jahresabschluss und den Lagebericht hinaus über zusätzliche unternehmensinterne Informationsquellen bez. der wirtschaftlichen Lage verfügen, etwa über Informationen aus dem internen Rechnungswesen (Investi-

---

47   Vgl. SPRENGER, R., Grundsätze gewissenhafter und getreuer Rechenschaft im Geschäftsbericht, S. 40-88; VOLK, G., Jahresabschluß und Information, S. 45-51.

48   Vgl. SPRENGER, R., Grundsätze gewissenhafter und getreuer Rechenschaft im Geschäftsbericht, S. 42; MOXTER, A., Fundamentalgrundsätze ordnungsmäßiger Rechenschaft, S. 94 f.

tions-, Finanz- und Kostenrechnung). Die interne Bilanzanalyse ist daher regelmäßig umfassender und zuverlässiger als die externe Bilanzanalyse.[49] In diesem Buch wird indes – wenn nichts anderes gesagt wird – nur die externe Bilanzanalyse behandelt, der die veröffentlichten oder anderweitig für „Externe" zugänglichen Angaben des Jahresabschlusses und Lageberichts zugrunde liegen.

32   Die externen Bilanzanalytiker

Die wichtigste Gruppe der externen Bilanzanalytiker sind die **Kreditgeber**, zu denen in erster Linie Kreditinstitute, daneben aber auch andere Fremdkapitalgeber (Anleihegläubiger), Leasinggesellschaften sowie Kreditversicherer zu rechnen sind. Die Analyse des Jahresabschlusses mit dem Ziel, die gegenwärtige und künftige Zahlungsfähigkeit des Kreditnehmers festzustellen, ist die wichtigste Handlung bei der Kreditwürdigkeitsprüfung, d. h., sowohl bei der Bearbeitung des Kreditantrages (der sog. Kreditprüfung) als auch bei der laufenden Kreditüberwachung.[50] In beiden Fällen steht die Frage im Vordergrund, ob der Kreditnehmer in der Lage sein wird, die Zinsen und Tilgungsbeträge fristgerecht zu zahlen. Nach § 18 KWG sind Kreditinstitute verpflichtet, sich vor der Vergabe von Krediten über mehr als 250.000 € die wirtschaftlichen Verhältnisse des Kreditnehmers offen legen zu lassen, z. B. durch die Vorlage des letzten Jahresabschlusses. In der Kreditwirtschaft ist es aber allgemein üblich, dass auch bei einem geringeren Kreditvolumen der Jahresabschluss des Kunden angefordert und analysiert wird.

Aufgrund der Neuregelung der Eigenkapitalvorschriften im Kreditgeschäft („**Basel II**")[51] durch das BASEL COMMITTEE ON BANKING SUPERVISION kommt der Beurteilung der Bonität eines Unternehmens durch den Kreditgeber besondere Bedeutung zu. Basel II soll ab dem 1. Januar 2007 gelten. Im Kern geht es bei den Neuregelungen darum, die Mindesthöhe des bilanziellen Eigenkapitals eines Kreditinstituts stärker als bisher an dessen ökonomischem Risiko auszurichten. Das Eigenkapital dient in Krisensituationen dazu, Verluste auszugleichen.[52] Je größer das Eigenkapital ist, desto höhere Verluste können ausgeglichen werden und desto mehr Zeit gewinnt ein Kreditinstitut, die Verlustphase durch geeignete Maßnahmen zu überwinden. Demzufolge zielt die von „Basel II" vorgesehene risikoadäquate Eigenkapitalausstattung der Banken darauf ab, durch Mindestvorgaben bei der Eigenkapitalunterlegung der Banken einen Puffer für entstehende Verluste zu gewährleisten, welcher dem spezifischen Risiko eines Kreditengagements entspricht. Zentrale Bedeutung kommt in diesem Zusammenhang dem Risikomanagement einer Bank zu. Nur ein wirksames

---

49 Vgl. COENENBERG, A. G., Jahresabschluss und Jahresabschlussanalyse, S. 917; KÜTING, K./ WEBER, C.-P., Die Bilanzanalyse, S. 6.

50 Zu den Aufgaben der Kreditwürdigkeitsprüfung vgl. etwa BUCHNER, R., Grundzüge der Finanzanalyse, S. 199.

51 Vgl. BASEL COMMITTEE ON BANKING SUPERVISION (Hrsg.), International Convergence of Capital Measurement and Capital Standards.

52 Zu den Funktionen des Eigenkapitals vgl. BAETGE, J./KIRSCH, H.-J./THIELE, S., Bilanzen, S. 420 f.

Risikomanagement ermöglicht es einer Bank, sowohl das Risiko eines einzelnen Kredits als auch das Risiko aus der allgemeinen Geschäftstätigkeit einer Bank präzise messen und steuern zu können. Bezüglich der Bilanzanalyse ergeben sich aus Basel II sowohl für den Kreditgeber als auch für den Kreditnehmer weitreichende Konsequenzen:

- Die Kreditgeber werden verpflichtet, in einem umfassenden **Rating** die Kreditwürdigkeit des Kreditnehmers zu bestimmen. Zu einer solchen professionellen Beurteilung der Bonität werden herkömmliche Bilanzanalysen, Scoring-Modelle sowie Expertensysteme, aber auch Verfahren der Bilanzanalyse mit Hilfe der Multivariaten Diskriminanzanalyse oder der Künstlichen Neuronalen Netzanalyse verwendet.[53] Die Bilanzbonität ist indes nur ein wichtiger Faktor von mehreren für das Gesamturteil über die Unternehmensbonität, denn in der Bilanz spiegeln sich lediglich bereits realisierte Geschäftsvorfälle wider, nicht aber künftige Umwelteinflüsse oder der Wert des Humanvermögens oder andere Elemente des originären Geschäftswertes eines Unternehmens.[54] Zusätzlich werden beim Rating daher außerbilanzielle Faktoren, wie die Unternehmensgröße, das Branchenrisiko, der Diversifikationsgrad, der Marktanteil sowie sog. „keys to success" (Produktqualität, Image und Produktdifferenzierung), analysiert, um auf diese Weise die Unternehmensbonität besser beurteilen zu können.[55]

- Für den Kreditnehmer ist das Ergebnis des Ratings entscheidend, da von diesem abhängt, ob und zu welchen Zinskonditionen ein Kredit gewährt wird. Im Einzelfall richten sich die **Zinskonditionen** eines Kredits danach, welche internen Kreditkosten beim Kreditinstitut anfallen. Das Ratingurteil beeinflusst diese Kreditkosten zweifach: Einerseits spiegelt sich das Ratingurteil im Standardrisikokostensatz der Bank wider, welcher das Kreditausfallrisiko abbildet, andererseits im Eigenkapitalkostensatz der Bank, der neben dem Risiko unerwarteter Verluste den Renditeanspruch der Eigenkapitalgeber der Bank berücksichtigt.[56] Grundsätzlich gilt, dass für ein Unternehmen mit einer guten Bonität die Zinsen niedriger und damit die Kreditfinanzierung günstiger wird, Unternehmen mit schlechter Bonität dagegen ungünstigere Kreditkonditionen erhalten. Im Extremfall kann ein schlechtes Rating dazu führen, dass ein Kredit nicht gewährt wird. Künftig haben kreditfinanzierte Unternehmen daher zunehmend betriebswirtschaftliche Optimierungsaufgaben wahrzunehmen. Um ein günstiges Rating zu erreichen, müssen die wichtigsten betrieblichen Rahmendaten an die Benchmarks[57], also an die betrieblichen Rahmendaten der stärksten Wettbewerber in der Branche, angepasst werden. So muss die Eigenkapitalbasis bei vielen mittelständischen Unternehmen nachhaltig gestärkt werden.

---

53 Vgl. hierzu ausführlich Kap. VII.
54 Vgl. BAETGE, J., Früherkennung negativer Entwicklungen, S. 652.
55 Vgl. MEYER-PARPART, W., Ratingkriterien für Unternehmen, S. 122-129.
56 Vgl. WINKELJOHANN, N., Basel II und Rating, S. 386.
57 Zum Benchmarking vgl. ausführlich Kap. III Abschn. 53.

Aktuelle und potentielle **Aktionäre** (Gesellschafter) sind als Eigenkapitalgeber immer dann externe Adressaten des Jahresabschlusses, wenn sie aufgrund des Gesellschaftsvertrages oder aber aufgrund ihres geringen Anteils an dem Unternehmen keine aussagefähigeren internen Informationen, die über den Jahresabschluss hinausgehen, erhalten. Aktuelle und potentielle Gesellschafter untersuchen Jahresabschlüsse, um ihre Entscheidung ökonomisch zu fundieren, Wertpapiere (Aktien) des Unternehmens entsprechend ihrer Anlagestrategie (Risiko und Rendite)[58] zu kaufen bzw. zu verkaufen. Handelt es sich bei dem Kapitalanleger um den Käufer des gesamten Unternehmens, so ist die Analyse der Jahresabschlüsse der letzten Jahre Ausgangspunkt für die **Unternehmensbewertung**.[59]

Neben Kreditgebern und Aktionären analysieren vor allem in den USA – zunehmend aber auch in Europa – unabhängige **Rating-Agenturen** Jahresabschlüsse von wertpapieremittierenden Unternehmen mit dem Ziel, die Bonität eines Unternehmens festzustellen.[60] Von der Bonitätsbeurteilung durch Rating-Agenturen hängen maßgeblich die Fremdkapitalkosten ab. Eine geringe Bonität führt dazu, dass ein entsprechend höherer Risikozuschlag auf den landesüblichen Kapitalmarktzinsfuß risikoloser Anleihen von dem beurteilten Unternehmen zu zahlen ist.[61] In ähnlicher Weise prüfen regelmäßig auch Lieferanten und Kunden eines Unternehmens vor der Aufnahme von Geschäftsbeziehungen und Finanzierungsengagements die Bonität eines Unternehmens, wobei die Lieferanten und Kunden häufig neben dem Jahresabschluss und Lagebericht zusätzlich auf Handelsauskünfte[62] zurückgreifen.

Nach § 19 BBankG ist die **Deutsche Bundesbank** gehalten, die Bonität der Wechselverpflichteten vor dem Ankauf von Wechseln (Rediskontierung) zu prüfen. Aus diesem Grund analysiert die Deutsche Bundesbank jährlich knapp 70.000 Jahresabschlüsse, vor allem mit Hilfe von Kennzahlen, um Informationen über die wirtschaftliche Lage eines wechselverpflichteten Unternehmens zu erhalten.[63]

Bei der Fundamentalanalyse der **Finanzanalysten** steht vor allem die künftige Ertragskraft oder Rentabilität eines Unternehmens im Vordergrund der Analyse. Aufgrund der Ergebnisse ihrer Analysen empfehlen Finanzanalysten den Kauf oder Verkauf von Aktien börsennotierter Unternehmen.

---

58   Vgl. zu diesen beiden Anlagevariablen PERRIDON, L./STEINER, M., Finanzwirtschaft der Unternehmung, S. 288-290.

59   Vgl. MOXTER, A., Grundsätze ordnungsmäßiger Unternehmensbewertung, S. 144; BALLWIESER, W./LEUTHIER, R., Unternehmensbewertung, S. 605. Grundsätzlich zur Unternehmensbewertung etwa HFA DES IDW, Grundsätze zur Durchführung von Unternehmensbewertungen, S. 825-842 sowie HELBLING, C., Unternehmensbewertung und Steuern; MANDL, G./RABEL, K., Unternehmensbewertung.

60   Vgl. BERBLINGER, J., Marktakzeptanz des Ratings durch Qualität, S. 63 f. Zur Kritik am Vorgehen von Rating-Agenturen vgl. referierend BALZER, A./EHREN, H., Prüfer auf der Watchlist, S. 70-72.

61   Vgl. EVERLING, O., Ratingagenturen, S. 9.

62   vgl. dazu ausführlich Abschn. 43 in diesem Kapitel.

63   Vgl. DEUTSCHE BUNDESBANK (Hrsg.), Jahresabschlüsse westdeutscher Unternehmen 1971-1991, S. 7-9.

Des Weiteren kommen auch die **Arbeitnehmer** des Unternehmens als Analytiker von Jahresabschlüssen in Betracht. Analyseziel dieser Jahresabschlussadressaten ist es primär, Informationen über die Bestandskraft eines Unternehmens und damit über die Arbeitsplatzsicherheit zu erhalten.[64] Eine gute Ertragslage wird häufig von Gewerkschaften bei Tarifverhandlungen als Grundlage für Forderungen nach Lohn- und Gehaltserhöhungen herangezogen.[65]

Die (Wirtschafts-)**Presse** analysiert Jahresabschlüsse zum einen mit dem Ziel, den Informationsbedürfnissen ihrer Leser gerecht zu werden und die umfangreichen Informationen des Jahresabschlusses durch Verdichtung auf einige wenige aussagefähige Kennzahlen aufzubereiten.[66] Zum anderen können diese Analysen aber auch Ausgangspunkt für weitere journalistische Recherchen sein.

Konkurrenzunternehmen analysieren schließlich Bilanzen mit dem Ziel, die wirtschaftlichen Stärken und Schwächen des bilanzierenden Wettbewerbers ausfindig zu machen.[67]

33   Die internen Bilanzanalytiker

Zu den internen Bilanzanalytikern zählen in erster Linie die **Unternehmensleitung** (Vorstand, Geschäftsführung) sowie die von ihr mit Führungsaufgaben betrauten Unternehmensabteilungen, wie das (Konzern-)Controlling oder die (Konzern-)Steuerung, aber auch das **Bereichs- bzw. das Beteiligungscontrolling**.

Die Unternehmensleitung analysiert den eigenen Jahresabschluss vor allem mit dem Ziel, selbst zusammenfassende Informationen über die wirtschaftliche Lage des gesamten Unternehmens zu erhalten und diese gegebenenfalls mit den Ergebnissen der externen Bilanzanalyse von Wettbewerbern zu vergleichen. Darüber hinaus fehlt es der Unternehmensleitung in vielen kleinen und mittleren Unternehmen häufig an anderen Informationsquellen neben der gesetzlich vorgeschriebenen Finanzbuchführung, so dass die Analyse des Jahresabschlusses Ausgangspunkt für die Unternehmensführung ist.[68] Der Jahresabschluss und die Jahresabschlussanalyse dienen in diesem Fall vorwiegend der Rechenschaft des Kaufmanns vor sich selbst.[69] Aber auch in großen Unternehmen und in Konzernen gewinnt die Finanzbuchführung als Instrument für eine interne Planung und Kontrolle des Unternehmens zunehmend an Be-

---

64 Vgl. LEFFSON, U., Bilanzanalyse, S. 28; SCHEIBE-LANGE, I., Informationsanforderungen der Gewerkschaften, S. 49-51; JACOBS, O. H., Bilanzanalyse, S. 73; KÜTING, K./WEBER, C.-P., Die Bilanzanalyse, S. 13; GRÄFER, H., Bilanzanalyse, S. 25.

65 Vgl. COENENBERG, A. G., Jahresabschluss und Jahresabschlussanalyse, S. 921; KÜTING, K./ WEBER, C.-P., Die Bilanzanalyse, S. 13.

66 Vgl. HELBLING, C., Bilanz- und Erfolgsanalyse, S. 16; GRÄFER, H., Bilanzanalyse, S. 25 f.

67 Vgl. KÜTING, K./WEBER, C.-P., Die Bilanzanalyse, S. 12; ähnlich HELBLING, C., Bilanz- und Erfolgsanalyse, S. 16.

68 Vgl. REHKUGLER, H./PODDIG, T., Bilanzanalyse, S. 8 und S. 10.

69 Vgl. LEFFSON, U., Die Grundsätze ordnungsmäßiger Buchführung, S. 111 f.; BAETGE, J./ KIRSCH, H.-J./THIELE, S., Bilanzen, S. 88.

deutung.[70] Der Grund für eine Renaissance des externen Rechnungswesens als Instrument der Unternehmensführung liegt in den Schwierigkeiten der Unternehmensleitung, die Ergebnisse des internen Rechnungswesens den Bereichsleitern glaubwürdig zu kommunizieren, sofern die Ergebnisse des externen Rechnungswesens davon abweichen.[71] Durch die interne Steuerung mit Hilfe von Daten des externen Rechnungswesens bzw. der Finanzbuchführung werden demgegenüber nach innen wie nach außen die gleichen Informationen und Signale gegeben.[72]

Bei einer Unternehmensführung auf der Basis des externen Rechnungswesens werden aus den Daten des Jahresabschlusses Kennzahlen, wie die Gesamtkapitalrentabilität oder der Return on Investment (ROI), gebildet, die den Unternehmenssparten und gegebenenfalls den Tochterunternehmen als Zielgröße vorgegeben werden.[73] Außerdem wird der noch nicht veröffentlichte Jahresabschluss durch die Unternehmensleitung danach untersucht, ob z. B. die Erwartungen von Gläubigern über vom Unternehmen einzuhaltende Bilanzrelationen (etwa bestimmte Kapitalstrukturregeln oder Kapitalbindungsregeln) eingehalten werden.[74] In der Praxis ergreift die Unternehmensleitung andernfalls im Rahmen der gesetzlich zugelassenen Bilanzierungswahlrechte und Ermessensspielräume[75] bilanzpolitische Maßnahmen[76], um die Ist-Bilanzrelationen so weit wie möglich an die erwünschten Soll-Bilanzrelationen anzupassen. Schließlich kann das bilanzierende Unternehmen selbst durch eine Analyse und einen Vergleich des eigenen Jahresabschlusses mit dem Jahresabschluss der stärksten Wettbewerber (Benchmarks) wichtige Erkenntnisse über die Stärken und Schwächen des eigenen Unternehmens gewinnen.[77]

Ein bedeutsamer Adressat und daher wichtiger potentieller Analytiker des Jahresabschlusses ist der **Aufsichtsrat** einer AG bzw. der Beirat oder Verwaltungsrat bei einer GmbH und anderen Unternehmensformen.[78] Bei Aktiengesellschaften gehört es zu den Grundsätzen ordnungsmäßiger Überwachung durch den Aufsichtsrat, den vom

---

70   Einen Überblick geben ORDELHEIDE, D., Bilanzen in der Investitionsplanung und -kontrolle, S. 507-534 und LORSON, P., Erfolgsrechnung und Überwachung in globalen Konzernen, S. 2505-2511.

71   Vgl. SIEFKE, M., Externes Rechnungswesen als Datenbasis der Unternehmenssteuerung, S. 12; ZIEGLER, H., Neuorientierung des internen Rechnungswesens, S. 179 f.

72   Vgl. MENN, B.-J., Die spartenorientierte Kapitalergebnisrechnung im Bayer-Konzern, S. 227 f.

73   Vgl. MENN, B.-J., Die spartenorientierte Kapitalergebnisrechnung im Bayer-Konzern, S. 227-229; SCHOTT, G., Kennzahlen, S. 15-23.

74   Vgl. REHKUGLER, H./PODDIG, T., Bilanzanalyse, S. 10; SCHNEIDER, D., Rechnungswesen, S. 220 f.

75   Vgl. zum Unterschied zwischen Bilanzierungswahlrechten und Ermessensspielräumen BAETGE, J./COMMANDEUR, D., in: Küting/Weber, HdR-E, 5. Aufl., § 264 HGB, Rn. 33-36.

76   Vgl. zur Bilanzpolitik BAETGE, J./BALLWIESER, W., Probleme einer rationalen Bilanzpolitik, S. 511 f. sowie ausführlich etwa die Monographien von HINZ, M., Sachverhaltsgestaltungen im Rahmen der Jahresabschlusspolitik, SCHEREN, M., Konzernabschlußpolitik und ZIESEMER, S., Rechnungslegungspolitik in IAS-Abschlüssen.

77   Vgl. HAUSCHILDT, J., Erfolgs-, Finanz- und Bilanzanalyse, S. 103; KÜTING, K./WEBER, C.-P., Die Bilanzanalyse, S. 14. Zum Benchmarking vgl. Kap. III Abschn. 53.

78   Vgl. hierzu KRÜGER, R., Der Jahresabschluß aus der Sicht des Aufsichtsrates, S. 269-296.

Abschlussprüfer geprüften Abschluss vor einer eventuellen gemeinsamen Feststellung des Jahresabschlusses durch Vorstand und Aufsichtsrat bzw. einer Billigung des Konzernabschlusses durch den Aufsichtsrat gründlich zu analysieren und sich dadurch ein umfassendes Bild von der wirtschaftlichen Lage des Unternehmens bzw. des Konzerns zu machen.[79]

Jahresabschluss und Lagebericht sind vor, während und nach der Abschlussprüfung Ziel zahlreicher Analysen durch den **Abschlussprüfer** und damit nicht nur Prüfungsobjekt, sondern auch eine wesentliche Informationsquelle. Der Abschlussprüfer muss gemäß § 322 Abs. 1 HGB im sog. **Bestätigungsvermerk** erklären, dass der Jahresabschluss nach seiner Beurteilung unter Beachtung der Grundsätze ordnungsmäßiger Buchführung ein den tatsächlichen Verhältnissen entsprechendes Bild der Vermögens-, Finanz- und Ertragslage vermittelt. Nach § 322 Abs. 2 Satz 2 HGB hat er zudem stets auf im Rahmen der Prüfung festgestellte Risiken, die den Fortbestand des geprüften Unternehmens gefährden, hinzuweisen. In diesem Zusammenhang ist auch die Regelung des § 322 Abs. 3 Satz 2 HGB zu sehen, die vom Abschlussprüfer in jedem Fall eine Aussage dazu verlangt, ob die Risiken der künftigen Entwicklung des Unternehmens im Lagebericht zutreffend dargestellt sind. Ferner muss der Abschussprüfer gemäß § 322 Abs. 3 Satz 1 HGB darauf eingehen, ob der Lagebericht insgesamt eine zutreffende Vorstellung von der wirtschaftlichen Lage des zu prüfenden Unternehmens vermittelt. Insofern muss sich der Abschlussprüfer durch geeignete Prüfungshandlungen selbst ein Bild von der tatsächlichen wirtschaftlichen Lage eines Unternehmens machen und dazu gehört eine eingehende Bilanzanalyse.

Darüber hinaus ist die Bilanzanalyse auch für den Prüfungsbericht von sehr hoher Bedeutung. Gemäß § 321 Abs. 1 Satz 2 und 3 HGB hat der Abschlussprüfer in seinem **Prüfungsbericht vorweg** zur **Beurteilung der wirtschaftlichen Lage** des Unternehmens oder Konzerns durch die gesetzlichen Vertreter Stellung zu nehmen. Hierbei ist vor allem auf die Beurteilung des Fortbestandes und der künftigen Entwicklung des Unternehmens bzw. des Konzerns einzugehen ("Vorwegbericht"). Außerdem hat der Abschlussprüfer im Prüfungsbericht über bei der Durchführung der Prüfung festgestellte Unrichtigkeiten oder Verstöße gegen gesetzliche Vorschriften sowie Tatsachen zu berichten, die den Bestand des geprüften Unternehmens oder des Konzerns gefährden oder seine Entwicklung wesentlich beeinträchtigen können oder die schwerwiegende Verstöße der gesetzlichen Vertreter oder von Arbeitnehmern gegen Gesetz, Gesellschaftsvertrag oder die Satzung des Unternehmens erkennen lassen. Auf diese Weise sollen der Aufsichtsrat und die Geschäftsführung des Unternehmens frühzeitig auf mögliche Risiken und Unternehmenskrisen aufmerksam gemacht werden. Aus diesem Grund muss der Abschlussprüfer frühzeitig über die wesentlichen Ursachen einer negativen Entwicklung des geprüften Unternehmens berichten.[80] Der Abschlussprüfer kann eine negative Entwicklung zusätzlich durch eine Gegenüber-

---

79   Vgl. POTTHOFF, E., Die Prüfung des Jahresabschlusses durch den Aufsichtsrat, S. 835-841; POTTHOFF, E., Überwachung durch den Aufsichtsrat, S. 35-38.

80   Vgl. PFITZER, N., Die Redepflicht des Abschlussprüfers, S. 163 f. und S. 167-170; BAETGE, J., Möglichkeiten der Objektivierung der Redepflicht, S. 6 f.

stellung von Kennzahlen, in denen Jahresabschlussdaten zueinander ins Verhältnis gesetzt werden, darstellen.[81] Durch die später noch zu behandelnden modernen Verfahren der Bilanzanalyse[82], die bereits erfolgreich bei der Kreditwürdigkeitsprüfung von Kreditinstituten aber auch bei der Abschlussprüfung eingesetzt werden, kann der Abschlussprüfer zusätzlich statistisch gestützt zwischen bestandsgefährdeten und nicht bestandsgefährdeten Unternehmen im Sinne seiner Berichtspflichten unterscheiden und ein objektiviertes Urteil über die Bestandsfestigkeit des geprüften Unternehmens abgeben.[83]

§ 321 Abs. 2 Satz 4 HGB verpflichtet den Abschlussprüfer, im **Prüfungsbericht** auf die **wesentlichen Bewertungsgrundlagen** und die **Ausübung der vorhandenen Bilanzierungs- und Bewertungsspielräume** einzugehen. Der Abschlussprüfer muss darstellen und erläutern, welchen Einfluss Änderungen in den Bewertungsgrundlagen auf die Vermögens-, Finanz- und Ertragslage des Unternehmens haben. In diesem Zusammenhang ist zum einen zu berichten, wie Bilanzierungs- und Bewertungswahlrechte ausgeübt wurden, und zum anderen darauf einzugehen, wie Ermessensspielräume und sachverhaltsgestaltende Maßnahmen genutzt wurden und welchen Einfluss sie auf die Darstellung der Vermögens-, Finanz- und Ertragslage haben. Besonders bei schlechter wirtschaftlicher Lage ist der Abschlussprüfer aufgrund dieser Regelung gezwungen, zur Bilanzpolitik des Unternehmens Stellung zu nehmen.[84] Die umfassende Analyse des Abschlusses durch den Abschlussprüfer stellt demzufolge eine unabdingbare Voraussetzung dar, um dieser problemorientierten Berichterstattung im Prüfungsbericht gerecht werden zu können.

Schließlich benötigt der Abschlussprüfer die Bilanzanalyse, um die **Prüfungsschwerpunkte** und den **Prüfungsumfang einzelner Prüfungsfelder** zu bestimmen.[85] Bei einer Jahresabschlussprüfung werden nach dem Grundsatz der Wirtschaftlichkeit[86] nicht alle Geschäftsvorfälle eines Unternehmens lückenlos geprüft, sondern es wird meist stichprobenartig geprüft, ob der Jahresabschluss im Wesentlichen ordnungsmäßig ist. Art und Umfang der Prüfungshandlungen werden nach dem sog. risikoorientierten Prüfungsansatz festgelegt. Dem risikoorientierten Prüfungsansatz folgend hat der Abschlussprüfer durch Risikoüberlegungen den Prüfungsschwerpunkt und den Prüfungsumfang für einzelne Prüfungsfelder festzulegen, d. h., er bestimmt, ob ein Prüfungsfeld durch eine Vollprüfung aller Geschäftsvorfälle oder durch eine Auswahlprüfung geprüft wird.[87] Ein Prüfungsfeld ist dabei als Zusammenfassung mehrerer gleichartiger Sachverhalte zu verstehen, die in einem sachlichen Zusammenhang ste-

---

81 Vgl. IDW, Grundsätze ordnungsmäßiger Berichterstattung bei Abschlussprüfungen, S. 1136; CLEMM, H., Jahresabschlußanalyse, S. 68-75.

82 Vgl. hierzu Kap. VII Abschn. 4.

83 Vgl. BAETGE, J., Früherkennung negativer Entwicklungen, S. 651-665; BAETGE, J., Möglichkeiten der Objektivierung der Redepflicht, S. 12-34.

84 Vgl. BT-Drucksache 14/8769, S. 28.

85 Vgl. CLEMM, H., Jahresabschlußanalyse, S. 76 f.; SCHEFFELS, R., Fuzzy-Logik in der Jahresabschlußprüfung, S. 20-34.

86 Zur Wirtschaftlichkeit in der Abschlussprüfung vgl. MARTEN, K.-U./QUICK, R./RUHNKE, K., Wirtschaftsprüfung, S. 151.

hen und bei denen die gleichen Prüfungshandlungen vorzunehmen sind.[88] Eine auf der Basis der Bilanzanalyse aufgestellte Prüfungshypothese, etwa für das Prüfungsfeld Vorräte, könnte lauten: „Ist die Umschlaghäufigkeit des Vorratsvermögens gering, so besteht ein hohes Risiko hinsichtlich der Werthaltigkeit der Vorräte.“[89] Aus der Prüfungshypothese für ein Prüfungsfeld sind dann entsprechende Prüfungshandlungen abzuleiten, die eine Beurteilung der Hypothese als „richtig“ oder „falsch“ erlauben sollen.

Großaktionäre und **Großkreditgeber**, d. h. vor allem institutionelle Anleger wie Banken und Versicherungen, aber auch Vertreter eines herrschenden Mutterunternehmens, sind häufig entweder im Aufsichtsrat vertreten oder verfügen aufgrund ihrer rechtlichen oder wirtschaftlichen Position über Informationen, die den Informationen eines Aufsichtsrates nahezu gleichwertig sind. Großaktionäre und Großkreditgeber analysieren den Jahresabschluss mit dem Ziel, Informationen über die wirtschaftliche Lage des betreffenden Unternehmens zu erhalten.[90] Ist der Großaktionär zugleich Mutterunternehmen, so dient die Bilanzanalyse der Kontrolle, ob die vom Mutterunternehmen vorgegebenen finanziellen Ziele – z. B. ein bestimmter Mindest-ROI – erreicht wurden.

Die **Finanzverwaltung** hat gemäß §§ 93-100 AO Auskunftsrechte, die über die Rechte eines externen Jahresabschlussadressaten hinausgehen. Außerdem müssen der Finanzverwaltung z. B. bei einer Außenprüfung i. S. d. §§ 193-203 AO unternehmensinterne Informationsquellen zugänglich gemacht werden. Aus diesen Gründen zählt die Finanzverwaltung zu den Adressaten eines handelsrechtlichen Jahresabschlusses. Die handelsrechtliche Bilanz und Gewinn- und Verlustrechnung ist über die in § 5 Abs. 1 EStG kodifizierte Maßgeblichkeit und umgekehrte Maßgeblichkeit mit der steuerlichen Bilanz und steuerlichen Gewinn- und Verlustrechnung verknüpft.[91] Die Finanzverwaltung analysiert daher den Jahresabschluss mit dem Ziel, Informationen über den tatsächlich erzielten, aus dem Jahreserfolg abgeleiteten steuerpflichtigen Gewinn zu erhalten.[92] Auch bei der Feststellung der Prüfungsbedürftigkeit von Unternehmen nach §§ 193-203 AO haben sich die oben genannten, modernen statistischen Verfahren der externen Bilanzanalyse bewährt.[93]

---

87 Vgl. STIBI, E., Prüfungsrisikomodell und risikoorientierte Abschlussprüfung, S. 34; BAETGE, J., Der risikoorientierte Prüfungsansatz, S. 3-5; MOCHTY, L., Theoretische Fundierung des risikoorientierten Prüfungsansatzes, S. 731-780.

88 Vgl. LEFFSON, U., Wirtschaftsprüfung, S. 162 f.

89 SCHEFFELS, R., Fuzzy-Logik in der Jahresabschlußprüfung, S. 34.

90 Vgl. REHKUGLER, H./PODDIG, T., Bilanzanalyse, S. 10.

91 Vgl. zur Maßgeblichkeit und zur Umkehrmaßgeblichkeit VOGT, S., Die Maßgeblichkeit des Handelsbilanzrechts für die Steuerbilanz; BÖRNER, D., Bilanzpolitik im Spannungsfeld der Jahresabschlußaufgaben, S. 165-170; BAETGE, J./KIRSCH, H.-J./THIELE, S., Bilanzen, S. 160-162. Zur Zukunft der Maßgeblichkeit vgl. HERZIG, N., Zukunft der steuerlichen Gewinnermittlung, S. 43-82.

92 Vgl. JACOBS, O. H., Bilanzanalyse, S. 2.

93 Vgl. STIBI, B., Statistische Jahresabschlußanalyse als Instrument der steuerlichen Betriebsprüfung, S. 164-213; BAETGE, J., U. A., Die Auswahl prüfungsbedürftiger Betriebe im Rahmen der steuerlichen Außenprüfung, S. 585-594.

Aus der Vielzahl der potentiellen Bilanzanalytiker resultiert eine Vielzahl von Informationswünschen mit einem unterschiedlichen Detaillierungsgrad, was eine Vielzahl von Instrumenten (Kennzahlen) nach sich zieht. Die **grundsätzliche Vorgehensweise bei der Bilanzanalyse** unterscheidet sich bei den potentiellen Bilanzanalytikern indes kaum. Sie wird im Folgenden dargestellt.

4 Die Konzeption der Bilanzanalyse

41 Überblick

Zur besseren Strukturierung der sich dem Bilanzanalytiker stellenden Aufgaben werden im Folgenden sieben Schritte der Bilanzanalyse unterschieden. Diese sieben Schritte werden in Übersicht I-6 dargestellt:

- In einem **ersten Schritt** muss der Bilanzanalytiker das Ziel seiner Bilanzanalyse festlegen. Das Analyseziel bildet die Grundlage für die weitere Analyse.

- Im **zweiten Schritt** muss er sich einen Überblick über die konstitutiven Sachverhalte und die wirtschaftlichen Rahmenbedingungen des Unternehmens verschaffen. Aufgrund der im zweiten Schritt gewonnenen Ergebnisse kann der Bilanzanalytiker einerseits seine weitere Vorgehensweise festlegen und andererseits die Analyseergebnisse später besser interpretieren.[94]

- Die häufig umfangreichen und durch bilanzpolitische Maßnahmen verzerrten bzw. gestalteten Angaben im Jahresabschluss und Lagebericht sind in einem **dritten Schritt** vollständig und in der ursprünglichen Form zu erfassen. Der Jahresabschluss ist in ein einheitliches und umfassendes Erfassungsschema für Bilanz und Gewinn- und Verlustrechnung zu überführen, so dass das durch eine Bilanzanalyse angestrebte Informationsziel – vor allem eine bessere Vergleichbarkeit der Jahresabschlüsse – erreicht wird. Darüber hinaus sind die für die Bilanzanalyse relevanten Informationen aus Anhang und Lagebericht gesondert als Zusatzinformationen zu dokumentieren.

- In einem **vierten Schritt** werden die Daten zu Kennzahlen verdichtet, die eine Analyse der Unternehmenssituation erst erlauben. Bei der Kennzahlenbildung muss versucht werden, bilanzpolitische Maßnahmen durch Bildung kreativer Kennzahlen zu konterkarieren. Zu jeder Kennzahl ist eine Hypothese zu formulieren, die angibt, ob ein hoher Wert der betreffenden Kennzahl tendenziell positiv oder negativ im Hinblick auf das zu gewinnende Urteil über das Unternehmen ist.

- Außerdem müssen im **fünften Schritt** aus dem großen potentiellen Kennzahlenkatalog Kennzahlen für die Analyse ausgewählt werden.

- Die im fünften Schritt ausgewählten Kennzahlen werden in einem **sechsten Schritt** in einem Zeit-, Betriebs- oder Soll-Ist-Vergleich beurteilt.

---

94 Vgl. GRÄFER, H., Bilanzanalyse, 7. Aufl., S. 51.

■ In einem letzten und **siebten Schritt** muss der Bilanzanalytiker die durch die vorangegangenen Kennzahlenvergleiche gewonnenen Informationen unter Berücksichtigung der wirtschaftlichen und rechtlichen Rahmenbedingungen des analysierten Unternehmens interpretieren und zu einem Gesamturteil über die wirtschaftliche Lage zusammenfassen. Die Kennzahlen werden dabei gewichtet und zu einem Gesamturteil aggregiert.

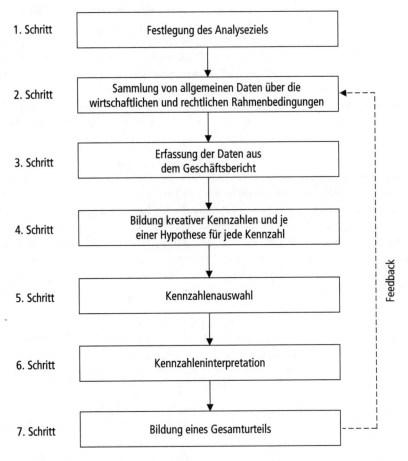

Übersicht I-6:   *Die sieben Schritte der Bilanzanalyse*

Schon hier sei angemerkt, dass diese sieben Schritte nicht immer überschneidungsfrei sind und in der Praxis unter Umständen auch in einer anderen Reihenfolge und mit Wiederholungen von vorherigen Schritten vorgenommen werden können.

42   Festlegung des Analyseziels

Am Anfang jeder Bilanzanalyse muss der Bilanzanalytiker das Ziel seiner Analyse formulieren. Hierunter versteht man, dass der Bilanzanalytiker festlegt, zu welcher konkreten Fragestellung er mittels der Bilanzanalyse Aussagen treffen möchte. Dieser erste Schritt ist von grundlegender Bedeutung für die weitere Vorgehensweise bei der Analyse. Bei jedem der folgenden sechs Schritte muss der Bilanzanalytiker dazu seine Vorgehensweise am Analyseziel ausrichten. Dieser Grundsatz wird als **Prinzip der Analysezielorientierung** bezeichnet. Je nach Analyseziel werden sich dabei die Aufgaben des Bilanzanalytikers unterscheiden. Beispielsweise werden nur die Daten über die wirtschaftlichen und rechtlichen Rahmenbedingungen gesammelt, die im Hinblick auf das Analyseziel relevant sind. Ferner muss der Bilanzanalytiker bei seiner Analyse die Kennzahlen „gezielt" auswählen, d. h., er wertet nur jene Kennzahlen aus, die Aussagen hinsichtlich des Analyseziels ermöglichen. Ein klares Analyseziel zu formulieren stellt somit einen wesentlichen Bestandteil der Konzeption der Bilanzanalyse dar.

Grundsätzlich ist es das Ziel der Bilanzanalyse, entscheidungsrelevante Informationen über die gegenwärtige wirtschaftliche Lage und die künftige wirtschaftliche Entwicklung des Unternehmens zu gewinnen. Zu beachten ist dabei indes, dass die **unterschiedlichen Interessengruppen unterschiedliche Entscheidungen** zu treffen haben und daher einen Abschluss mit unterschiedlichen Zielsetzungen analysieren. Bestimmt der Bilanzanalytiker das Ziel seiner Analyse, muss er sich darüber im Klaren sein, welche Entscheidung er zu treffen hat und welche Informationen für seine persönliche Entscheidungssituation relevant sind. Das Ziel der Bilanzanalyse hängt folglich von der konkret zu treffenden Entscheidung ab. Das oben allgemein formulierte Ziel, entscheidungsrelevante Informationen über die wirtschaftliche Lage zu gewinnen, ist daher für die verschiedenen Interessenten der Bilanzanalyse näher zu konkretisieren. Je nach Interessenlage des Analysten ergeben sich unterschiedliche Zielausprägungen, wie die Analyse der Ertragslage, die Analyse der Bestandsfestigkeit, die Analyse des Unternehmenswachstums oder auch spezielle Zielausprägungen, wie die Analyse der Personalpolitik.[95]

Eigenkapitalgeber streben beispielsweise danach, einen möglichst hohen Einkommensstrom zu erzielen.[96] Um dieses Ziel zu erreichen, bieten sich ihnen grundsätzlich zwei Möglichkeiten:

- Anteile zu kaufen bzw. weiter zu halten. Das Unternehmen wird in diesem Fall als Einkommensquelle fortgeführt.

- Anteile zu verkaufen bzw. das gesamte Unternehmen zu liquidieren. Die Eigenkapitalgeber ziehen so ihr Kapital aus dem Unternehmen. Frei werdende finanzielle Mittel können in eine alternative, profitablere Anlage überführt werden.

---

95   Vgl. SCHULT, E., Bilanzanalyse, S. 6.

96   Vgl. LEFFSON, U., Bilanzanalyse, S. 25.

Ob ein Eigenkapitalgeber weiter in ein Unternehmen investiert, richtet sich demzufolge danach, wie hoch der – aus den künftigen Zahlungsströmen resultierende – Unternehmenswert ist. Aus diesem Grund stellt die **Analyse der Ertragslage**, vor allem die Analyse der Rentabilität des eingesetzten Kapitals, für einen Eigenkapitalgeber das **Primärziel** bei der Bilanzanalyse dar. Die Analyse der Finanzlage, anhand der man Informationen erlangt, wie sicher die Verdienstquelle „Unternehmen" ist, wird daher für einen Eigenkapitalgeber eher als Sekundärziel anzusehen sein.[97]

Fremdkapitalgeber treffen dagegen Entscheidungen über Kreditengagements. In diesem Zusammenhang sind für einen Fremdkapitalgeber zwei Fragen von besonderer Bedeutung:

- Kann einem Unternehmen ein Kredit gewährt werden?
- Inwieweit ist das Unternehmen in der Lage, künftig seinen Verpflichtungen aus bestehenden bzw. neuen Kreditverhältnissen nachzukommen?[98]

Die Entscheidungssituation der Fremdkapitalgeber unterscheidet sich somit grundlegend von der Entscheidungssituation der Eigenkapitalgeber. Fremdkapitalgeber suchen Informationen darüber, ob die Unternehmung ihre Verbindlichkeiten ihnen gegenüber voraussichtlich fristgerecht erfüllen kann.[99] Der Fremdkapitalgeber möchte sich ein Urteil über den Grad der Bestandsfestigkeit bzw. den Gesundheitszustand eines Unternehmens bilden. Besteht ein **kurzfristiges Kreditverhältnis**, ist die Analyse der **Finanzlage als primäres Analyseziel** eines Fremdkapitalgebers anzusehen. Er ist dann besonders daran interessiert, Informationen über die kurzfristige Liquidität zu erlangen. Informationen zur Ertragslage sind für ihn in diesem Fall sekundär. Dagegen wird ein langfristiges Kreditverhältnis bei einer langfristig sicheren Finanzlage nur zustande kommen, wenn auch eine langfristig stabile Ertragslage gegeben ist, d. h., das Unternehmen langfristig Gewinne erzielt. Deshalb legt der Fremdkapitalgeber im Fall eines **langfristigen Kredits** sein Hauptaugenmerk bei seiner Bilanzanalyse auf die **Analyse der Ertragslage**. Demzufolge unterscheiden sich bei langfristigen und kurzfristigen Krediten die Analyseziele eines Fremdkapitalgebers.

Wie für die Eigenkapitalgeber und Fremdkapitalgeber gezeigt wurde, führt die Konkretisierung der Ziele durch den Bilanzanalytiker im Ergebnis i. d. R. zu einer individuellen **Hierarchie der Analyseziele**. Das im ersten Schritt formulierte Ziel der Bilanzanalyse bzw. die Zielhierarchie ist für die gesamte weitere Analyse übergreifend zu beachten. Das bedeutet indes nicht, dass das Analyseziel bzw. die Zielhierarchie endgültig festgelegt ist. So kann es sein, dass der Bilanzanalytiker Erkenntnisse oder Informationen erlangt, die es verlangen, das Ziel bzw. die Zielhierarchie zu modifizieren oder gar neu zu formulieren.[100]

---

97 Zur Gewichtung der ökonomischen Ziele vgl. BAETGE, J./KIRSCH, H.-J./THIELE, S., Bilanzen, S. 6 f.

98 Vgl. BALLWIESER, W., Die Analyse von Jahresabschlüssen nach neuem Recht, S. 60.

99 Vgl. LEFFSON, U., Bilanzanalyse, S. 27.

100 Vgl. SCHULT, E., Bilanzanalyse, S. 38.

Mit den im Folgenden dargestellten Methoden der Bilanzanalyse können auch **andere Analyseziele** verfolgt werden als das Ziel, entscheidungsrelevante Informationen über die gegenwärtige wirtschaftliche Lage und die künftige wirtschaftliche Entwicklung eines Unternehmens zu gewinnen. Bei diesen Analysen, welche sich lediglich des Instrumentariums der herkömmlichen Bilanzanalyse bedienen, handelt es sich indes nicht um „Bilanzanalysen" i. S. d. von uns verwendeten Definition. Die zu untersuchende Fragestellung bezieht sich bei diesen hier nicht betrachteten Analysen weder auf die wirtschaftliche Lage noch auf die künftige Entwicklung des Unternehmens. Ein – von der Definition des Begriffs Bilanzanalyse abweichendes – Analyseziel wird z. B. zugrunde gelegt, wenn die **Jahresabschlussanalyse als Instrument der steuerlichen Betriebsprüfung** eingesetzt wird.[101] Zur Sicherung einer gleichmäßigen und gesetzmäßigen Erhebung der Steuern werden von Seiten der Finanzverwaltung sog. Betriebsprüfungen durchgeführt. Bei diesen Betriebsprüfungen werden die Besteuerungsgrundlagen „vor Ort", also beim Steuerpflichtigen selbst, geprüft. Da die Finanzverwaltung bei weitem nicht in der Lage ist, alle steuerpflichtigen Betriebe auch nur annähernd lückenlos zu prüfen, ist sie gezwungen, aus den insgesamt vorhandenen Betrieben die prüfungsbedürftigen Betriebe auszuwählen. Aus Sicht des Fiskus ist ein Betrieb prüfungsbedürftig, wenn zu vermuten ist, dass er Steuern hinterzogen hat. Mittels einer speziellen Analyse des Jahresabschlusses verfolgt die Finanzverwaltung das Ziel, jene Betriebe für eine Betriebsprüfung zu identifizieren, die Steuern hinterzogen haben könnten und somit prüfungsbedürftig sind. Eine solche Zielrichtung einer Analyse des Jahresabschlusses basiert auf der Annahme, dass sich die individuelle Prüfungsbedürftigkeit eines Betriebs in den Jahresabschlüssen bzw. Jahresabschlusskennzahlen niederschlägt und demzufolge Unterschiede in den Kennzahlenwerten prüfungsbedürftiger und nicht prüfungsbedürftiger Betriebe zu erkennen sind.[102] Das Ziel, durch die Analyse eines Jahresabschlusses Indizien dafür zu erlangen, ob ein Unternehmen Steuern hinterzogen hat, unterscheidet sich grundlegend von dem Ziel der herkömmlichen Bilanzanalyse, Kenntnisse über die wirtschaftliche Lage und künftige Entwicklung eines Unternehmens zu erlangen. Die Jahresabschlussanalyse als Instrument der steuerlichen Betriebsprüfung stellt folglich keine Bilanzanalyse i. S. d. von uns verwendeten Definition dar.

Die vorangegangenen Erörterungen zum Ziel der Bilanzanalyse haben gezeigt, dass die verschiedenen Interessenten der Bilanzanalyse – entsprechend ihrer persönlichen Entscheidungssituation – bei der Analyse des Abschlusses unterschiedliche Analyseschwerpunkte setzen. Die nachfolgenden Methoden der Bilanzanalyse werden indes losgelöst von den verschiedenen Interessenten der Bilanzanalyse dargestellt. Entsprechend unterstellen wir, dass alle Bilanzanalytiker ein gemeinsames Analyseziel verfolgen. Dieses gemeinsame Analyseziel aller Bilanzanalytiker ergibt sich aus der allgemeinen Definition des Begriffs Bilanzanalyse, wonach darauf abgezielt wird, Informationen über die wirtschaftliche Lage und die künftige Entwicklung eines Unterneh-

---

101 Zu einer solchen Analyse vgl. ausführlich STIBI, B., Statistische Jahresabschlußanalyse als Instrument der steuerlichen Betriebsprüfung.

102 Vgl. STIBI, B., Statistische Jahresabschlußanalyse als Instrument der steuerlichen Betriebsprüfung, S. 53.

mens zu gewinnen. Mit LEFFSON verstehen wir unter der wirtschaftlichen Lage die Fähigkeit des Unternehmens, die Unternehmensziele künftig zu erreichen.[103] Diese Unternehmensziele sind indes von Unternehmen zu Unternehmen unterschiedlich. Kleinster gemeinsamer Nenner der Unternehmensziele aller erwerbswirtschaftlichen Unternehmen ist aber – unausgesprochen – die Fortführung des Unternehmens, denn ohne eine Fortführung des Unternehmens können die speziellen darüber hinausgehenden Unternehmensziele nicht erreicht werden.[104] Um die Beurteilung der wirtschaftlichen Lage operational zu machen, verkürzen wir die Bilanzanalyse im Folgenden auf die Frage, ob das zu analysierende Unternehmen zu einer Fortführung der Unternehmenstätigkeit in der Lage ist, d. h., wir ermitteln die **Bestandsfestigkeit des Unternehmens**. Sofern im Folgenden nichts anderes gesagt wird, gehen wir von dem Analyseziel „Bestandsfestigkeit" aus.

43 Sammlung von allgemeinen Daten über die wirtschaftlichen und rechtlichen Rahmenbedingungen

Nachdem der Bilanzanalytiker das Ziel der Analyse festgelegt hat, sind im folgenden Schritt die wirtschaftlichen und rechtlichen Rahmenbedingungen des Unternehmens bzw. des Konzerns zu untersuchen.[105] Bei einer umfassenden Analyse sind Informationen über die folgenden **wirtschaftlichen Rahmenbedingungen** zu beschaffen:

- Makroökonomische Entwicklung (z. B. Währungsparitäten, Zinsen, Inflation, gesamtwirtschaftliche Konjunktur, Branchenkonjunktur),
- Konkurrenz- und Branchenverhältnisse,
- Produktions- und Absatzprogramm,
- Kundenstruktur,
- Alter des Unternehmens,
- Größe des Unternehmens,
- Beschaffungsmärkte und Absatzmärkte sowie
- Beschäftigtenzahl.

Zu den **rechtlichen Rahmenbedingungen** zählen vor allem:

- Rechtsform der Gesellschaft,
- Zusammensetzung der Gesellschaftsorgane,
- Beziehungen zu verbundenen Unternehmen und
- rechtliche Verhältnisse auf den Absatz- und Beschaffungsmärkten.

---

103 Vgl. LEFFSON, U., Bilanzanalyse, S. 36 f.

104 Vgl. BAETGE, J./FEIDICKER, M., Vermögens- und Finanzlage, Sp. 2089 f.

105 Vgl. BAETGE, J./KÖSTER, H., Grundzüge der Bilanzanalyse, S. 389; GRÄFER, H., Bilanzanalyse, S. 34 f. Vgl. ausführlich zu den wirtschaftlichen und rechtlichen Rahmenbedingungen eines Unternehmens RIEBELL, C., Die Praxis der Bilanzauswertung, S. 298-302.

Falls das Unternehmen einen Geschäftsbericht veröffentlicht, lässt sich dem Anhang und dem Lagebericht bereits der überwiegende Teil der Informationen zu den wirtschaftlichen und rechtlichen Rahmenbedingungen entnehmen, da diese Daten häufig über die gesetzlichen Vorschriften hinaus im Anhang und im Lagebericht (§§ 284-289 HGB) angegeben werden. Die Aussagekraft der im Geschäftsbericht gegebenen Informationen über die wirtschaftlichen und rechtlichen Rahmenbedingungen des zu analysierenden Unternehmens bzw. Konzerns ist indes oft unzureichend, d. h., der Bilanzanalytiker erhält i. d. R. nicht die insgesamt erforderlichen Informationen, die für eine sorgfältige Analyse notwendig sind. Allerdings gehen immer mehr Unternehmen bzw. Konzerne angesichts des Drucks vor allem internationaler Kapitalanleger zu einer offeneren und systematischeren Finanzkommunikation mit den Aktionären über; Schlagworte wie „Investor Relations" und „Shareholder Value" stehen für diesen Trend. Zugleich belegen empirische Studien[106], dass sich die Qualität der Geschäftsberichterstattung der großen Börsenunternehmen in Deutschland über einen längeren Zeitraum betrachtet deutlich verbessert hat. Allerdings sind einerseits auch große Unternehmen in vielen Publizitätsbereichen von einer an den Ansprüchen der Geschäftsberichtadressaten gemessenen zufrieden stellenden Berichterstattung noch entfernt[107], und andererseits berichten kleinere Unternehmen verglichen mit großen Unternehmen im Geschäftsbericht deutlich schlechter.

Als weitere Informationsquellen dienen auch das Handelsregister, die Tagespresse, Verbandspublikationen, Branchendienste, Forschungseinrichtungen, die Veröffentlichungen des Statistischen Bundesamtes und der Deutschen Bundesbank sowie die Geschäftsberichte der Konkurrenzunternehmen. Qualitative Informationen über die wirtschaftlichen und rechtlichen Rahmenbedingungen lassen sich darüber hinaus sog. **Handelsauskünften** entnehmen, wie sie der VERBAND DER VEREINE CREDITREFORM (VVC)[108] oder DUN & BRADSTREET[109] anbieten.[110] Die Auskunfteien stellen Informationen über Handelsregistereintragungen wie

■ Rechtsform und Gründungsjahr,

---

106 Vgl. vor allem die Studie zur Lageberichterstattung von KRUMBHOLZ aus dem Jahre 1994 (Geschäftsberichte 1991), die Studie von ARMELOH zur Anhangberichterstattung aus dem Jahre 1998 (Geschäftsberichte 1995) sowie die Studie der C&L DEUTSCHE REVISION AG (Konzernabschlüsse 1995): KRUMBHOLZ, M., Die Qualität publizierter Lageberichte; ARMELOH, K.-H., Die Berichterstattung im Anhang; C&L DEUTSCHE REVISION AG (Hrsg.), Konzernabschlüsse '95. Im Überblick vgl. etwa die empirischen Erhebungen in BAETGE, J./ARMELOH, K.-H./SCHULZE, D., Anforderungen an die Geschäftsberichterstattung, S. 176-180; BAETGE, J./ARMELOH, K.-H./SCHULZE, D., Empirische Befunde über die Qualität der Geschäftsberichterstattung, S. 212-219; BAETGE, J./BRÖTZMANN, J., Geschäftsberichterstattung, S. 9-39. Zur Berichterstattung mittelgroßer Kapitalgesellschaften vgl. BALLWIESER, W./HÄGER, R., Jahresabschlüsse mittelgroßer Kapitalgesellschaften. Zu einer empirischen Studie über die IAS-Abschlüsse von 100 börsennotierten Unternehmen vgl. KEITZ, I. VON, Praxis der IASB-Rechnungslegung.

107 Zur Qualität der Berichterstattung im Prognose- und Risikobericht vgl. BAETGE, J./NOELLE, J., Shareholder-Value-Reporting, S. 179 f.

108 Vgl. VVC (Hrsg.), Die Wirtschaftsauskunftei.

109 Vgl. DUN & BRADSTREET DEUTSCHLAND GMBH (Hrsg.), Update.

110 Zu den Aufgaben einer Wirtschaftsauskunftei vgl. FISCHER, O., Die Handelsauskunftei, S. 9.

- Zweck der Gesellschaft,
- (vertretungsberechtigte) Gesellschafter,
- Gesellschaftsanteil und Kapitaleinlagen sowie
- Geschäftsführer und Prokuristen

zur Verfügung.

Darüber hinaus werden von den Auskunfteien unter anderem auch folgende Informationen bereitgehalten:

- Unternehmensentwicklung,
- Auftragslage,
- Beschäftigenzahl,
- Jahresumsatz der vergangenen Jahre,
- Verkehrswert der Immobilien,
- Zahlungsweise,
- Ort der Niederlassungen sowie
- Bankverbindungen.

Mit Hilfe der Informationen zu den wirtschaftlichen und rechtlichen Rahmenbedingungen muss sich der Bilanzanalytiker zunächst ein Bild von dem zu analysierenden Unternehmen im Sinne eines Vorverständnisses machen. Dieses Bild wird durch die in den folgenden Schritten dargestellte eigentliche Bilanzanalyse vervollständigt. Später muss der Bilanzanalytiker bei der Interpretation der ermittelten Kennzahlen auf die in diesem zweiten Schritt der Bilanzanalyse gewonnenen Informationen zurückgreifen oder diese noch ergänzen, falls er durch die eigentliche Bilanzanalyse Hinweise auf Informationsmängel bez. der wirtschaftlichen und rechtlichen Rahmenbedingungen erhält.

44   Erfassung der Daten aus dem Geschäftsbericht

Das durch eine externe Bilanzanalyse zu gewinnende Urteil über die wirtschaftliche Lage eines Unternehmens hängt entscheidend von der Qualität des verfügbaren Datenmaterials, also von den Angaben im Jahresabschluss und Lagebericht bzw. im Geschäftsbericht, ab. Bei der Erfassung sind diese Angaben aus dem originären Jahresabschluss und Lagebericht bzw. Geschäftsbericht in einem einheitlichen **Erfassungsschema** für Bilanz (analog zu § 266 HGB) und GuV (analog zu § 275 HGB) zu erfassen.[111] Informationen, die nicht im Erfassungsschema abgebildet werden können, obwohl sie möglicherweise für die spätere Analyse des Abschlusses relevant sind, wer-

---

111 Hinweis: Das Ergebnis einer solchen einheitlichen Erfassung gemäß dem von uns entwickelten Schema findet sich für das im Buch durchgehend herangezogene Beispiel zum Konzernabschluss des Philipp Holzmann Konzerns für die Jahre 1994 und 1995 im Anhang 3 dieses Buches.

den in einem gesonderten Teil des Erfassungsschemas als **Zusatzinformationen** erfasst.[112] Als Zusatzinformationen werden beispielsweise Angaben zu den Bilanzierungs- und Bewertungsmethoden erfasst.

Ziel der Erfassung ist es, soweit möglich, erkennbare Informationsmängel des Jahresabschlusses zu beheben und den Jahresabschluss für Vergleiche und damit für eine weitergehende Auswertung durch den Bilanzanalytiker vorzubereiten. Nur wenn erkennbare – und insofern korrigierbare – Unterschiede in den Jahresabschlüssen verschiedener Perioden oder verschiedener Unternehmen durch eine vollständige Erfassung aller entscheidungsrelevanten Informationen beseitigt werden (**Grundsatz der Vollständigkeit der Datenerfassung**), ist der Bilanzanalytiker in der Lage, akzeptable Zeitvergleiche, Unternehmensvergleiche und Soll-Ist-Vergleiche durchzuführen.[113] Zu beachten ist dabei, dass die im Erfassungsschema vollständig und einheitlich erfassten Daten mit den ursprünglichen Informationen aus Jahresabschluss und zusätzlichem Datenmaterial übereinstimmen müssen (**Grundsatz der Ursprünglichkeit des Datenmaterials**).

Der originäre Jahresabschluss wird bei der Erfassung im Erfassungsschema für Bilanz und GuV zunächst in einer ersten Datenspalte originalgetreu erfasst, damit der Bilanzersteller seinen Abschluss wieder erkennt. Indes wird der Jahresabschluss in einer zweiten Umbuchungsspalte hinsichtlich des Ausweises einzelner Jahresabschlussposten modifiziert. Beispielsweise wird eine Modifikation vorgenommen, sofern ausstehende Einlagen auf das gezeichnete Kapital auf der Aktivseite gemäß § 272 Abs. 1 Satz 2 HGB ausgewiesen werden. Diese auf der Aktivseite ausgewiesenen ausstehenden Einlagen haben nämlich den Charakter eines Korrekturpostens zum Eigenkapital und werden daher in einer separaten Spalte des Erfassungsschemas in das Eigenkapital umgegliedert. Der originäre Abschluss wird somit „modifiziert". Bei einer solchen **Modifikation** werden also Bilanzposten des originären Jahresabschlusses umgegliedert, um diese Bilanzposten – abweichend von den handelsrechtlichen Gliederungsvorschriften – entsprechend ihrem wirtschaftlichen Charakter im Erfassungsschema für Bilanz und GuV auszuweisen.[114] Mit diesen Modifikationen verstößt der Bilanzanalytiker nicht gegen den Grundsatz der Ursprünglichkeit, da sämtliche Primär-Informationen des originären Abschlusses in der ersten Datenspalte des Erfassungsschemas stehen. Wesentliches Merkmal einer Modifikation ist, dass es sich um „Standard"-Umgliederungen von Bilanzposten des originären Abschlusses handelt, welche der Bilanzanalytiker bei jedem zu erfassenden Abschluss vornehmen muss. Modifikationen werden nicht vorgenommen, um gezielt auf die individuelle Bilanzpolitik eines Unternehmens zu reagieren. Die Modifikation des originären Jahresabschlusses ist eine reine Maßnahme der Vereinheitlichung des Datenmaterials.

---

112 Vgl. hierzu ausführlich Kap. II Abschn. 12.
113 Vgl. VODRAZKA, K., Vergleichsrechnungen, Sp. 2002.
114 Vgl. hierzu ausführlich Kap. II Abschn. 12.

Von den Modifikationen zu unterscheiden sind Saldierungen und Umstrukturierungen. Diese gehen über die bei der Erfassung des Jahresabschlusses zu berücksichtigenden „Standard"-Modifikationen hinaus. Saldierungen und Umstrukturierungen einzelner Bilanzposten werden noch nicht auf der Stufe der Erfassung der Daten (dritter Schritt der Bilanzanalyse), sondern erst bei der Bildung von kreativen Kennzahlen im vierten Schritt der Bilanzanalyse durchgeführt. Beispielsweise sollten bei der Erfassung des Jahresabschlusses nicht, wie bei anderen Erfassungsmethoden[115] üblich, die von einem Unternehmen gemäß § 269 HGB als Bilanzierungshilfe aktivierten Aufwendungen für die Ingangsetzung und Erweiterung des Geschäftsbetriebs schon bei der Erfassung der Jahresabschlusszahlen mit dem Eigenkapital saldiert werden. Das Wahlrecht zur Aktivierung der Bilanzierungshilfe gemäß § 269 HGB wird von Unternehmen in Phasen der Ingangsetzung oder Erweiterung des Geschäftsbetriebs in Anspruch genommen, um beispielsweise einen Verlustausweis, eine Unterbilanz oder eine formelle Überschuldung zu vermeiden. Aktiviert ein Unternehmen Aufwendungen für die Ingangsetzung und Erweiterung des Geschäftsbetriebs, handelt es sich folglich um ein eher ertragschwaches Unternehmen. Durch die Saldierung mit dem Eigenkapital würde diese wichtige Primär-Information über die wirtschaftliche Lage des Unternehmens vernichtet und könnte bei der folgenden Analyse des Jahresabschlusses – gestützt auf das Erfassungsschema – nicht mehr erkannt werden. Der Bilanzanalytiker würde folglich gegen den Grundsatz der Ursprünglichkeit verstoßen.

Die Qualität der Angaben über die wirtschaftliche Lage eines Unternehmens wird durch bilanzielle Ansatz- und Bewertungswahlrechte, Ermessensspielräume sowie durch Sachverhaltsgestaltungen, die die Darstellung der wirtschaftlichen Lage im Jahresabschluss verändern (z. B. durch eine Sale-and-lease-back-Maßnahme), beeinträchtigt. Die Angaben im Anhang zu diesen bilanzpolitischen Maßnahmen sind als Zusatzinformationen in einem gesonderten Teil des Erfassungsschemas zu dokumentieren. Aus Sicht des Jahresabschlussadressaten stellen die folgenden Typen von Maßnahmen der Bilanzpolitik Informationsmängel dar:

- Durch vom Gesetzgeber explizit eingeräumte Bilanzierungswahlrechte werden für einen gleichen Sachverhalt mindestens zwei unterschiedliche Abbildungsmöglichkeiten eingeräumt.[116] Ein **Ansatzwahlrecht** überlässt dem Bilanzierenden die Entscheidung, ob ein Vermögensgegenstand aktiviert bzw. eine Schuld passiviert werden soll oder nicht. Liegt ein **Bewertungswahlrecht** vor, kann der Bilanzierende entscheiden, welchen Wert er einem Bilanzposten zuweist. Das Gesetz eröffnet dem Bilanzierenden so die Möglichkeit, sich für jene Bilanzierungsalternative zu entscheiden, die das Unternehmen besser oder schlechter darstellt.[117] Damit eröffnet ein Bilanzierungswahlrecht dem Bilanzierenden also die

---

115 In dieser Weise verfahren etwa REHKUGLER, H./PODDIG, T., Bilanzanalyse, S. 30-86; KÜTING, K./WEBER, C.-P., Die Bilanzanalyse, S. 55-76; GRÄFER, H., Bilanzanalyse, 7. Aufl., S. 60-88; WÖHE, G., Bilanzierung und Bilanzpolitik, S. 809 f.

116 Vgl. SIEGEL, T., Wahlrecht, S. 417 m. w. N.

117 Vgl. BAETGE, J./COMMANDEUR, D., in: Küting/Weber, HdR-E, 5. Aufl., § 264 HGB, Rn. 36.

Möglichkeit, entsprechend seiner individuellen Ziele zu bilanzieren.[118] Bilanzierungswahlrechte sind daher aus Sicht der Informationsfunktion des Abschlusses abzulehnen.[119] Sie sind indes in den meisten Regelwerken enthalten.

- **Ermessensspielräume** sind dagegen darauf zurückzuführen, dass ein bestimmter Sachverhalt, wie die Bewertung von Rückstellungen gemäß § 253 Abs. 1 Satz 2 HGB, sich nicht abschließend im Gesetz regeln lässt.[120] Analog zu den Bilanzierungswahlrechten sollen Ermessensspielräume mit Hilfe der Grundsätze ordnungsmäßiger Buchführung i. S. d. Jahresabschlusszwecke Rechenschaft und Kapitalerhaltung sowie willkürfrei ausgefüllt werden.[121]

- Unter **bilanzpolitisch motivierten Sachverhaltsgestaltungen** versteht man die zielgerichtete Beeinflussung der rechtlichen und wirtschaftlichen Handlungen, die bestimmte Sachverhalte begründen. Abzubildende Sachverhalte (Geschäftsvorfälle) werden so gestaltet, dass sie Tatbestände erfüllen oder nicht erfüllen und somit in gewünschter Weise im Abschluss abgebildet werden (müssen).[122]

Als Maßnahmen der Bilanzpolitik werden im Schrifttum die sog. **faktischen Wahlrechte** aufgeführt.[123] Faktische Wahlrechte finden sich vor allem in kasuistisch geprägten Rechnungslegungssystemen wie den IFRS. Die IFRS regeln die Bilanzierung des Einzelfalls anhand detaillierter Tatbestandsmerkmale. Beabsichtigt ein Unternehmen, dass ein Sachverhalt in gewünschter Weise im Jahresabschluss abgebildet wird, können die detaillierten Tatbestandsmerkmale einer Regelung durch eine Sachverhaltsgestaltung relativ einfach erfüllt bzw. nicht erfüllt werden.[124] In diesem Zusammenhang ist zudem zu beachten, dass es auch „im Ermessen" des Bilanzierenden liegen kann, ob ein Tatbestandsmerkmal als erfüllt bzw. als nicht erfüllt interpretiert wird. Ein faktisches Wahlrecht kennzeichnet folglich, dass es nicht explizit von einem Normgeber eingeräumt wird, sondern sich vielmehr implizit aus dem hohen Detaillierungsgrad einer Regelung ergibt. Je detaillierter die Tatbestandsmerkmale einer Regelung sind, desto einfacher ist es, einen Sachverhalt – mittels einer gezielten Gestaltung der rechtlichen und wirtschaftlichen Handlungen – in gewünschter Weise im Jahresabschluss abzubilden. Verschiedene faktische Wahlrechte in den IFRS werden in Kap. III Abschn. 6 ausführlich erläutert.

---

118 Vgl. ZIESEMER, S., Rechnungslegungspolitik in IAS-Abschlüssen, S. 5.

119 Vgl. BAETGE, J., Möglichkeiten zur Objektivierung des Jahreserfolges, S. 44 m. w. N.; BÖCKING, H.-J., Zum Verhältnis von Rechnungslegung und Kapitalmarkt, S. 31 f.; BUSSE VON COLBE, W., Die Entwicklung des Jahresabschlusses als Informationsinstrument, S. 23.

120 Vgl. BAETGE, J./COMMANDEUR, D., in: Küting/Weber, HdR-E, 5. Aufl., § 264 HGB, Rn. 35 f.

121 Vgl. BAETGE, J./COMMANDEUR, D., in: Küting/Weber, HdR-E, 5. Aufl., § 264 HGB, Rn. 36.

122 Vgl. HINZ, M., Sachverhaltsgestaltungen im Rahmen der Jahresabschlußpolitik, S. 68; SELCHERT, F. W., Windowdressing, S. 1933; WEISE, I., GoB-konforme Abbildung von reserveauflösenden Sachverhaltsgestaltungen im Jahresabschluß, S. 18.

123 Vgl. KIRSCH, H.-J./HEEPERS, L., in: Baetge/Kirsch/Thiele, § 300 HGB, Rn. 507; ZIESEMER, S., Rechnungslegungspolitik in IAS-Abschlüssen, S. 6.

124 Vgl. ZIESEMER, S., Rechnungslegungspolitik in IAS-Abschlüssen, S. 7.

Zusammenfassend ist festzuhalten, dass der dritte Schritt der Bilanzanalyse (vgl. Übersicht I-6) dazu dient, die vorhandenen Informationen aus Jahresabschluss und Lagebericht für die weitere Analyse transparent zu machen und zu systematisieren. Das Ergebnis dieser Erfassung der Daten aus Jahresabschluss und Lagebericht wird im **Erfassungsschema** und in den Zusatzinformationen niedergelegt.[125]

45 Bildung kreativer Kennzahlen und je einer Hypothese für jede Kennzahl

451. Überblick über Arten von Kennzahlen

Unter betriebswirtschaftlichen **Kennzahlen** versteht man allgemein statistische Zahlen, die einen bestimmten betriebswirtschaftlichen Sachverhalt in verdichteter Form charakterisieren.[126] Kennzahlen sollen ermöglichen,

- komplizierte Sachverhalte, Strukturen und Prozesse, die nicht anders zu erkennen sind, sichtbar zu machen, umso die Transparenz der Jahresabschlussdaten zu erhöhen und

- Sachverhalte, Strukturen und Prozesse durch Verdichtung auf eine einzige Zahl in komprimierter Form prägnant zu beschreiben.[127]

Grundsätzlich ist bei der Kennzahlenbildung zwischen absoluten Kennzahlen und relativen Kennzahlen zu unterscheiden:

- Die **absoluten Kennzahlen**, wie der Jahresüberschuss, der Umsatz oder die Bilanzsumme eines Unternehmens, vermitteln eine Information über die Summe von Elementen einer näher bezeichneten Menge.[128] Absolute Kennzahlen treten als Einzelzahlen, Summen, Differenzen und Mittelwerte auf und werden aus den Daten des Erfassungsschemas für Bilanz und GuV gebildet. Ohne eine Vergleichsgröße ist eine absolute Zahl indes wenig aussagekräftig.

- Eine absolute Zahl führt nur zu einer ökonomischen Aussage, wenn sie auf eine andere absolute Zahl bezogen wird.[129] Dieser Quotient aus zwei absoluten Zahlen wird als **relative Kennzahl** bzw. als **Verhältniszahl** bezeichnet. Verhältniszahlen werden nach sachlogischen Kriterien auf einen bestimmten Informationsbedarf hin gebildet.[130] Mit Hilfe von Verhältniszahlen soll die Bedeutung einer

---

125 Zur Erfassung der Daten aus dem Geschäftsbericht vgl. ausführlich Kap. II.

126 Vgl. BUCHNER, R., Finanzwirtschaftliche Statistik und Kennzahlenrechnung, S. 2.

127 Vgl. GRÄFER, H., Bilanzanalyse, S. 40 f.

128 Vgl. KÜTING, K./WEBER, C.-P., Die Bilanzanalyse, S. 23.

129 Vgl. LEFFSON, U., Bilanzanalyse, S. 167.

130 Vgl. RUMMEL, K., Einheitliche Kostenrechnung, S. 58; BUCHNER, R., Finanzwirtschaftliche Statistik und Kennzahlenrechnung, S. 2.

Größe des Quotienten, i. d. R. des Zählers, durch den Bezug zu der anderen Größe des Quotienten, den Nenner, gezeigt werden.[131] Auf diesem Wege abstrahieren Verhältniszahlen von der Größe eines Unternehmens.

Bei den **Verhältniskennzahlen** sind Gliederungszahlen, Beziehungszahlen sowie Indexzahlen zu unterscheiden:[132]

■ Als **Gliederungszahlen** bezeichnet man solche Verhältniszahlen, bei denen eine Teilgröße in Relation zur zugehörigen Gesamtgröße betrachtet wird, z. B. die Eigenkapitalquote, bei der das Eigenkapital ins Verhältnis zum Gesamtkapital eines Unternehmens gesetzt wird.

■ Als **Beziehungszahlen** bezeichnet man jene Verhältniszahlen, bei denen zwei verschiedenartige Größen in Relation gesetzt werden. Beispielsweise ist die Eigenkapitalrentabilität eine Beziehungszahl, bei der der Jahreserfolg ins Verhältnis zum Eigenkapital gesetzt wird.

■ Schließlich werden als **Indexzahlen** jene Verhältniszahlen bezeichnet, bei denen eine Zeitraum- bzw. eine Zeitpunktgröße zur gleichen Größe zu einem anderen Zeitpunkt bzw. für einen anderen Zeitraum ins Verhältnis gesetzt wird. Ein Beispiel ist das prozentuale Wachstum des Umsatzes eines Unternehmens von Jahr zu Jahr.

Verhältniszahlen sind nicht mehr ohne weiteres vergleichbar, wenn die Zählergröße von anderen Faktoren beeinflusst wird als die Nennergröße.[133] Betriebswirtschaftlich akzeptabel ist eine Verhältniszahl deshalb immer nur dann, wenn sich die in den Zähler und in den Nenner einbezogenen Größen zeitlich, sachlich und wertmäßig entsprechen.[134] Diese Voraussetzungen werden zusammenfassend auch als **Entsprechungsprinzip** oder **Äquivalenzprinzip** bezeichnet. Die drei Dimensionen des Äquivalenzprinzips werden im Folgenden definiert:[135]

■ Die **zeitliche Entsprechung** verlangt, dass sich die Größen im Zähler und Nenner auf den gleichen Zeitraum oder Zeitpunkt beziehen.

■ Bezüglich der **sachlichen Entsprechung** ist darauf zu achten, dass zwischen den zueinander in Beziehung gesetzten Größen im Zähler und Nenner ein sinnvoller sachlicher Zusammenhang besteht, z. B. dass bei der Beziehungszahl Kapitalumschlaghäufigkeit eines Gebiets die Zählergröße Umsatz dem gleichen Verkaufsgebiet entstammt wie das eingesetzte Kapital.[136]

---

131 Vgl. LEFFSON, U., Bilanzanalyse, S. 167.

132 RUMMEL ist der Erste, der diese Unterscheidung getroffen hat, vgl. RUMMEL, K., Einheitliche Kostenrechnung, S. 58 f. Vgl. ebenso HAUSCHILDT, J., Entwicklungslinien der Bilanzanalyse, S. 340; IHDE, G.-B., Betriebsvergleich, Sp. 579; SCHNETTLER, A., Betriebsvergleich, S. 70 f. Zu den Verhältniskennzahlen vgl. ausführlich Kap. III Abschn. 21.

133 Vgl. LEFFSON, U., Bilanzanalyse, S. 173.

134 Vgl. KNÜPPE, W., Grundsätze ordnungsmäßiger Abschlußprüfung für Forderungen, S. 136; erstmals bei RUMMEL, K., Einheitliche Kostenrechnung, S. 52 f.

135 Vgl. ausführlich zum Äquivalenzprinzip Kap. III Abschn. 23.

136 Vgl. LEITNER, F., Bilanztechnik und Bilanzkritik, S. 204.

■ Unter **wertmäßiger Entsprechung** wird verstanden, dass sich Zähler und Nenner hinsichtlich der Wertkategorie und Werteinheit entsprechen müssen, d. h., Zähler und Nenner müssen auf den gleichen Wertansätzen, z. B. einheitlich auf Anschaffungskosten bzw. Herstellungskosten oder einheitlich auf Verkaufspreisen, basieren. So sollte bei der Beziehungszahl Umschlaghäufigkeit der Vorräte, wenn der Umsatz im Zähler zu Verkaufspreisen angesetzt wird, auch der zu Verkaufspreisen bewertete Vorratsbestand zugrunde gelegt werden.

452. Neutralisierung bilanzpolitischer Maßnahmen

Im Jahresabschluss schlägt sich aufgrund der wirtschaftlichen Aktivitäten des Unternehmens die tatsächlich erzielte Ertragslage, die tatsächlich erzielte Vermögenslage sowie die tatsächlich erzielte Finanzlage nieder – allerdings hat die Unternehmensleitung die im Jahresabschluss abgebildete wirtschaftliche Lage unter Umständen durch **Bilanzpolitik** beeinflusst.[137] Die nachstehende Übersicht I-7 verdeutlicht diesen Zusammenhang:

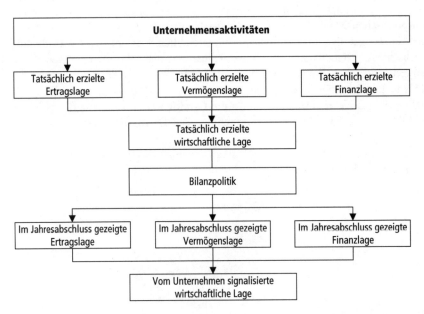

Übersicht I-7: *Einfluss bilanzpolitischer Maßnahmen auf die Abbildung der wirtschaftlichen Lage im Jahresabschluss*

Wie oben bereits erwähnt, müssen bei der Erfassung des Jahresabschlusses in einem Erfassungsschema für Bilanz und GuV und der Erfassung der Zusatzinformationen aus dem Anhang (dritter Schritt der Bilanzanalyse) alle erkennbaren bilanzpolitischen

---

137 Vgl. KROPFF, B., Sinn und Grenzen von Bilanzpolitik, S. 183 f.

Maßnahmen des Unternehmens möglichst identifiziert und offen gelegt werden. Da es aber gerade das Ziel der Bilanzpolitik ist, die wahre wirtschaftliche Lage eines Unternehmens zu verschleiern,[138] werden die bilanzpolitischen Maßnahmen von den Unternehmen häufig nicht genannt. Indes sollte der Bilanzanalytiker bei seiner Analyse versuchen, **kreative Kennzahlen** zu bilden. Diese kreativen Kennzahlen sollen die Besonderheiten des zu analysierenden Unternehmens berücksichtigen, um Fehleinschätzungen hinsichtlich der gegenwärtigen wirtschaftlichen Lage und künftigen wirtschaftlichen Entwicklung zu vermeiden. Als kreative Kennzahl bezeichnet man die modifizierte Grundvariante einer Kennzahl.[139] Sie wird gebildet, indem dem Zähler bzw. Nenner der Grundvariante einer Kennzahl bestimmte Bilanzposten hinzugerechnet oder von ihm abgezogen werden. Kreative Kennzahlen werden aus den folgenden zwei Gründen gebildet, um

- Bilanzpolitik zu neutralisieren oder

- den wirtschaftlichen Charakter bestimmter Bilanzposten bei der Analyse zu berücksichtigen.

Mit Hilfe kreativer Kennzahlen soll **Bilanzpolitik neutralisiert** (konterkariert) werden. Der Bilanzanalytiker muss also versuchen, den Einfluss einer wesentlichen bilanzpolitischen Maßnahme auf die Kennzahlengrößen zu neutralisieren. Dazu sind die Änderungen der von der Bilanzpolitik tatsächlich oder potentiell betroffenen Jahresabschlussposten aus dem Abschluss herauszurechnen. Nur die kreativen Kennzahlen ermöglichen es, die aus der Bilanzpolitik der Unternehmen resultierenden unterschiedlichen Bilanzierungsmethoden auszugleichen und somit zu überwinden. Damit stellt die kreative Kennzahlenbildung die Grundvoraussetzung für die zwischenbetriebliche Vergleichbarkeit von Unternehmen dar. Den Grundsatz, nach dem Kennzahlen so zu bilden sind, dass die Bilanzpolitik weitgehend neutralisiert bzw. konterkariert wird, bezeichnen wir als **Neutralisierungsprinzip**. Übersicht I-8 fasst das Vorgehen des Bilanzanalytikers im Überblick zusammen:

---

138 Zu einem Überblick über die unterschiedlichen Ziele der Bilanzpolitik vgl. etwa Peemöller, V. H., Bilanzanalyse und Bilanzpolitik, S. 167-174 und Hinz, M., Sachverhaltsgestaltungen im Rahmen der Jahresabschlußpolitik, S. 27-66.

139 Zu den Grundvarianten von Kennzahlen sowie der grundsätzlichen Vorgehensweise bei der Konkretisierung kreativer Kennzahlen vgl. Kap. III Abschn. 22.

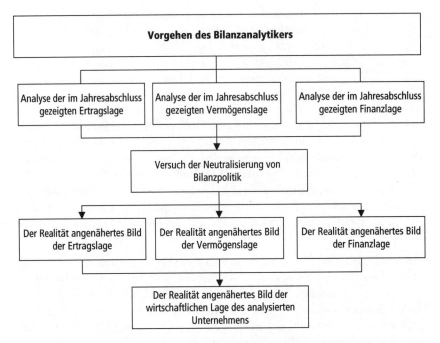

Übersicht I-8: *Vorgehen des Bilanzanalytikers bei der Neutralisierung bilanzpolitischer Maßnahmen durch kreative Kennzahlenbildung*

Wie mit der kreativen Kennzahlenbildung Bilanzpolitik konterkariert werden kann, soll kurz am Beispiel der Eigenkapitalquote sowie am Beispiel der Rentabilitätsberechnungen verdeutlicht werden:

■ Die Grundvariante der Eigenkapitalquote entspricht dem Quotienten aus Eigenkapital und Gesamtkapital. Gemäß § 269 HGB als Bilanzierungshilfe aktivierte Aufwendungen für die Ingangsetzung und Erweiterung des Geschäftsbetriebes stellen keinen selbständig verwertbaren Vermögensgegenstand dar. Die angefallenen Ausgaben hätten ohne die Bilanzierungshilfe direkt als Aufwand in der laufenden Periode erfasst werden müssen. Im Fall einer Insolvenz wäre dieser Aktivposten der Bilanz nicht werthaltig. Daher muss der Bilanzanalytiker bei der Bildung der „kreativen" Eigenkapitalquote die gemäß § 269 HGB in der Bilanz aktivierten Aufwendungen sowohl im Zähler vom Eigenkapital als auch im Nenner vom Gesamtkapital abziehen. Die Grundvariante der Kennzahl Eigenkapitalquote wird demzufolge um die Bilanzierungshilfe gemäß § 269 HGB bereinigt. Im Ergebnis stellt sich diese kreative Eigenkapitalquote so dar, als wären die Aufwendungen gemäß § 269 HGB nicht aktiviert worden.

■ Zu den Bereichen mit dem größten bilanzpolitischen Spielraum zählen z. B. die Zuführung zu den Rückstellungen bzw. die Auflösung von Rückstellungen sowie die planmäßigen und außerplanmäßigen Abschreibungen und Zuschreibungen. Der Bilanzanalytiker kann durch kreative Kennzahlenbildung beispielsweise bei

der Rentabilitätsberechnung im Zähler statt auf den handelsrechtlichen Jahres-
überschuss auf eine Cashflow-Größe abstellen und auf diese Weise die genannten
Bewertungsspielräume neutralisieren. Der Cashflow[140] gibt in seiner reinen
Form als Zahlungsmittelüberschuss aus der Geschäftstätigkeit Auskunft über die
Netto-Zahlungsmittelbewegungen aus dem Umsatzprozess des Geschäftsjahres.
Da der Bilanzanalytiker den reinen Zahlungsmittelüberschuss aber nicht aus dem
Jahresabschluss ablesen kann, muss er ihn schätzen. Daher werden zur Schätzung
des Cashflows die beiden am stärksten bilanzpolitisch beeinflussbaren und zugleich zahlungs**un**wirksamen Aufwandsarten, nämlich die Abschreibungen auf
Sachanlagen und die Zuführungen zu den Rückstellungen sowie die entsprechenden Ertragsarten (Zuschreibungen auf Sachanlagen bzw. Auflösungen von Rückstellungen), aus dem Ergebnis herausgerechnet. Sowohl der reine Zahlungsmittelüberschuss als auch der geschätzte Cashflow sind absolute Kennzahlen, die von
der Bilanzpolitik des zu analysierenden Unternehmens weitgehend unabhängig
sind.

Die Neutralisierung von Bilanzpolitik ist indes nur ein Grund, warum ein Bilanzanalytiker kreative Kennzahlen bilden muss. Darüber hinaus werden kreative Kennzahlen gebildet, um bestimmte Bilanzposten bei der Bilanzanalyse entsprechend ihrem
wirtschaftlichen Charakter zu berücksichtigen.[141] Beispielsweise ist es denkbar, die
Grundvariante der Kennzahl Eigenkapitalquote aufgrund einer Gesellschafterfinanzierung zu modifizieren. Während Gesellschafterdarlehen rechtlich Fremdkapital darstellen, haben sie wirtschaftlich gesehen einen „eigenkapitalähnlichen" Charakter.[142]
Für die Zwecke der Bilanzanalyse können die Gesellschafterdarlehen folglich dem Eigenkapital zugeordnet werden.

Aus dem vorstehenden Beispiel wird deutlich, dass der Bilanzanalytiker – im Hinblick auf die Kennzahl Eigenkapitalquote – stets beurteilen muss, ob aufgrund einer
wirtschaftlichen Betrachtungsweise bei der kreativen Kennzahlenbildung ein bestimmter Bilanzposten zum Eigenkapital zu addieren oder vom Eigenkapital zu subtrahieren ist. Unseres Erachtens ist eine kreative Kennzahl also in allen jenen Fällen
zu bilden, in denen eine Rechnungslegungsvorschrift für einen Jahresabschlussposten
eine bilanzielle Abbildung vorsieht, die nicht dem wirtschaftlichen Charakter dieses
Bilanzpostens entspricht.

---

140 Zur Ermittlung des Cashflows vgl. ausführlich Kap. II Abschn. 4, Kap. V Abschn. 42 und Kap.
   VI Abschn. 25.

141 Vgl. hierzu Kap. III Abschn. 41.

142 Vgl. hierzu ausführlich BAETGE, J./KIRSCH, H.-J./THIELE, S., Bilanzen, S. 462-467.

453. Grundsätze der Bildung von Arbeitshypothesen

Bislang gibt es keine geschlossene Theorie der Bilanzanalyse.[143] Wissenschaftstheoretisch begründete, allgemein bewährte Aussagen, wie einzelne Kennzahlen zu interpretieren sind, existieren bislang nicht, weil die Bedingungen, für die bestimmte Aussagen gelten, zu komplex sind.[144] Beispielsweise muss eine vergleichsweise hohe Eigenkapitalquote nicht unbedingt positiv zu beurteilen sein, wenn sie das Management des Unternehmens – wegen der aus der hohen Eigenkapitalquote „gefolgerten" hohen Bestandssicherheit des Unternehmens – dazu veranlasst, besonders risikoreiche Geschäfte einzugehen. Erst wenn die relevanten übrigen (ganzheitlich erfassten) Randbedingungen des Unternehmens berücksichtigt werden, wird aus der plausiblen Finanzierungsheuristik „Höhere Eigenkapitalquote führt zu einem geringeren Risiko der Bestandsgefährdung" eine wissenschaftlich fundierte Finanzierungshypothese.[145] Der Bilanzanalytiker muss versuchen, die fehlende Theorie der Bilanzanalyse zumindest durch plausible Arbeitshypothesen (rudimentär) zu ersetzen. Die zu fordernden Arbeitshypothesen sollen ausdrücken, in welchem funktionalen Zusammenhang die jeweilige Kennzahl zu der zu lösenden Problemstellung steht. Um eine Arbeitshypothese bilden zu können, muss eine Kennzahl somit im Hinblick auf den gewünschten Informationszweck – dem Ziel der Analyse – aussagefähig sein.[146] Die Bildung einer Arbeitshypothese knüpft folglich direkt an das Ziel der Analyse an. Unter Umständen kann je nach Analyseziel ein hoher (niedriger) Kennzahlenwert unterschiedlich interpretiert werden. Für jede Kennzahl ist deshalb eine **Arbeitshypothese** zu bilden, die angibt, ob ein hoher oder ein niedriger Kennzahlenwert **im Hinblick auf das Analyseziel** positiv oder negativ zu beurteilen ist.[147]

Da sich die **Form** der Arbeitshypothese aus dem Ziel der Bilanzanalyse ergibt, ist sie für sämtliche Kennzahlen **einheitlich**. Möchte der Bilanzanalytiker beispielsweise mit seiner Analyse Aussagen zur Bestandsfestigkeit eines Unternehmens treffen, bezieht sich die Arbeitshypothese auf den Gesundheitszustand eines Unternehmens. Für jede Kennzahl wird eine Hypothese der Form G<K oder G>K aufgestellt.[148] Die Hypothese G>K bedeutet, dass gesunde Unternehmen (G) im Durchschnitt höhere Werte der betreffenden Kennzahl aufweisen als kranke Unternehmen (K); das gilt

---

143 Vgl. SCHNEIDER, D., Erste Schritte zu einer Theorie der Bilanzanalyse, S. 633-642.

144 SCHNEIDER, H. K., Methoden und Methodenfragen der Volkswirtschaftslehre, S. 3. Zum (ähnlich gelagerten) Problem, wie der Zusammenhang zwischen Preisen und Absatzmengen durch Preisabsatzfunktionen abgebildet werden kann, vgl. KAAS, K. P., Empirische Preisabsatzfunktionen bei Konsumgütern, S. 4-13.

145 Vgl. HÜLS, D., Früherkennung insolvenzgefährdeter Unternehmen, S. 71 f.

146 Vgl. SIENER, F., Der Cash-Flow als Instrument der Bilanzanalyse, S. 5; STIBI, B., Statistische Jahresabschlußanalyse als Instrument der steuerlichen Betriebsprüfung, S. 98.

147 Vgl. BEERMANN, K., Prognosemöglichkeiten von Kapitalverlusten, S. 28.

148 Vgl. etwa FITZPATRICK, P. J., A Comparison of the Ratios of Successful Industrial Enterprises with those of Failed Companies, S. 598-605, 656-665 und S. 727-731; BEAVER, W. H., Financial Ratios, S. 81; BEERMANN, K., Prognosemöglichkeiten von Kapitalverlusten, S. 38 f.; NIEHAUS, H.-J., Früherkennung von Unternehmenskrisen, S. 73; KRALICEK, P., Kennzahlen für Geschäftsführer, S. 148.

beispielsweise für alle Rentabilitätskennzahlen und für die Eigenkapitalquoten. Umgekehrt bedeutet die Hypothese G<K, dass gesunde Unternehmen im Durchschnitt niedrigere Werte der betreffenden Kennzahl aufweisen als kranke Unternehmen; das gilt beispielsweise für alle Verschuldungsgrade. Die Hypothese, dass ein hoher durchschnittlicher Kennzahlenwert für ein gesundes oder krankes Unternehmen spricht, kann zum einen deduktiv aus den Unternehmenszielen, zum anderen aber auch induktiv aus betriebswirtschaftlichen Überlegungen oder aus der Erfahrung des Bilanzanalytikers ermittelt werden.[149]

Die Vorgehensweise bei der Bildung von Arbeitshypothesen wird im Folgenden für das Analyseziel Bestandsfestigkeit beispielhaft konkretisiert:

Unterstellt man, dass eine hohe Eigenkapitalquote im Vergleich zu einer niedrigen Eigenkapitalquote positiv zu beurteilen ist, so schließt man von einem hohen Kennzahlenwert auf eine hohe finanzielle Stabilität des analysierten Unternehmens.[150] Die Hypothese lautet für diesen Fall G>K. Häufig werden Hypothesen gar nicht ausdrücklich angegeben, weil ein hoher Kennzahlenwert von jedermann positiv (oder negativ) beurteilt wird. Dies ist beispielsweise bei Rentabilitätskennzahlen der Fall, da eine hohe Rentabilität bei erwerbswirtschaftlich tätigen Unternehmen unabhängig von der Branche grundsätzlich positiv beurteilt wird. Dennoch sollte der Bilanzanalytiker für jede Kennzahl seine Hypothese offen legen. Dies gilt vor allem für Kennzahlen, bei denen die besondere Unternehmenssituation – z. B. die Besonderheit der Branche – zu berücksichtigen ist. Eine solche Kennzahl ist z. B. die Personalaufwandsquote. Bei der Personalaufwandsquote[151] wird der Personalaufwand in Relation zur Gesamtleistung (beim Gesamtkostenverfahren), hilfsweise zum Umsatz (beim Umsatzkostenverfahren), gesetzt:

$$\text{Personalaufwandsquote} = \frac{\text{Personalaufwand}}{\text{Gesamtleistung}}$$

In Bezug auf die wirtschaftliche Lage muss eine im Betriebsvergleich relativ hohe Personalaufwandsquote nicht als nachteilig für das Unternehmen interpretiert werden, wenn die hohe Personalaufwandsquote auf eine höhere Wertschöpfung oder Fertigungstiefe des betrachteten Unternehmens gegenüber dem Vergleichsunternehmen zurückzuführen ist, z. B. bei Software-Herstellungsunternehmen. Eine im Betriebsvergleich relativ geringe Personalaufwandsquote kann auch auf eine geringere Wertschöpfung des Unternehmens zurückzuführen sein und muss nicht Ausdruck für eine höhere Produktivität sein, z. B. bei Handelsunternehmen. Dennoch ist die Verarbeitung der Personalaufwandsquote in der Bilanzanalyse sinnvoll. Wird die Personalaufwandsquote im Betriebsvergleich verwendet, dann müssen die zu vergleichenden Un-

---

149 Vgl. VODRAZKA, K., Vergleichsrechnungen, Sp. 1998; HÜLS, D., Früherkennung insolvenzgefährdeter Unternehmen, S. 71-73.

150 Vgl. BAETGE, J./THIELE, S., Bilanzanalyse, Sp. 254.

151 Zur Personalaufwandsquote vgl. ausführlich Kap. VI Abschn. 415.1.

ternehmen indes möglichst strukturgleich bzw. branchengleich sein. Hier gilt dann für die Personalaufwandsquote die Hypothese, dass von zwei vergleichbaren Unternehmen dasjenige als schlechter zu beurteilen ist, welches eine höhere Personalaufwandsquote aufweist.

Zu beachten ist indes, dass sich die oben dargestellte Form der Hypothese G<K bzw. G>K ausschließlich auf das Analyseziel „Beurteilung der Bestandsfestigkeit" bezieht. Bei anderen Analysezielen ergibt sich zwangsläufig eine andere Form der Hypothese. Dies soll anhand des folgenden Beispiels kurz verdeutlicht werden: Wie oben bereits dargelegt,[152] kann die Finanzverwaltung die Jahresabschlussanalyse als Instrument der steuerlichen Betriebsprüfung einsetzen. Dabei verfolgt sie das Ziel, jene Unternehmen für eine Betriebsprüfung zu identifizieren, die Steuern hinterzogen haben. Dieser Analyse liegt die Annahme zugrunde, dass sich die individuelle Prüfungsbedürftigkeit der Betriebe in den Jahresabschlüssen niederschlägt und demzufolge Unterschiede in den Kennzahlenwerten prüfungsbedürftiger und nicht prüfungsbedürftiger Betriebe zu erkennen sind. Allgemein formuliert lautet die Hypothese in diesem Fall: Der durchschnittliche Kennzahlenwert ist bei der Gruppe der prüfungsbedürftigen Betriebe (P) größer bzw. kleiner als bei der Gruppe der nicht prüfungsbedürftigen Betriebe (N), also P>N bzw. P<N.[153] Die Bildung einer solchen Hypothese wird nachfolgend am Beispiel der Kennzahl Materialaufwandsquote (UKV)[154] plausibilisiert:[155]

$$\text{Materialaufwandsquote (UKV)} = \frac{\text{Materialaufwand}}{\text{Umsatzerlöse}}$$

Ein Betrieb könnte versuchen, den zu versteuernden Gewinn durch einen zu geringen Ausweis der Umsatzerlöse sowie einen überhöhten Ausweis der Materialaufwendungen zu reduzieren. Durch diese gesetzlich nicht zulässige Gestaltung der GuV würde sich der Anteil der Materialaufwendungen an den Umsatzerlösen erhöhen. Bei prüfungsbedürftigen Unternehmen mit einer nicht den gesetzlichen Vorschriften genügenden Gewinnermittlung in der GuV dürfte demzufolge der durchschnittliche Kennzahlenwert größer sein als der durchschnittliche Kennzahlenwert bei nicht prüfungsbedürftigen Betrieben, deren GuV die Aufwendungen und Erträge in der gesetzlich geforderten Höhe enthält. Die Hypothese für die Materialaufwandsquote lautet also P>N.

---

152 Vgl. hierzu Abschn. 42 in diesem Kapitel.

153 Vgl. STIBI, B., Statistische Jahresabschlußanalyse als Instrument der steuerlichen Betriebsprüfung, S. 98.

154 Zur Materialaufwandsquote vgl. ausführlich Kap. VI Abschn. 415.2.

155 Vgl. hierzu ausführlich STIBI, B., Statistische Jahresabschlußanalyse als Instrument der steuerlichen Betriebsprüfung, S. 108-114.

46   Kennzahlenauswahl

Die Auswahl der Kennzahlen ist davon abhängig, welches Analyseziel der Bilanzanalytiker mit seiner Analyse verfolgt. Nur die Kennzahlen eines Kennzahlenkatalogs, die ökonomische Aussagen im Hinblick auf das Ziel der Analyse erlauben, sind für eine detaillierte Analyse auszuwählen, d. h., bei der Auswahl ist das Prinzip der Analysezielorientierung zu beachten.

Sollen bei einer Bilanzanalyse wissenschaftlich akzeptable Aussagen getroffen werden, müssen die gewonnenen Antworten auf die konkreten Analysefragen **intersubjektiv nachprüfbar** sein.[156] Nachprüfbar ist ein Urteil aber nur dann, wenn das Verfahren, nach dem es zustande gekommen ist, expliziert wird und ein Dritter nach demselben Verfahren zu dem gleichen Gesamturteil gelangt. Dieser Grundsatz wird als **Objektivierungsprinzip** bezeichnet. Die Kennzahlen sollten also nicht nach subjektivem Belieben ausgewählt werden; vielmehr sollen sie auf nachprüfbare Weise nach dem Objektivierungsprinzip ausgewählt werden.

Ausgangspunkt bei der Kennzahlenauswahl ist ein zuvor gebildeter umfangreicher – alle Informationsbereiche umfassender – Kennzahlenkatalog. Dieser umfasst sämtliche Kennzahlen zur Vermögens-, Finanz- und Ertragslage mit den zugehörigen Arbeitshypothesen, die dem Bilanzanalytiker bei seiner Bilanzanalyse zur Verfügung stehen. Im Rahmen der Kennzahlenauswahl müssen aus diesem Katalog die „richtigen" Kennzahlen – also die im Hinblick auf das Analyseziel am besten geeignet Kennzahlen – ausgewählt werden. Im Fall des Analyseziels „Bestandsfestigkeit" werden jene Kennzahlen gesucht, deren Werte sich entsprechend der Hypothese bei gesunden und kranken Unternehmen besonders stark unterscheiden, die sich somit als besonders trennfähig erweisen. Grundsätzlich ist dabei Folgendes zu beachten: Eine umfassende Analyse erfordert, dass geeignete Kennzahlen aus möglichst allen Informationsbereichen des Jahresabschlusses herangezogen werden. Nur so wird beim Analyseziel „Ist das Unternehmen bestandsfest?" die wirtschaftliche Lage des Unternehmens[157] vollständig abgedeckt. Auf diese Weise sollte sich der Bilanzanalytiker ein ganzheitliches Bild über die Lage des Unternehmens machen; diese Forderung bezeichnen wir als **Ganzheitlichkeitsprinzip**. Je umfassender die ausgewählten Kennzahlen insgesamt die Vermögens-, Finanz- und Ertragslage des Unternehmens erfassen, desto weniger sensibel reagiert das später zu gewinnende Gesamturteil z. B. auf bilanzpolitische Maßnahmen seitens des analysierten Unternehmens: Die Kennzahlenauswahl muss so vorgenommen werden, dass sich nämlich die vom bilanzierenden Unternehmen beabsichtigte positive Wirkung einer bilanzpolitischen Maßnahme auf eine Kennzahl durch eine vom Bilanzpolitiker unbeabsichtigte negative Wirkung auf eine andere vom Bilanzanalytiker in das Gesamturteil einbezogene Kennzahl möglichst aufhebt und dass sich die Beurteilung der wirtschaftlichen Lage bei einer derartigen ganzheitlichen Betrachtung des Unternehmens durch bilanzpolitische Maßnah-

---

156 Vgl. BAETGE, J., Möglichkeiten der Objektivierung des Jahreserfolges, S. 16 f.

157 Zum Modellcharakter des Jahresabschlusses, mit dem die Realität des Unternehmens beschrieben wird, vgl. LIPPMANN, K., Der Beitrag des ökonomischen Gewinns zur Theorie und Praxis der Erfolgsermittlung, S. 22 f.

men weniger beeinflussen lässt, als der Bilanzpolitiker beabsichtigte. Zusammenfassend kann demzufolge festgestellt werden, dass eine Bilanzanalyse nur dann dem Ganzheitlichkeitsprinzip entspricht, wenn eine Totalanalyse des Unternehmens durchgeführt wird. Bereits das Analyseziel muss sich auf die Analyse des „ganzen" Unternehmens beziehen. Die Analyse der Bestandsfestigkeit eines Unternehmens stellt in diesem Zusammenhang das klassische Analyseziel dar, welches dem Ganzheitlichkeitsprinzip gerecht werden muss.

Bei der Auswahl der Kennzahlen unterscheidet man zwei verschiedene Vorgehensweisen: Entweder wählt der Bilanzanalytiker die Kennzahlen **subjektiv**, beispielsweise aufgrund seiner persönlichen Erfahrung, oder **objektiv mit Hilfe eines mathematisch-statistischen Verfahrens** aus.

In der Praxis der Bilanzanalyse werden häufig einige wenige – mehr oder weniger willkürlich – ausgesuchte Kennzahlen, zwischen denen kein nachvollziehbarer Zusammenhang besteht, für eine Kurzbeurteilung (Quick-Test) eines Unternehmens herangezogen. Die Kennzahlen werden also **subjektiv** und wenig repräsentativ für das Gesamtanalyseziel, z. B. nicht aus allen relevanten Informationsbereichen, ausgewählt. Mit Hilfe einzelner Kennzahlen kann der Bilanzanalytiker zwar schnell und einfach ein Vor-Urteil über Aspekte der wirtschaftlichen Lage (Bestandsfestigkeit) des analysierten Unternehmens gewinnen, aber kein ganzheitliches Gesamturteil. Außerdem ist die subjektive Auswahl einzelner Kennzahlen willkürlich, weil sie nicht sachlich begründet werden kann. Bei der Beurteilung eines Unternehmens mit Hilfe von wenigen, subjektiv ausgewählten Kennzahlen besteht zudem die große Gefahr, dass durch die starke Beschränkung auf wenige Kennzahlen wesentliche Informationen verloren gehen. Außerdem können sich durch die subjektive Auswahl der Kennzahlen und deren individuelle Beurteilung widersprüchliche Aussagen zwischen den einzelnen Teilurteilen über ein Unternehmen ergeben. In diesen Fällen ist der Bilanzanalytiker also nicht in der Lage, ein eindeutiges und objektives Gesamturteil über die wirtschaftliche Lage des Unternehmens zu fällen.[158]

Schon früh wurden in der betriebswirtschaftlichen Forschung verschiedene **Kennzahlensysteme** entwickelt.[159] Jedes Kennzahlensystem umfasst einen bestimmten Kennzahlenkatalog. Indem ein Bilanzanalytiker ein allgemein bekanntes Kennzahlensystem anwendet, erscheint seine Vorgehensweise bei der Kennzahlenauswahl intersubjektiv nachprüfbar. Zu beachten ist dabei indes, dass der Bilanzanalytiker mit der Wahl eines Kennzahlensystems lediglich subjektiv entscheidet, welchen eindeutig festgelegten Kennzahlenkatalog er bei seiner Analyse zugrunde legt. Die Kennzahlenauswahl selbst entspricht damit noch nicht dem Objektivierungsprinzip. Die Kennzahlenauswahl ist nämlich nur dann objektiv, wenn bereits bei der Entwicklung des Kennzahlensystems das Objektivierungsprinzip beachtet wurde, d. h., wenn für einen Dritten nachvollziehbar ist, wie festgelegt wurde, aus welchen Kennzahlen sich ein Kennzahlensystem zusammensetzt. Den sog. klassischen Kennzahlensystemen, wie

---

158 Vgl. JACOBS, O. H., Bilanzanalyse, S. 80.
159 Vgl. hierzu Abschn. 482. in diesem Kapitel.

dem DuPont-Kennzahlensystem[160] (ROI-Kennzahlensystem), ist gemein, dass die ihnen zugrunde liegenden Kennzahlen aufgrund der Erfahrungen von Experten ausgewählt wurden. Somit basieren sie letztlich auf subjektiv ausgewählten Kennzahlen. Wendet ein Bilanzanalytiker ein klassisches, auf Expertenerfahrung gestütztes Kennzahlensystem bei seiner Analyse an, ist seine Vorgehensweise bei der Kennzahlenauswahl lediglich quasi-objektiv. Denn die Auswahl der Kennzahlen bleibt auch hier subjektiv.

Durch eine **empirisch gestützte Bilanzanalyse auf der Basis mathematisch-statistischer Verfahren** lässt sich bei der Entwicklung eines Kennzahlensystems die subjektive Auswahl der Kennzahlen vermeiden. Basierend auf der Auswertung sehr vieler Jahresabschlüsse von tatsächlich gesunden Unternehmen und von in einigen Jahren insolvent werdenden (= kranken) Unternehmen werden bei der empirisch gestützten Bilanzanalyse entsprechend dem Analyseziel die Gruppe der wirtschaftlich gesunden und die Gruppe der kranken Unternehmen gebildet. Bei der Kennzahlenauswahl werden von objektiven mathematisch-statistischen Verfahren jene Kennzahlenmuster ausgewählt, deren Werte sich in den beiden Unternehmensgruppen besonders stark unterscheiden, die sich somit als besonders trennfähig zur Unterscheidung von gesunden und kranken Unternehmen erweisen. Die trennfähigste Kombination mehrerer Kennzahlen wird also empirisch mit quantitativen Verfahren, wie der Multivariaten Diskriminanzanalyse (MDA), der Logistischen Regressionsanalyse oder der Künstlichen Neuronalen Netzanalyse (KNNA) ausgewählt. Sowohl die klassischen als auch die mit Hilfe mathematisch-statistischer Verfahren gewonnenen Kennzahlensysteme werden zusammen mit dem Konzept der Analyse des Bestandsrisikos im Kap. VII Abschn. 4 dieses Buches ausführlich behandelt.

47   Kennzahleninterpretation

Die Bildung von Kennzahlen allein lässt – selbst bei Verwendung eines Kennzahlensystems – noch kein Urteil über die wirtschaftliche Lage eines Unternehmens zu, da ein Maßstab fehlt, an dem die Kennzahl gemessen werden kann. Zur Beurteilung einer Kennzahl bzw. des Kennzahlensystems bedarf es somit eines **Kennzahlenvergleichs**, denn jede betriebswirtschaftliche Beurteilung setzt einen Vergleich voraus.[161]

Jeder Kennzahl aus einem bestimmten Jahresabschluss eines bestimmten Unternehmens können drei **Vergleichsobjekte** gegenüber gestellt werden, nämlich die Größe eines anderen Unternehmens im gleichen Jahr, eine Größe des gleichen Unterneh-

---

160 Vgl. E. I. DuPont Nemours and Company, Description of the DuPont Chart System for Appraising Operating Performance; Staehle, W. H., Kennzahlen und Kennzahlensysteme, S. 69-72. Zum DuPont-Kennzahlensystem (ROI-Kennzahlensystem) vgl. ausführlich Kap. VII Abschn. 22.

161 Vgl. Vodrazka, K., Vergleichsrechnungen, Sp. 1997 f.

mens aus einem anderen Jahr oder eine andere Normgröße.[162] Demzufolge unterscheidet man drei Arten von Kennzahlenvergleichen, den Betriebsvergleich, den Zeitvergleich und den Soll-Ist-Vergleich:

- Bei einem **Betriebsvergleich** wird der ermittelte Ist-Kennzahlenwert dem Ist-Wert eines Unternehmens der gleichen Branche oder einem Durchschnitts-Ist-Wert der Branche gegenübergestellt. Grundsätzlich wird als Maßstab also der Kennzahlenwert eines Unternehmens möglichst der gleichen Branche herangezogen. Legt der Bilanzanalytiker beim Betriebsvergleich einen Durchschnitts-Ist-Wert der Branche als Vergleichsobjekt zugrunde, spricht man auch von einem **Branchenvergleich**. Der zu analysierende Kennzahlenwert wird dann entweder mit dem Durchschnitt von ausgewählten, repräsentativen Unternehmen derselben Branche[163] oder mit dem Branchendurchschnitt verglichen, z. B. auf der Basis von Erhebungen der Deutschen Bundesbank[164] oder des Statistischen Bundesamtes[165].

- Bei einem **Zeitvergleich** wird der ermittelte Ist-Kennzahlenwert eines Unternehmens dem Ist-Wert derselben Kennzahl zu einem anderen Zeitpunkt oder aus einer anderen Periode gegenübergestellt.

- Wenn möglich, sollte der Ist-Ist-Vergleich in Form des Zeitvergleichs oder des Betriebsvergleichs um einen **Soll-Ist-Vergleich** ergänzt werden.[166] Bei einem Soll-Ist-Vergleich wird dem ermittelten Ist-Kennzahlenwert ein normativer Soll-Wert gegenübergestellt. Eine Soll-Objekt-Bildung muss vorausgehen: Da der Soll-Wert nicht theoretisch ermittelt werden kann, wird entweder ein besonders gut geführtes Unternehmen als Soll-Objekt ausgewählt oder es werden z. B. die Kennzahlendurchschnitte der besten zehn Prozent der Branchenunternehmen (oberer Dezilwert) als Soll-Wert zugrunde gelegt. Falls die finanziellen Ziele des Unternehmens und die konkreten Planungen des Managements bekannt wären, könnte der Bilanzanalytiker den Soll-Wert deduktiv daraus ermitteln. Dem externen Bilanzanalytiker fehlen allerdings die entsprechenden Daten.

---

162 Vgl. GRÄFER, H., Bilanzanalyse, S. 44 f.; KÜTING, K./WEBER, C.-P., Die Bilanzanalyse, S. 43-45. Hierzu ausführlicher Kap. III Abschn. 5.

163 In diesem Zusammenhang bietet etwa die Bilanzdatenbank des HOPPENSTEDT-Verlages die Möglichkeit, das zu analysierende Unternehmen mit einem bestimmten Vergleichsunternehmen zu vergleichen; vgl. VERLAG HOPPENSTEDT GMBH (Hrsg.), Handbuch der Großunternehmen.

164 Vgl. DEUTSCHE BUNDESBANK (Hrsg.), Verhältniszahlen aus Jahresabschlüssen deutscher Unternehmen 1998-2000.

165 Vgl. STATISTISCHES BUNDESAMT (Hrsg.), Statistisches Jahrbuch 2002.

166 Vgl. IHDE, G.-B., Betriebsvergleich, Sp. 581.

48   Bildung eines Gesamturteils

481.   Grundlagen zur Bildung eines Gesamturteils

Im siebten und letzten Schritt der klassischen Bilanzanalyse muss der Bilanzanalytiker die aus den Kennzahlenvergleichen gewonnenen Ergebnisse interpretieren und zu einem Gesamturteil zusammenfassen. Hierfür muss sich der Bilanzanalytiker zunächst ein Teilurteil über die Teillagen bilden, wozu er die einzelnen Kennzahlen, die er zu einem Teilurteil zusammenfassen möchte, analysieren muss.

Zwar erlauben Kennzahlenvergleiche im Allgemeinen die Aussage, dass eine Abweichung zum Vergleichsmaßstab vorliegt, die auf der Basis der zuvor aufgestellten Hypothese positiv oder negativ bewertet werden kann. Indes lässt der alleinige Kennzahlenvergleich nicht auf die Ursachen für die Abweichung gegenüber dem Vergleichsmaßstab schließen.[167] Der Bilanzanalytiker kann durch die Kennzahlenanalyse mit Hilfe von Kennzahlensystemen lediglich ermitteln, welche Kennzahlen bzw. Kennzahlenelemente zur Verbesserung oder Verschlechterung der Lage beigetragen haben. Ein fundiertes Urteil über die wirtschaftliche Lage und die Entwicklung eines Unternehmens kann der Bilanzanalytiker nur fällen, wenn er nach den Ursachen für die Kennzahlenänderung forscht.[168] Insofern stimuliert die Kennzahlenanalyse weitergehende Analysen dort, wo Auffälligkeiten bestehen und erkannt worden sind.[169] Nur wenn der Bilanzanalytiker die Ursachen für beobachtete Veränderungen bei einzelnen Kennzahlen untersucht, kann er beurteilen, ob die Abweichungen dauerhaft oder nur einmalig sind und ob die Kennzahlenwerte in die Zukunft projiziert werden dürfen bzw. müssen. Zur Interpretation der Abweichungen muss der Bilanzanalytiker auf die im zweiten Schritt der Bilanzanalyse gewonnenen **Informationen über die wirtschaftlichen und rechtlichen Rahmenbedingungen** des Unternehmens zurückgreifen oder die eventuell noch nicht hinreichenden Informationen über die Rahmenbedingungen im Sinne eines „Feedbacks" erneut erheben (vgl. Übersicht I-6). Diese Informationen, die häufig nur in verbaler Form im Lagebericht und im Anhang vorliegen bzw. die sich aus den Presseberichten oder Handelsauskünften sammeln lassen, müssen unter Zugrundelegung des Vorwissens, das der Bilanzanalytiker aus dem Kennzahlenvergleich gewonnen hat, ausgewertet werden.[170] Dieses Vorgehen wird auch als **qualitative Bilanzanalyse** bezeichnet.

Bei der qualitativen Bilanzanalyse können zwei Teilgebiete unterschieden werden, erstens die Analyse des bilanzpolitischen Instrumentariums und zweitens die semiotische Bilanzanalyse:[171]

---

167 Vgl. LEFFSON, U., Bilanzanalyse, S. 111.

168 Vgl. LACHNIT, L., Systemorientierte Jahresabschlußanalyse, S. 143 f.

169 Vgl. HAUSCHILDT, J., Entwicklungslinien der Bilanzanalyse, S. 338; BALLWIESER, W., Bilanzanalyse, Sp. 217.

170 Vgl. WERNER, U., Nichtnumerische Daten im Rahmen der Bilanzanalyse, S. 370.

171 Vgl. KÜTING, K., Grundlagen der qualitativen Bilanzanalyse, S. 692.

■ Bei der **Analyse des bilanzpolitischen Instrumentariums** wird untersucht, wie das bilanzierende Unternehmen durch bilanzpolitische Maßnahmen, beispielsweise durch die Ausübung von Bilanzierungswahlrechten oder Ermessensspielräumen, den Jahresabschluss beeinflusst hat. Dabei werden die qualitativen – rein verbalen – und die quantitativen Angaben im Anhang über die Bilanzpolitik analysiert. Oftmals ermöglichen erst die verbalen Informationen des Anhangs dem Bilanzanalytiker, die quantitativen Informationen des Jahresabschlusses sinnvoll zu interpretieren. Die qualitative Bilanzanalyse ergänzt demzufolge die quantitative Bilanzanalyse. Da gemäß dem Stetigkeitsgrundsatz des GoB-Systems Unstetigkeiten anzugeben und zu erläutern sind und außerdem deren quantitative Auswirkungen anzugeben sind, wird aus diesen Angaben zumindest ein Teil der Bilanzpolitik direkt ersichtlich. Auch wenn Bilanzpolitik lediglich aus den verbalen Angaben erkennbar wird, ist diese Information von hoher Bedeutung für die Interpretation der Analyseergebnisse. Stellt ein Bilanzanalytiker bei der Durchsicht des Anhangs durchgängig „ergebnisverbessernde" Maßnahmen fest, so kann er davon ausgehen, dass das tatsächliche Jahresergebnis tendenziell schlechter ist als das im Jahresabschluss ausgewiesene Jahresergebnis. Umgekehrt deuten stille Rücklagen bildende, d. h. „ergebnisverschlechternde", Maßnahmen auf ein besseres Jahresergebnis hin, als im Jahresabschluss gezeigt wird.[172] Deutlicher lässt sich die Richtung der Bilanzpolitik erkennen, wenn Beträge angegeben werden: Beispielsweise hat die DEUTSCHE LUFTHANSA AG im Jahre 1992 die Abschreibungsdauer ihrer Flugzeuge von zehn auf zwölf Jahre verlängert und somit die Abschreibungen ihrer Flotte um 392 Mio. DM reduziert und ihr Ergebnis entsprechend verbessert.[173] Bei der Analyse des bilanzpolitischen Instrumentariums werden vor allem die Informationen ausgewertet, die im dritten Schritt der Bilanzanalyse als Zusatzinformationen erfasst und in einem gesonderten Teil des Erfassungsschemas dokumentiert werden.

■ Bei der **semiotischen Bilanzanalyse** wird darüber hinaus die Sprache des Geschäftsberichts untersucht.[174] Ein Untersuchungsgegenstand ist beispielsweise der Präzisionsgrad der Aussagen: Je unpräziser die Informationen in der Berichterstattung sind, desto eher kann davon ausgegangen werden, dass die tatsächliche wirtschaftliche Situation von der dargestellten wirtschaftlichen Lage abweicht, weil das Unternehmen seine Lage nur durch verschleiernde und interpretationsbedürftige Informationen und nicht durch eindeutige und klare Aussagen darstellt. Schließlich kann der Bilanzanalytiker auch aus der (unter Umständen im Vergleich zum Vorjahres-Geschäftsbericht wechselnden) Wortwahl zur Beschreibung der Erfolgslage im Zeitvergleich auf die wirtschaftliche Lage schließen. Ändert sich im Zeitablauf die Formulierung für einen bestehenden, bereits im Vor-

---

172 Vgl. CLEMM, H., Bilanzpolitik und Ehrlichkeits-(„true and fair view"-)Gebot, S. 360; GRÄFER, H., Bilanzanalyse, S. 39.

173 Vgl. DEUTSCHE LUFTHANSA AG (Hrsg.), Geschäftsbericht 1992, S. 33.

174 Vgl. KÜTING, K., Grundlagen der qualitativen Bilanzanalyse, S. 730-733.

jahres-Geschäftsbericht dargestellten Sachverhalt, so ist davon auszugehen, dass das bilanzierende Unternehmen an dieser Stelle den Sachverhalt bewusst unterschiedlich wertet.[175]

Der Bilanzanalytiker sollte unbedingt versuchen, ein **Gesamturteil über die wirtschaftliche Lage** zu ermitteln und abzugeben. Hierzu muss er zunächst jeweils ein Teilurteil über die Teilbereiche der Bilanzanalyse, unter Zuhilfenahme der qualitativen Bilanzanalyse und der Informationen über die wirtschaftlichen und rechtlichen Rahmenbedingungen, fällen und diese Teilurteile zu einem Gesamturteil aggregieren. Dazu sind die zuvor ausgewählten Kennzahlen im siebten Schritt möglichst objektiv zu gewichten, so dass die bei der Kennzahlenanalyse gewonnenen Teilurteile zu einem ausgewogenen, widerspruchsfreien Gesamturteil über die wirtschaftliche Lage aggregiert werden können. Im Ergebnis soll ein Gesamturteil vorliegen, das sowohl dem Prinzip der Analysezielorientierung, dem Neutralisierungsprinzip, dem Objektivierungsprinzip als auch dem Ganzheitlichkeitsprinzip entspricht.

482. Kennzahlensysteme zur Bildung eines Gesamturteils

Die Bildung eines Gesamturteils wird erleichtert, wenn die ausgewählten Kennzahlen nicht „wahllos" nebeneinander, sondern in einem systematischen Zusammenhang stehen. So genannte Kennzahlensysteme bilden daher ein zentrales Element zur Bildung eines Gesamturteils. Kennzahlensysteme sollen dem Bilanzanalytiker behilflich sein, sich systematisch – im Hinblick auf das Ziel der Bilanzanalyse – ein umfassendes Urteil zu bilden. Im Schrifttum und in der Praxis wurden in der Vergangenheit verschiedene Kennzahlensysteme entwickelt. Im Folgenden werden drei Gruppen von Kennzahlensystemen unterschieden, die sich primär hinsichtlich des Grades der Objektivität bei der Ermittlung des Gesamturteils unterscheiden:

- **Traditionelle Kennzahlensysteme**, die zu einem **subjektiven Gesamturteil** führen,
- **Scoring-Modelle**, mit denen sich ein **quasi-objektives Gesamturteil** ermitteln lässt sowie
- **Kennzahlensysteme auf der Basis mathematisch-statistischer Verfahren**, mit denen sich ein **objektives Gesamturteil** erzielen lässt.

Bei den meisten **traditionellen Kennzahlensystemen** wird eine als besonders wichtig erachtete, aussagekräftige Kennzahl zur Spitzenkennzahl der Gesamturteilsbasis gewählt und aufgrund analytischer Überlegungen in mehrere Unterkennzahlen zerlegt, wodurch eine Kennzahlenpyramide oder Kennzahlenhierarchie entsteht. Auf diese Weise wird die Eindimensionalität der Kennzahlenanalyse – also ein vereinfachender Versuch, multikausale Ursache-Wirkungs-Zusammenhänge mit nur einer Kennzahl (monokausal) zu erklären – überwunden und die Analyse systematisiert.[176] Das durch eine solche Zerlegung einer Spitzenkennzahl, z. B. einer Rentabilitätskennzahl,

---

175 Vgl. KÜTING, K./WEBER, C.-P., Die Bilanzanalyse, S. 428.

176 Vgl. HAUSCHILDT, J., Entwicklungslinien der Bilanzanalyse, S. 342 f.

in mehrere Unterkennzahlen entstehende Kennzahlen-Gebäude bezeichnet man als analytisch-deduktives Kennzahlensystem. Wie der Bilanzanalytiker im Rahmen der Gesamturteilsbildung die einzelne Kennzahl eines traditionellen Kennzahlensystems interpretiert bzw. mit welchem Gewicht die einzelne Kennzahl in das zu bildende Gesamturteil des Analysten einfließt, liegt indes im subjektiven Ermessen des Bilanzanalytikers. Demzufolge lässt sich mit einem traditionellen Kennzahlensystem nur ein **subjektives** Gesamturteil ermitteln. Ferner wurde bereits beim fünften Schritt der Bilanzanalyse, der „Kennzahlenauswahl" (vgl. Abschn. 46), erläutert, dass es sich bei den traditionellen Kennzahlensystemen um eine subjektive Auswahl der Kennzahlen handelt. Das wohl bekannteste und älteste analytisch-deduktive Kennzahlensystem ist das in Kap. VII Abschn. 22 näher erläuterte DuPont-Kennzahlensystem (ROI-Kennzahlensystem).[177] Durch eine rechentechnische Auffächerung der im ROI-Kennzahlensystem obersten Kennzahl Return on Investment (ROI) in die beiden multiplikativ verknüpften Komponenten Umsatzrentabilität und Gesamtkapitalumschlaghäufigkeit lassen sich einige Ursachen für Veränderungen des ROI erkennen.

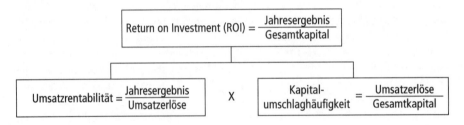

Übersicht I-9:   *Das ROI-Kennzahlensystem*

Eine weitere Möglichkeit, die Teilurteile zu einem intersubjektiv nachprüfbaren Gesamturteil zu verdichten, besteht darin, Checklisten zu verwenden, die auf der Basis eines Scoring-Modells zustande gekommen sind. Solche Checklisten werden teils auch bei der Bonitätsprüfung durch Kreditinstitute benutzt.[178] Bei einem **Scoring-Modell**, das auch als Punktbewertungsmodell oder als Nutzwertanalyse bezeichnet wird, werden im Allgemeinen mit Hilfe von Beurteilungskriterien bzw. Untersuchungskriterien einem Sachverhalt Punktwerte zugeordnet. Die (gewichtete) Summe dieser Punktwerte ist dann zahlenmäßiger Ausdruck für den Nutzwert eines Sachverhalts. Mit Hilfe des Scoring-Modells können Sachverhalte in eine Rangfolge (Rating) gebracht werden. Wird ein bilanzanalytisches Gesamturteil mit einem Scoring-Modell gebildet, dann bilden die Kennzahlen die Beurteilungskriterien. Im Vergleich zu den traditionellen Kennzahlensystemen werden bei der Erstellung eines Scoring-Modells, neben der Kennzahlenbildung, Kennzahlen ausgewählt und deren Gewichte festgelegt, mit denen die Kennzahlen in das Gesamturteil eingehen. Wird ein be-

---

177 Vgl. E. I. DuPont Nemours and Company, Description of the DuPont Chart System for Appraising Operating Performance; Staehle, W. H., Kennzahlen und Kennzahlensysteme, S. 69-72.

178 Vgl. Schulze-Tilling, J., Checkliste für das Firmenkundenkreditgeschäft vor dem Hintergrund der Insolvenzursachenforschung, S. 27 f.

stimmtes Scoring-Modell mit festgelegtem Kennzahlenkatalog und festgelegten Gewichten für jede Kennzahl verwendet, gelangen verschiedene Analysten beim gleichen Unternehmen zu demselben Gesamturteil. Da die Auswahl der Kennzahlen und ihre Gewichtung und Zusammenfassung zu einem Gesamturteil beispielsweise von einer Experten-Gruppe oder dem Ersteller des Scoring-Modells festgelegt wird, ist auch bei einem Scoring-Modell eine völlig objektive Gesamturteilsbildung nicht gewährleistet (**quasi-objektives Gesamturteil**). Ein Scoring-Modell legt lediglich den Weg zum Gesamturteil allgemein fest und ist damit intersubjektiv nachprüfbar. Ein bekanntes System zur Gesamturteilsbildung, das auf der Basis eines Scoring-Modells entstanden ist, ist das „Saarbrücker Modell zur Unternehmensbeurteilung".[179] In Kap. VII Abschn. 32 dieses Buches werden wir das Saarbrücker Modell ausführlich darstellen.

Eine weitere Möglichkeit, ein Gesamturteil zu ermitteln, besteht darin, die Teilurteile mit Hilfe **mathematisch-statistischer Verfahren**[180] auf der Basis empirischer Daten zu einem Gesamturteil zu verdichten.[181] Geeignete mathematisch-statistische Verfahren sind z. B. die Multivariate Diskriminanzanalyse (MDA)[182], die Logistische Regressionsanalyse[183] oder die Künstliche Neuronale Netzanalyse (KNNA)[184]. Die bislang in der betriebswirtschaftlichen Forschung ermittelten Kennzahlensysteme zielen darauf ab, **objektive** Aussagen über den Gesundheitszustand (die wirtschaftliche Lage) und damit über die Basis für künftige Entwicklungsmöglichkeiten von Unternehmen zu ermöglichen. Die Datenbasis bestand bei den akzeptablen Analysen aus den Jahresabschlüssen von Tausenden für ein gegebenes Unternehmensportefeuille repräsentativen gesunden und kranken Unternehmen. Für jedes Unternehmen lag also neben dem Jahresabschluss die Information vor, ob es solvent war oder ob es zu einem späteren Zeitpunkt insolvent geworden ist. Zunächst sind in einem großen Kennzahlenkatalog alle möglicherweise für eine Messung der Bestandsgefährdung relevanten Kennzahlen festzulegen. Aus diesem Kennzahlenkatalog werden dann solche Kennzahlen mit mathematisch-statistischen Verfahren aufgrund der ermittelten Klassifikationsgüte, d. h. der Trefferquote bei der Klassifikation der kranken Unternehmen als „krank" und der gesunden Unternehmen als „gesund", objektiv ausgewählt und gewichtet. Auf diese Weise lässt sich der Datenbestand anhand der Kriterien gesund

---

179 Vgl. KÜTING, K., Die Ertragsstarken bilanzieren eher konservativ, S. 7; KÜTING, K./WEBER, C.-P., Die Bilanzanalyse, S. 414-423. Zu einer aktuellen Beurteilung der Ertragskraft von 200 deutschen Konzernen mit Hilfe des Saarbrücker Modells vgl. ENZWEILER, T./FRIESE, U./NITSCHKE, R., 200 Bilanzen im Test, S. 75-80.

180 Vgl. BAETGE, J., Früherkennung negativer Entwicklungen, S. 657 f.; BAETGE, J./NIEHAUS, H.-J., Jahresabschlußanalyse, S. 148-152; BAETGE, J./JERSCHENSKY, A., Moderne Verfahren der Jahresabschlußanalyse, S. 1581-1591.

181 Vgl. BAETGE, J./THIELE, S., Bilanzanalyse, Sp. 255 f.; BAETGE, J./KRUSE, A./UTHOFF, C., Bonitätsklassifikationen von Unternehmen mit Neuronalen Netzen, S. 273-281; UTHOFF, C., Erfolgsoptimale Kreditwürdigkeitsprüfung, S. 222-264; COENENBERG, A. G., Jahresabschluss und Jahresabschlussanalyse, S. 936-945.

182 Zum Verfahren der Multivariaten Diskriminanzanalyse vgl. etwa BACKHAUS, K. U. A., Multivariate Analysemethoden, S. 155-227; FAHRMEIR, L./HÄUSSLER, W./TUTZ, G., Diskriminanzanalyse, S. 357-435 sowie ausführlich Kap. VII Abschn. 41.

183 Zum Verfahren der Logistischen Regressionsanalyse vgl. ausführlich Kap. VII Abschn. 42.

184 Zum Verfahren der Künstlichen Neuronalen Netze vgl. ausführlich Kap. VII Abschn. 43.

und krank mit geringen Fehlern klassifizieren. Von den mathematisch-statistischen Verfahren werden also die Kennzahlen ausgewählt und gewichtet, die die wirtschaftliche Lage eines Unternehmens am besten beschreiben. Die Kennzahlen werden dabei unter Berücksichtigung der Gewichtungsfaktoren zu einem synthetischen Gesamtkennzahlenwert verdichtet.

Die Auswahl und Gewichtung der Kennzahlen wird bei der mathematisch-statistischen Analyse anhand des Datenmaterials simultan vorgenommen. Es wird ein mathematisch-statistisches Modell aus der Datenbasis ermittelt. Die „Bildung des Gesamturteils" für ein Unternehmen geschieht dann unter der Verwendung des mathematisch-statistischen Modells und dessen Anwendung auf die erfassten Jahresabschlussdaten dieses zu analysierenden Unternehmens. Die Ergebnisse der mathematisch-statistischen Verfahren ergeben eine Funktion der Gesamtkennzahl aus den gewichteten vom Verfahren ausgewählten Einzelkennzahlen. Solche Funktionen werden auch als empirisch-induktive Kennzahlensysteme bezeichnet.[185] Mit der mathematisch-statistischen Analyse von mehreren tausend Jahresabschlüssen gesunder und kranker Unternehmen wird einerseits das Gesamturteil nachvollziehbar; andererseits wird gewährleistet, dass alle Aspekte im Sinne einer vollständigen Analyse berücksichtigt werden. Auch diese Verfahren werden wir in Kap. VII Abschn. 4 ausführlich vorstellen und diskutieren.

49   Zusammenfassung

Die nachstehende Übersicht I-10 fasst die bisherigen Überlegungen zusammen und stellt die sieben Schritte der Bilanzanalyse in einen systematischen Zusammenhang zu den fünf Prinzipien der Bilanzanalyse, nämlich dem Prinzip der Analysezielorientierung, dem Objektivierungsprinzip, dem Vollständigkeitsprinzip, dem Neutralisierungsprinzip und dem Ganzheitlichkeitsprinzip.

---

185 Vgl. BUCHNER, R., Finanzwirtschaftliche Statistik und Kennzahlenrechnung, S. 36 f. und S. 48; JACOBS, O. H., Bilanzanalyse, S. 79-83.

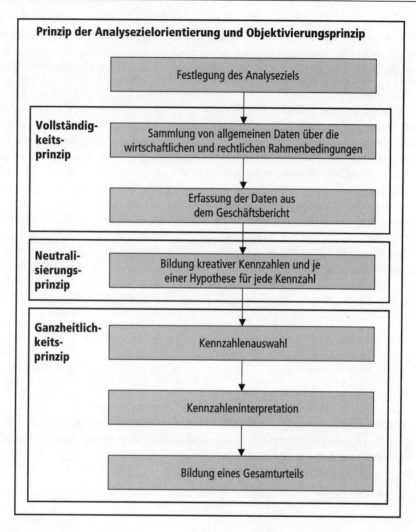

Übersicht I-10:   *Prinzipien der Bilanzanalyse und Schritte der Bilanzanalyse*

5   Grenzen der Bilanzanalyse

51   Überblick

Grundsätzlich zielt die Bilanzanalyse darauf ab, den Grad der Bestandsfestigkeit eines Unternehmens zu ermitteln. Fraglich ist, ob und wieweit die Bilanzanalyse einem solchen Ziel gerecht werden kann. Die Aussagefähigkeit der Bilanzanalyse ist naturgemäß mit der Aussagefähigkeit des Jahresabschlusses eng verknüpft: Die Mängel im zugrunde liegenden Datenmaterial „Jahresabschluss" beeinträchtigen somit die Aussagefähigkeit einer auf dieses Ziel ausgerichteten Bilanzanalyse.[186] Die Schwierigkeit

der Bilanzanalyse beruht somit vor allem auf den **Mängeln des zu analysierenden Jahresabschlusses**. Zu beachten ist, dass sich sowohl die konzeptionellen Grundlagen als auch die konkreten Regelungen des HGB von denen des IASB-Normsystems unterscheiden. Demzufolge ist ein HGB-Abschluss hinsichtlich seiner Aussagefähigkeit nicht mit einem IFRS-Abschluss unmittelbar vergleichbar. Die nach den unterschiedlichen Regelwerken aufgestellten Abschlüsse stellen also eine unterschiedliche Datenbasis für die Bilanzanalyse zur Verfügung. Im Folgenden werden zwar primär die Mängel des handelsrechtlichen Jahresabschlusses dargestellt, aus denen Schwierigkeiten für die Analyse der Bestandsfestigkeit resultieren, doch sind die Schwierigkeiten der Analyse eines IFRS-Abschlusses in vielen Details den Schwierigkeiten ähnlich, die sich bei einem HGB-Abschlusses ergeben. Sofern die im Folgenden dargestellten Problembereiche eines HGB-Abschluss nicht für einen IFRS-Abschluss gelten bzw. ein IFRS-Abschluss andere Mängel aufweist, wird hierauf gesondert im jeweiligen Abschnitt eingegangen.

Mit einem **handelsrechtlichen Jahresabschluss** sind vor allem folgende **Mängel** verbunden:

- Vergangenheitsbezogenheit und geringer Detaillierungsgrad des Jahresabschlusses,
- Verzerrung des Jahresabschlusses durch die gläubigerschützenden Grundsätze ordnungsmäßiger Buchführung,
- Verzerrung des Jahresabschlusses durch Bilanzpolitik
- Verfälschung des Jahresabschlusses durch steuerbilanzpolitische Einflüsse,
- Verfälschung des Jahresabschlusses aufgrund der unvollständigen Datenbasis des Jahresabschlusses und
- besondere Grenzen der Konzernbilanzanalyse.

Wie sich diese Mängel des Jahresabschlusses auf die Bilanzanalyse auswirken, wird in den folgenden Abschnitten erörtert.

52 Vergangenheitsbezogenheit und geringer Detaillierungsgrad des Jahresabschlusses

Ein wesentlicher Mangel des Jahresabschlusses für die Bilanzanalyse, vor allem für die Bildung eines Urteils über die künftige wirtschaftliche Lage eines Unternehmens, besteht in der **Vergangenheitsbezogenheit des Jahresabschlusses**, da der Jahresabschluss ein Bild der Vermögens- und Finanzlage zu einem in der Vergangenheit liegenden Abschlussstichtag und ein Bild der Ertragslage einer abgelaufenen Periode vermittelt. Darüber hinaus besteht ein rein technischer Mangel darin, dass der Jahresabschluss nicht zeitnah analysiert werden kann. Denn der Jahresabschluss wird dem

---

186 Einen Überblick gibt HAUSCHILDT, J., Entwicklungslinien der Bilanzanalyse, S. 335 f.

externen Jahresabschlussadressaten nämlich häufig erst Monate nach dem Bilanzstichtag – wenn überhaupt – zugänglich gemacht.[187] Je zeitnäher die veröffentlichten Jahresabschlussdaten aber sind, desto zweckmäßiger ist deren Analyse.[188]

Große und mittelgroße Kapitalgesellschaften (& Co.) sind gemäß § 264 Abs. 1 Satz 2 HGB dazu verpflichtet, innerhalb der ersten drei Monate des laufenden Geschäftsjahres einen Jahresabschluss und einen Lagebericht für das Vorjahr **aufzustellen**. Falls ein Konzernjahresabschluss und Konzernlagebericht aufgestellt werden muss[189], ist dieser nach § 290 Abs. 1 HGB bzw. nach § 13 PublG innerhalb der ersten fünf Monate aufzustellen. Kleine Kapitalgesellschaften (& Co.) dürfen den Jahresabschluss und Lagebericht auch später – müssen ihn aber spätestens innerhalb von sechs Monaten des neuen Geschäftsjahres – aufstellen (§ 264 Abs. 1 Satz 3 HGB). Einzelkaufleute und Personenhandelsgesellschaften müssen nach § 243 Abs. 3 HGB den bei ihnen nur aus Bilanz und Gewinn- und Verlustrechnung bestehenden Jahresabschluss innerhalb der einem ordnungsmäßigen Geschäftsgang entsprechenden Zeit aufstellen. Dabei dürfte im Normalfall eine Aufstellungsfrist von etwa sechs bis neun Monaten des neuen Geschäftsjahres dem ordnungsmäßigen Geschäftsgang entsprechen und mit den handelsrechtlichen Zwecken vereinbar sein.[190] Lediglich dann, wenn diese Unternehmen die Größenkriterien des § 1 PublG überschreiten, müssen sie den Jahresabschluss in den ersten drei Monaten des neuen Geschäftsjahres aufstellen (§ 5 PublG).

Nach § 325 HGB sind Kapitalgesellschaften (& Co.) verpflichtet, den Jahresabschluss und den Lagebericht spätestens vor Ablauf des zwölften Monats nach dem Abschlussstichtag **offen zu legen**. Kleine Kapitalgesellschaften (& Co.) i. S. d. § 267 Abs. 1 HGB dürfen sogar auf die Offenlegung der Gewinn- und Verlustrechnung und der Angaben im Anhang, die die Gewinn- und Verlustrechnung betreffen, verzichten. Ferner brauchen kleine Kapitalgesellschaften (& Co.) den Lagebericht sowie den gegebenenfalls zu erstattenden Bericht des Aufsichtsrates nicht zum Handelsregister einzureichen.[191] Außerdem gelten für kleine und mittelgroße Kapitalgesellschaften (& Co.) nach §§ 326 und 327 HGB weitere Erleichterungen bei der Offenlegung des Jahresabschlusses, so dass der Detaillierungsgrad der offen gelegten Unterlagen geringer ist als bei großen Kapitalgesellschaften (& Co.): Dies erschwert die

---

187 Vgl. HAUSCHILDT, J., Erfolgs-, Finanz- und Bilanzanalyse, S. 2.

188 Vgl. LEFFSON, U., Bilanzanalyse, S. 33; HAUSCHILDT, J., Erfolgs-, Finanz- und Bilanzanalyse, S. 2.

189 Zur Pflicht, einen Konzernabschluss und einen Konzernlagebericht aufstellen zu müssen, vgl. BUSSE VON COLBE, W. U. A., Konzernabschlüsse, S. 60-99; SCHILDBACH, T., Der Konzernabschluss nach HGB, IAS und US-GAAP, S. 73-99; KÜTING, K./WEBER, C.-P., Der Konzernabschluss, S. 76-106; WYSOCKI, K. V./WOHLGEMUTH, M., Konzernrechnungslegung, S. 25-77; BAETGE, J./KIRSCH, H.-J./THIELE, S., Konzernbilanzen, S. 87-123.

190 Vgl. BAETGE, J./FEY, D./FEY, G., in: Küting/Weber, HdR-E, 5. Aufl., § 243 HGB, Rn. 99 f.; THIELE, S./BRÖTZMANN, I., in: Baetge/Kirsch/Thiele, § 243 HGB, Rn. 111; ADS, 6. Aufl., § 243 HGB, Rn. 43.

191 Vgl. ADS, 5. Aufl., § 326 HGB, Rn. 15.

Analyse und Vergleiche zusätzlich.[192] Denn falls die Gewinn- und Verlustrechnung oder ein Teil davon fehlt und der Jahresüberschuss nicht in der Bilanz separat angegeben ist, kann der Bilanzanalytiker keine Kennzahlen zur Erfolgslage bilden.

Dagegen sind den Gesellschaftern einer Kapitalgesellschaft Jahresabschluss und Lagebericht schon innerhalb von acht Monaten verfügbar zu machen (§ 175 Abs. 1 i. V. m. Abs. 2 AktG für die AG und die KGaA bzw. § 42 a Abs. 1 Satz 1 i. V. m. Abs. 2 Satz 1 GmbHG für die große und mittelgroße GmbH). Bei einer kleinen GmbH i. S. d. § 267 Abs. 1 HGB sind Jahresabschluss und Lagebericht innerhalb von elf Monaten den Gesellschaftern vorzulegen (§ 42 a Abs. 1 Satz 1 i. V. m. Abs. 2 Satz 1 GmbHG).[193]

Der berechtigte Einwand, dass Jahresabschlüsse doppelt veraltet sind, weil sie

(1) das abgelaufene Geschäftsjahr abbilden und

(2) viel zu spät vorgelegt werden,

lässt sich mit der Bilanzanalyse nur dadurch entkräften, dass der Bilanzanalytiker ein Analyseinstrumentarium entwickelt, welches bezogen auf das jeweilige Analyseziel Aussagen über die wahrscheinliche künftige Entwicklung ermöglicht. Bislang wurden solche Analyseinstrumente in der betriebswirtschaftlichen Forschung nur für das Analyseziel, die Bestandsfestigkeit eines Unternehmens einzuschätzen, entwickelt. In diesem Zusammenhang spricht man auch von einem **Früherkennungsinstrumentarium**. Bei der Entwicklung eines solchen Früherkennungsinstrumentariums sind mindestens die letzten drei Jahresabschlüsse von gesunden und kranken Unternehmen systematisch zu analysieren. Der Bilanzanalytiker muss versuchen herauszufinden, anhand welcher Kennzahlen(-kombinationen) sich eine eventuelle Krankheit der Unternehmen schon drei Jahre vor der Insolvenz an den Unterschieden zwischen gesunden und kranken Unternehmen deutlich erkennen lässt. Hat sich der Bilanzanalytiker ein solches Instrumentarium geschaffen,[194] dann ist die Vergangenheitsbezogenheit und die zu späte Vorlage des Jahresabschlusses kein Argument mehr gegen eine Krisenfrüherkennung selbst anhand schon etwas veralteter Jahresabschlüsse.

Die Bilanzanalyse wird zusätzlich dadurch erschwert, dass kleine und mittelgroße Kapitalgesellschaften (& Co.) i. S. d. § 267 HGB einen Jahresabschluss aufstellen dürfen, der einen **geringeren Detaillierungsgrad** aufweist, als dies für große Kapitalgesellschaften (& Co.) in den §§ 264-289 HGB vorgesehen ist (größenabhängige Erleichterungen bei der Aufstellung von Jahresabschluss und Lagebericht). Kleine Kapitalgesellschaften (& Co.) brauchen gemäß § 266 Abs. 1 HGB nur eine verkürzte **Bilanz** aufzustellen, in der bestimmte Posten zusammengefasst werden dürfen. Des Weiteren dürfen kleine und mittelgroße Kapitalgesellschaften (& Co.) gemäß § 276 Satz 1 HGB die Posten Nr. 1 bis 5 der **Gewinn- und Verlustrechnung** nach dem Gesamtkostenverfahren bzw. die Posten Nr. 1 bis 3 und Nr. 6 der Gewinn- und Verlust-

---

192 Zu den Offenlegungsvorschriften vgl. ausführlich BAETGE, J./HAGEMEISTER, C., in: Baetge/Kirsch/Thiele, Einf., Rn. 611-675; BAETGE, J./KIRSCH, H.-J./THIELE, S., Bilanzen, S. 37-41.

193 Vgl. BAETGE, J./FEY, D./FEY, G., in: Küting/Weber, HdR-E, 5. Aufl., § 243 HGB, Rn. 86 f.

194 Vgl. hierzu Kap. VII Abschn. 4.

rechnung nach dem Umsatzkostenverfahren zu einem Posten mit der Bezeichnung „Rohergebnis" zusammenfassen. Hierdurch wird eine Erfolgsquellenanalyse erschwert. Daneben finden sich für den Jahresabschluss weitere Aufstellungserleichterungen in § 274 a HGB, nach dem kleine Kapitalgesellschaften (& Co.) von der Aufstellung eines **Anlagengitters** gemäß § 268 Abs. 2 HGB und von bestimmten Angabe- und Erläuterungspflichten im **Anhang** befreit sind. Zudem dürfen kleine Kapitalgesellschaften (& Co.) gemäß § 288 Satz 1 und § 276 Satz 2 HGB auf weitere Anhangangaben, wie die Aufgliederung der Umsatzerlöse nach Tätigkeitsbereichen und nach Regionen und die Angabe der durchschnittlichen Zahl der während des Geschäftsjahres beschäftigten Arbeitnehmer, verzichten. Auch mittelgroße Kapitalgesellschaften (& Co.) brauchen die Umsatzerlöse im Anhang nicht aufzugliedern (§ 288 Satz 2 HGB). Schließlich brauchen kleine Kapitalgesellschaften (& Co.) gemäß § 264 Abs. 1 Satz 3 HGB keinen **Lagebericht** nach § 289 HGB aufzustellen, was eine Interpretation der Ergebnisse der Kennzahlenanalyse vor dem Hintergrund der rechtlichen und wirtschaftlichen Rahmenbedingungen schwierig machen kann.

Auch für Einzelkaufleute und Personenhandelsgesellschaften hat der Gesetzgeber die Aufstellung des Jahresabschlusses erleichtert und eine detaillierte Gliederung der Bilanz und der Gewinn- und Verlustrechnung nicht verpflichtend vorgesehen. In § 247 Abs. 1 HGB heißt es lediglich, dass das Anlage- und Umlaufvermögen, das Eigenkapital, die Schulden sowie die Rechnungsabgrenzungsposten gesondert auszuweisen und hinreichend aufzugliedern sind. Einzelkaufleute und Personenhandelsgesellschaften müssen bei der Aufstellung des Jahresabschlusses aber die Grundsätze ordnungsmäßiger Buchführung – wie die Rahmengrundsätze der Klarheit und der Übersichtlichkeit sowie das Saldierungsverbot des § 246 Abs. 2 HGB – beachten.[195] Weil der Grundsatz der Klarheit schon vor dem BiRiLiG durch die aktienrechtlichen Gliederungsvorschriften für Bilanz und Gewinn- und Verlustrechnung für alle Unternehmensformen konkretisiert worden ist, bedeutet dies u. E., dass die Gliederungsschemata der §§ 266 und 275 HGB von Unternehmen aller Rechtsformen beachtet werden müssen.[196] Die §§ 266 und 275 HGB gelten u. E. gemäß § 5 Abs. 2 PublG auch für Einzelkaufleute und Personenhandelsgesellschaften, die dem PublG unterliegen. Indes bestehen für Einzelkaufleute und Personenhandelsgesellschaften, die dem Publizitätsgesetz unterliegen, nach § 9 Abs. 2 und Abs. 3 PublG Erleichterungsvorschriften dergestalt, dass sie auf die Offenlegung der gesamten Gewinn- und Verlustrechnung verzichten und das Eigenkapital zu einem Posten zusammenfassen dürfen. Da Einzelkaufleute und Personenhandelsgesellschaften keinen Anhang und keinen Lagebericht aufstellen müssen, sind sie nach § 9 Abs. 1 PublG auch nicht dazu verpflichtet, diese Unterlagen offen zu legen. Hierdurch wird eine Analyse des Jahresabschlusses zusätzlich erschwert, wenn nicht gar unmöglich gemacht.

Für Konzernabschlüsse gelten i. d. R. die Ausführungen für große Kapitalgesellschaften hinsichtlich der Gliederung von Konzernbilanz und Konzern-GuV sinngemäß.

---

195 Vgl. Baetge, J./Fey, D./Fey, G., in: Küting/Weber, HdR-E, 5. Aufl., § 243 HGB, Rn. 41-68.

196 A. A. ADS, 6. Aufl., § 247 HGB, Rn. 24, die die genannten Vorschriften als leges speciales für Kapitalgesellschaften (& Co.) qualifizieren.

Der häufig zu geringe Detaillierungsgrad der Jahresabschlüsse und die Erleichterungsvorschriften für bestimmte Unternehmen müssen den Bilanzanalytiker veranlassen, die in seinem ausführlichen Erfassungsschema für den Jahresabschluss noch fehlenden Informationen durch Nachfragen beim Unternehmen zu ergänzen. Nur bei einem vollständig ausgefüllten Erfassungsschema ist ein zwischenbetrieblicher Vergleich und auch ein Benchmarking möglich.

Die Vorwürfe der Vergangenheitsbezogenheit und des geringen Detaillierungsgrades des Jahresabschlusses treffen IFRS-Abschlüsse in gleichem Maße. Obwohl die Regelungen des IASB explizit für veröffentlichte Abschlüsse von Unternehmen gelten, enthalten sie keine konkreten Vorschriften zur Offenlegung des Abschlusses. Sowohl über Fristen als auch über Art und Weise der Veröffentlichung gibt es keine verpflichtenden Regelungen. Demzufolge sind sämtliche nach den IFRS geforderten Bestandteile des Abschlusses uneingeschränkt zu veröffentlichen.[197]

Dabei ist indes zu beachten, dass die IFRS keine einheitlichen und klaren Gliederungsvorschriften vorschreiben, wodurch Abschlussinformationen in Abschlüssen verschiedener Unternehmen sehr unterschiedlich dargestellt werden können. Die Vorgaben des IAS 1 bleiben hinter dem Verpflichtungs- und Detaillierungsgrad der Gliederungsvorschriften laut HGB zurück.[198]

53 Verzerrung des Jahresabschlusses durch die gläubigerschützenden Grundsätze ordnungsmäßiger Buchführung

Die Mängel des Jahresabschlusses beeinträchtigen die Bilanzanalyse in einem weiteren Punkt: Der Jahresabschluss von Kapitalgesellschaften (& Co.) ist – ebenso wie der Jahresabschluss von Unternehmen anderer Rechtsformen – unter Beachtung der Grundsätze ordnungsmäßiger Buchführung aufzustellen. Gegen die Bilanzanalyse als Entscheidungshilfe wird eingewandt, dass der Jahresabschluss als Datenbasis der Bilanzanalyse durch (bestimmte) Grundsätze ordnungsmäßiger Buchführung – nämlich das Anschaffungs- und Herstellungskostenprinzip, das Realisationsprinzip, den Einzelbewertungsgrundsatz und das Imparitätsprinzip – zu wenig Informationen über die künftige wirtschaftliche Entwicklung eines Unternehmens gäbe.[199]

Vermögensgegenstände sind entsprechend dem im § 253 Abs. 1 Satz 1 HGB kodifizierten **Anschaffungs- und Herstellungskostenprinzip** höchstens zu den historischen Anschaffungs- oder Herstellungskosten in der Bilanz anzusetzen. Sind etwa die

---

197 Zu den Bestandteilen eines IFRS-Abschlusses vgl. Abschn. 23 in diesem Kapitel.

198 Der IASB entwickelt in einem laufenden Projekt gemeinsam mit internationalen Verbänden und Forschungsgruppen eine einheitliche Sprache zur Kommunikation von Rechnungslegungsinformationen, die Extensible Business Reporting Language (XBRL). Eine Berichterstattung nach XBRL würde die Bilanzanalyse insoweit vereinfachen, als der Bilanzanalytiker Jahresabschlussdaten mit einheitlichen und übereinstimmenden Postenbezeichnungen aus dem Datenpool entnehmen könnte. Vgl. www.xbrl.org und www.iasb.org.

199 Vgl. HAUSCHILDT, J., Erfolgs-, Finanz- und Bilanzanalyse, S. 1 f.; JACOBS, O. H., Bilanzanalyse, S. 74-78.

Preise von bilanzierten Grundstücken seit ihrer Anschaffung gestiegen, so verlangt das Anschaffungskostenprinzip die Bilanzierung der Grundstücke weiterhin zu Anschaffungskosten und verhindert aus Objektivitäts- bzw. Objektivierungsgründen die Weitergabe der Informationen über den gestiegenen Marktwert der Grundstücke.[200] Durch das Anschaffungskostenprinzip dürfen somit Wertsteigerungen, die noch nicht realisiert sind, nicht im Jahresabschluss abgebildet werden. Wertsteigerungen werden gemäß dem in § 252 Abs. 1 Nr. 4 HGB kodifizierten **Realisationsprinzip** erst dann realisiert, wenn sie den Sprung zum Absatzmarkt[201] geschafft haben.

Gegen den **Einzelbewertungsgrundsatz** des § 252 Abs. 1 Nr. 3 HGB wird zutreffend eingewandt, dass der Unternehmenswert sich regelmäßig nicht aus der Summe der in der Bilanz ausgewiesenen Einzelposten, die einzeln bewertet sind, ergibt, sondern aus dem Barwert der künftigen Einzahlungsüberschüsse des gesamten Unternehmens.[202]

Nach dem in § 252 Abs. 1 Nr. 4 HGB kodifizierten **Imparitätsprinzip** sind vorhersehbare Risiken und Verluste, die am Abschlussstichtag entstanden sind, im abzuschließenden Geschäftsjahr zu antizipieren. Das Imparitätsprinzip ist konkretisiert in den Niederstwertvorschriften des § 253 Abs. 2 und Abs. 3 HGB für Anlage- und Umlaufvermögensgegenstände und in § 249 Abs. 1 Satz 1 HGB, nach dem für drohende Verluste aus schwebenden Geschäften eine Rückstellung zu bilden ist.[203] Vorhersehbare Chancen und Gewinne dürfen auch dann nicht im handels- wie im steuerrechtlichen Jahresabschluss berücksichtigt werden, wenn deren Ursachen im abzuschließenden Geschäftsjahr entstanden sind. Insofern werden vorhersehbare Risiken und Verluste und vorhersehbare Chancen und Gewinne im Jahresabschluss ungleich

---

200 Vgl. MOXTER, A., Bilanzlehre, Bd. II, S. 41 f.

201 Vgl. LEFFSON, U., Die Grundsätze ordnungsmäßiger Buchführung, S. 247 f.; MOXTER, A., Grundsätze ordnungsmäßiger Rechnungslegung, S. 41 f.

202 Vgl. SCHMALENBACH, E., Dynamische Bilanz, S. 22 und S. 28.

203 Vgl. FEY, D., Imparitätsprinzip und GoB-System, S. 150-156. Die für nach dem 31.12.1996 beginnende Geschäftsjahre geltende neue steuerliche Regelung des § 5 Abs. 4a EStG sieht vor, dass in der Steuerbilanz keine Drohverlustrückstellungen mehr gebildet werden dürfen. Gebildete Drohverlustrückstellungen aus früheren Geschäftsjahren sind gewinnerhöhend aufzulösen (§ 52 Abs. 6a EStG). In der Handelsbilanz müssen Drohverlustrückstellungen indes weiter entsprechend den bisher gültigen Regeln gebildet werden; vgl. HFA DES IDW, Auswirkungen der steuerlichen Nichtanerkennung von Rückstellungen für drohende Verluste aus schwebenden Geschäften auf den handelsrechtlichen Jahresabschluss, S. 113 f.; HÖNIG, R., Handhabung und Auswirkungen der steuerlichen Neuregelung von Drohverlustrückstellungen, S. 2554-2556. Zum Unterschied zwischen Verbindlichkeitsrückstellungen und Drohverlustrückstellungen vgl. MOXTER, A., Abgrenzung von Verbindlichkeitsrückstellungen und Verlustrückstellungen, S. 1477-1484; ECKSTEIN, H.-M./FUHRMANN, S., Steuerliche Nichtanerkennung von Drohverlustrückstellungen, S. 529-536. Indes muss sich der Bilanzanalytiker nicht nur bez. der Drohverlustrückstellungen darüber klar sein, ob ihm ein handelsrechtlicher oder ein steuerlicher Abschluss vorliegt, weil sich diese beiden Typen von Jahresabschlüssen auch in anderen Bereichen deutlich voneinander unterscheiden.

(imparitätisch) behandelt, was dem Imparitätsprinzip den Namen gibt.[204] Das Imparitätsprinzip führt insofern zu einer Verzerrung des Jahresabschlusses und des Jahresergebnisses.

Zu den Einwänden, der Jahresabschluss werde durch Anschaffungs- und Herstellungskostenprinzip, Realisationsprinzip, Einzelbewertungsgrundsatz und Imparitätsprinzip verzerrt, ist wie folgt Stellung zu nehmen: Der Gesetzgeber beabsichtigt mit dem Jahresabschluss einen Ausgleich zwischen den divergierenden Interessen der verschiedenen Adressaten bzw. Adressatengruppen. Er versucht, einen relativierten Schutz aller Adressaten oder Adressatengruppen des handelsrechtlichen Jahresabschlusses zu erreichen. Diesen gesetzlichen Interessenausgleich bezeichnen wir als **Interessenregelung**.[205] Die Interessenregelung ist im Jahresabschluss dadurch berücksichtigt, dass die Jahresabschlusszwecke Dokumentation, Rechenschaft und Kapitalerhaltung bei der Auslegung von Vorschriften gleichgewichtig zu berücksichtigen sind.[206] Die Interessenregelung verlangt indes, dass der Jahresabschluss durch Normierung objektiviert wird, so dass der externe Jahresabschlussleser sich darauf verlassen können soll, dass intersubjektiv nachprüfbare Werte nach feststehenden Regeln bilanziert worden sind und nicht Werte nach subjektiven Wünschen und Vorstellungen des Bilanzierenden – und damit unter Umständen auch zu optimistische Werte – angesetzt worden sind. Zu den **Objektivierungen** zählt z. B. die Vorschrift, dass die Vermögensgegenstände höchstens zu ihren Anschaffungs- oder Herstellungskosten anzusetzen sind. Sowohl durch das Anschaffungs- oder Herstellungskostenprinzip sowie das Realisationsprinzip als auch durch den Einzelbewertungsgrundsatz bleibt der Jahresabschluss von (geschätzten) Marktwerten oder lediglich prognostizierten künftigen Ein- und Auszahlungen (wie bei einer Unternehmensbewertung) frei, und es sind danach ausschließlich willkürfreie bzw. intersubjektiv nachprüfbare Werte in der Bilanz anzusetzen.[207] Insofern hat der Gesetzgeber im HGB den Konflikt[208] zwischen maximaler Objektivität und maximaler ökonomischer Brauchbarkeit der Informationen (zwischen maximaler Zuverlässigkeit bzw. Entscheidungsrelevanz) zugunsten der Objektivität bzw. Nachprüfbarkeit und zu Lasten der ökonomischen Brauchbarkeit gelöst und verlangt, dass die Vermögensgegenstände nach dem im § 252 Abs. 1 Nr. 3 HGB kodifizierten Einzelbewertungsgrundsatz am Bilanzstichtag einzeln und zu fortgeführten Anschaffungs- oder Herstellungskosten bzw. zu niedrigeren Werten – keinesfalls aber zu höheren Werten – anzusetzen sind.[209]

---

204 Vgl. MOXTER, A., Bilanzlehre, Bd. II, S. 27 f. Vgl. zum Imparitätsprinzip KOCH, H., Die Problematik des Niederstwertprinzips, S. 5; LEFFSON, U., Die Grundsätze ordnungsmäßiger Buchführung, S. 340-347.

205 Vgl. BAETGE, J., Rechnungslegungszwecke, S. 21, m. w. N.

206 Vgl. hierzu ausführlich BAETGE, J./APELT, B., in: HdJ, Abt. I/2, Rn. 48 f.; BAETGE, J./KIRSCH, H.-J., in: Küting/Weber, HdR-E, 5. Aufl., Kap. 4, Rn. 264-289.

207 Vgl. STERZENBACH, H. W., Operationale Konzeptionen zur Ermittlung des unternehmungserhaltenden Gewinns, S. 32-36.

208 Vgl. BAETGE, J., Möglichkeiten der Objektivierung des Jahreserfolges, S. 168 f., m. w. N.

209 Vgl. BAETGE, J., Möglichkeiten der Objektivierung des Jahreserfolges, S. 167-172.

Der Objektivierung, d. h. der intersubjektiven Nachprüfbarkeit, dient – wie gesagt – auch die handelsrechtliche Vorschrift, dass Vermögensgegenstände höchstens zu ihren historischen **Anschaffungskosten** gemäß § 253 Abs. 1 Satz 1 HGB und nicht zu gegebenenfalls höheren Börsen- oder Marktpreisen zu bewerten sind. Nachprüfbar wären Börsen- oder Marktwerte dann, wenn es sich um börsen- oder marktgehandelte Vermögensgegenstände an einer organisierten Börse oder an einem organisierten Markt handelt, an dem die Preise von Dritten zumindest am Bilanzstichtag festgestellt und dokumentiert werden.[210] Für viele Vermögensgegenstände vor allem des Anlagevermögens existieren solche Märkte indes nicht.[211] Diese Voraussetzung wäre somit nur für börsengehandelte Güter – etwa Aktien – gegeben. Aber selbst wenn diese Voraussetzungen bei einigen Vermögensgegenständen gegeben sind, ist die Informationsqualität von Markt- bzw. Börsenwerten nicht immer höher als die von Anschaffungskosten. So werden Marktwerte – auch wenn sie öffentlich notiert sind – nicht selten auf der Grundlage geringer Umsätze oder auch hin und wieder von Börsengerüchten festgestellt. Bei hochvolatilen Märkten ist möglicherweise der Wert vom Bilanzstichtag am folgenden Tag bereits überholt. Fraglich ist bei sehr umfangreichen Posten, z. B. bei hohen Wertpapierbeständen, ob sie selbst am Bilanzstichtag überhaupt zu dem Marktwert vom Bilanzstichtag veräußert werden könnten oder ob der Marktpreis durch ein solch großes Angebot nicht kräftig gedrückt würde.[212]

Die historischen Anschaffungskosten repräsentieren außerdem nicht nur einen Wert, der sich zum Zeitpunkt des Erwerbs des Vermögensgegenstandes in der Vergangenheit auf einem Markt zufällig gebildet hat, sondern sie repräsentieren den Wert des Betrages, den das bilanzierende Unternehmen gezahlt hat, um aus dem Investitionsobjekt Gewinne zu erzielen. Insofern repräsentieren die Anschaffungskosten die durch Hingabe von Geld dokumentierte Mindesteinzahlungserwartung des Unternehmens. Die historischen Anschaffungskosten haben daher für den Bilanzanalytiker – unter Berücksichtigung der Verlässlichkeit – häufig einen höheren Informationswert als ein später, am Bilanzstichtag zufällig auf dem Markt entstandener Wert.[213] Der Marktwert als Veräußerungswert aller Vermögensgegenstände ist für den Bilanzanalytiker ohnehin nur dann von Interesse, wenn er das Unternehmen zerschlagen will. In diesem Fall müssten aber nicht nur die Aktiva zu Marktwerten, sondern auch sämtliche Schulden – wie Verpflichtungen für die zu entlassenden Arbeitnehmer – in einer sog. Zerschlagungsbilanz angesetzt werden. Wird aber im Normalfall zu Recht – wie vom Gesetzgeber in § 252 Abs. 1 Nr. 3 HGB unterstellt – von der Fortführung des Unternehmens ausgegangen, so ist der Informationswert von Markt- bzw. Zer-

---

210 Vgl. STERZENBACH, H. W., Operationale Konzeptionen zur Ermittlung des unternehmungserhaltenden Gewinns, S. 32-36 und S. 175-189.

211 Vgl. STERZENBACH, H. W., Operationale Konzeptionen zur Ermittlung des unternehmungserhaltenden Gewinns, S. 175.

212 Vgl. BALLWIESER, W./KUHNER, C., Rechnungslegungsvorschriften und wirtschaftliche Stabilität, S. 94 f.; HAPPE, P., Grundsätze ordnungsmäßiger Buchführung für Swapvereinbarungen, S. 167 f.

213 Vgl. ORDELHEIDE, D., Bilanzen in der Investitionsplanung und -kontrolle, S. 516; BALLWIESER, W./KUHNER, C., Rechnungslegungsvorschriften und wirtschaftliche Stabilität, S. 95.

schlagungswerten gering.[214] Hierzu muss man wissen, dass der häufigste Fall der Zerschlagung, nämlich die Insolvenz, sich in Deutschland mit einer A-priori-Insolvenzwahrscheinlichkeit von durchschnittlich nur ca. 1,3 % pro Jahr ereignet.[215]

Die Verzerrung des Jahresabschlusses durch die ungleiche Behandlung von vorhersehbaren Chancen und Gewinnen einerseits sowie vorhersehbaren Risiken und Verlusten andererseits gemäß dem **Imparitätsprinzip** ist immer dann nicht unakzeptabel, wenn der Bilanzanalytiker sich dieser Bilanzierungsregel bewusst ist und bei der Beurteilung des Unternehmens berücksichtigt, dass der Jahresabschluss in guten Zeiten ein eher pessimistisches Bild und in schlechten Zeiten ein eher zu optimistisches Bild der wirtschaftlichen Lage zeichnet.[216] Der Jahresabschluss zeigt nämlich dann ein zu optimistisches Bild, wenn die nach dem Imparitätsprinzip gebildeten stillen Rücklagen in schlechten Folgejahren still aufgelöst werden.[217] Der Bilanzanalytiker benötigt also aus anderen Teilanalysen, z. B. aus der semiotischen Analyse, die Erkenntnis, ob es dem Unternehmen „gut" oder „schlecht" geht, um die richtige Hypothese anzulegen.

Die durch bestimmte Grundsätze ordnungsmäßiger Buchführung hervorgerufenen Grenzen der Bilanzanalyse gelten zum Teil analog für IFRS-Abschlüsse. Im Framework des IASB werden Basisannahmen der Rechnungslegung nach IFRS (Grundsatz der Periodenabgrenzung und Grundsatz der Unternehmensfortführung) und qualitative Anforderungen an die Rechnungslegung nach IFRS (Zuverlässigkeit, Entscheidungserheblichkeit, Vergleichbarkeit und Verständlichkeit) formuliert.[218] Werden die qualitativen Anforderungen des Framework beachtet sowie die IFRS insgesamt korrekt angewendet, wird vermutet, dass dies zu einem Abschluss führt, der ein den tatsächlichen Verhältnissen entsprechendes Bild der Vermögens-, Finanz- und Ertragslage vermittelt (F. 46 sowie IAS 1.13).

Die Bilanzanalyse wird bei der Rechnungslegung nach IFRS vor allem dadurch begrenzt, dass in den IFRS verschiedene Bewertungs- und Periodisierungskonzepte berücksichtigt werden.[219] So werden Vorräte gemäß IAS 2 zu fortgeführten Anschaffungskosten bewertet. Sachanlagen können nach IAS 16 wahlweise zu fortgeführten Anschaffungskosten oder erfolgsneutral zum beizulegenden Zeitwert bewertet werden. Investment Property ist gemäß IAS 40 wahlweise erfolgswirksam zum beizulegenden Zeitwert oder zu fortgeführten Anschaffungskosten zu bewerten. Damit werden Vermögensgegenstände und Schulden – je nach Sachverhalt – wahlweise oder verpflichtend zu fortgeführten Anschaffungskosten oder zum beizulegenden Zeitwert

---

214 Vgl. BALLWIESER, W./KUHNER, C., Rechnungslegungsvorschriften und wirtschaftliche Stabilität, S. 95 f.

215 Vgl. STATISTISCHES BUNDESAMT (Hrsg.), Statistisches Jahrbuch 2003, S. 138-140.

216 Vgl. BAETGE, J./KIRSCH, H.-J./THIELE, S., Bilanzen, S. 93 f.; KÜTING, K./WEBER, C.-P., Die Bilanzanalyse, S. 49 f.

217 Vgl. MORGENSTERN, O., Über die Genauigkeit wirtschaftlicher Beobachtungen, S. 50.

218 Vgl. THIELE, S./BRÖTZMANN, I., in: Baetge/Kirsch/Thiele, § 243 HGB, Rn. 511.

219 Vgl. BAETGE, J./ZÜLCH, H./MATENA, S., Fair Value-Accounting, S. 368; BRÖTZMANN, I., Bilanzierung güterwirtschaftlicher Sicherungsbeziehungen, S. 65-82; HAGEMEISTER, C., Bilanzierung von Sachanlagevermögen, S. 32-37.

bewertet. Bei der Bewertung zum beizulegenden Zeitwert ist des Weiteren danach zu unterscheiden, ob die Wertänderungen, die über die Anschaffungskosten hinausgehen, erfolgswirksam oder erfolgsneutral erfasst werden bzw. zu erfassen sind. Bezüglich der Bewertung zu Anschaffungskosten sowie der Bewertung zum beizulegenden Zeitwert (bzw. zu Marktwerten) gelten – hinsichtlich der aus diesen Wertansätzen resultierenden Grenzen der Bilanzanalyse – die oben zu den handelsrechtlichen GoB angeführten Hinweise. Zu beachten ist, dass im Vergleich zum Handelsrecht nach IFRS deutlich mehr Bilanzposten zum beizulegenden Zeitwert bewertet werden. Insofern hat man den Eindruck, dass der IASB – vor dem Hintergrund des oben erwähnten Konflikts zwischen maximaler Entscheidungsrelevanz und maximaler Zuverlässigkeit – die Entscheidungsrelevanz stärker gewichtet als die Zuverlässigkeit.

54 Verzerrung des Jahresabschlusses durch Bilanzpolitik

Unmittelbar mit dem Einwand, die Anwendung (bestimmter) GoB im Jahresabschluss spräche gegen eine aussagefähige Bilanzanalyse (Abschn. 53), hängt der folgende Einwand zusammen, dass der Jahresabschluss aufgrund von Ansatz- und Bewertungswahlrechten, Ermessensspielräumen sowie bilanzpolitisch motivierten Sachverhaltsgestaltungen verfälscht werde und dadurch ein wenig geeigneter Indikator für das Auf und Ab eines Unternehmens sei.[220]

Gegen den Einwand, die im Jahresabschluss abgebildete wirtschaftliche Lage werde durch bilanzpolitische Maßnahmen verzerrt, kann zunächst das formale Argument geltend gemacht werden, dass der bilanzierende Kaufmann an den **Stetigkeitsgrundsatz** gebunden ist.[221] Nach dem Stetigkeitsgrundsatz des § 252 Abs. 1 Nr. 6 HGB sollen die einmal angewandten Bewertungsmethoden beibehalten werden, d. h., der Kaufmann ist grundsätzlich an die einmal angewandte Bewertungsmethode gebunden und darf gemäß § 252 Abs. 2 HGB nur in begründeten Ausnahmefällen davon abweichen.[222] Das bedeutet, dass das bilanzierende Unternehmen die Bewertungsmethoden nicht nach Belieben an die jeweilige Ertragslage anpassen darf, sondern an die zuvor angewandten Bewertungsmethoden gebunden ist. Bei Abweichungen vom Stetigkeitsgrundsatz sind (wenigstens von Kapitalgesellschaften (& Co.)) gemäß § 284 Abs. 2 Nr. 3 HGB entsprechende Angaben im Anhang zu machen und der Einfluss auf die Vermögens-, Finanz- und Ertragslage des Unternehmens ist darzustellen.

Zwar ist die Inanspruchnahme von Wahlrechten durch Kapitalgesellschaften (& Co.) i. d. R. an gesetzliche Erläuterungen im Anhang gekoppelt, indes müssen diese nicht alle bilanzpolitischen Maßnahmen im Anhang verbal oder sogar quantitativ angeben.

---

220 Vgl. JACOBS, O. H., Bilanzanalyse, S. 76 f.; KÜTING, K./WEBER, C.-P., Die Bilanzanalyse, S. 49 f.

221 Vgl. JACOBS, O. H., Bilanzanalyse, S. 77.

222 Vgl. BAETGE, J., Möglichkeiten der Objektivierung des Jahreserfolges, S. 44; KALABUCH, J., Stetigkeitsgrundsatz, S. 177-189. Das Stetigkeitsgebot gilt nach oft geäußerter Meinung nicht für die Ansatzstetigkeit. Zu dieser – von uns aber nicht geteilten – Meinung vgl. ADS, 6. Aufl., § 252 HGB, Rn. 107 m. w. N.

Aus diesem Grund können auch nicht alle bilanzpolitischen Maßnahmen vom Bilanzanalytiker erkannt und eliminiert werden. Außerdem brauchen Nicht-Kapitalgesellschaften (& Co.) keinen Anhang aufzustellen, sofern sie nicht unter das PublG fallen. Das bilanzierende Unternehmen wird für Externe nicht erkennbare bilanzpolitische Spielräume ausnutzen und versuchen, in guten Jahren stille Rücklagen zu bilden, um für schlechte Jahre ein Polster zu haben. Das Polster kann dann in Folgejahren still aufgelöst werden, um eine schlechte wirtschaftliche Lage zu verschleiern. Deshalb ist ein Jahresabschluss eines Unternehmens mit einem guten Ergebnis i. d. R. noch besser, als die im Jahresabschluss ausgewiesene wirtschaftliche Lage vermuten lässt, sofern diese mit herkömmlichen einzelnen Kennzahlen ermittelt werden soll. Die tatsächliche Lage eines Unternehmens lässt sich durch eine externe Bilanzanalyse nur erkennen, wenn dabei (1) das Ganzheitlichkeitsprinzip,[223] (2) das Objektivierungsprinzip[224] und (3) das Neutralisierungsprinzip[225] in Verbindung mit den mathematisch-statistischen Verfahren angewendet werden.

Das **Ganzheitlichkeitsprinzip** sei am Beispiel zweier Unternehmen betrachtet: Das eine Unternehmen habe im Laufe der Jahre eine hohe stille Rücklage gebildet; das andere Unternehmen habe einen genau gleichen Jahresabschluss, allerdings ohne stille Rücklagen. Die hohe stille Rücklage des erstgenannten Unternehmens führt bei einer erfolgreichen Bilanzanalyse (Neutralisierung von bilanzpolitischen Maßnahmen) zwar zu einer höheren Eigenkapitalquote und damit zu einer Verbesserung der Vermögens- und Finanzlage; gleichzeitig sinkt allerdings die Eigenkapitalrentabilität (aber auch die Gesamtkapitalrentabilität) kräftig ab, was zu einer Verschlechterung der Ertragslage führt. Betrachtet man die beiden finanziellen Ziele – „Verdienstquelle sichern" und „Geld verdienen" – jenes Unternehmens, das die stille Rücklage gebildet hat, ganzheitlich (=gemeinsam), dann stellt sich heraus, dass das Unternehmen mit der stillen Rücklage nicht (unbedingt) die bessere wirtschaftliche Gesamtlage besitzt als das Unternehmen ohne stille Rücklage. In der traditionellen Bilanzanalyse ist das Ganzheitlichkeitsprinzip indes noch wenig verankert. Denn mit den traditionell bevorzugten und vor allem für den „schnellen" Leser herausgestellten Einzelkennzahlen lässt sich kaum erkennen, wie die Gesamtlage des Unternehmens tatsächlich aussieht.

Nach dem **Objektivierungsprinzip** soll der Bilanzanalytiker die Auswahl, Gewichtung und Zusammenfassung der bilanzanalytischen Kennzahlen entweder intersubjektiv nachprüfbar vornehmen oder (besser noch) sachlich auf eine breite empirisch-statistische Grundlage stützen.

Wie gesagt versuchen Bilanzpolitiker i. d. R., in jenen Jahren, in denen sich die tatsächliche wirtschaftliche Lage des Unternehmens verschlechtert, stille Rücklagen aufzulösen und auf diese Weise die wirtschaftliche Lage zu schönen. Der Bilanzanalytiker muss aber wissen, dass eine im Zeitvergleich mit der traditionellen Bilanzanalyse ermittelte schlechte wirtschaftliche Lage eines Unternehmens tatsächlich noch viel

---

223 Vgl. hierzu Abschn. 46 in diesem Kapitel.
224 Vgl. hierzu Abschn. 46 in diesem Kapitel.
225 Vgl. hierzu Abschn. 452. in diesem Kapitel.

schlechter ist, als im Jahresabschluss auf den ersten Blick erkennbar ist.[226] Aus diesem Grund muss der Bilanzanalytiker versuchen, die bilanzpolitischen Maßnahmen durch seine Analyse zu neutralisieren (**Neutralisierungsprinzip**). Das heißt, es müssen **Bilanzpolitik konterkarierende,** von uns als „intelligent" bezeichnete **Kennzahlen** gebildet werden, durch die die wahrgenommenen Ansatz- und Bewertungswahlrechte, Ermessensspielräume sowie bilanzpolitisch motivierten Sachverhaltsgestaltungen in gewisser Weise neutralisiert werden können.[227] So kann der Einfluss des Wahlrechts, entgeltlich erworbene Geschäfts- oder Firmenwerte (GoF) nach § 255 Abs. 4 HGB aktivieren zu dürfen, beispielsweise bei der Bildung der Eigenkapitalquote dadurch neutralisiert werden, dass sowohl im Zähler als auch im Nenner der Eigenkapitalquote der Restbuchwert des aktivierten Geschäfts- oder Firmenwertes abgezogen wird. Auf diese Weise wird die Eigenkapitalquote eines Unternehmens, das einen entgeltlich erworbenen Geschäfts- oder Firmenwert aktiviert und abgeschrieben hat, vergleichbar mit der Eigenkapitalquote eines anderen Unternehmens, das einen entgeltlich erworbenen Geschäfts- oder Firmenwert nicht aktiviert, sondern sofort in die GuV als Aufwand oder gegen das Eigenkapital gebucht hat:

$$\text{Eigenkapitalquote} = \frac{\text{Eigenkapital} - \text{Restbuchwert des GoF}}{\text{Gesamtkapital} - \text{Restbuchwert des GoF}}$$

Für den Bilanzanalytiker ist es – über die Beachtung des Neutralisierungsprinzips hinaus – wichtig zu wissen, dass bei einer Abwärtsentwicklung des zu analysierenden Unternehmens über mehrere Jahre die bilanzpolitische Manövriermasse (stilles Rücklagenpolster) abnimmt und die Möglichkeit der stillen Auflösung stiller Rücklagen aufgebraucht wird. Insofern nähert sich die im Jahresabschluss ausgewiesene Vermögens-, Finanz- und Ertragslage bei anhaltend ungünstiger Entwicklung mehr und mehr der tatsächlichen schlechten wirtschaftlichen Lage an.[228] Die Krise eines Unternehmens wird bei einer Abwärtsbewegung der Lage über mehrere Jahre somit auch bei einer Analyse mit traditionellen Kennzahlen – auch ohne Beachtung des Neutralisierungsprinzips – immer deutlicher, weil kein Polster stiller Rücklagen mehr vorhanden ist, das aufgelöst werden könnte. Für den Bilanzanalytiker ist auch das Erkennen einer solchen Tendenz eine wesentliche Informationsquelle, da sie Auskunft über den Trend der wirtschaftlichen Entwicklung eines Unternehmens gibt.

Der Bilanzanalytiker wird im zu analysierenden Jahresabschluss unter Umständen mit mehr oder weniger **bilanzpolitisch motivierten Sachverhaltsgestaltungen** des Unternehmens konfrontiert, die beim zu analysierenden Unternehmen z. B. die Höhe des ausgewiesenen Jahresergebnisses und damit des Eigenkapitals beeinflusst haben.[229] In diesem Fall muss der Bilanzanalytiker versuchen, durch „intelligente"

---

226 Vgl. CLEMM, H., Bilanzpolitik und Ehrlichkeits-(„true and fair view"-)Gebot, S. 360; GRÄFER, H., Bilanzanalyse, S. 39.

227 Vgl. hierzu Kap. III Abschn. 41.

228 Vgl. BAETGE, J./NIEHAUS, H.-J., Jahresabschlußanalyse, S. 145.

Kennzahlen die Auswirkungen der jeweiligen Maßnahme zu konterkarieren. Hat das zu analysierende Unternehmen z. B. Grundstücke und Bauten verkauft, diese anschließend zurückgemietet und mit den Verkaufserlösen seine Verbindlichkeiten zurückgeführt (sog. **Sale-and-lease-back-Maßnahme**), steht es prima vista bilanziell besser da als ein anderes Unternehmen, das keine Sale-and-lease-back-Maßnahme ergriffen hat. Will der Bilanzanalytiker die beiden Unternehmen etwa anhand der Kennzahl „Eigenkapitalquote" miteinander vergleichen, kann er die durch die Sachverhaltsgestaltung eingetretene Verzerrung korrigieren, indem er das Gesamtkapital jenes Unternehmens, welches sich einer Sale-and-lease-back-Maßnahme enthalten hat, im Nenner der Kennzahl um den Betrag der aktivierten Grundstücke und Bauten kürzt. Damit wird eine bessere Vergleichbarkeit zwischen den Unternehmen erreicht.[230] Die „intelligente" Variante einer Eigenkapitalquote lautet dann:

$$\text{Eigenkapitalquote} = \frac{\text{Eigenkapital}}{\text{Gesamtkapital} - \text{Grundstücke und Bauten}}$$

Eine solche Kennzahl ist für die besprochene sachverhaltsgestaltende Maßnahme des Bilanzierenden nicht mehr bzw. weniger anfällig.

55 Verfälschung des Jahresabschlusses durch steuerbilanzpolitische Einflüsse

Die steuerliche Regelung der **umgekehrten Maßgeblichkeit**[231] (§ 5 Abs. 1 Satz 2 EStG) lässt steuerliche Ansatz- und Bewertungsgrundsätze in den handelsrechtlichen Jahresabschluss einfließen, die aus bilanzfremden Gründen geschaffen wurden. Besondere Bedeutung erlangt die umgekehrte Maßgeblichkeit bei Sonderabschreibungen, die aus konjunkturpolitischen Gründen gewährt werden und die in der Steuerbilanz nur dann geltend gemacht werden dürfen, wenn sie gleichzeitig auch in der Handelsbilanz vorgenommen werden; §§ 254 und 279 Abs. 2 HGB öffnen die Handelsbilanz für rein steuerlich bedingte Sonderabschreibungen. Die handelsrechtlichen Wertansätze, die sich aus steuerlich bedingten Vorschriften ergeben, genügen meist bzw. oft nicht den Grundsätzen ordnungsmäßiger Buchführung: der Bilanzierende

---

229 Vgl. zu einem Überblick möglicher sachverhaltsgestaltender Maßnahmen nach HGB BERENS, W./HOFFJAN, A., Jahresabschlußpolitische Sachverhaltsgestaltungen, S. 1282-1294; HOFFMANN, K., Sachverhaltsgestaltende Jahresabschlußpolitik. Vgl. zu sachverhaltsgestaltenden Maßnahmen nach IFRS umfassend ZIESEMER, S., Rechnungslegungspolitik in IAS-Abschlüssen.

230 Allerdings würde die Vergleichbarkeit noch verbessert, wenn der Nenner der Kennzahl statt um den Buchwert der aktivierten Grundstücke und Bauten um deren (unbekannten) Marktwert gekürzt würde.

231 Vgl. im Überblick HERRMANN, D., Das Verhältnis zwischen Handels- und Steuerbilanz, S. 209-217 sowie im Detail etwa die Monographie von VOGT, S., Die Maßgeblichkeit des Handelsbilanzrechts für die Steuerbilanz.

hat vielmehr die Möglichkeit, durch steuerrechtliche Mehrabschreibungen stille Rücklagen zu bilden, wodurch vor allem der Rechenschaftszweck im Sinne einer periodengerechten Erfolgsermittlung beeinträchtigt wird.[232]

Der Gesetzgeber sieht für Kapitalgesellschaften (& Co.) zwar die folgenden **Pflichten zu Anhangangaben** vor:

■ Angabe des Ausmaßes der Ergebnisbeeinflussung durch Anwendung steuerrechtlicher Vorschriften oder Bildung von Sonderposten mit Rücklageanteil im Geschäftsjahr oder in Vorjahren (§§ 285 Nr. 5 HGB; diese Angabepflicht entfällt für kleine Kapitalgesellschaften (& Co.)),

■ Angabe über das Ausmaß erheblicher künftiger Belastungen aus der Inanspruchnahme steuerlicher Vergünstigungen (§§ 285 Nr. 5 HGB; diese Angabepflicht entfällt für kleine Kapitalgesellschaften (& Co.)),

■ Angabe und Begründung der im Geschäftsjahr aus steuerlichen Gründen unterlassenen Zuschreibungen (§§ 280 Abs. 3 HGB),

■ Angabe und Begründung der allein nach steuerrechtlichen Vorschriften gebildeten Abschreibungen getrennt nach Anlage- und Umlaufvermögen (§§ 281 Abs. 2 Satz 1 HGB),

■ Angabe der Vorschriften, nach denen der Sonderposten mit Rücklageanteil gebildet wurde (§§ 273 Satz 2 bzw. 281 Abs. 1 Satz 2 HGB) und

■ Angabe der Erträge aus der Auflösung von und der Aufwendungen aus der Einstellung in den Sonderposten mit Rücklageanteil (§ 281 Abs. 2 Satz 2 HGB).

Doch ist der Bilanzanalytiker trotz dieser Erläuterungen im Anhang regelmäßig nicht in der Lage, die den Jahresabschluss verfälschenden Einflüsse steuerlicher Abschreibungen klar genug zu identifizieren und zu eliminieren. Beispielsweise braucht der Bilanzierende die steuerlichen Abschreibungen nicht nach einzelnen Bilanzposten getrennt anzugeben, wodurch die Möglichkeiten der Vermögensstrukturanalyse beeinträchtigt werden.[233] Ebenso wenig brauchen die steuerlichen „Minderabschreibungen" der Folgejahre als Folge steuerrechtlicher Mehrabschreibungen der Vorjahre im Anhang angegeben zu werden. Im Jahr der Inanspruchnahme der steuerlichen Vergünstigung werden die Abschreibungen zu hoch und in den Folgejahren zu niedrig ausgewiesen. Der Bilanzanalytiker vermag den Erfolg des zu analysierenden Unternehmens nicht um diese steuerlich bedingten Bestandteile zu bereinigen, so dass Rentabilitätskennzahlen oder Kennzahlen, die etwa die Aufwandsstruktur des zu analysierenden Unternehmens abbilden, verzerrt werden.[234] Gemäß dem Neutralisierungsprinzip muss der Bilanzanalytiker versuchen, soweit möglich Kennzahlen zu bilden, die die Einflüsse steuerbilanzpolitischer Maßnahmen konterkarieren. Das Ganzheitlichkeitsprinzip verlangt, dass der Bilanzanalytiker einen „repräsentativen" Satz von

---

232 Vgl. KNOBBE-KEUK, B., Bilanz- und Unternehmenssteuerrecht, S. 28-33.

233 Vgl. KÜTING, K./WEBER, C.-P., Die Bilanzanalyse, S. 92.

234 Vgl. TIETZE, H., in: Küting/Weber, HdR-E, 5. Aufl., § 281 HGB, Rn. 24.

Kennzahlen gemeinsam betrachten muss, um auf diese Weise zu einem ganzheitlichen Bild der wirtschaftlichen Lage des Unternehmens zu gelangen.

Hier sei indes angemerkt, dass steuerliche Wertansätze in Konzernabschlüssen nach dem HGB (nach Streichung von § 308 Abs. 3 HGB durch das TransPuG) und in IFRS-Abschlüssen nicht enthalten sein dürfen.

56 Verfälschung des Jahresabschlusses aufgrund der unvollständigen Datenbasis des Jahresabschlusses

Gegen die Bilanzanalyse wird weiterhin eingewandt, dass die Datenbasis „Jahresabschluss" unvollständig sei. Einerseits fehlten qualitative Informationen über die Managementqualität, die Branchenkonjunktur, die Auftragslage, das Produktportfolio etc. Andererseits bilde der Jahresabschluss lediglich bestimmte finanzielle Transaktionen bzw. Geschäftsvorfälle ab und andere fehlten.[235] Tatsächlich sind zweiseitig unerfüllte Verträge, sog. **schwebende Geschäfte** (z. B. Handel mit Swaps bzw. andere zweiseitig unerfüllte Absatzgeschäfte), grundsätzlich nicht zu buchen und dementsprechend nicht im zu analysierenden Jahresabschluss enthalten. Die letztgenannten schwebenden Geschäfte berühren die Handelsbilanz nach dem Imparitätsprinzip nur dann, wenn aus ihnen Verluste drohen.[236] In diesem Fall ist handelsrechtlich eine Rückstellung für drohende Verluste aus schwebenden Geschäften zu bilden.

Das technische Know-how, die Marktstellung, die Qualität der Produkte, Entwicklungsprojekte, Forschungserfolge und selbst erstellte Patente, die für den künftigen Erfolg eines Unternehmens entscheidend sind (keys to success), können aus dem Jahresabschluss ebenfalls nicht erkannt werden. Der Jahresabschluss spiegelt insofern nur die **partielle wirtschaftliche Lage** eines Unternehmens wider.[237] So wie ein Kreditgeber bei der Vergabe eines Kredites oder eine Rating-Agentur bei der Beurteilung eines Unternehmens nicht allein auf die Bilanz-Bonität, sondern auf die Unternehmens-Bonität abstellt, die auch die genannten bilanzunwirksamen Faktoren berücksichtigt,[238] so darf der Bilanzanalytiker nicht allein auf Jahresabschlussdaten abstellen, sondern muss alle wirtschaftlichen Determinanten und „keys to success" bei der Interpretation der Ergebnisse der Kennzahlenanalyse hinzuziehen.[239] Der Bilanzana-

---

235 Vgl. HAUSCHILDT, J., Erfolgs-, Finanz- und Bilanzanalyse, S. 1; KÜTING, K./WEBER, C.-P., Die Bilanzanalyse, S. 48 f.

236 Vgl. LEFFSON, U., Die Grundsätze ordnungsmäßiger Buchführung, S. 413 f. Zum Imparitätsprinzip grundlegend KOCH, H., Die Problematik des Niederstwertprinzips, S. 1-7, 31-35 und S. 60-63.

237 Vgl. BAETGE, J., Früherkennung negativer Entwicklungen, S. 652; BAETGE, J./FEIDICKER, M., Vermögens- und Finanzlage, Sp. 2095.

238 Vgl. MEYER-PARPART, W., Ratingkriterien für Unternehmen, S. 122-129.

239 Vgl. BAETGE, J./LAMMERSKITTEN, P., Publizität und Finanzierung, Sp. 1482; BAETGE, J., Früherkennung negativer Entwicklungen, S. 652. Zum Versuch, die wirtschaftliche Lage eines Unternehmens mit Hilfe von Bilanzdaten und qualitativen Daten zu analysieren, vgl. die Monographie von UTHOFF, C., Erfolgsoptimale Kreditwürdigkeitsprüfung sowie BAETGE, J./UTHOFF, C., Sicheres Kreditgeschäft, S. 10-14.

lytiker muss daher versuchen, auch auf Nicht-Jahresabschluss-Daten zurückzugreifen, um sich ein Bild von der **totalen wirtschaftlichen Lage** des Unternehmens zu machen.[240] Die Analyse darf sich somit nicht allein in der Erstellung von Kennzahlenwerten erschöpfen, sondern es müssen aus den Ergebnissen der Kennzahlenanalyse neue Fragen formuliert und andere Informationsquellen (Lagebericht, Wirtschaftsauskünfte und Presseinformationen) analysiert werden.[241]

Die Bilanzanalyse wird bei der Rechnungslegung nach IFRS weniger durch eine unvollständige Datenbasis aufgrund von fehlenden Informationen über schwebende Geschäfte und selbst erstellte immaterielle Vermögenswerte begrenzt, als dies bei der Rechnungslegung nach HGB der Fall ist. Denn gemäß IAS 39 sind zumindest solche schwebenden Geschäfte, die die Definition eines derivativen Finanzinstruments nach IAS 39.9 erfüllen, zu aktivieren und erfolgswirksam zum beizulegenden Zeitwert zu bewerten.[242] Nach den IFRS sind auch selbst erstellte immaterielle Vermögenswerte zu aktivieren, sofern die Aktivierungsvoraussetzungen erfüllt sind. Dabei sind die nach HGB nicht aktivierungsfähigen Entwicklungskosten gemäß IAS 38.57 zu aktivieren. Damit kann die Anforderung einer vollständigen Datenbasis bei der Bilanzanalyse auf der Basis eines IFRS-Abschlusses besser erfüllt werden.

57 Besondere Grenzen der Konzernbilanzanalyse

Die im Konzernabschluss zusammenzufassenden Einzelabschlüsse (die so genannten Handelsbilanzen I) sind nach einheitlichen Regeln aufzustellen bzw. an diese einheitlichen Regeln anzupassen und in die so genannten Handelsbilanzen II zu überführen, bevor sie zunächst zum Summenabschluss zusammengefasst und dann zum Konzernabschluss konsolidiert werden. Nur bei Anwendung einheitlicher Bilanzierungsregeln bez. aller Handelsbilanzen II entsteht ein aussagefähiger und mit dem Einzelabschluss vergleichbarer Konzernabschluss.[243] Der **Grundsatz der Einheitlichkeit**[244] gewährleistet ein Mindestmaß an formeller und materieller Einheitlichkeit des im Konzernabschluss abgebildeten Zahlenmaterials. Die formelle Einheitlichkeit verlangt einheitliche Stichtage (§ 299 HGB) und einen einheitlichen Ausweis der in den Konzernabschluss einzubeziehenden Abschlüsse des Mutterunternehmens und der Toch-

---

240 Vgl. LEFFSON, U., Bilanzanalyse, S. 36-38; BAETGE, J., Früherkennung negativer Entwicklungen, S. 652; BAETGE, J./FEIDICKER, M., Vermögens- und Finanzlage, Sp. 2095 f.; HELBLING, C., Bilanz- und Erfolgsanalyse, S. 18; UTHOFF, C., Erfolgsoptimale Kreditwürdigkeitsprüfung, S. 8.

241 Vgl. BALLWIESER, W., Jahresabschlußanalyse, S. 24; BAETGE, J./UTHOFF, C., Sicheres Kreditgeschäft, S. 10-14.

242 Vgl. BRÖTZMANN, I. Bilanzierung von güterwirtschaftlichen Sicherungsbeziehungen, S. 60-64.

243 Vgl. BAETGE, J./KIRSCH, H.-J./THIELE, S., Konzernbilanzen, S. 147; SCHILDBACH, T., Der Konzernabschluss nach HGB, IAS und US-GAAP, S. 61.

244 Zum Grundsatz der Einheitlichkeit vgl. ausführlich SCHILDBACH, T., Der Konzernabschluss nach HGB, IAS und US-GAAP, S. 58-69 und S. 117-136; KÜTING, K./WEBER, C.-P., Der Konzernabschluss, S. 135-145 sowie BAETGE, J./KIRSCH, H.-J./THIELE, S., Konzernbilanzen, S. 147-194.

terunternehmen. Die Forderung nach materieller Einheitlichkeit wird erfüllt, wenn die Einzelabschlüsse der einzubeziehenden Unternehmen an die konzerneinheitlichen Bilanzierungsgrundsätze angepasst werden. Dabei bildet das auf das inländische Mutterunternehmen anwendbare Recht hinsichtlich Ansatz und Bewertung den Rahmen für die vorzunehmenden Anpassungen (§§ 300 und 308 HGB). Nach § 244 i. V. m. § 298 HGB ist der Konzernabschluss eines deutschen Mutterunternehmens in Euro aufzustellen. Abschlüsse ausländischer Tochterunternehmen eines inländischen Mutterunternehmens, die auf fremde Währung lauten, sind in Euro umzurechnen (Währungsumrechnung). Die formell und materiell vereinheitlichten Handelsbilanzen II der in den Konzernabschluss einzubeziehenden Unternehmen werden zum Summenabschluss addiert. Durch Konsolidierung konzerninterner Geschäftsbeziehungen entsteht aus dem Summenabschluss der Konzernabschluss.

Der Grundsatz der Einheitlichkeit stellt zwar ein Mindestmaß an formeller und materieller Einheitlichkeit der Konzernabschlussinhalte sicher. Dennoch darf der Bilanzanalytiker nicht übersehen, dass der Ersteller des Konzernabschlusses bei der Aufstellung der Handelsbilanzen II und bei der Konsolidierung konzerninterner Geschäftsvorfälle über zahlreiche Instrumente der Konzernbilanzpolitik verfügt. Der Abschlussersteller wird diese **konzernbilanzpolitischen Instrumente** mit dem Ziel einsetzen, das Bild der wirtschaftlichen Lage des Konzerns im gewünschten Sinne zu beeinflussen. Zu den Instrumenten, mit denen der Ersteller des Konzernabschlusses die Höhe des Konzernergebnisses und damit die Höhe des Konzerneigenkapitals steuern kann, zählen einerseits die bereits aus dem Einzelabschluss bekannten handelsrechtlichen Wahlrechte, Ermessensspielräume und Sachverhaltsgestaltungen. Darüber hinaus hat der Konzernabschlussersteller konzernspezifische Wahlrechte und Ermessensspielräume vor allem bei der Einbeziehung oder Nicht-Einbeziehung von Konzernunternehmen in den Konzernabschluss,[245] bei der konzerneinheitlichen Bewertung, bei der Währungsumrechnung im Konzernabschluss, bei der Behandlung von Unterschiedsbeträgen aus der Kapitalkonsolidierung,[246] bei der Zwischenergebniseliminierung und bei der Abgrenzung latenter Steuern im Konzernabschluss.[247]

Begrenzt werden die Möglichkeiten der Konzernbilanzpolitik zum einen durch die **Generalnorm für den Konzernabschluss** (§ 297 Abs. 2 Satz 2 HGB) und durch den gesetzlichen Verweis auf die Grundsätze ordnungsmäßiger Buchführung: In diesem Zusammenhang sollen vor allem der **Grundsatz der Stetigkeit** der Konsolidierungsmethoden (§ 297 Abs. 3 Satz 2 HGB) und der Grundsatz der Stetigkeit in allen an-

---

245 Vgl. KRAWITZ, N., Die Abgrenzung des Konsolidierungskreises, S. 343; HUSMANN, R., Defizite der handelsrechtlichen Konzernrechnungslegung, S. 1660-1662; HUSMANN, R., Betriebswirtschaftliche Abgrenzung des Konsolidierungskreises zur konzernbilanzanalytischen Untersuchung, S. 2043.

246 Zu einer Darstellung am Beispiel der HOECHST AG (Geschäftsbericht 1995) vgl. LACHNIT, L./ AMMANN, H./MÜLLER, S., Wesen und Besonderheiten der Konzernabschlußanalyse, S. 384-386.

247 Vgl. LACHNIT, L./AMMANN, H./MÜLLER, S., Wesen und Besonderheiten der Konzernabschlußanalyse, S. 384. Zur Konzernbilanzpolitik vgl. vor allem die Monographie von SCHEREN, M., Konzernabschlußpolitik sowie im Überblick SCHEREN, M., in: Küting/Weber, HdK, 2. Aufl., Kap. I, Rn. 293-395.

deren Bereichen der Konzernrechnungslegung (§ 252 Abs. 1 Nr. 6 HGB i. V. m. § 298 Abs. 1 HGB) ein Mindestmaß zeitlicher und sachlicher Vergleichbarkeit von Konzernabschlüssen gewährleisten. Abweichungen vom Grundsatz der Stetigkeit sind anzugeben und zu begründen; ebenso hat die Konzernleitung darzustellen, in welchem Maße geänderte Bilanzierungs-, Bewertungs- und Konsolidierungsmethoden die wirtschaftliche Lage des Konzerns beeinflusst haben (§ 297 Abs. 3 Sätze 4 und 5 HGB sowie § 313 Abs. 1 Nr. 3 HGB). Zum anderen verpflichtet der Gesetzgeber den Ersteller von Konzernabschlüssen an vielen Stellen des HGB dazu, bestimmte Angaben im **Konzernanhang** zu machen.[248] Dadurch soll der Konzernabschlussadressat (der Bilanzanalytiker) in die Lage versetzt werden zu erkennen, in welchem Umfang der Konzernabschlussersteller Wahlrechte, Ermessensspielräume und Sachverhaltsgestaltungen aus konzernbilanzpolitischen Gründen genutzt hat. Will der Bilanzanalytiker also erkennen, wie sich konzernbilanzpolitische Maßnahmen auf einzelne Posten des Konzernabschlusses und damit auf bilanzanalytische Kennzahlen ausgewirkt haben, muss er die Angaben im Konzernanhang besonders intensiv und kritisch prüfen.[249] In vielen Fällen wird sich allerdings erweisen, dass auch der Konzernanhang nur spärliche Informationen über konzernbilanzpolitische Maßnahmen bereitstellt.[250] In diesen Fällen, in denen der Ersteller des Konzernabschlusses nicht bereit ist, konzernbilanzpolitische Maßnahmen durch eine offene Berichterstattung im Konzernanhang offen zu legen und nachvollziehbar zu machen, stößt die externe Konzernbilanzanalyse an ihre Grenzen.[251]

Wie bereits oben ausführlich dargelegt, müssen aufgrund der IAS-Verordnung in der EU kapitalmarktorientierte Unternehmen für Geschäftsjahre, die nach dem 01. Januar 2005 beginnen, ihren **Konzernabschluss nach IFRS** aufstellen.[252] Darüber hinaus sieht der Regierungsentwurf des BilReG vor, dass künftig auch nicht kapitalmarktorientierte Unternehmen ihren Konzernabschluss nach IFRS aufstellen dürfen. Sobald deutsche Konzerne ihren Konzernabschluss vollständig entsprechend internationalen Standards aufstellen, hat dies erhebliche Konsequenzen für die Konzernbilanzanalyse: Die Konzernabschlüsse dieser deutschen Unternehmen werden dadurch mit ausländischen (IFRS- oder U. S. GAAP-)Konzernabschlüssen vergleichbar; allerdings leidet die Vergleichbarkeit dieser Konzernabschlüsse mit jenen Konzernabschlüssen, die weiterhin nach deutschem Recht aufgestellt werden. Der Bilanzanalytiker ist in diesem Fall gefordert, die vorliegenden Konzernabschlüsse in dieser Hinsicht besonders sorgfältig zu prüfen, Unterschiede zwischen den jeweiligen Rechnungslegungskreisen zu beachten, zu erfassen und die Auswirkungen dieser Unterschiede bei der Bildung von Kennzahlen zu würdigen.

---

248 Vgl. im Überblick ARMELOH, K.-H., Die Berichterstattung im Anhang, S. 49-60.

249 Vgl. RIEBELL, C., Die Konzernbilanzanalyse, Rn. 5.

250 Zu einem empirischen Befund über die Qualität der Berichterstattung im Konzernanhang vgl. ARMELOH, K.-H., Die Berichterstattung im Anhang, S. 172-193.

251 Zu methodischen Grenzen der Konzernabschlussanalyse vgl. LACHNIT, L./AMMANN, H./MÜLLER, S., Wesen und Besonderheiten der Konzernabschlußanalyse, S. 386-388.

252 Vgl. hierzu Abschn. 23 in diesem Kapitel.

58   Zusammenfassendes Ergebnis

Nach dieser **Kritik an der Konzeption und an der Vollständigkeit des Jahresabschlusses** stellt sich letztlich die Frage, ob die Bilanzanalyse dem gesetzten Ziel gerecht werden kann, dem Bilanzanalytiker zuverlässige entscheidungsrelevante Informationen über die wirtschaftliche Lage und künftige Entwicklung des analysierten Unternehmens zu liefern. Diese Frage ist eng verknüpft mit der Frage, ob der Jahresabschluss ein Informationsinstrument ist, mit dem die wirtschaftliche Lage eines Unternehmens und damit der Ausgangspunkt für dessen künftige Entwicklung dargestellt werden kann.[253] Diese Fragen werden wir im Folgenden zu beantworten versuchen.

Wie in Abschn. 42 bereits dargelegt, verkürzen wir das allgemein formulierte Ziel der Bilanzanalyse, entscheidungsnützliche Informationen über die gegenwärtige wirtschaftliche Lage und künftige wirtschaftliche Entwicklung eines Unternehmens zu gewinnen, auf die Frage, wie bestandsfest das zu analysierende Unternehmen ist.

Will man die Bestandsfestigkeit des Unternehmens aus dem Jahresabschluss erkennen, so ist zu fragen, welche Merkmale (Eigenschaften) eines Unternehmens hierzu Informationen liefern können. Aus der Menge aller Merkmale eines Unternehmens müssen jene Merkmale herausgefunden werden, die in einem Zusammenhang mit der Bestandsfestigkeit eines Unternehmens stehen. Es sind also jene Kennzahlenmuster zu identifizieren, die eine Insolvenzgefährdung in feinen graduellen Abstufungen frühzeitig identifizieren lassen. Die **Insolvenz** stellt die extremste Form der Bestandsgefährdung dar. Auslöser für das Insolvenzverfahren ist entweder die Zahlungsunfähigkeit (§ 17 InsO), die drohende Zahlungsunfähigkeit (§ 18 InsO) oder die Überschuldung (§ 19 InsO):[254]

Zahlungsunfähigkeit liegt nach der Legaldefinition von § 17 Abs. 2 Satz 1 InsO dann vor, wenn ein Unternehmen nicht mehr in der Lage ist, seine fälligen Zahlungsverpflichtungen zu erfüllen.

Nach dem Kriterium der **drohenden Zahlungsunfähigkeit** ist ein Schuldner voraussichtlich nicht in der Lage, die bestehenden Zahlungsverpflichtungen zum Zeitpunkt der Fälligkeit zu erfüllen (§ 18 Abs. 2 InsO). Vom externen Bilanzanalytiker lässt sich lediglich die Liquidität zum Bilanzstichtag ermitteln, allerdings ist für die Bestandsfestigkeit allein die künftige Zahlungsfähigkeit bzw. Zahlungsunfähigkeit von Interesse. Die zutreffende künftige Liquidität bzw. Illiquidität kann der Bilanzanalytiker aber nicht aus dem Jahresabschluss, sondern ausschließlich aus verlässlichen Finanzplänen erkennen.[255] Einem externen Bilanzanalytiker stehen aber keine Finanzpläne

---

253 Dies verneint offenbar SCHNEIDER, D., Rechnungswesen, S. 226 f.

254 Vgl. UHLENBRUCK, W., Insolvenzgründe, S. 17–41.

255 Vgl. BAETGE, J./FEIDICKER, M., Vermögens- und Finanzlage, Sp. 2094. Zur Rechnung mit sog. „vollständigen Finanzplänen" vgl. GROB, H.-L., Investitionsrechnung mit vollständigen Finanzplänen.

zur Verfügung. Mit der Jahresabschlussanalyse müssen also Indikatoren für die künftige Liquiditätssituation gesucht und gefunden werden. Diese Indikatoren lassen sich mit Hilfe der oben erwähnten mathematisch-statistischen Verfahren ermitteln.

Eine **Überschuldung** ist leichter aus der Bilanz ablesbar als eine drohende Zahlungsunfähigkeit, denn bei einer Überschuldung ist das Eigenkapital als Verlustpuffer aufgebraucht, und die Schulden übersteigen das Vermögen (negatives Reinvermögen). Ob der Tatbestand der Überschuldung tatsächlich vorliegt, ist indes nicht unmittelbar aus der Bilanz, sondern nur anhand eines Überschuldungsstatus zu beurteilen.[256] In § 19 Abs. 2 InsO heißt es:

> „Überschuldung liegt vor, wenn das Vermögen des Schuldners die bestehenden Verbindlichkeiten nicht mehr deckt. Bei der Bewertung des Vermögens des Schuldners ist jedoch die Fortführung des Unternehmens zugrunde zu legen, wenn diese nach den Umständen überwiegend wahrscheinlich ist."

Vielfach ist die mangelnde Ertragskraft eines Unternehmens mittelbarer Auslöser für eine Insolvenz, denn Verluste führen zu einer Minderung des Eigenkapitals und damit ebenfalls – bei einer entsprechenden Verlustkumulation – zu einer Überschuldung. Außerdem ist ein ertragreiches Unternehmen regelmäßig zahlungsfähig, weil es meist ausreichend zusätzliche Liquiditätsquellen erschließen kann (potentielle Liquidität). Da sich die Ertragskraft sowie die Vermögens- und Finanzlage eines Unternehmens aus dem Jahresabschluss ermitteln lassen, dürfen wir festhalten, dass sich die Bestandsfestigkeit oder die Bestandsgefährdung im Jahresabschluss widerspiegelt.[257]

Im **Ergebnis** kann festgestellt werden, dass mit Hilfe der Bilanzanalyse in erster Linie die wirtschaftliche Lage zum Abschlussstichtag analysiert werden kann: So wie ein Arzt Krankheitssymptome deuten und auf eine Krankheit des Patienten schließen kann, muss ein Bilanzanalytiker die Symptome bzw. Auffälligkeiten der Kennzahlenanalyse deuten und interpretieren. Die Bilanzanalyse kann somit vor allem als Diagnose des Gesundheitszustandes bzw. als **Diagnose der wirtschaftlichen Lage** begriffen werden.[258] Ebenso wie Krankheitssymptome einen Arzt bei Kenntnis der typischen Krankheiten auf die künftige Krankheitsentwicklung schließen lassen, so kann der Bilanzanalytiker mit Hilfe der Bilanzanalyse auf die **künftige wirtschaftliche Entwicklung** des Unternehmens schließen. Selbstverständlich sind dabei zusätzlich alle wesentlichen Änderungen in der Geschäftspolitik und in der Umwelt, z. B. auf den Märkten des Unternehmens, zu berücksichtigen. Dieses Vorgehen ist mit dem Erfordernis der Differentialdiagnostik bei der Krankheitsbeurteilung durch den Arzt vergleichbar. Mit Hilfe der Bilanzanalyse sollen Unstetigkeiten in der vergangenen Entwicklung festgestellt werden, und aus der Summe aller Informationen sollen c. p.

---

256 Zu Inhalt und Gliederung des Überschuldungsstatus vgl. WAGNER, W., Ansatz und Bewertung im Status, S. 52-58.

257 Vgl. BAETGE, J., Früherkennung negativer Entwicklungen, S. 652.

258 Vgl. BAETGE, J., Früherkennung negativer Entwicklungen, S. 652.

Tendenzaussagen oder Indizien für die künftige wirtschaftliche Entwicklung gewonnen werden.[259] Das Ziel einer Bilanzanalyse beschrieb schon SCHMALENBACH im Jahre 1926:

> „In welchem Grade ein Betrieb wirtschaftlich ist, ist wichtig; wichtiger aber ist, wie die Wirtschaftlichkeit sich verändert. Und namentlich ist wichtig, die erste Umkehr einer steigenden oder fallenden Bewegung in die entgegengesetzte Richtung sicher zu erkennen."[260]

Eine Unternehmenskrise oder gar eine Insolvenz ist – wie oben gezeigt wurde – selten ein plötzliches und unvorhersehbares Ereignis, sondern i. d. R. das Ergebnis eines länger andauernden Prozesses, so dass sich eine negative Entwicklung in den aufeinander folgenden Jahresabschlüssen zunehmend deutlicher niederschlagen wird.[261] Insofern ist die Jahresabschlussanalyse durchaus in der Lage, eine schleichende Unternehmenskrise im SCHMALENBACHschen Sinne anhand aufeinander folgender Jahresabschlüsse zu diagnostizieren. Eine Projektion der vergangenen Entwicklung bzw. des beobachteten Prozesses in die Zukunft ist indes nur dann erlaubt, wenn die in den untersuchten Perioden herrschenden Rahmenbedingungen bzw. Umweltbedingungen sich in der Zukunft nicht wesentlich ändern und die Unternehmensleitung keine Maßnahmen zur Bekämpfung der schleichenden Unternehmenskrise ergreift.[262] Dennoch führt bei einer mit der Bilanzanalyse indizierten schleichenden Unternehmenskrise nicht jede Gegenmaßnahme zu einer sofortigen Umkehr, d. h. zu einer positiven Entwicklung. Daher sollten die von der Unternehmensleitung ergriffenen Gegenmaßnahmen und die exogen sich ergebenden günstigeren Umweltbedingungen vorsichtig beurteilt werden. Die Änderungen der Rahmenbedingungen für die Indikation darf nicht dazu führen, dass man die Ergebnisse aus der Ist-Analyse des Jahresabschlusses nicht berücksichtigt. Sie sind vielmehr unter Berücksichtigung der erwarteten Änderungen der Rahmenbedingungen in die Zukunft zu projizieren. Der Verzicht auf eine Projektion der vergangenen Entwicklung eines Unternehmens in die Zukunft wäre vergleichbar mit dem Verzicht auf die Verwertung von Erfahrungen beim menschlichen Handeln im täglichen Leben. Denn auch die menschliche Erfahrung stützt sich letztlich immer auf Ereignisse der Vergangenheit.

Akute, plötzlich auftretende Krisen eines Unternehmens, die z. B. auf den plötzlichen Ausfall eines Großkunden oder auf dramatische Wechselkursveränderungen bei einem exportorientierten Unternehmen zurückzuführen sind, vermag der Bilanzanalytiker allerdings nicht unmittelbar zu prognostizieren. Daher sind tödliche Krisenursachen durch der Bilanzanalyse vorgeschaltete Analysen, z. B. der Kundenstruktur, zu ermitteln. Allerdings treffen akute Krisen gesunde bzw. bestandskräftige Unternehmen weniger als kranke bzw. bestandsgefährdete Unternehmen. Insofern kann auch mit dem bilanzanalytischen Instrumentarium zumindest ein Urteil über die relative Widerstandskraft eines Unternehmens gegen akute Krisen gefällt werden.

---

259 Vgl. LEFFSON, U., Bilanzanalyse, S. 28 f.

260 SCHMALENBACH, E., Dynamische Bilanz, 4. Aufl., S. 107.

261 Vgl. BAETGE, J., Früherkennung negativer Entwicklungen, S. 652.

262 Vgl. BAETGE, J./BEUTER, H. B./FEIDICKER, M., Kreditwürdigkeitsprüfung, S. 753 f.

Die Antwort auf die Ausgangsfrage, ob die Bilanzanalyse verlässliche Informationen über die gegenwärtige wirtschaftliche Lage und Hinweise für die künftige wirtschaftliche Entwicklung liefert, ist daher mit einem differenzierenden „Ja" zu beantworten. Die Kritik an der Bilanzanalyse rührt vor allem aus einer Überstrapazierung des Anspruchs bez. der Möglichkeiten einer Bilanzanalyse. Denn mit Hilfe der Bilanzanalyse kann die künftige Entwicklung nicht prognostiziert, sondern nur der „normale Verlauf" eingeschätzt werden. Die Bilanzanalyse ist die einzige Möglichkeit für einen externen Adressaten, die wirtschaftliche Lage näherungsweise zu ermitteln, da dem externen Jahresabschlussadressaten über ein Unternehmen keine anderen Informationen als dessen Jahresabschluss bzw. dessen Geschäftsbericht zur Verfügung gestellt werden. Da alle Jahresabschlüsse eine vergleichbare Grundlage haben und sie für eine Analyse die bestmögliche, real erhältliche und das ganze Unternehmen erfassende Datengrundlage bieten, bleibt dem externen Bilanzanalytiker keine andere Wahl für eine Analyse. Wie wir im Kap. VII zeigen werden, erlauben die empirischen, mathematisch-statistischen Jahresabschlussanalysen trotz der vorgetragenen Kritikpunkte am Jahresabschluss recht fundierte und wenig fehleranfällige Gesamturteile über Unternehmen.

Kapitel II:
Erfassung der Daten aus dem Geschäftsbericht

1 Grundlagen der Datenerfassung

11 Zwecke und Grundsätze der Datenerfassung

Mit Hilfe der Bilanzanalyse sollen aus dem Jahresabschluss und dem Lagebericht eines Unternehmens entscheidungsrelevante Informationen über die gegenwärtige wirtschaftliche Lage und die künftige Entwicklung eines Unternehmens gewonnen werden.[1] Indes reicht es nicht aus, einen einzelnen Jahresabschluss zu betrachten, um zu einem Urteil zu gelangen, da in diesem Fall kein Vergleichsobjekt vorliegt, an dem die Höhe der jeweiligen Kennzahlen gemessen werden kann.[2] Daher werden Unternehmen entweder im Zeitablauf analysiert oder mit anderen Unternehmen bzw. mit der Branche des zu analysierenden Unternehmens verglichen. Weicht der Wert einer Kennzahl vom Wert der gleichen Kennzahl des Vorjahres oder eines Vergleichsunternehmens ab, ist es die Aufgabe des Bilanzanalytikers, diese Abweichung zu interpretieren. Der Bilanzanalytiker kann die Abweichungen der Kennzahlen aber nur dann sinnvoll interpretieren, wenn die Abweichungen auf die Entwicklung des Unternehmens und nicht auf unterschiedliche, der Kennzahlenbildung zugrunde liegende Jahresabschlussdaten zurückzuführen sind.

Entscheidend für die Aussagefähigkeit der Bilanzanalyse ist also das der Kennzahlenbildung zugrunde liegende Datenmaterial.[3] Die Qualität des Datenmaterials wird indes durch verschiedene Faktoren beeinflusst. So sind die veröffentlichten Jahresabschlüsse durch zahlreiche **Ansatz- und Bewertungswahlrechte, sowie Ermessensspielräume sowie bilanzpolitisch motivierte Sachverhaltsgestaltungen** nur eingeschränkt vergleichbar. Ein Unternehmen kann beispielsweise das Wahlrecht des Art. 28 Abs. 1 EGHGB in Anspruch nehmen, für Pensionsverpflichtungen, die vor dem 1. Januar 1987 eingegangen wurden, keine Rückstellung zu bilden. Der Bilanz-

---

1 Vgl. hierzu Kap. I Abschn. 42.
2 Vgl. GRÄFER, H., Bilanzanalyse, S. 44.
3 Vgl. SCHEDLBAUER, H., Bilanzanalyse in der Praxis, S. 2425.

analytiker muss dann versuchen, die Informationsmängel des Jahresabschlusses auszugleichen oder zumindest kenntlich zu machen. Im Fall der nicht in vollem Umfang gebildeten Rückstellung für Pensionsverpflichtungen kann der Bilanzanalytiker den Informationsmangel ausgleichen, indem er den Wert der nicht ausgewiesenen Rückstellung, den sog. Fehlbetrag, aus dem Anhang erfasst. Denn der Fehlbetrag ist gemäß Art. 28 Abs. 2 EGHGB im Anhang anzugeben.

Die Güte des Datenmaterials kann aber auch durch größenabhängige Vereinfachungen für kleine und mittelgroße Kapitalgesellschaften (& Co.) eingeschränkt sein. So sieht § 266 Abs. 1 Satz 3 HGB vor, dass kleine Kapitalgesellschaften nur eine verkürzte Bilanz aufstellen müssen, in der bestimmte Posten zusammengefasst werden dürfen.[4] Aufgrund dieser Vereinfachung müssen beispielsweise die einzelnen Arten der Sachanlagen nicht getrennt, sondern können in einer Summe ausgewiesen werden. Zudem sind kleine Kapitalgesellschaften (& Co.) gem. § 326 HGB nur verpflichtet, die Bilanz und den die Bilanz betreffenden Teil des Anhangs offen zu legen. Des Weiteren dürfen kleine und mittelgroße Kapitalgesellschaften (& Co.) gemäß § 276 Satz 1 HGB die Posten Nr. 1 bis 5 der **Gewinn- und Verlustrechnung** nach dem Gesamtkostenverfahren bzw. die Posten Nr. 1 bis 3 und Nr. 6 der Gewinn- und Verlustrechnung nach dem Umsatzkostenverfahren zu einem Posten mit der Bezeichnung „Rohergebnis" zusammenfassen. Auch hierdurch gehen dem externen Bilanzanalytiker wichtige Informationen verloren. Sofern kleine Kapitalgesellschaften (& Co.) diese größenabhängigen Vereinfachungen in Anspruch nehmen, muss der externe Bilanzanalytiker beim zu analysierenden Unternehmen die fehlenden Informationen erfragen.

Aber nicht nur die Informationsmängel des Jahresabschlusses schränken die Vergleichbarkeit veröffentlichter Jahresabschlüsse ein, sondern auch eine in der Praxis der Bilanzanalyse häufig vorzufindende **unterschiedliche Erfassung** des Datenmaterials. Daher muss der Bilanzanalytiker ein einheitliches Erfassungsschema verwenden, das sowohl im Zeitablauf als auch bei unterschiedlichen Unternehmen und selbst bei Unternehmen unterschiedlicher Branchen – mit Ausnahme von Banken und Versicherungen – unverändert angewendet wird. Für Jahresabschlüsse von Banken, aber auch von Versicherungen bedarf es eigener Erfassungsschemata.

Die hier behandelte Bilanzanalyse soll helfen, professionell und auf wirtschaftliche Weise (viele) Jahresabschlüsse zu analysieren. Eine professionelle und wirtschaftliche Auswertung ist nur möglich, wenn alle zu analysierenden Jahresabschlüsse möglichst in einem einheitlichen Erfassungsschema erfasst werden. Neben der Vergleichbarkeit der erfassten Daten führt dies zu Rationalisierungseffekten. Da der Bilanzanalytiker mit dem einheitlichen Erfassungsschema regelmäßig arbeitet, lernt er relativ schnell die Informationen im Erfassungsschema aufzubereiten und er weiß, auf welche Informationen er im Geschäftsbericht achten muss, um das Erfassungsschema zu vervollständigen. Das einheitliche Erfassungsschema bietet zudem den Vorteil, dass der Bi-

---

4   Vgl. hierzu auch ausführlich Kap. I Abschn. 5.

lanzanalytiker bei der Kennzahlenbildung die einzelnen Kennzahlenbestandteile schnell dem Erfassungsschema entnehmen kann, und er lernt die Postennummern so, wie ein Buchhalter seine Kontennummern beherrscht.

Soweit der Bilanzanalytiker bei seinen Analysen kein Erfassungsschema nutzt, das mit professioneller Erfahrung, z. B. von der Kreditwirtschaft[5], entwickelt wurde, sondern sich ein einheitliches Erfassungsschema eigenständig erarbeitet, hat er folgende Grundsätze zu beachten.

Der Jahresabschluss sollte grundsätzlich in einem einheitlichen Erfassungsschema erfasst werden, das sich an der handelsrechtlichen Gliederung des Jahresabschlusses gemäß §§ 266 und 275 HGB orientiert. So wie der Gesetzgeber keine Rücksicht auf spezifische Auswertungsziele von individuellen Jahresabschlussadressaten genommen hat und auch nicht nehmen kann, so sollte auch das Erfassungsschema unabhängig von den unterschiedlichen Analysezielen der Bilanzanalytiker einheitlich aufgebaut werden.

Für die Aussagefähigkeit der Bilanzanalyse ist von großer Bedeutung, dass alle **entscheidungsrelevanten** Informationen, die in der originären Bilanz, GuV sowie im Anhang und im Lagebericht enthalten sind, vollständig erfasst werden (**Grundsatz der Vollständigkeit der Datenerfassung**).[6] Nur durch eine vollständige Erfassung aller Daten können erkennbare Unterschiede, wie bei der unterschiedlichen Bewertung der Pensionsrückstellung gemäß Art. 28 Abs. 1 EGHGB, in den Jahresabschlüssen verschiedener Perioden bzw. verschiedener Unternehmen beseitigt werden. Des Weiteren müssen die im Erfassungsschema erfassten Daten mit den ursprünglichen Informationen des Jahresabschlusses übereinstimmen (**Grundsatz der Ursprünglichkeit des Datenmaterials**).

Wird der Grundsatz der Vollständigkeit der Datenerfassung befolgt und werden alle entscheidungsrelevanten Informationen aus Bilanz, GuV sowie Anhang und Lagebericht erfasst, dann sind beispielsweise sowohl die in der Bilanz ausgewiesenen Rückstellungen für Pensionsverpflichtungen als auch der im Anhang angegebene Fehlbetrag zu erfassen. Indes dürfen u. E. die in der Bilanz ausgewiesenen Rückstellungen für Pensionsverpflichtungen nicht sofort zuzüglich des Fehlbetrages im Erfassungsschema erfasst werden. Dies würde gegen den Grundsatz der Ursprünglichkeit des Datenmaterials verstoßen, da dann der originäre Wert der Rückstellung für Pensionsverpflichtungen nicht mehr aus dem Erfassungsschema ersichtlich ist. Wir schlagen daher vor, dass im Erfassungsschema nur die originäre Bilanz und GuV dokumentiert werden. Alle weiteren Informationen, die für die spätere Analyse des Jahresabschlusses relevant sein können, aber nicht im Erfassungsschema selbst abgebildet werden, sind als **Zusatzinformationen** zu erfassen und in einem gesonderten Teil des Erfassungsschemas zu dokumentieren.

---

5   Als Beispiel für ein aus der Kreditwirtschaft für gewerbliche Unternehmen entwickeltes Erfassungsschema vgl. bei HÜLS, D., Früherkennung insolvenzgefährdeter Unternehmen, S. 307. Dieses Erfassungsschema ist die Grundlage für das in diesem Kapitel ausführlich dargestellte Erfassungsschema.

6   Vgl. LACHNIT, L. Bilanzanalyse, S. 13.

Bei den Zusatzinformationen kann es sich sowohl um **quantitative** als auch um **qualitative** Angaben handeln. Als quantitative Zusatzinformationen sind beispielsweise der Fehlbetrag bei den Rückstellungen für Pensionsverpflichtungen oder der Unterschiedsbetrag zwischen der Bewertung der Vorräte nach einem Verbrauchsfolgeverfahren in der Bilanz (z. B. Lifo) und dem Börsen- oder dem Marktpreis zum Abschlussstichtag zu erfassen. Aufgrund des Grundsatzes der Ursprünglichkeit des Datenmaterials können diese Beträge nicht direkt unter den entsprechenden Bilanzposten gezeigt werden. Diese Informationen werden vielmehr im gesonderten Teil des Erfassungsschemas berücksichtigt. Als qualitative Zusatzinformationen sind die Informationen über die Bilanzierungs- und Bewertungsmethoden, z. B. auf welcher Basis die Herstellungskosten der Vorräte – zu Vollkosten oder zu Teilkosten – ermittelt werden, zu erfassen. Zudem kann auch der Lagebericht wichtige Zusatzinformationen für den Bilanzanalytiker enthalten. Geht aus dem Lagebericht z. B. hervor, dass die wirtschaftliche Lage des Unternehmens eher als schlecht einzuschätzen ist, dann ist dies eine wichtige Information für den Bilanzanalytiker. Denn das im Jahresabschluss ausgewiesene Jahresergebnis könnte durch die Ausübung von Bilanzpolitik und Ermessensspielräumen sowie durch bilanzpolitisch motivierte Sachverhaltsgestaltungen besser sein als das tatsächliche Jahresergebnis.[7] Sofern im Anhang die vom Vorjahr abweichenden Bilanzierungs- und Bewertungsmethoden zusammen mit den daraus hervorgerufenen Abweichungen angegeben werden, ergeben sich hieraus für den Bilanzanalytiker sowohl quantitative als auch qualitative Zusatzinformationen. Die quantitativen Zusatzinformationen werden dann bei der späteren kreativen Kennzahlenbildung (vierter Schritt der Bilanzanalyse)[8] berücksichtigt. Dagegen können die qualitativen Zusatzinformationen i. d. R. nicht für die Kennzahlenbildung genutzt werden, sind aber bei der Interpretation der Kennzahlen und der Bildung des Gesamturteils heranzuziehen.

Nach der (ursprünglichen) Erfassung des Datenmaterials können **Modifikationen** vorgenommen werden, soweit dadurch keine Informationen für die weitere Analyse und Urteilsbildung verloren gehen. Die Modifikationen ergeben sich aus Umgliederungen innerhalb des einheitlichen Erfassungsschemas, bei denen einzelne Posten im einheitlichen Erfassungsschema losgelöst von der handelsrechtlichen Gliederungsvorschrift umgebucht werden. Beispielsweise werden unter dem Bilanzposten „Wertpapiere des Umlaufvermögens" die sonstigen Wertpapiere und die eigenen Anteile zusammengefasst. Da die eigenen Anteile den wirtschaftlichen Charakter eines Korrekturpostens zum Eigenkapital haben, werden die Wertpapiere des Umlaufvermögens um die eigenen Anteile gekürzt und die eigenen Anteile in das Eigenkapital umgebucht. Bei den vorzunehmenden Modifikationen handelt es sich lediglich um einige „Standard"-Umgliederungen, die vom Bilanzanalytiker bei der Erfassung aller Jahresabschlüsse zu berücksichtigen sind. Mit den Modifikationen wird indes nicht das Ziel verfolgt, individuelle Bilanzpolitik der Unternehmen zu konterkarieren. Die Modifikationen sind lediglich eine Maßnahme der einheitlichen, vergleichbaren Datenerfas-

---

7   Vgl. CLEMM, H., Bilanzpolitik und Ehrlichkeits-(„true and fair view"-)Gebot, S. 360; GRÄFER, H., Bilanzanalyse, S. 39.

8   Vgl. hierzu Kap. III Abschn. 4.

sung. Nachdem der Bilanzanalytiker den originären Abschluss erfasst und die Modifikationen vorgenommen hat, erhält der Bilanzanalytiker im Ergebnis einen – im Vergleich zum ursprünglichen, im Geschäftsbericht veröffentlichten – **modifizierten Jahresabschluss**. Der modifizierte Jahresabschluss genügt den Grundsätzen der Vollständigkeit und der Ursprünglichkeit, da durch die Modifikationen keine Posten saldiert oder zusammengefasst werden.

Der Bilanzanalytiker darf u. E. innerhalb des Erfassungsschemas keine **Saldierungen oder Umstrukturierungen** von einzelnen Posten vornehmen, da die Grundsätze der Vollständigkeit der Datenerfassung und der Ursprünglichkeit des Datenmaterials zu beachten sind. Aktiviert beispielsweise ein Unternehmen die Aufwendungen für die Ingangsetzung und Erweiterung des Geschäftsbetriebs gemäß § 269 HGB als Bilanzierungshilfe, muss dies für den Bilanzanalytiker ein wichtiges Signal sein. Dem Unternehmen wurde es durch diese gesetzlich zugelassene Bilanzierungsweise ermöglicht, im Jahre des erstmaligen Ansatzes der Bilanzierungshilfe die Aufwendungen in spätere Jahre zu verlagern und dadurch ein höheres Jahresergebnis auszuweisen. In diesem Fall muss der Bilanzanalytiker das betreffende Unternehmen besonders sorgfältig und kritisch im Hinblick auf seine Bestandsfestigkeit analysieren, weil die Inanspruchnahme der Bilanzierungshilfe eine Schwäche des Unternehmens signalisiert. Allerdings würde dem Bilanzanalytiker diese wichtige Information entgehen, wenn diese Bilanzierungshilfe schon im Erfassungsschema mit dem Eigenkapital saldiert würde.[9] Diese Information ist daher in jedem Fall in einem gesonderten Posten im Erfassungsschema (ursprünglich) zu erfassen, auch wenn sie später bei der Kennzahlenbildung durchaus mit anderen Größen verrechnet werden soll.

12 Vorgehensweise bei der Datenerfassung

Als Erstes muss der externe Bilanzanalytiker ein einheitliches Erfassungsschema entwickeln oder übernehmen. Wir bieten dazu das im Anhang 1 abgebildete Erfassungsschema an.[10] Der Bilanzanalytiker kann dann das vorliegende Jahresabschluss-Datenmaterial in das einheitliche Erfassungsschema übertragen. Unter der Beachtung der Grundsätze der Vollständigkeit der Datenerfassung und der Ursprünglichkeit des Datenmaterials schlagen wir folgende Vorgehensweise bei der Datenerfassung vor:

- Sammlung allgemeiner Informationen zum Jahresabschluss,

- Erfassung des originären Jahresabschlusses,

- Umbuchung bestimmter Posten der Bilanz und GuV im Rahmen der Modifikationen,

- Ermittlung des modifizierten Jahresabschlusses aus dem originären Jahresabschluss und den Modifikationen sowie

---

9   In dieser Weise verfahren etwa REHKUGLER, H./PODDIG, T., Bilanzanalyse, S. 30-86; KÜTING, K./WEBER, C.-P., Die Bilanzanalyse, S. 55-76; GRÄFER, H., Bilanzanalyse, 7. Aufl., S. 60-88; WÖHE, G., Bilanzierung und Bilanzpolitik, S. 809 f.

10   Vgl. dazu Fußnote 5 in diesem Kapitel.

■ Sammlung von Zusatzinformationen aus Anhang und Lagebericht in einem gesonderten Teil des Erfassungsschemas.

Zunächst – noch bevor der Bilanzanalytiker beginnt, die Daten des Jahresabschlusses zu erfassen – muss der Bilanzanalytiker **allgemeine Informationen zum Jahresabschluss** des zu analysierenden Unternehmens sammeln. Bei diesen Informationen handelt es sich u. a. um die folgenden Angaben:

■ Rechtsform des zu analysierenden Unternehmens,

■ Unternehmensgröße,

■ ob der Abschluss von einem Abschlussprüfer geprüft wurde,

■ ob ein uneingeschränkter oder eingeschränkter Bestätigungsvermerk erteilt wurde oder der Bestätigungsvermerk versagt wurde und

■ nach welchen Rechnungslegungsregeln der Abschluss aufgestellt wurde.

Diese Informationen sind für den Bilanzanalytiker von besonderer Bedeutung, da er anhand dieser Informationen einen ersten Eindruck über die Qualität des Jahresabschlusses gewinnen kann. Rechtsform und Unternehmensgröße können, z. B. bei kleinen Kapitalgesellschaften (& Co.), bereits auf eine verminderte „Qualität" der Jahresabschlüsse hindeuten, da die Gesellschaft die Vereinfachungsregelungen des HGB in Anspruch genommen haben könnte. Sofern der Jahresabschluss durch einen Abschlussprüfer geprüft und ein uneingeschränkter Bestätigungsvermerk erteilt wurde, bedeutet dies für den Bilanzanalytiker, dass er auf die Richtigkeit des Datenmaterials vertrauen kann. Dagegen ist die Qualität des Datenmaterials und damit die Aussagefähigkeit der Bilanzanalyse beeinträchtigt, wenn der Jahresabschluss nicht geprüft wurde oder der Abschlussprüfer den Bestätigungsvermerk versagt hat.

Der externe Bilanzanalytiker muss sich auch darüber informieren, nach welchen Rechnungslegungsregeln der Abschluss aufgestellt wurde. Wird der Abschluss beispielsweise nach den IFRS aufgestellt, muss der Bilanzanalytiker beachten, dass er bei der Erfassung des Abschlusses zusätzliche Posten erfassen muss, die in einem HGB-Abschluss nicht ausgewiesen werden dürfen (z. B. die aktivierten Entwicklungskosten nach IFRS).[11] Zudem ist diese Information für spätere Unternehmensvergleiche wichtig. Denn Unternehmen können nur dann sinnvoll miteinander verglichen werden, wenn entweder die zu vergleichenden Unternehmen ihre Abschlüsse nach den identischen Rechnungslegungsregeln aufstellen oder die Kennzahlen so gebildet werden, dass die Unterschiede in den Rechnungslegungsregeln konterkariert werden.

Nachdem der externe Bilanzanalytiker die Informationen über den Abschluss gesammelt und sich ein Bild über die Qualität des Datenmaterials gemacht hat, ist der Jahresabschluss im Erfassungsschema zu erfassen. Dazu hat der Bilanzanalytiker das vorliegende Datenmaterial zu untersuchen und die benötigten Informationen in das einheitliche Erfassungsschema zu übertragen. Als Erfassungsschema haben wir das folgende dreispaltige Schema entwickelt, das auf Erfahrungen mit der professionellen Erfassung und Auswertung von Jahresabschlüssen in der Kreditwirtschaft beruht:[12]

---

11 Vgl. dazu ausführlich Abschn. 5 in diesem Kapitel und Kap. III Abschn. 6.

Posten	Aktivseite, Passivseite oder GuV	Originärer Jahresabschluss in ...	Umbuchungen in ...		Modifizierter Jahresabschluss in ...
			Soll	**Haben**	
		(Spalte 1)	(Spalte 2)		(Spalte 3)

Übersicht II-1:   *Grundschema des einheitlichen Erfassungsschemas*

Entsprechend den Grundsätzen der Vollständigkeit der Datenerfassung und der Ursprünglichkeit des Datenmaterials hat der Bilanzanalytiker in der Spalte 1 des Erfassungsschemas den Jahresabschluss „1:1" zu übernehmen, d. h., alle Posten der Bilanz und GuV werden originalgetreu, entsprechend dem veröffentlichten Jahresabschluss im Erfassungsschema dokumentiert. Zusätzlich zu den Bilanzposten sind auch zugehörige davon-Vermerke, wie die Beträge der Forderungen und Verbindlichkeiten mit einer Restlaufzeit über bzw. unter einem Jahr, im Erfassungsschema zu berücksichtigen. Im originären Jahresabschluss dürfen keine Bilanzposten bzw. Posten der GuV saldiert werden, da sonst gegen den Grundsatz der Ursprünglichkeit des Datenmaterials verstoßen würde. Wenn der Jahresabschluss „1:1" erfasst wird, müssen die Bilanzsumme und das Jahresergebnis des zu analysierenden Unternehmens mit den Summen im Erfassungsschema übereinstimmen. Das in der Spalte 1 erfasste Datenmaterial wird als **originärer Jahresabschluss** bezeichnet.

Im Anschluss an die Erfassung des originären Jahresabschlusses sind die im Folgenden aufgeführten Modifikationen vorzunehmen, soweit sie erforderlich sind. Die Modifikationen sind in die Spalte 2 des Erfassungsschemas zu buchen:[13]

■ Die Bilanz ist bez. der folgenden Bilanzposten zu modifizieren:

   – Die gemäß § 272 Abs. 1 Satz 2 HGB auf der Aktivseite ausgewiesenen **ausstehenden Einlagen** auf das gezeichnete Kapital werden in das Eigenkapital umgebucht. Durch diese Umbuchung verkürzt sich die Bilanzsumme entsprechend dem Betrag der ausstehenden Einlagen.

   – **Erhaltene Anzahlungen auf Vorräte**, die offen von dem Bilanzposten „Vorräte" abgesetzt werden, sind auf die Passivseite in die Verbindlichkeiten umzubuchen. Die Bilanzsumme wird um den Betrag der umgebuchten, auf der Aktivseite ausgewiesenen erhaltenen Anzahlungen erhöht.

   – Im Umlaufvermögen ausgewiesene **eigene Anteile** des Unternehmens sind in das Eigenkapital umzubuchen. Durch diese Umbuchung verkürzt sich die Bilanzsumme entsprechend dem Betrag der eigenen Anteile.

---

12 Vgl. HÜLS, D., Früherkennung insolvenzgefährdeter Unternehmen, S. 74 und S. 307.

13 Für ausführliche Erläuterungen der Modifikationen der originären Bilanz bzw. GuV vgl. die Abschn. 2 bzw. 3 in diesem Kapitel.

- Die in der Bilanz nach dem Umlaufvermögen ausgewiesenen **aktivischen Rechnungsabgrenzungsposten** sind in das Umlaufvermögen umzubuchen. Da es sich hierbei um eine Umbuchung auf der Aktivseite handelt, bleibt die Bilanzsumme unverändert.

- Die in der Bilanz nach den Verbindlichkeiten ausgewiesenen **passivischen Rechnungsabgrenzungsposten** werden in die Verbindlichkeiten umgebucht. Die Bilanzsumme verändert sich durch diese Umbuchung nicht, da die passivischen Rechnungsposten innerhalb der Passivseite umgebucht werden.

■ In der GuV sind ausgehend von der originären GuV die als nicht nachhaltig oder periodenfremd erkannten Bestandteile der sonstigen betrieblichen Erträge und Aufwendungen sowie der Abschreibungen innerhalb der GuV umzubuchen. Dadurch werden diese Erträge und Aufwendungen abweichend zu der handelsrechtlichen Gliederungsvorschrift ausgewiesen. Das Jahresergebnis wird auf diese Weise in seine vier Erfolgsquellen – ordentlicher Betriebserfolg, Finanz- und Verbunderfolg, außerordentlicher Erfolg und Bewertungserfolg – getrennt.

Werden der originäre Jahresabschluss (Spalte 1) und die Modifikationen (Spalte 2) zusammengefasst, erhält der Bilanzanalytiker daraus den **modifizierten Jahresabschluss** (Spalte 3). Im modifizierten Jahresabschluss werden die Posten der Bilanz und GuV entsprechend ihrem wirtschaftlichen Charakter ausgewiesen und dadurch ausgeübte Ausweiswahlrechte und bestimmte Gliederungsvorschriften des HGB, die für eine Bilanzanalyse störend sind, korrigiert. Die Daten des modifizierten Jahresabschlusses bilden die Basis, auf der im vierten Schritt der Bilanzanalyse Kennzahlen berechnet werden.

Zum Abschluss des dritten Schrittes der Bilanzanalyse hat der Bilanzanalytiker die **Zusatzinformationen** aus Anhang und Lagebericht zu sammeln und zu erfassen. Hierbei sind alle Informationen des Anhangs und des Lageberichtes zu sammeln, die nur in einem gesonderten Teil des Erfassungsschemas gesammelt werden können, indes für die weitere Bilanzanalyse von Bedeutung sein können. Der Bilanzanalytiker muss dabei untersuchen, wie das zu analysierende Unternehmen durch bilanzpolitische Maßnahmen den Jahresabschluss beeinflusst hat. Neben den Bilanzierungs- und Bewertungsmethoden sollte auch erfasst werden, ob und wie das zu analysierende Unternehmen von den Bilanzierungs- und Bewertungsmethoden des Vorjahres abgewichen ist. Ein Zeitvergleich ist nach einer Änderung der Bilanzierungs- und Bewertungsmethoden nur dann aussagefähig, wenn die Auswirkungen der Änderungen bekannt sind und bei der späteren Kennzahlenbildung berücksichtigt werden. Daher sollte der Bilanzanalytiker bei der Erfassung der Daten aus Jahresabschluss und Lagebericht den Änderungen der Bilanzierungs- und Bewertungsmethoden große Bedeutung beimessen.

Ausgehend vom modifizierten Jahresabschluss werden mit Hilfe der qualitativen und quantitativen Zusatzinformationen die Zähler und Nenner der Verhältniskennzahlen durch Additionen und Subtraktionen im vierten Schritt der Bilanzanalyse gebildet. Bei der Bildung von Kennzahlen ist zu entscheiden, wie einzelne Kennzahlenbestand-

teile – beispielsweise das Eigenkapital – definiert werden. In welchem Umfang Posten des modifizierten Jahresabschlusses des Erfassungsschemas für die Kennzahlenbildung saldiert oder umstrukturiert werden und in welcher Form Zusatzinformationen berücksichtigt werden, hängt von der Art des Kennzahlenvergleichs ab.

Anders als bei der von uns vorgeschlagenen Vorgehensweise – erst die Erfassung im einheitlichen Erfassungsschema und anschließend Saldierungen und Umstrukturierungen im Rahmen der Kennzahlenbildung – wird bei der Bilanzanalyse häufig versucht, einzelne Posten des Jahresabschlusses bereits bei der Aufbereitung des Datenmaterials und dessen Übernahme in eine verdichtete, sog. **Strukturbilanz** und **Struktur-GuV** zusammenzufassen, zu saldieren oder umzubewerten.[14] Mit solchen Aufbereitungsmaßnahmen wird versucht, die einzelnen Posten der originären Bilanz und der originären GuV ihrem (vermuteten) bilanzanalytischen Charakter entsprechend in der Strukturbilanz und der Struktur-GuV zu erfassen. Beispielsweise werden in einer solchen Strukturbilanz und Struktur-GuV die aktivierten Bilanzierungshilfen (Ingangsetzungs- und Erweiterungsaufwendungen, aktivische latente Steuern etc.) oder der Geschäfts- oder Firmenwert mit dem Eigenkapital saldiert, weil diese Posten keine Vermögensgegenstände und im Zweifel nicht werthaltig seien.[15] Durch Verrechnung dieser Posten mit dem Eigenkapital wird das in der Bilanz ausgewiesene Eigenkapital in das sog. „bilanzanalytische Eigenkapital" überführt, das um die genannten Posten gekürzt wurde. Wir bilden hier und im Folgenden keine Strukturbilanz und Struktur-GuV, sondern wir belassen das Erfassungsschema in unserer „modifizierten" Form und verrechnen solche Posten jeweils erst im Zähler und Nenner der anschließend gebildeten Kennzahlen, damit man bei deren Interpretation die Beurteilungen (noch) auf die Entstehungselemente des Jahresabschlusses zurückführen kann. Auch bei anderen Bilanzposten wird – entgegen unserer Auffassung – für Zwecke der Bilanzanalyse die Strukturbilanz so aufbereitet, dass beispielsweise die nach § 249 Abs. 2 HGB gebildeten Aufwandsrückstellungen entweder pauschal dem Fremdkapital[16] oder, wenn unterstellt wird, dass sie nicht unmittelbar zahlungswirksam werden und dem Unternehmen insofern langfristig zur Verfügung stehen, dem Eigenkapital zugeordnet werden.[17]

Unseres Erachtens sollte die Entscheidung, ob Jahresabschlusszahlen für bilanzanalytische Zwecke zusammenzufassen oder zu saldieren sind – etwa die Entscheidung, ob Aufwandsrückstellungen dem Eigenkapital oder dem Fremdkapital zuzuordnen sind –, erst bei der Kennzahlenbildung abhängig vom jeweiligen Analyseziel getroffen werden und nicht bereits bei der Erfassung des Jahresabschlusses. Die Auswahl des je-

---

14 Vgl. REHKUGLER, H./PODDIG, T., Bilanzanalyse, S. 30-86; KÜTING, K./WEBER, C.-P., Die Bilanzanalyse, S. 55-76; GRÄFER, H., Bilanzanalyse, 7. Aufl., S. 60-88; WÖHE, G., Bilanzierung und Bilanzpolitik, S. 809 f.

15 Vgl. KÜTING, K./WEBER, C.-P., Die Bilanzanalyse, S. 62.

16 So etwa LE COUTRE, W., Bilanzrecht und Gesellschaftsbilanzen, S. 46; ADS, 6. Aufl., § 253 HGB, Rn. 58. Dagegen rechnen KÜTING, K./WEBER, C.-P., Die Bilanzanalyse, S. 70 f. und GRÄFER, H., Bilanzanalyse, S. 133, die Aufwandsrückstellungen für Zwecke der Bilanzanalyse zum bilanzanalytischen Eigenkapital.

17 Vgl. KÜTING, K./WEBER, C.-P., Die Bilanzanalyse, S. 71.

weils aussagefähigsten Kennzahlentyps wird bei den mathematisch-statistischen Analyseverfahren ohnehin erst am Ende der Analyse getroffen. Eine subjektive Vorauswahl würde zu einer suboptimalen Lösung führen.

Nach der Erfassung des Datenmaterials können auf der Basis des modifizierten Jahresabschlusses für die Kennzahlenbildung bestimmte Kennzahlenbestandteile ermittelt werden, die für verschiedene Kennzahlen benötigt werden. Nachdem wir die Erfassungsschemata für Bilanz und GuV in den Abschn. 2 und 3 vorgestellt haben, werden wir in Abschn. 4 die Ermittlung des Cashflows darstellen. Der Cashflow wird bei der Berechnung verschiedener Kennzahlen, wie der Nettoinvestitionsdeckung[18] oder dem dynamischen Verschuldungsgrad[19], benötigt. Der Cashflow wird allerdings auch als eigenständige Kennzahl sowohl für die Analyse der Finanzlage als auch für die Analyse der Erfolgslage verwendet.[20]

2 Die Erfassung der Posten der Bilanz

Ausgangspunkt der Erfassung der originären Jahresabschlussdaten in dem einheitlichen Erfassungsschema für die Bilanz und die GuV ist das Bilanzgliederungsschema des § 266 Abs. 2 und 3 HGB und das GuV-Schema des § 275 Abs. 2 und 3 HGB.

Im Folgenden ist ein **einheitliches Erfassungsschema für die Bilanz** dokumentiert, das auf der Basis einer breiten und professionellen Erfahrung in der Erfassung und Auswertung von Jahresabschlüssen in der Kreditwirtschaft entwickelt worden ist.[21] Es ist so aufgebaut und gegliedert, dass möglichst alle Informationen, die die Bilanz und der Anhang bereitstellen, einheitlich erfasst werden.[22] Dieses Erfassungsschema wird im Folgenden getrennt nach den Bilanzposten des Anlagevermögens und des Umlaufvermögens sowie des Eigenkapitals, der Rückstellungen und der Verbindlichkeiten dargestellt und erläutert. Entsprechend der Vorgehensweise bei der Erfassung des Datenmaterials wird zuerst die originäre Bilanz erfasst. Dabei ist zu kontrollieren, ob die Bilanzsumme der im Erfassungsschema erfassten Daten mit der Bilanzsumme des veröffentlichten Jahresabschlusses übereinstimmt. Anschließend sind die von uns für notwendig erachteten Modifikationen für die modifizierte Bilanz zu buchen. Allerdings können nicht alle Posten aufgrund fehlender gesetzlicher Angabepflichten vom externen Bilanzanalytiker ermittelt werden. Daher sollte der externe Bilanzanalytiker die Posten, zu denen der Geschäftsbericht keine Informationen enthält, im Erfassungsschema mit dem Vermerk „keine Angaben (k. A.)" kennzeichnen. Dieser

---

18 Vgl. Kap. IV Abschn. 42.

19 Vgl. Kap. V Abschn. 422.

20 Vgl. Kap. V Abschn. 42 und Kap. VI Abschn. 25.

21 Vgl. HÜLS, D., Früherkennung insolvenzgefährdeter Unternehmen, S. 74 und S. 307.

22 Das vollständige Erfassungsschema für die Bilanz und die Gewinn- und Verlustrechnung sowie das Anlagengitter, die Haftungsverhältnisse und die Zusatzinformationen findet sich im Anhang 1.

Hinweis zeigt dem Bilanzanalytiker, dass entweder die entsprechenden Geschäftsvorfälle nicht vorliegen oder dass das zu analysierende Unternehmen hierüber im Geschäftsbericht nicht berichtet.

Das für alle Rechtsformen und viele Branchen – mit Ausnahme von Banken und Versicherungen – entwickelte einheitliche Erfassungsschema wurde von uns hier bereits um die Daten der Konzernbilanz und des Konzernanhangs der PHILIPP HOLZMANN AG für das Geschäftsjahr 1994 ergänzt.[23] Diese Daten und die Daten für das Geschäftsjahr 1995[24] bilden die Grundlage, auf der in späteren Kapiteln konkrete Kennzahlen berechnet werden. Das Beispiel Philipp Holzmann Konzern wurde von uns herangezogen, weil sich bereits in der Entwicklung von 1994 auf 1995 erstmals für einen Bilanzanalytiker die sehr schlechte wirtschaftliche Lage des Unternehmens zeigte, die schließlich am 21. März 2002 zum Insolvenzantrag führte, nachdem die Insolvenz im Jahr 1999 noch durch eine umstrittene Rettungsaktion von Seiten politischer Entscheidungsträger verhindert wurde.

Das **Anlagevermögen** eines Unternehmens oder Konzerns sollte in unserem einheitlichen Erfassungsschema wie folgt erfasst werden:

---

23 Vgl. PHILIPP HOLZMANN AG (Hrsg.), Geschäftsbericht 1994 sowie PHILIPP HOLZMANN AG (Hrsg.), Geschäftsbericht 1995. Die relevanten Teile des Geschäftsberichts 1995 mit den entsprechenden Vorjahreszahlen für das Geschäftsjahr 1994 finden sich im Anhang 2.

24 Das Erfassungsschema für das Geschäftsjahr 1995 ist im Anhang 2 abgebildet.

Posten	Aktivseite	Originärer Konzern-abschluss 1994 in TDM	Umbuchungen in TDM		Modifi-zierter Konzern-abschluss 1994 in TDM
			Soll	Haben	
1001	Ausstehende Einlagen	0		0[a)]	–
1002	Aufwendungen für Ingangsetzung und Erweiterung des Geschäftsbetriebes	0			0
	Anlagevermögen				
	Immaterielle Vermögensgegenstände				
1101	Konzessionen, Rechte, Lizenzen	6.573			6.573
1102	Geschäfts- oder Firmenwert	159.215			159.215
1103	Geleistete Anzahlungen auf immaterielle Vermögensgegenstände	1.615			1.615
	Sachanlagen				
1104	Grundstücke und Bauten	1.045.720			1.045.720
1105	Technische Anlagen und Maschinen	471.667			471.667
1106	Andere Anlagen, Betriebs- und Geschäftsausstattung	219.615			219.615
1107	Geleistete Anzahlungen und Anlagen im Bau	80.759			80.759
	Finanzanlagen				
1108	Anteile an verbundenen Unternehmen	54.913			54.913
1109	Ausleihungen an verbundene Unternehmen	1.537			1.537
1110	Beteiligungen	330.096			330.096
1111	Ausleihungen an Beteiligungsunternehmen	126.875			126.875
1112	Wertpapiere des Anlagevermögens	11.259			11.259
1113	Sonstige Ausleihungen	5.818			5.818
	Summe Anlagevermögen	**2.515.662**		**0**	**2.515.662**

Legende:

–	≙	Der Posten wird im originären Konzernabschluss an anderer Stelle ausgewiesen bzw. der Posten wurde für die Ermittlung des modifizierten Konzernabschlusses umgebucht und an anderer Stelle ausgewiesen.
a)	≙	Die ausstehenden Einlagen werden in das Eigenkapital umgebucht (vgl. zur Gegenbuchung Übersicht II-4).

Übersicht II-2: *Erfassung des Anlagevermögens (mit den Werten des Philipp Holzmann Konzerns für das Geschäftsjahr 1994 in TDM)*

Beim Ausweis der **ausstehenden Einlagen** auf das gezeichnete Kapital hat der Bilanzierende ein Wahlrecht zwischen der Bruttomethode und der Nettomethode. Zum einen dürfen nach § 272 Abs. 1 Satz 2 HGB die ausstehenden Einlagen auf das gezeichnete Kapital vor dem Anlagevermögen gesondert ausgewiesen werden. Die davon bereits eingeforderten Einlagen sind in diesem Fall durch einen davon-Vermerk anzugeben (**Bruttomethode**). Zum anderen besteht nach § 272 Abs. 1 Satz 3 HGB die Möglichkeit, die noch nicht eingeforderten ausstehenden Einlagen vom gezeichneten Kapital offen abzusetzen (**Nettomethode**).[25] Die gemäß der Bruttomethode vor dem Anlagevermögen ausgewiesenen ausstehenden Einlagen auf das gezeichnete Kapital werden im einheitlichen Erfassungsschema in der Umbuchungsspalte in das

---

25 Zur Darstellung von Bruttomethode und Nettomethode vgl. FEDERMANN, R., Bilanzierung nach Handelsrecht und Steuerrecht, S. 244 f.; BAETGE, J./KIRSCH, H.-J./THIELE, S., Bilanzen, S. 429 f.

Eigenkapital umgebucht (Buchung a)), da sie wirtschaftlich betrachtet einen Korrekturposten zum Eigenkapital darstellen.[26] Beim Philipp Holzmann Konzern waren zum 31. Dezember 1994 alle Einlagen auf das gezeichnete Kapital geleistet, wodurch eine Umbuchung nicht erforderlich ist. In Übersicht II-2 und Übersicht II-4 wird die Umbuchung dennoch (mit einem Betrag von 0) dargestellt, um die Vorgehensweise zu verdeutlichen.

Die in der Bilanzierungspraxis selten vorkommenden, vor dem Anlagevermögen auszuweisenden **Aufwendungen für die Ingangsetzung und Erweiterung des Geschäftsbetriebs** werden auch im Erfassungsschema getrennt von Anlage- und Umlaufvermögen berücksichtigt, da es sich dabei um eine Bilanzierungshilfe handelt und diese weder dem Anlage- noch dem Umlaufvermögen zuzuordnen ist.

Für die drei Gruppen des Anlagevermögens – immaterielle Vermögensgegenstände, Sachanlagen oder Finanzanlagen – sollen die einzelnen Arten von Vermögensgegenständen als separate Posten erfasst werden. Die Werte für die einzelnen Arten können entweder direkt aus der Bilanz oder – falls sie dort nicht getrennt ausgewiesen werden – aus dem Anlagengitter entnommen werden.

Von Bedeutung ist vor allem die **Erfassung des Geschäfts- oder Firmenwertes**.[27] Im Einzelabschluss besteht das Wahlrecht, den Geschäfts- oder Firmenwert gemäß § 255 Abs. 4 HGB zu aktivieren und in den Folgejahren abzuschreiben oder im Jahr des Erwerbes erfolgswirksam über die GuV auszubuchen. Im Konzernabschluss besteht gemäß § 309 Abs. 1 Satz 3 HGB zusätzlich das Wahlrecht, den Geschäfts- oder Firmenwert nicht in den Folgejahren erfolgswirksam abzuschreiben, sondern bei der Erstkonsolidierung erfolgsneutral mit den Rücklagen zu verrechnen. Sofern Unternehmen den Geschäfts- oder Firmenwert nicht aktiviert, sondern erfolgsneutral mit den Rücklagen verrechnet haben, können sie mit anderen Unternehmen, die den Geschäfts- oder Firmenwert aktiviert haben, nicht sinnvoll verglichen werden. Daher ist der Geschäfts- oder Firmenwert im Rahmen der kreativen Kennzahlenbildung korrigierend zu berücksichtigen und nicht Gegenstand von Umbuchungen im Rahmen der Modifikationen im Erfassungsschema.

Der Teil des Erfassungsschemas, in dem das **Umlaufvermögen** erfasst wird, ist wie folgt aufgebaut:

---

26 Vgl. HEYMANN, G., in: Beck HdR, B 231, Rn. 53.

27 Vgl. zum Geschäfts- oder Firmenwert ausführlich BAETGE, J./KIRSCH, H.-J./THIELE, S., Bilanzen, S. 273 f.; BAETGE, J./KIRSCH, H.-J./THIELE, S., Konzernbilanzen, S. 240 f.

Posten	Aktivseite	Originärer Konzern-abschluss 1994 in TDM	Umbuchungen in TDM		Modifi-zierter Konzern-abschluss 1994 in TDM
			Soll	Haben	
	Umlaufvermögen				
	Vorräte				
1201	Roh-, Hilfs- und Betriebsstoffe	99.808			99.808
1202	Unfertige Erzeugnisse/Leistungen	1.134.082			1.134.082
1203	Fertige Erzeugnisse und Waren	1.185.644			1.185.644
1204	Geleistete Anzahlungen	50.997			50.997
1205	Nicht abgerechnete Arbeiten	4.599.869			4.599.869
1206	Auf der Aktivseite ausgewiesene erhaltene Anzahlungen	– 5.088.139	5.088.139[b]		–
	Forderungen				
1301	Forderungen aus Lieferungen und Leistungen	2.225.750			2.225.750
1301a	■ davon Restlaufzeit über 1 Jahr	*72.983*			*72.983*
1302	Forderungen gegen verbundene Unternehmen	108.385			108.385
1302a	■ davon Restlaufzeit über 1 Jahr	*105*			*105*
1303	Forderungen gegen Beteiligungsunternehmen	249.114			249.114
1303a	■ davon Restlaufzeit über 1 Jahr	*100.953*			*100.953*
1304	Sonstige Vermögensgegenstände	1.204.657			1.204.657
1304a	■ davon Restlaufzeit über 1 Jahr	*194.887*			*194.887*
	Sonstige Aktiva				
1305	Wertpapiere des Umlaufvermögens	644.670		0	644.670
1305a	■ davon eigene Anteile	*0*		*0[c]*	–
1306	Kasse, Guthaben bei Kreditinstituten, Schecks	1.608.624			1.608.624
1401	Forderungen an haftende Gesellschafter	0			0
1402	Forderungen an nicht haftende Gesellschafter	0			0
1501	Steuerabgrenzungsposten/Aktivische latente Steuern	–	0[d]		0
1502	Aktivische Rechnungsabgrenzungsposten – Disagio	–	500[d]		500
1503	Aktivische Rechnungsabgrenzungsposten – Sonstige	–	4.946[d]		4.946
	Summe Umlaufvermögen	**8.023.461**	**5.093.585**	**0**	**13.117.046**
1501	Steuerabgrenzungsposten/Aktivische latente Steuern	0		0[d]	–
1502	Aktivische Rechnungsabgrenzungsposten – Disagio	500		500[d]	–
1503	Aktivische Rechnungsabgrenzungsposten – Sonstige	4.946		4.946[d]	–
	Summe Aktiva	**10.544.569**	**5.093.585**	**5.446**	**15.632.708**

Legende:

– ≙ Der Posten wird im originären Konzernabschluss an anderer Stelle ausgewiesen bzw. der Posten wurde für die Ermittlung des modifizierten Konzernabschlusses umgebucht und an anderer Stelle ausgewiesen.

b) ≙ Die auf der Aktivseite ausgewiesenen erhaltenen Anzahlungen werden in die Verbindlichkeiten umgebucht (vgl. zur Gegenbuchung Übersicht II-6).

c) ≙ Die eigenen Anteile werden in das Eigenkapital umgebucht (vgl. zur Gegenbuchung Übersicht II-4).

d) ≙ Die aktivischen Rechnungsabgrenzungsposten werden in das Umlaufvermögen umgebucht.

Anmerkung: Die *kursiv* dargestellten davon-Vermerke sind nicht in die Ermittlung der Zwischensummen einzubeziehen.

Übersicht II-3: *Erfassung des Umlaufvermögens (mit den Werten des Philipp Holz-mann Konzerns für das Geschäftsjahr 1994 in TDM)*

Für **erhaltene Anzahlungen auf Vorräte** besteht gemäß § 268 Abs. 5 Satz 2 HGB das Wahlrecht, diese offen von den aktivierten Vorräten abzusetzen und auf den Ansatz einer Verbindlichkeit zu verzichten. Bei der Saldierung der erhaltenen Anzahlungen mit den Vorräten handelt es sich um einen Aktivtausch, wodurch die Bilanzsumme im Vergleich zur Passivierung einer Verbindlichkeit gekürzt wird. Wir haben den modifizierten Abschluss so definiert, dass erhaltene Anzahlungen auf Vorräte in vollem Umfang unter den Verbindlichkeiten zu zeigen sind. Daher ist im Erfassungsschema für die Bilanz des Philipp Holzmann Konzerns dieser Aktivtausch rückgängig zu machen, d. h., die erhaltenen Anzahlungen in Höhe von 5.088 Mio. DM, die im originären Abschluss die Vorräte gemindert haben, sind in der Umbuchungsspalte in die Verbindlichkeiten unter dem Posten 3304 „Erhaltene Anzahlungen" umzubuchen (Buchung b)).

Die im **Umlaufvermögen ausgewiesenen Forderungen** werden entsprechend ihrer Fristigkeit unterschieden. Gemäß § 268 Abs. 4 Satz 1 HGB sind zusätzlich zu jedem Forderungsposten die Beträge mit einer Restlaufzeit von mehr als einem Jahr anzugeben. Mit dieser Angabe können die kurzfristigen Forderungen – d. h. Forderungen mit einer Restlaufzeit von bis zu einem Jahr – berechnet werden. Entsprechend dem Grundsatz der Ursprünglichkeit des Datenmaterials werden im Erfassungsschema die Forderungen mit einer Restlaufzeit von über einem Jahr als davon-Posten bei den einzelnen Forderungsposten erfasst. Die Beträge der Forderungen mit einer Restlaufzeit von über einem Jahr können entweder der Bilanz oder dem Anhang entnommen werden.[28]

Zu den **Wertpapieren des Umlaufvermögens** gehören Anteile an verbundenen Unternehmen, eigene Anteile sowie sonstige Wertpapiere. Unter den eigenen Anteilen werden Anteile ausgewiesen, die eine Gesellschaft an sich selbst hält. Im Fall der Liquidation sind diese Anteile wertlos und bilden somit einen Korrekturposten zum Eigenkapital.[29] Die in der originären Bilanz ausgewiesenen Wertpapiere des Umlaufvermögens werden im Erfassungsschema dokumentiert. Dabei sollten die eigenen Anteile in einem davon-Posten (1305a) gesondert erfasst werden. Aufgrund ihres Charakters sollten die eigenen Anteile in der Umbuchungsspalte ins Eigenkapital umgebucht werden (Buchung c)). Im modifizierten Abschluss werden dann die eigenen Anteile als Korrekturposten im Eigenkapital mit negativem Vorzeichen ausgewiesen. Da der Philipp Holzmann Konzern zum 31. Dezember 1994 keine eigenen Anteile hält, ist eine Umbuchung, wie bei den ausstehenden Einlagen, nicht erforderlich.[30]

Obwohl das Gliederungsschema gemäß § 266 Abs. 2 HGB **aktivische Rechnungsabgrenzungsposten** getrennt vom Umlaufvermögen ausweist,[31] sollten die Rech-

---

28 Vgl. ELLROTT, H., in: Beck Bilanzkomm., 5. Aufl., § 268, Rn. 91.

29 Vgl. BAETGE, J./KIRSCH, H.-J./THIELE, S., Bilanzen, S. 337.

30 Zum 31. Dezember 1995 weist der Philipp Holzmann Konzern eigene Anteile i. H. v. 1.038 TDM aus. In diesem Fall wird durch die Modifikation das Eigenkapital korrigiert. Vgl. dazu das Erfassungsschema des Konzernabschlusses des Philipp Holzmann Konzerns für das Geschäftsjahr 1995, das im Anhang 2 abgebildet ist.

31 Vgl. COENENBERG, A. G., Jahresabschluss und Jahresabschlussanalyse, S. 924.

nungsabgrenzungsposten aufgrund ihrer i. d. R. kurzfristigen Natur für Zwecke der Bilanzanalyse unter das Umlaufvermögen subsumiert werden. In der originären Bilanz werden die Rechnungsabgrenzungsposten entsprechend dem Gliederungsschema des HGB getrennt vom Umlaufvermögen erfasst. In der Umbuchungsspalte werden dann die Rechnungsabgrenzungsposten in das Umlaufvermögen umgebucht. Da ein **Disagio oder Damnum** gemäß § 250 Abs. 3 HGB entweder sofort als Aufwand verrechnet oder als aktivischer Rechnungsabgrenzungsposten bilanziert und über die Laufzeit der Anleihe oder des Darlehens abgeschrieben werden darf, [32] ist ein Disagio getrennt von den sonstigen Rechnungsabgrenzungsposten zu erfassen. Die getrennte Erfassung ist zumindest bei großen und mittelgroßen Kapitalgesellschaften (& Co.) möglich, da ein Disagio gemäß § 268 Abs. 6 HGB gesondert auszuweisen oder im Anhang anzugeben ist. Beim Philipp Holzmann Konzern werden die Rechnungsabgrenzungsposten aufgrund eines Disagios in Höhe von 500 TDM getrennt von den sonstigen Rechnungsabgrenzungsposten erfasst.

Das **Eigenkapital** ist im einheitlichen Erfassungsschema wie folgt zu erfassen:

Posten	Passivseite	Originärer Konzern-abschluss 1994 in TDM	Umbuchungen in TDM		Modifi-zierter Konzern-abschluss 1994 in TDM
			Soll	Haben	
	Eigenkapital				
3001	Gezeichnetes Kapital	219.375			219.375
3002	Kapitalrücklage	1.438.340			1.438.340
3003	Gewinnrücklagen	309.967			309.967
3003a	■ davon Rücklage für eigene Anteile	*0*			*0*
3004	Ergebnisvortrag aus dem Vorjahr	0			0
3005	Jahresergebnis/Bilanzergebnis	59.231			59.231
3006	Ausschüttung/Entnahmen	0			0
3007	Einlagen	0			0
3008	Anteile haftender Gesellschafter	0			0
3009	Ausgleichsposten für Anteile anderer Gesell-schafter	79.772			79.772
3010	Unterschiede aus der Kapitalkonsolidierung	34.271			34.271
1001	Ausstehende Einlagen	–	0[a]		0
1305a	Im Umlaufvermögen gehaltene eigene Anteile	–	0[c]		0
	Summe Eigenkapital	**2.140.956**	**0**		**2.140.956**

Legende:

– ≙ Der Posten wird im originären Konzernabschluss an anderer Stelle ausgewiesen bzw. der Posten wurde für die Ermittlung des modifizierten Konzernabschlusses umgebucht und an anderer Stelle ausgewiesen.

a) ≙ Die ausstehenden Einlagen werden von der Aktivseite in das Eigenkapital umgebucht (vgl. zur Gegenbuchung Übersicht II-2).

c) ≙ Die eigenen Anteile werden von der Aktivseite in das Eigenkapital umgebucht (vgl. zur Gegenbuchung Übersicht II-3).

Anmerkung: Die *kursiv* dargestellten davon-Vermerke sind nicht in die Ermittlung der Zwischensummen einzubeziehen.

Übersicht II-4: *Erfassung des Eigenkapitals (mit den Werten des Philipp Holzmann Konzerns für das Geschäftsjahr 1994 in TDM)*

---

32 Vgl. BAETGE, J./KIRSCH, H.-J./THIELE, S., Bilanzen, S. 483 f.

Werden die **ausstehenden Einlagen auf das gezeichnete Kapital** gemäß der Brutto-methode auf der Aktivseite vor dem Anlagevermögen ausgewiesen, sind die ausste-henden Einlagen im modifizierten Konzernabschluss in das Eigenkapital umzubu-chen. Entsprechend der Modifikation auf der Aktivseite (vgl. zur Gegenbuchung Übersicht II-2) werden die ausstehenden Einlagen in der Umbuchungsspalte in das Eigenkapital gebucht. Durch diese Umbuchung werden die ausstehenden Einlagen im modifizierten Abschluss mit negativem Vorzeichen im Eigenkapital ausgewiesen, da sie wirtschaftlich betrachtet einen Korrekturposten zum Eigenkapital darstellen.[33]

Sofern Aktiengesellschaften und Gesellschaften mit beschränkter Haftung **eigene An-teile** gemäß § 71 AktG bzw. § 33 GmbHG erwerben und halten, sind diese unter den Wertpapieren des Umlaufvermögens auszuweisen. Gemäß § 272 Abs. 4 Satz 1 HGB muss in Höhe der aktivierten eigenen Anteile eine **Rücklage für eigene Antei-le** aus den freien Gewinnrücklagen gebildet werden. Auf diese Weise werden die auf der Aktivseite der Bilanz ausgewiesenen eigenen Anteile bilanziell neutralisiert.[34] Die Rücklage für eigene Anteile ist im einheitlichen Erfassungsschema unter Posten 3003 „Gewinnrücklagen" als davon-Posten 3003a „Rücklage für eigene Anteile" im Eigen-kapital zu dokumentieren.

Der **Sonderposten mit Rücklageanteil**[35] und die **Rückstellungen** werden im Erfas-sungsschema wie folgt erfasst:

Posten	Passivseite	Originärer Konzern-abschluss 1994 in TDM	Umbuchungen in TDM		Modifi-zierter Konzern-abschluss 1994 in TDM
			Soll	Haben	
3101	**Sonderposten**	**18.870**			**18.870**
	Rückstellungen				
3201	Pensionsrückstellungen	450.420			450.420
3202	Sonstige langfristige Rückstellungen	0			0
3202a	▪ davon Aufwandsrückstellungen	*k. A.*			*k. A.*
3203	Steuerrückstellungen/Rückstellungen für latente Steuern	375.910			375.910
3204	Sonstige kurzfristige Rückstellungen	1.261.870			1.261.870
3204a	▪ davon Aufwandsrückstellungen	*k. A.*			*k. A.*
	Summe Rückstellungen	**2.088.200**			**2.088.200**

Legende:
k. A. ≙ Keine Angabe; d. h., dem Konzernabschluss sind zu diesem Posten keine Informationen zu entnehmen.
Anmerkung: Die *kursiv* dargestellten davon-Vermerke sind nicht in die Ermittlung der Zwischensummen einzubeziehen.

Übersicht II-5: *Erfassung des Sonderpostens und der Rückstellungen (mit den Werten des Philipp Holzmann Konzerns für das Geschäftsjahr 1994 in TDM)*

---

33 Vgl. HEYMANN, G., in: Beck HdR, B 231, Rn. 53.

34 Vgl. THIELE, S., in: Baetge/Kirsch/Thiele, § 272, Rn. 161.

35 Durch das TransPuG dürfen Wertansätze nach steuerlichen Vorschriften nicht mehr in den Konzernabschluss übernommen werden. Dadurch kann im Konzernabschluss kein Sonderpos-ten mit Rücklageanteil mehr entstehen.

Der **Sonderposten mit Rücklageanteil** ist im Erfassungsschema getrennt von Eigen-kapital und Fremdkapital zu erfassen. Über die konkrete Zuordnung des Sonderpos-tens zum Eigen- bzw. Fremdkapital wird erst im Rahmen der Kennzahlenbildung entschieden.[36]

Sofern die Höhe von **Aufwandsrückstellungen** im Jahresabschluss quantifiziert wird, sollten die Aufwandsrückstellungen im Erfassungsschema unter den Posten 3202 „Sonstige langfristige Rückstellungen" bzw. Posten 3204 „Sonstige kurzfristige Rück-stellungen" als davon-Posten 3202a bzw. 3204a „Aufwandsrückstellungen" erfasst werden. Gemäß § 285 Nr. 12 HGB sind unter den sonstigen Rückstellungen zusam-mengefasste Rückstellungen im Anhang zu erläutern, wenn sie einen nicht unerhebli-chen Umfang haben. In Geschäftsberichten werden dazu indes häufig nur qualitative und keine quantitativen Angaben gemacht.[37] So werden auch im Geschäftsbericht der PHILIPP HOLZMANN AG nur die verschiedenen Rückstellungsarten genannt, aber die Beträge der genannten Rückstellungen nicht angegeben.[38] Für den externen Bi-lanzanalytiker ist es daher häufig, wie auch in unserem Beispiel, nicht möglich, die Höhe der Aufwandsrückstellungen zu ermitteln.

Die **Verbindlichkeiten** sind im einheitlichen Erfassungsschema wie folgt zu erfassen:

---

36 Vgl. dazu Kap. III Abschn. 421.2.

37 Vgl. KÜTING, K./WEBER, C.-P., Bilanzanalyse, S. 71; BAETGE, J./BRÖTZMANN, I., Geschäfts-berichterstattung, S. 35-37.

38 Vgl. PHILIPP HOLZMANN AG (Hrsg.), Geschäftsbericht 1995, S. 67 sowie den im Anhang 2 abgebildeten Konzernanhang der PHILIPP HOLZMANN AG.

Posten	Passivseite	Originärer Konzern- abschluss 1994 in TDM	Umbuchungen in TDM		Modifi- zierter Konzern- abschluss 1994 in TDM
			Soll	Haben	
	Verbindlichkeiten				
3301	Verbindlichkeiten nicht haftender Gesellschaf- ter	0			0
3301a	▪ davon Restlaufzeit bis 1 Jahr	*0*			*0*
3301b	▪ davon Restlaufzeit über 5 Jahre	*0*			*0*
3302	Sonstige Darlehen/Anleihen	0			0
3302a	▪ davon Restlaufzeit bis 1 Jahr	*0*			*0*
3302b	▪ davon Restlaufzeit über 5 Jahre	*0*			*0*
3303	Verbindlichkeiten gegenüber Kreditinstituten	1.421.865			1.421.865
3303a	▪ davon Restlaufzeit bis 1 Jahr	*585.996*			*585.996*
3303b	▪ davon Restlaufzeit über 5 Jahre	*87.500*			*87.500*
3304	Erhaltene Anzahlungen	1.436.976		5.088.139[b)]	6.525.115
3304a	▪ davon Restlaufzeit bis 1 Jahr	*1.048.473*			*1.048.473*
3304b	▪ davon Restlaufzeit über 5 Jahre	*75.000*			*75.000*
3305	Verbindlichkeiten aus Lieferungen und Leistungen	1.999.587			1.999.587
3305a	▪ davon Restlaufzeit bis 1 Jahr	*1.957.529*			*1.957.529*
3305b	▪ davon Restlaufzeit über 5 Jahre	*1.300*			*1.300*
3306	Wechselverbindlichkeiten	57.983			57.983
3306a	▪ davon Restlaufzeit bis 1 Jahr	*57.595*			*57.595*
3306b	▪ davon Restlaufzeit über 5 Jahre	*0*			*0*
3307	Verbindlichkeiten gegenüber verbundenen Unternehmen	19.887			19.887
3307a	▪ davon Restlaufzeit bis 1 Jahr	*18.855*			*18.855*
3307b	▪ davon Restlaufzeit über 5 Jahre	*1.000*			*1.000*
3308	Verbindlichkeiten gegenüber Beteiligungs- unternehmen	321.700			321.700
3308a	▪ davon Restlaufzeit bis 1 Jahr	*321.691*			*321.691*
3308b	▪ davon Restlaufzeit über 5 Jahre	*0*			*0*
3309	Sonstige Verbindlichkeiten	1.037.978			1.037.978
3309a	▪ davon aus Steuern	*249.500*			*249.500*
3309b	▪ davon im Rahmen der sozialen Sicherheit	*107.000*			*107.000*
3309c	▪ davon Restlaufzeit bis 1 Jahr	*976.857*			*976.857*
3309d	▪ davon Restlaufzeit über 5 Jahre	*53.200*			*53.200*
3401	Passivische Rechnungsabgrenzungsposten	–		567[e)]	567
	Summe Verbindlichkeiten	**6.295.976**		**5.088.706**	**11.384.682**
3401	Passivische Rechnungsabgrenzungsposten	567	567[e)]		–
	Summe Passiva	**10.544.569**	**567**	**5.088.706**	**15.632.708**

Legende:

– ≙ Der Posten wird im originären Konzernabschluss an anderer Stelle ausgewiesen bzw. der Posten wurde für die Ermittlung des modifizierten Konzernabschlusses umgebucht und an anderer Stelle ausgewiesen.

b) ≙ Die auf der Aktivseite ausgewiesenen erhaltenen Anzahlungen werden in die Verbindlichkeiten umgebucht (vgl. zur Gegenbuchung Übersicht II-3).

e) ≙ Die passivischen Rechnungsabgrenzungsposten werden in die Verbindlichkeiten umgebucht.

Anmerkung: Die *kursiv* dargestellten davon-Vermerke sind nicht in die Ermittlung der Zwischensummen einzubeziehen.

Übersicht II-6: *Erfassung der Verbindlichkeiten (mit den Werten des Philipp Holz- mann Konzerns für das Geschäftsjahr 1994 in TDM)*

Sofern die **erhaltenen Anzahlungen auf Vorräte** gemäß § 268 Abs. 5 Satz 2 HGB offen von den aktivierten Vorräten abgesetzt werden, sind diese erhaltenen Anzahlungen im Rahmen der Modifikationen in die Verbindlichkeiten auf der Passivseite umzubuchen. Entsprechend erhöhen sich im modifizierten Abschluss des Philipp Holzmann Konzerns die erhaltenen Anzahlungen gegenüber dem originären Abschluss um 5.088 Mio. DM.

Die Angaben über die **Restlaufzeiten der Verbindlichkeiten** sind der Bilanz und dem Anhang zu entnehmen. Die Beträge der Verbindlichkeiten mit einer Restlaufzeit bis zu einem Jahr sind gemäß § 268 Abs. 5 Satz 1 HGB entweder in der Bilanz gesondert anzugeben oder die Beträge der Verbindlichkeiten mit einer Restlaufzeit von bis zu einem Jahr werden zusammen mit den Beträgen der Verbindlichkeiten mit einer Restlaufzeit von über fünf Jahren im sog. Verbindlichkeitenspiegel im Anhang angegeben.[39] Bei der späteren Bilanzanalyse wird zwischen kurzfristigen, mittelfristigen und langfristigen Verbindlichkeiten unterschieden. Verbindlichkeiten werden dabei als kurzfristig bezeichnet, wenn sie eine Restlaufzeit von bis zu einem Jahr haben, als mittelfristig bei einer Restlaufzeit zwischen einem Jahr und fünf Jahren sowie als langfristig bei einer Restlaufzeit von mehr als fünf Jahren.

Ergänzend zu der im Erfassungsschema vorgeschlagenen Gliederung können die Verbindlichkeiten auch nach Fristigkeiten zusammengefasst werden. Im Fall des Philipp Holzmann Konzerns setzen sich die Verbindlichkeiten nach Fristigkeiten wie folgt zusammen:[40]

Verbindlichkeiten	Modifizierter Konzern-abschluss 1994 in TDM
Kurzfristige Verbindlichkeiten (Restlaufzeit bis zu 1 Jahr)	4.967.563
Mittelfristige Verbindlichkeiten (Restlaufzeit von 1 bis 5 Jahren)	6.199.119
Langfristige Verbindlichkeiten (Restlaufzeit über 5 Jahre)	218.000
Summe Verbindlichkeiten	**11.384.682**

Übersicht II-7: *Aufteilung der Verbindlichkeiten nach Fristigkeiten (mit den Werten des Philipp Holzmann Konzerns für das Geschäftsjahr 1994 in TDM)*

Nach der Erfassung und Modifikation der Bilanz des zu analysierenden Unternehmens sind alle **Zusatzinformationen** des Geschäftsberichts – besonders aus Anhang und Lagebericht –, die nicht im Erfassungsschema für die Bilanz erfasst werden können, in einem gesonderten Teil des Erfassungsschemas zu dokumentieren. Hierbei sind vor allem die Bilanzierungs- und Bewertungsmethoden, die Änderung der Bilan-

---

39 Vgl. BERGER, A./RING, M., in: Beck Bilanzkomm., 5. Aufl., § 268, Rn. 104.
40 Vgl. PHILIPP HOLZMANN AG (Hrsg.), Geschäftsbericht 1994, S. 77 sowie den im Anhang 2 abgebildeten Konzernanhang der PHILIPP HOLZMANN AG.

zierungs- und Bewertungsmethoden und deren quantitative Auswirkungen sowie Informationen über durchgeführte bilanzpolitisch motivierte sachverhaltsgestaltende Maßnahmen und deren quantitative Auswirkungen zu erfassen.

Zusatzinformationen zum Konzernabschluss des Philipp Holzmann Konzerns 1994	
Erläuterungen	**Quantitative Auswirkungen in TDM**
1. Bilanzierungs- und Bewertungsmethoden	
1.1 Geschäfts- oder Firmenwert	
Der verbleibende Unterschiedsbetrag aus der Kapitalkonsolidierung wird entweder als Geschäfts- oder Firmenwert aktiviert oder mit den Rücklagen verrechnet.	
1.2 Vorräte	
Die Bewertung der Vorräte erfolgt zur steuerrechtlichen Untergrenze der Herstellungskosten. Bei den Projektgeschäften werden auch die auf die Herstellung entfallenden Fremdkapitalzinsen in die Herstellungskosten einbezogen.	
Unterschiedsbetrag zwischen der Bewertung der Vorräte nach einem Verbrauchsfolgeverfahren und dem Börsen- oder Marktpreis zum Abschlussstichtag	0
1.3 Wertpapiere des Umlaufvermögens	
Der Betrag der im Geschäftsjahr aus steuerlichen Gründen unterlassenen Zuschreibungen (§ 280 Abs. 3 HGB)	4.400
1.4 Rückstellung für Pensionen und ähnliche Verpflichtungen	
Die Rückstellung deckt den Teilbetrag der gegebenen Zusagen in vollem Umfang.	
Wert der nicht ausgewiesenen Rückstellung, der sog. Fehlbetrag, gemäß Art. 28 Abs. 2 EGHGB	0
2. Änderung der Bilanzierungs- und Bewertunsmethoden im Vergleich zum Vorjahr	
Der Geschäftsbericht enthält keine Informationen zu Änderungen der Bewertungs- und Bilanzierungsmethoden.	
3. Bilanzpolitisch motivierte sachverhaltsgestaltende Maßnahmen	
Der Geschäftsbericht enthält keine Informationen zu bilanzpolitisch motivierten sachverhaltsgestaltenden Maßnahmen (wie Sale-and-lease-back oder Asset Backed Securities).	
4. Sonstige Zusatzinformationen	
Beim Philipp Holzmann Konzern waren 1994 durchschnittlich 43.264 Mitarbeiter beschäftigt.	

Übersicht II-8: *Erfassung der Zusatzinformationen zur Bilanz (mit den Zusatzinformationen des Philipp Holzmann Konzerns für das Geschäftsjahr 1994)*

Im Gegensatz zum Erfassungsschema für die Bilanz kann kein abschließender Katalog der zu erfassenden Zusatzinformationen erstellt werden, da die Zahl aller möglichen Zusatzinformationen zu umfangreich wäre, als dass man ein vollständiges Erfassungsschema für die Zusatzinformationen in Anlehnung an das Erfassungsschema der Bilanz entwickeln könnte. Der gesonderte Teil des Erfassungsschemas muss daher so konzipiert sein, dass nur die Kategorien der möglichen Zusatzinformationen vorgege-

ben werden (Überschriften 1.-4.) und diese individuell entsprechend den im Geschäftsbericht veröffentlichten, für die Bilanzanalyse relevanten Informationen ergänzt werden.

3 Die Erfassung der Posten der Gewinn- und Verlustrechnung

31 Der Aufbau des Erfassungsschemas für die Gewinn- und Verlustrechnung und die Erfassung der einzelnen Posten

Im folgenden Abschnitt wird die Erfassung der Daten aus der Gewinn- und Verlustrechnung und der damit zusammenhängenden Daten aus dem Anhang für die externe Bilanzanalyse erläutert. Da nach dem HGB zwei Formen der GuV erlaubt sind, nämlich das Gesamtkostenverfahren (GKV) und das Umsatzkostenverfahren (UKV), werden zwei unterschiedliche Erfassungsschemata für den Bilanzanalytiker vorgestellt, das eine für das Gliederungskonzept des GKV und das andere für das Gliederungskonzept des UKV. In Übersicht II-9 (**GKV**) und in Übersicht II-10 (**UKV**) sind hierzu die jeweiligen Gliederungsschemata abgebildet. In der Übersicht II-9 sind die Daten aus dem Konzernabschluss der PHILIPP HOLZMANN AG für das Geschäftsjahr 1994 erfasst. Diese Daten und die Daten für das Geschäftsjahr 1995[41] sind das Datenmaterial, das in den folgenden Kapiteln für die Analyse der Konzernabschlüsse für die Geschäftsjahre 1994 und 1995 des Philipp Holzmann Konzerns benötigt wird.

Die Informationen des Erfassungsschemas für die GuV werden vor allem für die Erfolgsquellenanalyse benötigt, in der verdichtete Kennzahlen darüber Auskunft geben, wie der Erfolg des Unternehmens entstanden ist.[42] Analog zur Erfassung der Bilanz erfolgt auch für die GuV die Erfassung in drei Schritten. Zuerst wird die originäre GuV entsprechend der vom Unternehmen veröffentlichten GuV im Erfassungsschema dokumentiert. Danach nimmt der Bilanzanalytiker Modifikationen vor und bucht einzelne Bestandteile der sonstigen betrieblichen Erträge und Aufwendungen sowie der Abschreibungen innerhalb der GuV um. Durch die Modifikationen wird das Jahresergebnis nicht verändert, sondern in die vier Erfolgsquellen des Unternehmens – ordentlicher Betriebserfolg, Finanz- und Verbunderfolg, außerordentlicher Erfolg und Bewertungserfolg – getrennt.

Dem Gesamtkostenverfahren gemäß § 275 Abs. 2 HGB und dem Umsatzkostenverfahren gemäß § 275 Abs. 3 HGB liegen je ein gesetzlich normiertes, handelsrechtliches Erfolgsspaltungskonzept zugrunde. Ob dieses Erfolgsspaltungskonzept überhaupt zweckgemäß i. S. d. Bilanzanalyse ist, wird in den folgenden Abschnitten erörtert. GKV und UKV enthalten zwar überwiegend identische Posten, doch ist ein direkter Vergleich des Erfolges eines nach dem UKV bilanzierenden Unternehmens mit dem Erfolg eines nach dem GKV bilanzierenden Unternehmens wenig aussagefähig.[43] Welches der beiden Gliederungsschemata aussagefähiger ist und damit bessere

---

41 Das Erfassungsschema für das Geschäftsjahr 1995 ist im Anhang 2 abgebildet.

42 Zur Erfolgsquellenanalyse vgl. ausführlich Kap. VI Abschn. 2.

Analysemöglichkeiten eröffnet, lässt sich nicht allgemein beantworten.[44] Bei Produktionsunternehmen und bei Dienstleistungsunternehmen dürfte das GKV unter anderem wegen des Ausweises der Bestandsveränderungen unfertiger und fertiger Erzeugnisse und Leistungen aussagefähiger sein. Tendenziell weist das UKV Vorzüge auf, wenn es bei Handelsunternehmen angewendet wird.[45] Zudem erleichtert das UKV internationale Vergleiche,[46] denn das GKV darf in einigen Ländern, z. B. in den USA, nicht angewendet werden. Indes legen Einproduktunternehmen mit der Anwendung des UKV faktisch ihre Kalkulation offen.

Handelt es sich nicht um ein Einproduktunternehmen, dann ist für den Bilanzanalytiker beim UKV nachteilig, dass sich die UKV-Posten nicht klar abgrenzen lassen und viele Gemeinkosten den Posten mit unternehmensindividuellen Verteilungsschlüsseln zugeordnet werden (müssen). Zum Beispiel können die Aufwendungen der Kostenstelle „Fertigungsleitung" entweder den Herstellungskosten oder den allgemeinen Verwaltungskosten zugerechnet werden. Zwischenbetriebliche Vergleiche der Aufwandsstrukturen von zwei nach UKV bilanzierenden Unternehmen werden, sofern tatsächlich unterschiedlich zugeordnet wird, erschwert.[47] Betriebsvergleiche zwischen Unternehmen, von denen eines das GKV und das andere das UKV anwendet, sind für Unternehmensexterne generell wenig aussagekräftig,[48] wenn die Unterschiede nicht explizit im Vergleich berücksichtigt werden.

Bei der externen Bilanzanalyse müssen sowohl Jahresabschlüsse analysiert bzw. miteinander verglichen werden (z. B. Benchmarking), die eine Gewinn- und Verlustrechnung nach dem UKV enthalten, als auch Jahresabschlüsse, die eine Gewinn- und Verlustrechnung nach dem GKV enthalten. Daher sind die beiden Erfassungsschemata (und später die Kennzahlen) so zu bilden, dass trotz dieser Unterschiede auch Unternehmen zwischenbetrieblich und im Zeitablauf verglichen werden können, die ihre Gewinn- und Verlustrechnung nach GKV und UKV aufstellen. Die Probleme eines solchen Betriebsvergleiches müssen mit Hilfe unterschiedlicher Erfassungsschemata (GKV und UKV) gelöst werden. Die Übersicht II-9 (GKV) und die Übersicht II-10 (UKV) zeigen daher die beiden Erfassungsschemata, die den handelsrechtlichen Gliederungsvorschriften entsprechen. Zunächst sollte die originäre GuV in der Spalte 1 des Erfassungsschemas, das mit dem Gliederungskonzept des zu analysierenden Un-

---

43 Vgl. BAETGE, J./FISCHER, T. R., Externe Erfolgsanalyse auf der Grundlage des Umsatzkostenverfahrens, S. 13.

44 Vgl. zur Diskussion im Schrifttum z. B. BAETGE, J./FISCHER, T. R., Aussagefähigkeit der Gewinn- und Verlustrechnung, S. 178-181.

45 Vgl. ADS, 6. Aufl., § 275 HGB, Rn. 35.

46 Vgl. HAUSCHILDT, J., Erfolgsanalyse, Sp. 550.

47 Vgl. ADS, 6. Aufl., § 275 HGB, Rn. 34; BALLWIESER, W./HÄGER, R., Jahresabschlüsse mittelgroßer Kapitalgesellschaften, S. 135. Zur Ertrags- und Aufwandsstrukturanalyse vgl. Kap. VI Abschn. 41.

48 Vgl. FÖRSCHLE, G., in: Beck Bilanzkomm., 5. Aufl., § 275 HGB, Rn. 37; BAETGE, J./FISCHER, T. R., Aussagefähigkeit der Gewinn- und Verlustrechnung, S. 178-181; a. A. BORCHERT, D./BUDDE, A., in: Küting/Weber, HdR-E, 5. Aufl., § 275 HGB, Rn. 26, die die (externe) Überleitung vom UKV zum GKV in allen wesentlichen Punkten für möglich halten.

ternehmens übereinstimmt, erfasst werden. In Abschn. 33 in diesem Kapitel werden wir dann zeigen, wie im Rahmen der Modifikationen die nicht nachhaltigen und die periodenfremden Bestandteile der sonstigen betrieblichen Erträge und Aufwendungen sowie der Abschreibungen innerhalb der GuV umzubuchen sind.

Posten	Gewinn- und Verlustrechnung nach dem Gesamtkostenverfahren gemäß § 275 Abs. 2 HGB	Originärer Konzern- abschluss 1994 in TDM	Umbuchungen in TDM		Modifi- zierter Konzern- abschluss 1994 in TDM
			Soll	Haben	
7001	Umsatzerlöse	10.583.588			
7002	Bestandsveränderungen	468.919			
7003	Andere aktivierte Eigenleistungen	58.288			
7007	Sonstige betriebliche Erträge	391.133			
7007a	■ davon Zuschreibungen auf das Anlage-vermögen	*157*			
7007b	■ davon Erträge aus der Auflösung des Sonderpostens	*3.200*			
7007c	■ davon Zulagen und Zuschüsse, sofern nicht nachhaltig	*k. A.*			
7007d	■ davon ungewöhnliche, einmalige oder periodenfremde Erträge, z. B. Erträge aus Währungsumrechnung/Anlagenabgang, Erträge aus der Auflösung von Rückstel-lungen	*k. A.*			
7007e	■ davon im Geschäftsjahr aktivierte Auf-wendungen für die Ingangsetzung und Erweiterung des Geschäftsbetriebs	*0*			
7008	Materialaufwand	6.861.370			
7009	Personalaufwand	3.157.947			
7010	Abschreibungen auf immaterielle Vermögens-gegenstände des Anlagevermögens und Sachanlagen	367.919			
7010a	■ davon außerplanmäßige Abschreibun-gen auf immaterielle Vermögensgegen-stände des Anlagevermögens und Sachanlagen	*0*			
7010b	■ davon Abschreibungen auf aktivierte Aufwendungen für die Ingangsetzung und Erweiterung des Geschäftsbetriebs	*0*			
7010c	■ davon rein steuerliche Abschreibungen, soweit sie aktivisch vorgenommen wur-den	*1.400*			
7012	Unübliche Abschreibungen auf Vermögens-gegenstände des Umlaufvermögens	*0*			
7013	Sonstige betriebliche Aufwendungen	850.786			
7013a	■ davon Einstellung in den Sonderposten	*10.500*			
7013b	■ davon ungewöhnliche, einmalige oder periodenfremde Aufwendungen, z. B. Aufwendungen aus Währungsumrech-nung/Anlagenabgang	*k. A.*			

Übersicht II-9:   *Erfassung der GuV nach dem Gesamtkostenverfahren (§ 275 Abs. 2 HGB) (mit den Werten des Philipp Holzmann Konzerns für das Geschäftsjahr 1994 in TDM)*

Posten	Gewinn- und Verlustrechnung nach dem Gesamtkostenverfahren gemäß § 275 Abs. 2 HGB	Originärer Konzern-abschluss 1994 in TDM	Umbuchungen in TDM		Modifi-zierter Konzern-abschluss 1994 in TDM
			Soll	Haben	
7014	Erträge aus Gewinnübernahme	486			
7015	Erträge aus Beteiligungen	47.991			
7016	Erträge aus Wertpapieren und Ausleihungen	2.095			
7017	Zinserträge	167.109			
7018	Abschreibungen auf Finanzanlagen und Wertpapiere	23.371			
7019	Zinsaufwendungen	168.716			
7020	Aufwendungen aus Verlustübernahme	12.718			
7023	Sonstige außerordentliche Erträge	0			
7024	Sonstige außerordentliche Aufwendungen	0			
7025	Steuern vom Einkommen und Ertrag	122.831			
7026	Sonstige Steuern	33.943			
	Jahresüberschuss (+)/-fehlbetrag (–)	**120.008**			

Legende:

k. A. ≙ Keine Angabe; d. h., dem Konzernabschluss sind zu diesem Posten keine Informationen zu entnehmen.

Anmerkung: Die *kursiv* dargestellten davon-Vermerke sind nicht in die Ermittlung der Zwischensummen einzubeziehen.

Fortsetzung der Übersicht II-9

Posten	Gewinn- und Verlustrechnung nach dem Umsatzkostenverfahren gemäß § 275 Abs. 3 HGB	Originärer Konzern-abschluss in TDM	Umbuchungen in TDM		Modifi-zierter Konzern-abschluss in TDM
			Soll	Haben	
7001	Umsatzerlöse				
7004	Herstellungskosten der zur Erzielung der Umsatzerlöse erbrachten Leistungen				
7005	Vertriebskosten				
7006	Allgemeine Verwaltungskosten				
7007	Sonstige betriebliche Erträge				
7007a	▪ davon Zuschreibungen auf das Anlage-vermögen				
7007b	▪ davon Erträge aus der Auflösung des Sonderpostens				
7007c	▪ davon Zulagen und Zuschüsse, sofern nicht nachhaltig				
7007d	▪ davon ungewöhnliche, einmalige oder periodenfremde Erträge, z. B. Erträge aus Währungsumrechnung/Anlagenabgang, Erträge aus der Auflösung von Rückstel-lungen				
7007e	▪ davon im Geschäftsjahr aktivierte Auf-wendungen für die Ingangsetzung und Erweiterung des Geschäftsbetriebs				
7013	Sonstige betriebliche Aufwendungen				
7013a	▪ davon Einstellung in den Sonderposten				
7013b	▪ davon ungewöhnliche, einmalige oder periodenfremde Aufwendungen, z. B. Aufwendungen aus Währungsumrech-nung/Anlagenabgang				
7014	Erträge aus Gewinnübernahme				
7015	Erträge aus Beteiligungen				
7016	Erträge aus Wertpapieren und Ausleihungen				
7017	Zinserträge				
7018	Abschreibungen auf Finanzanlagen und Wertpapiere				
7019	Zinsaufwendungen				
7020	Aufwendungen aus Verlustübernahme				
7023	Sonstige außerordentliche Erträge				
7024	Sonstige außerordentliche Aufwendungen				
7025	Steuern vom Einkommen und Ertrag				
7026	Sonstige Steuern				
	Jahresüberschuss (+)/-fehlbetrag (–)				

Übersicht II-10: *Erfassung der GuV nach dem Umsatzkostenverfahren (§ 275 Abs. 3 HGB)*

Da die Posten-Nummerierung und die Postenbezeichnung der „Sonstigen betriebli-chen Aufwendungen" in beiden Erfassungsschemata identisch sind, könnte suggeriert werden, dass die Posten sowohl nach GKV als auch nach UKV gleich abgegrenzt sei-en und damit die gleiche Höhe aufwiesen. Die Posten „Sonstige betriebliche Aufwen-dungen" nach GKV und nach UKV haben indes unterschiedliche Inhalte, da viele

Aufwendungen, die in der GuV nach dem GKV den sonstigen betrieblichen Aufwendungen zugeordnet werden, in der GuV nach dem UKV unter den Herstellungskosten, den Vertriebskosten sowie den allgemeinen Verwaltungskosten ausgewiesen werden.[49] Daher dürfen später bei der Kennzahlenbildung keine Kennzahlen verwendet werden, in denen sonstige betriebliche Aufwendungen und Erträge als einzelne Elemente vorkommen.

Bei der Erfassung der originären GuV nach dem UKV sind der Personal- und Materialaufwand, die im Anhang gemäß § 285 Nr. 8 HGB anzugeben sind, als quantitative Zusatzinformationen im gesonderten Teil des Erfassungsschemas zu dokumentieren. Durch diese Zusatzangaben werden die zwischenbetrieblichen Vergleiche von nach UKV bilanzierenden Unternehmen und nach GKV bilanzierenden Unternehmen bei der Analyse der Erfolgslage aussagefähiger. Indes ist § 285 Nr. 8 HGB nicht analog für den Konzernabschluss (§ 298 Abs. 1 HGB) anzuwenden, so dass der Personal- und Materialaufwand bei einer Konzern-GuV nach dem UKV im Konzernanhang nicht anzugeben ist.[50]

32 Kriterien und Konzepte der Erfolgsspaltung

321. Das handelsrechtliche Erfolgsspaltungskonzept

321.1 Die Kriterien der handelsrechtlichen Erfolgsspaltung

In Jahresabschlüssen deutscher Kapitalgesellschaften wird eine Zerlegung des handelsrechtlichen Jahreserfolgs, d. h. eine Erfolgsspaltung, durch die Gliederung der GuV gemäß § 275 HGB vorgegeben. Ob dieses handelsrechtliche Gliederungsschema den Anforderungen der Bilanzanalyse gerecht werden kann oder ob aus bilanzanalytischen Gründen Modifikationen des Gliederungsschemas erforderlich sind, wird im Folgenden erläutert. Dabei werden das GKV und das UKV bilanzanalytisch gewürdigt und daraufhin untersucht, wie Jahresabschlüsse mit unterschiedlichem handelsrechtlichem Gliederungsschema zwischenbetrieblich vergleichbar gemacht werden können.

Nach dem handelsrechtlichen Erfolgsspaltungskonzept wird der Erfolg vor Ertragsteuern in außergewöhnliche und gewöhnliche Komponenten unterschieden. Den außerordentlichen Posten (§ 275 Abs. 2 Nr. 15 bis 17 HGB nach dem GKV, § 275 Abs. 3 Nr. 14 bis 16 HGB nach dem UKV) werden nur solche außerordentlichen Geschäftsvorfälle zugeordnet, die untypisch sind und unregelmäßig anfallen (periodisch oder aperiodisch). Es handelt sich dabei um Geschäftsvorfälle, die außerhalb der gewöhnlichen Geschäftstätigkeit der Gesellschaft anfallen, d. h., die weder typisch für die Geschäftstätigkeit sind noch regelmäßig anfallen.[51] Der Saldo dieser Aufwendungen und Erträge ist das **Ergebnis der nicht gewöhnlichen Geschäftstä-**

---

49 Vgl. BAETGE, J./FISCHER, T. R., Aussagefähigkeit der Gewinn- und Verlustrechnung, S. 178.

50 Vgl. BAETGE, J./ KIRSCH, H.-J./THIELE, S., Konzernbilanzen, S. 549.

51 Vgl. BAETGE, J./FISCHER, T. R., Aussagefähigkeit der Gewinn- und Verlustrechnung, S. 187.

tigkeit. Die restlichen Geschäftsvorfälle werden dem **Ergebnis der gewöhnlichen Geschäftstätigkeit** zugeordnet, das unterteilt wird in das Betriebs- und das Finanzergebnis. Nach dem handelsrechtlichen Konzept der Erfolgsspaltung sind demnach untypische Erfolgskomponenten, die regelmäßig anfallen, ebenso dem ordentlichen Ergebnis zuzurechnen wie aperiodische Erträge und Aufwendungen, die aus der gewöhnlichen Geschäftstätigkeit resultieren, d. h., die typisch sind und/oder regelmäßig anfallen. Insgesamt ist das außerordentliche Ergebnis also eng definiert. Da das außerordentliche Ergebnis für das Analyseziel der Bestandsfestigkeit zu eng abgegrenzt ist, müssen im Rahmen der Modifikationen einzelne als nicht nachhaltig oder als periodenfremd erkannte Bestandteile der sonstigen betrieblichen Erträge und Aufwendungen sowie der Abschreibungen innerhalb der GuV umgebucht werden.[52] Die nachfolgende Übersicht[53] zeigt die Komponenten des handelsrechtlichen Erfolges:

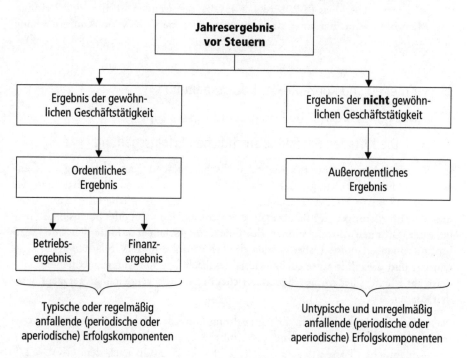

Übersicht II-11: *Das handelsrechtliche Erfolgsspaltungskonzept*

---

52 Vgl. dazu ausführlich Abschn. 33 in diesem Kapitel.
53 Vgl. KÜTING, K./WEBER, C.-P., Die Bilanzanalyse, S. 224; KÜTING, K., Die handelsbilanzielle Erfolgsspaltungs-Konzeption auf dem Prüfstand, S. 694; BAETGE, J./KIRSCH, H.-J./THIELE, S., Bilanzen, S. 559.

321.2 Die handelsrechtliche Erfolgsspaltung beim GKV und beim UKV

§ 275 HGB erlaubt es dem Bilanzierenden, die Gewinn- und Verlustrechnung wahlweise nach dem Gesamtkostenverfahren (GKV) oder nach dem Umsatzkostenverfahren (UKV) aufzustellen, so dass sich die in der oben stehenden Übersicht gezeigten Teilerfolge unterscheiden. Wie im Folgenden noch gezeigt wird, sind die Unterschiede zwischen GKV und UKV bez. des Betriebsergebnisses am größten.

Das Erfolgsspaltungskonzept des HGB ist detailliert in Übersicht II-12 zum GKV und in Übersicht II-13 zum UKV dargestellt. GKV und UKV enthalten zwar überwiegend identische Posten, doch ist ein direkter Vergleich des Erfolges eines nach dem UKV bilanzierenden Unternehmens mit dem eines nach dem GKV bilanzierenden Unternehmens ohne Berücksichtigung der Gliederungsunterschiede im Vergleich wenig aussagefähig.[54] Vor allem wenn kleine oder mittelgroße Kapitalgesellschaften die **Aufstellungserleichterungen** des § 276 HGB bei der Aufstellung des Jahresabschlusses in Anspruch nehmen, wird der bilanzanalytische Vergleich von Unternehmen unterschiedlicher Größenklassen erschwert.[55]

---

54 Vgl. BAETGE, J./FISCHER, T. R., Externe Erfolgsanalyse auf der Grundlage des Umsatzkostenverfahrens, S. 13.

55 Vgl. PEEMÖLLER, V. H., Bilanzanalyse und Bilanzpolitik, S. 149; zu den Aufstellungserleichterungen für kleine und mittelgroße Kapitalgesellschaften vgl. bereits Kap. I Abschn. 21.

Gesamtkostenverfahren gemäß § 275 Abs. 2 HGB	Handelsrechtliche Erfolgsspaltung[56]
1. Umsatzerlöse	
2. Erhöhung oder Verminderung des Bestands an fertigen und unfertigen Erzeugnissen	= (Gesamt-
3. Andere aktivierte Eigenleistungen	leistung)
4. Sonstige betriebliche Erträge	
5. Materialaufwand:	
a) Aufwendungen für Roh-, Hilfs- und Betriebsstoffe und für bezogene Waren	
b) Aufwendungen für bezogene Leistungen	
6. Personalaufwand:	
a) Löhne und Gehälter	
b) Soziale Abgaben und Aufwendungen für Altersversorgung und für Unterstützung, davon für Altersversorgung	
7. Abschreibungen:	
a) auf immaterielle Vermögensgegenstände des Anlagevermögens und Sachanlagen sowie auf aktivierte Aufwendungen für die Ingangsetzung und Erweiterung des Geschäftsbetriebs	
b) auf Vermögensgegenstände des Umlaufvermögens, soweit diese die in der Kapitalgesellschaft üblichen Abschreibungen überschreiten	
8. Sonstige betriebliche Aufwendungen	= (Betriebsergebnis)
9. Erträge aus Beteiligungen, davon aus verbundenen Unternehmen	
10. Erträge aus anderen Wertpapieren und Ausleihungen des Finanzanlagevermögens, davon aus verbundenen Unternehmen	
11. Sonstige Zinsen und ähnliche Erträge, davon aus verbundenen Unternehmen	
12. Abschreibungen auf Finanzanlagen und auf Wertpapiere des Umlaufvermögens	
13. Zinsen und ähnliche Aufwendungen, davon an verbundene Unternehmen	= (Finanzergebnis)
14. Ergebnis der gewöhnlichen Geschäftstätigkeit	
15. Außerordentliche Erträge	= Außerordentliches
16. Außerordentliche Aufwendungen	Ergebnis
17. Außerordentliches Ergebnis	
18. Steuern vom Einkommen und vom Ertrag	
19. Sonstige Steuern	= (Steueraufwand)
20. Jahresüberschuss/Jahresfehlbetrag	= Jahreserfolg

Übersicht II-12: *Handelsrechtliche Erfolgsspaltung nach dem Gesamtkostenverfahren (§ 275 Abs. 2 HGB)*

---

56 Die eingeklammerten Zwischensummen sind – da sie nicht ausweispflichtig sind – vom Bilanzanalytiker zu berechnen.

Umsatzkostenverfahren gemäß § 275 Abs. 3 HGB	Handelsrechtliche Erfolgsspaltung[57]
1. Umsatzerlöse 2. Herstellungskosten der zur Erzielung der Umsatzerlöse erbrachten Leistungen	
3. Bruttoergebnis vom Umsatz 4. Vertriebskosten 5. Allgemeine Verwaltungskosten 6. Sonstige betriebliche Erträge 7. Sonstige betriebliche Aufwendungen	= (Betriebsergebnis)
8. Erträge aus Beteiligungen, davon aus verbundenen Unternehmen 9. Erträge aus anderen Wertpapieren und Ausleihungen des Finanzanlagevermögens, davon aus verbundenen Unternehmen 10. Sonstige Zinsen und ähnliche Erträge, davon aus verbundenen Unternehmen 11. Abschreibungen auf Finanzanlagen und auf Wertpapiere des Umlaufvermögens 12. Zinsen und ähnliche Aufwendungen, davon an verbundene Unternehmen	= (Finanzergebnis)
13. Ergebnis der gewöhnlichen Geschäftstätigkeit	
14. Außerordentliche Erträge 15. Außerordentliche Aufwendungen	= Außerordentliches Ergebnis
16. Außerordentliches Ergebnis	
17. Steuern vom Einkommen und vom Ertrag 18. Sonstige Steuern	= (Steueraufwand)
19. Jahresüberschuss/Jahresfehlbetrag	= Jahreserfolg

Übersicht II-13: *Handelsrechtliche Erfolgsspaltung nach dem Umsatzkostenverfahren (§ 275 Abs. 3 HGB)*

Die **Postenabgrenzungen nach dem UKV und nach dem GKV** stimmen allerdings nicht völlig überein. Identisch abgegrenzt wird nach dem GKV und nach dem UKV nur das außerordentliche Ergebnis. Dagegen werden die Aufwendungen des betrieblichen Bereichs im GKV nach den Primärkosten – Material- und Personalaufwand sowie Abschreibungen – und im UKV nach den Sekundärkosten – Fertigungs-, Vertriebs- und Verwaltungskosten – aufgeteilt. Hierdurch treten erhebliche Abweichungen zwischen GKV und UKV bei der Abgrenzung des Postens „sonstige betriebliche Aufwendungen" auf.[58] Dies liegt daran, dass beim UKV viele Aufwendungen, die beim GKV in die „sonstigen betrieblichen Aufwendungen" einfließen, den Aufgabenbereichen Herstellung, Verwaltung und Vertrieb zugeordnet werden. Daher sind die sonstigen betrieblichen Aufwendungen in einer nach dem GKV ermittelten GuV umfangreicher als bei Anwendung des UKV.

---

57 Die eingeklammerten Zwischensummen sind – da sie nicht ausweispflichtig sind – vom Bilanzanalytiker zu berechnen.

58 Vgl. ROGLER, S., Gewinn- und Verlustrechnung nach dem UKV, S. 120; BAETGE, J./ KIRSCH, H.-J./THIELE, S., Bilanzen, S. 604 f.

Auch beim Finanzergebnis kann es kleinere Unterschiede geben, die aber vernachlässigt werden müssen, weil die erforderlichen Informationen für einen externen Bilanzanalytiker i. d. R. nicht verfügbar sind. Dagegen ist beim Steueraufwand zu beachten, dass die sonstigen Steuern beim UKV

- als „sonstige Steuern" unter dem Posten Nr. 18 ausgewiesen werden (1),

- den Aufgabenbereichen Herstellung, Verwaltung und Vertrieb zugeordnet werden (2) oder

- sowohl als „sonstige Steuern" unter dem Posten Nr. 18 ausgewiesen als auch den Aufgabenbereichen Herstellung, Verwaltung und Vertrieb zugeordnet werden (3).

Entscheidet sich der Bilanzierende für die Variante (2) oder für die Variante (3), dann sind die sonstigen Steuern bei einer Bilanzierung nach dem UKV nicht mit einer Bilanzierung nach dem GKV vergleichbar, da das GKV nicht nach Aufgabenbereichen gegliedert ist.

Der externe Bilanzanalytiker muss diese Unterschiede kennen und, falls vorhanden, die Angaben aus dem Anhang über die Gewinn- und Verlustrechnung erfassen und verwenden, um diese Mängel in der zwischenbetrieblichen Vergleichbarkeit zu mindern. Ein weiteres Problem für die Vergleichbarkeit von nach UKV und GKV bilanzierenden Unternehmen besteht darin, dass im Gliederungsschema nach UKV der Materialaufwand und der Personalaufwand nicht als gesonderte Posten vorgesehen sind. Daher sieht § 285 Nr. 8 HGB vor, dass der Materialaufwand und der Personalaufwand entsprechend einer Gliederung nach GKV im Anhang anzugeben sind. Diese Angaben, die im Rahmen der Datenerfassung als Zusatzinformationen erfasst werden müssen, verbessern die zwischenbetriebliche Vergleichbarkeit bei der erfolgswirtschaftlichen Analyse.

322. Die Erfolgsspaltung nach den Kriterien der Nachhaltigkeit, Betriebszugehörigkeit und Periodenbezogenheit

Nachdem die handelsrechtliche Erfolgsspaltung vorgestellt wurde, werden die handelsrechtlich zugrunde liegenden Erfolgsspaltungskriterien untersucht, um das handelsrechtliche Erfolgsspaltungskonzept daraufhin zu beurteilen, ob es die Voraussetzungen für eine erfolgswirtschaftliche Analyse erfüllt.

Ein zentrales Element bei der Analyse der Erfolgslage ist die Erfolgsquellenanalyse.[59] Vorrangiges Ziel der Erfolgsquellenanalyse ist, die wichtigsten Erfolgsquellen zu identifizieren und Aussagen über die **Nachhaltigkeit des Unternehmenserfolges** zu gewinnen.[60] Um die Erkenntnisziele der Erfolgsquellenanalyse – Transparenz des Unternehmenserfolges und Gewinnung extrapolationsfähiger Komponenten als Progno-

---

59 Die Erfolgsquellenanalyse wird in der Literatur auch als Ergebnisquellenanalyse bezeichnet. Vgl. etwa GRÄFER, H., Bilanzanalyse, S. 53; SCHULT, E., Bilanzanalyse, S. 104.

sebasis künftiger Erfolgsentwicklungen[61] – zu erreichen, wird das Jahresergebnis vom externen Analytiker in Teile gespalten, die den folgenden grundlegenden externen **Erfolgsspaltungskriterien** genügen sollen:[62]

- Nachhaltigkeit,
- Betriebszugehörigkeit und
- Periodenbezogenheit.

Ad (1): Nachhaltigkeit

Der Erfolg wird in einen nachhaltigen Teil (ordentlicher Betriebserfolg sowie Finanz- und Verbunderfolg) und einen nicht nachhaltigen Teil (außerordentlicher Erfolg und Bewertungserfolg) aufgeteilt. Der nachhaltige Teil wird als ordentlich und der verbleibende Rest als außerordentlich oder als Resultat der Bewertungsspielräume des Managements angesehen. Nachhaltigkeit kann sich durchaus auf einen begrenzten Zeitraum beziehen. Beispielsweise sind zeitlich begrenzte Zusatzgeschäfte in dem Zeitraum, für den sie abgeschlossen werden, nachhaltig. Bei externen Analysen liegen allerdings meistens keine ausreichenden Informationen vor, um die Nachhaltigkeit von einzelnen Sachverhalten/Geschäftsvorfällen (z. B. eines Zusatzgeschäfts) beurteilen zu können. Im Zweifelsfall ist dann – selbst bei Elementen des ordentlichen Betriebserfolges oder des Finanz- und Verbunderfolges – imparitätisch vorzugehen, d. h., die entsprechenden Ertragsteile werden im Zweifel als nicht nachhaltig angesehen und die entsprechenden Aufwendungen werden im Zweifel als nachhaltig angesehen.

Ad (2): Betriebszugehörigkeit

Das Ergebnis wird weiterhin in einen betriebsbedingten (betrieblichen) Teilerfolg und einen betriebsfremden (außerbetrieblichen) Teilerfolg getrennt. Betriebszugehörig sind dabei alle Aufwendungen und Erträge, die durch die gewöhnliche Geschäftätigkeit des Unternehmens entstanden sind (z. B. Herstellungskosten der zur Erzielung der Umsatzerlöse erbrachten Leistungen bei Anwendung des UKV bzw. Materialaufwand sowie Personalaufwand bei Anwendung des GKV, wobei diese Aufwendungen um die Bestandsveränderungen der unfertigen und fertigen Erzeugnisse sowie der aktivierten Eigenleistungen korrigiert werden müssen). Aufwendungen und Erträge sind als betriebsfremd einzuordnen, wenn die gewöhnliche Geschäftätigkeit nicht unmittelbar durch ihr Fehlen beeinträchtigt wird (z. B. das Jahresergebnis eines Tochterunternehmens, das in einem völlig anderen Geschäftsfeld tätig ist als das Mutterunternehmen). Problematisch ist beim Kriterium „Betriebszugehörigkeit" für einen externen Bilanzanalytiker, dass er für eine Reihe von Erfolgsbeiträgen nicht eindeutig klären kann, ob sie

---

60   Vgl. COENENBERG, A. G., Jahresabschluss und Jahresabschlussanalyse, S. 1014; PERRIDON, L./ STEINER, M., Finanzwirtschaft der Unternehmung, S. 546; SCHULT, E., Bilanzanalyse, S. 104; BAETGE, J./BRUNS, C., Erfolgsquellenanalyse, S. 387.

61   Vgl. BALLWIESER, W., Die Analyse von Jahresabschlüssen nach neuem Recht, S. 60 f.

62   Vgl. zu den genannten Kriterien HAUSCHILDT, J., Erfolgsspaltung, S. 190; KÜTING, K., Die Erfolgsspaltung, S. 529; LANGE, C., Jahresabschlußinformationen und Unternehmensbeurteilung, S. 208 f.

zum betrieblichen oder zum außerbetrieblichen Bereich zählen. Zum Beispiel werden Zinsaufwendungen üblicherweise dem außerbetrieblichen Bereich zugeordnet, indem sie bei der Erfolgsquellenanalyse dem Finanz- und Verbunderfolg zugerechnet werden, obwohl eine rentable gewöhnliche Geschäftätigkeit bei fast allen großen Unternehmen voraussetzt, dass Fremdkapital aufgenommen wird.

Ad (3): Periodenbezogenheit

Nach dem Kriterium der Periodenbezogenheit wird unterschieden, welche Teile des Jahresergebnisses sich auf die jeweilige Rechnungsperiode beziehen und welche Teile einer anderen Periode zuzuordnen sind. Grundgedanke des Kriteriums der Periodenbezogenheit ist, dass interperiodische Erfolgsverlagerungen rückgängig gemacht bzw. vermieden werden sollen, die einer periodengerechten Erfolgsermittlung entgegenstehen. In der Bilanzanalysepraxis kann diesem Kriterium allerdings meist nur so weit entsprochen werden, wie die erforderlichen Angaben in den Anhängen der Jahresabschlüsse vorhanden sind. Sofern sie fehlen (z. B. Angaben darüber, in welcher Höhe Erträge aus der Auflösung von Rückstellungen entstanden sind), verbleibt dem externen Bilanzanalytiker keine Differenzierungsmöglichkeit.

Neben diesen drei handelsrechtlich vorgegebenen Erfolgsspaltungskriterien kann der Erfolg eines Unternehmens auch nach ergänzenden internen Erfolgsspaltungskriterien aufgeteilt werden. Diese internen Kriterien, wie Kundengruppe oder Unternehmensaufgabe, sind dem externen Bilanzanalytiker mangels entsprechender Anhangangaben selten zugänglich. Im Schrifttum[63] werden z. B. die folgenden **ergänzenden Erfolgsspaltungskriterien** genannt:

- Steuerwirksamkeit,
- Regionen,
- Sparten/Produktgruppen,
- Kundengruppen,
- Zahlungswirksamkeit und
- Unternehmensaufgaben (wie Beschaffung, Produktion und Absatz).

Die gesetzlichen Publizitätsvorschriften verpflichten den Jahresabschlussersteller nicht, eine Erfolgspaltung nach den weitergehenden oben genannten Kriterien zu veröffentlichen. Ergänzende Erfolgsspaltungsversuche setzen aber interne Kenntnisse der betrieblichen Vorgänge voraus, so dass der externe Analytiker auf entsprechende Angaben im Geschäftsbericht oder auf andere Informationsquellen angewiesen ist, um den Unternehmenserfolg nach diesen Kriterien zu trennen.

---

63 Vgl. HAUSCHILDT, J., Erfolgsspaltung, S. 190; KÜTING, K., Die Erfolgsspaltung, S. 529; WEHRHEIM, M., Die Erfolgsspaltung als Krisenindikator, S. 508; KÜTING, K., Die handelsbilanzielle Erfolgsspaltungs-Konzeption auf dem Prüfstand, S. 693.

Besteht allerdings die Pflicht, eine Segmentberichterstattung zu erstellen[64] bzw. erläutert der Bilanzierende freiwillig die Erfolgsquellen seiner Segmente, so stehen Informationen über einzelne Regionen und Sparten zur Verfügung. Unter einem **Segment** ist dabei grundsätzlich jede innerhalb eines diversifizierten Unternehmens oder Konzerns isolierbare Einheit zu verstehen.[65]

323. Das bilanzanalytische Erfolgsspaltungskonzept

Aus bilanzanalytischer Sicht ist das handelsrechtliche Erfolgsspaltungskonzept unbefriedigend, da es in mancher Hinsicht zu ungenau ist und den drei grundlegenden Erfolgsspaltungskriterien „Nachhaltigkeit", „Betriebszugehörigkeit" und „Periodenbezogenheit" nicht stringent folgt.[66] Ein im Schrifttum[67] häufig erwähnter Unterschied zwischen der handelsrechtlichen Erfolgsspaltung in § 275 HGB und einem aus externer bilanzanalytischer Sicht empfehlenswerten Erfolgsspaltungskonzept liegt in der unterschiedlichen Abgrenzung des außerordentlichen Ergebnisses. Das außerordentliche Ergebnis wird in der handelsrechtlichen Erfolgsspaltung im Vergleich zur bilanzanalytischen Erfolgsspaltung sehr eng definiert. Auch wenn es über den Inhalt der außerordentlichen Ergebnisbestandteile in der Handelsbilanz leicht unterschiedliche Auffassungen im Schrifttum gibt,[68] liegen **außerordentliche Aufwendungen und Erträge** i. d. R. nur dann vor, wenn sie unregelmäßig und untypisch sind.[69]

Aus bilanzanalytischer Sicht, d. h. unter Beachtung des Bilanzanalyse-Ziels, die tatsächliche wirtschaftliche Lage des zu analysierenden Unternehmens zu erkennen, sind diese Kriterien zu eng, da der Kreis derjenigen Ereignisse, die zu außerordentlichen Erfolgen führen können, zu stark eingegrenzt wird.[70] Wenn die externe Bilanzanalyse z. B. zu Prognosezwecken eingesetzt wird, darf kein Zweifel über die Nachhaltigkeit

---

64 Kapitalmarktorientierte Unternehmen sind verpflichtet, für Geschäftsjahre, die nach dem 01. Januar 2005 beginnen, einen Konzernabschluss nach IFRS aufzustellen. Für diese Unternehmen besteht auch gemäß IAS 14.3 die Pflicht zur Segmentberichterstattung. Der Konzernabschluss nicht kapitalmarktorientierter Unternehmen kann gemäß IAS 14.4 und § 297 Abs. 1 Satz 2 HGB freiwillig um eine Segmentberichterstattung ergänzt werden. Vgl. hierzu Kap. VI Abschn. 52.

65 Vgl. HUSMANN, R., Defizite der handelsrechtlichen Konzernrechnungslegung, S. 1663; HAASE, K. D., Segmentpublizität, Sp. 1758; vgl. zur Analyse der Segmentberichterstattung Kap. VI Abschn. 53.

66 Vgl. COENENBERG, A. G., Ergebnisquellenanalyse, S. 98; LANGE, C., Jahresabschlußinformationen und Unternehmensbeurteilung, S. 208 f.; KÜTING, K., Die handelsbilanzielle Erfolgsspaltungs-Konzeption auf dem Prüfstand, S. 694 m. w. N.

67 Vgl. BALLWIESER, W., Die Analyse von Jahresabschlüssen nach neuem Recht, S. 62 f.; LANGE, C., Jahresabschlußinformationen und Unternehmensbeurteilung, S. 208 f.; COENENBERG, A. G., Jahresabschluss und Jahresabschlussanalyse, S. 1023 f.; KÜTING, K./WEBER, C.-P., Die Bilanzanalyse, S. 227; KÜTING, K., Die handelsbilanzielle Erfolgsspaltungs-Konzeption auf dem Prüfstand, S. 694.

68 Vgl. dazu die Zusammenstellung unterschiedlicher Auffassungen bei FEDERMANN, R., Außerordentliche Erträge und Aufwendungen, S. 1073-1077.

69 Vgl. BAETGE, J./KIRSCH, H.-J./THIELE, S., Bilanzen, S. 613.

70 Vgl. BALLWIESER, W., Die Analyse von Jahresabschlüssen nach neuem Recht, S. 62

der Erträge und Aufwendungen bestehen. Nach den handelsrechtlichen Vorschriften werden indes lediglich Erfolgsbeiträge aus ungewöhnlichen und wesentlichen Anlagenverkäufen, Katastrophen oder aus der Beendigung ganzer Geschäftsbereiche dem außerordentlichen Ergebnis zugeordnet. Die Folge ist, dass im ordentlichen Ergebnis auch Erfolgsbestandteile ausgewiesen werden, die unter bilanzanalytischen Gesichtspunkten nicht nachhaltig sind und deswegen im außerordentlichen Ergebnis ausgewiesen werden müssten. Da der externe Bilanzanalytiker diese Bestandteile nicht kennt, mit seiner Analyse aber zumindest die Bestandsfestigkeit des Unternehmens beurteilt werden soll, sollte er i. S. d. Vorsicht die sonstigen betrieblichen Erträge als außerordentliche Erträge einstufen, sofern die Vermutung besteht, dass die sonstigen betrieblichen Erträge in erheblichem Maße nicht nachhaltige Bestandteile umfassen.[71] Nach einer Untersuchung von KÜTING und KOCH haben 67 % der Konzerne aus einer Stichprobe von 205 Konzernen keine außerordentlichen Aufwendungen oder Erträge ausgewiesen.[72] Bilanzanalytisch gesehen ist die enge Abgrenzung der außerordentlichen Erfolgsbeiträge „der Güte der Erfolgsspaltung sehr abträglich"[73].

Daneben ist am handelsrechtlichen Erfolgsspaltungskonzept zu kritisieren, dass die **sonstigen betrieblichen Aufwendungen** und die **sonstigen betrieblichen Erträge** nach dem handelsrechtlichen Erfolgsspaltungskonzept zum Betriebsergebnis zählen. Die diesen beiden Posten zugrunde liegenden Erfolgsbeiträge könnten demnach als „Erfolg erster Klasse" zu verstehen sein. Aus betriebswirtschaftlicher Sicht – nämlich zur verlässlichen Beurteilung der Vermögens-, Finanz- und Erfolgslage, die für die Bilanzanalyse maßgebend ist – ist dagegen eine Reihe von Erfolgsbeiträgen in diesen Posten nicht nachhaltig und damit nicht zur Einschätzung der Vermögens-, Finanz- und Erfolgslage geeignet.[74] Dies betrifft bei den sonstigen betrieblichen Aufwendungen z. B. die Aufwendungen aus der Einstellung in den Sonderposten mit Rücklageanteil und bei den sonstigen betrieblichen Erträgen z. B. die Erträge aus der Auflösung des Sonderpostens mit Rücklageanteil. Diese Erfolgsbestandteile sind für bilanzanalytische Zwecke nicht dem ordentlichen betrieblichen Erfolg zuzuordnen.[75]

Die Posten „Sonstige betriebliche Erträge" und „Sonstige betriebliche Aufwendungen" haben den Charakter von Sammelposten, in denen alle Erträge bzw. Aufwendungen erfasst werden, die keinem anderen Ertrags- bzw. Aufwandsposten des handelsrechtlichen Gliederungsschemas für die Gewinn- und Verlustrechnung zugeordnet werden können.[76] Bei den sonstigen betrieblichen Erträgen handelt es sich um alle regelmäßig auftretenden Erträge, soweit sie nicht typisch für das Unternehmen sind, wie die Umsatzerlöse, bzw. soweit sie nicht Korrekturposten sind, wie die Be-

---

71   Vgl. COENENBERG, A. G., Jahresabschluss und Jahresabschlussanalyse, S. 1018.

72   Vgl. KÜTING, K./KOCH, C., Erfolgsquellenanalyse, S. 1036.

73   BALLWIESER, W., Die Analyse von Jahresabschlüssen nach neuem Recht, S. 62.

74   Ähnlich KÜTING, K./WEBER, C.-P., Die Bilanzanalyse, S. 228.

75   Vgl. auch Übersicht II-15.

76   Vgl. z. B. ROGLER, S., Gewinn- und Verlustrechnung nach dem UKV, S. 98 und S. 107; COENENBERG, A. G., Jahresabschluss und Jahresabschlussanalyse, S. 455 und S. 465; IDW (Hrsg.), WP-Handbuch 2000, Bd. I, Rn. 401 und Rn. 431; KÜTING, K., Die handelsbilanzielle Erfolgsspaltungs-Konzeption auf dem Prüfstand, S. 701.

standserhöhungen oder andere aktivierte Eigenleistungen, soweit sie nicht das Finanzergebnis betreffen. Die Bilanzanalyse wird dadurch erschwert, dass die einzelnen Bestandteile der sonstigen betrieblichen Erträge i. S. d. § 275 HGB grundsätzlich nicht erläutert werden müssen. Lediglich die Erträge aus der Auflösung von Sonderposten mit Rücklageanteil sind gemäß § 281 Abs. 2 Satz 2 HGB von Kapitalgesellschaften gesondert auszuweisen.

Die sonstigen betrieblichen Aufwendungen nach dem GKV umfassen alle betrieblichen Aufwendungen, die nicht unter den Materialaufwand, den Personalaufwand oder die Abschreibungen fallen sowie nicht dem Finanzbereich zuzuordnen sind. Trotz ihres Residualcharakters werden die sonstigen betrieblichen Aufwendungen nach dem GKV und nach dem UKV unterschiedlich abgegrenzt. So werden bei Anwendung des GKV i. d. R. wesentlich mehr sonstige betriebliche Aufwendungen ausgewiesen als bei Anwendung des UKV, da vor allem der Posten „Allgemeine Verwaltungskosten" beim UKV häufig Sachverhalte enthält, die beim GKV als sonstiger betrieblicher Aufwand gezeigt werden.[77] Dies liegt daran, dass auch die allgemeinen Verwaltungskosten den Charakter eines Sammelpostens haben.

Welche Bedeutung die sonstigen betrieblichen Aufwendungen besitzen, zeigt eine Untersuchung von KÜTING: Bei 73,5 % von 200 untersuchten Konzernen waren die sonstigen betrieblichen Aufwendungen im Geschäftsjahr 1996 bzw. 1995/96 größer als der Jahresüberschuss/Jahresfehlbetrag des Konzerns.[78]

Dagegen werden die sonstigen betrieblichen Erträge unabhängig davon, ob das GKV oder das UKV zugrunde gelegt wird, bei beiden Verfahren weitgehend identisch abgegrenzt. Bei Industrie- oder Handelsunternehmen werden z. B. sowohl nach dem GKV als auch nach dem UKV Mieterträge, Lizenzerträge und Erträge aus der Auflösung von Rückstellungen als sonstige betriebliche Erträge ausgewiesen.[79]

Bei der Bilanzanalyse werden die sonstigen betrieblichen Erträge und Aufwendungen nach dem Kriterium der überwiegenden Zugehörigkeit im Regelfall dem ordentlichen Betriebserfolg zugeordnet.[80] Teilweise kann wegen der Heterogenität der hier ausgewiesenen Erfolgsbestandteile aber auch ein differenzierteres Vorgehen erforderlich sein:[81] Vermutet der Analytiker beispielsweise, dass die sonstigen betrieblichen Erträge überwiegend ungewöhnlich hohe Erträge aus Anlagenabgängen umfassen (also unregelmäßig entstehende Erfolgsbestandteile), dann sind die sonstigen betrieblichen Erträge in den außerordentlichen Erfolg umzubuchen, während die sonstigen

---

77 Vgl. IDW (Hrsg.), WP-Handbuch 2000, Bd. I, Rn. F 524; BAETGE, J./KIRSCH, H.-J./THIELE, S., Bilanzen, S. 604.

78 Vgl. KÜTING, K., Die handelsbilanzielle Erfolgsspaltungs-Konzeption auf dem Prüfstand, S. 696.

79 Vgl. dazu ausführlich IDW (Hrsg.), WP-Handbuch 2000, Bd. I, Rn. F 399-404 m. w. N.

80 A. A. COENENBERG, A. G., Jahresabschluss und Jahresabschlussanalyse, S. 1018, der dafür eintritt, die sonstigen betrieblichen Erträge grundsätzlich dem außerordentlichen Erfolg zuzuordnen, während er die sonstigen betrieblichen Aufwendungen dem ordentlichen Betriebserfolg zurechnet.

81 Vgl. BAETGE, J./BRUNS, C., Erfolgsquellenanalyse, S. 394.

betrieblichen Aufwendungen im ordentlichen Betriebserfolg belassen werden. Zu beachten ist dabei, dass die sonstigen betrieblichen Erträge dann pauschal dem außerordentlichen Erfolg zugerechnet werden, während die sonstigen betrieblichen Aufwendungen pauschal dem ordentlichen Betriebserfolg zugerechnet werden, so dass der ordentliche Betriebserfolg nach unten verzerrt wird.[82] Umgekehrt ist eine pauschale Zuordnung der sonstigen betrieblichen Aufwendungen in den außerordentlichen Erfolg dann sinnvoll, wenn Anhaltspunkte vorliegen, dass in den sonstigen betrieblichen Aufwendungen erhebliche Liquidationsverluste oder Kursverluste enthalten sind, die indes vom externen Bilanzanalytiker i. d. R. nicht quantifiziert werden können.

Die **bilanzanalytischen Erfolgsspaltungskriterien** „Periodenbezogenheit" und „Nachhaltigkeit" führen i. d. R. zu höheren außerordentlichen Erfolgsbeiträgen als die handelsrechtliche Abgrenzung. So zählen periodenfremde Erfolgsbeiträge bilanzanalytisch nicht zum ordentlichen Erfolg, da sie das Kriterium der Periodenbezogenheit nicht erfüllen.[83] Dagegen werden sie handelsrechtlich nur dann zum außerordentlichen Erfolg gerechnet, wenn sie zugleich die oben genannten drei Kriterien (ungewöhnlich, selten, wesentlich) erfüllen.

Wendet man die drei Erfolgsspaltungskriterien „Nachhaltigkeit", „Betriebszugehörigkeit" und „Periodenbezogenheit" an, dann liegt es nahe, dass zwei Arten nachhaltiger Erfolgsquellen ermittelt werden sollten: Zum einen nachhaltige, periodenbezogene und betriebs**zugehörige** Erfolgsbeiträge – diese Erfolgsquelle wird in den folgenden Abschnitten als „**ordentlicher Betriebserfolg**" bezeichnet – und zum anderen nachhaltige, periodenbezogene und betriebs**fremde** Erfolgsbeiträge, die im Folgenden zum „**Finanz- und Verbunderfolg**" zusammengefasst werden.

Welche Arten von nicht nachhaltigen Erfolgsquellen bei der Bilanzanalyse sinnvoll sind, ergibt sich nicht unmittelbar aus den Erfolgsspaltungskriterien. Im Schrifttum[84] wird z. B. vorgeschlagen, lediglich eine nicht nachhaltige Erfolgsquelle zu verwenden, die als „**außerordentlicher Erfolg**" bezeichnet wird. Durch die Verwendung einer solchen „Sammel-Erfolgsquelle" für alle nicht nachhaltigen und nicht periodenbezogenen Erfolgsbeiträge gehen die diesbezüglichen Informationen indes verloren.

So ist die Information, welche Richtung und welchen Umfang die bilanzpolitischen Maßnahmen des zu analysierenden Unternehmens gehabt haben, für den Bilanzanalytiker von hoher Bedeutung. Zwar können bei der externen Bilanzanalyse bei weitem

---

82 Vgl. ROGLER, S., Gewinn- und Verlustrechnung nach dem UKV, S. 50 f.; LACHNIT, L., Erfolgsspaltung auf der Grundlage der GuV nach Gesamt- und Umsatzkostenverfahren, S. 777; BAETGE, J./FISCHER, T. R., Externe Erfolgsanalyse auf der Grundlage des Umsatzkostenverfahrens, S. 6.

83 Vgl. WEHRHEIM, M., Die Erfolgsspaltung als Krisenindikator, S. 509; COENENBERG, A. G., Jahresabschluss und Jahresabschlussanalyse, S. 1018 f.; BAETGE, J./KIRSCH, H.-J./THIELE, S., Bilanzen, S. 612 f. m. w. N.

84 Vgl. COENENBERG, A. G., Jahresabschluss und Jahresabschlussanalyse, S. 1015-1024; PERRIDON, L./STEINER, M., Finanzwirtschaft der Unternehmung, S. 557 f; WEHRHEIM, M., Die Erfolgsspaltung als Krisenindikator, S. 509 f.

nicht alle bilanzpolitischen Maßnahmen erkannt werden – dies ist z. B. bei bestimmten konzernbilanzpolitischen Maßnahmen der Fall –, doch werden normalerweise zumindest Tendenzen sichtbar.

Aus diesem Grund wird im Folgenden nicht nur ein außerordentlicher Erfolg ermittelt, der dann als „Sammel-Erfolgsquelle" dienen würde, sondern es wird versucht, zusätzlich bilanzpolitisch bedingte Erträge und Aufwendungen zu isolieren.[85] Das hier verwendete bilanzanalytische Erfolgsspaltungskonzept enthält also auch einen hier als **Bewertungserfolg** bezeichneten Erfolgsbestandteil.[86] Mit Hilfe des Bewertungserfolges soll die Richtung der bilanzpolitischen Maßnahmen des zu analysierenden Unternehmens transparent gemacht werden, d. h., es sollen Rückschlüsse auf den Umfang der erfolgsverbessernden oder erfolgsverschlechternden bilanzpolitischen Maßnahmen gezogen werden, die nicht Folge wirtschaftlicher Aktivitäten des Unternehmens sind.[87]

Die folgende Übersicht zeigt das hier verwendete bilanzanalytische Erfolgsspaltungskonzept:

Ordentlicher Betriebserfolg	Nachhaltige Erfolgsquellen
+ Finanz- und Verbunderfolg	
+ Außerordentlicher Erfolg	Nicht nachhaltige Erfolgsquellen
+ Bewertungserfolg	
= Jahresüberschuss vor Steuern	(Bei der Erfolgsquellenanalyse werden Ertragsteuern[88] in der Regel nicht berücksichtigt)
– Ertragsteuern	
= Jahresüberschuss	

Übersicht II-14: *Zusammenhang zwischen den Erfolgsquellen*

Die Summe aus ordentlichem Betriebserfolg, Finanz- und Verbunderfolg, außerordentlichem Erfolg und Bewertungserfolg ergibt normalerweise den Jahresüberschuss vor Steuern. Ausnahmsweise ist die Summe der Teilerfolge (Summe der Erfolgsquellen) nicht gleich dem Jahresüberschuss vor Steuern, wenn

(1) Aufwendungen aus Gewinnabführung oder Erträge aus Verlustausgleich auftreten,

(2) im Jahresabschluss enthaltene Erfolgsbeiträge bilanziell einem anderen Geschäftsjahr zugeordnet werden oder

(3) bei der Erfolgsquellenanalyse zu berücksichtigende Erfolgsbeiträge nicht in den Erfolgsquellen enthalten sind.

---

85 Vgl. GRÄFER, H., Bilanzanalyse, S. 73.

86 Vgl. dazu Übersicht II-19, Abschn. 335. in diesem Kapitel.

87 Vgl. GRÄFER, H., Bilanzanalyse, S. 73; BAETGE, J./BRUNS, C., Erfolgsquellenanalyse, S. 393.

88 Zur Behandlung der Ertragsteuern vgl. Kap. VI Abschn. 23.

Bei (1) gilt, dass **Aufwendungen aus Gewinnabführung**, bei denen z. B. wegen eines Gewinnabführungsvertrags der Jahresüberschuss an eine andere Gesellschaft abgeführt wird, nicht die Ertragslage eines Unternehmens berühren. Auch bei **Erträgen aus Verlustausgleich** handelt es sich um einen Vorgang, der nichts über die Ertragslage des Beteiligungsunternehmens aussagt.[89] Aufwendungen aus Gewinnabführung oder Erträge aus Verlustausgleich werden daher nicht in die Erfolgsquellenanalyse einbezogen.

Soweit (2) im Jahresabschluss enthaltene Erfolgsbeiträge bilanziell einem anderen Geschäftsjahr zuzuordnen sind, werden diese Erfolgsbeiträge ebenfalls nicht zum nachhaltigen Erfolg gerechnet. Wenn z. B. im Analysejahr t ein **periodenfremder Erfolgsbeitrag** identifiziert wird, der dem nachfolgenden Analysejahr t+1 oder auch vorausgehenden Geschäftsjahren zuzuordnen wäre, darf dieser Erfolgsbeitrag nach dem Erfolgsspaltungskriterium der Periodenbezogenheit im Analysejahr t nicht zum ordentlichen Betriebserfolg oder zum Finanz- und Verbunderfolg gezählt werden. So verbietet das handelsrechtliche Realisationsprinzip, dass Kursgewinne eines Wertpapiers – selbst wenn sie regelmäßig entstehen – vor dem Verkauf des Papiers realisiert werden. Ein über mehrere Jahre kumulierter Kursgewinn eines Wertpapiers wäre, wenn er schließlich durch einen Wertpapierverkauf realisiert wird, bei einer nachfolgenden Bilanzanalyse größtenteils als „periodenfremd" einzustufen (vorausgesetzt, dem Bilanzanalytiker sind die erforderlichen Periodisierungsinformationen zugänglich). Im Beispiel des Philipp Holzmann Konzerns werden z. B. im Geschäftsjahr 1994 (1995) Mehrabschreibungen aufgrund steuerrechtlicher Vorschriften in Höhe von 1.400 TDM (938 TDM) im ordentlichen Erfolg ausgewiesen, die dem Bewertungserfolg zuzuordnen sind, da die steuerlichen Mehrabschreibungen weder regelmäßig entstehen noch zahlungswirksam sind.[90] Aufgrund der vorgenommenen steuerlichen Mehrabschreibung ist die im Folgejahr im ordentlichen Erfolg erfasste Abschreibung zu niedrig. Daher müsste eine geringere Abschreibung im ordentlichen Erfolg um die anteilige, in Vorjahren vorgenommene steuerliche Mehrabschreibung erhöht werden. Da dem externen Bilanzanalytiker die Information, um welchen Betrag die Abschreibungen aufgrund in Vorjahren vorgenommener steuerlicher Mehrabschreibungen zu niedrig sind, i. d. R. nicht vorliegt, können die im ordentlichen Erfolg ausgewiesenen Abschreibungen nicht erhöht werden.

Wenn (3) bei der Erfolgsquellenanalyse eigentlich zu berücksichtigende **Erfolgsbeiträge in den Erfolgsquellen nicht enthalten** sind, hat der Bilanzanalytiker aufgrund nicht vorliegender Informationen i. d. R. keine Chance zur „richtigen" Erfolgsspaltung. Wenn z. B. ein Unternehmer betriebliche Aufwendungen privat bezahlt hat, um dadurch die Ertragslage seines Unternehmens besser erscheinen zu lassen, als sie tatsächlich ist, dann wird dies für einen Kreditanalysten in einer Bank normalerweise nicht erkennbar sein.

---

89 Vgl. LEONARDI, H., Externe Erfolgsanalysen auf der Grundlage handelsrechtlicher Jahresabschlüsse, S. 152.

90 Vgl. dazu Abschn. 335. in diesem Kapitel.

33 Die Modifikation der handelsrechtlichen Gewinn- und Verlustrechnung

331. Die bilanzanalytische Zuordnung einzelner Posten zu den Erfolgsquellen

Da das handelsrechtliche Erfolgsspaltungskonzept – wie gezeigt – für das Analyseziel, die wirtschaftliche Lage eines Unternehmens zu beurteilen, unzureichend ist, muss die originäre GuV, die in der Spalte 1 des Erfassungsschemas dokumentiert wurde (vgl. Übersicht II-9), modifiziert werden. Daher werden einzelne Posten entsprechend den bilanzanalytischen Erfolgsspaltungskriterien – Nachhaltigkeit, Betriebszugehörigkeit und Periodenbezogenheit – den Erfolgsquellen abweichend von der handelsrechtlichen Erfolgsspaltung zugeordnet.

Bei der bilanzanalytischen Erfolgsquellenanalyse sind die vier folgenden Erfolgsquellen zu unterscheiden:

- Ordentlicher Betriebserfolg,
- Finanz- und Verbunderfolg,
- außerordentlicher Erfolg und
- Bewertungserfolg.

Im Folgenden wird die Modifikation einer handelsrechtlichen GuV nach diesen vier Erfolgsquellen dargestellt. Zunächst sind Erfolgsbeiträge in betriebszugehörig und betriebsfremd zu differenzieren. Dadurch erhält der Bilanzanalytiker den betriebszugehörigen ordentlichen Betriebserfolg und den betriebsfremden Finanz- und Verbunderfolg. Aus diesen Erfolgsquellen werden zudem die nicht nachhaltigen und periodenfremden Erfolgsbeiträge herausgerechnet und in den außerordentlichen Erfolg und den Bewertungserfolg umgebucht. Das Jahresergebnis wird durch die Modifikationen nicht beeinflusst, sondern nur in die vier Erfolgsquellen getrennt.

Die Zuordnung einzelner Posten des handelsrechtlichen Jahresabschlusses zu einer einzelnen Erfolgsquelle ist nicht in allen Fällen eindeutig; in manchen Posten des handelsrechtlichen Jahresabschlusses werden nämlich betriebliche und betriebsfremde Erfolgsbestandteile vermischt. So kann der Posten „sonstige betriebliche Aufwendungen" (§ 275 Abs. 2 Nr. 8 HGB) auch Kosten des Zahlungsverkehrs und Kursverluste bei Fremdwährungsverbindlichkeiten enthalten,[91] die dem Finanzergebnis zuzuordnen wären. Da einem externen Jahresabschlussleser i. d. R. keine Informationen über den Anteil betriebsfremder Erfolgsbestandteile in einem Posten gegeben werden, muss die Zuordnung nach dem **Kriterium der überwiegenden Zugehörigkeit** vorgenommen werden.[92]

---

91 Vgl. ADS, 6. Aufl., § 275 HGB, Rn. 141.

92 Vgl. COENENBERG, A. G., Jahresabschluss und Jahresabschlussanalyse, S. 1018; KÜTING, K., Die handelsbilanzielle Erfolgsspaltungs-Konzeption auf dem Prüfstand, S. 701; LANGE, C., Jahresabschlußinformationen und Unternehmensbeurteilung, S. 213.

332. Der ordentliche Betriebserfolg

Der ordentliche Betriebserfolg umfasst diejenigen Erfolgsbestandteile, die dem untersuchten Unternehmen aus der eigentlichen Geschäftstätigkeit zugeflossen sind. Beispielsweise zählen die Erträge aus Hedging bei einem Industrieunternehmen nicht zum ordentlichen Betriebserfolg, während diese Erträge bei einem Hedge-Fond dem ordentlichen Betriebserfolg zuzurechnen sind. Mit dem ordentlichen Betriebserfolg soll der nachhaltig erzielbare Erfolg gezeigt werden, der aus der eigentlichen Absatz-, Produktions- bzw. Dienstleistungstätigkeit des Unternehmens resultiert.

Der ordentliche Betriebserfolg ist der Saldo aller durch die eigentliche betriebliche Tätigkeit verursachten nachhaltigen Erträge und Aufwendungen.[93] In den Übersichten II-15 und II-16 werden die GuV-Posten bzw. Bestandteile von GuV-Posten gezeigt, die zur Ermittlung des ordentlichen Betriebserfolges einzubeziehen sind. Dabei müssen Teilbeträge der folgenden GuV-Posten umgebucht werden:

■ Der Posten **„Sonstige betriebliche Erträge"** nach dem GKV bzw. UKV ist um nicht nachhaltige Zuschüsse und Zulagen sowie um ungewöhnliche, einmalige oder periodenfremde Erträge (z. B. Erträge aus Währungsumrechnungen oder Anlagenabgängen) zu kürzen. Die entsprechenden Beträge sind in den außerordentlichen Erfolg umzubuchen (Buchung f)). Zudem werden von den sonstigen betrieblichen Erträgen die Erträge aus der Auflösung des Sonderpostens mit Rücklageanteil, Zuschreibungen auf das Anlagevermögen und im Geschäftsjahr aktivierte Aufwendungen für die Ingangsetzung und Erweiterung des Geschäftsjahres abgezogen[94] und in den Bewertungserfolg umgebucht (Buchung g)).[95] Damit sinkt in der modifizierten GuV (Spalte 3) der ordentliche Betriebserfolg um die umgebuchten Erträge, während der Bewertungserfolg und der außerordentliche Erfolg um die entsprechenden Beträge steigen.

■ Von dem Posten **„Abschreibungen auf immaterielle Vermögensgegenstände des Anlagevermögens und Sachanlagen"** werden die außerplanmäßigen Abschreibungen mit Ausnahme der rein steuerlichen Abschreibungen in den außerordentlichen Erfolg umgebucht (Buchung h)). Die Abschreibungen auf aktivierte Aufwendungen für die Ingangsetzung und Erweiterung des Geschäftsbetriebs, die rein steuerlichen Abschreibungen und unübliche Abschreibungen auf Vermögensgegenstände des Umlaufvermögens werden aus dem ordentlichen Betriebserfolg in den Bewertungserfolg umgebucht (Buchung i)). Bei einer nach dem UKV aufgestellten GuV ist zu beachten, dass die Abschreibungen nicht gesondert in der GuV ausgewiesen werden, sondern in den Herstellungskosten, den Vertriebskosten und den allgemeinen Verwaltungskosten enthalten sind. Dem externen Bilanzanalytiker liegen i. d. R. keine Informationen darüber vor, welchen Funktionsbereichen beispielsweise die außerplanmäßigen Abschreibungen zuzuordnen sind. Daher werden die nicht nachhaltigen oder periodenfremden Bestandteile

93 Vgl. BAETGE, J./THIELE, S., Bilanzanalyse, Sp. 329.
94 Vgl. Übersicht II-15.
95 Vgl. Übersicht II-19.

der Abschreibungen nicht bei den Herstellungskosten, Vertriebskosten oder allgemeinen Verwaltungskosten umgebucht, sondern in Sammel-Posten für die jeweiligen Bestandteile der Abschreibungen. In der modifizierten GuV (Spalte 3) steigt der ordentliche Betriebserfolg um die umgebuchten Aufwendungen, während der Bewertungserfolg und der außerordentliche Erfolg um die entsprechenden Beträge sinken.

■ Aus dem Posten „**Sonstige betriebliche Aufwendungen**" sind die ungewöhnlichen, einmaligen oder periodenfremden Aufwendungen (z. B. Aufwendungen aus der Währungsumrechnung) in den außerordentlichen Erfolg (Buchung k)) und die Aufwendungen aus der Einstellung in den Sonderposten mit Rücklageanteil in den Bewertungserfolg (Buchung l)) umzubuchen. In der modifizierten GuV (Spalte 3) steigt der ordentliche Betriebserfolg um die umgebuchten Aufwendungen, während der Bewertungserfolg und der außerordentliche Erfolg um die entsprechenden Beträge sinken.

■ Die „**Sonstigen Steuern**", die nach dem handelsrechtlichen Erfolgsspaltungskonzept (vgl. die Übersichten II-12 und II-13) dem Steueraufwand zugeordnet werden, sind in den ordentlichen Betriebserfolg umzubuchen (Buchung m)), da die sonstigen Steuern Aufwendungen des gewöhnlichen Geschäftsbetriebs darstellen.

Der ordentliche Betriebserfolg zeigt das nachhaltige Ergebnis derjenigen Erfolgsquellen, die für die Beurteilung der Ertragslage des Unternehmens die wohl größte Bedeutung haben. Folglich muss bei der Erfassung im GuV-Schema darauf geachtet werden, dass nur nachhaltige und betriebliche Aufwendungen und Erträge berücksichtigt werden. Dabei ist der Charakter einzelner Posten für den externen Bilanzanalytiker nicht immer vollständig ersichtlich, wenn entsprechende Anhangangaben nicht zur Verfügung stehen; beispielsweise können Probleme bei der Zuordnung der sonstigen betrieblichen Aufwendungen und Erträge auftreten.

Der UKV-Posten „allgemeiner Verwaltungsaufwand" wird dem ordentlichen Betriebserfolg zugeordnet, obwohl dort bei Konzernmutterunternehmen auch Aufwendungen enthalten sind, die aufgrund der Verwaltung und Steuerung der Konzerntochterunternehmen entstanden sind.[96] Diese Aufwendungen müssten eigentlich den Finanz- und Verbunderfolg mindern. Da der externe Analytiker aber in aller Regel nicht erfährt, wie hoch diese aus dem Beteiligungsbesitz resultierenden Aufwendungen sind, wird der Verwaltungsaufwand nach dem Kriterium der überwiegenden Zugehörigkeit in voller Höhe dem ordentlichen Betriebserfolg zugeordnet.

Bei einer Bilanzierung nach dem **Gesamtkostenverfahren** gehen in den ordentlichen Betriebserfolg die in Übersicht II-15 enthaltenen Jahresabschlussposten ein.[97] Neben den Posten sind die entsprechenden Beträge aus dem Konzernabschluss des Geschäftsjahrs 1994 des Philipp Holzmann Konzerns angegeben:

---

96 Vgl. ähnliche Beispiele bei COENENBERG, A. G., Jahresabschluss und Jahresabschlussanalyse, S. 1019 f.

97 Vgl. zum Teil mit leichten Unterschieden in der Zuordnung der Posten GRÄFER, H., Bilanzanalyse, S. 62; KÜTING, K./WEBER, C.-P., Die Bilanzanalyse, S. 233.

Posten	Gewinn- und Verlustrechnung nach dem Gesamtkostenverfahren gemäß § 275 Abs. 2 HGB	Originärer Konzern-abschluss 1994 in TDM	Umbuchungen in TDM		Modifi-zierter Konzern-abschluss 1994 in TDM
			Soll	Haben	
7001	Umsatzerlöse	10.583.588			10.583.588
7002	Bestandsveränderungen	468.919			468.919
7003	Andere aktivierte Eigenleistungen	58.288			58.288
7007	Sonstige betriebliche Erträge	391.133	3.357		387.776
7007a	■ davon Zuschreibungen auf das Anlage-vermögen	*157*	*157[e]*		–
7007b	■ davon Erträge aus der Auflösung des Sonderpostens	*3.200*	*3.200[g]*		–
7007c	■ davon Zulagen und Zuschüsse, sofern nicht nachhaltig	*k. A.*	*k. A.[f]*		–
7007d	■ davon ungewöhnliche, einmalige oder periodenfremde Erträge, z. B. Erträge aus Währungsumrechnung/Anlagenabgang, Erträge aus der Auflösung von Rückstel-lungen	*k. A.*	*k. A.[f]*		–
7007e	■ davon im Geschäftsjahr aktivierte Auf-wendungen für die Ingangsetzung und Erweiterung des Geschäftsbetriebs	*0*	*0[g]*		–
7008	Materialaufwand	6.861.370			6.861.370
7009	Personalaufwand	3.157.947			3.157.947
7010	Abschreibungen auf immaterielle Vermögens-gegenstände des Anlagevermögens und Sach-anlagen	367.919		1.400	366.519
7010a	■ davon außerplanmäßige Abschreibun-gen auf immaterielle Vermögensgegen-stände des Anlagevermögens und Sachanlagen	*0*		*0[h]*	–
7010b	■ davon Abschreibungen auf aktivierte Aufwendungen für die Ingangsetzung und Erweiterung des Geschäftsbetriebs	*0*		*0[j]*	–
7010c	■ davon rein steuerliche Abschreibungen, soweit sie aktivisch vorgenommen wur-den	*1.400*		*1.400[j]*	–
7012	Unübliche Abschreibungen auf Vermögensge-genstände des Umlaufvermögens	0		0[i]	–
7013	Sonstige betriebliche Aufwendungen	850.786		10.500	840.286
7013a	■ davon Einstellung in den Sonderposten	*10.500*		*10.500[j]*	–
7013b	■ davon ungewöhnliche, einmalige oder periodenfremde Aufwendungen, z. B. Aufwendungen aus Währungsumrech-nung/Anlagenabgang	*k. A.*		*k. A.[k]*	–
7026	Sonstige Steuern	0	33.943[m]		33.943
	Ordentlicher Betriebserfolg (GKV)				**238.506**

Übersicht II-15: *Erfassung des ordentlichen Betriebserfolges nach dem GKV (mit den Werten des Philipp Holzmann Konzerns für das Geschäftsjahr 1994 in TDM)*

Operation Ausschrem·

Legende:		
–	≙	Der Posten wird im originären Konzernabschluss an anderer Stelle ausgewiesen bzw. der Posten wurde für die Ermittlung des modifizierten Konzernabschlusses umgebucht und an anderer Stelle ausgewiesen.
k. A.	≙	Keine Angabe; d. h., dem Konzernabschluss sind zu diesem Posten keine Informationen zu entnehmen.
f)	≙	Diese Posten der sonstigen betrieblichen Erträge werden in den außerordentlichen Erfolg umgebucht (vgl. zu den Gegenbuchungen Übersicht II-18).
g)	≙	Diese Posten der sonstigen betrieblichen Erträge werden in den Bewertungserfolg umgebucht (vgl. zu den Gegenbuchungen Übersicht II-19).
h)	≙	Dieser Posten der Abschreibungen auf immaterielle Vermögensgegenstände des Anlagevermögens und Sachanlagen wird in den außerordentlichen Erfolg umgebucht (vgl. zur Gegenbuchung Übersicht II-18).
i)	≙	Diese Posten der Abschreibungen auf immaterielle Vermögensgegenstände des Anlagevermögens und Sachanlagen werden in den Bewertungserfolg umgebucht (vgl. zu den Gegenbuchungen Übersicht II-19).
k)	≙	Dieser Posten der sonstigen betrieblichen Aufwendungen wird in den außerordentlichen Erfolg umgebucht (vgl. zur Gegenbuchung Übersicht II-18).
l)	≙	Dieser Posten der sonstigen betrieblichen Aufwendungen wird in den Bewertungserfolg umgebucht (vgl. zur Gegenbuchung Übersicht II-19).
m)	≙	Dieser Posten der sonstigen Steuern wird aus dem Steueraufwand in den ordentlichen Betriebserfolg umgebucht (vgl. zur Gegenbuchung Übersicht II-19)
Anmerkung:		Die *kursiv* dargestellten davon-Vermerke sind nicht in die Ermittlung der Zwischensummen einzubeziehen.

Fortsetzung der Übersicht II-15

Der ordentliche Betriebserfolg setzt sich bei Bilanzierung nach dem **Umsatzkostenverfahren** wie folgt zusammen:[98]

Posten	Gewinn- und Verlustrechnung nach dem Umsatzkostenverfahren gemäß § 275 Abs. 3 HGB	Originärer Konzern- abschluss in TDM	Umbuchungen in TDM		Modifi- zierter Konzern- abschluss in TDM
			Soll	Haben	
7001	Umsatzerlöse				
7004	Herstellungskosten der zur Erzielung der Umsatzerlöse erbrachten Leistungen				
7005	Vertriebskosten				
7006	Allgemeine Verwaltungskosten				
7007	Sonstige betriebliche Erträge				
7007a	▪ davon Zuschreibungen auf das Anlage- vermögen			g)	
7007b	▪ davon Erträge aus der Auflösung des Sonderpostens			g)	
7007c	▪ davon Zulagen und Zuschüsse, sofern nicht nachhaltig			f)	
7007d	▪ davon ungewöhnliche, einmalige oder periodenfremde Erträge, z. B. Erträge aus Währungsumrechnung/Anlagenabgang, Erträge aus der Auflösung von Rückstel- lungen			f)	
7007e	▪ davon im Geschäftsjahr aktivierte Auf- wendungen für die Ingangsetzung und Erweiterung des Geschäftsbetriebs			g)	
7013	Sonstige betriebliche Aufwendungen				
7013a	▪ davon Einstellung in den Sonderposten			l)	
7013b	▪ davon ungewöhnliche, einmalige oder periodenfremde Aufwendungen, z. B. Aufwendungen aus Währungsumrech- nung/Anlagenabgang			k)	
7010a	Außerplanmäßige Abschreibungen auf imma- terielle Vermögensgegenstände des Anlage- vermögens und Sachanlagen			h)	
7010b	Abschreibungen auf aktivierte Aufwendungen für die Ingangsetzung und Erweiterung des Geschäftsbetriebs			i)	
7010c	Rein steuerliche Abschreibungen, soweit sie aktivisch vorgenommen wurden			i)	
7012	Unübliche Abschreibungen auf Vermögensge- genstände des Umlaufvermögens			i)	
7026	Sonstige Steuern		m)		
	Ordentlicher Betriebserfolg (UKV)				
Legende: Vgl. Übersicht II-15					

Übersicht II-16: *Erfassung des ordentlichen Betriebserfolges nach dem UKV*

---

98 Vgl. GRÄFER, H., Bilanzanalyse, S. 62; KÜTING, K./WEBER, C.-P., Die Bilanzanalyse, S. 233.

333. Der Finanz- und Verbunderfolg

Als Finanz- und Verbunderfolg werden diejenigen Erfolgsbestandteile bezeichnet, die entweder aus Kapitalanlagen resultieren (vor allem Zinserträge) oder durch Kapitalverflechtungen entstanden sind (vor allem Aufwendungen und Erträge aus verbundenen Unternehmen und Beteiligungen).[99] Der Finanz- und Verbunderfolg stammt damit nicht aus der eigentlichen Geschäftstätigkeit des Unternehmens, wird aber als nachhaltige Erfolgsquelle angesehen. Der Finanz- und Verbunderfolg zeichnet sich in vielen Fällen durch im Zeitablauf geringere Schwankungen aus als die anderen drei Erfolgsquellen.[100]

Die relevanten Posten für den Finanz- und Verbunderfolg sind handelsrechtlich gemäß § 275 Abs. 2 und 3 HGB bei UKV und GKV identisch.[101] Die folgende Übersicht zeigt die Zusammensetzung des Finanz- und Verbunderfolges mit den Zahlen des Philipp Holzmann Konzerns für das Geschäftsjahr 1994:

Posten	Gewinn- und Verlustrechnung nach dem Gesamtkostenverfahren gemäß § 275 Abs. 2 HGB bzw. nach dem Umsatzkostenverfahren gemäß § 275 Abs. 3 HGB	Originärer Konzern-abschluss 1994 in TDM	Umbuchungen in TDM		Modifizierter Konzern-abschluss 1994 in TDM
			Soll	Haben	
7014	Erträge aus Gewinnübernahme	486			486
7015	Erträge aus Beteiligungen	47.991			47.991
7016	Erträge aus Wertpapieren und Ausleihungen	2.095			2.095
7017	Zinserträge	167.109			167.109
7018	Abschreibungen auf Finanzanlagen und Wertpapiere	23.371			23.371
7019	Zinsaufwendungen	168.716			168.716
7020	Aufwendungen aus Verlustübernahme	12.718			12.718
	Finanz- und Verbunderfolg				**12.876**

Übersicht II-17: *Erfassung des Finanz- und Verbunderfolges (mit den Werten des Philipp Holzmann Konzerns für das Geschäftsjahr 1994 in TDM)*

334. Der außerordentliche Erfolg

Der Gesetzgeber hat mit der Novellierung des HGB im Jahre 1985 den Kreis derjenigen Ereignisse, die zu außerordentlichen Erfolgen führen können, stark eingeengt. Lediglich Erfolgsbeiträge aus ungewöhnlichen und wesentlichen Anlagenverkäufen, aus Katastrophen oder aus der Aufgabe (Beendigung) ganzer Geschäftsbereiche sind

---

99 Vgl. GRÄFER, H., Bilanzanalyse, S. 54; ROGLER, S., Gewinn- und Verlustrechnung nach dem UKV, S. 182; SCHULT, E., Bilanzanalyse, S. 107; BAETGE, J./BRUNS, C., Erfolgsquellenanalyse, S. 396.

100 Vgl. WEHRHEIM, M., Die Erfolgsspaltung als Krisenindikator, S. 511.

101 Vgl. zum Teil mit leichten Unterschieden in der Zuordnung der Posten COENENBERG, A. G., Jahresabschluss und Jahresabschlussanalyse, S. 1021; ROGLER, S., Gewinn- und Verlustrechnung nach dem UKV, S. 182; GRÄFER, H., Bilanzanalyse, S. 68; KÜTING, K./WEBER, C.-P., Die Bilanzanalyse, S. 240.

nach den Kriterien „für die gewöhnliche Geschäftstätigkeit untypisch" und „unregel-mäßiges Auftreten"[102] dem außerordentlichen Ergebnis zuzuordnen. Entsprechend werden außerordentliche Aufwendungen und Erträge in der Praxis nur noch in Aus-nahmefällen ausgewiesen.

Im außerordentlichen Erfolg unseres einheitlichen Erfassungsschemas werden zu-nächst die bereits nach den engen handelsrechtlichen Kriterien bilanzierten außeror-dentlichen Erträge und Aufwendungen gezeigt. Weiterhin werden dem außerordent-lichen Erfolg die als ungewöhnlich, einmalig oder periodenfremd erkannten Elemen-te des ordentlichen Betriebserfolges (Buchungen f) und k)) oder des Finanz- und Ver-bunderfolges hinzugerechnet. In den außerordentlichen Erfolg werden auch die außerplanmäßigen Abschreibungen auf immaterielle Vermögensgegenstände des An-lagevermögens und Sachanlagen umgegliedert (Buchung h)), wenn sie (gemäß § 253 Abs. 2 Satz 3 HGB) aufgrund einer voraussichtlich dauernden Wertminderung des Vermögensgegenstands vorgenommen wurden (Abschreibungspflicht mit Anhangan-gabepflicht). Liegen dagegen Hinweise vor, dass die Abschreibungen wegen nur vorü-bergehender Wertminderungen vorgenommen wurden (Abschreibungswahlrecht) oder ausschließlich auf steuerlichen Vorschriften beruhen, ist der entsprechende Be-trag im Bewertungserfolg zu berücksichtigen.

Der außerordentliche Erfolg nach HGB umfasst Erfolgsbestandteile, die entweder einmalig sind oder nur selten vorkommen. Er ist daher als nicht nachhaltig einzustu-fen. Da nicht für alle Posteninhalte eine gesetzliche Angabepflicht besteht, können nicht in jedem Fall alle Posten vom externen Bilanzanalytiker ermittelt werden. So-fern dem Anhang zu diesen Posten keine Informationen zu entnehmen sind, ist dies im Erfassungsschema mit dem Vermerk „keine Angaben (k. A.)" zu kennzeichnen. Dieser Hinweis zeigt dem Bilanzanalytiker, dass entweder die entsprechenden Ge-schäftsvorfälle nicht vorliegen oder dass das zu analysierende Unternehmen hierüber im Geschäftsbericht nicht berichtet.

Die folgende Übersicht zeigt die Zusammensetzung des außerordentlichen Erfolges mit den Zahlen des Philipp Holzmann Konzerns. Anhand der im Geschäftsbericht veröffentlichten Informationen ergibt sich für den Philipp Holzmann Konzern für das Geschäftsjahr 1994 ein außerordentlicher Erfolg in Höhe von 0 TDM.

---

102 Vgl. zu diesen Abgrenzungskriterien für das außerordentliche Ergebnis m. w. N. BAETGE, J./ KIRSCH, H.-J./THIELE, S., Bilanzen, S. 613.

Posten	Gewinn- und Verlustrechnung nach dem Gesamtkostenverfahren gemäß § 275 Abs. 2 HGB bzw. nach dem Umsatzkostenverfahren gemäß § 275 Abs. 3 HGB	Originärer Konzern-abschluss 1994 in TDM	Umbuchungen in TDM		Modifi-zierter Konzern-abschluss 1994 in TDM
			Soll	Haben	
7023	Sonstige außerordentliche Erträge	0			0
7024	Sonstige außerordentliche Aufwendungen	0			0
7007c	Zulagen und Zuschüsse, sofern nicht nachhal-tig	–		k. A.[f]	k. A.
7007d	Ungewöhnliche, einmalige oder perioden-fremde Erträge, z. B. Erträge aus Währungsum-rechnung/Anlagenabgang, Erträge aus der Auflösung von Rückstellungen	–		k. A.[f]	k. A.
7010a	Außerplanmäßige Abschreibungen auf imma-terielle Vermögensgegenstände des Anlage-vermögens und Sachanlagen	–	0[h]		0
7013b	Ungewöhnliche, einmalige oder perioden-fremde Aufwendungen, z. B. Aufwendungen aus Währungsumrechnung/Anlagenabgang	–	k. A.[k]		k. A.
	Außerordentlicher Erfolg				0

Legende:

–	≙	Der Posten wird im originären Konzernabschluss an anderer Stelle ausgewiesen bzw. der Posten wurde für die Ermittlung des modifizierten Konzernabschlusses umgebucht und an anderer Stelle ausgewiesen.
k. A.	≙	Keine Angabe; d. h., dem Konzernabschluss sind zu diesem Posten keine Informationen zu entnehmen.
f)	≙	Diese Posten der sonstigen betrieblichen Erträge werden aus dem ordentlichen Betriebserfolg in den außerordentlichen Erfolg umgebucht (vgl. zu den Gegenbuchungen Übersicht II-15 bzw. Übersicht II-16).
h)	≙	Dieser Posten der Abschreibungen auf immaterielle Vermögensgegenstände des Anlagevermögens und Sach-anlagen wird aus dem ordentlichen Betriebserfolg in den außerordentlichen Erfolg umgebucht (vgl. zur Gegen-buchung Übersicht II-15 bzw. Übersicht II-16).
k)	≙	Dieser Posten der sonstigen betrieblichen Aufwendungen wird von dem ordentlichen Betriebserfolg in den außerordentlichen Erfolg umgebucht (vgl. zur Gegenbuchung Übersicht II-15 bzw. Übersicht II-16).

Übersicht II-18: *Erfassung des außerordentlichen Erfolges (mit den Werten des Philipp Holzmann Konzerns für das Geschäftsjahr 1994 in TDM)*

335. Der Bewertungserfolg

Unter dem Begriff „Bewertungserfolg" werden Erfolgsbestandteile zusammengefasst, die aus bewusst steuerbaren bilanzpolitischen Maßnahmen resultieren und nicht di-rekte Folge wirtschaftlicher Aktivitäten des Unternehmens sind.[103] Die Bedeutung des Bewertungserfolges für die Ertragskraft des Unternehmens ist noch geringer ein-zuschätzen als die des außerordentlichen Erfolgs, da die Bestandteile des Bewertungs-erfolges weder regelmäßig entstehen noch finanzwirksam sind.[104]

Der Bewertungserfolg enthält, rein „technisch" gesehen, die aus den anderen drei Er-folgsquellen umgegliederten Beträge, die als nicht finanzwirksame bilanzpolitische Maßnahmen identifiziert wurden.[105]

---

103 Vgl. GRÄFER, H., Bilanzanalyse, S. 72.

104 Vgl. HAUSCHILDT, J., Erfolgsspaltung, S. 194; GRÄFER, H., Bilanzanalyse, S. 73.

105 Vgl. GRÄFER, H., Bilanzanalyse, S. 72.

Abschreibungen auf aktivierte Aufwendungen für die Ingangsetzung und Erweiterung des Geschäftsbetriebes mindern den Bewertungserfolg, da sie (als Folge der vorausgegangenen Aktivierung der Aufwendungen in einem Vorjahr, d. h. als Folge einer erfolgsverbessernden Maßnahme) im Analysejahr erfolgsverschlechternd wirken. Der ordentliche Betriebserfolg ist daher entsprechend zu erhöhen.

Nach § 281 Abs. 2 Satz 1 HGB ist der Betrag der im Geschäftsjahr nach rein steuerrechtlichen Vorschriften vorgenommenen Abschreibungen im Anhang anzugeben. Diese Sonderabschreibungen dürfen handelsrechtlich entweder aktivisch abgesetzt werden oder in Höhe der positiven Differenz zwischen dem steuerrechtlich zulässigen Betrag und der handelsrechtlichen „Normalabschreibung" in den Sonderposten mit Rücklageanteil eingestellt werden. Da die rein steuerrechtlichen Abschreibungen im Entstehungsjahr im Anhang angegeben werden müssen, können diese Mehrabschreibungen bei der Erfolgsspaltung sowie im Rahmen der Kennzahlenbildung im Entstehungsjahr berücksichtigt werden. Indes resultieren aus der aktivischen Absetzung der rein steuerlichen Mehrabschreibung in den Folgejahren steuerrechtlich bedingte „Minderabschreibungen", da durch die Sonderabschreibungen der Restbuchwert der betroffenen Vermögensgegenstände gemindert und somit das verbleibende Abschreibungsvolumen verringert wird.[106] Diese Minderabschreibungen können i. d. R. vom Bilanzanalytiker nicht quantifiziert werden, da sie vom Bilanzierenden nicht angegeben werden müssen.[107]

Der Bilanzanalytiker hat drei Möglichkeiten, mit den steuerrechtlichen Sonderabschreibungen umzugehen:

- Die aktivische Absetzung der Sonderabschreibungen vom Anlagevermögen wird nicht zurückgerechnet. Auf diese Weise wird vermieden, dass die Jahresüberschüsse innerhalb des Analysezeitraums zu hoch ausgewiesen werden (da der Bilanzanalytiker nicht weiß, wie hoch die Minderabschreibungen aufgrund der Sonderabschreibung in den Folgejahren sind, werden in den bilanzanalytischen Kennzahlen zu geringe planmäßige Abschreibungen verrechnet).

- Die aktivische Absetzung der Sonderabschreibungen vom Anlagevermögen wird zurückgerechnet. In den Folgejahren wird versucht, diesen Betrag auf die Nutzungsdauer der Vermögensgegenstände zu verteilen.

- Die aktivische Absetzung der Sonderabschreibungen vom Anlagevermögen wird zurückgerechnet. In den Folgejahren wird nicht versucht, diesen Betrag auf die Nutzungsdauer der Vermögensgegenstände zu verteilen.

Meistens wird der Bilanzanalytiker nicht wissen, wie viele Jahre die Vermögensgegenstände durchschnittlich genutzt werden, auf die sich die Sonderabschreibungen beziehen. Somit ist eine Verteilung der Sonderabschreibungen in jedem Fall ungenau. Ob die Verteilung der Sonderabschreibungen zu einer wirklichen Verbesserung des Ana-

---

106 Vgl. NAHLIK, W., Praxis der Jahresabschlußanalyse, S. 209; KÜTING, K., Möglichkeiten und Grenzen der betragsmäßigen Erfolgsanalyse, S. 8 f.

107 Vgl. COENENBERG, A. G., Jahresabschluss und Jahresabschlussanalyse, S. 954 f.; KÜTING, K., Möglichkeiten und Grenzen der betragsmäßigen Erfolgsanalyse, S. 9.

lyseergebnisses führt, lässt sich nicht sagen. Wenn der Betrag der steuerrechtlichen Sonderabschreibung wesentlich ist, empfehlen wir die dritte Vorgehensweise, um zwischenbetriebliche Vergleiche mit Unternehmen ohne steuerrechtliche Sonderabschreibungen zu ermöglichen. Ist der Betrag der steuerrechtlichen Sonderabschreibung eher gering, so ist zu erwägen, ob die Sonderabschreibung ignoriert werden kann. Nachteilig bei einer nachträglichen Verteilung der Sonderabschreibungen ist, dass sie bei der praktischen Anwendung unhandlich ist, da sie eine Art „Nebenbuchführung" über mehrere Jahre bei der Bilanzanalyse verlangt.

Die folgende Übersicht zeigt die Zusammensetzung des Bewertungserfolges sowie das sich nach der Aggregation der vier Erfolgsquellen und nach Abzug der Steuern ergebende Jahresergebnis mit den Zahlen des Philipp Holzmann Konzerns:

Posten	Gewinn- und Verlustrechnung nach dem Gesamtkostenverfahren gemäß § 275 Abs. 2 HGB bzw. nach dem Umsatzkostenverfahren gemäß § 275 Abs. 3 HGB	Originärer Konzernabschluss 1994 in TDM	Umbuchungen in TDM		Modifizierter Konzernabschluss 1994 in TDM
			Soll	Haben	
7007a	Zuschreibungen auf das Anlagevermögen	–		157[9]	157
7007b	Erträge aus Auflösung Sonderposten	–		3.200[9]	3.200
7007e	Im Geschäftsjahr aktivierte Aufwendungen für die Ingangsetzung und Erweiterung des Geschäftsbetriebs	–		0[9]	0
7010b	Abschreibungen auf aktivierte Aufwendungen für die Ingangsetzung und Erweiterung des Geschäftsbetriebs	–	0[i]		0
7010c	Rein steuerliche Abschreibungen, soweit sie aktivisch vorgenommen wurden	–	1.400[i]		– 1.400
7012	Unübliche Abschreibungen auf Vermögensgegenstände des Umlaufvermögens	–	0[i]		0
7013a	Aufwendungen aus der Einstellung in den Sonderposten	–	10.500[l]		– 10.500
	Bewertungserfolg				**– 8.543**
7025	Steuern vom Einkommen und Ertrag	122.831			122.831
7026	Sonstige Steuern	33.943		33.943[m]	0
	Jahresüberschuss/-fehlbetrag	**120.008**			**120.008**

Legende:

–	≙	Der Posten wird im originären Konzernabschluss an anderer Stelle ausgewiesen bzw. der Posten wurde für die Ermittlung des modifizierten Konzernabschlusses umgebucht und an anderer Stelle ausgewiesen.
g)	≙	Diese Posten der sonstigen betrieblichen Erträge werden aus dem ordentlichen Betriebserfolg in den Bewertungserfolg umgebucht (vgl. zu den Gegenbuchungen Übersicht II-15 bzw. Übersicht II-16).
i)	≙	Diese Posten der Abschreibungen auf immaterielle Vermögensgegenstände des Anlagevermögens und Sachanlagen werden aus dem ordentlichen Betriebserfolg in den Bewertungserfolg umgebucht (vgl. zu den Gegenbuchungen Übersicht II-15 bzw. Übersicht II-16).
l)	≙	Dieser Posten der sonstigen betrieblichen Aufwendungen wird aus dem ordentlichen Betriebserfolg in den Bewertungserfolg umgebucht (vgl. zur Gegenbuchung Übersicht II-15 bzw. Übersicht II-16).
m)	≙	Dieser Posten der sonstigen Steuern wird aus dem Steueraufwand in den ordentlichen Betriebserfolg umgebucht (vgl. zur Gegenbuchung Übersicht II-15 bzw. Übersicht II-16)

Übersicht II-19: *Erfassung des Bewertungserfolges (mit den Werten des Philipp Holzmann Konzerns für das Geschäftsjahr 1994 in TDM)*

336. Zusammenfassung

Die Zusammensetzung des nach bilanzanalytischen Erfolgsspaltungskriterien bestimmten ordentlichen Betriebserfolges, des Finanz- und Verbunderfolges, des außerordentlichen Erfolges sowie des Bewertungserfolges zeigt die im Vergleich zur handelsrechtlichen Erfolgsspaltung enge Auslegung der Erfolgsspaltungskriterien „Periodenbezogenheit" und „Nachhaltigkeit". Teile des handelsrechtlichen Betriebs-, Finanz- und außerordentlichen Ergebnisses werden unter dem bilanzanalytischen außerordentlichen Erfolg und dem Bewertungserfolg erfasst. Dieses bilanzanalytische Vorgehen führt im Vergleich zur handelsrechtlichen Sicht zu einem größeren außerordentlichen Erfolg sowie zu einem größeren Bewertungserfolg. Die folgende Übersicht zeigt das Verhältnis von handelsrechtlicher Erfolgsspaltung und bilanzanalytischer Erfolgsspaltung.

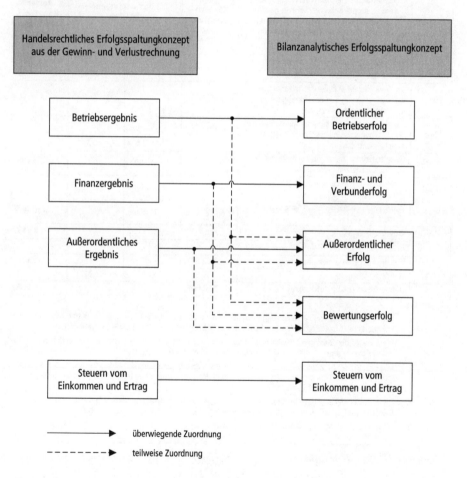

Übersicht II-20: *Das Verhältnis von handelsrechtlicher Erfolgsspaltung und bilanz-analytischer Erfolgsspaltung*

4 Die Berechnung des Cashflows

41 Begriff des Cashflows

Der Cashflow ist eine **wichtige Kennzahl** für die Bilanzanalyse, anhand der sowohl die **Ertragslage** als auch die **Finanzlage** beurteilt werden kann.[108] Unseres Erachtens gibt der Cashflow als Indikator für die Ertragslage den erwirtschafteten Zahlungsüberschuss des Unternehmens verlässlicher als der Periodengewinn an, weil er weniger bilanzpolitisch beeinflusst werden kann. Denn er ist nicht von den zwei wichtigsten bilanzpolitisch beeinflussbaren und tatsächlich beeinflussten Erfolgselementen, nämlich den Abschreibungen bzw. Zuschreibungen und den Zuführungen bzw. Auflösungen von Rückstellungen, beeinflusst. Diese Erfolgselemente werden – anders als beim Jahresüberschuss – nicht aus dem Cashflow herausgerechnet. Als Indikator der Finanzlage informiert der Cashflow über die vom Unternehmen erwirtschafteten Zahlungsmittel und umfasst neben den zahlungswirksamen Bestandteilen des Periodenergebnisses auch nicht erfolgswirksame, aber zahlungswirksame Vorgänge.

Der **Begriff des Cashflows** stammt aus dem anglo-amerikanischen Sprachraum, wo er zu Beginn der fünfziger Jahre des vergangenen Jahrhunderts für die Zwecke der Finanzanalyse und der Wertpapieranalyse eingeführt wurde.[109] Obwohl es inzwischen viele Versuche gegeben hat, den Begriff „Cashflow" mit Geldstrom, Kassenstrom, Einzahlungsüberschuss, Umsatzüberschuss etc. zu übersetzen,[110] hat sich auch im deutschsprachigen Raum die Bezeichnung „Cashflow" durchgesetzt.[111] Vor allem in der Wirtschaftspresse und in den Geschäftsberichten deutscher Unternehmen ist der Cashflow-Begriff mittlerweile weit verbreitet.[112]

Der Cashflow, im Sinne eines periodischen Einzahlungsüberschusses, kann aus dem Jahresabschluss oder aus dem Konzernabschluss in den meisten Fällen nicht unmittelbar entnommen und auch nicht exakt ermittelt werden. Lediglich bei Unternehmen, die zur Aufstellung einer Kapitalflussrechnung als Bestandteil des Konzernabschlusses verpflichtet sind (§ 297 Abs. 1 Satz 2 HGB) oder die freiwillig eine Kapitalflussrech-

---

108 Anderer Auffassung ist LEFFSON, der den Cashflow weder als einen Indikator für die Finanzkraft noch als einen Indikator für die Ertragskraft akzeptiert. Vgl. LEFFSON, U., Cash Flow, S. 126 f.

109 Vgl. LEFFSON, U., Cash Flow, S. 108; LACHNIT, L., Wesen, Ermittlung und Aussage des Cash Flows, S. 59 sowie m. w. N. SIENER, F., Der Cash-Flow als Instrument der Bilanzanalyse, S 33. Frühe Veröffentlichungen aus dem Jahre 1961 stammen etwa von MASON, P., „Cash Flow" Analysis; BEAVER, W. H., Financial Ratios, und ZIMMERER, C., Unternehmensbewertungen, S. 170-175, Letzterer allerdings ohne ausdrücklich den Begriff „Cashflow" zu verwenden.

110 Zu einer ausführlichen Liste von Übersetzungsvorschlägen vgl. SIENER, F., Der Cash-Flow als Instrument der Bilanzanalyse, S. 34-38.

111 Vgl. VOLLRODT, W., Cash-Flow-Analyse, S. 241; HENI, B., in: Bonner HdR, 2. Aufl., Cash Flow Analyse, Rn. 3.

112 Vgl. VOLLRODT, W., Cash-Flow-Analyse, S. 241; LACHNIT, L., Wesen, Ermittlung und Aussage des Cash Flows, S. 59; HARRMANN, A., Cash-flow, S. 2613; HAUSCHILDT, J./LEKER, J., Bilanzanalyse unter dem Einfluß moderner Analyse- und Prognoseverfahren, S. 257.

nung aufstellen, wird der Cashflow in der Kapitalflussrechnung als Zwischensumme ausgewiesen.[113] In den anderen Fällen ist der externe Bilanzanalytiker gezwungen, den Cashflow aus den Daten der Bilanz und der GuV selbst zu schätzen.

42 Methoden zur Berechnung des Cashflows

Der Cashflow kann entweder originär aus den Daten der Finanzbuchhaltung oder derivativ aus dem Jahresabschluss ermittelt werden, wobei die originäre Ermittlung nur aus unternehmensinterner Sicht möglich ist. Der externe Bilanzanalytiker kann zur Ermittlung des Cashflows demnach nur versuchen, die GuV, die mit Aufwendungen und Erträgen rechnet, in eine auf Auszahlungen und Einzahlungen basierende Rechnung näherungsweise überzuleiten.[114] Der Cashflow kann vom Bilanzanalytiker entweder nach der direkten Methode oder nach der indirekten Methode berechnet werden.

Bei der **direkten Methode** wird der Cashflow als Differenz der zahlungswirksamen Erträge und der zahlungswirksamen Aufwendungen bestimmt. Die Formel zur **Berechnung des Cashflows** lautet dann:

	Einzahlungswirksame Erträge
–	Auszahlungswirksame Aufwendungen
=	Cashflow

Kennzahl Nr. 02.18.00[D 115]

Zahlungswirksame Erträge und Aufwendungen sind solche, die in der betrachteten Periode zu Ein- bzw. Auszahlungen geführt haben. Umsatzerlöse aus dem Barverkauf von Waren stellen zahlungswirksame Erträge dar. Bei den zahlungswirksamen Aufwendungen handelt es sich z. B. um den Barkauf von Rohstoffen, die in der gleichen Periode verbraucht werden.

Ausgangspunkt der **indirekten Methode** ist der in der GuV ausgewiesene Jahresüberschuss bzw. Jahresfehlbetrag.[116] Will der Bilanzanalytiker ermitteln, welche finanziellen Mittel vom Unternehmen im abgeschlossenen Geschäftsjahr erwirtschaftet wurden, müsste er den Jahreserfolg um alle nicht zahlungswirksamen Aufwendungen (die den Jahreserfolg vermindert haben) erhöhen und um alle nicht zahlungswirksamen

---

113 Zur Kapitalflussrechnung vgl. ausführlich Kap. V Abschn. 43.

114 Vgl. WAGNER, J., Die Aussagefähigkeit von cash-flow-Ziffern, S. 1603; DRUKARCZYK, J., Finanzierung, S. 69; KÜTING, K./WEBER, C.-P., Die Bilanzanalyse, S. 127.

115 Vgl. zur Erläuterung der Systematisierung und Nummerierung der Kennzahlen Kap. III Abschn. 22.

116 Zur Frage, ob die einkommensabhängigen Steuern vom Einkommen und vom Ertrag (EESt) in die Ermittlung des Cashflows einbezogen werden sollen (Jahreserfolg vor oder nach EESt), vgl. HENI, B., in: Bonner HdR, 2. Aufl., Cash Flow Analyse, Rn. 21 f.; SIENER, F., Der Cash-Flow als Instrument der Bilanzanalyse, S. 111-115.

Erträge (die den Jahreserfolg erhöht haben) vermindern. Ein solches Vorgehen wird als indirekte Methode bezeichnet, weil der Cashflow von einem Konglomerat von zahlungs**un**wirksamen und zahlungswirksamen Vorgängen ausgehend abgeleitet wird und sich nicht – wie bei der direkten Methode – allein aus den zahlungswirksamen Vorgängen ableitet. Formal gilt somit das folgende **Grundschema zur Berechnung des Cashflows nach der indirekten Methode:**

	Jahresüberschuss/Jahresfehlbetrag
–	Einzahlungs**un**wirksame Erträge
+	Auszahlungs**un**wirksame Aufwendungen
=	Cashflow

Kennzahl Nr. 02.18.00[I]

Bei zahlungsunwirksamen Erträgen handelt es sich um Erträge, die in der betrachteten Periode nicht zu Einzahlungen geführt haben, etwa um Bestandserhöhungen, andere aktivierte Eigenleistungen, Zuschreibungen oder Erträge aus der Auflösung von Wertberichtigungen und Rückstellungen sowie um Umsätze, für die noch keine Einzahlungen vorliegen. **Zahlungsunwirksame** Aufwendungen sind etwa Abschreibungen, Bestandsminderungen oder Aufwendungen aus der Zuführung zu Rückstellungen.[117]

Wenn alle erforderlichen Informationen über die Zahlungswirksamkeit bzw. -unwirksamkeit vorliegen, was i. d. R. nicht der Fall sein wird, führen direkte Methode und indirekte Methode bei der Berechnung des Cashflows zu **identischen Ergebnissen**.[118] Das nachstehende **Beispiel** verdeutlicht diesen theoretisch-formalen Zusammenhang:[119]

Einzahlungswirksame Erträge	800.000 GE	
Einzahlungsunwirksame Erträge	100.000 GE	
Summe der Erträge		900.000 GE
Auszahlungswirksame Aufwendungen	300.000 GE	
Auszahlungsunwirksame Aufwendungen	200.000 GE	
Summe der Aufwendungen		500.000 GE
Jahresüberschuss		**400.000 GE**

Nach der **direkten Methode** wird der Cashflow dann wie folgt berechnet:

---

117 Vgl. HARRMANN, A., Cash-flow, S. 2613.

118 Vgl. WAGNER, J., Die Aussagefähigkeit von cash-flow-Ziffern, S. 1604; HENI, B., in: Bonner HdR, 2. Aufl., Cash Flow Analyse, Rn. 19; KÄFER, K., Praxis der Kapitalflußrechnung, S. 123-142; LACHNIT, L., Wesen, Ermittlung und Aussage des Cash Flows, S. 65 f.; KÜTING, K./WEBER, C.-P., Die Bilanzanalyse, S. 129.

119 Vgl. zu diesem Beispiel WÖHE, G., Bilanzierung und Bilanzpolitik, S. 837.

Einzahlungswirksame Erträge	800.000 GE
− Auszahlungswirksame Aufwendungen	300.000 GE
= Cashflow nach der direkten Methode	500.000 GE

Für die **indirekte Methode** gilt:

Jahresüberschuss/Jahresfehlbetrag	400.000 GE
− Einzahlungsunwirksame Erträge	100.000 GE
+ Auszahlungsunwirksame Aufwendungen	200.000 GE
= Cashflow nach der indirekten Methode	500.000 GE

Unabhängig von der gewählten Methode ist es schwierig, anhand des Gliederungs-schemas der GuV zwischen zahlungswirksamen und zahlungsunwirksamen Erträgen und Aufwendungen zu trennen, da fast alle Ertrags- und Aufwandsposten der GuV sowohl zahlungswirksame als auch zahlungsunwirksame Beträge enthalten. Allerdings enthält die GuV Posten, die **überwiegend zahlungswirksam** sind, wie die Umsatzer-löse und die Lohn- und Gehaltsaufwendungen. In diesen Fällen stimmen Erträge und Aufwendungen und die zugehörigen Ein- und Auszahlungen zwar weitgehend, aber nicht vollständig überein. Beispielsweise ergeben sich die Einzahlungen aus der Um-satztätigkeit einer Periode, indem die Umsatzerlöse laut GuV um die Erhöhung (Ver-minderung) der Bestände an Forderungen aus Lieferungen und Leistungen gekürzt (erhöht) werden. Leisten Kunden des Unternehmens Anzahlungen auf Bestellungen, ist die Wirkung auf die Umsatzerlöse umgekehrt: Nehmen die Kundenanzahlungen etwa zu, sind die tatsächlichen Einzahlungen höher als die ausgewiesenen Umsatzer-löse.[120] Daher wären zur exakten Bestimmung des Cashflows über die Daten der GuV hinaus zusätzlich die **Veränderungen bestimmter Bilanzposten** zu berücksich-tigen.

Abgrenzungsprobleme entstehen zusätzlich dadurch, dass der externe Bilanzanalyti-ker bestimmte Posten bez. ihrer Zahlungswirksamkeit nicht eindeutig zu beurteilen vermag. Beispielsweise kann der Bilanzanalytiker bei den Sammelposten „Sonstige betriebliche Erträge" und „Sonstige betriebliche Aufwendungen" die im gleichen Jahr zahlungswirksamen Teile der Posten i. d. R. nicht von den zahlungsunwirksamen Tei-len der Posten trennen.[121]

Wie genau der Bilanzanalytiker den Cashflow ableiten kann, hängt von der **Qualität der verfügbaren Jahresabschlussinformationen** ab. Aufgrund der Abgrenzungspro-bleme kommt die direkte Methode vor allem für interne Bilanzanalytiker in Frage, die Zugang zu den Daten der Buchführung bzw. der Finanzrechnung haben und den Cashflow demnach originär ermitteln können.[122] Für den externen Bilanzanalytiker

---

120 Vgl. LACHNIT, L., Wesen, Ermittlung und Aussage des Cash Flows, S. 67 f.

121 Vgl. HENI, B., in: Bonner HdR, 2. Aufl., Cash Flow Analyse, Rn. 17 sowie m. w. N. SIENER, F., Der Cash-Flow als Instrument der Bilanzanalyse, S. 90 f. und S. 101.

ist der Versuch einer direkten Berechnung des Cashflows bestenfalls eine Approximation. Aber auch bei der indirekten Methode ist der externe Bilanzanalytiker auf **zusätzliche Angaben über die Zahlungswirksamkeit** von Posten angewiesen.[123] Auch bei dieser Methode ist zu schätzen, in welcher Höhe, z. B. die sonstigen betrieblichen Erträge und Aufwendungen zahlungsunwirksam sind. Daher führen sowohl die direkte als auch die indirekte Methode für den externen Bilanzanalytiker zum gleichen Ermittlungsaufwand und auch nur zu einem Schätzergebnis.[124] In der Praxis hat sich allerdings die indirekte Methode mit gewissen vereinfachenden Annahmen durchgesetzt, was zum einen auf die Entwicklungsgeschichte des Cashflows zurückzuführen ist.[125] Zum anderen ermöglicht die indirekte Methode verkürzte Berechnungen, bei denen nur die wichtigsten Korrekturen berücksichtigt werden.

43   Die vereinfachte indirekte Berechnung des Cashflows

Bei der indirekten Berechnung des Cashflows ist das Jahresergebnis um die zahlungsunwirksamen Aufwendungen und Erträge, wie Abschreibungen oder Zuschreibungen sowie Aufwendungen aus der Zuführung zu Rückstellungen bzw. Erträge aus der Auflösung von Rückstellungen sowie Aufwendungen (bzw. Erträge) aus Bestandserhöhungen (-minderungen) von unfertigen und fertigen Erzeugnissen oder von anderen aktivierten Eigenleistungen, zu korrigieren. Zusätzlich sind die Veränderungen bestimmter Bilanzposten, wie der Forderungen aus Lieferungen und Leistungen, zu berücksichtigen. Soweit sich der Bestand an Forderungen aus Lieferungen und Leistungen im Vergleich zum Vorjahr erhöht hat, handelt es sich dabei um zahlungsunwirksame Erträge, so dass das Jahresergebnis zur Berechnung des Cashflows (auch) um diesen Betrag zu vermindern ist.

Werden alle Korrekturposten berücksichtigt, ergibt sich folgendes **Schema zur indirekten Berechnung des Cashflows:**[126]

---

122 Vgl. HENI, B., in: Bonner HdR, 2. Aufl., Cash Flow Analyse, Rn. 17.

123 Vgl. BIEG, H./HOSSFELD, C., Der Cash-flow nach DVFA/SG, S. 1430.

124 Vgl. SIENER, F., Der Cash-Flow als Instrument der Bilanzanalyse, S. 63-66.

125 Vgl. LACHNIT, L., Wesen, Ermittlung und Aussage des Cash Flows, S. 66.

126 Die Formel zur Ermittlung des Cashflows wurde an das Berechnungsschema von SIENER angelehnt und von uns bez. der Berücksichtigung der Steuern weiterentwickelt. Vgl. SIENER, F., Der Cash-Flow als Instrument der Bilanzanalyse, S. 128.

	Jahresüberschuss/Jahresfehlbetrag	
+	Abschreibungen auf immaterielle Vermögensgegenstände des Anlagevermögens und Sachanlagen	**Wertminderungen**
+	Abschreibungen auf Finanzanlagen und auf Wertpapiere des Umlaufvermögens	
+	Einstellungen in den Sonderposten mit Rücklageanteil	
–	Zuschreibungen	**Werterhöhungen**
–	Erträge aus der Auflösung des Sonderpostens mit Rücklageanteil	
±	Zunahme (+)/Abnahme (–) der Rückstellungen	**Veränderungen der Rückstellungen**
±	Bestandserhöhungen (–)/Bestandsminderungen (+) an fertigen und unfertigen Erzeugnissen	**verfahrensbedingte Korrekturposten**
–	andere aktivierte Eigenleistungen	
+	Außerordentliche Aufwendungen	**weitere Posten der GuV**
–	Außerordentliche Erträge	
±	Zunahme (–)/Abnahme (+) der Forderungen aus Lieferungen und Leistungen	**erfolgsneutrale, zahlungsmittelbeeinflussende Vorgänge**
±	Zunahme (–)/Abnahme (+) der geleisteten Anzahlungen	
±	Zunahme (–)/Abnahme (+) der aktivischen Rechnungsabgrenzungsposten	
±	Zunahme (+)/Abnahme (–) der Verbindlichkeiten aus Lieferungen und Leistungen	
±	Zunahme (+)/Abnahme (–) der erhaltenen Anzahlungen auf Bestellungen	
±	Zunahme (+)/Abnahme (–) der passivischen Rechnungsabgrenzungsposten	
±	Zunahme (+)/Abnahme (–) der Rückstellung für latente Steuern	**latente Steuern**
±	Zunahme (–)/Abnahme (+) der aktivischen Steuerabgrenzung	
=	**Cashflow**	

Kennzahl Nr. 02.18.01[I]

In der Praxis der externen Bilanzanalyse werden aufgrund der nicht verfügbaren Informationen **einfache, verkürzte Formeln zur indirekten Berechnung des Cashflows** verwendet.[127] Alle im Schrifttum vorgeschlagenen Schemata zur Ermittlung des Cashflows enthalten zumindest die Abschreibungen als Korrekturposten zum Jahreserfolg.[128] Im Folgenden wird ein häufig verwendetes, vereinfachtes Schema zur **indirekten Berechnung des Cashflows** dargestellt:[129]

---

127 Vgl. RIEBELL, C./GRÜN, D.-J., Cash-Flow und Bewegungsbilanz, S. 16 f.

128 Vgl. SIENER, F., Der Cash-Flow als Instrument der Bilanzanalyse, S. 99, Fn. 182.

129 Die einfachste Formel zur indirekten Berechnung des Cashflows geht auf BEAVER zurück. Bei der Formel nach BEAVER wird der Jahresüberschuss nur um die Abschreibungen auf Sachanlagen korrigiert. Vgl. BEAVER, W. H., Financial Ratios, S. 78.

Jahresüberschuss/Jahresfehlbetrag
+ Abschreibungen
− Zuschreibungen
± Zunahme (+)/Abnahme (−) der Rückstellungen für Pensionen und ähnliche Verpflichtungen und anderer langfristiger Rückstellungen
= Cashflow

Kennzahl Nr. 02.18.02[I]

Mit dieser vereinfachten Formel wird der Gedanke berücksichtigt, dass mit den Abschreibungen bzw. Zuschreibungen und den Veränderungen der Rückstellungen für Pensionen und ähnliche Verpflichtungen und anderer langfristiger Rückstellungen **die wichtigsten zahlungsunwirksamen Aufwendungen und Erträge** erfasst werden.[130] Abschreibungen sind Aufwendungen einer Periode, die in dieser Periode nicht zu Auszahlungen geführt haben – sofern die Investitionen nicht zu Beginn der Periode getätigt wurden – und die zur Ermittlung des Cashflows dem Jahresüberschuss bzw. Jahresfehlbetrag hinzufügen sind. Die Abschreibungen sind entweder der GuV oder dem Anhang zu entnehmen. Zuschreibungen zu Vermögensgegenständen entstehen z. B., wenn die Gründe, die zur Vornahme einer außerplanmäßigen Abschreibung geführt haben, weggefallen sind. Hierbei handelt es sich somit um zahlungsunwirksame Erträge. Die Beträge der Zuschreibungen auf Gegenstände des Anlagevermögens sind dem Anlagengitter zu entnehmen. Dagegen ist der externe Bilanzanalytiker bez. der Zuschreibungen auf Vermögensgegenstände des Umlaufvermögens auf freiwillige Angaben im Anhang angewiesen, da Unternehmen nicht verpflichtet sind, die Beträge im Anhang anzugeben. Die Veränderungen der Rückstellungen für Pensionen und ähnliche Verpflichtungen und anderer Rückstellungen sind durch Differenzbildung aus den Rückstellungswerten der letzten beiden Geschäftsjahre zu bestimmen.[131] Die Zuführung zu den Rückstellungen ist i. d. R. nicht der GuV zu entnehmen.

---

130 Vgl. Drukarczyk, J., Finanzierung, 4. Aufl., S. 61.
131 Vgl. Riebell, C./Grün, D.-J., Cash-Flow und Bewegungsbilanz, S. 39.

Beim Philipp Holzmann Konzern ergeben sich für die Jahre 1994 und 1995 die folgenden Werte:		
	1994 **(in TDM)**	**1995** **(in TDM)**
1. Jahresüberschuss/-fehlbetrag	120.008	– 442.758
2. + Abschreibungen auf immaterielle Vermögensgegen- stände des Anlagevermögens und Sachanlagen	367.919	378.681
3. + Abschreibungen auf Finanzanlagen und auf Wertpapiere des Umlaufvermögens	23.371	12.788
4. – Zuschreibungen auf immaterielle Vermögensgegen- stände des Anlagevermögens und Sachanlagen	– 157	0
5. + Zunahme der Rückstellungen für Pensionen und ähnliche Verpflichtungen und anderer langfristiger Rückstellungen	26.784	27.564
6. = **Cashflow (Kennzahl Nr. 02.18.02[l])**	**537.925**	**– 23.725**

Bei den unter dem Posten 5. ausgewiesenen Veränderungen der Rückstellungen für Pensionen und ähnliche Verpflichtungen und anderer langfristiger Rückstellungen kann in den beiden Geschäftsjahren für den Philipp Holzmann Konzern nur die Zunahme der Rückstellung für Pensionen und ähnliche Verpflichtungen ermittelt und damit berücksichtigt werden. Die Veränderung weiterer langfristiger Rückstellungen, wie der Jubiläumsrückstellung, kann aus dem Geschäftsbericht nicht entnommen werden, da die sonstigen Rückstellungen in einem Posten ausgewiesen werden und nicht nach kurz- und langfristigen Rückstellungen getrennt werden.[132]
Da sich die Werte der Korrekturen für 1994 und 1995 nicht wesentlich unterscheiden, ist der Rückgang des Cashflows von 1994 auf 1995 auf die zahlungswirksamen Verluste aus der Geschäftstätigkeit zurückzuführen.

Während mit dem oben genannten Schema auch ungewöhnliche, einmalige und betriebsfremde zahlungswirksame Aufwendungen und Erträge in die Berechnung des Cashflows einbezogen wurden, kann anhand des folgenden Berechnungsschemas der nachhaltige und betriebsbedingte **operative Cashflow** berechnet werden:

Ordentlicher Betriebserfolg	
+ Planmäßige Abschreibungen auf immaterielle Vermögensgegen- stände des Anlagevermögens und Sachanlagen	
± Zunahme (+)/Abnahme (–) der Rückstellungen für Pensionen und ähnliche Verpflichtungen und anderer langfristiger Rückstellungen	
= Operativer Cashflow	

Kennzahl Nr. 03.05.00

---

132 Vgl. PHILIPP HOLZMANN AG (Hrsg.), Geschäftsbericht 1995, S. 67 sowie den in Anhang 2 abgebildeten Konzernanhang der PHILIPP HOLZMANN AG.

Ausgangspunkt zur Berechnung des operativen Cashflows ist der **ordentliche Betriebserfolg**.[133] Dadurch ist der operative Cashflow frei von periodenfremden und
betriebsfremden Bestandteilen aus dem Finanz- und Verbunderfolg, dem außerordentlichen Erfolg sowie dem Bewertungserfolg. Zudem ist zu beachten, dass nur die
planmäßigen Abschreibungen auf immaterielle Vermögensgegenstände und Sachanlagen zum ordentlichen Betriebserfolg hinzugerechnet werden dürfen, weil außerplanmäßige Abschreibungen bzw. rein steuerlich bedingte Abschreibungen bereits bei der
Ermittlung des ordentlichen Betriebserfolges korrigierend berücksichtigt wurden.[134]
Abschreibungen auf Finanzanlagen werden hier ebenfalls nicht hinzugerechnet, da
diese Abschreibungen im Rahmen der Erfolgsspaltung nicht dem ordentlichen Betriebserfolg, sondern dem Finanz- und Verbunderfolg zuzurechnen sind. Darüber
hinaus unterbleibt eine Korrektur um die vorgenommenen Zuschreibungen auf das
Anlagevermögen, da diese im Rahmen der Erfolgsspaltung dem Bewertungserfolg zuzuordnen sind.

Des Weiteren ist zu beachten, dass der operative Cashflow eine Größe vor **Steuern
vom Einkommen und Ertrag** ist, da die Steuern vom Einkommen und Ertrag im ordentlichen Betriebserfolg nicht erfasst werden. Die Steuern vom Einkommen und Ertrag können durch einen externen Bilanzanalytiker beim operativen Cashflow nicht
sinnvoll berücksichtigt werden, da die in der GuV ausgewiesenen Steuern vom Einkommen und Ertrag auch die Steuern auf den Finanz- und Verbunderfolg, auf den
außerordentlichen Erfolg und auf den Bewertungserfolg enthalten.

---

133 Zum ordentlichen Betriebserfolg vgl. Abschn. 332. in diesem Kapitel.
134 Vgl. Abschn. 332. in diesem Kapitel.

Beim Philipp Holzmann Konzern ergeben sich für die Jahre 1994 und 1995 die folgenden Werte:		
	1994 **(in TDM)**	**1995** **(in TDM)**
1. Ordentlicher Betriebserfolg	238.506	– 439.073
2. + Planmäßige Abschreibungen auf immaterielle Vermögensgegenstände des Anlagevermögens und Sachanlagen	366.519	377.743
3. + Zunahme der Rückstellungen für Pensionen und ähnliche Verpflichtungen und anderer langfristiger Rückstellungen	26.784	27.564
4. = **operativer Cashflow (Kennzahl Nr. 03.05.00)**	**631.809**	**– 33.766**

Wie schon der Cashflow ist auch der operative Cashflow beim Philipp Holzmann Konzern im Wesentlichen durch den Rückgang des Ergebnisses geprägt. Die Unterschiede zwischen den Cashflows und den operativen Cashflows beim Philipp Holzmann Konzern für die Jahre 1994 und 1995 sind im Wesentlichen auf die nicht einbezogenen Ertragsteuern (1994: 122.831 TDM bzw. 1995: 20.526 TDM) zurückzuführen. Darüber hinaus führen die zahlungswirksamen periodenfremden bzw. betriebsfremden Bestandteile, die in den operativen Cashflow nicht einfließen wurden, zu einer Abweichung von 28,9 Mio. DM in 1994 bzw. 30,6 Mio. DM in 1995.
Die berechneten operativen Cashflows machen deutlich, dass der Rückgang des Zahlungsmittelüberschusses des Philipp Holzmann Konzerns im Wesentlichen auf die zahlungswirksamen Verluste aus der operativen Geschäftstätigkeit zurückzuführen ist.

Dem operativen Cashflow sehr ähnlich ist die Kennzahl **EBITDA** (**E**arnings **b**efore **I**nterest, **T**axes, **D**epreciation and **A**mortization). Hierbei handelt es sich um eine Cashflow-orientierte Modifikation des Betriebsergebnisses, die aus der angelsächsischen Finanzanalyse stammt und aufgrund der Internationalisierung der Rechnungslegung und der Unternehmenssteuerungssysteme auch in Deutschland an Bedeutung gewinnt.[135]

Die Kennzahl EBITDA wird wie folgt ermittelt:

	Jahresüberschuss/Jahresfehlbetrag
±	Außerordentliches Ergebnis
±	Ertragsteuern
+	Zinsaufwand
+	Abschreibungen auf Anlagevermögen
+	Abschreibungen auf den aus der Konsolidierung entstandenen Goodwill
=	EBITDA

Kennzahl Nr. 03.07.00

---

135 Vgl. COENENBERG, A. G., Jahresabschluss und Jahresabschlussanalyse, S. 975; KÜTING, K./ WEBER, C.-P., Die Bilanzanalyse, S. 304.

Indes weist die EBITDA-Größe zum operativen Cashflow einige Unterschiede auf. So werden bei der EBITDA-Größe als zahlungsunwirksame Bestandteile nur die Abschreibungen auf das Anlagevermögen korrigiert und die Zuführungen bzw. Auflösungen von langfristigen Rückstellungen nicht berücksichtigt. Zudem wird die Kennzahl EBITDA auch nicht vollständig um das Zinsergebnis – wie beim operativen Cashflow – bereinigt, sondern nur um den Zinsaufwand korrigiert. Durch diese Korrekturen des Jahresergebnisses werden Verzerrungen rückgängig gemacht, die sich beispielsweise aus unterschiedlichen Finanzierungsstrukturen ergeben oder auf zu außerordentlichen Erträgen und Aufwendungen führenden Ereignissen beruhen und eine zwischenbetriebliche Vergleichbarkeit einschränken.[136]

Die Kennzahl EBITDA und zahlreiche weitere „Earnings-before"-Kennzahlen, wie EBIT (**E**arnings **b**efore **I**nterest and **T**axes) oder EBT (**E**arnings **b**efore **T**axes), werden in zunehmendem Maße von internationalen und nationalen Unternehmen im Rahmen der Unternehmensberichterstattung publiziert, da die bei den „Earnings-before"-Kennzahlen vorzunehmenden Korrekturen – in erster Linie nur Hinzurechnungen – zu einer positiveren Darstellung der Performance des Unternehmens führen, als wenn nur der Jahresüberschuss bzw. -fehlbetrag gezeigt wird. Für den externen Bilanzanalytiker ist indes häufig nicht nachvollziehbar, wie die Kennzahl intern durch das Unternehmen ermittelt wurde, da es keine feste Definition für die Berechnungsinhalte dieser Kennzahlen gibt.[137] Dadurch ist ein zwischenbetrieblicher Vergleich anhand der vom Unternehmen veröffentlichten „Earnings-before"-Kennzahlen nicht aussagefähig. Besonders kritisch ist zu beurteilen, dass die „Earnings-before"-Kennzahlen häufig von Unternehmen ausgewiesen werden, die handelsrechtlich oder nach IFRS einen Verlust oder auch einen negativen operativen oder negativen normalen Cashflow erwirtschaftet haben, aber auf diese Weise gegenüber den Kapitalmarktteilnehmern eine positive Erfolgskennzahl angeben wollen.[138]

5   Besonderheiten bei der Erfassung von IFRS-Abschlüssen

51   Erfassung und Aufbereitung der Posten der Bilanz

Aufgrund der Internationalisierung der Rechnungslegung werden die Konzernabschlüsse deutscher börsennotierter Unternehmen in zunehmender Zahl nach den Regelungen des IASB aufgestellt.[139] In den IFRS weichen einzelne Regelungen bez. des Ansatzes und der Bewertung von Vermögen (assets), Schulden (liabilities) und Eigenkapital (equity) von den Vorschriften des HGB ab. Dies führt dazu, dass IFRS-Abschlüsse nicht ohne weiteres mit HGB-Abschlüssen verglichen werden können. Dar-

---

136 Vgl. TANSKI, J. S., Scheinwelt EBITDA., S. 60.
137 Vgl. KRIETE, T./PADBERG, T./WERNER, T., EBIT, S. 1090.
138 Vgl. KÜTING, K./HEIDEN, M., Pro-Forma-Kennzahlen, S. 1544 f.
139 Vgl. dazu Kap. I Abschn. 23.

über hinaus ergeben sich aus den IFRS-Regelungen bei der Bewertung andere, teils aber auch zusätzliche Ermessensspielräume, die eine zeitliche und zwischenbetriebliche Vergleichbarkeit der Jahresabschlüsse einschränken.[140]

Aufgrund der eingeschränkten Vergleichbarkeit sind auch bei IFRS-Abschlüssen alle zur Verfügung stehenden Informationen einschließlich der Informationen aus Anhang und Lagebericht[141] zu erfassen und vollständig in einem **einheitlichen Erfassungsschema** zu dokumentieren. Bei der Erfassung von IFRS-Abschlüssen sind im gleichen Maße wie bei HGB-Abschlüssen die Grundsätze der Ursprünglichkeit des Datenmaterials und der Vollständigkeit der Datenerfassung zu berücksichtigen.

Das für den HGB-Abschluss vorgestellte Erfassungsschema ist allerdings an die Besonderheiten der IFRS-Rechnungslegung anzupassen. Die Gliederungsvorschriften in IAS 1 schreiben nur Mindestangaben für die Bilanz und die GuV vor, die um zusätzliche Posten zu ergänzen sind, wenn bestimmte Standards dies vorsehen oder wenn dies notwendig ist, um die Vermögens-, Finanz- und Ertragslage des Unternehmens den tatsächlichen Verhältnissen entsprechend darzustellen.[142] Gemäß IAS 1.68 umfasst die Bilanz mindestens die folgenden Posten:

- Sachanlagen (property, plant und equipment),
- Finanzimmobilien (investment property),
- immaterielle Vermögenswerte (intangible assets),
- finanzielle Vermögenswerte (financial assets),
- nach der Equity-Methode bilanzierte Finanzanlagen (investments accounted for using the equity method),
- biologische Vermögenswerte (biological assets),
- Vorräte (inventories),
- Forderungen aus Lieferungen und Leistungen und sonstige Forderungen (trade and other receivables),
- Zahlungsmittel und Zahlungsmitteläquivalente (cash and cash equivalents),
- Verbindlichkeiten aus Lieferungen und Leistungen und sonstige Verbindlichkeiten (trade and other payables),
- Rückstellungen (provisions),
- finanzielle Verbindlichkeiten (financial liabilities),
- Steuerschulden und -erstattungsansprüche (liabilities and assets for current tax),
- passivische und aktivische latente Steuern (deferred tax liabilities and deferred tax assets),
- Minderheitsanteile (minority interest) und
- gezeichnetes Kapital und Rücklagen (issued capital and reserves).

---

140 Vgl. Kap. III Abschn. 6.
141 Vgl. zur fehlenden Verpflichtung nach IFRS einen Lagebericht zu erstellen Kap. I Abschn. 23.
142 Vgl. LÜDENBACH, N./HOFFMANN, W.-D., Mindestgliederungsschema, S. 91.

Das Vermögen ist in der Bilanz nach **kurzfristigen (current) und langfristigen (non-current) Vermögenswerten** zu gliedern.[143] Um kurzfristige Vermögenswerte handelt es sich, wenn die Vermögenswerte innerhalb des normalen Geschäftszyklus verkauft oder verbraucht werden, die Vermögenswerte zu Handelszwecken gehalten werden oder eine Realisation innerhalb von zwölf Monaten erwartet wird (IAS 1.57). Der Geschäftszyklus umfasst den Zeitraum zwischen dem Erwerb der Materialien, die zur Produktion benötigt werden, und der Veräußerung der fertigen Erzeugnisse. Entsprechend der Definition der kurzfristigen Vermögenswerte gelten Vorräte und Forderungen aus Lieferungen und Leistungen auch dann als kurzfristig, wenn der Zeitraum bis zur Realisation zwölf Monate übersteigt. Sofern in der Bilanz Beträge, die innerhalb bzw. außerhalb von zwölf Monaten nach dem Bilanzstichtag realisiert werden, zu einem Posten zusammengefasst werden, ist gemäß IAS 1.52 der Betrag gesondert anzugeben, der erst nach Ablauf von zwölf Monaten realisiert wird. Bis auf unwesentliche Ausnahmefälle[144] entspricht die Gliederung nach IFRS in kurz- und langfristiges Vermögen der handelsrechtlichen Gliederung in Umlauf- und Anlagevermögen.[145] Somit ist für die Aktivseite der Bilanz aufgrund der Gliederung keine Anpassung des einheitlichen Erfassungsschemas erforderlich.

Auch die Schulden sind gemäß IAS 1.51 grundsätzlich in **kurzfristige und langfristige Schulden** zu gliedern. Dabei sind Schulden als kurzfristig zu klassifizieren, wenn sie innerhalb des gewöhnlichen Verlaufes des Geschäftszyklus getilgt werden oder die Tilgung innerhalb von zwölf Monaten nach dem Bilanzstichtag erfolgt (IAS 1.60). Entsprechend dieser Definition sind Verbindlichkeiten aus Lieferungen und Leistungen und Rückstellungen für personenbezogene oder betriebliche Aufwendungen, die im normalen Verlauf eines Geschäftszyklus erfüllt werden, den kurzfristigen Schulden zuzuordnen.[146] Diese Schulden gelten auch dann als kurzfristig, wenn sie erst nach Ablauf von zwölf Monaten nach dem Bilanzstichtag getilgt werden. Indes ist der Betrag der Schulden anzugeben, der voraussichtlich erst nach zwölf Monaten getilgt wird. Neben der Gliederung nach kurzfristigen und langfristigen Schulden sind Rückstellungen gemäß IAS 1.68 getrennt von den Verbindlichkeiten auszuweisen. Beträge mit Restlaufzeiten von über einem Jahr sind gesondert anzugeben. Im Wesentlichen stimmt damit die Gliederung nach kurz- und langfristigen Schulden mit der handelsrechtlichen Gliederung überein. Allerdings fehlen die Angaben über das mittelfristige Fremdkapital.

Insgesamt ist festzustellen, dass die nach IFRS aufgestellten Abschlüsse deutscher Unternehmen weitgehend – mit den genannten Abweichungen – den Gliederungsschemata des HGB entsprechen. Oft ist Abschlüssen nicht auf den ersten Blick anzusehen, dass es sich um IFRS-Abschlüsse handelt. In diesen IFRS-Abschlüssen sind dann

---

143 In Ausnahmefällen können die Vermögenswerte und Schulden auch nach ihrer Liquiditätsnähe gegliedert werden, wenn dadurch zuverlässigere und entscheidungsnützlichere Informationen vermittelt werden.

144 Zu den Ausnahmefällen vgl. BEERMANN, T., Annäherung von IAS- an HGB-Abschlüsse, S. 57.

145 Vgl. BEERMANN, T., Annäherung von IAS- an HGB-Abschlüsse, S. 56 f.; WAGENHOFER, A., Internationale Rechnungslegungsstandards, S. 450.

146 Vgl. BAETGE, J./KIRSCH, H.-J./THIELE, S., Bilanzen, S. 364.

aber gegenüber dem HGB deutlich umfangreichere Anhangangaben erforderlich. Daher ist aufgrund der vom HGB abweichenden Vorschriften das für HGB-Abschlüsse vorgestellte Erfassungsschema für IFRS-Abschlüsse entsprechend um Posten, wie die selbst erstellten immateriellen Vermögenswerte, zu ergänzen, die später für die kreative Kennzahlenbildung genutzt werden können.

Unternehmen, die ihren Abschluss nach den Regelungen des IASB aufstellen, müssen die **Entwicklungskosten** von **selbst erstellten immateriellen Vermögenswerten** aktivieren, wenn die Kriterien des IAS 37.57 erfüllt sind. Dazu muss das Unternehmen u. a. den Nachweis erbringen, dass dem Unternehmen aus dem Vermögenswert ein wahrscheinlicher künftiger Nutzen zufließt. Dagegen besteht für selbst erstellte immaterielle Vermögensgegenstände des Anlagevermögens gemäß § 248 Abs. 2 HGB ein Aktivierungsverbot. Dadurch ist die Vergleichbarkeit von Unternehmen, die nach unterschiedlichen Rechnungslegungsgrundsätzen bilanzieren, eingeschränkt. Des Weiteren weisen die Kriterien für die Aktivierungspflicht gemäß IAS 38.57 Ermessensspielräume auf, die zu einem **faktischen Wahlrecht** bez. der Aktivierung der Entwicklungskosten führen.[147] Dadurch kann es zu unterschiedlichen Bilanzierungen bei IFRS-Abschlüssen kommen, die die Vergleichbarkeit von IFRS-Abschlüssen einschränken. Der Bilanzanalytiker muss daher die selbst erstellten immateriellen Vermögenswerte getrennt von den übrigen immateriellen Vermögenswerten im einheitlichen Erfassungsschema erfassen.[148] Ebenso sollten die Zugänge von sowie die Abschreibungen auf selbst erstellte immaterielle Vermögenswerte erfasst werden. Die entsprechenden Informationen sind dem Anlagengitter zu entnehmen, in dem die entsprechenden Angaben gemäß IAS 38.118 (e) aufzuführen sind.

In einem IFRS-Abschluss sind **Rechnungsabgrenzungsposten** nicht als eigenständiges Abschlusselement vorgesehen.[149] Nach den Regelungen des IASB wird nicht zwischen Vermögenswert (asset) und Rechnungsabgrenzungsposten bzw. Schuld (liability) und Rechnungsabgrenzungsposten differenziert. Entsprechend der Definition von Vermögenswerten sind in einem IFRS-Abschluss z. B. vorausgezahlte Mieten als kurzfristiger Vermögenswert auszuweisen, da dem Unternehmen ein künftiger Nutzen zufließen wird.[150] Die fehlende Unterscheidung zwischen Vermögenswert und Rechnungsabgrenzungsposten nach IFRS hat auf die Erfassung des Datenmaterials keine Auswirkung, da die Rechnungsabgrenzungsposten im Erfassungsschema für HGB-Abschlüsse dem Umlaufvermögen bzw. dem Fremdkapital zugerechnet werden.

Das **Eigenkapital** ist gemäß IAS 1.68 (p) und IAS 1.75 (e) entweder in der Bilanz oder im Anhang in die Posten gezeichnetes Kapital, Kapitalrücklage und Gewinnrücklage zu untergliedern. **Eigene Anteile** sind gemäß IAS 32.33 in der Bilanz offen vom Eigenkapital abzuziehen.[151] Gemäß IAS 1.76 sind die vom Unternehmen gehal-

---

147 Vgl. dazu Kap. III Abschn. 6 sowie ZIESEMER, S., Rechnungslegungspolitik in IAS-Abschlüssen, S. 74-79.

148 Vgl. BEERMANN, T., Annäherung von IAS- an HGB-Abschlüsse, S. 63.

149 Vgl. HAYN, S./WALDERSEE, G., IAS/US-GAAP/HGB, S. 63.

150 Vgl. LÜDENBACH, N., in: Haufe IAS/IFRS-Kommentar, 2. Aufl., § 2, Rn. 131.

151 Vgl. LÜDENBACH, N., in: Haufe IAS/IFRS-Kommentar, 2. Aufl., § 20, Rn. 39.

tetenen eigenen Aktien in der Bilanz oder im Anhang anzugeben. Bestandteil des Eigenkapitals sind auch **erfolgsneutral gebildete Rücklagen** für die Neubewertung von immateriellen Vermögensgegenständen (IAS 38) und Sachanlagen (IAS 16) sowie von für die Veräußerung verfügbaren finanziellen Vermögenswerten (available-for-sale) (IAS 39). Die im Rahmen der Neubewertung entstehenden unrealisierten Gewinne (bzw. Verluste bei den available-for-sale-Finanzinstrumenten) werden entsprechend den Vorschriften in IAS 16, 38 und 39 nicht über die GuV gebucht, sondern erfolgsneutral direkt im Eigenkapital erfasst. Die Beträge dieser Rücklagen können dem Eigenkapitalspiegel (statement of changes in equity) entnommen werden. Zudem können dem Eigenkapitalspiegel auch die Veränderungen der Neubewertungsrücklagen, d. h. die Überschüsse bzw. Fehlbeträge aus der Neubewertung des Sachanlagevermögens bzw. der Finanzinstrumente, entnommen werden (IAS 1.96 (b)). Diese Beträge sind als Zusatzinformationen in einem gesonderten Teil des Erfassungsschemas zu dokumentieren. Indes kann das Unternehmen auf die Erstellung des Eigenkapitalspiegels verzichten, wenn stattdessen die Veränderungen des Eigenkapitals unterhalb der GuV und im Anhang angegeben werden.[152] In diesem Fall können die Rücklagenbeträge dem Anhang entnommen und im einheitlichen Erfassungsschema dokumentiert werden.

Weitere Informationen über konkrete Unterschiede zwischen einem HGB- und einem IFRS-Abschluss können den **Angaben über die latenten Steuern** entnommen werden. Gemäß IAS 12.81 (g) ist im Anhang für jede Art temporärer Unterschiede und für jede Art noch nicht genutzter steuerlicher Verlustvorträge und Steuergutschriften der Betrag der in der Bilanz angesetzten latenten Steueransprüche und -verpflichtungen entsprechend der Entstehungsursache anzugeben. Die im Anhang angegebenen, temporären Unterschiede zwischen der IFRS-Bilanz und der Steuerbilanz weisen auch auf die Unterschiede zwischen HGB- und IFRS-Bilanz hin. Dies ist darauf zurückzuführen, dass in Deutschland die Handelsbilanz nach dem HGB sehr stark mit der Steuerbilanz verknüpft ist und es weniger Unterschiede zwischen Handels- und Steuerbilanz als zwischen IFRS-Bilanz und Steuerbilanz gibt.[153] Inwieweit die Angaben zu den latenten Steuern eine Annäherung des IFRS-Abschlusses an den handelsrechtlichen Abschluss und somit eine bessere Vergleichbarkeit der Abschlüsse ermöglichen, ist indes vom Detaillierungsgrad der Angaben gemäß IAS 12.81 (g) abhängig. Werden die latenten Steuern für jede Art temporärer Unterschiede beispielsweise nur aggregiert angegeben, ist es einem externen Bilanzanalytiker nicht möglich, jeden Bilanzposten der IFRS-Bilanz an den entsprechenden handelsrechtlichen Vergleichs-Bilanzposten anzunähern.[154]

---

152 Vgl. BAETGE, J./KIRSCH, H.-J./THIELE, S., Bilanzen, S. 630.

153 Vgl. BEERMANN, T., Annäherung von IAS- an HGB-Abschlüsse, S. 225 f.

154 Vgl. BEERMANN, T., Annäherung von IAS- an HGB-Abschlüsse, S. 218.

52   Erfassung und Aufbereitung der Posten einer IFRS-Gewinn- und Verlustrechnung

Für die Gliederung der GuV gibt IAS 1 wie für die Bilanz nur vergleichsweise wenige Mindestangaben vor. Gemäß IAS 1.81 muss die GuV mindestens die folgenden Posten enthalten:

■ Umsatzerlöse (revenue),

■ Finanzierungsaufwendungen ohne das Ergebnis der nach der Equity-Methode bewerteten Unternehmen (finance costs),

■ Gewinn- und Verlustanteile an assoziierten Unternehmen und Joint Ventures, die nach der Equity-Methode bilanziert werden (share of profits and losses of associates and joint ventures accounted for using the equity method),

■ Gewinn oder Verlust vor Steuern aus der Veräußerung von Vermögenswerten und aus der Tilgung von Verbindlichkeiten, die im Zusammenhang mit dem Verkauf oder der Stilllegung von (Teil-)Betrieben stehen (pre-tax gain or loss recognised on the disposal of assets or settlement of liabilities attributable to discontinuing operations),

■ Steueraufwendungen (tax expense) und

■ Periodenergebnis (profit or loss).

Zusätzlich ist gemäß IAS 1.82 in der GuV das Periodenergebnis in die Ergebnisanteile der Minderheitsgesellschafter und der Eigenkapitalgeber aufzugliedern. Ergänzungen und Aufgliederungen in Form von weiteren Posten, Überschriften und Zwischensummen sind in der GuV auszuweisen, wenn sie ein anderer IAS verlangt oder sie für eine verständliche Darstellung der Ertragslage der Gesellschaft notwendig sind (IAS 1.83). Des Weiteren sind die Aufwendungen, die Bestandteil des Ergebnisses der betrieblichen Tätigkeit sind, entweder nach dem GKV oder dem UKV zu untergliedern und in der GuV oder im Anhang auszuweisen. Für die übrigen Gliederungsposten sieht IAS 1 keine weitere Untergliederung vor.

Die GuV nach den Regelungen des IASB ist nach dem Grundsatz der Erfolgsspaltung aufgebaut. Das Periodenergebnis setzt sich dabei aus

■ dem **Ergebnis der betrieblichen Tätigkeit**,

■ dem **Finanzergebnis**, das aus den Finanzierungsaufwendungen und den Gewinn- und Verlustanteilen an assoziierten Unternehmen und Joint Ventures, die nach der Equity-Methode bilanziert werden, ermittelt wird, und

■ den auf das Betriebs- und Finanzergebnis entfallenden **Steuern**

zusammen. Der Ausweis der einzelnen Zwischensummen wird in IAS 1.81 nicht explizit gefordert. Indes sind gemäß IAS 1.83 Zwischensummen auszuweisen, wenn dies für eine verständliche Darstellung der Ertragslage der Gesellschaft notwendig ist. Das Erfolgsspaltungskonzept der GuV nach IFRS wird anhand der folgenden Abbildung dargestellt:

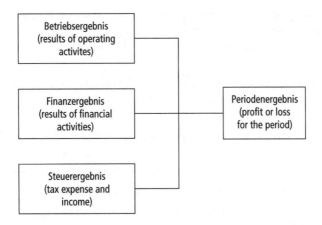

Übersicht II-21: *Erfolgsspaltung in der GuV nach IFRS*

Im Rahmen des Improvement Project wurden IAS 1 und IAS 8 in der Weise überarbeitet, dass das berichtende Unternehmen Aufwendungen und Erträge weder in der
GuV noch im Anhang als außerordentliche Posten ausweisen darf (IAS 1.85). Somit
erfolgt nach den Regelungen des IASB keine Erfolgsspaltung nach ordentlichen und
außerordentlichen Erfolgskomponenten mehr. Aber auch die bisherigen Regelungen
des IASB haben zu keiner aus bilanzanalytischer Sicht befriedigenden Erfolgsspaltung
geführt, da nur in Ausnahmefällen außerordentliche Posten, z. B. Enteignungen oder
Naturkatastrophen, ausgewiesen werden durften. Dies war darauf zurückzuführen,
dass die außerordentlichen Posten nur nach dem Kriterium der Betriebszugehörigkeit
abgegrenzt wurden. Laut einer Untersuchung von KÜTING/KOCH wurden bei einer
Rechnungslegung gemäß den Regelungen des IASB von 97 % der untersuchten Unternehmen keine außerordentlichen Posten ausgewiesen.[155]

Für bilanzanalytische Zwecke ist weder das Erfolgsspaltungskonzept der IFRS noch
das handelsrechtliche Erfolgsspaltungskonzept befriedigend. Denn auch die IFRS folgen nicht den drei grundlegenden Erfolgsspaltungskriterien „Nachhaltigkeit", „Betriebszugehörigkeit" und „Periodenbezogenheit".[156] Vor allem das fehlende außerordentliche Ergebnis ist aus bilanzanalytischer Sicht zu bemängeln. Wie beim handelsrechtlichen Erfolgsspaltungskonzept führt dies bei der Erfolgsspaltung einer IFRS-
GuV dazu, dass im ordentlichen Ergebnis Erfolgskomponenten ausgewiesen werden,
die unter bilanzanalytischen Gesichtspunkten nicht nachhaltig sind und daher im außerordentlichen Ergebnis ausgewiesen werden müssten. Indes sind gemäß IAS 1.86 f.
Aufwands- und Ertragsposten, die materiell sind, entweder in der GuV oder im Anhang gesondert auszuweisen. Dies kann folgende Posten betreffen:

---

155 Vgl. KÜTING, K./KOCH, C., Erfolgsquellenanalyse, S. 1036.
156 Vgl. REINHART, A., Erfolgswirtschaftliche Abschlußanalyse, S. 309.

- Außerplanmäßige Abschreibungen sowie Wertaufholungen von Vorräten oder Sachanlagevermögen (write-downs of inventories to net realisable value or of property, plant and equipment to recoverable amount, as well as reversals of such write-downs),

- Restrukturierungen von Betrieben und die Auflösung von Restrukturierungsrückstellungen (restructurings of the activities of an entity and reversals of any provisions for the costs of restructuring),

- den Erfolg aus der Veräußerung von Sachanlagen (disposal of items of property, plant and equipment),

- den Erfolg aus der Veräußerung von Finanzanlagen (disposal of investments),

- Verkauf oder Stilllegung eines (Teil-)Betriebs (discontinuing operations),

- Ergebnisse von gerichtlichen Klagen (litigation settlements) und

- andere Auflösungen von Rückstellungen (other reversals of provisions).

Soweit diese aus bilanzanalytischer Sicht außerordentlichen Posten gesondert ausgewiesen werden, kann der externe Bilanzanalytiker eine Erfolgsspaltung anhand der drei Kriterien „Nachhaltigkeit", „Betriebszugehörigkeit" und „Periodenbezogenheit" vornehmen, indem er die oben genannten Posten den Erfolgsquellen „außerordentlicher Erfolg" und „Bewertungserfolg" zuordnet.

Kapitel III:
Grundsätze der Kennzahlenbildung und der Kennzahleninterpretation

1   Überblick

Im vorhergehenden Kapitel wurde erläutert, wie das Datenmaterial zur Bildung bilanzanalytischer Kennzahlen aufzubereiten ist. In diesem Kapitel wird erörtert, wie auf dieser Grundlage Kennzahlen gebildet werden, die die wirtschaftliche Lage möglichst realitätsnah abbilden und für eine Einschätzung der künftigen Entwicklung des Unternehmens herangezogen werden können und wie diese Kennzahlen vom Bilanzanalytiker zu interpretieren sind. Dabei ist zu zeigen,

- welche allgemeinen Grundsätze der Bilanzanalytiker bei der Kennzahlenbildung beachten muss (vgl. Abschn. 2),

- welche bilanzpolitischen Maßnahmen einem Unternehmen zur Verfügung stehen (vgl. Abschn. 3),

- wie der Bilanzanalytiker solche Maßnahmen identifizieren und – aufbauend auf der Grundvariante einer Kennzahl – durch kreative Kennzahlenbildung konterkarieren kann (vgl. Abschn. 4),

- was bei der Interpretation von Kennzahlen zu berücksichtigen ist (vgl. Abschn. 5) und

- welche Besonderheiten der Kennzahlenbildung bei IFRS-Abschlüssen bestehen (vgl. Abschn. 6).

2   Grundlagen der Kennzahlenbildung

21   Arten von Kennzahlen

Bei der Kennzahlenbildung ist zwischen absoluten Kennzahlen und relativen Kennzahlen zu unterscheiden. **Absolute Kennzahlen** sind Mengen- und Wertgrößen wie Einzelzahlen (z. B. Kassenbestand), Summen (z. B. Bilanzsumme), Differenzen (z. B. Jahresüberschuss) und Mittelwerte (z. B. durchschnittlicher Lagerbestand). Sie lassen

sich z. B. zur Beurteilung eines Unternehmens im Zeitablauf oder zur Kennzeichnung der Größe eines Unternehmens heranziehen, wie dies in § 267 Abs. 1 und 2 HGB geschieht. Indes sind absolute Kennzahlen, wie der Jahresüberschuss, der Umsatz oder die Bilanzsumme eines Unternehmens, als alleinige Information unzureichend bzw. ergänzungsbedürftig. So sagt die absolute Zahl „Jahresüberschuss" eines Unternehmens wenig über die Ertragslage des Unternehmens aus, weil dem Bilanzanalytiker mit dieser Kennzahl allein nicht bekannt ist, mit welchem Ressourceneinsatz der Jahresüberschuss erwirtschaftet wurde. Der absolute Jahreserfolg sagt nichts darüber aus, ob er mit viel oder wenig (Eigen-)Kapital, mit vielen oder wenigen Mitarbeitern sowie mit viel oder wenig Umsatz erwirtschaftet wurde. Einer betriebswirtschaftlichen Beurteilung zugänglich wird eine absolute Zahl erst dann, wenn sie beispielsweise zu einer anderen absoluten Zahl in Beziehung gesetzt wird.

Relative Kennzahlen werden auch als Verhältniszahlen bezeichnet. **Verhältniszahlen** sind relative Größen, bei denen absolute Zahlen zueinander in Beziehung gesetzt werden, zwischen denen ein sachlicher Zusammenhang besteht. Verhältniszahlen werden auf einen bestimmten Informationsbedarf über die wirtschaftlichen Verhältnisse eines Unternehmens hin nach sachlogischen Kriterien aus den Daten des Erfassungsschemas für Bilanz und GuV gebildet.[1] Es werden verschiedene **Arten von Verhältniszahlen** unterschieden:[2]

- Gliederungszahlen,
- Beziehungszahlen und
- Indexzahlen.

Als **Gliederungszahlen** bezeichnet man solche Kennzahlen, bei denen eine Teilgröße in Relation zur zugehörigen Gesamtgröße betrachtet wird. Eine Gliederungszahl gibt also Auskunft über den Anteil einer Teilgröße an einer Gesamtgröße und erlaubt – neben dem Soll-Ist-Vergleich und dem Zeitvergleich – den Vergleich von Unternehmen unterschiedlicher Größe. Beispielsweise ist die **Eigenkapitalquote** eine Gliederungszahl, bei der das Eigenkapital ins Verhältnis zum Gesamtkapital eines Unternehmens gesetzt wird.

Als **Beziehungszahlen** bezeichnet man jene Kennzahlen, bei denen die Relation zweier verschiedenartiger Größen betrachtet wird. Zwischen Zähler und Nenner sollte ein sachlogischer Zusammenhang – z. B. eine Ursache-Wirkungs-Beziehung oder eine Mittel-Zweck-Beziehung – bestehen.[3] Beispielsweise ist die **Eigenkapitalrentabilität** eine Beziehungszahl, bei der der Jahreserfolg ins Verhältnis zum Eigenkapital gesetzt wird. Dabei wird das Eigenkapital als die verursachende Größe und der Jahreserfolg als die verursachte Größe angesehen.

---

1   Vgl. RUMMEL, K., Einheitliche Kostenrechnung, S. 58; BUCHNER, R., Finanzwirtschaftliche Statistik und Kennzahlenrechnung, S. 2.

2   Vgl. HAUSCHILDT, J., Entwicklungslinien der Bilanzanalyse, S. 340; IHDE, G.-B., Betriebsvergleich, Sp. 579.

3   Vgl. auch HAUSCHILDT, J., Entwicklungslinien der Bilanzanalyse, S. 340-342.

Schließlich werden als **Indexzahlen** jene Kennzahlen bezeichnet, bei denen eine absolute Zahl für einen Zeitpunkt oder Zeitraum in Relation zur gleichen Zahl zu einem früheren Zeitpunkt oder Zeitraum gesetzt wird. Indexzahlen eignen sich daher zur Darstellung von zeitlichen Veränderungen bestimmter Werte, z. B. des prozentualen Wachstums des Umsatzes eines Unternehmens im Zeitraum von 1994 bis 2003. Der Wert des Umsatzes des Jahres 1994 wird im Beispiel als Basiszahl bezeichnet und gleich 100 % gesetzt. Die Umsätze der Folgejahre werden dann in das Verhältnis zur Basiszahl gesetzt. Bei der Wahl des Basisjahres zur Bildung von Indexzahlen ist zu beachten, dass kein außergewöhnlich hoher oder außergewöhnlich niedriger Basiswert gewählt wird. Wäre etwa der Umsatz des Basisjahres vergleichsweise niedrig, dann sähe das mit der Indexzahl gemessene Wachstum der Folgejahre besser aus als es ist, und umgekehrt.[4]

22 Grundvarianten und Konkretisierungen von Kennzahlen

Der externe Bilanzanalytiker untersucht die verschiedenen Teilbereiche der wirtschaftlichen Lage (Vermögens-, Finanz- und Ertragslage) i. d. R. zunächst durch die jeweilige **Grundvariante einer Kennzahl**. Diese hat indes nur Aussagekraft, wenn man unterstellen darf, dass der Bilanzierende keine bilanzpolitischen Maßnahmen ergriffen hat. Außerdem liegen der Grundvariante einer Kennzahl i. d. R. bilanzielle Größen zugrunde, die einer wirtschaftlichen Betrachtungsweise nicht immer gerecht werden. Bei der Bildung von konkreten Kennzahlen muss sich der Bilanzanalytiker immer bewusst sein, dass verschiedene Einflussfaktoren die Aussagekraft von Kennzahlen beeinträchtigen können. Der Bilanzanalytiker muss daher versuchen, diesen Einflussfaktoren Rechnung zu tragen, indem er die Grundvarianten der Kennzahlen weiter verfeinert und an die Besonderheiten des Sachverhaltes anpasst. Je nach Einflussfaktor bildet der Bilanzanalytiker also unterschiedlich definierte Kennzahlen (unterschiedliche **Konkretisierungen einer Grundvariante**). An die Kennzahlenbildung schließt sich die Beurteilung des betreffenden Teilaspektes des Unternehmens an. Je nach Situation wird der Bilanzanalytiker dazu bestimmte konkretisierte Kennzahlen auswählen. Beim Versuch einer Gesamturteilsbildung muss der Bilanzanalytiker alle für ein ganzheitliches Urteil für relevant gehaltenen Kennzahlen kombinieren.

Die Grundvariante einer Kennzahl wird in diesem Abschnitt beispielhaft an den Kennzahlen „Eigenkapitalquote" und „Eigenkapitalrentabilität" dargestellt. Daran anschließend werden die Einflussfaktoren gezeigt, die die Aussagekraft von Kennzahlen beeinträchtigen können, bevor in Abschn. 4 in diesem Kapitel mögliche Konkretisierungen der beiden Kennzahlen gezeigt werden. Im Folgenden werden alle Kennzahlen mit einer sechsstelligen **Kennzahlennummer** in Anlehnung an die zuvor beschriebenen drei Konkretisierungsstufen kodiert. Die ersten beiden Ziffern der Kennzahlennummer weisen auf den jeweiligen Teilbereich der zu analysierenden wirtschaftlichen Lage hin. Entsprechend den drei Teilbereichen der Bilanzanalyse werden für Kennzahlen zur Analyse der Vermögenslage die Anfangsziffern 01, für

---

4   Vgl. LEFFSON, U., Bilanzanalyse, S. 113; SCHOTT, G., Kennzahlen, S. 24.

Kennzahlen zur Analyse der Finanzlage die Anfangsziffern 02 und für Kennzahlen zur Analyse der Erfolgslage die Anfangsziffern 03 verwendet. Die dritte und die vierte Ziffer stehen für den Typ der Kennzahl und die fünfte und die sechste Ziffer für die konkrete Ausprägung des Kennzahlentyps.

Die **Eigenkapitalquote** gehört zu den Kennzahlen zur Analyse der Finanzlage. Sie drückt den Anteil des Eigenkapitals am Gesamtkapital eines Unternehmens aus und ist Indiz für die finanzielle Stabilität des Unternehmens („Verdienstquelle sichern").[5] Da die Finanzierung mit Eigenkapital i. d. R. nicht mit festen Zahlungsverpflichtungen verbunden ist, kann der Bilanzanalytiker annehmen, dass das Unternehmen umso weniger insolvenzgefährdet ist, je höher seine Eigenkapitalquote ist. Die Kennzahl „Eigenkapitalquote" ist in ihrer Grundvariante wie folgt definiert:[6]

$$\text{Eigenkapitalquote (Grundvariante)} = \frac{\text{Eigenkapital}}{\text{Gesamtkapital}}$$

Kennzahl Nr. 02.01.00

Die **Eigenkapitalrentabilität** gehört zu den Kennzahlen zur Analyse der Erfolgslage. Sie wird als Quotient aus Jahresüberschuss bzw. Jahresfehlbetrag und durchschnittlichem Eigenkapital gebildet. Die Eigenkapitalrentabilität gibt die Verzinsung des dem Unternehmen zur Verfügung gestellten Eigenkapitals an und dient häufig als finanzielle Zielgröße für das Unternehmen.[7] Eine hohe Eigenkapitalrentabilität ist als Indikator für das Erreichen des Verdienstziels des Unternehmens vom Bilanzanalytiker positiv zu bewerten. Die Grundvariante der Kennzahl ermittelt sich wie folgt:

$$\text{Eigenkapitalrentabilität (Grundvariante)} = \frac{\text{Jahresüberschuss/Jahresfehlbetrag}}{\varnothing \text{ Eigenkapital}}$$

Kennzahl Nr. 03.10.00

Bei der Bildung von relativen Kennzahlen ist zu beachten, dass nur sinnvolle Wertebereiche im Zähler und/oder Nenner einer relativen Kennzahl einfließen dürfen, damit der Aussagegehalt der Kennzahl nicht verfälscht wird. Beispielsweise ist es nicht sinnvoll, die Eigenkapitalrentabilität eines Unternehmens zu berechnen, wenn im Nenner ein negatives Eigenkapital steht, z. B. im Fall eines nicht durch Eigenkapital gedeckten Fehlbetrages. Würde ein solches Unternehmen einen Jahresüberschuss

---

5   Vgl. BAETGE, J./KIRSCH, H.-J./THIELE, S., Bilanzen, S. 8.

6   Streng genommen wären in der folgenden Formel im Zähler und im Nenner grundsätzlich jeweils Durchschnittswerte auszuweisen, damit anstelle eines Zeitpunkts (Stichtag des Jahresabschlusses) ein Zeitraum (Geschäftsjahr) betrachtet wird. Aus Gründen der Übersichtlichkeit wird indes darauf verzichtet, Durchschnittswerte zu verwenden, wenn Bestandsgrößen gegenüber gestellt werden. Zur Äquivalenz von Zähler und Nenner bei der Kennzahlenbildung vgl. auch Abschn. 23 in diesem Kapitel.

7   Vgl. BAETGE, J./KIRSCH, H.-J./THIELE, S., Bilanzen, S. 8.

erwirtschaften, ergäbe sich eine negative Eigenkapitalrentabilität (was unsinnig wäre) und würde ein solches Unternehmen einen Jahresfehlbetrag erwirtschaften, ergäbe sich durch die Division eines negativen Betrages durch einen negativen Betrag eine positive Eigenkapitalrentabilität. Tatsächlich hat das Unternehmen aber bei einem negativen Eigenkapital im Nenner keinen positiven Erfolg sondern einen negativen Erfolg erzielt. Von einer positiven Eigenkapitalrentabilität kann in diesem Fall aber keine Rede sein, weil das Eigenkapital im Nenner negativ ist.

23 Das Äquivalenzprinzip

Nach dem Äquivalenzprinzip ist eine Verhältniszahl nur zur Analyse eines Unternehmens geeignet, wenn sich die in den Zähler und in den Nenner einbezogenen Größen zeitlich, sachlich und wertmäßig entsprechen.[8]

Die **zeitliche Entsprechung** verlangt, dass Zähler- und Nennergröße einer Kennzahl sich auf den gleichen Zeitraum bzw. auf den gleichen Zeitpunkt beziehen. Bei einer Kombination von Zeitraum- und Zeitpunktgrößen in einer relativen Kennzahl sollte bei der Zeitpunktgröße auf den Durchschnitt aus mehreren Zeitpunktgrößen aus dem Zeitraum für die Zeitraumgröße zurückgegriffen werden. Da sich der Zähler der Kennzahl „Eigenkapitalrentabilität" (Jahresüberschuss bzw. Jahresfehlbetrag) auf den Zeitraum Jahr bezieht, das Eigenkapital hingegen auf einen Zeitpunkt (es ist der Stichtagsbilanz entnommen), muss versucht werden, die Zeitpunktgröße „Eigenkapital" der Zeitraumgröße „Jahresüberschuss bzw. Jahresfehlbetrag" zeitlich äquivalent zu machen. Dazu ist das durchschnittliche Eigenkapital während des Jahres zu ermitteln. Näherungsweise wird das durchschnittliche Eigenkapital als arithmetisches Mittel des Eigenkapitals am Ende und am Anfang des Jahres berechnet. Die zeitliche Entsprechung der Kennzahlengrößen ist für Betriebsvergleiche, d. h. für den Vergleich eines Unternehmens mit einem anderen Unternehmen, dann besonders bedeutsam, wenn die Zeitpunktgröße im Betrachtungszeitraum geändert wurde. So wäre ein Betriebsvergleich mit Hilfe der Eigenkapitalrentabilität auf der Basis des Eigenkapitals am Bilanzstichtag dann verzerrt, wenn das zu analysierende Unternehmen sein Eigenkapital kurz vor dem Bilanzstichtag erhöht (oder vermindert) hätte.

Die **sachliche Entsprechung** ist dann beachtet, wenn zwischen den zueinander in Beziehung gesetzten Größen ein sinnvoller sachlicher Zusammenhang besteht.[9] Die sachliche Entsprechung lässt sich am Beispiel der Kennzahl „Kapitalumschlaghäufigkeit" verdeutlichen. Die Kennzahl „Kapitalumschlaghäufigkeit" ist definiert als das Verhältnis der Umsatzerlöse (Zählergröße) zum durchschnittlichen Gesamtkapital (Nennergröße).[10] Die sachliche Entsprechung von Zähler und Nenner ist bei der Kapitalumschlaghäufigkeit gegeben, wenn der Umsatz sich lediglich aus den vom Lager abgehenden Verkaufsgegenständen ergibt, diese Verkaufsgegenstände insofern also im

---

8   Vgl. RUMMEL, K., Einheitliche Kostenrechnung, S. 46.
9   Vgl. LEITNER, F., Bilanztechnik und Bilanzkritik, S. 204.
10   Zur Kennzahl „Kapitalumschlaghäufigkeit" vgl. Kap. VII Abschn. 221.

Gesamtvermögen enthalten waren. Anders wäre der Fall zu beurteilen, wenn der Umsatz zu erheblichen Teilen aus sog. Streckengeschäften besteht. Bei Streckengeschäften liefert der Lieferant des Handelsunternehmens, also der Hersteller, direkt an den Kunden des Handelsunternehmens und die Verkaufsgegenstände führen beim Handelsunternehmen nicht zu Lagerbeständen mit entsprechenden Lager- und Kapitalbindungskosten. Das Handelsunternehmen bucht den Umsatz, nachdem der Hersteller ihm eine Rechnung erteilt hat.[11] In diesem Fall würde die Kennzahl „Kapitalumschlaghäufigkeit" mit dem Gesamtumsatz des Verkäufers im Zähler aus betriebswirtschaftlicher Sicht verfälscht, da im Nenner nur das Vermögen des Verkäufers ohne das für das Streckengeschäft erforderliche Lager enthalten wäre. Insofern wäre der Streckenumsatz bei der Kennzahlenbildung aus dem Zähler zu eliminieren, um den Zähler zum Nenner, dem durchschnittlichen Gesamtkapital, äquivalent zu machen und so die richtige bilanzielle Kapitalumschlaghäufigkeit zu erhalten.

Eine **wertmäßige Entsprechung** ist gegeben, wenn sich Zähler und Nenner einer Kennzahl hinsichtlich der Wertkategorie und der Werteinheit entsprechen, d. h., sie müssen auf den gleichen Wertansätzen basieren. Würde die Kennzahl „Kapitalumschlaghäufigkeit" wie üblich, nämlich als Quotient aus Umsatz laut Gewinn- und Verlustrechnung und dem durchschnittlichem Gesamtkapital aus der Anfangs- und der Schlussbilanz gebildet, dann wären die Umsätze im Zähler zu Verkaufspreisen angesetzt, während das Gesamtkapital im Nenner das Äquivalent des mit den Anschaffungs- oder Herstellungskosten bewerteten Vermögens darstellt. Um die wertmäßige Entsprechung von Zähler und Nenner zu gewährleisten, müssten die Anschaffungsbzw. Herstellungskosten der Vermögensgegenstände auf die Verkaufspreise der Umsätze (inklusive Gewinnzuschlag) oder umgekehrt die Verkaufspreise der Umsätze auf das Anschaffungs- bzw. Herstellungskostenniveau umgerechnet werden. Das Erfordernis einer wertmäßigen Entsprechung von Zähler- und Nennergröße bei der Kennzahlenbildung lässt sich auch am Beispiel der Kennzahl „Eigenkapitalquote" veranschaulichen. Ist es beispielsweise aus Gründen der zwischenbetrieblichen Vergleichbarkeit sinnvoll, Aktivposten, für die ein Ansatzwahlrecht besteht – z. B. einen Geschäfts- oder Firmenwert oder ein Disagio – vom Eigenkapital im Zähler der Kennzahl zu subtrahieren,[12] dann müssen diese Aktivposten auch vom Gesamtkapital im Nenner der Kennzahl abgezogen werden, damit sich Zähler und Nenner wertmäßig entsprechen. Das heißt, nur bei einer äquivalenten Bereinigung von Zähler und Nenner einer Kennzahl erhält der Bilanzanalytiker einen aussagekräftigen Wert der Verhältniskennzahl.

Häufig ist der Bilanzanalytiker nicht in der Lage, Bereinigungen i. S. d. zeitlichen, sachlichen und der wertmäßigen Entsprechung umfassend vorzunehmen, da er nicht die erforderlichen Informationen dafür besitzt. In solchen Fällen muss er sich zumindest vergegenwärtigen, dass die Äquivalenzvoraussetzung für betriebswirtschaftlich akzeptable Auswertungen nicht oder nicht vollkommen erfüllt ist.

---

11 Vgl. FRIEDERICH, H., Grundsätze ordnungsmäßiger Bilanzierung für schwebende Geschäfte, S. 35 f.; KNÜPPE, W., Grundsätze ordnungsmäßiger Abschlußprüfung für Forderungen, S. 69.

12 Vgl. Abschn. 421. in diesem Kapitel.

3 Einflüsse von Bilanzpolitik auf Jahresabschluss und Kennzahlen

31 Bilanzpolitische Maßnahmen des Unternehmens

Durch bilanzpolitische Maßnahmen kann der Aussagegehalt von Kennzahlen durch den Bilanzierenden verfälscht werden. Bilanzpolitik ist die bewusste und zweckorientierte Beeinflussung der veröffentlichten Jahresabschlussdaten durch ein Unternehmen.[13] Ein Unternehmen betreibt Bilanzpolitik mit der Absicht, „die Rechtsfolgen des Jahresabschlusses und das Verhalten der Informationsempfänger entsprechend den Zielen der Unternehmenspolitik zu beeinflussen."[14] Voraussetzung für Bilanzpolitik ist, dass der Gesetzgeber durch gesetzliche Wahlrechte bestimmte Bilanzierungsweisen ausdrücklich erlaubt, bestimmte Sachverhalte gar nicht regelt oder aber einzelne Situationen nicht eindeutig klärt und damit Interpretationen ermöglicht.[15] Der im Angelsächsischen für Bilanzpolitik verwendete Begriff des **„creative accounting"** verdeutlicht einerseits, dass es sich um Maßnahmen handelt, die den Jahresabschluss eines Unternehmens beeinflussen (accounting). Andererseits setzt die Unternehmensleitung diese Maßnahmen bewusst und i. S. d. Unternehmensziele ein (creative).

Üblicherweise werden zwei **Formen der Bilanzpolitik** unterschieden, und zwar die formelle und die materielle Bilanzpolitik,[16] die in der folgenden Übersicht systematisiert werden.

---

13 Vgl. KÜTING, K., Bilanzpolitik, Sp. 33. Zu den Zielen der Bilanzpolitik vgl. auch BAETGE, J./ BALLWIESER, W., Zum bilanzpolitischen Spielraum der Unternehmensleitung, S. 199-215.

14 Vgl. KROPFF, B., Sinn und Grenzen von Bilanzpolitik, S. 184.

15 Vgl. KÜTING, K., Geschäfts- oder Firmenwert, S. 100.

16 Vgl. KÜTING, K./WEBER, C.-P., Die Bilanzanalyse, S. 403 f.

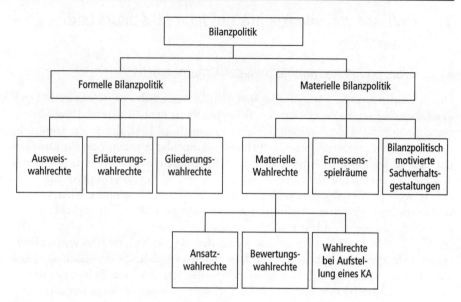

Übersicht III-1: *Formen der Bilanzpolitik*

Bei der **formellen Bilanzpolitik** übt der Bilanzierende bestimmte vom Gesetzgeber vorgesehene Ausweis-, Erläuterungs- und Gliederungswahlrechte im bilanzpolitisch gewünschten Sinne aus. Je nachdem, für welche Ausweis-, Erläuterungs- bzw. Gliederungsalternative sich der Bilanzierende entscheidet, ergeben sich unterschiedliche Auswirkungen auf die Struktur und den Aussagegehalt des Jahresabschlusses.

Bei der **materiellen Bilanzpolitik** verfügt der Bilanzierende über materielle Wahlrechte, Ermessensspielräume und bilanzpolitisch motivierte Sachverhaltsgestaltungen. Die materiellen – vom Gesetzgeber explizit eingeräumten – Wahlrechte umfassen zahlreiche Ansatz- und Bewertungswahlrechte, die der Bilanzierende zielgerichtet für die Gestaltung des Jahresabschlusses aber auch des Konzernabschlusses einsetzen kann. Bilanzielle Ermessensspielräume eröffnen dem Bilanzierenden weitere bilanzpolitische Gestaltungsmöglichkeiten. Während explizite bilanzielle Wahlrechte ausdrücklich im Bilanzrecht eingeräumt werden, sind Ermessensspielräume darauf zurückzuführen, dass ein bestimmter Sachverhalt sich nicht abschließend im Gesetz regeln lässt.[17] Unter bilanzpolitisch motivierten Sachverhaltsgestaltungen versteht man die zielgerichtete Beeinflussung der rechtlichen und wirtschaftlichen Handlungen in der Weise, dass Sachverhalte so gestaltet werden, dass sie zur gewünschten Abbildung im Jahresabschluss führen.

Die materiellen Wahlrechte im deutschen Bilanzrecht lassen sich in Ansatzwahlrechte, Bewertungswahlrechte und Wahlrechte bei der Aufstellung eines Konzernabschlusses gliedern.

---

17 Vgl. BAETGE, J./COMMANDEUR, D., in: Küting/Weber, HdR-E, 5. Aufl., § 264 HGB, Rn. 34-36.

Ansatzwahlrechte beziehen sich auf die Aufnahme bestimmter Vermögensgegenstände oder Schulden in die Bilanz. Bedeutsame Ansatzwahlrechte sind:

- Aktivierungswahlrecht für ein Disagio nach § 250 Abs. 3 Satz 1 HGB,

- Aktivierungswahlrecht für einen entgeltlich erworbenen Geschäfts- oder Firmenwert nach § 255 Abs. 4 HGB,

- Aktivierungswahlrecht für Ingangsetzungs- und Erweiterungsaufwendungen als Bilanzierungshilfe nach § 269 HGB,

- Aktivierungswahlrecht für aktivische latente Steuern als Bilanzierungshilfe nach § 274 Abs. 2 HGB,

- Wahlrecht, die Pensionsrückstellungen aus sog. Altzusagen nicht passivieren zu müssen (Art. 28 EGHGB),

- Passivierungswahlrecht bei Rückstellungen für unterlassene Aufwendungen für Instandhaltung, wenn die Instandhaltung in einem Zeitraum von mehr als drei Monaten nachgeholt wird (§ 249 Abs. 1 Satz 3 HGB), und das Passivierungswahlrecht für (andere) Aufwandsrückstellungen (§ 249 Abs. 2 HGB).

Bewertungswahlrechte beziehen sich auf die Höhe des Wertansatzes bestimmter Bilanzposten. Die wichtigsten Bewertungswahlrechte sind:

- Wahlrecht, die Herstellungskosten entweder zu Teilaufwand oder zu Vollaufwand zu bewerten (§ 255 Abs. 2 und Abs. 3 HGB),

- Anwendung von Bewertungsvereinfachungsverfahren (§ 256 HGB) bei der Vorratsbewertung.

Weiterhin können folgende **Wahlrechte bei der Aufstellung eines Konzernabschlusses** ausgeübt werden:

- Konsolidierungswahlrechte im Konzernabschluss (§ 296 HGB),

- Wahlrecht, den Geschäfts- oder Firmenwert aus der Kapitalkonsolidierung nach § 301 HGB mit den Konzernrücklagen zu verrechnen (§ 309 Abs. 1 Satz 3 HGB),

- Wahlrecht, Gemeinschaftsunternehmen nicht quotal, sondern nach der Equity-Methode zu berücksichtigen (§ 310 Abs. 1 HGB).

Ermessensspielräume sollen zwar mit Hilfe der GoB i. S. d. Jahresabschlusszwecke Rechenschaft und Kapitalerhaltung ausgefüllt werden, doch lässt sich ein zweckgerechtes Verhalten des Bilanzierenden selbst durch den Abschlussprüfer nicht sicherstellen.[18] Ermessensspielräume hat der Bilanzierende vor allem bei der

- Wahl der Abschreibungsmethode,

---

18 Vgl. zu den Zwecken des handelsrechtlichen Jahresabschlusses LEFFSON, U., Die Grundsätze ordnungsmäßiger Buchführung, 1. Aufl., S. 45-66; MOXTER, A., Bilanzlehre, Bd. I, S. 81-148; BAETGE, J., Rechnungslegungszwecke, S. 11-30; BAETGE, J./APELT, B., in: HdJ, Abt. I/2, Rn. 36-51; BAETGE, J./KIRSCH, H.-J., in: Küting/Weber, HdR-E, 5. Aufl., Kap. IV, Rn. 113-120.

- Bemessung der Nutzungsdauer abnutzbarer Vermögensgegenstände des Anlagevermögens i. S. d. § 253 Abs. 2 Satz 1 HGB,

- Schätzung des Restbuchwertes beim Ausscheiden eines Anlagegegenstandes,

- Wahl der Parameter in Ertragswertkalkülen zur Ermittlung niedrigerer beizulegender Werte und

- Bewertung von Rückstellungen gemäß § 253 Abs. 1 Satz 2 HGB.

Die Inanspruchnahme der Wahlrechte und der Ermessensspielräume ist allerdings i. d. R. an gesetzlich vorgeschriebene Erläuterungen im Anhang gekoppelt und unterliegt dem Stetigkeitsgebot. Wird das Stetigkeitsgebot durchbrochen, so sind die betragsmäßigen Auswirkungen im Anhang anzugeben und zu erläutern, so dass der Bilanzanalytiker bei der Kennzahlenbildung eventuelle Unstetigkeiten rückgängig machen kann. Gemäß § 284 Abs. 2 Nr. 3 HGB sind nicht nur die Abweichungen von im Vorjahr angewandten Bilanzierungs- und Bewertungsmethoden anzugeben und zu begründen, sondern es ist auch der Einfluss dieser Abweichungen auf die Vermögenslage, die Finanzlage und die Ertragslage gesondert darzustellen. Der Wortlaut des § 284 Abs. 2 Nr. 3 HGB verlangt zwar nicht explizit die quantitative Angabe der Unterschiedsbeträge, die sich aus der geänderten Inanspruchnahme von Wahlrechten oder der geänderten Auslegung von Ermessensspielräumen ergeben. Bei wesentlichen oder erheblichen Abweichungen wird eine rein verbale Angabe indes den Einfluss auf die Vermögens-, Finanz- und Ertragslage nur unzureichend erkennbar machen.[19] Aus diesem Grund sollten den Abschlussadressaten im Anhang **quantitative Informationen** darüber zur Verfügung gestellt werden, wie Änderungen in der Ausübung von Ansatz- und Bewertungswahlrechten sowie Ermessensspielräumen im Vergleich zum Vorjahr die Darstellung der Vermögens-, Finanz- und Ertragslage beeinflussen.[20]

Die VOLKSWAGEN AG hat z. B. im Jahresabschluss zum 31.12.1997 die Herstellungskosten aller fertigen und unfertigen Erzeugnisse von der handelsrechtlichen Obergrenze auf die handelsrechtliche Untergrenze heruntergeführt, was eine Ergebnisbelastung in Höhe von 976 Mio. DM zur Folge hatte.[21] Ein weiteres Beispiel ist die DEUTSCHE LUFTHANSA AG, die im Jahresabschluss 1992 die Abschreibungsdauer und die angenommenen Restverkaufserlöse für Flugzeuge reduziert hat und damit das Jahresergebnis um 392 Mio. DM „verbessern" konnte.[22] Der Bilanzanalytiker kann in solchen Fällen die bilanzpolitischen Maßnahmen nur erkennen und bei der Kennzahlenbildung berücksichtigen, wenn das Unternehmen die entsprechenden Pflichtangaben im Anhang macht, was grundsätzlich bei von einem Abschlussprüfer testierten Jahresabschlüssen vorausgesetzt werden kann.

---

19 Vgl. WULF, I., in: Baetge/Kirsch/Thiele, § 284 HGB, Rn. 80.

20 Vgl. ADS, 6. Aufl., § 284 HGB, Rn. 106; BAETGE, J./LUTTER, M., Corporate Governance, S. 8; HFA DES IDW, Grundsatz der Bewertungsstetigkeit, S. 542 sowie KUPSCH, P., in: HdJ, Abt. IV/4, Rn. 101.

21 Vgl. VOLKSWAGEN AG (Hrsg.), Geschäftsbericht 1997, S. 74.

22 Vgl. DEUTSCHE LUFTHANSA AG (Hrsg.), Geschäftsbericht 1992, S. 33.

Auch durch sachverhaltsgestaltende Maßnahmen kann der Aussagegehalt von Jahresabschlüssen eingeschränkt werden. Da sachverhaltsgestaltende Maßnahmen die Bilanzsumme, die Bilanzstruktur sowie das Ergebnis des Jahresabschlusses beeinflussen, sind sie systematisch dem Bereich der materiellen Bilanzpolitik zuzuordnen (vgl. Übersicht III-1). Bei Sachverhaltsgestaltungen geht es nicht – wie bei den gesetzlichen Wahlrechten und Ermessensspielräumen – um die zielgerichtete Abbildung der Realität im Jahresabschluss, sondern um die „zielgerichtete Beeinflussung der rechtlichen und wirtschaftlichen Handlungen, die bestimmte Sachverhalte begründen".[23] Werden Sachverhaltsgestaltungen bewusst im Hinblick auf bilanzpolitisch erwünschte Wirkungen im Jahresabschluss eingesetzt, sprechen wir von **bilanzpolitisch motivierten Sachverhaltsgestaltungen**. Ein Unternehmen verfolgt mit einer bilanzpolitisch motivierten Sachverhaltsgestaltung demnach primär das Ziel, die Jahresabschlussdaten bewusst und zweckorientiert zu beeinflussen. Im Fall der bilanzpolitisch motivierten Sachverhaltsgestaltung richtet sich das konkrete rechtliche und wirtschaftliche Handeln somit danach, wie der Sachverhalt im Jahresabschluss abgebildet werden soll.

Grundsätzlich müssen alle zur Analyse herangezogenen Kennzahlen daraufhin untersucht werden, ob sich die Sachverhaltsgestaltungen auf den Jahresabschluss auswirken. Im Folgenden wird dieses beispielhaft für die Kennzahlen „Eigenkapitalquote" und „Eigenkapitalrentabilität" gezeigt. Zu den wichtigsten bilanzpolitisch motivierten Sachverhaltsgestaltungen zählen:[24]

- Windowdressing,
- Sale-and-lease-back-Maßnahmen,
- Factoring,
- Asset Backed Securities,
- Gestaltungen zur Beeinflussung des Konsolidierungskreises,
- Kreditvergabe durch Konzernunternehmen,
- Wahl von Zahlungsterminen.

Als **Windowdressing** bezeichnet man eine kurzfristige Fremdkapitalaufnahme vor dem Bilanzstichtag zum Zweck eines besseren Liquiditätsausweises am Bilanzstichtag. Diese bilanzverlängernde Maßnahme führt dazu, dass sich sowohl der Bestand an kurzfristigen Verbindlichkeiten als auch der Bestand an liquiden Mitteln erhöht. Die Eigenkapitalquote sinkt durch Windowdressing, da das Gesamtkapital aufgrund der Fremdkapitalzunahme steigt, während das Eigenkapital gleich bleibt. Unternehmen mit und ohne Windowdressing bzw. mit hohen und niedrigen Beständen an liquiden

---

23 Vgl. HINZ, M., Sachverhaltsgestaltungen im Rahmen der Jahresabschlußpolitik, S. 69.

24 Nach U. S. GAAP werden ebenso wie nach IFRS Verbindlichkeiten, die durch das sog. „in-substance defeasance" von einem originären Schuldner auf einen derivativen Schuldner übertragen werden, weiterhin beim originären Schuldner ausgewiesen. Vgl. SFAS 140.311 f.; IAS 39.AG59. „In-substance defeasance" führt demnach nicht (mehr) dazu, dass der Verschuldungsgrad des übertragenden Unternehmens sinkt. Zum „in-substance defeasance" vgl. ausführlich BAETGE, J./SCHLÖSSER, J., in: Beck HdR, B 701, Rn. 1 f.

Mitteln lassen sich besser vergleichen, wenn wesentliche liquide Mittel von den kurzfristigen Verbindlichkeiten abgezogen werden. Damit wird implizit unterstellt, die liquiden Mittel würden zur Ablösung kurzfristger Verbindlichkeiten eingesetzt. Da das Windowdressing nur geringe Auswirkung auf den Jahreserfolg hat, verändert sich die Eigenkapitalrentabilität durch diese sachverhaltsgestaltende Maßnahme nicht.

Bei einer **Sale-and-lease-back**-Maßnahme werden Anlagegüter – vor allem Grundstücke und Bauten – veräußert und gleichzeitig vom veräußernden Unternehmen mit der Absicht zurückgemietet, diese Güter weiterhin im Unternehmen zu nutzen. Wenn die geleasten Güter nicht zu aktivieren sind (Operating-Leasingverhältnis[25]), sinkt der Anteil des Anlagevermögens am Gesamtvermögen des betreffenden Unternehmens, während sich die Kassenbestände erhöhen. Werden die Kassenbestände zur Tilgung von kurzfristigen Verbindlichkeiten verwendet, so wird der Anteil der Schulden am Gesamtkapital vermindert. Auf diese Weise verbessert sich die Eigenkapitalquote, während sich die Eigenkapitalrentabilität vermutlich verschlechtert, da die an das Leasingunternehmen zu zahlenden Leasingaufwendungen vermutlich höher sein werden als die Abschreibung auf das verkaufte Gebäude und sich das Eigenkapital zugleich absolut nicht verändert. Unternehmen mit und Unternehmen ohne Sale-and-lease-back-Politik kann man bez. der Eigenkapitalquote besser vergleichen, wenn bei den Unternehmen ohne Sale-and-lease-back-Politik die erwarteten Verkaufspreise für die Grundstücke und Bauten vom Fremdkapital abgezogen werden. Fraglich ist indes, ob ein außenstehender Bilanzanalytiker die zu erzielenden Verkaufspreise für Grundstücke und Bauten ermitteln kann. Eine – wenn auch grobe und vorsichtige – Schätzung für die Verkaufspreise könnten die fortgeführten Anschaffungs- und Herstellungskosten sein, die sich aus dem Anlagengitter oder aus der Bilanz ablesen lassen.

Factoring ist die Übertragung von Forderungen eines Zedenten (Forderungsverkäufers) an einen Factor (Forderungskäufer).[26] Sofern mit den Forderungen auch das Ausfall- bzw. Delkredererisiko an den Factor übertragen wird, sind die verkauften Forderungen mit der Abtretung nicht mehr in der Bilanz des Zedenten, sondern in der Bilanz des Factors auszuweisen.[27] Der Zedent kann durch das Factoring seine Liquidität verbessern oder mit der Zahlung des Factors finanzielle Passiva ablösen. Bei einer Verbesserung der Liquidität liegt ein Aktivtausch vor, so dass sich die Eigenkapitalquote nicht ändert. Führt der Bilanzierende hingegen mit der Zahlung aus dem Factoringgeschäft seine finanziellen Verpflichtungen zurück, sinkt das Gesamtkapital bei einem absolut unveränderten Eigenkapital und die Eigenkapitalquote steigt. Um Unternehmen, die Factoring betreiben, bez. der Eigenkapitalquote besser mit Unternehmen ohne Factoringgeschäfte vergleichen zu können, sollte der Bilanzanalytiker die gesamten Forderungen aus Lieferung und Leistung vom Gesamtkapital im Nen-

---

25 Leasingverhältnisse sind anhand des Verpflichtungscharakters aus dem Leasingverhältnis in Operating-Leasing-Verträge und Finance-Leasing-Verträge zu unterscheiden. Vgl. hierzu ausführlich PERRIDON, L./STEINER, M., Finanzwirtschaft der Unternehmung, S. 450 f.

26 Zu den Aufgaben des Factoring vgl. etwa STRICKMANN, M., in HdR-E, 5. Aufl., Kap. 6, Rn. 401-410.

27 Vgl. THIELE, S., in: Baetge/Kirsch/Thiele, § 246 HGB, Rn. 244.

ner der Eigenkapitalquote subtrahieren. Da sich durch Factoring nur geringe Ergebnisauswirkungen ergeben, wird die Eigenkapitalrentabilität durch diese Maßnahme wenig verändert.

Unter **Asset Backed Securities** versteht man ein Finanzierungsinstrument, bei dem das Unternehmen Finanzaktiva in einem Treuhandvermögen zusammenlegt und in börsengehandelte Wertpapiere verbrieft.[28] Ebenso wie beim Factoring sinkt dadurch der Bestand an Finanzaktiva, und dem Unternehmen fließen flüssige Mittel zu, die zur Rückzahlung von Verbindlichkeiten verwendet werden können. In diesem Fall erhöht sich wiederum die Eigenkapitalquote, während sich die Eigenkapitalrentabilität i. d. R. – abhängig von der Höhe der zurückgezahlten Verbindlichkeiten – nur wenig verändert.

Gestaltungen zur Beeinflussung des Konsolidierungskreises können durch den Konzernabschlussersteller vorgenommen werden, da bei der Einbeziehung oder Nicht-Einbeziehung von Konzernunternehmen in den Konzernabschluss Wahlrechte und Ermessensspielräume bestehen.[29] Zum einen lässt das Wahlrecht zur Vollkonsolidierung bestimmter Tochterunternehmen gemäß § 296 HGB Gestaltungen seitens des Bilanzierenden zu, die allerdings durch den Grundsatz der Stetigkeit und entsprechende Angabepflichten im Konzernanhang begrenzt werden.[30] Zum anderen können durch die Gründung von Objektgesellschaften (Special Purpose Entities), die nach geltendem Recht i. d. R. nicht nach dem Konzept der einheitlichen Leitung gemäß § 290 Abs. 1 HGB und nur unter bestimmten Bedingungen[31] nach dem Control-Konzept gemäß § 290 Abs. 2 HGB als Tochterunternehmen zu klassifizieren sind, sowohl Vermögensgegenstände als auch die sie finanzierenden Verbindlichkeiten aus der Konzernbilanz eliminiert werden.[32] Dadurch verringert sich die Eigenkapitalquote, während sich die Eigenkapitalrentabilität nur wenig verändert.

Zu den bilanzpolitisch motivierten Sachverhaltsgestaltungen zählen ferner die **Kreditvergabe durch Konzernunternehmen** kurz vor dem Bilanzstichtag, wobei der Kredit bereits wenige Tage nach dem Bilanzstichtag zurückgezahlt wird, und die **Wahl von Zahlungsterminen**. Durch diese Maßnahmen kann der Bilanzierende z. B. Einfluss auf den Liquiditätsausweis nehmen.

---

28 Vgl. hierzu etwa PERRIDON, L./STEINER, M., Finanzwirtschaft der Unternehmung, S. 448 f.; GRAMLICH, D., Neuere Ansätze des betrieblichen Finanzmanagements, S. 379 f.

29 Vgl. KRAWITZ, N., Die Abgrenzung des Konsolidierungskreises, S. 343; HUSMANN, R., Defizite der handelsrechtlichen Konzernrechnungslegung, S. 1660-1662; HUSMANN, R., Betriebswirtschaftliche Abgrenzung des Konsolidierungskreises zur konzernbilanzanalytischen Untersuchung; S. 2043.

30 Vgl. KEITZ, I. VON, in: Baetge/Kirsch/Thiele, § 296 HGB, Rn. 1-8 und 51-52.

31 Vgl. SCHRUFF, W./ROTHENBURGER, M., Special Purpose Entities, S. 764.

32 Vgl. KÜTING, K./BRAKENSIEK, S., Special Purpose Entities, S. 214 f.

32 Formen der Berücksichtigung bilanzpolitischer Maßnahmen eines Unternehmens bei der Bilanzanalyse

In welcher Form die bilanzpolitischen Maßnahmen bei der Bilanzanalyse berücksichtigt werden, hängt stets davon ab, wie präzise diese Maßnahmen von Seiten des Bilanzanalytikers identifiziert werden können, d. h., welche Informationen dem Bilanzanalytiker über die bilanzpolitischen Maßnahmen eines Unternehmens zur Verfügung stehen. Dementsprechend unterscheidet man hinsichtlich der Berücksichtigung bilanzpolitischer Maßnahmen bei der Bilanzanalyse zwischen:

■ Individueller Korrektur bilanzpolitischer Maßnahmen,

■ pauschaler Korrektur bilanzpolitischer Maßnahmen und

■ Berücksichtigung der bilanzpolitischen Maßnahmen bei der Interpretation der Kennzahlen.

Eine bilanzpolitische Maßnahme lässt sich immer dann individuell korrigieren, wenn der Bilanzanalytiker dem Geschäftsbericht sowohl qualitative als auch quantitative Angaben über die Auswirkungen der betrachteten bilanzpolitischen Maßnahme entnehmen kann. Die quantitativen Informationen ermöglichen es dem Bilanzanalytiker, kreative Kennzahlen zu bilden, die exakt um die angegebenen Auswirkungen der bilanzpolitischen Maßnahme bereinigt sind (**individuelle Korrektur bilanzpolitischer Maßnahmen**). Die Kennzahlen können also individuell korrigiert werden, wobei individuell in diesem Zusammenhang bedeutet, dass die Auswirkung einer bilanzpolitischen Maßnahme „verursachungsrecht" rückgängig gemacht werden kann. Auf diese Weise lassen sich aussagefähige Zeitvergleiche oder Betriebsvergleiche durchführen. Betriebsvergleiche sind nur möglich, wenn bei jedem in den Betriebsvergleich einbezogenen Unternehmen die bilanzpolitischen Maßnahmen individuell korrigiert werden können.

Betriebsvergleiche von Unternehmen mit individueller Korrektur bilanzpolitischer Maßnahmen sind indes nur selten möglich, weil (1.) nicht jedes Unternehmen alle bilanzpolitischen Maßnahmen angibt, und weil (2.) Unternehmen häufig sehr verschiedene bilanzpolitisch motivierte Sachverhaltsgestaltungen vornehmen. In diesen Fällen ist eine **pauschale Korrektur bilanzpolitischer Maßnahmen** notwendig. Ein typisches Beispiel für die Notwendigkeit einer pauschalen Korrektur liegt vor, wenn zwei Unternehmen verglichen werden sollen, von denen das eine Unternehmen eine bilanzpolitisch motivierte Sachverhaltsgestaltung vorgenommen hat, ohne dass dem Abschluss dieses Unternehmens quantitative Angaben über die Auswirkung der bilanzpolitisch motivierten Sachverhaltsgestaltung zu entnehmen wären, und das andere Unternehmen keine entsprechende bilanzpolitisch motivierte Sachverhaltsgestaltung vorgenommen hat. Die Kennzahlen ohne pauschale Korrektur würden zu unvergleichbaren Analyse-Ergebnissen führen.

Die Auswirkungen der bilanzpolitischen Maßnahmen können bei der kreativen Kennzahlenbildung berücksichtigt werden. Dies ist beispielsweise bei einem Betriebsvergleich notwendig, wenn das eine Unternehmen in seinem Geschäftsbericht nur pauschal über eine Sale-and-lease-back-Maßnahme berichtet während das andere kei-

nerlei Angaben dazu macht und vermutlich auch gar keine Sale-and-lease-back-Maßnahme ergriffen hat. Folglich ist bez. der Sale-and-lease-back-Maßnahme eine individuelle Konkretisierung der Kennzahlen nicht möglich, sondern die Kennzahlen werden pauschal vergleichbar gemacht. Die pauschale Korrektur bedeutet, dass bei der kreativen Kennzahlenbildung die Bilanzposten und GuV-Posten pauschal aus den Kennzahlen herausgerechnet werden, die durch die bilanzpolitische Maßnahme beeinflusst wurden (pauschale Korrektur bilanzpolitischer Maßnahmen). Bei dem oben angeführten Beispiel einer Sale-and-lease-back-Maßnahme können die Kennzahlen somit pauschal korrigiert werden, um die zwischenbetriebliche Vergleichbarkeit zwischen beiden betrachteten Unternehmen herzustellen. Sollen beispielsweise die Eigenkapitalquoten der beiden Unternehmen verglichen werden, ist das Gesamtkapital um den Betrag der aktivierten Grundstücke und Bauten zu kürzen.[33]

Dagegen können in den Fällen, in denen der Bilanzanalytiker zwar weiß, dass der Jahresabschluss eines Unternehmens durch bilanzpolitische Maßnahmen beeinflusst ist und darüber hinaus keine weiteren Informationen vorliegen, die bilanzpolitischen Maßnahmen weder individuell noch pauschal korrigiert werden. Da der Einfluss der bilanzpolitischen Maßnahmen nicht direkt bei der kreativen Kennzahlenbildung berücksichtigt werden kann, sollten die auf der Basis des Jahresabschlusses gebildeten Kennzahlen stets vor dem Hintergrund des Wissens über die Bilanzpolitik eines Unternehmens interpretiert werden (**Berücksichtigung der bilanzpolitischen Maßnahmen bei der Interpretation der Kennzahlen**). Dabei ist die **qualitative Bilanzanalyse** ein wichtiges Hilfsmittel, die Bilanzpolitik eines Unternehmens den Kategorien „progressive Bilanzpolitik" oder „konservative Bilanzpolitik" zuzuordnen.[34]

Eine progressive und damit eine auf einen vergleichsweise hohen Jahresüberschuss ausgerichtete Bilanzpolitik zeigt dem Bilanzanalytiker, dass das Unternehmen versucht hat, Aktivierungs- und Bewertungswahlrechte zu nutzen, auf Passivierungswahlrechte zu verzichten und Ermessensspielräume in der gewünschten Weise auszufüllen. Der Bilanzanalytiker muss dann davon ausgehen, dass die tatsächliche Lage schlechter ist, als sie im Jahresabschluss ausgewiesen wird. Aktivierungshilfen sind in diesem Fall tendenziell als nicht werthaltig zu qualifizieren und bei der Kennzahlenbildung, z. B. bei der Berechnung der Eigenkapitalquote für den Zähler vom Eigenkapital und für den Nenner vom Gesamtkapital abzuziehen. Im umgekehrten Fall der konservativen Bilanzpolitik ist das Unternehmen tendenziell besser, als es sich im Jahresabschluss darstellt.

Die Identifikation der Bilanzpolitik eines Unternehmens ist indes problematisch, da eine progressive bzw. konservative Bilanzpolitik nicht automatisch zu einer Ergebnisverbesserung bzw. einer Ergebnisverschlechterung im Vergleich zum tatsächlich erwirtschafteten Ergebnis führt. Vor allem, wenn die Unternehmensleitung sich in Vor-

---

33   Vgl. dazu die Variante der Eigenkapitalquote (Kennzahl Nr. 02.01.03) in Abschn. 423. in diesem Kapitel.

34   Vgl. GRÄFER, H., Bilanzanalyse, S. 39; KÜTING, K., Grundlagen der qualitativen Bilanzanalyse, S. 728; LEKER, J./WIEBEN, H.-J., Unternehmensbeurteilung unter Anwendung traditioneller und neuer Verfahren der Bilanzanalyse, S. 589 f.

jahren für eine grundsätzlich progressive oder konservative Bilanzpolitik entschieden hat und diese Bilanzierungsweise gemäß dem Stetigkeitsgrundsatz (§ 252 Abs. 1 Nr. 6 HGB) beibehalten hat, lässt sich die Richtung der Ergebnisbeeinflussung im Analysezeitraum nur schwierig identifizieren. Eine langjährige Bewertung der selbst erstellten Vorräte zu Teilkosten, die im Allgemeinen als konservative (vorsichtige) Bewertung angesehen wird, führt etwa nur dann zu einer „vorsichtigen Bemessung" des ausgewiesenen Jahresergebnisses im Vergleich zum tatsächlich erwirtschafteten Jahresergebnis, wenn sich der Bestand an selbst erstellten Vorräten im Analysejahr erhöht hat. Bei einem Abbau des Vorratsbestandes werden die in den Vorjahren durch Teilkostenansatz gebildeten stillen Rücklagen still aufgelöst, und das tatsächlich erwirtschaftete Ergebnis ist dann schlechter als das ausgewiesene Ergebnis.[35]

Im ungünstigsten Fall kann der sachverständige Bilanzanalytiker trotz sorgfältiger qualitativer Analyse des Jahresabschlusses nicht erkennen, welche Art von Bilanzpolitik das Unternehmen verfolgt. Dies kann daran liegen, dass es dem Unternehmen gelungen ist, sein Bilanzierungsverhalten geschickt oder durch eine Nichterfüllung der Angabe- und Erläuterungspflichten im Anhang zu verbergen. Der Bilanzanalytiker könnte aber auch zu dem Ergebnis kommen, dass das Unternehmen keine bestimmte Bilanzpolitik verfolgt. In diesem Fall hilft auch die qualitative Bilanzanalyse nicht weiter.

4 Kreative Kennzahlenbildung

41 Grundsätze der kreativen Kennzahlenbildung

In der Regel liegt dem Bilanzanalytiker ein Jahresabschluss vor, dessen Aussagegehalt durch Maßnahmen der Bilanzpolitik beeinträchtigt ist. Ansatz- und Bewertungswahlrechte, Ermessensspielräume und bilanzpolitisch motivierte Sachverhaltsgestaltungen als konkrete Instrumente des **creative accounting** erschweren die Bilanzanalyse.[36] Der Bilanzanalytiker muss deshalb bei der Kennzahlenbildung versuchen, die Besonderheiten des zu analysierenden Unternehmens zu beachten und eine „**creative-analyzing-Strategie**" zu verfolgen, d. h., die Kennzahlen so intelligent bzw. kreativ zu bilden, dass bilanzpolitische Maßnahmen nicht zu einer Fehleinschätzung der wirtschaftlichen Lage des zu analysierenden Unternehmens führen. Dabei sollte der Bilanzanalytiker im Rahmen der Kennzahlenbildung – nicht bereits bei der Aufbereitung des Datenmaterials im Erfassungsschema – jene Auswirkungen von bilanzpolitischen Maßnahmen i. S. d. Neutralisierungsprinzips „zurückdrehen", die die Kennzahleninterpretation stören.

---

35 Vgl. BAETGE, J., Vollaufwand versus Teilaufwand, S. 72. Mit MORGERNSTERN ist festzuhalten, „daß die scheinbar ganz einfache Feststellung der wirtschaftlichen Lage eines Unternehmens an einem Stichtag in Wirklichkeit eine sehr komplizierte Angelegenheit ist und vielen Fehlern unterliegt, deren Art und deren Ausmaß gewöhnlich unklar ist." (MORGENSTERN, O., Über die Genauigkeit wirtschaftlicher Beobachtungen, S. 78).

36 Vgl. BAETGE, J./BALLWIESER, W., Probleme einer rationalen Bilanzpolitik, S. 529.

Beim Zeitvergleich eines Unternehmens können die **Kennzahlenbestandteile indi-viduell ermittelt** und in Kennzahlen transformiert werden. Dies ist vor allem dann sinnvoll, wenn das zu analysierende Unternehmen die Bilanzierungsmethoden verändert hat. Werden dagegen viele Unternehmen – unter Umständen rechnergestützt – miteinander verglichen, z. B. bei der Kreditwürdigkeitsprüfung der Banken, sollten **nur standardisierte kreative Kennzahlen** verwendet werden, die so angelegt sind, dass sie bilanzpolitisch motivierte Maßnahmen generell und nicht für den Einzelfall konterkarieren.

Wahlrechte und Ermessensspielräume können vom Management nicht nur dazu genutzt werden, die wirtschaftliche Lage des Unternehmens zum eigenen Vorteil, sondern auch i. S. d. Generalnorm darzustellen.[37] Generalnormgerecht ist es nach HGB beispielsweise, den derivativen Geschäfts- oder Firmenwert (GoF) in der Bilanz zu aktivieren und abzuschreiben und nicht direkt mit dem Eigenkapital zu verrechnen. Wenn beispielsweise das zu analysierende Unternehmen einen GoF aktiviert, während das Vergleichsunternehmen den derivativen GoF erfolgswirksam über die Gewinn- und Verlustrechnung gebucht hat, wird der Bilanzanalytiker bei der individuellen Analyse den GoF des Vergleichsunternehmens für den Individualvergleich in einer separaten „Buchführung" aktivieren und abschreiben und das so berichtigte Eigenkapital des Vergleichsunternehmens zur Berechnung der Eigenkapitalquote heranziehen. Gerade bez. der Bilanzierung des GoF ist es beim Vergleich von vielen Unternehmen erforderlich, standardisierte kreative Kennzahlen zu bilden, um einen Vergleich zwischen Unternehmen, die bilanzpolitische Maßnahmen ergriffen haben, und Unternehmen, die keine bilanzpolitischen Maßnahmen ergriffen haben, zu ermöglichen. Im Sinne einer **zwischenbetrieblichen Vergleichbarkeit** sind kreative Kennzahlen dabei so zu bilden, dass das bilanzpolitisch agierende Unternehmen so dargestellt wird wie das Unternehmen, welches diese bilanzpolitische Maßnahme nicht ergriffen hat. Bei der Analyse eines Unternehmens, das einen GoF – i. S. d. Generalnorm – aktiviert hat, müsste der Bilanzanalytiker zur Berechnung der Eigenkapitalquote vereinfachend das jeweilige Eigenkapital sowie das jeweilige Gesamtkapital um den Buchwert der eventuell vorhandenen GoF kürzen, damit er dieses Unternehmen mit solchen vergleichen kann, die den GoF mit dem Eigenkapital verrechnet oder direkt erfolgswirksam in der Gewinn- und Verlustrechnung erfasst haben.

Kreative Kennzahlen können indes nicht nur zur Neutralisierung von Bilanzpolitik oder zum Zweck einer zwischenbetrieblichen Vergleichbarkeit gebildet werden. Es ist ebenfalls möglich, kreative Kennzahlen zu bilden, um den **wirtschaftlichen Charakter** bestimmter Bilanzposten im Rahmen der Bilanzanalyse besser berücksichtigen zu können.[38] Denn aufgrund von wirtschaftlichen Überlegungen kann es bei der Bildung von Kennzahlen sinnvoll sein, bestimmte Bilanzposten ihrem wirtschaftlichen Charakter entsprechend entweder vom Eigenkapital abzuziehen oder zum Eigenkapital hinzuzuaddieren. Beispielsweise ist es denkbar, die Grundvariante der Kennzahl Eigenkapitalquote aufgrund einer Gesellschafterfinanzierung zu modifizieren. Wäh-

---

37 Vgl. WAGENHOFER, A./EWERT R., Externe Unternehmensrechnung, S. 209.
38 Vgl. hierzu Kap. I Abschn. 452. sowie ausführlich Abschn. 421.2 in diesem Kapitel.

rend Gesellschafterdarlehen rechtlich Fremdkapital darstellen, haben sie wirtschaftlich gesehen einen „eigenkapitalähnlichen" Charakter.[39] Für die Zwecke der Bilanzanalyse können die Gesellschafterdarlehen bei der Berechnung der Eigenkapitalquote folglich dem Eigenkapital zugeordnet werden. Dadurch wird der wirtschaftliche Charakter des Bilanzpostens bei der Bildung einer kreativen Kennzahl berücksichtigt.

Die genannten Gründe können dazu führen, dass die **Grundvariante einer Kennzahl** im konkreten Fall entsprechend zu modifizieren und auf das vorgefundene Datenmaterial abzustimmen ist. Auf diese Weise ist das aus den Kennzahlen ermittelte Urteil des Bilanzanalytikers weniger von den bilanzpolitischen Maßnahmen beeinflusst als ohne die Modifikation der Kennzahlen. Wie aus der Grundvariante einer Kennzahl kreative Kennzahlen gebildet werden können, wird in den folgenden Abschn. 42 und 43 anhand der Kennzahlen „Eigenkapitalquote" und „Eigenkapitalrentabilität" gezeigt.

42 Kreative Kennzahlenbildung am Beispiel der Kennzahl „Eigenkapitalquote"

421. Mögliche Konkretisierungen des Kennzahlenbestandteils „Eigenkapital"

421.1 Konkretisierungen zur Neutralisierung von Bilanzpolitik

Die einfachste Form der Eigenkapitalquote ergibt sich aus dem Quotienten von Eigen- und Gesamtkapital.[40] Sie ist eine wichtige Kennzahl zur Analyse der Finanzlage. Bei der Bildung einer kreativen Kennzahl für die Eigenkapitalquote sind sowohl bilanzpolitische Maßnahmen zu berücksichtigen, die sich auf das Eigenkapital auswirken, als auch Maßnahmen, die die Höhe des Gesamtkapitals beeinflussen.

Ausgehend von der gesetzlichen Vorgabe in § 266 Abs. 3 Buchstabe A. HGB ergibt sich die Größe **„Eigenkapital"** als Summe aus gezeichnetem Kapital, Kapitalrücklage, Gewinnrücklagen, Ergebnisvortrag und Jahreserfolg. Der Gesetzgeber sieht allerdings an vielen Stellen des HGB Ansatz- und Bewertungswahlrechte vor, die die Höhe des Jahresergebnisses und damit die Höhe des Eigenkapitals beeinflussen. Beispielsweise hat der Bilanzierende bei den folgenden Aktivposten ein Wahlrecht, den betreffenden Posten nicht sofort als Aufwand in der Gewinn- und Verlustrechnung zu verrechnen, sondern stattdessen

- Ingangsetzungs- und Erweiterungsaufwendungen als Bilanzierungshilfe zu aktivieren,

- einen derivativen Geschäfts- oder Firmenwert zu aktivieren,

- ein Disagio zu aktivieren und

- aktivische latente Steuern als Bilanzierungshilfe anzusetzen.

---

39 Vgl. hierzu ausführlich BAETGE, J./KIRSCH, H.-J./THIELE, S., Bilanzen, S. 462-467.
40 Vgl. Abschn. 22 in diesem Kapitel.

Im Fall der Aktivierung solcher Posten werden in Höhe der aktivierten Beträge Jahresergebnis und Eigenkapital des Unternehmens höher ausgewiesen. Damit der Jahresabschluss ein zutreffendes Bild der wirtschaftlichen Lage des Unternehmens zeichnet, sollte der Bilanzierende Posten wie das Disagio oder den derivativen Geschäfts- oder Firmenwert (anders als die Ingangsetzungs- und Erweiterungsaufwendungen sowie die aktivischen latenten Steuern) u. E. grundsätzlich aktivieren. Aus Gründen der **zwischenbetrieblichen Vergleichbarkeit** und wegen der Schwierigkeit, die in Vorjahren von einigen Unternehmen nicht aktivierten Disagien und Geschäfts- oder Firmenwerte nicht rückwirkend in die Aktiva dieser Unternehmen zurückbuchen zu können, ist es sinnvoll, diese Posten bei der Kennzahlenbildung wieder vom Eigenkapital zu subtrahieren. Dadurch lassen sich Unternehmen, die diese Posten aktiviert haben, besser mit Unternehmen vergleichen, die diese Posten nicht aktiviert haben.

Die **Aufwandsrückstellungen** spielen bei der Kennzahlenbildung unter dem Gesichtspunkt der zwischenbetrieblichen Vergleichbarkeit ebenfalls eine wichtige Rolle. In der originären Bilanz werden die teils passivierungspflichtigen, teils passivierungsfähigen Aufwandsrückstellungen unter den sonstigen Rückstellungen ausgewiesen. Bei der Bildung von Kennzahlen sind Aufwandsrückstellungen, die das Unternehmen aufgrund der gesetzlichen Vorschrift des § 249 Abs. 1 Satz 2 Nr. 1 HGB pflichtgemäß bilden musste, dem Fremdkapital zuzuordnen. In diesem Fall sind bei der Kennzahlenbildung keine Hinzurechnungen oder Kürzungen vorzunehmen.

Anders hingegen muss der Bilanzanalytiker jene Fälle beurteilen, in denen der Gesetzgeber ein Passivierungswahlrecht für Aufwandsrückstellungen (etwa nach § 249 Abs. 2 HGB) vorsieht. In diesen Fällen ist die Passivierung einer Aufwandsrückstellung i. d. R. nur zu erkennen, wenn eine entsprechende (Betrags-)Angabe im Anhang gemäß § 285 Nr. 12 HGB gemacht wurde. Der Bilanzanalytiker könnte dann den Betrag dieser Aufwandsrückstellungen im Rahmen der Kennzahlenbildung in voller Höhe dem Eigenkapital zurechnen (Passivtausch), um eine zwischenbetriebliche Vergleichbarkeit mit solchen Unternehmen zu erreichen, die keine Wahl-Aufwandsrückstellungen gebildet haben. Macht das Unternehmen hingegen keine Angaben im Anhang oder nimmt es das Passivierungswahlrecht für Aufwandsrückstellungen nicht in Anspruch, können keine Hinzurechnungen oder Kürzungen für Zwecke der Kennzahlenbildung vorgenommen werden.

421.2 Konkretisierungen aufgrund des wirtschaftlichen Charakters bestimmter Bilanzposten

Bleiben wir bei der bilanzanalytischen Modifikation des Eigenkapitals, dann kann es aufgrund von wirtschaftlichen Überlegungen bei der Bildung von Kennzahlen sinnvoll sein, bestimmte Bilanzposten ihrem **wirtschaftlichen Charakter** entsprechend entweder vom Eigenkapital abzuziehen oder zum Eigenkapital hinzuzuaddieren. So sollte ein auf der Passivseite ausgewiesener **Sonderposten mit Rücklageanteil**[41]

---

41 Vgl. BAETGE, J./KIRSCH, H.-J./THIELE, S., Bilanzen, S. 532-536.

grundsätzlich entsprechend seinem wirtschaftlichen Charakter auf das Eigenkapital und das Fremdkapital aufgeteilt werden. Während der bei der Auflösung des Sonderpostens entstehende Steueranteil dem Fremdkapital zuzurechnen ist, hat der Restbetrag des Sonderpostens Eigenkapitalcharakter. Aufgrund der derzeitigen Steuersätze in Deutschland sollte eine Aufteilung auf Eigen- und Fremdkapital in Höhe von 60:40 zugrunde gelegt werden. Erhält der Bilanzanalytiker im Geschäftsbericht indes die Information, dass die Rücklage für Veräußerungsgewinne nach § 6b EStG zeitnah wieder auf neu angeschaffte Vermögensgegenstände übertragen wird, dann darf der Sonderposten mit Rücklageanteil nicht anteilig zum Eigenkapital hinzuaddiert werden. In diesem Fall würde bei einer anteiligen Zurechnung des Sonderpostens mit Rücklageanteil zum Eigenkapital die Vergleichbarkeit von Bilanzen verschiedener Perioden erschwert, da das Eigenkapital nach Übertragung der Rücklage und Auflösung des Sonderpostens auf die ursprüngliche Höhe zurückfallen würde.[42]

Weitere Anpassungen des Eigenkapitals aufgrund einer wirtschaftlichen Betrachtungsweise sind im Bereich der **Gesellschafterfinanzierung** denkbar. Besonders bei Gesellschaften mit beschränkter Haftung und bei Personenhandelsgesellschaften i. S. d. § 264a HGB haben Ausleihungen, Forderungen und Verbindlichkeiten gegenüber Gesellschaftern einen starken Bezug zum Eigenkapital. Da diese Bilanzposten gemäß § 42 Abs. 3 GmbHG bzw. § 264c Abs. 1 HGB gesondert auszuweisen oder im Anhang anzugeben sind, kann der Bilanzanalytiker Ausleihungen und Forderungen gegen Gesellschafter vom Eigenkapital subtrahieren und Verbindlichkeiten gegenüber Gesellschaftern zum Eigenkapital hinzuaddieren.

Wirtschaftlich betrachtet könnten alle **langfristigen Rückstellungen**, z. B. Pensionsrückstellungen oder Rückstellungen für Bergschäden[43], bei der Bildung von bilanzanalytischen Kennzahlen als quasi temporäres Eigenkapital dem Eigenkapital zugerechnet werden.[44] Hat ein Unternehmen die Phase erreicht, in der sich die Auszahlungen an pensionierte Mitarbeiter und die Zuführung zu den Pensionsrückstellungen die Waage halten (Beharrungszustand), steht dem Unternehmen ein konstanter Kapitalstock als Finanzierungspotential zur Verfügung, der hinsichtlich seiner Fristigkeit Eigenkapitalcharakter hätte.[45] Diese Argumentation wird von KÜTING/WEBER kritisch gesehen, da es sich bei Pensionsverpflichtungen und bei den anderen langfristigen Rückstellungen um künftige Zahlungsverpflichtungen des Unternehmens handele, die bei der Kennzahlenbildung dem langfristigen Fremdkapital zuzurechnen seien.[46] Insofern wären die Pensionsrückstellungen für diese Kennzahlenvariante nicht in das Eigenkapital umzugliedern.

---

42 Vgl. REHKUGLER, H./PODDIG, T., Bilanzanalyse, S. 46.

43 Vgl. hierzu WÖHE, G., Bilanzierung und Bilanzpolitik, S. 553-555.

44 Vgl. SCHNETTLER, A., Betriebsvergleich, S. 116.

45 Vgl. WÖHE, G., Allgemeine Betriebswirtschaftslehre, S. 875; GRÄFER, H., Bilanzanalyse, S. 140.

46 Vgl. KÜTING, K./WEBER, C.-P., Die Bilanzanalyse, S. 69 f.

422. Mögliche Konkretisierungen des Kennzahlenbestandteils „Gesamtkapital"

Die für den Zähler der Eigenkapitalquote – nämlich für das „Eigenkapital" – gezeigten Anpassungen sind unter Berücksichtigung der wertmäßigen Entsprechung[47] auch auf den Nenner – nämlich das **„Gesamtkapital"** – anzuwenden, sofern sich die Anpassungen des Eigenkapitals auch auf die Bilanzsumme auswirken. Betrachtet man beispielsweise die Wahlrechte zur Aktivierung von Disagio, Geschäfts- oder Firmenwert oder aktivischen latenten Steuern, so sind diese bei der Kennzahlenbildung vom Eigen- und vom Gesamtkapital zu subtrahieren, da sich die Bilanzsumme durch diese Konkretisierungen verringert. Das Gesamtkapital ist hingegen nicht zu verändern, wenn die vom Bilanzanalytiker vorgenommenen Anpassungen nur Verschiebungen zwischen Eigen- und Fremdkapital betreffen, die aus einer wirtschaftlichen Betrachtungsweise resultieren, wie die Aufteilung des Sonderpostens mit Rücklageanteil in Eigen- und Fremdkapital oder bei den oben erwähnten Korrekturen aus der Gesellschafterfinanzierung.

Neben den dargestellten bilanzpolitischen Maßnahmen besteht für den Bilanzierenden besonders durch die Vornahme von Sachverhaltsgestaltungen die Möglichkeit, die Höhe des Gesamtkapitals zu beeinflussen. Denkbar sind u. a. folgende **Sachverhaltsgestaltungen**:

■ Falls ein Unternehmen seine Grundstücke und Bauten verkauft, diese anschließend zurückmietet und mit den Verkaufserlösen seine Verbindlichkeiten zurückführt (sog. **Sale-and-lease-back-Maßnahme**), steht es bez. der Finanzlage besser da als ein Unternehmen, das dies nicht getan hat. Der Bilanzanalytiker kann erwägen, diese Verzerrung zu korrigieren, indem er das Gesamtkapital grundsätzlich um den Betrag der aktivierten Grundstücke und Bauten kürzt. Damit würde er unterstellen, dass alle zu vergleichenden Unternehmen ihre Grundstücke und Bauten zu Buchwerten verkauft und zurückgeleast hätten. Damit würde u. E. eine bessere Vergleichbarkeit zwischen verschiedenen Unternehmen erreicht, als wenn eine Sale-and-lease-back-Maßnahme nicht bilanzanalytisch berücksichtigt würde.

■ Weil Finanzanlagen und flüssige Mittel bei Industrie- und Handelsunternehmen nicht zum unmittelbar betriebsnotwendigen Vermögen gehören und diese Posten besonders anfällig für das sog. **Windowdressing** (kurzfristige Fremdkapitalaufnahme zum Zweck eines besseren Liquiditätsausweises am Bilanzstichtag) sind, kann der Bilanzanalytiker erwägen, das Gesamtkapital in Höhe der kurzfristigen Finanztitel und flüssigen Mittel zu reduzieren. Damit würde er die Tilgung von Fremdkapital aus diesen Vermögensgegenständen unterstellen.

---

47 Vgl. Abschn. 23 in diesem Kapitel.

423. Mögliche Konkretisierungen der Eigenkapitalquote

Für ein **Beispiel** zur Kennzahl „Eigenkapitalquote" und ihre Bestandteile „Eigenkapital" und „Gesamtkapital" möge der folgende Sachverhalt gelten: Das zu analysierende Unternehmen bilanziere progressiv und habe vom Wahlrecht, Ingangsetzungs- und Erweiterungsaufwendungen (IEA), den derivativen Geschäfts- oder Firmenwert (GoF), das Disagio (D) und aktivische latente Steuern (ALS) zu aktivieren, Gebrauch gemacht. Weitere Sachverhalte, die die Höhe des Eigenkapitals und des Gesamtkapitals unter bilanzanalytischen Gesichtspunkten beeinflussen könnten, lägen nicht vor bzw. wären nicht bekannt. Ausgehend von der **Grundvariante der Eigenkapitalquote:**

$$\text{Eigenkapitalquote}\ (\text{Grundvariante}) = \frac{\text{Eigenkapital}}{\text{Gesamtkapital}}$$

Kennzahl Nr. 02.01.00

ergibt sich dann unter Berücksichtigung der wertmäßigen Entsprechung von Zähler- und Nennergröße eine **Konkretisierung der Eigenkapitalquote** als

$$\text{Eigenkapitalquote} = \frac{\text{Eigenkapital} - \text{IEA} - \text{GoF} - \text{D} - \text{ALS}}{\text{Gesamtkapital} - \text{IEA} - \text{GoF} - \text{D} - \text{ALS}}$$

Kennzahl Nr. 02.01.01

Nach dieser Maßnahme zur Verbesserung der zwischenbetrieblichen Vergleichbarkeit wäre der Bilanzanalytiker in der Lage, das zu analysierende Unternehmen im Hinblick auf seine Bestandsfestigkeit mit Unternehmen zu vergleichen, die die genannten Posten nicht aktiviert, sondern als Aufwand in der Gewinn- und Verlustrechnung verrechnet hätten.

In einem anderen Fall habe ein Unternehmen einen steuerpflichtigen Sonderposten mit Rücklageanteil (SoPo) passiviert, weitere bilanzanalytisch relevante Sachverhalte lägen indes nicht vor bzw. seien dem Bilanzanalytiker nicht bekannt. Es ergibt sich eine unter wirtschaftlichen Gesichtspunkten sinnvolle andere **Konkretisierung der Eigenkapitalquote:**

$$\text{Eigenkapitalquote} = \frac{\text{Eigenkapital} + 60\,\% \text{ des SoPo}}{\text{Gesamtkapital}}$$

Kennzahl Nr. 02.01.02

In diesem Fall ist zu beachten, dass der Nenner der Kennzahl von der Aufteilung des Sonderpostens auf Eigen- und Fremdkapital im Rahmen der Kennzahlenbildung nicht betroffen wird, da sich das Gesamtkapital dadurch nicht verändert.

In einem modifizierten Fall werden zwei Unternehmen verglichen, von denen ein Unternehmen neben einem Sonderposten mit Rücklagenanteil eine Sale-and-lease-back-Maßnahme bei Grundstücken und Bauten (GuB) vorgenommen hat, während das andere Unternehmen seine Grundstücke und Bauten weiterhin im Anlagevermögen führt. Hier sollte die **Eigenkapitalquote** wie folgt modifiziert werden:

$$\text{Eigenkapitalquote} = \frac{\text{Eigenkapital} + 60\ \%\ \text{des SoPo}}{\text{Gesamtkapital} - \text{GuB}}$$

Kennzahl Nr. 02.01.03

Mit dieser „intelligenten" (kreativen) Kennzahl kann der Bilanzanalytiker die Auswirkungen der Sale-and-lease-back-Maßnahme des ersten Unternehmens zwar nicht neutralisieren, er kann aber die zwischenbetriebliche Vergleichbarkeit verbessern, indem das zweite Unternehmen so analysiert wird, als ob es ebenfalls Sale-and-lease-back (d. h. Verkauf der GuB zu Buchwerten und deren Rückmietung sowie Rückzahlung von Verbindlichkeiten aus dem Verkaufserlös) vorgenommen hätte. Der Zähler der Eigenkapitalquote ist in diesem Fall nicht zu korrigieren, da eine Sale-and-lease-back-Maßnahme lediglich zu einer Verminderung der Verbindlichkeiten führt und das Eigenkapital sich nicht verändert.

43 Kreative Kennzahlenbildung am Beispiel der Kennzahl „Eigenkapitalrentabilität"

Die einfachste Form der Eigenkapitalrentabilität (Grundvariante) ist der Quotient aus Jahresergebnis bzw. Jahresfehlbetrag und Eigenkapital.[48] Sie ist ein Indikator dafür, wie effizient das Unternehmen aus der Sicht der Unternehmenseigner gearbeitet hat. Sie kennzeichnet somit die Ertragslage eines Unternehmens. Allerdings ist die Grundvariante der Eigenkapitalrentabilität oft nur begrenzt aussagefähig, weil das Jahresergebnis technisch leicht und betragsmäßig erheblich bilanzpolitisch gestaltet werden kann. Deshalb wird im Folgenden gezeigt, wie Eigenkapitalrentabilitäts-Varianten gebildet werden können, die weniger anfällig für bilanzpolitische Maßnahmen sind. Dabei werden nicht wie im vorherigen Abschnitt konkrete bilanzpolitische Maßnahmen konterkariert, sondern es wird gezeigt, wie Eigenkapitalrentabilitäts-Varianten gebildet werden können, die allgemein resistenter gegen Bilanzpolitik sind als die Grundvariante der Kennzahl.

Das handelsrechtliche Erfolgsspaltungskonzept ist für bilanzanalytische Zwecke häufig ungeeignet, da es teilweise ungenau ist und den grundlegenden bilanzanalytischen Erfolgsspaltungskriterien „Nachhaltigkeit", „Betriebszugehörigkeit" und „Periodenbezogenheit" nicht stringent folgen kann. Außerdem ist aufgrund der unzulänglichen Informationen in den Geschäftsberichten keine verlässliche Erfolgsspaltung mög-

---

48 Vgl. Abschn. 22 in diesem Kapitel.

lich.[49] Aus betriebswirtschaftlicher Sicht ist es daher sinnvoller, statt des Jahresüberschusses bzw. des Jahresfehlbetrages den **ordentlichen Betriebserfolg**[50] als Erfolgsgröße im Zähler der Eigenkapitalrentabilität anzusetzen. Dieses hat den Vorteil, dass nur diejenigen Erfolgsbestandteile berücksichtigt werden, die aus der eigentlichen Geschäftstätigkeit des Unternehmens resultieren. Außerdem ist der ordentliche Betriebserfolg um identifizierbare bilanzpolitische Maßnahmen bereinigt, da der Bewertungserfolg beim bilanzanalytischen Erfolgsspaltungskonzept – soweit möglich – separat ermittelt wird.[51] Aufgrund der betriebswirtschaftlichen Betrachtungsweise sollte bei dieser Kennzahl statt des bilanziellen Eigenkapitals das durchschnittliche wirtschaftliche Eigenkapital (WEK) im Nenner angesetzt werden. Als **wirtschaftliches Eigenkapital** (vgl. Übersicht III-2) bezeichnet man das Kapital, welches dem Unternehmen frei und langfristig zur Verfügung steht.[52]

	Gezeichnetes Kapital
–	Ausstehende Einlagen
+	Rücklagen
±	Gewinnvortrag (+)/Verlustvortrag (–)
±	Jahresüberschuss (+)/Jahresfehlbetrag (–)
+	60 % des Sonderpostens mit Rücklageanteil
+	Mittel- und langfristige Darlehen nicht haftender Gesellschafter
–	Forderungen an Gesellschafter
=	Wirtschaftliches Eigenkapital

Übersicht III-2: *Wirtschaftliches Eigenkapital*[53]

Die Konkretisierung der Eigenkapitalrentabilität mit dem ordentlichen Betriebserfolg im Zähler der Kennzahl und dem durchschnittlichen wirtschaftlichen Eigenkapital im Nenner der Kennzahl wird auch als Betriebserfolgs-Eigenkapitalrentabilität bezeichnet. Sie ergibt sich wie folgt:

$$\text{Eigenkapitalrentabilität (ordentlicher Betriebserfolg)} = \frac{\text{Ordentlicher Betriebserfolg}}{\varnothing \text{ wirtschaftliches Eigenkapital}}$$

Kennzahl Nr. 03.10.02

Wie bereits erläutert, ist der Jahresüberschuss bzw. Jahresfehlbetrag und damit auch die Grundvariante der Eigenkapitalrentabilität relativ leicht durch bilanzpolitische Maßnahmen zu beeinflussen. Weniger beeinflussbar ist hingegen die **Rentabilität auf**

---

49 Vgl. hierzu Kap. II Abschn. 32.

50 Vgl. hierzu Kap. II Abschn. 332.

51 Vgl. GRÄFER, H., Bilanzanalyse, S. 117.

52 Vgl. hierzu ebenfalls Kap. VII Abschn. 432.1.

53 Im Fall eines Konzernabschlusses ist das wirtschaftliche Eigenkapital um konzernspezifische Bestandteile des bilanziellen Eigenkapitals, wie den Ausgleichsposten für Anteile anderer Gesellschafter und den Unterschiedsbetrag aus der Kapitalkonsolidierung, zu ergänzen.

der Basis des Cashflows. Diese ist recht robust gegenüber Bilanzierungsmaßnahmen, da der Cashflow zahlungsorientiert ist und Cashflow-Kennzahlen sich daher durch Bilanzpolitik weniger leicht beeinflussen lassen.[54] Beispielsweise werden Rückstellungsbildung und -auflösung sowie Ab- bzw. Zuschreibungen in der Cashflow-Größe nicht berücksichtigt, da sie nicht zahlungswirksam sind. Bilanzpolitische Gestaltungen, wie die Wahl der Abschreibungsmethode, die Festlegung der Nutzungsdauer oder die Inanspruchnahme des Wahlrechtes zur Bildung von Aufwandsrückstellungen wirken sich in diesem Fall nicht auf die Cashflow-Eigenkapitalrentabilität aus.[55] Bei der Bildung von Cashflow-Rentabilitäten empfiehlt es sich, den Cashflow vor Investitionen zu verwenden, da der Cashflow nach Investitionen häufig so stark schwankt, dass keine aussagefähigen Zeitvergleiche mehr möglich sind.[56] Die Cashflow-Eigenkapitalrentabilität berechnet sich wie folgt:

$$\text{Cashflow-Eigenkapitalrentabilität} = \frac{\text{Cashflow}}{\varnothing \text{ wirtschschaftliches Eigenkapital}}$$

Kennzahl Nr. 03.10.05

Als **Zwischenergebnis** bleibt festzuhalten: Die Grundvarianten von Eigenkapitalquote und Eigenkapitalrentabilität drücken nur sehr allgemein einen Zusammenhang zwischen der Größe im Zähler und der Größe im Nenner der Kennzahl aus. Abhängig von der Fragestellung des Bilanzanalytikers und vom Einzelfall des zu analysierenden Unternehmens, aber auch abhängig von den Vergleichsalternativen, sind zahlreiche Konkretisierungen der Kennzahlenbestandteile denkbar. Wichtig ist bei der Modifikation der Kennzahlen, dass bilanzpolitische Gestaltungen möglichst gut konterkariert werden. Da die Qualität, mit der bilanzpolitische Maßnahmen in einer bestimmten Konkretisierung einer Kennzahl im Einzelfall neutralisiert werden, kaum beurteilt werden kann, werden wir in Kap. VII Abschn. 4 moderne Verfahren der Bilanzanalyse darstellen, mit denen möglichst viele verschiedenartige Konkretisierungen für jede Grundvariante der Kennzahlen anhand eines sehr großen Datensatzes von Jahresabschlüssen gesunder und kranker Unternehmen darauf getestet wurden, welche Konkretisierung zur Früherkennung von Insolvenzen besonders gut geeignet ist.

---

54 Vgl. hierzu Kap. II Abschn. 41.
55 Vgl. HÜLS, D., Früherkennung insolvenzgefährdeter Unternehmen, S. 104 f.
56 Vgl. hierzu Kap. VI Abschn. 337.

5   Interpretation von Kennzahlen

51   Überblick

Die Bildung von Kennzahlen allein lässt noch kein Urteil über die wirtschaftliche Lage eines Unternehmens zu, da ein Maßstab fehlt, an dem die Kennzahl gemessen werden kann. Deshalb bedarf es erstens einer **Hypothese**, ob ein relativ hoher Kennzahlenwert im Hinblick auf das konkret verfolgte Analyseziel als gut oder als schlecht zu beurteilen ist. Zur Beurteilung einer Kennzahl bedarf es zweitens eines **Kennzahlenvergleichs**, denn jede betriebswirtschaftliche Beurteilung setzt einen Vergleich voraus.[57] Ohne Hypothese könnten aufgrund des Vergleiches keine wertenden Aussagen gemacht werden.

Jeder Kennzahl können drei **Vergleichsobjekte** gegenübergestellt werden, die in der Praxis vom Bilanzanalytiker kombiniert eingesetzt werden sollten.[58]

■   Bei einem **Zeitvergleich** wird der ermittelte Ist-Kennzahlenwert eines Unternehmens dem Ist-Wert derselben Kennzahl zu einem anderen Zeitpunkt oder aus einer anderen Periode gegenübergestellt.

■   Bei einem **Betriebsvergleich** wird der ermittelte Ist-Kennzahlenwert dem Ist-Wert eines Unternehmens der gleichen Branche oder einem Ist-Wert der Branche, z. B. dem Durchschnittswert, gegenübergestellt.

■   Bei einem **Soll-Ist-Vergleich** wird dem ermittelten Ist-Kennzahlenwert ein normativer Soll-Wert gegenübergestellt.

52   Der Zeitvergleich

Der **Zeitvergleich** ist als Instrument für die Analyse eines Unternehmens von großer Bedeutung, da sich nur auf diese Weise die (bisherige) Entwicklung eines Unternehmens beurteilen lässt. Der Zeitvergleich hat zudem den Vorteil, dass einmalige oder zufällige, d. h. im Sinne des betriebswirtschaftlichen Erfolgsspaltungskonzeptes außerordentliche Erfolgskomponenten, leichter identifiziert werden können.[59] Der Zeitvergleich hat gegenüber dem Betriebsvergleich den Vorteil, dass Bilanzpolitik, bei der Gewinne oder Verluste in künftige Perioden verlagert werden, aufgedeckt werden kann. Die zur Legung stiller Rücklagen antizipierten Aufwendungen fehlen in den Folgejahren als Aufwandspotential, so dass die stillen Rücklagen wieder – wenn auch zumeist still – aufgelöst werden. Umgekehrt nimmt durch die stille Auflösung stiller Rücklagen, mit denen über eine Reihe von Jahren Verluste oder gar eine Krise des Unternehmens verdeckt werden sollen, die bilanzpolitische Manövriermasse ab, d. h., die Möglichkeit der stillen Auflösung stiller Rücklagen im Jahresabschluss wird aufge-

---

57   Vgl. VODRAZKA, K., Vergleichsrechnungen, Sp. 1997 f.

58   Vgl. GRÄFER, H., Bilanzanalyse, S. 44-48; KÜTING, K./WEBER, C.-P., Die Bilanzanalyse, S. 43-45.

59   Vgl. Kap. II Abschn. 323.

braucht.[60] Dadurch nähert sich die im Jahresabschluss ausgewiesene wirtschaftliche Lage eines Unternehmens mit der Fortdauer einer Unternehmenskrise der tatsächlichen wirtschaftlichen Lage an.

Wesentliche Voraussetzung für die zeitliche Vergleichbarkeit von Jahresabschlüssen ist, dass Bewertungsmethoden stetig ausgeübt werden, so dass gleiche Sachverhalte im Zeitablauf in den Jahresabschlüssen gleich abgebildet werden. Für den handelsrechtlichen Jahresabschluss ist der **Grundsatz der Stetigkeit** in § 252 Abs. 1 Nr. 6 HGB kodifiziert. Vom Stetigkeitsgrundsatz darf indes nach § 252 Abs. 2 HGB in begründeten Ausnahmefällen abgewichen werden. Kapitalgesellschaften müssen **Unstetigkeiten** dann allerdings gemäß § 284 Abs. 2 Nr. 3 HGB erläutern. Für eine quantitative Bilanzanalyse sind die Erläuterungen im Anhang nur geeignet, wenn die Unterschiedsbeträge, die sich aus dem Methodenwechsel ergeben haben, angegeben sowie zusätzlich begründet und erläutert werden. Die Verwendung allgemeingültiger kreativer Kennzahlen ist für den Zeitvergleich eher von geringer Bedeutung, da auf Anhangangaben zurückzuführende Hinzurechnungen oder Kürzungen der Kennzahlenbestandteile für den jeweiligen Analyse- bzw. Vergleichszeitraum vorzunehmen wären und somit die allgemeinen Kreativ-Kennzahlen auf den Vergleich nur geringe Auswirkungen hätten.

Die Zahl der Jahre, die ein Zeitvergleich umfassen soll, lässt sich nicht allgemeingültig angeben. So kann der Bilanzanalytiker eine starke Veränderung eines Kennzahlenwertes bereits bei einem Zwei-Jahres-Vergleich feststellen. Eine schleichende Veränderung kann dagegen erst im Mehr-Jahres-Vergleich oder im sog. Sprungvergleich erkannt werden, bei dem das untersuchte Geschäftsjahr mit einem weiter zurückliegenden Geschäftsjahr verglichen wird und bei dem eine schleichende Veränderung offensichtlich wird.[61] Bewährt hat sich beim Mehr-Jahres-Vergleich ein Fünf-Jahres-Zeitraum. Vor allem den Mehr-Jahres-Vergleich sollte der Bilanzanalytiker graphisch darstellen, da auf diese Weise die Datenfülle übersichtlich wird und Veränderungen unmittelbar erkennbar sind.

53 Der Betriebsvergleich

Bei einem Betriebsvergleich wird der Kennzahlenwert für ein Unternehmen mit dem Kennzahlenwert für ein anderes Unternehmen, das möglichst der gleichen Branche zuzuordnen ist, verglichen. Besonders bei einem Betriebsvergleich besteht das Problem der mangelnden Vergleichbarkeit der Unternehmen. Problematisch ist, dass die Vergleichbarkeit zweier Objekte nur dann gegeben ist, wenn sich alle Merkmale zweier Objekte bis auf ein Merkmal gleichen (**Strukturgleichheit**).[62] In der Realität ist ein Betriebsvergleich schwierig, da Unternehmen selten strukturgleich und demzufolge kaum vergleichbar sind. Der Bilanzanalytiker ist daher gezwungen, mittels der Bil-

---

60 Vgl. BAETGE, J./NIEHAUS, H.-J., Jahresabschlußanalyse, S. 145.

61 Vgl. HAUSCHILDT, J., Erfolgs-, Finanz- und Bilanzanalyse, S. 22 f.

62 Vgl. BAETGE, J./COMMANDEUR, D., Vergleichbar, S. 327.

dung kreativer Kennzahlen die Unternehmen – annähernd – vergleichbar zu machen.[63] Die in den Kennzahlenvergleich einbezogenen Jahresabschlussgrößen sollen auch unter (möglichst) identischen Rahmenbedingungen zustande gekommen sein. Daher sind mögliche Saison- und Konjunktureinflüsse zu eliminieren. Darüber hinaus ist ein Betriebsvergleich nur bei Jahresabschlusszahlen desselben Geschäftsjahres vorzunehmen. Stets problematisch sind daher bei einem Betriebsvergleich abweichende Bilanzstichtage der Unternehmen. Im Idealfall werden im Betriebsvergleich dieselben Geschäftsjahre von Unternehmen verglichen, die auf denselben Märkten mit derselben Technologie tätig sind. In diesem Fall können mit Kennzahlenabweichungen Unwirtschaftlichkeiten und Managementfehler identifiziert werden.

Die wichtigsten **Störquellen für einen Betriebsvergleich** sind:[64]

- Unterschiedliche Branche,
- unterschiedlicher Standort,
- unterschiedliche technische Ausstattung,
- unterschiedliche Produktionstechnik,
- unterschiedliche Produktionstiefe,
- unterschiedliches Produktionsprogramm,
- unterschiedliche Betriebsgröße,
- unterschiedlicher Beschäftigungsgrad,
- unterschiedliche Belegschaftsstruktur und
- unterschiedliche Finanzstruktur.

Auch wenn der Idealfall der Strukturgleichheit in der Realität kaum anzutreffen sein wird, ist der Betriebsvergleich von hoher Bedeutung für die Bilanzanalyse. Denn erst ein Betriebsvergleich zeigt die spezifischen Stärken und Schwächen eines Unternehmens gegenüber dem Wettbewerber und ermöglicht die Frage nach den Ursachen für die Unterschiede.[65]

Der Bilanzanalytiker hat allerdings durchaus die Möglichkeit, Betriebsvergleiche zwischen struktur**un**gleichen Unternehmen vorzunehmen, und zwar mittels spezieller Kennzahlen, die die Strukturunterschiede zwischen den Unternehmen überwinden. So lassen sich Unternehmen unterschiedlicher Branchen miteinander vergleichen. Die Kennzahlenwerte der dabei verwendeten **branchenunabhängigen Kennzahlen** sind für Unternehmen verschiedener Branchen ähnlich ausgeprägt. Unterschiede in den Kennzahlenausprägungen dieser branchenunabhängigen Kennzahlen sind demnach nicht auf die unterschiedlichen Branchen zurückzuführen, in der die betrachteten Unternehmen tätig sind, sondern ergeben sich vielmehr beispielsweise aus dem unterschiedlichen wirtschaftlichen Handeln oder den Managementfähigkeiten der

---

63 Vgl. hierzu Abschn. 41 in diesem Kapitel.

64 Vgl. SCHNETTLER, A., Betriebsvergleich, S. 31-46.

65 Vgl. IHDE, G.-B., Betriebsvergleich, Sp. 580 f.; KALUSSIS, D., Betriebsvergleich, Sp. 684; HAUSCHILDT, J., Erfolgs-, Finanz- und Bilanzanalyse, S. 8 f.

betrachteten Unternehmen. Die Branchenunabhängigkeit einer Kennzahl wurde z. B. für die folgende Kennzahl zur Kapitalbindung eines Unternehmens empirisch nachgewiesen:[66]

$$Kapitalbindung = \frac{\begin{array}{c} \text{Kurzfristige Bankverbindlichkeiten} \\ + \text{ kurzfristige Verbindlichkeiten aus Lieferungen und Leistungen} \\ + \text{ Akzepte } + \text{ kurzfristige sonstige Verbindlichkeiten} \end{array}}{\text{Umsatz}}$$

Kennzahl Nr. 02.22.00

Bei dieser Kennzahl wird das kurzfristige, von Externen dem Unternehmen zur Verfügung gestellte Fremdkapital ins Verhältnis zum Umsatz gestellt. Die Branchenunabhängigkeit dieser Kennzahl begründet sich vor allem dadurch, dass die Größen des Zählers und des Nenners der Kapitalbindung nicht davon abhängen, in welcher Branche ein Unternehmen tätig ist. Sowohl die Höhe des kurzfristigen, dem Unternehmen von Externen zur Verfügung gestellten Fremdkapitals als auch die Höhe des Umsatzes sind keine typischen Merkmale für eine bestimmte Branche. Werden branchenunabhängige Kennzahlentypen bei Betriebsvergleichen von branchenverschiedenen Unternehmen zur Bilanzanalyse eingesetzt, ist zu beachten, dass der Bilanzanalytiker nicht zu ebenso aussagefähigen Urteilen gelangt wie bei branchenbezogenen Vergleichen mit branchenbezogenen Kennzahlen. Branchenabhängige Kennzahlen weisen für bestandsfeste und für bestandsgefährdete Unternehmen deutlich größere Unterschiede auf als branchenunabhängige (branchenübergreifende) Kennzahlen,[67] weshalb sie bei einer branchenbezogenen Bilanzanalyse deutlich differenziertere Aussagen über den Grad des Bestandsrisikos eines Unternehmens erlauben als branchenübergreifende Kennzahlen. Wie bereits oben erläutert wurde, sind aber branchenabhängige Kennzahlen für Vergleiche von Unternehmen verschiedener Branchen nur bedingt bzw. nicht geeignet.

Zum Betriebsvergleich zählt auch der sog. **Branchenvergleich**, bei dem der zu analysierende Kennzahlenwert entweder mit dem Durchschnitt von ausgewählten, repräsentativen Unternehmen derselben Branche oder mit dem Branchendurchschnitt insgesamt verglichen wird, z. B. auf der Basis von Erhebungen der Deutschen Bundesbank oder des Statistischen Bundesamtes. Ein Branchenvergleich unterstellt eine Homogenität und damit eine Vergleichbarkeit der einbezogenen Unternehmen, die in der Realität allerdings niemals vollständig gegeben ist.[68] Abgesehen von der Schwierigkeit, repräsentative Unternehmen auszuwählen, ist bei einem Branchenvergleich anstelle eines Vergleiches mit einem bestimmten Wettbewerbsunternehmen zu beachten, dass mit der Bildung eines Branchendurchschnitts ein Informationsverlust ein-

---

66 Vgl. LINSSEN, T., Anforderungen an eine branchenbezogene Jahresabschlußanalyse, S. 37 f.

67 Vgl. LINSSEN, T., Anforderungen an eine branchenbezogene Jahresabschlußanalyse, S. 38 f., der als branchenabhängige Kennzahl den Umschlagkoeffizienten „Roh-, Hilfs- und Betriebsstoffe/Gesamtleistung" empirisch nachweist.

68 Vgl. KALUSSIS, D., Betriebsvergleich, Sp. 687.

hergeht und die Durchschnittsbildung zu einer Nivellierung von Unterschieden führt. Dies hat zur Konsequenz, dass der tatsächliche Abstand des analysierten Unternehmens zur Branchenspitze nicht erkannt wird, es sei denn, man vergleicht das zu analysierende Unternehmen mit dem oberen Dezilwert oder dem oberen Quartilswert der Branche. Unter dem oberen (unteren) Dezilwert versteht man den Durchschnittswert der Kennzahl, der sich für die 10 % der besten (schlechtesten) Branchenunternehmen ergibt; beim oberen (unteren) Quartilswert wird der Durchschnitt für diese Kennzahl der 25 % besten (schlechtesten) Branchenunternehmen ermittelt. Beim Vergleich mit den besten Wettbewerbern (Benchmarking bzw. best practice)[69] erhält der Bilanzanalytiker einen Eindruck von den spezifischen Stärken und Schwächen eines Unternehmens im Vergleich zu seinen direkten Konkurrenten.[70] „**Benchmarking**" ist ein Konzept der **Konkurrentenanalyse**, bei dem Strategien, Produkte, Prozesse und Methoden mehrerer Unternehmen verglichen werden, um auf diese Weise Unterschiede und Verbesserungspotentiale herauszufinden. Ziel des Benchmarking ist, die eigene Leistung durch Orientierung an den jeweiligen Bestleistungen (best practices) innerhalb, aber auch außerhalb der eigenen Branche zu verbessern.[71] Grundsätzlich können Branchenvergleiche den Bilanzanalytiker bei Abweichungen von Branchenwerten zu weiteren Fragestellungen anregen.

Der Bilanzanalytiker muss sich bei einem Betriebsvergleich und einem Zeitvergleich stets bewusst sein, dass es sich dabei im SCHMALENBACHschen Sinne um einen Vergleich von „Schlendrian mit Schlendrian"[72] handelt, weil hier Ist-Ist-Vergleiche vorgenommen werden. Dennoch darf der Ist-Ist-Vergleich nicht abgelehnt werden, da er dem Bilanzanalytiker wertvolle Hinweise für eine weitere Ursachenforschung bzw. Abweichungsanalyse gibt.[73] Das gilt vor allem, wenn ein Unternehmen neben dem Zeitvergleich auch mit den 10 % der Besten seiner Branche verglichen wird. Die oberen Dezilwerte sind keine Schlendrian-Vergleichswerte, sondern „Benchmarks" im Sinne von best practices.

54   Der Soll-Ist-Vergleich

Wenn möglich, sollte der Ist-Ist-Vergleich in Form des Zeitvergleichs oder Betriebsvergleichs um einen **Soll-Ist-Vergleich** ergänzt werden.[74] Den Sollwert für die untersuchte Kennzahl kann der Bilanzanalytiker entweder induktiv aus empirisch getesteten Kennzahlen (z. B. oberen Dezilen) oder – soweit möglich – deduktiv aus den Unternehmenszielen ableiten. So haben empirische Untersuchungen im verarbeitenden

---

69 Vgl. HEINRICH, L. J., Informationsmanagement, S. 516-526; BACKHAUS, K., Industriegütermarketing, S. 195-199 sowie grundlegend CAMP, R. C., Benchmarking und WATSON, G. H., Benchmarking.

70 Vgl. HAUSCHILDT, J., Erfolgs-, Finanz- und Bilanzanalyse, S. 103.

71 Vgl. m. w. N. BACKHAUS, K., Industriegütermarketing, S. 195.

72 SCHMALENBACH, E., Kostenrechnung und Preispolitik, S. 447.

73 Vgl. BALLWIESER, W., Bilanzanalyse, Sp. 216 f.

74 Vgl. IHDE, G.-B., Betriebsvergleich, Sp. 581.

Gewerbe oder in der Industrie gezeigt, dass eine durchschnittliche Eigenkapitalquote von 25 % die betreffenden Unternehmen i. S. d. Unternehmensziels „Verdienstquelle sichern" als recht bestandsfest kennzeichnet.[75] Sofern die finanziellen Unternehmensziele in den Geschäftsberichten quantifiziert werden, lassen sich Norm-Sollwerte für Kennzahlen ermitteln. Solche quantitativen Angaben über die Untergrenzen der Unternehmensziele finden sich zunehmend, aber leider noch zu wenig in Geschäftsberichten deutscher Unternehmen. Teilweise finden sich entsprechende Angaben z. B. im Bericht des Vorstandsvorsitzenden oder im sog. Prognosebericht, der als Teil des (Konzern-)Lageberichtes nach § 289 Abs. 2 Nr. 2 HGB bzw. § 315 Abs. 2 Nr. 2 HGB aufzustellen ist. So wird im Geschäftsbericht 2002 der HENKEL KGAA angegeben, dass bis zum Jahr 2005 eine Umsatzrendite vor Steuern in Höhe von 10 % und eine Rendite auf das eingesetzte Kapital vor Steuern in Höhe von 17 % erzielt werden soll.[76] Die DIS AG nennt in ihrem Geschäftsbericht 2002 die Erhöhung der EBIT-Marge (Ergebnis vor Zinsen und Steuern in Relation zu den Umsatzerlösen) auf 10 % als strategisches Ziel.[77] Einen Sollwert für das **finanzielle Ziel „Geld verdienen"** kann der Bilanzanalytiker aber auch aus Marktdaten ableiten, indem er z. B. die langfristige Rendite risikoloser Anlagen auf dem Kapitalmarkt (Umlaufrendite), z. B. 5,5 %, zuzüglich eines festzulegenden Risikoaufschlages[78], z. B. 4,5 %-Punkte, als Sollwert für die Eigenkapitalrendite (10 %) angibt. Neben dem Ziel „Geld verdienen" ist das weitere **finanzielle Ziel „Verdienstquelle sichern"** für den Bilanzanalytiker von großer Bedeutung. Deutsche Vorstände geben in den Geschäftsberichten Kennzahlenwerte für diesen Teil der finanziellen Zielsetzung, z. B. für die erstrebte Mindesteigenkapitalquote oder für den erstrebten maximalen Verschuldungsgrad, nur sehr selten an. Zu den positiven Ausnahmen gehören die BASF AG, die RWE AG und die DIS AG. Die BASF AG berichtet beispielsweise in ihrem Geschäftsbericht 2002 über das Ziel, eine Eigenkapitalquote von etwa 40 % erreichen zu wollen.[79] Die RWE AG gibt an, die Nettofinanzschulden auf unter 24 Mrd. EUR senken zu wollen,[80] während die DIS AG eine Verringerung des Net Working Capital in den negativen Bereich anstrebt.[81]

---

75 Vgl. m. w. N. NIEHAUS, H.-J., Früherkennung von Unternehmenskrisen, S. 78; BAETGE, J., Möglichkeiten der Früherkennung negativer Unternehmensentwicklungen, S. 792-799.

76 Vgl. HENKEL KGAA (Hrsg.), Geschäftsbericht 2002, S. 45.

77 Vgl. DIS AG (Hrsg.), Geschäftsbericht 2002, S. 45.

78 Theoretisch richtig wäre die Festlegung des Risikozuschlages für das systematische Risiko anhand der Volatilität der Unternehmenswerte; vgl. PERRIDON, L./STEINER, M., Finanzwirtschaft der Unternehmung, S. 290. Zur Problematik der Ermittlung des Risikozuschlages aus den volatilen Unternehmenswerten vgl. BAETGE, J./KRAUSE, C., Die Berücksichtigung des Risikos bei der Unternehmensbewertung, S. 433-456; BAETGE, J./NIEMEYER, K./KÜMMEL, J., Darstellung der Discounted-Cashflow-Verfahren, S. 286-312; MANDL, G./RABEL, K., Unternehmensbewertung, S. 226-235.

79 Vgl. BASF AG (Hrsg.), Geschäftsbericht 2002, S. 13.

80 Vgl. RWE AG (Hrsg.), Geschäftsbericht 2002, S. 29.

81 Vgl. DIS AG (Hrsg.), Geschäftsbericht 2002, S. 45.

In der Betriebswirtschaftslehre werden außerdem immer wieder normative Sollwerte bzw. Bilanznormen wie die sog. „**Goldene Bilanzregel**"[82] angegeben. So ist nach der „Goldenen Bilanzregel" das Anlagevermögen mindestens durch das (wirtschaftliche) Eigenkapital und durch langfristiges Fremdkapital zu finanzieren. Die „**Goldene Finanzierungsregel**" verlangt, dass das langfristig im Unternehmen gebundene Vermögen (Anlagevermögen und dauernd gebundenes Umlaufvermögen) mindestens durch langfristig zur Verfügung stehendes Kapital (Eigen- und langfristiges Fremdkapital) gedeckt wird. Diese „Goldenen Deckungsregeln" verlangen nach dem Grundsatz der Fristenkongruenz, dass das langfristig gebundene Vermögen durch langfristig zur Verfügung stehendes Kapital gedeckt ist, und die künftige Liquidität des Unternehmens somit gesichert ist. Dabei wird aber z. B. vernachlässigt, dass innerhalb der Bilanzposten unterschiedliche Fristen bestehen. Der Bilanzanalytiker sollte daher bei der Verwendung solcher Bilanznormen für einen Soll-Ist-Vergleich vorsichtig sein.

6 Kennzahlenbildung und Kennzahleninterpretation bei IFRS-Abschlüssen

Der Einsatz von bilanzpolitischen Maßnahmen hat sich im Zuge der Internationalisierung der Rechnungslegung nicht vermindert. In einer Analyse im Jahr 2003 wurden bei einer Vielzahl deutscher DAX-30-Unternehmen, die nach den Regelungen des IASB oder nach U. S. GAAP bilanzieren, bilanzpolitische Maßnahmen festgestellt, die einen erheblichen Einfluss auf die Vermögens-, Finanz- und Ertragslage dieser Unternehmen hatten.[83] Nachfolgend werden die wesentlichen bilanzpolitischen Maßnahmen, die bei einer Rechnungslegung nach IFRS möglich sind, gezeigt. In diesem Zusammenhang werden ausschließlich die Instrumente der Bilanzpolitik erläutert, die sich dem Bilanzierenden aus den Regelungen des IASB eröffnen und über die Maßnahmen der Bilanzpolitik in einem handelsrechtlichen Abschluss hinausgehen. Vor allem die im Folgenden dargestellten Bewertungswahlrechte sowie die faktischen Wahlrechte ermöglichen es dem Bilanzierenden, den Abschluss und die Abschlussinformationen bewusst und bilanzpolitisch motiviert zu gestalten. Die Auswirkungen dieser bilanzpolitischen Maßnahmen auf die kreative Kennzahlenbildung wird wiederum an den Kennzahlen „Eigenkapitalquote" und „Eigenkapitalrentabilität" gezeigt.

Die in diesem Kapitel in Abschn. 3 dargestellten sachverhaltsgestaltenden Maßnahmen sind nicht spezifisch für bestimmte Bilanzierungsvorschriften, sondern werden in allen Rechnungslegungssystemen beobachtet. Sie können bei einer Bilanzierung nach den Regelungen des IASB ebenso angewendet werden, wie bei einer Bilanzierung nach deutschem Handelsrecht.

Während **Ansatzwahlrechte** in den IFRS nicht existieren, gibt es in folgenden Bereichen einige bilanzpolitisch bedeutsame **Bewertungswahlrechte**:[84]

---

82 Vgl. hierzu Kap. V Abschn. 32.

83 Vgl. DÖHLE, P./PAPENDICK, U., Die Blendwerk AG, S. 128-138.

■ Neubewertung von Vermögenswerten des Sachanlagevermögens gemäß IAS 16 und des immateriellen Anlagevermögens gemäß IAS 38,

■ erfolgswirksame oder erfolgsneutrale Erfassung von Wertänderungen bei der Folgebewertung von Finanzinstrumenten nach IAS 39 und

■ Neubewertung von Finanzimmobilien (Investment Properties) gemäß IAS 40.

Vermögenswerte des Sachanlagevermögens und immaterielle Vermögenswerte dürfen gemäß IAS 16.31 bzw. IAS 38.71 nach der **Neubewertungsmethode** mit dem beizulegenden Wert abzüglich der bis zum Bilanzstichtag kumulierten planmäßigen und außerplanmäßigen Abschreibungen angesetzt werden, auch wenn dieser über den Anschaffungs- bzw. Herstellungskosten liegt.[85] Die Neubewertung zum Bilanzstichtag kann dabei zu einem im Vergleich mit dem Buchwert höheren oder niedrigeren Ansatz führen und ist hinsichtlich ihrer Ergebniswirkung teils erfolgsneutral und teils erfolgswirksam. Eine erfolgserhöhende Erfassung in der GuV findet nur statt, wenn eine bei einer früheren Neubewertung erfasste Abwertung rückgängig gemacht wird. Geht die Werterhöhung darüber hinaus, wird sie erfolgsneutral in eine im Eigenkapital auszuweisende Neubewertungsrücklage eingestellt. Vermindert sich der Wert aus der Neubewertung, wird die Abwertung zunächst erfolgsneutral mit der Neubewertungsrücklage verrechnet, der darüber hinausgehende Teil wird als Aufwand in der GuV erfasst. Bei der kreativen Kennzahlenbildung sollte der Bilanzanalytiker wie folgt vorgehen: Das Eigenkapital und das Gesamtkapital sollten um eine eventuell bestehende Neubewertungsrücklage gemindert werden.

In diesem Fall würde bei der Bildung der Eigenkapitalquote unterstellt, dass eine Neubewertung nicht stattgefunden hätte. So wäre die Eigenkapitalquote eines anderen (einen IFRS-Abschluss erstellenden) Unternehmens, das keine Neubewertung des Sachanlagevermögens vorgenommen hat, mit der des neubewerteten Unternehmens vergleichbar. Bei der Berechnung der Eigenkapitalrentabilität sollten etwaige positive Ergebnisauswirkungen der Neubewertungsmethode aus dem Jahresergebnis eliminiert werden, um das zu analysierende Unternehmen mit Unternehmen vergleichen zu können, die die Neubewertungsmethode nicht anwenden. Zur Zeit wenden indes nur sehr wenige Unternehmen die Neubewertungsmethode an.[86] Negative Ergebnisauswirkungen sollten nicht eliminiert werden, da eine Wertminderung eines Vermögenswerts unter den Buchwert bei Unternehmen, die die Neubewertungsmethode nicht anwenden, über den Impairmenttest nach IAS 36 berücksichtigt wird. Bei Wertminderungen ist also eine Vergleichbarkeit auch ohne entsprechende Anpassungen durch den Bilanzanalytiker gegeben.

---

84 Vgl. KIRSCH, H.-J./DOHRN, M., in: Baetge/Kirsch/Thiele, § 308 HGB, Rn. 512.

85 Zur Ausgestaltung der Neubewertungsmethode vgl. BAETGE, J./KIRSCH, H.-J./THIELE, S., Bilanzen, S. 251-253.

86 Vgl. KEITZ, I. VON, IASB-Rechnungslegung, S. 49; KÜTING K./DAWO, S., Bilanzpolitische Gestaltungspotenziale, S. 1207.

Finanzinstrumente werden gemäß IAS 39.9 den folgenden vier Kategorien finanzieller Vermögenswerte und Schulden zugeordnet:[87]

(a) erfolgswirksam zum beizulegenden Zeitwert bewertete finanzielle Vermögenswerte und finanzielle Schulden (financial asset or financial liability at fair value through profit or loss),

(b) bis zur Endfälligkeit zu haltende Finanzinvestitionen (held-to-maturity investments),

(c) Kredite und Forderungen (loans and receivables), und

(d) zur Veräußerung verfügbare finanzielle Vermögenswerte (available-for-sale financial assets).

In die Kategorie (a) sind neben den zu Handelszwecken gehaltenen finanziellen Vermögenswerten und finanziellen Schulden die finanziellen Vermögenswerte und finanziellen Schulden einzuordnen, die vom Bilanzierenden nach dem neuen Bewertungswahlrecht als erfolgswirksam zum beizulegenden Zeitwert zu bilanzieren designiert wurden (Fair Value Designationswahlrecht[88]).[89] Das Fair Value Designationswahlrecht gestattet, Finanzinstrumente zu bestimmen (designieren), die erfolgswirksam zum beizulegenden Zeitwert bewertet werden.[90] Der beizulegende Zeitwert ist dann bei der Erst- und Folgebewertung der relevante Bewertungsmaßstab.[91] Erhöhungen des beizulegenden Zeitwerts sind ebenso erfolgswirksam zu erfassen wie Wertminderungen. Das Fair Value Designationswahlrecht besteht indes nur im Zeitpunkt der erstmaligen Erfassung eines Finanzinstruments. Wird ein Finanzinstrument als erfolgswirksam zum beizulegenden Zeitwert zu bilanzieren designiert und damit in die Kategorie der erfolgswirksam zum beizulegenden Zeitwert zu bewertenden Finanzinstrumente eingeordnet, dann ist diese Kategorisierung gemäß IAS 39.50 nachfolgend beizubehalten.

Der Kategorie (d), zur Veräußerung verfügbare finanzielle Vermögenswerte, sind die Vermögenswerte zuzuordnen, die als zur Veräußerung verfügbar designiert werden (available-for-sale Designationswahlrecht).[92] Ein entsprechendes Wahlrecht, finanzi-

---

87 Vgl. nachfolgend ausführlich BRÖTZMANN, I., Bilanzierung güterwirtschaftlicher Sicherungsbeziehungen, S. 65-82; DOHRN, M., Entscheidungsrelevanz des Fair Value-Accounting, S. 133-153; NIEMEYER, K., Bilanzierung von Finanzinstrumenten, S. 71-93.

88 Das mit IAS 39 (Dezember 2003) vom IASB nach dem Standard Setting Process erst kürzlich verabschiedete neue Fair Value Designationswahlrecht für alle Finanzinstrumente wird vom IASB zur Zeit erneut überdacht. Laut Exposure Draft „The Fair Value Option" soll das Fair Value Designationswahlrecht auf bestimmte Gruppen von Finanzinstrumenten beschränkt werden.

89 Neben den im Folgenden diskutierten expliziten Designationswahlrechten gibt es im Bereich der Klassifizierung von Finanzinstrumenten weitere faktische Wahlrechte, die einen Einfluss auf die Aussagefähigkeit bestimmter Kennzahlen haben können. Diese faktischen Wahlrechte bei der Bilanzierung von Finanzinstrumenten werden später in diesem Abschnitt dargestellt.

90 Zum ED IAS 39 vgl. KROPP, M./KLOTZBACH, D., Exposure Draft zu IAS 39, S. 1022-1025; PAPE, J./BOGAJEWSKAJA, J./BORCHMANN, T., Financial Instruments, S. 223-225. Zu Ausnahmen vom Fair Value Designationswahlrecht vgl. IAS 39.9, 39.46(c), IAS 39 AG80 f.

91 Vgl. IAS 39.46.

elle Vermögenswerte als zur Veräußerung verfügbar zu designieren, besteht bei finanziellen Vermögenswerten mit festen oder bestimmbaren Zahlungen. Dieses Wahlrecht kann indes nur im Zeitpunkt der erstmaligen Erfassung ausgeübt werden. Finanzielle Vermögenswerte, die als zur Veräußerung verfügbare finanzielle Vermögenswerte kategorisiert werden, sind ebenso wie finanzielle Vermögenswerte, bei denen das Fair Value Designationswahlrecht ausgeübt wird, mit dem beizulegenden Zeitwert zu bewerten. Indes sind Änderungen des beizulegenden Zeitwertes bei finanziellen Vermögenswerten der Kategorie „zur Veräußerung verfügbare finanzielle Vermögenswerte" nicht erfolgswirksam, sondern erfolgsneutral zu erfassen.[93]

Durch das Fair Value Designationswahlrecht und das available-for-sale Designationswahlrecht besteht für den Bilanzierenden die Möglichkeit, Wertänderungen des beizulegenden Zeitwertes von finanziellen Vermögenswerten alternativ erfolgswirksam über die GuV oder erfolgsneutral im Eigenkapital zu berücksichtigen. Um dem Bilanzanalytiker einen Vergleich zwischen Unternehmen zu ermöglichen, die dieses Bewertungswahlrecht unterschiedlich ausüben, sollten auch hier entsprechende kreative Kennzahlen gebildet werden. Das Wahlrecht, Wertschwankungen entweder erfolgswirksam oder erfolgsneutral im Eigenkapital zu verrechnen, hat keine Auswirkung auf die Kennzahl „Eigenkapitalquote", da das Eigenkapital in beiden Fällen um den gleichen Betrag geändert wird. Es hat dagegen eine erhebliche Auswirkung auf die zwischenbetriebliche Vergleichbarkeit der Kennzahl „Eigenkapitalrentabilität". Hier sollte der Bilanzanalytiker alle erfolgsneutral im Eigenkapital erfassten Wertschwankungen bei der Ermittlung des Kennzahlenbestandteiles „Jahresergebnis" hinzurechnen (Wertzunahme) bzw. abziehen (Wertabnahme). Auf diese Weise würden alle Unternehmen, die Finanzinstrumente als „zur Veräußerung verfügbar" klassifiziert haben, so dargestellt, als ob sie Wertschwankungen ergebniswirksam in der GuV erfasst hätten. Der Nenner der Kennzahl „Eigenkapitalrentabilität" (das Eigenkapital) ist hingegen nicht anzupassen, da das Eigenkapital unabhängig von der Erfolgswirksamkeit der Wertänderung bereits geändert wurde und die zwischenbetriebliche Vergleichbarkeit so gegeben ist.

Des Weiteren kann durch das Fair Value Designationswahlrecht jeder finanzielle Vermögenswert, der ansonsten in die Kategorie (b), bis zur Endfälligkeit zu haltende Finanzinvestition, oder in die Kategorie (c), Kredite und Forderungen, einzuordnen und zu (fortgeführten) Anschaffungskosten zu bewerten wäre, wahlweise zum beizulegenden Zeitwert bewertet werden. Um Unternehmen, die das Fair Value Designationswahlrecht unterschiedlich ausüben, anhand der Kennzahl „Eigenkapitalquote" besser vergleichen zu können, sollte der Bilanzanalytiker die Differenz zwischen An-

---

92 Des Weiteren sind all jene finanziellen Vermögenswerte als zur Veräußerung verfügbar zu kategorisieren, die in keine der anderen drei Kategorien eingeordnet werden, vgl. IAS 39.10. Vgl. auch NIEMEYER, K., Bilanzierung von Finanzinstrumenten, S. 89.

93 Das in IAS 39 (2000) bestehende Wahlrecht, Wertänderungen von als zur Veräußerung verfügbar kategorisierten Finanzinstrumenten erfolgsneutral oder erfolgswirksam zu erfassen, wurde mit IAS 39 (2003) abgeschafft. Vgl. IAS 39 IN17 (2003); IAS 39.55 (b) (2003); IAS 39.103 (b) (2000); PAPE, J./BOGAJEWSKAJA, J./BORCHMANN, T., Financial Instruments, S. 224.

schaffungskosten und beizulegendem Zeitwert der zu Anschaffungskosten bilanzierten finanziellen Vermögenswerte im Zähler zum Eigenkapital und im Nenner zum Gesamtkapital addieren. Dies ist grundsätzlich möglich, da gemäß IAS 32.86 der beizulegende Zeitwert für jede Gruppe von finanziellen Vermögenswerten separat anzugeben ist.

IAS 40 regelt die Bilanzierung von sog. **Finanzimmobilien** (investment properties). Bei Finanzimmobilien handelt es sich um Immobilien, die gehalten werden, um Miet- oder Pachterträge und/oder eine Wertsteigerung des eingesetzten Kapitals zu erzielen. Die Immobilien dienen somit allein der Finanzanlage und sind weder unmittelbar noch mittelbar in den betrieblichen Leistungserstellungsprozess eingebunden.[94] Nach IAS 40.30 hat der Bilanzierende das Wahlrecht, Finanzimmobilien bei der Folgebewertung nicht mit den fortgeführten Anschaffungs- bzw. Herstellungskosten nach dem cost model des IAS 16, sondern zum beizulegenden Zeitwert zu bewerten. Dabei sind positive und negative Erfolgsbeiträge aus der Bewertung sofort erfolgswirksam in der GuV zu erfassen. Obwohl der beizulegende Zeitwert im Vergleich zu den historischen Kosten den marktnäheren und damit relevanteren Wertmaßstab darstellt, ergeben sich bei einer Immobilie regelmäßig Probleme hinsichtlich der Zuverlässigkeit des beizulegenden Zeitwertes.[95] Zum einen wird mit diesem Wertmaßstab die Volatilität des Immobilienmarktes in die Bilanz und GuV des bilanzierenden Unternehmens übertragen. Zum anderen ist es schwierig, den beizulegenden Zeitwert einer Immobilie zu bestimmen, da Immobilien nicht auf aktiven Märkten gehandelt werden. Der beizulegende Zeitwert einer Immobilie ist daher durchgängig mit Hilfe von Immobilienbewertungsverfahren[96] zu schätzen.

Unternehmen, die das Wahlrecht des IAS 40 in Anspruch nehmen und ihre Finanzimmobilien zum beizulegenden Zeitwert bewerten, sind nicht mehr mit Unternehmen vergleichbar, die ihre Finanzimmobilien mit den fortgeführten Anschaffungsbzw. Herstellungskosten bilanzieren. Wird die Finanzimmobilie zum beizulegenden Zeitwert bewertet, erhält der externe Bilanzanalytiker keine Informationen darüber, welcher Wertansatz sich ergeben hätte, wenn die Finanzimmobilie zu fortgeführten Anschaffungskosten bewertet worden wäre. Im umgekehrten Fall, nämlich wenn die Finanzimmobilie zu fortgeführten Anschaffungskosten bewertet wird, kennt der Bilanzanalytiker nicht den beizulegenden Zeitwert der Immobilie. Um zwei Unternehmen, die das Wahlrecht bei der Folgebewertung von Finanzimmobilien unterschiedlich ausgeübt haben, besser miteinander vergleichen zu können, sind die Finanzimmobilien bei der kreativen Kennzahlenbildung aus den Kennzahlen herauszurechnen. So sollte der Bilanzanalytiker i. S. d. zwischenbetrieblichen Vergleichbarkeit Finanzimmobilien bei der Ermittlung der Eigenkapitalquote vom Eigenkapital und

---

94   Vgl. ZÜLCH, H., Die Bilanzierung von Investment Properties, S. 16 f.

95   Vgl. ZÜLCH, H., Die Bilanzierung von Investment Properties, S. 13.

96   Zur Ermittlung des beizulegenden Zeitwerts einer Immobilie vgl. ausführlich ZÜLCH, H., Die Bilanzierung von Investment Properties, S. 201-334.

vom Gesamtkapital subtrahieren. Bei der Berechnung der Eigenkapitalrentabilität sollten auch hier die Erfolgsauswirkungen der Neubewertungsmethode korrigiert werden.

Die Vergleichbarkeit von IFRS-Abschlüssen wird indes nicht allein durch bilanzielle Wahlrechte gestört, die dem Bilanzierenden explizit in einem Standard eingeräumt werden. Die IFRS eröffnen darüber hinaus verschiedene **faktische Wahlrechte**. Faktische Wahlrechte resultieren daraus, dass die IFRS den Einzelfall anhand detaillierter Tatbestandsmerkmale regeln. So ist ein Sachverhalt nur dann entsprechend einer bestimmten IFRS-Regelung zu bilanzieren, wenn der betrachtete Sachverhalt die in der IFRS-Regelung vorgegebenen Voraussetzungen, sog. Tatbestandsmerkmale, erfüllt. Die einzelnen Tatbestandsmerkmale einer Regelung sind also als Kriterienkatalog zu verstehen, dessen Kriterien erfüllt sein müssen, damit die betrachtete Regelung auf den Sachverhalt anzuwenden ist. Die Unternehmensleitung hat zu beurteilen, ob ein Sachverhalt die Tatbestandsmerkmale einer Regelung erfüllt, woraus sich ein erheblicher Spielraum für Bilanzpolitik ergibt. In vielen Fällen lassen sich nämlich durch Nutzen von Ermessensspielräumen sowie bilanzpolitisch motivierte Sachverhaltsgestaltungen die Tatbestandsmerkmale einer Regelung relativ leicht erfüllen bzw. nicht erfüllen, so dass sich die von der Unternehmensleitung gewünschte Bilanzierungsalternative realisieren lässt.[97] Der Bilanzierende hat folglich bei einem faktischen Wahlrecht nicht die explizite Wahl zwischen verschiedenen alternativen Handlungsmöglichkeiten, sondern sie ergeben sich implizit aus den Rechnungslegungsnormen durch den Einsatz von Ermessensspielräumen und Sachverhaltsgestaltungen als rechnungslegungspolitische Instrumente.[98]

Aufgabe einer Rechnungslegungsvorschrift ist es im Allgemeinen, die Realität im Jahresabschluss abzubilden. Dementsprechend wird in IAS 1.13 vermutet, dass die Beachtung sämtlicher IFRS zu einem Abschluss führt, der ein den tatsächlichen Verhältnissen entsprechendes Bild der Vermögens-, Finanz- und Ertragslage darstellt. Grundsätzlich soll der im Unternehmen angefallene Geschäftsvorfall die Grundlage der Bilanzierung bilden. Ausgehend davon ist es die Aufgabe des Bilanzierenden, den Geschäftsvorfall so im Abschluss abzubilden, dass ein tatsächliches Bild der wirtschaftlichen Lage des Unternehmens vermittelt wird. Die **Wirkungsweise eines faktischen Wahlrechtes** ist indes umgekehrt. Im Fall eines faktischen Wahlrechtes ergibt sich nämlich aus den detaillierten Tatbestandsmerkmalen einer IFRS-Regelung ein Anreiz zur bilanzpolitisch motivierten Sachverhaltsgestaltung. Das tatsächliche rechtliche und wirtschaftliche Handeln richtet sich somit danach, wie der Sachverhalt im Jahresabschluss abgebildet werden soll. Kurz: Die Regelung beeinflusst das Handeln! Die Wirkungsweise eines faktischen Wahlrechtes wird anhand der folgenden Übersicht nochmals verdeutlicht.

---

97 Vgl. KIRSCH, H.-J./HEPERS, L., in: Baetge/Kirsch/Thiele, § 300 HGB, Rn. 507; ZIESEMER, S., Rechnungslegungspolitik in IAS-Abschlüssen, S. 7.

98 Vgl. ZIESEMER, S., Rechnungslegungspolitik in IAS-Abschlüssen, S. 6.

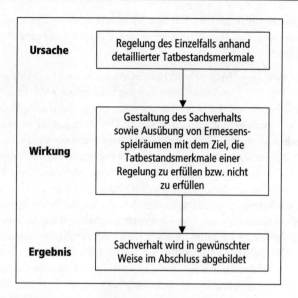

Übersicht III-3:   *Wirkungsweise faktischer Wahlrechte*

Wesentliche faktische Wahlrechte bestehen u. a. bei

- der Aktivierung von Entwicklungskosten gemäß IAS 38,
- der Bilanzierung von Finanzinstrumenten gemäß IAS 39 und
- der Folgebewertung des Goodwill gemäß IFRS 3 i. V. m. IAS 36.

Entwicklungskosten sind gemäß IAS 38 als immaterieller Vermögenswert zu aktivieren, wenn der Nachweis eines mit dem Vermögenswert verbundenen wahrscheinlichen künftigen wirtschaftlichen Nutzens möglich ist.[99] Dazu sind indes gemäß IAS 38.57 die folgenden sechs Kriterien kumulativ zu erfüllen:

(a) Gegebene **technische Möglichkeiten**, den immateriellen Vermögenswert zu vollenden, so dass er genutzt oder verkauft werden kann;

(b) die **Absicht**, den immateriellen Vermögenswert zu vollenden und diesen zu nutzen oder zu verkaufen;

(c) die **Fähigkeit**, den immateriellen Vermögenswert zu **nutzen** oder zu **verkaufen**;

(d) die **Art und Weise**, wie der immaterielle Vermögenswert künftigen wirtschaftlichen Nutzen generieren wird, ist geklärt;

(e) die **Verfügbarkeit** ausreichender technischer, finanzieller und anderer **Ressourcen**, um die Entwicklung zu vollenden und den immateriellen Vermögenswert zu nutzen oder zu verkaufen und

---

99   Vgl. HÖMBERG, R./KÖNIG, M., in: Baetge/Kirsch/Thiele, § 248 HGB, Rn. 528.

(f) die Fähigkeit des bilanzierenden Unternehmens, die **Aufwendungen**, die dem immateriellen Vermögenswert während der Entwicklung zuzurechnen sind, **zuverlässig zu messen**.

Diese Regelung des IAS 38 überlässt dem Bilanzierenden kein explizites Wahlrecht zur Aktivierung der Entwicklungskosten, zwingt ihn indes auch nicht zu dem Versuch, den Nachweis für die Erfüllung der Kriterien zu erbringen.[100] Außerdem hat der Bilanzierende die Möglichkeit, die Kriterienerfüllung zu gestalten. Der Bilanzierende hat darüber hinaus durch die subjektive Auslegung der Kriterien einen erheblichen Ermessensspielraum, so dass durch bestehende Subsumtionsspielräume wirtschaftlich gleichartige Sachverhalte unterschiedlich ausgelegt werden können.[101] Damit besteht ein faktisches Wahlrecht zur Aktivierung von Entwicklungskosten, das dazu führt, dass das Unternehmen frei entscheiden kann, ob es Entwicklungskosten aktiviert oder nicht.[102] Vor diesem Hintergrund ergab eine im Jahr 2003 durchgeführte Analyse der Konzernabschlüsse von 100 deutschen Unternehmen, dass vor allem Unternehmen mit einer vergleichsweise schlechten Umsatzrendite selbst erstellte immaterielle Vermögenswerte aktiviert haben.[103] Der Bilanzanalytiker sollte daher im Sinne einer zwischenbetrieblichen Vergleichbarkeit bei der Berechnung der Eigenkapitalquote aktivierte Entwicklungskosten im Zähler der Kennzahl vom Eigenkapital subtrahieren und zusätzlich die Abschreibungen der aktivierten Entwicklungskosten zum Eigenkapital hinzuaddieren. In diesem Fall würden die Entwicklungskosten so ausgewiesen, wie bei einem Unternehmen, das diese als Aufwand behandelt hat. Bei der Ermittlung der Eigenkapitalrentabilität müsste der Jahresüberschuss im Rahmen der kreativen Kennzahlenbildung zusätzlich um die aktivierten Entwicklungskosten gekürzt werden. In diesem Fall würden alle Unternehmen so dargestellt, als ob sie die Entwicklungskosten als Aufwand in der GuV erfasst hätten.

Finanzinstrumente sind – wie oben bereits erläutert – gemäß IAS 39 als (a) erfolgswirksam zum beizulegenden Zeitwert bewertete finanzielle Vermögenswerte und Schulden, (b) bis zur Endfälligkeit zu haltende Finanzinvestitionen, (c) Kredite und Forderungen oder (d) zur Veräußerung verfügbare finanzielle Vermögenswerte zu klassifizieren.[104] Finanzinstrumente, die der Kategorie (a), erfolgswirksam zum beizulegenden Zeitwert bewertete finanzielle Vermögenswerte und Schulden, zugeordnet werden, sind mit dem beizulegenden Zeitwert zu bewerten, wobei jede Wertänderung erfolgswirksam erfasst wird. Finanzielle Vermögenswerte, die in die Kategorie (d), zur Veräußerung verfügbare finanzielle Vermögenswerte, eingeordnet werden,

---

100 Vgl. WAGENHOFER, A., Internationale Rechnungslegungsstandards, S. 580.

101 Vgl. WAGENHOFER, A., Internationale Rechnungslegungsstandards, S. 597-601; ZIESEMER, S., Rechnungslegungspolitik in IAS-Abschlüssen, S. 90.

102 Vgl. WAGENHOFER, A., Internationale Rechnungslegungsstandards, S. 580.

103 Vgl. KEITZ, I. VON, Praxis der IASB-Rechnungslegung, S. 1803; Zur Bilanzierungspraxis selbst erstellter immaterieller Vermögenswerte nach IAS 38 vgl. ausführlich KEITZ, I. VON, IASB-Rechnungslegung, S. 27-39.

104 Vgl. IAS 39.9. Vgl. ausführlich BRÖTZMANN, I., Bilanzierung güterwirtschaftlicher Sicherungsbeziehungen, S. 65-82; DOHRN, M., Entscheidungsrelevanz des Fair Value-Accounting, S. 133-153; NIEMEYER, K., Bilanzierung von Finanzinstrumenten, S. 71-93.

sind ebenfalls mit dem beizulegenden Zeitwert zu bewerten, indes sind die Wertänderungen grundsätzlich erfolgsneutral abzubilden. Sofern finanzielle Vermögenswerte den Kategorien (b), bis zur Endfälligkeit zu haltende Finanzinvestitionen, oder (c), Kredite und Forderungen, zugeordnet werden, sind diese mit den (fortgeführten) Anschaffungskosten zu bewerten.

In die Kategorie (a), erfolgswirksam zum beizulegenden Zeitwert bewertete finanzielle Vermögenswerte und finanzielle Schulden, sind die finanziellen Vermögenswerte und finanziellen Schulden einzuordnen, die zu Handelszwecken gehalten werden. Finanzielle Vermögenswerte und finanzielle Schulden sind gemäß IAS 39.9 als zu Handelszwecken gehalten zu kategorisieren, wenn sie mit der Absicht erworben wurden, einen Gewinn aus kurzfristigen Preisschwankungen des jeweiligen Finanzinstrumentes zu erzielen. Die Kategorisierung wird dabei durch die Handlungsabsicht des Bilanzierenden im Erwerbszeitpunkt bestimmt. Dadurch besteht für den Bilanzierenden das faktische Wahlrecht, bilanzpolitisch motiviert ein unrichtiges Handlungsmotiv vorzugeben und damit eine Kategorisierung als „zu Handelszwecken gehalten" zu erreichen bzw. dies zu vermeiden.[105]

Vermeidet der Bilanzierende durch Sachverhaltsgestaltung finanzielle Vermögenswerte als „zu Handelszwecken gehalten" zu erfassen und klassifiziert die entsprechenden Finanzinstrumente als „zur Veräußerung verfügbar", dann sind Änderungen des beizulegenden Zeitwertes nicht erfolgswirksam, sondern grundsätzlich erfolgsneutral zu erfassen.[106] Bei einer Klassifizierung eines Finanzinstrumentes als „zur Veräußerung verfügbare finanzielle Vermögenswerte" könnte ein Bilanzierender folglich Wertverluste mit dem Eigenkapital verrechnen, ohne diese im Ergebnis zu zeigen, während ein anderer Bilanzierender diese Möglichkeit nicht wahrnimmt, da er das gleiche Finanzinstrument möglicherweise als „zu Handelszwecken gehalten" eingestuft und damit in die Kategorie „erfolgswirksam zum beizulegenden Zeitwert bewertete finanzielle Vermögenswerte und Schulden" eingeordnet hat.

Der Bilanzanalytiker sollte in diesem Fall – entsprechend der oben erläuterten Vorgehensweise – kreative Kennzahlen so bilden, als ob alle Finanzinstrumente der Kategorien „erfolgswirksam zum beizulegenden Zeitwert bewertete finanzielle Vermögenswerte und Schulden" und „zur Veräußerung verfügbare finanzielle Vermögenswerte" zum beizulegenden Zeitwert bewertet und Wertschwankungen erfolgswirksam in der GuV erfasst worden wären. In Höhe der Wertänderungen von Finanzinstrumenten der Kategorie „zur Veräußerung verfügbare finanzielle Vermögenswerte", die erfolgsneutral im Eigenkapital erfasst wurden, muss dann bei der Berechnung der Kennzahl „Eigenkapitalrentabilität" das Jahresergebnis im Zähler korrigiert werden. Das Eigenkapital im Nenner ist hingegen aus den oben bereits genannten Gründen nicht anzupassen.

---

105 Vgl. NIEMEYER, K., Bilanzierung von Finanzinstrumenten, S. 77.

106 Vgl. nachfolgend ausführlich BRÖTZMANN, I., Bilanzierung güterwirtschaftlicher Sicherungsbeziehungen, S. 69-80.

Derivative Finanzinstrumente sind gemäß IAS 39.9 grundsätzlich als „zu Handels-zwecken gehalten" zu klassifizieren. Dies gilt nur dann nicht, wenn derivative Finanz-instrumente in einer Sicherungsbeziehung zur Minderung bzw. Eliminierung von Ri-siken eines anderen Geschäftes eingesetzt werden und die jeweilige Sicherungsbezie-hung nach den Vorschriften zum Hedge Accounting bilanziert wird. Ob die Vor-schriften zum Hedge Accounting anzuwenden sind, hängt dabei ganz wesentlich von der Handlungsabsicht des Rechnungslegenden ab.[107] Dem Rechnungslegenden ist es deshalb möglich, die Kategorisierung und damit die Bilanzierung eines derivativen Finanzinstrumentes durch Vorgabe eines unrichtigen Handlungsmotives rechnungs-legungspolitisch zu beeinflussen. Wird **Hedge Accounting** nach den Regelungen des IAS 39 angewendet, hat der Bilanzierende die Möglichkeit, durch Sachverhaltsgestal-tungen und das gezielte Nutzen von Ermessensspielräumen Bilanzpolitik zu betrei-ben.[108] Durch die bilanzpolitischen Maßnahmen wird beim Hedge Accounting so-wohl die zeitliche als auch die zwischenbetriebliche Vergleichbarkeit der Abschlussin-formationen beeinträchtigt. Der Bilanzanalytiker muss die wenigen pflichtgemäß zu berichtenden Anhangangaben zum Hedge Accounting dazu nutzen, zumindest ein gewisses Maß an Vergleichbarkeit herzustellen. Gemäß IAS 32.59(b) ist für zuvor er-folgsneutral im Eigenkapital erfasste Wertänderungen von Sicherungsgeschäften ei-nes Cash Flow Hedges der Betrag anzugeben, der in einer Periode aus dem Eigenkapi-tal entnommen wurde und unmittelbar in der Gewinn- und Verlustrechnung der Pe-riode erfasst wird. Dieser Betrag enthält sowohl Erfolgskomponenten aus planmäßig erfolgten vorhergesehenen Transaktionen sowie aus nicht länger geplanten – vormals im Rahmen eines Cash Flow Hedges abgesicherten – Transaktionen. Sofern der Bi-lanzierende gezielt Cash Flow Hedges beendet, um den in den Rücklagen erfolgsneu-tral erfassten Betrag erfolgswirksam aufzulösen, schlagen sich diese Sachverhaltsge-staltungen in dem gemäß IAS 32.59(b) anzugebenden Betrag nieder. Um Unterneh-men, die Cash Flow Hedges bilanzpolitisch motiviert beenden, anhand der Kennzahl „Eigenkapitalrentabilität" besser mit Unternehmen vergleichen zu können, die auf diese bilanzpolitische Maßnahme verzichten, sollte der Bilanzanalytiker das Jahreser-gebnis im Zähler und das Eigenkapital im Nenner um den erfolgswirksam aufgelös-ten Betrag korrigieren. Entsprechend sind auch Zähler (Eigenkapital) und Nenner (Gesamtkapital) der Kennzahl „Eigenkapitalquote" um den erfolgswirksam aufgelös-ten Betrag anzupassen.

Finanzielle Vermögenswerte, die den Kategorien „bis zur Endfälligkeit zu haltende Fi-nanzinvestitionen" oder „Kredite und Forderungen" zugeordnet werden, sind mit (fortgeführten) Anschaffungskosten zu bewerten. **Bis zur Endfälligkeit zu haltende Finanzinvestitionen** (Kategorie (b)) liegen feste oder bestimmbare Zahlungen zu-grunde und ihre Laufzeit steht fest. Außerdem muss ein Unternehmen, das einen fi-

---

107 Vgl. zur Anwendungsvoraussetzung der Designation und Dokumentation beim Hedge Accoun-ting und den dabei bestehenden rechnungslegungspolitischen Möglichkeiten ausführlich BRÖTZMANN, I., Bilanzierung güterwirtschaftlicher Sicherungsbeziehungen, S. 219 f. und 246-257.

108 Vgl. nachfolgend BRÖTZMANN, I., Bilanzierung güterwirtschaftlicher Sicherungsbeziehungen, S. 230.

nanziellen Vermögenswert in diese Kategorie einordnen will, die Absicht und Fähigkeit besitzen, dieses Finanzinstrument bis zur Endfälligkeit zu halten.[109] In die Kategorie (c), **Kredite und Forderungen,**[110] sind grundsätzlich alle vom Unternehmen ausgereichten oder erworbenen finanziellen Vermögenswerte mit festen oder bestimmbaren Zahlungen einzuordnen, die nicht an einem aktiven Markt gehandelt werden, und die nicht (i) als zu Handelszwecken gehalten zu kategorisieren sind, (ii) wahlweise als erfolgswirksam zum beizulegenden Zeitwert zu bewerten designiert werden, oder (iii) wahlweise als zur Veräußerung verfügbar kategorisiert werden.[111] Durch Nutzen von Ermessensspielräumen und Sachverhaltsgestaltung kann der Bilanzierende erreichen, dass ein finanzieller Vermögenswert als „bis zur Endfälligkeit zu haltende Finanzinvestitionen" oder „Kredite und Forderungen" kategorisiert werden kann und damit zu Anschaffungskosten zu bewerten ist. Um Unternehmen, die Ermessensspielräume und Sachverhaltsgestaltungen entsprechend nutzen, anhand der Kennzahl „Eigenkapitalquote" besser mit Unternehmen vergleichen zu können, die auf diese bilanzpolitischen Maßnahmen verzichten, sollte der Bilanzanalytiker – wie oben bereits erläutert – die Differenz zwischen Anschaffungskosten und beizulegendem Zeitwert der zu Anschaffungskosten bilanzierten finanziellen Vermögenswerte im Zähler zum Eigenkapital und im Nenner zum Gesamtkapital addieren. Dies ist grundsätzlich möglich, da der beizulegende Zeitwert gemäß IAS 32.86 für jede Gruppe von finanziellen Vermögenswerten separat anzugeben ist.

Weiterer bilanzpolitischer Gestaltungsspielraum besteht bei der Folgebewertung des **Goodwill**. Seit der Verabschiedung des IFRS 3 sowie der überarbeiteten IAS 36 und IAS 38 im Rahmen der Phase I des Projektes „Business Combinations" ist der Goodwill nicht mehr planmäßig abzuschreiben. Stattdessen ist ein bei der Kapitalkonsolidierung entstehender Goodwill gemäß IFRS 3.54 in den Folgeperioden auf eine Wertminderung zu untersuchen. Der Wertminderungstest für den Goodwill ist gemäß IAS 36.90 immer dann vorzunehmen, wenn einer der in IAS 36.12 genannten Anhaltspunkte für eine Wertminderung des Goodwill vorliegt, mindestens aber einmal jährlich.

Für Zwecke des Wertminderungstests ist der erworbene Goodwill gemäß IAS 36.80 zum Erwerbszeitpunkt auf einzelne oder Gruppen von zahlungsmittelgenerierenden Einheiten (cash generating units) zu verteilen.[112] Der Goodwill ist den zahlungsmittelgenerierenden Einheiten zuzuordnen, welche von den Synergien des Unternehmenszusammenschlusses profitieren und zwar unabhängig davon, ob die Vermögens-

---

109 Vgl. IAS 39.9 sowie IAS 39 AG16-AG25. Vgl. auch NIEMEYER, K., Bilanzierung von Finanzinstrumenten, S. 81.

110 Die Konkretisierung „vom Unternehmen ausgereichte" in der Bezeichnung der Kategorie wurde mit IAS 39 (2003) abgeschafft. Denn grundsätzlich qualifizieren nun auch „erworbene" Kredite und Forderungen für die Kategorie „Kredite und Forderungen". Vgl. IAS 39.9 und IAS 39 BC28.

111 Vgl. IAS 39.9 und IAS 39 AG26.

112 Eine zahlungsmittelgenerierende Einheit ist definiert als die kleinste identifizierbare Gruppe von Vermögenswerten, die Mittelzuflüsse weitgehend unabhängig von den Mittelzuflüssen anderer Vermögenswerte oder anderer Gruppen von Vermögenswerten erzeugt. Zur zahlungsmittelgenerierenden Einheit vgl. BAETGE, J./KIRSCH, H.-J./THIELE, S., Bilanzen, S. 258-260.

werte und Schulden der erworbenen Einheit auch diesen zahlungsmittelgenerierenden Einheiten zugeordnet werden.[113] Die rechtliche Struktur eines Unternehmens-
verbundes muss somit nicht mit der Struktur einer zahlungsmittelgenerierenden
Einheit übereinstimmen. Eine Wertminderung ist vorzunehmen, wenn der Buchwert
(carrying amount) einer zahlungsmittelgenerierenden Einheit über dem sog. erzielbaren Betrag der zahlungsmittelgenerierenden Einheit (recoverable amount) liegt. Der
erzielbare Betrag ist der höhere Betrag aus dem Nettoveräußerungspreis (fair value
less costs to sell) und dem Nutzungswert (value in use) des Vermögenswertes. Übersteigt der Buchwert der zahlungsmittelgenerierenden Einheit den erzielbaren Betrag
der zahlungsmittelgenerierenden Einheit, so liegt in Höhe dieser Wertdifferenz ein
Wertminderungsbedarf vor. Dieser Wertminderungsverlust ist zunächst vollständig
mit dem Goodwill zu verrechnen. Ist der Goodwill auf null abgeschrieben, ist ein
darüber hinausgehender Wertminderungsbedarf anschließend buchwertproportional
auf die der zahlungsmittelgenerierenden Einheit zugeordneten Vermögenswerte zu
verteilen, bis der volle Wertminderungsbedarf erfasst ist. Die Wertaufholung eines
Goodwill ist gemäß IAS 36.124 nicht zulässig.

Aus Sicht der Bilanzanalyse ist der vorstehend erläuterte Wertminderungstest für den
Goodwill kritisch zu beurteilen, da er dem Bilanzierenden nicht unerhebliche subjektive Gestaltungsspielräume eröffnet.[114] Besonders bei der Zuordnung der Vermögenswerte und Schulden zu einer zahlungsmittelgenerierenden Einheit entstehen seitens des Abschlusserstellers erhebliche Gestaltungsspielräume, denn eine eindeutige
Zuordnung von Vermögenswerten auf eine zahlungsmittelgenerierende Einheit ist
nicht möglich, bei Schulden ist sie in jedem Fall unmöglich. Eine Aufteilung ist lediglich über Schlüsselungen möglich. Um die bestehenden Ermessenspielräume ein-
zuschränken, sind bei dieser Schlüsselung zumindest einheitliche Verteilungsschlüssel
zu verwenden.[115] Auch bei der Ermittlung des Nettoveräußerungspreises und Nut-
zungswertes anhand von Barwertkalkülen hat der Abschlusserteller einen nicht unerheblichen Ermessensspielraum. Wesentliches Problem bei dieser Barwertbewertung
besteht darin, dass die verschiedenen Einflussfaktoren des Barwertkalküls, wie die geschätzten künftigen Zahlungsströme, die Unsicherheit dieser Zahlungsströme oder
der Diskontierungszinssatz, bilanzpolitisch motiviert beeinflusst werden können und
demzufolge die aus dem Barwertkalkül resultierenden Barwerte nicht zuverlässig sind.
Der Wert der außerplanmäßigen Abschreibung auf einen Goodwill ist daher häufig
nicht objektivierbar. Im Sinne einer zwischenbetrieblichen Vergleichbarkeit sollte der
Bilanzanalytiker deshalb bei der Berechnung von Eigenkapitalquote und Eigenkapitalrentabilität den aktivierten Goodwill vom Eigenkapital subtrahieren und eventuell
vorgenommene Ab- oder Zuschreibungen des Goodwill aus dem Jahresergebnis eliminieren.

---

113 Vgl. BRÜCKS, M./WIEDERHOLD, P., IFRS 3 Business Combinations, S. 181.

114 Vgl. KÜTING, K./DAWO, S., Bilanzpolitische Gestaltungspotentiale, S. 1209.

115 Zur analogen Regelung nach U. S. GAAP vgl. RICHTER, M., Bewertung des Goodwill, S. 124-
136.

Es bleibt festzuhalten, dass bei einer Bilanzierung nach den Regelungen des IASB seitens des Abschlusserstellers die Möglichkeit besteht, erhebliche bilanzpolitische Maßnahmen vorzunehmen. Deshalb ist es auch bei der Analyse eines IFRS-Abschlusses erforderlich, kreative Kennzahlen zu bilden, die diese Maßnahmen konterkarieren. Da sich bei einer Bilanzierung nach IFRS neben einer Vielzahl an Bilanzierungsvorschriften auch die Gestaltungsspielräume von denen im deutschen Handelsrecht erheblich unterscheiden, ist es indes kaum möglich, Kennzahlen aus einem HGB- und einem IFRS-Abschluss zu vergleichen.[116]

---

116 Zur Vergleichbarkeit von IFRS- und HGB-Abschlüssen vgl. BEERMANN, T., Annäherung von IAS- an HGB-Abschlüsse, S. 31-51.

Kapitel IV:
Die Analyse der Vermögenslage

1 Untersuchungsgegenstand und Zweck der Vermögensstrukturanalyse

Untersuchungsobjekt der Analyse des Vermögens ist die **Vermögensstruktur,** d. h. die Zusammensetzung der Aktivseite der Bilanz. Der Bilanzanalytiker ermittelt, wie das im Unternehmen eingesetzte Kapital verwendet wurde (Mittelverwendung). Zum einen soll durch die Vermögensstrukturanalyse gezeigt werden, welche **Arten** des Vermögens und welche **Zusammensetzung** des Vermögens mit dem Kapital finanziert wurde, zum anderen ist für den Bilanzanalytiker die **Dauer der Vermögensbindung** und damit das Liquiditätspotential des Unternehmens interessant. Liquidität bezeichnet dabei die Fähigkeit eines Unternehmens, jederzeit seinen Zahlungsverpflichtungen nachkommen zu können.[1] Die folgende Abbildung zeigt den Analysegegenstand der Vermögensstrukturanalyse. Die für die Analyse des Vermögens relevanten Teile der Bilanz sind grau hinterlegt:

Bilanz

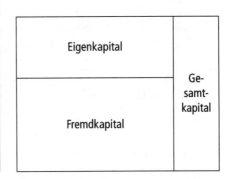

Übersicht IV-1:   *Analysegegenstand der Vermögensstrukturanalyse*

---

1   Vgl. PERRIDON, L./STEINER, M., Finanzwirtschaft der Unternehmung, S. 12; WÖHE, G., Bilanzierung und Bilanzpolitik, S. 305.

Die Struktur des Vermögens beeinflusst die wirtschaftliche Lage und die künftige Entwicklung eines Unternehmens, da von der Struktur des Vermögens abhängt, wie flexibel sich das Unternehmen an Beschäftigungs- und Strukturänderungen anpassen kann (beispielsweise an eine konjunkturell bedingte Änderung der Nachfrage nach den Gütern und Leistungen des Unternehmens).[2] Je schneller die Vermögensgegenstände monetarisiert werden können, desto höher ist deren Liquidierbarkeit und desto schneller kann das Unternehmen neu disponieren und sich an die Marktgegebenheiten anpassen und dabei Liquiditätsprobleme vermeiden. Die Struktur des Vermögens ist Ausdruck für das leistungswirtschaftliche Risiko eines Unternehmens.[3] So führt eine sinkende Nachfrage nach den Produkten eines Unternehmens zu einer geringeren Auslastung der Fertigungskapazitäten und damit zu steigenden Fixkosten pro Stück, die nicht auf die Produktpreise überwälzt werden können.[4] Damit wird das Ergebnis des Unternehmens belastet. Steigt dagegen die Nachfrage nach den Produkten, so führt dies zu einer höheren Auslastung der Fertigungskapazitäten und ggf. zu einer kürzeren Nutzungsdauer der Anlagen, auf jeden Fall aber zu geringeren Fixkosten je Stück. Geht die Nutzungsdauer der Anlagen wegen der stärkeren Nutzung je Periode zurück, steigt zwar c. p. die Fixkostenbelastung des Unternehmens je Periode, doch die Fixkosten je Stück sinken und erlauben eventuell eine Preissenkung für die Produkte, die ihrerseits dazu führt, dass die Nachfrage nochmals steigt und die stückfixen Kosten erneut sinken. Mit der Vermögensstrukturanalyse sollen auch Informationen über das Wachstumspotential des Unternehmens geliefert werden, und zwar anhand von Kennzahlen zur Investitionspolitik des Unternehmens.

Die Analyse der Vermögenslage ist verglichen mit der Analyse der Finanzlage und der Analyse der Erfolgslage des Unternehmens weniger bedeutend, weil die (relativen) Kennzahlen zur Vermögenslage, z. B. die Anlagenintensität (= Anlagevermögen/Gesamtvermögen), mehr zur Beschreibung der Unternehmenssituation und weniger zur Beurteilung der Vorteilhaftigkeit gegenüber einem Vergleichsunternehmen oder gegenüber der Unternehmenssituation im Vergleich zu einem Vorjahr geeignet sind. Dagegen erlaubt die Analyse der Finanzlage Aussagen über die finanzielle Stabilität und die Liquidität eines Unternehmens. Von den Kennzahlen zur Analyse der Finanzlage ist zudem empirisch erwiesen, dass diese besser als die Kennzahlen zur Vermögenslage geeignet sind, gesunde von kranken Unternehmen zu unterscheiden.[5] Dies liegt daran, dass für die Kennzahlen zur Analyse der Vermögenslage keine ein-

---

2   Vgl. JACOBS, O. H., Bilanzanalyse, S. 121 f.; COENENBERG, A. G., Jahresabschluss und Jahresabschlussanalyse, S. 948; KÜTING, K./WEBER, C.-P., Die Bilanzanalyse, S. 89; GRÄFER, H., Bilanzanalyse, S. 124 f.

3   Vgl. COENENBERG, A. G., Jahresabschluss und Jahresabschlussanalyse, S. 948; KÜTING, K./WEBER, C.-P., Die Bilanzanalyse, S. 89; GRÄFER, H., Bilanzanalyse, S. 124 f.

4   Zum Fixkostenmanagement als Mittel zur Anpassung an wechselnde Marktverhältnisse vgl. REICHMANN, T., Controlling mit Kennzahlen und Managementberichten, S. 240-243; zur Bedeutung der fixen Kosten für die Preispolitik grundlegend etwa MEFFERT, H., Betriebswirtschaftliche Kosteninformationen, S. 142-157.

5   Vgl. Kap. VII Abschn. 432.1, aus dem hervorgeht, dass keine Kennzahl zur Vermögenslage in das Künstliche Neuronale Netz zur Unterscheidung von gesunden und kranken Unternehmen gewählt worden ist.

deutigen Arbeitshypothesen über die Bestandsfestigkeit des Unternehmens gebildet werden können. Außerdem sind die Kennzahlen zur Vermögensstrukturanalyse weniger resistent gegen bilanzpolitische Maßnahmen.

Die folgenden Ausführungen zur Analyse der Vermögenslage gehen grundsätzlich von einer Analyse auf der Grundlage der Rechnungslegung nach HGB aus. Darüber hinaus werden besondere Unterschiede bei der vergleichenden Analyse von HGB-Abschlüssen und IFRS-Abschlüssen erläutert.

2 Die Struktur des bilanziellen Vermögens

Die Aktivseite der Bilanz teilt sich auf in Anlagevermögen, Umlaufvermögen und Rechnungsabgrenzungsposten (§ 247 Abs. 1 HGB).

Die Positionen der Aktivseite werden nach dem Kriterium der Fristigkeit in Anlagevermögen und Umlaufvermögen gegliedert. Im **Anlagevermögen** sind gemäß § 247 Abs. 2 HGB diejenigen Gegenstände auszuweisen, die „bestimmt sind, dauernd dem Geschäftsbetrieb zu dienen". Entscheidend dafür, ob Vermögensgegenstände nach dem Kriterium des „dauerhaften Dienens" dem Anlagevermögen oder dem Umlaufvermögen zuzuordnen sind, ist die wirtschaftliche Zweckbestimmung des betreffenden Vermögensgegenstandes:[6] Ein Kraftfahrzeug, das langfristig für betriebliche Zwecke genutzt wird, ist dem Anlagevermögen zuzuordnen; dagegen ist ein Kraftfahrzeug im Bestand eines Autohändlers, das zum Verkauf bestimmt ist, im **Umlaufvermögen** auszuweisen. Vermögensgegenstände sind demnach dem Umlaufvermögen zuzuordnen, wenn sie veräußert, verbraucht oder im betrieblichen Prozess verarbeitet werden sollen.[7] Sie sind der Geldwerdung (Monetarisierung) durch den Umsatzprozess deshalb näher als Vermögensgegenstände des Anlagevermögens.[8] **Rechnungsabgrenzungsposten** entstehen, wenn zeitraumbezogene Aufwendungen oder Erträge und die zugehörige Zahlung in unterschiedliche Perioden fallen; sie gewährleisten als Korrekturposten die periodengerechte Erfolgsermittlung[9] und sind i. d. R. kurzfristiger Natur. Rechnungsabgrenzungsposten werden daher für bilanzanalytische Zwecke dem Umlaufvermögen zugeordnet.[10]

Bei der Rechnungslegung nach den IFRS ist die Aktivseite der Bilanz grundsätzlich nach kurzfristigen (**current**) und langfristigen (**non-current**) Vermögenswerten zu gliedern (IAS 1.53-65). Vermögenswerte werden kurzfristig gehalten, wenn sie ent-

---

6   Vgl. FEDERMANN, R., Bilanzierung nach Handelsrecht und Steuerrecht, S. 271; BAETGE, J./ KIRSCH, H.-J./THIELE, S., Bilanzen, S. 263.

7   Vgl. ADS, 6. Aufl., § 247 HGB, Rn. 124.

8   Vgl. RIEGER, W., Einführung in die Privatwirtschaftslehre, S. 260-264.

9   Vgl. BAETGE, J./KIRSCH, H.-J./THIELE, S., Bilanzen, S. 471; WÖHE, G., Bilanzierung und Bilanzpolitik, S. 124 f.; zum Verhältnis zwischen Vermögensgegenständen und aktivischen Rechnungsabgrenzungsposten vgl. m. w. N. ADS, 6. Aufl., § 250 HGB, Rn. 11.

10 Vgl. HAUSCHILDT, J., Erfolgs-, Finanz- und Bilanzanalyse, S. 211; KÜTING, K./WEBER, C.-P., Die Bilanzanalyse, S. 65.

weder innerhalb des normalen Geschäftszyklusses verkauft oder verbraucht werden, die Vermögenswerte zu Handelszwecken gehalten werden oder die Vermögenswerte innerhalb von zwölf Monaten realisiert werden (IAS 1.57).[11] Bis auf unwesentliche Ausnahmefälle entspricht die Gliederung nach IFRS in kurz- und langfristiges Vermögen der handelsrechtlichen Gliederung in Anlage- und Umlaufvermögen.[12]

Weiterhin kann das Vermögen in **immaterielle und materielle Vermögensgegenstände** gegliedert werden. Diese Differenzierung ist bei der Analyse des Anlagevermögens von Bedeutung. Dabei wird ein immaterieller Vermögensgegenstand von den materiellen Vermögensgegenständen sowie von den monetären Werten abgegrenzt.[13] Immateriellen Vermögensgegenständen fehlt im Gegensatz zu materiellen Vermögensgegenständen die körperliche Substanz. Selbst wenn ein Vermögensgegenstand materielle Komponenten enthält, ist er dennoch als immateriell zu klassifizieren, wenn die materiellen Bestandteile im Vergleich zu den immateriellen Bestandteilen unbedeutend sind. Beispielsweise ist eine auf einer Diskette gespeicherte Software den immateriellen Vermögensgegenständen zuzuordnen, da der entscheidende Wert nicht durch den Datenträger, sondern durch das Know-How zur Entwicklung der Software repräsentiert wird. Neben der fehlenden Materialität darf es sich bei einem immateriellen Vermögensgegenstand nicht um monetäres Vermögen handeln. Beispielsweise sind Forderungen als nicht körperlich anzusehen; sie stellen indes einen finanziellen Wert dar und sind deshalb monetäre Vermögenswerte und als solche auszuweisen und nicht als immaterielle Vermögensgegenstände.[14]

3 Verhältnis von Anlagevermögen und Umlaufvermögen zum Gesamtvermögen

Intensitätskennzahlen zur Vermögensstruktur bezeichnen das Verhältnis zwischen Anlagevermögen bzw. Umlaufvermögen und Gesamtvermögen. Untersucht der Bilanzanalytiker das Vermögen nach dem Merkmal der Fristigkeit, so zeigt die Anlagenintensität, wie hoch der Anteil des langfristig gebundenen Vermögens am Gesamtvermögen ist.

Die Anlagenintensität wird wie folgt berechnet:[15]

---

11 Vgl. hierzu ausführlich Kap. II Abschn. 51.

12 Vgl. BEERMANN, T., Annäherung von IAS- an HGB-Abschlüsse, S. 56 f.; WAGENHOFER, A., Internationale Rechnungslegungsstandards, S. 450.

13 Vgl. BREITHAUPT, J./FÖRSTER, G./BRINKMANN, L., in: Baetge/Kirsch/Thiele, § 247 HGB, Rn. 62.

14 Vgl. ARBEITSKREIS „IMMATERIELLE WERTE IM RECHNUNGSWESEN" DER SCHMALENBACH-GESELLSCHAFT FÜR BETRIEBSWIRTSCHAFT E. V., Kategorisierung, S. 990; BREITHAUPT, J./FÖRSTER, G./BRINKMANN, L., in: Baetge/Kirsch/Thiele, § 247 HGB, Rn. 63.

$$\text{Anlagenintensität} = \frac{\text{Anlagevermögen}}{\text{Gesamtvermögen}}$$

Kennzahl Nr. 01.01.00

Eine Arbeitshypothese, die angibt, ob eine hohe Anlagenintensität für die Bestandsfestigkeit eines Unternehmens und damit für den Gesundheitszustand tendenziell positiv (G>K) oder tendenziell negativ (G<K) zu beurteilen ist, vermag der Bilanzanalytiker kaum aufzustellen. Eine hohe Anlagenintensität indiziert zwar hohe Fixkosten, so dass ein Unternehmen mit einem geringen Anteil des Anlagevermögens am Gesamtvermögen tendenziell besser eingeschätzt werden könnte.[16] Doch muss bei der Interpretation der Anlagenintensität zum einen die Branchenzugehörigkeit des analysierten Unternehmens, zum anderen das Alter der Anlagen und weiterhin die Möglichkeit der Anmietung von Anlagen beachtet werden.[17] Diese einschränkenden Überlegungen gelten grundsätzlich analog für alle Varianten von Anlagenintensitäten.

Für den Philipp Holzmann Konzern ergeben sich für die Jahre 1994 und 1995 die folgenden Ausprägungen der Anlagenintensität:		
Anlagenintensität **(Kennzahl Nr. 01.01.00)**	**1994**	**1995**
	16,1 %	18,7 %
Die niedrigen Kennzahlenwerte der Anlagenintensität sind im Wesentlichen darauf zurückzuführen, dass der Philipp Holzmann Konzern unter den Aktiva im Umlaufvermögen hohe Bestände an nicht abgerechneten Aufträgen und an Forderungen aus Lieferungen und Leistungen ausweist.		

Die Grundvariante der Anlagenintensität wird modifiziert, wenn der Bilanzanalytiker den bilanziellen Begriff des Anlagevermögens unter wirtschaftlichen Gesichtspunkten erweitert.[18] So genannte **eiserne Bestände des Umlaufvermögens** (etwa ein eiserner Bestand an Rohstoffen) stehen dem Unternehmen ebenfalls langfristig zur Verfügung

---

15 Zu der Überlegung, die Grundvariante einer Kennzahl durch Konkretisierungen zu verfeinern, vgl. Kap. III Abschn. 22. Alle Kennzahlen werden mit einer sechsstelligen Kennzahlen-Nummer kodiert. Die ersten beiden Ziffern der Kennzahlen-Nummer weisen auf den jeweiligen Teilbereich der Bilanzanalyse hin, dabei steht „01" für die Vermögenslage. Die folgenden beiden Ziffern stehen für den Typ der Kennzahl, hier also die „01" für die Anlagenintensität und die beiden letzten Ziffern für die konkrete Ausprägung der Kennzahl.

16 Vgl. REHKUGLER, H./PODDIG, V., Bilanzanalyse, S. 172; KÜTING, K./WEBER, C.-P., Die Bilanzanalyse, S. 89.

17 Vgl. REHKUGLER, H./PODDIG, V., Bilanzanalyse, S. 172; KÜTING, K./WEBER, C.-P., Die Bilanzanalyse, S. 90; PEEMÖLLER, V. H., Bilanzanalyse und Bilanzpolitik, S. 332.

18 Zum bilanziellen Konzept des Vermögens vgl. Abschn. 2 in diesem Kapitel.

und binden Kapital.[19] Wäre der Betrag der eisernen Bestände des Umlaufvermögens bekannt, so würde man diesen im Zähler hinzuaddieren, um die Aussagekraft der Kennzahl zu erhöhen. Der Nenner bliebe hingegen unverändert.

Umgekehrt können im Anlagevermögen Vermögensgegenstände ausgewiesen werden, deren Verkauf kurzfristig bevorsteht (Desinvestitionen aufgrund von Überkapazitäten oder Beteiligungen, für die eine Veräußerungsabsicht besteht).[20] Bezieht der Bilanzanalytiker diese Überlegungen in seine Analyse ein, wird die Grundvariante der Anlagenintensität im Zähler modifiziert, indem die „kurzfristigen" Anlagegegenstände vom Zähler abgezogen werden.[21] Das Gesamtvermögen im Nenner wird hiervon nicht tangiert.

Zum Anlagevermögen zählen gemäß § 266 Abs. 2 Buchstabe A. HGB die immateriellen Vermögensgegenstände des Anlagevermögens, die Sachanlagen und die Finanzanlagen. Für die Analyse der Vermögensstruktur bei Industrieunternehmen (Altersstruktur der Produktionsanlagen, Investitionspolitik etc.) liefert die Kennzahl **Sachanlagenintensität** wichtige Informationen. Sachanlagen haben bei Industrieunternehmen innerhalb des Anlagevermögens eine hohe Bedeutung und sind – anders als Finanzanlagen – i. d. R. nur schwierig liquidierbar.[22] Die Sachanlagenintensität setzt die Nettobuchwerte des Sachanlagevermögens ins Verhältnis zu den Nettobuchwerten des Gesamtvermögens:

$$\text{Sachanlagenintensität} = \frac{\text{Sachanlagevermögen}}{\text{Gesamtvermögen}}$$

Kennzahl Nr. 01.02.00

Die notwendigen Angaben zu den Kennzahlenbestandteilen findet der Bilanzanalytiker entweder in der Bilanz oder im Anlagengitter. Eine im Zeitablauf steigende Sachanlagenintensität wird im Allgemeinen als ungünstig für das Unternehmen beurteilt, da Gegenstände des Sachanlagevermögens in der Regel nicht kurzfristig liquidierbar sind, so dass eventuell auftretende finanzielle Engpässe durch Veräußerungen nicht zeitnah behoben werden können. Ein hoher Sachanlagenbestand ist zudem mit hohen fixen Kosten (z. B. Abschreibungen) verbunden.

---

19 Vgl. BUCHNER, R., Grundzüge der Finanzanalyse, S. 117.

20 Vgl. KÜTING, K./WEBER, C.-P., Die Bilanzanalyse, S. 90. Zur Entscheidung, ob Vermögensgegenstände nach ihrer Zweckbestimmung dem Anlagevermögen oder dem Umlaufvermögen zuzuordnen sind, vgl. m. w. N. ADS, 6. Aufl., § 247 HGB, Rn. 110-122.

21 Zur Bildung kreativer Kennzahlen siehe Kap. III Abschn. 4.

22 Vgl. ARBEITSKREIS „EXTERNE UNTERNEHMENSRECHNUNG" DER SCHMALENBACH-GESELLSCHAFT E.V., Empfehlungen zur Vereinheitlichung von Kennzahlen in Geschäftsberichten, S. 1989 f.

Eine hohe Sachanlagenintensität wäre hingegen positiv zu werten, wenn in der Vergangenheit größere Investitionen, beispielsweise in Verbindung mit Rationalisierungsanstrengungen getätigt wurden. Ebenfalls denkbar und durchaus positiv zu beurteilen wäre eine Rationalisierung der Lagerhaltung der Vorräte, die zu verringerten Lagerzeiten und dadurch zu einem niedrigeren Gesamtvermögen führen würde.[23]

Die Sachanlagenintensität unterscheidet sich von Branche zu Branche sowie im Zeitverlauf. Die Entwicklung der **Sachanlagenintensität** in den Jahren 1996 bis 2000 für acht Branchen zeigt die folgende Übersicht:

Jahr	1996	1997	1998	1999	2000
Chemie	21,9	20,2	20,2	19,5	20,0
Maschinenbau	17,4	17,0	17,2	16,6	15,8
Straßenfahrzeugbau	22,7	23,6	22,5	23,5	24,3
Elektrotechnik	15,0	14,3	14,2	12,4	10,2
Ernährungsgewerbe	38,3	36,9	35,6	35,8	35,0
Baugewerbe	17,5	17,7	17,8	17,2	17,2
Großhandel	16,8	16,5	16,3	16,1	15,7
Einzelhandel	24,5	24,2	23,4	23,6	22,9
Ø deutscher Unternehmen	27,3	26,9	26,5	25,9	25,2

Übersicht IV-2: *Sachanlagenintensität deutscher Unternehmen in % (Sachanlagevermögen einschließlich immaterieller Vermögensgegenstände)[24]*

Die Tabelle zeigt, dass der Großhandel eine wesentlich niedrigere Sachanlagenintensität als etwa das Ernährungsgewerbe aufweist, denn Handelsunternehmen benötigen – verglichen mit Unternehmen des produzierenden Gewerbes – einen höheren Bestand an Waren im Umlaufvermögen, um ihrem Geschäftszweck nachzugehen. Außerdem sind Handelsunternehmen häufig in gemieteten Immobilien tätig. Industrieunternehmen hingegen benötigen zur Güterproduktion Maschinen und Anlagen, die – sofern sie Vermögensgegenstände des bilanzierenden Unternehmens sind – im Sachanlagevermögen ausgewiesen werden.

Die **Umlaufintensität** (auch als Arbeitsintensität bezeichnet) ist das Komplement zur Anlagenintensität (Kennzahl Nr. 01.01.00) und gibt den Anteil des eher kurzfristig gebundenen Umlaufvermögens am Gesamtvermögen an:

---

23 Vgl. PEEMÖLLER, V. H., Bilanzanalyse und Bilanzpolitik, S. 332; COENENBERG, A. G., Jahresabschluss und Jahresabschlussanalyse, S. 949.

24 Vgl. DEUTSCHE BUNDESBANK (Hrsg.), Monatsbericht April 2002, S. 48-57; DEUTSCHE BUNDESBANK (Hrsg.), Monatsbericht April 2003, S. 64-71; sowie ergänzende Angaben der Deutschen Bundesbank, die auf Nachfrage erteilt wurden.

$$\text{Umlaufintensität} = \frac{\text{Umlaufvermögen}}{\text{Gesamtvermögen}}$$

Kennzahl Nr. 01.03.00

Analog zur Anlagenintensität ist auch die Umlaufintensität schwierig zu interpretieren. Die Formulierung einer Arbeitshypothese der Typen G>K oder G<K ist auch hier wenig sinnvoll.

Neben der Problematik, dass für Intensitätskennzahlen keine allgemeingültigen Arbeitshypothesen formuliert werden können, wird die Verwendungsfähigkeit von Intensitätskennzahlen zur Bilanzanalyse dadurch eingeschränkt, dass Unternehmen aufgrund der bilanzpolitischen Gestaltbarkeit von Intensitätskennzahlen nur mit Vorsicht verglichen werden können. Insofern sind kreative Kennzahlen zu verwenden.[25]

Beispiele für bilanzpolitische Ansatz- und Bewertungsmaßnahmen mit Einfluss auf die Höhe der Intensitätskennzahlen sind:

- Festbewertung,
- Gruppenbewertung,
- Sammelbewertung
- Abschreibungspolitik und
- rein steuerrechtliche Abschreibungen.

Die **Festbewertung** erlaubt eine an den ursprünglichen Anschaffungs- und Herstellungskosten orientierte, im Zeitablauf konstante Wertfestsetzung des betreffenden Vermögens. Steigen z. B. die Anschaffungs- oder Herstellungskosten von festbewerteten Vermögensgegenständen des Anlagevermögens im Vergleich zum Festwert, so ist die Anlagenintensität bei Festbewertung tendenziell geringer als bei Einzelbewertung. Umgekehrtes gilt, wenn die Anschaffungs- oder Herstellungskosten im betrachteten Fall sinken. Je nachdem, wie stark der Festwert von dem Wert bei Einzelbewertung abweicht, verändern sich die bilanzpolitischen Spielräume. Im Regelfall hat die Festbewertung auf die Vermögensstrukturanalyse allerdings keinen nennenswerten Einfluss. Anders ist dies bei der **Gruppenbewertung** und der **Sammelbewertung** von Vermögensgegenständen. Hier können im Zeitablauf durch erhebliche Veränderungen der Anschaffungs- oder Herstellungskosten stille Rücklagen gebildet werden. Bewerten mittelgroße oder große Kapitalgesellschaften Vermögensgegenstände mit diesen Methoden, so muss gem. § 284 Abs. 2 Nr. 4 HGB ein erheblicher Unterschiedsbetrag zwischen dem Wertansatz bei Gruppenbewertung/Sammelbewertung und dem Wertansatz auf der Grundlage des letzten vor dem Abschlussstichtag bekannten Börsenkurses oder Marktpreises für die jeweilige Gruppe im Anhang angegeben werden. Auf diese Weise werden stille Rücklagen aufgedeckt.[26] Der Bilanzanalytiker kann dann den Wertansatz der Vermögensgegenstände bei Einzelbewertung ermitteln. Ein

---

25 Zur Bildung kreativer Kennzahlen vgl. Kap. III Abschn. 4.

anderes wesentliches Instrument, mit dem der Bilanzierende den Buchwert des Anlagevermögens beeinflussen kann, ist die **Abschreibungspolitik**. Der Bilanzierende hat bei der Abschreibungsmethode, der Nutzungsdauer und der Festlegung des Restverkaufserlöses erhebliche Ermessensspielräume. Diese Möglichkeiten muss der Bilanzanalytiker berücksichtigen, wenn er die Anlagenintensität beurteilt.

Weiterhin beeinflussen **rein steuerrechtliche Abschreibungen** auf Vermögensgegenstände des Anlagevermögens, die im Zuge der umgekehrten Maßgeblichkeit auch handelsrechtlich vorgenommen werden, die Anlagenintensität und die Umlaufintensität. Der Bilanzanalytiker vermag aufgrund der Anhangangabe gem. § 281 Abs. 2 Satz 1 HGB auf den Wertansatz des Anlagevermögens bzw. Umlaufvermögens ohne die Vornahme rein steuerrechtlicher Abschreibungen zu schließen und den Einfluss der rein steuerrechtlichen Abschreibungen auf die Intensitätskennzahlen zu eliminieren. Indes gilt dies nur für die Anlagenintensität auf Ebene des gesamten Anlagevermögens und nur für die abgelaufene Periode. Kennzahlen, die Intensitäten von Teilgrößen des Anlagevermögens ermitteln (z. B. Sachanlagenintensitäten), können nicht vollständig um rein steuerliche Abschreibungen bereinigt werden, denn der Bilanzierende muss bei der Angabe der Abschreibungen im Anhang nur zwischen „Anlagevermögen" und „Umlaufvermögen" differenzieren.

Zudem können die Intensitätskennzahlen mittels bilanzpolitischer Sachverhaltsgestaltungen beeinflusst werden, wie durch Factoring, Asset Backed Securities und Sale-and-lease-back-Maßnahmen.[27]

4 Die Analyse des Anlagevermögens

41 Die Analyse des immateriellen Vermögens

Immaterielle Vermögensgegenstände werden gemäß § 266 Abs. 2 Buchstabe A. I. HGB in Konzessionen, gewerbliche Schutzrechte und ähnliche Rechte und Werte sowie Lizenzen an solchen Rechten und Werten, den Geschäfts- oder Firmenwert und die geleisteten Anzahlungen untergliedert. Die genannten immateriellen Vermögensgegenstände dürfen lediglich dann aktiviert werden, wenn es sich um Anlagevermögen handelt, das entgeltlich erworben wurde. Selbsterstellte immaterielle Vermögensgegenstände des Anlagevermögens dürfen nicht in der Bilanz aktiviert werden. Sie können zwar durchaus abstrakt aktivierungsfähig sein,[28] gemäß § 248 Abs. 2 HGB besteht indes ein Aktivierungsverbot für selbsterstellte immaterielle Vermögensgegenstände des Anlagevermögens. Sie sind demnach nicht konkret aktivierungsfähig.[29]

---

26 Vgl. KÜTING, K./WEBER, C.-P., Die Bilanzanalyse, S. 209 sowie m. w. N. ADS, 6. Aufl., § 284 HGB, Rn. 150.

27 Der Einfluss bilanzpolitischer Sachverhaltsgestaltungen auf Kennzahlen und die Möglichkeiten, diesen zu neutralisieren, wurden in Kap. III Abschn. 3 und 4 erläutert.

28 Vgl. BAETGE, J./KIRSCH, H.-J./THIELE, S., Bilanzen, S. 146 und S. 268.

29 Vgl. BAETGE, J./KIRSCH, H.-J./THIELE, S., Bilanzen, S. 147.

Aus dieser gesetzlichen Regelung folgt, dass im Jahresabschluss aufgrund des Aktivierungsverbotes für selbsterstellte immaterielle Vermögensgegenstände des Anlagevermögens nach § 248 Abs. 2 HGB nicht alle abstrakt aktivierungsfähigen Vermögensgegenstände aktiviert werden dürfen (**fehlende konkrete Aktivierungsfähigkeit**). Neben den Vermögensgegenständen, die unter dieses Aktivierungsverbot fallen, existieren zahlreiche anderweitige wirtschaftliche Vorteile, deren Aktivierung aufgrund der **fehlenden abstrakten Aktivierungsfähigkeit** nicht in Betracht kommt. Die Bilanz enthält beispielsweise keine Investitionen in das Personal[30] und keine Ausgaben für in die Zukunft wirkende Werbung,[31] obwohl diese Sachverhalte wirtschaftliche Vorteile darstellen. Der Jahresabschluss vermittelt daher ein nur **unvollständiges Bild von der Vermögenslage** des Unternehmens, indem er hauptsächlich den Bestand und die Änderungen des Sachfaktorkapitals zeigt (partielle Lage)[32]. Dementsprechend werden z. B. das Personalfaktorpotential, das Innovationspotential und der Kundenstamm eines Unternehmens grundsätzlich nicht im Jahresabschluss berücksichtigt, es sei denn, dieses Potential geht im Rahmen eines Unternehmenskaufes gegen ein Entgelt auf einen Erwerber über, der dieses immaterielle Potential dann unter Umständen als einzelne immaterielle Vermögensgegenstände oder in einem Geschäfts- oder Firmenwert in seiner Bilanz ausweist.

Das immaterielle Potential von Unternehmen gewinnt indes besonders bei den aktuellen wirtschaftlichen Verhältnissen und dem derzeitigen Wandel von der Industriezur Dienstleistungs- und Hochtechnologiegesellschaft zunehmend an Bedeutung,[33] während das Sachkapital unwichtiger wird. Umso kritischer ist es für den Bilanzanalytiker, dass die immateriellen betriebsnotwendigen Ressourcen in der Bilanz nur gezeigt werden, wenn sie entgeltlich erworben worden sind, z. B. im Rahmen eines Unternehmenserwerbs (asset deal). Zu Recht wird die Meinung vertreten, dass die Begründung für die Tatsache, dass die Marktkapitalisierung bei börsennotierten Unternehmen den Buchwert des bilanziellen Eigenkapitals nicht selten um ein Vielfaches übersteigt, im Wert der nicht bilanzierten immateriellen Vermögensgegenstände zu sehen ist.[34]

Der DSR hat sich im DRS 12 „Immaterielle Werte des Anlagevermögens" vorbehaltlich einer Gesetzesänderung im HGB aufgrund oben aufgeführter Gründe sogar dafür ausgesprochen, die Regelung des § 248 Abs. 2 HGB aufzuheben und die Aktivierung selbsterstellter Vermögensgegenstände des Anlagevermögens zuzulassen, soweit sie bestimmten Kriterien genügen (DRS 12.A2. f.). Die Aktivierung nicht entgeltlich

---

30 Zur Erfassung des Humanvermögens in einer sog. Humanvermögensrechnung (human resource accounting) vgl. m. w. N. SCHOENFELD, H. M. W., Humanvermögen, Sp. 890-894.

31 Vgl. MOXTER, A., Bilanzrechtsprechung, S. 14.

32 Vgl. BAETGE, J., Früherkennung negativer Entwicklungen, S. 652.

33 Vgl. ARBEITSKREIS „IMMATERIELLE WERTE IM RECHNUNGSWESEN" DER SCHMALENBACH-GESELLSCHAFT E. V., Kategorisierung, S. 989.

34 Vgl. HALLER, A/DIETRICH, R., Intellectual Capital, S. 1045; KÜTING, K., Unternehmensanalyse, S. 12 stellt die Marktkapitalisierung und das bilanzielle Eigenkapital ausgewählter Unternehmen des NEMAX gegenüber (Juli 2001) – die Marktkapitalisierung übersteigt das bilanzielle Eigenkapital um das bis zu 29-fache.

erworbener immaterieller Vermögensgegenstände wäre indes problematisch, da sich hierdurch ein erheblicher bilanzpolitischer Spielraum ergäbe. So sind immaterielle Vermögensgegenstände aufgrund ihrer Unkörperlichkeit nur schwierig zu identifizieren und die Bilanzierung bzw. Nichtbilanzierung von immateriellen Vermögensgegenständen ist für den außenstehenden Bilanzanalytiker – und selbst für den Abschlussprüfer – kaum nachzuvollziehen, geschweige denn zu prüfen. Befürworter der Abschaffung des § 248 Abs. 2 HGB plädieren deshalb dafür, enge Kriterien vorzugeben, die ein immaterieller Vermögensgegenstand erfüllen muss, bevor er aktiviert werden darf. Indes ist nach den Erfahrungen mit IAS 38 zu befürchten, dass sich den Unternehmen durch Gestaltungen der Voraussetzungen für den Ansatz immaterieller Vermögensgegenstände selbst dann, wenn enge Ansatzvoraussetzungen definiert werden, ein faktisches Ansatzwahlrecht für immaterielle Vermögensgegenstände eröffnet.[35] Darüber hinaus ergibt sich ein großer bilanzpolitischer Spielraum bei der Bestimmung des Mengengerüstes und der Bewertung der immateriellen Vermögensgegenstände, da unsicher ist, welchen Nutzen der immaterielle Vermögensgegenstand dem Unternehmen künftig bringt.[36] Objektive Werte dürften kaum zu ermitteln sein. Das gleiche Bewertungsproblem würde sich am Ende eines jeden Geschäftsjahres stellen, wenn die immateriellen Vermögensgegenstände einem Niederstwerttest oder Werthaltigkeitstest zu unterziehen wären.[37]

Festzuhalten bleibt, dass der Ansatz wichtiger immaterieller Vermögensgegenstände aufgrund der bestehenden gesetzlichen Regelungen derzeit nicht zulässig ist. Um das erörterte Informationsdefizit des Jahresabschlusses dennoch zu schließen, gehen Unternehmen dazu über, einen sog. **„Intellectual Capital Bericht"** im Lagebericht zu veröffentlichen, der Auskunft über das immaterielle Potential des Unternehmens liefern soll.[38] Auch im E-DRS 20 „Lageberichterstattung" wird eine Berichterstattung über das intellektuelle Kapital im Zusammenhang mit der Kommentierung der Vermögenslage empfohlen (E-DRS 20.118). Der Bericht wird bislang freiwillig aufgestellt und veröffentlicht und unterliegt somit bez. Inhalt und Ausgestaltung keinen gesetzlichen Regelungen. Zur Ausgestaltung eines solchen Berichtes haben indes der DSR im DRS 12 und im E-DRS 20 sowie der Arbeitskreis „IMMATERIELLE WERTE IM RECHNUNGSWESEN" DER SCHMALENBACH-GESELLSCHAFT FÜR BETRIEBSWIRTSCHAFT E.V. Grundsätze entworfen.

Der ARBEITSKREIS „IMMATERIELLE WERTE IM RECHNUNGSWESEN" definiert als Ziel des Intellectual Capital Berichtes, die Strategien der Unternehmen zum Management immaterieller Werte darzulegen und die Werttreiber aller immateriellen Vermögensgegenstände zu identifizieren, also sowohl der aktivierten als auch der nicht akti-

---

35 · Vgl. ARBEITSKREIS „IMMATERIELLE WERTE IM RECHNUNGSWESEN" DER SCHMALENBACH-GESELLSCHAFT E. V., Kategorisierung, S. 992; ZIESEMER, S., Rechnungslegungspolitik in IAS-Abschlüssen, S. 71-89. Vgl. außerdem Kap. III Abschn. 6.

36 Vgl. BAETGE, J./KIRSCH, H.-J./THIELE, S., Bilanzen, S. 268.

37 Vgl. KÜTING, K., Unternehmensanalyse, S. 12.

38 Allerdings ist die Zahl der Unternehmen, die über ihr Intellectual Capital berichten noch recht gering, was eine Untersuchung des Value Reporting bei DAX 100-Unternehmen ergab, siehe hierzu RUHWEDEL, F.,/SCHULZE, W., Value Reporting, S. 615-628.

vierten immateriellen Vermögensgegenstände. Aufgrund der Vielfalt möglicher immaterieller Vermögensgegenstände wird empfohlen, diese in die folgenden sieben Kategorien einzuteilen (DRS 12.34 und E-DRS 20.119):[39]

- Innovation Capital,

- Human Capital,

- Customer Capital,

- Supplier Capital,

- Investor Capital,

- Process Capital und

- Location Capital.

Zu den einzelnen Kategorien sollen in einem ersten Schritt jeweils die Strategien des Managements erläutert werden. In einem zweiten Schritt sollen Indikatoren angegeben werden, mit denen sich messen lässt, ob die Managementstrategien bez. des immateriellen Potentials des Unternehmens erfolgreich umgesetzt wurden.

Die folgende Tabelle liefert eine beispielhafte Aufzählung möglicher Indikatoren für die einzelnen Kategorien immaterieller Werte:[40]

---

39 Vgl. hierzu und im Folgenden ARBEITSKREIS „IMMATERIELLE WERTE IM RECHNUNGSWESEN" DER SCHMALENBACH-GESELLSCHAFT FÜR BETRIEBSWIRTSCHAFT E. V., Immaterielle Werte, S. 1236 f.

40 Die Tabelle enthält Vorschläge aus MAUL, K.-H./MENNINGER, J., Intellectual Property Statement, S. 532 und ARBEITSKREIS „IMMATERIELLE WERTE IM RECHNUNGSWESEN" DER SCHMALENBACH-GESELLSCHAFT FÜR BETRIEBSWIRTSCHAFT E.V., Immaterielle Werte, S. 1236 f.

Kategorie	Indikatoren/mögliche Angaben
Innovation Capital	Angabe der F & E-Ausgaben, F & E-Ausgaben im Verhältnis zum Umsatz, Anzahl wichtiger Marken und Patente, Restlaufzeiten der Patente, Werte von Marken und Patenten, Zahl der Lizenzverträge, Lizenzeinnahmen, Neuproduktrate.
Human Capital	Altersstruktur der Mitarbeiter (auch in der Führungsebene), Unternehmenszugehörigkeit in Jahren, Zahl der produktiven Mitarbeiter sowie der Verwaltungsmitarbeiter und der Mitarbeiter in Forschung und Entwicklung, Ausbildungsstruktur (Anzahl Industriekaufleute und Akademiker), Ausbildungsausgaben, Fluktuationsrate in %, durchschnittliche Betriebszugehörigkeit in Jahren, Mitarbeiterzufriedenheit z. B. als Ergebnis einer Befragung unter Offenlegung des Verfahrens und der Ergebnisauswertung, Wertbeitrag berechnet als (Wertschöpfung pro Mitarbeiter – Personalkosten pro Mitarbeiter) · Mitarbeiteranzahl.
Customer Capital	Zahl der Kunden, Umsatz mit den zehn größten Kunden, Wiederkaufrate (%-Satz der Kunden, die in der Vorperiode Umsätze getätigt haben), durchschnittliche Bestellhäufigkeit, Kundenzufriedenheit in Form eines Berichtes über die Ergebnisse einer Kundenbefragung, Auftragsbestand in Monaten, Marktanteil pro Produkt/Produktgruppe, Auflistung wesentlicher Marken, Wertbeitrag berechnet als (Wertschöpfung pro Kunde – Kosten pro Kunde) · Kundenanzahl.
Supplier Capital	Zahl und Struktur erhaltener Lizenzen, Lieferantenbindungsdauer in Jahren, Wertschöpfungstiefe berechnet als: Umsatz – Materialaufwand – bezogene Leistungen.
Investor Capital	Angaben zur Aktionärsstruktur, z. B. Anteilsquote in- und ausländischer Aktionäre, privater und institutioneller Aktionäre sowie Belegschaftsaktionäre, Zahl der Analystentreffen, Angaben zum ß-Faktor, Bonitätsratingergebnisse.
Process Capital	Angabe der durchschnittlichen Durchlaufzeiten, Liefertreue in %, Umsatz je Produktivkraft, Wertschöpfung je Mitarbeiter, Ausschussquote in %, Ausgaben zur Qualitätsverbesserung/-sicherung, Beschwerdequoten, Gewährleistungsaufwendungen im Verhältnis zum Umsatz, Investitionen in Informationstechnologie.
Location Capital	Produktions-/ F & E-/ Verwaltungsstandorte, Medienpräsenz, Arbeitsmarktattraktivität beispielsweise als Angabe der Einordnung in ein Ranking potentieller Arbeitgeber bei Hochschulabsolventen.

Übersicht IV-3: *Indikatoren zur Messung, ob die Managementstrategien für die einzelnen Kategorien immaterieller Vermögensgegenstände erfolgreich umgesetzt wurden*

Die vom ARBEITSKREIS „IMMATERIELLE WERTE IM RECHNUNGSWESEN" und vom DSR empfohlene Vorgehensweise zur Erläuterung immaterieller Werte im Intellectual Capital Bericht sei kurz an einem Beispiel erläutert. In einem Konsumgüterunternehmen könnte die Strategie des Managements zum Innovation Capital sein, künftig möglichst viele neue Produkte zu entwickeln, um einen gewissen Marktanteil zu halten. Berichtet das Management in seinem Intellectual Capital Bericht von dieser Strategie, so ist in einem zweiten Schritt zu fragen, welche Indikatoren aussagekräftig sind, um zu zeigen, ob diese Strategie erfolgreich umgesetzt wurde. Ein solcher Indi-

kator könnte im angeführten Beispiel die Kennzahl Neuproduktrate sein, anhand derer es dem Bilanzleser möglich ist, zu beurteilen, ob das Management seine Ziele in
der Kategorie Innovation Capital erreicht hat:

$$\text{Neuproduktrate} = \frac{\text{Umsatz mit den in den letzten drei Jahren neu eingeführten Produkten}}{\text{Gesamtumsatz}}$$

Kennzahl Nr. 01.04.00

Die Strategie und die Indikatoren aller Kategorien des Intellectual Capital Berichts
sind analog zum genannten Beispiel im Konzernlagebericht darzulegen. Bestehen
Wechselwirkungen einzelner Indikatoren untereinander, so sollen auch diese gezeigt
werden. Die Entwicklung der Indikatoren sowie eventuelle Abweichungen zwischen
den in der letzten Periode veröffentlichten Zielwerten und den Ist-Werten der aktuellen Periode sind zu kommentieren. Im E-DRS 20 wird hervorgehoben, dass vor allem
Änderungen des Humankapitals, der Kundenbeziehungen sowie der Organisations-
und Verfahrensvorteile erläutert werden sollen, soweit sie wesentliche Auswirkungen
auf die wirtschaftliche Lage des Unternehmens haben können (E-DRS 20.121 f.).

Wird ein Intellectual Capital Bericht in der beschriebenen Form von dem zu analysierenden Unternehmen veröffentlicht, kann der Bilanzanalytiker die gegebenen Informationen im Rahmen der Analyse der Vermögenslage nutzen. Allerdings muss er die
gegebenen Informationen aus seinem eigenen Blickwinkel, unterstützt durch eigene
Hintergrundinformationen interpretieren. Er sollte die Informationen eigenständig
werten und die Kommentierung des Managements kritisch würdigen.

Analysiert der Bilanzanalytiker einen Jahresabschluss nach HGB, so sind seine Analysemöglichkeiten im Hinblick auf die selbsterstellten immateriellen Vermögensgegenstände des Anlagevermögens auf die Angaben eines eventuell freiwillig veröffentlichten Intellectual Capital Berichtes beschränkt. Der IASB lässt im Gegensatz zum HGB
und DRS 12 unter bestimmten Voraussetzungen eine Aktivierung selbsterstellter immaterieller Vermögensgegenstände zu, so dass diese hier auch analysiert werden können.[41] Nach IAS 38.21 besteht ein Ansatzgebot für immaterielle Vermögenswerte,
die die Definition gemäß IAS 38.8 i. V. m. IAS 38.9-17 erfüllen, wenn der künftige
Nutzen aus dem immateriellen Vermögenswert dem Unternehmen wahrscheinlich
zufließen wird und die Kosten des immateriellen Vermögenswertes verlässlich
messbar sind. Wird ein immaterieller Vermögenswert von dem Unternehmen selbst
hergestellt, so ist gemäß IAS 38.52 zunächst zu unterscheiden, ob sich der Vermögenswert noch in der Forschungsphase oder bereits in der Entwicklungsphase befindet. Während Forschungskosten analog zum HGB nicht aktiviert werden dürfen
(IAS 38.54), besteht für Entwicklungskosten ein Ansatzgebot, wenn bewiesen werden
kann, dass bestimmte Ansatzkriterien kumulativ erfüllt sind (IAS 38.57).[42]

---

41   Vgl. hierzu auch Kap. III Abschn. 6.
42   Vgl. ausführlich Kap. III Abschn. 6.

Der Vergleich der Vermögenslage von Unternehmen, die einen HGB-Abschluss vorlegen, mit Unternehmen, die einen IFRS-Abschluss vorlegen, stellt den Bilanzanalytiker vor das Problem, dass in einem IFRS-Abschluss gegebenenfalls Entwicklungskosten gemäß IAS 38.57 aktiviert wurden, während diese im HGB-Abschluss nicht aktiviert werden durften. Dadurch wird im IFRS-Abschluss systematisch ein höheres immaterielles Vermögen sowie ein höheres Gesamtvermögen ausgewiesen. Kennzahlen von Unternehmen, die nach unterschiedlichen Rechnungslegungsstandards, IFRS und HGB, bilanzieren und dabei im Zähler und Nenner das immaterielle Vermögen bzw. das Gesamtvermögen berücksichtigen, sind damit nur bedingt vergleichbar. Des Weiteren ist das Ergebnis bzw. der Jahresüberschuss des handelsrechtlichen Abschlusses im Vergleich zum IFRS-Abschluss um die im betreffenden Geschäftsjahr aktivierten Entwicklungskosten niedriger. Liegt ein solcher Fall vor, ist es erforderlich, die aktivierten Beträge für immaterielle Vermögenswerte im IFRS-Abschluss auszubuchen und die Buchwerte der immateriellen Vermögenswerte erfolgswirksam in die GuV zu buchen.[43] Man könnte auch überlegen, den Aufwand, der für Entwicklungskosten im HGB-Abschluss in die GuV gegangen ist, für Analysezwecke zu aktivieren. Dieses wird dem Bilanzanalytiker mangels erforderlicher Informationen über den entsprechenden Entwicklungsaufwand der letzten Jahre indes nicht gelingen.[44] Daher ist die Korrektur des IFRS-Abschlusses einfacher. Bei der Kennzahlenbildung ist somit darauf zu achten, dass kreative Kennzahlen gebildet werden, bei denen die immateriellen Vermögensgegenstände bzw. der Betrag der aktivierten Entwicklungskosten aus den in den Kennzahlen verwendeten Größen des Zählers und/oder Nenners herausgerechnet werden. Die so gebildeten Kennzahlen aus den Daten des IFRS-Abschlusses lassen sich dann mit denen eines HGB-Abschlusses trotz möglicher bilanzpolitischer Maßnahmen im Bereich der immateriellen Vermögensgegenstände vergleichen.[45]

Weitere bilanzpolitische Möglichkeiten bei immateriellen Vermögensgegenständen bestehen beim **Geschäfts- oder Firmenwert.** Geschäfts- oder Firmenwerte können im Jahresabschluss zum einen aus einem Asset-Deal entstehen, sofern der Kaufpreis für die erworbenen Vermögensgegenstände und Schulden eines Unternehmens den Zeitwert der Bilanzpositionen überschreitet.[46] Gemäß § 255 Abs. 4 HGB haben die Unternehmen das Wahlrecht, diesen Geschäfts- oder Firmenwert entweder sofort komplett erfolgswirksam zu vereinnahmen oder diesen in den nächsten Geschäftsjahren zu mindestens je einem Viertel oder über die geplante Nutzungsdauer abzuschreiben.[47] Zum anderen kann ein Geschäfts- oder Firmenwert bei einem Share-Deal im Rahmen der Kapitalkonsolidierung im Konzernabschluss entstehen, wenn bei der Verrechnung des Beteiligungsbuchwertes des Mutterunternehmens an dem Tochterunternehmen mit dem anteiligen Eigenkapital des Mutterunternehmens am Tochter-

---

43 Vgl. KÜTING, K./WEBER, C.-P., Die Bilanzanalyse, S. 541.

44 Vgl. WAGENHOFER, A., Internationale Rechnungslegungsstandards, S. 601.

45 Vgl. zur kreativen Kennzahlenbildung ausführlich Kap. III Abschn. 4 bzw. zu Besonderheiten der Kennzahlenbildung bei IAS/IFRS-Abschlüssen Kap. III Abschn. 6.

46 Vgl. BAETGE, J./KIRSCH, H.-J./THIELE, S., Bilanzen, S. 273.

47 Vgl. BAETGE, J./KIRSCH, H.-J./THIELE, S., Bilanzen, S. 277.

unternehmen ein Unterschiedsbetrag entsteht, der nicht vollständig als stille Rücklage bzw. als stille Last auf die Vermögensgegenstände und Schulden verteilt werden kann.[48] Der Gesetzgeber räumt den Unternehmen in § 309 Abs. 1 Satz 1 und 2 HGB analog zum Einzelabschluss ein Wahlrecht ein, den Geschäfts- oder Firmenwert zu aktivieren und in den folgenden Jahren zu mindestens je einem Viertel oder aber über die geplante Nutzungsdauer abzuschreiben. Nach § 309 Abs. 1 Satz 3 HGB kann der Geschäfts- oder Firmenwert im Konzernabschluss aber auch offen mit den Rücklagen verrechnet werden,[49] so dass dieser erfolgsneutral gebucht wird und in keiner Periode das Jahresergebnis beeinflusst.

Die Bilanzierung des Geschäfts- oder Firmenwertes (GoF) nach den Regelungen des IASB war für Unternehmenszusammenschlüsse (Business Combinations) bis zum 30. März 2004 in IAS 22 „Unternehmenszusammenschlüsse" geregelt.[50] Gemäß IAS 22 war der Geschäfts- oder Firmenwert regelmäßig erfolgswirksam zu behandeln indem er als Vermögenswert angesetzt und planmäßig über eine Nutzungsdauer von maximal 20 Jahren (widerlegbare Vermutung) abgeschrieben wurde (IAS 22.44).[51] Soweit Indikatoren auf eine Wertminderung des Geschäfts- oder Firmenwertes hingewiesen haben, war ein Impairment-Test nach IAS 36 vorzunehmen und der Geschäfts- oder Firmenwert bei einer dauernden Wertminderung außerplanmäßig abzuschreiben. Nach den neuen Regelungen des IASB (IFRS 3 „Business Combinations"), die für Unternehmenszusammenschlüsse ab dem 31. März 2004 anzuwenden sind, darf der Geschäfts- oder Firmenwert nicht mehr planmäßig abgeschrieben werden (impairment only approach).[52] Statt dessen muss jährlich und zusätzlich bei Vorliegen bestimmter Indikatoren ein Werthaltigkeits-Test nach IAS 36 vorgenommen werden. Der Geschäfts- oder Firmenwert ist, sofern sein Buchwert nicht mehr werthaltig ist, außerplanmäßig abzuschreiben.[53] Dies bedeutet, dass eine Akquisition künftig das Ergebnis zunächst nicht regelmäßig belastet und dass erfolgswirksame Buchungen aus der Akquisition eines Unternehmens erst dann anfallen, wenn der Geschäfts- oder Firmenwert nicht mehr werthaltig ist.[54]

Die folgende Übersicht systematisiert die Möglichkeiten zur Bilanzierung des Geschäfts- oder Firmenwertes nach HGB und IFRS:

---

48 Vgl. BAETGE, J./KIRSCH, H.-J./THIELE, S., Konzernbilanzen, S. 240-245.

49 Vgl. BAETGE, J./KIRSCH, H.-J./THIELE, S., Konzernbilanzen, S. 241; der Geschäfts- oder Firmenwert ist in der Periode der Erstkonsolidierung vollständig erfolgsneutral zu verrechnen; vgl. KAHLING, D., in: Baetge/Kirsch/Thiele, § 309 HGB, Rn. 45; auch eine ratierliche Verrechnung mit den Rücklagen wird als zulässig erachtet, vgl. hierzu BUSSE VON COLBE, W. U. A., Konzernabschlüsse, S. 237.

50 Vgl. IFRS 3.79 f. zur Übergangsregelung von IAS 22 auf IFRS 3.

51 In begründeten Ausnahmefällen konnte die Nutzungsdauer des Geschäfts- oder Firmenwertes 20 Jahre überschreiten; in diesem Fall war jährlich ein Impairment-Test nach IAS 36 vorgeschrieben (IAS 22.50 und IAS 22.56).

52 Vgl. zu Übergangsregelungen IFRS 3.78-81.

53 Vgl. BAETGE, J./KIRSCH, H.-J./THIELE, S., Konzernbilanzen, S. 270.

54 Vgl. zu Fällen, in denen eine Akquisition im Erstkonsolidierungszeitpunkt erfolgswirksam wird GRÜNBERGER, D./GRÜNBERGER, H., Business Combinations Phase II, S. 413.

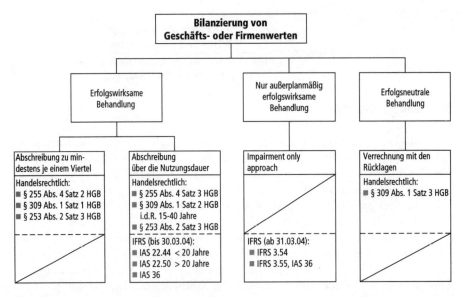

Übersicht IV-4: *Möglichkeiten der Bilanzierung eines Geschäfts- oder Firmenwertes nach HGB und nach IFRS*

Bei der Vielzahl der Möglichkeiten, den Geschäfts- oder Firmenwert sowohl nach HGB als auch nach IFRS zu bilanzieren, gibt es einen sehr großen bilanzpolitischen Spielraum, der bilanzpolitikneutralisierende Maßnahmen im Rahmen der Bilanzanalyse erforderlich macht. Je nachdem, wie der Geschäfts- oder Firmenwert in den Abschlüssen behandelt wird, entstehen vollkommen unterschiedliche Bilder von der Vermögenslage und von der Erfolgslage der Unternehmen.[55] Der Bilanzanalytiker sollte versuchen, die bilanzpolitischen Maßnahmen in diesem Bereich zu neutralisieren, indem er den Geschäfts- oder Firmenwert bei den von ihm herangezogenen Kennzahlen zur Analyse der Vermögenslage von den entsprechenden Größen im Zähler und/oder Nenner subtrahiert.[56]

42 Die Analyse des Sachanlagevermögens

Neben den immateriellen Vermögensgegenständen ist auch das Sachanlagevermögen – besonders bei Produktionsunternehmen – von Bedeutung. Zunächst wird die Altersstruktur der Sachanlagen des Unternehmens untersucht. Der Anlagenabnutzungsgrad ist eine Kennzahl, die eine Aussage über die **Altersstruktur** des Anlagevermögens erlaubt:

---

55 Vgl. LACHNIT, L./MÜLLER, S., Geschäfts- oder Firmenwerte, S. 543.

56 Vgl. zur kreativen Kennzahlenbildung ausführlich Kap. III Abschn. 4 bzw. zu Besonderheiten der Kennzahlenbildung bei IFRS-Abschlüssen Kap. III Abschn. 6.

$$\text{Anlagenabnutzungsgrad} = \frac{\text{Kumulierte Abschreibungen auf das Sachanlagevermögen}}{\text{Historische AK/HK des Sachanlagevermögens zum Ende des Geschäftsjahres}}$$

Kennzahl Nr. 01.05.00

Der Anlagenabnutzungsgrad gibt an, welcher prozentuale Anteil des Sachanlagevermögens bezogen auf die historischen Anschaffungs- oder Herstellungskosten (AK/HK) bereits abgeschrieben wurde. Ob ein hoher oder ein niedriger Anlagenabnutzungsgrad günstiger ist, lässt sich nicht eindeutig sagen. Zwar gilt allgemein, dass je höher der Anlagenabnutzungsgrad ist, desto älter ist das durchschnittliche Alter der Sachanlagen. Hieraus ließe sich auf einen großen Modernisierungsbedarf im Anlagenpark schließen. Ein hoher Kennzahlenwert beim Anlagenabnutzungsgrad könnte also ein Indiz für einen technologisch überholten Anlagenbestand oder für unterlassene Ersatzinvestitionen im Unternehmen sein. Ein hoher Anlagenabnutzungsgrad kann aber auch auf ein dynamisches Unternehmen hindeuten, das die Abschreibungs- und Nutzungsdauern seiner Maschinen kurz wählt, um diese rasch durch neue, technologisch bessere Anlagen zu ersetzen. In diesem Fall wäre ein hoher Kennzahlenwert nicht negativ zu werten. Demgegenüber kann ein niedrigerer Anlagenabnutzungsgrad auch darauf hinweisen, dass ein Unternehmen Reaktionsmöglichkeiten auf neue Technologien ungenutzt verstreichen lässt. Möglich ist aber auch, dass ein Unternehmen mit einem niedrigen Anlagenabnutzungsgrad auf dem technologisch neuesten Stand ist.

Der Bilanzanalytiker vermag die Kennzahl „Anlagenabnutzungsgrad" am besten zu interpretieren, wenn das Unternehmen für das abnutzbare Anlagevermögen die Methode der leistungsabhängigen Abschreibung anwendet.[57] Indes sind die während der gesamten Nutzungsdauer mit der Anlage erzielbaren Leistungseinheiten im Allgemeinen nicht im Voraus bekannt, so dass auch die leistungsabhängige Abschreibung den Abnutzungsgrad der Anlage nur annähernd widerspiegeln kann. In Jahresabschlüssen werden zudem i. d. R. die lineare oder die degressive Zeitabschreibung verwendet, die den leistungsabhängigen Werteverzehr nicht abbilden. Im Übrigen kennt der externe Bilanzanalytiker regelmäßig die Parameter der Abschreibungen nicht hinreichend genau, weil die Bilanzierenden weder die exakten Abschreibungsdauern je Sachanlage angeben, sondern oft nur Durchschnittswerte je Anlage-Kategorie, noch die Abschreibungsmethode je Sachanlage. Problematisch wirkt sich für den Bilanzanalytiker bei der Kennzahl „Anlagenabnutzungsgrad" die Möglichkeit des Bilanzierenden aus, im Jahresabschluss steuerrechtlich bedingte (Mehr-)Abschreibungen vorzunehmen und das Sachanlagevermögen insoweit unter betriebswirtschaftlich gerechtfertigten Wertansätzen zu bilanzieren.[58]

---

57 Zur leistungsabhängigen Abschreibung vgl. etwa BAETGE, J./KIRSCH, H.-J./THIELE, S., Bilanzen, S. 212 f.; WÖHE, G., Bilanzierung und Bilanzpolitik, S. 448-450; COENENBERG, A. G., Jahresabschluss und Jahresabschlussanalyse, S. 173.

Weiterhin lassen sich die Restnutzungsdauern einzelner Vermögensgegenstände des Anlagevermögens i. d. R. nicht mit Hilfe des Anlagenabnutzungsgrades schätzen; der Anlagenabnutzungsgrad gibt dem Bilanzanalytiker nämlich lediglich einen groben Überblick über die Altersstruktur des Sachanlagevermögens.[59] Im Geschäftsbericht werden die Restnutzungsdauern meist ebensowenig angegeben wie die ursprünglichen Nutzungsdauern einzelner Anlagegegenstände. Insofern vermag der Bilanzanalytiker die künftigen Ersatzzeitpunkte von Anlagegegenständen nicht zu ermitteln, und die Auswirkungen der Anlagenabnutzung auf die Finanzierung des Unternehmens bleiben unbekannt.

Betrachtet der Bilanzanalytiker die Kennzahl „Anlagenabnutzungsgrad" indes im Zeitvergleich für ein und dasselbe Unternehmen, dann ergeben sich Anhaltspunkte dafür, ob sich der Abnutzungsgrad der Sachanlagen im Zeitablauf erhöht hat und ob deshalb die Wahrscheinlichkeit für Ersatzbeschaffungen steigt. Investiert ein Unternehmen im Wesentlichen in Investitionsschüben, dann sinkt der Anlagenabnutzungsgrad nach jedem Schub und steigt danach stetig bis zum nächsten Investitionsschub an. Im Fall eines solchen diskontinuierlichen Investitionsverhaltens ist es für den Bilanzanalytiker indes schwierig, von der Höhe des Anlagenabnutzungsgrades auf den Zeitpunkt künftiger Ersatzinvestitionen zu schließen. Im Unternehmensvergleich lässt sich möglicherweise erkennen, ob ein Unternehmen einen Technologiesprung einer Branche mitgemacht hat.

Für den Philipp Holzmann Konzern ergeben sich die Werte für den Anlagenabnutzungsgrad wie folgt:		
Anlagenabnutzungsgrad (Kennzahl Nr. 01.05.00)	**1994**	**1995**
	52,5 %	47,8 %
Die Veränderung des Anlagenabnutzungsgrades ist im Wesentlichen darauf zurückzuführen, dass die historischen Anschaffungs- und Herstellungskosten durch Änderungen des Konsolidierungskreises und Währungsdifferenzen angepasst wurden.[60] Daher kann aufgrund des Absinkens des Anlagenabnutzungsgrades nicht auf einen Investitionsschub geschlossen werden.		

Schließlich gibt die **Abschreibungsquote** als Kennzahl für die Abschreibungspolitik des Unternehmens an, wie viel Prozent der historischen Anschaffungs- oder Herstellungskosten des Sachanlagevermögens zum Geschäftsjahresende im abgelaufenen Geschäftsjahr abgeschrieben wurden:

---

58 Vgl. KÜTING, K./WEBER, C.-P., Die Bilanzanalyse, S. 92; REHKUGLER, H./PODDIG, T., Bilanzanalyse, S. 174.

59 Vgl. KÜTING, K./WEBER, C.-P., Die Bilanzanalyse, S. 92.

60 Vgl. PHILIPP HOLZMANN AG (Hrsg.), Geschäftsbericht 1995, S. 64.

$$\text{Abschreibungsquote} = \frac{\text{Jahresabschreibungen auf das Sachanlagevermögen}}{\text{Historische AK/HK des Sachanlagevermögens zum Ende des Geschäftsjahres}}$$

Kennzahl Nr. 01.06.00

Für die Abschreibungsquote lässt sich ebenfalls keine eindeutige Arbeitshypothese formulieren. Die Abschreibungsquote lässt – über mehrere Jahre betrachtet – erkennen, in welchem Maße das zu analysierende Unternehmen durch planmäßige und außerplanmäßige Abschreibungen auf das Sachanlagevermögen stille Rücklagen bildet oder stille Rücklagen still auflöst. Im ersten Fall steigt die Abschreibungsquote, im zweiten Fall sinkt sie.[61] Eine im Zeitablauf sinkende Abschreibungsquote deutet auch darauf hin, dass die letzten Investitionen des Unternehmens bereits lange zurückliegen und dass mehr degressiv abgeschrieben wird. Investiert das Unternehmen in Schüben, was im Anlagengitter gut zu erkennen ist, dann ist die Abschreibungsquote kurz nach einem Investitionsschub meist hoch und sinkt danach. Bei einer niedrigen Abschreibungsquote liegt der letzte Investititionsschub hingegen lange zurück.

Die Abschreibungsquote sollte im Zusammenhang mit der Investitionsquote des Unternehmens interpretiert werden. Sinken sowohl die Abschreibungsquote als auch die Investitionsquote, ist dies für den Bilanzanalytiker ein Indiz dafür, dass das Unternehmen zunehmend von der Substanz lebt, wodurch auch die künftige Erfolgskraft sinken wird.[62]

Die Investitionsquote ist wie folgt definiert:

$$\text{Investitionsquote} = \frac{\text{Nettoinvesitionen in das Sachanlagevermögen}}{\text{Historische AK/HK des Sachanlagevermögens zum Beginn des Geschäftsjahres}}$$

Kennzahl Nr. 01.07.00

Die Nettoinvestitionen in das Sachanlagevermögen bezeichnen die Differenz zwischen allen getätigten Investitionen in das Sachanlagevermögen und den Restbuchwerten der Anlagenabgänge:

---

61 Vgl. PEEMÖLLER, V. H., Bilanzanalyse und Bilanzpolitik, S. 338; COENENBERG, A. G., Jahresabschluss und Jahresabschlussanalyse, S. 954; GRÄFER, H., Bilanzanalyse, S. 181.

62 Vgl. KÜTING, K./WEBER, C.-P., Die Bilanzanalyse, S. 93 f.; GRÄFER, H., Bilanzanalyse, S. 180 f.

Zugänge zu dem Sachanlagevermögen
− Abgänge aus dem Sachanlagevermögen zu Restbuchwerten
= Nettoinvestitionen in das Sachanlagevermögen

Die Restbuchwerte der Anlagenabgänge ergeben sich als Differenz zwischen den zu historischen Anschaffungs- oder Herstellungskosten bewerteten Sachanlageabgängen und den kumulierten Abschreibungen auf die Sachanlagenabgänge des Geschäftsjahres. Die letztgenannte Größe wird allerdings meist nicht im Anlagengitter ausgewiesen. Näherungsweise lassen sich die Anlagenabgänge zu Restbuchwerten aus dem Anlagengitter aber wie folgt ermitteln:

Anfangsbestand der Sachanlagen zu Restbuchwerten
+ Zugänge des Geschäftsjahres zu dem Sachanlagevermögen
+ Zuschreibungen des Geschäftsjahres auf das Sachanlagevermögen
± Umbuchungen in das/aus dem Sachanlagevermögen
− Abschreibungen des Geschäftsjahres auf das Sachanlagevermögen
− Endbestand der Sachanlagen zu Restbuchwerten
= Abgänge aus dem Sachanlagevermögen zu Restbuchwerten

Übersicht IV-5:   *Berechnung der Sachanlagenabgänge zu Restbuchwerten*[63]

Die Investitionsquote gibt an, wie viel Prozent der historischen Anschaffungs- oder Herstellungskosten des Sachanlagevermögens am Anfang des Geschäftsjahres im betrachteten Geschäftsjahr neu investiert wurden. Damit die Kennzahl nicht durch Abschreibungen beeinflusst wird, werden die Nettoinvestitionen nicht auf die Summe der Restbuchwerte des Sachanlagevermögens, sondern auf die Summe der historischen Anschaffungs- oder Herstellungskosten bezogen; so wird vermieden, dass die Investitionsquote bei gleichbleibenden Nettoinvestitionen im Zeitablauf steigt, weil die Summe der Restbuchwerte abschreibungsbedingt im Zeitablauf sinkt.[64] Der Bilanzanalytiker muss allerdings beachten, dass die Nettoinvestitionen im Zähler der Investitionsquote zu (zeitnahen) Anschaffungskosten bewertet werden, während das Sachanlagevermögen im Nenner der Investitionsquote mit zum Teil viele Jahre zurückliegenden historischen Anschaffungs- oder Herstellungskosten bewertet wird. Bei inflationären Tendenzen sind die Anschaffungskosten von während des Geschäftsjahres angeschafften Vermögensgegenständen höher als die historischen Anschaffungskosten vergleichbarer Vermögensgegenstände; in diesem Fall wird die Investitionsquote zu hoch ausgewiesen.[65] Ergänzend sollte der Bilanzanalytiker auch die Angaben im Lagebericht zur Forschung und Entwicklung des Unternehmens analysieren (§§ 289 Abs. 2 Nr. 3 und 315 Abs. 2 Nr. 3 HGB).[66]

---

63 Vgl. MAYER, A., Auswirkungen des Bilanzrichtlinien-Gesetzes, S. 256.

64 Vgl. COENENBERG, A. G., Jahresabschluss und Jahresabschlussanalyse, S. 953.

65 Vgl. REHKUGLER, H./PODDIG, T., Bilanzanalyse, S. 177.

66 Vgl. PEEMÖLLER, V. H., Bilanzanalyse und Bilanzpolitik, S. 336.

Höhere Werte der Investitionsquote weisen grundsätzlich auf eine starke und vom Bilanzanalytiker positiv zu beurteilende Investitionstätigkeit des Unternehmens hin; die Arbeitshypothese lautet in diesem Fall G>K.

Im Zusammenhang mit der Investitionstätigkeit eines Unternehmens wird häufig analysiert, in welchem Umfang ein Unternehmen seine Investitionen aus eigener Kraft finanzieren kann. Bei der Kennzahl **„Nettoinvestitionsdeckung"** setzt der Bilanzanalytiker dazu den vom Unternehmen im Geschäftsjahr erwirtschafteten Cashflow zu den Netto-Sachanlageinvestitionen in Beziehung:

$$\text{Nettoinvestitionsdeckung} = \frac{\text{Cashflow}}{\text{Nettoinvestitionen in das Sachanlagevermögen}}$$

Kennzahl Nr. 01.08.00

Der Cashflow ist der Überschuss der einzahlungswirksamen Erträge über die auszahlungswirksamen Aufwendungen, er ist der Zahlungsüberschuss aus der laufenden betrieblichen Tätigkeit.[67] Der Cashflow wird zu den Nettoinvestitionen ins Verhältnis gesetzt, um hierdurch einen Maßstab für die Investitionskraft eines Unternehmens zu ermitteln. Die Nettoinvestitionsdeckung zeigt an, in welchem Maße das Unternehmen seine Investitionen aus eigener Kraft finanzieren kann, ohne den Kapitalmarkt in Anspruch nehmen zu müssen.[68] Auch für die Nettoinvestitionsdeckung lässt sich keine eindeutige Arbeitshypothese formulieren. Beispielsweise steht bei ertragsstarken, aber nur moderat wachsenden Unternehmen ein hoher Cashflow verhältnismäßig geringen Investitionen gegenüber. Aber auch bei ertragsschwachen Unternehmen kann die Nettoinvestitionsdeckung verhältnismäßig hoch sein, wenn diese Unternehmen keine neuen Investitionsmöglichkeiten sehen bzw. wahrnehmen. Umgekehrt haben ertragsstarke, schnell wachsende Unternehmen unter Umständen Schwierigkeiten, ihre Investitionen aus dem Cashflow zu finanzieren. In diesem Fall ist die Nettoinvestitionsdeckung verhältnismäßig klein,[69] was indes nicht zwangsläufig negativ beurteilt werden muss, da das Unternehmen beispielsweise einen stark wachsenden Geschäftsbereich haben kann, der gegenwärtig einen hohen Investitionsbedarf, hierdurch aber in der Zukunft hohe Ertragsaussichten hat.[70]

---

67 Der Cashflow wird in Kap. II Abschn. 4 vorgestellt und in seinen Varianten ausführlich erörtert.

68 Vgl. HAUSCHILDT, J., Erfolgs-, Finanz- und Bilanzanalyse, S. 61 f.; KÜTING, K./WEBER, C.-P., Die Bilanzanalyse, S. 137; COENENBERG, A. G., Jahresabschluss und Jahresabschlussanalyse, S. 978; REHKUGLER, H./PODDIG, T., Bilanzanalyse, S. 203.

69 Vgl. zu diesen Überlegungen vor allem REHKUGLER, H./PODDIG, T., Bilanzanalyse, S. 203.

70 Vgl. dazu auch die Darstellung des Einsatzes von Portfoliomodellen zur Analyse der Segmente in Kap. VI Abschn. 532.

Beim Philipp Holzmann Konzern ergeben sich für die Nettoinvestitionsdeckung die folgenden Werte:[71]		
Nettoinvestitionsdeckung **(Kennzahl Nr. 01.08.00)**	**1994**	**1995**
	141,2 %	− 4,4 %
Die Kennzahlen zeigen, dass der Philipp Holzmann Konzern 1994 in der Lage war, durch den Cashflow die gesamten Nettoinvestitionen in das Anlagevermögen zu decken und mit dem verbleibenden Cashflow Schulden zu tilgen. Für das Jahr 1995 errechnet sich ein negativer Cashflow, der ebenso wie die getätigten Nettoinvestitionen durch Kreditaufnahmen finanziert werden muss.		

Eine weitere Kennzahl, mit der die Investitionspolitik eines Unternehmens analysiert werden kann, ist die **Wachstumsquote**. Die Wachstumsquote gibt an, wieweit die Jahresabschreibungen durch Nettoinvestitionen kompensiert werden, ob das Unternehmen in diesem Sinne also wächst, stagniert oder schrumpft. Grundsätzlich ist die Wachstumsquote wie folgt zu ermitteln:

$$\text{Wachstumsquote} = \frac{\text{Nettoinvestitionen in das Sachanlagevermögen}}{\text{Jahresabschreibungen auf das Sachanlagevermögen}}$$

Kennzahl Nr. 01.10.00

Bei gesunden Unternehmen ist die Wachstumsquote höher als bei kranken Unternehmen, so dass die Arbeitshypothese G>K gilt.

Wenn im Unternehmen durch Investitionen die Substanz mehr als erhalten wurde, ist die Wachstumsquote höher als die Preissteigerungsrate für Vermögensgegenstände des Anlagevermögens.[72] Wenn die Wachstumsquote dauerhaft kleiner als 100 % ist, so kann vermutet werden, dass das Management Vermögenswerte reduziert und nicht aufbaut.[73] Schwierigkeiten, diese Kennzahl zu interpretieren, ergeben sich aus der Möglichkeit zu steuerrechtlichen Sonderabschreibungen, die betriebswirtschaftlich nicht begründet werden können. Außerdem sinkt die Wachstumsquote, wenn Sachanlagevermögen durch operate lease-Verträge und nicht durch Reinvestitionen bzw. durch Investitionen substituiert wird. Zudem sinkt die Wachstumsquote, wenn das Unternehmen über den Leistungsverzehr hinaus abschreibt. In diesem Fall ist die Wachstumsquote nur noch bedingt aussagefähig.

---

71 Der Cashflow wurde gemäß der Kennzahl Nr. 02.18.02[I] ermittelt; vgl. Kap. II Abschn. 43.

72 Vgl. Leffson, U., Bilanzanalyse, S. 144.

73 Vgl. Coenenberg, A. G., Jahresabschluss und Jahresabschlussanalyse, S. 978 f.

5 Die Analyse des Umlaufvermögens

51 Die Analyse der Vorräte

Zur Vermögensstrukturanalyse gehört auch die Untersuchung des Umlaufvermögens nach Art und Zusammensetzung. Im Vordergrund der Analyse des Umlaufvermögens stehen die Vorräte, die Forderungen und die liquiden Mittel. Eine wichtige Kennzahl, die die Mittelbindung in den Vorräten darstellt, ist die **Umschlaghäufigkeit der Vorräte:**

$$\text{Umschlaghäufigkeit der Vorräte} = \frac{\text{Umsatzerlöse}}{\varnothing \text{ Bestand an Vorräten}}$$

Kennzahl Nr. 01.12.00

Bei Berechnung der Umschlaghäufigkeit der Vorräte ist vor allem darauf zu achten, dass die wertmäßige Äquivalenz eingehalten wird, d. h., Zähler und Nenner der Kennzahl müssen auf den gleichen Wertansätzen beruhen. Hierzu müssen die Anschaffungs- bzw. Herstellungskosten des Vorratsvermögens auf das Niveau der Verkaufspreise der Umsätze oder die Verkaufspreise der Umsätze auf das Anschaffungs- bzw. Herstellungskostenniveau der Vorräte umgerechnet werden.[74]

Mit der Umschlaghäufigkeit der Vorräte wird die Relation zwischen den umsatznahen Beständen der Vorräte in der Bilanz und dem Umsatz als zentrale Größe für den operativen Erfolg des Unternehmens in der GuV analysiert. Ein hoher Kennzahlenwert ist grundsätzlich positiv einzuschätzen; die Arbeitshypothese für die Umschlaghäufigkeit der Vorräte lautet dementsprechend G>K. Eine hohe Umschlaghäufigkeit der Vorräte kann einerseits als hohes Liquiditätspotential des Unternehmens interpretiert werden,[75] denn der Vorratsbestand kann durch den laufenden Umsatzprozess gegebenenfalls kurzfristig wieder in Geld umgewandelt werden. Andererseits muss der Bilanzanalytiker bedenken, dass die (bei geringem Vorratsbestand) laufend notwendigen Ersatzbeschaffungen für Vorräte zu einer Verteuerung des Einkaufs aber auch zu einer Liquiditätsanspannung führen können.[76] Werden Wachstumsraten der Umsätze und Lagerbestände ermittelt, so ergeben sich Erkenntnisse über die einzelnen Einflussfaktoren der Umschlaghäufigkeit; Zusammenhänge zwischen den Einflussfaktoren sind dann zu interpretieren.[77] Eine sinkende Umschlaghäufigkeit der Vorräte deutet darauf hin, dass die Lagerbestände stärker gestiegen sind als der Umsatz. Dies trifft etwa dann zu, wenn die Lagerpolitik des Unternehmens verfehlt war oder wenn die Umsätze zurückgegangen bzw. nicht wie erwartet gestiegen sind. Eine sinkende Umschlaghäufigkeit der Vorräte kann aber auch auf eine gute Auftragslage

---

74 Vgl. zum Äquivalenzprinzip ausführlich Kap. III Abschn. 23.

75 Vgl. GRÄFER, H., Bilanzanalyse, S. 127; ähnlich PEEMÖLLER, V. H., Bilanzanalyse und Bilanzpolitik, S. 341.

76 Vgl. GRÄFER, H., Bilanzanalyse, S. 127.

77 Vgl. KÜTING, K./WEBER, C.-P., Die Bilanzanalyse, S. 99.

des Unternehmens zurückzuführen sein, weshalb das Unternehmen Vorratsbestände bereits vorsorglich angeschafft hat. Schließlich kann die Umschlaghäufigkeit der Vorräte sinken, weil das Unternehmen einen niedrigen Einkaufspreis bei Marktpreisschwankungen der Rohstoffe ausgenutzt hat: So kaufen Unternehmen auf hochvolatilen Märkten bei günstigen Preisen häufig Rohstoffe auf Lager; diese Vorräte werden aber erst später verarbeitet oder verkauft. Der Bilanzanalytiker kann das Vorratsvermögen detaillierter analysieren, wenn er die Analyse der Umschlaghäufigkeit auf die einzelnen Bestandteile der Vorräte, nämlich die Roh-, Hilfs- und Betriebsstoffe und die fertigen und unfertigen Erzeugnisse, ausweiten kann, sofern er die erforderlichen Detailinformationen dafür erhält.

Die Umschlaghäufigkeit der Vorräte kann sich ändern, ohne dass sich das Mengengerüst der Vorräte geändert hat.[78] Dies ist beispielsweise dann der Fall, wenn die Einkaufspreise für Rohstoffe stärker gestiegen sind als die Verkaufspreise für Fertigerzeugnisse. In diesem Fall sinkt die Umschlaghäufigkeit der Vorräte, obwohl die tatsächliche Verweildauer der Vorräte im Unternehmen gleich geblieben ist.

Auch für die Umschlaghäufigkeit der Vorräte ergeben sich häufig strukturelle Branchenunterschiede. Die Umschlaghäufigkeit der Vorräte deutscher Branchen für die Jahre 1996 bis 2000 zeigt nachstehende Übersicht:

Jahr	1996	1997	1998	1999	2000
Chemie	7,7	8,2	7,7	7,7	7,4
Maschinenbau	4,1	4,4	4,6	4,8	4,7
Straßenfahrzeugbau	13,1	13,7	14,0	14,0	13,4
Elektrotechnik	5,4	5,8	6,3	6,8	7,5
Ernährungsgewerbe	11,2	11,1	10,9	11,3	11,4
Baugewerbe	2,8	2,9	2,8	2,3	2,3
Großhandel	9,8	9,6	9,4	9,4	9,6
Einzelhandel	5,8	5,7	5,4	5,6	5,7
Ø deutscher Unternehmen	6,8	7,1	6,9	6,7	6,9

Übersicht IV-6: *Umschlaghäufigkeit der Vorräte deutscher Unternehmen*[79]

Hier handelt es sich bei den Vorratsbeständen, die in die Kennzahl „Umschlaghäufigkeit der Vorräte" eingehen, allerdings um Jahresendbestände, die zu Anschaffungsbzw. Herstellungskosten bewertet wurden, wohingegen der Umsatz eine zeitraumbezogene Größe ist und auf Verkaufspreisen basiert. Insofern entspricht die von der

---

78 Vgl. KÜTING, K./WEBER, C.-P., Die Bilanzanalyse, S. 100.

79 Vgl. DEUTSCHE BUNDESBANK (Hrsg.), Monatsbericht April 2002, S. 48-57; DEUTSCHE BUNDESBANK (Hrsg.), Monatsbericht April 2003, S. 64-71; sowie ergänzende Angaben der Deutschen Bundesbank, die auf Nachfrage erteilt wurden.

DEUTSCHEN BUNDESBANK veröffentlichte Kennzahl „Umschlaghäufigkeit der Vorräte" nicht dem Äquivalenzprinzip. Nach dem Äquivalenzprinzip wären der Kennzahl ein durchschnittlicher Vorratsbestand bzw. gleiche Wertansätze bei Zähler und Nenner zugrunde zu legen. Diese Einschränkung ist allerdings nicht so wesentlich, dass die Kennzahl nicht mehr aussagefähig wäre.[80]

Multipliziert der Bilanzanalytiker den Kehrwert der Umschlaghäufigkeit der Vorräte mit 360 Tagen[81], so erhält er die **Umschlagdauer der Vorräte**:

$$\text{Umschlagdauer der Vorräte} \; = \; \frac{\varnothing \text{ Bestand an Vorräten}}{\text{Umsatzerlöse}} \cdot 360 \text{ Tage}$$

Kennzahl Nr. 01.13.00

Diese Kennzahl informiert darüber, wie viele Tage die Vorräte durchschnittlich im Unternehmen verbleiben, bis sie verkauft werden; hierbei wird implizit unterstellt, dass die Vorräte gleichmäßig über die Periode abgesetzt werden. Beträgt die Umschlagdauer der Vorräte beispielsweise 60 Tage, so wird implizit unterstellt, dass die Vorräte im Durchschnitt alle zwei Monate vollständig ausgewechselt werden. Eine niedrige Umschlagdauer wird als positiv angesehen, weil die Mittelbindung im Vorratsvermögen dann ebenfalls gering ist. Die Arbeitshypothese lautet für die Umschlagdauer der Vorräte daher G<K. Bei der Interpretation der Umschlagdauer der Vorräte ergeben sich im Übrigen dieselben Probleme wie bei der Interpretation der Umschlaghäufigkeit der Vorräte.

Eine Kennzahl zur Beurteilung der Lagerpolitik eines Unternehmens ist die **Vorratsintensität**:

$$\text{Vorratsintensität} \; = \; \frac{\varnothing \text{ Bestand an Vorräten}}{\text{Gesamtvermögen}}$$

Kennzahl Nr. 01.14.00

Die Vorratsintensität westdeutscher Branchen für die Jahre 1996 bis 2000 zeigt nachstehende Übersicht:

---

80 Zum Äquivalenzprinzip bei der Bildung von Kennzahlen siehe ausführlich Kap. III Abschn. 23.

81 Sofern bei Kennzahlen die Zeiteinheit „Jahr" verwendet wird, sind dies definitionsgemäß 360 Tage, da Banken ihren Berechnungen in der Regel 12 Monate zu je 30 Tagen zugrunde legen.

Jahr	1996	1997	1998	1999	2000
Chemie	13,1	13,5	13,3	12,3	13,1
Maschinenbau	31,9	30,6	29,2	26,4	26,6
Straßenfahrzeugbau	12,9	12,8	12,9	13,1	13,6
Elektrotechnik	23,0	21,6	20,4	18,2	15,0
Ernährungsgewerbe	17,3	17,5	16,9	16,5	16,6
Baugewerbe	42,6	42,5	43,0	46,0	46,6
Großhandel	27,2	27,8	27,1	26,0	26,3
Einzelhandel	43,2	44,2	44,8	44,1	42,3
Ø deutscher Unternehmen	23,9	23,7	23,5	23,1	22,8

Übersicht IV-7:   *Vorratsintensität deutscher Unternehmen in %*[82]

Eine hohe Vorratsintensität wird im Allgemeinen als ungünstig für das Unternehmen interpretiert. Je höher der Vorratsbestand im Vergleich zum Gesamtvermögen ist, desto höher sind die Lagerhaltungskosten und die Kapitalbindungskosten. Vergleichsweise hohe Vorratsbestände können auch durch Absatzprobleme verursacht sein. Die Arbeitshypothese lautet demnach G<K. Die Vorratsintensität sollte – wie alle Kennzahlen – im Vergleich mehrerer Geschäftsjahre analysiert werden; nur dann kann der Bilanzanalytiker feststellen, ob sich die Lagerhaltungspolitik geändert hat. In diesem Zusammenhang wirken dieselben Einflussfaktoren wie auf die Umschlagdauer des Vorratsvermögens. Durch eine geänderte Bevorratungspolitik, beispielsweise durch Just-in-time-Anlieferung für die Fertigung, kann die Vorratsintensität gesenkt werden.[83] Bei Just-in-time-Fertigung werden Vorprodukte erst am Tage der Verarbeitung angeliefert, so dass nur noch geringe bzw. keine Zwischenlager vorgehalten werden müssen. Allerdings ist ein solches Unternehmen durch Bestreikung des Vorlieferanten oder bei Lieferschwierigkeiten starken Risiken ausgesetzt.

Der Bilanzanalytiker kann Änderungen der Vorratsintensität nicht unmittelbar erkennen, wenn die Vorräte mit Bewertungsvereinfachungsverfahren bewertet wurden. Werden die Vorräte etwa nach dem Lifo-Verfahren bewertet, gehen Preissteigerungen auf den Beschaffungsmärkten, sofern sich das Unternehmen im Gleichlauf befindet, nicht in die Bilanzbestände ein sondern in den Materialaufwand. Die Vorratsintensität wird dann zu gering ausgewiesen. Werden bei Lifo-Bewertung mehr Vorräte in der

---

82   Vgl. DEUTSCHE BUNDESBANK (Hrsg.), Monatsbericht April 2002, S. 48-57; DEUTSCHE BUNDESBANK (Hrsg.), Monatsbericht April 2003, S. 64-71; sowie ergänzende Angaben der Deutschen Bundesbank, die auf Nachfrage erteilt wurden.

83   Vgl. KÜTING, K./WEBER, C.-P., Die Bilanzanalyse, S. 100; PEEMÖLLER, V. H., Bilanzanalyse und Bilanzpolitik, S. 334.

Periode verbraucht als gekauft, werden stille Rücklagen aufgelöst, und die Vorräte werden zu marktnäheren (gestiegenen) Preisen in der Bilanz bewertet.[84] Wie die Anlagenintensität kann auch die Vorratsintensität bilanzpolitisch gestaltet werden.[85]

52 Die Analyse der Forderungen

Durch den Ausfall von Kundenforderungen kann ein Unternehmen in seiner Bestandsfestigkeit gefährdet werden. Tätigt ein Unternehmen beispielsweise seinen gesamten Umsatz mit beispielsweise nur einem Hauptkunden, kann dies unter Umständen bis zur Insolvenz führen. Die Zahl der Kunden lässt sich bei der Bilanzanalyse indes nicht aus dem Bestandswert der Forderungen aus Lieferungen und Leistungen erkennen. Insofern ist das Ausfallrisiko mit der Bilanzanalyse nicht zu erkennen. Der Bilanzanalytiker sollte die Forderungsstruktur aber vor allem im Hinblick auf ihr Verhältnis zu den Umsatzerlösen analysieren. Eine Kennzahl, die Zahlungsprobleme bei Kunden zeigen kann, ist die **Umschlaghäufigkeit der Forderungen:**

$$\text{Umschlaghäufigkeit der Forderungen} = \frac{\text{Umsatzerlöse}}{\varnothing \text{ Bestand an Forderungen aus Lieferungen und Leistungen}}$$

Kennzahl Nr. 01.15.00

Ebenso wie bei der Umschlaghäufigkeit der Vorräte gilt auch hier die Arbeitshypothese G>K. Auch hier sind – ebenso wie bei der Umschlaghäufigkeit der Vorräte – die einzelnen Einflussfaktoren anhand ihrer Wachstumsraten separat und gemeinsam zu interpretieren.[86] Sinkt die Umschlaghäufigkeit der Forderungen, weil die Kunden erst verspätet zahlen, muss der Bilanzanalytiker davon ausgehen, dass sich die Kreditwürdigkeit der Kunden verschlechtert hat. Häufig kündigt sich die Verschlechterung der Bonität der Kunden (aber auch des zu beurteilenden Unternehmens) durch ein säumiges Zahlungsverhalten der Kunden an. Der pünktliche Zahlungseingang ist meist keine Frage des Zahlungswillens, sondern der Zahlungsfähigkeit.[87] Allerdings kann der Grund für eine sinkende Umschlaghäufigkeit der Forderungen auch in einer veränderten Geschäftspolitik des Unternehmens liegen. So kann das Unternehmen das Zahlungsziel verlängern, um langjährige Kunden zu halten oder um neue Kunden zu gewinnen. Indes sind bei einer solchen Kundenakquisitionspolitik die möglichen Gefahren zu beachten, die im teilweisen oder im völligen Ausfall der Forderungen liegen können.

---

84 Vgl. BAETGE, J., Möglichkeiten der Objektivierung des Jahreserfolges, S. 95.
85 Vgl. die kritischen Anmerkungen zur Anlagenintensität in Abschn. 3 in diesem Kapitel.
86 Vgl. KÜTING, K./WEBER, C.-P., Die Bilanzanalyse, S. 99.
87 Vgl. SCHULT, E., Bilanzanalyse, S. 57.

Für den Philipp Holzmann Konzern ergeben sich für die Umschlaghäufigkeit der Forderungen aus Lieferungen und Leistungen die nachstehend dokumentierten Werte:

Umschlaghäufigkeit der Forderungen (Kennzahl Nr. 01.15.00)	1994	1995
	5,0	5,0

Der Kennzahlenwert hat sich von 1994 auf 1995 nicht geändert. Dies ist darauf zurückzuführen, dass sowohl die Umsatzerlöse als auch die Forderungen aus Lieferungen und Leistungen leicht gestiegen sind. Hieraus kann geschlossen werden, dass sich die Bonität der Kunden von Philipp Holzmann nicht wesentlich verändert hat.

Durch Sachverhaltsgestaltungen wie **Factoring**, **Forderungszession** oder **Securitization** kann die Umschlaghäufigkeit der Forderungen erhöht werden. Denn durch den Verkauf von Forderungen an eine Factoring-Gesellschaft (Factoring), durch die Abtretung von Forderungen an einen Dritten (Forderungszession) oder durch Verkauf der Forderungen am Kapitalmarkt (Securitization) sinkt der Forderungsbestand in der Bilanz. Das Risiko verbleibt hingegen i. d. R. beim Unternehmen. Der Käufer der Forderungen hat häufig ein Rückgriffsrecht auf das Unternehmensvermögen, wenn der Gläubiger seine Verbindlichkeiten nicht erfüllt.[88]

Die folgende Übersicht gibt die Umschlaghäufigkeit der Forderungen für ausgewählte deutsche Branchen in den Jahren 1996 bis 2000 wieder:

Jahr	1996	1997	1998	1999	2000
Chemie	11,1	11,1	12,2	11,3	11,3
Maschinenbau	7,8	8,0	8,5	8,4	8,2
Straßenfahrzeugbau	24,7	25,2	26,1	26,7	24,8
Elektrotechnik	8,7	9,2	9,9	8,6	9,5
Ernährungsgewerbe	14,0	13,9	14,0	14,1	14,0
Baugewerbe	7,0	7,2	7,2	6,9	7,0
Großhandel	10,1	10,1	10,2	9,7	10,0
Einzelhandel	21,1	21,6	21,1	21,7	22,2
Ø deutscher Unternehmen	11,1	11,4	11,6	11,1	11,2

Übersicht IV-8: *Umschlaghäufigkeit der Forderungen deutscher Unternehmen[89]*

---

88 Vgl. PERRIDON, L./STEINER, M., Finanzwirtschaft der Unternehmung, S. 446.

89 Die Umschlaghäufigkeit der Forderungen wurde auf der Grundlage der kurzfristigen Forderungen im Verhältnis zu den Umsatzerlösen berechnet. Zum Zahlenmaterial vgl. DEUTSCHE BUNDESBANK (Hrsg.), Monatsbericht April 2002, S. 48-57; DEUTSCHE BUNDESBANK (Hrsg.), Monatsbericht April 2003, S. 64-71; sowie ergänzende Angaben der Deutschen Bundesbank, die auf Nachfrage erteilt wurden.

Der Kehrwert der Umschlaghäufigkeit der Forderungen multipliziert mit 360 Tagen ergibt das sog. **Kundenziel** (Zahlungsziel, Debitorenlaufzeit):

$$\text{Kundenziel} = \frac{\varnothing \ \text{Bestand an Forderungen aus Lieferungen und Leistungen}}{\text{Umsatzerlöse}} \cdot 360 \text{Tage}$$

Kennzahl Nr. 01.16.00

Die Kennzahl „Kundenziel" zeigt, innerhalb von wie vielen Tagen die Kunden des Unternehmens durchschnittlich ihren Zahlungsverpflichtungen nachkommen. Die Arbeitshypothese lautet hier entsprechend G<K. Ein in Tagen ausgedrücktes kurzes Kundenziel ist grundsätzlich positiv zu beurteilen. In diesem Fall werden nur geringe Mittel im Umlaufvermögen gebunden, weshalb das Unternehmen tendenziell weniger Fremdkapital aufnehmen muss.[90] Eine sinkende Fremdkapitalaufnahme mindert die Zinsbelastung des Unternehmens, so dass das Jahresergebnis unter sonst gleichen Bedingungen steigt. Ein in Tagen ausgedrücktes langes Kundenziel hingegen deutet auf eine schlechte Zahlungsmoral der Kunden und/ oder ein vernachlässigtes Mahn- und Inkassowesen im Unternehmen hin.[91] Die Ursache eines im Zeitvergleich länger werdenden Zahlungsziels kann auch in einer veränderten Absatzpolitik begründet sein,[92] z. B. in einem aggressiven Marktauftritt bei verbesserten Zahlungsmodalitäten (längeres Zahlungsziel) für den Kunden. Betreibt das Unternehmen Factoring, Forderungszession oder Securitization muss der Bilanzanalytiker dies bei der Interpretation des Kundenziels beachten.

Wie abhängig ein einzelnes konzerngebundenes Unternehmen bezogen auf den Absatz vom Konzernverbund ist, drückt die Kennzahl „**Konzernverflechtung**" aus:[93]

$$\begin{array}{c}\text{Konzernverflechtung} \\ \text{(Forderungen)}\end{array} = \frac{\text{Forderungen gegen verbundene Unternehmen}}{\text{Forderungen}}$$

Kennzahl Nr. 01.17.00

Die Kennzahl „Konzernverflechtung" zeigt, wieweit andere Konzernunternehmen Kunden des zu analysierenden Unternehmens sind. Für den Konzernverflechtungsgrad lässt sich keine allgemeine Arbeitshypothese formulieren. Die Kennzahl be-

---

90 Vgl. ARBEITSKREIS „EXTERNE UNTERNEHMENSRECHNUNG" DER SCHMALENBACH-GESELLSCHAFT, Empfehlungen zur Vereinheitlichung von Kennzahlen in Geschäftsberichten, S. 1990.

91 Vgl. PEEMÖLLER, V. H., Bilanzanalyse und Bilanzpolitik, S. 342; KÜTING, K./WEBER, C.-P., Die Bilanzanalyse, S. 96 f.; GRÄFER, H., Bilanzanalyse, S. 128.

92 Vgl. COENENBERG, A. G., Jahresabschluss und Jahresabschlussanalyse, S. 952.

93 Zur Analyse der Konzernverflechtungen auf der Passivseite der Bilanz (Verbindlichkeiten gegenüber verbundenen Unternehmen) vgl. Kap. V Abschn. 241.3.

schreibt lediglich die Intensität der Geschäftsbeziehungen zwischen den Konzernunternehmen. Die Beurteilung, ob ein Konzernunternehmen bei hoher Konzernverflechtung bestandsfest ist oder nicht, hängt überwiegend von der Bestandsfestigkeit des Konzerns ab. Ist die Konzernverflechtung hoch, sollte zur Beurteilung des Unternehmens neben dem Einzelabschluss deshalb auch der Konzernabschluss herangezogen werden. Eine steigende Konzernverflechtung kann auf Absatzschwierigkeiten hinweisen, die „verschleiert" werden, indem Produkte an andere Konzernunternehmen verkauft werden. Von besonderer Bedeutung sind in diesem Zusammenhang die **Konzernverrechnungspreise**. Liegen die Konzernverrechnungspreise über den aktivierbaren Aufwendungen, lässt der Verkauf von Produkten an andere Konzernunternehmen das Jahresergebnis im jeweiligen Einzelabschluss steigen; liegen dagegen die Konzernverrechnungspreise unter den aktivierbaren Aufwendungen, sinkt das Jahresergebnis im jeweiligen Einzelabschluss entsprechend. Über Konzernverrechnungspreise wird im Geschäftsbericht indes regelmäßig nicht berichtet.[94] Ist das Betriebsergebnis bei einer starken Konzernverflechtung negativ, kann dies also auch durch innerbetriebliche Verrechnungspreise verursacht sein, die unter den Herstellungskosten liegen.

53   Die Analyse der liquiden Mittel

Die Bestandsfestigkeit eines Unternehmens wird wesentlich von dem Bestand an bzw. der Verfügbarkeit über liquide Mittel bestimmt.[95] Die absolute Höhe der in der Bilanz ausgewiesenen liquiden Mittel ist allerdings keine aussagekräftige Größe für die Liquidität eines Unternehmens, weshalb sich hier keine plausible und allgemeingültige Arbeitshypothese formulieren lässt. Ein hoher Bestand an liquiden Mitteln erhöht einerseits die Wahrscheinlichkeit, künftige Zahlungsverpflichtungen erfüllen zu können, führt andererseits aber zu Opportunitätsverlusten,[96] da die liquiden Mittel i. d. R. keine Erträge bzw. niedrigere Erträge verglichen mit einer Kapitalanlage oder mit der Rückzahlung von Verbindlichkeiten bringen. Zudem ist der Bestand an liquiden Mitteln leicht durch bilanzpolitische Maßnahmen zu beeinflussen. So kann das Unternehmen kurz vor dem Bilanzstichtag einen Kredit aufnehmen, der die liquiden Mittel erhöht (sog. Windowdressing).[97] Im Konzernverbund ist es darüber hinaus möglich, liquide Mittel zwischen den Konzernunternehmen zu transferieren; dies ist vor allem dann möglich, wenn die Konzernunternehmen zu unterschiedlichen Abschlussstichtagen bilanzieren oder ein Unternehmen nicht in den Konzernabschluss einbezogen wird.[98] Will der Bilanzanalytiker diesen bilanzpolitisch motivierten Sach-

---

94   Zu einem entsprechenden empirischen Befund vgl. ARMELOH, K.-H., Die Berichterstattung im Anhang, S. 216-219.

95   Zum Kriterium der Zahlungsunfähigkeit als Auslöser des Insolvenzverfahrens (§ 17 InsO) vgl. UHLENBRUCK, W., Insolvenzgründe, S. 21-28.

96   Vgl. LEFFSON, U., Bilanzanalyse, S. 30 f.

97   Zum Windowdressing vgl. Kap. III Abschn. 31.

98   Vgl. LEFFSON, U., Die Grundsätze ordnungsmäßiger Buchführung, S. 244; BAETGE, J./ KIRSCH, H.-J./THIELE, S., Konzernbilanzen, S. 59.

verhaltsgestaltungen bei seinem Urteil nicht erliegen, muss er gemäß dem Neutralisierungsprinzip kreative Kennzahlen bilden, bei denen die liquiden Mittel von den anderen Kennzahlenbestandteilen subtrahiert werden.[99]

Letztlich muss die Liquidität gesichert werden, indem die künftigen Ein- und Auszahlungen mit Hilfe eines Finanzplans aufeinander abgestimmt werden.[100] Der Finanzplan muss alle künftigen Zahlungsströme nach Art, Höhe, Sicherheit und zeitlicher Verteilung enthalten.[101] Eine solche Finanzplanung wird allerdings im Geschäftsbericht nicht offengelegt. Aus der Bilanz sind zudem nicht alle künftigen Ein- und Auszahlungen zu erkennen. So bestehen eventuell offene Kreditlinien, die künftiges Liquiditätspotential darstellen, oder regelmäßige Zahlungsverpflichtungen, wie Mieten und Leasingraten, die künftig zu Auszahlungen führen. Da nur ein Teil dieser künftigen Zahlungen als sonstige finanzielle Verpflichtungen gemäß § 285 Nr. 3 HGB unter der Bilanz angegeben werden muss, besteht für den Bilanzanalytiker keine Möglichkeit, daraus einen aussagekräftigen Finanzplan für das Unternehmen aufzustellen. Die Prognose der künftigen Zahlungsfähigkeit beschränkt sich damit häufig auf die Beurteilung der Liquiditätssituation am Bilanzstichtag und ist im Wesentlichen Gegenstand der Analyse der Finanzlage.[102]

6 Teilurteil zur Vermögenslage des Philipp Holzmann Konzerns

Auf der Basis der Analyse des Sachanlagevermögens lässt sich zusammenfassend feststellen, dass das Sachanlagevermögen des Philipp Holzmann Konzerns einen im Wesentlichen unveränderten **Anlagenabnutzungsgrad** aufweist. Der Rückgang um ca. 5 %-Punkte auf 47,8 % ist auf Änderungen des Konsolidierungskreises und auf Währungsdifferenzen zurückzuführen, nicht aber auf einen Investitionsschub des Philipp Holzmann Konzerns. Die **Nettoinvestitionsdeckung** zeigt die verschlechterte finanzielle Lage des Philipp Holzmann Konzerns. Während im Geschäftsjahr 1994 noch sämtliche Nettoinvestitionen in das Sachanlagevermögen aus eigener Kraft finanziert werden konnten und aus dem Cashflow zusätzlich noch finanzielle Mittel zur Schuldentilgung zur Verfügung standen, ist der Philipp Holzmann Konzern im Geschäftsjahr 1995 nicht mehr in der Lage, seine Investitionen aus selbst erwirtschafteten finanziellen Mitteln zu tätigen. Vielmehr ist der Konzern auf die Aufnahme neuer Verbindlichkeiten angewiesen.

Die Analyse der **Umschlaghäufigkeit der Forderungen** zeigt bei einem identischen Kennzahlenwert für 1994 und 1995, dass die Bonität der Kunden im Wesentlichen unverändert ist. Dagegen weist der im Vergleich zu Vergleichsunternehmen der Bran-

---

99 Zum Neutralisierungsprinzip vgl. Kap. I Abschn. 452.

100 Zur Rechnung mit sog. „vollständigen Finanzplänen" vgl. GROB, H.-L., Investitionsrechnung mit vollständigen Finanzplänen.

101 Vgl. BAETGE, J./LAMMERSKITTEN, P., Publizität und Finanzierung, Sp.1478.

102 Zu Liquiditätsüberlegungen bei der Kapitalstrukturanalyse vgl. Kap. V Abschn. 1.

che[103] deutlich niedrigere Wert daraufhin, dass entweder die Kunden des Philipp Holzmann Konzerns eine schlechtere Zahlungsmoral aufweisen oder dass es den Kunden möglich ist, längere Zahlungsziele in Anspruch zu nehmen. Für den Philipp Holzmann Konzern kann dies zum einen eine größere Gefahr des Ausfalls von Kundenforderungen bedeuten und zum anderen, dass die Kundenaufträge aufgrund der langen Zahlungsziele länger zu finanzieren sind.

Zusätzlich gibt der Philipp Holzmann Konzern im Geschäftsbericht 1995 selbst den Hinweis, dass sich die Vermögensstruktur gegenüber dem Vorjahr verschlechtert hat, wozu höhere Forderungen und verzögerte Verkäufe in der Immobilien-Projektentwicklung beigetragen haben.[104]

---

103 Die Unternehmen, deren Durchschnittswerte mit denen des Philipp Holzmann Konzerns verglichen werden, sind im einzelnen die BILFINGER & BERGER BAUAKTIENGESELLSCHAFT, die DYCKERHOFF AG, die HEILIT & WOERNER BAU-AG, die HOCHTIEF AG und die WALTER BAU-AG.

104 Vgl. PHILIPP HOLZMANN AG (Hrsg.), Geschäftsbericht 1995, S. 13.

Kapitel V:
Die Analyse der Finanzlage

1 Die Teilbereiche der Analyse der Finanzlage

Erkenntnisse über die Finanzlage eines Unternehmens ergeben sich vor allem aus der Passivseite der Bilanz. Die Passivseite der Bilanz gibt Auskunft über die Kapitalbeschaffung des Unternehmens. Aus ihr wird ersichtlich, wie das Unternehmen finanziert ist, wobei der Finanzierungsbegriff hier jede Art von Kapitalbeschaffung umfasst.[1]

Die Finanzlage wird charakterisiert durch drei Teilbereiche:

- Die Kapitalstruktur,
- die horizontale Bilanzstruktur und
- die Zahlungsströme.

Die **Kapitalstrukturanalyse** dient dazu, das Kapital, welches sich aus Eigenkapital und Fremdkapital zusammensetzt, zu analysieren. Bei der Kapitalstrukturanalyse ist – analog zur Vermögensstrukturanalyse, die zu Analysezwecken nur die Aktivseite berücksichtigt – ausschließlich die Passivseite der Bilanz relevant.

Der Analysegegenstand der Kapitalstrukturanalyse wird in der folgenden Abbildung verdeutlicht. Sie befasst sich mit jenem Teil der Bilanz, der in der Abbildung grau hinterlegt ist:

---

1 Vgl. BAETGE, J./FEIDICKER, M., Vermögens- und Finanzlage, Sp. 2093.

Bilanz

Übersicht V-1:   *Analysegegenstand der Kapitalstrukturanalyse*

Während bei der Kapitalstrukturanalyse ausschließlich Informationen über die stichtagsbezogene Struktur und die Relationen der Passivseite der Bilanz und damit über die stichtagsbezogenen Kapitalbestände des untersuchten Unternehmens ermittelt werden, setzt die **horizontale Bilanzstrukturanalyse** jene Posten der Aktiv- und der Passivseite der Bilanz zueinander ins Verhältnis, die einander in der (Rest-) Laufzeit entsprechen, mit dem Ziel, Aussagen über die künftige Zahlungsfähigkeit des Unternehmens zu ermitteln. Dazu werden die Beziehungen zwischen Vermögen und Kapital bzw. zwischen Investition und Finanzierung unter Fristenkongruenzaspekten untersucht.[2]

Die folgende Abbildung zeigt den Analysegegenstand der horizontalen Bilanzstrukturanalyse. Die für die horizontale Bilanzanalyse relevanten Teile der Bilanz sind grau hinterlegt:

---

2   Vgl. KÜTING, K./WEBER, C.-P., Die Bilanzanalyse, S. 116; PERRIDON, L./STEINER, M., Finanzwirtschaft der Unternehmung, S. 550; die möglichen Erkenntnisse aus solchen Analysen werden in Abschn. 31 in diesem Kapitel erörtert.

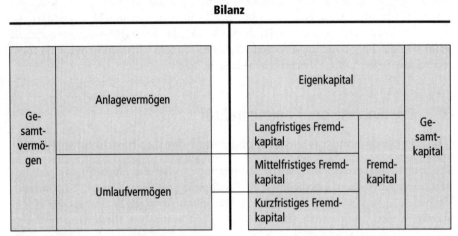

Bilanz

Übersicht V-2: *Analysegegenstand der horizontalen Bilanzstrukturanalyse*

Bei der **zahlungsstromorientierten Analyse** der Finanzlage wird der Fokus von den Kapitalbeständen zum Bilanzstichtag auf zahlungsstromorientierte Größen gelenkt. Während die Bestandsgrößen-orientierte Analyse aus Kapitalbeständen am Bilanzstichtag auf die künftige Liquiditätssituation des Unternehmens schließt, hat die zahlungsstromorientierte Analyse das Ziel, künftige Zahlungsströme aus den Zahlungsströmen der Vergangenheit zu prognostizieren,[3] um hieraus ebenfalls Erkenntnisse zur künftigen Liquiditätssituation des Unternehmens zu gewinnen. Eine zentrale Kennzahl der zahlungsstromorientierten Analyse ist der Cashflow, der in seiner Grundvariante definiert ist als einzahlungswirksame Erträge abzüglich auszahlungswirksamer Aufwendungen.[4] Er gibt Auskunft darüber, welche Finanzmittel aus dem Betriebsprozess erwirtschaftet wurden. Diese Mittel können verwendet werden, um die Bestandsgrößen auf der Passivseite der Bilanz abzubauen. Der Cashflow ist also Indiz für die Innenfinanzierungskraft eines Unternehmens. Gleichzeitig ist er ein Maß für dessen Verschuldungsfähigkeit, denn je größer der Cashflow aus dem betrieblichen Prozess ist, desto bestandsfester und kreditwürdiger ist ein Unternehmen.

Mit dem Cashflow lassen sich ebenso Aussagen über die Liquiditätssituation eines Unternehmens treffen wie mit den Bestandsgrößen der Bilanz bzw. der Kapitalstrukturanalyse sowie der Analyse der horizontalen Bilanzanalyse. Das zu verwendende Zahlenmaterial der zahlungsstromorientierten Analyse ergibt sich indes nicht wie bei den beiden anderen Teilbereichen der Analyse der Finanzlage aus der Bilanz, sondern auch aus anderen Bestandteilen des Jahresabschlusses, nämlich der Gewinn- und Verlustrechnung und der Kapitalflussrechnung.[5] Weil die zahlungsstromorientierte Ana-

---

3   Vgl. COENENBERG, A. G., Jahresabschluss und Jahresabschlussanalyse, S. 970 f.

4   Der Cashflow wird in Kap. II Abschn. 4 sowie Abschn. 421. in diesem Kapitel ausführlich vorgestellt.

5   Vgl. COENENBERG, A. G., Jahresabschluss und Jahresabschlussanalyse, S. 970 f.; GRÄFER, H., Bilanzanalyse, S. 150 f.

lyse die Finanzlage des Unternehmens mit Hilfe von Stromgrößen der GuV sowie der Kapitalflussrechnung untersucht, wird sie häufig auch als dynamische Liquiditätsanalyse bezeichnet. Das Zahlenmaterial der GuV und der Kapitalflussrechnung enthält nicht wie die Bilanz stichtagsbezogene Größen, sondern zeitraumbezogene Größen, woraus die Bezeichnung „dynamisch" resultiert.[6]

2 Die Analyse der Kapitalstruktur

21 Untersuchungsgegenstand und Zweck der Kapitalstrukturanalyse

Ziel der Kapitalstrukturanalyse ist, Informationen über die Herkunft und Zusammensetzung des dem Unternehmen zur Verfügung gestellten Kapitals zu ermitteln. Zu diesem Zweck wird die **Struktur**, die **Fristigkeit** sowie die **Sicherheit des eingesetzten Kapitals** untersucht. Während das Eigenkapital (vor allem das gezeichnete Kapital) dem Unternehmen i. d. R. langfristig zur Verfügung steht, können beim Fremdkapital unterschiedliche Fristigkeiten – kurz-, mittel- und langfristig – unterschieden werden. Dabei ist zu beachten, dass dem bilanziellen Kapital lediglich der Charakter eines Erinnerungspostens zukommt, da mit dem ausgewiesenen Kapital nur angegeben wird, aus welchen Quellen dem Unternehmen in der Vergangenheit liquide Mittel zugeflossen sind, die dann im Vermögen – also in den Aktiva – angelegt worden sind.[7]

Schwerpunkt der Kapitalstrukturanalyse ist die Analyse des Verhältnisses von Eigenkapital zu Fremd- und Gesamtkapital. Außerdem wird die Struktur der einzelnen Eigenkapital- sowie Fremdkapitalbestandteile untersucht. Dabei wird sowohl die Außenfinanzierung, d. h. die Zuführung finanzieller Mittel von unternehmensexternen Quellen, als auch die Innenfinanzierung aus erwirtschafteten Abschreibungs- und Rückstellungsgegenwerten sowie aus Gewinneinbehaltungen (Gewinnthesaurierungen) berücksichtigt.

22 Die Analyse des Verhältnisses von Eigenkapital und Fremdkapital zum Gesamtkapital

Das Eigenkapital hat als Maßgröße des ökonomischen Ziels „Verdienstquelle sichern" eine wesentliche Bedeutung für die Analyse des handelsrechtlichen Jahres- und Konzernabschlusses. Das Eigenkapital ist dabei neben der Rentabilitätsanalyse vor allem für die Kapitalstrukturanalyse bedeutend. Um die Maßgröße „Eigenkapital" zeitlich oder zwischenbetrieblich vergleichen zu können, muss diese Größe auf andere Wertgrößen bezogen, d. h. relativiert, werden. Dazu bietet es sich an, die Höhe des Eigenkapitals (als eine Maßgröße für das Ziel „Verdienstquelle sichern") zum insgesamt

---

6   Zu Aufbau und Bestandteilen der Kapitalflussrechnung vgl. Abschn. 433. in diesem Kapitel.

7   Vgl. BAETGE, J., Kapital und Vermögen, Sp. 2091.

eingesetzten Kapital in Beziehung zu setzen. Die **Eigenkapitalquote (EKQ)** als Quotient aus Eigenkapital und Gesamtkapital steht als ein Indikator für das Sicherungspotential eines Unternehmens und ist in seiner Grundvariante wie folgt definiert:[8]

$$\text{Eigenkapitalquote (Grundvariante)} = \frac{\text{Eigenkapital}}{\text{Gesamtkapital}}$$

Kennzahl Nr. 02.01.00

Die Eigenkapitalquote wird auch als Eigenkapitalanteil bezeichnet. Die Arbeitshypothese für die Eigenkapitalquote lautet G>K. Dieser Arbeitshypothese liegt die in vielen empirischen Untersuchungen[9] bestätigte Annahme zugrunde, dass ein Unternehmen umso gesünder (G), also umso weniger insolvenzgefährdet ist, je höher seine Eigenkapitalquote ist und umgekehrt umso kränker (K), also umso insolvenzgefährdeter ist, je kleiner die Eigenkapitalquote ist.

Neben der Eigenkapitalquote werden häufig die Kennzahlen Fremdkapitalquote und statischer Verschuldungsgrad bzw. Verschuldungskoeffizient zur Analyse der Finanzlage herangezogen. Die Kennzahlen sind in ihren Grundvarianten wie folgt definiert:

$$\text{Fremdkapitalquote (Grundvariante)} = \frac{\text{Fremdkapital}}{\text{Gesamtkapital}}$$

Kennzahl Nr. 02.02.00

$$\text{Statischer Verschuldungsgrad (Grundvariante)} = \frac{\text{Fremdkapital}}{\text{Eigenkapital}}$$

Kennzahl Nr. 02.03.00

$$\text{Verschuldungskoeffizient (Grundvariante)} = \frac{\text{Eigenkapital}}{\text{Fremdkapital}}$$

Kennzahl Nr. 02.04.00

---

8   Zu der Überlegung, die Grundvariante einer Kennzahl durch Konkretisierungen zu verfeinern, vgl. Kap. III Abschn. 22. Alle Kennzahlen werden mit einer sechsstelligen Kennzahlen-Nummer kodiert. Die ersten beiden Ziffern der Kennzahlen-Nummer weisen auf den jeweiligen Teilbereich der Bilanzanalyse hin, dabei steht „02" für die Finanzlage. Die folgenden beiden Ziffern stehen für den Typ der Kennzahl, hier also die „01" für die Eigenkapitalquote und die beiden letzten Ziffern für die konkrete Ausprägung der Kennzahl. Zu denkbaren Abwandlungen der Grundvariante der Eigenkapitalquote vgl. bereits Kap. III Abschn. 42.

9   Vgl. z. B. die bereits 1932 erschienene Untersuchung von FITZPATRICK, P. J., A Comparison of the Ratios of Successful Industrial Enterprises with those of Failed Companies, S. 600.

Da sich das Gesamtkapital eines Unternehmens aus Eigen- und Fremdkapital zusammensetzt, liefert die Analyse der **Fremdkapitalquote** keine über die Eigenkapitalquote hinausgehenden Informationen bez. der Finanzlage. Eine niedrige Fremdkapitalquote ist somit bei der Kapitalstrukturanalyse in gleicher Weise zu interpretieren wie eine hohe Eigenkapitalquote. Die Arbeitshypothese für die Fremdkapitalquote lautet daher G<K.

Eine im Vergleich zur Fremdkapitalquote leicht modifizierte Kennzahl ist die **kurzfristige Fremdkapitalquote**. Empirische Untersuchungen haben ergeben, dass dieser Kennzahl bei der Beurteilung der Finanzlage eines Unternehmens erhebliche Bedeutung zukommt,[10] weil sie angibt, welcher Anteil des Gesamtkapitals kurzfristig, d. h. im folgenden Geschäftsjahr, an die Kapitalgeber zurückzuführen ist, mit dem Risiko für das Unternehmen, nicht sofort einen Anschlusskredit dafür zu bekommen. Ein hoher Kennzahlenwert deutet auf die Gefahr hin, dass liquide Mittel nicht rechtzeitig vom Unternehmen zur Verfügung gestellt werden können bzw. eine eventuell teure Anschlussfinanzierung erschlossen werden muss.

$$\text{Kurzfristige Fremdkapitalquote} = \frac{\text{Kurzfristiges Fremdkapital}}{\text{Gesamtkapital}}$$

Kennzahl Nr. 02.05.00

Das kurzfristige Fremdkapital setzt sich dabei wie folgt zusammen:

	Bezeichnung des Postens im Erfassungsschema	**Posten-Nr.**
Fremdkapital, kurzfristiges	Steuerrückstellungen/Rückstellungen für latente Steuern	3203
	+ Sonstige kurzfristige Rückstellungen	3204
	+ Verbindlichkeiten nicht haftender Gesellschafter mit Restlaufzeit bis 1 Jahr	3301a
	+ Verbindlichkeiten gegenüber Kreditinstituten mit Restlaufzeit bis 1 Jahr	3303a
	+ Erhaltene Anzahlungen	3304
	+ Verbindlichkeiten aus Lieferungen und Leistungen mit Restlaufzeit bis 1 Jahr	3305a
	+ Wechselverbindlichkeiten	3306
	+ Verbindlichkeiten gegen verb. Untern. mit Restlaufzeit bis 1 Jahr	3307a
	+ Verbindlichkeiten gegenüber Beteiligungsunternehmen mit Restlaufzeit bis 1 Jahr	3308a
	+ Sonstige Verbindlichkeiten mit Restlaufzeit bis 1 Jahr	3309c
	+ Rechnungsabgrenzungsposten (RAP) passivische	3401

Übersicht V-3:   *Zusammensetzung des kurzfristigen Fremdkapitals*

---

10 Vgl. BAETGE, J./JERSCHENSKY, A., Moderne Verfahren der Jahresabschlussanalyse, S. 1582 f.

Der **statische Verschuldungsgrad** und der **Verschuldungskoeffizient** bieten dem Bilanzanalytiker ebenfalls keine zusätzlichen Informationen über die finanzielle Lage des Unternehmens, sofern er bereits über die Eigenkapitalquote bzw. die Fremdkapitalquote informiert ist. Ein niedriger Wert der Kennzahl statischer Verschuldungsgrad bzw. ein hoher Wert des Verschuldungskoeffizienten ist daher bei der Kapitalstrukturanalyse ähnlich zu interpretieren wie ein niedriger Wert der Fremdkapitalquote bzw. ein hoher Wert bei der Eigenkapitalquote. Die Arbeitshypothese für den statischen Verschuldungsgrad lautet G<K. Umgekehrt ist für den Verschuldungskoeffizienten die Arbeitshypothese G>K zugrunde zu legen.

Die Kennzahlen Fremdkapitalquote, Statischer Verschuldungsgrad und Verschuldungskoeffizient sind trotz komplementärer Aussagen zur Eigenkapitalquote weniger gebräuchlich. Die Eigenkapitalquote besitzt den Vorzug, dass sie – z. B. durch die von uns später vorgenommene Verbindung mit dem DuPont-Kennzahlensystem (ROI-Kennzahlensystem)[11] – leichter eine ganzheitliche Interpretation zulässt als die anderen genannten Kennzahlen. Daher wird im Folgenden vor allem auf die Interpretation der Eigenkapitalquote eingegangen.

Die Eigenkapitalquote ist vor dem Hintergrund der Funktionen des Eigenkapitals zu interpretieren. In diesem Zusammenhang sind vor allem die Verlustausgleichsfunktion, die Haftungsfunktion sowie die Arbeits- und Kontinuitätsfunktion des Eigenkapitals zu behandeln.[12]

Die **Verlustausgleichsfunktion** des Eigenkapitals besteht darin, eventuelle Verluste des Unternehmens aufzufangen.[13] Verluste – im Sinne von negativen Erfolgsbeiträgen einer Periode – lassen sich bilanziell zunächst dadurch „kompensieren", dass stille Rücklagen aufgelöst werden. Verluste können aber auch dadurch aufgefangen werden, dass Gewinn- und Kapitalrücklagen aufgelöst werden und ggf. das Stammkapital bzw. das Grundkapital herabgesetzt werden. Dabei sind indes die gesetzlichen Vorschriften der § 222 bis § 239 AktG sowie des § 58 i. V. m. § 53 Abs. 2 GmbHG zu beachten, die regeln, unter welchen Voraussetzungen eine Kapitalherabsetzung zulässig ist. Zudem sind die Vorschriften des § 150 Abs. 3 und 4 AktG und des § 42 Abs. 2 GmbHG zu beachten, wenn Kapital- und Gewinnrücklagen aufgelöst werden.

Je größer das Eigenkapital und damit die Eigenkapitalquote ist, desto größere Verluste können aufgefangen werden. Somit gewinnt das Unternehmen mehr Zeit, um geeignete Maßnahmen zu ergreifen, dass die Verlustphase überwunden und eine Insolvenz vermieden werden kann. Ist das Eigenkapital dagegen vollständig aufgebraucht, und übersteigen die Passiva die Aktiva, so liegt eine formelle Überschuldung vor. In diesem Fall ist zu prüfen, ob auch eine auf Veräußerungswerten basierende Bilanz eine Überschuldung anzeigt. Ist dies der Fall, liegt über die handelsrechtliche Über-

---

11 Vgl. BAETGE, J., Notwendigkeit und Möglichkeiten der Eigenkapitalstärkung, S. 205-240. Vgl. auch Kap. VII Abschn. 22.

12 Vgl. BAETGE, J./KIRSCH, H.-J./THIELE, S., Bilanzen, S. 420 f.

13 Vgl. THIELE, S., Das Eigenkapital im handelsrechtlichen Jahresabschluss, S. 57; BAETGE, J./KIRSCH, H.-J./THIELE, S., Bilanzen, S. 420 f.; SÜCHTING, J., Finanzmanagement, S. 93.

schuldung hinaus der Tatbestand der insolvenzrechtlichen Überschuldung als Insolvenzgrund vor.[14] Die Höhe der Eigenkapitalquote ist demnach ein Zeichen für die Bestandsfestigkeit eines Unternehmens, denn je höher der Anteil des Eigenkapitals am Gesamtkapital ist, desto später wird der Tatbestand der Insolvenzauslösung durch insolvenzrechtliche Überschuldung erfüllt. Die herausragende Bedeutung des Eigenkapitals für die Beurteilung der finanziellen Stabilität von Unternehmen kann auch empirisch unterstrichen werden.[15]

Neben den unmittelbaren positiven Wirkungen einer hohen Eigenkapitalquote auf die Finanzlage des Unternehmens ergibt sich durch einen großen Eigenkapitalanteil auch ein indirekter positiver Einfluss auf die Finanzlage des Unternehmens. Denn je höher die Eigenkapitalquote ist, umso größer ist das Schuldendeckungspotential und damit die finanzielle Stabilität des Unternehmens (**Haftungsfunktion**). Dem Eigenkapital kommt unmittelbar eine Stabilisierungsfunktion zu, durch die mittelbar die Beschaffung von Fremdkapital erleichtert wird. Denn je höher das Haftungspotential des Unternehmens ist, desto geringer ist das Risiko, dass ein potentieller Gläubiger Vermögensverluste erleidet.[16] Daher wird sich ein potentieller Gläubiger umso eher dazu bereit erklären, einen Kredit zu vergeben, je höher die Eigenkapitalquote des Kreditnehmers ist. Die Finanzierungskonditionen und -möglichkeiten des Unternehmens verbessern sich folglich mit steigender Eigenkapitalquote.

Eine relativ hohe Eigenkapitalquote wird zudem grundsätzlich als Garant für eine relative Unabhängigkeit des Unternehmens gegenüber den Kreditgebern angesehen. Denn das Eigenkapital steht dem Unternehmen i. d. R. langfristig zur Verfügung und garantiert damit eine hohe Dispositionsfreiheit, da nicht zu befürchten ist, dass die Eigenmittel unvorhergesehen abgezogen werden (**Arbeits- und Kontinuitätsfunktion**).[17] Zudem bestehen für die Überlassung des Eigenkapitals im Regelfall keine festen Zahlungsverpflichtungen, sondern lediglich fakultative Dividendenzahlungen, die abhängig von der Erfolgslage des Unternehmens reduziert oder ganz ausgesetzt werden können.

Indes ist eine hohe Eigenkapitalquote nicht ausschließlich positiv zu beurteilen. Vielmehr kann sie auch darauf hinweisen, dass das Unternehmen Wachstumschancen, die mit Fremdkapital hätten finanziert werden können, nicht genutzt oder notwendige Anpassungen nicht vorgenommen hat. Bei solchen verpassten bzw. nicht wahrgenommenen Chancen steht offenbar das Ziel „Verdienstquelle sichern" gegenüber dem Ziel „Verdienen" – welches z. B. durch die Eigenkapitalrentabilität gemessen werden kann – zu sehr im Vordergrund.[18] Wird ein konstanter Jahreserfolg unterstellt, sinkt

---

14 Vgl. BAETGE, J./KIRSCH, H.-J./THIELE, S., Bilanzen, S. 421.

15 Vgl. BAETGE, J., Möglichkeiten der Früherkennung negativer Unternehmensentwicklungen, S. 804; REHKUGLER, H./PODDIG, T., Bilanzanalyse, S. 329-338.

16 Vgl. KÜTING, K./WEBER, C.-P., Die Bilanzanalyse, S. 103; GRÄFER, H., Bilanzanalyse, S. 130.

17 Vgl. KÜTING, K./WEBER, C.-P., Die Bilanzanalyse, S. 103; GRÄFER, H., Bilanzanalyse, S. 130 f.

18 Vgl. BAETGE, J./KÖSTER, H., Grundzüge der Bilanzanalyse, S. 391. Ähnlich KÜTING, K./WEBER, C.-P., Die Bilanzanalyse, S. 104 f. Zur Eigenkapitalrentabilität vgl. Kap. VI Abschn. 333.

nämlich die Eigenkapitalrentabilität bei zunehmendem durchschnittlichen Eigenkapital. Die höhere Eigenkapitalquote wird folglich durch eine geringere Eigenkapitalrentabilität „erkauft". Daher sollte die Eigenkapitalquote grundsätzlich im Zusammenhang mit der Eigenkapitalrentabilität beurteilt werden.[19] Es bietet sich an, eine bestimmte Mindest-Eigenkapitalquote im finanziellen Zielsystem des Unternehmens als notwendige Nebenbedingung festzuhalten, während eine Eigenkapitalrentabilität angestrebt wird, die über der landesüblichen Verzinsung für eine alternative Kapitalanlage zuzüglich eines unternehmensbezogenen Risikozuschlages liegen sollte. In der Praxis wird eine angestrebte Mindest-Eigenkapitalquote indes nur selten angegeben. Ein positives Beispiel für die Angabe der angestrebten Eigenkapitalquote ist der Gildemeister Konzern. Der Vorstand des Gildemeister Konzerns gibt im Geschäftsbericht des Jahres 2002 an, dass mittelfristig eine Eigenkapitalquote von 30 % angestrebt wird.[20]

Gegen eine (zu) hohe Eigenkapitalquote spricht indes, dass eine Finanzierung durch Eigenkapital gegenüber einer Finanzierung durch Fremdkapital steuerlich benachteiligt ist.[21] So sind Fremdkapitalzinsen bei der Körperschaftsteuer als Betriebsausgaben grundsätzlich absetzbar. Auch bei der Gewerbeertragsteuer mindern die Fremdkapitalzinsen bis auf die Hälfte der Zinsen, die aufgrund langfristiger Verbindlichkeiten zu zahlen sind (Dauerschuldzinsen, vgl. Abschnitt 45-48 GewStR) und für die gemäß § 8 Nr. 1 GewStG ein Abzugsverbot gilt, die Bemessungsgrundlage der Gewerbesteuer. Dividendenzahlungen mindern indes weder die Bemessungsgrundlage für die Körperschaftsteuer noch für die Gewerbeertragsteuer. Zudem werden diese bereits auf Ebene der Kapitalgesellschaft mit 25 % Körperschaftsteuer belasteten Gewinne bei Ausschüttung an eine natürliche Person oder eine Personengesellschaft als Anteilseigner nochmals zur Hälfte mit dem persönlichen Einkommensteuersatz des Anteilseigners versteuert.[22]

In empirischen Untersuchungen erwiesen sich Unternehmen des verarbeitenden Gewerbes mit einer Eigenkapitalquote von 25 % bereits als recht bestandsfest.[23] Hierbei ist indes zu beachten, dass die 25 %-Grenze lediglich als ein Durchschnittswert für Unternehmen des verarbeitenden Gewerbes angesehen werden kann, da die als bestandssichernd anzusehenden Eigenkapitalquoten von Unternehmen in anderen Branchen zum Teil erheblich davon abweichen. Bei einem Vergleich der Eigenkapitalquoten von Unternehmen verschiedener Branchen zeigen sich große Unterschiede. Zum Beispiel weisen Bauunternehmen, die Anzahlungen zinslos erhalten, im Durchschnitt eine erheblich geringere Eigenkapitalquote als Chemieunternehmen auf.

---

19 Vgl. dazu auch Kap. VI Abschn. 333.2 und 333.3.

20 Vgl. GILDEMEISTER AG (Hrsg.), Geschäftsbericht 2002, S. 34.

21 Vgl. KÜTING, K./WEBER, C.-P., Die Bilanzanalyse, S. 104.

22 Vgl. KRAWITZ, N., Halbeinkünfteverfahren, S. 1722.

23 Vgl. m. w. N. NIEHUS, H.-J., Früherkennung von Unternehmenskrisen, S. 78; BAETGE, J., Möglichkeiten der Früherkennung negativer Unternehmensentwicklungen, S. 792-799. Zur empirischen Jahresabschlussanalyse vgl. auch: FEIDICKER, M., Kreditwürdigkeitsprüfung; KRAUSE, C., Kreditwürdigkeitsprüfung mit Neuronalen Netzen; HÜLS, D., Früherkennung insolvenzgefährdeter Unternehmen.

Die folgende Tabelle gibt eine Übersicht über die Eigenkapitalquoten wichtiger Branchen. Dabei wird deutlich, dass die oben als bestandssichernd angegebene durchschnittliche Mindest-Eigenkapitalquote von 25 % durchgängig nur von einer Branche, nämlich der chemischen Industrie, erheblich übertroffen wird und lediglich drei weitere Branchen – der Maschinenbau, der Straßenfahrzeugbau sowie die Elektrotechnik – diesen Wert in einigen Geschäftsjahren gerade erreichen:

Jahr	1996	1997	1998	1999	2000
Chemie	36,9	36,1	34,9	33,3	32,1
Maschinenbau	19,2	20,7	23,3	25,8	24,5
Straßenfahrzeugbau	24,0	24,3	26,7	27,2	22,4
Elektrotechnik	23,7	25,0	24,7	25,1	22,1
Ernährungsgewerbe	19,2	20,1	19,1	19,0	19,6
Baugewerbe	4,2	2,9	2,6	1,8	1,9
Großhandel	14,1	14,9	15,4	15,5	15,6
Einzelhandel	2,0	2,0	2,2	2,3	3,1
Ø deutscher Unternehmen	16,9	17,4	17,6	17,5	17,2

Übersicht V-4: *Eigenkapitalquote deutscher Unternehmen in %[24]*

Eine absolut „richtige" Höhe der Eigenkapitalquote im Sinne einer optimalen Eigenkapitalquote bzw. eines optimalen statischen Verschuldungsgrades gibt es indes nicht.[25] Dies liegt daran, dass bereits aufgrund der Unsicherheit über künftige Entwicklungen und wegen der sich ständig ändernden Umweltbedingungen des Unternehmens nicht zuverlässig ermittelt werden kann, bei welchem statischen Verschuldungsgrad die Unternehmensziele bestmöglich erreicht werden. Man kann lediglich feststellen, ob es sich positiv oder negativ auf andere finanzielle Unternehmensziele auswirkt, wenn der statische Verschuldungsgrad steigt oder sinkt.

Wird bei der Beurteilung des statischen Verschuldungsgrades bzw. der Eigenkapitalquote eines Unternehmens der **Leverage-Effekt**[26] berücksichtigt, so zeigt sich, dass unter bestimmten Voraussetzungen – wenn eine Leverage-Chance genutzt werden kann und dies gleichzeitig mit den finanziellen Unternehmenszielen konform ist –

---

24 Vgl. DEUTSCHE BUNDESBANK (Hrsg.), Monatsbericht April 2002, S. 48-57; DEUTSCHE BUNDESBANK (Hrsg.), Monatsbericht April 2003, S. 64-71; sowie ergänzende Angaben der Deutschen Bundesbank. Die Eigenkapitalquote enthält im Zähler das Eigenkapital zuzüglich der Hälfte des Sonderpostens mit Rücklageanteil. Im Nenner steht die Bilanzsumme abzüglich der Berichtigungsposten zum Eigenkapital.

25 Vgl. COENENBERG, A. G., Jahresabschluss und Jahresabschlussanalyse, S. 956; SCHNEIDER, D., Investition, Finanzierung und Besteuerung, S. 574-576. Vgl. auch Kap. VI Abschn. 333.2 und 333.3.

26 Zum Leverage-Effekt vgl. Kap. VI Abschn. 333.2 und 333.3.

aus Rentabilitätsgründen ein höherer statischer Verschuldungsgrad bzw. eine geringere Eigenkapitalquote positiv beurteilt werden können. Wenn lediglich die Finanzlage eines Unternehmens isoliert beurteilt werden würde, wäre ein steigender statischer Verschuldungsgrad und eine sinkende Eigenkapitalquote negativ einzuschätzen. Bei einer ganzheitlichen Betrachtung, in der die Vermögenslage, die Finanzlage und die Ertragslage gemeinsam berücksichtigt werden, ist diese Schlussfolgerung dagegen nicht zwingend.[27] Nur die ganzheitliche Sicht erlaubt ein ausgewogenes Urteil. Einem höheren Ertragsrisiko sollte stets durch einen höheren Eigenkapitalanteil Rechnung getragen werden, da bei größerem Eigenkapitalanteil die finanzielle Stabilität eines Unternehmens größer ist.[28]

Für den Philipp Holzmann Konzern ergibt sich für die Geschäftsjahre 1994 und 1995 folgende Eigenkapitalquote:		
Eigenkapitalquote (Kennzahl Nr. 02.01.04)	**1994**	**1995**
	35,2 %	21,2 %

Die hier für den Philipp Holzmann Konzern berechnete Eigenkapitalquote (Kennzahl Nr. 02.01.04) ist eine konkretisierte Eigenkapitalquote des BP-14.[29] Diese unterscheidet sich von der Grundvariante der Eigenkapitalquote darin, dass im Zähler nicht das bilanzielle Eigenkapital, sondern das wirtschaftliche Eigenkapital abzüglich der immateriellen Vermögensgegenstände verwendet wird. Im Nenner der konkretisierten Eigenkapitalquote werden von der Bilanzsumme im Gegensatz zur Grundvariante der Eigenkapitalquote die immateriellen Vermögensgegenstände sowie die flüssigen Mittel und die Grundstücke und Bauten subtrahiert.

Der Kennzahlenwert der konkretisierten Eigenkapitalquote (Kennzahl Nr. 02.01.04) ist von 1994 bis 1995 um 14 %-Punkte gefallen. Dies ist zum einen darauf zurückzuführen, dass das wirtschaftliche Eigenkapital des Konzerns aufgrund der hohen Verluste von 2.150 Mio. DM im Geschäftsjahr 1994 auf 1.648 Mio DM im Geschäftsjahr 1995 gesunken ist. Zum anderen ist der Wert des Nenners um 1.326 Mio. DM gestiegen, was im Wesentlichen darauf zurückzuführen ist, dass die Verbindlichkeiten stark angestiegen sind (1994: 11.385 Mio. DM; 1995: 13.221 Mio. DM). Der Konzern ist 1994 und vor allem 1995 fast ausschließlich fremdfinanziert und hat somit eine geringe Haftungsbasis sowie einen nahezu aufgebrauchten Verlustpuffer. Anzunehmen ist, dass Bankkredite bei dieser Kapitalstruktur nur neu aufgenommen werden können, wenn hohe Risikozuschläge auf den zu zahlenden Fremdkapitalzins in Kauf genommen werden.

---

27 Vgl. COENENBERG, A. G., Jahresabschluss und Jahresabschlussanalyse, S. 956-960.; KÜTING, K./WEBER, C.-P., Die Bilanzanalyse, S. 104 f; PERRIDON, L./STEINER, M., Finanzwirtschaft der Unternehmung, S. 546 f.

28 Vgl. COENENBERG, A. G., Jahresabschluss und Jahresabschlussanalyse, S. 958; PERRIDON, L./STEINER, M., Finanzwirtschaft der Unternehmung, S. 546 f.

29 Vgl. Kap. VII Abschn. 432.1.

23 Die Analyse der Eigenkapitalstruktur

231. Die Bestandteile des Eigenkapitals

Im Zuge der Analyse der Eigenkapitalstruktur wird die Binnenstruktur, also die Zusammensetzung des in der Bilanz ausgewiesenen Eigenkapitals, analysiert. Das Eigenkapital besteht gemäß § 266 Abs. 3 Buchstabe A. HGB aus dem gezeichneten Kapital, der Kapitalrücklage und den Gewinnrücklagen, dem Gewinnvortrag bzw. dem Verlustvortrag sowie dem Jahresüberschuss bzw. dem Jahresfehlbetrag (oder bei teilweiser Gewinnverwendung dem Bilanzgewinn bzw. dem Bilanzverlust). Die Eigenkapitalposten erinnern an die einem Unternehmen in der Vergangenheit von seinen Eigentümern zur Verfügung gestellten Mittel, d. h., diese Mittel kann das Unternehmen nicht mehr auszahlen.[30] Vielmehr sind diese Mittel bereits in Vermögensgegenständen auf der Aktivseite der Bilanz, i. d. R. zum geringsten Teil in liquiden Mitteln, gebunden.

Die folgende Übersicht zeigt die Bestandteile des Eigenkapitals in dem grau hinterlegten Kasten:

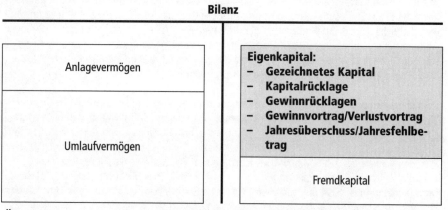

Übersicht V-5:   *Bestandteile des Eigenkapitals in der Bilanz*

Kennzahlen zur Analyse der Zusammensetzung des Eigenkapitals sind der Selbstfinanzierungsgrad und die Rücklagenquote. Diese werden nachfolgend erläutert.

---

30 Vgl. PREISER, E., Der Kapitalbegriff und die neuere Theorie, S. 14-38; BAETGE, J., Kapital und Vermögen, Sp. 2090 f.

232. Kennzahlen zur Beurteilung der Eigenkapitalstruktur

232.1 Der Selbstfinanzierungsgrad

Die Möglichkeit und Bereitschaft eines Unternehmens, Gewinne zu thesaurieren und dadurch das Eigenkapital zu erhöhen, kann als positives Indiz für die finanzielle Stabilität sowie eine gute Erfolgslage eines Unternehmens in der Vergangenheit gewertet werden. Eine zu diesem Zweck gebildete Kennzahl bei Kapitalgesellschaften ist der **Selbstfinanzierungsgrad**, der wie folgt definiert ist:[31]

$$\text{Selbstfinanzierungsgrad} = \frac{\text{Gewinnrücklagen}}{\text{Eigenkapital}}$$

Kennzahl Nr. 02.06.00

Je größer der Wert des Selbstfinanzierungsgrades ist, desto positiver kann grundssätzlich die finanzielle Lage des Unternehmens in der Vergangenheit beurteilt werden, da das Unternehmen in entsprechendem Maße in der Lage war, die Haftungsbasis durch einbehaltene Gewinne zu erhöhen.

Steuerlich betrachtet ist ein hoher Selbstfinanzierungsgrad aus Sicht der Anteilseigner ebenfalls wünschenswert. Mit dem Steuersenkungsgesetz 2000/2002 wurde das sog. Halbeinkünfteverfahren eingeführt. Das Halbeinkünfteverfahren führt dazu, dass es für den Anteilseigner einer Kapitalgesellschaft vorteilhaft ist, wenn das Unternehmen die Gewinne thesauriert, da diese dann lediglich mit einem Körperschaftsteuersatz von 25 % auf Ebene der Gesellschaft besteuert werden. Schüttet das Unternehmen indes die Gewinne aus, so muss der Anteilseigner den Dividendenertrag zusätzlich zur Besteuerung auf Gesellschaftsebene zur Hälfte mit seinem persönlichen Einkommensteuersatz versteuern, womit der Unternehmensgewinn doppelt besteuert wird.[32] Diese Regelung führt zu einem Thesaurierungstrend (Lock-in-Effekt) bei Kapitalgesellschaften.[33]

Beeinträchtigt wird die Aussagefähigkeit des Selbstfinanzierungsgrades, wenn Gewinnrücklagen im Rahmen einer **Kapitalerhöhung aus Gesellschaftsmitteln** in gezeichnetes Kapital umgewandelt wurden.[34] In diesem Fall erhöht sich das gezeichnete Kapital um den Betrag der Kapitalerhöhung, während die Rücklagen in entsprechendem Umfang reduziert werden. Irrtümlich könnte bei isolierter Betrachtung des Selbstfinanzierungsgrades von einer geringeren Thesaurierungsfähigkeit bzw. -bereitschaft des Unternehmens ausgegangen werden, obwohl lediglich innerhalb des Eigenkapitals „umgewidmet" wurde. Hat der Bilanzanalytiker diese Kapitalerhöhung aus

31 Vgl. Gräfer, H., Bilanzanalyse, S. 139; Küting, K./Weber, C.-P., Die Bilanzanalyse, S. 108; Coenenberg, A. G., Jahresabschluss und Jahresabschlussanalyse, S. 960.

32 Vgl. Eberlein, J./Walther, U., Ausschüttungspolitik, S. 465 f.

33 Vgl. Blumers, W./Beinert, S./Witt, S.-C., Gewinnfluss zur Gesellschafterebene, S. 565; vgl. dazu auch Kap. VI Abschn. 415.8.

34 Vgl. Gräfer, H., Bilanzanalyse, S. 139.

Gesellschaftsmitteln indes nicht erkannt, dann verursacht dies – je nach dem Umfang der Kapitalerhöhung – eine mehr oder weniger gravierende Fehlinterpretation des Selbstfinanzierungsgrades.

Daher könnte der Bilanzanalytiker versuchen, den Effekt einer Kapitalerhöhung aus Gesellschaftsmitteln rückgängig zu machen, bevor er den Selbstfinanzierungsgrad berechnet. Zu diesem Zweck müsste er die Umbuchung von den Gewinn- bzw. Kapitalrücklagen in das gezeichnete Kapital aber revidieren. Allerdings wird bei der Analyse von nachfolgenden Jahresabschlüssen eine entsprechende Korrektur aus diesen Gründen kaum möglich sein, weil meist nicht alle vorhergehenden Geschäftsberichte vorliegen und eine genaue Analyse alle früheren Kapitalerhöhungen aus Gesellschaftsmitteln vollständig erfassen müsste. Bei nachfolgenden Bilanzanalysen in diesem Buch und in der Bilanzanalysepraxis wird wegen des kaum zu bewerkstelligenden Aufwandes auf die Kapitalkorrekturen verzichtet, die sich über mehrere Analysejahre erstrecken und eine regelrechte „Nebenbuchhaltung" erfordern würden.

Die Aussagefähigkeit des Selbstfinanzierungsgrades wird weiterhin dadurch eingeschränkt, dass sich das Ausmaß der Selbstfinanzierung durch die Bildung stiller Rücklagen nicht zuverlässig beurteilen lässt.[35] Diese Art der Selbstfinanzierung bezeichnet man als **stille Selbstfinanzierung**.[36] Stille Rücklagen, deren Existenz und Umfang der externe Abschlussadressat teilweise nicht erkennen kann, werden in der Bilanz gelegt, indem Aktiva unterbewertet und Verbindlichkeiten und Rückstellungen überbewertet werden, z. B. durch die Nicht-Ausübung von Aktivierungswahlrechten oder durch zu hohe Abschreibungen sowie unterlassene Zuschreibungen. Da nicht alle stillen Rücklagen im Jahresabschluss erkennbar sind, können die nicht erkannten stillen Rücklagen nicht berücksichtigt werden, wenn der Selbstfinanzierungsgrad ermittelt wird.

Insgesamt lässt der Selbstfinanzierungsgrad demnach bestenfalls tendenzielle Aussagen zu.

Beim Philipp Holzmann Konzern ergeben sich folgende Werte für den Selbstfinanzierungsgrad:		
Selbstfinanzierungsgrad (Kennzahl Nr. 02.06.00)	**1994**	**1995**
	14,5 %	0,1 %
Während das Eigenkapital im Geschäftsjahr 1994 noch zu 14,5 % aus Gewinnrücklagen besteht, sind diese 1995 nahezu vollständig durch den Verlust des Geschäftsjahres aufgezehrt. Die Haftungsbasis des Konzerns ist 1995 somit stark angegriffen. Da die Gewinnrücklagen verbraucht sind, kann im Folgejahr lediglich die Kapitalrücklage verwendet werden, um künftige Jahresfehlbeträge bzw. Verlustvorträge auszugleichen.		

---

35   Vgl. Küting, K./Weber, C.-P., Die Bilanzanalyse, S. 108.

36   Vgl. Perridon, L./Steiner, M., Die Finanzwirtschaft der Unternehmung, S. 467 f.

232.2   Die Rücklagenquote

Neben dem Selbstfinanzierungsgrad gibt auch die Kennzahl **Rücklagenquote** Auskunft über die Selbstfinanzierung des Unternehmens. Die Rücklagenquote gibt an, wie hoch der Anteil der gesamten Rücklagen am Eigenkapital ist. Sie wird wie folgt definiert:

$$\text{Rücklagenquote} = \frac{\text{Gesamte Rücklagen}}{\text{Eigenkapital}}$$

Kennzahl Nr. 02.07.00

Eine hohe Rücklagenquote ist grundsätzlich als ein positives Indiz für die finanzielle Stabilität des Unternehmens zu werten, denn je höher die Rücklagenquote ist, desto höher ist die Haftungsbasis des Unternehmens und desto kreditwürdiger ist das Unternehmen. Indes sollte die Rücklagenquote stets sowohl im Zeitablauf als auch im Zusammenhang mit der Eigenkapitalquote interpretiert werden, um keine falschen Schlussfolgerungen aus der Entwicklung der Kennzahl zu ziehen, wenn beispielsweise innerhalb des Eigenkapitals nur umgeschichtet wurde. Der Bilanzanalytiker könnte die Rücklagenquote z. B. fehlinterpretieren, wenn er bei einer Kapitalerhöhung aus Gesellschaftsmitteln nicht die Entwicklung der Rücklagenquote und die Entwicklung der Eigenkapitalquote gemeinsam betrachtet. Aufgrund der Gefahr der Fehlinterpretation im Fall einer Kapitalerhöhung aus Gesellschaftermitteln kann für die Rücklagenquote keine Arbeitshypothese formuliert werden. Die Rücklagenquote liefert indes im Zeitvergleich sowie bei gemeinsamer Betrachtung mit der Eigenkapitalquote wertvolle Informationen über die Thesaurierungsfähigkeit und die Thesaurierungsbereitschaft des analysierten Unternehmens.

Beim Philipp Holzmann Konzern ergeben sich folgende Rücklagenquoten:		
Rücklagenquote **(Kennzahl Nr. 02.07.00)**	**1994**	**1995**
	81,7 %	79,0 %

Betrachtet man die Kennzahlen Selbstfinanzierungsgrad und Rücklagenquote gemeinsam, so wird deutlich, dass im Vergleich zu den Gewinnrücklagen, die 1995 bereits vollständig aufgebraucht sind, noch ein großer Bestand an Kapitalrücklagen vorhanden ist. Führt man sich indes vor Augen, dass es bei dem in 1995 realisierten Jahresfehlbetrag von 443 Mio. DM bei gleichbleibend schlechtem Geschäftserfolg in den kommenden Geschäftsjahren lediglich knapp drei Jahre dauern würde, bis die Kapitalrücklage von 1.290 Mio. DM aufgebraucht ist, dann wird klar, dass der Konzern ernsthaft bestandsgefährdet ist. So kam es beim Philipp Holzmann Konzern im Herbst 1998 auch tatsächlich zu einem Finanzierungsdefizit. Es ist anzunehmen, dass die Aufnahme von zusätzlichem Fremdkapital aufgrund der schlechten Finanzlage des Konzerns zu diesem Zeitpunkt nicht mehr möglich war, weshalb 1998 eine Kapitalerhöhung durchgeführt wurde.

24   Die Analyse der Fremdkapitalstruktur

241.   Die Analyse der Verbindlichkeiten

241.1   Die Analyse der Fristigkeit der Verbindlichkeiten

Wesentliche Bestandteile der Kapitalstrukturanalyse sind zum einen die Analyse der Struktur des Eigenkapitals und zum anderen die Analyse der Struktur des Fremdkapitals. Das Fremdkapital wird dem Unternehmen von unternehmensexternen Personen zeitlich begrenzt zur Verfügung gestellt. Gemäß § 266 Abs. 3 Buchstaben B. und C. HGB setzt sich das Fremdkapital aus den zwei Bestandteilen Rückstellungen und Verbindlichkeiten zusammen. Da das Fremdkapital dem Unternehmen im Gegensatz zum Eigenkapital lediglich befristet zur Verfügung gestellt wird, sind genauere Aussagen über die Fristigkeit einzelner Bestandteile des Fremdkapitals besonders wichtig, um die finanzielle Lage des Unternehmens beurteilen zu können.

Eine in diesem Zusammenhang wichtige Erläuterungspflicht ist die Angabe der **Restlaufzeiten** von Verbindlichkeiten. Da die kurzfristigen Verbindlichkeiten besonders bedeutend sind, um die finanzielle Lage eines Unternehmens zu beurteilen, ist gemäß § 268 Abs. 5 HGB der Betrag der Verbindlichkeiten mit einer Restlaufzeit bis zu einem Jahr bei jedem in der Bilanz gesondert ausgewiesenen Verbindlichkeitsposten zu vermerken. Durch diese gesondert ausgewiesenen Verbindlichkeitsposten wird gezeigt, in welchem Ausmaß im kommenden Geschäftsjahr liquide Mittel aus dem Unternehmen abfließen werden.

Zudem ist gemäß § 285 Nr. 1 und Nr. 2 HGB im Anhang zu den in der Bilanz ausgewiesenen Verbindlichkeiten zum einen der Betrag der Verbindlichkeiten mit einer Restlaufzeit von mehr als fünf Jahren und zum anderen der Gesamtbetrag der gesicherten Verbindlichkeiten anzugeben. Dabei sind diese Angaben für jeden Posten der Verbindlichkeiten erforderlich, sofern sie sich nicht aus der Bilanz ergeben. Für den Konzernabschluss sind die entsprechenden Angabepflichten in § 314 Abs. 1 Nr. 1 und Nr. 2 HGB gefordert.

Viele Unternehmen veröffentlichen die gesetzlich geforderten Angaben zur Restlaufzeit der Verbindlichkeiten des Unternehmens auch in Form eines **Verbindlichkeitenspiegels**. Dieser sollte alle gesetzlich geforderten Angaben und Erläuterungen sowie die freiwillige Angabe der Beträge der Verbindlichkeiten mit einer Restlaufzeit zwischen einem Jahr und fünf Jahren enthalten.[37]

Bei der Analyse der Finanzlage eines Unternehmens kann die Struktur der Verbindlichkeiten Aufschluss über die finanzielle Stabilität eines Unternehmens geben. Zu diesem Zweck können Kennzahlen zur **Verbindlichkeitenstruktur (je nach Fristigkeit der Restlaufzeit)** gebildet werden, die den Anteil der kurzfristigen, mittelfristigen bzw. langfristigen Verbindlichkeiten an den gesamten Verbindlichkeiten angeben. Verbindlichkeiten werden dabei als kurzfristig bezeichnet, wenn sie eine Restlaufzeit

---

37   Vgl. Baetge, J./Kirsch, H.-J./Thiele S., Bilanzen, S. 359 f.

von bis zu einem Jahr haben, als mittelfristig bei einer Restlaufzeit zwischen einem Jahr und fünf Jahren sowie als langfristig bei einer Restlaufzeit von mehr als fünf Jahren. Die Kennzahlen sind wie folgt definiert:

$$\text{Verbindlichkeitenstruktur (Grundvariante)} = \frac{\text{Verbindlichkeiten mit bestimmter Fristigkeit}}{\text{Verbindlichkeiten}}$$

Kennzahl Nr. 02.08.00

$$\text{Verbindlichkeitenstruktur (kurzfristig)} = \frac{\text{Kurzfristige Verbindlichkeiten}}{\text{Verbindlichkeiten}}$$

Kennzahl Nr. 02.08.01

$$\text{Verbindlichkeitenstruktur (mittelfristig)} = \frac{\text{Mittelfristige Verbindlichkeiten}}{\text{Verbindlichkeiten}}$$

Kennzahl Nr. 02.08.02

$$\text{Verbindlichkeitenstruktur (langfristig)} = \frac{\text{Langfristige Verbindlichkeiten}}{\text{Verbindlichkeiten}}$$

Kennzahl Nr. 02.08.03

Rückschlüsse auf die finanzielle Stabilität eines Unternehmens erlauben dabei vor allem die Verbindlichkeitenstruktur (langfristig) und die Verbindlichkeitenstruktur (kurzfristig). So kann ein hoher Anteil der langfristigen Verbindlichkeiten an den gesamten Verbindlichkeiten als ein positives Indiz für die finanzielle Stabilität des Unternehmens interpretiert werden, denn die Gefahr, dass kurzfristig Liquidität abfließt, ist umso geringer, je größer der Anteil der langfristigen Verbindlichkeiten an den gesamten Verbindlichkeiten ist. Für die **Verbindlichkeitenstruktur (langfristig)** gilt daher die Arbeitshypothese G>K.

Umgekehrt ist die kurzfristige Verbindlichkeitenstruktur so zu interpretieren, dass die finanzielle Stabilität eines Unternehmens umso geringer ist, je höher der Wert der kurzfristigen Verbindlichkeitenstruktur ausfällt, da im kommenden Geschäftsjahr damit zu rechnen ist, dass die gesamten kurzfristigen Verbindlichkeiten abfließen. Das Unternehmen ist in diesem Fall unter sonst gleichen Umständen darauf angewiesen, Kredite zu prolongieren oder neu aufzunehmen, da es ansonsten zu einer Finanzierungslücke kommt. Die Arbeitshypothese für die **Verbindlichkeitenstruktur (kurzfristig)** lautet daher G<K.

Die Kennzahl Nr. 02.08.02 (= **Verbindlichkeitenstruktur (mittelfristig)**) erlaubt lediglich vergleichende Aussagen, bei denen die mittelfristige Verbindlichkeitenstruktur mit der kurzfristigen oder mit der langfristigen Verbindlichkeitenstruktur verglichen wird. So ist die Gefahr, dass in naher Zukunft Liquidität abfließt, bei einer hohen mittelfristigen Verbindlichkeitenstruktur (Kennzahl Nr. 02.08.02) geringer als bei einem großen Anteil kurzfristiger Verbindlichkeiten (Kennzahl Nr. 02.08.01). Indes kann das Unternehmen nicht in dem Maße positiv beurteilt werden wie bei einem entsprechend hohen Anteil langfristiger Verbindlichkeiten an den gesamten Verbindlichkeiten. Um eine Arbeitshypothese für die mittelfristige Verbindlichkeitenstruktur formulieren zu können, muss dem Bilanzanalytiker bekannt sein, ob bei den mittelfristigen Verbindlichkeiten mit einem Liquiditätsabfluss in naher Zukunft zu rechnen ist und ob die Kredite prolongiert werden können. Hat das betrachtete Unternehmen z. B. eine im Vergleich zur kurzfristigen Verbindlichkeitenstruktur hohe mittelfristige Verbindlichkeitenstruktur, so wäre die finanzielle Stabilität des Unternehmens dennoch nicht positiv zu werten, wenn die Mittel einige Tage nach der Einjahresfrist für kurzfristige Verbindlichkeiten abfließen, weil diese nicht neu finanziert werden können. Umgekehrt könnte es sich bei den mittelfristigen Verbindlichkeiten aber auch um solche handeln, die erst nach vier Jahren fällig werden und zudem noch bei den entsprechenden Kreditinstituten prolongiert werden können. Die Arbeitshypothese lautete im ersten Fall G<K, in letzterem Fall G>K.

Insgesamt kann festgehalten werden, dass die **Finanzlage** eines Unternehmens als umso stabiler angesehen werden kann, je größer der Anteil der langfristigen Verbindlichkeiten an den gesamten Verbindlichkeiten ist. Indes gibt es durchaus auch Gründe, die für eine Finanzierung mit kurzfristigen Verbindlichkeiten sprechen. So kann es je nach Kapitalmarktverfassung kostengünstiger sein, kurzfristiges Fremdkapital anstelle von langfristigem Fremdkapital aufzunehmen.[38] Darüber hinaus kann eine Finanzierung mit kurzfristigen Mitteln flexibler an den im Zeitablauf schwankenden Kapitalbedarf angepasst werden.[39]

Zudem ist zu beachten, dass die Verbindlichkeitsstruktur auch durch sachverhaltsgestaltende Maßnahmen beeinflusst werden kann. So kann die Fristigkeit von Verbindlichkeiten gegenüber verbundenen Unternehmen, Gesellschaftern oder anderen nahestehenden Personen durch Vertragsgestaltung beeinflusst werden, die dazu führt, dass die kurzfristige Verbindlichkeitenstruktur reduziert wird. Eine weitere sachverhaltsgestaltende Maßnahme ist das Factoring. Beim **Factoring**[40] werden Forderungen verkauft, wodurch dem Unternehmen finanzielle Mittel zufließen, die üblicherweise dazu verwendet werden, Verbindlichkeiten – vor allem kurzfristige Verbindlichkeiten – abzulösen. Bei einem derartigen Vorgehen verringert sich sowohl der Zähler als auch der Nenner der betroffenen Kennzahl zur Verbindlichkeitenstruktur (nach Fristigkeit), so dass der Kennzahlenwert insgesamt kleiner wird. Im Fall der Verbind-

---

38 Vgl. GRÄFER, H., Bilanzanalyse, S. 140; KÜTING, K./WEBER, C.-P., Die Bilanzanalyse, S. 109.

39 Vgl. KÜTING, K./WEBER, C.-P., Die Bilanzanalyse, S. 109.

40 Zum Factoring vgl. etwa STRICKMANN, M., in: Küting/Weber, HdR-E, 5. Aufl., Kap. 6, Rn. 401-500.

lichkeitenstruktur (kurzfristig) würde dies positiv beurteilt, obwohl die finanzielle Situation des Unternehmens nicht besser ist, zumal in vielen Fällen nur ein bedingtes Factoring realisiert wird, d. h., die Forderungen sind zurück zu nehmen, wenn der Schuldner nicht pünktlich zahlt.

Für den Philipp Holzmann Konzern ergeben sich folgende Werte für die kurzfristige Verbindlichkeitenstruktur:		
Verbindlichkeitenstruktur (kurzfristig) (Kennzahl Nr. 02.08.01)	**1994**	**1995**
	43,6 %	50,1 %

Der 1994 ohnehin schon hohe Anteil der kurzfristigen Verbindlichkeiten an den Gesamtverbindlichkeiten in Höhe von 43,6 % steigt im Jahr 1995 auf einen Wert von 50,1 %. Man möge sich verdeutlichen, dass dies bedeutet, dass nahezu die Hälfte der Verbindlichkeiten des Gesamtkonzerns des Jahres 1994 im Geschäftsjahr 1995 zur Tilgung fällig sind. Der im Vergleich zum Wert des Jahres 1994 erhöhte kurzfristige Verbindlichkeitenanteil des Jahres 1995 deutet darauf hin, dass ein Teil der in 1995 fälligen Verbindlichkeiten vermutlich aufgrund der schlechten Finanzlage des Unternehmens wiederum nur kurzfristig refinanziert werden kann.

241.2 Die Analyse der Besicherung von Verbindlichkeiten

Neben der Fristigkeit der Verbindlichkeiten lässt sich auch deren **Besicherung** analysieren. § 285 Nr. 1 b) HGB schreibt vor, dass der Gesamtbetrag der Verbindlichkeiten, die durch Pfandrechte oder ähnliche Rechte gesichert sind, unter Angabe von Art und Form der Sicherheit anzugeben ist. Auch im Konzernabschluss ist gemäß § 314 Abs. 1 Nr. 2 HGB der Gesamtbetrag der Verbindlichkeiten anzugeben, die von in den Konzernabschluss einbezogenen Unternehmen gesichert sind. Zu den angabepflichtigen Arten von Sicherheiten gehören:[41]

- Pfandrechte an beweglichen Sachen,
- Pfandrechte an Rechten,
- Grundpfandrechte (Hypotheken, Grundschulden),
- Sicherungsabtretungen sowie
- Sicherungsübereignungen.

Die Angabe der gesicherten Verbindlichkeiten kann vor allem für die derzeitigen und die künftigen Gläubiger relevant sein, wenn aus diesen Angaben geschlossen werden kann, ob und wieweit das Vermögen bereits durch Zugriffsrechte Dritter belastet ist.[42] Indes schreibt das Gesetz nicht vor, dass die Angaben zu den gesicherten Verbindlichkeiten quantifiziert werden müssen. Werden die Angaben nicht quantifiziert,

---

41 Vgl. HÜTTEMANN, U., Die Verbindlichkeiten, in: HdJ, Abt. III/8, Rn. 180; WULF, I., in: Baetge/Kirsch/Thiele, § 285 HGB, Rn. 26; DÖRNER, D. U. A., in: Küting/Weber, HdR-E, 5. Aufl., § 268 HGB, Rn. 231 f.; DÖRNER, D./WIRTH, M, in: Küting/Weber, HdR-E, 5. Aufl., § 284-288 HGB, Rn. 149 f.

42 Vgl. KÜTING, K./WEBER, C.-P., Die Bilanzanalyse, S. 110.

ist die bloße Nennung der gesicherten Verbindlichkeiten für den Bilanzanalytiker nicht verwertbar. Die Analyse von Geschäftsberichten zeigt aber, dass die zugehörigen Sicherheiten zumindest von vielen börsennotierten Unternehmen quantifiziert werden. Doch selbst dann setzt die Interpretation dieser Informationen voraus, dass der Bilanzanalytiker über eine Norm verfügt, wann der Grad der besicherten Verbindlichkeiten als kritisch oder gar als nicht mehr akzeptabel zu beurteilen ist. Eine solche Norm gibt es nicht. Dies liegt vor allem daran, dass nur eine ganzheitliche Interpretation des künftigen Finanzbedarfs sinnvoll ist und eine isolierte Betrachtung des Besicherungsgrades wenig aussagt. So wäre auch ein hoher Besicherungsgrad nicht als kritisch anzusehen, wenn die absehbaren künftigen Zahlungsverpflichtungen des Unternehmens ohne Schwierigkeiten aus den Einzahlungsüberschüssen gedeckt werden können, die voraussichtlich durch das operative Geschäft zufließen werden.

241.3 Die Analyse einzelner Bestandteile der Verbindlichkeiten

Einen Überblick über die einzelnen Bestandteile der Verbindlichkeiten gibt der grau hinterlegte Kasten in der folgenden Abbildung:

Bilanz

Anlagevermögen	Eigenkapital
	Rückstellungen
Umlaufvermögen	**Verbindlichkeiten:** – **Anleihen** – **gegenüber Kreditinstituten** – **erhaltene Anzahlungen** – **aus Lieferungen und Leistungen** – **Wechselverbindlichkeiten** – **gegenüber verbundenen Unternehmen** – **gegenüber Unternehmen, mit denen ein Beteiligungsverhältnis besteht** – **sonstige**

Übersicht V-6:   *Bestandteile der Verbindlichkeiten*

Bei der Bilanzierung der Anleihen, Verbindlichkeiten gegenüber Kreditinstituten sowie der sonstigen Darlehen gegenüber Nichtbanken, besteht gemäß § 250 Abs. 3 HGB (in Verbindung mit § 298 Abs. 1 HGB) für den Fall, dass der Auszahlungsbetrag der Verbindlichkeit kleiner ist als ihr Rückzahlungsbetrag, ein Wahlrecht, den

Unterschiedsbetrag (**Disagio**) als aktivischen Rechnungsabgrenzungsposten zu aktivieren und entsprechend über die Laufzeit aufzulösen. Wird das Wahlrecht nicht ausgeübt, so wird das Jahresergebnis im Jahr der Fremdkapitalaufnahme durch einen Aufwand in Höhe des Unterschiedsbetrages negativ beeinflusst und die Ertragslage des Unternehmens verzerrt. Das Jahresergebnis wird zugunsten künftiger Perioden mit einem zu hohen Aufwand belastet, wodurch sich auch für das Eigenkapital ein geringerer Wert ergibt als im Fall einer Aktivierung des Unterschiedsbetrages. Dadurch ergibt sich eine niedrigere Eigenkapitalquote. Bei der Analyse der Verbindlichkeitenstruktur sollte daher untersucht werden, ob die Finanz- und Ertragslage wesentlich dadurch beeinflusst wurde, dass das Wahlrecht gemäß § 250 Abs. 3 HGB (in Verbindung mit § 298 Abs. 1 HGB) ausgeübt wurde. In der Regel fehlen dem externen Bilanzanalytiker aber die Informationen über ein nicht angesetztes Disagio, und selbst wenn er die Höhe des Disagios kennen würde, wäre eine fortschreibende Dokumentation dieses Betrages durch den Bilanzanalytiker zumindest bei geringen Beträgen aufgrund von Unwesentlichkeit nicht vertretbar.

Für die Analyse der Verbindlichkeiten sind auch die **erhaltenen Anzahlungen** wichtig. Der Bilanzierende hat das Wahlrecht, die erhaltenen Anzahlungen entweder gemäß § 266 Abs. 3 Buchstabe C. Ziffer 3. HGB unter den Verbindlichkeiten auszuweisen oder gemäß § 268 Abs. 5 Satz 2 HGB offen von den Vorräten abzusetzen. Werden die erhaltenen Anzahlungen offen von den Vorräten abgesetzt, wird die Bilanz verkürzt. Aus diesem Wahlrecht entstehende bilanzpolitische Möglichkeiten wurden bereits dadurch neutralisiert, dass auch die von den Vorräten abgesetzten Anzahlungen bei den Verbindlichkeiten erfasst werden.

Anzahlungen sind von Kunden vor allem zur Vorfinanzierung von solchen Aufträgen zu leisten, die erhebliche finanzielle Mittel binden.[43] Finanziert sich ein Unternehmen über erhaltene Anzahlungen, ist dies i. d. R. positiv für die Finanzlage des Unternehmens, da die finanziellen Mittel üblicherweise unverzinslich zur Verfügung gestellt werden. Vor allem in Branchen mit **langfristiger Auftragsfertigung** finanzieren sich Unternehmen häufig mit erhaltenen Anzahlungen. Gehen die erhaltenen Anzahlungen bei einem Unternehmen einer solchen Branche im Zeitablauf permanent zurück, so lässt diese Entwicklung darauf schließen, dass sich die Auftragssituation verschlechtert hat bzw. dass das Unternehmen nicht mehr im gewohnten Maße Vorleistungen in Form von Anzahlungen bei den Kunden durchsetzen kann.[44] Muss das Unternehmen auf gewohnte zinslose finanzielle Mittel verzichten, wird die Liquiditätssituation (aber auch die Rentabilitätssituation) des Unternehmens beeinträchtigt.

Verbindlichkeiten, die im Zusammenhang mit dem Erwerb von Gegenständen bzw. der Inanspruchnahme von Dienstleistungen Dritter entstehen, sind unter den Verbindlichkeiten aus Lieferungen und Leistungen auszuweisen.[45] Für die Analyse der

---

43   Vgl. COENENBERG, A., G., Jahresabschluss und Jahresabschlussanalyse, S. 339 f.

44   Vgl. KÜTING, K./WEBER, C.-P., Die Bilanzanalyse, S. 111 f.

45   Vgl. DUSEMOND, M./HEUSINGER, S./KNOP, W., in: Küting/Weber, HdR-E, 5. Aufl., § 266 HGB, Rn. 155; MARX, F./STILLFRIED, M., in: Baetge/Kirsch/Thiele, § 266 HGB, Rn. 239.

Finanzlage ist dabei die Finanzierung über Lieferantenkredite bedeutsam. Unter einem **Lieferantenkredit** versteht man den Kredit, der dem kaufenden Unternehmen bei einem Kauf auf Ziel vom Verkäufer gewährt wird.[46] Der Zielpreis entspricht dabei dem Rechnungsbetrag einschließlich Umsatzsteuer.

Für den Fall, dass ein Lieferantenskonto gewährt wird, weicht der Barpreis vom Rechnungsbetrag ab. Wenn Skonti nicht genutzt werden, sind Verbindlichkeiten aus Lieferungen und Leistungen die bequemste, aber auch die teuerste Kreditfinanzierungsmöglichkeit eines Unternehmens.[47] Wird der Rechnungsbetrag innerhalb der Skontierfrist bezahlt, so ist von dem kaufenden Unternehmen lediglich der um das Skonto geminderte Betrag zu bezahlen. Ist festzustellen, dass ein Unternehmen seine Lieferantenverbindlichkeiten grundsätzlich innerhalb der Skontierfrist unter Abzug des Skontos begleicht, so weist dies auf eine positive Liquiditätssituation des Unternehmens hin, da es in der Lage ist, kurzfristig die Verbindlichkeiten zu tilgen. Lässt das Unternehmen indes die Skontierfrist regelmäßig verstreichen, so deutet dies auf Engpässe im Liquiditätsbereich hin, da das Unternehmen nicht über genügend liquide Mittel verfügt bzw. von anderen Kreditgebern beschaffen kann, um die Lieferantenkredite kurzfristig zu begleichen. Für den externen Bilanzanalytiker ergibt sich indes das Problem, dass die **Inanspruchnahme von Skonti** aus dem Jahresabschluss nicht zu erkennen ist. Hier kann aber die Handelsauskunft helfen.

Rückschlüsse darauf, ob das Unternehmen den eher teuren Lieferantenkredit – für den seltener eine Kreditwürdigkeitsprüfung durch den Lieferanten durchgeführt wird – dem i. d. R. kostengünstigeren, aber schwieriger zu erhaltenden Bankkredit vorzieht, lassen folgende Kennzahlen zu, die die Verschuldungsstruktur eines Unternehmens differenziert nach Kapitalgebern darstellen:[48]

$$\text{Verschuldungsstruktur (Grundvariante)} = \frac{\text{Verbindlichkeiten gegenüber einem (mehreren) Kapitalgeber(n) (z. B. Verbindlichkeiten gegenüber Kreditinstituten)}}{\text{Gesamtkapital}}$$

Kennzahl Nr. 02.09.00

Aus dem Verhältnis der Verbindlichkeiten aus Lieferungen und Leistungen zum Gesamtkapital bzw. der Verbindlichkeiten gegenüber Kreditinstituten zum Gesamtkapital lassen sich vor allem Rückschlüsse auf die Haftungssubstanz sowie die Liquiditätssituation des Unternehmens ziehen. Denn je schlechter die Haftungsbasis sowie die Liquiditätssituation sind, desto schwieriger wird es für ein Unternehmen, einen Bankkredit zu erhalten.

---

46 Vgl. PERRIDON, L./STEINER, M., Finanzwirtschaft der Unternehmung, S. 429 f.

47 Vgl. BORN, K., Bilanzanalyse international, S. 207.

48 Vgl. HAUSCHILDT, J., Erfolgs-, Finanz- und Bilanzanalyse, S. 165 f.

Arbeitshypothesen für die Verschuldungsstrukturkennzahlen lassen sich selbst für branchengleiche und strukturgleiche Unternehmen nur schwierig formulieren. Nimmt man an, dass sich Lieferantenkredite und Bankkredite gegenseitig substituieren und der Lieferantenkredit teurer ist als der Bankkredit, dann gilt für die Verschuldungsstruktur (Lieferantenkredite) G<K und umgekehrt für die Verschuldungsstruktur (Bankkredite) G>K. Denkbar ist aber auch der umgekehrte Fall: Wenn das zu analysierende Unternehmen über die entsprechende Marktmacht verfügt, die Zahlungsbedingungen (u. a. das Zahlungsziel) seiner Lieferanten zu beeinflussen, dann können Lieferantenkredite u. U. vorteilhafter sein als Bankkredite.[49] Wichtiger als die absolute Höhe der Verschuldungsstruktur-Kennzahlen ist daher, wie sich diese Kennzahlen im Zeitablauf entwickeln.[50] Mit in die Betrachtung einzubeziehen ist darüber hinaus, ähnlich wie bei der Analyse der Verbindlichkeitsstruktur nach Fristigkeiten,[51] der Anteil der jeweiligen Art der Verbindlichkeiten an den gesamten Verbindlichkeiten. Neben den genannten Aspekten sind auch Branchenusancen und länderspezifische Zahlungsgewohnheiten der Unternehmen zu beachten.

Neben der Inanspruchnahme von Lieferantenskonti ist bei der Beurteilung der Verbindlichkeiten aus Lieferungen und Leistungen auch die **Zahl und Zusammensetzung der Lieferanten** bedeutsam. Verschuldet sich nämlich ein Unternehmen bei nur einem oder wenigen Lieferanten, führt dies zur wirtschaftlichen Abhängigkeit des Unternehmens.[52] Indes ist weder die Zahl noch die Zusammensetzung der Lieferanten aus der Bilanz zu erkennen. Darüber hinaus besteht selbst dann, wenn die entsprechenden Informationen zur Verfügung stehen sollten, das Problem, dass lediglich die Verhältnisse am jeweiligen Bilanzstichtag abgebildet werden, womit noch keine Aussage über die Entwicklung im laufenden Geschäftsjahr getroffen werden kann.[53] Auch hier kann eine Handelsauskunft u. U. Abhilfe schaffen.

Auch die Analyse der **Wechselverbindlichkeiten** lässt Rückschlüsse auf die Finanzlage des Unternehmens zu. Aus Sicht des Gläubigers besteht der Vorteil eines Wechsels darin, dass dieser durch Weitergabe und Diskontierung vor seiner Fälligkeit verwertet werden kann und der geschuldete Betrag bei Fälligkeit einfach und schnell einzutreiben ist.[54] Der Gläubiger ist selbst bei kritischer finanzieller Lage bzw. Liquiditätssituation des Schuldnerunternehmens vor Vermögensverlusten besser abgesichert als bei normalen Lieferantenkrediten (Wechselstrenge). Für den Schuldner hat die Wechselfinanzierung den Vorteil einer relativ niedrigen Verzinsung.

Die **Verbindlichkeiten gegenüber verbundenen Unternehmen** sowie gegenüber Unternehmen, mit denen ein Beteiligungsverhältnis besteht, lassen sich gut analysieren, denn sie sind gemäß § 266 Abs. 3 Buchstabe C. Ziffern 6. und 7. HGB im In-

---

49 Vgl. KÜTING, K./WEBER, C.-P., Die Bilanzanalyse, S. 87.

50 Vgl. HAUSCHILDT, J., Erfolgs-, Finanz- und Bilanzanalyse, S. 165 f.

51 Vgl. Abschn. 241.1 in diesem Kapitel.

52 Vgl. PERRIDON, L./STEINER, M., Finanzwirtschaft der Unternehmung, S. 430.

53 Vgl. KÜTING, K./WEBER, C.-P., Die Bilanzanalyse, S. 109 f.

54 Vgl. PERRIDON, L./STEINER, M., Finanzwirtschaft der Unternehmung, S. 433 f.

teresse einer Offenlegung der wirtschaftlichen Verflechtung zwischen diesen Unternehmen selbst dann gesondert von den anderen Verbindlichkeiten auszuweisen, wenn diese Verbindlichkeiten sachlich unter einer anderen Verbindlichkeitenposition in der Bilanz auszuweisen wären.[55] Für das Vorliegen einer **Beteiligung** nennt § 271 Abs. 1 HGB verschiedene Kriterien, wobei im Zweifel 20 % der Anteile an einem anderen Unternehmen, die dazu bestimmt sind, dem Geschäftsbetrieb dauerhaft zu dienen, als Beteiligung gelten (widerlegbare Beteiligungsvermutung). **Verbundene Unternehmen** sind dagegen gemäß § 271 Abs. 2 HGB solche Unternehmen, die als Mutter- oder Tochterunternehmen grundsätzlich in den Konzernabschluss einzubeziehen sind, selbst wenn sie aufgrund von § 295 HGB oder § 296 HGB tatsächlich nicht einbezogen werden.

Der Bilanzanalytiker des **Einzelabschlusses** kann die Verbindlichkeiten gegenüber verbundenen Unternehmen bzw. gegenüber Beteiligungsunternehmen ins Verhältnis zu den Gesamtverbindlichkeiten des Unternehmens setzen (Konzernverflechtung). Ein hoher Wert der Konzernverflechtung spricht für eine intensive wirtschaftliche Verflechtung des analysierten Unternehmens mit anderen Konzern- bzw. Beteiligungsunternehmen. Der Bilanzanalytiker kann darüber hinaus den Anteil der Verbindlichkeiten gegenüber verbundenen Unternehmen mit dem Anteil der Verbindlichkeiten gegenüber Kreditinstituten vergleichen. Je höher der Anteil der Verbindlichkeiten gegenüber verbundenen Unternehmen im Vergleich zum Anteil der Verbindlichkeiten gegenüber Kreditinstituten an den Gesamtverbindlichkeiten des Unternehmens ist, desto unabhängiger ist es von externen Kapitalgebern.

Die Analysemöglichkeiten der Konzernverflechtung bieten sich indes im Wesentlichen nur für den **Einzelabschluss**, denn bei der Erstellung eines Konzernabschlusses sind alle konzerninternen Beziehungen durch Konsolidierungsmaßnahmen zu eliminieren. Im Rahmen der Schuldenkonsolidierung werden die Verbindlichkeiten mit den Forderungen verrechnet,[56] die zwischen den Konzernunternehmen bestehen. Im **Konzernabschluss** werden folglich unter der Position „Verbindlichkeiten gegenüber verbundenen Unternehmen" lediglich solche Verbindlichkeiten ausgewiesen, die gegenüber Tochterunternehmen bestehen, die entweder nicht in den Konzernabschluss einbezogen wurden (was eher die Ausnahme sein sollte) oder wo das andere Konzernunternehmen nicht gleichzeitig Forderungen gegenüber dem betreffenden Konzernunternehmen in gleicher Höhe hat, z. B. beim Ansatz einer Gewährleistungsverpflichtung, wenn die beiden Konzernunternehmen die Wahrscheinlichkeit der Inanspruchnahme unterschiedlich einschätzen. Haben die konzerninternen Geschäfte mit den nicht konsolidierten Tochterunternehmen indes einen nicht unerheblichen Umfang, kann die Kennzahl Konzernverflechtung auch **zur Analyse des Konzernab-**

---

55 Vgl. COENENBERG, A. G., Jahresabschluss und Jahresabschlussanalyse, S. 341; MARX, F./ STILLFRIED, M., in: Baetge/Kirsch/Thiele, § 266 HGB, Rn. 244-246; DUSEMOND, M./ HEUSINGER, S./KNOP, W., in: Küting/Weber, HdR-E, 5. Aufl., § 266 HGB, Rn. 161.

56 Vgl. BAETGE, J./KIRSCH, H.-J./THIELE, S., Konzernbilanzen, S. 274 f.

schlusses herangezogen werden. Dabei ist zu beachten, dass die Höhe und Struktur der Verbindlichkeiten gegenüber verbundenen Unternehmen durch die Gestaltung konzerninterner Geschäftsvorfälle erheblich beeinflusst werden können.

Indes lässt sich keine eindeutige Aussage darüber treffen, ob eine hohe **Konzernverflechtung** bzw. eine höhere Verschuldung bei Konzern- bzw. Beteiligungsunternehmen im Vergleich zu einer Verschuldung bei Kreditinstituten positiv oder negativ für das Unternehmen zu werten ist. So lässt sich zwar argumentieren, dass das Unternehmen finanziell stabil ist, wenn die Verbindlichkeiten gegenüber Kreditinstituten geringer sind als die Verbindlichkeiten gegenüber verbundenen Unternehmen. Bei einer solchen Interpretation wird aber implizit davon ausgegangen, dass die Gefahr, kurzfristig zur Rückzahlung der zur Verfügung gestellten Mittel aufgefordert zu werden, bei Konzernunternehmen geringer ist als bei externen Kapitalgebern, was nicht in allen Fällen zutrifft. Weiterhin kann eine hohe Konzernverflechtung im Verbindlichkeitenbereich auch bedeuten, dass das Unternehmen von anderen Konzernunternehmen wirtschaftlich abhängig ist. Nehmen die Verbindlichkeiten gegenüber verbundenen Unternehmen zu, kann dies darüber hinaus signalisieren, dass sich die Liquiditäts- und Haftungssituation des Unternehmens verschlechtert hat und daher statt einer Finanzierung über kostengünstigere Bankkredite, die den Nachteil einer intensiven Kreditwürdigkeitsprüfung besitzen, eine Finanzierung über konzerninterne Geschäfte notwendig geworden ist.

Nicht selten wird indes die Konzernfinanzierung optimiert, indem Kredite von ausländischen Tochterunternehmen aufgenommen werden, sofern bei diesen günstigere externe Finanzierungsmöglichkeiten bestehen als bei anderen Kreditgebern. Zu berücksichtigen ist auch, dass die Konzernverflechtungen durch die Organisationsform des Konzerns erheblich beeinflusst werden. So gibt es bei einem typischen Stammhauskonzern häufig konzerninterne Lieferungen und Leistungen zwischen dem Mutterunternehmen und seinen Tochterunternehmen, während dies bei einer Finanzholding eher untypisch ist.

242. Die Analyse der Rückstellungen

Im Gegensatz zu den Verbindlichkeiten, bei denen die Höhe der künftigen wirtschaftlichen Belastung sicher ist, ist die künftige Verpflichtung bei Rückstellungen zwar zu mehr als 50 % wahrscheinlich, aber nicht sicher. Damit durch die Analyse der Rückstellungen die künftige finanzielle Belastung des Unternehmens beurteilt werden kann, sind die Rückstellungen als erwartete künftige Auszahlungen zu interpretieren, wobei der Auszahlungszeitpunkt von ihrer Fristigkeit abhängt. Allerdings stellt sich für den Bilanzanalytiker das Problem, ob und in welcher Höhe das betrachtete Unternehmen überhaupt aus der einer Rückstellung zugrunde liegenden Verpflichtung in Anspruch genommen wird und somit die Finanzlage des Unternehmens beeinflusst wird.[57]

---

57 Vgl. BAETGE, J./SIEFKE, M., Kapitalstrukturanalyse, S. 348.

Zunächst kann allgemein festgehalten werden, dass die finanzielle Stabilität eines Unternehmens umso positiver beurteilt werden kann, je langfristiger die Rückstellungen sind, da entsprechend in geringerem Maße damit zu rechnen ist, dass liquide Mittel abfließen. Diese Interpretation entspricht den Aussagen zu den langfristigen Verbindlichkeiten, bei denen davon ausgegangen wird, dass die Gefahr eines kurzfristigen Liquiditätsabflusses aus dem Unternehmen umso geringer ist, je größer der Anteil der langfristigen Verbindlichkeiten ist.

Nach dem gesetzlichen Gliederungsschema des § 266 Abs. 3 Buchstabe B. HGB sind unter der Position „Rückstellungen" auf der Passivseite der Bilanz lediglich drei Rückstellungsarten gesondert auszuweisen:

- „Rückstellungen für Pensionen und ähnliche Verpflichtungen",
- „Steuerrückstellungen" und
- „sonstige Rückstellungen".

Die folgende Abbildung zeigt die in diesem Abschnitt zu analysierenden Bestandteile der Rückstellungen in dem grau hinterlegten Kasten:

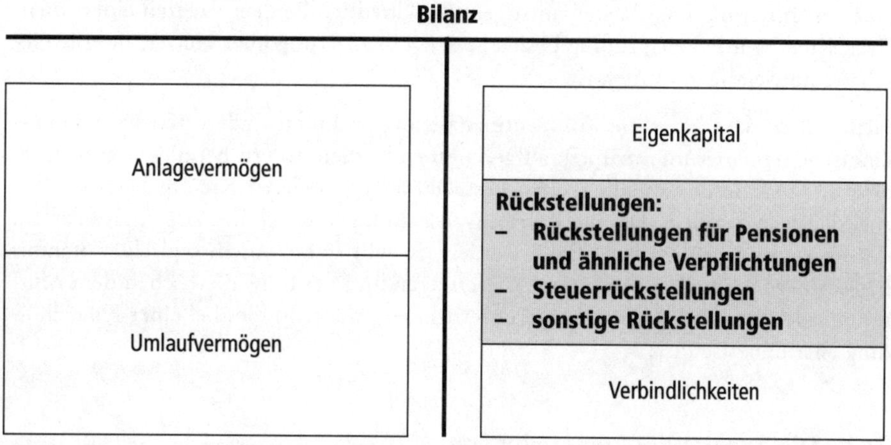

Bilanz

Übersicht V-7: *Bestandteile der Rückstellungen*

Während bei den Verbindlichkeiten gesetzlich vorgeschrieben ist, dass Angaben über die Restlaufzeiten gemacht werden müssen, fehlen bei den Rückstellungen derartige Erläuterungspflichten. Allgemein gilt daher, dass die Analyse der Fristigkeit der Rückstellungen wesentlich schwieriger ist als die **Analyse der Fristigkeit** der Verbindlichkeiten.[58]

Pensionsrückstellungen gemäß § 266 Abs. 3 Buchstabe B. Ziffer 1. HGB stehen dem Unternehmen i. d. R. für einen langfristigen Zeitraum zur Verfügung, da ein entsprechender Anteil der Rückstellung erst dann in Anspruch genommen und aufgelöst wird, wenn ein begünstigter Arbeitnehmer aus dem Unternehmen ausscheidet

---

58   Vgl. BALLWIESER, W., Die Analyse von Jahresabschlüssen nach neuem Recht, S. 65 f.

und zuvor einen Anspruch auf eine laufende Pension erworben hat oder wenn der begünstigte Arbeitnehmer oder Rentner verstirbt.[59] Für den Zeitraum zwischen Bildung und Inanspruchnahme bzw. Auflösung der Rückstellung verfügt das Unternehmen daher über finanzielle Mittel, so dass durch die Pensionsrückstellungen ein spürbarer Finanzierungseffekt entsteht.[60] Grundsätzlich sind Pensionsrückstellungen also als „langfristige Rückstellungen" einzuordnen. Dies bedeutet indes nicht, dass der zurückgestellte Betrag an einem fernliegenden Zeitpunkt in voller Höhe fällig wird, sondern die Pensionsrückstellung wird i. d. R. sukzessive verbraucht bzw. aufgelöst. Allerdings weiß der Bilanzanalytiker nicht, wann welche Pensionszahlungen fällig werden, d. h., er kann normalerweise nur grob einschätzen, wie in den zu analysierenden Geschäftsjahren das Verhältnis von Pensionsaufwand zu Pensionszahlungen gewesen ist. Zum Beispiel ist bei stark wachsenden Unternehmen aufgrund der Neueinstellungen damit zu rechnen, dass der Pensionsaufwand die Pensionszahlungen übersteigt. Dies würde bei der Bilanzanalyse c. p. dazu führen – vorausgesetzt diese Information ist bekannt – dass der Cashflow dieses Unternehmens höher ist als der Cashflow vergleichbarer Unternehmen, die im Personalbereich nicht so stark wachsen.

Im Gegensatz zu den Pensionsrückstellungen sind die unter § 266 Abs. 3 Buchstabe B. Ziffer 2. HGB auszuweisenden **Steuerrückstellungen** eher kurzfristig. Die sich für das abgelaufene Geschäftsjahr ergebende voraussichtliche Steuerschuld abzüglich der bereits geleisteten Vorauszahlungen ist in der Bilanz bis zum Erlass eines Steuerbescheides als Steuerrückstellung auszuweisen, da erst mit dem Steuerbescheid die Höhe der künftigen wirtschaftlichen Belastung des Unternehmens feststeht und eine Verbindlichkeit bilanziert werden kann.[61] Ebenfalls unter den Steuerrückstellungen auszuweisen sind passivische latente Steuern.[62] Um die Finanzlage und die Liquiditätssituation eines Unternehmens zu beurteilen, sind Steuerrückstellungen so zu interpretieren, dass damit zu rechnen ist, dass das Unternehmen relativ kurzfristig aus der diesen Rückstellungen zugrunde liegenden Verpflichtung in Anspruch genommen wird. Daher kann bez. der Steuerrückstellungen angenommen werden, dass in naher Zukunft finanzielle Mittel aus dem Unternehmen abfließen.

Nach § 266 Abs. 3 Buchstabe B. Ziffer 3. HGB sind schließlich „**sonstige Rückstellungen**" in der Bilanz auszuweisen. Unter dem Sammelposten „sonstige Rückstellungen" sind alle Rückstellungen auszuweisen, die nicht dem Posten § 266 Abs. 3 Buchstabe B. Ziffer 1. HGB „Rückstellungen für Pensionen und ähnliche Verpflichtungen" oder § 266 Abs. 3 Buchstabe B. Ziffer 2. HGB „Steuerrückstellungen" zugeordnet werden können. Somit können in diesem Posten sowohl verschiedene Ver-

---

59 Vgl. THOMS-MEYER, D., Grundsätze ordnungsmäßiger Bilanzierung für Pensionsrückstellungen, S. 8 und S. 134 f.

60 Vgl. PERRIDON, L./STEINER, M., Finanzwirtschaft der Unternehmung, S. 478 f.; THOMS-MEYER, D., Grundsätze ordnungsmäßiger Bilanzierung für Pensionsrückstellungen, S. 9.

61 Vgl. DUSEMOND, M./HEUSINGER, S./KNOP, W., in: Küting/Weber, HdR-E, 5. Aufl., § 266 HGB, Rn. 131.

62 Vgl. MARX, F./STILLFRIED, M., in: Baetge/Kirsch/Thiele, § 266 HGB, Rn. 214.

bindlichkeitsrückstellungen als auch Aufwandsrückstellungen gemäß § 249 Abs. 1 Satz 2 Nr. 1 und Satz 3 sowie Abs. 2 HGB ausgewiesen werden. Im Einzelnen können in den sonstigen Rückstellungen folgende Rückstellungsarten enthalten sein:[63]

- Rückstellungen für ungewisse Verbindlichkeiten,
- Rückstellungen für drohende Verluste aus schwebenden Geschäften,
- Rückstellungen für unterlassene Instandhaltung und Abraumbeseitigung,
- Rückstellungen für Gewährleistungen ohne rechtliche Verpflichtung sowie
- weitere Aufwandsrückstellungen gemäß § 249 Abs. 2 HGB.

In der Bilanz ist indes lediglich der Gesamtbetrag der sonstigen Rückstellungen anzugeben. Daher ist es schwierig, den konkreten Inhalt und die Fristigkeit dieses Bilanzpostens zu beurteilen. So sind die Pflicht-Aufwandsrückstellungen für unterlassene Instandhaltung und Abraumbeseitigung gemäß § 249 Abs. 1 Satz 2 Nr. 1 und Satz 3 HGB als kurzfristig zu interpretieren, da sie nur gebildet werden müssen, wenn die Instandhaltung innerhalb von drei Monaten bzw. die Abraumbeseitigung während des Geschäftsjahres nachgeholt werden. Dagegen können z. B. Garantierückstellungen einen mittel- oder langfristigen Charakter haben, wenn die Garantiefrist sich über mehrere Jahre erstreckt.[64] Somit lassen sich i. d. R. keine allgemeingültigen Aussagen über die Fristigkeit der Position „sonstige Rückstellungen" treffen.

Gemäß § 285 Nr. 12 HGB sind einzelne Rückstellungen des Postens „sonstige Rückstellungen" zu erläutern, wenn sie einen nicht unerheblichen Umfang haben und nicht bereits in der Bilanz freiwillig gesondert ausgewiesen werden. Indes ist in den Anhangangaben von veröffentlichten Geschäftsberichten häufig festzustellen, dass die „sonstigen Rückstellungen", die oft einen erheblichen Teil der gesamten Rückstellungen ausmachen, hinsichtlich ihrer Zusammensetzung nur verbal benannt oder nur unzureichend aufgegliedert werden. Nur teilweise finden sich quantitative Angaben zur Höhe der in den sonstigen Rückstellungen enthaltenen Rückstellungsarten. Angaben über die Fristigkeit der Rückstellungen fehlen i. d. R. völlig. Zudem werden die einzelnen Verpflichtungen auch nicht den Rückstellungsarten des § 249 HGB zugeordnet, so dass die Analyse der „sonstigen Rückstellungen" zusätzlich erschwert wird.

Sofern die Fristigkeiten angegeben werden, kann analog zur Analyse der Verbindlichkeitenstruktur (nach Fristigkeit) auch die **Rückstellungsstruktur (nach Fristigkeit der Restlaufzeit)** untersucht werden:

$$\text{Rückstellungsstruktur (Grundvariante)} = \frac{\text{Rückstellungen mit bestimmter Fristigkeit}}{\text{Rückstellungen}}$$

Kennzahl Nr. 02.10.00

---

63 Vgl. IDW (Hrsg.), WP-Handbuch 2000, Bd. I, Rn. F 326.
64 Vgl. PERRIDON, L./STEINER, M., Finanzwirtschaft der Unternehmung, S. 478.

Für die Rückstellungsstruktur (kurzfristig) gilt die Arbeitshypothese G<K und umgekehrt für die Rückstellungsstruktur (langfristig) G>K. Den Arbeitshypothesen für die Kennzahlen zur Rückstellungsstruktur liegt der Gedanke zugrunde, dass ein Unternehmen umso sicherer finanziert ist, je fernliegender die künftigen Auszahlungsverpflichtungen sind. Langfristige Rückstellungen werden also wegen ihrer späteren Fälligkeit bez. der Bestandsfestigkeit des Unternehmens besser eingestuft als kurzfristige Rückstellungen.

Insgesamt bleibt festzuhalten, dass die Analyse der Rückstellungen, die bei großen Unternehmen einen beträchtlichen Teil des Fremdkapitals ausmachen, große Probleme bereitet, da dem Jahresabschluss in vielen Fällen keine Angaben zur Fristigkeit und zur Bewertung der Rückstellungen sowie zur Zusammensetzung des Postens „sonstige Rückstellungen" zu entnehmen sind. Aus der Analyse einer undifferenzierten Angabe der Rückstellungen können im Ergebnis höchstens Tendenzaussagen für die Finanzlage sowie für die Liquiditätssituation eines Unternehmens hergeleitet werden. Werden die Fristigkeiten bei den Rückstellungsteilbeträgen angegeben, dann erlauben die Kennzahlen zur Rückstellungsstruktur schon bessere Einblicke in die Finanzlage. Aber selbst bei einer maximal schlechten kurzfristigen Rückstellungsstruktur von 100 % lässt sich daraus nicht ableiten, dass die Zahlungsfähigkeit des Unternehmens ungünstig oder gar gefährdet ist.

Dennoch zeigen empirische Analysen von tausenden von Jahresabschlüssen, dass es aus Vorsichtsgründen zu empfehlen ist, sofern im Jahresabschluss keine Angaben zu den Fristigkeiten der Rückstellungen gemacht werden, zu unterstellen, die sonstigen Rückstellungen seien kurzfristig.

Auch wenn die in den Geschäftsberichten zu findenden Angaben über die Fristigkeiten der Rückstellungen bzw. die Rückstellungsstrukturen häufig nur wenig aussagefähig sind, ist eine undifferenzierte Verwendung der sonstigen Rückstellungen als kurzfristige Rückstellungen empirisch zu rechtfertigen, weil die Unternehmen – trotz dieser Vergröberung – rechtzeitig als krisengefährdet (krank) klassifiziert werden können. Zum Beispiel erhöht sich die Aussagefähigkeit einiger Kennzahlen in der mathematisch-statistischen Analyse erheblich, wenn die als kurzfristig vermuteten Rückstellungen berücksichtigt werden. Ein charakteristisches Beispiel dafür ist der Cashflow2-ROI (CF2-ROI).[65]

---

65 Der CF2-ROI des BP-14 ist definiert als (Ertragswirtschaftlicher Cashflow + Zuführungen zu den Pensionsrückstellungen) / Bilanzsumme. Vgl. dazu Kap. VII Abschn. 432.1.

3 Die Analyse der horizontalen Bilanzstruktur

31 Untersuchungsgegenstand und Zweck der horizontalen Bilanzstrukturanalyse

Die Analyse der horizontalen Bilanzstruktur dient dem Zweck, Aussagen über die künftige Zahlungsfähigkeit eines Unternehmens zu treffen. Dazu werden bestimmte Posten der Aktiv- und der Passivseite der Bilanz zueinander ins Verhältnis gesetzt, um so die Beziehungen zwischen Vermögen und Kapital bzw. zwischen Mittelherkunft und Mittelverwendung untersuchen zu können.[66]

Die Aktiva (= Mittelverwendung) werden als in Vermögensgegenständen gebundene künftige Einzahlungen interpretiert. Auf diese Weise kann man die künftige Zahlungsfähigkeit eines Unternehmens abschätzen. Die Passiva (= Mittelherkunft) werden analog als künftige Auszahlungen interpretiert.[67] Die geschätzten künftigen Einzahlungszeitpunkte hängen dabei von der Dauer der Vermögensbindung ab, die geschätzten künftigen Auszahlungszeitpunkte von der Dauer der Kapitalbindung. Wie aussagefähig die horizontale Bilanzstrukturanalyse ist, richtet sich dabei vor allem danach, wie genau es gelingt, die **Fristigkeit** der Aktiva und Passiva zu bestimmen.

Wie bereits bei der Kapitalstrukturanalyse dargestellt wurde, bestehen für Verbindlichkeiten umfangreiche Angabepflichten zu den Restlaufzeiten, nicht dagegen für Rückstellungen. Der Analyse der horizontalen Bilanzstruktur sind daher enge Grenzen gesetzt, da bei den Kennzahlen zur Beurteilung der künftigen Zahlungsfähigkeit die Rückstellungen bez. ihrer Restlaufzeit vielfach nicht richtig eingeordnet werden können.

Ob Posten der Aktivseite langfristigen oder kurzfristigen Charakter haben, kann anhand der Zuordnung eines Vermögensgegenstandes zum Anlage- oder Umlaufvermögen beurteilt werden. Hierbei ist entscheidend, welchen Zweck der jeweilige Gegenstand im Unternehmen erfüllen soll.[68] Im Anlagevermögen sind nach § 247 Abs. 2 HGB nur Vermögensgegenstände auszuweisen, die dazu bestimmt sind, dauernd dem Geschäftsbetrieb zu dienen. Deshalb kann beim Anlagevermögen – abgesehen von demnächst abgehendem **Anlagevermögen** – davon ausgegangen werden, dass die einzelnen Posten des Anlagevermögens langfristig im Unternehmen gebunden sind. Im Gegensatz zu den Verbindlichkeiten lässt sich indes keine Aussage darüber treffen, welche Restlaufzeit die verschiedenen langfristigen Aktiva haben. Außerdem ist die Fristigkeit bei Vermögensgegenständen vielfach anders definiert als bei Verbindlichkeiten. So wird die Fristigkeit bei Wertpapieren bereits als langfristig bezeichnet, wenn diese länger als ein Jahr gehalten werden.[69] Es kann demnach nicht allgemein-

---

66 Vgl. SCHUSTER, L., Jahresabschlußanalyse, Sp. 2070.

67 Vgl. BAETGE, J./SIEFKE, M., Analyse der horizontalen Bilanzstruktur, S. 287.

68 Vgl. COENENBERG, A. G., Jahresabschluss und Jahresabschlussanalyse, S. 137; BAETGE, J./KIRSCH, H.-J./THIELE, S., Bilanzen, S. 263.

69 Vgl. DUSEMOND, M./KNOP, W., in: Küting/Weber, HdR-E, § 266 HGB, Rn. 57; IDW (Hrsg.), WP-Handbuch 2000, Bd. I, Rn. F 168.

gültig festgelegt werden, dass z. B. Vermögensgegenstände mit einer Restlaufzeit von mehr als fünf Jahren – dieser Grenzwert gilt gemäß § 285 Nr. 1 HGB für Verbindlichkeiten – als langfristig zu bezeichnen sind. Dies verdeutlicht, dass eine Zuordnung zum Anlagevermögen nicht von der Restlaufzeit, sondern vielmehr von der Zweckbestimmung des Vermögensgegenstandes abhängt.

Entsprechend der Interpretation des Anlagevermögens als langfristig, ist das **Umlaufvermögen** als „nicht-langfristig" zu interpretieren. Hierbei kann lediglich bei den Forderungen ein kurz- und ein mittelfristiger Anteil identifiziert werden. Denn gemäß § 268 Abs. 4 HGB ist der Betrag der Forderungen mit einer Restlaufzeit von mehr als einem Jahr bei jedem in der Bilanz gesondert ausgewiesenen Posten zu vermerken. Aus dieser Angabepflicht kann analog zu der Definition der kurzfristigen Verbindlichkeiten festgelegt werden, dass Forderungen mit einer Restlaufzeit von weniger als einem Jahr als kurzfristig zu bezeichnen sind, Forderungen mit einer Restlaufzeit von mehr als einem Jahr dagegen als mittelfristig.[70]

Die künftige Zahlungsfähigkeit eines Unternehmens wird auf dieser Basis danach beurteilt, ob die Aktiva durch Passiva mit entsprechender Fristigkeit finanziert sind, d. h., ob eine Fristenkongruenz gegeben ist.[71] Dabei fordert der **Grundsatz der Fristenkongruenz**, dass der Zeitraum der Kapitalüberlassung mit dem Zeitraum der Kapitalbindung übereinstimmen muss. Unter „Kapitalüberlassung" ist dabei nicht nur das tatsächlich überlassene Kapital zu verstehen, sondern auch das potentiell verfügbare Kapital (vor allem die offenen Kreditlinien). Denn offene Kreditlinien können die künftige Zahlungsfähigkeit eines Unternehmens entscheidend beeinflussen. Allerdings ist dem externen Bilanzanalytiker i. d. R. nicht bekannt, in welcher Höhe (noch) offene Kreditlinien bestehen. Bei der horizontalen Bilanzstrukturanalyse wird daher i. d. R. vom potentiell verfügbaren Kapital abstrahiert und nur das tatsächlich überlassene Kapital in den Kennzahlen berücksichtigt.

Nach dem Grundsatz der Fristenkongruenz sollte das Anlagevermögen, für das eine langfristige Kapitalbindungsdauer unterstellt wird, durch langfristiges Kapital finanziert sein. Die Bestandteile des Umlaufvermögens, die eine mittelfristige Kapitalbindungsdauer haben, sollten zumindest durch Kapital mit entsprechender mittelfristiger Überlassungsdauer finanziert sein. Das kurzfristige Vermögen darf gemäß dem Grundsatz der Fristenkongruenz durch Kapital mit kurzfristiger Überlassungsdauer finanziert sein. Kennzahlen, die Aussagen über die Fristenkongruenz zwischen bestimmten Positionen der Aktivseite und Positionen der Passivseite liefern, sind langfristige Deckungsgrade und Liquiditätsgrade.

---

70 Vgl. HAUSCHILDT, J., Erfolgs-, Finanz- und Bilanzanalyse, S. 44.

71 Vgl. COENENBERG, A. G., Jahresabschluss und Jahresabschlussanalyse, S. 963 f.; LEFFSON, U., Bilanzanalyse, S. 83; GRÄFER, H., Bilanzanalyse, S.144.; HAUSCHILDT, J., Erfolgs-, Finanz- und Bilanzanalyse, S. 44; BAETGE, J./THIELE, S., Bilanzanalyse, Sp. 258; KÜTING, K./WEBER, C.-P., Die Bilanzanalyse, S. 116 f.

32 Die Analyse des Grundsatzes der Fristenkongruenz mit Finanzierungsregeln und Bilanzregeln

Den Ausgangspunkt der Analyse der horizontalen Bilanzstruktur bildet die Frage, ob die Aktiva durch Passiva mit entsprechender Fristigkeit finanziert sind. Dieses kann mit den „**Goldenen Finanzierungsregeln**" überprüft werden, die zum einen das langfristige Vermögen zum langfristigen Kapital und zum anderen das kurzfristige Vermögen zum kurzfristigen Kapital ins Verhältnis setzen:

$$\text{Goldene Finanzierungsregel (langfristig)} = \frac{\text{Langfristiges Vermögen}}{\text{Langfristiges Kapital}} \leq 1$$

Kennzahl Nr. 02.11.00

$$\text{Goldene Finanzierungsregel (kurzfristig)} = \frac{\text{Kurzfristiges Vermögen}}{\text{Kurzfristiges Kapital}} \geq 1$$

Kennzahl Nr. 02.11.01

Die „Goldene Finanzierungsregel (langfristig)" fordert, dass das Verhältnis von langfristigem Vermögen zu langfristigem Kapital kleiner oder gleich eins sein muss. Mit anderen Worten bedeutet dies, dass nicht mehr finanzielle Mittel langfristig in Vermögensgegenständen gebunden werden sollen, als dem Unternehmen langfristig zur Verfügung stehen. Die künftige Zahlungsfähigkeit eines Unternehmens gilt auf der Basis der langfristigen „Goldenen Finanzierungsregel" als umso gesicherter, je kleiner der Wert der Kennzahl ist. Wird das langfristige Vermögen (bei Werten größer eins) auch durch kurzfristiges Kapital finanziert, besteht die Gefahr, dass das Unternehmen Gegenstände des Anlagevermögens verkaufen muss, um seinen kurzfristigen Zahlungsverpflichtungen nachkommen zu können. Bereits bei der Analyse der Kapitalstruktur wurde dargestellt, dass ein hoher Anteil des langfristigen Kapitals ein positives Indiz für die finanzielle Stabilität eines Unternehmens ist, da die Gefahr geringer ist, dass kurzfristig liquide Mittel abfließen.

Die Arbeitshypothese für die goldene Finanzierungsregel (langfristig) lautet daher G<K. Umgekehrt gilt dann für die goldene Finanzierungsregel (kurzfristig) die Arbeitshypothese G>K.

Nach der kurzfristigen „Goldenen Finanzierungsregel" gilt die jederzeitige Zahlungsfähigkeit eines Unternehmens dann als gesichert, wenn das Verhältnis des kurzfristigen Vermögens zum kurzfristigen Kapital größer als eins ist. Da Kapital als kurzfristig bezeichnet wird, wenn es eine Restlaufzeit von weniger als einem Jahr hat, muss das Unternehmen im kommenden Geschäftsjahr in der Höhe des kurzfristigen Kapitals mit einem Abfluss liquider Mittel rechnen, um seinen Zahlungsverpflichtungen nachkommen zu können. Daher ist es als ein positives Indiz für die künftige Zahlungsfähigkeit zu interpretieren, wenn das Unternehmen mindestens im gleichen

Umfang kurzfristig liquidierbares Vermögen besitzt. Nur dann können die in diesen Vermögensgegenständen gebundenen finanziellen Mittel kurzfristig freigesetzt werden, um die Zahlungsverpflichtungen zu erfüllen.

Indes bleibt die Beurteilung der jederzeitigen künftigen Zahlungsfähigkeit eines Unternehmens auf der Basis der „Goldenen Finanzierungsregeln" aus den folgenden Gründen unbefriedigend:[72]

■   Für die Beurteilung der künftigen Zahlungsfähigkeit ist vorauszusetzen, dass den Aktiva und Passiva genaue Ein- bzw. Auszahlungstermine zugeordnet werden können. Zwar besteht bei den Verbindlichkeiten aufgrund der Angabepflichten gemäß § 268 Abs. 5 Satz 1 HGB sowie gemäß § 285 Nr. 1 HGB die Möglichkeit, die Verbindlichkeiten in einen kurz-, einen mittel- sowie einen langfristigen Bestandteil zu differenzieren. Bei den Rückstellungen bestehen derartige Angabepflichten aber nicht, so dass die Fristigkeit hier nur bei freiwilligen Angaben oder lediglich auf der Basis von Plausiblitätsüberlegungen oder vereinfachenden Annahmen beurteilt werden kann.[73] Das Vermögen ist in der Bilanz außerdem nur in das Anlage- sowie das Umlaufvermögen aufgeteilt. Die Fälligkeitstermine der Aktiva und Passiva lassen sich aus dieser groben Differenzierung nur unzureichend ermitteln. So ist denkbar, dass ein Gegenstand des Anlagevermögens, dem eine langfristige Kapitalbindungsdauer unterstellt wird, bereits kurz vor dem Ende seiner Nutzungsdauer steht, während ein Vorratsgut zum „eisernen Bestand" des Unternehmens zählen kann, folglich langfristigen Charakter hat. Eine mittelfristige Verbindlichkeit kann erst nach fünf Jahren minus einem Tag oder bereits nach einem Jahr und einem Tag fällig sein. Zudem impliziert die goldene Finanzierungsregel eine Bindung zwischen Aktivposten und Passivposten der Bilanz, die sich theoretisch nicht begründen lässt.[74]

■   Die Abbildung der Liquidität in der Bilanz stimmt höchstens am Bilanzstichtag annähernd mit der tatsächlichen Zahlungsfähigkeit des Unternehmens überein. Zwischen dem Bilanzstichtag und der Offenlegung des Abschlusses liegen indes häufig mehrere Monate, so dass die im Jahresabschluss dargestellte Datenkonstellation i. d. R. bereits überholt ist, wenn der Jahresabschluss analysiert wird.[75]

---

72   Vgl. BAETGE, J./LAMMERSKITTEN, O., Publizität und Finanzierung, Sp. 1479; COENENBERG, A. G., Jahresabschluss und Jahresabschlussanalyse, S. 964 f.; LEFFSON, U., Bilanzanalyse, S. 82 f.; PERRIDON, L./STEINER, M., Finanzwirtschaft der Unternehmung, S. 555 f.; BAETGE, J./KÖSTER, H., Grundzüge der Bilanzanalyse, S. 392; BAETGE, J./THIELE, S., Bilanzanalyse, Sp. 258; BAETGE, J./SIEFKE, M., Analyse der horizontalen Bilanzstruktur, S. 352.

73   Zur Beurteilung der Fristigkeit von Rückstellungen vgl. Abschn. 242. in diesem Kapitel.

74   Die Fehlerhaftigkeit eines solchen Zusammenhangs zwischen Mittelherkunft und Mittelverwendung haben HÄRLE und vor allem MÜHLHAUPT nachgewiesen; vgl. HÄRLE, D., Finanzierungsregeln und ihre Problematik; MÜHLHAUPT, L., Der Bindungsgedanke in der Finanzierungslehre, S. 217.

75   Vgl. COENENBERG, A. G., Jahresabschluss und Jahresabschlussanalyse, S. 922; KÜTING, K./WEBER, C.-P., Die Bilanzanalyse, S. 48.

■ Die künftige Zahlungsfähigkeit eines Unternehmens hängt nicht nur von den in der Bilanz ausgewiesenen Werten ab. So sind zahlreiche laufende Zahlungsverpflichtungen nicht aus der Bilanz ersichtlich (z. B. Mietzahlungen, Lohn- und Gehaltszahlungen, Leasingraten etc.). Ebenso sind auch offene Kreditlinien nicht zu erkennen, die im Hinblick auf die Fähigkeit des Unternehmens, seinen Zahlungsverpflichtungen nachkommen zu können, positiv zu beurteilen sind.[76]

■ Schließlich kann auch aufgrund von Bewertungsvorschriften von den Wertansätzen in der Bilanz nicht auf die Höhe der künftigen Ein- und/oder Auszahlungen geschlossen werden.[77] In diesem Zusammenhang sind z. B. das Imparitätsprinzip und die Ermessensspielräume bei der Bewertung von Rückstellungen und bei der Festlegung der Abschreibungsdauer von abnutzbaren Gegenständen des Anlagevermögens zu nennen.

Neben den „Goldenen Finanzierungsregeln" wird auch die **„Goldene Bilanzregel"** verwendet, um zu überprüfen, ob der Grundsatz der Fristenkongruenz eingehalten wurde. Bei der „Goldenen Bilanzregel" wird unterstellt, dass die Einteilung des Vermögens in Anlage- und Umlaufvermögen einer Differenzierung nach langfristiger und kurzfristiger Kapitalbindungsdauer entspricht.[78] Dementsprechend wird gefordert, dass das Anlagevermögen durch langfristiges Kapital (= Eigenkapital sowie langfristiges Fremdkapital) gedeckt sein muss, denn es wird unterstellt, dass das Eigenkapital sowie die langfristigen Verbindlichkeiten und die langfristigen Teile der Rückstellungen dem Unternehmen für einen langen Zeitraum zur Verfügung stehen. Die Einhaltung der „Goldenen Bilanzregel" lässt sich dann wie folgt ermitteln:[79]

$$\text{Goldene Bilanzregel} = \frac{\text{Wirtschaftliches Eigenkapital + langfristiges Fremdkapital}}{\text{Anlagevermögen}} \geq 1$$

Kennzahl Nr. 02.12.00

Ist der Kennzahlenwert größer oder zumindest gleich eins, wird dies als Indiz für die finanzielle Stabilität eines Unternehmens angesehen, denn dem Unternehmen steht dann mehr langfristiges Kapital zur Verfügung als in langfristigem Vermögen gebunden ist. Damit ist der Grundsatz der Fristenkongruenz gewahrt. Im Gegensatz dazu bedeutet ein Kennzahlenwert von kleiner eins, dass Teile des Anlagevermögens mit kurzfristigem Fremdkapital finanziert sind, womit keine Fristenkongruenz mehr gegeben ist. Die Arbeitshypothese für die goldene Bilanzregel lautet daher G>K.

---

76 Vgl. KÜTING, K./WEBER, C.-P., Die Bilanzanalyse, S. 49 und 81; BALLWIESER, W., Die Analyse von Jahresabschlüssen nach neuem Recht, S. 64.

77 Vgl. KÜTING, K./WEBER, C.-P., Die Bilanzanalyse, S. 49 und 81.

78 Vgl. PERRIDON, L./STEINER, M., Finanzwirtschaft der Unternehmung, S. 551.

79 Zur Definition des wirtschaftlichen Eigenkapitals vgl. Kap. III Abschn. 43, Übersicht III-2.

Die folgende Abbildung zeigt den Fall, dass keine Fristenkongruenz gegeben ist, da ein Teil des Anlagevermögens (in der Abbildung grau unterlegt) durch mittel- und kurzfristiges Fremdkapital finanziert ist:

Bilanz

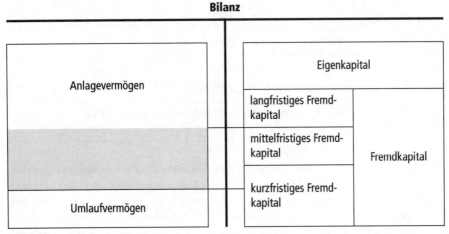

Übersicht V-8:   „*Goldene Bilanzregel*" ≤ 1

Festzuhalten bleibt, dass die Analyse der Finanz- und Liquiditätslage eines Unternehmens auf der Basis der „Goldenen Bilanzregel" bzw. anhand der „Goldenen Finanzierungsregeln" aus den oben dargestellten Gründen häufig unzulänglich ist. Allerdings beurteilen Gläubiger trotz dieser Kritikpunkte die Kreditwürdigkeit eines Unternehmens anhand der Finanzierungs- und Bilanzregeln, wodurch sich eine normative Wirkung dieser Regeln ergibt.[80] Nach DIETER SCHNEIDER signalisieren die Bilanzierenden durch das Einhalten dieser Regeln, dass sie sich an die von den Gläubigern oft herangezogenen Beurteilungsrelationen halten wollen.[81]

---

[80] Vgl. HÄRLE, D., Finanzierungsregeln und ihre Problematik, S. 144 f.; WYSOCKI, K. v., Das Postulat der Finanzkongruenz als Spielregel, S. 3-14; PERRIDON, L./STEINER, M., Finanzwirtschaft der Unternehmung, S. 556.

[81] Vgl. SCHNEIDER, D., Rechnungswesen, S. 220 f. Ähnlich GRÄFER, H., Bilanzanalyse, S. 147.

Beim Philipp Holzmann Konzern entwickelte sich die Goldene Bilanzregel wie folgt:		
Goldene Bilanzregel **(Kennzahl Nr. 02.12.00)**	**1994**	**1995**
	112,1 %	74,4 %

Die Goldene Bilanzregel drückt das Verhältnis von langfristigem Kapital zum Anlagevermögen des Philipp Holzmann Konzerns aus und beträgt im Geschäftsjahr 1994 112,1 %. Sie liegt damit zwar unter dem Branchendurchschnitt[82] von 123 %, indes über dem Normwert von 100 %. Im Geschäftsjahr 1995 ist das Verhältnis verglichen mit dem Jahr 1994 sehr deutlich auf 74,4 %, d. h. merklich unter den Normwert, gesunken, wohingegen der Kennzahlenwert der Branche im Vergleich zum Vorjahr konstant geblieben ist. Der Kennzahlenwert von 74,4 % bedeutet, dass ca. ein Viertel des Anlagevermögens mit kurzfristigem Fremdkapital finanziert ist. Der Grundsatz der Fristenkongruenz ist nicht mehr gewahrt. Es liegt ein Fall entsprechend der Übersicht V-8 vor.

Eine vor allem für branchenbezogene Betriebsvergleiche häufig verwendete Kennzahl der horizontalen Bilanzstrukturanalyse ist die **Anlagendeckung**. Bei der Anlagendeckung wird das Eigenkapital zum Anlagevermögen ins Verhältnis gesetzt. Dabei kommen grundsätzlich mehrere Eigenkapitalgrößen in Betracht (z. B. das bilanzielle Eigenkapital, eventuell abzüglich der Anteile anderer Gesellschafter). Bei externen Bilanzanalysen ist u. E. das wirtschaftliche Eigenkapital in der Anlagendeckung am aussagefähigsten:

$$\text{Anlagendeckung} = \frac{\text{Wirtschaftliches Eigenkapital}}{\text{Anlagevermögen}}$$

Kennzahl Nr. 02.13.00

Die Arbeitshypothese für die Anlagendeckung lautet G>K. Ihr liegt die Annahme zugrunde, dass das Anlagevermögen aus Gläubigersicht aus Eigenkapital finanziert sein soll, da es im Konkursfall meist schlecht verwertbar ist bzw. nur weit unter seinem Wert zu veräußern ist, also nicht vollständig zur Schuldentilgung verwendet werden kann.[83] Für einen Gläubiger ist es demzufolge vorteilhaft, wenn das Anlagevermögen nicht mit Fremdkapital (= Gläubigerkapital) finanziert ist, denn der Gläubiger kann umso eher damit rechnen, die von ihm zur Verfügung gestellten Mittel zurück zu erhalten, je weniger davon im Anlagevermögen gebunden ist.

Die Höhe der Anlagendeckung ist geeignet, das zu analysierende Unternehmen mit einem anderen Unternehmen zu vergleichen; sie lässt indes über die Finanzlage keine verlässliche Aussage zu. Die Anlagendeckung kann aber in einem Kennzahlensystem

---

82 Die Unternehmen, deren Durchschnittswerte mit denen des Philipp Holzmann Konzerns verglichen werden, sind im Einzelnen die BILFINGER & BERGER BAUAKTIENGESELLSCHAFT, die DYCKERHOFF AG, die HEILIT & WOERNER BAU-AG, die HOCHTIEF AG und die WALTER BAU-AG.

83 Vgl. LEFFSON, U., Bilanzanalyse, S. 82; PERRIDON, L./STEINER, M., Finanzwirtschaft der Unternehmung, S. 551.

bzw. bei einer ganzheitlichen Beurteilung des analysierten Unternehmens als ein Element hilfreich sein. Die Anlagendeckung sollte indes nur herangezogen werden, um verschiedene Unternehmen derselben Branche zu vergleichen, da die Höhe der für erforderlich gehaltenen Anlagendeckung vom Ertragsrisiko und der Anlagenintensität abhängt.[84] Dementsprechend ist festzustellen, dass die durchschnittlichen Werte der Anlagendeckung in unterschiedlichen Branchen erheblich abweichen.

Die folgende Tabelle gibt einen Überblick über die Anlagendeckung im Branchenvergleich:

Jahr	1996	1997	1998	1999	2000
Chemie	168,3	178,5	172,9	171,3	160,3
Maschinenbau	110,9	121,5	135,3	156,0	154,5
Straßenfahrzeugbau	105,5	102,9	118,4	115,6	92,4
Elektrotechnik	158,4	174,7	173,9	202,2	217,4
Ernährungsgewerbe	50,2	54,4	53,5	53,2	56,1
Baugewerbe	24,0	16,3	14,6	10,4	11,3
Großhandel	84,3	90,4	94,0	96,6	98,9
Einzelhandel	8,2	8,4	9,6	9,8	13,4
Ø deutscher Unternehmen	61,9	64,8	66,6	67,6	68,4

Übersicht V-9:   *Anlagendeckung deutscher Unternehmen in %*[85]

Entsprechend der kritischen Würdigung der goldenen Finanzierungsregeln und der goldenen Bilanzregel ist auch bei der Kennzahl Anlagendeckung darauf hinzuweisen, dass die Zuordnung eines Vermögensgegenstandes zum Anlage- bzw. zum Umlaufvermögen nicht unbedingt die verbleibende Dauer der Kapitalbindung zeigt. Ist ein Vermögensgegenstand z. B. dem bilanziellen Umlaufvermögen zugeordnet, ist es unter Umständen dennoch nicht unmittelbar liquidierbar (Lager- bzw. Ladenhüter). Zudem wird die Aussagekraft der Kennzahl für Gläubiger erheblich dadurch beeinträchtigt, dass bestimmte Teile des Vermögens, somit auch des Umlaufvermögens, als Kreditsicherheiten gegenüber anderen Gläubigern abgetreten worden sein können, so dass sie im Krisenfall nicht zur Schuldentilgung verwendet werden können.[86] So ist

---

84 Vgl. COENENBERG, A. G., Jahresabschluss und Jahresabschlussanalyse, S. 966; GRÄFER, H., Bilanzanalyse, S. 146.

85 Vgl. DEUTSCHE BUNDESBANK (Hrsg.), Monatsbericht April 2002, S. 48-57; DEUTSCHE BUNDESBANK (Hrsg.), Monatsbericht April 2003, S. 64-71; sowie ergänzende Angaben der Deutschen Bundesbank. Die Anlagendeckung wird von der Bundesbank wie folgt definiert: Im Zähler steht das Eigenkapital abzüglich Berichtigungsposten zuzüglich des anteiligen Sonderpostens mit Rücklageanteil, und der Nenner enthält das Sachanlagevermögen.

86 Vgl. PERRIDON, L./STEINER, M., Finanzwirtschaft der Unternehmung, S. 552.

denkbar und auch durchaus üblich, dass Unternehmen bestimmte Forderungen – vor allem Forderungen aus Lieferungen und Leistungen – als Kreditsicherheit an Kreditinstitute abtreten (sog. Forderungszession).

Der Philipp Holzmann Konzern weist folgende Werte bei der Anlagendeckung auf:		
Anlagendeckung **(Kennzahl Nr. 02.13.00)**	**1994**	**1995**
	85,5 %	51,4 %
In beiden Geschäftsjahren ist das Anlagevermögen nicht vollständig durch das wirtschaftliche Eigenkapital gedeckt. Zudem bricht der Kennzahlenwert im Geschäftsjahr 1995 von 85,5 % auf 51,4 % ein. Dies ist zum einen darauf zurückzuführen, dass das Anlagevermögen vom Jahr 1994 auf das Jahr 1995 von 2.516 Mio. DM auf 3.207 Mio. DM ansteigt. Zum anderen wurde ein Teil des wirtschaftlichen Eigenkapitals durch den Fehlbetrag des Geschäftsjahres 1995 aufgezehrt.		

33   Die Analyse der künftigen Zahlungsfähigkeit mit Liquiditätsregeln

Die goldenen Finanzierungs- und Bilanzregeln sind langfristige Deckungsgrade, die Aussagen über die künftige Zahlungsfähigkeit eines Unternehmens ermöglichen. Bei den Liquiditätsregeln handelt es sich hingegen um kurzfristige Deckungsgrade, die kurz- und mittelfristige Vermögensteile und Schulden zueinander ins Verhältnis setzen. Im Unterschied zu den goldenen Finanzierungsregeln, die sich auf das gesamte kurzfristige oder langfristige Kapital beziehen, sind für die Liquiditätsregeln von der Passivseite nur die Verbindlichkeiten relevant. Die Teile der Bilanz, die bei der Bildung von Liquiditätskennzahlen berücksichtigt werden, sind in der folgenden Abbildung grau hinterlegt:

Bilanz

Übersicht V-10:   *Analysegegenstand der Liquiditätsregeln*

Den Liquiditätskennzahlen liegt die Annahme zugrunde, dass die künftige Zahlungsfähigkeit eines Unternehmens bzw. das finanzielle Gleichgewicht dann als gesichert gilt, wenn den nach Fälligkeitsterminen geordneten finanziellen Verpflichtungen Ver-

mögensgegenstände mit entsprechender Fristigkeit gegenüberstehen, d. h., wenn die Zahlungsverpflichtungen durch einen entsprechend hohen Bestand an flüssigen Mitteln oder kurzfristig liquidierbaren Vermögensgegenständen gedeckt sind.[87] In diesem Fall kann das Unternehmen kurzfristigen Zahlungsverpflichtungen nachkommen, indem es Teile des kurzfristig liquidierbaren Vermögens verkauft. Unter „kurzfristig liquidierbarem Vermögen" bzw. unter **kurzfristigem Vermögen** ist hierbei nur das Umlaufvermögen zu verstehen, da das Anlagevermögen dazu bestimmt ist, dauernd dem Geschäftsbetrieb zu dienen und i. d. R. bei künftig gleicher Produktion nicht kurzfristig liquidierbar ist, wenn einmal von dem Fall „Sale-and-lease-back" abgesehen wird.

Die Liquiditätskennzahlen werden ermittelt, indem Posten des Umlaufvermögens zu den kurzfristigen Verbindlichkeiten ins Verhältnis gesetzt werden. Dabei werden die einzelnen Posten des Umlaufvermögens nach ihrer Fristigkeit geordnet. Abhängig von den jeweils in die Kennzahl einbezogenen Posten des Umlaufvermögens lassen sich unterschiedliche Liquiditätskennzahlen ermitteln. Diese Liquiditätskennzahlen werden auch als **Liquiditätsgrade** bezeichnet und sind wie folgt definiert:

$$\text{Liquidität 1. Grades} = \frac{\text{Liquide Mittel}}{\text{Kurzfristige Verbindlichkeiten}}$$

Kennzahl Nr. 02.14.00

$$\text{Liquidität 2. Grades} = \frac{\text{Liquide Mittel} + \text{kurzfristige Forderungen}}{\text{Kurzfristige Verbindlichkeiten}}$$

Kennzahl Nr. 02.15.00

$$\text{Liquidität 3. Grades} = \frac{\text{Liquide Mittel} + \text{kurzfristige Forderungen} + \text{Vorräte}}{\text{Kurzfristige Verbindlichkeiten}}$$

Kennzahl Nr. 02.16.00

Die in der Kennzahlendefinition enthaltenen **liquiden Mittel** umfassen Schecks, Kassenbestand, Bundesbankguthaben, Guthaben bei Kreditinstituten sowie jederzeit veräußerbare Wertpapiere.

---

87   Vgl. GRÄFER, H., Bilanzanalyse, S. 121-123.

Zu den **kurzfristigen Forderungen** zählen die Forderungen, die eine Restlaufzeit von bis zu einem Jahr haben. Dieser Betrag lässt sich der Bilanz entnehmen, da in der Bilanz gemäß § 268 Abs. 4 HGB der Betrag der Forderungen mit einer Restlaufzeit von mehr als einem Jahr bei jedem Posten gesondert anzugeben ist, wodurch der Differenzbetrag folglich eine Restlaufzeit von weniger als einem Jahr hat.

Die **kurzfristigen Verbindlichkeiten** sind solche Verbindlichkeiten, die eine Restlaufzeit von bis zu einem Jahr haben. Der Betrag dieser Verbindlichkeiten ist gemäß § 268 Abs. 5 HGB bei jedem gesondert ausgewiesenen Verbindlichkeitsposten zu vermerken. Vereinzelt werden die Liquiditätsgrade ermittelt, indem die Posten des Umlaufvermögens nicht zu den kurzfristigen Verbindlichkeiten, sondern zum **kurzfristigen Fremdkapital** ins Verhältnis gesetzt werden.[88] In diesem Fall sind neben den kurzfristigen Verbindlichkeiten auch die kurzfristigen Rückstellungen im Nenner zu berücksichtigen. Dies bereitet dem externen Bilanzanalytiker indes erhebliche Probleme, da die Fristigkeit der Rückstellungen nicht angegeben werden muss und freiwillige Angaben dazu nur selten gemacht werden. Dadurch wird die Interpretationsmöglichkeit der Liquiditätsgrade noch stärker begrenzt als in dem Fall, in dem die kurzfristigen Rückstellungen nicht berücksichtigt werden.[89]

Die **Liquiditätsgrade** sollen Maßstäbe dafür sein, in welchem Umfang die kurzfristigen Verbindlichkeiten durch liquide Mittel und bestimmte kurzfristig liquidierbare Vermögensgegenstände beglichen werden können.

Bei der Liquidität 1. Grades werden lediglich die liquiden Mittel einbezogen, während bei den Liquiditäten 2. und 3. Grades auch kurzfristig liquidierbare Vermögensgegenstände des Umlaufvermögens berücksichtigt werden. Dieser Vorgehensweise liegt der Gedanke zugrunde, dass bestimmte Posten des Umlaufvermögens schneller liquidierbar sind als andere. So wird unterstellt, dass kurzfristige Forderungen in kürzerer Zeit in finanzielle Mittel umgewandelt werden können als Vermögensgegenstände des Vorratsvermögens. Die verschiedenen Liquiditätsgrade unterscheiden sich folglich durch die Kapitalbindungsdauer der in die Kennzahlendefinitionen einbezogenen Posten des Umlaufvermögens. Daher wird die Liquidität 1. Grades als „Barliquidität", die Liquidität 2. Grades als „kurzfristige Liquidität" und die Liquidität 3. Grades als „mittelfristige Liquidität" bezeichnet.

Wird die kurzfristige Zahlungsfähigkeit eines Unternehmens anhand von Liquiditätsgraden beurteilt, so wird unterstellt, dass die künftige Liquiditätssituation als umso positiver anzusehen ist, je höher der Prozentwert der Liquiditätsgrade ist. Für alle Liquiditätsregeln gilt somit die Arbeitshypothese G>K. In der Praxis haben sich bestimmte Normwerte etabliert, die den Unternehmen bekannt sind und die von diesen nach Möglichkeit eingehalten werden. Dabei wird für die Liquidität 2. Grades häufig ein Wert von mindestens 100 % – dies entspricht der Forderung in der amerikanischen Literatur nach einer „One to One Rate" für den Acid Test[90] – und für die Li-

---

88 Vgl. COENENBERG, A. G., Jahresabschluss und Jahresabschlussanalyse, S. 967; KÜTING, K./ WEBER, C.-P., Die Bilanzanalyse, S. 123.

89 Vgl. zur Fristigkeit der Rückstellungen auch Abschn. 242. in diesem Kapitel.

quidität 3. Grades ein Wert von mindestens 200 % – dies entspricht in etwa der „Two to One Rate" für die Current Ratio[91] – gefordert. Für die Liquidität 1. Grades werden derartige Normwerte üblicherweise nicht gefordert.[92] Aber auch die Vorgabe von Normwerten für die Liquidität 2. und 3. Grades ist theoretisch nicht begründbar.[93] Die Unschärfe der Liquiditätsgrade zeigt sich bereits darin, dass in diesen Kennzahlen weder die nach dem Bilanzstichtag neu entstehenden Auszahlungen bzw. Auszahlungsverpflichtungen, noch die entsprechenden Einzahlungen in ihrer Höhe und mit ihrem Zeitbezug berücksichtigt werden (können).

Bei der generellen Forderung nach möglichst hohen Prozentwerten der Liquiditätsgrade ist zu beachten, dass die Liquiditätssituation und die Rentabilitätssituation eines Unternehmens zumindest langfristig nicht unabhängig voneinander beurteilt werden können. Unter Rentabilitätsgesichtspunkten ist ein zu hoher Bestand an liquiden Mitteln durchaus negativ zu beurteilen, da die freien Mittel längerfristig i. d. R. rentabler angelegt werden könnten.[94]

Darüber hinaus kann der Prozentwert der Liquiditätsgrade durch **bilanzpolitische Maßnahmen** einfach beeinflusst werden.[95] Würde ein Unternehmen z. B. am Bilanzstichtag einen kurzfristigen Kredit aufnehmen, so würde sich sowohl der Bestand an kurzfristigen Verbindlichkeiten als auch der Bestand an liquiden Mitteln erhöhen. Durch diese einfache Bilanzverlängerung kann ein Unternehmen unmittelbar den Prozentwert der Liquiditätsgrade beeinflussen.[96] Allerdings würde dadurch gleichzeitig die Eigenkapitalquote sinken und die Fremdkapitalquote steigen.[97] Bei einer ganzheitlichen Betrachtung ist daher zu beachten, dass durch Maßnahmen des „**Windowdressing**" zwar der Wert einzelner, isoliert betrachteter Liquiditätskennzahlen positiv beeinflusst werden kann, dass sich dadurch aber grundsätzlich auch negative Konsequenzen für andere Kennzahlen ergeben (z. B. für die Eigenkapitalquote). Dies lässt sich an folgendem Beispiel veranschaulichen:

Ein Unternehmen gelangt ohne die Aufnahme eines kurzfristigen Kredits kurz vor dem Bilanzstichtag zu einer Liquidität 2. Grades von 40 % und liegt damit weit unter dem geforderten Prozentwert von 100 %:

---

90   Bei der Acid-Test-Ratio werden wie bei der Liquidität 1. Grades die liquiden Mittel ins Verhältnis zu den kurzfristigen Verbindlichkeiten gesetzt (vgl. z. B. MAHER, M. W./STICKNEY, C. P./ WEIL R. L., Managerial Accounting, S. 755).

91   Die Current Ratio ist als das Verhältnis der kurzfristigen Vermögenswerte zu den kurzfristigen Verbindlichkeiten definiert (vgl. z. B. MAHER, M. W./STICKNEY, C. P./WEIL R. L., Managerial Accounting, S. 754) und entspricht damit der Liquidität 3. Grades.

92   Vgl. PERRIDON, L./STEINER, M., Finanzwirtschaft der Unternehmung, S. 553; GRÄFER, H., Bilanzanalyse, S. 122.

93   Ähnlich GRÄFER, H., Bilanzanalyse, S. 123.

94   Vgl. PERRIDON, L./STEINER, M., Finanzwirtschaft der Unternehmung, S. 553; BAETGE, J./ SIEFKE, M., Analyse der horizontalen Bilanzstruktur, S. 351.

95   Vgl. BAETGE, J./SIEFKE, M., Horizontale Bilanzstruktur, S. 351.

96   Vgl. ausführlich zum Windowdressing SELCHERT, F. W., Windowdressing, S. 1933-1940.

97   Vgl. dazu auch die Definitionen der Eigenkapitalquote sowie der Fremdkapitalquote in Abschn. 22 in diesem Kapitel.

$$\text{Liquidität 2. Grades} = \frac{40 \text{ GE}}{100 \text{ GE}} \cdot 100 = 40\ \%$$

Kennzahl Nr. 02.15.00

Am Bilanzstichtag nimmt das Unternehmen einen einwöchigen Kredit kurz vor dem Bilanzstichtag in Höhe von 200 GE auf und ermittelt damit eine Liquidität 2. Grades von 80 %, da sich sowohl die kurzfristigen Verbindlichkeiten als auch die liquiden Mittel um jeweils 200 GE erhöhen:

$$\text{Liquidität 2. Grades} = \frac{240 \text{ GE}}{300 \text{ GE}} \cdot 100 = 80\ \%$$

Kennzahl Nr. 02.15.00

Das Unternehmen kann folglich durch diese einfache Bilanzverlängerung die Liquiditätskennziffern erheblich verbessern. Durch die Möglichkeit des „Windowdressing" wird die Aussagekraft der Liquiditätskennziffern relativiert. Fraglich ist indes, ob die Beeinträchtigung auf das Gesamturteil durchschlägt, da bei einer ganzheitlichen Betrachtung auch die Auswirkungen auf andere Kennzahlen zu berücksichtigen sind **(Ganzheitlichkeitsprinzip)**. Wird unterstellt, dass das Unternehmen vor der Aufnahme des kurzfristigen Kredits ein Eigenkapital von 20 GE und ein Fremdkapital von 80 GE hatte, so gelangt man vor der Maßnahme des „Windowdressing" zu einer Eigenkapitalquote von 20 % und einer Fremdkapitalquote von 80 %. Durch den aufgenommenen kurzfristigen Kredit erhöhen sich die kurzfristigen Verbindlichkeiten und damit auch die Bilanzsumme um 200 GE. Daraus resultiert dann eine Eigenkapitalquote von 6,7 % bzw. eine Fremdkapitalquote von 93,3 %. Diese Veränderungen bei der Eigenkapitalquote und der Fremdkapitalquote sind negativ zu beurteilen, so dass die positive Wirkung aus der Veränderung der Liquiditätsgrade bei der Gesamturteilsbildung relativiert und eventuell sogar überkompensiert wird.

Ein weiterer wesentlicher Kritikpunkt ist der **Vergangenheitsbezug** der Bilanzdaten. Aus den Liquiditätsgraden können bestenfalls Aussagen über die Liquiditätssituation eines Unternehmens am Bilanzstichtag oder kurz danach abgeleitet werden. Indes liegen zwischen dem Bilanzstichtag und der Veröffentlichung des Jahresabschlusses i. d. R. mehrere Monate, so dass das Zahlenmaterial zum Zeitpunkt der Bilanzanalyse bereits überholt ist. Aussagen über die aktuelle oder die **künftige Liquidität** eines Unternehmens wären lediglich unter der Annahme zulässig, dass die Liquidität in der Vergangenheit für die Liquidität in der Zukunft repräsentativ ist. Dieser kausale Zusammenhang zwischen der Liquidität am Bilanzstichtag und in der Zukunft besteht indes nicht.[98]

---

98 Vgl. SCHULT, E., Bilanzanalyse, S. 53. Ähnlich BALLWIESER, W., Die Analyse von Jahresabschlüssen nach neuem Recht, S. 64; GRÄFER, H., Bilanzanalyse, S. 124.

Zudem ist zu beachten, dass selbst bei einer Stichtagsbetrachtung der Aussagewert der Liquiditätskennziffern gering ist. Denn zum einen können weder die am Stichtag tatsächlich fälligen Zahlungsverpflichtungen und die zu diesem Zeitpunkt tatsächlich zur Verfügung stehenden Mittel einschließlich der dem Unternehmen zur Verfügung stehenden offenen Kreditlinien zueinander ins Verhältnis gesetzt werden, noch können zum anderen alle künftigen kurzfristig anfallenden Zahlungsverpflichtungen des Unternehmens oder Einzahlungen berücksichtigt werden (z. B. Lohn- und Gehaltszahlungen, Mietzahlungen oder Mietforderungen), weil die Detailinformationen dafür fehlen.[99] Dieser Kritikpunkt, der bereits bei der Beurteilung der goldenen Finanzierungs- und Bilanzregeln dargestellt wurde,[100] beeinträchtigt auch die Aussagekraft der Liquiditätsgrade erheblich.

Insgesamt ist festzustellen, dass die **Aussagekraft von Liquiditätsgraden** fragwürdig ist. Die künftige Zahlungsfähigkeit eines Unternehmens kann auf der Basis dieser Kennzahlen nicht beurteilt werden. Da indes Kreditinstitute und andere Gläubiger in der Praxis die Kreditwürdigkeit eines Unternehmens trotz der dargestellten Einwände regelmäßig auch anhand der Liquiditätsgrade beurteilen, sind Unternehmen bemüht, die Liquiditätsregeln einzuhalten, wodurch ihnen ein normativer Charakter zukommt.[101] Der Bilanzanalytiker sollte die Liquiditätsgrade eines Unternehmens indes – wenn überhaupt – nur im Vergleich mit den Kennzahlen anderer Unternehmen derselben Branche beurteilen, um so Aussagen über die relative Liquiditätssituation eines Unternehmens treffen zu können.[102] Weicht ein Unternehmen vom Branchendurchschnittswert ab, so kann eine positive Differenz für den Bilanzanalytiker ein Indiz dafür sein, dass die künftige Zahlungsfähigkeit des betrachteten Unternehmens gesichert ist, während eine negative Differenz auf künftige Zahlungsschwierigkeiten hinweisen kann.

Die beiden folgenden Tabellen geben einen Überblick über die Branchendurchschnittswerte der Liquidität 2. und 3. Grades. Dabei ist deutlich zu erkennen, dass die Branchendurchschnittswerte i. d. R. die im Schrifttum häufig genannten Normvorgaben der Liquiditätsgrade (Liquidität 2. Grades > 100 %, Liquidität 3. Grades > 200 %) nicht erfüllen:

---

99 Vgl. LEFFSON, U., Bilanzanalyse, S. 68; vgl. GRÄFER, H., Bilanzanalyse, S. 124.

100 Vgl. hierzu Abschn. 32 in diesem Kapitel.

101 Vgl. PERRIDON, L./STEINER, M., Finanzwirtschaft der Unternehmung, S. 556; KÜTING, K./ WEBER, C.-P., Die Bilanzanalyse, S. 122; SCHNEIDER, D., Rechnungswesen, S. 220 f.

102 Vgl. KÜTING, K./WEBER, C.-P., Die Bilanzanalyse, S. 124.

Jahr	1996	1997	1998	1999	2000
Chemie	108,9	108,6	94,6	96,6	82,4
Maschinenbau	88,3	90,7	99,5	109,0	101,7
Straßenfahrzeugbau	163,5	166,0	164,7	163,9	125,6
Elektrotechnik	122,5	122,6	123,1	131,6	116,3
Ernährungsgewerbe	71,5	73,3	77,5	77,4	73,6
Baugewerbe	49,4	49,1	46,9	43,3	41,5
Großhandel	79,1	78,8	79,5	81,5	79,4
Einzelhandel	43,9	43,1	42,6	43,1	46,2
Ø deutscher Unternehmen	80,1	81,3	80,9	81,6	78,9

Übersicht V-11: *Liquidität 2. Grades deutscher Unternehmen in %*[103]

Jahr	1996	1997	1998	1999	2000
Chemie	158,0	155,3	137,4	133,1	119,6
Maschinenbau	157,9	158,3	168,4	175,6	165,0
Straßenfahrzeugbau	212,7	215,5	212,9	213,9	170,7
Elektrotechnik	186,6	181,3	177,7	181,2	151,0
Ernährungsgewerbe	111,1	113,6	116,7	115,8	111,1
Baugewerbe	109,0	108,8	106,9	106,6	105,7
Großhandel	123,8	124,8	124,9	125,9	123,4
Einzelhandel	115,8	115,9	116,2	115,6	115,4
Ø deutscher Unternehmen	133,0	133,7	133,3	133,1	127,8

Übersicht V-12: *Liquidität 3. Grades deutscher Unternehmen in %*[104]

---

103 Vgl. DEUTSCHE BUNDESBANK (Hrsg.), Monatsbericht April 2002, S. 48-57; DEUTSCHE BUN-
   DESBANK (Hrsg.), Monatsbericht April 2003, S. 64-71; sowie ergänzende Angaben der Deutschen Bundesbank.

104 Vgl. DEUTSCHE BUNDESBANK (Hrsg.), Monatsbericht April 2002, S. 48-57; DEUTSCHE BUN-
   DESBANK (Hrsg.), Monatsbericht April 2003, S. 64-71; sowie ergänzende Angaben der Deutschen Bundesbank.

Beim Philipp Holzmann Konzern ergeben sich folgende Liquiditätsgrade:		
Liquidität 1. Grades **(Kennzahl Nr. 02.14.00)**	**1994**	**1995**
	45,4 %	26,1 %
Liquidität 2. Grades **(Kennzahl Nr. 02.15.00)**	**1994**	**1995**
	93,9 %	61,3 %
Liquidität 3. Grades **(Kennzahl Nr. 02.16.00)**	**1994**	**1995**
	236,2 %	184,9 %

Alle drei Liquiditätsgrade haben im Zeitablauf deutlich abgenommen. Die Liquidität 1. Grades liegt im Jahr 1995 mit 26,1 % z. B. deutlich unter dem für 1995 errechneten Durchschnittswert der fünf größten Wettbewerber[105] von 98,5 %. Ursache für den Rückgang bei Philipp Holzmann ist, dass im Geschäftsjahr 1995 ein großer Teil der liquiden Mittel verbraucht wird. Zudem steigen die kurzfristigen Verbindlichkeiten um 1.663 Mio. DM an.

Die Liquidität 2. Grades erfüllt sowohl im Jahr 1994 als auch im Jahr 1995 nicht den allgemein geforderten Normwert von 100 %. Zudem liegt Philipp Holzmann bereits 1994 mit der Liquidität 2. Grades deutlich unter dem Durchschnittswert der fünf größten Wettbewerber, der bei 161,8 % liegt. Im Jahr 1995 besteht zwar verglichen zum Vorjahr branchenweit ein Abwärtstrend im Kennzahlenwert der Liquidität 2. Grades. Während der Wert für den Philipp Holzmann Konzern um knapp 33 %-Punkte fällt, verringert er sich bei den Vergleichsunternehmen lediglich von 161,8 % auf 148,9 %. Der Rückgang beim Philipp Holzmann Konzern ist auf die Abnahme der kurzfristigen Forderungen um 80 Mio. DM – wiederum verbunden mit dem Anstieg der kurzfristigen Verbindlichkeiten – zurückzuführen.

Die Liquidität 3. Grades des Philipp Holzmann-Konzerns liegt nur im Jahr 1994 über dem Normwert von 200 %. Der Durchschnittswert der Vergleichsunternehmen liegt in beiden Jahren über dem Normwert. 1994 errechnet sich für die fünf größten Wettbewerber eine durchschnittliche Liquidität 3. Grades von 358,2 %. Im Jahr 1995 erreichen die Vergleichsunternehmen im Durchschnitt eine Liquidität 3. Grades in Höhe von 369,3 %. Während sich der Wert der Wettbewerber also verbessert, verringert sich der Wert beim Philipp Holzmann Konzern von 236,2 % auf 184,9 %. Der 3. Liquiditätsgrad geht zurück, weil die kurzfristigen Verbindlichkeiten ansteigen. Der aus Sicht der Kapitalbindung eher negativ zu beurteilende Anstieg der Vorräte um 1.126 Mio. DM verbessert zwar den Zähler der Liquidität 3. Grades, doch er kann die Verschlechterung der Liquidität 3. Grades nicht aufhalten.

Neben den Liquiditätsgraden, die die Relation zwischen bestimmten Posten des Umlaufvermögens und den kurzfristigen Verbindlichkeiten angeben, können auch absolute Kennzahlen gebildet werden, um die künftige Zahlungsfähigkeit eines Unterneh-

---

105 Die Unternehmen, deren Durchschnittswerte mit denen des Philipp Holzmann Konzerns verglichen werden, sind im Einzelnen die BILFINGER & BERGER BAUAKTIENGESELLSCHAFT, die DYCKERHOFF AG, die HEILIT & WOERNER BAU-AG, die HOCHTIEF AG und die WALTER BAU-AG.

mens zu beurteilen. Zu diesen absoluten Kennzahlen zählt das **Working Capital**, das die Differenz zwischen kurzfristigem Vermögen und kurzfristigen Verbindlichkeiten angibt.[106] Das Working Capital ist wie folgt zu ermitteln:

| Kurzfristiges Vermögen |
| – Kurzfristige Verbindlichkeiten |
| = Working Capital |

Kennzahl Nr. 02.17.00

Anhand des Working Capital lässt sich die kurzfristige künftige Zahlungsfähigkeit eines Unternehmens beurteilen. Ein Unternehmen wird umso besser eingestuft, je höher sein Working Capital ist. Der Vorteil dieser Kennzahl ist, dass das Working Capital im Gegensatz zu den Liquiditätskennzahlen nicht durch bilanzpolitische Maßnahmen, die zu einer einfachen Bilanzverlängerung führen, beeinflussbar ist,[107] sondern lediglich durch andere bilanzpolitische oder sachverhaltsgestaltende Maßnahmen, wie einen Sonderverkauf beeinflusst werden kann.[108]

Mit den Zahlen des oben dargestellten Beispiels für ein Windowdressing ergeben sich folgende Werte für das Working Capital vor und nach Aufnahme eines kurzfristigen Kredits zum Bilanzstichtag:

Vor der Kreditaufnahme:

Kurzfristiges Vermögen	40 GE
– Kurzfristige Verbindlichkeiten	100 GE
= Working Capital	– 60 GE

Kennzahl Nr. 02.17.00

Nach der Kreditaufnahme in Höhe von 200 GE:

Kurzfristiges Vermögen	240 GE
– Kurzfristige Verbindlichkeiten	300 GE
= Working Capital	– 60 GE

Kennzahl Nr. 02.17.00

106 Vgl. BERNSTEIN, L. A., Financial Statement Analysis, S. 538–549; PERRIDON, L./STEINER, M., Finanzwirtschaft der Unternehmung, S. 554; ähnlich COENENBERG, A. G., Jahresabschluss und Jahresabschlussanalyse, S. 969.

107 Vgl. PERRIDON, L./STEINER, M., Finanzwirtschaft der Unternehmung, S. 554.

108 Unter „Sonderverkäufen" werden hier selten entstehende Umsatzerlöse verstanden, die aus nicht geschäftsüblichen Verkaufsaktionen stammen. Dadurch fließen dem Unternehmen liquide Mittel zu, so dass das Working Capital steigt.

Dieses einfache Beispiel zeigt, dass die Kennzahl „Working Capital" anders als die Liquiditätsgrade nicht durch „Windowdressing" zu beeinflussen ist. Diesem Vorteil steht indes der Nachteil gegenüber, dass das Working Capital als absolute Größe nicht zum Vergleich verschieden großer Unternehmen geeignet ist.[109]

Dies kann an folgendem einfachen Beispiel gezeigt werden:[110]

	Unternehmen A	Unternehmen B
Kurzfristiges Vermögen	500.000 GE	2.200.000 GE
Kurzfristige Verbindlichkeiten	300.000 GE	2.000.000 GE
Working Capital	200.000 GE	200.000 GE

Die beiden Unternehmen weisen den gleichen Betrag des Working Capital aus, obwohl die Finanzlage beider Unternehmen sehr unterschiedlich ist. Dieser Unterschied wird dagegen durch die Liquidität 3. Grades deutlich herausgearbeitet, wie die folgenden Zahlen zeigen:

	Unternehmen A	Unternehmen B
Kurzfristiges Vermögen	500.000 GE	2.200.000 GE
Kurzfristige Verbindlichkeiten	300.000 GE	2.000.000 GE
Liquidität 3. Grades (Current Ratio)	166,7 %	110,0 %

Für den Unternehmensvergleich sind folglich die Liquiditätsgrade, die die relative Liquiditätssituation im Vergleich zum Konkurrenzunternehmen angeben, besser geeignet als die absolute Kennzahl Working Capital, auch wenn die Kritik an den Liquiditätsgraden nicht vernachlässigt werden darf. Empfehlenswert ist, sowohl das Working Capital als auch die Liquiditätsgrade zur Beurteilung heranzuziehen.

4 Zahlungsstromorientierte Analyse der Finanzlage

41 Untersuchungsgegenstand und Zweck der Zahlungsstromorientierten Bilanzanalyse

Die bisher durchgeführten Bilanzstrukturanalysen sind stichtagsbezogene Analysen, die die Zusammensetzung des Kapitals am Bilanzstichtag betrachten. Im Rahmen dieser Analysen werden nicht die **Zahlungsströme des abgelaufenen Geschäftsjah-**

---

109 Bei dem Versuch, eine Verhältniskennzahl mit dem Working Capital zu bilden (wodurch die zwischenbetriebliche Vergleichbarkeit des Working Capital verbessert würde), entsteht u. a. das Problem, dass das Working Capital sowohl ein positives als auch ein negatives Vorzeichen haben kann.

110 In Anlehnung an BERNSTEIN, L. A., Financial Statement Analysis, S. 538-549.

res analysiert. Wenn die Zahlungsströme nicht untersucht würden, wäre es dem Bilanzanalytiker mit Hilfe von Bilanzstrukturanalysen allein auch nicht möglich, Aussagen darüber zu treffen, wie sich die Finanzlage des Unternehmens während des gesamten Geschäftsjahres entwickelt hat. Neben den Bilanzstrukturanalysen wird der Bilanzanalytiker daher eine zahlungsstromorientierte Analyse durchführen. Unter dem Begriff der zahlungsstromorientierten Bilanzanalyse werden folgende Bereiche zusammengefasst:

- Cashflow-orientierte Analyse und
- Analyse der Kapitalflussrechnung.

Der **Cashflow** gibt den in einer Periode erwirtschafteten Zahlungsüberschuss des Unternehmens an.[111] Der Cashflow ermöglicht dem Bilanzanalytiker, Aussagen darüber zu treffen, wieweit das Unternehmen finanzielle Mittel erwirtschaften konnte.

Indes gibt der Cashflow keine Informationen darüber, wie der erwirtschaftete Zahlungsüberschuss vom Unternehmen verwendet wurde. Ein wichtiges Instrument zur Analyse der Zahlungsmittelverwendung ist die **Kapitalflussrechnung**, die Bestandteil des Konzernabschlusses[112] ist. In der Kapitalflussrechnung wird ausgehend vom Cashflow aus laufender Geschäftstätigkeit dargestellt, wie die erwirtschafteten Mittel für Investitionen oder die Tilgung von Krediten verwendet wurden.

42   Cashflow-orientierte Analyse

421.   Der Cashflow als Indikator der Finanzkraft

Der Cashflow wird für bilanzanalytische Zwecke (1) als **finanzwirtschaftliche Größe** (Indikator der Finanzierungskraft eines Unternehmens) und (2) zugleich als **erfolgswirtschaftliche Größe**[113] (Indikator der Ertragskraft eines Unternehmens) verwendet.[114]

---

111 Zur Ermittlung des Cashflows vgl. Kap. II Abschn. 42 und 43.

112 Mit Verabschiedung des Bilanzrechtsreformgesetzes wird die Kapitalflussrechnung für alle Konzerne gemäß § 297 Abs. 1 HGB zum Bestandteil des Konzernabschlusses; vorher war diese nur für kapitalmarktorientierte Konzerne Pflichtbestandteil des Konzernabschlusses. Für Unternehmen, die nur einen Einzelabschluss erstellen müssen, ist eine Kapitalflussrechnung nicht vorgeschrieben.

113 Zum Cashflow als Indikator der Erfolgskraft vgl. Kap. VI Abschn. 25.

114 Vgl. etwa GUHR, H.-M., Gewinn und Cash Flow als Bewertungskriterien, S. 41; kritisch KÖHLER, R., Ermittlungsziele und Aussagefähigkeit von Cash Flow-Analysen, S. 386; LEFFSON, U., Cash Flow, S. 126, der diese dualistische Zielsetzung des Cashflows nicht für realistisch hält. Wieweit der Cashflow zur Beurteilung der gegenwärtigen und der künftigen Ertragskraft eines Unternehmens geeignet ist, wird in Kap. VI Abschn. 25 gezeigt.

Der Cashflow drückt als **Indikator der Finanzkraft** unter anderem die nachhaltige **Innenfinanzierungskraft**[115] eines Unternehmens aus, also die Fähigkeit des Unternehmens, aus eigenerwirtschafteten Mitteln zu investieren, Schulden zu tilgen und Dividenden zu zahlen, ohne sich an außenstehende Kapitalgeber wenden zu müssen.[116] Im Schrifttum werden verschiedene Schemata zur Berechnung des Cashflows diskutiert. Eine einfache Formel zur Ermittlung des Cashflows haben wir bereits in Kap. II Abschn. 43 vorgestellt.

Versucht der Bilanzanalytiker, mit Hilfe des Cashflows ein Teilurteil über die finanzwirtschaftliche Lage des Unternehmens zu fällen, bedarf es einer Hypothese, wie bestimmte Ausprägungen des Cashflows hinsichtlich dieses Untersuchungszieles zu interpretieren sind. Grundsätzlich wird bei jeder Cashflow-Ziffer hypothetisch unterstellt, dass Unternehmen mit guter wirtschaftlicher Lage im Durchschnitt einen hohen Cashflow und Unternehmen mit schlechter wirtschaftlicher Lage im Durchschnitt einen niedrigen Cashflow aufweisen.[117] Bei dieser Aussage sind allerdings **Branchenbesonderheiten** zu beachten. In seiner einfachsten Form, auf der weitere Cashflow-Definitionen aufbauen, wird der Cashflow indirekt ermittelt und definiert als um die Abschreibungen erhöhter und um eventuelle Zuschreibungen reduzierter sowie um die Zuführung zu Rückstellungen erhöhter und um die Auflösung von Rückstellungen reduzierter Jahresüberschuss/-fehlbetrag.[118] Verglichen mit Industrieunternehmen weisen Handelsunternehmen bei gleichem Jahresüberschuss aber tendenziell einen geringeren Cashflow aus, da diese eine geringere Anlageintensität und deshalb geringere Abschreibungen haben, die dem Jahresüberschuss zur Berechnung des Cashflows hinzugerechnet werden. Ähnlich könnte man für Dienstleistungsunternehmen vermuten, dass diese ebenso geringe Abschreibungen haben wie Handelsunternehmen und deren Cashflow ähnlich zu werten ist. Dies trifft indes nicht für Unternehmen zu, die über umfangreiche Anlagen verfügen (etwa in der Telekommunikationsbranche).[119] Unterschiedlich hohe Cashflow-Beträge ergeben sich bei einem Betriebsvergleich auch, wenn Unternehmen miteinander verglichen werden, die Anlagen leasen bzw. nicht leasen. Im ersten Fall des Leasings entfallen die Abschreibungen auf die gemieteten Anlagen.[120] Bei der Frage, ob ein hoher Cashflow positiv oder negativ zu beurteilen ist, ist auch die **Wachstumsstrategie** eines Unternehmens zu berücksichtigen. Vergleicht der Bilanzanalytiker ein Unternehmen, das

---

115 Zum Begriff der Innenfinanzierung vgl. FRANKE, G./HAX, H., Finanzwirtschaft des Unternehmens und Kapitalmarkt, S. 15; PERRIDON, L./STEINER, M., Finanzwirtschaft der Unternehmung, S. 464.

116 Vgl. etwa LACHNIT, L., Wesen, Ermittlung und Aussage des Cash Flows, S. 73.

117 Vgl. LACHNIT, L., Wesen, Ermittlung und Aussage des Cash Flows, S. 73; LEFFSON, U., Bilanzanalyse, S. 153; HAUSCHILDT, J./RÖSLER, J./GEMÜNDEN, H.-G., Der Cash Flow, S. 355; BAETGE, J., Aktuelle Ergebnisse der empirischen Insolvenzforschung, S. 109.

118 Vgl. hierzu Kap. II Abschn. 4.

119 Vgl. ARBEITSKREIS „EXTERNE UNTERNEHMENSRECHNUNG" DER SCHMALENBACH-GESELLSCHAFT, Empfehlungen zur Vereinheitlichung von Kennzahlen in Geschäftsberichten, S. 1991.

120 Vgl. JUESTEN, W./VILLIEZ, C. FRHR. V., Cash-flow und Unternehmensbeurteilung, S. 89; PERRIDON, L./STEINER, M., Finanzwirtschaft der Unternehmung, S. 564.

durch Erwerb von Beteiligungen wächst, mit einem Unternehmen, das die eigenen Kapazitäten ausbaut, so hat das zweite Unternehmen unter sonst gleichen Bedingungen den höheren Cashflow.[121]

Indes darf der Bilanzanalytiker die Cashflow-Größe nicht so interpretieren, als ob das Unternehmen über den Cashflow am Ende der Periode frei disponieren und daraus Schulden tilgen, Investitionen tätigen und Dividenden zahlen könne (**Dispositionsfreiheit**). Denn tatsächlich hat das Unternehmen über wesentliche Teile des Cashflows bereits vor und während der abgelaufenen Periode verfügt (Anlageinvestitionen, Kreditrückzahlungen etc.).[122] Cashflow-Zahlen bezeichnen also keine „Töpfe" an liquiden Mitteln, die innerhalb der Unternehmung langfristig gespeichert und bei Bedarf verwendet werden können.[123] In welchem Umfang und wofür der Cashflow verwendet worden ist, kann der Bilanzanalytiker aus der Cashflow-Zahl nicht ablesen. Außerdem kann er der Cashflow-Zahl nicht entnehmen, woraus der Zahlungsstrom resultiert, ob er etwa aus dem Umsatzprozess oder aus dem Verkauf von Gegenständen des Sachanlagevermögens stammt. Diese Informationen über Herkunft und Verwendung der Zahlungsströme stellt vielmehr die Kapitalflussrechnung bereit.[124]

Wegen der extern nicht verfügbaren Informationen über im gleichen Jahr zahlungswirksame Aufwendungen und Erträge darf der **Aussagegehalt des Cashflows** (in der Definition von Kennzahl Nr. 02.18.00^D bzw. Kennzahl Nr. 02.18.00^I [125] nicht überbewertet werden:[126] Externe Analytiker verfügen meist nur über die veröffentlichten Zahlen des Geschäftsberichtes; deshalb basiert die eigene Cashflow-Ermittlung eines Bilanzanalytikers i. d. R. auf den Daten des handelsrechtlichen Jahresabschlusses. Der externe Bilanzanalytiker kann den Cashflow insofern nur schätzen. Für die Ermittlung des Cashflows gelten die jahresabschlussimmanenten Mängel[127] zwar in gleicher Weise,[128] indes erweist sich der Cashflow empirisch häufig als informationsreicher als der Jahresüberschuss bzw. Jahresfehlbetrag. Die These, dass die Aussagekraft des Cashflows vor allem dann beeinträchtigt wird, wenn stille Rücklagen gebildet werden, indem Aktiva überbewertet und Passiva unterbewertet werden, oder wenn stille Rücklagen still aufgelöst werden,[129] stimmt mit groß angelegten empirischen Untersuchungen nicht überein.[130]

---

121 Vgl. KÜTING, K./WEBER, C.-P., Die Bilanzanalyse, S. 143 mit Verweis auf BÖNING, D.-J., Aussagewert von Cash-flow-Kennziffern, S. 439.

122 Vgl. WAGNER, J., Die Aussagefähigkeit von cash-flow-Ziffern, S. 1649 mit Verweis auf LEFFSON, U., Cash Flow, S. 111; LACHNIT, L., Wesen, Ermittlung und Aussage des Cash Flows, S. 73.

123 Vgl. HENI, B., in: Bonner HdR, 2. Aufl., Cash Flow Analyse, Rn. 34.

124 Vgl. etwa GRÄFER, H., Bilanzanalyse, S. 161; KÜTING, K./WEBER, C.-P., Die Bilanzanalyse, S. 140 f. Zur Kapitalflussrechnung vgl. Abschn. 43 in diesem Kapitel.

125 Das hochgestellte „D" bzw. „I" kennzeichnet den nach der direkten oder indirekten Methode berechneten Cashflow. Zur (direkten und indirekten) Ermittlung des Cashflows vgl. ausführlich Kap. II Abschn. 42.

126 Vgl. zu einer umfangreichen Sammlung „euphorischer" Interpretationen des Cashflows HAUSCHILDT, J./RÖSLER, J./GEMÜNDEN, H.-G., Der Cash Flow, S. 354.

127 Zu den Mängeln des handelsrechtlichen Jahresabschlusses hinsichtlich bilanzanalytischer Zielsetzungen vgl. bereits Kap. I Abschn. 5.

422. Der dynamische Verschuldungsgrad

Die absolute Höhe des Cashflows lässt nur bedingt Aussagen über die Finanzlage des zu analysierenden Unternehmens zu. Der Bilanzanalytiker sollte den Cashflow deshalb in Beziehung zu anderen Größen setzen.[131]

In diesem Zusammenhang kann ergänzend zum statischen Verschuldungsgrad[132] der **dynamische Verschuldungsgrad** gebildet werden. Der dynamische Verschuldungsgrad ist wie folgt definiert:

$$\text{Dynamischer Verschuldungsgrad} = \frac{\text{Effektivverschuldung}}{\text{Cashflow}}$$

Kennzahl Nr. 02.19.00

Die im Zähler anzusetzende **Effektivverschuldung** stellt die um das Barvermögen und die schnell liquidierbaren Vermögensteile bereinigte Schuldenlast des Unternehmens dar.[133] Sie ist wie folgt zu ermitteln:

	Verbindlichkeiten
+	Rückstellungen
−	Wertpapiere des Umlaufvermögens
−	Schecks, Kassenbestand, Guthaben bei Kreditinstituten
=	Effektivverschuldung

Der im Nenner des dynamischen Verschuldungsgrades anzusetzende **Cashflow** gibt an, welche Mittel ein Unternehmen in der abgelaufenen Periode durch den Umsatzprozess erwirtschaften konnte, die dem Unternehmen in dieser Periode zur Verfügung standen, um Schulden zu tilgen.[134]

---

128 Vgl. LEFFSON, U., Cash Flow, S. 110 f.; TACKE, H. R., Aussagekraft und Anwendung des Cash flow, S. 306; DRUKARCZYK, J., Finanzierung, S. 73. Letzterer spricht dem immer wieder hervorgehobenen, angeblich höheren Informationswert des Cashflows lediglich eine psychologische Wirkung zu. Tatsächlich erweisen sich Cashflow-Verhältniszahlen aber als empirisch gehaltvoller als jahresergebnisorientierte Verhältniszahlen; vgl. m. w. N. HUELS, D., Früherkennung insolvenzgefährdeter Unternehmen, S. 103, Fn. 2; BAETGE, J./JERSCHENSKY, A., Moderne Verfahren der Jahresabschlußanalyse, S. 1581-1591; HAUSCHILDT, J./RÖSLER, J./GEMÜNDEN, H.-G., Der Cash Flow, S. 353-370.

129 Vgl. LEFFSON, U., Cash Flow, S. 110 f.; KÜTING, K./WEBER, C.-P., Die Bilanzanalyse, S. 142.

130 Vgl. hierzu auch Kap. VII Abschn. 432.1.

131 Vgl. etwa HENI, B., in: Bonner HdR, 2. Aufl., Cash Flow Analyse, Rn. 78; WAGNER, J., Die Aussagefähigkeit von cash-flow-Ziffern, S. 1650.

132 Vgl. Abschn. 22 in diesem Kapitel.

133 Vgl. BAETGE, J./SIEFKE, M., Kapitalstrukturanalyse, S. 346.

134 Zur Ermittlung des Cashflow vgl. Kap. II Abschn. 4.

Der dynamische Verschuldungsgrad, der auch als „**Tilgungsdauer**"[135] oder als „**Schuldentilgungsdauer**"[136] bezeichnet wird, dient als Maßstab für die Schuldendeckungsfähigkeit eines Unternehmens und gibt an, in wie vielen Perioden es einem Unternehmen unter sonst gleichen Bedingungen möglich wäre, seine Effektivschulden aus dem Cashflow vollständig zu tilgen. Je kleiner der Wert dieser Kennzahl ist, desto schneller kann ein Unternehmen seine Schulden aus Mitteln tilgen, die im eigenen Umsatzprozess erwirtschaftet wurden. Dadurch ist ein Unternehmen mit kleinem dynamischen Verschuldungsgrad relativ unabhängig von seinen Gläubigern. Ein geringer Wert des dynamischen Verschuldungsgrades kann somit als ein positives Indiz für die finanzielle Stabilität eines Unternehmens gewertet werden.

Dabei ist zu beachten, dass der Cashflow lediglich angibt, in welcher Höhe ein Unternehmen in der **abgelaufenen Periode** aus eigener Kraft finanzielle Mittel erwirtschaften konnte. Wie bei allen anderen zeitraumbezogenen Kennzahlen hängt die Interpretation des dynamischen Verschuldungsgrades als Tilgungsdauer von der Prämisse ab, dass auch in künftigen Perioden die Stromgröße in der Kennzahl (hier: der Cashflow) in etwa gleicher Höhe auftreten wird und auch die Effektivverschuldung sich nicht wesentlich ändert.[137]

---

135 Vgl. ARBEITSKREIS „EXTERNE UNTERNEHMENSRECHNUNG" DER SCHMALENBACH-GESELL-SCHAFT, Empfehlungen zur Vereinheitlichung von Kennzahlen in Geschäftsberichten, S. 1992; COENENBERG, A. G., Jahresabschluss und Jahresabschlussanalyse, S. 980.

136 Vgl. GRÄFER, H., Bilanzanalyse, S. 156; SCHULT, E., Bilanzanalyse, S. 163.

137 Vgl. GRÄFER, H., Bilanzanalyse, S. 156.

Die Effektivverschuldung, der Cashflow sowie der dynamische Verschuldungsgrad berechnen sich für den Philipp Holzmann Konzern wie folgt:

Effektivverschuldung	1994	1995
	11.219.021 TDM	13.778.936 TDM

Cashflow (Kennzahl Nr. 02.18.02)	1994	1995
	537.925 TDM	– 23.725 TDM

Dynamischer Verschuldungsgrad (Kennzahl Nr. 02.19.00)	1994	1995
	20,9	– 580,8

Die Effektivverschuldung beim Philipp Holzmann-Konzern steigt von 1994 bis 1995 deutlich an. Zudem ist der Konzern im Geschäftsjahr 1995 im Gegensatz zum Vorjahr nicht mehr in der Lage, einen positiven Cashflow aus dem Umsatzprozess zu erwirtschaften.
1994 wäre es c. p. dem Konzern noch möglich, seine effektiven Schulden am Bilanzstichtag aus eigenen, im Umsatzprozess erwirtschafteten Mitteln innerhalb einer Zeitspanne von 21 Jahren zu tilgen. Dagegen besagt der negative Wert des dynamischen Verschuldungsgrades im Jahr 1995, dass tatsächlich keine Möglichkeiten mehr bestehen, die bestehenden Schulden aus dem Cashflow zu begleichen. Da aus dem operativen Geschäft kein positiver Cashflow mehr resultiert, müssen 1995 zur Schuldentilgung und darüber hinaus zur Finanzierung der operativen Tätigkeiten abermals Schulden gemacht werden.

Bei internationalen Betriebsvergleichen bietet es sich an, die Kennzahlen so zu modifizieren, dass auch dann noch Unternehmensvergleiche möglich sind, wenn die Unternehmen nach unterschiedlichen Rechnungslegungsvorschriften, z. B. nach HGB, IFRS oder nach U. S. GAAP bilanzieren. Diese Kennzahlen weisen sich dann durch eine **geringe Rechnungslegungssensitivität** aus. Hierzu sollte die Effektivverschuldung im Zähler des dynamischen Verschuldungsgrades so modifiziert werden, dass die Rückstellungen nicht mehr berücksichtigt werden,[138] da hier wesentliche Bilanzierungsunterschiede in den einzelnen Regelwerken liegen. Die Effektivverschuldung ergibt sich dann aus den Verbindlichkeiten abzüglich der Wertpapiere des Umlaufvermögens sowie abzüglich der Schecks, des Kassenbestandes und der Guthaben bei Kreditinstituten. Die geringe Rechnungslegungssensitivität des dynamischen Verschuldungsgrades ist zudem dadurch gegeben, dass er auf einer zahlungsbezogenen Größe wie dem Cashflow basiert, der nur in geringem Maße von Bilanzierungsvorschriften abhängt.

Eine weitere Modifikation des dynamischen Verschuldungsgrades ergibt sich, wenn die Effektivverschuldung durch die Netto-Finanzschulden ersetzt wird. Unter den Netto-Finanzschulden ist eine Art Effektivverschuldung zu verstehen, die wie folgt ermittelt wird:

---

138 Vgl. PERRIDON, L./STEINER, M., Finanzwirtschaft der Unternehmung, S. 555.

> Anleihen
> + Verbindlichkeiten gegenüber Kreditinstituten
> + Akzeptverbindlichkeiten/Wechselverbindlichkeiten
> + Alle in den übrigen Schulden enthaltenen verzinslichen Anteile
>   (gewöhnlich ohne Pensionsrückstellungen)
> − Schecks, Kassenbestand, Guthaben bei Kreditinstituten
> − Wertpapiere des Umlaufvermögens
>
> = Netto-Finanzschulden

Mit dem auf dieser Basis ermittelten dynamischen Verschuldungsgrad wird implizit unterstellt, dass die übrigen Bestandteile des Fremdkapitals – also die nicht-verzinslichen Verbindlichkeiten/Schulden – aus Forderungen und Vorräten getilgt werden können.[139]

43 Analyse der Kapitalflussrechnung

431. Überblick

Ein ermittelter Cashflow ermöglicht dem Bilanzanalytiker zwar zu erkennen, in welcher Höhe finanzielle Mittel erwirtschaftet wurden, indes kann er nicht erkennen, wofür und in welcher Höhe die erwirtschafteten Mittel verwendet wurden. Mit der Kapitalflussrechnung ist ein Instrument entwickelt worden, welches über die Quellen und die Verwendung der Zahlungsströme eines Unternehmens Auskunft gibt. In der Kapitalflussrechnung wird zum einen der Cashflow aus der laufenden Geschäftstätigkeit ermittelt und zum anderen dargestellt, in welchem Umfang der Cashflow für Investitions- und Finanzierungsmaßnahmen verwendet wurde.[140]

Das Analyseziel einer solchen **liquiditätsorientierten Rechnung** ist, die finanzielle Lage des zu untersuchenden Unternehmens oder Konzerns zu beurteilen. Im Gegensatz zur **statischen Liquiditätsanalyse**, die nur die Bestände an einem bestimmten Bilanzstichtag untersucht, werden bei der Kapitalflussrechnung die **Zahlungsströme** des vergangenen Geschäftsjahres ermittelt und analysiert. Eine Kapitalflussrechnung ist daher als ein Instrument der **dynamischen Liquiditätsanalyse** anzusehen.[141] Die Kapitalflussrechnung ist eine Bewegungsrechnung, in der die Zu- und Abflüsse bestimmter in einem Fonds zusammengefasster finanzieller Mittel abgebildet und die Entstehungselemente angegeben werden.[142]

---

139 Vgl. Arbeitskreis „Externe Unternehmensrechnung" der Schmalenbach-Gesellschaft, Empfehlungen zur Vereinheitlichung von Kennzahlen in Geschäftsberichten, S. 1992.

140 Vgl. Busse von Colbe, W., Kapitalflußrechnung, Sp. 1074.

141 Vgl. Bartram, W., Dynamische Liquiditätsanalysen mit Hilfe von Kapitalflußrechnungen, S. 614.

142 Vgl. Käfer, K., Kapitalflußrechnungen, S. 31; Schoppen, W., Kapitalflußrechnung, S. 59.

Die größte Schwierigkeit des Bilanzanalytikers bei der Erstellung einer Kapitalfluss-rechnung ist, die Zahlungsströme aus den periodisierten Jahresabschlussdaten zu ermitteln, d. h., die liquiditätswirksamen Vorgänge von den liquiditätsunwirksamen Vorgängen zu trennen. Er kann lediglich versuchen, aus den ihm vorliegenden Buchbeständen der Bilanz und den Aufwendungen und Erträgen der Gewinn- und Verlustrechnung eine zahlungsstromorientierte Kapitalflussrechnung zu rekonstruieren.[143]

Allerdings ist in Deutschland eine Kapitalflussrechnung für Mutterunternehmen, die einen Konzernabschluss aufstellen müssen, gemäß § 297 Abs. 1 Satz 2 HGB vorgeschrieben und ist daher vom Konzernabschlussersteller mit dem Konzernabschluss aufzustellen.[144] Für den Einzelabschluss besteht in Deutschland keine gesetzliche Publizitätspflicht für Kapitalflussrechnungen. Indes ist bei deutschen Unternehmen die Tendenz zu beobachten, liquiditätsorientierte Rechnungen **freiwillig** zu veröffentlichen.[145] Das HGB enthält neben der Verpflichtung für Konzerne, eine Kapitalflussrechnung zu erstellen, keine weiteren Vorschriften, wie diese zu gestalten sind. Der DSR hat diese Regelungslücke geschlossen und in DRS 2 die Vorschriften zur Ausgestaltung der Kapitalflussrechnung festgelegt.[146] Der DRS 2 ist von allen Mutterunternehmen anzuwenden, die verpflichtet sind, eine Kapitalflussrechnung aufzustellen. Soweit Unternehmen freiwillig eine Kapitalflussrechnung aufstellen, sollen auch diese DRS 2 beachten (DSR 2.3). Der DRS 2 wurde sehr stark an die IAS angelehnt und stimmt in wesentlichen Punkten mit IAS 7 überein.[147] Die Kompatibilität von DRS 2 und IAS 7 ist durch ein sog. „Meistregelungsprinzip" sichergestellt, nach dem eine Kapitalflussrechnung nach DRS 2 alle Angaben enthalten muss, die auch nach IAS 7 gefordert werden.[148]

Die den Anforderungen von DRS 2 entsprechenden veröffentlichten Informationen zur Finanzlage gehen weit darüber hinaus, Jahresabschlussposten einfach umzugliedern.[149] Der externe Bilanzanalytiker kann daher darauf verzichten, selbst eine Kapitalflussrechnung des zu analysierenden Unternehmens zu erstellen, wenn vom zu analysierenden Unternehmen eine Kapitalflussrechnung entsprechend DRS 2 veröffentlicht wird. Die Analyse des externen Bilanzanalytikers beschränkt sich dann darauf, die vom zu untersuchenden Unternehmen oder Konzern gegebenen Informationen zu interpretieren. Wird keine Kapitalflussrechnung veröffentlicht, muss der externe Bilanzanalytiker selbst eine Kapitalflussrechnung erstellen, wenn er die Finanzlage des Unternehmens oder Konzerns auch „dynamisch" ermitteln will.

---

143 Vgl. REHKUGLER, H./PODDIG, T., Bilanzanalyse, S. 89.

144 Bis das Bilanzrechtsreformgesetz verabschiedet wird, ist die Kapitalflussrechnung nur bei kapitalmarktorientierten Mutterunternehmen zwingender Bestandteil des Konzernabschlusses.

145 Vgl. die empirische Untersuchung von HALLER, A./JAKOBY, S., Finanzierungsrechnung, S. 647 f.

146 Vgl. BAETGE, J./KIRSCH, H.-J., THIELE, S., Konzernbilanzen, S. 565-572.

147 Vgl. PILHOFER, J., Konzeptionelle Grundlagen des neuen DRS 2, S. 292.

148 Vgl. WYSOCKI, K. V., DRS 2, S. 2378.

149 Vgl. WYSOCKI, K. V., in: Baetge u. a., Rechnungslegung nach IAS, 2. Aufl., IAS 7, Rn. 121-140.

Zunächst wird ein Überblick über die Arten und Erstellungsmethoden von Kapitalflussrechnungen im Abschn. 432. und über die Regelungen des DRS 2 im Abschn. 433. gegeben. Anschließend wird in Abschn. 434. verdeutlicht, welche Analysemöglichkeiten eine Kapitalflussrechnung bietet. Darauf aufbauend wird in Abschn. 435. gezeigt, wie eine Kapitalflussrechnung in jenen Fällen aufgestellt werden kann, in denen keine veröffentlichte Kapitalflussrechnung vorliegt. Die vorgestellte Vorgehensweise zur Aufstellung einer Kapitalflussrechnung soll dem externen Bilanzanalytiker eine möglichst gleichwertige Analyse der Finanzlage ermöglichen, wie sie bei einer vom Abschlussersteller aufgestellten Kapitalflussrechnung nach DRS 2 möglich ist.

432. Die Arten und Erstellungsmethoden von Kapitalflussrechnungen

Die Ausgestaltung einer Kapitalflussrechnung ist abhängig vom jeweiligen Aufstellungszweck, den Informationsbedürfnissen der Adressaten sowie den verfügbaren Daten.[150] Kapitalflussrechnungen können zunächst nach dem Zeitbezug in prospektive und retrospektive Rechnungen systematisiert werden. Eine **prospektive Kapitalflussrechnung** dient dem Bilanzanalytiker als Vorschau auf geplante künftige Finanzmittelbewegungen, so dass mit dieser Rechnung die **künftige Zahlungsfähigkeit** des Unternehmens bzw. Konzerns besser beurteilt werden kann als mit einer retrospektiven Rechnung.[151] Indes ist eine solche Rechnung weder vorgeschrieben noch liegen im Regelfall prospektive Informationen im Abschluss vor, mit denen der Bilanzanalytiker selbst eine prospektive Kapitalflussrechnung erstellen könnte. Außerdem bestünden erhebliche Ermessensspielräume, wenn eine solche Rechnung erstellt würde. Den von Unternehmen oder Konzernen veröffentlichten prospektiven Kapitalflussrechnungen würde es daher an der Objektivität der Planzahlen mangeln.

Aus diesen Gründen werden im Folgenden nur die **retrospektiven** Rechnungen zur Finanzlage betrachtet, die aus den Zahlungen der Vergangenheit ermittelt werden. Retrospektive Kapitalflussrechnungen sind wiederum danach zu unterscheiden, wie die Zahlungen **dargestellt** und wie die Zahlungen **ermittelt** werden (DRS 2.12).

Eine Kapitalflussrechnung kann entweder in der **direkten Darstellungsform** oder in der **indirekten Darstellungsform** vorgelegt werden. Nach der direkten Methode werden die (Brutto-) Einzahlungen und Auszahlungen unsaldiert ausgewiesen. Bei der indirekten Darstellungsmethode werden die Cashflows hingegen bestimmt, indem bestimmte Größen des Jahresabschlusses, ausgehend vom Jahresüberschuss, zu Zahlungsgrößen „rückgerechnet" werden, indem sie mit bestimmten, zahlungsunwirksamen Positionen des Jahresabschlusses saldiert werden. Hierdurch werden Erfolgsgrößen und Bestandsänderungen saldiert, so dass einzelne Zahlungsarten nicht mehr erkannt werden können. Aus Sicht des Bilanzanalytikers ist deshalb die direkte Darstellungsform der indirekten Darstellungsform vorzuziehen.[152]

---

150 Vgl. KÜTING, K./WEBER, C.-P., Die Bilanzanalyse, S. 149.

151 Vgl. BUSSE VON COLBE, W., Aufbau und Informationsgehalt von Kapitalflußrechnungen, S. 114.

Bei der direkten Darstellungsform sind Kapitalflussrechnungen zudem danach zu unterscheiden, ob die Zahlungen **originär** aus den in der Buchhaltung aufgezeichneten Zahlungsvorgängen, also aus den Umsätzen der Liquiditätskonten, oder **derivativ** aus den Daten des Jahresabschlusses ermittelt werden.[153] Voraussetzung für die originäre Ermittlung der Zahlungen ist, dass im Unternehmen ein Buchführungssystem genutzt wird, dass einzahlungswirksame und auszahlungswirksame Bestands- und Erfolgsbuchungen von einzahlungsunwirksamen und auszahlungsunwirksamen Buchungen trennt.[154] Daher ist es nur betriebs**intern** möglich, eine Kapitalflussrechnung originär zu erstellen. Derivative Kapitalflussrechnungen können hingegen sowohl **intern** als auch **extern** – z. B. im Rahmen der Bilanzanalyse – erstellt werden.[155] Die beiden Darstellungsformen und die beiden Ermittlungsmethoden für retrospektive Kapitalflussrechnungen zeigt die folgende Übersicht:

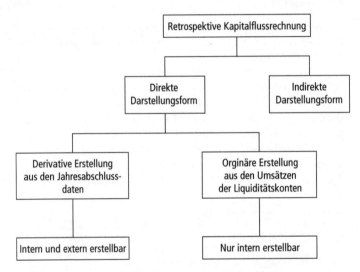

Übersicht V-13: *Darstellungsformen und Ermittlungsmethoden von Kapitalflussrechnungen*

433. Die Kapitalflussrechnung gemäß DRS 2

Die Grundstruktur einer nach DRS 2 erstellten Kapitalflussrechnung wird zum einen durch die Abgrenzung eines Fonds (Fondsänderungsnachweis) und zum anderen durch das sog. Aktivitätsformat bestimmt.

---

152 Vgl. WYSOCKI, K. V., in: Baetge u. a., Rechnungslegung nach IAS, 2. Aufl., IAS 7, Rn. 73.

153 Die originäre Form der Erstellung einer Kapitalflussrechnung lässt sich auf das Konzept der Umsatzmatrix von KÄFER zurückführen; vgl. KÄFER, K., Kapitalflußrechnungen, S. 213-216.

154 Vgl. WYSOCKI, K. V., in: Baetge u. a., Rechnungslegung nach IAS, 2. Aufl., IAS 7, Rn. 72.

155 Vgl. zur derivativen Erstellung einer Kapitalflussrechnung durch den Bilanzanalytiker Abschn. 435. in diesem Kapitel.

Einen Überblick über die Grundstruktur der Kapitalflussrechnung nach DRS 2 gibt die folgende Abbildung:[156]

1.		Periodenergebnis vor außerordentlichen Posten
2.	±	Abschreibungen (+)/Zuschreibungen (–) auf Gegenstände des Anlagevermögens
3.	±	Zunahme (+)/Abnahme (–) der Rückstellungen
4.	±	Sonstige zahlungsunwirksame Aufwendungen (+)/Erträge (–) [157]
5.	±	Verlust (+)/Gewinn (–) aus dem Abgang von Gegenständen des Anlagevermögens
6.	±	Abnahme (+)/Zunahme (–) der Vorräte, der Forderungen aus Lieferungen und Leistungen sowie anderer Aktiva, die nicht der Investitions- oder Finanzierungstätigkeit zuzuordnen sind
7.	±	Zunahme (+)/Abnahme (–) der Verbindlichkeiten aus Lieferungen und Leistungen sowie anderer Passiva, die nicht der Investitions- oder Finanzierungstätigkeit zuzuordnen sind
8.	±	Einzahlungen (+)/Auszahlungen (-) aus außerordentlichen Posten
9.	=	**Cashflow aus laufender Geschäftstätigkeit**
10.		Einzahlungen aus Abgängen (z. B. Verkaufserlöse, Tilgungsbeträge) von Gegenständen des Sachanlagevermögens (Restbuchwerte der Abgänge erhöht um Gewinne und vermindert um Verluste aus dem Anlagenabgang)
11.	–	Auszahlungen für Investitionen in das Sachanlagevermögen
12.	+	Einzahlungen aus Abgängen von Gegenständen des immateriellen Anlagevermögens
13.	–	Auszahlungen für Investitionen in das immaterielle Anlagevermögen
14.	+	Einzahlungen aus Abgängen von Gegenständen des Finanzanlagevermögens
15.	–	Auszahlungen für Investitionen in das Finanzanlagevermögen
16.	+	Einzahlungen aus dem Verkauf von konsolidierten Unternehmen und sonstigen Geschäftseinheiten
17.	–	Auszahlungen aus dem Erwerb von konsolidierten Unternehmen und sonstigen Geschäftseinheiten
18.	+	Einzahlungen aufgrund von Finanzmittelanlagen im Rahmen der kurzfristigen Finanzdisposition
19.	–	Auszahlungen aufgrund von Finanzmittelanlagen im Rahmen der kurzfristigen Finanzdisposition
20.	=	**Cashflow aus der Investitionstätigkeit**
21.		Einzahlungen aus Eigenkapitalzuführungen (Kapitalerhöhung, Verkauf eigener Anteile etc.)
22.	–	Auszahlungen an Unternehmenseigner und Minderheitsgesellschafter (Dividende, Erwerb eigener Anteile, Eigenkapitalrückzahlungen, andere Ausschüttungen)
23.	+	Einzahlungen aus der Begebung von Anleihen und aus der Aufnahme von (Finanz-)Krediten
24.	–	Auszahlungen für die Tilgung von Anleihen und (Finanz-)Krediten
25.	=	**Cashflow aus der Finanzierungstätigkeit**
26.		Zahlungswirksame Veränderung des Finanzmittelbestands (Summe Zeilen 9., 20. und 25.)
27.	±	Wechselkurs-, konsolidierungskreis- und bewertungsbedingte Änderungen des Finanzmittelbestandes
28.	+	Finanzmittelbestand am Anfang der Periode
29.	=	**Finanzmittelbestand am Ende der Periode**

Übersicht V-14: *Mindestgliederung der Kapitalflussrechnung bei indirekter Ermittlung des Cashflows aus laufender Geschäftstätigkeit nach DRS 2*

---

156 Vgl. DRS 2, Anlage, Tabelle 6; hier wurde die Mindestgliederung bei indirekter Darstellung des Cashflows aus laufender Geschäftstätigkeit gewählt. Indes besteht nach DRS 2 ein Wahlrecht, den Cashflow aus laufender Geschäftstätigkeit auch nach der direkten Methode darzustellen.

157 Hierbei handelt es sich etwa um Veränderungen des Sonderpostens mit Rücklageanteil, um Erträge aus der Auflösung passivierter Investitionszuschüsse, um Abschreibungen auf Wertpapiere des Umlaufvermögens und um Abschreibungen auf ein aktiviertes Disagio.

Ausgangspunkt der Kapitalflussrechnung ist ein Anfangsbestand der Finanzmittel (Übersicht V-14, Zeile 28.), der als **Finanzmittelfonds** bezeichnet wird. Unter einem **Fonds** wird die Zusammenfassung bestimmter – für die Liquiditätsanalyse bedeutsamer – Bilanzposten bzw. Konten zu einer buchhalterischen Einheit verstanden.[158] Durch die Abgrenzung eines Fonds soll gezeigt werden, wie sich ein bestimmter Finanzmittelbestand in der vergangenen Rechnungsperiode entwickelt hat. Die Veränderung zwischen Anfangs- und Endbestand des Finanzmittelfonds ergibt sich aus den fondswirksamen Investitions- und Desinvestitionsmaßnahmen.[159] Die Zusammenstellung der Veränderungen der Fondspositionen wird deshalb auch als **Fondsänderungsnachweis** (Übersicht V-14, Zeilen 26. bis 29.) bezeichnet. Durch die Abgrenzung eines Fonds wird die aus Bilanz und Gewinn- und Verlustrechnung abgeleitete Rechnung in zwei Teile gespalten, nämlich in den schon genannten Fondsänderungsnachweis und in die **Ursachenrechnung** (Übersicht V-14, Zeilen 1. bis 25.). In der Ursachenrechnung (auch: Investitions- und Finanzierungsnachweis) werden alle Veränderungen der nicht in den Fonds einbezogenen Konten, die von KÄFER – wenn auch heute kaum noch gebräuchlich – als Gegenbestände oder Gegenbestandskonten bezeichnet werden, zusammengestellt.[160] Je mehr Bilanzposten in den Fonds einbezogen werden, desto weniger Veränderungen des Fonds können in der Ursachenrechnung erklärt werden. Die folgende Übersicht gibt einen Überblick über mögliche Fondsabgrenzungen:[161]

---

158 Vgl. KÄFER, K., Kapitalflußrechnungen, S. 41.
159 Vgl. COENENBERG, A. G., Jahresabschluss und Jahresabschlussanalyse, S. 714.
160 Vgl. KÄFER, K., Kapitalflußrechnungen, S. 41.
161 Vgl. KÄFER, K., Kapitalflußrechnungen, S. 49-51; COENENBERG, A. G., Jahresabschluss und Jahresabschlussanalyse, S. 715.

		Fondsarten					
		Netto-Umlauf-vermö-gen	Umlauf-vermö-gen	Netto-Geld-vermö-gen	Geld-vermö-gen	Liquide Mittel	Geld
Im Fonds erfasste Posten der Bilanz	Kasse, Bankguthaben und Schecks	x	x	x	x	x	x
	Kurzfristig veräußerbare Wertpapiere	x	x	x	x	x	–
	Kurzfristige Forderungen und sonstige Vermögensgegenstände	x	x	x	x	–	–
	Vorräte	x	x	–	–	–	–
	Aktivische RAP	x	x	–	–	–	–
	Kurzfristige Verbindlichkeiten	x	–	x	–	–	–
	Passivische RAP	x	–	–	–	–	–

Übersicht V-15:   *Abgrenzung verschiedener Fonds*

Die einfachste Form der Fondsabgrenzung liegt beim „Geld"-Fonds vor (letzte Spalte in Übersicht V-15), in dem allein der Bilanzposten „Kasse, Bankguthaben und Schecks" erfasst wird. Der „Liquide-Mittel"-Fonds erfasst darüber hinaus die kurzfristig veräußerbaren Wertpapiere (vorletzte Spalte in Übersicht V-15).

Durch jeden zusätzlich in den Fonds einbezogenen Bilanzposten erhöht sich die Tendenz, dass immer mehr (liquiditätsunwirksame) bewertungsabhängige Bestandteile in den Fonds gelangen. Ein lediglich aus Zahlungsmitteln bestehender Fonds unterliegt hingegen vergleichsweise geringen Bewertungseinflüssen. Daher sollte zur Abgrenzung des Fonds eher ein geldnaher Fonds, wie der Fonds der liquiden Mittel oder der Geld-Fonds herangezogen werden. Der DRS 2 schreibt – entsprechend der internationalen Vorgehensweise[162] – vor, dass in den Finanzmittelfonds nur Zahlungsmittel und Zahlungsmitteläquivalente einzubeziehen sind. Unter Zahlungsmitteln werden Barmittel und jederzeit fällige Sichteinlagen verstanden. Bei Zahlungsmitteläquivalenten handelt es sich um Finanzmittel, die als Liquiditätsreserve und nicht als Finanzinvestition gehalten werden und eine maximale Restlaufzeit ab Erwerbszeitpunkt von drei Monaten haben (DRS 2.16 bis 2.18).[163] DRS 2 erlaubt auch, die jederzeit fälligen Bankverbindlichkeiten, die in die Disposition der liquiden Mittel einbezogen sind, mit negativem Vorzeichen in den Finanzmittelfonds mit einzubeziehen (DRS 2.19).

---

162 Vgl. WYSOCKI, K. V., in: Baetge u. a., Rechnungslegung nach IAS, 2. Aufl., IAS 7, Rn. 15-29.
163 Vgl. GEBHARDT, G., Kapitalflußrechnungen, S. 1315.

In der Ursachenrechnung wird erfasst, wo die während des Geschäftsjahres eingehenden Finanzmittel herkommen und wie sie verwendet werden, d. h., wie sich die nicht zum Finanzmittelfonds zählenden Bilanzposten sowie die Baraufwendungen und Barerträge verändern. Damit wird in der Ursachenrechnung ein Einblick in die Entwicklung der gesamten Finanzlage des Unternehmens oder des Konzerns gewährt.[164] Die nicht in den Fonds einbezogenen Konten werden inhaltlich so gegliedert, dass die Herkunft und Verwendung von Zahlungsmitteln und die Struktur der betrieblichen Zahlungsströme systematisiert wird. Zu diesem Zweck werden die Zahlungsströme nach dem sowohl national als auch international empfohlenen **Aktivitätsformat** (DRS 2.7; IAS 7.10 bis 17) den betrieblichen Bereichen „**laufende Geschäftstätigkeit**" (Übersicht V-14, Zeile 1. bis 9.), „**Investitionstätigkeit**" (Übersicht V-14, Zeile 10. bis 20.) und „**Finanzierungstätigkeit**" (Übersicht V-14, Zeile 21. bis 25.) zugeordnet. Die jeweiligen Cashflows der einzelnen Bereiche werden dabei in Zwischensummen ausgewiesen.

Bei der Erstellung der Kapitalflussrechnung nach DRS 2 kann im Teilbereich der laufenden Geschäftstätigkeit zwischen der indirekten oder der direkten Darstellungsform gewählt werden (DRS 2.12). Bei der **indirekten** Methode wird der Jahresüberschuss/Jahresfehlbetrag um die zahlungsunwirksamen Aufwendungen erhöht und um die zahlungsunwirksamen Erträge vermindert sowie um andere, nicht in der Gewinn- und Verlustrechnung und nicht im Investitions- und Finanzierungsbereich erfasste Vorgänge ergänzt. Werden die Zahlungsströme indirekt dargestellt, wird indes nicht darüber informiert, wie das Unternehmen oder der Konzern finanzielle Mittel erwirtschaftet hat.[165] Den indirekten Ausweis zeigt das folgende Schema:

1.		Periodenergebnis vor außerordentlichen Posten
2.	±	Abschreibungen (+)/Zuschreibungen (–) auf Gegenstände des Anlagevermögens
3.	±	Zunahme (+)/Abnahme (–) der Rückstellungen
4.	±	Sonstige zahlungsunwirksame Aufwendungen (+)/Erträge (–)
5.	±	Verlust (+)/Gewinn (–) aus dem Abgang von Gegenständen des Anlagevermögens
6.	±	Abnahme (+)/Zunahme (–) der Vorräte, der Forderungen aus Lieferungen und Leistungen sowie anderer Aktiva
7.	±	Zunahme (+)/Abnahme (–) der Verbindlichkeiten aus Lieferungen und Leistungen sowie anderer Passiva
8.	±	Ein- und Auszahlungen aus außerordentlichen Posten
9.	=	**Cashflow aus laufender Geschäftstätigkeit**

Übersicht V-16: *Teilbereich der laufenden Geschäftstätigkeit bei indirekter Darstellung des Cashflows nach DRS 2.27*

Aus Unternehmenssicht hat der indirekte Ausweis des Cashflows aus laufender Geschäftstätigkeit den Vorteil, dass er einfacher zu erstellen ist.

---

164 Vgl. BUSSE VON COLBE, W., Kapitalflußrechnung, Sp. 1075.
165 Vgl. AMEN, M., Die Kapitalflußrechnung als Rechnung zur Finanzlage, S. 500 f.

Der Cashflow aus der laufenden Geschäftstätigkeit darf nach DRS 2 aber auch direkt ausgewiesen werden. Für den Teilbereich der laufenden Geschäftstätigkeit ergibt sich bei **direkter** Darstellungsform folgendes Schema:

1.		Einzahlungen von Kunden für den Verkauf von Erzeugnissen, Waren und Dienstleistungen
2.	–	Auszahlungen an Lieferanten und Beschäftigte
3.	+	Sonstige Einzahlungen, die nicht der Investitions- und Finanzierungstätigkeit zuzuordnen sind
4.	–	Sonstige Auszahlungen, die nicht der Investitions- und Finanzierungstätigkeit zuzuordnen sind
5.	±	Ein- und Auszahlungen aus außerordentlichen Posten
6.	=	**Cashflow aus laufender Geschäftstätigkeit**

Übersicht V-17: *Teilbereich der laufenden Geschäftstätigkeit bei direkter Darstellung des Cashflows nach DRS 2.26*

Die direkte Methode hat den Vorteil, dass der externe Bilanzanalytiker erkennen kann, durch welche Zahlungen der Cashflow aus dem Bereich der laufenden Geschäftstätigkeit zustande gekommen ist. Veränderungen des Cashflows aus laufender Geschäftstätigkeit können dann direkt auf ihre Ursachen zurückgeführt werden.

Für die Teilbereiche des Cashflows aus der Investitionstätigkeit und der Finanzierungstätigkeit ist in jedem Falle die direkte Darstellungsform anzuwenden (DRS 2.12). Möglich ist also, den Cashflow aus laufender Geschäftstätigkeit indirekt darzustellen und die Bereiche Cashflow aus der Investitionstätigkeit und aus der Finanzierungstätigkeit direkt darzustellen oder für alle drei Bereiche des Aktivitätsformates die direkte Darstellungsform zu wählen.[166]

Bezüglich der Ermittlungsmethode der Cashflows schreibt DRS 2 keine Ermittlungsmethode explizit vor, sondern bietet dem Rechnungslegenden ein Wahlrecht, die Zahlungen der Kapitalflussrechnung entweder **originär** oder **derivativ** zu ermitteln (DRS 2.12). Der DSR stellt indes selbst fest, dass der Cashflow i. d. R. derivativ ermittelt wird. Außerdem zeigen empirische Untersuchungen, dass in den Geschäftsberichten deutscher Unternehmen und Konzerne (noch) keine originären Kapitalflussrechnungen veröffentlicht werden.[167]

In der in Übersicht V-14 abgebildeten Mindestgliederung einer Kapitalflussrechnung gemäß DRS 2 wird der Cashflow aus laufender Geschäftstätigkeit indirekt dargestellt (Übersicht V-14, Zeile 1. bis 9.). Der Saldo aller drei Bereiche der Ursachenrechnung

---

166 Eine empirische Untersuchung von GEBHARDT/HEILMANN ergab indes, dass in den Geschäftsberichten zahlreicher börsennotierter Unternehmen gegen die Vorschrift verstoßen wird, den Cashflow aus der Investitionstätigkeit und den Cashflow aus der Finanzierungstätigkeit direkt darzustellen; vgl. GEBHARDT, G./HEILMANN, A., Compliance with German Accounting Standards, S. 229-233.

167 Vgl. z. B. HALLER, A./JAKOBY, S., Finanzierungsrechnung, S. 641-649; MAYER, K., Kapitalflußrechnungen, S. 221.

(Übersicht V-14, Zeile 26.) gibt den Betrag an, um den der Finanzmittelfonds am Ende des Geschäftsjahres höher bzw. niedriger ist als am Anfang des Geschäftsjahres. Die absolute Höhe der finanziellen Mittel am Ende des Geschäftsjahres (Übersicht V-14, Zeile 29.) ist für die Beurteilung der finanziellen Entwicklung dabei zweitrangig. Wichtiger für die Beurteilung der finanziellen Entwicklung ist, mit der Ursachenrechnung festzustellen, warum sich der Bestand an finanziellen Mitteln geändert hat. Auf die Analysemöglichkeiten der einzelnen Bereich-Cashflows wird im folgenden Abschnitt eingegangen.

434. Analysemöglichkeiten der Kapitalflussrechnung

Die Analyse der Kapitalflussrechnung dient dem Ziel, Aussagen über die künftige Finanzlage bzw. die finanzielle Stabilität des Unternehmens treffen zu können. Die Darstellung der Zahlungsströme in der Kapitalflussrechnung soll darüber informieren, wie das Unternehmen aus der laufenden Geschäftstätigkeit Finanzmittel erwirtschaftet hat und welche zahlungswirksamen Investitions- und Finanzierungsmaßnahmen getätigt wurden. Damit soll die Kapitalflussrechnung den Einblick in die Fähigkeit des Unternehmens verbessern, künftig finanzielle Überschüsse zu erwirtschaften, seine Zahlungsverpflichtungen zu erfüllen und Ausschüttungen an die Anteilseigner zu leisten (DRS 2.1).

Zunächst stellt sich die Frage, welche Informationen die Kapitalflussrechnung dem Bilanzanalytiker liefern kann, die nicht ohnehin schon aus der Bilanz und der Gewinn- und Verlustrechnung des zu analysierenden Unternehmens ersichtlich sind. Zum einen liegt der Informationsnutzen für den Bilanzanalytiker darin, dass der Jahresüberschuss als erfolgswirtschaftliche Zielgröße nur sinnvoll interpretiert werden kann, wenn die Zahlungsfähigkeit des Unternehmens jederzeit gegeben ist. Analysiert der Bilanzanalytiker nämlich die Erfolgslage des Unternehmens[168] mit Hilfe des Jahresüberschusses und schließt hierdurch auf die künftige Erfolgslage, so wären die Erkenntnisse nutzlos, wenn das künftige Ertragsniveau aufgrund von drohender Zahlungsunfähigkeit des Unternehmens gefährdet ist. Die jederzeitige Zahlungsfähigkeit des Unternehmens ist nämlich eine existenznotwendige Nebenbedingung für das Unternehmen. Der Bilanzanalytiker benötigt deshalb die Kapitalflussrechnung, um die Liquiditätssituation des Unternehmens beurteilen zu können. Zum anderen sind aus der Bilanz und GuV wichtige zahlungswirksame Stromgrößen nicht zu erkennen, da sie mit nicht zahlungswirksamen Größen vermischt sind, z. B. die Bruttoinvestitionen und die Beträge des Eigenkapitals und des Fremdkapitals, die aufgenommen bzw. getilgt wurden. Für den Bilanzanalytiker kann die Information über diese Stromgrößen zur Beurteilung seiner Anlageentscheidung aber durchaus von Interesse sein.[169] Darüber hinaus ist die Kapitalflussrechnung ein wichtiges Informationsinstrument, aus dem der Anleger erkennen kann, welche Zahlungsmittel dem Unternehmen nach

---

168 Vgl. zur Analyse der Erfolgslage Kap. VI.

169 Vgl. BUSSE VON COLBE, W., Aufbau und Informationsgehalt von Kapitalflussrechnungen, S. 89.

Investitionen frei zur Verfügung stehen, um sie ggf. an die Anteilseigner auszuschütten. Die Höhe der Ausschüttung ist nämlich nicht nur (rechtlich) durch die Höhe des bilanziellen Gewinns determiniert, sondern auch (wirtschaftlich) dadurch, ob entsprechende finanzielle Mittel disponibel sind.[170] Weiterhin ist die Kapitalflussrechnung ein Rechenwerk, das nahezu frei ist von bilanzpolitischen Maßnahmen des Unternehmens, so dass die Kapitalflussrechnung den Bilanzanalytiker bei der Analyse der Bilanz und der GuV sinnvoll unterstützen kann.

Die vom DSR eingangs definierten Erkenntnisziele, die ein Bilanzanalytiker aus der Kapitalflussrechnung gewinnen soll, lassen sich in die untergeordneten Analyseziele der „Finanzgebarung", der „Finanzkraft" und der „Zahlungsfähigkeit" unterscheiden.[171]

Durch die Analyse der **Finanzgebarung** soll der Bilanzanalytiker einen Einblick in das „Gefüge des finanziellen Gleichgewichts"[172] bekommen. Hierzu kann er die im Aktivitätsformat gegebenen Bereich-Cashflows – den Cashflow aus der laufenden Geschäftstätigkeit, aus der Investitionstätigkeit und aus der Finanzierungstätigkeit des Unternehmens – analysieren.

Von großer Bedeutung für die Abschätzung der künftigen Entwicklung eines Unternehmens oder Konzerns sind die Informationen über die Finanzmittelzuflüsse und -abflüsse **aus dem Bereich der laufenden Geschäftstätigkeit**. Dieser erste Bereich der Ursachenrechnung informiert den Bilanzanalytiker über die Innenfinanzierungskraft des Unternehmens oder Konzerns. Der Saldo dieses Bereiches sollte grundsätzlich positiv sein, da die aus der laufenden Geschäftstätigkeit erwirtschafteten Mittel zur Investition, zur Schuldentilgung und zur Befriedigung der finanziellen Ansprüche der Anteilseigner benötigt werden. Lediglich neu gegründeten oder stark expandierenden Unternehmen kann ein Mittelabfluss aus diesem Bereich zugestanden werden.[173] Stellt sich bei der Analyse mehrerer Geschäftsjahre heraus, dass das Unternehmen bzw. der Konzern nicht in der Lage ist, sich aus der laufenden Geschäftstätigkeit zu finanzieren, so muss vom Bilanzanalytiker der dauerhafte Fortbestand des Unternehmens oder des Konzerns angezweifelt werden.[174] Weitere Analysen über die Ursachen der Änderung des Zahlungsmittelsaldos aus diesem Bereich sind möglich, wenn der Mittelzufluss bzw. Mittelabfluss aus laufender Geschäftstätigkeit nach der direkten Methode ermittelt wurde. Negative Entwicklungen des Zahlungsmittelsaldos aus dem Bereich der laufenden Geschäftstätigkeit können dann direkt, z. B. überproportional gestiegenen Auszahlungen für Beschäftigte, zugeordnet werden.

---

170 Vgl. BUSSE VON COLBE, W., Aufbau und Informationsgehalt von Kapitalflussrechnungen, S. 92.

171 Vgl. COENENBERG, A. G./MEYER, M. A., Kapitalflussrechnung als Instrument der Unternehmensanalyse, S. 173.

172 Vgl. COENENBERG, A. G./MEYER, M. A., Kapitalflussrechnung als Instrument der Unternehmensanalyse, S. 174.

173 Vgl. REHKUGLER, H.,/PODDIG, T., Bilanzanalyse, S. 129.

174 Vgl. HÄUSLER, H./HOLZER, H. P., Entwicklung und Status der Kapitalflußrechnung, S. 1408.

Der zweite Bereich der Ursachenrechnung – der **Investitionsbereich** – zeigt, in welchem Umfang im betrachteten Geschäftsjahr Investitionen und Desinvestitionen zu einer Veränderung des Anlagevermögens geführt haben. Dabei sollten bei normalem Geschäftsverlauf die Investitionsauszahlungen in das Anlagevermögen die Desinvestitionseinzahlungen übersteigen. Der Investitionsbereich wird daher i. d. R. mit einem Defizit abschließen, das durch Überschüsse aus der laufenden Geschäftätigkeit, durch einen Mittelzufluss aus dem Finanzierungsbereich oder durch einen Abbau des Finanzmittelfonds gedeckt werden muss.[175] Im Zeitablauf ist bei der Analyse des Cashflows aus der Investitionstätigkeit darauf zu achten, ob das Unternehmen bzw. der Konzern dauerhaft hohe Desinvestitionseinnahmen durch Verkäufe von Teilen des Anlagevermögens aufweist und die dadurch erzielten Einnahmen eventuell einsetzt, um ein Defizit aus der laufenden Geschäftstätigkeit zu decken. In diesem Fall kann davon ausgegangen werden, dass das Unternehmen bzw. der Konzern von seiner Substanz lebt und seine finanzielle Lage äußerst angespannt ist.

Der dritte Bereich der Ursachenrechnung zeigt den Finanzmittelfluss des Unternehmens oder Konzerns von und zu den **Finanzmärkten**. Dieser Bereich soll in erster Linie ein verbleibendes Defizit aus dem Umsatz- und Investitionsbereich abdecken.[176] Dabei ist besonders auf die Art der Finanzierung zu achten, d. h., ob eventuelle Defizite der beiden ersten Bereiche der Ursachenrechnung durch Eigenfinanzierung oder durch (kurzfristige) Fremdfinanzierung ausgeglichen werden. Bei kurzfristiger Fremdfinanzierung wird aufgrund kurzfristiger Rückzahlungsverpflichtungen nämlich die Dispositionsfreiheit des Unternehmens oder des Konzerns in der näheren Zukunft eingeschränkt. Auf die kurzfristige Fremdfinanzierung im Zeitablauf ist deshalb vor allem bei Betrieben, die in eine Krise geraten, besonders zu achten.[177]

Deutlich wird, dass die isolierte Analyse eines einzelnen Teilbereiches der Kapitalflussrechnung wenig sinnvoll ist. Die Cashflows aus den einzelnen Teilbereichen sind vielmehr im Zusammenhang zu sehen. Darüber hinaus sollten einzelne Komponenten der Bereich-Cashflows als Absolutgröße betrachtet werden, z. B. die Bruttoinvestitionen. Bei der ganzheitlichen Analyse der Kapitalflussrechnung ist wichtig, zu erkennen, ob gewisse Ein- bzw. Auszahlungen nur vorgenommen, vorgezogen oder aber verschoben wurden, um das finanzielle Gleichgewicht zu erhalten. In diesem Fall muss sich der Bilanzanalytiker Gedanken über den künftigen Fortbestand des Unternehmens machen.

Die Kombination möglicher Ausprägungen in den einzelnen Bereich-Cashflows lassen zudem zu, ein Unternehmen bez. seiner **Lebensphase** bzw. des Lebenszyklusses seiner Produkte und/oder Dienstleistungen in eine Portfolioposition des Boston Consulting Group-Portfolios (BCG-Portfolio)[178] einzuordnen. Start-up-Unternehmen

---

175 Vgl. BARTRAM, W., Dynamische Liquiditätsanalysen mit Hilfe von Kapitalflußrechnungen, S. 623.

176 Vgl. REHKUGLER, H./PODDIG, T., Bilanzanalyse, S. 130.

177 Vgl. BARTRAM, W., Dynamische Liquiditätsanalysen mit Hilfe von Kapitalflußrechnungen, S. 624.

178 Vgl. zur Anwendung von Portfoliotheorien in der Bilanzanalyse auch Kap. VI Abschn. 532.

haben i. d. R. einen negativen Cashflow aus laufender Geschäftstätigkeit und einen negativen Investitions-Cashflow, die beide durch einen Zahlungsüberschuss im Finanzierungsbereich gedeckt werden müssen. Ein **Wachstumsunternehmen**, das in einem boomenden, jungen Markt agiert, hat hingegen zusätzlich zu einem positiven Finanzierungs-Cashflow auch einen positiven Cashflow aus laufender Geschäftstätigkeit. Ist nur der Cashflow aus laufender Geschäftstätigkeit von allen drei Cashflows des Aktivitätsformates positiv, so befindet sich das Unternehmen in der Portfolioposition **„Star"**; aus den im Umsatzprozess erwirtschafteten Mitteln können die Investitionen finanziert und die Ansprüche der Eigenkapital- und Fremdkapitalgeber befriedigt werden. Bei einem positiven Cashflow aus laufender Geschäftstätigkeit und aus der Investitionstätigkeit und einem negativen Cashflow aus der Finanzierungstätigkeit ist das Unternehmen in die Portfolio-Position **„Cash-Cow"** einzuordnen. Ein Unternehmen in der Position „Cash-Cow" ist meist auf einem schrumpfenden Markt tätig. Die Cash-Cow-Phase ist geprägt von einer Desinvestitionsstrategie des Managements; der Cashflow aus der laufenden Geschäftstätigkeit wird abgeschöpft. Ist der operative Cashflow negativ, der Investitions-Cashflow und der Finanzierungs-Cashflow hingegen positv, so ist zu vermuten, dass sich das Unternehmen in der Portfolioposition **„Poor-Dog"** befindet. Langfristig kann ein Unternehmen in der „Poor-Dog"-Position nicht überleben, da aufgrund des negativen Cashflows aus laufender Geschäftstätigkeit die Bereitschaft der Kapitalgeber abnimmt, dem Unternehmen Kapital zuzuführen bzw. bereits gegebenes Kapital zu verlängern, und die Möglichkeiten zur Desinvestition zu einem gewissen Zeitpunkt ausgeschöpft sind.[179]

Die nachfolgende Übersicht zeigt die **Konzern-Kapitalflussrechnung des Philipp Holzmann Konzerns**[180] für die Jahre 1996 und 1997. Abweichend zu der Berechnung der anderen Kennzahlen des Fallbeispiels, bei denen die Jahre 1994 und 1995 zugrunde gelegt werden, wird hier auf die Jahre 1996 und 1997 zurückgegriffen, da sich die Analysemöglichkeiten der Kapitalflussrechnung anhand dieser Beispieljahre gut veranschaulichen lassen. Die Kapitalflussrechnung des Philipp Holzmann Konzerns für die Jahre 1996 und 1997 wurden noch nach der Stellungnahme HFA 1/1995[181] aufgestellt, die vor der Veröffentlichung des DRS 2 von den Unternehmen bei der Erstellung der Kapitalflussrechnung zu beachten war. Die Unterschiede zwischen einer Kapitalflussrechnung nach HFA 1/1995 und einer Kapitalflussrechnung nach DRS 2 sind indes sehr gering und beschränken sich vor allem auf zusätzliche Ausweis- und Angabevorschriften des DRS 2, die nach HFA 1/1995 nur im Rahmen eines Wahlrechtes oder gar nicht vorgesehen waren.[182] Weiterhin unterscheiden sich einzelne Bezeichnungen – der DSR verwendet z. B. anstelle des Begriffes Mittelzufluss/-abfluss den Begriff Cashflow – oder Posten werden nach DRS 2 differenzierter untergliedert, z. B. werden die Zahlungsvorgänge im Investitionsbereich nach immateriellem Anlagevermögen, Sachanlagevermögen und Finanzanlagevermögen gegliedert. Das Ergebnis der Kapitalflussrechnung ist nach beiden Ermittlungsvorschriften aber identisch.

---

179 Vgl. ähnlich COENENBERG, A. G./MEYER, M. A., Kapitalflussrechnung als Instrument der Unternehmensanalyse, S. 186 f.

Zeile		1996 in TDM	1997 in TDM
1.	Jahresüberschuss (1997: Jahresfehlbetrag)	1.276	– 768.348
2.	Abschreibungen/Zuschreibungen auf Anlagevermögen	493.869	579.815
3.	Zunahme der Pensionsrückstellungen	5.265	19.779
4.	**Cashflow**	**500.410**	**– 168.754**
5.	Zunahme der übrigen Rückstellungen	48.112	301.355
6.	Sonstige zahlungsunwirksame Aufwendungen/Erträge	– 33.826	– 13.371
7.	Ergebnis aus Anlagenabgängen	– 703.981	– 383.827
8.	Veränderungen der Vorräte, der Forderungen aus Lieferungen und Leistungen sowie anderer Aktiva	137.308	484.101
9.	Veränderungen der Verbindlichkeiten aus Lieferungen und Leistungen sowie anderer Passiva	629.346	– 981.998
10.	**Mittelzufluss/-abfluss aus laufender Geschäftstätigkeit**	**577.369**	**– 762.494**
11.	Einzahlungen aus Anlagenabgängen	1.344.059	681.935
12.	Auszahlungen für Investitionen in das Anlagevermögen	– 659.379	– 290.353
13.	**Mittelzufluss/-abfluss aus der Investitionstätigkeit**	**684.680**	**391.582**
14.	Tilgung von Finanzkrediten	– 245.188	– 506.793
15.	**Mittelzufluss/-abfluss aus der Finanzierungstätigkeit**	**– 245.188**	**– 506.793**
16.	Verminderung (1996: Erhöhung) der Liquidität[183]	1.016.861	– 877.705
17.	Einfluss von Wechselkursänderungen und Abschreibungen der Wertpapiere auf die Liquidität	6.753	– 44.864
18.	Veränderung des Eigenkapitals	– 54.787	– 79.464
19.	Auswirkungen der Veränderungen des Konsolidierungskreises	– 6.020	3.540
20.	Finanzmittelbestand am Anfang der Periode	1.733.748	2.696.555
21.	**Finanzmittelbestand am Ende der Periode**	**2.696.555**	**1.698.062**

---

180 Vgl. PHILIPP HOLZMANN AG (Hrsg.); Geschäftsbericht 1997, S. 73.

181 Vgl. HFA DES IDW, Die Kapitalflußrechnung als Ergänzung des Jahres- und Konzernabschlusses, S. 210-213.

182 Vgl. WYSOCKI, K. v., DRS 2, S. 2377.

183 Die Veränderung der Finanzmittel wird über die Posten 1. bis 19. hergeleitet; sie stellt die Differenz zwischen Anfangsbestand der Finanzmittel (Posten 20.) und Endbestand der Finanzmittel (Posten 21.) dar.

Im Geschäftsjahr 1997 beträgt der Mittelabfluss aus der laufenden Geschäftstätigkeit 762,5 Mio. DM (Zeile 10.), nachdem im Vorjahr noch ein Mittelzufluss von 577,4 Mio. DM erwirtschaftet wurde. Der Rückgang um 1.339,9 Mio. DM ist hauptsächlich auf den gesunkenen zahlungswirksamen Teil des Konzernergebnisses aus der laufenden Geschäftstätigkeit zurückzuführen.

Aus der Investitionstätigkeit fließen dem Philipp Holzmann Konzern im Jahr 1997 insgesamt 391,6 Mio. DM zu (Zeile 13.). Dieser Mittelzufluss setzt sich aus Einzahlungen aus dem Verkauf von Gegenständen des Anlagevermögens in Höhe von 681,9 Mio. DM (im Vorjahr: 1.344,1 Mio. DM) und 290,4 Mio. DM an Investitionsauszahlungen (im Vorjahr: 659,4 Mio. DM) zusammen. Damit finden wie im Vorjahr erneut hohe Einzahlungen aus Desinvestitionen statt, die teilweise dazu genutzt werden, das Finanzdefizit aus der laufenden Geschäftstätigkeit zu decken. Die Deckung des operativen Finanzdefizites im Jahr 1997 durch die Veräußerung von Anlagegegenständen macht deutlich, dass der Philipp Holzmann Konzern 1997 von seiner Substanz lebt und die finanzielle Lage äußerst angespannt ist.

Auffällig ist, dass der Philipp Holzmann Konzern 1997 Bankschulden tilgt (Zeile 15.: 506,8 Mio. DM; im Vorjahr: 245,2 Mio. DM), obwohl Defizite aus der laufenden Geschäftstätigkeit und der Investitionstätigkeit vorliegen. Hierbei handelt es sich vor allem um die Tilgung fälliger kurzfristiger Kredite, die offenbar nicht substituiert werden konnten. Dieses wiederum verdeutlicht die eingeschränkte Dispositionsfreiheit des Konzerns. Der Finanzmittelbestand verringert sich 1997 insgesamt um 998,5 Mio. DM (Zeile 21.).

Mit Hilfe der Kapitalflussrechnung kann als zweites Analyseziel die **Finanzkraft** eines Unternehmens untersucht werden. Die Kapitalflussrechnung gibt zur Analyse der Finanzkraft nicht nur Informationen über die Fähigkeit des Unternehmens, Einzahlungsüberschüsse aus dem laufenden Umsatzprozess zu erwirtschaften, sondern auch darüber, ob das Unternehmen in der Lage ist, seinen Finanzbedarf durch Desinvestitionen und durch Außenfinanzierungsmaßnahmen zu decken.[184]

Mit den Bereich-Cashflows lassen sich Kennzahlen bilden, mit denen die Finanzkraft eines Unternehmens differenziert beurteilt werden kann. Eine bedeutende Kennzahl zur Beurteilung der Finanzkraft, der dynamische Verschuldungsgrad, wurde bereits in Abschn. 422. vorgestellt. Da in der Kapitalflussrechnung der Cashflow aus der laufenden Geschäftstätigkeit angegeben wird, kann der in der Grundvariante verwendete „Gesamt-"Cashflow im Nenner durch den Cashflow aus laufender Geschäftstätigkeit ersetzt werden. Man erhält dann eine Kennzahl, die aussagt, in wie vielen Jahren das Unternehmen seine Schulden bei gleichbleibendem **operativen** Geschäft aus erwirtschafteten Mitteln decken kann, also ohne Desinvestitionen durchzuführen und ohne Finanzmittel von außen zuzuführen.

Darüber hinaus lässt sich mit der Kapitalflussrechnung ein Investitionsdeckungsgrad bilden, bei dem aus den Absolutbeträgen des Cashflows aus der laufenden Geschäftstätigkeit im Zähler und des Cashflows aus der Investitionstätigkeit im Nenner ein Quotient gebildet wird. Berechnet sich ein Wert für den Investitionsdeckungsgrad größer als eins, dann heißt dies, dass das Unternehmen seine Investitionen aus eigener Kraft finanzieren kann und der Differenzbetrag aus dem Cashflow aus der laufen-

---

184 Vgl. COENENBERG, A. G./MEYER, M. A., Kapitalflussrechnung als Instrument der Unternehmensanalyse, S. 176.

den Geschäftstätigkeit und dem Cashflow aus der Investitionstätigkeit – der in der Finanzierungslehre auch als Free Cashflow bezeichnet wird – für Ausschüttungen verwendet werden kann.[185]

Zur Beurteilung der (**künftigen**) **Zahlungsfähigkeit** eines Unternehmens wurden im Rahmen der statischen Liquiditätsanalyse bereits die statischen Liquiditätsgrade behandelt und deren Aussagegehalt kritisiert.[186] Mit Hilfe der Kapitalflussrechnung kann statt der statischen Kennzahlen ein dynamischer Liquiditätsgrad berechnet werden, der wie folgt definiert ist:[187]

$$\text{Dynamischer Liquiditätsgrad} = \frac{\text{Cashflow aus laufender Geschäftsäftstätigkeit}}{\text{Kurzfristige Verbindlichkeiten} - \text{Liquide Mittel}}$$

Kennzahl Nr. 02.20.00

Der Dynamische Liquiditätsgrad sagt aus, wieweit der Cashflow aus der laufenden Geschäftstätigkeit die kurzfristigen Verbindlichkeiten abzüglich der sofort verwertbaren liquiden Mittel decken kann. Da ein hoher Kennzahlenwert ein positives Indiz für die Finanzlage eines Unternehmens ist, lautet die Arbeitshypothese für den Dynamischen Liquiditätsgrad G>K.

Bei einem negativen Cashflow aus laufender Geschäftstätigkeit ist zu befürchten, dass das Unternehmen in einer gewissen Zeit illiquide wird. Um die Zeitdauer zu messen, die dem Unternehmen bei sonst gleichen Bedingungen bis zur Illiquidität verbleibt, kann die sog. Cash Burn Rate herangezogen werden:[188]

$$\text{Cash Burn Rate} = \frac{\text{Finanzmittelbestand am Ende der Periode}}{\text{Negativer Cashflow aus laufender Geschäftstätigkeit}}$$

Kennzahl Nr. 02.21.00

Ein Unternehmen, bei dem der Cashflow aus laufender Geschäftstätigkeit über mehrere Perioden negativ bleibt, ist grundsätzlich als bestandsgefährdet anzusehen. Demnach wird für die Cash Burn Rate keine Arbeitshypothese in der Form G>K oder G<K aufgestellt. Grundsätzlich ist ein bestandsgefährdetes Unternehmen mit einer hohen Cash Burn Rate aber positiver zu beurteilen als ein bestandsgefährdetes Unternehmen mit einer niedrigen Cash Burn Rate.

---

185 COENENBERG, A. G./MEYER, M. A., Kapitalflussrechnung als Instrument der Unternehmensanalyse, S. 177-179.

186 Vgl. Abschn. 33 in diesem Kapitel.

187 Vgl. COENENBERG, A. G./MEYER, M. A., Kapitalflussrechnung als Instrument der Unternehmensanalyse, S. 182.

188 Vgl. COENENBERG, A. G./MEYER, M. A., Kapitalflussrechnung als Instrument der Unternehmensanalyse, S. 182.

Eine derivativ erstellte Kapitalflussrechnung ermöglicht also grundsätzlich Einblicke in die Struktur der Ein- und Auszahlungsströme und damit in die finanzielle Entwicklung eines Unternehmens oder Konzerns, die über die in der Bilanz oder der Gewinn- und Verlustrechnung gegebenen Informationen hinaus gehen.[189] Weiterhin ist möglich, den Einblick in die Finanzlage noch weiter zu verbessern, indem die zusätzlich geforderten Informationen zu den einzelnen Teilbereichen der Kapitalflussrechnung nach DRS 2 ausgewertet werden. Dieses sind im Einzelnen:

■ Angaben zum Finanzmittelfonds:

- Definition des Finanzmittelfonds (DRS 2.52 a),

- Auswirkungen von Änderungen der Definition des Finanzmittelfonds auf die Anfangsbestände und Endbestände sowie die Zahlungsströme der Vorperiode (DRS 2.52 b),

- Zusammensetzung des Finanzmittelfonds, gegebenenfalls Überleitungsrechnung von den Bestandteilen des Fonds zu den entsprechenden Bilanzposten (DRS 2.52 c).

■ Zahlungen im Zusammenhang mit Zinsen, Dividenden und Ertragsteuern sind innerhalb des relevanten Teilbereiches der Kapitalflussrechnung gesondert auszuweisen (DRS 2.36-43).[190]

■ Bedeutende nicht zahlungswirksame Investitions- und Finanzierungsvorgänge (DRS 2.52 d).

■ Angaben zum Erwerb und Verkauf von Unternehmen und sonstigen Geschäftseinheiten (DRS 2.52 e). Als Gesamtbeträge sind offenzulegen:

- Kauf- bzw. Verkaufspreise,

- Anteil der Zahlungsmittel und Zahlungsmitteläquivalente am vereinbarten Kauf- bzw. Verkaufspreis,

- der mit dem Unternehmen oder der sonstigen Geschäftseinheit erworbene bzw. verkaufte Bestand an Zahlungsmitteln und Zahlungsmitteläquivalenten,

- der mit dem Unternehmen oder sonstigen Geschäftseinheiten erworbene bzw. verkaufte Bestand an sonstigen Vermögensgegenständen und Schulden, gegliedert nach Hauptposten.

Mit diesen vom DRS 2 geforderten Angaben zu den einzelnen Teilbereichen der Kapitalflussrechnung legt das Unternehmen finanzbezogene Informationen offen, die dem Bilanzanalytiker die Möglichkeit bieten, die Analyse der Finanzlage weiter zu konkretisieren. Zum Beispiel kann der Bilanzanalytiker die Zahlungen aus der Kapitalflussrechnung eliminieren, von denen sich aufgrund der genannten Pflichtangaben

---

189 Vgl. KÜTING, K./WEBER, C.-P., Die Bilanzanalyse, S. 185.

190 Eine empirische Untersuchung von GEBHARDT/HEILMANN ergab indes, dass in den Geschäftsberichten zahlreicher börsennotierter Unternehmen keine Zinszahlungen und Steuerzahlungen gesondert angegeben werden; vgl. GEBHARDT, G./HEILMANN, A., Compliance with German Accounting Standards, S. 233.

herausstellt, dass diese eher außerordentlich sind, um so den künftig zu erwartenden finanziellen Überschuss bzw. das Defizit des Unternehmens oder Konzerns besser abschätzen zu können.

435. Die derivative Erstellung von Kapitalflussrechnungen

435.1 Überblick

Im vorliegenden Abschnitt wird gezeigt, wie eine Kapitalflussrechnung vom Bilanzanalytiker selbst erstellt werden kann, wenn ihm vom zu analysierenden Unternehmen die Bilanz des Geschäftsjahres und des Vorjahres, die Gewinn- und Verlustrechnung des Geschäftsjahres sowie das Anlagengitter des Geschäftsjahres vorliegen. Die Vorgehensweise wird anhand eines fiktiven Zahlenbeispiels erläutert.

Die Übersicht V-18 zeigt die Vorgehensweise bei der derivativen Erstellung einer Kapitalflussrechnung im Überblick.[191] Die einzelnen Prozessschritte werden abschnittweise erläutert.

Die Übersichten V-19, V-20 und V-21 zeigen die Bilanzen des Beispielunternehmens der Geschäftsjahre 2002 und 2003, die Gewinn- und Verlustrechnung des Geschäftsjahres 2003 sowie das Anlagengitter des Geschäftsjahres 2003. Wenn die einzelnen Prozessschritte zur Erstellung der Kapitalflussrechnung in den folgenden Abschnitten erläutert werden, wird der entsprechende Prozessschritt auch immer auf das Beispielunternehmen angewendet. Hierzu wird dann auf das Datenmaterial der Übersichten V-19 bis V-21 zurückgegriffen.

---

191 In Anlehnung an PFUHL, J. M., Konzernkapitalflussrechnung, S. 63.

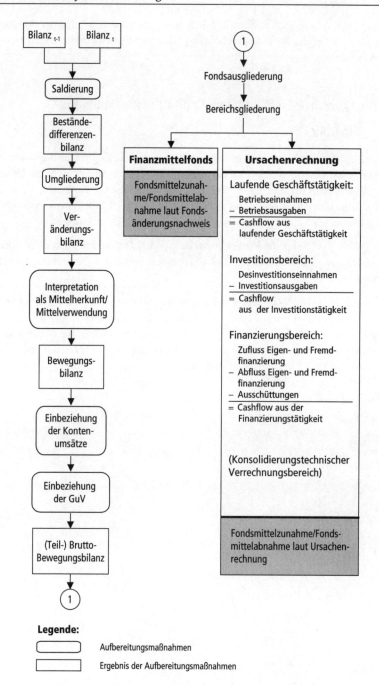

Legende:

Aufbereitungsmaßnahmen

Ergebnis der Aufbereitungsmaßnahmen

Übersicht V-18: *Vorgehensweise bei der derivativen Erstellung einer Kapitalflussrechnung*

Aktiva		2002	2003
I.	Nicht eingeforderte ausstehende Einlagen	0	0
II.	Aufwendungen für die Ingangsetzung und Erweiterung des Geschäftsbetriebes	1.146	573
A.	**Anlagevermögen**		
I.	Immaterielle Vermögensgegenstände	4.454	4.025
II.	Sachanlagen	29.171	33.274
III.	Finanzanlagen	2.123	2.443
B.	**Umlaufvermögen**		
I.	Vorräte	17.102	16.635
II.	Forderungen und sonstige Vermögensgegenstände		
	1. Forderungen aus Lieferungen und Leistungen	13.832	14.629
	2. Übrige Forderungen und sonstige Vermögensgegenstände	5.464	6.011
III.	Wertpapiere	275	816
IV.	Kassenbestand, Bundesbankguthaben, Guthaben bei Kreditinstituten und Schecks	201	1.224
C.	**Rechnungsabgrenzungsposten**	318	126
	davon Disagiobeträge	(33)	(17)
	davon latente Steuern	(156)	(58)
	Bilanzsumme	74.086	79.756
Passiva			
A.	**Eigenkapital**		
I.	Gezeichnetes Kapital	5.540	5.540
II.	Kapitalrücklage	7.140	7.140
III.	Gewinnrücklagen	6.038	7.038
IV.	Anteile anderer Gesellschafter	788	902
V.	Konzernbilanzgewinn/-verlust	0	1.200
B.	**Rückstellungen**		
	1. Rückstellungen für Pensionen und ähnliche Verpflichtungen	11.058	11.114
	2. Steuerrückstellungen	200	401
	3. Sonstige Rückstellungen	9.409	11.099
C.	**Verbindlichkeiten**		
	1. Anleihen	6.863	5.580
	2. Verbindlichkeiten gegenüber Kreditinstituten	6.794	7.942
	3. Erhaltene Anzahlungen auf Bestellungen	207	328
	4. Verbindlichkeiten aus Lieferungen und Leistungen	10.647	11.567
	5. Verbindlichkeiten aus der Annahme gezogener Wechsel und der Ausstellung eigener Wechsel	2.104	2.488
	6. Verbindlichkeiten gegenüber verbundenen Unternehmen	5.629	5.562
	7. Verbindlichkeiten gegenüber Unternehmen, mit denen ein Beteiligungsverhältnis besteht	6	12
	8. Sonstige Verbindlichkeiten	1.439	1.763
	davon aus Steuern	(515)	(678)
	davon im Rahmen der sozialen Sicherheit	(889)	(967)
D.	**Rechnungsabgrenzungsposten**	224	80
	Bilanzsumme	74.086	79.756

Übersicht V-19: *Bilanzen des Beispielunternehmens für die Geschäftsjahre 2002 und 2003 (alle Angaben in TEUR)*

Gewinn- und Verlustrechnung 2003		
1.	Umsatzerlöse	78.391
2.	Erhöhung des Bestands an fertigen und unfertigen Erzeugnissen	366
3.	Andere aktivierte Eigenleistungen	712
4.	Sonstige betriebliche Erträge	1.764
	davon Zuschreibungen zu den Finanzanlagen	(10)
	davon Erträge aus Anlagenabgängen	(201)
5.	Materialaufwand	35.687
6.	Personalaufwand	31.242
7.	Abschreibungen	4.863
	davon Abschreibungen auf das Anlagevermögen	(4.280)
8.	Sonstige betriebliche Aufwendungen	4.609
	davon Verluste aus Anlagenabgängen	(89)
9.	Erträge aus Beteiligungen	16
10.	**Beteiligungsergebnis**	**16**
11.	Erträge aus anderen Wertpapieren und Ausleihungen des Finanzanlagevermögens	76
12.	Sonstige Zinsen und ähnliche Erträge	867
13.	Zinsen und ähnliche Aufwendungen	1.205
14.	**Zinsergebnis**	**-262**
15.	**Ergebnis der gewöhnlichen Geschäftstätigkeit**	**4.586**
16.	Ertrag aus Sachanlagenabgang	78
17.	**Außerordentliches Ergebnis**	**78**
18.	Steuern vom Einkommen und vom Ertrag	1.867
19.	Sonstige Steuern	507
20.	**Steueraufwand**	**2.374**
21.	**Jahresüberschuss**	**2.290**
22.	Einstellungen in die Gewinnrücklagen	1.000
23.	Auf andere Gesellschafter entfallender Jahresüberschuss	90
24.	**Konzernbilanzgewinn**	**1.200**

Übersicht V-20: *Gewinn- und Verlustrechnung des Beispielunternehmens nach Gesamtkostenverfahren für das Geschäftsjahr 2003 (alle Angaben in TEUR)*

Anlagengitter 2003
(Alle Angaben in TEUR)

	Historische Anschaffungs- oder Herstellungs-Kosten	Zugänge	Abgänge	Umbuchungen	Zuschreibungen des Geschäftsjahres	Abschreibungen (kumuliert)	Restbuchwert 31.12.2003	Restbuchwert 31.12.2002	Abschreibungen des Geschäftsjahres
Immaterielle Vermögensgegenstände	20.137	437	308	0	0	16.241	4.025	4.454	773
Sachanlagen	163.257	8.453	3.215	0	0	135.221	33.274	29.171	3.497
Finanzanlagen	4.054	781	560	0	10	1.842	2.443	2.123	10
Summe	187.448	9.671	4.083	0	10	153.304	39.742	35.748	4.280

Übersicht V-21: *Anlagengitter des Beispielunternehmens für das Geschäftsjahr 2003 (alle Angaben in TEUR)*

435.2 Die auf den Bilanzvergleich beschränkte Erfassung des Mittelflusses

435.21 Die Beständedifferenzenbilanz

Ausgangspunkt bei der derivativen Erstellung einer Kapitalflussrechnung sind zwei aufeinanderfolgende Stichtagsbilanzen eines Unternehmens oder eines Konzerns und die sie verbindende Gewinn- und Verlustrechnung. In einem ersten Schritt wird die **Beständedifferenzenbilanz** ermittelt, indem die einzelnen „Bestände" der beiden Stichtagsbilanzen saldiert werden, d. h., die Bilanzwerte des Vorjahres werden von den entsprechenden Bilanzwerten des zu analysierenden Jahres subtrahiert,[192] wobei positive Beträge Bestandsmehrungen und negative Beträge Bestandsminderungen bedeuten. Das Gliederungsschema der Beständedifferenzenbilanz entspricht dem der zugrunde liegenden Stichtagsbilanzen. Formal ergibt sich die folgende Bilanzgleichung:

Beständedifferenzenbilanz

Aktivzunahmen	Passivzunahmen
Aktivabnahmen	Passivabnahmen

Übersicht V-22: *Grundschema der Beständedifferenzenbilanz*

Mit Hilfe der Beständedifferenzenbilanz wird herausgestellt, welche Bilanzposten gegenüber dem Abschlussstichtag des Vorjahres gestiegen oder gesunken sind.[193] Die Summe der positiven und negativen Beständedifferenzen gibt die Vermehrung oder die Verminderung des gesamten Vermögens und Kapitals an. Solange die Veränderungen der Bilanzbestände indes noch in keinen systematischen Zusammenhang gebracht worden sind, lassen sich aus der Beständedifferenzenbilanz keine wesentlichen Erkenntnisse über die Veränderung der finanzwirtschaftlichen Situation des Unternehmens bzw. Konzerns entnehmen.[194] Die Beständedifferenzenbilanz ist somit lediglich eine Aufbereitungsmaßnahme der Bilanz, um eine Kapitalflussrechnung zu erstellen.

Für das Beispielunternehmen ergibt sich die folgende Beständedifferenzenbilanz, die aus den Stichtagsbilanzen zum 31.12.2003 und zum 31.12.2002 errechnet wurde (Übersicht V-23):

---

192 Vgl. KUSSMAUL, H., Die Kapitalflußrechnung, S. 439; vgl. auch Übersicht V-18.

193 Vgl. LEFFSON, U., Bilanzanalyse, S. 117.

194 Vgl. PFUHL, J. M., Die Kapitalflußrechnung als Instrument der Bilanzanalyse, Teil I, S. 1642.

Aktiva		2002	2003	Bestände-differenzen
I.	Nicht eingeforderte ausstehende Einlagen	0	0	0
II.	Aufwendungen für die Ingangsetzung und Erweiterung des Geschäftsbetriebes	1.146	573	−573
A.	**Anlagevermögen**			
I.	Immaterielle Vermögensgegenstände	4.454	4.025	−429
II.	Sachanlagen	29.171	33.274	4.103
III.	Finanzanlagen	2.123	2.443	320
B.	**Umlaufvermögen**			
I.	Vorräte	17.102	16.635	−467
II.	Forderungen und sonstige Vermögensgegenstände			
	1. Forderungen aus Lieferungen und Leistungen	13.832	14.629	797
	2. Übrige Forderungen und sonstige Vermögensgegenstände	5.464	6.011	547
III.	Wertpapiere	275	816	541
IV.	Kassenbestand, Bundesbankguthaben, Guthaben bei Kreditinstituten und Schecks	201	1.224	1.023
C.	**Rechnungsabgrenzungsposten**	318	126	−192
	davon Disagiobeträge	(33)	(17)	(−16)
	davon latente Steuern	(156)	(98)	(−58)
	Bilanzsumme	74.086	79.756	5.670

Passiva				
A.	**Eigenkapital**			
I.	Gezeichnetes Kapital	5.540	5.540	0
II.	Kapitalrücklage	7.140	7.140	0
III.	Gewinnrücklagen	6.038	7.038	1.000
IV.	Anteile anderer Gesellschafter	788	902	114
V.	Konzernbilanzgewinn/-verlust	0	1.200	1.200
B.	**Rückstellungen**			
	1. Rückstellungen für Pensionen und ähnliche Verpflichtungen	11.058	11.114	56
	2. Steuerrückstellungen	200	401	201
	3. Sonstige Rückstellungen	9.409	11.099	1.690
C.	**Verbindlichkeiten**			
	1. Anleihen	6.863	5.580	− 1.283
	2. Verbindlichkeiten gegenüber Kreditinstituten	6.794	7.942	1.148
	3. Erhaltene Anzahlungen auf Bestellungen	207	328	121
	4. Verbindlichkeiten aus Lieferungen und Leistungen	10.647	11.567	920
	5. Verbindlichkeiten aus der Annahme gezogener Wechsel und der Ausstellung eigener Wechsel	2.104	2.488	384
	6. Verbindlichkeiten gegenüber verbundenen Unternehmen	5.629	5.562	− 67
	7. Verbindlichkeiten gegenüber Beteiligungsunternehmen	6	12	6
	8. Sonstige Verbindlichkeiten	1.439	1.763	324
	davon aus Steuern	(515)	(678)	(163)
	davon im Rahmen der sozialen Sicherheit	(889)	(967)	(78)
D.	**Rechnungsabgrenzungsposten**	224	80	−144
	Bilanzsumme	74.086	79.756	5.670

Übersicht V-23: *Beständedifferenzenbilanz des Beispielunternehmens (alle Angaben in TEUR)*

435.22 Die Veränderungsbilanz

Gemäß dem Prozessschema in Übersicht V-18 erhält man aus der Beständedifferenzenbilanz (in Übersicht V-23) die Veränderungsbilanz, indem die negativen Beständedifferenzen der jeweils anderen Seite der Bilanz zugeordnet werden. Formal lässt sich das Vorgehen wie folgt zeigen:

Aktivzunahmen – Aktivabnahmen = Passivzunahmen – Passivabnahmen | + Aktivabnahmen
| + Passivabnahmen

⇔ Aktivzunahmen + Passivabnahmen = Passivzunahmen + Aktivabnahmen

---

Ziel dieser Umgestaltung ist, negative Vorzeichen in der Veränderungsbilanz zu vermeiden, so dass dort ausschließlich positive Beträge ausgewiesen werden. Die Erstellung der Veränderungsbilanz ist ebenfalls eine Aufbereitungsmaßnahme, um eine derivative Kapitalflussrechnung erstellen zu können.

Für das Beispielunternehmen ergibt sich die folgende Veränderungsbilanz:

	AKTIVZUNAHMEN			**PASSIVZUNAHMEN**	
A.	Anlagevermögen		A.	Eigenkapital	
II.	Sachanlagen	4.103	III.	Gewinnrücklagen	1.000
III.	Finanzanlagen	320	IV.	Anteile anderer Gesellschafter	114
II.	Forderungen und sonstige Vermögensgegenstände		V.	Konzernbilanzgewinn/-verlust	1.200
	1. Forderungen aus Lieferungen und Leistungen	797	B.	Rückstellungen	
	2. Übrige Forderungen und sonstige Vermögensgegenstände	547		1. Rückstellungen für Pensionen und ähnliche Verpflichtungen	56
III.	Wertpapiere	541		2. Steuerrückstellungen	201
IV.	Kassenbestand, Bundesbankguthaben, Guthaben bei Kreditinstituten und Schecks	1.023		3. Sonstige Rückstellungen	1.690
			C.	Verbindlichkeiten	
				2. Verbindlichkeiten ggü. Kreditinstituten	1.148
				3. Erhaltene Anzahlungen auf Bestellungen	121
				4. Verbindlichkeiten aus Lieferungen und Leistungen	920
				5. Verbindlichkeiten aus Wechseln	384
				7. Verbindlichkeiten ggü. Beteiligungsunternehmen	6
				8. Sonstige Verbindlichkeiten	324
				davon aus Steuern	(163)
				davon im Rahmen der sozialen Sicherheit	(78)

Übersicht V-24: *Veränderungsbilanz des Beispielunternehmens (alle Angaben in TEUR)*

	PASSIVABNAHMEN				AKTIVABNAHMEN	
				II.	Aufwendungen für die Ingangsetzung und Erweiterung des Geschäftsbetriebes	573
C.	Verbindlichkeiten					
	1. Anleihen	1.283	A.		Anlagevermögen	
	6. Verbindlichkeiten gegenüber verbundenen Unternehmen	67	I.		Immaterielle Vermögensgegenstände	429
			B.		Umlaufvermögen	
D.	Rechnungsabgrenzungsposten	144	I.		Vorräte	467
			C.		Rechnungsabgrenzungsposten	192
					davon Disagiobeträge	(16)
					davon latente Steuern	(58)
	Summe Bestandsveränderungen	8.825			Summe Bestandsveränderungen	8.825

Fortsetzung der Übersicht V-24

435.23 Die Bewegungsbilanz

Mit der Interpretation der zuvor gebildeten Bestandsdifferenzen als Mittelbewegungen, die finanzwirtschaftliche Vorgänge anzeigen, ist nach der Ansicht von KÄFER „der entscheidende Schritt zur Kapitalflussrechnung"[195] getan. Im Sinne einer dynamischen Betrachtungsweise werden die Aktivzunahmen und die Passivabnahmen als **Mittelverwendung** und die Passivzunahmen und die Aktivabnahmen als **Mittelherkunft** interpretiert. Als **Mittelverwendungen** werden daher z. B. bezeichnet:[196]

■ Investitionen im betreffenden Geschäftsjahr in das Anlagevermögen und in die Vorräte oder der Aufbau des Forderungsbestandes und der liquiden Mittel (**Aktivzunahmen**),

■ die Tilgung im betreffenden Geschäftsjahr von Verbindlichkeiten, der Verbrauch von Rückstellungen oder die Verringerung des Eigenkapitals (**Passivabnahmen**).

Dagegen werden die folgenden Vorgänge als **Mittelherkunft** bezeichnet:

■ Durch den Verkauf im betreffenden Geschäftsjahr von Anlagegegenständen oder von Beteiligungen und durch die Reduzierung der Vorräte oder den Abbau des Forderungsbestandes freigesetzte liquide Mittel (**Aktivabnahmen**),

■ durch Gewinnthesaurierung oder durch Eigenkapitalerhöhungen oder die Aufnahme von Bank- oder Lieferantenkrediten im betreffenden Geschäftsjahr neu beschaffte finanzielle Mittel. Die zusätzliche Bildung von Rückstellungen verhindert zumindest den Mittelabfluss durch Gewinnausschüttung (**Passivzunahmen**).

---

195 KÄFER, K., Kapitalflußrechnung, Sp. 1042. Zur Bewegungsbilanz vgl. bereits im Jahre 1926 BAUER, W., Die Bewegungsbilanz und ihre Anwendbarkeit, S. 485-544.

196 Vgl. LEFFSON, U., Bilanzanalyse, S. 124.

Mittelverwendung	Mittelherkunft
Aktivzunahmen Passivabnahmen	Passivzunahmen Aktivabnahmen

Übersicht V-25: *Grundschema der Bewegungsbilanz*

Für das Beispielunternehmen ergibt sich entsprechend der zuvor dargestellten Vorgehensweise die folgende Bewegungsbilanz (Übersicht V-26):

	Mittelverwendung	2003			Mittelherkunft	2003
	AKTIVZUNAHMEN				PASSIVZUNAHMEN	
A.	Anlagevermögen			A.	Eigenkapital	
II.	Sachanlagen	4.103		III.	Gewinnrücklagen	1.000
III.	Finanzanlagen	320		IV.	Anteile anderer Gesellschafter	114
II.	Forderungen und sonstige Vermögensge- genstände			V.	Konzernbilanzgewinn/-verlust	1.200
	1. Forderungen aus Lieferungen und Leistungen	797		B.	Rückstellungen	
	2. Übrige Forderungen und son- stige Vermögensgegenstände	547			1. Rückstellungen für Pensionen und ähnliche Verpflichtungen	56
III.	Wertpapiere	541			2. Steuerrückstellungen	201
IV.	Kassenbestand, Bundesbankguthaben, Guthaben bei Kreditinstituten und Schecks	1.023			3. Sonstige Rückstellungen	1.690
				C.	Verbindlichkeiten	
					2. Verbindlichkeiten ggü. Kreditinsti- tuten	1.148
					3. Erhaltene Anzahlungen auf Bestell- ungen	121
					4. Verbindlichkeiten aus Lieferungen und Leistungen	920
					5. Verbindlichkeiten aus Wechseln	384
					7. Verbindlichkeiten ggü. Beteiligungs- unternehmen	6
					8. Sonstige Verbindlichkeiten	324
					davon aus Steuern	(163)
					davon im Rahmen der sozialen Sicherheit	(78)
	PASSIVABNAHMEN				AKTIVABNAHMEN	
C.	Verbindlichkeiten			II.	Aufwendungen für die Ingangsetzung und Erweiterung des Geschäftsbetriebes	573
	1. Anleihen	1.283		A.	Anlagevermögen	
	6. Verbindlichkeiten gegenüber verbun- denen Unternehmen	67		I.	Immaterielle Vermögensgegenstände	429
				B.	Umlaufvermögen	
D.	Rechnungsabgrenzungsposten	144		I.	Vorräte	467
				C.	Rechnungsabgrenzungsposten	192
					davon Disagiobeträge	(16)
					davon latente Steuern	(58)
	Summe Bestandsveränderungen	8.825			Summe Bestandsveränderungen	8.825

Übersicht V-26: *Bewegungsbilanz des Beispielunternehmens (alle Angaben in TEUR)*

Das Grundschema der Bewegungsbilanz kann noch weiter nach verschiedenen Kriterien gegliedert werden. Zweckmäßig ist, bestimmte Posten der Mittelherkunftseite nach den **Finanzierungsarten** Außen-, Innen-, Fremd- und Eigenfinanzierung sowie bestimmte Posten der Mittelverwendungsseite nach den **Verwendungsarten** Investitionen, Schuldentilgung und Ausschüttung zusammen zu fassen.[197] Die Gliederung der Bewegungsbilanz kann auch so gestaltet werden, dass die Mittelherkunftseite nach der **Fristigkeit der Mittel** und die Mittelverwendungsseite nach der **Bindungsdauer** geordnet werden, um die Liquiditätsentwicklung beurteilen zu können.[198] Im Rahmen der externen Analyse stehen aber nur sehr grobe Informationen über die Fristigkeiten der einzelnen Bilanzposten zur Verfügung, wie die Angabe der Fristigkeiten bei Forderungen und Verbindlichkeiten gemäß § 268 Abs. 4 und Abs. 5.[199] Daher sind genauere Aussagen über die Liquiditätsentwicklung nur möglich, wenn detailliertere Angaben zu den Fristigkeiten der Bilanzposten seitens des rechnungslegenden Unternehmens oder Konzerns freiwillig publiziert werden.

Die Aussagefähigkeit der Bewegungsbilanz ist besonders aufgrund der folgenden **Mängel** wesentlich eingeschränkt:

(1) Ein wesentlicher Mangel der Bewegungsbilanz ist, dass hierin die **liquiditätswirksamen** Bewegungen nicht von den **liquiditätsunwirksamen Bewegungen** abgegrenzt werden können.[200] Unter die liquiditätsunwirksamen Bewegungen werden vor allem alle bilanziellen Auswirkungen von Bewertungsmaßnahmen gefasst, also **erfolgswirksam** werdende Veränderungen der Bilanzposten, denen kein Finanzmittelzufluss oder kein Finanzmittelabfluss zugrunde liegt. Dazu gehören z. B. die planmäßigen und außerplanmäßigen Abschreibungen (aber auch Zuschreibungen) des Anlage- und des Umlaufvermögens, denn durch eine bereits vorgenommene Abschreibung im Jahr der Anschaffung wird beispielsweise die Auszahlung für den Erwerb einer neuen Anlage zu niedrig ausgewiesen.

(2) Die Aussagefähigkeit der Bewegungsbilanz wird außerdem dadurch stark eingeschränkt, **dass der Saldo der gesamten finanziellen Bewegungen innerhalb eines Bilanzpostens im Geschäftsjahr** und nicht die Veränderungen der jeweiligen Bilanzposten durch einzelne Geschäftsvorfälle betrachtet werden.[201] So werden lediglich die Netto-Veränderungen des Bilanzpostens ausgewiesen. Auf diese Weise können bei einzelnen Bilanzposten Zufallsergebnisse oder durch Gestaltung geschönte Ergebnisse zustande kommen.[202]

(3) Weiterhin sind in der Bewegungsbilanz auch Veränderungen von Bilanzposten enthalten, denen **weder liquiditäts- noch erfolgswirksame Geschäftsvorfälle** zugrunde liegen. Die Bewegungsbilanz wird durch solche Geschäftsvorfälle auf-

---

197 Vgl. PERRIDON, L./STEINER, M., Finanzwirtschaft der Unternehmung, S. 598.

198 Vgl. PERRIDON, L./STEINER, M., Finanzwirtschaft der Unternehmung, S. 598-600.

199 Zu einer Aufzählung der für die Finanzlage bedeutenden Einzelvorschriften vgl. BAETGE, J./COMMANDEUR, D., in: Küting/Weber, HdR-E, 5. Aufl., § 264 HGB, Rn. 27.

200 Vgl. KALINSKI, R., Die Rechnungslegung zur Finanzlage der Unternehmung, S. 176.

201 Vgl. COENENBERG, A. G., Jahresabschluss und Jahresabschlussanalyse, S. 730.

202 Vgl. LEFFSON, U., Bilanzanalyse, S. 126.

gebläht, da der externe Bilanzanalytiker deren Zahlungsunwirksamkeit nicht feststellen kann.[203] Der kreditfinanzierte Kauf eines Anlagegegenstandes beispielsweise erscheint deshalb einerseits aufgrund der Zunahme des Anlagevermögens in der Bewegungsbilanz als Mittelverwendung. Andererseits wird aber auch aufgrund der Zunahme der Verbindlichkeiten gegenüber Kreditinstituten eine Finanzierungseinzahlung (Mittelherkunft) ausgewiesen. In der erweiterten Bewegungsbilanz werden diese liquiditäts**un**wirksamen und gleichzeitig erfolgs**un**wirksamen Vorgänge **sowohl als Mittelzufluss als auch als Mittelabfluss in gleicher Höhe ausgewiesen**, obwohl tatsächlich keine Zahlungsströme mit diesen Vorgängen verbunden waren.

Die beiden zuerst genannten Mängel der Bewegungsbilanz, d. h. die fehlende Abgrenzung zwischen liquiditätswirksamen und liquiditätsunwirksamen Bewegungen und die fehlende Berücksichtigung unterjähriger Geschäftsvorfälle, können durch die im Folgenden dargestellten Erweiterungen der Bewegungsbilanz zur Kapitalflussrechnung in gewissen Grenzen behoben werden. Der dritte Mangel, nämlich dass Geschäftsvorfälle vorkommen, die weder liquiditäts- noch erfolgswirksam sind, lässt sich nicht durch die Erweiterungen der Bewegungsbilanz zur Kapitalflussrechnung beheben. Da aber durch solche Geschäftsvorfälle sowohl die Mittelherkunft als auch die Mittelverwendung in gleichem Maße verändert werden, bleibt der Saldo der Liquiditätsveränderung gleich. Der Einfluss dieses Mangels auf die Aussagefähigkeit der Kapitalflussrechnung ist deshalb gering.

435.3 Erweiterungen der Bewegungsbilanz zur Kapitalflussrechnung

435.31 Erste Erweiterung der Bewegungsbilanz um die Kontenumsätze der Bilanz

Eine erste Erweiterung der Bewegungsbilanz wäre, die Netto-Bestandsveränderungen der Bilanzposten der aufeinanderfolgenden Stichtagsbilanzen durch die sie verursachenden Kontenumsätze zu ersetzen. An die Stelle der Bestandsdifferenzen würden also die gesamten Soll- und Habenbuchungen des jeweiligen Bilanzpostens (Bruttorechnung) treten, wobei die **Soll-Umsätze** als **Mittelverwendung** und die **Haben-Umsätze** als **Mittelherkunft** interpretiert werden.[204] Diese Erweiterung kann indes nur der Rechnungslegende selbst vornehmen.

Ziel dieser ersten möglichen Erweiterung der Bewegungsbilanz ist, sowohl die gesamten liquiditätswirksamen als auch die gesamten liquiditätsunwirksamen Bewegungen aller Bilanzposten ersichtlich zu machen. Alle ersichtlich gemachten liquiditäts**un**wirksamen Kontenumsätze könnten dann durch die zweite Erweiterung der Bewe-

---

203 Vgl. PFUHL, J. M., Die Kapitalflußrechnung als Instrument der Bilanzanalyse, Teil II, S. 1672.

204 Vgl. BUSSE VON COLBE, W., Kapitalflußrechnung, Sp. 1075; PERRIDON, L./STEINER, M., Finanzwirtschaft der Unternehmung, S. 601.

gungsbilanz, nämlich die Erweiterung um die Aufwendungen und Erträge der Gewinn- und Verlustrechnung[205], wieder herausgerechnet werden, so dass nur noch die liquiditätswirksamen Kontenumsätze in der Rechnung verblieben.

Wird die Kapitalflussrechnung **extern** erstellt, sind die Kontenumsätze für mittelgroße und große Kapitalgesellschaften und bestimmte haftungsbeschränkte Personenhandelsgesellschaften nur für den Bereich des Anlagevermögens erkennbar, da § 268 Abs. 2 HGB für diese Gesellschaften bestimmt, dass ausgehend von den gesamten Anschaffungs- oder Herstellungskosten, die Zugänge, Abgänge, Abschreibungen, Umbuchungen und Zuschreibungen des Geschäftsjahres sowie die kumulierten Abschreibungen gesondert in Form eines Anlagengitters aufzuführen sind. Eine insofern vom externen Bilanzanalytiker nur zum Teil erweiterte Bewegungsbilanz wird daher von PERRIDON/STEINER treffend als eine „**Teilbruttorechnung**" bezeichnet.[206] Die Netto-Bestandsveränderungen des Sach- und Finanzanlagevermögens werden folglich durch die jeweiligen Zugänge und Zuschreibungen (Aktivzunahme = Mittelverwendung) und die jeweiligen Abgänge zu Restbuchwerten und Abschreibungen (Aktivabnahmen = Mittelherkunft) ersetzt. Da in einem entsprechend den Mindestangaben erstellten Anlagengitter die Abgänge lediglich zu historischen Anschaffungs- oder Herstellungskosten ausgewiesen werden, müssen zunächst die Abgänge zu Restbuchwerten ermittelt werden. Diese können durch die im Anlagengitter ausgewiesenen Informationen ermittelt werden:[207]

	Buchwert zu Beginn des Geschäftsjahres
+	Zugänge des Geschäftsjahres
–	Abschreibungen des Geschäftsjahres
+	Zuschreibungen des Geschäftsjahres
±	Umbuchungen des Geschäftsjahres
–	Buchwert am Ende des Geschäftsjahres
=	Abgänge zum Restbuchwert

Übersicht V-27: *Berechnung der Abgänge zum Restbuchwert*

Wie empirische Untersuchungen gezeigt haben, werden selbst bei interner Erstellung von Kapitalflussrechnungen lediglich die Kontenumsätze aus dem Bereich des Anlagevermögens in die Kapitalflussrechnung einbezogen.[208] Die den absoluten Bestandsveränderungen der übrigen Bilanzposten zugrundeliegenden Soll- und Habenbuchungen werden vernachlässigt. Bei allen Bilanzposten, bei denen die Kontenum-

---

205 Vgl. hierzu Abschn. 435.32 in diesem Kapitel.

206 Vgl. PERRIDON, L./STEINER, M., Finanzwirtschaft der Unternehmung, S. 601.

207 Um die gesamte Mittelherkunft oder Mittelverwendung beim Abgang von Vermögensgegenständen zu ermitteln, müssen zusätzlich noch die Gewinne und Verluste aus Anlagenabgängen berücksichtigt werden. Damit die Systematik der Darstellungsweise der Ermittlung einer Kapitalflussrechnung in diesem Buch nicht durchbrochen wird, wird hier auf den folgenden Abschn. 435.32 verwiesen.

208 Vgl. HALLER, A./JAKOBY, S., Finanzierungsrechnung, S. 648; STAHN, F., Konzernkapitalflußrechnung in Deutschland, S. 655 f.

sätze nicht in die Rechnung einbezogen werden, können die ausgewiesenen Bestandsveränderungen daher – zumindest zum Teil – auch auf nicht erkennbare liquiditätsunwirksame Bewertungsmaßnahmen zurückzuführen sein.

Auch für den Beispielfall müssen zunächst die Abgänge der immateriellen Vermögensgegenstände, der Sachanlagen und der Finanzanlagen zu Restbuchwerten aus den
im Anlagengitter für das Jahr 2003 angegebenen Informationen ermittelt werden
(Übersicht V-21), bevor die Kontenumsätze für den gesamten Bereich des Anlagevermögens in die Bewegungsbilanz einbezogen werden können.

(Alle Angaben in TEUR)	Immaterielle Vermögens-gegenstände	Sachanlagen	Finanz-anlagen
Buchwert 31.12.2002	4.454	29.171	2.123
+ Zugänge 2003	437	8.453	781
– Abschreibungen 2003	773	3.497	10
+ Zuschreibungen 2003	0	0	10
± Umbuchungen 2003	0	0	0
– Buchwert 31.12.2003	4.025	33.274	2.443
= Abgänge 2003 zum Restbuchwert	93	853	461

Übersicht V-28:   *Berechnung der Abgänge 2003 zum Restbuchwert für das Anlagever-*
mögen des Beispielunternehmens (alle Angaben in TEUR)

Die in der Bewegungsbilanz ausgewiesene Veränderung des Postens „Aufwendungen
für die Ingangsetzung und Erweiterung des Geschäftsbetriebes" beruhen alleine auf
den Abschreibungen des Jahres 2003. Auch diese Information ist in der folgenden
Übersicht, welche die um die Kontenumsätze des Anlagevermögens erweiterte (Teil-)
Brutto-Bewegungsbilanz darstellt, aufgenommen. Die fett gedruckten Postenbezeichnungen und Zahlen entsprechen den Erweiterungen der Bewegungsbilanz aufgrund
der Einbeziehung der Zugänge und Zuschreibungen zum Anlagevermögen als Mittelverwendung und der Abgänge zu Restbuchwerten und Abschreibungen vom Anlagevermögen als Mittelherkunft.

	Mittelverwendung	2003			Mittelherkunft	2003
	AKTIVZUNAHMEN				PASSIVZUNAHMEN	
A.	**Anlagevermögen**			A.	Eigenkapital	
I.	**Immaterielle Vermögensgegenstände**			III.	Gewinnrücklagen	1.000
	Zugänge	437		IV.	Anteile anderer Gesellschafter	114
	Zuschreibungen	0		V.	Konzernbilanzgewinn/-verlust	1.200
II.	**Sachanlagen**			B.	Rückstellungen	
	Zugänge	8.453			1. Rückstellungen für Pensionen und ähnliche Verpflichtungen	56
	Zuschreibungen	0			2. Steuerrückstellungen	201
III.	**Finanzanlagen**				3. Sonstige Rückstellungen	1.690
	Zugänge	781				
	Zuschreibungen	10		C.	Verbindlichkeiten	
II.	Forderungen und sonstige Vermögensgegenstände				2. Verbindlichkeiten ggü. Kreditinstituten	1.148
	1. Forderungen aus Lieferungen und Leistungen	797			3. Erhaltene Anzahlungen auf Bestellungen	121
	2. Übrige Forderungen und sonstige Vermögensgegenstände	547			4. Verbindlichkeiten aus Lieferungen und Leistungen	920
III.	Wertpapiere	541			5. Verbindlichkeiten aus Wechseln	384
IV.	Schecks, Kassenbestand, Bundesbank- und Postgiroguthaben, Guthaben bei Kreditinstituten	1.023			7. Verbindlichkeiten ggü. Beteiligungsunternehmen	6
	PASSIVABNAHMEN				8. Sonstige Verbindlichkeiten	324
C.	Verbindlichkeiten				davon aus Steuern	(163)
	1. Anleihen	1.283			davon im Rahmen der sozialen	
	6. Verbindlichkeiten gegenüber verbundenen Unternehmen	67			Sicherheit	(78)
					AKTIVABNAHMEN	
D.	Rechnungsabgrenzungsposten	144		**II.**	**Aufwendungen für die Ingangsetzung und Erweiterung des Geschäftsbetriebes**	
					Abschreibungen	573
				A.	**Anlagevermögen**	
				I.	**Immaterielle Vermögensgegenstände**	
					Abgänge zu Restbuchwerten	93
					Abschreibungen	773
				II.	**Sachanlagen**	
					Abgänge zu Restbuchwerten	853
					Abschreibungen	3.497
				III.	**Finanzanlagen**	
					Abgänge zu Restbuchwerten	461
					Abschreibungen	10
				B.	Umlaufvermögen	
				I.	Vorräte	467
				C.	Rechnungsabgrenzungsposten	192
					davon Disagiobeträge	(16)
					davon latente Steuern	(58)
		14.083				14.083

Übersicht V-29: *Um die aus dem Anlagengitter gewonnenen fett gedruckten Kontenumsätze des Anlagevermögens erweiterte (Teil-) Brutto-Bewegungsbilanz des Beispielunternehmens (alle Angaben in TEUR)*

309

Werden die Kontenumsätze aus dem Bereich des Anlagevermögens in die Rechnung einbezogen, so werden zwar zusätzliche liquiditätswirksame Bewegungen mit in die Rechnung aufgenommen. Die (Teil-)Brutto-Bewegungsbilanz unterliegt indes weiterhin dem Mangel, dass sie liquiditätswirksame Bewegungen von liquiditätsunwirksamen und zugleich erfolgswirksamen Veränderungen von Bilanzposten nicht abgrenzt. Daher gewährt eine auf die Einbeziehung der Kontenumsätze der Bilanz beschränkte (Teil-) Brutto-Bewegungsbilanz auch lediglich begrenzte zusätzliche Einblicke in die Zahlungsströme eines Unternehmens oder Konzerns und damit in dessen Finanzlage.[209] Um zu einer aussagefähigeren Kapitalflussrechnung zu gelangen, müssen also möglichst alle liquiditäts**un**wirksamen Bewegungen aus der Rechnung eliminiert werden. Dazu ist eine weitere Aufbereitungsmaßnahme der Bewegungsbilanz mit den Größen der Gewinn- und Verlustrechnung notwendig.

435.32 Zweite Erweiterung der Bewegungsbilanz um die Aufwendungen und Erträge der Gewinn- und Verlustrechnung

In einer zweiten Erweiterung wird die Bewegungsbilanz um die Aufwendungen und Erträge der GuV ergänzt.[210] Bei der **internen** Erstellung lässt sich durch die additive Zusammenfassung der Bewegungsbilanz mit den Aufwendungen und Erträgen der GuV die Herkunft und die Verwendung von Zahlungsmitteln innerhalb des Geschäftsjahres vollständig ermitteln. Interpretiert man die **Erträge als Mittelherkunft** (Habenbuchungen) und die **Aufwendungen als Mittelverwendung** (Sollbuchungen), folgt aus ihrer Einbeziehung in die Bewegungsbilanz, dass

- einerseits **alle erfolgs- und zugleich liquiditätswirksamen Vorgänge** des Geschäftsjahres zusätzlich in der Bewegungsbilanz dargestellt werden und

- andererseits **alle liquiditätsunwirksamen, aber im abgelaufenen Geschäftsjahr erfolgswirksamen Vorgänge** saldiert werden können, da sie **sowohl als Mittelherkunft als auch als Mittelverwendung** erscheinen.[211]

Die Saldierung bzw. Kompensation der liquiditätsunwirksamen Vorgänge wird verständlich, wenn man sich die zugrundeliegenden Buchungsvorgänge vor Augen hält: Bei jeder Buchung erfolgswirksamer Vorgänge, die nicht mit Zahlungen verbunden sind, wird nämlich neben einem Erfolgskonto auch immer ein Bilanzkonto in gleicher Höhe angesprochen.[212] Beispielhaft können hier die Abschreibungen des Anlagevermögens genannt werden, die in der um die Kontenumsätze erweiterten Bewegungsbilanz als Aktivabnahme im Haben (Mittelherkunft) und in der GuV als Aufwand im Soll (Mittelverwendung) erfasst sind. Da diese liquiditätsunwirksamen Vor-

---

209 Vgl. KÜTING, K./WEBER, C.-P., Die Bilanzanalyse, S. 160.

210 Vgl. KUSSMAUL, H., Die Kapitalflußrechnung, S. 441; vgl. auch Übersicht V-18: „Einbeziehung der GuV".

211 Vgl. DELLMANN, K./KALINSKI, R., Die Rechnungslegung zur Finanzlage der Unternehmung, S. 179.

212 Vgl. DELLMANN, K./KALINSKI, R., Die Rechnungslegung zur Finanzlage der Unternehmung, S. 179.

gänge des Anlagevermögens in der auch um die GuV erweiterten Bewegungsbilanz doppelt erfasst würden, sind sie unmittelbar miteinander zu verrechnen. Durch die Einbeziehung der GuV in die Bewegungsbilanz könnten also – unter der **Voraussetzung**, dass die entsprechenden zahlungsunwirksamen Posten von Bewegungsbilanz und GuV einander richtig und vollständig zugeordnet und miteinander verrechnet werden – die Folgen der Periodisierung rückgängig gemacht werden. Man erhielte dann eine Rechnung mit einer sehr hohen finanzwirtschaftlichen Aussagekraft, da alle Zahlungsströme des Geschäftsjahres dargestellt würden.

Ein **Problem der externen Erstellung der Kapitalflussrechnung** ist allerdings, dass sich zum Teil sehr große Schwierigkeiten ergeben, die korrespondierenden zahlungsunwirksamen Posten von Bewegungsbilanz und GuV einander zuzuordnen.[213] Dies scheitert vor allem daran, dass die Gegenbuchungen der meisten in der Bilanz erfassten liquiditätsunwirksamen Vorgänge nicht gesondert in der GuV ausgewiesen werden. Viele liquiditätsunwirksame Geschäftsvorfälle gehen zusammen mit liquiditätswirksamen Geschäftsvorfällen in Misch- und Sammelposten ein. So werden innerhalb der sonstigen betrieblichen Aufwendungen unter anderem die folgenden liquiditätsunwirksamen Vorgänge zusammengefasst ausgewiesen:

- Verluste aus dem Abgang von Vermögensgegenständen des Anlagevermögens,

- Abwertungen von Fremdwährungspositionen aufgrund von Währungskursverlusten und

- alle Abschreibungen auf Forderungen, d. h. sowohl Einzel- als auch Pauschalwertberichtigungen.

Daneben werden aber auch liquiditätswirksame Vorgänge, wie gezahlte Mieten, Pachten, Provisionen und Werbeausgaben, in den sonstigen betrieblichen Aufwendungen erfasst. Die Möglichkeiten, die liquiditätsunwirksamen Aufwendungen und Erträge den entsprechenden Bestandsveränderungen der Bewegungsbilanz zuzuordnen, d. h., die Möglichkeit, diese liquiditätsunwirksamen Vorgänge zu kompensieren, hängt daher vor allem von der Informationsbereitschaft des zu analysierenden Unternehmens bzw. des Konzerns über die Zusammensetzung der Erfolgskonten ab.

Die genannten Schwierigkeiten führen zu einer eingeschränkten Aussagefähigkeit extern erstellter Kapitalflussrechnungen, da es dem externen Bilanzanalytiker nicht möglich ist, alle liquiditätsunwirksamen Vorgänge aus der Rechnung zu eliminieren. Indes bleibt der Saldo der Liquiditätsveränderung dadurch unberührt.[214] Zum Beispiel steht einer Einzelwertberichtigung auf eine Forderung, die in der Bewegungsbilanz als Mittelherkunft ausgewiesen wird, in gleicher Höhe ein Aufwand auf der Mittelverwendungsseite gegenüber, der unter den sonstigen betrieblichen Aufwendungen gebucht wurde. Zwar können die genauen liquiditätswirksamen Beträge des zu analysierenden Geschäftsjahres aufgrund fehlender Informationen vom externen Bilanzanalytiker nicht ermittelt werden. Dennoch ermöglicht auch die extern erstellte Kapi-

---

213 Vgl. Pfuhl, J. M., Die Kapitalflußrechnung als Instrument der Bilanzanalyse, Teil II, S. 1672.

214 Vgl. Gebhardt, G., Kapitalflußrechnungen als Mittel zur Darstellung der „Finanzlage", S. 485.

talflussrechnung wertvolle Einblicke in die Struktur der Ein- und Auszahlungsströme eines Unternehmens bzw. eines Konzerns. Der Bilanzanalytiker sollte daher nicht darauf verzichten, eine – wenn auch vereinfachte – Kapitalflussrechnung extern zu erstellen.

Bevor die Bewegungsbilanz und die GuV zusammengefasst werden können, müssen zunächst **sämtliche Gewinnverwendungsbuchungen des Geschäftsjahres rückgängig gemacht werden**,[215] die aufgrund des bestehenden Wahlrechtes für Kapitalgesellschaften, die Bilanz gemäß § 266 Abs. 3 HGB ohne Berücksichtigung der Ergebnisverwendung bzw. gemäß § 268 Abs. 1 Satz 1 HGB mit Berücksichtigung der teilweisen oder der vollständigen Ergebnisverwendung aufzustellen, vorgenommen wurden. Die (Teil-)Brutto-Bewegungsbilanz wird also um die resultierenden Veränderungen des Eigenkapitals erweitert. Bei der für Aktiengesellschaften (nach § 158 AktG) obligatorischen Aufstellung der Bilanz nach teilweiser Gewinnverwendung bedeutet dies, dass die **Bilanzgewinndifferenz der Bewegungsbilanz** in die folgenden Beträge aufgespalten wird:[216]

$$\text{Bilanzgewinn}_t \quad - \quad \text{Bilanzgewinn}_{t-1}$$
$$= (\text{JÜ}_t - \text{AGJÜ}_t - \text{RLZ}_t + \text{RLA}_t + \text{GV}_{t-1}) - (\text{Div}_{t-1} + \text{RLZ}_{t-1} + \text{GV}_{t-1})$$

Legende:

JÜ_t	≙	Jahresüberschuss in t
AGJÜ_t	≙	Auf andere Gesellschafter entfallender Jahresüberschuss in t (gilt nur für den Konzernabschluss)
RLZ_t	≙	Rücklagenzuführungen in t
RLA_t	≙	Rücklagenauflösung in t
GV_{t-1}	≙	Gewinnvortrag aus t–1
Div_{t-1}	≙	Dividendenausschüttung aus dem Bilanzgewinn in t–1
RLZ_{t-1}	≙	Rücklagenzuführungen aus dem Bilanzgewinn in t–1

Zur Vermeidung negativer Vorzeichen werden alle positiven Beträge der Mittelherkunftseite und alle negativen Beträge der Mittelverwendungsseite der Bewegungsbilanz zugeordnet.

$$= (\text{JÜ}_t + \text{RLA}_t) \quad - \quad \text{Div}_{t-1} + \text{RLZ}_{t-1} + \text{RLZ}_t + \text{AGJÜ}_t)$$
$$\text{Mittelherkunftseite} \qquad\qquad \text{Mittelverwendungsseite}$$

Dadurch wird erreicht, dass das Jahresergebnis der GuV („Jahresüberschuss" bzw. „Jahresfehlbetrag") in der Bewegungsbilanz ausgewiesen wird.

---

215 Dies ist auch für Unternehmensexterne aufgrund der für Kapitalgesellschaften notwendigen Anhangangabe gemäß § 158 Abs. 1 AktG (Ergebnisverwendungsrechnung) ohne weiteres möglich.

216 In Anlehnung an COENENBERG, A. G., Jahresabschluss und Jahresabschlussanalyse, S. 737 f.

In dem vorliegenden Beispiel wurde die Konzernbilanz unter der folgenden teilweisen Ergebnisverwendung aufgestellt (vgl. die GuV des Beispielunternehmens in Übersicht V-20):

1.	Jahresüberschuss	2.290
2	Einstellung in Gewinnrücklagen	− 1.000
3.	Auf andere Gesellschafter entfallender Jahresüberschuss	− 90
4.	Konzernbilanzgewinn	1.200

Die Veränderung des Konzernbilanzgewinns in Höhe von 1.200 TEUR kann demnach durch die folgenden Mittelzuflüsse und Mittelabflüsse ersetzt werden:

=	$(J\ddot{U}_{2003} + RLA_{2003})$	−	$(Div_{2002} + RLZ_{2002} + RLZ_{2003} + AGJ\ddot{U}_{2003})$
=	(2.290 TEUR + 0 TEUR)	−	(0 TEUR + 0 TEUR + 1.000 TEUR + 90 TEUR)
	Mittelherkunftseite		Mittelverwendungsseite

Damit ergibt sich für den Beispielfall die folgende, um die Veränderungen des Eigenkapitals erweiterte (Teil-) Brutto-Bewegungsbilanz (Übersicht V-30). Die zur vorherigen (Teil-)Brutto-Bewegungsbilanz vorgenommenen Änderungen sind wiederum fett gedruckt.

	Mittelverwendung	2003			Mittelherkunft	2003
	AKTIVZUNAHMEN				**PASSIVZUNAHMEN**	
A.	Anlagevermögen		A.		Eigenkapital	
I.	Immaterielle Vermögensgegenstände		III.		Gewinnrücklagen	1.000
	Zugänge	437	IV.		Anteile anderer Gesellschafter	114
	Zuschreibungen	0			**Jahresüberschuss 2003**	**2.290**
II.	Sachanlagen		B.		Rückstellungen	
	Zugänge	8.453		1.	Rückstellungen für Pensionen und ähnliche Verpflichtungen	56
	Zuschreibungen	0		2.	Steuerrückstellungen	201
III.	Finanzanlagen			3.	Sonstige Rückstellungen	1.690
	Zugänge	781				
	Zuschreibungen	10	C.		Verbindlichkeiten	
II.	Forderungen und sonstige Vermögensgegenstände			2.	Verbindlichkeiten ggü. Kreditinstituten	1.148
	1. Forderungen aus Lieferungen und Leistungen	797		3.	Erhaltene Anzahlungen auf Bestellungen	121
	2. Übrige Forderungen und sonstige Vermögensgegenstände	547		4.	Verbindlichkeiten aus Lieferungen und Leistungen	920
III.	Wertpapiere	541		5.	Verbindlichkeiten aus Wechseln	384
IV.	Schecks, Kassenbestand, Bundesbank- und Postgiroguthaben, Guthaben bei Kreditinstituten	1.023		7.	Verbindlichkeiten ggü. Beteiligungsunternehmen	6
	PASSIVABNAHMEN			8.	Sonstige Verbindlichkeiten	324
C.	Verbindlichkeiten				davon aus Steuern	(163)
	1. Anleihen	1.283			davon im Rahmen der sozialen	
	6. Verbindlichkeiten gegenüber verbundenen Unternehmen	67			Sicherheit	(78)
					AKTIVABNAHMEN	
D.	Rechnungsabgrenzungsposten	144	II.		Aufwendungen für die Ingangsetzung und Erweiterung des Geschäftsbetriebes	
	Veränderung Gewinnrücklagen (GuV)	**1.000**			Abschreibungen	573
	Veränderung der Anteile anderer Gesellschafter (GuV)	**90**	A.		Anlagevermögen	
			I.		Immaterielle Vermögensgegenstände	
					Abgänge zu Restbuchwerten	93
					Abschreibungen	773
			II.		Sachanlagen	
					Abgänge zu Restbuchwerten	853
					Abschreibungen	3.497
			III.		Finanzanlagen	
					Abgänge zu Restbuchwerten	461
			II.		Abschreibungen	10
			B.		Umlaufvermögen	
			I.		Vorräte	467
			C.		Rechnungsabgrenzungsposten	192
					davon Disagiobeträge	(16)
					davon latente Steuern	(58)
		15.173				15.173

Übersicht V-30: *Um die Veränderung des Eigenkapitals erweiterte (Teil-)Brutto-Bewegungsbilanz des Beispielunternehmens (alle Angaben in TEUR)*

Anschließend wird das Jahresergebnis (in unserem Fall der Jahresüberschuss) durch die das Jahresergebnis verursachenden Aufwendungen (Mittelverwendung) und Erträge (Mittelherkunft) der Gewinn- und Verlustrechnung ersetzt. In unserem Beispielfall ergibt sich entsprechend folgende um die Aufwendungen und Erträge der Gewinn- und Verlustrechnung erweiterte und dementsprechend den Jahresüberschuss reduzierte (Teil-) Brutto-Bewegungsbilanz:

	Mittelverwendung	2003			Mittelherkunft	2003
	AKTIVZUNAHMEN				PASSIVZUNAHMEN	
A.	Anlagevermögen			A.	Eigenkapital	
I.	Immaterielle Vermögensgegenstände			III.	Gewinnrücklagen	1.000
	Zugänge	437		IV.	Anteile anderer Gesellschafter	114
	Zuschreibungen	0		B.	Rückstellungen	
II.	Sachanlagen				1. Rückstellungen für Pensionen und ähnliche Verpflichtungen	56
	Zugänge	8.453			2. Steuerrückstellungen	201
	Zuschreibungen	0			3. Sonstige Rückstellungen	1.690
III.	Finanzanlagen			C.	Verbindlichkeiten	
	Zugänge	781			2. Verbindlichkeiten ggü. Kreditinstituten	1.148
	Zuschreibungen	10			3. Erhaltene Anzahlungen auf Bestellungen	121
II.	Forderungen und sonstige Vermögensgegenstände				4. Verbindlichkeiten aus Lieferungen und Leistungen	920
	1. Forderungen aus Lieferungen und Leistungen	797			5. Verbindlichkeiten aus Wechseln	384
					7. Verbindlichkeiten ggü. Beteiligungsunternehmen	6
	2. Übrige Forderungen und sonstige Vermögensgegenstände	547			8. Sonstige Verbindlichkeiten	324
III.	Wertpapiere	54			davon aus Steuern	(163)
					davon im Rahmen der sozialen Sicherheit	(78)
IV.	Schecks, Kassenbestand, Bundesbank- und Postgiroguthaben, Guthaben bei Kreditinstituten	1.023			AKTIVABNAHMEN	
				II.	Aufwendungen für die Ingangsetzung und Erweiterung des Geschäftsbetriebes	
	PASSIVABNAHMEN				Abschreibungen	573
C.	Verbindlichkeiten			A.	Anlagevermögen	
				I.	Immaterielle Vermögensgegenstände	
	1. Anleihen	1.283			Abgänge zu Restbuchwerten	93
	6. Verbindlichkeiten gegenüber verbundenen	67			Abschreibungen	773
				II.	Sachanlagen	
D.	Rechnungsabgrenzungsposten	144			Abgänge zu Restbuchwerten	853
					Abschreibungen	3.497
	Veränderung Gewinnrücklagen (GuV)	1.000		III.	Finanzanlagen	
	Veränderung der Anteile anderer Gesellschafter (GuV)	90			Abgänge zu Restbuchwerten	461
					Abschreibungen	10
	AUFWENDUNGEN			B.	Umlaufvermögen	
5.	**Materialaufwand**	**35.687**		I.	Vorräte	467
6.	**Personalaufwand**	**31.242**		C.	Rechnungsabgrenzungsposten	192
7.	**Abschreibungen**	**4.863**			davon Disagiobeträge	(16)
8.	**Sonstige betriebliche Aufwendungen**	**4.609**			davon latente Steuern	(58)
	davon Verluste aus Anlagenabgängen	**(89)**			ERTRÄGE	
14.	**Zinsergebnis**	**262**		1.	**Umsatzerlöse**	**78.391**
20.	**Steueraufwand**	**2.374**		2.	**Bestandserhöhungen**	**366**
				3.	**Andere aktivierte Eigenleistungen**	**712**
				4.	**Sonstige betriebliche Erträge**	**1.764**
					davon Zuschreibungen zu den Finanzanlagen	**(10)**
					davon Erträge aus Anlagenabgängen	**(201)**

		10.	Beteiligungsergebnis		16
		17.	Außerordentliches Ergebnis		78
	94.210				94.210

Übersicht V-31: *Um die Gewinn- und Verlustrechnung[217] erweiterte (Teil-)Brutto-Bewegungsbilanz des Beispielunternehmens (alle Angaben in TEUR)*

435.33 Saldierung und Umgliederung der erweiterten Bewegungsbilanz zur Kapitalflussrechnung

Wurde die (Teil-)Brutto-Bewegungsbilanz um die Aufwendungen und Erträge der Gewinn- und Verlustrechnung erweitert, so sind nun noch drei Schritte erforderlich (vgl. Übersicht V-18), um die derivativ zu ermittelnde Kapitalflussrechnung fertigzustellen. Zunächst müssen die liquiditätsunwirksamen und gleichzeitig erfolgswirksamen Vorgänge miteinander saldiert werden. Danach sind die Posten der ermittelten Kapitalflussrechnung von der Kontoform in die Staffelform umzugliedern. Als letzter Schritt muss noch der Finanzmittelfonds ausgegliedert werden.

Der Umfang der **Saldierung** hängt dabei – wie gesagt – wesentlich von den verfügbaren Informationen aus Bilanz, GuV und Anhang ab, so dass zunächst alle publizierten Informationen zu den einzelnen Posten der Bilanz und GuV daraufhin auszuwerten sind, ob ihnen liquiditätsunwirksame Vorgänge zugrunde liegen. Danach ist es möglich, die Posten mit dem entsprechenden Gegenkonto in der GuV oder in der Bilanz zu saldieren.

Die folgende Übersicht ist eine nicht abschließende Aufzählung liquiditätsunwirksamer, aber gleichzeitig erfolgswirksamer Vorgänge, die in der erweiterten Bewegungsbilanz eliminiert werden können, da sie doppelt erfasst sind:

---

217 Im Beispielfall ist die Gewinn- und Verlustrechnung nach dem Gesamtkostenverfahren aufgestellt. Zu den Besonderheiten der Erstellung einer Kapitalflussrechnung mit einer Gewinn- und Verlustrechnung, die nach dem Umsatzkostenverfahren aufgestellt wurde, vgl. Abschn. 435.33 in diesem Kapitel.

Liquiditätsunwirksame Bewegung in der Bilanz bzw. GuV	Gegenposten zur liquiditätsunwirksamen Bewegung
Veränderung der Forderungen aus Lieferungen und Leistungen	Umsatzerlöse
Zuschreibungen zum Anlagevermögen aus dem Anlagengitter	Sonstige betriebliche Erträge
Abnahme Disagio	Zinsen und ähnliche Aufwendungen
Zunahme Disagio	Z. B. Verbindlichkeiten gegenüber Kreditinstituten
Veränderung aktivischer latenter Steuern	Steuern vom Einkommen und Ertrag
Einstellungen in den Sonderposten mit Rücklageanteil	Sonstige betriebliche Aufwendungen
Auflösung des Sonderpostens mit Rücklageanteil	Sonstige betriebliche Erträge
Veränderung der Verbindlichkeiten aus Lieferungen und Leistungen	Materialaufwand
Veränderung Pensionsrückstellungen	Personalaufwand
Veränderung sonstiger Rückstellungen	Sonstige betriebliche Aufwendungen
Veränderung der Steuerrückstellungen	Steuern vom Einkommen und Ertrag/Sonstige Steuern
Veränderung passivischer latenter Steuern	Steuern vom Einkommen und Ertrag
Abschreibungen auf immaterielle Vermögensgegenstände, Sachanlagen und Aufwendungen für die Ingangsetzungs- und Erweiterungsaufwendungen	Abschreibungen auf immaterielle Vermögensgegenstände, Sachanlagen und Aufwendungen für die Ingangsetzungs- und Erweiterungsaufwendungen
Abschreibungen auf Gegenstände des Umlaufvermögens, soweit diese die in der Kapitalgesellschaft üblichen Abschreibungen überschreiten (z. B. Abschreibungen auf Wertpapiere)	Entsprechende Posten des Umlaufvermögens (z. B. Wertpapiere)
Abschreibungen auf Finanzanlagen und Wertpapiere des Umlaufvermögens	Abschreibungen auf Finanzanlagen aus dem Anlagengitter und Wertpapiere des Umlaufvermögens
In den außerordentlichen Erträgen/Aufwendungen enthaltene Liquidations- und Bewertungserfolge, die gemäß § 277 Abs. 4 HGB angabepflichtig sind (z. B. Gewinne/Verluste aus dem Abgang von Gegenständen des Anlagevermögens)	Entsprechende Posten in der Bilanz (z. B. Abgänge Anlagevermögen)

Übersicht V-32: *In der erweiterten Bewegungsbilanz doppelt erfasste liquiditätsunwirksame Vorgänge*

Die bisher für die Bewegungsbilanz gewählte Form der Darstellung entspricht der **Kontoform**. Nachteil dieser Aufstellungsform ist, dass die Posten der Bilanz- und GuV nur zu zwei Gruppen – nämlich der Mittelherkunft und der Mittelverwendung – zusammengefasst werden können. Im Gegensatz dazu können die Posten in einer in **Staffelform** aufgestellten Kapitalflussrechnung in die drei nach DRS 2 gewünschten Gruppen zusammengefasst werden.[218] Zudem ist es bei einer Kapitalflussrechnung in Staffelform möglich, gemäß dem sowohl national als auch interna-

---

218 Zur Gliederung der Kapitalflussrechnung nach DRS 2 vgl. ausführlich Abschn. 433. in diesem Kapitel.

tional empfohlenen **Aktivitätsformat**[219] aussagefähige Zwischensummen (Cashflow aus laufender Geschäftstätigkeit, aus der Investitionstätigkeit und aus der Finanzierungstätigkeit) zu bilden.[220]

Integriert man die Saldierungen in eine Kapitalflussrechnung nach der Staffelform, dann ergibt sich das in Übersicht V-33 gezeigte, allgemeingültige Berechnungsschema zur Ermittlung des Cashflows aus der laufenden Geschäftstätigkeit in der direkten Darstellungsform. Ist in der Spalte „MH" (=Mittelherkunft) ein „x" versehen, so handelt es sich bei der in der Zeile aufgelisteten Position um einen Mittelzufluss. Umgekehrt fließen bei den Positionen mit einem „x" in der Spalte „MV" (=Mittelverwendung) Finanzmittel ab.

---

219 Vgl. Abschn. 433. in diesem Kapitel.
220 Vgl. KÜTING, K./WEBER, C.-P., Die Bilanzanalyse, S. 165.

	MV	MH
I. Bereich der laufenden Geschäftstätigkeit		
1. Umsatzeinzahlungen		x
+ Umsatzerlöse		
± Zunahme (–)/Abnahme (+) der Forderungen und der sonstigen Vermögensgegenstände		
± Zunahme (+)/Abnahme (–) der erhaltenen Anzahlungen auf Bestellungen		
2. Materialauszahlungen	x	
+ Materialaufwand		
± Zunahme (–)/Abnahme (+) der Verbindlichkeiten aus Lieferungen und Leistungen, der Verbindlichkeiten gegenüber verbundenen Unternehmen und der Verbindlichkeiten gegenüber Beteiligungsunternehmen		
± Zunahme (+)/Abnahme (–) der Vorräte		
± Erhöhung (–) oder Verminderung (+) des Bestands an fertigen und unfertigen Erzeugnissen und der anderen aktivierten Eigenleistungen[a]		
+ Abschreibungen auf Vermögensgegenstände des Umlaufvermögens, soweit diese die üblichen Abschreibungen überschreiten		
3. Personalauszahlungen	x	
+ Personalaufwand		
± Zunahme (–)/Abnahme (+) der sonstigen Verbindlichkeiten, davon im Rahmen der sozialen Sicherheit		
± Zunahme (–)/Abnahme (+) der Rückstellung für Pensionen und ähnliche Verpflichtungen		
4. Sonstige betriebliche Auszahlungen	x	
+ Sonstige betriebliche Aufwendungen		
± Zunahme (–)/Abnahme (+) der sonstigen Rückstellungen		
5. Sonstige betriebliche Einzahlungen		x
+ Sonstiger betriebliche Erträge [b]		
± Zunahme (–)/Abnahme (+) der aktivischen Rechnungsabgrenzungsposten [c]		
± Zunahme (+)/Abnahme (–) der passivischen Rechnungsabgrenzungsposten		
± Zunahme (+)/Abnahme (–) der sonstigen Verbindlichkeiten [d]		
6. Zinsauszahlungen	x	
+ Zinsen und ähnliche Aufwendungen		
– Abnahme Disagio		
7. Zinseinzahlungen		x
+ Erträge aus anderen Wertpapieren und Ausleihungen des Finanzanlagevermögens		
+ Sonstige Zinsen und ähnliche Erträge		
8. Einzahlungen/Auszahlungen aus Beteiligungen	x	x
+ Erträge aus Beteiligungen		
± Erträge (+)/Aufwendungen (–) aus Verlustübernahme und aufgrund einer Gewinngemeinschaft, eines Gewinnabführungs- oder eines Teilgewinnabführungsvertrags erhaltene (+) oder abgeführte (–) Gewinne		
9. Steuerauszahlungen	x	
+ Steuern vom Einkommen und Ertrag		
+ Sonstige Steuern		
± Zunahme (–)/Abnahme (+) der Steuerrückstellungen		
± Zunahme (–)/Abnahme (+) der sonstigen Verbindlichkeiten, davon aus Steuern		
± Zunahme (–)/Abnahme (+) der passivischen latenten Steuern		
± Zunahme (+)/Abnahme (–) der aktivischen latenten Steuern		
10. Außerordentliches Ergebnis [e]	x	
	Abfluss	Zufluss
11. = Cashflow aus laufender Geschäftstätigkeit	Saldo	Saldo

Übersicht V-33: *Berechnungsschema zur Ermittlung des Cashflows aus laufender Geschäftstätigkeit bei einer GuV nach dem Gesamtkostenverfahren (direkte Darstellungsform)*

Legende:

MV	≙	Mittelverwendung
MH	≙	Mittelherkunft
a)	≙	Da lediglich bei interner Aufstellung die Zusammensetzung der aktivierten Eigenleistungen bekannt ist, können sie bei externer Aufstellung nur von den gesamten Primärauszahlungen abgezogen werden.
b)	≙	Ohne Zuschreibungen zum Anlagevermögen laut Anlagengitter.
c)	≙	Ohne Disagio und aktivische latente Steuern.
d)	≙	Ohne „Sonstige Verbindlichkeiten, davon aus Steuern" und „Sonstige Verbindlichkeiten, davon im Rahmen der sozialen Sicherheit".
e)	≙	Das außerordentliche Ergebnis wird nur soweit im Umsatzbereich erfasst, als durch die Angabepflichten gemäß § 277 Abs. 4 HGB nicht eine Zuordnung zu anderen Teilbereichen möglich ist (z. B. in den außerordentlichen Aufwendungen und Erträgen enthaltene Liquidations- und Bewertungserfolge, die dem Investitionsbereich zugeordnet werden).

Fortsetzung der Übersicht V-33

Die hinter der Zuordnung einzelner Bilanz- und GuV-Posten zu den einzelnen Bereichen der Kapitalflussrechnung stehenden Überlegungen werden anhand zweier Beispiele, nämlich der Ermittlung der Umsatzeinzahlungen und der Materialauszahlungen für eine nach dem Gesamtkostenverfahren aufgestellte Gewinn- und Verlustrechnung verdeutlicht.[221]

(1) Bei der Ermittlung der **Umsatzeinzahlungen** des Geschäftsjahres ist zu beachten, dass die in der Gewinn- und Verlustrechnung ausgewiesenen Umsatzerlöse (Mittelherkunft) nicht direkt als Einzahlungen zu interpretieren sind. *Zum einen* fehlt eine **Korrektur der Umsatzerlöse um die Veränderung der Forderungen aus Lieferungen und Leistungen**. Nehmen die Forderungen aus Lieferungen und Leistungen zu (Mittelherkunft), muss diese Zunahme von den Umsatzerlösen subtrahiert werden, da diese zwar Erträge darstellt, aber noch nicht zu Einzahlungen geführt hat.[222] Umgekehrt muss eine Abnahme der Forderungen aus Lieferungen und Leistungen (Mittelherkunft) addiert werden, da dem Forderungsabbau Einzahlungen zugrunde liegen, die nicht in den Umsatzerlösen des Geschäftsjahres erfasst sind. Da die unter dem Bilanzposten Buchstabe B. II. ausgewiesenen Teilposten des § 266 HGB (Forderungen gegen verbundene Unternehmen, Forderungen gegen Unternehmen, mit denen ein Beteiligungsverhältnis besteht, Sonstige Vermögensgegenstände) sämtlich auch Forderungen aus Lieferungen und Leistungen enthalten können, wird dieser Posten aus Vereinfachungsgründen ebenfalls pauschal mit den Umsatzerlösen verrechnet. *Zum anderen* müssen die **Umsatzerlöse um die Veränderungen der erhaltenen Anzahlungen** korrigiert werden. Bei den erhaltenen Anzahlungen handelt es sich um Vorleistungen eines Kunden auf ein bisher schwebendes Geschäft.[223] Daher müssen Zugänge zu diesem Posten zu den Umsatzerlösen addiert werden (Mittel-

---

221 Vgl. dazu ausführlich AMEN, M., Erstellung von Kapitalflußrechnungen, S. 46-52.

222 Die in den Forderungen aus Lieferungen und Leistungen enthaltene Umsatzsteuer müsste genau genommen zu den Steuerauszahlungen umgegliedert werden. Aus Gründen der Übersichtlichkeit – vor allem im Hinblick auf die Anwendung des Berechnungsschemas im behandelten Beispiel – wird hierauf verzichtet.

223 Vgl. BAETGE, J./KIRSCH, H.-J./THIELE, S., Bilanzen, S. 344.

herkunft). Dagegen sind die Abgänge der erhaltenen Anzahlungen (Mittelver-wendung) schon Bestandteil der Umsatzerlöse des betrachteten Geschäftsjahres, so dass diese liquiditätsneutralen Vorgänge herausgerechnet werden müssen. Mit der Saldierung der Umsatzerlöse mit den Veränderungen der Positionen Forde-rungen und Erhaltene Anzahlungen auf Bestellungen wird der tatsächliche Zah-lungsmittelzufluss aus dem Umsatzprozess approximiert. Da indes nicht bekannt ist, welche Beträge der Forderungen tatsächlich aus dem Lieferungs- und Lei-stungsverkehr stammen, können die Umsatzeinzahlungen immer nur grob an die tatsächlichen Umsatzeinzahlungen angenähert werden.

(2) Die **Materialauszahlungen** lassen sich nur ermitteln, wenn der in der nach dem Gesamtkostenverfahren aufgestellten Gewinn- und Verlustrechnung ausgewiese-ne Materialaufwand um die Veränderungen der Verbindlichkeiten aus Lieferun-gen und Leistungen und der Roh-, Hilfs- und Betriebsstoffe korrigiert werden. Zieleinkäufe führen sowohl zu einem Anstieg der Verbindlichkeiten aus Lieferun-gen und Leistungen als auch zu einem Anstieg der Vorräte. Da bei diesen Vorgän-gen (bis die Verbindlichkeit beglichen wird) keine liquiden Mittel abfließen, müssen die Materialaufwendungen um die Erhöhung der **Verbindlichkeiten aus Lieferungen und Leistungen** (Mittelherkunft) gekürzt werden. Bei einer Ab-nahme der Verbindlichkeiten aus Lieferungen und Leistungen (Mittelverwen-dung) fließt dagegen Liquidität ab; dieser Liquiditätsabfluss muss daher zur Er-mittlung der Materialauszahlungen addiert werden. Da bei den Bilanzpositionen „Verbindlichkeiten gegenüber verbundenen Unternehmen" und „Verbindlichkei-ten gegenüber Beteiligungsunternehmen" nicht bekannt ist, ob und in welcher Höhe es sich um Verbindlichkeiten aus dem Lieferungs- und Leistungsverkehr handelt, werden die Veränderungen dieser Bilanzpositionen analog zu der Verän-derung der Verbindlichkeiten aus Lieferungen und Leistungen berücksichtigt.

Ferner sind bei der Korrektur der Materialaufwendungen auch die Veränderun-gen der unter den Vorräten ausgewiesenen **Roh-, Hilfs- und Betriebsstoffe, Wa-ren und der geleisteten Anzahlungen** zu berücksichtigen. Dabei sind Zugänge (Mittelverwendung) zu addieren, da sie zu Auszahlungen geführt haben, denen (noch) kein Aufwand gegenübersteht. Die liquiditätsneutralen Abgänge (Mittel-herkunft) müssen entsprechend subtrahiert werden. Problematisch ist indes, dass im Gliederungsschema der Bilanz gemäß § 266 HGB die Waren nicht getrennt von den Fertigerzeugnissen ausgewiesen werden müssen. Sowohl fertige als auch unfertige Erzeugnisse werden zu Herstellungskosten gemäß § 255 Abs. 2 HGB bewertet. Die Bestandsveränderungen der fertigen und unfertigen Erzeugnisse werden zum einen in der Bilanz unter den Vorräten und zum anderen in der Ge-winn- und Verlustrechnung nach dem Gesamtkostenverfahren unter dem Posten Nr. 2 „Erhöhung oder Verminderung des Bestands an fertigen und unfertigen Er-zeugnissen" ausgewiesen. Diese Bestandsänderungen sind aber – im Gegensatz zu den Bestandsänderungen der Roh-, Hilfs- und Betriebsstoffe und Waren – **liqui-ditätsneutral**, weil sie die **in den Primäraufwendungen der Gewinn- und Ver-lustrechnung schon enthaltenen (liquiditätswirksamen) Bestandteile der Herstellungskosten** aufnehmen. Ebenso verhält es sich mit den beim Gesamt-

kostenverfahren nach § 275 Abs. 2 Nr. 3 HGB ausgewiesenen anderen aktivierten Eigenleistungen. Auch dieser Posten nimmt als Korrekturposten Beträge auf, die in den Primäraufwendungen schon enthalten sind. Damit dienen diese Bestandsänderungen bzw. die aktivierten Eigenleistungen lediglich als Korrekturposten, um einen periodengerechten Gewinn zu ermitteln. Aufgrund der **doppelten Erfassung** der Bestandsänderungen der fertigen und unfertigen Erzeugnisse in der Bilanz und in der GuV können die liquiditätswirksamen Beträge errechnet werden,[224] indem unter Berücksichtigung sämtlicher in der Bewegungsbilanz ausgewiesenen Bestandsveränderungen des Vorratsvermögens Erhöhungen der Vorräte zu den Materialaufwendungen addiert und Verminderungen der Vorräte subtrahiert werden. Die darin enthaltenen liquiditätsunwirksamen Veränderungen der fertigen und unfertigen Erzeugnisse werden herausgerechnet, indem die in der GuV ausgewiesenen Bestandserhöhungen (Mittelherkunft) von den Materialaufwendungen subtrahiert bzw. die Bestandsverminderungen (Mittelverwendung) addiert werden.

Im Gegensatz zu einer nach dem Gesamtkostenverfahren aufgestellten GuV, die nach Primäraufwandsarten (wie Material- und Personalaufwendungen) gegliedert ist, ist eine nach dem **Umsatzkostenverfahren** aufgestellte GuV nach Sekundäraufwandsarten (wie Vertriebskosten und allgemeine Verwaltungskosten) gegliedert. Die sich daraus ergebenden Infmormationsverluste werden aber – zumindest für den Einzelabschluss – durch die gesonderte Angabepflicht gemäß § 285 Nr. 8 HGB kompensiert, so dass die oben stehenden Überlegungen grundsätzlich für eine nach dem Umsatzkostenverfahren aufgestellte GuV übertragen werden können. Für eine nach dem Umsatzkostenverfahren aufgestellte Konzern-GuV besteht die Angabepflicht gemäß § 285 Nr. 8 HGB nicht (§ 298 HGB i. V. m. §§ 313, 314 HGB). In diesem Fall ist es nur möglich, die oben für die Materialauszahlungen dargestellten Korrekturen aus der Bewegungsbilanz gegen die Summe der Sekundäraufwendungen vorzunehmen. Die korrigierte Summe der Sekundäraufwendungen kann anschließend zu einem Posten „betriebliche Auszahlungen" zusammen gefasst werden.[225] Weiterhin entfallen in einer nach dem Umsatzkostenverfahren aufgestellten GuV die Korrekturen um die anderen aktivierten Eigenleistungen und um die Bestandsveränderungen, da die in diesen Posten enthaltenen Aufwendungen nicht in die Erfolgsrechnung nach Umsatzkostenverfahren aufgenommen werden.

Aufgrund der schon angeführten Informationsmängel kann der Bilanzanalytiker einige Zahlungssalden der erweiterten Bewegungsbilanz den einzelnen Teilbereichen der Ursachenrechnung nicht zuordnen. Diese **Abgrenzungsprobleme** verbleiben hier und verzerren die Salden der einzelnen Bereiche. So ist lediglich möglich, die Verluste aus Anlagenabgängen, die aufgrund der Berichtspflicht des § 277 Abs. 4 HGB für mittelgroße und große Kapitalgesellschaften im Anhang hinsichtlich Art und Betrag erläutert werden müssen, dem Anlagenbereich zuzuordnen. Grundsätzlich sind die Verluste aus Anlagenabgängen Bestandteil der sonstigen betrieblichen Aufwendun-

---

224 Vgl. AMEN, M., Erstellung von Kapitalflußrechnungen, S. 49.

225 Vgl. AMEN, M., Erstellung von Kapitalflußrechnungen, S. 64-73.

gen, die in der Ursachenrechnung im Umsatzbereich erfasst werden. In diesem Fall werden die Salden im Bereich der laufenden Geschäftätigkeit und im Bereich der Investitionstätigkeit verzerrt.

Eine Besonderheit ergibt sich bei Unternehmen, bei denen der Anteil der Forderungen und/oder Verbindlichkeiten gegenüber verbundenen Unternehmen an den gesamten Forderungen und/oder Verbindlichkeiten sehr hoch ist. Bei solchen Unternehmen ist zu vermuten, dass ihre finanzielle Lage beinahe ausschließlich von der wirtschaftlichen Lage der verbundenen Unternehmen (z. B. von der finanziellen Lage des Mutterunternehmens) abhängig ist. Daher ist es zweckgerecht, in den Fällen, in denen der Bilanzanalytiker eine starke Konzernabhängigkeit des zu analysierenden Unternehmens vermutet, die Veränderungen der Forderungen bzw. Verbindlichkeiten gegenüber verbundenen Unternehmen aus dem Bereich der laufenden Geschäftätigkeit in den Bereich der Finanzierungstätigkeit umzugliedern.[226] Damit wird erreicht, dass in der Kapitalflussrechnung die finanzielle Abhängigkeit des Tochterunternehmens vom Mutterunternehmen sichtbar wird.

Wird das Berechnungsschema zur Ermittlung des Cashflows aus der laufenden Geschäftätigkeit (Übersicht V-33) auf den Beispielfall angewendet, so ergibt sich folgendes Bild (Übersicht V-34):

	MV	MH
I. Bereich der laufenden Geschäftstätigkeit		
1. Umsatzeinzahlungen		
+ Umsatzerlöse		78.391
– Zunahme der Forderungen und sonstigen Vermögensgegenstände	1.344	
+ Zunahme der erhaltenen Anzahlungen auf Bestellungen		121
2. Materialauszahlungen		
+ Materialaufwand	35.687	
– Zunahme der Verbindlichkeiten aus Lieferungen und Leistungen, gegenüber verbundenen Unternehmen und gegenüber Beteiligungsunternehmen Beteiligungsunternehmen (Saldo)		859
– Abnahme der Vorräte		467
– Erhöhung des Bestands an fertigen und unfertigen Erzeugnissen und der anderen aktivierten Eigenleistungen		1.078
3. Personalauszahlungen		
+ Personalaufwand	31.242	
– Zunahme der sonstigen Verbindlichkeiten, davon im Rahmen der sozialen Sicherheit		78
– Zunahme der Rückstellungen für Pensionen und ähnliche Verpflichtungen		56
4. Sonstige betriebliche Auszahlungen		
+ Sonstige betriebliche Aufwendungen [a)]	4.520	
– Zunahme der sonstigen Rückstellungen		1.690

Übersicht V-34: *Berechnungsschema für den Cashflow aus laufender Geschäftstätigkeit für den Beispielfall (alle Angaben in TEUR)*

---

226 Gleicher Ansicht DELLMANN, K./KALINSKI, R., Die Rechnungslegung zur Finanzlage der Unternehmung, S. 213 f.

5. Sonstige betriebliche Einzahlungen		
+ Sonstige betriebliche Erträge [b]		1.553
+ Abnahme der aktivischen Rechnungsabgrenzungsposten [c]		118
– Abnahme der passivischen Rechnungsabgrenzungsposten	144	
+ Zunahme der sonstigen Verbindlichkeiten [d]		83
6. Zinsauszahlungen		
+ Zinsen und ähnliche Aufwendungen [e]	1.205	
– Abnahme Disagio		16
7. Zinseinzahlungen		
+ Erträge aus anderen Wertpapieren und Ausleihungen des Finanzanlagevermögens		76
+ Sonstige Zinsen und ähnliche Erträge [e]		867
8. Einzahlungen aus Beteiligungen		
+ Erträge aus Beteiligungen		16
9. Steuerauszahlungen		
+ Steuern vom Einkommen und Ertrag und Sonstige Steuern	2.374	
– Zunahme der Steuerrückstellungen		201
– Zunahme der sonstigen Verbindlichkeiten, davon aus Steuern [a]		163
– Abnahme der aktivischen latenten Steuern		58
10. Außerordentliches Ergebnis		
	76.516	85.891
11. = Cashflow aus laufender Geschäftstätigkeit	9.375	
Legende:		
MV ≙	Mittelverwendung	
MH ≙	Mittelherkunft	
a) ≙	Ohne die Verluste aus Anlagenabgang in Höhe von 89 TEUR.	
d) ≙	Ohne die Erträge aus Anlagenabgang (201 TEUR) und die Zuschreibungen zu den Finanzanlagen (10 TEUR).	
c) ≙	Ohne Disagiobeträge und aktivische latente Steuern.	
d) ≙	Ohne „Sonstige Verbindlichkeiten, davon aus Steuern" und „Sonstige Verbindlichkeiten, davon im Rahmen der sozialen Sicherheit".	
e) ≙	Das Zinsergebnis (– 262 TEUR) setzt sich aus Zinsen und ähnlichen Aufwendungen (– 1.205 TEUR), Erträgen aus anderen Wertpapieren und Ausleihungen des Finanzanlagevermögens (76 TEUR) sowie sonstigen Zinsen und ähnlichen Erträgen (867 TEUR) zusammen; siehe GuV des Beispielunternehmens, Übersicht V-20.	

Fortsetzung der Übersicht V-34

Die Werte der einzelnen Positionen des Berechnungsschemas für den Cashflow aus laufender Geschäftstätigkeit für den Beispielfall (Übersicht V-34) lassen sich in den meisten Fällen direkt der um die GuV erweiterten (Teil-)Brutto-Bewegungsbilanz der Übersicht V-31 entnehmen. Hieraus wird deutlich, dass die Werte der um die Gewinn- und Verlustrechnung erweiterten Bewegungsbilanz lediglich entsprechend umgegliedert wurden, damit sie mit den korrespondierenden Bilanz- bzw. GuV-Positionen saldiert werden können. In den mit einem Index versehenen Positionen ergeben sich die Werte aus der Veränderung der Bilanz- bzw. GuV-Positionen und aus zusätzlich gegebenen Informationen zur Bilanz und GuV in Form von „Davon-" Vermerken. Die Überleitung der Werte des Berechnungsschemas, die mit einem Index versehen sind, lässt sich mit der (Teil-)Brutto-Bewegungsbilanz und den in der obenstehenden Legende gegebenen Informationen nachvollziehen.

Analog zu der Übersicht V-33 ergeben sich für das Berechnungsschema des Cashflows aus der Investitionstätigkeit und aus der Finanzierungstätigkeit folgende Abbildungen:

	MV	MH
II. Investitionsbereich		
12. Einzahlungen aus dem Verkauf von Gegenständen des Anlagevermögens		x
Immaterielle Vermögensgegenstände		
+ Abgänge zum Restbuchwert		
± Gewinne (+)/Verluste (–) aus Anlagenabgang [a)]		
Sachanlagen		
+ Abgänge zum Restbuchwert		
± Gewinne (+)/Verluste (–) aus Anlagenabgang [a)]		
Finanzanlagen		
+ Abgänge zum Restbuchwert		
± Gewinne (+)/Verluste (–) aus Anlagenabgang [a)]		
13. Auszahlungen für Investitionen in das Anlagevermögen	x	
+ Zugänge zu aktivierten Aufwendungen für die Ingangsetzung und Erweiterung des Geschäftsbetriebs		
+ Zugänge zu immateriellen Vermögensgegenständen		
+ Zugänge zu Sachanlagen		
+ Zugänge zu Finanzanlagen		
	Abfluss	Zufluss
14. = Cashflow aus der Investitionstätigkeit	Saldo	Saldo
Legende:		
MV ≙ Mittelverwendung		
MH ≙ Mittelherkunft		
a) ≙ Soweit die Gewinne und Verluste aus Anlagenabgängen in den außerordentlichen Aufwendungen und Erträgen erfasst und gemäß § 277 Abs. 4 HGB angabepflichtig sind.		

Übersicht V-35: *Berechnungsschema zur Ermittlung des Cashflows aus der Investitionstätigkeit (direkte Darstellungsform)*[227]

	MV	MH
II. Investitionsbereich		
12. Einzahlungen aus dem Verkauf von Gegenständen des Anlagevermögens		
+ Abgänge immaterielle Vermögensgegenstände zum Restbuchwert		93
+ Abgänge Sachanlagen zum Restbuchwert		853
+ Abgänge Finanzanlagen zum Restbuchwert		461
+ Gewinne aus Anlagenabgang		201
+ Außerordentliche Erträge aus Sachanlagenabgang		78
– Verluste aus Anlagenabgang	89	
13. Auszahlungen für Investitionen in das Anlagevermögen		
+ Zugänge zu immaterielle Vermögensgegenstände	437	
+ Zugänge zu Sachanlagen	8.453	
+ Zugänge zu Finanzanlagen	781	
	9.760	1.686
14. = Cashflow aus der Investitionstätigkeit		8.074

Übersicht V-36: *Berechnungsschema zur Ermittlung des Cashflows aus der Investitionstätigkeit für den Beispielfall (alle Angaben in TEUR)*

---

227 Wird im Anhang der Betrag der aufgewendeten Forschungs- und Entwicklungskosten angegeben, so ist dieser in den Investitionsbereich einzustellen; gleichzeitig ist die Summe der im Umsatzbereich ausgewiesenen Mittelverwendungen um diesen Betrag zu kürzen; vgl. dazu ausführlich AMEN, M., Erstellung von Kapitalflußrechnungen, S. 84-86.

	MV	MH
III. Finanzierungsbereich		
15. Einzahlungen aus Eigenkapitalzuführungen		x
+ Zunahme des gezeichneten Kapitals aufgrund einer ordentlichen Kapitalerhöhung		
+ Zunahme der Kapitalrücklage		
16. Auszahlungen an Unternehmenseigner und Minderheitsgesellschafter	x	
+ Dividende		
+ Abnahme des gezeichneten Kapitals aufgrund einer ordentlichen Kapitalherabsetzung oder einer Kapitalherabsetzung durch Einziehung von Aktien		
17. Einzahlungen aus der Begebung von Anleihen und der Aufnahme von (Finanz-) Krediten		x
+ Zunahme der Anleihen, der Verbindlichkeiten gegenüber Kreditinstituten und der Verbindlichkeiten aus der Annahme gezogener Wechsel und der Ausstellung eigener Wechsel		
− Zunahme des Disagios		
18. Auszahlungen für die Tilgung von Anleihen und (Finanz-) Krediten	x	
+ Abnahme der Anleihen, der Verbindlichkeiten gegenüber Kreditinstituten und der Verbindlichkeiten aus der Annahme gezogener Wechsel und der Ausstellung eigener Wechsel		
	Abfluss	Zufluss
19. = Cashflow aus der Finanzierungstätigkeit	Saldo	Saldo

Übersicht V-37: Berechnungsschema zur Ermittlung des Cashflows aus der Finanzierungstätigkeit (direkte Darstellungsform)

	MV	MH
III. Finanzierungsbereich		
17. Einzahlungen aus der Aufnahme von (Finanz-) Krediten		
+ Zunahme der Verbindlichkeiten gegenüber Kreditinstituten und der Verbindlichkeiten aus der Annahme gezogener Wechsel und der Ausstellung eigener Wechsel		1.532
18. Auszahlungen für die Tilgung von Anleihen		
+ Abnahme der Anleihen	1.283	
	1.283	1.532
19. = Cashflow aus der Finanzierungstätigkeit	249	

Übersicht V-38: Berechnungsschema zur Ermittlung des Cashflows aus der Finanzierungstätigkeit für den Beispielfall (alle Angaben in TEUR)

Als letzter Schritt zur derivativen Erstellung der Kapitalflussrechnung muss noch der **Finanzmittelfonds** ausgegliedert werden, z. B. wie in DRS 2 vorgeschrieben ein Fonds aus Zahlungsmitteln und Zahlungsmitteläquivalenten. Hierfür ist die für die Ermittlung der Beständedifferenzenbilanz vorgenommene Saldierung der Bilanzwerte des zu analysierenden Jahres mit den entsprechenden Bilanzwerten des Vorjahres für die Fondskonten rückgängig zu machen. Neben dem Anfangs- und Endbestand der Fondskonten kann so die Veränderung des Finanzmittelbestandes gezeigt werden.

Übersicht V-39 zeigt für den Fall einer Fondszunahme, dass der Saldo der aus der erweiterten Bewegungsbilanz in den Fonds einbezogenen Posten aufgrund des Prinzips der Doppik immer mit dem Saldo der nicht einbezogenen Konten übereinstimmt.[228]

---

228 In Anlehnung an PFUHL, J. M., Konzernkapitalflußrechnung, S. 88; in der Übersicht wird davon ausgegangen, dass die Gewinnverwendungsbuchungen des Geschäftsjahres rückgängig gemacht worden sind und der Jahresüberschuss/Jahresfehlbetrag durch die ihn verursachenden Aufwendungen und Erträge ersetzt wurde.

Mittelverwendung	**Mittelherkunft**
Aktivzunahmen Passivabnahmen Aufwendungen Fondszunahme	Passivzunahmen Aktivabnahmen Erträge

Übersicht V-39: *Erweiterte Bewegungsbilanz vor Fondsausgliederung*

Ein Fondsänderungsnachweis sieht bei einer Kapitalflussrechnung im Einzelabschluss allgemein wie folgt aus:

	MV	MH
IV. Fondsänderungsnachweis		
20. Zahlungswirksame Veränderung des Finanzmittelbestandes (Summe Übersichten V-33, Zeile 11., V-35, Zeile 14. und V-37, Zeile 19.)		
21. Sonstige Erhöhungen (MH) oder Verminderungen (MV) des Finanzmittelbestandes durch Wertänderungen		
± Zuschreibungen (+)/Abschreibungen (–) von Positionen des Finanzmittelbestandes		
22. Finanzmittelbestand am Anfang der Periode		
23. Finanzmittelbestand am Ende der Periode		

Übersicht V-40: *Fondsänderungsnachweis*

Für den Beispielfall ist der Fondsänderungsnachweis wie in Übersicht V-41 auszufüllen. Der Fondsänderungsnachweis der Übersicht V-40 ist um die Zeile 22. aus Übersicht V-41 zu ergänzen, da es sich im Beispielfall um eine Konzernkapitalflussrechnung handelt.

	MV	MH
IV. Fondsänderungsnachweis		
20. Zahlungswirksame Veränderung des Finanzmittelbestandes		1.550
21. Sonstige Verminderungen des Finanzmittelbestandes durch Wertänderungen		– 10
22. Saldo des konsolidierungstechnischen Verrechnungsbereiches		24
23. Finanzmittelbestand am Anfang des Jahres 2003		476
24. Finanzmittelbestand am Ende des Jahres 2003		2.040

Übersicht V-41: *Fondsänderungsnachweis für den Beispielfall (alle Angaben in TEUR)*

Im Beispielfall wird der Fonds der liquiden Mittel verwendet.[229] Im Fonds der liquiden Mittel sind die Positionen „Kassenbestand, Bundesbankguthaben, Guthaben bei Kreditinstituten und Schecks" und die Position „Wertpapiere" enthalten. Auf die Ermittlung der Position 22. „Saldo des konsolidierungstechnischen Verrechnungsbereiches" wird im folgenden Abschnitt eingegangen, da es sich hierbei um eine Besonderheit bei der Erstellung von Konzernkapitalflussrechnungen handelt. Bisher wurde nämlich bei der Erstellung der Kapitalflussrechnung nicht weiter unterschieden, ob diese für ein Unternehmen oder einen Konzern aufgestellt werden soll. Grundsätzlich

---

229 Zur Fondsabgrenzung vgl. Abschn. 433. in diesem Kapitel.

muss aber festgestellt werden, dass eine Konzernkapitalflussrechnung aufgrund der zahlreichen konzernspezifischen Posten mit mehr Schwierigkeiten und nur mit größeren Einschränkungen extern erstellt werden kann als die Kapitalflussrechnung eines Einzelunternehmens. Die beiden wesentlichen Problemkreise einer extern erstellten Konzernkapitalflussrechnung werden im folgenden Abschnitt behandelt.[230]

435.34 Besonderheiten der externen Erstellung einer Konzernkapitalfluss- rechnung

Der erste wesentliche Problemkreis bei der externen Erstellung einer Konzernkapital- flussrechnung betrifft die **Änderungen des Konsolidierungskreises** aufgrund des Kaufes oder des Verkaufes von Anteilen an verbundenen Unternehmen. Der Kauf bzw. Verkauf eines Unternehmens wirkt sich – entsprechend der Annahme des Ein- zelerwerbs[231] – im Konzernabschluss auf jeden übernommenen oder veräußerten Posten des Konzernabschlusses aus, da alle Vermögensgegenstände, Schulden, Auf- wendungen und Erträge des erworbenen bzw. veräußerten Unternehmens entweder – im Rahmen der Vollkonsolidierung – **unabhängig** von der Höhe der Beteiligung oder – im Rahmen der Quotenkonsolidierung – **entsprechend den Anteilen** am Ka- pital des Gemeinschaftsunternehmens in den Konzernabschluss einbezogen werden. Sowohl bei der erstmaligen Einbeziehung als auch bei der Endkonsolidierung von Tochterunternehmen[232] sollten in einer Konzernkapitalflussrechnung indes **nur die liquiditätswirksamen Beträge**, d. h. die Kaufpreise bzw. Verkaufspreise abzüglich der mit dem Unternehmen erworbenen oder verkauften Finanzmittel als Mittelher- kunft bzw. Mittelverwendung, erfasst werden. Die Einbeziehung aller erworbenen bzw. verkauften Vermögensgegenstände und Schulden in die Konzernkapitalfluss- rechnung entspricht nicht den tatsächlichen Zahlungsvorgängen. Die Informationen über die tatsächlichen liquiditätswirksamen Beträge beim Kauf oder Verkauf eines Unternehmens liegen dem externen Analytiker aber im Normalfall ebenso wenig vor wie die Informationen über die zahlungsunwirksamen Bestandsveränderungen der einzelnen Bilanzposten, die sich aus Änderungen des Konsolidierungskreises ergeben haben. Daher ist der finanzwirtschaftliche Aussagegehalt einer extern erstellten Kon- zernkapitalflussrechnung bei bedeutenden Änderungen des Konsolidierungskeises nicht unerheblich eingeschränkt.

Folge dieser Veränderungen des Konsolidierungskreises ist, dass die Veränderung der Rücklagen und der Anteile anderer Gesellschafter an verbundenen Unternehmen in der Konzernbilanz nicht mehr einzig und allein durch die Gewinnverwendung verur- sacht wird. Eine erfolgsneutrale Rücklagenveränderung tritt z. B. dann auf, wenn der positive Unterschiedsbetrag zwischen dem Kaufpreis und dem anteiligen Eigenkapital

---

230 Vgl. zu diesen und weiteren Problemkreisen bei der derivativen Erstellung einer Konzernkapi- talflussrechnung PFUHL, J. M., Konzernkapitalflußrechnung, S. 209-350.

231 Vgl. BAETGE, J./KIRSCH, H.-J./THIELE, S., Konzernbilanzen, S. 198.

232 Zur Endkonsolidierung vgl. HERRMANN, D., Änderung von Beteiligungsverhältnissen im Kon- zernabschluß, S. 227-256.

des erworbenen Unternehmens, d. h. der sich ergebende Geschäfts- oder Firmenwert aus der Kapitalkonsolidierung, gemäß § 309 Abs. 1 Satz 3 HGB offen mit den Rücklagen verrechnet wird. Der Saldo zwischen der Veränderung des Konzerneigenkapitals in der Konzernbilanz und in der Konzern-GuV entsprechend der Gewinnverwendungsrechnung sollte daher bei unternehmensexterner derivativer Erstellung der Kapitalflussrechnung in einen sog. **konsolidierungstechnischen Verrechnungsbereich** aufgenommen werden (vgl. folgende Übersicht).[233]

Mittelverwendung	Mittelherkunft
Veränderung Gewinnrücklagen (GuV)	Veränderung Gewinnrücklagen (Bilanz)
Veränderung Anteile anderer Gesellschafter (GuV)	Veränderung Anteile anderer Gesellschafter (Bilanz)
Saldo (+)	Saldo (–)
Summe	Summe

Übersicht V-42:   *Saldo des konsolidierungstechnischen Verrechnungsbereiches*

Ist der Saldo zwischen der Veränderung des Konzerneigenkapitals in der Konzernbilanz und in der Konzern-GuV entsprechend der Gewinnverwendungsrechnung positiv, wird er der Mittelverwendung zugerechnet. Umgekehrt wird ein negativer Saldo der Mittelherkunftseite zugerechnet. Im Gliederungsschema für den Fondsänderungsnachweis der Kapitalflussrechnung wird der errechnete Saldo vor der Veränderung des Finanzmittelfonds eingefügt, wobei ein Saldo auf der Mittelverwendungsseite im Fondsänderungsnachweis addiert und ein Saldo auf der Mittelherkunftseite im Fondsänderungsnachweis subtrahiert werden muss. Die Zeile des Saldos des konsolidierungstechnischen Verrechnungsbereiches ist in der folgenden Übersicht fett hervorgehoben:

	MV	MH
IV. Fondsänderungsnachweis		
20. Zahlungswirksame Veränderung des Finanzmittelbestandes (Summe Übersichten V-33, Zeile 11., V-35, Zeile 14. und V-37, Zeile 19.)		
21. Sonstige Erhöhungen (MH) oder Verminderungen (MV) des Finanzmittelbestandes durch Wertänderungen ± Zuschreibungen (+)/Abschreibungen (–) von Positionen des Finanzmittelbestandes		
22. Saldo des konsolidierungstechnischen Verrechnungsbereiches		
23. Finanzmittelbestand am Anfang der Periode		
24. Finanzmittelbestand am Ende der Periode		

Übersicht V-43:   *Fondsänderungsnachweis bei einer Konzernkapitalflussrechnung*

Die Berechnung des in Zeile 22. von Übersicht V-41 ausgewiesenen Saldos des konsolidierungstechnischen Verrechnungsbereiches kann anhand der Übersicht V-44 nachvollzogen werden. Da ein Saldo auf der Mittelverwendungsseite auf einen Über-

---

233 Vgl. KÜTING, K./WEBER, C.-P., Die Bilanzanalyse, S. 181.

schuss an Mittelherkunft zurückzuführen ist, ist der Saldo in Übersicht V-44 als Mittelzufluss zu interpretieren und dementsprechend im Fondsänderungsnachweis der Kapitalflussrechnung zu addieren.

Mittelverwendung		Mittelherkunft	
Veränderung Gewinnrücklagen (GuV)	1.000 TEUR	Veränderung Gewinnrücklagen (Bilanz)	1.000 TEUR
Veränderung Anteile anderer Gesellschafter (GuV)	90 TEUR	Veränderung Anteile anderer Gesellschafter (Bilanz)	114 TEUR
Saldo (+)	24 TEUR		
	1.114 TEUR		1.114 TEUR

Übersicht V-44:   *Saldo des konsolidierungstechnischen Verrechnungsbereiches im Beispielfall*

Der zweite wesentliche Problemkreis bei der Erstellung der Konzernkapitalflussrechnung betrifft die **Währungsumrechnung**. Das Problem tritt zwar schon auf, wenn eine Kapitalflussrechnung für den Einzelabschluss erstellt wird, ist für Konzerne indes wesentlich komplexer.[234] Werden in einen Konzernabschluss ausländische Tochterunternehmen einbezogen, so können sich Wertänderungen der Bestände schon allein daraus ergeben, dass sich der Wechselkurs an aufeinanderfolgenden Bilanzstichtagen ändert. Die Konzernkapitalflussrechnung ist um diese liquiditätsunwirksamen Änderungen der Bilanzposten zu bereinigen. Extern sind die Differenzen aus der Währungsumrechnung für die einzelnen Vermögensgegenstände und Schulden dem Konzernabschluss indes i. d. R. nicht zu entnehmen, so dass die Konzernkapitalflussrechnung um diese liquiditätsunwirksamen Änderungen der Bilanzposten nicht bereinigt werden kann. Eine für einen multinationalen Konzern, mit einem großen Anteil an ausländischen Tochtergesellschaften, extern erstellte derivative Konzernkapitalflussrechnung suggeriert daher – bei wesentlichen Änderungen der Währungsparitäten für die wichtigen Auslandstochtergesellschaften – Zahlungsströme, obwohl den Änderungen der Konzernbilanzbestände lediglich liquiditätsunwirksame Währungsumrechnungsdifferenzen zugrunde liegen.

435.35   Die Interpretation der Konzernkapitalflussrechnung im Beispielfall

Fasst man die Ursachenrechnungen (Übersichten V-34, V-36 und V-38) und den Fondsänderungsnachweis (Übersicht V-41) zusammen, und stellt nur noch eine Spalte dar, in der Mittelzuflüsse mit positivem Vorzeichen und Mittelabflüsse mit negativem Vorzeichen gezeigt werden, so ergibt sich für den Beispielfall die folgende Konzernkapitalflussrechnung:

---

234 Vgl. PFUHL, J. M., Konzernkapitalflußrechnung, S. 336-344.

I. Bereich der laufenden Geschäftstätigkeit		
1. Umsatzeinzahlungen		77.168
2. Primärauszahlungen		– 64.391
davon Materialauszahlungen	– 33.283	
davon Personalauszahlungen	– 31.108	
3. Sonstige betriebliche Auszahlungen		– 2.830
4. Sonstige betriebliche Einzahlungen		1.610
5. Finanzauszahlungen		– 246
davon Zinsauszahlungen	– 1.189	
davon Zinseinzahlungen	943	
6. Einzahlungen aus Beteiligungen		16
7. Steuerauszahlungen		– 1.952
8. = Cashflow aus laufender Geschäftstätigkeit		**9.375**
II. Investitionsbereich		
9. Einzahlungen aus dem Verkauf von Gegenständen des Anlagevermögens		1.597
davon immaterielle Vermögensgegenstände	93	
davon Sachanlagen	931	
davon Finanzanlagen	461	
davon Gewinn/Verlust aus Anlagenabgang	112	
10. Auszahlungen für Investitionen in das Anlagevermögen		– 9.671
davon immaterielle Vermögensgegenstände	– 437	
davon Sachanlagen	– 8.453	
davon Finanzanlagen	– 781	
11. = Cashflow aus der Investitionstätigkeit		**– 8.074**
III. Finanzierungsbereich		
12. Einzahlungen aus der Aufnahme von (Finanz-) Krediten		1.532
13. Auszahlungen für die Tilgung von Anleihen		– 1.283
14. = Cashflow aus der Finanzierungstätigkeit		**249**
IV. Fondsänderungsnachweis		
15. Zahlungswirksame Veränderung des Finanzmittelbestandes		1.550
16. Sonstige Verminderungen des Finanzmittelbestandes durch Wertänderungen		– 10
17. Saldo des konsolidierungstechnischen Verrechnungsbereiches		24
18. Finanzmittelbestand am Anfang des Jahres 2003		476
19. Finanzmittelbestand am Ende des Jahres 2003		**2.040**

Übersicht V-45: *Konzernkapitalflussrechnung des Beispielunternehmens für das Geschäftsjahr 2003 (alle Angaben in TEUR)*

Die ermittelte Konzernkapitalflussrechnung kann nun analysiert werden. Erkenntnisse über die künftige Entwicklung der Finanzlage des zu analysierenden Unternehmens oder Konzerns lassen sich nur erlangen, wenn grundsätzlich die Kapitalflussrechnungen mehrerer aufeinander folgender Geschäftsjahre erstellt und interpretiert werden. Im Zeitablauf kann dann z. B. festgestellt werden, ob die zu analysierende Gesellschaft der Gruppe ein gewisses Mindestmaß an Mittelzuflüssen aus laufender Geschäftstätigkeit erwirtschaften kann, mit denen sie in der Lage ist, die künftig erforderlichen Investitionen zu finanzieren.

Der Konzernkapitalflussrechnung des Beispielunternehmens ist zu entnehmen, dass die finanzielle Situation des Konzerns entspannt ist, denn innerhalb des Bereiches der laufenden Geschäftstätigkeit ist ein deutlicher Zahlungsüberschuss im Geschäftsjahr

2003 erzielt worden. Der geringe Anteil der sonstigen betrieblichen Einzahlungen zeigt, dass der gesamte Mittelabfluss der laufenden Geschäftätigkeit auch alleine aus den Umsatzeinzahlungen hätte geleistet werden können. Im Investitionsbereich ist zu erkennen, dass den Investitionsauszahlungen beträchtliche Desinvestitionseinzahlungen gegenüberstehen. Diese Desinvestitionen scheinen aber nicht aus Liquiditätsknappheit notwendig gewesen zu sein, denn die Mittelzuflüsse aus laufender Geschäftätigkeit in Höhe von 9.375 TEUR reichen dazu aus, die umfangreichen Investitionen in das Anlagevermögen in Höhe von 9.671 TEUR zu decken. Das Wachstum des Konzerns wurde also im untersuchten Geschäftsjahr finanziell gut verkraftet. Der Konzern hat nur geringfügig mehr als den operativen Cashflow investiert. Diese Differenz konnte indes durch eine zusätzliche Nettokreditaufnahme in Höhe von 249 TEUR fast ausgeglichen werden. Die Einzahlungen aus Verkäufen von Gegenständen des Anlagevermögens in Höhe von 1.597 TEUR konnten daher beinahe ausschließlich dafür genutzt werden, den Finanzmittelbestand zum 31.12.2003 im Vergleich zum Vorjahr um 1.550 TEUR zu erhöhen. Daher kann vermutet werden, dass der Konzern die Anlagenverkäufe nicht aufgrund einer eventuellen finanziellen Schieflage getätigt hat, sondern seinen Anlagenbestand umfangreich bereinigt bzw. erneuert hat. Wenn es dem Konzern künftig gelingt, den beträchtlichen Mittelzufluss aus der laufenden Geschäftätigkeit aufrecht zu erhalten, dann stünden dem Konzern auch weiterhin genügend finanzielle Mittel zur Verfügung, um auch künftig ähnlich hohe Investitionen wie im analysierten Geschäftsjahr 2003 tätigen zu können.

5 Teilurteil zur Finanzlage des Philipp Holzmann Konzerns

Aufgrund der Analyse der Kennzahlen zur Finanzlage lässt sich zusammenfassend feststellen, dass sich ausweislich des Geschäftsberichts 1995 die längerfristige **Finanzierungssituation** des Philipp Holzmann Konzerns 1995 im Vergleich zum Vorjahr merklich verschlechtert hat und nunmehr weit unter dem Durchschnitt von Vergleichsunternehmen liegt.[235] Diese Verschlechterung ist vor allem durch den hohen Fehlbetrag des Geschäftsjahres 1995 sowie die Erhöhung der Verbindlichkeiten gegenüber Kreditinstituten um 1.200 Mio. DM im Rahmen der erstmaligen Konsolidierung der VEBAU-Gruppe verursacht worden.[236] Ausgehend von einer noch befriedigenden Situation im Geschäftsjahr 1994, ist das schlechte Niveau der einzelnen bilanzanalytischen Kennzahlen des Jahres 1995 bereits als Indiz für eine Bestandsgefährdung zu interpretieren. So zeigen vor allem die Entwicklungen der Fremdkapitalquote und der Eigenkapitalquote, dass der Verlustpuffer Eigenkapital des Philipp Holzmann Konzerns im Jahr 1995 deutlich abgenommen hat.

---

235 Die Unternehmen, deren Durchschnittswerte mit denen des Philipp Holzmann Konzerns verglichen werden, sind im Einzelnen die BILFINGER & BERGER BAUAKTIENGESELLSCHAFT, die DYCKERHOFF AG, die HEILIT & WOERNER BAU-AG, die HOCHTIEF AG und die WALTER BAU-AG.

236 Vgl. PHILIPP HOLZMANN AG (Hrsg.), Geschäftsbericht 1995, S. 67.

Auch die Analyse der **Liquiditätssituation** zeigt, dass sich die kurzfristige Liquiditätssituation des Philipp Holzmann Konzerns 1995 im Vergleich zum Vorjahr deutlich verschlechtert hat. Während die Liquiditätssituation im Geschäftsjahr 1994 als noch befriedigend bezeichnet werden kann, führt die merkliche Verschlechterung im Geschäftsjahr 1995 zu einer als angespannt zu bezeichnenden Liquiditätssituation, die vor allem im Wiederholungsfall auf eine künftige Bestandsgefährdung hindeuten würde. Die Verschlechterung ist in erster Linie durch den hohen Verlust des Geschäftsjahres und den Einsatz von Zahlungsmitteln zum Abbau von Verbindlichkeiten aus Lieferungen und Leistungen sowie zum Abbau der sonstigen Verbindlichkeiten verursacht worden. Die im Geschäftsbericht 1995 veröffentlichte Kapitalflussrechnung für die Geschäftsjahre 1994 und 1995 zeigt, dass der Philipp Holzmann Konzern im Geschäftsjahr 1994 aus der laufenden Geschäftstätigkeit noch einen Mittelzufluss in Höhe von 362,8 Mio. DM erwirtschaften konnte, hingegen im Geschäftsjahr 1995 Mittel in Höhe von 465,7 Mio. DM für die laufende Geschäftstätigkeit benötigt worden sind.[237] Der Philipp Holzmann Konzern ist damit nicht in der Lage, sich aus der laufenden Geschäftstätigkeit zu finanzieren.

---

237 Vgl. PHILIPP HOLZMANN AG (Hrsg.), Geschäftsbericht 1995, S. 14.

Kapitel VI:
Die Analyse der Erfolgslage

1 Die Teilbereiche der Analyse der Erfolgslage

Bei der Analyse der Erfolgslage des Unternehmens untersucht der externe Bilanzanalytiker den erwirtschafteten Erfolg sowie die dahinter stehenden Erträge und Aufwendungen, um zu beurteilen, wie das Unternehmen das Ziel „Geld verdienen" erreicht hat und ob die Zielerreichung für ihn zufrieden stellend ist. Bei der Erfolgsquellenanalyse wird versucht, die nachhaltigen und betrieblichen Erfolgsquellen von den nicht nachhaltigen und nicht betrieblichen Erfolgsquellen zu trennen, um die Herkunft des Erfolges genauer beurteilen zu können. Mit Hilfe der Rentabilitätsanalyse wird das erwirtschaftete Ergebnis im Verhältnis zum erzielten Umsatz bzw. zum eingesetzten Kapital betrachtet, um die Höhe des Ergebnisses richtig einordnen zu können. Im Rahmen der Analyse der Ertrags- und Aufwandsstruktur werden die einzelnen Komponenten des Periodenerfolges untersucht. Bei der Analyse der Ergebnisverwendungspolitik wird untersucht, ob das Unternehmen die erzielten Ergebnisse thesauriert oder Ausschüttungen an die Anteilseigner vornimmt. Die segmentorientierte Analyse der Erfolgslage ermöglicht dem Bilanzanalytiker bei diversifizierten Unternehmen, positive und negative Entwicklungen der einzelnen Geschäftsbereiche zu erkennen. Für die kapitalmarktorientierte Erfolgsanalyse gibt es spezielle Kennzahlen, die z. B. die Zahl der ausgegebenen Aktien, die ausgeschütteten Dividenden und den Aktienkurs mit in die Beurteilung einbeziehen. Eine bei der internen Unternehmenssteuerung häufig eingesetzte und in den Geschäftsberichten veröffentlichte Kennzahl, die dem externen Bilanzanalytiker Hinweise über die Erfolgslage des zu analysierenden Unternehmens liefert, ist der sog. Economic Value Added (EVA). Mittels der Wertschöpfungsanalyse wird untersucht, wie die Anspruchsgruppen, die Eigentümer, die Fremdkapitalgeber, der Staat und die Arbeitnehmer am Erfolg des Unternehmens partizipieren.

2   Die Erfolgsquellenanalyse

21   Untersuchungsgegenstand und Zweck der Erfolgsquellenanalyse

Bei der Erfolgsquellenanalyse wird der Erfolg des Unternehmens nach den Kriterien der Nachhaltigkeit und der betrieblichen Verursachung unterschiedlichen Quellen zugeordnet, um das Zustandekommen des Erfolges und damit die Herkunft des erwirtschafteten Gewinnes zu analysieren. Die Erfolgsquellenanalyse ist ein zentrales Element der Analyse der Erfolgslage.[1] Vorrangiges Ziel des Bilanzanalytikers ist dabei, die wichtigsten Erfolgsquellen zu identifizieren und Aussagen über die **Nachhaltigkeit des Unternehmenserfolges** zu gewinnen.[2] Als „nachhaltig" werden Aufwendungen und Erträge bezeichnet, von denen vermutet wird, dass sie voraussichtlich auch künftig in ähnlicher Höhe auftreten werden. Nicht nachhaltig sind z. B. außerordentliche Erfolgsbeiträge. Mangels besserer Informationen muss der Bilanzanalytiker oft vereinfachen und Posten der Gewinn- und Verlustrechnung ungeteilt im Hinblick auf ihre Nachhaltigkeit beurteilen. So werden planmäßige Abschreibungen meistens als nachhaltig eingestuft; der Bilanzanalytiker kann dabei aber z. B. nicht einschätzen, wieweit die Abschreibungen durch die Wahl der Abschreibungsmethode oder durch die Nutzung von Ermessensspielräumen bei der Festlegung der Nutzungsdauer beeinflusst worden sind.

Ausgehend vom nachhaltigen Erfolg versucht der Bilanzanalytiker, die künftige Ertragskraft des Unternehmens zu prognostizieren:[3] Die in der Vergangenheit als nachhaltig angesehenen Aufwendungen und Erträge werden als **Indikator für künftige Erfolgsbeiträge** verwendet.[4] Je besser die Trennung nachhaltiger und nicht nachhaltiger Aufwendungen und Erträge in der Erfolgsquellenanalyse gelingt, umso bessere Schlüsse können von den Aufwendungen und Erträgen der Vergangenheit auf die künftige Ertragskraft gezogen werden.[5]

Die nachhaltigen und die nicht nachhaltigen Erfolgsquellen werden durch die sog. **Erfolgsspaltung** ermittelt.[6] Erfolgsspaltung bedeutet, dass das Jahresergebnis nach bestimmten Kriterien aufgeteilt („gespalten") und den jeweiligen Erfolgsquellen zugerechnet wird.

---

1   Die Erfolgsquellenanalyse wird manchmal auch als Ergebnisquellenanalyse bezeichnet, vgl. etwa GRÄFER, H., Bilanzanalyse, S. 53; SCHULT, E., Bilanzanalyse, S. 104.

2   Vgl. COENENBERG, A. G., Jahresabschluss und Jahresabschlussanalyse, S. 1014; PERRIDON, L./ STEINER, M., Finanzwirtschaft der Unternehmung, S. 546; SCHULT, E., Bilanzanalyse, S. 104; BAETGE, J./BRUNS, C., Erfolgsquellenanalyse, S. 387. Vgl. dazu Kap. II Abschn. 322.

3   Vgl. BALLWIESER, W., Die Analyse von Jahresabschlüssen nach neuem Recht, S. 60 f.

4   Vgl. LANGE, C., Jahresabschlußinformationen und Unternehmensbeurteilung, S. 208 f.; LEFFSON, U., Bilanzanalyse, S. 83; KÜTING, K., Die handelsbilanzielle Erfolgsspaltungs-Konzeption auf dem Prüfstand, S. 700.

5   Vgl. COENENBERG, A. G., Ergebnisquellenanalyse, S. 89.

6   Zu den Unterschieden zwischen dem handelsrechtlichen und dem bilanzanalytischen Erfolgsspaltungskonzept und zur Zuordnung der GuV-Posten zu den bilanzanalytischen Erfolgsquellen vgl. Kap. II Abschn. 32.

Im Folgenden werden dabei vier **Erfolgsquellen** unterschieden:[7]

■ Der **ordentliche Betriebserfolg** umfasst die nachhaltigen sowie betrieblichen Erfolgsbestandteile, die aus der eigentlichen Geschäftstätigkeit entstehen, z. B. Umsatzerlöse, Material- und Personalaufwand.

■ Im **Finanz- und Verbunderfolg** werden solche nachhaltigen Erfolgsbestandteile erfasst, die aus Kapitalanlagen und aus Kapitalaufnahmen oder durch Kapitalverflechtungen entstanden sind.

■ Der **außerordentliche Erfolg** umfasst Erfolgsbestandteile, die entweder einmalig sind oder nur selten vorkommen und daher als nicht nachhaltig einzustufen sind.

■ Unter dem **Bewertungserfolg** werden Erfolgsbestandteile zusammengefasst, die aus bewusst steuerbaren bilanzpolitischen Maßnahmen (inkl. bilanzpolitisch motivierter Sachverhaltsgestaltungen) resultieren und nicht direkte Folge der normalen wirtschaftlichen Aktivitäten des Unternehmens sind.[8]

Die Erfolgsquellenanalyse ermöglicht auf der Ebene von Erfolgsquellen detaillierte Betriebsvergleiche und Zeitvergleiche, z. B. des ordentlichen Betriebserfolges. Durch **Betriebsvergleiche** will der Bilanzanalytiker feststellen, wie die Ertragskraft des zu analysierenden Unternehmens gemessen an einem oder mehreren Vergleichsunternehmen zu beurteilen ist.[9] Durch **Zeitvergleiche** können Entwicklungen sichtbar gemacht werden, die den Bilanzanalytiker zu Fragen nach den Ursachen für die Entwicklung des Erfolges veranlassen.[10]

22 Die Interpretation der Erfolgsquellenanalyse

Bei der Auswertung einer Erfolgsquellenanalyse sind zunächst die Höhe und die Entwicklung des ordentlichen Betriebserfolges bedeutend. Die absolute Höhe der Erfolgsquellen lässt erste Schlüsse über die aktuelle und künftige Ertragskraft eines Unternehmens, vor allem im Zeit- und Betriebsvergleich, zu. Noch deutlicher wird dies anhand von Verhältniskennzahlen, die auf der Basis der Erfolgsquellen gebildet werden.[11] Zur Untersuchung des Anteiles der Erfolgskomponenten am Jahresergebnis vor Ertragsteuern lassen sich beispielsweise folgende Kennzahlen bilden:[12]

---

7   Vgl. Kap. II Abschn. 323.

8   Vgl. GRÄFER, H., Bilanzanalyse, S. 72.

9   Vgl. SCHNETTLER, A., Betriebsvergleich, S. 203-211.

10   Vgl. zum Betriebsvergleich und zum Zeitvergleich ausführlich Kap. III Abschn. 52 und 53.

11   Vgl. PERRIDON, L./STEINER, M., Finanzwirtschaft der Unternehmung, S. 559; COENENBERG, A. G., Jahresabschluss und Jahresabschlussanalyse, S. 1034.

12   Zu der Überlegung, die Grundvariante einer Kennzahl durch Konkretisierungen zu verfeinern, vgl. Kap. III Abschn. 22. Alle Kennzahlen werden mit einer sechsstelligen Kennzahlen-Nummer kodiert. Die ersten beiden Ziffern der Kennzahlen-Nummer weisen auf den jeweiligen Teilbereich der Bilanzanalyse hin, dabei steht „03" für die Erfolgslage. Die folgenden beiden Ziffern stehen für den Typ der Kennzahl, hier also die „01" für den Ergebnisbeitrag des ordentlichen Betriebserfolges und die beiden letzten Ziffern für die konkrete Ausprägung der Kennzahl.

$$\text{Ergebnisbeitrag des ordentlichen Betriebserfolges} = \frac{\text{Ordentlicher Betriebserfolg}}{\text{Jahresergebnis vor Ertragsteuern}}$$

Kennzahl Nr. 03.01.00

$$\text{Ergebnisbeitrag des Finanz- und Verbunderfolges} = \frac{\text{Finanz- und Verbunderfolg}}{\text{Jahresergebnis vor Ertragsteuern}}$$

Kennzahl Nr. 03.02.00

$$\text{Ergebnisbeitrag des außerordentlichen Erfolges} = \frac{\text{Außerordentlicher Erfolg}}{\text{Jahresergebnis vor Ertragsteuern}}$$

Kennzahl Nr. 03.03.00

$$\text{Ergebnisbeitrag des Bewertungserfolges} = \frac{\text{Bewertungserfolg}}{\text{Jahresergebnis vor Ertragsteuern}}$$

Kennzahl Nr. 03.04.00

Bei der Analyse der Erfolgslage ist die Höhe des relativen Anteiles des ordentlichen Betriebserfolges am Jahresergebnis vor Ertragsteuern von zentraler Bedeutung für den nachhaltig zu erzielenden Unternehmenserfolg. Je gleichmäßiger die **zeitliche Entwicklung** des ordentlichen Betriebserfolges ist und je höher der relative Anteil des ordentlichen Betriebserfolges an der Summe aller Erfolgsquellen des zu untersuchenden Unternehmens ist bzw. sich im Zeitablauf entwickelt, desto positiver ist im Allgemeinen dessen künftige Ertragskraft zu beurteilen.[13]

Bei der Interpretation muss indes beachtet werden, dass der ordentliche Betriebserfolg und der Finanz- und Verbunderfolg eng miteinander verbunden sein können, beispielsweise bei Erträgen aus Beteiligungen, wenn diese Beteiligungen als Alternative zur Erweiterung der eigenen Produktionskapazitäten erworben wurden.[14] Ebenso sind nicht alle im ordentlichen Betriebserfolg ausgewiesenen Ergebniskomponenten zwingend nachhaltig, und umgekehrt können auch die außerordentlichen Ergebniskomponenten durchaus längerfristig anfallen. So ist denkbar, dass ordentliche Erträge durch ein geändertes Konsumentenverhalten wegfallen, während außerordentliche Erträge durch die regelmäßige Auflösung von im Anlagevermögen vorhandenen stillen Rücklagen über einen längeren Zeitraum entstehen können.

---

13 Vgl. SCHULT, E., Bilanzanalyse, S. 108.
14 Vgl. COENENBERG, A. G./GÜNTHER, E., Prüfung der Ertragslage, Sp. 483.

Achten muss der Bilanzanalytiker auf auffällige **Verlagerungen zwischen den Erfolgsquellen** im Zeitablauf: Steigt beispielsweise der Finanz- und Verbunderfolg, während der ordentliche Betriebserfolg gleichzeitig deutlich sinkt, so kann die Ursache darin liegen, dass die Konzernunternehmen einen Einbruch im operativen Geschäft des Mutterunternehmens durch Ausschüttungen an das Mutterunternehmen, die Erhebung von „Verwaltungskostenumlagen" durch das Mutterunternehmen oder ähnliche Maßnahmen kompensieren wollen.[15] Steigen bei sinkendem Betriebserfolg die sonstigen betrieblichen Erträge oder außerordentlichen Erträge erheblich an, so kann dies auf bilanzpolitische Maßnahmen[16] hindeuten (z. B. auf Sale-and-leaseback von Anlagegütern). Die Tendenz, einen schwachen ordentlichen Betriebserfolg durch einen außerordentlichen Erfolg oder Bewertungserfolg zu kompensieren, wurde auch empirisch nachgewiesen.[17]

Die Entwicklung des Bewertungserfolges – eventuell zusammengenommen mit der Entwicklung des außerordentlichen Erfolges – kann als Indiz für insgesamt erfolgverbessernde oder erfolgverschlechternde bilanzpolitische Maßnahmen dienen. Auf jeden Fall sollte ein starker Anstieg des Bewertungserfolges oder auch nur der bewertungsbedingten Erträge eine intensive **Ursachenforschung** auslösen. Als mögliche Ursache liegt dabei zwar nahe, dass die gestiegenen Bewertungserträge einen Misserfolg (z. B. im ordentlichen Geschäft) kaschieren sollen. Sie können z. B. aber auch als Folge einer steuerlichen Betriebsprüfung entstanden sein.[18] Der letztere Fall wäre nicht nachteilig einzuschätzen, da die stillen Rücklagen gezwungenermaßen und nicht als Folge gewollter Bilanzpolitik aufgedeckt wurden.

Wie beim Bewertungserfolg, so sollte auch bei der Analyse des außerordentlichen Erfolges nicht nur auf dessen Gesamtbetrag, sondern auch auf die Höhe der einzelnen außerordentlichen Aufwendungen und Erträge geachtet werden. Hintergrund dieses Vorgehens ist, dass gefährdete Unternehmen eher hohe außerordentliche Aufwendungen zu tragen haben als ungefährdete Unternehmen und zudem versuchen könnten, diese Aufwendungen durch außerordentliche Erträge zu kompensieren.[19]

Als „**Anzeichen einer krisenhaften Entwicklung**" sieht HAUSCHILDT das gleichzeitige oder auch zeitversetzte Auftreten eines sinkenden oder negativ werdenden Betriebserfolges, eines steigenden Finanz- und Verbunderfolges sowie steigender außerordentlicher und sonstiger betrieblicher Erträge und Aufwendungen.[20]

---

15 Vgl. WEHRHEIM, M., Die Erfolgsspaltung als Krisenindikator, S. 510; HAUSCHILDT, J., Erfolgs-, Finanz- und Bilanzanalyse, S. 135; HAUSCHILDT, J., Erfolgsspaltung, S. 192 f.

16 Vgl. SCHULT, E., Bilanzanalyse, S. 106.

17 Vgl. SCHÖNBRODT, B., Erfolgsprognosen mit Bilanzkennzahlen, S. 112-114.

18 Vgl. HAUSCHILDT, J., Erfolgs-, Finanz- und Bilanzanalyse, S. 139.

19 Vgl. KÜTING, K./WEBER, C.-P., Die Bilanzanalyse, S. 243.

20 Vgl. HAUSCHILDT, J., Erfolgs-, Finanz- und Bilanzanalyse, S. 135 f.

Ein differenziertes Bild zeigt die Erfolgsquellenanalyse des Philipp Holzmann Konzerns:

	1994	**1995**
Ordentlicher Betriebserfolg	238.506 TDM	− 439.073 TDM
Jahresergebnis vor Ertragsteuern	242.839 TDM	− 422.232 TDM
Ergebnisbeitrag des ordentlichen Betriebserfolges (Kennzahl Nr. 03.01.00)	98,2 %	104,0 %

	1994	**1995**
Finanz- und Verbunderfolg	12.876 TDM	16.180 TDM
Jahresergebnis vor Ertragsteuern	242.839 TDM	− 422.232 TDM
Ergebnisbeitrag des Finanz- und Verbunderfolges (Kennzahl Nr. 03.02.00)	5,3 %	− 3,8 %

	1994	**1995**
Außerordentlicher Erfolg	0 TDM	0 TDM
Jahresergebnis vor Ertragsteuern	242.839 TDM	− 422.232 TDM
Ergebnisbeitrag des außerordentlichen Erfolges (Kennzahl Nr. 03.03.00)	0,0 %	0,0 %

	1994	**1995**
Bewertungserfolg	− 8.543 TDM	661 TDM
Jahresergebnis vor Ertragsteuern	242.839 TDM	− 422.232 TDM
Ergebnisbeitrag des Bewertungserfolges (Kennzahl Nr. 03.04.00)	− 3,5 %	− 0,2 %

Der ordentliche Betriebserfolg ist im betrachteten Zeitraum ausschlaggebend für das Ergebnis des Philipp Holzmann Konzerns, während die übrigen Erfolgsquellen kaum ins Gewicht fallen. Da der ordentliche Betriebserfolg sowie das Jahresergebnis im Jahr 1995 negativ sind, ist der Ergebnisbeitrag des ordentlichen Betriebserfolges positiv. Der Finanz- und Verbunderfolg sowie der Bewertungserfolg sind im Geschäftsjahr 1995 positiv, können indes den negativen Beitrag des ordentlichen Betriebserfolges nicht kompensieren. Die Tatsache, dass der deutliche Rückgang des Jahresergebnisses vor Ertragsteuern maßgeblich durch den Rückgang des ordentlichen Betriebserfolges geprägt ist, der als Indikator für die künftige Erfolgsentwicklung gesehen wird, ist als Indiz für eine wirtschaftliche Krise zu interpretieren.

23 Die Behandlung der Ertragsteuern

In der Betriebswirtschaftslehre wird diskutiert, ob die Erfolgsspaltung vor oder nach Ertragsteuern vorzunehmen ist.[21] Bei den in der Gewinn- und Verlustrechnung nach § 275 HGB auszuweisenden Steuern vom Einkommen und Ertrag handelt es sich bei Kapitalgesellschaften um die Körperschaftsteuer und um die Gewerbeertragsteuer. Unserer Ansicht nach sollten die einzelnen Erfolgskomponenten als **Erfolge vor Ertragsteuern** ermittelt werden. Diese Auffassung überwiegt mittlerweile auch im Schrifttum.[22] Durch die Erfolgsspaltung vor Ertragsteuern werden Verzerrungen beim Vergleich der Abschlüsse von Unternehmen verschiedener Rechtsformen und von Unternehmen in Ländern mit unterschiedlicher Steuergesetzgebung vermieden.[23] Neutralisiert werden vor allem:

- Steuerliche Unterschiede zwischen Personenhandels- und Kapitalgesellschaften,

- Periodenverschiebungen durch Steuernachzahlungen und -erstattungen,

- regional unterschiedliche Hebesätze für die Gewerbeertragsteuer sowie

- unterschiedliche steuerliche Belastungen international tätiger Großunternehmen.

Sollen die Ertragsteuern dennoch in der Erfolgsquellenanalyse berücksichtigt, d. h., vom Ergebnis abgezogen werden, führt vor allem die periodengerechte Zurechnung des Steueraufwandes auf die einzelnen Ergebnisse zu Problemen, zumal externe Bilanzanalytiker i. d. R. weder die Höhe der Steuernachzahlungen noch der Steuererstattungen kennen.[24]

Ist der Bilanzanalytiker trotz der genannten Nachteile daran interessiert, Erfolgsgrößen nach Ertragsteuern zu ermitteln, so müssen die Ertragsteuern auf die einzelnen Erfolgsquellen verteilt werden. Dazu kann er versuchen, die Körperschaftsteuer und die Gewerbeertragsteuer dem Betriebsergebnis, dem Finanzergebnis, dem außerordentlichen Ergebnis sowie dem Bewertungserfolg betragsproportional zuzuordnen. Demnach müssen zunächst die Ergebnisbestandteile vor Ertragsteuern ermittelt werden, anschließend müssen die Ertragsteuern anteilig auf die Teilergebnisse aufgeteilt werden.[25] Implizit setzt der externe Bilanzanalytiker damit allerdings die – vor allem bei Großunternehmen im Regelfall nicht zutreffende – Prämisse, dass alle Aufwendungen und Erträge gleich besteuert werden und z. B. steuerfreie Erträge nicht existieren.

---

21 Vgl. KÜTING, K./WEBER, C.-P., Die Bilanzanalyse, S. 234.

22 Vgl. z. B. GRÄFER, H., Bilanzanalyse, S. 60 und S. 65; KÜTING, K./WEBER, C.-P., Die Bilanzanalyse, S. 234; a. A. SCHULT, E., Bilanzanalyse, S. 107.

23 Vgl. GRÄFER, H., Bilanzanalyse, S. 60; HAUSCHILDT, J., Erfolgsspaltung, S. 196; KÜTING, K./WEBER, C.-P., Die Bilanzanalyse, S. 234.

24 Vgl. KÜTING, K./WEBER, C.-P., Die Bilanzanalyse, S. 215 f.; GRÄFER, H., Bilanzanalyse, S. 65.

25 Vgl. KERTH, A./WOLF, J., Bilanzanalyse und Bilanzpolitik, S. 225 f.; GRÄFER, H., Bilanzanalyse, S. 65; KÜTING, K./WEBER, C.-P., Die Bilanzanalyse, S. 234.

Durch das Steuersenkungsgesetz (StSenkG) wurde im Jahr 2000 das körperschaft-steuerliche Vollanrechnungssystem von 1977 abgeschafft und das Halbeinkünftever-fahren eingeführt. Anteilseigner haben als Ausschüttungsempfänger ihre Gewinnan-teile aus der Beteiligung an der Körperschaft grundsätzlich hälftig zu versteuern. Ist die zu analysierende Kapitalgesellschaft (z. B. Mutter-AG) indes selbst Ausschüt-tungsempfängerin von einer Tochterkapitalgesellschaft (z. B. Tochter-AG), so bleiben die ausgeschütteten Dividenden steuerfrei (§ 8b Abs. 1 KStG). Damit verbunden ist ein Betriebsausgabenabzugsverbot für Ausgaben, die in unmittelbarem Zusammen-hang mit den steuerfreien Dividenden stehen (§ 8 Abs. 1 Satz 1 KStG i. V. m. § 3c Abs. 1 EStG), z. B. Fremdkapitalzinszahlungen, die durch die Fremdfinanzierung der Beteiligung entstehen. Bei Dividenden gilt indes ein pauschales Abzugsverbot i. H. v. 5 % (§ 8b Abs. 5 KStG), so dass faktisch lediglich 95 % der erhaltenen Dividenden steuerfrei gestellt sind. Zudem sind bei Erfolgsquellen, die im Ausland gelegen sind, besondere Behandlungen der steuerlichen Sachverhalte mit Auslandsbezug möglich, z. B. durch Doppelbesteuerungsabkommen. Die Annahme, dass alle Erfolgsquellen gleich besteuert werden, ist also nicht haltbar.

Die von uns empfohlene Vorgehensweise zur Analyse der Ertragskraft des Unterneh-mens, nämlich die Ertragsteuern nicht auf die Erfolgsquellen zu verteilen, weist in ei-nigen Fällen einen entscheidenden Nachteil auf, weil die Einflüsse der Ertragsteuern auf die einzelnen Teilbereiche nicht berücksichtigt werden: So ist für einen Kredit-analysten, der mit einer Bilanzanalyse betraut wird, in erster Linie relevant, ob das zu analysierende Unternehmen ausreichend liquide Mittel erwirtschaften wird, so dass es die Zins- und Tilgungszahlungen leisten kann. Für den Kreditanalysten sind also nicht die Erfolge vor, sondern die künftigen Erfolge nach Abzug der Steuerzahlungen maßgebend.

Als Ergebnis bleibt festzuhalten, dass die Erfolgsquellen vom externen Bilanzanalyti-ker, der Informationen über die Ertragskraft des Unternehmens im Zeit- und Be-triebsvergleich erhalten möchte, möglichst vor Abzug der Ertragsteuern analysiert werden sollten. Ob die Ertragsteuern auch in den übrigen Teilen der Bilanzanalyse unberücksichtigt bleiben, hängt vom konkreten Zweck der Bilanzanalyse bzw. von den Informationsbedürfnissen des Analytikers ab. Zum Beispiel sollten bei der Unter-suchung der Bonität eines Unternehmens die Ertragsteuern nicht vernachlässigt wer-den, da es für den Kreditanalysten wichtiger ist, zu wissen, was das zu analysierende Unternehmen nach Ertragsteuern verdient hat, als was es vor Ertragsteuern ausweist.

24 Grenzen der Erfolgsquellenanalyse

Auch wenn die Erfolgsquellenanalyse eines der wichtigsten Instrumente der klassi-schen Bilanzanalyse zur Beurteilung der Erfolgslage ist, kann damit dennoch kein ab-solut richtiger Erfolg im Sinne einer „blauen Blume' der Finanzanalysten"[26] ermit-telt werden. Diverse bilanzpolitische Maßnahmen, einschließlich bilanzpolitisch mo-

---

26 ZIOLKOWSKI, U., Erfolgsspaltung, S. 188.

tivierter Sachverhaltsgestaltungen, sind aus dem Jahresabschluss nicht erkennbar. Beispielsweise kann der Umsatz einer Periode beeinflusst werden, indem Werbemaßnahmen forciert oder aufgeschoben werden, eingegangene Bestellungen beschleunigt oder verzögert bearbeitet oder die Preise und Zahlungsbedingungen geändert werden.[27] Die Nutzung von Ermessensspielräumen, die z. B. bei der Bewertung von Rückstellungen vorhanden sind, kann der Bilanzanalytiker nicht erkennen.[28]

Der Bilanzanalytiker muss sich auch bewusst sein, dass der Jahresabschluss und die auf dieser Basis ermittelten Erfolgsquellen vergangenheitsbezogen sind. Rückschlüsse auf die künftige Erfolgslage des analysierten Unternehmens sind daher nur sinnvoll, wenn in der Zukunft mit ähnlichen wirtschaftlichen Gegebenheiten zu rechnen ist wie im analysierten Jahr.[29] Hat sich beispielsweise die Wettbewerbssituation durch Eintritt starker neuer Konkurrenz oder wesentliche Produktneuentwicklungen erheblich geändert, dann sind die Vergangenheitserfolge nicht extrapolationsfähig.[30] Unerlässlich für die Interpretation der Ergebnisse einer Erfolgsquellenanalyse sind daher aktuelle Informationen über das Unternehmen, z. B. über die Auftragslage oder wichtige Preis- und Kostenentwicklungen, die die impliziten Prämissen von Extrapolationen bestätigen oder falsifizieren.

Weiterhin gelingt eine hinreichende **Trennung der Erfolgsquellen** nicht immer. Beispielsweise ist es im Großanlagenbau üblich, dass hohe Anzahlungen zu leisten sind, für die das produzierende Unternehmen Zinserträge einnimmt. Ohne diese Anzahlungen wäre der Verkaufspreis der Anlage höher gewesen, so dass ein höherer Umsatz entstanden und der ordentliche Betriebserfolg entsprechend höher gewesen wäre.[31] Es findet also durch hohe erhaltene Anzahlungen eine Ergebnisverlagerung vom ordentlichen Betriebserfolg zum Finanzerfolg statt. Der Bilanzanalytiker sollte daher auch die jeweilige Branchensituation mit in seine Überlegungen einbeziehen, damit er solche branchenabhängigen Strukturverlagerungen einschätzen kann. Die Trennung der Erfolgsquellen wird zudem dadurch erschwert, dass es zuweilen zulässig ist,

---

27 Vgl. z. B. HINZ, M., Sachverhaltsgestaltungen im Rahmen der Jahresabschlußpolitik, S. 215 m. w. N.

28 Vgl. ZIOLKOWSKI, U., Erfolgsspaltung, S. 179.

29 Vgl. LANGE, C., Jahresabschlußinformationen und Unternehmensbeurteilung, S. 225; BALLWIESER, W., Die Analyse von Jahresabschlüssen nach neuem Recht, S. 60 f. KÜTING/WEBER halten die Realitätsnähe der Prämisse „ähnlicher wirtschaftlicher Gegebenheiten in der Zukunft" für zweifelhaft, vgl. KÜTING, K./WEBER, C.-P., Die Bilanzanalyse, S. 245.

30 Vgl. IDW (Hrsg.), WP-Handbuch 2002, Bd. II, Rn. E 167-169.

31 Vgl. WAGENHOFER, A., Bilanzierung und Bilanzanalyse, S. 161 f.

einen bestimmten Geschäftsvorfall verschiedenen GuV-Posten zuzuordnen (z. B. ist im Schrifttum strittig, in welchem GuV-Posten Sozialplanaufwendungen[32] und der Zinsanteil in den Pensionsaufwendungen[33] auszuweisen sind).

Abgrenzungsprobleme treten auch auf, wenn die Bestandteile des außerordentlichen Erfolges ermittelt werden sollen. Wie gezeigt worden ist, unterscheiden sich das handelsrechtliche und das bilanzanalytische Erfolgsspaltungskonzept beim außerordentlichen Erfolg erheblich.[34] Nicht zuletzt die sonstigen betrieblichen Erträge und die sonstigen betrieblichen Aufwendungen erschweren dabei die Identifikation von – aus bilanzanalytischer Sicht – außerordentlichen Erfolgsbeiträgen.[35] Wenn der Bilanzanalytiker daher nicht über freiwillig gegebene oder interne Informationen des Bilanzierenden verfügt, können die außerordentlichen Bestandteile nicht mit ausreichender Genauigkeit identifiziert werden.[36]

Trotz der genannten Probleme gehört die Erfolgsquellenanalyse zu den zentralen Instrumenten der Bilanzanalyse, zumal der Bilanzanalytiker anhand der Ergebnisse der Erfolgsquellenanalyse fast immer erkennen kann, ob überwiegend erfolgverbessernd oder erfolgverschlechternd bilanziert wurde.[37] Meistens gilt dann die Faustregel: „Eine gute Bilanz ist immer noch viel besser, und eine schlechte Bilanz ist immer noch viel schlechter."[38]

25   Der Cashflow als Erfolgsindikator

Wie an anderer Stelle[39] bereits gezeigt worden ist, ist der Cashflow eine zentrale finanzwirtschaftliche Kennzahl, die – im Zusammenspiel mit weiteren (finanzwirtschaftlichen oder erfolgswirtschaftlichen) Kennzahlen – dem Bilanzanalytiker wichtige Informationen über die Finanzlage des zu analysierenden Unternehmens vermittelt. Daneben werden mit dem Cashflow aber auch **erfolgswirtschaftliche Erkenntnisziele** verfolgt.[40] Der Cashflow soll dem Bilanzanalytiker also auch Auskunft über

---

32 Für einen Ausweis der Sozialplanaufwendungen als Personalaufwand sprechen sich z. B. aus: IDW (Hrsg.), WP-Handbuch 2000, Bd. I, Rn. F 376; BAETGE, J./KIRSCH, H.-J./THIELE, S., Bilanzen, S. 586 m. w. N.; a. A. FÖRSCHLE, G., in: Beck Bilanzkomm., 5. Aufl., § 275 HGB, Rn. 131. Nach KÜTING werden Sozialplanaufwendungen in der Praxis als Personalaufwand, als sonstiger betrieblicher Aufwand oder als außerordentlicher Aufwand ausgewiesen, vgl. KÜTING, K., Die handelsbilanzielle Erfolgsspaltungs-Konzeption auf dem Prüfstand, S. 701.

33 Vgl. dazu Abschn. 412.3 in diesem Kapitel.

34 Vgl. dazu Kap. II Abschn. 334.

35 Vgl. KÜTING, K., Die handelsbilanzielle Erfolgsspaltungs-Konzeption auf dem Prüfstand, S. 701.

36 Vgl. KÜTING, K./WEBER, C.-P., Die Bilanzanalyse, S. 244 f.

37 Vgl. GRÄFER, H., Bilanzanalyse, S. 38.

38 Ähnlich CLEMM, H., Bilanzpolitik und Ehrlichkeits- („true and fair view"-)Gebot, S. 360.

39 Vgl. Kap. II Abschn. 41 sowie Kap. V Abschn. 421.

40 Vgl. HAUSCHILDT, J./RÖSLER, J./GEMÜNDEN, H.-G., Der Cash Flow, S. 363; REUTER, E., Analyse von Weltabschlüssen nach dem Bilanzrichtlinien-Gesetz, S. 291.

die Erfolgslage des Unternehmens in der vergangenen Periode beziehungsweise – im Zeitvergleich – über die Entwicklung der Erfolgslage des Unternehmens in den vergangenen Perioden geben.

Der Cashflow als Erfolgsindikator soll die Erfolgslage eines Unternehmens zuverlässiger abbilden als der Jahresüberschuss des Unternehmens.[41] Die höhere Aussagekraft des Cashflows ist darauf zurückzuführen, dass der Jahresüberschuss aufgrund zahlreicher Ansatz- und Bewertungswahlrechte sowie Ermessensspielräume bzw. bilanzpolitisch motivierter Sachverhaltsgestaltungen,[42] die vom Bilanzierenden unter **bilanzpolitischen Gesichtpunkten** ausgeübt bzw. wahrgenommen werden dürfen, beeinflussbar ist. Der Bilanzierende hat die Möglichkeit, stille Rücklagen zu bilden und sie in Folgeperioden still aufzulösen, und zwar vor allem bei der Bemessung der Abschreibungen und bei der Zuführung zu bzw. bei der Auflösung von Rückstellungen. Bei der indirekten Ermittlung des Cashflows (Kennzahl Nr. 02.18.02[I]) werden die Abschreibungen auf das Anlagevermögen und die Aufwendungen aus der Zuführung zu den langfristigen Rückstellungen hinzugerechnet bzw. Zuschreibungen auf das Anlagevermögen und Erträge aus der Auflösung von Rückstellungen abgezogen. Auf diese Weise werden die Auswirkungen bilanzpolitischer Maßnahmen neutralisiert.[43]

Neben der Neutralisierung von bilanzpolitischen Maßnahmen besteht die Möglichkeit, den Cashflow auch um aperiodische und außerordentliche Bestandteile zu bereinigen. Damit wird das Ziel verfolgt, einen betriebsbedingten bzw. nachhaltigen Cashflow zu ermitteln.[44] Mit dem daraus resultierenden **operativen Cashflow** (Kennzahl Nr. 03.05.00)[45] kann beurteilt werden, wieweit der Erfolg des Unternehmens im Rahmen des betrieblichen Umsatzprozesses erzielt wurde.[46] Auf diese Weise wird die zeitliche und zwischenbetriebliche Vergleichbarkeit des Cashflows erhöht.[47]

Die **Interpretation des Cashflows** als erfolgswirtschaftlicher Indikator ist allerdings nicht unproblematisch. Zwar soll der Cashflow eine von bilanzpolitisch motivierten Wertansätzen unabhängige Größe sein. Trotzdem ist der Cashflow nicht identisch mit dem tatsächlichen Gewinn der Periode.[48] Denn die Abschreibungen und die Zuführungen zu den Rückstellungen enthalten auch Bestandteile, die **echte, d. h., ver-**

---

41 PERRIDON, L./STEINER, M., Finanzwirtschaft der Unternehmung, S. 563; GRÄFER, H., Bilanzanalyse, S. 157. LEFFSON dagegen hält den Cashflow nicht für einen geeigneten Erfolgsindikator, vgl. LEFFSON, U., Cash Flow, S. 119-124.

42 Vgl. zu den bilanzpolitischen Maßnahmen eines Unternehmens vgl. Kap. III Abschn. 31.

43 Vgl. PERRIDON, L./STEINER, M., Finanzwirtschaft der Unternehmung, S. 563; KÜTING, K./ WEBER, C.-P., Die Bilanzanalyse, S. 126; GRÄFER, H., Bilanzanalyse, S. 155; REHKUGLER, H./ PODDIG, T., Bilanzanalyse, S. 217.

44 Vgl. LEFFSON, U., Cash Flow, S. 119; KÜTING, K./WEBER, C.-P., Die Bilanzanalyse, S. 213 f.; COENENBERG, A. G., Jahresabschluss und Jahresabschlussanalyse, S. 1006.

45 Vgl. Kap. II Abschn. 43.

46 Vgl. PERRIDON, L./STEINER, M., Finanzwirtschaft der Unternehmung, S. 563.

47 Vgl. COENENBERG, A. G., Jahresabschluss und Jahresabschlussanalyse, S. 1006.

48 Vgl. LACHNIT, L., Wesen, Ermittlung und Aussage des Cash Flows, S. 73; PERRIDON, L./STEINER, M., Finanzwirtschaft der Unternehmung, S. 563 f.; KÜTING, K./WEBER, C.-P., Die Bilanzanalyse, S. 213.

brauchsbedingte Aufwendungen darstellen, die also den Gewinn der Periode mindern. Somit dürften zum Jahresüberschuss nur die Beträge hinzugerechnet werden, die aufgrund der Ausnutzung von Ermessensspielräumen über die nach kaufmännischer Vorsicht erforderlichen Wertansätze hinausgehen.[49] Da der externe Bilanzanalytiker i. d. R. darüber keine Informationen hat, kann er nur pauschal versuchen, die Auswirkungen bilanzpolitischer Maßnahmen auf den Jahresüberschuss zu korrigieren, indem er die gesamten Abschreibungen bzw. die gesamten Zuführungen zu den Rückstellungen zum Jahresüberschuss hinzurechnet. Insofern wird bei der indirekten Ermittlung des Cashflows der Jahresüberschuss nicht nur um die Veränderung der stillen Rücklagen (etwa aufgrund von erhöhten Abschreibungen und erhöhten Zuführungen zu den Rückstellungen) bereinigt, sondern auch um die echten Aufwandsbestandteile.[50] Dadurch wird die Eignung des Cashflows als erfolgswirtschaftlicher Indikator beeinträchtigt.[51] Denn durch dieses Vorgehen gibt weder der Jahresüberschuss, der um die Höhe der im Geschäftsjahr gebildeten stillen Rücklagen zu niedrig ausfällt, noch der Cashflow, der um die echten Aufwendungen zu hoch ausfällt, den tatsächlichen Gewinn der Periode wieder.[52]

Des Weiteren gibt der Cashflow über die **Ursachen der eingetretenen Erfolgsentwicklung** ebenso wenig Auskunft wie der Jahresüberschuss.[53] Im Zeitablauf steigende Abschreibungen, die unter sonst gleichen Bedingungen zu einer Erhöhung des Cashflows führen, lassen sich beispielsweise zurückführen auf die bewusste Bildung stiller Rücklagen, auf eine steigende Anlagenintensität aufgrund vermehrter Investitionen oder auf ein steigendes leistungswirtschaftliches Risiko des Unternehmens.

Im **zwischenbetrieblichen Vergleich** wird der Aussagegehalt des Cashflows beeinträchtigt, wenn die verglichenen Unternehmen unterschiedlich hohe Abschreibungs- bzw. Anlageintensitäten aufweisen.[54] Verglichen mit Industrieunternehmen weisen Handelsunternehmen bei gleichem Jahresüberschuss tendenziell einen geringeren Cashflow auf, weil aufgrund der geringeren Anlagenintensität bei Handelsunternehmen i. d. R. geringere Abschreibungen im Cashflow zu berücksichtigen sind.

---

49 Vgl. PERRIDON, L./STEINER, M., Finanzwirtschaft der Unternehmung, S. 563.

50 Vgl. für viele etwa SIENER, F., Der Cash-Flow als Instrument der Bilanzanalyse, S. 147 f. und S. 172 f.; LACHNIT, L., Wesen, Ermittlung und Aussage des Cash Flows, S. 75; KÜTING, K./ WEBER, C.-P., Die Bilanzanalyse, S. 213.

51 Vgl. LACHNIT, L., Wesen, Ermittlung und Aussage des Cash Flows, S. 75; PERRIDON, L./STEINER, M., Finanzwirtschaft der Unternehmung, S. 563; KÜTING, K./WEBER, C.-P., Die Bilanzanalyse, S. 213.

52 Vgl. PEEMÖLLER, V. H., Bilanzanalyse und Bilanzpolitik, S. 365; GRÄFER, H., Bilanzanalyse, S. 157. Zur Unterscheidung von solventen und insolvenzgefährdeten Unternehmen wurden bei der empirisch-statistischen Jahresabschlussanalyse von den Mustererkennungsverfahren aus allen Rentabilitätskennzahlen indes die Cashflow-Rentabilitäten anstelle von Rentabilitätskennzahlen mit dem Jahresüberschuss bzw. dem Jahresfehlbetrag im Zähler der Kennzahl als Symptome zur Früherkennung von Krisen ausgewählt, vgl. dazu Kap. VII Abschn. 432.1.

53 Vgl. COENENBERG, A. G., Jahresabschluss und Jahresabschlussanalyse, S. 1005.

54 Vgl. KÖHLER, R., Ermittlungsziele und Aussagefähigkeit von Cash Flow-Analysen, S. 392; KÜTING, K./WEBER, C.-P., Die Bilanzanalyse, S. 214; PERRIDON, L./STEINER, M., Finanzwirtschaft der Unternehmung, S. 563.

Zudem werden bei der Ermittlung des Cashflows nicht alle bilanzpolitisch verzerrten Wertansätze korrigiert: Regelmäßig nicht aufgedeckt werden etwa die stillen Rücklagen im Umlaufvermögen, bilanzpolitisch motivierte Maßnahmen bei kurzfristigen Rückstellungen sowie hohe Aufwandsverrechnungen bei geringwertigen Wirtschaftsgütern.[55] Der externe Bilanzanalytiker ist zudem nur selten in der Lage, die Höhe stiller Rücklagen aus dem ihm vorliegenden Datenmaterial zu ermitteln.[56]

Somit sollte der externe Bilanzanalytiker den Cashflow als Erfolgsindikator **vorsichtig** interpretieren. Der Cashflow kann die bisher dargestellten Instrumente der erfolgswirtschaftlichen Analyse nicht ersetzen, sondern sie bestenfalls ergänzen. Die einzelnen Bestandteile des Cashflows sind sorgfältig zu analysieren und zu interpretieren; dabei muss sich der externe Bilanzanalytiker stets der getroffenen Annahmen für bestimmte Korrekturposten bewusst sein. Grundsätzlich sollte der Cashflow als Erfolgsindikator i. S. d. Ganzheitlichkeitsprinzips nur gemeinsam mit weiteren Analyseinstrumenten eingesetzt werden.[57] So ergaben empirische Analysen, dass der Cashflow gemeinsam mit anderen Erfolgskennzahlen einen verlässlichen Erfolgsindikator darstellt, um die wirtschaftliche Lage zu beurteilen.[58]

3 Die Rentabilitätsanalyse

31 Untersuchungsgegenstand und Zweck der Rentabilitätsanalyse

Ziel der Rentabilitätsanalyse ist es, über den Erfolg oder Misserfolg der unternehmerischen Betätigung Aufschluss zu erhalten, die ermittelte Rendite (Rentabilität) ggf. an einem Vergleichsobjekt (etwa an einer Mindestrendite) zu messen und die Ertragskraft des zu analysierenden Unternehmens zu beurteilen.[59] Die HENKEL KGAA strebt z. B. für die Henkel-Gruppe an, eine Umsatzrendite von 10 % und eine Rendite auf das eingesetzte Kapital von 17 % zu erwirtschaften.[60] Mit der Rentabilitätsanalyse kann der Bilanzanalytiker dann beurteilen, ob dieses Ziel erreicht wurde. Die Rentabilitätsanalyse soll dadurch unter anderem Aussagen zum Verhältnis des erwirt-

---

55 Vgl. STÜDEMANN, K., Die cash-flow-Untersuchung als Mittel der Unternehmensanalyse, S. 397 f.; BÖNING, D.-J., Aussagewert von Cash-flow-Kennziffern, S. 438; SIENER, F., Der Cash-Flow als Instrument der Bilanzanalyse, S. 171; COENENBERG, A. G., Jahresabschluss und Jahresabschlussanalyse, S. 1005 f.

56 Vgl. LACHNIT, L., Wesen, Ermittlung und Aussage des Cash Flows, S. 75.

57 Kritisch für viele LEFFSON, U., Cash Flow, S. 123 f.; LACHNIT, L., Wesen, Ermittlung und Aussage des Cashflows, S. 75; SIENER, F., Der Cash-Flow als Instrument der Bilanzanalyse, S. 169-173; COENENBERG, A. G., Jahresabschluss und Jahresabschlussanalyse, S. 1005; KÜTING, K./WEBER, C.-P., Die Bilanzanalyse, S. 215.

58 Vgl. BAETGE, J./JERSCHENSKY, A., Moderne Verfahren der Jahresabschlussanalyse, S. 1582.

59 Vgl. GRÄFER, H., Bilanzanalyse, S. 146; COENENBERG, A. G., Jahresabschluss und Jahresabschlussanalyse, S. 1040.

60 Vgl. HENKEL KGAA (Hrsg.), Geschäftsbericht 2002, S. 45.

schafteten Ergebnisses zum dafür erforderlichen Faktoreinsatz ermöglichen, d. h., ob und wieweit das Unternehmen in der Lage war, mit den ihm zur Verfügung stehenden Mitteln die angestrebten relativen Erfolgsbeiträge zu erzielen.[61]

Der Vorteil einer Rentabilitätskennzahl besteht darin, dass Unternehmen im Betriebs- oder Zeitvergleich damit besser als mit Absolutwerten analysiert werden können. Das gilt sowohl für den Vergleich mit branchendurchschnittlichen Ergebnissen als auch mit den Ergebnissen einzelner Vergleichsunternehmen oder mit anderen Anlagemöglichkeiten (Opportunitäten).

Beim **Betriebsvergleich**[62] anhand von Rentabilitätskennzahlen können das Untersuchungsobjekt (das zu analysierende Unternehmen) und das Vergleichsobjekt unterschiedliche Betriebsgrößen haben. Damit die zu analysierenden Ergebnisgrößen sinnvoll verglichen werden können, werden sie durch das eingesetzte Kapital dividiert und damit zu Rentabilitätskennzahlen relativiert.[63] Rentabilitätskennzahlen erlauben es also, unterschiedlich große Unternehmen sinnvoll miteinander zu vergleichen. So wird es für Aktionäre häufig interessant sein, die Rentabilitäten von verschiedenen Aktiengesellschaften einander gegenüberzustellen.

Neben ihrer Bedeutung für die externe Bilanzanalyse werden Rentabilitätskennzahlen auch für **interne Zwecke** der Unternehmensplanung und -steuerung eingesetzt.[64] So werden Rentabilitäten nicht nur für ganze Unternehmen berechnet, sondern auch für Unternehmensteile, Abteilungen, Produktbereiche bis hin zu einzelnen Projekten. Dies ist allerdings zum Großteil nur mit unternehmensinternen Daten möglich. Die Rentabilitätsanalyse lässt sich also auch unternehmensintern anwenden.[65]

Rentabilitätsanalysen sind notwendig, wenn gemäß dem ökonomischen Prinzip eine bestimmte Ertragszielgröße mit minimalem Faktoreinsatz erzielt werden soll (Minimumprinzip) oder wenn bei Vorgabe eines bestimmten Faktoreinsatzes die Ertragszielgröße maximiert werden soll (Maximumprinzip).[66]

Zu jeder Kennzahl ist eine Hypothese zu formulieren, die angibt, ob ein hoher Wert der betreffenden Kennzahl tendenziell positiv oder tendenziell negativ zu beurteilen ist.[67] Für alle Rentabilitätskennzahlen gilt dabei für erwerbswirtschaftlich orientierte Unternehmen die **Arbeitshypothese**, dass gesunde Unternehmen (G) im Durch-

---

61 Vgl. LEONARDI, H., Externe Erfolgsanalysen auf der Grundlage handelsrechtlicher Jahresabschlüsse, S. 179.

62 Vgl. Kap. III Abschn. 53.

63 Vgl. GRÄFER, H., Bilanzanalyse, S. 91; COENENBERG, A. G., Jahresabschluss und Jahresabschlussanalyse, S. 1040; SCHULT, E., Bilanzanalyse, S. 96.

64 Vgl. KÜTING, K./WEBER, C.-P., Die Bilanzanalyse, S. 286; ARBEITSKREIS „EXTERNE UNTERNEHMENSRECHNUNG" DER SCHMALENBACH-GESELLSCHAFT, Empfehlungen zur Vereinheitlichung von Kennzahlen in Geschäftsberichten, S. 1992; COENENBERG, A. G., Einheitlichkeit oder Differenzierung von internem und externem Rechnungswesen, S. 2077-2083.

65 Vgl. KÜTING, K./WEBER, C.-P., Die Bilanzanalyse, S. 288 f.

66 Vgl. COENENBERG, A. G., Jahresabschluss und Jahresabschlussanalyse, S. 1040.

67 Vgl. zu diesen Überlegungen bereits Kap. I Abschn. 453.

schnitt eine höhere Rentabilität aufweisen als kranke Unternehmen (K), also G>K, d. h., für alle bei der Rentabilitätsanalyse zu ermittelnden Kennzahlen wird ein hoher Kennzahlenwert vom Bilanzanalytiker positiv beurteilt.

Im Folgenden wird von einer Rentabilitätsanalyse auf der Basis von extern verfügbaren Daten ausgegangen. Dennoch können auch bei externen Rentabilitätsanalysen Unternehmenssegmente (Arbeitsgebiete, Regionen etc.) betrachtet werden, sofern die Unternehmen hinreichend über ihre Segmente berichten.[68] In diesem Fall ergeben sich für den externen Bilanzanalytiker die Grenzen seiner Detailanalysen aus der Qualität der **Segmentberichterstattung** der Unternehmen.[69]

32   Die Bestandteile von Rentabilitätskennzahlen

Die Rentabilität ist eine Verhältniszahl, bei der eine Ergebnisgröße ins Verhältnis zu einer vermuteten Einflussgröße gesetzt wird.[70] Zähler und Nenner der Verhältniszahl müssen sich dabei in sachlicher, zeitlicher und wertmäßiger Hinsicht entsprechen.[71] Diese Voraussetzung für die Bildung von Verhältniszahlen und damit auch von Rentabilitätskennzahlen wird als Entsprechungsprinzip oder **Äquivalenzprinzip** bezeichnet.[72] Beispielsweise muss sichergestellt sein, dass im Zähler und im Nenner der Kennzahl die gleichen Maßeinheiten (etwa €, T€, Mio. €) verwendet werden und dass nicht eine Zeitpunktgröße in Relation zu einer Zeitraumgröße betrachtet wird.[73] Die Grundvariante einer Rentabilitätskennzahl lautet dann:

$$\text{Rentabilität} = \frac{\text{Ergebnisgröße (z. B. Jahresergebnis)}}{\text{Einflussgröße (z. B. Eigenkapital)}}$$

Kennzahl Nr. 03.08.00

---

68   Vgl. z. B. BAYER AG (Hrsg.), Geschäftsbericht 2003, S. 108 f. Zur Segmentberichterstattung vgl. auch Abschn. 5 in diesem Kapitel.

69   Zu einem empirischen Befund über die Qualität der Segmentberichterstattung von 150 börsennotierten Unternehmen vgl. ARMELOH, K.-H., Die Berichterstattung im Anhang, S. 208-220. Die Qualität der Segmentberichterstattung der DAX-Konzerne für das Geschäftsjahr 1996 erheben THIELE, S./TSCHESCHE, F., Bilanzierungspraxis der DAX-Unternehmen im Geschäftsjahr 1996, S. 2497-2502.

70   Vgl. KÜTING, K./WEBER, C.-P., Die Bilanzanalyse, S. 286 f.; COENENBERG, A. G., Jahresabschluss und Jahresabschlussanalyse, S. 1040; GRÄFER, H., Bilanzanalyse, S. 91; SCHULT, E., Bilanzanalyse, S. 96; ROGLER, S., Gewinn- und Verlustrechnung nach dem UKV, S. 193; BEA, F. X., Rentabilität, Sp. 1720. Nach REHKUGLER/PODDIG handelt es sich bei Rentabilitätskennzahlen stets um Erfolgs-Kapital-Relationen, vgl. REHKUGLER, H./PODDIG, T., Bilanzanalyse, S. 206. REHKUGLER/PODDIG bezeichnen die Umsatzrentabilität daher als „Umsatzgewinnrate". Ähnlich auch WEBER, H. K., Bilanzanalyse mit dem Ziel der Rentabilitätsermittlung, S. 1453.

71   Vgl. KNÜPPE, W., Grundsätze ordnungsmäßiger Abschlußprüfung für Forderungen, S. 136; LEFFSON, U., Bilanzanalyse, S. 171-175; erstmals bei RUMMEL, K., Einheitliche Kostenrechnung, S. 52 f.

72   Vgl. dazu Kap. I Abschn. 451.

73   Vgl. Kap. III Abschn. 23.

Rentabilitätskennzahlen als Beziehungszahlen[74] geben dabei keinen funktionalen Zusammenhang zwischen Ergebnisgröße und Einflussgröße wieder. Sie bilden lediglich vermutete Ursache-Wirkungs-Zusammenhänge ab.[75] Allgemeiner formuliert: Rentabilitätskennzahlen drücken „eine (wertmäßige) Ergiebigkeit (Effizienz) der Bezugsgröße aus"[76].

Als **Einflussgrößen** kommen für Rentabilitätskennzahlen vor allem das eingesetzte Kapital bzw. das Vermögen sowie der Umsatz in Frage.[77]

Als **Ergebnisgrößen** werden vorgeschlagen:

- Das Jahresergebnis (vor oder nach Steuern; ggf. zuzüglich Fremdkapitalzinsen),
- der ordentliche Betriebserfolg sowie
- verschiedene Cashflow-Varianten.

Wird das **Jahresergebnis** (Jahresüberschuss bzw. Jahresfehlbetrag) in den Zähler der Kennzahl aufgenommen,[78] muss der Bilanzanalytiker beachten, dass im Fall von (Teil-)Ergebnisabführungsverträgen das Jahresergebnis bei Erträgen aus der Verlustübernahme zu hoch und bei Aufwendungen aus der Gewinnabführung zu niedrig ausgewiesen wird. Diese Zahlungen müssen daher wieder in den Zähler der Rentabilitätskennzahlen aufgenommen werden.[79]

Grundsätzlich kann auch der **Bilanzgewinn** (§ 268 Abs. 1 HGB) als Ergebnisgröße gewählt werden, wenn er – was der Regelfall ist – dem geplanten Ausschüttungsbetrag (bei Aktiengesellschaften: der Dividende) entspricht. Eine daraus resultierende Rentabilität informiert die Anteilseigner über die tatsächlich realisierte Verzinsung ihres eingesetzten Kapitals.[80] Der Bilanzgewinn hat gegenüber dem Jahresüberschuss allerdings den Nachteil, dass er nicht als ein Erfolgsindikator eingesetzt werden kann, der unabhängig von der jeweiligen Gewinnverwendungspolitik eines Unternehmens ist und somit schlechter als der Jahresüberschuss für Zeit- und Betriebsvergleiche eingesetzt werden kann.

Auch der in der Erfolgsquellenanalyse ermittelte **ordentliche Betriebserfolg** kann als Ergebnisgröße einer Rentabilitätskennzahl in Betracht kommen.[81] Gegenüber dem Jahresergebnis des Unternehmens oder dem Bilanzgewinn hat der ordentliche Betriebserfolg den Informationsvorteil, dass mit ihm die als nachhaltig angesehenen Erfolgsbeiträge des Unternehmens betrachtet werden. So beeinflussen außerordentliche

---

74 Zum Begriff der Beziehungszahl vgl. Kap. III Abschn. 21.

75 Vgl. SCHULT, E., Bilanzanalyse, S. 96; GRÄFER, H., Bilanzanalyse, S. 91.

76 BEA, F. X., Rentabilität, Sp. 1717.

77 Vgl. KÜTING, K./WEBER, C.-P., Die Bilanzanalyse, S. 291-307; COENENBERG, A. G., Jahresabschluss und Jahresabschlussanalyse, S. 1040.

78 Vgl. u. a. JACOBS, O. H., Bilanzanalyse, S. 108; GRÄFER, H., Bilanzanalyse, S. 92; KÜTING, K./WEBER, C.-P., Die Bilanzanalyse, S. 290 f.

79 Vgl. KÜTING, K., Rentabilitätsrechnung, S. 128.

80 Vgl. BEA, F. X., Rentabilität, Sp. 1720; KÜTING, K./WEBER, C.-P., Die Bilanzanalyse, S. 290.

81 Zur Ermittlung des ordentlichen Betriebserfolges vgl. Kap. II Abschn. 332.

Aufwendungen und Erträge den ordentlichen Betriebserfolg nicht, während sie im Jahresergebnis enthalten sind. Weiter sollen durch die Eliminierung der Bestandteile des Finanz- und Verbunderfolges zufällige Ergebnisschwankungen ausgeschlossen werden, so dass sich mit dem ordentlichen Betriebserfolg die Ertragskraft des Unternehmens, die nachhaltig durch Verfolgung des Betriebszweckes erzielt werden kann, besser prognostizieren lässt als mit Einschluss des Finanz- und Verbunderfolges.[82] Problematisch ist indes, dass sich die Erfolgsquellen nicht klar trennen lassen: Z. B. ist davon auszugehen, dass ein beträchtlicher Teil der Umsatzerlöse entfallen würde, wenn das zu analysierende Unternehmen nicht über fremdfinanzierte Vermögensgegenstände verfügen würde; die Kosten der Fremdfinanzierung werden im ordentlichen Betriebserfolg allerdings nicht berücksichtigt.[83]

Das Jahresergebnis und der ordentliche Betriebserfolg können durch bilanzpolitische Maßnahmen verzerrt sein (etwa durch Abschreibungs- oder Rückstellungspolitik).[84] Für die Rentabilitätsanalyse wird als alternative Zählergröße zur Beurteilung der Ertragskraft eines Unternehmens daher der **Cashflow** vorgeschlagen. Je nachdem, welche Variante des Cashflows zugrunde gelegt wird, können verschiedene bilanzpolitische Maßnahmen konterkariert werden.[85]

Neben der Frage nach der richtigen Ergebnisgröße ist weiterhin die Frage zu beantworten, ob die jeweilige **Ergebnisgröße vor oder nach Ertragsteuern** gebildet werden soll.[86] Der Jahresüberschuss im Zähler einer Rentabilitätskennzahl bezeichnet den Erfolg eines Unternehmens nach Ertragsteuern. Ertragsteuern wirken sich auf die Vergleichbarkeit von Rentabilitätsgrößen in vielfacher Hinsicht aus:

- Personenhandelsgesellschaften und Kapitalgesellschaften werden unterschiedlich besteuert.

- Unterschiedliche Kapitalstrukturen führen zu unterschiedlich hohen Steuerzahlungen.

- Durch Steuernachzahlungen – etwa aufgrund von Betriebsprüfungen – und Steuererstattungen entstehen Periodenverschiebungen, die die Vornahme von Zeitvergleichen erschweren. Zeitvergleiche werden aber auch durch geänderte gesetzliche Vorschriften zur Besteuerung erschwert (unter anderem bei Änderungen von Steuersätzen).

- Die Höhe der Gewerbeertragsteuer hängt ab von regional unterschiedlichen Hebesätzen.

---

82 Vgl. GRÄFER, H., Bilanzanalyse, S. 95.

83 Die Kosten der Fremdfinanzierung werden im Finanz- und Verbunderfolg berücksichtigt. Vgl. Kap. II Abschn. 333.

84 Vgl. KERTH, A./WOLF, J., Bilanzanalyse und Bilanzpolitik, S. 253; KÜTING, K./WEBER, C.-P., Die Bilanzanalyse, S. 111 f.

85 Zur Eignung des Cashflows als Indikator der Erfolgskraft eines Unternehmens vgl. Abschn. 25 in diesem Kapitel.

86 Vgl. dazu auch die Diskussion in Abschn. 23 in diesem Kapitel.

■ Die Steuerbelastung wird durch die Struktur der Erträge (ggf. steuerfreie Dividendenerträge versus steuerpflichtige Umsatzerlöse) beeinflusst.

■ International tätige Großunternehmen werden steuerlich unterschiedlich stark belastet (unter anderem wegen der im Ausland gültigen unterschiedlichen Steuersätze und der jeweiligen Doppelbesteuerungsabkommen).[87]

Möchte der Bilanzanalytiker Abschlüsse von Unternehmen verschiedener Rechtsformen und aus Ländern mit unterschiedlicher Steuergesetzgebung vergleichen, empfiehlt es sich, eine Ergebnisgröße vor Steuern zu wählen.[88] Andernfalls würde die Aussagefähigkeit des Vergleiches durch unterschiedliche Ertragsteuerbelastungen der zu vergleichenden Unternehmen verzerrt.

Die Wahl einer Ergebnisgröße nach Steuern ist dagegen meistens dann sinnvoll, wenn durch die Bilanzanalyse der Erfolg der Managementleistungen unter Einschluss der Steuerpolitik beurteilt werden soll. Zum Beispiel möchte der Aktionär erfahren, welche Mittel ihm insgesamt durch den Aktienbesitz zufließen. Auch bei der Kreditwürdigkeitsprüfung dürfen steuerliche Einflüsse nicht unberücksichtigt bleiben, da die für Zins- und Tilgungszahlungen verfügbaren Mittel des Unternehmens unter sonst gleichen Bedingungen umso geringer sind, je mehr Mittel aufgrund der Steuerforderungen des Fiskus abfließen.

33   Arten von Rentabilitätskennzahlen

331. Überblick

Je nach Wahl der Ergebnisgröße im Zähler und der Einfluss- bzw. Bezugsgröße im Nenner kann allgemein zwischen Kapitalrentabilitäten, Vermögensrentabilitäten, Return on Investment oder Return on Capital Employed auf der einen Seite und Umsatzrentabilitäten oder Gewinnspannen auf der anderen Seite unterschieden werden. Beispielsweise geben Kapital- bzw. Vermögensrentabilitäten an, welchen Erfolg ein Unternehmen im Verhältnis zum Ressourceneinsatz – etwa dem Gesamtkapital – erzielt hat. Zähler und Nenner stehen dabei nur in einem mittelbaren Zusammenhang: Dem Unternehmen wurden Mittel zur Verfügung gestellt (Nennergröße), die das Un-

---

87 In einer Studie der BPV im Auftrag des Deutschen Sparkassen- und Giroverbandes (DSGV), Bonn, wurde untersucht, ob große internationale Konzerne geringere durchschnittliche Steuerquoten aufweisen als kleine und mittlere Unternehmen. Dabei wurde die These aufgestellt, dass international tätige Konzerne durch ausländische Einkünfte ihre Steuerlast reduzieren, während dies den stärker standortgebundenen kleinen und mittleren Unternehmen nicht in gleichem Umfang möglich ist. Die These wurde bestätigt, d. h., der Median der tatsächlichen Steuerquote (vgl. Kennzahl Nr. 03.29.00 in Abschn. 415.8 in diesem Kapitel) der Großunternehmen und Konzerne (mehr als 1,5 Mrd. DM Umsatz) verringert sich nach den Ergebnissen dieser Studie im Zeitablauf deutlich und liegt zudem mit durchschnittlich 37 % unterhalb der tatsächlichen Steuerquote der kleinen und mittleren Unternehmen von durchschnittlich 45 %, vgl. BPV, Vergleich der Steuerlast.

88 Vgl. JACOBS, O. H., Bilanzanalyse, S. 109; HAUSCHILDT, J., Erfolgsspaltung, S. 196; GRÄFER, H., Bilanzanalyse, S. 60; KÜTING, K./WEBER, C.-P., Die Bilanzanalyse, S. 291.

ternehmen investiert hat, um Rückflüsse zu erzielen (Zählergröße). Bei der Umsatzrentabilität als Verhältnis von Jahresergebnis zum Umsatz ist dieser Zusammenhang zwischen Zähler und Nenner dagegen unmittelbar.

In den folgenden Abschnitten werden folgende Arten von Rentabilitätskennzahlen vorgestellt:

- Umsatzrentabilität,
- Eigenkapitalrentabilität,
- Gesamtkapitalrentabilität,
- Return on Investment (ROI),
- Betriebsrentabilität sowie
- verschiedene Cashflow-Rentabilitäten.

332. Die Umsatzrentabilität

Bei der Umsatzrentabilität stehen Zähler und Nenner in einer direkten Beziehung zueinander, da die Umsatzerlöse im Nenner das Jahresergebnis im Zähler unmittelbar beeinflussen. Die Grundvariante der Umsatzrentabilität ist wie folgt definiert:

$$\text{Umsatzrentabilität (Grundvariante)} = \frac{\text{Jahresüberschuss/Jahresfehlbetrag}}{\text{Umsatzerlöse}}$$

Kennzahl Nr. 03.09.00

Häufig werden auch andere Ergebnisgrößen in den Zähler der Umsatzrentabilität eingesetzt (z. B. der ordentliche Betriebserfolg oder der Cashflow). Die **Umsatzrentabilität auf der Basis des ordentlichen Betriebserfolges** wird auch als „Gewinnspanne" bezeichnet.[89] Gegenüber anderen Umsatzrentabilitäten weist die Umsatzrentabilität auf der Basis des ordentlichen Betriebserfolges den Vorzug auf, dass das Ursache-Wirkungs-Prinzip zwischen Zähler und Nenner besser beachtet wird.[90]

---

89 Vgl. GRÄFER, H., Bilanzanalyse, S. 96; KERTH, A./WOLF, J., Bilanzanalyse und Bilanzpolitik, S. 252.

90 Ähnlich KÜTING, K./WEBER, C.-P., Die Bilanzanalyse, S. 299 f.; COENENBERG, A. G., Jahresabschluss und Jahresabschlussanalyse, S. 1053 f.; ARBEITSKREIS „EXTERNE UNTERNEHMENSRECHNUNG" DER SCHMALENBACH-GESELLSCHAFT, Empfehlungen zur Vereinheitlichung von Kennzahlen in Geschäftsberichten, S. 1992. Eine andere Auffassung vertritt WEBER, nach dem kein kausaler Zusammenhang zwischen Zähler und Nenner der Umsatzrentabilität vorliegt, weshalb es sich um eine „rein statistische Beziehung" handelt, vgl. WEBER, H. K., Bilanzanalyse mit dem Ziel der Rentabilitätsermittlung, S. 1453.

$$\text{Umsatzrentabilität (Ordentlicher Betriebserfolg)} = \frac{\text{Ordentlicher Betriebserfolg laut Erfolgsquellenanalyse}}{\text{Umsatzerlöse}}$$

Kennzahl Nr. 03.09.01

Die Umsatzrentabilität auf der Basis des ordentlichen Betriebserfolges soll zeigen, wie effizient ein Unternehmen auf seinen (Beschaffungs- und Absatz-)Märkten agiert hat.[91] Negative, d. h., rückläufige Entwicklungen der Kennzahl Nr. 03.09.01 im Zeitverlauf können zwar zum einen durch eine allgemein schlechte gesamtwirtschaftliche Entwicklung begründet sein. Zum anderen kann die Ursache aber auch eine schlechte Geschäftsführung sein.[92] Die Umsatzrentabilität auf der Basis des ordentlichen Betriebserfolges ist daher vor allem für Vergleiche mit Wettbewerbern sowie mit Branchendurchschnitten geeignet,[93] da sie vorwiegend auf Größen abstellt, die für alle Unternehmen innerhalb einer Branche ähnlich sind (z. B. Rohstoffpreise). Dadurch lassen sich Unterschiede in den Ausprägungen dieser Kennzahl vor allem auf Unterschiede in der Leistungsfähigkeit der Unternehmen zurückführen. Solche Leistungsunterschiede können ihren Ursprung unter anderem in einem neuen Fertigungsprogramm oder in einer veränderten Struktur des Kundenkreises haben.[94] Ein Unternehmensvergleich mit der Umsatzrentabilität auf der Basis des ordentlichen Betriebserfolges ist indes nur dann sinnvoll, wenn die zu vergleichenden Unternehmen ähnliche Wertschöpfungsstrukturen haben.[95]

Die Kennzahl Nr. 03.09.00 kann unter anderem dadurch variiert werden, dass im Nenner statt der Umsatzerlöse die **Gesamtleistung** eingesetzt wird.[96] Allerdings kann die Gesamtleistung, die sich aus den Umsatzerlösen, den Bestandsveränderungen an unfertigen und fertigen Erzeugnissen und den anderen aktivierten Eigenleistungen zusammensetzt, bei Anwendung des Umsatzkostenverfahrens (UKV) normalerweise nicht genau bestimmt werden, da die beim Gesamtkostenverfahren (GKV)[97] anzuge-

---

91 Vgl. BAETGE, J./JERSCHENSKY, A., Rentabilitätsanalyse, S. 418. Auch diese Kennzahl hat sich bei empirischen Untersuchungen als sehr geeignete Kennzahl erwiesen.

92 Vgl. GRÄFER, H., Bilanzanalyse, S. 97.

93 Nach COENENBERG ist es in der Praxis allerdings üblich, bei Betriebsvergleichen die Umsatzrentabilität auf der Basis des Jahresüberschusses zu berechnen, vgl. COENENBERG, A. G., Jahresabschluss und Jahresabschlussanalyse, S. 1053. Allerdings unterliegt diese Umsatzrentabilität bez. des Zählers vielen bilanzpolitischen Gestaltungsmöglichkeiten.

94 Vgl. GRÄFER, H., Bilanzanalyse, S. 97.

95 Vgl. ARBEITSKREIS „EXTERNE UNTERNEHMENSRECHNUNG" DER SCHMALENBACH-GESELLSCHAFT, Empfehlungen zur Vereinheitlichung von Kennzahlen in Geschäftsberichten, S. 1992. Zur Wertschöpfungsrechnung vgl. auch Abschn. 8 in diesem Kapitel.

96 Vgl. ARBEITSKREIS „EXTERNE UNTERNEHMENSRECHNUNG" DER SCHMALENBACH-GESELLSCHAFT, Empfehlungen zur Vereinheitlichung von Kennzahlen in Geschäftsberichten, S. 1992.

97 Das Umsatzkostenverfahren sollte besser als Absatzerfolgsrechnung, das Gesamtkostenverfahren besser als Produktionserfolgsrechnung bezeichnet werden, vgl. BAETGE, J./KIRSCH, H.-J./THIELE, S., Bilanzen, S. 561.

benden Bestandsveränderungen sowie die anderen aktivierten Eigenleistungen bei Anwendung des UKV nicht ausgewiesen werden müssen. Ersatzweise und näherungsweise könnte der Bilanzanalytiker in diesem Fall als Bestandsveränderung die Differenz zwischen unfertigen Erzeugnissen und fertigen Erzeugnissen der letzten beiden Jahre aus den Bilanzen heranziehen. Der gemeinsame Ausweis von fertigen Erzeugnissen und Waren in der Bilanz stört indes die Ermittlung der Bestandsveränderungen, weil die Warenbestandsveränderungen nicht zu den Bestandsveränderungen der fertigen Erzeugnisse in der GuV gehören. Die Aussagefähigkeit von Betriebsvergleichen zwischen Unternehmen, die die GuV nach dem UKV aufstellen, und Unternehmen, die die GuV nach dem GKV aufstellen, wäre somit beeinträchtigt, wenn die Gesamtleistung im Nenner der Kennzahl Nr. 03.09.00 stünde.

Die Umsatzrentabilität auf der Basis der Jahresüberschüsse/Jahresfehlbeträge deutscher Unternehmen wird für die Jahre 1996 bis 2000 in nachstehender Übersicht angegeben:

Jahr	1996	1997	1998	1999	2000
Chemie	3,4	4,2	7,0	5,3	5,7
Maschinenbau	1,8	3,4	2,8	2,6	2,6
Straßenfahrzeugbau	0,7	1,2	1,5	1,2	1,0
Elektrotechnik	2,2	2,9	1,2	2,7	2,0
Ernährungsgewerbe	1,9	2,0	2,2	1,7	2,0
Baugewerbe	1,1	1,0	1,4	0,6	0,5
Großhandel	0,9	1,1	1,1	1,2	1,0
Einzelhandel	1,5	1,7	1,6	1,5	1,5
Ø deutscher Unternehmen	1,6	2,0	2,2	2,0	2,0

Übersicht VI-1: *Jahresüberschuss-Umsatzrentabilität deutscher Unternehmen in %*[98]

---

[98] Vgl. DEUTSCHE BUNDESBANK (Hrsg.), Monatsbericht April 2002, S. 48-57; DEUTSCHE BUNDESBANK (Hrsg.), Monatsbericht April 2003, S. 64-71 sowie ergänzende schriftliche Angaben der Deutschen Bundesbank, die auf Anfrage erteilt wurden. Bei der Berechnung der Kennzahl ist der Zähler als das um Gewinn- und Verlustübernahmen berichtigte Jahresergebnis (nach Steuern) und der Nenner als Umsatz definiert.

Die Umsatzrentabilitäten des Philipp Holzmann Konzerns entwickeln sich in den Geschäftsjahren 1994 und 1995 wie folgt:

Umsatzrentabilität (Grundvariante) (Kennzahl Nr. 03.09.00)	1994	1995
	1,1 %	– 3,9 %

Umsatzrentabilität (ordentlicher Betriebserfolg) (Kennzahl Nr. 03.09.01)	1994	1995
	2,3 %	– 3,9 %

Die beiden Kennzahlen zur Umsatzrentabilität verschlechtern sich im betrachteten Zeitraum aufgrund der Verringerung des Jahresergebnisses von 120,0 Mio. DM Jahresüberschuss im Jahr 1994 auf – 442,8 Mio. DM Jahresfehlbetrag im Jahr 1995 bzw. aufgrund des von 238,5 Mio. DM im Jahr 1994 auf – 439,1 Mio. DM im Jahr 1995 gesunkenen Betriebserfolges erheblich. Im Vergleich zur Umsatzrentabilität auf der Basis des ordentlichen Betriebserfolges der fünf größten Wettbewerber von 1,7 % im Jahr 1994 und 1,5 % im Jahr 1995[99] verschlechtert sich der Philipp Holzmann Konzern im betrachteten Zeitraum überdurchschnittlich. Die Erhöhung des Umsatzes um 691,1 Mio. DM auf 11.274,7 Mio. DM schwächt die Reduzierung der Umsatzrentabilitäten dabei noch ab.

333. Die Eigenkapitalrentabilität

333.1 Aussage und Varianten der Eigenkapitalrentabilität

Die Eigenkapitalrentabilität dient vielen Unternehmen als Zielgröße. Sie gibt an, wie effizient das Unternehmen aus der Sicht der Unternehmenseigner gearbeitet hat, indem die Verzinsung (Dividende und Thesaurierung, allerdings ohne Kurs- bzw. Wertveränderungen der Aktie) der von den Unternehmenseignern zur Verfügung gestellten Mittel sowie der im Unternehmen verbliebenen, offen thesaurierten Gewinne gezeigt wird.[100] Die Eigenkapitalrentabilität drückt insofern die Unternehmerrentabilität aus.

Je nach Definition des Eigenkapitals ergeben sich unterschiedliche Eigenkapitalrentabilitäten. Die **Grundvariante der Eigenkapitalrentabilität** (EKR) berechnet sich wie folgt:

---

99 Die Unternehmen, deren Durchschnittswerte mit denen des Philipp Holzmann Konzerns verglichen werden, sind im Einzelnen die BILFINGER & BERGER BAUAKTIENGESELLSCHAFT, die DYCKERHOFF AG, die HEILIT & WOERNER BAU-AG, die HOCHTIEF AG und die WALTER BAU-AG.

100 Vgl. ARBEITSKREIS „EXTERNE UNTERNEHMENSRECHNUNG" DER SCHMALENBACH-GESELLSCHAFT, Empfehlungen zur Vereinheitlichung von Kennzahlen in Geschäftsberichten, S. 1992.

$$\text{Eigenkapitalrentabilität \atop (Grundvariante)} = \frac{\text{Jahresüberschuss/Jahresfehlbetrag}}{\varnothing \text{ Eigenkapital}}$$

Kennzahl Nr. 03.10.00

Ist der **Konzernabschluss** Analysegrundlage, muss der Bilanzanalytiker bei der Ermittlung der Eigenkapitalrentabilität vor allem auf die sachliche Entsprechung der Kennzahlenbestandteile achten. Wenn im Nenner das Konzerneigenkapital verwendet wird, ist sicherzustellen, dass im Zähler der Kennzahl der Anteil der Minderheitsgesellschafter des Konzerns am Jahresüberschuss/Jahresfehlbetrag nicht enthalten ist, da auch das Konzerneigenkapital ohne das den Minderheitsgesellschaftern zustehende Kapital ausgewiesen wird.[101]

Bei der Interpretation der Eigenkapitalrentabilität muss der Bilanzanalytiker beachten, dass die Eigenkapitalrentabilität auch dann positiv ist, wenn das Unternehmen einen Jahresfehlbetrag erwirtschaftet hat und zugleich ein negatives, also aktivisch ausgewiesenes Eigenkapital hat. Bei negativem Zähler und negativem Nenner lässt sich das Ergebnis einer Eigenkapitalrentabilität-Berechnung nicht (mehr) interpretieren. Bei der Analyse der Erfolgslage mit Hilfe der Eigenkapitalrentabilität ist ferner zu berücksichtigen, dass der Jahresüberschuss bzw. der Jahresfehlbetrag, der Zähler der Grundvariante der Eigenkapitalrentabilität (Kennzahl Nr. 03.10.00), vom bilanzierenden Unternehmen durch bilanzpolitische Maßnahmen nicht unerheblich beeinflusst werden kann.

Grundsätzlich sollte die Eigenkapitalrentabilität auf der Grundlage des sog. „**wirtschaftlichen Eigenkapitals**" (WEK)[102] ermittelt werden, das dem Jahresüberschuss/-fehlbetrag sachlich besser entspricht als das bilanzielle Eigenkapital:

$$\text{Eigenkapitalrentabilität (WEK)} = \frac{\text{Jahresüberschuss/Jahresfehlbetrag}}{\varnothing \text{ wirtschaftliches Eigenkapital}}$$

Kennzahl Nr. 03.10.01

Soll anhand der Eigenkapitalrentabilität die künftige Zielerreichung eines Unternehmens beurteilt werden, muss der Bilanzanalytiker sich bewusst sein, dass die in der Vergangenheit vom Unternehmen erzielte Rentabilität mit einem bestimmten Risiko erwirtschaftet wurde und sie daher nur ein Schätzer für die künftige Rentabilität des Unternehmens sein kann. Je nach Unternehmen ist dieser Schätzer mit mehr oder weniger Unsicherheit behaftet.

---

101 Vgl. BAETGE, J./KIRSCH, H.-J./THIELE, S., Konzernbilanzen, S. 248 f.
102 Zur Definition des wirtschaftlichen Eigenkapitals vgl. Übersicht III-2.

Abhängig vom Analyseziel werden bei der Ermittlung der Eigenkapitalrentabilität im Zähler verschiedene Erfolgsdefinitionen verwendet. Eine mögliche Erfolgsgröße ist der **ordentliche Betriebserfolg**: Die Eigenkapitalrentabilität auf der Basis des ordentlichen Betriebserfolges (Kennzahl Nr. 03.10.02) zeigt die Verzinsung des eingesetzten durchschnittlichen wirtschaftlichen Eigenkapitals aus der ordentlichen betrieblichen Tätigkeit:

$$\frac{\text{Eigenkapitalrentabilität}}{\text{(ordentlicher Betriebserfolg)}} = \frac{\text{Ordentlicher Betriebserfolg}}{\varnothing \text{ wirtschaftliches Eigenkapital}}$$

Kennzahl Nr. 03.10.02

Ob die Ertragsteuern bei der Grundvariante sowie der ersten Konkretisierung der Eigenkapitalrentabilität (Kennzahlen Nr. 03.10.00 und 03.10.01) berücksichtigt werden oder nicht, hängt vom Analysezweck ab.[103] Die Eigenkapitalrentabilität auf der Basis des ordentlichen Betriebserfolges (Kennzahl Nr. 03.10.02) wird i. d. R. vor Ertragsteuern ermittelt.

Die Eigenkapitalrentabilität auf der Basis des ordentlichen Betriebserfolges des Philipp Holzmann Konzerns entwickelt sich in den Geschäftsjahren 1994 und 1995 wie folgt:		
Eigenkapitalrentabilität (ordentlicher Betriebserfolg) (Kennzahl Nr. 03.10.02)	**1994**	**1995**
	13,7 %	– 23,1 %
Die Kennzahl reflektiert den dramatischen Rückgang des ordentlichen Betriebserfolges im betrachteten Zeitraum von 238,5 Mio. DM auf – 439,1 Mio. DM. Es wird deutlich, dass sich die nachhaltige Erfolgssituation des Konzerns deutlich verschlechtert und 1995 sehr angespannt ist. Zwar verschlechtert sich im betrachteten Zeitraum in der gesamten Baubranche die Erfolgssituation, indes weisen die fünf größten Wettbewerber im Jahr 1995 mit durchschnittlich 0,6 % gegenüber 8,1 % im Jahr 1994 weiterhin eine positive Eigenkapitalrentabilität auf der Basis des ordentlichen Betriebserfolges auf.[104]		

Die auf der Basis des Jahresergebnisses berechnete Eigenkapitalrentabilität deutscher Unternehmen wird für die Jahre 1996 bis 2000 in folgender Übersicht angegeben:

---

103 Vgl. dazu Abschn. 23 in diesem Kapitel.

104 Die Unternehmen, deren Durchschnittswerte mit denen des Philipp Holzmann Konzerns verglichen werden, sind im Einzelnen die BILFINGER & BERGER BAUAKTIENGESELLSCHAFT, die DYCKERHOFF AG, die HEILIT & WOERNER BAU-AG, die HOCHTIEF AG und die WALTER BAU-AG.

Jahr	1996	1997	1998	1999	2000
Chemie	9,3	12,8	20,5	15,0	17,2
Maschinenbau	12,3	22,3	16,5	13,0	13,2
Straßenfahrzeugbau	5,2	8,7	10,3	7,9	8,2
Elektrotechnik	11,4	14,5	6,3	13,2	10,0
Ernährungsgewerbe	18,6	19,3	21,3	16,9	18,8
Baugewerbe	30,7	43,8	63,2	33,3	25,0
Großhandel	17,7	18,9	18,4	19,5	16,5
Einzelhandel	187,5	212,0	170,0	161,9	120,0
Ø deutscher Unternehmen	15,1	19,2	20,4	18,0	18,4

Übersicht VI-2:   *Eigenkapitalrentabilität deutscher Unternehmen in %*[105]

333.2   Die Partialanalyse der Eigenkapitalrentabilität durch den Leverage-Effekt

Ganzheitlich betrachtet ist eine niedrige Eigenkapitalrentabilität bei einer niedrigen Eigenkapitalquote im Regelfall schlechter zu beurteilen als eine identisch niedrige Eigenkapitalrentabilität bei einer hohen Eigenkapitalquote. Im Fall einer hohen Eigenkapitalquote kann die Eigenkapitalrentabilität u. U. durch eine Substitution von Eigenkapital durch Fremdkapital oder durch die Aufnahme von zusätzlichem Fremdkapital gesteigert werden. Dies ist möglich, wenn die Gesamtkapitalrentabilität (= Investitionsrendite) über dem Fremdkapitalzins i liegt und eine Substitution auch tatsächlich möglich ist.[106]

Der **Leverage-Effekt** bezeichnet den funktionalen Zusammenhang zwischen dem statischen Verschuldungsgrad V (= Fremdkapital/Eigenkapital) und der Eigenkapitalrentabilität und lässt sich wie folgt darstellen:[107]

---

105 Vgl. DEUTSCHE BUNDESBANK (Hrsg.), Monatsbericht April 2002, S. 48-57; DEUTSCHE BUNDESBANK (Hrsg.), Monatsbericht April 2003, S. 64-71 sowie ergänzende schriftliche Angaben der Deutschen Bundesbank, die auf Anfrage erteilt wurden. Die Deutsche Bundesbank definiert das Eigenkapital im Nenner der Kennzahl (mit den in Klammern ausgewiesenen Vorzeichen) als Zusammenfassung von Eigenkapital (+), Gewinnvortrag (+), Berichtigungsposten zum Eigenkapital (–) und 50 % des Sonderpostens mit Rücklageanteil (+). Im Zähler der Kennzahl steht der Jahresüberschuss/-fehlbetrag (nach Ertragsteuern).

106 Vgl. GRÄFER, H., Bilanzanalyse, S. 95.

107 Vgl. SCHMIDT, R. H., Grundzüge der Investitions- und Finanzierungstheorie, S. 222; BORN, K., Bilanzanalyse international, S. 374-376; PERRIDON, L./STEINER, M., Finanzwirtschaft der Unternehmung, S. 488 f.; KÜTING, K./WEBER, C.-P., Die Bilanzanalyse, S. 298.

$$EKR = GKR + (GKR - i) \cdot V$$

Kennzahl Nr. 03.10.03

Durch zusätzliche Fremdkapitalaufnahme – in diesem Fall steigt der Verschuldungsgrad bzw. sinkt die Eigenkapitalquote – kann das Unternehmen seine Eigenkapitalrentabilität beeinflussen. Solange die Gesamtkapitalrentabilität den Fremdkapitalzinssatz übersteigt, kann das Unternehmen seine Eigenkapitalrentabilität durch die
Aufnahme zusätzlichen Fremdkapitals erhöhen. Diesen Effekt bezeichnet man als **Leverage-Chance**. Ist die Gesamtkapitalrentabilität dagegen kleiner als der Fremdkapitalzinssatz, dann verringert sich die Eigenkapitalrentabilität mit zunehmendem Verschuldungsgrad. Diesen negativen Effekt bezeichnet man als **Leverage-Risiko**.[108]

Definiert man den Quotienten aus Fremd- und Eigenkapital als Verschuldungsgrad V
und setzt man einen vom Verschuldungsgrad unabhängigen und konstanten Fremdkapitalzinssatz i voraus, kann der Leverage-Effekt graphisch wie folgt dargestellt werden:[109]

---

108 Vgl. PERRIDON, L./STEINER, M., Finanzwirtschaft der Unternehmung, S. 491 f.; SCHMIDT, R.
H./TERBERGER, E., Grundzüge der Investitions- und Finanzierungstheorie, S. 242. FRANKE/
HAX unterscheiden stattdessen zwischen einem Leverage-Effekt (erwarteter Anstieg der Eigen-
kapitalrendite) und einem Risiko-Effekt (Anstieg der Insolvenzwahrscheinlichkeit) durch die
Verschuldungszunahme, vgl. FRANKE, G./HAX, H., Finanzwirtschaft des Unternehmens und
Kapitalmarkt, S. 481-484.

109 Vgl. PERRIDON, L./STEINER, M., Finanzwirtschaft der Unternehmung, S. 490; KÜTING, K./
WEBER, C.-P., Die Bilanzanalyse, S. 299.

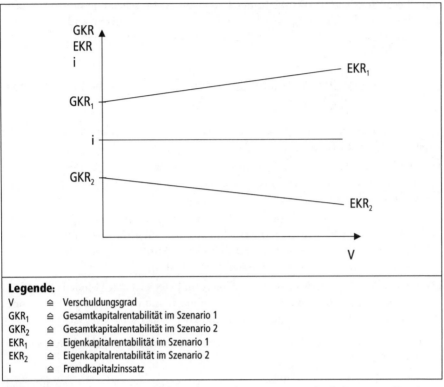

Legende:

V	≙	Verschuldungsgrad
GKR_1	≙	Gesamtkapitalrentabilität im Szenario 1
GKR_2	≙	Gesamtkapitalrentabilität im Szenario 2
EKR_1	≙	Eigenkapitalrentabilität im Szenario 1
EKR_2	≙	Eigenkapitalrentabilität im Szenario 2
i	≙	Fremdkapitalzinssatz

Übersicht VI-3:   *Leverage-Effekt im Zwei-Alternativen-Vergleich (Leverage-Horn)*

In Übersicht VI-3 werden zwei Szenarien dargestellt: Szenario 1 unterstellt mit der oberen Geraden eine Gesamtkapitalrentabilität GKR1, die größer ist als der Fremdkapitalzinssatz i (Leverage-Chance). Entsprechend kann die Eigenkapitalrentabilität mit wachsendem Verschuldungsgrad gesteigert werden. Szenario 2 geht dagegen mit der unteren Geraden von einer Gesamtkapitalrentabilität GKR2 aus, die kleiner ist als der Fremdkapitalzinssatz i (Leverage-Risiko); die resultierende Eigenkapitalrentabilität sinkt mit wachsendem Verschuldungsgrad. Aus der Darstellung wird deutlich, dass durch Veränderungen des Verschuldungsgrades neben der Eigenkapitalrentabilität auch das Verlustrisiko der Eigenkapitalgeber entscheidend beeinflusst wird. Bei einer positiven Gesamtkapitalrentabilität in einer Verlustsituation hängt der Fortbestand eines Unternehmens (und seine künftige Ertragskraft) also davon ab, wie lange die Eigenkapitalgeber in der Lage und willens sind, eine negative Verzinsung ihres Kapitals hinzunehmen und gegebenenfalls neue Mittel einzubringen.

Der „optimale" Verschuldungsgrad – also jener Verschuldungsgrad, der dazu führt, dass die Eigenkapitalrentabilität maximiert wird – hängt davon ab, ob sich das betrachtete Unternehmen in der Situation einer Leverage-Chance oder in der Situation

eines Leverage-Risikos befindet. In der Leverage-Chance scheint es sinnvoll zu sein, das Eigenkapital vollständig durch Fremdkapital zu substituieren und so den Verschuldungsgrad V auf den größtmöglichen Wert von V=1 zu erhöhen.

333.3 Exkurs: Eigenkapitalrentabilität und Leverage-Effekt bei ganzheitlicher Analyse

Bei den Überlegungen im vorstehenden Abschnitt blieben vor allem drei wesentliche Aspekte unberücksichtigt:

(1) Die Entscheidung für einen „optimalen" Verschuldungsgrad hängt vor allem von dem unsicheren künftigen Fremdkapitalzinssatz und der unsicheren künftigen Gesamtkapitalrentabilität ab.

(2) In der Realität gibt es keinen „optimalen" Verschuldungsgrad. Zwar lässt sich z. B. als eines von mehreren Unternehmenszielen auch ein bestimmter Verschuldungsgrad oder ein bestimmtes Höchst-Bestandsrisiko vorgeben, doch ist nicht ermittelbar, ob diese Vorgabe tatsächlich optimal ist.

(3) Bei der Anwendung des Leverage-Effektes und vergleichbarer Modelle handelt es sich um Partialanalysen. Für das Treffen einer Investitionsentscheidung ist indes eine ganzheitliche Analyse notwendig und entscheidend.

Ad (1): Unsicherheit des künftigen Fremdkapitalzinssatzes und der künftigen Gesamtkapitalrentabilität

> Wenn sich z. B. der Fremdkapitalzinssatz ausgehend von einem Niveau unterhalb der Gesamtkapitalrentabilität so stark erhöhen würde, dass er die Gesamtkapitalrentabilität übersteigt, so befände sich das Unternehmen – ausgehend von einer Leverage-Chance – plötzlich in der Situation des Leverage-Risikos.[110] In dieser Situation führt ein hoher Verschuldungsgrad dann nicht mehr zu einer steigenden Eigenkapitalrentabilität, sondern zu einer sinkenden Eigenkapitalrentabilität. Zudem ist zu beachten, dass der Fremdkapitalzinssatz nicht unabhängig vom Verschuldungsgrad ist. Realistisch ist, davon auszugehen, dass sich Kreditgeber eine Verschlechterung der Risikoposition des Unternehmens, die das Ausfallrisiko für den Kreditgeber erhöht, durch Risikozuschläge vergüten lassen.[111] Im Normalfall wird der durchschnittliche Fremdkapitalzinssatz daher mit zunehmendem Verschuldungsgrad des Unternehmens steigen.

---

110 Vgl. auch das in Kap. VII Abschn. 222. behandelte Beispiel zum Verhältnis von EKR und EKQ.

111 Vgl. z. B. FRANKE, G./HAX, H., Finanzwirtschaft des Unternehmens und Kapitalmarkt, S. 485; PERRIDON, L./STEINER, M., Finanzwirtschaft der Unternehmung, S. 490 f.; SCHMIDT, R. H./TERBERGER, E., Grundzüge der Investitions- und Finanzierungstheorie, S. 243. Von dieser Annahme geht auch das aus der Finanzierungslehre stammende Dean-Modell aus, nach welchem das optimale Investitions- und Finanzierungsprogramm durch die Gegenüberstellung von Kapitalbedarf und Kapitalangebot bestimmt werden kann, vgl. PERRIDON, L./STEINER, M., Finanzwirtschaft der Unternehmung, S. 141-143.

Ad (2): Nichtexistenz eines optimalen Verschuldungsgrades

Die Frage des „richtigen" Verhältnisses von Eigenkapital zu Fremdkapital, also des optimalen Verschuldungsgrades, wird im finanzwirtschaftlichen Schrifttum intensiv diskutiert.[112] Nach der sog. „traditionellen These" gibt es eine optimale Kapitalstruktur, bei der ein Minimum der Kapitalkosten vorliegt.[113] Im Modell von MODIGLIANI/MILLER wird dagegen unter anderem die These aufgestellt, dass die von den Anteilseignern erwartete Rendite eine lineare Funktion des Verschuldungsgrades sei und keine „optimale" Kapitalstruktur existiere, bei der die Kapitalkosten minimiert werden. Unter den engen und realitätsfernen Bedingungen des Modigliani-Miller-Theorems wäre die Kapitalstruktur auch dann irrelevant, wenn eine Leverage-Chance genutzt werden könnte.[114] Ohne hier detailliert auf die Kritik an den finanzwirtschaftlichen Modellen – vor allem an deren Prämissen – einzugehen, ist festzuhalten, dass in der Realität keine allgemein gültigen Aussagen über den optimalen Verschuldungsgrad getroffen werden können.[115] Denn es handelt sich um ein nicht bestimmbares Optimum,[116] d. h., für ein Unternehmen, das zum Zeitpunkt t einen bestimmten Verschuldungsgrad besitzt, ist es – schon aufgrund der Unsicherheit über künftige Entwicklungen und wegen der sich ständig ändernden Umweltbedingungen des Unternehmens – nicht möglich, zuverlässig zu ermitteln, bei welchem Verschuldungsgrad die Unternehmensziele zum Zeitpunkt t+1 bestmöglich erreicht werden.

Möglich und sinnvoll ist es aber dennoch, einen bestimmten Verschuldungsgrad oder alternativ eine bestimmte Eigenkapitalquote als Unternehmensziel vorzugeben.[117] Ob es sich aber dabei um denjenigen Verschuldungsgrad handelt, mit

---

112 Vgl. z. B. PERRIDON, L./STEINER, M., Finanzwirtschaft der Unternehmung, S. 485-525; SCHNEIDER, D., Investition, Finanzierung und Besteuerung, S. 546-576; FRANKE, G./HAX, H., Finanzwirtschaft des Unternehmens und Kapitalmarkt, S. 468-580; SCHMIDT, R. H./TERBERGER, E., Grundzüge der Investitions- und Finanzierungstheorie, S. 217-242.

113 Vgl. dazu etwa SCHMIDT, R. H./TERBERGER, E., Grundzüge der Investitions- und Finanzierungstheorie, S. 224 f.; PERRIDON, L./STEINER, M., Finanzwirtschaft der Unternehmung, S. 495-499.

114 Zum Modigliani-Miller-Theorem vgl. MODIGLIANI, F./MILLER, M., The cost of capital, S. 261-297; DRUKARCZYK, J., Finanzierungstheorie, S. 148-181; SÜCHTING, J., Finanzmanagement, S. 475-486; BERNSTEIN, L. A., Financial Statement Analysis, S. 605-607; PERRIDON, L./STEINER, M., Finanzwirtschaft der Unternehmung, S. 499-510.

115 Vgl. COENENBERG, A. G., Jahresabschluss und Jahresabschlussanalyse, S. 957 f.; SCHNEIDER, D., Investition, Finanzierung und Besteuerung, S. 574-576.

116 Vgl. SCHNEIDER, D., Investition, Finanzierung und Besteuerung, S. 574-576. Mit Bezug auf die Zielbildung vgl. ADAM, D., Planung und Entscheidung, S. 91; HEINEN, E., Grundlagen betriebswirtschaftlicher Entscheidungen, S. 83.

117 Ähnlich SCHNEIDER, D., Investition, Finanzierung und Besteuerung, S. 576; FRANKE, G./ HAX, H., Finanzwirtschaft des Unternehmens und Kapitalmarkt, S. 116 und S. 519. Beispielsweise gab die IVG HOLDING AG in ihrem Geschäftsbericht 1995 an, bis zum Jahr 2000 wolle sie „das jährliche Investitionsvolumen unter Beibehaltung einer Eigenkapitalquote von rd. 40 % beträchtlich steigern", vgl. IVG HOLDING AG (Hrsg.), Geschäftsbericht 1995, S. 3. Auch die HENKEL KGAA gab 1992 eine bestimmte Eigenkapitalquote vor, vgl. HENKEL KGAA (Hrsg.), Geschäftsbericht 1992, S. 2.

dem die Unternehmensziele künftig bestmöglich erreicht werden, ist ex ante nicht bestimmbar.[118] Feststellbar ist lediglich, ob sich eine Steigerung oder Senkung des bestehenden Verschuldungsgrades positiv oder negativ auf die Erfüllung der Unternehmensziele auswirkt.

Ad (3): Maßgeblichkeit der ganzheitlichen Analyse

Die Nutzung einer Leverage-Chance scheint sich für das Unternehmen günstig auszuwirken – wie auch der positiv belegte Begriff „Chance" suggeriert – weil dadurch die Eigenkapitalrentabilität des Unternehmens steigt. Wie im Kap. VII Abschn. 1 ausführlich dargestellt wird, ist es nicht einfach, eine ganzheitliche Aussage über ein Unternehmen zu treffen. Mit dem folgenden Beispiel soll gezeigt werden, dass z. B. eine Partialaussage über die Vorteilhaftigkeit der Nutzung einer Leverage-Chance bei ganzheitlicher Beurteilung irreführend sein kann:

Aufgrund von Daten, die einer Unternehmensleitung bei einer Investitionsentscheidung vorliegen, kann eine Investition auf den ersten Blick vorteilhaft erscheinen: Mit der Realisierung wird z. B. eine Steigerung der Umsatzerlöse erwartet sowie eine Steigerung des Jahresüberschusses und des Eigenkapitals insgesamt. Folglich wird ein Anstieg des Return on Investment (ROI)[119] sowie der Eigenkapitalrentabilität erwartet – sogar trotz des erwartungsgemäß gestiegenen Eigenkapitals. Berücksichtigt der Vorstand nur diese Informationen, entscheidet er sich für die Investition. Dann verschuldet sich das Unternehmen kurzfristig, um durch die positive Differenz zwischen der Investitionsrentabilität und dem Fremdkapitalzinssatz die Eigenkapitalrentabilität des Unternehmens zu steigern.

Dennoch ist dies nur eine **Partialsicht**, die irreführend sein kann. Vernachlässigt wird dabei die ganzheitliche Sicht, da durch die Investition vor allem das Ziel „Geld verdienen" verfolgt wird. Nicht beachtet wurde bislang, wie sich die Investition auf das Ziel „Verdienstquelle sichern" auswirkt.[120] Daher muss auch geprüft werden, wieweit die Investition durch die höhere Verschuldung die Sicherheit der Verdienstquelle negativ beeinflusst. Im Schrifttum wird dazu eindeutig festgestellt, dass sich die Risikoposition des Unternehmens durch die zunehmende Verschuldung bei der Wahrnehmung einer Leverage-Chance verschlechtert.[121] In der Finanzwirtschaft gibt es zwar Ansätze zu einer ganzheitlichen Sicht, z. B. wird bei der Beurteilung von Wertpapierportfolios i. d. R. versucht, das „magische Dreieck" von Risiko, Rendite und Liquidität simultan zu berücksichtigen.[122] Indes ist das Risiko im Fall der Investition nicht bestimmbar. Inso-

---

118 Vgl. SCHNEIDER, D., Investition, Finanzierung und Besteuerung, S. 576.

119 Vgl. Abschn. 335. in diesem Kapitel.

120 Zu den finanziellen Zielen des Unternehmens vgl. Kap. I Abschn. 1.

121 Vgl. PERRIDON, L./STEINER, M., Finanzwirtschaft der Unternehmung, S. 491; COENENBERG, A. G., Jahresabschluss und Jahresabschlussanalyse, S. 957; SCHMIDT, R. H., Grundzüge der Investitions- und Finanzierungstheorie, S. 222 f. Nach FRANKE/HAX wächst die Insolvenzwahrscheinlichkeit mit zunehmender Verschuldung, vgl. FRANKE, G./HAX, H., Finanzwirtschaft des Unternehmens und Kapitalmarkt, S. 497.

122 Vgl. z. B. STEINER, M./BRUNS, C., Wertpapiermanagement, S. 50.

fern lassen sich diese Ansätze nicht auf den behandelten Investitionsfall übertragen, weil hier (1.) nur ein Unternehmen und nicht ein Portfolio von Unternehmen betrachtet wird und weil (2.) völlig andere Daten vorliegen bzw. relevant sind als bei der Performance-Messung eines Wertpapierportfolios.

Bei der traditionellen Bilanzanalyse fehlt bislang eine überzeugende Vorgehensweise, wie sich die Ziele „Geld verdienen" und „Verdienstquelle sichern" ganzheitlich verknüpfen lassen, d. h., es gibt kein Optimalitätskriterium, das diese Ziele ganzheitlich zusammenführt. Zum Beispiel stellt HAUSCHILDT zu der Frage fest, wie widersprüchliche Teilurteile bei der traditionellen Bilanzanalyse zu einem Gesamturteil zusammenzufassen sind: „Das Urteil [einer traditionellen Bilanzanalyse] ist stets subjektgebunden."[123]

Strebt der Vorstand in unserem Fallbeispiel ein subjektiv **ganzheitliches Urteil** an und berücksichtigt er das Risiko durch die Verringerung der Eigenkapitalquote bei gleichzeitiger Erhöhung der Eigenkapitalrentabilität in seiner Entscheidung, dann benötigt er ein Entscheidungskriterium, bei welchen Kombinationen von Eigenkapitalquote und Eigenkapitalrentabilität investiert werden soll und bei welchen Kombinationen die Investition unterbleiben soll. Ggf. könnte er zudem noch weitere Kennzahlen berücksichtigen. Die Tatsache, dass aus mehreren, sich unter Umständen widersprechenden Daten ein für die Entscheidung einheitlicher maßgebender Wert hergeleitet wird und mit diesem Wert subjektiv anhand partieller Analysen entschieden wird, führt zu der von HAUSCHILDT gemachten Allgemeinaussage über die subjektgebundene Entscheidung. Damit führt diese Berücksichtigung des Risikos nur zu suboptimalen Entscheidungen.

Da sich mit der traditionellen Bilanzanalyse die Ziele „Geld verdienen" und „Verdienstquelle sichern" nicht objektiv – im Sinne von „empirisch gesichert" – verknüpfen lassen, können die beiden Situationen mit und ohne Realisierung der Investition z. B. mit einem **Bilanzbonitätsrating** auf der Basis Künstlicher Neuronaler Netze ganzheitlich beurteilt werden.[124] So kann über die Bestandsfestigkeit des Unternehmens mittels dessen A-posteriori-Insolvenzwahrscheinlichkeit informiert werden.[125] Das Ergebnis eines solchen Ratings kann als Maß für die Bestandsfestigkeit bzw. die Bestandsgefährdung und damit als Maß für die gesamte wirtschaftliche Lage des Unternehmens genutzt werden.

Das Ergebnis eines Bilanzbonitätsratings auf der Basis Künstlicher Neuronaler Netze könnte in unserem Beispiel sein, dass die anhand des Jahresabschlusses insgesamt gemessene Bonität des Unternehmens sinkt, wenn die Investition getätigt wird. Obwohl durch die Investition die Eigenkapitalrentabilität steigt, sinkt die gemessene Bilanzbonität, d. h., die Bestandsfestigkeit des Unternehmens verrin-

---

123 HAUSCHILDT, J., Erfolgs-, Finanz- und Bilanzanalyse, S. 168 (Einfügung durch die Verf.). Zur Gesamturteilsbildung vgl. ausführlich Kap. VII.

124 Vgl. dazu ausführlich Kap. VII Abschn. 43.

125 Zum Begriff der A-posteriori-Insolvenzwahrscheinlichkeit vgl. etwa HÜLS, D., Früherkennung insolvenzgefährdeter Unternehmen, S. 176, Fn. 3.

gert sich, weil durch die Investition z. B. die Eigenkapitalquote sinkt und andere Kennzahlen, die Auskunft über das Ziel „Verdienstquelle sichern" geben, sich verschlechtern. Somit wird die im Investitionskalkül ermittelte Vorteilhaftigkeit bez. des Ziels „Geld verdienen" (Erfolgslage) durch den im Investitionskalkül nicht berücksichtigten negativen Einfluss auf das Ziel „Verdienstquelle sichern" (Vermögens- und Finanzlage) überkompensiert. Der Finanzvorstand sollte die Investition deshalb unter Einschluss der Verschlechterung der Bilanzbonität und damit bez. des Bestandsrisikos beurteilen.

Aber selbst eine alleinige Orientierung der Investitionsentscheidung an einer Steigerung des Return on Investment (ROI) genügt den Anforderungen an eine ganzheitliche Betrachtung nicht, obwohl sich mit dieser Kennzahl Nr. 03.13.01 eine Verbindung zwischen Eigenkapitalquote (EKQ) und Eigenkapitalrentabilität (EKR) herstellen lässt:[126]

$$\text{ROI} = \text{EKR} \cdot \text{EKQ} = \frac{\text{Jahresergebnis}}{\varnothing \text{ Eigenkapital}} \cdot \frac{\varnothing \text{ Eigenkapital}}{\varnothing \text{ Gesamtkapital}}$$

Kennzahl Nr. 03.13.01

Wenn die Investition getätigt wird, möge der ROI zwar steigen, doch verschlechtere sich die Bilanzbonität des Unternehmens in unserem Beispiel. Dies kann geschehen, weil sich ein bestimmter ROI-Wert aus vielen möglichen Kombinationen von Eigenkapitalquote und Eigenkapitalrentabilität ergeben kann und die im Investitionsbeispiel realisierte Kombination offenbar bez. anderer Kennzahlen für das Ziel „Verdienstquelle sichern" ungünstiger zu beurteilen ist als bei der EKR/EKQ-Kombination ohne Investition.

Ob das Unternehmen die Investition tätigt, hängt maßgeblich von den definierten Unternehmenszielen ab. Lautet das **Unternehmensziel** z. B. „Maximierung des ROI bei jederzeit gegebener Liquidität", dann wäre dieses Unternehmensziel bei Realisierung der Investition besser erfüllt, sofern die kurzfristig aufgenommenen Kredite prolongiert werden können bzw. nicht gekündigt werden. Allerdings sollte sich der Finanzvorstand bewusst sein, dass die Bilanzbonität und damit die Bestandsfestigkeit des Unternehmens gerade wegen der entsprechenden Prolongations- oder Kündigungsrisiken sinken, wenn die Investition getätigt wird.

Festzuhalten bleibt, dass die Ergebnisse einer partiellen Rentabilitätsanalyse nicht für eine ganzheitliche Betrachtung geeignet sind. Wenn unternehmerische Entscheidungen aufgrund von Partialaussagen getroffen werden sollen (z. B. allein aufgrund der Aussage des Leverage-Theorems), dann besteht die Gefahr, dass

---

126 Zur Definition der Grundvariante des ROI (Kennzahl Nr. 03.13.00) vgl. ausführlich Abschn. 335. in diesem Kapitel; zum ROI im Zusammenhang mit Kennzahlensystemen vgl. Kap. VII Abschn. 22. Dort wird auch die hier angegebene Konkretisierung des ROI (Kennzahl Nr. 03.13.01) erläutert.

wichtige andere Urteilsgrößen vernachlässigt werden. Zum Beispiel kann aus dem Vorliegen einer Leverage-Chance nicht geschlossen werden, dass die Nutzung dieser Leverage-Chance dazu beitragen wird, einen besseren ganzheitlichen Gesundheitszustand des Unternehmens zu erreichen. Wenn Partialanalysen verallgemeinert werden, können **Fehlentscheidungen** vor allem aus folgenden Gründen entstehen:

- Bei Partialanalysen werden oft Größen vernachlässigt, die bei ganzheitlicher Sicht beachtet werden müssen (z. B. das Bestandsrisiko).
- Als wichtig angesehene Variablen in Partialanalysen können bei ganzheitlicher Sicht wenig bedeutend sein.
- Wenn verschiedene Partialanalysen vorgenommen werden, können sich deren Ergebnisse unter Umständen widersprechen.
- Das Ziel bzw. die zu optimierenden Variablen stimmen bei einer Partialanalyse oft nicht mit den aus ganzheitlicher Sicht maßgebenden Zielen überein.
- Auch wenn man die Branchendurchschnitte der EKR und der GKR von westdeutschen Unternehmen im Jahr 1995 heranzieht, lässt sich die Notwendigkeit einer ganzheitlichen Betrachtung bei der Beurteilung des Leverage-Effektes zeigen. Vereinfachend wird dabei angenommen, dass die im Jahresdurchschnitt für 1995 geltende Umlaufrendite börsennotierter Bundeswertpapiere den Fremdkapitalzinssatz darstellt, zu dem die Unternehmen zusätzliches Kapital hätten aufnehmen können.

Die folgende Übersicht VI-4 zeigt, dass für die meisten aufgeführten Wirtschaftszweige in der Durchschnittsbetrachtung des Jahres 1995 ein Leverage-Risiko bestand. Einzig für den Einzelhandel hätte eine Leverage-Chance bestanden. Wäre diese Leverage-Chance wahrgenommen worden, dann wären die meisten Einzelhandelsunternehmen in erhebliche Bestandsrisiken geraten, da das Ziel „Verdienstquelle sichern" bei Wahrnehmung der Leverage-Chance erheblich gefährdet worden wäre: Die durchschnittliche Eigenkapitalquote betrug 1995 im Einzelhandel nämlich nur 3,3 %.[127] Wäre in dieser Situation versucht worden, durch die Nutzung der Leverage-Chance und somit durch eine noch höhere Verschuldung die bereits äußerst hohe Eigenkapitalrentabilität von 86,2 % weiter zu steigern, dann hätte sich das Bestandsrisiko der Einzelhandelsunternehmen wahrscheinlich erheblich erhöht, weil bei einer Erhöhung des Fremdkapitalkostensatzes (hier: Umlaufrendite börsennotierter Bundeswertpapiere) um mehr als 0,8 %-Punkte oder bei einer geringen Absenkung der Ergebnisse des Einzelhandels ein Leverage-Risiko entstanden wäre.

---

127 Vgl. DEUTSCHE BUNDESBANK (Hrsg.), Monatsbericht November 1997, S. 55.

	Eigen-kapital-rendite (EKR) in %	Gesamt-kapital-rendite (GKR) in %	Umlaufren-dite börsen-notierter Bundeswert-papiere (i) in %	Art des Leverage-Effektes bei gleichblei-bender Zinsrela-tion zwischen GKR und i
Chemie	9,0	6,0	6,5	Leverage-Risiko
Maschinenbau	10,5	3,6	6,5	Leverage-Risiko
Straßenfahrzeugbau	7,1	4,6	6,5	Leverage-Risiko
Elektrotechnik	8,5	2,7	6,5	Leverage-Risiko
Ernährungsgewerbe	17,9	6,5	6,5	Kein Leverage
Baugewerbe	18,5	3,2	6,5	Leverage-Risiko
Großhandel	20,0	6,4	6,5	Leverage-Risiko
Einzelhandel	86,2	7,3	6,5	Leverage-Chance
Ø westdeutscher Unternehmen	14,1	5,2	6,5	Leverage-Risiko

Übersicht VI-4: *Art des Leverage-Effektes bei westdeutschen Unternehmen[128]*

Im Ergebnis ist also festzuhalten, dass es nicht genügt, bei einer Bilanzanalyse festzu-stellen, dass eine Leverage-Chance besteht und daraus den Schluss zu ziehen, dass fremdfinanzierte Zusatzinvestitionen oder Akquisitionen für das Unternehmen als rentabel zu beurteilen sind. Denn selbst wenn die Leverage-Chance mit hoher Wahr-scheinlichkeit zu einer EKR-Steigerung führt, wird damit nicht (in jedem Fall) dem Gesamtziel des Unternehmens gedient, nämlich **„Steigerung der Eigenkapitalrenta-bilität bei Einhaltung eines gerade noch akzeptablen maximalen Bestandsrisikos für das Unternehmen".**[129] Entscheidend ist statt der Partialsicht – die etwa beim Le-verage-Effekt zum Ausdruck kommt – eine ganzheitliche Betrachtung. Eine solche ganzheitliche Sicht, bei der auch die Risikoposition des Unternehmens berücksichtigt wird, erlaubt die in Kap. VII Abschn. 4 dargestellte moderne empirisch-statistisch ge-stützte Bilanzanalyse.

---

128 Vgl. Deutsche Bundesbank (Hrsg.), Monatsbericht November 1997, S. 52-55; Deutsche Bundesbank (Hrsg.), Monatsbericht Januar 1998, S. 6.

129 Zu verschiedenen Zielkombinationen bez. der beiden Ziele „Verdienen" und „Verdienstquelle sichern", dargestellt in einem EKR/EKQ-Diagramm mit ROI-Isoquanten vgl. Baetge, J./Kirsch, H.-J./Thiele, S., Bilanzen, S. 10 sowie Kap. VII Abschn. 221.

334. Die Gesamtkapitalrentabilität

Im Unterschied zur Eigenkapitalrentabilität ist die Gesamtkapitalrentabilität ein Maß dafür, wie effizient das Unternehmen mit den ihm insgesamt zur Verfügung stehenden Mitteln gearbeitet hat.[130] Während das Jahresergebnis dem Eigenkapital zugute kommt, dienen die Fremdkapitalzinsen zur Bezahlung der Fremdkapitalnutzung. Daher werden die Fremdkapitalzinsen dem Jahresergebnis zur Bestimmung der Gesamtkapitalrentabilität wieder hinzugerechnet, so dass eine dem Gesamtkapital inhaltlich entsprechende Ergebnisgröße entsteht.[131] Zähler und Nenner werden gemäß dem Äquivalenzprinzip sachlich äquivalent dargestellt. Die **Grundvariante der Gesamtkapitalrentabilität** (GKR) ergibt sich gemäß folgender Formel:

$$\text{Gesamtkapitalrentabilität (Grundvariante)} = \frac{\text{Jahresüberschuss/Jahresfehlbetrag} + \text{Fremdkapitalzinsen}}{\varnothing\ \text{Gesamtkapital}}$$

Kennzahl Nr. 03.12.00

Die Gesamtkapitalrentabilität ist von der Finanzierungsstruktur eines Unternehmens, das heißt vom Verhältnis zwischen Eigenkapital und Fremdkapital, unabhängig.[132] Durch die Addition des Zinsaufwandes zum Jahresergebnis im Zähler der Kennzahl sowie durch die Berücksichtigung des Gesamtkapitals im Nenner der Kennzahl werden unterschiedliche Finanzierungsstrukturen der zu vergleichenden Unternehmen neutralisiert. Im Schrifttum wird daraus gefolgert, dass sich die aus der Kerngeschäftstätigkeit der Unternehmen stammenden Erfolge insofern besser vergleichen ließen.[133] Dieser vermeintliche Vorteil der Kennzahl Gesamtkapitalrentabilität verliert indes seine Gültigkeit, wenn ein Gesamturteil über das Unternehmen gefällt werden muss. Denn für die Gesamturteilsbildung müssen die jeweiligen Finanzierungsstrukturen der Unternehmen berücksichtigt werden; dies kann z. B. durch eine Hinzunahme von Kapitalstrukturkennzahlen zur Gesamtkapitalrentabilität geschehen. Zudem muss der Bilanzanalytiker beachten, dass die Gesamtkapitalrentabilität aufgrund der Addition des Zinsaufwandes zum Jahresergebnis positiv sein kann, obwohl ein Jahresfehlbetrag vorliegt.[134]

---

130 Vgl. PEEMÖLLER, V. H., Bilanzanalyse und Bilanzpolitik, S. 335; REHKUGLER, H./PODDIG, T., Bilanzanalyse, S. 208; GRÄFER, H., Bilanzanalyse, S. 94.

131 Vgl. LEFFSON, U., Bilanzanalyse, S. 35; KÜTING, K./WEBER, C.-P., Die Bilanzanalyse, S. 292.

132 Vgl. WEBER, H. K., Bilanzanalyse mit dem Ziel der Rentabilitätsermittlung, S. 1453; KÜTING, K./WEBER, C.-P., Die Bilanzanalyse, S. 292.

133 Vgl. LEONARDI, H., Externe Erfolgsanalysen auf der Grundlage handelsrechtlicher Jahresabschlüsse, S. 179; GRÄFER, H., Bilanzanalyse, S. 94; WEBER, H. K., Bilanzanalyse mit dem Ziel der Rentabilitätsermittlung, S. 1453; ROGLER, S., Gewinn- und Verlustrechnung nach dem UKV, S. 195.

134 Vgl. KÜTING, K./WEBER, C.-P., Die Bilanzanalyse, S. 293 f.; BAETGE, J./JERSCHENSKY, A., Rentabilitätsanalyse, S. 416.

Die Grundvariante der Gesamtkapitalrentabilität kann variiert werden. Zum Beispiel sollten die Ertragsteuern berücksichtigt werden, wenn dies die Vergleichbarkeit zwischen Unternehmen verschiedener Rechtsformen und aus verschiedenen Ländern verbessert.[135] Wenn der Einfluss von Ertragsteuern neutralisiert werden soll, lautet die Gesamtkapitalrentabilität:

$$\text{Gesamtrentabilität (vor Steuern vom Einkommen und Ertrag)} = \frac{\text{Jahresüberschuss/Jahresfehlbetrag} + \text{Steuern vom Einkommen und Ertrag} + \text{Fremdkapitalzinsen}}{\varnothing \text{ Gesamtkapital}}$$

Kennzahl Nr. 03.12.01

Teilweise wird im Schrifttum empfohlen, im Nenner der Gesamtkapitalrentabilität die stillen Rücklagen des zu analysierenden Unternehmens zu addieren.[136] Dies führt aber dazu, dass sich Zähler und Nenner der Kennzahl nicht mehr sachlich entsprechen, weil die Summe der stillen Rücklagen zwar im Nenner, nicht aber die Bildung und Auflösung dieser stillen Rücklagen im Zähler berücksichtigt werden. Zudem wird es einem Unternehmensexternen meist nicht möglich sein, zuverlässige und vor allem vollständige Informationen über die Höhe der stillen Rücklagen in einem Unternehmen zu erhalten. Denn der handelsrechtliche Jahresabschluss liefert „allenfalls rudimentäre Ansätze"[137] für die Ermittlung der insgesamt vorhandenen stillen Rücklagen.[138]

Eine weitere Variante der Gesamtkapitalrentabilität, bei der im Zähler der Kennzahl ausschließlich die nachhaltigen Erfolgsquellen berücksichtigt werden, ist wie folgt definiert:

$$\text{Gesamtkapitalrentabilität (nachhaltige Erfolgsquellen)} = \frac{\text{Ordentlicher Betriebserfolg} + \text{Finanz- und Verbunderfolg} + \text{Fremdkapitalzinsen}}{\varnothing \text{ Gesamtkapital}}$$

Kennzahl Nr. 03.12.02

Die Gesamtkapitalrentabilität deutscher Unternehmen wird für die Jahre 1996 bis 2000 in der folgenden Übersicht angegeben:

---

135 Vgl. EISENHOFER, A., Begriff der Gesamtkapitalrentabilität, S. 249; PEEMÖLLER, V. H., Bilanzanalyse und Bilanzpolitik, S. 335.

136 Vgl. GRÄFER, H., Bilanzanalyse, S. 94.

137 LEONARDI, H., Externe Erfolgsanalysen auf der Grundlage handelsrechtlicher Jahresabschlüsse, S. 182.

138 Die stille Auflösung stiller Rücklagen ist dabei noch schwerer zu erkennen als ihre Bildung, vgl. SCHULT, E., Bilanzanalyse, S. 97.

Jahr	1996	1997	1998	1999	2000
Chemie	4,8	6,0	8,8	6,6	7,6
Maschinenbau	4,2	6,3	5,5	4,9	5,0
Straßenfahrzeugbau	2,3	3,2	3,9	3,2	2,9
Elektrotechnik	4,4	5,4	3,4	5,2	4,0
Ernährungsgewerbe	6,3	6,4	6,6	5,8	6,1
Baugewerbe	3,6	3,6	4,0	2,7	2,7
Großhandel	5,4	5,5	5,5	5,6	5,3
Einzelhandel	8,0	8,2	7,6	7,5	7,6
Ø deutscher Unternehmen	4,9	5,6	5,9	5,3	5,5

Übersicht VI-5:   *Gesamtkapitalrentabilität deutscher Unternehmen in %[139]*

Die Gesamtkapitalrentabilität auf der Basis der nachhaltigen Erfolgsquellen des Philipp Holzmann Konzerns entwickelt sich in den Geschäftsjahren 1994 und 1995 wie folgt:

Gesamtkapitalrentabilität (nachhaltige Erfolgsquellen) (Kennzahl Nr. 03.12.02)	1994	1995
	2,9 %	− 1,4 %

Die Gesamtrentabilität auf der Basis der nachhaltigen Erfolgsquellen verschlechtert sich im Jahr 1995 im Vergleich zum Vorjahr deutlich. Im Vergleich zu den fünf größten Wettbewerbern,[140] deren Gesamtkapitalrentabilität auf der Basis der nachhaltigen Erfolgsquellen sich von 4,9 % im Jahr 1994 auf 2,5 % im Jahr 1995 reduziert, verschlechtert sich der Philipp Holzmann Konzern überdurchschnittlich und verliert im Jahr 1995 fast 1,5 % seines gesamten Kapitals. Der Rückgang der Gesamtkapitalrentabilität auf der Basis der nachhaltigen Erfolgsquellen und das negative Vorzeichen der Kennzahl sind im Wesentlichen auf die Verschlechterung des ordentlichen Betriebserfolges von 238,5 Mio. DM auf − 439,1 Mio. DM zurückzuführen. Abgeschwächt wird die Verringerung der Gesamtkapitalrentabilität auf der Basis der nachhaltigen Erfolgsquellen durch die von 15.632,7 Mio. DM im Jahr 1994 auf 17.172,4 Mio. DM im Jahr 1995 steigende Bilanzsumme, da sich eine Erhöhung der Bilanzsumme bei einer negativen Ergebnisgröße vorteilhaft auf die Höhe der negativen Gesamtkapitalrentabilität auswirkt.

---

139 Vgl. DEUTSCHE BUNDESBANK (Hrsg.), Monatsbericht April 2002, S. 48-57; DEUTSCHE BUNDESBANK (Hrsg.), Monatsbericht April 2003, S. 64-71 sowie ergänzende schriftliche Angaben der Deutschen Bundesbank, die auf Anfrage erteilt wurden. Die Deutsche Bundesbank definiert die Gesamtkapitalrentabilität als das um Gewinn- und Verlustübernahmen berichtigte Jahresergebnis nach Ertragsteuern zuzüglich Zinsaufwendungen im Zähler sowie die um Berichtigungsposten zum Eigenkapital und um andere Wertberichtigungen korrigierte Bilanzsumme im Nenner.

140 Die Unternehmen, deren Durchschnittswerte mit denen des Philipp Holzmann Konzerns verglichen werden, sind im Einzelnen die BILFINGER & BERGER BAUAKTIENGESELLSCHAFT, die DYCKERHOFF AG, die HEILIT & WOERNER BAU-AG, die HOCHTIEF AG und die WALTER BAU-AG.

335. Der Return on Investment (ROI)

Eine der Gesamtkapitalrentabilität sehr ähnliche Kennzahl ist der aus dem anglo-amerikanischen Raum stammende Return on Investment (ROI). Wie bei der Gesamtkapitalrentabilität setzt man auch beim ROI die Ergebnisgröße zum durchschnittlichen Gesamtkapital in Beziehung und ermittelt so das Ergebnis je Einheit des durchschnittlich eingesetzten Kapitals. Im Nenner des ROI stehen teilweise auch andere Größen (z. B. das betriebsnotwendige Vermögen). Die **Grundvariante** des ursprünglich aus der Unternehmens- bzw. Konzernsteuerung stammenden ROI wird wie folgt definiert:

$$\text{ROI (Grundvariante)} = \frac{\text{Jahresüberschuss/Jahresfehlbetrag}}{\varnothing \text{ Gesamtkapital}}$$

Kennzahl Nr. 03.13.00

Als Ergebnisgröße im Zähler des ROI kann anstelle des Jahresüberschusses im zwischenbetrieblichen Vergleich auch der **Jahresüberschuss vor Ertragsteuern** verwendet werden. Im Unterschied zur Gesamtkapitalrentabilität wird beim ROI der Zinsaufwand dem Jahresergebnis nicht wieder hinzugerechnet. Der ROI hängt somit von der Kapitalstruktur des zu analysierenden Unternehmens ab. In dieser Hinsicht ist ein Unternehmensvergleich auf der Basis des ROI problematisch. Ein Vorteil der Nicht-Einbeziehung von Fremdkapitalzinsen in die Ergebnisgröße ist aber, dass (potentielle) Anteilseigner eines Unternehmens mit dem ROI besser über das für sie relevante ausschüttungsfähige Ergebnis informiert werden als mit der Gesamtkapitalrentabilität.

Der (Jahresüberschuss-/Jahresfehlbetrag-)ROI deutscher Unternehmen wird für die Jahre 1996 bis 2000 in der folgenden Übersicht angegeben:

Jahr	1996	1997	1998	1999	2000
Chemie	3,4	4,6	7,2	5,0	5,5
Maschinenbau	2,4	4,6	3,9	3,4	3,2
Straßenfahrzeugbau	1,2	2,1	2,8	2,2	1,8
Elektrotechnik	2,7	3,6	1,5	3,3	2,2
Ernährungsgewerbe	3,6	3,9	4,1	3,2	3,7
Baugewerbe	1,3	1,3	1,6	0,6	0,5
Großhandel	2,5	2,8	2,8	3,0	2,6
Einzelhandel	3,8	4,3	3,8	3,7	3,7
Ø deutscher Unternehmen	2,6	3,3	3,6	3,2	3,2

Übersicht VI-6: *ROI deutscher Unternehmen in %*[141]

Der Return on Investment des Philipp Holzmann Konzerns entwickelt sich in den Geschäftsjahren 1994 und 1995 wie folgt:		
Return on Investment	**1994**	**1995**
(Grundvariante) **(Kennzahl Nr. 03.13.00)**	0,8 %	– 2,7 %
Der Return on Investment des Philipp Holzmann Konzerns verschlechtert sich im betrachteten Zeitraum erheblich. Wie bei der Gesamtkapitalrentabilität ist diese Verschlechterung hin zu einem negativen ROI auf die oben beschriebene Verringerung der Erfolgsgröße, d. h. auf deren negative Ausprägung, und auf den Anstieg der Bilanzsumme zurückzuführen.		

Die große Bedeutung des ROI in der Analysepraxis resultiert aus seinem Einsatz als Zielkennzahl in mehreren Kennzahlensystemen.[142] Zwar lässt sich auch mit einfachen Rentabilitätskennzahlen die Höhe der Ertragskraft eines Unternehmens beurteilen, indes bleibt dabei offen, wie die gemessene Ertragskraft zustande gekommen ist. Die Interpretation des **ROI als Zielkennzahl eines Kennzahlensystems** erlaubt daher differenziertere und umfassendere Aussagen, als wenn lediglich der ROI für sich betrachtet wird.[143]

336. Die Betriebsrentabilität

Die Betriebsrentabilität misst, wie effizient ein Unternehmen seinen betrieblichen Zweck erfüllt. Sie ist somit ein relativer Ausdruck dafür, wie nachhaltig der Betriebszweck erreicht wird.[144]

Der ordentliche Betriebserfolg wird in der Grundvariante der Betriebsrentabilität auf das zu seiner Erzielung notwendige Vermögen bezogen, d. h. auf das (durchschnittliche) **betriebsnotwendige Vermögen** (capital employed). Diese Kennzahl wird daher auch als **Return on Capital employed (ROCE)** bezeichnet. Bei der Ermittlung des betriebsnotwendigen Vermögens gelten alle Vermögenswerte und Schulden als nicht

---

141 Vgl. DEUTSCHE BUNDESBANK (Hrsg.), Monatsbericht April 2002, S. 48-57; DEUTSCHE BUNDESBANK (Hrsg.), Monatsbericht April 2003, S. 64-71 sowie ergänzende schriftliche Angaben der Deutschen Bundesbank, die auf Anfrage erteilt wurden. Bei der Berechnung der Kennzahl ist der Zähler der Kennzahl als Jahresergebnis (nach Ertragsteuern) und der Nenner der Kennzahl als Bilanzsumme abzüglich Berichtigungsposten zum Eigenkapital und Wertberichtigungen definiert.

142 Vgl. dazu Kap. VII Abschn. 22.

143 Beispielsweise lässt sich der ROI in das Produkt der Kennzahlen „Eigenkapitalquote" und „Eigenkapitalrentabilität" (vgl. bereits die ROI-Variante (Kennzahl Nr. 03.13.01) in Abschn. 333.3 in diesem Kapitel) oder in das Produkt der Kennzahlen „Umsatzrentabilität" und „Kapitalumschlaghäufigkeit" zerlegen. Wieweit aus der Zerlegung des ROI differenziertere Aussagen über die Ertragskraft des Unternehmens getroffen werden können, wird in Kap. VII Abschn. 22 gezeigt.

144 Vgl. SCHULT, E., Bilanzanalyse, S. 98; LEONARDI, H., Externe Erfolgsanalysen auf der Grundlage handelsrechtlicher Jahresabschlüsse, S. 190; KÜTING, K./WEBER, C.-P., Die Bilanzanalyse, S. 300.

betriebsnotwendig, die nicht unmittelbar den bestehenden Produktions- oder Absatzzielen des zu analysierenden Unternehmens dienen und die auch nicht zur Erhaltung der Liefer- oder Leistungsbereitschaft erforderlich sind.[145] Häufig gehören zum Beispiel Überbestände an Vorräten, Werkswohnungen und andere Wohnhäuser, Reservegrundstücke und Ausleihungen, die nicht der Sicherung von Absatz- oder Beschaffungsmärkten dienen, zum nicht betriebsnotwendigen Vermögen.[146]

Das Vermögen kann auf der Grundlage des Jahresabschlusses nicht genau nach seiner Betriebsnotwendigkeit abgegrenzt werden; deshalb muss der externe Bilanzanalytiker das nicht betriebsnotwendige Vermögen schätzen,[147] soweit diese Größe vom Unternehmen nicht freiwillig veröffentlicht wird.[148] Beispielsweise könnten die Finanzanlagen, die sonstigen Vermögensgegenstände des Umlaufvermögens und die Wertpapiere des Umlaufvermögens als nicht betriebsnotwendig angenommen werden:

Bilanzposten gemäß § 266 Abs. 2 HGB	Bezeichnung der Posten
A.III. B.II.4. B.III.	Gesamtvermögen − Finanzanlagen − Sonstige Vermögensgegenstände des Umlaufvermögens − Wertpapiere des Umlaufvermögens
	= Betriebsnotwendiges Vermögen

Übersicht VI-7: *Schätzung des betriebsnotwendigen Vermögens[149]*

Als **Betriebsrentabilität** auf der Basis des betriebsnotwendigen Vermögens ergibt sich danach:

$$\text{Betriebsrentabilität (betriebsnotwendiges Vermögen)} = \frac{\text{Ordentlicher Betriebserfolg}}{\varnothing \text{ betriebsnotwendiges Vermögen}}$$

Kennzahl Nr. 03.14.00

---

145 Vgl. DEIMLING, H./RUDOLPH, R. W., Analyse des nicht betriebsnotwendigen Vermögens, S. 295.

146 Vgl. z. B. DEIMLING, H./RUDOLPH, R. W., Analyse des nicht betriebsnotwendigen Vermögens, S. 295; MELLEROWICZ, K., Der Wert der Unternehmung als Ganzes, S. 32 f.

147 Vgl. COENENBERG, A. G., Jahresabschluss und Jahresabschlussanalyse, S. 1056; SCHULT, E., Bilanzanalyse, S. 98.

148 Angaben zum betriebsnotwendigen Vermögen macht z. B. die HENKEL KGAA, vgl. HENKEL KGAA, (Hrsg.), Geschäftsbericht 2003, S. 79.

149 Vgl. LEONARDI, H., Externe Erfolgsanalysen auf der Grundlage handelsrechtlicher Jahresabschlüsse, S. 191; COENENBERG, A. G., Jahresabschluss und Jahresabschlussanalyse, S. 1056; KÜTING, K./WEBER, C.-P., Die Bilanzanalyse, S. 301.

Der Schätzfehler bei der Abgrenzung des nicht betriebsnotwendigen Vermögens kann dazu führen, dass die Betriebsrentabilität wenig aussagefähig ist.[150] Vor allem bei **Betriebsvergleichen** – wenn der entsprechende Schätzfehler bei beiden Unternehmen auftritt, ohne dass er quantifiziert werden kann – ist die Aussage des Kennzahlenvergleichs nicht hinreichend verlässlich. Alternativ wird daher eine Betriebsrentabilität vorgeschlagen, bei der als Bezugsgröße für den ordentlichen Betriebserfolg das durchschnittliche langfristige Kapital (Eigenkapital zuzüglich langfristigen Fremdkapitals) dient:[151]

$$\text{Betriebsrentabilität (langfristiges Kapital))} = \frac{\text{Ordentlicher Betriebserfolg}}{\varnothing \text{ langfristiges Kapital}}$$

Kennzahl Nr. 03.14.01

Für beide Kennzahlen Nr. 03.14.00 und 03.14.01 gilt, dass sie sich nicht für **Renditevergleiche** eignen, bei denen sie mit einer Marktrendite (z. B. einer Rendite langfristiger risikoloser Wertpapiere) verglichen werden. Denn bei einer Marktrendite werden das investierte Kapital und die zugehörigen Rückflüsse zueinander ins Verhältnis gesetzt, während bei den Betriebsrentabilitäten nur ein Teil des investierten Kapitals mit einem Teil der Rückflüsse verglichen wird. Ein sinnvoller Renditevergleich setzt z. B. voraus, dass auch die Zinsaufwendungen berücksichtigt werden, die in der Betriebsrentabilität nicht enthalten sind. Bei einem Vergleich von Rentabilitätskennzahlen mit Marktrenditen müssen die Rentabilitätskennzahlen so ausgewählt werden, dass sie die Rückflüsse auf das gesamte investierte Kapital (aus Sicht des Investors) wiedergeben und damit den Marktrenditen sachlich entsprechen.

Allerdings interessiert bei der Betriebsrentabilität vor allem der **Zeitvergleich**, d. h., der Bilanzanalytiker will anhand der Betriebsrentabilität herausfinden, ob sich die Rentabilität des „Erfolgs erster Klasse" (des ordentlichen Betriebserfolgs) im Zeitablauf verändert hat. Falls die Betriebsrentabilität im Zeitablauf deutlich gesunken ist, muss der Bilanzanalytiker prüfen, woran dies gelegen hat: Zum Beispiel könnte das Unternehmen vorher überdurchschnittlich gut verdient haben, so dass eine „Renditenormalisierung" vorliegt (z. B. durch den Markteintritt neuer Wettbewerber). In diesem Fall ist Aufmerksamkeit geboten, aber keine Alarmbereitschaft. Möglich ist aber auch, dass das Kerngeschäft des Unternehmens (z. B. wegen des nahenden Endes des Produktlebenszyklus) nicht mehr rentabel ist. In diesem Fall sollte die sinkende Betriebsrentabilität als Alarmsignal angesehen und als Anregung zur Realisierung von Neuproduktideen aufgegriffen werden.

---

150 Vgl. LEONARDI, H., Externe Erfolgsanalysen auf der Grundlage handelsrechtlicher Jahresabschlüsse, S. 191; SCHULT, E., Bilanzanalyse, S. 100.

151 Vgl. COENENBERG, A. G., Jahresabschluss und Jahresabschlussanalyse, S. 1056; KERTH, A./ WOLF, J., Bilanzanalyse und Bilanzpolitik, S. 257.

Die Betriebsrentabilitäten des Philipp Holzmann Konzerns entwickeln sich in den Geschäftsjahren 1994 und 1995 wie folgt:

Betriebsrentabilität (betriebsnotwendiges Vermögen) (Kennzahl Nr. 03.14.00)	1994	1995
	1,9 %	– 3,2 %

Betriebsrentabilität (langfristiges Kapital) (Kennzahl Nr. 03.14.01)	1994	1995
	10,0 %	– 17,0 %

Beide Kennzahlen verschlechtern sich im betrachteten Zeitraum erheblich und signalisieren vor allem wegen des negativen Vorzeichens der Betriebsrentabilitäten im Jahr 1995 eine wesentliche Verschlechterung des nachhaltigen Erfolges. Da sich das durchschnittliche langfristige Kapital im betrachteten Zeitraum geringer als das betriebsnotwendige Vermögen erhöht, fällt der negative ordentliche Betriebserfolg im Geschäftsjahr 1995 bei der Betriebsrentabilität auf der Basis des langfristigen Kapitals stärker ins Gewicht; die Betriebsrentabilität auf der Basis des langfristigen Kapitals verschlechtert sich stärker als die Betriebsrentabilität auf der Basis des betriebsnotwendigen Vermögens.

337. Cashflow-Rentabilitäten

Zu den wichtigsten Aufbereitungszahlen bei der Bilanzanalyse gehören die verschiedenen Varianten des Cashflows. Der Cashflow kann dabei auf unterschiedliche Art und Weise ermittelt werden.[152] Eine verbreitete Formel zur indirekten Ermittlung des Cashflows, die häufig bei Bilanzanalysen verwendet wird, lautet wie folgt:[153]

	Jahresüberschuss bzw. Jahresfehlbetrag
+	Abschreibungen
–	Zuschreibungen
±	Zunahme (+)/Abnahme (–) der Rückstellungen für Pensionen und ähnliche Verpflichtungen und anderer langfristiger Rückstellungen
=	Cashflow

Kennzahl Nr. 02.18.02[I]

Der Cashflow ist i. d. R. größer als das Jahresergebnis.[154] Bei der Ermittlung des Cashflows werden die Investitionsausgaben nicht berücksichtigt, denn im Jahresergebnis sind zwar die verrechneten Abschreibungen als Aufwand enthalten, die Ab-

---

152 Zum Cashflow als Indikator der Finanzkraft vgl. Kap. V Abschn. 421.; zum Cashflow als Indikator der Erfolgskraft vgl. Abschn. 25 in diesem Kapitel.

153 Vgl. KÜTING, K./WEBER, C.-P., Die Bilanzanalyse, S. 128 f.; GRÄFER, H., Bilanzanalyse, S. 152; STEINER, M./BRUNS, C., Wertpapiermanagement, S. 217. Zur Definition dieser Cashflow-Variante vgl. auch Kap. II Abschn. 43.

154 Vgl. EGGER, A., Rentabilität, S. 528; KÜTING, K./WEBER, C.-P., Die Bilanzanalyse, S. 303.

schreibungen werden aber bei der indirekten Cashflow-Ermittlung zum Jahresergebnis addiert und damit wieder rückgängig gemacht. Der Cashflow soll zeigen, in welcher Höhe eigenerwirtschaftete Mittel für Investitionen, Schuldentilgung und Dividendenzahlung zur Verfügung stehen bzw. in der abgeschlossenen Periode zur Verfügung gestanden haben.[155] Von den bilanzanalytischen Cashflow-Größen[156] wird also nicht der Zahlungsmittelabfluss in Form der Investitionsausgaben subtrahiert.[157] Deutlich zeigen dies z. B. die folgenden von der BMW AG veröffentlichten Daten:

Beispiel zum Cashflow auf Basis der Daten der BMW Group (Angaben in Mio. €)[158]				
Jahr	**2000**	**2001**	**2002**	**2003**
Cashflow	3.779	4.202	4.374	4.490
− Investitionen	2.781	3.516	4.042	4.245
= Cashflow nach Investitionen	998	686	332	245
Jahresüberschuss	1.209	1.866	2.020	1.947

Das Beispiel zeigt, dass der Cashflow wesentlich größer ist als der Jahresüberschuss. Wenn die Investitionsausgaben vom Cashflow subtrahiert werden, dann erhält man zwar eine Größe (den „Cashflow nach Investitionen"), deren Höhe sich in etwa mit dem Jahresüberschuss vergleichen lässt. Allerdings schwankt der Cashflow nach Investitionen wegen der Investitionszyklen stark, so dass keine aussagefähigen Zeitvergleiche (mehr) möglich sind.

Verwendet man einen Cashflow vor Investitionen als Schätzer für die Ergebnisgröße, dann können folgende **Cashflow-Rentabilitäten** ermittelt werden:

$$\text{Cashflow-Eigenkapitalrentabilität} = \frac{\text{Cashflow}}{\varnothing \text{ Eigenkapital}}$$

Kennzahl Nr. 03.10.04

155 Vgl. dazu ausführlich Kap. V Abschn. 421.

156 Zur Diskussion weiterer Cashflow-Größen vgl. Kap. II Abschn. 42 und 43.

157 Bei den Discounted Cashflow-Verfahren in der Unternehmensbewertung wird der Zahlungsmittelabfluss dagegen bei den Cashflows berücksichtigt, d. h., es werden „Cashflows nach Investitionen" berechnet; vgl. z. B. RAPPAPORT, A., Strategic analysis for more profitable acquisitions, S. 101; MANDL, G./RABEL, K., Unternehmensbewertung, S. 316-320; KIRSCH, H.-J./ KRAUSE, C., Kritische Überlegungen zur Discounted Cash Flow-Methode, S. 795 f.

158 Vgl. BMW AG (Hrsg.), Geschäftsbericht 2003, S. 1. Der Cashflow ist dabei definiert als Jahresüberschuss/-fehlbetrag + Abschreibungen von immateriellen Vermögensgegenständen und Sachanlagen +/− Erhöhung/Verminderung der Pensionsrückstellungen, vgl. BMW AG (Hrsg.), Geschäftsbericht 2003, S. 124.

$$\text{Cashflow-Gesamtkapitalrentabilität} = \frac{\text{Cashflow} + \text{Fremkapitalzinsen}}{\varnothing \text{ Gesamtkapital}}$$

Kennzahl Nr. 03.12.03

$$\text{Cashflow-ROI} = \frac{\text{Cashflow}}{\varnothing \text{ Gesamtkapital}}$$

Kennzahl Nr. 03.13.02

Erweitert man den Zähler und den Nenner des Cashflow-ROI jeweils mit dem Umsatz, ergibt sich:

$$\text{Cashflow-ROI} = \frac{\text{Cashflow}}{\text{Umsatz}} \cdot \frac{\text{Umsatz}}{\varnothing \text{ Gesamtkapital}}$$

Kennzahl Nr. 03.13.03

Die Unterscheidung gesunder und kranker Unternehmen gelingt mit Cashflow-Rentabilitäten besser als mit Rentabilitäten auf der Basis des Jahresüberschusses. Durch ihre „Robustheit" gegenüber unterschiedlichen Bilanzierungsvorschriften eignen sich Rentabilitäten mit einem Cashflow-Zähler – verglichen mit dem Jahresüberschuss bzw. -fehlbetrag – besser zum Vergleich von Unternehmen aus unterschiedlichen Rechtskreisen mit unterschiedlichen Rechnungslegungsnormen. So beurteilen ausländische Kapitalanleger deutsche Unternehmen bevorzugt anhand von Cashflow-Größen und weniger mit dem Jahresüberschuss oder dem Ergebnis der gewöhnlichen Geschäftstätigkeit.[159] Dies liegt daran, dass durch den Einsatz von Cashflow-Rentabilitäten eine Orientierung hin zu zahlungsorientierten Rechnungen hergestellt wird.[160] Allgemeiner formuliert: Je zahlungsorientierter die Kennzahlenbestandteile sind, umso weniger lassen sich die Kennzahlen durch bilanzpolitische Maßnahmen, aber auch umso weniger durch spezielle Bilanzierungsvorschriften beeinflussen.

Bei der **Interpretation der Cashflow-Rentabilitäten** muss der Bilanzanalytiker Folgendes beachten:

■ Im Gegensatz zu den aus dem Jahresergebnis abgeleiteten Rentabilitäten werden Cashflow-Rentabilitäten weniger durch bilanzpolitische Maßnahmen beeinflusst, da Rückstellungsbildung und -auflösung sowie Abschreibungen und Zuschreibungen im Cashflow zu dem Jahresergebnis hinzugerechnet bzw. abgezogen werden.[161] Auf diese Weise werden verschiedene Möglichkeiten zur Ergebnisgestal-

---

159 Vgl. PLAUT, T./SANNE, S., Bilanzanalyse aus der Sicht des internationalen Anlegers, S. 160.

160 Vgl. ARBEITSKREIS „EXTERNE UNTERNEHMENSRECHNUNG" DER SCHMALENBACH-GESELLSCHAFT, Empfehlungen zur Vereinheitlichung von Kennzahlen in Geschäftsberichten, S. 1992.

tung mit dem Cashflow unwirksam gemacht, etwa die Wahl der Abschreibungs-methode, die Festlegung der Nutzungsdauer oder die Nutzung von steuerlichen Sonderabschreibungen.[162]

■ Bei der Interpretation der Cashflow-Rentabilitäten ist indes zu beachten, dass der Cashflow auch echten Aufwand der Periode, nämlich z. B. die richtige, nicht durch Bilanzpolitik oder Prognoseunsicherheit verzerrte Jahresabschreibung und die richtige, unverzerrte Zuführung zu den langfristigen Rückstellungen, ent-hält.[163] Die Erfolgslage kann somit mit der Cashflow-Rentabilität verzerrt darge-stellt werden.[164] Allerdings zeigt sich bei empirisch-statistischen Tests[165] von Rentabilitätsvarianten, dass die Cashflow-Rentabilitäten und die ordentlichen Betriebserfolgs-Rentabilitäten stets als trennfähigste und damit als aussagefähigs-te Rentabilitätskennzahlen im Hinblick auf die Bestandsfestigkeit von Unterneh-men ausgewählt werden.

■ Die auf Cashflow-Basis ermittelten Rentabilitäten übersteigen meistens die aus dem Jahresergebnis abgeleiteten Rentabilitäten.[166] Daher eignen sich die auf Cashflow-Basis ermittelten Rentabilitäten nicht für Rentabilitätsvergleiche, bei denen sie mit einer Marktrendite verglichen werden (etwa zum Vergleich mit ei-ner Rendite langfristiger risikoloser Wertpapiere). Denn allein durch die Zurech-nung der Abschreibungen kann die Cashflow-Rentabilität positiv sein, obwohl ein Unternehmen Verluste erwirtschaftet und von seiner Substanz zehrt.

Zeitvergleiche und Betriebsvergleiche von Rentabilitäten auf der Basis des Cash-flows vor Investitionen sind aussagekräftiger als Vergleiche auf der Basis des Jahreser-gebnisses, weil das Jahresergebnis in höherem Maße bilanzpolitisch beeinflusst wer-den kann als der Cashflow.[167] Dies wird durch empirisch-statistische Untersuchun-gen zur Früherkennung von Unternehmenskrisen bestätigt.[168] Cashflows vor Investi-tionen sind bei Zeitvergleichen und bei Betriebsvergleichen aussagekräftiger als Cashflows nach Investitionen, weil die Investitionsausgaben aufgrund von Investiti-onszyklen oder Großinvestitionen oft stark schwanken.

---

161 Vgl. HÜLS, D., Früherkennung insolvenzgefährdeter Unternehmen, S. 104 f.; SCHULT, E., Bi-lanzanalyse, S. 60.

162 Vgl. HÜLS, D., Früherkennung insolvenzgefährdeter Unternehmen, S. 104 f.; COENENBERG, A. G., Jahresabschluss und Jahresabschlussanalyse, S. 973 f.

163 Vgl. COENENBERG, A. G., Jahresabschluss und Jahresabschlussanalyse, S. 1005 f.; vgl. auch Ab-schn. 25 in diesem Kapitel.

164 Noch kritischer COENENBERG, der dem Cashflow für die Beurteilung der Erfolgslage „allenfalls eine Hilfsfunktion" zugesteht, vgl. COENENBERG, A. G., Jahresabschluss und Jahresab-schlussanalyse, S. 1007. Diese Vermutung von COENENBERG stimmt allerdings mit den empi-risch-statistischen Untersuchungen von Kennzahlen nicht überein (vgl. Kap. VII Abschn. 432.1).

165 Vgl. z. B. HÜLS, D., Früherkennung insolvenzgefährdeter Unternehmen, S. 232 f. u. S. 240 f.

166 Vgl. EGGER, A., Rentabilität, S. 473.

167 Vgl. PLAUT, T./SANNE, S., Bilanzanalyse aus der Sicht des internationalen Anlegers, S. 160; STEINER, M./BRUNS, C., Wertpapiermanagement, S. 217 f.

168 Vgl. BAETGE, J., Rating von Unternehmen anhand von Bilanzen, S. 6; HÜLS, D., Früherken-nung insolvenzgefährdeter Unternehmen, S. 240.

Der **Cashflow-ROI** deutscher Unternehmen wird für die Jahre 1996 bis 2000 in nachstehender Übersicht angegeben:

Jahr	1996	1997	1998	1999	2000
Chemie	8,4	10,2	12,2	10,4	11,0
Maschinenbau	6,6	8,7	7,9	7,3	7,2
Straßenfahrzeugbau	8,0	9,3	9,9	9,3	9,2
Elektrotechnik	7,1	7,9	5,9	7,5	5,8
Ernährungsgewerbe	11,8	11,7	11,3	10,6	11,0
Baugewerbe	5,8	5,8	6,0	4,5	4,1
Großhandel	6,0	6,2	6,0	6,1	5,5
Einzelhandel	8,7	8,9	8,3	8,3	8,0
Ø deutscher Unternehmen	8,3	9,0	9,1	8,5	8,4

Übersicht VI-8: *Cashflow-ROI deutscher Unternehmen in %*[169]

Durch den Einsatz des Cashflows als Ergebnisgröße wird die branchenbedingt abweichende Bedeutung von Abschreibungen und Rückstellungen nivelliert.[170] Es wird deutlich, dass besonders anlagenintensive Branchen wie der Straßenfahrzeugbau bei der Ermittlung des ROI mit einem Cashflow-Zähler erheblich höhere Werte aufweisen als bei der Verwendung des Jahresüberschusses im Zähler des ROI (vgl. Übersicht VI-6 in Abschn. 335. in diesem Kapitel).

Der Cashflow-ROI wird international und national von zahlreichen Unternehmen als Maßstab für die Unternehmensführung eingesetzt, in Deutschland z. B. von der STINNES AG[171] und der CLAAS KGAA MBH.[172] Die Attraktivität der Kennzahl Cashflow-ROI liegt vor allem in der Möglichkeit, sie durch die Prognose der künftigen Cashflows in ein Unternehmensbewertungsmodell zu überführen.[173]

---

169 Vgl. DEUTSCHE BUNDESBANK (Hrsg.), Monatsbericht April 2002, S. 48-57; DEUTSCHE BUNDESBANK (Hrsg.), Monatsbericht April 2003, S. 64-71 sowie ergänzende schriftliche Angaben der Deutschen Bundesbank, die auf Anfrage erteilt wurden. Bei der Berechnung der Kennzahl ist der Zähler als „eigenwirtschaftete Mittel" (Jahresergebnis + Abschreibungen +/– Veränderungen der Rückstellungen +/– Veränderungen des Sonderpostens mit Rücklageanteil +/– Veränderungen der Rechnungsabgrenzungsposten – Zuschreibungen) und der Nenner als „Bilanzsumme – Berichtigungsposten zum Eigenkapital" definiert.

170 Vgl. PERRIDON, L./STEINER, M., Finanzwirtschaft der Unternehmung, S. 563.

171 Vgl. STINNES AG (Hrsg.), Geschäftsbericht 2002, S. 16-19.

172 Vgl. CLAAS KGAA MBH (Hrsg.), Geschäftsbericht 2003, S. 35.

173 Vgl. dazu MADDEN, B., CFROI Valuation; LEWIS, T. G., Steigerung des Unternehmenswertes; LEHMANN, S., Neue Wege in der Bewertung börsennotierter Aktiengesellschaften.

34 Zusammenfassung

Die erfolgswirtschaftliche Analyse dient dazu, die nachhaltige Ertragskraft eines Unternehmens zu beurteilen. Hierzu trägt die Rentabilitätsanalyse bei, mit der die Effizienz eines Unternehmens gezeigt werden kann, d. h., wie das Unternehmen die ihm zur Verfügung gestellten Ressourcen genutzt hat. Die Rentabilitätsanalyse ist damit neben der Erfolgsquellenanalyse, auf deren Ergebnissen sie aufsetzt, die zweite Säule der erfolgswirtschaftlichen Analyse.

Um die Effizienz eines Unternehmens beurteilen zu können, werden Ergebnisgrößen zu Größen in Beziehung gesetzt, die direkt oder indirekt zur Entstehung des Erfolges beigetragen haben. Als Ergebnisgrößen kommen vor allem der Jahresüberschuss, der ordentliche Betriebserfolg laut Erfolgsquellenanalyse sowie Alternativen des Cashflows in Frage. Als Bezugsgrößen dienen der Umsatz, das Eigenkapital, das Gesamtkapital sowie das betriebsnotwendige Vermögen. Diese Größen lassen sich auf das Unternehmen als Ganzes oder auf Segmente beziehen.[174] Bei der Bildung von Rentabilitätskennzahlen müssen sich – wie bei allen Verhältniskennzahlen – Zähler und Nenner sachlich, zeitlich und wertmäßig entsprechen.

Rentabilitätskennzahlen ermöglichen als Verhältniskennzahlen eine vergleichende Beurteilung des Unternehmenserfolges: Der Unternehmenserfolg kann verglichen werden mit einer geforderten Mindestverzinsung des eingesetzten Kapitals (Opportunität), mit dem Erfolg vergleichbarer Unternehmen (Betriebsvergleich) oder mit dem Erfolg des Unternehmens zu einem anderen Zeitpunkt (Zeitvergleich).

4 Analyse der Ertrags- und Aufwandsstruktur sowie der Ergebnisverwendung

41 Die Analyse der Ertrags- und Aufwandsstruktur

411. Untersuchungsgegenstand und Zweck der Ertrags- und Aufwandsstrukturanalyse

In der Erfolgsquellenanalyse wurde das Jahresergebnis in einzelne Teile – die Erfolgsquellen – gespalten (Erfolgsspaltung). Bei der Analyse der Ertrags- und Aufwandsstruktur wird die Zusammensetzung der einzelnen Erfolgsquellen untersucht. Im Vordergrund steht dabei die Analyse des ordentlichen Betriebserfolges. Anhand von Kennzahlen der Ertrags- und Aufwandsstruktur wird versucht, Informationen über einzelne Bestandteile vor allem des ordentlichen Betriebserfolges zu gewinnen und die Gründe für die Entwicklung des ordentlichen Betriebserfolges festzustellen.[175] Daneben wird bei der Ertrags- und Aufwandsstrukturanalyse häufig auch die zweite nachhaltige Erfolgsquelle eines Unternehmens analysiert, der Finanz- und Ver-

---

174 Vgl. dazu auch Abschn. 531. in diesem Kapitel.
175 Vgl. KÜTING, K./WEBER, C.-P., Die Bilanzanalyse, S. 254.

bunderfolg. Im Folgenden werden zunächst absolute Kennzahlen zur Analyse der Ertrags- und Aufwandsstruktur erläutert. Anschließend wird anhand der wichtigsten relativen Kennzahlen die Ertrags- und Aufwandsstruktur des ordentlichen Betriebserfolges untersucht, um dessen Zusammensetzung und Nachhaltigkeit differenzierter beurteilen zu können. Auch diese Relationen bilden eine wichtige Grundlage für die Abschätzung der Struktur der künftigen Erfolge.

Die folgenden Ausführungen gehen grundsätzlich von einer Bilanzanalyse auf der Grundlage der Rechnungslegung nach HGB aus. Darüber hinaus werden besondere Unterschiede bei der vergleichenden Analyse von HGB- und IFRS-Abschlüssen erläutert.

412. Absolute Kennzahlen zur Ertrags- und Aufwandsstrukturanalyse

412.1 Umsatzerlöse

Die Umsatzerlöse werden in der Bilanzanalyse grundsätzlich als nachhaltig angesehen. Dennoch entstehen sie nicht jedes Jahr in gleicher Höhe. So hängen die Schwankungen der Umsatzerlöse erheblich von der Branche ab, in der das zu analysierende Unternehmen hauptsächlich tätig ist. Zum Beispiel erwirtschaften kleinere Handelsunternehmen wie Lebensmittelgeschäfte und Apotheken einigermaßen konstante Umsatzerlöse.[176] Im Vergleich dazu schwanken die Umsatzerlöse der meisten Softwareunternehmen wesentlich stärker.

Bei den Umsatzerlösen wurde lange Zeit kein wesentlicher Einfluss von **Sachverhaltsgestaltungen** vermutet.[177] Vorzeitig realisierte Umsatzerlöse, die nur eine Periodenverschiebung darstellen und nicht nachhaltig entstehen, wurden nicht erwartet, da z. B. Aufträge wegen produktions- und kundenbedingter Restriktionen nicht in großem Maße beschleunigt bearbeitet werden können. Falls der Bilanzierende versucht, die Umsatzerlöse des Berichtsjahres durch nicht nachhaltige Umsatzerlöse zu erhöhen (z. B. durch Erlöse aus Sonderverkäufen, die aus nicht geschäftsüblichen Verkaufsaktionen stammen), wird dies der externe Bilanzanalytiker i. d. R. nicht erkennen können. In der jüngeren Vergangenheit haben indes Unternehmen wie „Comroad", ein ehemals am sog. Neuen Markt gehandeltes Unternehmen, oder „Xerox", ein an der New York Stock Exchange gehandeltes Unternehmen, die Möglichkeit des Betruges bzw. der Sachverhaltsgestaltung im Zusammenhang mit der Umsatzrealisation deutlich gemacht.[178] Ein mögliches bilanzpolitisches Instrument der Umsatzrealisation als Teil des **Gewinnmanagements (earnings management)** ist z. B.:[179]

---

176 Vgl. Piltz, D., Unternehmensbewertung in der Rechtsprechung, S. 42.

177 Vgl. stellvertretend Schildbach, T., Der handelsrechtliche Jahresabschluss, S. 37.

178 Vgl. Küting, K./Weber, C.-P./Pilhofer, J., Umsatzrealisation als modernes bilanzpolitisches Instrumentarium, S. 310.

179 Vgl. Pilhofer, J., Umsatz- und Gewinnrealisierung, S. 87-96.

- Vorfakturierung des Umsatzes, bevor die Leistung vollständig erbracht wurde,

- Lieferung oder Leistung am Ende des Geschäftsjahres vor dem vom Kunden gewünschten Datum der Lieferung oder Leistungserbringung in der neuen Periode sowie die

- großzügige Schätzung des Anteiles der bereits erbrachten Leistung bei der Abbildung langfristiger Fertigungsaufträge nach der Percentage-of-Completion-Methode nach IAS 11.22.[180]

Das Management wird indes bestrebt sein, möglichst solche bilanzpolitischen Maßnahmen zur Erhöhung des handelsrechtlich ausgewiesenen Umsatzes zu ergreifen, die bei der steuerlichen Gewinnermittlung nicht nachvollzogen werden müssen, um steuerlich nicht zusätzlich belastet zu werden. Wird der vorzeitige Umsatz steuerlich nicht angesetzt, so entsteht in den meisten Fällen eine zu versteuernde temporäre Differenz, für die passivische latente Steuern bilanziert werden müssen.[181] Die Analyse der passivischen latenten Steuern im Zusammenhang mit den Umsatzerlösen kann es dem externen Bilanzanalytiker also ermöglichen, das bilanzpolitisch motivierte Gewinnmanagement zumindest ansatzweise aufzudecken.[182]

412.2 Sonstige betriebliche Erträge und sonstige betriebliche Aufwendungen

Gemäß § 275 Abs. 2 Nr. 4 und Nr. 8 HGB (GKV) und § 275 Abs. 3 Nr. 6 und Nr. 7 HGB (UKV) sind in der Gewinn- und Verlustrechnung die Posten „sonstige betriebliche Erträge" und „sonstige betriebliche Aufwendungen" auszuweisen. Bei der Entscheidung, wie die sonstigen betrieblichen Aufwendungen und Erträge bei der Erfolgsquellenanalyse zu behandeln sind, ist auch der **Analysezweck** zu berücksichtigen.[183] Wenn die Erfolgsquellenanalyse z. B. dazu dient, Hinweise über die Kreditwürdigkeit eines Unternehmens zu geben, kann es sinnvoll sein, aus Vorsichtsgründen das zu analysierende Unternehmen eher zu schlecht als zu gut zu beurteilen. Zwingend ist dies aber auch bei der Kreditwürdigkeitsprüfung nicht, da eine Bank bei einer „übervorsichtigen" Kreditvergabepolitik tendenziell auch Engagements ablehnen würde, die mit akzeptablen Risiken verbunden sind. Normalerweise sollte die Erfolgsquellenanalyse daher in Bezug auf die Zuordnung der sonstigen betrieblichen GuV-Posten zu anderen Erfolgsquellen möglichst neutral sein.[184]

---

180 Zu den Schätzproblemen bei der vorzeitigen Gewinnrealisation vgl. BACKHAUS, K., Gewinnrealisierung im Anlagengeschäft, S. 33-41.

181 Vgl. BAETGE, J./KIRSCH, H.-J./THIELE, S., Bilanzen, S. 498.

182 Vgl. auf der Grundlage der U. S. GAAP: PHILLIPS, J./PINCUS, M./REGO, S. O., Earnings Management, S. 518.

183 Zur Behandlung der Posten vgl. auch Kap. II Abschn. 323.

184 Vgl. BAETGE, J./BRUNS, C., Erfolgsquellenanalyse, S. 394.

Gegen eine **pauschale Zuordnung** der sonstigen betrieblichen Erträge und eventuell auch der sonstigen betrieblichen Aufwendungen zum außerordentlichen Erfolg spricht auch, dass dadurch die Vergleichbarkeit zwischen den Jahresabschlüssen von großen und mittleren sowie kleinen Kapitalgesellschaften beeinträchtigt wird. Mittlere und kleine Kapitalgesellschaften dürfen die GuV-Posten Nr. 1 bis 5 beim GKV (§ 275 Abs. 2 HGB) bzw. Nr. 1 bis 3 und Nr. 6 beim UKV (§ 275 Abs. 3 HGB) nämlich gemäß § 276 Satz 1 HGB unter der Bezeichnung „Rohergebnis" zusammenfassen, so dass das Rohergebnis auch die sonstigen betrieblichen Erträge enthält.

Wesentliche **periodenfremde Erträge**, beispielsweise Erträge aus der Auflösung von Rückstellungen, sind nach § 277 Abs. 4 Satz 3 i. V. m. Satz 2 HGB „hinsichtlich des Betrags und ihrer Art im Anhang zu erläutern", so dass sie ohne weiteres in den außerordentlichen Erfolg umgegliedert werden können. Die Zugehörigkeit zum außerordentlichen Erfolg ergibt sich dabei unmittelbar aus dem Erfolgsspaltungskriterium der Periodenbezogenheit.

Zu den periodenfremden Erträgen gehören auch **Zuschreibungen** zu Vermögensgegenständen des Anlagevermögens. Sie sind nicht nachhaltig und zählen zum Bewertungserfolg.[185] Die Höhe der Zuschreibungen kann dem Anhang oder dem Anlagengitter entnommen werden. Eventuell kann es zu einer Doppelerfassung kommen, wenn ein Unternehmen die periodenfremden Erträge in einem Betrag angibt und darin auch – ohne expliziten Hinweis darauf – die Zuschreibungen enthalten sind. Wenn der Bilanzanalytiker die periodenfremden Erträge (einschließlich der implizit enthaltenen Zuschreibungen) aufgrund der separaten Angabe im Anhang sowie die Zuschreibungen aufgrund der Angabe im Anlagengitter heraus berechnet und somit „beide" periodenfremden Erträge aus dem ordentlichen Betriebserfolg eliminiert, dann werden die Zuschreibungen doppelt eliminiert.[186] Insofern muss der Bilanzierende bei seinen Erläuterungen im Anhang die Grundsätze der Klarheit und Übersichtlichkeit beachten und dem Bilanzleser möglichst eindeutige Informationen geben. Der Ersteller eines Anhangs muss sich also überlegen, wie ein Bilanzanalytiker die Anhanginformationen verarbeiten wird.

Zuschreibungen nehmen in der Praxis eher selten eine bedeutende Rolle ein. So standen beim Bayer-Konzern 2003 im Jahresabschluss, der nach den Regelungen des IASB aufgestellt wurde, den Abschreibungen auf das Sachanlagevermögen i. H. v. 3.008 Mio. € keine Zuschreibungen auf diese Sachanlagen gegenüber.[187]

Erträge aus der Auflösung des **Sonderpostens mit Rücklageanteil** und Aufwendungen aus der Einstellung in den Sonderposten mit Rücklageanteil sind im Jahresabschluss nach § 281 Abs. 2 Satz 2 HGB gesondert als Untergliederung oder als „davon"-Vermerk auszuweisen oder im Anhang anzugeben, so dass sie stets quantifiziert werden können. Sie sind dem Bewertungserfolg zuzuordnen.[188]

---

185 Vgl. HAUSCHILDT, J., Erfolgsspaltung, S. 197; GRÄFER, H., Bilanzanalyse, S. 73; BAETGE, J./ BRUNS, C., Erfolgsquellenanalyse, S. 400.

186 Vgl. KÜTING, K./WEBER, C.-P., Die Bilanzanalyse, S. 236.

187 Vgl. BAYER AG (Hrsg.), Geschäftsbericht 2003, S 139.

Falls **Erträge oder Aufwendungen aus der Währungsumrechnung** von Abschlüssen in Fremdwährungen beziffert werden können, ist es meistens empfehlenswert, sie dem außerordentlichen Erfolg zuzuordnen, weil sie als nicht nachhaltig anzusehen sind. Denkbar ist aber auch, einen in der Vergangenheit beobachteten Trend der Währungsrelationen auch für die Zukunft zu unterstellen.[189] So können Fremdwährungsforderungen oder Fremdwährungsverbindlichkeiten durchaus nachhaltige Aufwendungen oder Erträge aus der Währungsumrechnung verursachen, wenn vermutet wird, dass sich Währungsrelationen über einen langen Zeitraum kontinuierlich in eine Richtung entwickeln. Dies ist indes eher als Ausnahme anzusehen, da der Bilanzanalytiker normalerweise nur die Summe der einzelnen Erträge und Aufwendungen aus verschiedenen Umrechnungsvorgängen kennt und diesen Betrag oft nicht auf einzelne Währungen aufteilen kann. Zudem ist die Prognose von Währungstrends außerordentlich fehlerträchtig.

Erträge und Aufwendungen aus dem Abgang von Vermögensgegenständen des Anlagevermögens entstehen, wenn ein Anlagegegenstand für einen Betrag verkauft wird, der nicht mit seinem Buchwert übereinstimmt.[190] Diese Aufwendungen und Erträge korrigieren die vorher auf den Anlagegegenstand verrechneten Abschreibungen. Wenn Erträge und Aufwendungen aus dem Abgang von Vermögensgegenständen des Anlagevermögens regelmäßig entstehen und ihre Höhe als „betriebsüblich" bezeichnet werden kann, zählen sie bilanzanalytisch zum ordentlichen Betriebserfolg. Diese Erträge und Aufwendungen werden daher überwiegend sowohl handelsrechtlich als auch bilanzanalytisch als ordentlich bzw. als nachhaltig eingestuft. Wenn der Bilanzanalytiker allerdings über die Information verfügt, dass ein Ertrag oder Aufwand aus dem Abgang von Vermögensgegenständen des Anlagevermögens aufgrund des zugrunde liegenden Sachverhaltes selten ist, oder die Höhe der Erträge und Aufwendungen ungewöhnlich ist, sollte er diese Erträge und Aufwendungen dem außerordentlichen Erfolg zuordnen. Zum Beispiel wurden im Geschäftsjahr 2003 beim Walter Bau-Konzern etwa 41,8 Mio. € Erträge aus dem Verkauf von Grundstücken mobilisiert, ohne die das Ergebnis der gewöhnlichen Geschäftätigkeit des Konzerns (15,3 Mio. €) deutlich negativ ausgefallen wäre.[191] Dieser ungewöhnlich hohe Betrag ist nicht als nachhaltig einzuschätzen und bei der Erfolgsquellenanalyse dem außerordentlichen Erfolg zuzuordnen.

Zulagen und Zuschüsse sind nachhaltig, wenn sie regelmäßig gezahlt werden. Liegen Anhaltspunkte vor, dass die Zulagen und Zuschüsse auch künftig in ähnlicher Höhe entstehen, so sind sie dem nachhaltigen ordentlichen Betriebserfolg zuzurechnen. Ansonsten sollten Zulagen und Zuschüsse dem außerordentlichen Erfolg zuge-

---

188 Vgl. Gräfer, H., Bilanzanalyse, S. 65; Hauschildt, J., Erfolgsspaltung, S. 197.

189 Vgl. Weber, E., Bewertung von ausländischen Unternehmen, S. 1271.

190 Vgl. Rogler, S., Gewinn- und Verlustrechnung nach dem UKV, S. 101; ADS, 6. Aufl., § 275 HGB, Rn. 73 f.

191 Vgl. Walter Bau-AG vereinigt mit Dywidag (Hrsg.), Geschäftsbericht 2003, S. 40.

rechnet werden. Im Zweifelsfall sind sie aus dem ordentlichen Betriebserfolg zu elimi-nieren.[192] In keinem Fall nachhaltig sind einmalig gezahlte Zulagen und Zuschüsse (z. B. einmalige Umstrukturierungszuschüsse der öffentlichen Hand).

Ähnlich den sonstigen betrieblichen Erträgen handelt es sich auch bei den **sonstigen betrieblichen Aufwendungen** um einen Sammelposten, der alle betrieblichen Auf-wendungen aufnimmt, die keinem anderen Aufwandsposten zugeordnet werden kön-nen. Abgesehen von der Pflicht, gemäß § 281 Abs. 2 Satz 2 HGB die Zuführungen zum Sonderposten mit Rücklageanteil gesondert ausweisen zu müssen, brauchen Un-ternehmen keine weiteren Angaben zu einzelnen Bestandteilen der sonstigen betrieb-lichen Aufwendungen zu machen.

412.3   Komponenten des Finanz- und Verbunderfolges

Falls ein Unternehmen analysiert werden soll, das mindestens ein wesentliches Toch-terunternehmen besitzt, so kann die Aussagefähigkeit des Finanz- und Verbunderfol-ges[193] unter Umständen sehr gering sein, wenn der Bilanzanalytiker ausschließlich den Einzelabschluss analysiert. Beispielsweise enthält der Einzelabschluss noch sämt-liche Aufwendungen und Erträge und alle Forderungen und Verbindlichkeiten, die aus konzerninternen Lieferungen und Leistungen stammen. Der Einzelabschluss be-sitzt daher in diesem Fall eine wesentlich geringere Aussagekraft als der Konzernab-schluss.[194] Falls Konzernunternehmen untereinander Geschäfte zu marktunüblichen Konditionen abschließen (müssen), besteht sogar „die Gefahr der nahezu völligen Aussagelosigkeit von Einzelabschlüssen von Konzernunternehmen"[195]. Nicht sinn-voll interpretierbar sind vor allem die Einzelabschlüsse von Holdinggesellschaften.[196] Zum Beispiel weist die RWE AG für das Jahr 2003 in ihrem Einzelabschluss weder Umsatzerlöse noch Sachanlagevermögen aus.[197] Im Konzernabschluss der RWE AG werden die Umsatzerlöse dagegen mit 43,9 Mrd. € und das Sachanlagevermögen mit 36,2 Mrd. € beziffert.[198]

Häufig empfiehlt es sich für die Analyse auch, die Einzelabschlüsse wichtiger Beteili-gungsunternehmen einzusehen, da sich unter Umständen erhebliche Diskrepanzen zwischen Jahresüberschuss und Ausschüttung bei einem Beteiligungsunternehmen er-geben können. So können durch Ausschüttungen von Tochterunternehmen an das Mutterunternehmen beim Mutterunternehmen Erträge aus Beteiligungen mobilisiert

---

192 Vgl. KÜTING, K./WEBER, C.-P., Die Bilanzanalyse, S. 236 f.; ZIOLKOWSKI, U., Erfolgsspal-tung, S. 178.

193 Zum Finanz- und Verbunderfolg vgl. Kap. II Abschn. 333.

194 Vgl. COENENBERG, A. G., Jahresabschluss und Jahresabschlussanalyse, S. 1020 f.

195 BALLWIESER, W., Die Analyse von Jahresabschlüssen nach neuem Recht, S. 57.

196 Nach KÜTING/WEBER wird die Trennung von ordentlichem Betriebserfolg und Finanz- und Verbunderfolg bei Holdinggesellschaften sogar „völlig ad absurdum geführt", vgl. KÜTING, K./ WEBER, C.-P., Die Bilanzanalyse, S. 244.

197 Vgl. RWE AG (Hrsg.), Jahresabschluss 2003, S. 1 f.

198 Vgl. RWE AG (Hrsg.), Geschäftsbericht 2003, S. 114 f.

werden, während sowohl das Mutterunternehmen als auch das ausschüttende Beteiligungsunternehmen Verluste ausweisen.[199] Die Abschlüsse der Beteiligungsunternehmen zeigen auch, ob das Jahresergebnis des Beteiligungsunternehmens vor allem durch die betriebliche Tätigkeit erwirtschaftet wurde oder ob beispielsweise außerordentliche Erfolgsbestandteile das Jahresergebnis maßgeblich beeinflusst haben. Möglich ist z. B., dass ein Beteiligungsunternehmen durch die Schließung eines Geschäftsbereiches hohe außerordentliche Erfolge erzielt hat und den Jahresüberschuss in voller Höhe an das Mutterunternehmen ausgeschüttet hat.[200] Ein Bilanzanalytiker, dem dies nicht bekannt ist, würde diesen Ertrag des Mutterunternehmens fälschlich als (nachhaltigen) Finanz- und Verbunderfolg einordnen; richtig aber wäre die Zuordnung zum außerordentlichen Erfolg. Die einzelnen Posten des Finanz- und Verbunderfolges bedürfen daher einer genauen Analyse.

Beteiligungen an Kapitalgesellschaften dürfen nach § 253 Abs. 1 HGB höchstens mit ihren Anschaffungskosten ausgewiesen werden, die ggf. um außerplanmäßige Abschreibungen gemäß § 253 Abs. 2 HGB vermindert werden müssen (Anschaffungskostenprinzip). Theoretisch korrekt wäre eine Beteiligungsbewertung mit dem Ertragswert.[201] Für eine sinnvolle Ertragswertermittlung fehlen dem externen Bilanzanalytiker indes die Daten. So ist davon auszugehen, dass lediglich die **Erträge aus Beteiligungen** bekannt sind. Erträge aus Beteiligungen umfassen vor allem Dividendenzahlungen von Kapitalgesellschaften und Gewinnanteile von Personenhandelsgesellschaften. Aus den darin ausgewiesenen Zahlungen kann indes häufig kein zutreffender Rückschluss auf die Erfolgslage der Beteiligungsunternehmen gezogen werden, da der Gewinn bei Gewinnthesaurierung höher und bei Rücklagenauflösung niedriger ist als die gezahlte Dividende. Dies gilt auch, wenn ein Teilgewinnabführungsvertrag abgeschlossen wurde.[202] Wesentlich aussagefähiger sind dagegen im Konzernabschluss die **Ergebnisse aus assoziierten Unternehmen**, da bei der Equity-Methode die Beteiligungsbuchwerte erfolgswirksam in Höhe der Eigenkapitaländerungen der assoziierten Unternehmen fortgeschrieben werden.[203]

Der Posten „**Zinsen und ähnliche Erträge**" enthält vor allem Zinsen aus Bankguthaben, Termingeldern und anderen Einlagen bei Kreditinstituten, Zinsen und Dividenden auf Wertpapiere des Umlaufvermögens, Zinsen aus Forderungen und Erträge aus Genussrechten.[204] Zinserträge sind normalerweise nachhaltig. Falls das zu analysierende Unternehmen indes plant, zinstragende Vermögensgegenstände (etwa Termineinlagen oder Wertpapiere des Umlaufvermögens) zu veräußern, wird dies häufig für einen externen Bilanzanalytiker nicht feststellbar sein. Im Übrigen ist der künftige Liquiditätsbedarf kritisch zu betrachten. Viele Unternehmen halten gut gefüllte

---

199 Vgl. HAUSCHILDT, J., Erfolgs-, Finanz- und Bilanzanalyse, S. 181.

200 Vgl. KÜTING, K./WEBER, C.-P., Die Bilanzanalyse, S. 245; BAETGE, J./BRUNS, C., Erfolgsquellenanalyse, S. 397.

201 Vgl. z. B. HELBLING, C., Unternehmensbewertung und Steuern, S. 505.

202 Vgl. NAHLIK, W., Praxis der Jahresabschlußanalyse, S. 138.

203 Vgl. BAETGE, J./KIRSCH, H.-J./THIELE, S., Konzernbilanzen, S. 410 f.

204 Vgl. dazu ausführlich IDW (Hrsg.), WP-Handbuch 2000, Bd. I, Rn. F 450-453 m. w. N.

„Kriegskassen" vor, die der Finanzierung von Akquisitionen oder anderen Großinvestitionen dienen sollen. Falls in der absehbaren Zukunft entsprechende Investitionen geplant sind, fallen die Zinserträge aus den dafür benötigten liquiden Mitteln weg. Diese Zinserträge sind nicht nachhaltig.

Als **„Zinsen und ähnliche Aufwendungen"** werden meist Zinsen für geschuldete Kredite (gleich welcher Art), Diskontbeträge für Wechsel und Schecks oder Kreditprovisionen und ähnliche Verwaltungskostenbeiträge (soweit es sich nicht um Kosten des Zahlungsverkehrs handelt, die als sonstige betriebliche Aufwendungen zu buchen wären) ausgewiesen. Auch Aufwendungen und Erträge aus nicht bilanzierungsfähigen Zinsswap-Geschäften, die in der Bilanz nicht angesetzt werden dürfen und im Anhang nicht angegeben werden müssen, sind in diesem Posten enthalten.[205]

Bei der Analyse des Zinsaufwandes sind vor allem drei Besonderheiten zu beachten: Der Zinsaufwand kann (1) gemindert werden, wenn ein unmittelbarer Zusammenhang zwischen der Herstellung eines Vermögensgegenstandes und seiner Finanzierung besteht und Fremdkapitalzinsen als Herstellungskosten aktiviert werden. Erheblichen Einfluss auf die Höhe des Zinsaufwandes besitzt auch (2) der Ausweis des Zinsanteiles der Zuführung zu den Pensionsrückstellungen, der alternativ als Zinsaufwand oder als Personalaufwand ausgewiesen werden darf.[206] Weiterhin muss der Bilanzanalytiker prüfen, ob (3) unverzinsliche oder niedrigverzinsliche Verbindlichkeiten den Einblick in die wirtschaftliche Lage des Unternehmens verschleiern, da solche nicht marktgerechten Konditionen i. d. R. nicht dauerhaft genutzt werden können.

Beim Zinsanteil der Zuführungen zu den Pensionsrückstellungen handelt es sich i. d. R. um recht hohe Beträge, die meist 40 % bis 50 % der Zuführungen zu den Pensionsrückstellungen ausmachen.[207] In der Vergangenheit wurde in der Literatur diskutiert, ob der Zinsanteil der Zuführung zu den Pensionsrückstellungen dem Personalaufwand oder dem Finanzergebnis zuzuordnen sei. Nach L. SCHRUFF ist der Ausweis des Zinsanteiles als Personalaufwand vorzuziehen, da es sich bei der Abzinsung lediglich um eine Bewertungsmethode handele, die „den unterschiedlichen Fälligkeiten von Zahlungen Rechnung trägt und nicht den Charakter einer Verpflichtung verändern kann".[208] Im Schrifttum[209] wird es indes überwiegend als betriebswirtschaftlich zutreffend angesehen, den Zinsanteil der Zuführung zu den Pensionsrückstellungen im Finanzergebnis auszuweisen.

---

205 Vgl. IDW (Hrsg.), WP-Handbuch 2000, Bd. I, Rn. F 450 und Rn. F 459 m. w. N. Zur Bilanzierung von Swapvereinbarungen vgl. HAPPE, P., Grundsätze ordnungsmäßiger Buchführung für Swapvereinbarungen.

206 Vgl. ADS, 6. Aufl., § 275 HGB, Rn. 121; FÖRSCHLE, G., in: Beck Bilanzkomm., 5. Aufl., § 275 HGB, Rn. 138; BORCHERT, D./BUDDE, A., in: Küting/Weber, HdR-E, 5. Aufl., § 275 HGB, Rn. 61; THOMS-MEYER, D., Grundsätze ordnungsmäßiger Bilanzierung für Pensionsrückstellungen, S. 169; KÜTING, K./WEBER, C.-P., Die Bilanzanalyse, S. 239 f.; SCHRUFF, L., Zum Ausweis des Zinsanteiles bei der Zuführung zur Pensionsrückstellung, S. 422.

207 Vgl. ADS, 6. Aufl., § 275 HGB, Rn. 121.

208 Vgl. SCHRUFF, L., Zum Ausweis des Zinsanteiles bei der Zuführung zur Pensionsrückstellung, S. 421.

Bei Betriebsvergleichen ist aufgrund der unterschiedlichen Ausweismöglichkeiten zunächst festzustellen, ob der Zinsanteil der Zuführung zu den Pensionsrückstellungen bei den zu vergleichenden Unternehmen identisch ausgewiesen wird. Die Aussagefähigkeit von Betriebsvergleichen kann erheblich beeinträchtigt werden, wenn der Zinsanteil der Zuführung zu den Pensionsrückstellungen vom bilanzierenden Unternehmen nicht quantifiziert wird.

In der Vergangenheit wurde es für erforderlich gehalten, dass der Zinssatz für die Berechnung der Pensionsrückstellungen zwischen 3 % und 6 % liegen sollte.[210] Der Rechnungszinssatz für die Bestimmung des Barwertes der Pensionsverpflichtung nach IFRS orientiert sich gem. IAS 19.78 dagegen am langfristigen Zinssatz für erstklassige festverzinsliche Industrieanleihen zum Bewertungsstichtag.[211]

Sofern bei einem Unternehmen der Zinssatz für die Berechnung der Pensionsrückstellungen geringer als der Marktzinssatz ist, kann dies auf erfolgsverschlechternde Bilanzpolitik hindeuten. Liegt der Zinssatz für die Berechnung der Pensionsrückstellungen dagegen über dem Marktzinssatz, kann dies auf erfolgsverbessernde Bilanzpolitik hindeuten. Falls sich die Auswirkungen solcher bilanzpolitischer Maßnahmen quantifizieren lassen, sollte der entsprechende Betrag in den Bewertungserfolg umgegliedert werden. Um beurteilen zu können, ob das bilanzierende Unternehmen bei der Bewertung der Pensionsrückstellungen eine erfolgsverbessernde oder eine erfolgsverschlechternde Bilanzpolitik durchgeführt hat, benötigt der externe Bilanzanalytiker punktuelle Angaben zum verwendeten Zinssatz.[212] Wenig hilfreich für den externen Bilanzanalytiker sind dagegen Angaben wie im Finanzbericht der BAYER AG des Jahres 2002: „Rechnungszinsfuß: 2,5 % bis 7,0 %"[213] oder wie im Geschäftsbericht der DEUTSCHEN BANK AG des Jahres 1996: „Diesen Berechnungen liegen derzeit Zinssätze zwischen 5 % bis 9 % (...) zugrunde"[214]. THIELE/TSCHESCHE kritisieren zu Recht, dass zwischen Pensionsrückstellungen, die auf der Basis eines Rechnungszinssatzes von 5 % berechnet werden, und solchen, die auf einem Rechnungszinssatz von 9 % basieren, bei der DEUTSCHEN BANK AG vermutlich eine Differenz in Milliar-

---

209 Vgl. BAETGE, J./KIRSCH, H.-J./THIELE, S., Bilanzen, S. 587 und 610; KIRSCH, H.-J./SIEFKE, K., in: Baetge/Kirsch/Thiele, § 275 HGB, Rn. 144; THOMS-MEYER, D., Grundsätze ordnungsmäßiger Bilanzierung für Pensionsrückstellungen, S. 170-173; GRÄFER, H., Bilanzanalyse, S. 64. Auch nach KÜTING/WEBER liegt „eindeutig Zinsaufwand" vor, vgl. KÜTING, K./WEBER, C.-P., Die Bilanzanalyse, S. 240.

210 Zum Zinssatz bei Pensionsrückstellungen vgl. ausführlich THOMS-MEYER, D., Grundsätze ordnungsmäßiger Bilanzierung für Pensionsrückstellungen, S. 94-121.

211 Vgl. BAETGE, J./KIRSCH, H.-J./THIELE, S., Bilanzen, S. 415; LACHNIT, L./MÜLLER, S., Bilanzanalytische Behandlung von Pensionsverpflichtungen, S. 497.

212 Beispielsweise wurde im Geschäftsjahr 2003 im Konzernabschluss der BMW AG ein Rechnungszinsfuß für die deutschen Pensionsverpflichtungen von BMW i. H. v. 5,50 % verwendet, vgl. BMW AG (Hrsg.) Geschäftsbericht 2003, S. 93. Die BASF AG setzte einen Rechnungszinsfuß von 5,75 % an, vgl. BASF AG (Hrsg.), Finanzbericht 2003, S. 117.

213 BAYER AG (Hrsg.), Finanzbericht 2002, S. 92.

214 DEUTSCHE BANK AG (Hrsg.), Geschäftsbericht 1996, S. 65.

denhöhe liegt.[215] Veränderungen im Diskontierungssatz gegenüber dem Vorjahr können vom externen Bilanzanalytiker vor dem Hintergrund der Entwicklung an den Kapitalmärkten geprüft werden.

Wenn Tochterunternehmen analysiert werden, die zu einem **Konzern** gehören, sagt der Zinsaufwand der Vergangenheit oft wenig aus. Falls ein Konzernunternehmen liquide Mittel benötigt, werden diese i. d. R. über die zentrale Konzernfinanzierung, die oft auch als Konzernclearingstelle bezeichnet wird, zur Verfügung gestellt. Umgekehrt müssen auch eventuell vorhandene Liquiditätsüberschüsse an die Konzernclearingstelle abgeführt werden.

Die Zuordnung der „**Abschreibungen auf Finanzanlagen und auf Wertpapiere des Umlaufvermögens**" ist schwierig, da sie nicht planmäßig, sondern immer außerplanmäßig vorgenommen werden. Insofern liegt ein Ausweis im außerordentlichen Erfolg nahe. Ein Ausweis im Finanz- und Verbunderfolg wird von uns indes vorgezogen:[216] Abschreibungen auf Finanzanlagen und auf Wertpapiere des Umlaufvermögens sind i. d. R. auf Kursschwankungen börsennotierter Wertpapiere zurückzuführen. Solche Kursschwankungen sind im Börsengeschehen üblich und nicht außergewöhnlich, es sei denn, die Abschreibungen sind unüblich hoch (wenn sie z. B. aufgrund eines Börsencrashs vorgenommen werden mussten).[217] Ungewöhnlich hoch waren z. B. die Abschreibungen auf Finanzanlagen und auf Wertpapiere des Umlaufvermögens des HOCHTIEF-Konzerns im Jahr 1996 i. H. v. 323.412 TDM, die sich gegenüber dem Vorjahreswert von 34.559 TDM nahezu verzehnfachten, da die Beteiligung an der PHILIPP HOLZMANN AG erheblich abgewertet wurde.[218] Sofern die Abschreibungen auf Finanzanlagen und auf Wertpapiere des Umlaufvermögens nicht ungewöhnlich hoch sind und keine Anhaltspunkte für einen Kurssturz oder Ähnliches vorliegen, sollten sie nach dem Kriterium der überwiegenden Zugehörigkeit dem Finanz- und Verbunderfolg zugeordnet bleiben.

Bei **Aufwendungen aus Verlustübernahmen** handelt es sich um einen Verlustausgleich, den das zu analysierende Unternehmen aufgrund einer vertraglichen Verpflichtung an ein anderes Unternehmen leisten muss. Dieses andere Unternehmen, i. d. R. ein Beteiligungsunternehmen des zu analysierenden Unternehmens, hat dann einen Ertrag aus Verlustübernahme auszuweisen. Bei der erfolgswirtschaftlichen Analyse sind nur die (beim Mutterunternehmen entstehenden) Aufwendungen aus Verlustübernahme relevant. Umgekehrt resultiert der Ertrag aus Verlustübernahme – den das Beteiligungsunternehmen bilanziert – aus einem reinen Verlustausgleich und sagt nichts über die Erfolgslage des Beteiligungsunternehmens aus.[219] Ähnliches gilt für

---

215 Vgl. THIELE, S./TSCHESCHE, F., Bilanzierungspraxis der DAX-Unternehmen im Geschäftsjahr 1996, S. 2499.

216 A. A. GRÄFER, H., Bilanzanalyse, S. 67 und KÜTING, K./WEBER, C.-P., Die Bilanzanalyse, S. 241 f., die einen Ausweis der Abschreibungen auf Finanzanlagen und auf Wertpapiere des Umlaufvermögens im außerordentlichen Erfolg fordern.

217 Vgl. BAETGE, J./BRUNS, C., Erfolgsquellenanalyse, S. 398. Auch nach SCHULT, E., Bilanzanalyse, S. 105, ist dieser Posten im Regelfall dem Finanz- und Verbunderfolg zuzuordnen.

218 Vgl. HOCHTIEF AG (Hrsg.), Geschäftsbericht 1996, S. 53 und S. 70.

Aufwendungen aus Gewinnabführung, also für den aufgrund einer Gewinngemeinschaft, eines Gewinn- oder Teilgewinnabführungsvertrages an eine andere Gesellschaft ganz oder teilweise abgeführten Jahreserfolg. Aufwendungen aus Gewinnabführung berühren nicht die Erfolgslage eines Unternehmens; es handelt sich vielmehr um eine Ergebnisverwendung. Aufwendungen aus Gewinnabführung sind daher ausschließlich bei der Analyse der Ergebnisverwendung des Beteiligungsunternehmens zu betrachten.[220]

413. Die Bestandteile von Ertrags- und Aufwandsstrukturkennzahlen

Eine **Kennzahl der Ertrags- und Aufwandsstrukturanalyse** kann allgemein definiert werden als eine Verhältniskennzahl, bei der eine Ertrags- oder Aufwandsgröße in Relation zu einer anderen Ertrags- oder Aufwandsgröße gesetzt wird, von der angenommen wird, dass sie die Zählergröße beeinflusst.

$$\text{Kennzahl der Ertrags- und Aufwandsstrukturanalyse} = \frac{\text{Ertrags- und Aufwandsgröße (z. B. Materialaufwand)}}{\begin{array}{c}\text{Den Zähler beeinflussende}\\\text{Ertrags- oder Aufwandsgröße}\\\text{(meist Gesamtleistung oder Umsatz)}\end{array}}$$

Kennzahl Nr. 03.15.00

Kennzahlen der Ertrags- und Aufwandsstrukturanalyse geben wie alle anderen Verhältniskennzahlen keinen funktionalen Zusammenhang wieder. Sie bilden lediglich vermutete Ursache-Wirkungs-Zusammenhänge ab.[221]

Bei der Analyse der Ertrags- und Aufwandsstruktur lassen sich zwei Arten von Kennzahlen unterscheiden:

- ■ Strukturkennzahlen und
- ■ Quotenkennzahlen[222].

Als „**Strukturkennzahlen**" werden dabei Kennzahlen bezeichnet, bei denen eine Teilgröße (z. B. der Materialaufwand) ins Verhältnis zu einer zugehörigen Gesamtgröße (z. B. der Summe aller Aufwendungen) gesetzt wird. Die Kennzahl „Materialaufwand

---

219 Vgl. LEONARDI, H., Externe Erfolgsanalysen auf der Grundlage handelsrechtlicher Jahresabschlüsse, S. 152.

220 Vgl. GRÄFER, H., Bilanzanalyse, S. 68; WEHRHEIM, M., Die Erfolgsspaltung als Krisenindikator, S. 510. Zur Analyse der Ergebnisverwendungspolitik vgl. Abschn. 42 in diesem Kapitel.

221 Vgl. mit Bezug auf Rentabilitätskennzahlen SCHULT, E., Bilanzanalyse, S. 101.

222 GRÄFER unterscheidet zwischen dem Begriff der Quotenkennzahl, bei der eine Aufwandsart ins Verhältnis zur Gesamtleistung (Gesamtkostenverfahren) gesetzt wird, und dem Begriff der Intensitätskennzahl, bei der eine Aufwandsart ins Verhältnis zum Umsatz (Umsatzkostenverfahren) gesetzt wird, vgl. GRÄFER, H., Bilanzanalyse, S. 80. Wir verwenden die Begriffe im Folgenden indes synonym.

im Verhältnis zur Summe aller Aufwendungen" wird z. B. als „Materialaufwands-struktur" bezeichnet. Neben den Strukturkennzahlen in der Ertrags- und Aufwands-strukturanalyse gibt es z. B. auch Verschuldungsstrukturkennzahlen und Rückstel-lungsstrukturkennzahlen.[223] Zu beachten ist allerdings, dass nicht alle Kennzahlen, die Strukturen abbilden, als Strukturkennzahlen bezeichnet werden (etwa die Eigen-kapitalquote).

Unter „**Quotenkennzahlen**" werden bei der Analyse der Erfolgslage hier Kennzahlen verstanden, bei denen eine Aufwandsart oder Ertragsart im Zähler steht und zum Umsatz oder zur Gesamtleistung ins Verhältnis gesetzt wird.

Die folgende Übersicht fasst die verwendete Begriffssystematik noch einmal zusam-men:

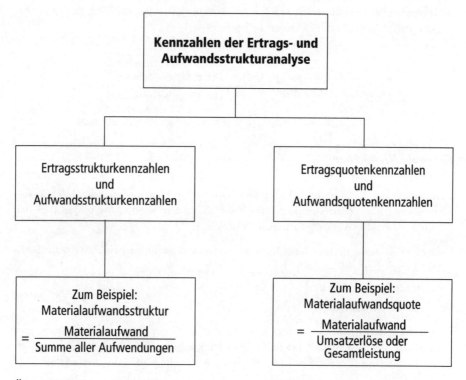

Übersicht VI-9: *Kennzahlenarten bei der Ertrags- und Aufwandsstrukturanalyse*

Die beiden dargestellten Ansätze, nämlich Strukturkennzahlen und Quotenkennzah-len zu bilden, sind vor allem für die Analyse des Aufwandes und weniger für die Ana-lyse des Ertrages relevant.[224] Zur Analyse des Aufwandes werden zudem eher Quo-tenkennzahlen als Strukturkennzahlen gewählt.[225] Mit **Aufwandsstrukturkennzah-len** wird angegeben, wie bedeutend die jeweilige Aufwandsart (z. B. der Abschrei-

---

223 Vgl. dazu Kap. V Abschn. 241.3 und 242.

bungsaufwand) in Bezug auf die Summe aller Aufwendungen des Geschäftsjahres ist. Die im Schrifttum und in der Analysepraxis häufiger gewählte Vorgehensweise[226] besteht darin, **Aufwandsquotenkennzahlen** zu bilden. Bei diesen auch als „**Intensitätskennzahlen**" bezeichneten Kennzahlen[227] wird eine Aufwandsart in Relation zum Umsatz oder zur Gesamtleistung gesetzt. Aufwandsquotenkennzahlen weisen gegenüber den Aufwandsstrukturkennzahlen vor allem zwei Vorteile auf:

■ Die Summe der Aufwendungen des Geschäftsjahres ist bilanzpolitisch erheblich stärker gestaltbar als die Höhe der Umsatzerlöse oder die Höhe der Gesamtleistung. Somit erlauben Aufwandsquoten/-intensitäten ein verlässlicheres Urteil über den Anteil der jeweiligen Aufwandsart als Aufwandsstrukturkennzahlen.

■ Zwischen der Höhe einer Aufwandsart (z. B. dem Materialaufwand) und der Höhe der Umsatzerlöse bzw. der Gesamtleistung ist ein stärkerer Ursache-Wirkungs-Zusammenhang zu vermuten als zwischen einer Aufwandsart und dem Gesamtaufwand. Dies liegt u. a. daran, dass viele nicht nachhaltige Aufwendungen (z. B. außerordentliche Aufwendungen und durch bilanzpolitische Maßnahmen entstandene Aufwendungen) den Gesamtaufwand beeinflussen, obwohl sie nur in geringem Maße mit den nachhaltigen Aufwendungen (z. B. dem Materialaufwand) korrelieren. Der Ursache-Wirkungs-Zusammenhang zwischen Zähler und Nenner einer Kennzahl ist also stärker, wenn die Umsatzerlöse bzw. die Gesamtleistung im Nenner der Kennzahl stehen, als wenn der Gesamtaufwand den Nenner bildet.

Im Folgenden werden für die Analyse von Ertrag und Aufwand daher überwiegend Quotenkennzahlen verwendet, bei denen GuV-Posten ins Verhältnis zum Umsatz oder zur Gesamtleistung gesetzt werden.[228]

Ob im Nenner einer Quotenkennzahl der Umsatz oder die Gesamtleistung angesetzt wird, hängt vom Gliederungsschema ab, das der GuV des zu analysierenden Unternehmens zugrunde liegt. Bei einer GuV nach dem Umsatzkostenverfahren (UKV) kann die Gesamtleistung nicht gebildet werden.[229] Daher unterscheiden sich die Ertrags- und Aufwandskennzahlen zwischen GKV und UKV teilweise. Bei einer nach dem UKV aufgestellten GuV werden die Aufwendungen der betrieblichen Aufgaben-

---

224 Vgl. zu den Ansätzen auch JACOBS, O. H./STAIGER, J., Die Jahresabschlußanalyse mit Hilfe von Kennzahlen, S. 552; LEONARDI, H., Externe Erfolgsanalysen auf der Grundlage handelsrechtlicher Jahresabschlüsse, S. 168; ROGLER, S., Gewinn- und Verlustrechnung nach dem UKV, S. 185 f.

225 Vgl. LEONARDI, H., Externe Erfolgsanalysen auf der Grundlage handelsrechtlicher Jahresabschlüsse, S. 168 f.

226 Vgl. LEONARDI, H., Externe Erfolgsanalysen auf der Grundlage handelsrechtlicher Jahresabschlüsse, S. 169.

227 Vgl. GRÄFER, H., Bilanzanalyse, S. 80.

228 COENENBERG und GRÄFER betrachten bei der Analyse der Aufwandsstruktur ausschließlich Aufwandsquotenkennzahlen und verzichten völlig auf Aufwandsstrukturkennzahlen. Vgl. COENENBERG, A. G., Jahresabschluss und Jahresabschlussanalyse, S. 1033-1039; GRÄFER, H., Bilanzanalyse, S. 80.

229 Vgl. z. B. ROGLER, S., Gewinn- und Verlustrechnung nach dem UKV, S. 185.

bereiche „Herstellung", „Vertrieb" und „allgemeine Verwaltung" zum Umsatz ins Verhältnis gesetzt und nicht – wie bei Anwendung des GKV – zur etwas aussagefähigeren Gesamtleistung.[230] Sehr groß ist dieser Unterschied indes im Normalfall nicht.

Anzumerken ist, dass es sich trotz des u. a. in § 275 HGB verwendeten Begriffes „Kosten" – z. B. in den Begriffen „allgemeine Verwaltungskosten" oder in „Umsatzkostenverfahren" – nicht um Größen aus der innerbetrieblichen Kostenrechnung handelt, sondern um Aufwendungen i. S. d. HGB handelt.[231] Im Folgenden wird daher nach Möglichkeit der präzisere Begriff „Aufwand" statt „Kosten" verwendet (soweit nicht explizit ein im HGB verwendeter Begriff gemeint ist, z. B. eine Postenbezeichnung gemäß § 275 HGB).

414. Kennzahlen zur Analyse der Ertragsstruktur

Gemäß § 285 Nr. 4 HGB sind die „Umsatzerlöse nach Tätigkeitsgebieten sowie nach geographisch bestimmten Märkten" im Anhang aufzugliedern, „soweit sich [...] die Tätigkeitsbereiche und die geographisch bestimmten Märkte untereinander erheblich unterscheiden". Für den Konzernanhang enthält § 314 Abs. 1 Nr. 3 HGB eine nahezu wortgleiche Regelung. Der Begriff „Umsatzerlöse" bezieht sich hierbei auf die **Nettoumsatzerlöse** der GuV (§§ 275 Abs. 2 Nr. 1 bzw. 275 Abs. 3 Nr. 1 i. V. m. § 277 Abs. 1 HGB), d. h. auf Umsatzerlöse ohne Umsatzsteuer, von denen Skonti, Rabatte u. Ä. bereits subtrahiert worden sind. Für andere Verkaufserlöse, die nicht zu den typischen Umsatzerlösen i. S. d. § 277 Abs. 1 HGB gehören, besteht grundsätzlich keine Angabepflicht.[232] Aufgrund der vom Gesetz geforderten Anhangangaben lassen sich die Umsatzerlöse vor allem nach Tätigkeitsgebieten (z. B. nach Sparten) sowie nach Regionen (z. B. nach Inlands- und Auslandsumsätzen) differenzieren:

$$\frac{\text{Abhängigkeit von einer Sparte/Region}}{\text{(Grundvariante)}} = \frac{\text{Umsatz dieser Sparte oder Region}}{\text{Umsatzerlöse}}$$

Kennzahl Nr. 03.16.00

Aus dieser Grundvariante lassen sich z. B. folgende Kennzahlen entwickeln:[233]

---

230 Vgl. COENENBERG, A. G., Jahresabschluss und Jahresabschlussanalyse, S. 1038 f.; HAUSCHILDT, J., Erfolgs-, Finanz- und Bilanzanalyse, S. 144 f.; KÜTING, K./WEBER, C.-P., Die Bilanzanalyse, S. 261.

231 Im HGB sind aufwandsgleiche Kosten gemeint. Zum Beispiel umfasst der handelsrechtliche Kostenbegriff im Unterschied zum betriebswirtschaftlichen Kostenbegriff keine nicht pagatorischen Teile der kalkulatorischen Kosten, vgl. BAETGE, J./KIRSCH, H.-J./THIELE, S., Bilanzen, S. 180.

232 Vgl. ADS, 6. Aufl., § 285 HGB, Rn. 90; WULF, I., in: Baetge/Kirsch/Thiele, § 285 HGB, Rn. 71.

233 Vgl. KÜTING, K./WEBER, C.-P., Die Bilanzanalyse, S. 255 f.; LEFFSON, U., Bilanzanalyse, S. 168.

$$\text{Spartenabhängigkeit} = \frac{\text{Umsatz einer Sparte}}{\text{Umsatzerlöse}}$$

Kennzahl Nr. 03.16.01

$$\text{Exportabhängigkeit} = \frac{\text{Auslandsumsatz}}{\text{Umsatzerlöse}}$$

Kennzahl Nr. 03.16.02

$$\text{Exportabhängigkeit einer Sparte} = \frac{\text{Auslandsumsatz einer Sparte}}{\text{Umsatz dieser Sparte}}$$

Kennzahl Nr. 03.16.03

Vor allem bei diversifizierten Unternehmen ist die aggregierte Größe „Umsatzerlöse" allein nicht sehr sinnvoll, da vielfältige Kompensationseffekte auftreten können. Zum Beispiel sagt ein Betriebsvergleich bei diversifizierten Unternehmen wenig aus, wenn im Jahresabschluss die Umsatzrückgänge im Zigarettengeschäft hinter dem Umsatzwachstum des Getränkebereiches verborgen werden.[234]

Durch die Aufgliederung der Umsatzerlöse nach Segmenten und durch die Bestimmung des Anteiles dieser einzelnen Segmente am Gesamtumsatz lassen sich differenzierte Aussagen über das künftige Erfolgspotential des untersuchten Unternehmens machen.[235] So kann die künftige Ertragskraft der bedeutsamsten Unternehmenssparten mit Hilfe von branchenspezifischen Daten über die Beschaffungs- und Absatzmärkte genauer prognostiziert werden.[236] Ebenso können bei einem exportorientierten Unternehmen die Kennzahlen zur gesamten Exportabhängigkeit bzw. zur Auslandsabhängigkeit der einzelnen Segmente, verbunden mit den Daten über die politische und wirtschaftliche Situation dieser Auslandsmärkte, wertvolle Informationen für den Bilanzanalytiker bereitstellen.

Welche Arbeitshypothese bei diesen Kennzahlen jeweils zugrunde gelegt wird, hängt davon ab, wie die jeweiligen Teil-Umsätze (= die Umsätze einer Region oder einer Sparte) im Verhältnis zum Gesamtumsatz eingeschätzt werden. Wenn die Unternehmensleitung z. B. versucht, eine Sparte aufzubauen, die als besonders zukunftsträchtig und chancenreich angesehen wird, dann gilt für die Spartenabhängigkeit (Kenn-

---

234 Vgl. HOMMELHOFF, P., Der Jahresabschluß als Überwachungs- und Kontrollinstrument, S. 253; BERNARDS, O., Bilanzanalyse diversifizierter Unternehmen, S. 1283.

235 Vgl. BERNARDS, O., Bilanzanalyse diversifizierter Unternehmen, S. 1283. Zur Analyse der Segmentberichterstattung vgl. Abschn. 5 in diesem Kapitel.

236 Vgl. KÜTING, K./WEBER, C.-P., Die Bilanzanalyse, S. 255.

zahl Nr. 03.16.01) bei dieser Sparte die Arbeitshypothese G>K. Bei einer durchschnittlich ertragreichen, aber für das Unternehmen überdurchschnittlich risikobehafteten Sparte lautet die Arbeitshypothese dagegen G<K.

415. Kennzahlen zur Analyse der Aufwandsstruktur

415.1 Analyse des Personalaufwandes

Zur Analyse des Produktionsfaktors „Arbeit" wird i. d. R. die **Personalaufwandsquote** herangezogen. Im Schrifttum[237] wird sie auch mitunter als „Personalintensität" bezeichnet. Bei Anwendung des Gesamtkostenverfahrens (GKV) wird dabei folgende Kennzahl gebildet:

$$\text{Personalaufwandsquote (GKV)} = \frac{\text{Personalaufwand}}{\text{Gesamtleistung}}$$

Kennzahl Nr. 03.17.00

Beim GKV gibt diese Kennzahl an, wieweit die betriebliche Gesamtleistung durch die Zahlung von Löhnen und Gehältern (§ 275 Abs. 2 Nr. 6 a) HGB), sozialen Abgaben sowie Aufwendungen für Altersversorgung und Unterstützung (§ 275 Abs. 2 Nr. 6 b) HGB) erbracht wurde.

Als „Löhne und Gehälter" (§ 275 Abs. 2 Nr. 6 a) HGB) sind sämtliche Bruttoarbeitsentgelte auszuweisen, die an Mitarbeiter gezahlt wurden, soweit diese im Berichtsjahr für das Unternehmen gearbeitet haben (bei Anwendung des UKV wird der Personalaufwand auf die Aufgabenbereiche Herstellung, Verwaltung und Vertrieb verteilt, der Gesamtbetrag des Personalaufwandes ist in diesem Fall nach § 285 Nr. 8 b) HGB im Anhang anzugeben). Die Löhne und Gehälter umfassen dabei auch die vom Arbeitnehmer zu zahlenden Steuern und Sozialabgaben. Die vom Arbeitgeber zu tragenden Sozialabgaben fallen unter Posten 6 b) „soziale Abgaben und Aufwendungen für Altersversorgung und für Unterstützung, davon für Altersversorgung". Die Sozialabgaben umfassen in erster Linie Pensionszahlungen, falls diese nicht erfolgsneutral zu Lasten der Pensionsrückstellungen gebucht werden, sowie die Zuführungen zu den Pensionsückstellungen ohne den darin enthaltenen Zinsanteil.[238] Die Lohnnebenkosten betragen in Deutschland zwischen 67 % und 100 % des Bruttolohns vor Lohnnebenkosten.[239]

---

237 Vgl. ARBEITSKREIS „EXTERNE UNTERNEHMENSRECHNUNG" DER SCHMALENBACH-GESELLSCHAFT, Empfehlungen zur Vereinheitlichung von Kennzahlen in Geschäftsberichten, S. 1993; COENENBERG, A. G., Jahresabschluss und Jahresabschlussanalyse, S. 1034; KÜTING, K./WEBER, C.-P., Die Bilanzanalyse, S. 258; PERRIDON, L./STEINER, M., Finanzwirtschaft der Unternehmung, S. 559.

238 Vgl. für viele etwa FÖRSCHLE, G., in: Beck Bilanzkomm., 5. Aufl., § 275 HGB, Rn. 138 und BAETGE, J./KIRSCH, H.-J./THIELE, S., Bilanzen, S. 587. Vgl. dazu auch Abschn. 412.3 in diesem Kapitel.

Löhne und Gehälter von Arbeitnehmern zählen – vor allem in lohnintensiven Branchen wie dem Handel oder dem Handwerk – häufig zu den größten Aufwandsposten in der GuV.[239] Der Posten ist indes nur in geringem Maße bilanzpolitisch gestaltbar. Löhne und Gehälter werden i. d. R. sofort als Aufwand gebucht. Der Zahlungszeitpunkt und die Aufwandsverrechnung in der GuV liegen i. d. R. zeitlich nah beieinander.

Grundsätzlich gilt für die Personalaufwandsquote – wenn branchengleiche und strukturgleiche Unternehmen verglichen werden – die Arbeitshypothese G<K. Denn wenn ein bestimmter Umfang an Aufgaben mit festgelegter Qualität und in festgelegter Zeit bei gleicher Wertschöpfungstiefe erledigt werden muss, ist von zwei Unternehmen dasjenige schlechter zu beurteilen, das für dieses Ergebnis c. p. die höheren Personalaufwendungen aufweist (z. B. deswegen, weil ein höherer Personalbestand erforderlich ist oder der Personalbestand höher bezahlt wird als in dem Vergleichsunternehmen). Kritisch anzumerken ist allerdings, dass die genannten Prämissen, z. B. gleicher Servicegrad beider Unternehmen oder gleiche Qualität der Produkte, nur selten erfüllt sein werden.

Wenn das UKV angewendet wird, werden die Personalaufwendungen statt auf die Gesamtleistung auf die Umsatzerlöse bezogen:

$$\text{Personalaufwandsquote (UKV)} = \frac{\text{Personalaufwand}}{\text{Umsatzerlöse}}$$

Kennzahl Nr. 03.17.01

Bei der Interpretation der Personalaufwandsquote kann eine im Zeitablauf sinkende Quote z. B. andeuten, dass im Unternehmen Restrukturierungs- bzw. Rationalisierungsmaßnahmen erfolgreich durchgeführt wurden oder die Organisation gestrafft wurde,[241] da der Personalaufwand vor allem durch geringere Arbeitnehmerzahlen gesenkt werden kann. Indes muss der Bilanzanalystiker beachten, dass eine Restrukturierung aufgrund von Abfindungszahlungen an ausscheidende Mitarbeiter i. d. R. zunächst zu einem Anstieg der Personalaufwendungen führt, bevor die Personalaufwandsquote in den nachfolgenden Perioden durch eine Freisetzung von Mitarbeitern abgesenkt werden kann.

Eine im Zeitablauf steigende Personalaufwandsquote kann demgegenüber auf Unwirtschaftlichkeiten beim Einsatz des Produktionsfaktors Arbeit hinweisen. Ein anderer Grund für gestiegene Personalaufwendungen können wesentlich gestiegene Pensi-

---

239 Vgl. INSTITUT DER DEUTSCHEN WIRTSCHAFT KÖLN (Hrsg.), Zahlen zur wirtschaftlichen Entwicklung der Bundesrepublik Deutschland 1997, Tabelle 54. Die Obergrenze (98,4 % des Bruttolohns) bildet das Kreditgewerbe, die Untergrenze (67,1 %) der Einzelhandel (jeweils bezogen auf die alten Bundesländer).

240 Vgl. PEEMÖLLER, V. H., Bilanzanalyse und Bilanzpolitik, S. 160.

241 Vgl. PEEMÖLLER, V. H., Bilanzanalyse und Bilanzpolitik, S. 326; COENENBERG, A. G., Jahresabschluss und Jahresabschlussanalyse, S. 1035.

onsrückstellungen sein[242] (z. B. aufgrund von Änderungen der versicherungsmathematischen Annahmen, der Umstellung auf die IFRS o. Ä.). Dies lässt sich bei einer Rechnungslegung nach HGB prüfen, indem die gemäß § 275 Abs. 2 Nr. 6 b) (= GKV) bzw. § 285 Nr. 8 b) (= UKV) angabepflichtigen Aufwendungen für Altersversorgung betrachtet werden. Bilanziert ein Unternehmen hingegen nach IFRS, so ist die Verpflichtung aus leistungsorientierten Pensionsplänen (defined benefit obligations) gem. IAS 19.64 nach der „projected unit credit method" zu ermitteln. Im Vergleich zu diesem auch in den USA üblichen Anwartschaftsbarwertverfahren führt die Anwendung des nach § 6a Abs. 3 EStG steuerlich vorgeschriebenen Teilwertverfahrens meist zu geringeren Pensionsrückstellungen. Bei großen gemischten Personalbeständen, angemessenen Rechnungsparametern und einem volldynamischen Rentensystem schätzen WOLLMERT U. A., dass die Pensionsrückstellungen nach der „projected unit credit method" gemäß IAS 19 bis zu 35% höher sind als die entsprechenden Pensionsrückstellungen nach dem Teilwertverfahren.[243] Weiterhin kann eine steigende Personalaufwandsquote auch auf tarifvertragliche Lohnerhöhungen oder ein gestiegenes Ausbildungsniveau der Arbeitnehmer zurückzuführen sein.

Die Personalaufwandsquote des Philipp Holzmann Konzerns entwickelt sich in den Geschäftsjahren 1994 und 1995 wie folgt:		
Personalaufwandsquote (GKV) (Kennzahl Nr. 03.17.00)	**1994**	**1995**
	28,4 %	27,8 %
Die Personalaufwandsquote des Philipp Holzmann Konzerns verringert sich im Jahr 1995 gegenüber dem Vorjahr leicht. Im Vergleich zum Branchendurchschnitt im Jahr 1994 i. H. v. 36,1 %, und im Jahr 1995 i. H. v. 35,4 %[244] weist der Philipp Holzmann Konzern eine deutlich geringere Personalaufwandsquote auf. Dies muss indes im Zusammenhang mit der später zu analysierenden Materialaufwandsquote gesehen werden.[245]		

Die Aussagekraft der Personalaufwandsquote kann erhöht werden, indem die oben genannten Formeln durch die Zahl der durchschnittlich beschäftigen Arbeitnehmer erweitert wird. Die Zahl der durchschnittlich beschäftigen Arbeitnehmer muss von mittelgroßen und großen Kapitalgesellschaften gemäß § 285 Nr. 7 HGB angegeben werden.

Bei Anwendung des GKV gilt dann:[246]

---

242 Vgl. GRÄFER, H., Bilanzanalyse, S. 81.

243 Vgl. WOLLMERT, P. U. A., in: Baetge u. a., Rechnungslegung nach IAS, 2. Aufl., IAS 19, Rn. 148. Vgl. dazu auch KIRSCH, H.-J., Die „Anwendung" von International Accounting Standards, S. 1775 f.

244 Vgl. DEUTSCHE BUNDESBANK (Hrsg.), Monatsbericht November 1996, S. 50-57; DEUTSCHE BUNDESBANK (Hrsg.), Monatsbericht November 1997, S. 48-55.

245 Vgl. Abschn. 415.2 in diesem Kapitel.

246 Vgl. KÜTING, K./WEBER, C.-P., Die Bilanzanalyse, S. 259; COENENBERG, A. G., Jahresabschluss und Jahresabschlussanalyse, S. 1035.

$$\text{Modifizierte Personalaufwandsquote (GKV)} = \frac{\text{Personalaufwand}}{\varnothing \text{ Beschäftigtenzahl}} \cdot \frac{\varnothing \text{ Beschäftigtenzahl}}{\text{Gesamtleistung}}$$

$$= \frac{\text{Lohnniveau}}{\text{Produktivität der Belegschaft (GKV)}}$$

Kennzahl Nr. 03.17.02

Beim UKV ist die modifizierte Personalaufwandsquote (UKV) wie folgt zu ermitteln:

$$\text{Modifizierte Personalaufwandsquote (UKV)} = \frac{\text{Personalaufwand}}{\varnothing \text{ Beschäftigtenzahl}} \cdot \frac{\varnothing \text{ Beschäftigtenzahl}}{\text{Umsatzerlöse}}$$

$$= \frac{\text{Lohnniveau}}{\text{Produktivität der Belegschaft (UKV)}}$$

Kennzahl Nr. 03.17.03

Das Lohnniveau wird dabei beim GKV und beim UKV identisch definiert:[247]

$$\text{Lohnniveau} = \frac{\text{Personalaufwand}}{\varnothing \text{ Beschäftigtenzahl}}$$

Kennzahl Nr. 03.18.00

Dagegen wird die Produktivität der Belegschaft i. d. R. auf der Basis der Gesamtleistung ermittelt, wenn das GKV angewendet wird. Beim UKV muss der Umsatz im Zähler ausgewiesen werden, da die Gesamtleistung nicht ermittelt werden kann.[248]

$$\text{Produktivität der Belegschaft (GKV)} = \frac{\text{Gesamtleistung}}{\varnothing \text{ Beschäftigenzahl}}$$

Kennzahl Nr. 03.19.00

$$\text{Produktivität der Belegschaft (UKV)} = \frac{\text{Umsatzerlöse}}{\varnothing \text{ Beschäftigenzahl}}$$

Kennzahl Nr. 03.19.01

---

247 Vgl. KÜTING, K./WEBER, C.-P., Die Bilanzanalyse, S. 259; SCHULT, E., Bilanzanalyse, S. 176.

248 Vgl. COENENBERG, A. G., Jahresabschluss und Jahresabschlussanalyse, S. 1035. Zur Produktivität der Belegschaft vgl. auch GRÄFER, H., Bilanzanalyse, S. 86.

Alternativ lässt sich das Lohnniveau ins Verhältnis zum Rohertrag (Gesamtleistung abzüglich des Materialaufwandes) pro Beschäftigten bringen.[249]

Die Aufspaltung der Personalaufwandsquote in das Lohnniveau und die Produktivität der Belegschaft ermöglicht eine genauere Interpretation der Personalaufwandsquote. Zum Beispiel liegt es bei hohen Änderungen des Lohnniveaus nahe, zu prüfen, ob diese durch Änderungen in der Sozialgesetzgebung verursacht wurden.[250] Eine gestiegene Produktivität der Belegschaft kann auf Rationalisierungsmaßnahmen zurückzuführen sein.[251] Die Aussagefähigkeit der Personalaufwandsquote wird eingeschränkt, wenn das zu analysierende Unternehmen z. B. im größeren Umfang vom Personalleasing Gebrauch macht.[252]

Ferner ist bei **Betriebsvergleichen** zu beachten, dass die Personalaufwandsquote u. a. aufgrund der regionalen Unterschiede im Lohnniveau mit der gebotenen Vorsicht interpretiert werden sollte.[253] Zudem können kompensatorische Effekte in verschiedenen Segmenten des Unternehmens auftreten. Beispielsweise könnte ein unwirtschaftlicher Personaleinsatz in einem Segment durch effektiv wirtschaftende andere Segmente kompensiert und verdeckt werden. Besonders bei Konzernen, die auf mehreren Geschäftsfeldern tätig sind, kann dieser Effekt auftreten.

Die Personalaufwandsquote deutscher Unternehmen wird für die Jahre 1996 bis 2000 in folgender Übersicht angegeben.

Jahr	1996	1997	1998	1999	2000
Chemie	23,7	22,0	23,1	22,0	20,3
Maschinenbau	31,3	30,0	29,1	30,3	29,1
Straßenfahrzeugbau	21,8	20,4	19,2	18,3	17,3
Elektrotechnik	28,8	27,1	25,9	25,7	24,4
Ernährungsgewerbe	14,3	13,8	14,1	14,4	14,0
Baugewerbe	33,6	33,2	33,0	32,3	32,3
Großhandel	8,4	8,3	8,6	8,6	8,1
Einzelhandel	13,1	12,8	12,6	12,2	12,3
Ø deutscher Unternehmen	19,0	18,4	18,4	18,4	17,6

Übersicht VI-10: *Personalaufwandsquote deutscher Unternehmen in %*[254]

---

249 Vgl. KÜTING, K./WEBER, C.-P., Die Bilanzanalyse, S. 260.

250 Vgl. HAUSCHILDT, J., Erfolgs-, Finanz- und Bilanzanalyse, S. 146 f.

251 Vgl. COENENBERG, A. G., Jahresabschluss und Jahresabschlussanalyse, S. 1036.

252 Vgl. KÜTING, K./WEBER, C.-P., Die Bilanzanalyse, S. 260.

253 Vgl. PEEMÖLLER, V. H., Bilanzanalyse und Bilanzpolitik, S. 326.

415.2   Analyse des Materialaufwandes

Als weiterer wichtiger Produktionsfaktor fließt der Materialaufwand in die betriebliche Leistungserstellung ein. Neben dem Personalaufwand zählt der Materialaufwand bei vielen produzierenden Unternehmen zu den größten Aufwandsblöcken.[255] Wenn der Bilanzanalytiker feststellen möchte, welche Bedeutung der Materialaufwand bei einem Unternehmen hat, lässt sich dies mit der **Materialaufwandsstruktur**[256] messen:

$$\text{Materialaufwandsstruktur} = \frac{\text{Materialaufwand}}{\text{Summe der Aufwendungen}}$$

Kennzahl Nr. 03.20.00

Etwas weitergehende Analysemöglichkeiten als die Materialaufwandsstruktur eröffnet die **Materialaufwandsquote**. Sie wird im Schrifttum[257] auch als „Materialintensität" bezeichnet.

$$\text{Materialaufwandsquote (GKV)} = \frac{\text{Materialaufwand}}{\text{Gesamtleistung}}$$

Kennzahl Nr. 03.21.00

Bei dieser Kennzahl werden die Aufwendungen für Roh-, Hilfs- und Betriebsstoffe und für bezogene Waren (§ 275 Abs. 2 Nr. 5 a) HGB) sowie für bezogene Leistungen (§ 275 Abs. 2 Nr. 5 b) HGB) in Beziehung zur Gesamtleistung gesetzt.

Bei Anwendung des UKV gilt entsprechend:

$$\text{Materialaufwandsquote (UKV)} = \frac{\text{Materialaufwand}}{\text{Umsatzerlöse}}$$

Kennzahl Nr. 03.21.01

---

254 Vgl. DEUTSCHE BUNDESBANK (Hrsg.), Monatsbericht April 2002, S. 48-57; DEUTSCHE BUNDESBANK (Hrsg.), Monatsbericht April 2003, S. 64-71 sowie ergänzende schriftliche Angaben der Deutschen Bundesbank, die auf Anfrage erteilt wurden.

255 Vgl. SIGLE, H., Bilanzstrukturpolitik, Sp. 244.

256 Von JACOBS/STAIGER wird diese Kennzahl als „relativer Materialaufwand" bezeichnet, vgl. JACOBS, O. H./STAIGER, J., Die Jahresabschlußanalyse mit Hilfe von Kennzahlen, S. 552.

257 Vgl. z. B. ARBEITSKREIS „EXTERNE UNTERNEHMENSRECHNUNG" DER SCHMALENBACH-GESELLSCHAFT, Empfehlungen zur Vereinheitlichung von Kennzahlen in Geschäftsberichten, S. 1993; COENENBERG, A. G., Jahresabschluss und Jahresabschlussanalyse, S. 1034; PERRIDON, L./STEINER, M., Finanzwirtschaft der Unternehmung, S. 559; ROGLER, S., Gewinn- und Verlustrechnung nach dem UKV, S. 186.

Die Materialaufwandsquote liefert zunächst Hinweise über die Fertigungstiefe des Unternehmens. Je mehr Fertigteile zugekauft werden, desto höher ist die Summe des zugekauften Materials und damit auch die Materialaufwandsquote des Unternehmens (und umgekehrt).[258] Allerdings ist die Schlussfolgerung, dass mit einer relativ hohen Materialaufwandsquote eine geringe Fertigungstiefe verbunden ist, zumindest für strukturungleiche Unternehmen nicht zwingend. Denn die Höhe des Materialaufwandes wird auch durch die Art des hergestellten Produktes, die Preisentwicklungen auf den Beschaffungs- und Absatzmärkten sowie durch die Veränderungen in der Wirtschaftlichkeit des Betriebsablaufes beeinflusst. Somit sollte bei Analysen der Fertigungstiefe eines Unternehmens auch die Wertschöpfungsrechnung[259] herangezogen werden. Aus einer geringen Fertigungstiefe würde sich dann z. B. schließen lassen, dass das Unternehmen relativ flexibel auf Absatzschwankungen reagieren kann. Nachteilig ist bei geringen Fertigungstiefen dagegen, dass das Unternehmen tendenziell abhängiger von seinen Zulieferern ist als bei höheren Fertigungstiefen und dass es Synergiepotentiale möglicherweise nicht in vollem Umfang nutzen kann.[260]

Sowohl für die Materialaufwandsquote als auch für die Materialaufwandsstruktur gilt – wenn branchengleiche und strukturgleiche Unternehmen verglichen werden – bei gleicher Wertschöpfungstiefe grundsätzlich die Arbeitshypothese G<K. Denn bei quantitativ und qualitativ vergleichbaren Produktionsergebnissen ist dasjenige Unternehmen schlechter zu beurteilen, dessen Materialaufwand höher ist (z. B. weil bei quantitativ vergleichbarem Materialeinsatz ein höherer Preis je Mengeneinheit bezahlt wurde). Bei dieser Arbeitshypothese ist indes kritisch anzumerken, dass die genannten Prämissen nur selten erfüllt sind. Zudem kennt der Bilanzanalytiker normalerweise weder das Mengengerüst der Stückliste noch die Preise, die dem Materialverbrauch eines Unternehmens zugrunde liegen.

Weiterhin sind bei der Beurteilung der Materialaufwandsquote Interdependenzen mit anderen Daten und Kennzahlen zu beachten: Eine sinkende Materialaufwandsquote kann unter Umständen negativ zu beurteilen sein, wenn gleichzeitig andere Aufwandsarten steigen und diese Aufwandssteigerungen den gesunkenen Materialaufwand überkompensieren.[261] Eine solche Situation kann z. B. bei einer Erhöhung der Fertigungstiefe entstehen.

---

258 Vgl. PEEMÖLLER, V. H., Bilanzanalyse und Bilanzpolitik, S. 324; COENENBERG, A. G., Jahresabschluss und Jahresabschlussanalyse, S. 1035.

259 Die Kennzahl „Fertigungstiefe" (Kennzahl Nr. 03.38.03) wird bei der Anwendung des GKV als Wertschöpfung im Verhältnis zur Gesamtleistung definiert. Bei der Anwendung des UKV steht statt der Gesamtleistung der Umsatz im Nenner. Zur Wertschöpfungsrechnung vgl. Abschn. 8 in diesem Kapitel.

260 Vgl. LEONARDI, H., Externe Erfolgsanalysen auf der Grundlage handelsrechtlicher Jahresabschlüsse, S. 172; PEEMÖLLER, V. H., Bilanzanalyse und Bilanzpolitik, S. 324.

261 Vgl. HAUSCHILDT, J., Erfolgs-, Finanz- und Bilanzanalyse, S. 145.

Die Überlegungen zeigen, dass die Tragfähigkeit der für die Materialaufwandsquote vorgeschlagenen Arbeitshypothese G<K bei der Bilanzanalyse zu prüfen ist. In praxi haben sich Materialaufwandsquoten bei empirisch-statistischen Tests wegen der häufigen Hypothesenverstöße zwar nicht bewährt. Die Materialaufwandsquote kann aber zur Charakterisierung von Branchen recht gut verwendet werden.

Die Materialaufwandsquote deutscher Unternehmen wird für die Jahre 1996 bis 2000 in folgender Tabelle angegeben:

Jahr	1996	1997	1998	1999	2000
Chemie	49,5	48,6	48,4	48,0	50,0
Maschinenbau	50,7	50,4	51,3	51,1	52,6
Straßenfahrzeugbau	64,6	65,4	67,1	68,3	70,2
Elektrotechnik	56,4	57,9	57,8	59,4	60,9
Ernährungsgewerbe	62,1	63,2	62,5	62,6	63,6
Baugewerbe	49,8	50,1	50,4	51,5	51,9
Großhandel	80,6	80,7	80,6	80,5	81,3
Einzelhandel	71,1	71,5	71,7	72,4	72,3
Ø deutscher Unternehmen	62,3	62,5	62,4	62,6	64,1

Übersicht VI-11: *Materialaufwandsquote deutscher Unternehmen in %*[262]

Zwischen den Produktionsfaktoren „Arbeit" und „Material" bestehen zahlreiche Interdependenzen: Einer höheren Materialaufwandsquote steht i. d. R. eine geringere Wertschöpfungstiefe und damit eine geringere Personalaufwandsquote gegenüber und umgekehrt.[263] Wie die Übersicht VI-11 zeigt, sind Handelsunternehmen typischerweise deutlich materialintensiver als Industrieunternehmen (= höhere Materialaufwandsquote bei Handelsunternehmen). Dagegen zeichnen sich Industrieunternehmen i. d. R. durch höhere Personalaufwandsquoten aus als Handelsunternehmen.[264] Da eine entsprechende Norm fehlt, lässt die absolute Höhe der Kennzahlen „Materialaufwandsquote" und „Personalaufwandsquote" keine wertenden Schlussfolgerungen zu.

---

262 Vgl. DEUTSCHE BUNDESBANK (Hrsg.), Monatsbericht April 2002, S. 48-57; DEUTSCHE BUNDESBANK (Hrsg.), Monatsbericht April 2003, S. 64-71 sowie ergänzende schriftliche Angaben der Deutschen Bundesbank, die auf Anfrage erteilt wurden.

263 Vgl. LEONARDI, H., Externe Erfolgsanalysen auf der Grundlage handelsrechtlicher Jahresabschlüsse, S. 171 f.; GRÄFER, H., Bilanzanalyse, S. 80.

264 Vgl. GRÄFER, H., Bilanzanalyse, S. 80; vgl. auch Übersicht VI-10.

Die Materialaufwandsquote des Philipp Holzmann Konzerns entwickelt sich in den Geschäftsjahren 1994 und 1995 wie folgt:		
Materialaufwandsquote (GKV) **(Kennzahl Nr. 03.21.00)**	**1994**	**1995**
	61,8 %	64,2 %
Die Materialaufwandsquote des Philipp Holzmann Konzerns steigt im betrachteten Zeitraum deutlich an. Außerdem ist die Materialaufwandsquote im Vergleich zum Branchendurchschnitt des Baugewerbes im Jahr 1994 mit 52,3 % und im Jahr 1995 mit 51,8 % deutlich höher.[265] Dies steht im Zusammenhang mit der Personalaufwandsquote, die im Vergleich zum Branchendurchschnitt deutlich niedriger ist. Während die Personalaufwandsquote des Philipp Holzmann Konzerns im Jahr 1995 sinkt, steigt die Materialaufwandsquote an, was eine Verminderung der Fertigungstiefe und eine stärkere Zusammenarbeit mit Subunternehmern vermuten lässt.		

Eine vom Grad des Outsourcing unabhängige Kennzahl, die Betriebsvergleiche zwischen Unternehmen mit unterschiedlichen Fertigungstiefen zulässt, ist die **Material-und Personalaufwandsquote**. Die Material- und Personalaufwandsquote berücksichtigt die Interdependenzen zwischen den Produktionsfaktoren „Arbeit" und „Kapital". Sie ist wie folgt definiert:

$$\text{Material- und Personalaufwandsquote (GKV)} = \frac{\text{Materialaufwand} + \text{Personalaufwand}}{\text{Gesamtleistung}}$$

Kennzahl Nr. 03.22.00

Bei Anwendung des UKV ergibt sich entsprechend:

$$\text{Material- und Personalaufwandsquote (UKV)} = \frac{\text{Materialaufwand} + \text{Personalaufwand}}{\text{Umsatzerlöse}}$$

Kennzahl Nr. 03.22.01

Für die Material- und Personalaufwandsquote gilt – wenn branchengleiche und strukturgleiche Unternehmen verglichen werden sollen – die Arbeitshypothese G<K. Denn wenn ein bestimmter Umfang an Aufgaben mit festgelegter Qualität und in festgelegter Zeit erledigt werden muss, ist dasjenige Unternehmen besser zu beurteilen, das für dieses Ergebnis c. p. eine geringere Summe aus Material- und Personalaufwendungen aufweist. Die Materialaufwands- und die Personalaufwandsquote wird vor allem im Zeitvergleich analysiert. Ein Anstieg der Kennzahl im Zeitablauf kann

---

265 Vgl. DEUTSCHE BUNDESBANK (Hrsg.), Monatsbericht November 1996, S. 50-57; DEUTSCHE BUNDESBANK (Hrsg.), Monatsbericht November 1997, S. 48-55.

auf eine sich strukturell verschlechternde Ertragskraft hindeuten.[266] Sie sollte beim Bilanzanalytiker weitergehende Analysen nach den Ursachen für diese Verschlechterung der Ertragskraft auslösen.

Die Material- und Personalaufwandsquote des Philipp Holzmann Konzerns entwickelt sich in den Geschäftsjahren 1994 und 1995 wie folgt:		
Material- und Personalaufwandsquote (GKV) (Kennzahl Nr. 03.22.00)	**1994**	**1995**
	90,2 %	92,0 %

Die Material- und Personalaufwandsquote des Philipp Holzmann Konzerns steigt im betrachteten Zeitraum um 1,8 %-Punkte an. Demgegenüber verringert sich die Material- und Personalaufwandsquote im Branchendurchschnitt des Baugewerbes um 1,2 %-Punkte von 88,4 % im Jahr 1994 auf 87,2 % im Jahr 1995.[267] Dies lässt vermuten, dass der Philipp Holzmann Konzern im Vergleich zum Branchendurchnitt eine unterdurchschnittliche Wirtschaftlichkeit der betrieblichen Leistungserstellung aufweist, welche sich im Zeitablauf noch verschlechtert.

415.3 Analyse des Abschreibungsaufwandes

Rückschlüsse auf den betrieblichen Leistungsprozess erlaubt auch die **Abschreibungsaufwandsquote**, da sich der Verbrauch des Sachkapitals in den Abschreibungen widerspiegelt. Werden die Abschreibungen in Beziehung zur Gesamtleistung bzw. zum Umsatz gesetzt, so ergibt sich die Abschreibungsaufwandsquote. Da die Abschreibungsaufwandsquote erheblich durch Bilanzpolitik beeinflusst ist, müssen die Abschreibungen des Geschäftsjahres zumindest um die allein aus steuerlichen Gründen vorgenommenen Abschreibungen bereinigt werden (sie sind von großen Kapitalgesellschaften gemäß § 285 Nr. 5 HGB im Anhang anzugeben).[268]

Beim GKV wird die Kennzahl wie folgt gebildet:[269]

$$\text{Abschreibungsaufwandsquote (GKV)} = \frac{\text{Abschreibungen auf das Sachanlagevermögen und auf immaterielle Vermögensgegenstände}}{\text{Gesamtleistung}}$$

Kennzahl Nr. 03.23.00

---

266 Vgl. SIGLE, H., Bilanzstrukturpolitik, Sp. 244.

267 Vgl. DEUTSCHE BUNDESBANK (Hrsg.), Monatsbericht November 1996, S. 50-57; DEUTSCHE BUNDESBANK (Hrsg.), Monatsbericht November 1997, S. 48-55.

268 Vgl. KÜTING, K./WEBER, C.-P., Die Bilanzanalyse, S. 260; GRÄFER, H., Bilanzanalyse, S. 82.

269 Vgl. COENENBERG, A. G., Jahresabschluss und Jahresabschlussanalyse, S. 1036; REHKUGLER, H./PODDIG, T., Bilanzanalyse, S. 187.

Bei Anwendung des UKV ist die Abschreibungsaufwandsquote wie folgt definiert:

$$\text{Abschreibungsaufwandsquote (UKV)} = \frac{\text{Abschreibungen auf das Sachanlagevermögen und auf immaterielle Vermögensgegenstände}}{\text{Umsatzerlöse}}$$

Kennzahl Nr. 03.23.01

Diese Kennzahl drückt aus, wieweit die Gesamtleistung (bzw. bei Anwendung des UKV der Umsatz) mit Hilfe des Einsatzes von Sachanlagevermögen und immateriellen Vermögensgegenständen erstellt wurde.

Abschreibungen auf immaterielle Vermögensgegenstände des Anlagevermögens und Sachanlagen sowie auf aktivierte Aufwendungen für die Ingangsetzung und Erweiterung des Geschäftsbetriebes werden nur in einer GuV nach dem GKV gesondert gezeigt; bei einer GuV nach dem UKV werden diese Aufwendungen im Regelfall den betrieblichen Aufgabenbereichen zugeordnet. Wenn eine Zuordnung nicht möglich ist, werden die Abschreibungen den sonstigen betrieblichen Aufwendungen zugerechnet.

Da die Abschreibungen unter anderem durch die festzulegenden Nutzungsdauern und die Methodenwahlrechte bilanzpolitisch beeinflussbar sind, wäre es wünschenswert, die allein bilanzpolitisch bedingten Erfolgsbeiträge bei der Erfolgsquellenanalyse in den Bewertungserfolg umzugliedern. Indes sind die Wirkungen bilanzpolitischer Maßnahmen bei den Abschreibungen häufig nicht quantifizierbar. So ist i. d. R. nicht bekannt, in welcher Höhe die planmäßigen Abschreibungen der Anlagegüter durch frühere steuerliche Sonderabschreibungen gemindert wurden. Da Sonderabschreibungen aus der Steuerbilanz durch die umgekehrte Maßgeblichkeit aus wirtschaftspolitischen Überlegungen des Gesetzgebers in die Handelsbilanz implementiert wurden, steht ihnen kein Substanzverzehr und keine echte Wertminderung gegenüber.

Weitere kaum erkennbare Ansatzpunkte für bilanzpolitische Maßnahmen, die auch die Abschreibungen betreffen, liegen beispielsweise in vorgezogenen Anschaffungen noch nicht benötigter Vermögensgegenstände, in der Nutzung des Methodenwahlrechtes für die planmäßigen Abschreibungen (vor allem degressiv oder linear) oder in der Wahl der Nutzungsdauer für das abnutzbare Anlagevermögen sowie in der Wahl des unterstellten Restwertes.

Bei den planmäßigen Abschreibungen werden auch die Abschreibungen auf aktivierte Ingangsetzungs- und Erweiterungsaufwendungen ausgewiesen. Sie müssen zurückgerechnet werden und erhöhen daher in den Jahren nach der Aktivierung der Ingangsetzungs- und Erweiterungsaufwendungen den ordentlichen Betriebserfolg.[270]

---

270 Vgl. KÜTING, K./WEBER, C.-P., Die Bilanzanalyse, S. 206.

Bei der Beurteilung der außerplanmäßigen Abschreibungen ist problematisch, dass externe Bilanzanalytiker normalerweise nicht wissen, wieweit diese Abschreibungen betriebswirtschaftlich erforderlich sind, wieweit sie auf der Nutzung von Bewertungswahlrechten beruhen und wie groß die Ermessensspielräume bei der Abschreibungsbemessung sind. Beispielsweise gilt für Vermögensgegenstände des Umlaufvermögens die **strenge Niederstwertvorschrift** (§ 253 Abs. 3 Satz 1 und 2 HGB). Danach müssen Vermögensgegenstände des Umlaufvermögens außerplanmäßig abgeschrieben werden, wenn der Buchwert am Bilanzstichtag durch einen niedrigeren Börsen- oder Marktpreis unterschritten wird oder wenn ein niedrigerer beizulegender Wert vorliegt, falls kein Börsen- oder Marktpreis festgestellt werden kann. Die strenge Niederstwertvorschrift wird z. B. bei den sog. „Reichweitenabschlägen" auf Vorräte angewendet. Bei Reichweitenabschlägen handelt es sich um branchenübliche Bewertungsabschläge, deren Höhe sich nach der durchschnittlichen Lagerumschlaghäufigkeit und der Höhe des Vorratsbestandes richtet. Abhängig vom Produkt sind z. B. bei Drogerien und Apotheken Abschläge bis zu 20 % üblich, während im Textileinzelhandel bis zu 90 % der Anschaffungskosten abgeschrieben werden.[271] Diese Reichweitenabschläge führen zwar „nur" zu periodenverschobenen Aufwendungen und Erträgen, doch wird deutlich, dass außerplanmäßige Abschreibungen dem Bilanzierenden einen erheblichen Ermessensspielraum gewähren. Daneben lässt § 254 HGB im Jahresabschluss für das Anlage- und Umlaufvermögen Abschreibungen zu, um Vermögensgegenstände mit dem niedrigeren Wert anzusetzen, der auf einer nur steuerrechtlich zulässigen Abschreibung beruht. Darüber hinaus dürfen Nicht-Kapitalgesellschaften für Vermögensgegenstände des Anlagevermögens und des Umlaufvermögens Abschreibungen im Rahmen vernünftiger kaufmännischer Beurteilung – sog. „Willkürabschreibungen" – vornehmen (§ 253 Abs. 4 HGB). Diese (Willkür-)Abschreibungen sind allen anderen handelsrechtlich zulässigen Abschreibungsmöglichkeiten gegenüber nachrangig, gewähren aber erhebliche Ermessensspielräume.[272]

Für die Erfolgsquellenanalyse bedeutet dies, dass durch außerplanmäßige Abschreibungen erhebliche Verlagerungen innerhalb der Erfolgsquellen entstehen können, die aber bei rein externen Informationsquellen meistens nicht ermittelt werden können.

Nach HAUSCHILDT ist die Bildung der Abschreibungsaufwandsquote „wenig zweckmäßig"[273], da Abschreibungen zum fixen Aufwand gehören und es somit sinnvoller sei, ihre Veränderung zu betrachten als sie ins Verhältnis zur Gesamtleistung oder zum Umsatz zu setzen. Dabei berücksichtigt er allerdings nicht, dass die Bildung von Verhältniskennzahlen u. a. dazu dient, unterschiedliche Größenverhältnisse vergleichbar zu machen. So wäre die absolute Höhe der Abschreibungen wenig aussagefähig, wenn das zu analysierende Unternehmen eine große Investition oder Akquisiti-

---

271 Vgl. NAHLIK, W., Praxis der Jahresabschlußanalyse, S. 155.

272 Vgl. BERGER, A./SCHRAMM, M./RING, S., in: Beck Bilanzkomm., 5. Aufl., § 253 HGB, Rn. 641; BAETGE, J./FEY, D./FEY, G., in: Küting/Weber, HdR-E, 5. Aufl., § 243 HGB, Rn. 34-40; THIELE, S./PRIGGE, C., in: Baetge/Kirsch/Thiele, § 253 HGB, Rn. 461-474.

273 HAUSCHILDT, J., Erfolgs-, Finanz- und Bilanzanalyse, S. 149.

on tätigt. Zum Beispiel hat die HEIDELBERGER ZEMENT AG zum 01.01.1994 die CBR-Gruppe erstmalig konsolidiert, wodurch sich die Bilanzsumme des Heidelberger Zement-Konzerns ungefähr verdoppelt hat.

Die folgende Übersicht verdeutlicht, dass die Abschreibungsaufwandsquote weit aussagefähiger ist als die absolute Höhe der Abschreibungen, wenn sich das Mengengerüst des Sachanlagevermögens wesentlich ändert:

Vergleich der Abschreibungsaufwandsquoten und der absoluten Höhe der Abschreibungen am Beispiel des Heidelberger Zement-Konzerns[274]			
	1993	**1994**[275]	**1995**
Abschreibungen auf Sachanlagen	316 Mio. DM	504 Mio. DM	506 Mio. DM
Umsatzerlöse	3.149 Mio. DM	6.261 Mio. DM	6.039 Mio. DM
Abschreibungsaufwandsquote[276]	10,0 %	8,0 %	8,4 %
Sachanlagevermögen	1.250 Mio. DM	4.324 Mio. DM	4.665 Mio. DM

Steigt die Abschreibungsaufwandsquote im Zeitablauf, kann dies daran liegen, dass die Unternehmensleitung durch steigende Abschreibungsprozentsätze versucht, stille Rücklagen zu bilden. Eine Verringerung der Abschreibungen, die zu einer sinkenden Abschreibungsaufwandsquote führt, wird dagegen vielfach als ein Warnsignal für eine sich verschlechternde Ertragskraft interpretiert.[277] Dieses ist indes im Zusammenhang mit der Altersstruktur der Anlagen und dem Investitionsverhalten zu analysieren.[278]

Eine hohe Abschreibungsaufwandsquote kann grundsätzlich auf einen hohen Automatisierungsgrad hinweisen.[279] Allerdings gibt es keine Norm, anhand derer sich eine bestimmte Abschreibungsaufwandsquote als „hoch" oder als „niedrig" kennzeichnen ließe.

---

274 Vgl. HEIDELBERGER ZEMENT AG (Hrsg.), Geschäftsbericht 1994, S. 48 und 50; HEIDELBERGER ZEMENT AG (Hrsg.), Geschäftsbericht 1996, S. 46 und 48.

275 Die HEIDELBERGER ZEMENT AG hat zum 31.12.1994 erstmals einen Konzernabschluss erstellt, in dem auch nach IASB-Grundsätzen bilanziert wurde. Dabei wurden u. a. 878 Mio. DM stille Rücklagen im Sachanlagevermögen aufgedeckt. Der Effekt auf die in dieser Übersicht maßgebenden Abschreibungen war aber mit 19,5 Mio. DM vergleichsweise gering, vgl. HEIDELBERGER ZEMENT AG (Hrsg.), Geschäftsbericht 1994, S. 61.

276 Die Abschreibungsquote wurde auf der Basis der Umsatzerlöse und der in dieser Tabelle ausgewiesenen gerundeten Daten berechnet.

277 Vgl. HAUSCHILDT, J., Erfolgsanalyse, S. 550.

278 Vgl. Kap. IV Abschn. 42.

279 Vgl. LEONARDI, H., Externe Erfolgsanalysen auf der Grundlage handelsrechtlicher Jahresabschlüsse, S. 173; NAHLIK, W., Praxis der Jahresabschlußanalyse, S. 187.

WESTFÄLISCHE
WILHELMS-UNIVERSITÄT
MÜNSTER

Die Abbildung zeigt das Münsterische Schloss,
das Hauptgebäude der Westfälischen Wilhelms-Universität.

Verzeichnis der Übersichten

Kapitel VII:
Die Bildung eines Gesamturteils

Kapitel VI:
Die Analyse der Erfolgslage

Kapitel IV:
Die Analyse der Vermögenslage

Kapitel V:
Die Analyse der Finanzlage

Kapitel III:
Grundsätze der Kennzahlenbildung und der Kennzahleninterpretation

Kapitel II:
Erfassung der Daten aus dem Geschäftsbericht

Inhaltsverzeichnis

Kapitel I:
Grundlagen der Bilanzanalyse

Kapitel V:
Die Analyse der Finanzlage

Kapitel VI:
Die Analyse der Erfolgslage

Kapitel VII:
Die Bildung eines Gesamturteils

Inhaltsübersicht

Die „Bilanzanalyse" läge nicht vor, hätten über einen langen Zeitraum hinweg nicht viele fleißige Köpfe und Hände im Hintergrund am Manuskript gefeilt und die Anregungen des Verfassers motiviert umgesetzt. Einzelne Passagen des Buches wurden von meinen ehemaligen und jetzigen Mitarbeitern konzipiert: Dr. Karl-Heinz Armeloh, Dipl.-Kfm. Thomas Beermann, Dr. Carsten Bruns, Dipl.-Kfm. Thorsten Hain, Dr. Peter Happe, Dr. Andreas Jerschensky, Frau Dipl.-Kffr. Ariane Kruse, Dipl.-Kfm. Dieter Kahling, Dipl.-Kfm. Thomas Krolak, Dipl.-Kfm. Dennis Schulze, Frau Dipl.-Kffr. Kirsten Sell, Dipl.-Kfm. Michael Siefke, Dipl.-Kfm. Marc-Alexander Vaubel und Frau Dr. Isabel von Keitz.

Das Manuskript zur Vorlesung im Sommersemester hat Herr Dr. Peter Happe konzipiert und in der Anfangsphase betreut; das Beispiel der CHEMIE AG wurde von Dipl.-Kfm. Dieter Kahling „erfunden". Dr. Wilfried Bechtel, Dr. Hans-Jürgen Kirsch und Dr. Stefan Thiele haben die „Bilanzanalyse" diskussionsfreudig und kritisch begleitet. Frau Dipl.-Kffr. Andrea Rolvering, Dipl.-Wirtsch. Ing. Christian Heitmann und Dipl.-Kfm. Thomas Linßen haben die Druckvorlage kritisch durchgesehen.

In der hektischen Endphase wurde ich von meinem „Bilanzanalyse-Team" vorbildlich unterstützt. Dr. Karl-Heinz Armeloh, Dr. Carsten Bruns und Dr. Andreas Jerschensky haben oft bis tief in die Nacht hinein meine Ideen, Anregungen und konzeptionellen Änderungen effektiv und mit sehr großem Engagement umgesetzt und mich – dort wo es nötig war – gebremst.

Wirkungsvoll unterstützt wurden meine wissenschaftlichen Mitarbeiter dabei von allen studentischen Hilfskräften am Institut. Besonders hervorheben möchte ich cand. rer. pol. Ingo Lange, der alle Kennzahlen für die CHEMIE AG sorgfältig berechnet hat. Das Beispiel der CHEMIE AG wurde von stud. rer. pol. Christian Dorschner kritisch auf Fehler und auf Unstimmigkeiten durchgesehen. Cand. rer. pol. Sven Flakowski hat sich in vielen Tag- und Nachtschichten der äußerst anspruchsvollen Druckvorlage mit großem Einsatz und mit viel Liebe zum Detail angenommen.

Allen Helfern spreche ich meine Anerkennung und meinen Dank für ihre tatkräftige Unterstützung aus.

Alle Leser und Nutzer der „Bilanzanalyse" sind herzlich aufgerufen, mir ihre Meinung sowie Anregungen und Kritik mitzuteilen.

Münster, im April 1998   Jörg Baetge

Die Beschäftigung mit Fragen der Bilanzanalyse hat am Institut für Revisionswesen der Westfälischen Wilhelms-Universität Münster eine lange Tradition. 1933 und 1958 veröffentlichte der Vor-Vorgänger des Verfassers, ALBERT SCHNETTLER, die Erst-Auflagen seiner Schriften „Betriebsvergleich" und „Betriebsanalyse". 1976 legte der Vorgänger des Verfassers, ULRICH LEFFSON, mit seiner Monographie „Bilanzanalyse" ein in der Fachwelt vielbeachtetes Werk vor. LEFFSONS Anspruch, mit der Bilanzanalyse „aus Jahresabschlüssen Informationen abzuleiten, die diesen direkt nicht zu entnehmen sind" (zitiert aus dem Vorwort zur ersten Auflage seiner Monographie), haben sich in den vergangenen zwei Jahrzehnten zahlreiche wissenschaftliche Mitarbeiter des Instituts in empirischer und in theoretischer Hinsicht gestellt. Der Verfasser hat in der Nachfolge von ULRICH LEFFSON diese Tradition fortgeführt. Aus der Zusammenarbeit mit Projektpartnern ergab sich mehrfach die Gelegenheit, die empirische Forschung zur Früherkennung von Bestandsrisiken bei Unternehmen voranzutreiben. Letzter Stand der Forschung ist die Nutzung von Verfahren der künstlichen Intelligenz für die Bilanzanalyse sowie die Verwendung qualitativer Daten als Ergänzung der quantitativen Bilanzanalyse.

Die „Bilanzanalyse" profitiert darüber hinaus von Erfahrungen und Anregungen aus zahlreichen Praxisseminaren und Vorträgen des Verfassers zur Bilanzanalyse. An der Westfälischen Wilhelms-Universität Münster gehört die „Bilanzanalyse" seit vielen Jahren zu den Lehrveranstaltungen des Verfassers: das übliche Bilanzanalyse-Seminar im Sommersemester richtet sich an Studierende des Hauptstudiums und wird regelmäßig in Zusammenarbeit mit namhaften Unternehmen aus der Praxis veranstaltet; ein Lehrauftrag in Sachen „Bilanzanalyse" führt den Verfasser gemeinsam mit Herrn Dr. Hans-Jürgen Kirsch vom Institut für Revisionswesen seit einiger Zeit an die WHU in Vallendar. Die „Bilanzanalyse" wurde als eigenständige zweistündige Vorlesung erstmals im Sommersemester 1997 gehalten; das Manuskript zur Vorlesung diente als Grundlage für das nun vorliegende Buch.

Mit der „Bilanzanalyse" wenden wir uns vor allem an fortgeschrittene Studierende des Hauptstudiums, die sich mit Fragen der Rechnungslegung im Einzelabschluss und im Konzernabschluss bereits vertraut gemacht haben. Damit der Leser die Ausführungen leicht und anschaulich nachvollziehen kann, haben wir das durchgängige Beispiel der CHEMIE AG konzipiert, anhand dessen möglichst alle Kennzahlen erläutert werden. Wie die CHEMIE AG anhand eines modernen Verfahrens der Bilanzanalyse (Backpropagation-Netz mit 14 Kennzahlen) beurteilt wird, dokumentiert ein Auszug aus der BP-14-Auswertung für die CHEMIE AG in Abschnitt 44 dieses Buches. Zahlreiche Beispiele aus aktuellen Geschäftsberichten sollen das Verständnis weiter fördern.

Zugleich richtet sich das Buch auch an Praktiker und hier vor allem an Wirtschaftsprüfer und an Kreditprüfer. Mit dem in Abschnitt 44 des Buches entwickelten Kennzahlensystem stellen wir ein Instrument vor, mit dem die Bestandsfestigkeit von Unternehmen objektiv beurteilt werden kann und das Wirtschaftsprüfer und Kreditprüfer vor allem zur Rationalisierung und Objektivierung ihrer schwierigen Aufgaben einsetzen können.

Alle Leserinnen und Leser der „Bilanzanalyse" seien wiederum ermuntert, uns ihre Kritik und ihre Anmerkungen zukommen zu lassen. Diese können jederzeit an die E-Mail-Adresse *Bilanzanalyse@Baetge-Kirsch-Thiele.de* gerichtet werden.

Münster und Hannover, im September 2004

Jörg Baetge
Hans-Jürgen Kirsch
Stefan Thiele

Vorwort zur ersten Auflage

„Bilanzen" und „Konzernbilanzen" sind die Daten, aus denen der Bilanzanalytiker versucht, ein Gesamturteil über die finanzielle Stabilität und die Ertragsstärke eines Unternehmens zu gewinnen. In dieser Hinsicht steht die hier nun vorliegende „Bilanzanalyse" in enger Beziehung zu den beiden Monographien des Verfassers zum Recht des Einzelabschlusses und zum Recht des Konzernabschlusses.

Nach DIETER SCHNEIDER (1989) gibt es bislang keine „Theorie der Bilanzanalyse": allgemein bewährte Aussagen, wie einzelne bilanzanalytische Kennzahlen zu interpretieren sind, existieren nicht. Dies liegt daran, dass die Umweltbedingungen, für die bestimmte Aussagen gelten, zu komplex sind. Ist eine hohe Eigenkapitalquote immer positiv zu interpretieren? Wie verhält es sich mit einer hohen Eigenkapitalrendite? Wie ist die Lage eines Unternehmens zu beurteilen, bei dem sich die genannten Kennzahlen gegenläufig entwickeln? Die traditionelle Kennzahlenanalyse vermag auf diese Fragen keine befriedigenden Antworten zu geben.

Mit der „Bilanzanalyse" wollen wir uns der Lösung dieser Fragen nähern. Aufbauend auf den Erkenntnissen der modernen empirischen Bilanzanalyse versuchen wir, ein objektives Kennzahlensystem zu entwickeln, mit dem die Bestandsfestigkeit eines Unternehmens – also seine finanzielle Stabilität und seine Ertragsstärke – beurteilt werden kann. Die Kennzahlen dieses Systems werden so gebildet, dass sie bilanzpolitische Maßnahmen des Bilanzierenden möglichst konterkarieren. Jene Kennzahlen, die der Bilanzanalytiker zur Beurteilung eines Unternehmens schließlich heranzieht, dürfen aber nicht willkürlich, sondern müssen objektiv ausgewählt, gewichtet und zusammengefasst werden. Das Neutralisierungsprinzip, das Objektivierungsprinzip und vor allem das Ganzheitlichkeitsprinzip sind hier wichtige gedankliche Orientierungspunkte, die dem Bilanzanalytiker den Weg für die Bildung eines Gesamturteils über die Bestandsfestigkeit eines Unternehmens weisen. Dabei verstehen wir die traditionelle und die moderne Bilanzanalyse durchaus nicht als sich ausschließende unvereinbare Gegensätze; vielmehr nutzt die moderne Bilanzanalyse die traditionelle Bilanzanalyse in Form der klassischen Kennzahlenanalyse als Handwerkzeug und entwickelt sie mit Hilfe von statistisch-empirischen Verfahren weiter.

Die Analyse der Vermögens-, der Finanz- und der Erfolgslage behandeln wir nunmehr in gesonderten Kapiteln, so dass die vorliegende zweite Auflage der „Bilanzanalyse" in sieben Kapitel gegliedert ist. Um das Verständnis der Leser bei der Beschreibung der Analyse der Teillagen zu fördern, werden viele Kennzahlenwerte des Philipp Holzmann Konzerns der Jahre 1994 und 1995 berechnet und analysiert. Ergänzt wird das Philipp Holzmann-Beispiel um zahlreiche weitere Beispiele aus aktuellen Geschäftsberichten. Nahezu alle Kapitel wurden im Zuge der Neuauflage grundlegend überarbeitet. So wird die Vorgehensweise des Bilanzanalytikers von nun an in sieben Schritte unterteilt. Die Festlegung des Analyseziels stellt dabei den ersten Schritt der Bilanzanalyse dar. Das Erfassungsschema wurde gegenüber der Vorauflage weiterentwickelt. In dem nun dreispaltigen Erfassungsschema werden Umbuchungen vorgenommen, um einzelne Posten der Bilanz entsprechend ihrem wirtschaftlichem Charakter auszuweisen. Die Ausführungen gehen grundsätzlich von einer Analyse auf Basis der Rechnungslegung nach HGB aus. Aufgrund der zunehmenden Bedeutung von IFRS-Abschlüssen werden die Besonderheiten der Kennzahlenbildung und Kennzahleninterpretation bei IFRS-Abschlüssen in Kapitel III in einem separaten Abschnitt veranschaulicht. Darüber hinaus werden besondere Unterschiede bei der vergleichenden Analyse von HGB- und IFRS-Abschlüssen erläutert. Die Analyse der Erfolgslage in Kapitel VI wurde um einen Abschnitt zur segmentorientierten Analyse sowie einen Abschnitt zum Konzept des Economic Value Added (EVA) erweitert. In Kapitel VII wurde mit der Logistischen Regression ein weiteres Verfahren zur Bildung eines Gesamturteils über die Lage eines Unternehmens aufgenommen.

Die zweite Auflage der „Bilanzanalyse" wurde an aktuelle Entwicklungen in der Standardsetzung, im Schrifttum sowie in der Rechtsprechung angepasst. Dabei wurde neben den IFRS in der Fassung vom 30. Juni 2004 der Regierungsentwurf für ein Bilanzrechtsreformgesetz (BilReG) vom 21. April 2004 berücksichtigt.

Die umfangreiche inhaltliche und formale Überarbeitung wäre ohne die äußerst engagierte Mitarbeit des Forschungsteams Baetge der Westfälischen Wilhelms-Universität Münster nicht möglich gewesen. Unser besonderer Dank gilt dabei Frau Dipl.-Kffr. Kristin Poerschke und Frau Dipl.-Kffr. Inge Surrey sowie den Herren Dr. Ingo Brötzmann, Dipl.-Kfm. Benedikt Brüggemann, Dipl.-Kfm. Christian Heidemann, Dipl.-Kfm. Thomas Klaholz, Dipl.-Kfm. Achim Lienau, LL.M., Dipl.-Kfm. Cord Prigge, Dipl.-Kfm. Eric Sickmann, Dipl.-Kfm. Jörn Stellbrink und Dipl.-Kfm. Thomas Ströher, die jeweils an separaten Themen mit großem Engagement mitgewirkt haben. Ferner danken wir Herrn Dipl.-Kfm. Timo Keller für die Auswertung von Zahlenmaterial der Deutschen Bundesbank. Bei der Koordination des Projektes wurden wir während der langen Projektdauer von Herrn Dipl.-Kfm. Eric Sickmann und in der Endphase von Herrn Dr. Ingo Brötzmann intensiv und mit großer Umsicht unterstützt. Auch ihnen sei an dieser Stelle ganz herzlich gedankt.

Für ihren unermüdlichen Arbeitseinsatz danken wir ferner den Herren cand. rer. pol. Peter Brüggemann und cand. rer. pol. Michaël Maître, die die Druckvorlage für den Verlag mit größter Sorgfalt und Genauigkeit erstellt haben.

Vorbemerkung zur zweiten Auflage

Mit der vorliegenden zweiten Auflage wurde die „Bilanzanalyse" vollständig überar-beitet. Um die Kapazität für diese und künftige Neuauflagen auf ein breiteres Funda-ment zu stellen, habe ich – wie bereits bei den „Bilanzen" und den „Konzernbilanzen" – meine beiden Schüler, nämlich Herrn Prof. Dr. Hans-Jürgen Kirsch (Universität Hannover) und meinen Habilitanden, Herrn Dr. Stefan Thiele, gebeten, auch die „Bilanzanalyse" mit mir gemeinsam herauszubringen. Das Produkt unserer gemeins-amen Arbeit legen wir hier erstmals mit der zweiten, vollständig überarbeiteten und erheblich erweiterten Auflage der „Bilanzanalyse" vor.

Münster, im September 2004   Jörg Baetge

Vorwort zur zweiten Auflage

Seit Erscheinen der 1. Auflage der „Bilanzanalyse" haben zahlreiche nationale und in-ternationale Bilanzskandale das Vertrauen in die von Unternehmen veröffentlichten Jahresabschlusszahlen erschüttert. Durch das scheinbar plötzliche Zusammenbrechen von Unternehmen wurde Aktionärsvermögen in Milliardenhöhe vernichtet. Eine Un-ternehmenskrise oder eine Insolvenz wird indes selten durch ein plötzliches und un-vorhersehbares Ereignis hervorgerufen, sondern sie ist in der Regel das Ergebnis eines länger andauernden Prozesses, der sich in aufeinanderfolgenden Jahresabschlüssen des Unternehmens zunehmend niederschlägt. Die Analyse des Jahres- und des Konzern-abschlusses stellt dabei ein wichtiges Instrumentarium dar, eine solche Krisensituati-on frühzeitig zu erkennen. In der vorliegenden zweiten Auflage der „Bilanzanalyse" wird am Beispiel des Philipp Holzmann Konzerns verdeutlicht, wie der Bilanzanalyti-ker Anzeichen einer krisenhaften Entwicklung frühzeitig feststellen kann. Die Philipp Holzmann AG stellte am 21. März 2002 einen Insolvenzantrag, nachdem die Insol-venz im Jahr 1999 noch durch eine umstrittene Rettungsaktion von Seiten politischer Entscheidungsträger verhindert wurde. Der Weg des Philipp Holzmann Konzerns in die Insolvenz wurde am Institut für Revisionswesen der Westfälischen Wilhelms-Uni-versität Münster unter der Leitung von Prof. Dr. Dr. h.c. Jörg Baetge intensiv analy-siert. Dabei ließ sich zeigen, dass sich in der Veränderung der Lage vom Jahr 1994 zum Jahr 1995 die Anzeichen für das Vorliegen einer krisenhaften Entwicklung er-heblich verdichteten.

Im Vergleich zur Vorauflage wurde die 2. Auflage der „Bilanzanalyse" sowohl inhalt-lich als auch formal grundlegend überarbeitet. Im Folgenden seien nur die wichtigs-ten Änderungen genannt:

Bibliografische Information der Deutschen Bibliothek

Die Deutsche Bibliothek verzeichnet diese Publikation in
der Deutschen Nationalbibliografie; detaillierte
bibliografische Daten sind im Internet über
http://dnb.ddb.de abrufbar.

ISBN 3-8021-1156-7

Druck und Bindung: Bercker Graphischer Betrieb GmbH & Co. KG, Kevelaer

Bilanzanalyse

2., vollständig überarbeitete und erweiterte Auflage

von

Prof. Dr. Dr. h.c. Jörg Baetge
Westfälische Wilhelms-Universität Münster

Prof. Dr. Hans-Jürgen Kirsch
Universität Hannover

Dr. Stefan Thiele
Westfälische Wilhelms-Universität Münster

IDW
VERLAG GMBH

Düsseldorf 2004

Auch wenn es keine Norm für die Höhe der Abschreibungsaufwandsquote gibt, lässt sich bei dieser Kennzahl für branchengleiche und strukturgleiche Unternehmen die Arbeitshypothese G<K aufstellen. Denn bei vergleichbaren Abschreibungsparametern (u. a. identischen Nutzungsdauern, identischen Abschreibungsmethoden) ist von zwei Unternehmen dasjenige besser zu beurteilen, das seine Sachanlagen günstiger erworben hat. Allerdings kann die Höhe der Abschreibungen in der Realität bereits durch bilanzpolitische Parameter erheblich beeinflusst werden, was die Aussagekraft der Abschreibungsaufwandsquote und damit die Hypothese G<K deutlich einschränkt.

Die Abschreibungsaufwandsquote des Philipp Holzmann Konzerns entwickelt sich in den Geschäftsjahren 1994 und 1995 wie folgt:		
Abschreibungsaufwandsquote (Kennzahl Nr. 03.23.00)	**1994**	**1995**
	3,3 %	3,2 %

Die Abschreibungsaufwandsquote verringert sich im betrachteten Zeitraum unwesentlich. Im Vergleich zum Branchendurchschnitt[280] im Jahr 1994 i. H. v. 4,0 % und im Jahr 1995 i. H. v. 3,9 % weist der Philipp Holzmann Konzern eine niedrigere Quote auf.

Die Abschreibungsaufwandsquote deutscher Unternehmen wird für die Jahre 1996 bis 2000 in folgender Tabelle angegeben:

Jahr	1996	1997	1998	1999	2000
Chemie	4,9	5,0	4,9	5,6	5,6
Maschinenbau	3,1	3,0	3,0	3,1	3,1
Straßenfahrzeugbau	4,0	4,1	3,9	3,9	4,0
Elektrotechnik	3,5	3,4	3,4	3,3	3,1
Ernährungsgewerbe	4,3	4,0	3,9	4,0	3,9
Baugewerbe	3,7	3,6	3,6	3,4	3,2
Großhandel	1,3	1,2	1,3	1,2	1,1
Einzelhandel	2,0	1,8	1,9	1,8	1,8
Ø deutscher Unternehmen	3,5	3,4	3,4	3,4	3,3

Übersicht VI-12: *Abschreibungsaufwandsquote deutscher Unternehmen in %[281]*

---

280 Vgl. DEUTSCHE BUNDESBANK (Hrsg.), Monatsbericht November 1996, S. 50-57; DEUTSCHE BUNDESBANK (Hrsg.), Monatsbericht November 1997, S. 48-55.

281 Vgl. DEUTSCHE BUNDESBANK (Hrsg.), Monatsbericht April 2002, S. 48-57; DEUTSCHE BUNDESBANK (Hrsg.), Monatsbericht April 2003, S. 64-71 sowie ergänzende schriftliche Angaben der Deutschen Bundesbank, die auf Anfrage erteilt wurden.

415.4 Analyse der Herstellungskosten

Da die GuV bei Anwendung des UKV nach den Aufgabenbereichen „Herstellung", „Vertrieb" und „Verwaltung" gegliedert wird, lassen sich diese Aufgabenbereiche bei der Anwendung des UKV explizit untersuchen. Als erste Kennzahl ist dabei die **Herstellungsaufwandsquote** zu nennen. Sie setzt die Herstellungskosten zum Umsatz in Beziehung.[282]

$$\text{Herstellungsaufwandsquote} = \frac{\text{Herstellungskosten der zur Erzielung der Umsatzerlöse erbrachten Leistungen}}{\text{Umsatzerlöse}}$$

Kennzahl Nr. 03.24.00

Die Herstellungsaufwandsquote gibt an, wie hoch die Herstellungskosten bezogen auf einen Euro Umsatz gewesen ist. Steigt die Herstellungsaufwandsquote im Zeitablauf, kann dies eine Verschlechterung der wirtschaftlichen Lage des Unternehmens signalisieren. Umgekehrt lässt ein sinkender Kennzahlenwert vermuten, dass der betriebliche Leistungserstellungsprozess wirtschaftlicher durchgeführt wird.[283]

Betragsmäßig stellen die Herstellungskosten im Posten Nr. 2 der GuV nach dem UKV normalerweise die bedeutendste Aufwandsart dar. Sie enthalten alle Aufwendungen, die aus der Anschaffung oder Herstellung von Leistungen resultieren, die im betreffenden Geschäftsjahr zu Umsatzerlösen geführt haben.[284] Dabei ist unerheblich, in welchem Geschäftsjahr die Herstellungskosten entstanden sind.[285]

Die Herstellungskosten können unter anderem durch die Einbeziehungswahlrechte nach § 255 Abs. 2 HGB erheblich gestaltet werden. So verfügt der Bilanzierende über das Wahlrecht, die fertigen und unfertigen Erzeugnisse mit dem Vollaufwand oder mit dem Teilaufwand zu bewerten. Wenn die Erzeugnisse mit dem **Teilaufwand** bewertet werden, hängt das Jahresergebnis insoweit nur vom Absatz der jeweiligen Periode ab. Bei der Bewertung mit dem **Vollaufwand** wird das Jahresergebnis auch durch den veränderten Lagerbestand beeinflusst, da umso mehr Gemeinkosten aktiviert werden, je stärker die Lagerbestände in einer Periode gestiegen sind. Die zu den aktivierten Gemeinkosten gehörigen Aufwendungen werden bei der Bewertung der Erzeugnisse mit dem Vollaufwand in die Zeit nach dem Bilanzstichtag verschoben und werden erst ergebniswirksam, wenn die entsprechenden Erzeugnisse verkauft wer-

---

282 Vgl. KÜTING, K./WEBER, C.-P., Die Bilanzanalyse, S. 262; COENENBERG, A. G., Jahresabschluss und Jahresabschlussanalyse, S. 1038.

283 Vgl. KÜTING, K./WEBER, C.-P., Die Bilanzanalyse, S. 263.

284 Vgl. BORCHERT, D./BUDDE, A., in: Küting/Weber, HdR-E, 5. Aufl., § 275 HGB, Rn. 132; KIRSCH, H.-J./SIEFKE, K., in: Baetge/Kirsch/Thiele, § 275 HGB, Rn. 302 f.

285 Vgl. z. B. FÖRSCHLE, G., in: Beck Bilanzkomm., 5. Aufl., § 275 HGB, Rn. 266; BAETGE, J./KIRSCH, H.-J./THIELE, S., Bilanzen, S. 592.

den.[286] Da sich Absatz und Lagerbestand nicht selten entgegengesetzt entwickeln (häufig sinkt z. B. der Lagerbestand, wenn die Verkaufszahlen steigen), wirkt die Bewertung zum Vollaufwand normalerweise ergebnisglättend.[287]

Für einen externen Bilanzanalytiker ist es nicht möglich, die zu Vollaufwand ausgewiesenen Herstellungskosten in eine Bilanzierung zu Teilaufwand umzurechnen und umgekehrt. Die Einbeziehungswahlrechte in § 255 Abs. 2 HGB führen hinsichtlich der Aufwandswirksamkeit in der GuV zu Periodenverschiebungen und beeinflussen die Aufwandsstrukturen. So entstehen beim UKV vor allem Aufwandsverlagerungen zwischen Herstellungskosten, allgemeinen Verwaltungskosten und sonstigen betrieblichen Aufwendungen.

Diese beiden Effekte aus der Teilaufwandsaktivierung – Aufwandswirksamkeit in späteren Perioden und Veränderungen in den Aufwandsstrukturen – können durch Aufwandsschlüsselungen noch verstärkt werden. Denn ähnlich wie die Vertriebskosten und die allgemeinen Verwaltungskosten enthalten die Herstellungskosten anteilige Personalkosten und anteilige Abschreibungen, die auf die Kostenstellen verteilt und dann in den Aufgabenbereichen „Herstellung", „Vertrieb" und „Verwaltung" zusammengefasst werden.[288] Durch die Art der Aufwandschlüsselung kann das Unternehmen in gewissem Umfang die Höhe der Herstellungskosten und der Aufwendungen in den anderen Aufgabenbereichen steuern. Je mehr Aufwendungen in die Herstellungskosten fließen, umso stärker werden die Vertriebskosten, die allgemeinen Verwaltungskosten und die sonstigen betrieblichen Aufwendungen entlastet und umgekehrt.[289]

Die Veränderungen der Aufwandsstruktur wirken sich bei der Erfolgsquellenanalyse nicht aus, da sie innerhalb des ordentlichen Betriebserfolges auftreten. Die Aussagefähigkeit von Betriebsvergleichen anhand der Erfolgsquellenanalyse wird allerdings durch die oben genannten Periodenverlagerungen beeinträchtigt. Zu beachten ist zum einen weiterhin, dass die bilanzpolitischen Gestaltungsmöglichkeiten des Bilanzierenden die Aussagefähigkeit des Bruttoergebnisses vom Umsatz beeinträchtigen. Zum anderen werden dadurch Betriebsvergleiche bei der Ertrags- und Aufwandsstrukturanalyse erschwert.

Bei der Ausweitung bzw. Reduktion der Produktion können Aufwandsdegressions- bzw. Aufwandsprogressionseffekte auftreten. Ebenso können aber beim zwischenbetrieblichen Vergleich durch das Wahlrecht des § 255 Abs. 2 HGB erhebliche Unschärfen entstehen. So sind in den Herstellungsaufwendungen bei einer Aktivierung auf Teilaufwandsbasis nur die absatzbezogenen, einzeln zurechenbaren Aufwendungen enthalten. Dagegen gehen bei einer Aktivierung auf Vollaufwandsbasis sowohl

---

286 Vgl. SELCHERT, F. W., Probleme der Herstellungskosten, S. 2298 f.

287 Vgl. BAETGE, J./KIRSCH, H.-J./THIELE, S., Bilanzen, S. 192; PFLEGER, G., Praxis der Bilanzpolitik, S. 264; NETH, M., Herstellungskosten als bilanzpolitisches Mittel, S. 66 und S. 83.

288 Vgl. z. B. BORCHERT, D./BUDDE, A., in: Küting/Weber, HdR-E, 5. Aufl., § 275 HGB, Rn. 134; KIRSCH, H.-J./SIEFKE, K., in: Baetge/Kirsch/Thiele, § 275 HGB, Rn. 302; NAHLIK, W., Praxis der Jahresabschlußanalyse, S. 141.

289 Vgl. NAHLIK, W., Praxis der Jahresabschlußanalyse, S. 141.

Einzel- als auch Gemeinaufwendungen in den Herstellungsaufwand ein. Diese Spielräume des Bilanzierenden bei der Bestimmung der Höhe des Herstellungsaufwandes
können dem externen Bilanzanalytiker erhebliche Schwierigkeiten bereiten.[290] Überdies liegt die Verteilung der fixen Aufwandsarten auf die Herstellung und die anderen
betrieblichen Aufgabenbereiche (Vertrieb, allgemeine Verwaltung) im unternehmensindividuellen Ermessen und ist für den externen Bilanzanalytiker nicht ersichtlich.[291]
Zum Beispiel enthalten sowohl die Herstellungskosten als auch die allgemeinen Verwaltungskosten als auch die Vertriebskosten i. d. R. Abschreibungen und Personalaufwendungen. Neben dem Wahlrecht in § 255 Abs. 2 HGB, die Erzeugnisse zu Teilaufwand oder zu Vollaufwand zu bewerten, werden Betriebsvergleiche der Aufwandsstrukturen vor allem durch die unternehmensindividuellen Schlüsselungen der fixen
Aufwendungen erschwert.[292]

In einem nach den Regelungen des IASB aufgestellten Abschluss besteht für den Bilanzierenden kein Wahlrecht, die fertigen und unfertigen Erzeugnisse mit dem
Vollaufwand oder dem Teilaufwand zu bewerten. Nach IAS 2.10 und IAS 2.12 müssen Vorräte zwingend zu den produktionsbezogenen Vollkosten bewertet werden.[293]
Hinsichtlich der Herstellungskosten wird dadurch die Aussagekraft von Betriebsvergleichen auf der Basis von IFRS-Abschlüssen gegenüber Betriebsvergleichen auf der
Basis von HGB-Abschlüssen deutlich verbessert.

Bei branchengleichen und strukturgleichen Unternehmen gilt für die Herstellungsaufwandsquote und für die im Folgenden dargestellte Vertriebsaufwandsquote sowie
die Verwaltungsaufwandsquote die Arbeitshypothese G<K. Denn bei vergleichbaren
Herstellungs-, Vertriebs- bzw. Verwaltungsstrukturen ist von zwei Unternehmen dasjenige besser zu beurteilen, das ein bestimmtes Ergebnis (= Herstellung bzw. Vertrieb
einer bestimmten Menge von Produkten oder Erledigung eines bestimmten Umfangs
an Verwaltungs- bzw. Dienstleistungstätigkeiten) mit dem geringsten Aufwand erreicht. Die Prämissen der Strukturgleichheit treffen allerdings bei Betriebsvergleichen
selten zu, weshalb die Hypothese G<K in vielen anderen Fällen nicht stimmen wird.

415.5   Analyse des Vertriebsaufwandes

In der **Vertriebsaufwandsquote** werden die Aufwendungen für den Vertrieb der Produkte ins Verhältnis zum Umsatz gesetzt.[294]

---

290 Vgl. BAETGE, J./FISCHER, T. R., Externe Erfolgsanalyse auf der Grundlage des Umsatzkostenverfahrens, S. 8; GRÄFER, H., Bilanzanalyse, S. 83.

291 Vgl. GRÄFER, H., Bilanzanalyse, S. 83.

292 Vgl. KÜTING, K./WEBER, C.-P., Die Bilanzanalyse, S. 263; GRÄFER, H., Bilanzanalyse, S. 83.

293 Vgl. JACOBS, O. H., in: Baetge u. a., Rechnungslegung nach IAS, 2. Aufl., IAS 2, Rn. 21.

294 Vgl. SIGLE, H., Bilanzstrukturpolitik, Sp. 244; KÜTING, K./WEBER, C.-P., Die Bilanzanalyse,
   S. 263; COENENBERG, A. G., Jahresabschluss und Jahresabschlussanalyse, S. 1039.

$$\text{Vertriebsaufwandsquote} = \frac{\text{Vertriebskosten}}{\text{Umsatzerlöse}}$$

Kennzahl Nr. 03.25.00

Als Vertriebskosten werden alle im Geschäftsjahr entstandenen Aufwendungen für Verkaufs- oder Werbeabteilungen, Marketing sowie das Vertreternetz und die Vertriebsläger erfasst. Vertriebseinzelkosten sind dabei z. B. Kosten für Verpackungsmaterial, Frachten, Provisionen, auftragsbezogene Werbekosten und Versandkosten. Dem Produkt nicht direkt zurechenbare Vertriebsgemeinkosten sind vor allem Löhne und Gehälter des Vertriebsbereiches, sonstige Personalkosten des Vertriebsbereiches, Abschreibungen auf Anlagevermögen des Vertriebsbereiches, Messe- und Ausstellungskosten, Marktforschungskosten, allgemeine Transportkosten, Kosten der Rechnungserstellung und der Datenverarbeitung im Vertriebsbereich.[295] Vertriebskosten sind periodenbezogen und nicht umsatzbezogen.[296]

Der Vertriebsaufwand errechnet sich aus der Summe der Aufwendungen für die Verkaufsförderung und für die Werbung sowie der damit verbundenen Löhne, Gehälter und Abschreibungen. Steigt die Vertriebsaufwandsquote im Zeitvergleich, kann dies einerseits aus den gesteigerten Marketing- und Vertriebsanstrengungen resultieren,[297] andererseits aber auch auf gestiegene Absatzprobleme hindeuten. Um diese Kennzahl sinnvoll interpretieren zu können, sollte der Bilanzanalytiker daher versuchen, weitere Informationen darüber zu gewinnen, wieweit bei neuen Absatzgebieten und Produktgruppen der Vertriebsaufwandsanteil vom durchschnittlichen Vertriebsaufwand abweicht.[298]

415.6 Analyse des Verwaltungsaufwandes

Eine weitere Kennzahl zur Analyse der Aufwandsstruktur beim Umsatzkostenverfahren ist die **Verwaltungsaufwandsquote**.[299]

---

295 Vgl. KIRSCH, H.-J./SIEFKE, K., in: Baetge/Kirsch/Thiele, § 275 HGB, Rn. 327; FÖRSCHLE, G., in: Beck Bilanzkomm., 5. Aufl., § 275 HGB, Rn. 283 f.; BORCHERT, D./BUDDE, A., in: Küting/Weber, HdR-E, 5. Aufl., § 275 HGB, Rn. 137; ADS, 6. Aufl., § 275 HGB, Rn. 236.

296 Vgl. KIRSCH, H.-J./SIEFKE, K., in: Baetge/Kirsch/Thiele, § 275 HGB, Rn. 326; BORCHERT, D./BUDDE, A., in: Küting/Weber, HdR-E, 5. Aufl., § 275 HGB, Rn. 136; ADS, 6. Aufl., § 275 HGB, Rn. 236.

297 Vgl. KÜTING, K./WEBER, C.-P., Die Bilanzanalyse, S. 263; GRÄFER, H., Bilanzanalyse, S. 83.

298 Vgl. BORN, K., Bilanzanalyse international, S. 402.

299 Vgl. KÜTING, K./WEBER, C.-P., Die Bilanzanalyse, S. 263; COENENBERG, A. G., Jahresabschluss und Jahresabschlussanalyse, S. 1039.

$$\text{Verwaltungsaufwandsquote} = \frac{\text{Allgemeine Verwaltungskosten}}{\text{Umsatzerlöse}}$$

Kennzahl Nr. 03.26.00

Die allgemeinen Verwaltungskosten besitzen den Charakter eines Sammelpostens. Unter den allgemeinen Verwaltungskosten dürfen handelsrechtlich nur Aufwendungen ausgewiesen werden, die nicht den Herstellungskosten oder den Vertriebskosten zugeordnet werden können.[300] Dazu zählen z. B. Aufwendungen für die Geschäftsführung, das Rechnungswesen, die Rechtsabteilung und den Werkschutz.[301] Auch Materialaufwendungen, Personalaufwendungen sowie Aufwendungen für die Sozialeinrichtungen des Unternehmens zählen zu den allgemeinen Verwaltungskosten, wenn sie dem Verwaltungsbereich zuzurechnen sind. Ähnlich wie die Herstellungskosten und die Vertriebskosten enthalten die allgemeinen Verwaltungskosten damit normalerweise anteilige Abschreibungen und anteilige Personalkosten.

Der Verwaltungsaufwand ist überwiegend dem fixen Aufwand des Unternehmens zuzuordnen und hängt damit nur bedingt von den Umsatzerlösen ab. Neben dem Umsatz als Bezugsgröße ist es daher sinnvoll, diese Aufwandsart zum Gesamtaufwand des Unternehmens in Beziehung zu setzen:

$$\text{Verwaltungsaufwandsstruktur} = \frac{\text{Allgemeine Verwaltungskosten}}{\text{Summe der Aufwendungen}}$$

Kennzahl Nr. 03.27.00

Sinkt eine dieser beiden Kennzahlen im Zeitvergleich, lässt dies auf Rationalisierungsmaßnahmen im Verwaltungsbereich schließen, während gerade in günstigen wirtschaftlichen Phasen oftmals ein überproportionaler Anstieg dieser Kennzahlen zu beobachten ist.[302] Ein überproportionaler Anstieg dieser Kennzahlen – etwa im Vergleich zum Vertriebsaufwand oder zum Herstellungsaufwand – kann dabei auf die Entstehung von Unwirtschaftlichkeiten im Verwaltungsbereich hindeuten.[303]

---

300 Vgl. FÖRSCHLE, G., in: Beck Bilanzkomm., 5. Aufl., § 275 HGB, Rn. 290; BIENER, H./BERNEKE, W., Bilanzrichtlinien-Gesetz, S. 217.

301 Vgl. KIRSCH, H.-J./SIEFKE, K., in: Baetge/Kirsch/Thiele, § 275 HGB, Rn. 331; BORCHERT, D./BUDDE, A., in: Küting/Weber, HdR-E, 5. Aufl., § 275 HGB, Rn. 140; ROGLER, S., Gewinn- und Verlustrechnung nach dem UKV, S. 92; ADS, 6. Aufl., § 275 HGB, Rn. 238.

302 Vgl. BORN, K., Bilanzanalyse international, S. 403; KÜTING, K./WEBER, C.-P., Die Bilanzanalyse, S. 263.

303 Vgl. HAUSCHILDT, J., Erfolgs-, Finanz- und Bilanzanalyse, S. 153; ähnlich SIGLE, H., Bilanzstrukturpolitik, Sp. 245.

415.7 Analyse des Forschungs- und Entwicklungsaufwandes

Als weitere Kennzahl zur Analyse der Aufwandsstruktur ist die **Forschungs- und Entwicklungs-Aufwandsquote** (F & E-Aufwandsquote) anzuführen.[304] Die F & E-Aufwandsquote lässt sich fast ausschließlich nur bei Unternehmen bilden, die nach dem UKV bilanzieren und dementsprechend ihre Aufwendungen im Wesentlichen nach den betrieblichen Aufgabenbereichen (z. B. Herstellung und Vertrieb) gliedern, so dass die F & E-Kosten ohne Schwierigkeiten in der GuV ergänzt werden können. In das GKV lassen sich die F & E-Kosten dagegen nicht als separater Posten aufnehmen; möglich ist aber eine freiwillige Angabe der F & E-Kosten im Anhang oder im Lagebericht. Dies ist indes eher als Ausnahme anzusehen.

$$\text{F \& E-Aufwandsquote} = \frac{\text{Forschungs- und Entwicklungskosten}}{\text{Umsatzerlöse}}$$

Kennzahl Nr. 03.28.00

Mit dieser Kennzahl können Aussagen über das Forschungsverhalten und die Zukunftsbemühungen des Unternehmens gemacht werden. Die Investitionen in die Forschung und Entwicklung sind allein betrachtet indes noch kein Garant für die künftige Ertragskraft des Unternehmens, sondern wesentlich ist allein das durch F & E geschaffene Innovationspotential des Unternehmens. Mit anderen Worten: Die Höhe der F & E-Kosten sagt nicht unmittelbar etwas über den Erfolg der Forschungstätigkeit aus.

Bei der F & E-Aufwandsquote fällt es schwer, eine Arbeitshypothese zu formulieren. Auf der einen Seite ist bei vergleichbaren Forschungsergebnissen von zwei Unternehmen dasjenige besser zu beurteilen, das für dieses Forschungsergebnis weniger aufwenden musste. Hieraus würde die Arbeitshypothese G<K folgen. Auf der anderen Seite sorgt ein Unternehmen tendenziell umso besser für die Zukunft vor und schafft umso mehr Innovationspotential, je mehr Forschung und Entwicklung betrieben wird.[305] Insofern ist auch die Arbeitshypothese G>K vertretbar. Diese Arbeitshypothese könnte indes nur für einen „effizienten F & E-Bereich" gelten, da auch die Forschung und Entwicklung dem Wirtschaftlichkeitsgrundsatz zu unterwerfen ist.

Die Ermittlung der F & E-Aufwandsquote setzt voraus, dass das Unternehmen freiwillig seine F & E-Kosten gemäß § 265 Abs. 5 Satz 2 HGB zusätzlich in das Gliederungsschema der GuV aufnimmt oder separat im Anhang bzw. im F & E-Bericht des Lageberichts angibt.[306]

---

304 Vgl. KÜTING, K./WEBER, C.-P., Die Bilanzanalyse, S. 264; COENENBERG, A. G., Jahresabschluss und Jahresabschlussanalyse, S. 1038; SIGLE, H., Bilanzstrukturpolitik, Sp. 245.

305 Vgl. GRÄFER, H., Bilanzanalyse, S. 179.

306 Vgl. BALLWIESER, W./HÄGER, R., Jahresabschlüsse mittelgroßer Kapitalgesellschaften, S. 138.

Die Analyse von IFRS-Abschlüssen hat gegenüber HGB-Abschlüssen zwar den Vorteil, dass nach IAS 38.126 die Ausgaben für Forschung und Entwicklung offen zu legen sind, die während der Berichtsperiode als Aufwand erfasst worden sind, und dies anders als bei den Aufwendungen im HGB eine Pflichtangabe ist. Beim Vergleich von HGB und IFRS-Abschlüssen muss der Bilanzanalytiker indes beachten, dass Entwicklungskosten nach IAS 38.57 unter bestimmten Bedingungen zu aktivieren sind und dadurch ein Vergleich der F & E-Aufwandsquoten erheblich erschwert wird.[307]

415.8 Analyse des Steueraufwandes

Eine zentrale Rolle bei der erfolgswirtschaftlichen Analyse spielt die Analyse der Steuerbelastung eines Konzerns. In einer Studie am Institut für Revisionswesen der Universität Münster wurden die Steuerquoten, also der Anteil der Konzernsteuern am Bruttogewinn des Konzerns, von 23 Industrie- und Handelsunternehmen des DAX 30 untersucht. Die Studie ergab, dass die durchschnittliche Steuerquote dieser Unternehmen in den Jahren von 1991 bis 1995 um ca. neun Prozentpunkte gesunken ist. Daraus lässt sich schließen, dass die großen international tätigen deutschen Konzerne durch die hohen Steuersätze in Deutschland dazu veranlasst wurden, gewinnbringende Geschäfte in Niedrigsteuerländern zu tätigen. Zudem kann vermutet werden, dass deutsche Konzerne aufgrund der ungünstigen Steuerbedingungen in Deutschland ihre wirtschaftlich in Deutschland entstandenen Gewinne teilweise in Niedrigsteuerländer verlagern.

Um diese Vermutung zu prüfen, werden zwei Kennzahlen gebildet, zum einen die **tatsächliche Steuerquote** des Konzerns (Kennzahl Nr. 03.29.00) und zum anderen die **fiktive Steuerquote** für den Konzern, wofür das gesamte Konzernergebnis fiktiv mit den deutschen Steuersätzen versteuert wird. Es werden die Hypothesen aufgestellt, dass eine Differenz zwischen der tatsächlichen und der fiktiven Steuerquote besteht und dass darüber hinaus die niedrigere tatsächliche Steuerquote auch realisiert worden ist, indem ein Teil des Konzernergebnisses auch mit ausländischen Steuersätzen versteuert worden ist.

Die tatsächliche Steuerquote, also die Steuerquote, die sich aus den Angaben im Konzernabschluss ergibt, wird wie folgt ermittelt:

$$\text{Tatsächliche Steuerquote} = \frac{\text{Steuern vom Einkommen und vom Ertrag}}{\text{Jahresüberschuss vor Ertragsteuern}}$$

Kennzahl Nr. 03.29.00

---

307 Zur Aktivierung von Entwicklungskosten nach IFRS vgl. Kap. IV Abschn. 41.

Die tatsächliche Steuerquote des Philipp Holzmann Konzerns entwickelt sich in den Geschäftsjahren 1994 und 1995 wie folgt:

Tatsächliche Steuerquote (Kennzahl Nr. 03.29.00)	1994	1995
	50,6 %	– 4,9 %

Die starke Verringerung der Steuerquote ist auf den hohen Konzernjahresfehlbetrag vor Steuern im Geschäftsjahr 1995 i. H. v. – 422,2 Mio. DM gegenüber einem Konzernjahresüberschuss vor Steuern i. H. v. 242,8 Mio. DM im Jahr 1994 zurückzuführen. Die im Vergleich zum Vorjahr von 122,8 Mio. DM auf 20,5 Mio. DM gesunkene Steuerlast (Steuern vom Einkommen und Ertrag) entfällt auf Tochtergesellschaften. Die Steuerpflicht der Tochtergesellschaften ist darauf zurückzuführen, dass eine Konzernbesteuerung auf der Basis von Konzernabschlüssen nicht existiert und folglich gewinnbringende Tochtergesellschaften trotz des Konzernverlustes steuerpflichtig sind, sowie darauf, dass aufgrund der gewerbesteuerlichen Hinzurechnungsvorschriften (§ 8 GewStG) Gewerbesteuer zu zahlen ist.

Die **fiktive Steuerbelastung**, also der Steueraufwand, der sich ergäbe, wenn das gesamte Konzernergebnis mit den deutschen Steuersätzen versteuert würde, kann durch Anwendung eines speziellen, im Folgenden zu entwickelnden Teilsteuersatzes auf den Gewinn vor Steuern berechnet werden. Teilsteuersätze bilden Gesamtbelastungsfaktoren der relevanten Steuern, die auf die entsprechende Bemessungsgrundlage der Ertragsteuern angewendet werden können, um die absolute Steuerlast typisiert zu ermitteln.

Mit dem StSenkG wurde im Jahr 2000 ein einheitlicher Körperschaftsteuersatz i. H. v. 25 % (§ 23 Abs. 1 KStG) eingeführt.[308] Für die Besteuerung des Unternehmensgewinns wird nicht mehr zwischen Ausschüttung und Thesaurierung unterschieden, so dass die Besteuerung der Körperschaft grundsätzlich neutral in Bezug auf die Ergebnisverwendung ist. Das körperschaftsteuerliche Anrechnungsverfahren, das seit dem Körperschaftsteuergesetz von 1977 galt, wurde abgeschafft. Die Körperschaftsteuer hat nunmehr definitiven Charakter. Auf die Bedeutung der Übergangsregelungen für die Bilanzanalyse wird später eingegangen. Bemessungsgrundlage für die Körperschaftsteuer ist der Überschuss aus der Summe der steuerpflichtigen Erträge über die als Betriebsausgaben abzugsfähigen Aufwendungen. Zu den Betriebsausgaben gem. § 8 Abs. 1 S. 1 KStG i. V. m. § 4 Abs. 4 EStG gehört u. a. die Gewerbeertragsteuer. Neben der Körperschaftsteuer unterliegt der von einer Kapitalgesellschaft erwirtschaftete Gewinn dieser Gewerbeertragsteuer. Der Gewerbeertragsteuersatz wird durch die Gewerbesteuermesszahl i. H. v. 5 % (§ 11 Abs. 2 Nr. 2 GewStG) und durch den relevanten Gewerbesteuerhebesatz der Gemeinde bestimmt (beispielsweise 455 %). Hieraus lässt sich mit Hilfe der folgenden Formel der effektive Gewerbeertragsteuersatz ermitteln, der berücksichtigt, dass die Gewerbesteuer bei der Ermittlung ihrer eigenen Bemessungsgrundlage abgezogen wird:[309]

---

308 Durch das Flutopfersolidaritätsgesetz vom 19.09.2002 (BGBl. I 2002, S. 3651) wurde der Körperschaftsteuersatz für den Veranlagungszeitraum 2003 auf 26,5 v. H. erhöht.

309 Vgl. zur Berechnung WOTSCHOFSKY, S., Teilsteuerrechnung, S. 653.

$$s_{GewSt} = \frac{m \cdot h}{1 + m \cdot h} = \frac{0{,}05 \cdot 4{,}55}{1 + 0{,}05 \cdot 4{,}55} = 0{,}1853$$

Legende:

s_{GewSt} ≙ effektiver Gewerbesteuersatz
m ≙ Gewerbesteuermesszahl
h ≙ Gewerbesteuerhebesatz der Gemeinde

Übersicht VI-13: *Berechnung des effektiven Gewerbesteuersatzes*

Der Solidaritätszuschlag ist ein Zuschlag i. H. v. 5,5 % (§ 4 Satz 1 SolZG) auf die festgesetzte Körperschaftsteuer. Verwendet man einen Gewerbesteuerhebesatz i. H. v. 455 %, so lässt sich die fiktive Steuerquote der Kapitalgesellschaft beispielhaft wie folgt berechnen:

$$s = s_{KSt} \cdot (1 - s_{GewSt}) \cdot (1 + s_{SolZ}) + s_{GewSt}$$
$$s = 0{,}25 \cdot (1 - 0{,}1853) \cdot (1 + 0{,}055) + 0{,}1853$$
$$s = 0{,}40$$

Legende:

s ≙ relevanter Ertragsteuersatz
s_{KSt} ≙ Körperschaftsteuersatz
s_{GewSt} ≙ Gewerbesteuersatz
s_{SolZ} ≙ Solidaritätszuschlagssatz

Übersicht VI-14: *Berechnung der fiktiven Steuerquote*

Im Beispiel ergibt sich eine fiktive Steuerquote i. H. v. 40 %. Bei der Anwendung dieses Teilsteuersatzes als fiktive Steuerquote ist die Umstellung des Körperschaftsteuersystems auf das Halbeinkünfteverfahren im Jahr 2000 zu beachten. Anteilseigner haben als Ausschüttungsempfänger ihre Gewinnanteile aus der Beteiligung an der Körperschaft hälftig zu versteuern. Ist indes eine Körperschaft (z. B. Mutter-AG) selbst Ausschüttungsempfängerin von einer Tochterkörperschaft (z. B. Tochter-AG), so bleiben die ausgeschütteten Dividenden steuerfrei (§ 8b Abs. 1 KStG). Diese Regelungen schlagen auch auf die Höhe des Gewerbeertrages durch und mindern somit auch die Höhe der Gewerbesteuerschuld. Diese Steuerbefreiung verhindert Mehrfachbelastungen mit Körperschaftsteuer im Konzern (Dividendenprivileg). Die Steuerfreistellung des § 8b Abs. 1 KStG führt gleichzeitig zu der Nichtabzugsfähigkeit des Beteiligungsaufwandes, da mit steuerfreien Einnahmen in unmittelbarem Zusammenhang stehende Ausgaben nicht abzugsfähig sind (§ 8 Abs. 1 S. 1 KStG i. V. m. § 3c Abs. 1 EStG). Bei erhaltenen Dividenden gilt indes gemäß § 8b Abs. 5 KStG ein pauschales Abzugsverbot i. H. v. 5 %, so dass faktisch lediglich 95 % der erhaltenen Dividenden steuerfrei gestellt sind. Die oben ermittelte fiktive Steuerquote darf also nicht ohne weitere Modifikationen auf das im Einzelabschluss ausgewiesene Vorsteuerergebnis angewendet werden, da Teile des Vorsteuerergebnisses unter die Körperschaftsteuerbefreiung fallen und die errechnete, fiktive Steuerlast zu hoch wäre.

Für die Analyse der Ergebnisverwendung sind überdies die Übergangsregelungen bez. des Wechsels vom alten körperschaftsteuerlichen Anrechnungsverfahren zum Halbeinkünfteverfahren zu beachten. Im alten Vollanrechnungssystem von 1977 wurden thesaurierte Gewinne mit 40 % Körperschaftsteuer belastet (Tarifbelastung). Im körperschaftsteuerlichen Anrechnungsverfahren wurden diese Gewinne als EK40 bezeichnet. Der Teil des Gewinns, der an die Anteilseigner ausgeschüttet wurde, war lediglich mit 30 % Körperschaftsteuer belastet. Durch die Einführung des Halbeinkünfteverfahrens fiel diese Unterscheidung weg, so dass die Art der Gewinnverwendung für die Besteuerung der Kapitalgesellschaft mit Körperschaftsteuer und damit mittelbar mit Gewerbeertragsteuer unerheblich wurde. Hat eine Kapitalgesellschaft heute noch alte Gewinne aus Zeiten des Vollanrechnungssystems thesauriert, die mit 40 % KSt besteuert wurden, so gelten Übergangsregelungen zur Herstellung der geringeren Ausschüttungsbelastung für diese Altgewinne. Durch den Wechsel des Körperschaftsteuersystems entstand für diese Altgewinne ein Körperschaftsteuerguthaben: In Höhe von 1/6 der thesaurierten Altgewinne steht der Kapitalgesellschaft ein körperschaftsteuerliches Minderungspotential zu, um die Ausschüttungsbelastung i. H. v. 30 % des alten Anrechnungssystems für alle Kapitalgesellschaften gleichermaßen herzustellen.[310] Werden in der Übergangszeit Altgewinne ausgeschüttet, die der Tarifbelastung i. H. v. 40 % unterlagen, so mindert sich die zu zahlende Körperschaftsteuer um den sechsten Teil der Dividende (§ 37 Abs. 2 Satz 1 KStG). Der Gesetzgeber hat diese ursprünglich auf 15 Jahre angelegte Übergangsregelung durch das Steuervergünstigungsabbaugesetz (StVergAbG)[311] auf 18 Jahre erweitert, wobei die Realisierung des Körperschaftsteuerguthabens beschränkt worden ist. Neben einem fast dreijährigen Moratorium für die Realisierung des Guthabens ist die Inanspruchnahme des Körperschaftsteuerminderungspotentials nach dem 31.05.2005 wie bisher auf 1/6 der Gewinnausschüttung begrenzt. Zusätzlich muss die steuerpflichtige Körperschaft das Guthaben linear auf die Restlaufzeit verteilen.[312] Die Ermittlung der fiktiven Steuerquote durch den externen Bilanzanalytiker wird durch diese Übergangsregelung erschwert, da die Komplexität im Steuerrecht erneut zunimmt. Die fiktive Steuerquote weicht als Folge der ungenauen Ermittlung von der tatsächlichen Steuerquote ab.

Die tatsächliche und die fiktive Steuerquote unterscheiden sich daneben auch, wenn ein Teil des Konzernergebnisses **im Ausland mit von deutschen Steuersätzen abweichenden Steuersätzen** versteuert wurde oder Teile der vom Unternehmen erwirtschafteten Erträge in der aktuellen Periode nicht steuerbar (z. B. Ertrag aus der Neu-

---

310 Der Unterschied zwischen der Thesaurierungsbelastung und der Ausschüttungsbelastung entspricht genau 1/6 der thesaurierten Altgewinne, da (40-30)/(100-40) = 10/60 = 1/6. Vgl. dazu SCHEFFLER, W., Besteuerung, S. 194.

311 Gesetz zum Abbau von Steuervergünstigungen und Ausnahmeregelungen (Steuervergünstigungsabbaugesetz, StVergAbG), BGBl. I 2003, S. 660.

312 Vgl. STRECK, M./BINNEWIES, B., Körperschaftsteuerguthaben, S. 1133 f.

bewertung von investment property nach IAS 40.35) oder steuerbefreit (z. B. nach § 5 KStG) sind. Eine im Vergleich zur fiktiven Steuerquote niedrigere tatsächliche Steuerquote weist tendenziell darauf hin, dass der Konzern die Möglichkeiten, die ihm durch die internationale Tätigkeit offen stehen, nutzt, um durch Gewinngestaltung – z. B. durch Gewinnverlagerung in Niedrigsteuerländer – die Steuerbelastung zu reduzieren.

Bei der **Interpretation der tatsächlichen und der fiktiven Steuerquote** im Rahmen der externen Bilanzanalyse ist indes zu berücksichtigen, dass die gebildeten Kennzahlen unter Umständen erheblich von den „tatsächlichen" Werten abweichen können.[313] Zu berücksichtigen ist hier vor allem:

- Die Höhe der Steuern vom Einkommen und Ertrag wird unter anderem durch Steuererstattungen, Steuernachzahlungen, steuerlich nicht abzugsfähige Aufwendungen und durch die Nutzung von Verlustvorträgen beeinflusst.[314] Diese Informationen liegen einem externen Bilanzanalytiker i. d. R. aber nicht vor. Mit anderen Worten: Die steuerliche Bemessungsgrundlage für die Berechnung der Körperschaftsteuern – die sich vom handelsrechtlichen Jahresüberschuss/Jahresfehlbetrag erheblich unterscheiden kann – ist dem externen Bilanzanalytiker nicht bekannt.[315]

- Als „Steuern vom Einkommen und Ertrag" werden auch latente Steuern ausgewiesen, wenn das im Konzernabschluss ausgewiesene Jahresergebnis vor Steuern und die Summe aller Jahresergebnisse der Konzernunternehmen aufgrund von Konsolidierungsmaßnahmen voneinander abweichen.[316] Um den im Konzernabschluss auszuweisenden Steueraufwand an das Konzernergebnis anzupassen, müssen dann latente Steuern angesetzt werden.[317] Latente Steuern können wiederum auf verschiedene Weise ermittelt werden. Zudem bestehen Ausweiswahlrechte für die latenten Steuern.[318]

Die Diskussion über die Analyse der Steuerbelastung im Konzern wird im Schrifttum unter dem Stichwort **Konzernsteuerquote** geführt.[319] Als Konzernsteuerquote wird dabei grundsätzlich die tatsächliche Steuerquote (Kennzahl 03.29.00) unter Verwendung der Steuern vom Einkommen und Ertrag und des Jahresüberschusses vor Steuern aus dem Konzernabschluss verwendet. Probleme entstehen bei dieser Kennzahlenbildung dadurch, dass die Handelsbilanz zunehmend von der Steuerbilanz abweicht. Da mit Hilfe der Steuerbilanz die Bemessungsgrundlage ermittelt wird, ist

---

313 Vgl. SCHNEIDER, D., Investition, Finanzierung und Besteuerung, S. 187.

314 Vgl. KÜTING, K./WEBER, C.-P., Die Bilanzanalyse, S. 216 f.; SCHNEIDER, D., Investition, Finanzierung und Besteuerung, S. 187 f.

315 Vgl. SCHNEIDER, D., Investition, Finanzierung und Besteuerung, S. 187 f.

316 Vgl. ADS, 6. Aufl., § 298 HGB, Rn. 197.

317 Vgl. BAETGE, J./KIRSCH, H.-J./THIELE, S., Konzernbilanzen, S. 474 f.; BUSSE VON COLBE, W. U. A., Konzernabschlüsse, S. 40.

318 Vgl. BAETGE, J., KIRSCH, H.-J./THIELE, S., Konzernbilanzen, S. 507-514.

319 Vgl. HANNEMANN, S./PFEFFERMANN, P., IAS-Konzernsteuerquote, S. 727; HERZIG, N./DEMPFLE, U., Konzernsteuerquote, S. 1; MÜLLER, R., Konzernsteuerquote, S. 1684.

der Betrag der Steuern vom Einkommen und Ertrag im Zähler der Kennziffer eine Funktion der Steuerbilanz. Der Jahresüberschuss vor Steuern wird dagegen mit Hilfe der handelsrechtlichen Gewinn- und Verlustrechnung ermittelt, so dass sich Zähler und Nenner nicht eindeutig sachlich entsprechen. Das Äquivalenzprinzip als Voraussetzung für eine betriebswirtschaftlich akzeptable Verhältniszahl ist damit nicht hinreichend erfüllt. Um die Lücke zwischen Handels- und Steuerbilanz zu schließen, müssen daher zusätzlich zu den tatsächlich gezahlten oder geschuldeten Steuern bzw. den Steuererstattungsansprüchen die künftigen Steuerschulden bzw. Steuererstattungsansprüche berücksichtigt werden, wenn sie hinreichend quantifizierbar sind. Dieses wird mit der Berücksichtigung latenter Steuern erreicht. Zusätzlich zu den latenten Steuern, die sich aus der Differenz von handelsrechtlichem und steuerrechtlichem Ergebnis im Einzelabschluss ergeben, enthält der Konzernabschluss nach HGB weitere latente Steuern, wenn das im Konzernabschluss ausgewiesene Ergebnis von der Summe der Jahresergebnisse aller Konzernunternehmen aufgrund von Konsolidierungsmaßnahmen abweicht. Bei der Analyse eines IFRS-Abschlusses[320] kann darüber hinaus die Überleitungsrechnung vom erwarteten zum tatsächlichen Steueraufwand (tax rate reconciliation, IAS 12.81c)[321] herangezogen werden. Die Konzernsteuerquote ergibt sich dann wie folgt:[322]

$$\text{Konzernsteuerquote} = \frac{\text{Tatsächlicher + latenter Steueraufwand}}{\text{Jahresüberschuss vor Steuern}}$$

Kennzahl Nr. 03.30.00

Bei der Analyse der Steuerbelastung mit Hilfe der Konzernsteuerquote muss der Bilanzanalytiker beachten, dass bei der steuerlichen Gewinnermittlung im Gesamtkonzern auch in Organschaftsfällen keine steuerliche Konsolidierung entsprechend der Konzernrechnungslegung stattfindet, sondern der Konzernsteueraufwand die durch Konsolidierungsmaßnahmen modifizierte Summe des Steueraufwandes aus den Einzelabschlüssen darstellt. Vor allem bei der Analyse eines HGB-Konzernabschlusses ist das Äquivalenzprinzip nicht immer hinreichend erfüllt, da für permanente Differenzen zwischen handelsrechtlichem und steuerrechtlichem Ergebnis keine latenten Steuern gebildet werden dürfen und die Bilanzierung von latenten Steuern bei quasipermanenten Differenzen umstritten ist.[323] Bei der Analyse der Konzernsteuerquote muss der Bilanzanalytiker also die begrenzte Aussagefähigkeit und die komplexen Regelungen der steuerrechtlichen Sachverhalte beachten.

---

320 Zur Steuerabgrenzung nach IFRS vgl. ausführlich BEERMANN, T., Annäherung von IAS an HGB-Abschlüsse, S. 123-155; BAETGE, J./KIRSCH, H.-J./THIELE, S., Bilanzen, S. 518-528; ZÜLCH, H./LIENAU, A., Bedeutung der Steuerabgrenzung für die fair-value-Bilanzierung, S. 569-575.

321 Vgl. HANNEMANN, S./PFEFFERMANN, P., IAS-Konzernsteuerquote, S. 727.

322 Vgl. HERZIG, N./DEMPFLE, U., Konzernsteuerquote, S. 2.

323 Vgl. BAETGE, J./KIRSCH, H.-J./THIELE, S., Bilanzen, S. 489-491.

Wird die Konzernsteuerquote als **Messgröße des Erfolges der Konzernsteuerabteilung** herangezogen, muss beachtet werden, dass viele steuerliche Sachverhalte von der Steuerabteilung nicht beeinflusst werden können, z. B. die Nichtabziehbarkeit bestimmter Betriebsausgaben.[324] Überdies ist zu beachten, dass die Konzernsteuerquote auch bei Berücksichtigung der latenten Steuern eine überwiegend statische Kennzahl ist und das Ziel der Konzernsteuerabteilung, die Minderung des Steuerbarwertes, nicht korrekt misst.[325] Zum Beispiel kann die Verschlechterung der Konzernsteuerquote in einem Geschäftsjahr langfristig betrachtet vorteilhaft für den Konzern sein, wenn dadurch der Steuerbarwert verringert wird.

Als Teil der Aufwandsstrukturanalyse kann die **Steueraufwandsquote** gebildet werden. Wird keine Steuerbilanzgewinnschätzung vorgenommen, so kann die langfristige Entwicklung der Erfolgslage mit der folgenden Kennzahl untersucht werden:[326]

$$\text{Steueraufwandsquote} = \frac{\text{Steuern vom Einkommen und vom Ertrag}}{\text{Umsatzerlöse}}$$

Kennzahl Nr. 03.31.00

Der Zusammenhang der Steuern vom Einkommen und Ertrag zur Gesamtleistung ist aufgrund der (erfolgsneutralen) Bestandsveränderungen schwächer ausgeprägt als zu den Umsatzerlösen.[327] Aus diesem Grund wird hier auf die Darstellung einer Steueraufwandsquote mit der Gesamtleistung im Nenner der Kennzahl verzichtet.

Bei gleichem Jahresergebnis bzw. bei gleicher Ertragskraft ist im **Betriebsvergleich** dasjenige Unternehmen besser zu beurteilen, das weniger an Ertragsteuern aufwenden muss (z. B. aufgrund von steuerfreien Erträgen). Daher gilt für die Steueraufwandsquote unter der Bedingung, dass die Steuern vom Einkommen und Ertrag größer als null sind, die Arbeitshypothese G<K. Problematisch ist allerdings, dass gesunde Unternehmen tendenziell höhere Gewinne erzielen als kranke Unternehmen, d. h., gesunde Unternehmen erwirtschaften bei gleichem Umsatz und gleicher Steuerquote einen höheren Gewinn als kranke Unternehmen und müssen dann auch höhere Ertragsteuern bezahlen als kranke Unternehmen. Insofern ist die umgekehrte Arbeitshypothese, also G>K, bei der Steueraufwandsquote die im Durchschnitt der Fälle letztlich entscheidende Arbeitshypothese. Die Arbeitshypothese bei der Steueraufwandsquote lautet daher G>K.

Falls im **Zeitvergleich** erhebliche Unterschiede bei den Steuerzahlungen auftreten (z. B. aufgrund von Steuernachzahlungen oder Steuerminderungen durch Inanspruchnahme des Körperschaftsteuerminderungspotentials), sollen diese anhand der Steueraufwandsquote sichtbar werden.[328]

---

324 Vgl. MÜLLER, R., Konzernsteuerquote, S. 1685.

325 Vgl. MÜLLER, R., Konzernsteuerquote, S. 1687.

326 Vgl. KÜTING, K./WEBER, C.-P., Die Bilanzanalyse, S. 261.

327 Vgl. COENENBERG, A. G., Jahresabschluss und Jahresabschlussanalyse, S. 1036 f.

Die Steueraufwandsquote deutscher Unternehmen wird für die Jahre 1996 bis 2000 in folgender Tabelle angegeben:

Jahr	1996	1997	1998	1999	2000
Chemie	1,9	2,5	1,8	1,8	2,1
Maschinenbau	1,1	1,2	1,6	1,7	1,7
Straßenfahrzeugbau	0,9	1,4	2,3	1,6	1,0
Elektrotechnik	1,2	1,1	0,7	0,9	1,2
Ernährungsgewerbe	0,7	0,7	0,9	0,7	0,7
Baugewerbe	0,5	0,5	0,5	0,4	0,5
Großhandel	0,5	0,5	0,5	0,6	0,5
Einzelhandel	0,3	0,3	0,4	0,3	0,3
Ø deutscher Unternehmen	0,8	1,0	1,1	1,1	1,0

Übersicht VI-15: *Steueraufwandsquote deutscher Unternehmen in %[329]*

Sonstige Steuern umfassen sämtliche Steuerzahlungen des Unternehmens, die nicht vom Ertrag abhängen (z. B. Mineralölsteuer, Grundsteuer). Diese sog. Kostensteuern besitzen den Charakter betrieblichen Aufwandes. Sie werden daher im ordentlichen Betriebserfolg ausgewiesen[330] und fallen nicht unter die Analyse der Steuerbelastung i. S. d. Belastung mit Steuern vom Einkommen und Ertrag. Wenn das zu analysierende Unternehmen das UKV anwendet, ist der UKV-Posten Nr. 18 „sonstige Steuern" eher als „Gliederungsvorschlag" aufzufassen, da die sonstigen Steuern bei Anwendung des UKV auch den Aufgabenbereichen „Herstellung", „Vertrieb" und „allgemeine Verwaltung" zugeordnet werden dürfen.[331] In praxi werden sie auch den Aufgabenbereichen zugeordnet und gleichzeitig im Posten Nr. 18 „sonstige Steuern" in voller Höhe ausgewiesen, wenn dafür als Gegenbuchung ein sonstiger betrieblicher Ertrag ausgewiesen wird.[332] Bei den sonstigen Steuern gibt es in der deutschen Bilanzierungspraxis somit die „unterschiedlichsten Ausweismodalitäten"[333]. Diese verschiedenen Ausweismöglichkeiten wirken sich bei der Erfolgsquellenanalyse normalerwei-

---

328 Vgl. PERRIDON, L./STEINER, M., Finanzwirtschaft der Unternehmung, S. 562.

329 Vgl. DEUTSCHE BUNDESBANK (Hrsg.), Monatsbericht April 2002, S. 48-57; DEUTSCHE BUNDESBANK (Hrsg.), Monatsbericht April 2003, S. 64-71 sowie ergänzende schriftliche Angaben der Deutschen Bundesbank, die auf Anfrage erteilt wurden.

330 Vgl. WEHRHEIM, M., Die Erfolgsspaltung als Krisenindikator, S. 510; GRÄFER, H., Bilanzanalyse, S. 61-66; BAETGE, J./BRUNS, C., Erfolgsquellenanalyse, S. 396. Vgl. dazu auch Kap. II Abschn. 332.

331 Vgl. ADS, 6. Aufl., § 275 HGB, Rn. 232.

332 Vgl. ADS, 6. Aufl., § 275 HGB, Rn. 243; BAETGE, J./KIRSCH, H.-J./THIELE, S., Bilanzen, S. 617.

333 KÜTING, K., Kaum noch aussagefähige Unternehmensvergleiche möglich, S. 8; ähnlich ROGLER, S., Gewinn- und Verlustrechnung nach dem UKV, S. 181.

se nicht stark aus, da es sich nur um Verschiebungen innerhalb des ordentlichen Betriebserfolges handelt. Zu beachten ist allerdings, dass sich dadurch mehrere Kennzahlen der Ertrags- und Aufwandsstrukturanalyse ändern können (z. B. die Verwaltungsaufwandsquote (Kennzahl Nr. 03.26.00)[334].

416. Grenzen der Ertrags- und Aufwandsstrukturanalyse

Bei der Ertrags- und Aufwandsstrukturanalyse sind für den Bilanzanalytiker vor allem die Entwicklungen der Kennzahlen im Zeitablauf von großem Interesse. Für die absolute Höhe der Kennzahlenwerte gibt es i. d. R. keine Normen. Die absolute Höhe des Abschreibungsaufwands würde z. B. schon allein wegen ihrer bilanzpolitischen Beeinflussbarkeit und der branchenbedingten Einflüsse auf den Kennzahlenwert keine sinnvolle externe Beurteilung zulassen. Aus einer hohen Materialaufwandsquote könnte man zwar beispielsweise folgern, dass das zu analysierende Unternehmen in vergleichsweise hohem Maße von seinen Zulieferern abhängig ist. Wie erheblich dieses Abhängigkeitsverhältnis ist und mit welchen Risiken es für das Unternehmen verbunden ist, lässt sich aber nur beurteilen, wenn u. a. die Zahl der Lieferanten bekannt ist und ihre Zuverlässigkeit bez. zugesagter Liefertermine und Lieferqualitäten eingeschätzt werden kann.[335] So kann auch bei einer sehr geringen Materialaufwandsquote ein hohes Beschaffungsrisiko vorliegen, wenn nämlich ein entscheidendes Vorprodukt lediglich von einem Lieferanten bezogen werden kann.

Aber auch im Zeitvergleich lassen sich die errechneten Kennzahlen zumeist nicht eindeutig interpretieren.[336] So setzt ein aussagefähiger Zeitvergleich von Ertrags- und Aufwandsquoten u. a. voraus, dass sich die Gesamtleistung bzw. der Umsatz nicht wesentlich geändert haben[337] (z. B. aufgrund von Akquisitionen oder Desinvestitionen von Geschäftsbereichen).

Weiterhin werden alle Kennzahlen der Ertrags- und Aufwandsstrukturanalyse verzerrt, weil die GuV-Posten nicht trennscharf abgrenzbar sind.[338] Zum Beispiel werden bis auf die Pensionsrückstellungen und die Steuerrückstellungen alle Rückstellungszuführungen als sonstige betriebliche Aufwendungen gebucht, obwohl es sich eigentlich um ein Konglomerat aus Materialaufwendungen, Personalaufwendungen, Abschreibungsaufwendungen u. Ä. handelt.[339] Dies wird etwa anhand der Garantierückstellungen deutlich.

---

334 Zur Verwaltungsaufwandsquote vgl. Abschn. 415.6 in diesem Kapitel.

335 Vgl. LEONARDI, H., Externe Erfolgsanalysen auf der Grundlage handelsrechtlicher Jahresabschlüsse, S. 172.

336 Vgl. KÜTING, K./WEBER, C.-P., Die Bilanzanalyse, S. 264.

337 Vgl. KÜTING, K./WEBER, C.-P., Die Bilanzanalyse, S. 262.

338 Vgl. LEONARDI, H., Externe Erfolgsanalysen auf der Grundlage handelsrechtlicher Jahresabschlüsse, S. 173.

339 Vgl. LEONARDI, H., Externe Erfolgsanalysen auf der Grundlage handelsrechtlicher Jahresabschlüsse, S. 173.

Stellt das zu analysierende Unternehmen seine GuV nach dem UKV auf, werden die Möglichkeiten zur Ertrags- und Aufwandsstrukturanalyse nur unwesentlich beschränkt,[340] da bestimmte relevante Daten (z. B. Materialaufwand und Personalaufwand), die bei einer Bilanzierung nach dem UKV in den Aufwendungen der Aufgabenbereiche Herstellung, Verwaltung und Vertrieb zusammengefasst werden, separat ausgewiesen werden müssen.[341] Die Notwendigkeit, bei einer GuV nach UKV auf die Umsatzerlöse statt auf die Gesamtleistung bei der Kennzahlenbildung zurückzugreifen, schränkt die Aussagefähigkeit der Kennzahlen nur in geringem Maße ein.

Als Fazit ist festzuhalten, dass auch die Kennzahlen der Ertrags- und Aufwandsstrukturanalyse keine eigenständigen Schlussfolgerungen über die Ertragskraft und über die Risikosituation des Unternehmens erlauben. Der Analyst muss diese Kennzahlen daher in Verbindung mit anderen Daten/Kennzahlen betrachten, wenn er ein Urteil über die Erfolgslage des zu untersuchenden Unternehmens fällen möchte.

42 Die Analyse der Ergebnisverwendungspolitik

421. Untersuchungsgegenstand und Zweck der Analyse der Ergebnisverwendungspolitik

Durch sachverhaltsgestaltende Maßnahmen und durch die Ausübung von Ansatz- und Bewertungswahlrechten kann der Bilanzierende das Jahresergebnis beeinflussen. Bei der folgenden Analyse der Ergebnisverwendungspolitik geht der Bilanzanalytiker hingegen von einem ermittelten und insofern gegebenen Jahresüberschuss aus, der ausgeschüttet oder thesauriert werden kann.[342] Zur Ergebnisverwendungspolitik gehört die Bildung und Auflösung von offenen Rücklagen. Der Begriff „**Ergebnisverwendung**" umfasst dagegen nicht die Bildung und die Auflösung stiller Rücklagen, die zur Ergebnisermittlung zu rechnen sind.[343]

Die Ergebnisverwendung hat erheblichen Einfluss auf

- die Liquidität des Unternehmens (Innenfinanzierungspotential) und

- die Kapitalerhaltung.

Die „Medaille Ergebnisverwendung" hat zwei Seiten, die von der Unternehmensleitung in Zusammenarbeit mit den anderen zuständigen Organen des Unternehmens in Einklang gebracht werden müssen: Auf der einen Seite dürfen dem Unternehmen nicht so viele Mittel entzogen werden, dass z. B. erforderliche Investitionen nicht

---

340 A. A. KÜTING, K./WEBER, C.-P., Die Bilanzanalyse, S. 266.

341 Der Materialaufwand und der Personalaufwand des Geschäftsjahres sind z. B. bei Anwendung des UKV gemäß § 285 Nr. 8 HGB im Anhang anzugeben. Dabei bestehen im Hinblick auf den Ausweis des Materialaufwandes gemäß § 288 HGB und § 327 Nr. 2 HGB größenabhängige Erleichterungen für kleine und mittlere Kapitalgesellschaften.

342 Vgl. HEINHOLD, M., Bilanzpolitik, Sp. 537; SIEGEL, T., Gewinnverwendungspolitik und Steuern, Sp. 1481 f.

343 Vgl. SIEGEL, T., Gewinnverwendungspolitik und Steuern, Sp. 1483.

mehr getätigt werden können.[344] Auf der anderen Seite wird die Vorteilhaftigkeit eines Aktienengagements entscheidend durch die Ergebnisverwendungspolitik beeinflusst. Denn eine hohe erwartete Dividendenrentabilität trägt für den Aktionär dazu bei, Kursrisiken abzufangen.[345]

422. Gesetzliche Ausschüttungsregelungen und Ergebnisverwendungsrechnung

Wenn **Vorstand und Aufsichtsrat** einer Aktiengesellschaft den Jahresabschluss gemeinsam feststellen, dürfen sie einen Teil des Jahresüberschusses, nach gesetzlicher Regelung des § 58 Abs. 2 Satz 1 AktG allerdings höchstens dessen Hälfte, in die anderen Gewinnrücklagen einstellen (Thesaurierung). Darüber hinausgehende Thesaurierungen dürfen Vorstand und Aufsichtsrat nur bei einer entsprechenden Satzungsbestimmung beschließen (§ 58 Abs. 2 Satz 2 AktG). Die Hauptversammlung darf zudem weitere Teile des Jahresüberschusses in die Gewinnrücklagen einstellen oder als Gewinn vortragen. Bei entsprechender Satzungsbestimmung darf sie auch eine andere Verwendung des Jahresüberschusses beschließen (§ 58 Abs. 3 AktG).

Stellt die **Hauptversammlung** den Jahresabschluss fest, kann die Satzung bestimmen, dass höchstens die Hälfte des Jahresüberschusses in andere Gewinnrücklagen eingestellt wird. Beträge, die in die gesetzliche Rücklage einzustellen sind, und Verlustvorträge sind in allen Fällen vorab vom Jahresüberschuss abzuziehen (§ 58 Abs. 1 AktG).

§ 158 Abs. 1 AktG schreibt für den Einzelabschluss von Aktiengesellschaften und Kommanditgesellschaften auf Aktien eine Darstellung der Ergebnisverwendung im Jahresabschluss vor, wobei die Angaben wahlweise in der GuV oder im Anhang gemacht werden dürfen. In der sog. **Ergebnisverwendungsrechnung** wird gezeigt, wie der Jahresüberschuss/Jahresfehlbetrag unter Berücksichtigung von Gewinn- oder Verlustvorträgen des Vorjahres und unter Berücksichtigung von Änderungen der Rücklagen zum Bilanzgewinn bzw. Bilanzverlust übergeleitet wird. Die folgende Übersicht zeigt das gemäß § 158 Abs. 1 AktG geforderte Schema zur Darstellung der Ergebnisverwendung:

---

344 Vgl. SCHUSTER, L., Jahresabschlußanalyse, Sp. 2070 f.

345 Vgl. STEINER, M./BRUNS, C., Wertpapiermanagement, S. 219. Zur Dividendenrentabilität vgl. im Einzelnen Abschn. 62 in diesem Kapitel. Zur steuerlichen Vorteilhaftigkeit einer Thesaurierung vgl. hingegen Kap. V Abschn. 232.1 sowie Abschn. 423. in diesem Kapitel.

Jahresüberschuss/Jahresfehlbetrag
+ Gewinnvortrag/Verlustvortrag aus dem Vorjahr
+ Entnahmen aus der Kapitalrücklage
+ Entnahmen aus den Gewinnrücklagen:
    a) aus der gesetzlichen Rücklage
    b) aus der Rücklage für eigene Anteile
    c) aus satzungsmäßigen Rücklagen
    d) aus anderen Gewinnrücklagen
− Einstellungen in die Gewinnrücklagen:
    a) in die gesetzliche Rücklage
    b) in die Rücklage für eigene Anteile
    c) in satzungsmäßige Rücklagen
    d) in andere Gewinnrücklagen

= Bilanzgewinn/Bilanzverlust

Übersicht VI-16: *Ergebnisverwendungsrechnung im Einzelabschluss gemäß § 158 Abs. 1 AktG*

Der am Ende der Ergebnisverwendungsrechnung ausgewiesene Bilanzgewinn verbleibt im Einzelabschluss zur Ausschüttung an die Gesellschafter. Die Ergebnisverwendungsrechnung gibt damit vor allem im Zeitablauf Aufschluss über die Ergebnisverwendungspolitik eines Unternehmens. Zudem lässt sie erkennen, in welchem Maße die Haftungsbasis des Unternehmens durch Einstellungen in die Rücklagen gestärkt bzw. in welchem Maße die Haftungsbasis des Unternehmens durch Entnahmen aus den Rücklagen geschwächt wurde.

Im **Konzernabschluss** verweist § 298 Abs. 1 HGB auf § 268 Abs. 1 HGB, wonach die Konzernbilanz unter Berücksichtigung der vollständigen oder der teilweisen Verwendung des Jahresergebnisses aufgestellt werden darf. Zusätzlich verweist § 298 Abs. 1 HGB auch auf die rechtsformspezifischen Vorschriften, die für die in den Konzernabschluss einbezogenen Unternehmen gelten. Zu diesen rechtsformspezifischen Vorschriften zählt auch § 158 Abs. 1 AktG, wonach die Gewinn- und Verlustrechnung von Aktiengesellschaften und Kommanditgesellschaften auf Aktien um eine Ergebnisverwendungsrechnung ergänzt werden muss.

Als wirtschaftliche, aber nicht rechtliche Einheit verwendet der Konzern selbst keine Ergebnisse, und der Konzernabschluss dient nach deutschem Recht auch nicht als **Ausschüttungsbemessungsgrundlage.**[346] Daher muss die Ergebnisverwendungsrechnung des Konzerns auf der Ergebnisverwendung der einbezogenen Unternehmen basieren (vor allem des Mutterunternehmens). Dabei ist zu beachten, dass Gewinn-

---

346 Vgl. IDW (Hrsg.), WP-Handbuch 2000, Bd. I, Rn. M 653; BUSSE VON COLBE, W. U. A., Konzernabschlüsse, S. 28; ADS, 6. Aufl., § 298 HGB, Rn. 196; BAETGE, J./KIRSCH, H.-J./THIELE, S., Konzernbilanzen, S. 40.

ausschüttungen an einbezogene Unternehmen aus Konzernsicht keine Ergebnisverwendung darstellen, so dass diese Ausschüttungen aus dem Konzernbilanzgewinn eliminiert und in die Gewinnrücklagen umgegliedert werden müssen.[347]

423. Die Bedeutung der Ausschüttungsquote für die Analyse der Ergebnisverwendungspolitik

Eine aktionärsfreundliche Ergebnisverwendungspolitik wird vielfach gleichgesetzt mit einer hohen Ausschüttungsquote. Dies mag tendenziell zutreffen, stimmt aber nicht in jedem Fall.[348] Unterstellt man nämlich eine rein finanzielle Zielsetzung der Aktionäre, dann ist für einen Aktionär maßgebend, welchen Barwert an Rückflüssen er mit dem eingesetzten Kapital insgesamt erzielen kann. Theoretisch sind daher Thesaurierungen für die Aktionäre vorteilhafter als Ausschüttungen, wenn die einbehaltenen Beträge im Unternehmen höher verzinst werden als die beste Alternativanlage der Aktionäre.[349] Daneben benachteiligt das im Jahr 2000 eingeführte Halbeinkünfteverfahren Ausschüttungen steuerlich, da jede Ausschüttung einer Kapitalgesellschaft auf der Ebene des Anteilseigners bei natürlichen Personen hälftig besteuert wird (§ 3 Nr. 40 EStG). Der Anteilseigner kann demzufolge nach Ausschüttung und Besteuerung im Vergleich zum Thesaurierungsfall nur den um die Steuerzahlung geringeren Betrag wieder anlegen. Die Besteuerung der Ausschüttung führt also zu einem Thesaurierungstrend (Lock-in-Effekt).[350] Problematisch ist dabei aber vor allem, dass

(1) sich die Alternative des Aktionärs, die Dividendenzahlung zu konsumieren, nicht als finanzielle Größe ausdrücken lässt,

(2) das Einkommen und damit der Einkommensteuersatz des Aktionärs die Vorteilhaftigkeit der Alternativen „Einbehaltung" oder „Ausschüttung" beeinflusst,

(3) sich nicht ermitteln lässt, wie die Dividendenpolitik (z. B. bei den Alternativen der maximalen Thesaurierung und der Vollausschüttung) den Aktienkurs beeinflusst und dass

(4) die Aktionäre normalerweise ex ante nicht beurteilen können, ob es für sie finanziell vorteilhafter wäre, wenn die Gewinne einbehalten oder ausgeschüttet werden.

---

347 Vgl. Baetge, J./Kirsch, H.-J./Thiele, S., Konzernbilanzen, S. 597; Busse von Colbe, W. u. a., Konzernabschlüsse, S. 476.

348 Vgl. Schneider, D., Investition, Finanzierung und Besteuerung, S. 638.

349 Unter der irrealen Prämisse eines vollkommenen Kapitalmarktes zeigen Modigliani/Miller, dass die Dividendenpolitik von Unternehmen das Vermögen ihrer Anteilseigner nicht beeinflusst. Dies liegt im Modell von Modigliani/Miller daran, dass jede Änderung der Dividendenhöhe durch entgegengesetzte Kursänderungen der Aktie perfekt ausgeglichen wird, vgl. Modigliani, F./Miller, M. H., Dividend Policy, Growth and Evaluation of Shares, S. 411-433; Kruschwitz, L., Irrelevanz der Dividendenpolitik, S. 420-423; Perridon, L./Steiner, M., Finanzwirtschaft der Unternehmung, S. 520 f.; zur Kritik an Modigliani/Miller vgl. z. B. Schneider, D., Investition, Finanzierung und Besteuerung, S. 552-576.

350 Vgl. Blumers, W./Beinert, S./Witt, S.-C., Gewinnfluss zur Gesellschafterebene, S. 565.

Die Ausschüttungsentscheidung ist letztlich ein Beispiel für ein **Principal-Agent-Problem**.[351] Eine Principal-Agent-Beziehung entsteht immer dann, wenn der Beauftragte (der Agent, hier: das Management) einen Wissensvorsprung hat, der ihm zu Lasten des Auftraggebers (des Principals, hier: der Aktionär) verborgene Handlungen bei der Vertragsdurchführung erlaubt.[352] Handelt das Management im Aktionärsinteresse, dann liegt die Ausschüttungsquote normalerweise höher als bei einer wenig aktionärsorientierten Ergebnisverwendungspolitik.[353] Demgegenüber erleichtern Thesaurierungen dem Management einerseits, auch bei schwankenden Jahresüberschüssen konstante Ausschüttungen beibehalten zu können, andererseits gewähren sie dem Management einen größeren finanziellen Entscheidungsspielraum als bei einer Vollausschüttung.[354] Die Principal-Agent-Problematik wird durch die aktienrechtlichen Ausschüttungsregelungen etwas relativiert: Wenn Vorstand und Aufsichtsrat gemeinsam den Jahresabschluss feststellen, dürfen sie höchstens 50 % des Jahresüberschusses in die anderen Gewinnrücklagen einstellen (§ 58 Abs. 2 Satz 1 AktG), es sei denn, eine Satzungsbestimmung ermächtigt sie zur Einstellung eines höheren Betrages (§ 58 Abs. 2 Satz 2 AktG). Somit entscheidet rechtlich gesehen die Hauptversammlung über die Verwendung des danach verbleibenden Bilanzgewinns (§ 58 Abs. 3 AktG). In der Praxis wird indes selten vom Gewinnverwendungsvorschlag des Vorstandes abgewichen.

Die Ausschüttungsquote ist wie folgt definiert:[355]

$$\text{Ausschüttungsquote} = \frac{\text{Ausschüttung}}{\text{Jahresüberschuss}}$$

Kennzahl Nr. 03.32.00

Bei der **Interpretation der Ausschüttungsquote** muss differenziert werden, ob ein Einzelabschluss oder ein Konzernabschluss analysiert wird. Rechtlich bemisst sich die Ausschüttung zwar – wie oben bereits erwähnt wurde – stets auf der Basis des Einzelabschlusses; doch orientieren sich die Aktionäre – und auch der Vorstand und der Aufsichtsrat – der großen Konzerne mehr und mehr am Konzernergebnis. Welche Unterschiede entstehen, wenn die Ausschüttungsquote einerseits auf der Basis des Jahresergebnisses laut Einzelabschluss und andererseits auf der Basis des Konzernjahresergebnisses errechnet wird, zeigt das Beispiel der SCHERING AG:

---

351 Vgl. WILHELM, J., Ausschüttungspolitik, Sp. 221-223; SCHNEIDER, D., Investition, Finanzierung und Besteuerung, S. 618 f.

352 Vgl. SCHNEIDER, D., Investition, Finanzierung und Besteuerung, S. 618.

353 Vgl. SIEGEL, T., Gewinnverwendungspolitik und Steuern, Sp. 1494.

354 Vgl. SIEGEL, T., Gewinnverwendungspolitik und Steuern, Sp. 1494.

355 Etwas genauer ist der Quotient aus „Ausschüttung auf Stammaktien" und „Jahresüberschuss nach Abzug der Dividende auf Vorzugsaktien". Diese Informationen stehen externen Analysten aber i. d. R. nicht zur Verfügung.

Ausschüttungsquote (Kennzahl Nr. 03.32.00) am Beispiel des Schering-Konzerns[356]				
	2000	**2001**	**2002**	**2003**
Jahresüberschuss der SCHERING AG (Mio. €)	227	201	432	442
Jahresüberschuss des Schering-Konzerns (Mio. €)	345	428	869	446
Dividende (Mio. €)	198	164	180	180
Ausschüttungsquote (AG)	87,2 %	81,6 %	41,7 %	40,7 %
Ausschüttungsquote (Konzern)	57,4 %	38,3 %	20,7 %	40,4 %

Deutlich erkennbar ist, dass die aus Aktionärssicht maßgebende Ausschüttungsquote des Schering-Konzerns geringer ist als die der SCHERING AG. Es lässt sich vermuten, dass die von den Tochterunternehmen erwirtschafteten Jahresüberschüsse nicht in voller Höhe an das Mutterunternehmen ausgeschüttet worden sind. Wenn also die Ausschüttungsquote auf der Basis des im Einzelabschluss ausgewiesenen Jahresüberschusses beurteilt wird, werden die Thesaurierungen bei Tochterunternehmen vernachlässigt. Vor allem am Beispiel von **Holdinggesellschaften**, die nicht selbst am Markt operieren, wird deutlich, dass de facto nicht das im Einzelabschluss ausgewiesene Jahresergebnis maßgebend für die Ermittlung der Ausschüttungsquote ist, sondern das Konzernergebnis.

Wesentlich beeinflusst wird die Ergebnisverwendungspolitik nach SCHMALENBACH auch durch die **Bedeutung des Kapitalmarkts** für das Unternehmen: „Wenn man die Aktionäre braucht, dann behandelt man sie gut; sind sie nicht mehr brauchbar, dann behandelt man sie schlecht."[357] Die „Investor Relations" gewinnen indes auch in Deutschland zunehmend an Gewicht, an den bedeutendsten Kapitalmärkten der Welt wie in den USA, in Großbritannien und in Japan besitzen sie bereits hohe Relevanz.[358] In der Sprache SCHMALENBACHS bedeutet das: Man erkennt in vielen Unternehmen, dass man die Aktionäre braucht.

5 Segmentorientierte Analyse

51 Bedeutung der Segmentberichterstattung für die Bilanzanalyse

In den vorstehenden Abschnitten wurde dargestellt, mittels welcher Kennzahlen die Erfolgslage eines Unternehmens im Rahmen der externen Bilanzanalyse zu beurteilen ist. Bei diversifizierten Unternehmen ist das alleinige Abstellen auf aggregierte Er-

---

356 Zu den Daten vgl. SCHERING AG (Hrsg.), Geschäftsbericht 2003, S. 151. Im Geschäftsjahr 2002 sind im Jahresüberschuss des Konzerns Einmaleffekte aus Beteiligungsverkauf i. H. v. 689 Mio. € enthalten, vgl. SCHERING AG (Hrsg.), Geschäftsbericht 2002, S. 90.

357 SCHMALENBACH, E., Die Beteiligungsfinanzierung, S. 12.

358 Vgl. BORN, K., Unternehmensanalyse und Unternehmensbewertung, S. 182.

folgs- und Rentabilitätsgrößen für das eigentliche Ziel des externen Bilanzanalytikers, entscheidungsrelevante Informationen über die gegenwärtige und künftige Entwicklung des Unternehmens zu gewinnen,[359] indes nicht ausreichend. Die einzelnen Tätigkeitsgebiete eines diversifizierten Konzerns sind unterschiedlichen Risiko- und Chancenprofilen ausgesetzt, die durch die Verschiedenartigkeit der Produkte bzw. durch die Gegebenheiten regionaler Märkte determiniert werden.[360] Fließen die Informationen über einzelne Geschäftsbereiche lediglich aggregiert in den Konzernabschluss ein, so kann es zu Kompensationseffekten kommen,[361] die es dem Bilanzleser ohne Veröffentlichung einer Segmentberichterstattung unmöglich machen, positive und negative Entwicklungen bei den verschiedenen Geschäftseinheiten zu erkennen. Die Veröffentlichung einer Segmentberichterstattung dient demnach dazu, Informationen über kleinere, homogene Geschäftseinheiten bereitzustellen. Die Aussagefähigkeit der Segmentberichterstattung aus Sicht des externen Bilanzanalytikers hängt dabei von der Abgrenzung der unterschiedlichen Segmente sowie der Qualität der zur Verfügung gestellten Daten ab.

Ziel der Segmentberichterstattung ist es, den Jahresabschlussadressaten einen Einblick in die Vermögens-, Finanz- und Ertragslage der einzelnen Unternehmenseinheiten zu vermitteln. Zu diesem Zweck können die Bilanzleser mit Hilfe der Segmentangaben Kennzahlen auf Segmentebene bilden. Dies ermöglicht intersegmentäre Vergleiche sowie Zeitvergleiche und damit eine Verbesserung des Urteils über die wirtschaftliche Lage des Unternehmens. Grundsätzlich kann versucht werden, alle bereits zuvor aufgeführten Kennzahlen zur Analyse der Vermögens-, Finanz- und Ertragslage auch auf Ebene der Segmente zu bilden. Schon hier sei allerdings angemerkt, dass die Untersuchung der Vermögens- und Finanzlage der einzelnen Segmente für den externen Bilanzanalytiker aufgrund fehlender Daten kaum möglich ist:

Eine **Vermögensstrukturanalyse von Segmenten** wird i. d. R. scheitern, weil das Segmentvermögen einschließlich der Beteiligungen lediglich in einem aggregierten Betrag ausgewiesen wird.[362] Da das Segmentvermögen nicht in Anlage- und Umlaufvermögen aufgeteilt werden muss, scheiden die behandelten Analysemöglichkeiten zum Verhältnis von Anlage- und Umlaufvermögen sowie zur Struktur des Anlage- und Umlaufvermögens aus. Im Rahmen der Analyse des Anlagevermögens ist außerdem die Bildung derjenigen Kennzahlen nicht möglich, für deren Berechnung auf Angaben des Anlagengitters zurückgegriffen werden müsste, da diese Angaben auf Segmentebene nicht gefordert werden. Eine aufschlussreiche Analyse der Vermögenslage der Segmente ist damit nicht möglich.

Bei der **Analyse der Segmentfinanzlage** lassen sich die Kapitalstruktur, die horizontale Bilanzstruktur sowie die Zahlungsströme der einzelnen Segmente mit den Daten des Geschäftsberichtes kaum analysieren. Zwar müssen Vermögen und Investitionen

---

359 Vgl. dazu Kap. I Abschn. 1.

360 Vgl. NARDMANN, H., Segmentberichterstattung, S. 26.

361 Vgl. GRÄFER, H., Bilanzanalyse, S. 111.

362 Zum Umfang der Segmentangaben vgl. Abschn. 523. in diesem Kapitel.

auf Segmentebene angegeben werden, nicht jedoch die Finanzierung des Vermögens bzw. der Investition.[363] Aufgrund dessen ist es nicht möglich, Eigen- und Fremdkapital auf Segmentebene abzugrenzen. Hiermit erübrigen sich die Möglichkeiten, das Verhältnis von Eigenkapital und Fremdkapital sowie die Struktur des Eigenkapitals bzw. Fremdkapitals auf Segmentebene zu untersuchen. Ebenso ist eine horizontale Bilanzstrukturanalyse nicht möglich, weil das Vermögen nicht in Anlage- und Umlaufvermögen aufzuteilen ist. Der externe Bilanzanalytiker kann somit eine segmentorientierte Analyse der Finanzlage nicht durchführen.

Den Schwerpunkt der bilanzanalytischen Auswertung der Segmentangaben bildet die Analyse der **Segmenterfolgslage**. Ziel des externen Bilanzanalytikers ist es, die Erfolgsbeiträge der einzelnen Segmente sowie die dabei erzielten Rentabilitäten zu untersuchen. Für Letztere benötigt der externe Bilanzanalytiker die in der Segmentberichterstattung bereitgestellten unterstützenden Angaben zum Vermögen und zu den Schulden der einzelnen Segmente.

Aufgrund der sehr eingeschränkten bzw. nicht vorhandenen Analysemöglichkeiten werden die Segmentvermögenslage und die Segmentfinanzlage in den folgenden Abschnitten nicht weiter betrachtet. Die bilanzanalytische Auswertung der Segmentangaben konzentriert sich in Abschn. 53 auf die Analyse der Segmenterfolgslage und ist daher diesem Kapitel zugeordnet.

52   Konkrete Regelungen zur Segmentberichterstattung

521.   Rechtsgrundlagen

Der Gesetzgeber hat die Veröffentlichung einer Segmentberichterstattung als eigenständigen Bestandteil[364] des Konzernabschlusses für kapitalmarktorientierte Mutterunternehmen etabliert. Die Pflicht zur Erstellung und Veröffentlichung einer Segmentberichterstattung besteht bereits seit In-Kraft-Treten des KonTraG gem. § 297 Abs. 1 HGB für börsennotierte Mutterunternehmen. Im Rahmen des TransPuG ist die Zahl der dieser Verpflichtung unterliegenden Unternehmen ausgeweitet worden auf Mutterunternehmen, die einen organisierten Markt i. S. d. § 2 Abs. 5 WpHG durch Ausgabe eigener Wertpapiere oder durch von Tochterunternehmen emittierte Wertpapiere in Anspruch nehmen. Die Aufstellungspflicht entsteht bereits, wenn die Zulassung der Wertpapiere zum Handel beantragt wird.[365] Die Anpassung des deutschen Handelsgesetzbuches durch das Bilanzrechtsreformgesetz (BilReG) an die sog. „IAS-Verordnung" Nr. 1606/2002 des Europäischen Parlamentes und des Rates führt dazu, dass kapitalmarktorientierte Unternehmen für Geschäftsjahre, die nach dem 01.01.2005 beginnen, einen IFRS-Konzernabschluss aufstellen und damit eine Segmentberichterstattung nach IAS 14 veröffentlichen müssen.

---

363 Vgl. COENENBERG, A. G./MATTNER, G., Segment- und Wertberichterstattung, S. 1830.

364 Vgl. LENZ, H./FOCKEN, E., Segmentberichterstattung, S. 854.

365 Vgl. LENZ, H./FOCKEN, E., Segmentberichterstattung, S. 853 f.

Für alle nicht kapitalmarktorientierten Unternehmen, die einen HGB-Konzernabschluss aufstellen, besteht keine Pflicht zur Veröffentlichung einer Segmentberichterstattung als eigenständiger Bestandteil des Konzernabschlusses.[366] Diesen Unternehmen steht es indes frei, eine Segmentberichterstattung zu veröffentlichen. Die konkrete Ausgestaltung einer Segmentberichterstattung nach HGB ist weder durch das Gesetz noch durch die Gesetzesbegründung eindeutig festgelegt.[367] Diese Regelungslücke füllt DRS 3 aus, für den (wie für alle im Bundesanzeiger veröffentlichten DRS) die Vermutung gilt, dass er einen die Konzernrechnungslegung betreffenden Grundsatz ordnungsmäßiger Buchführung darstellt, der mit Bekanntmachung vom BMJ als autorisierte Gesetzesinterpretation gilt (§ 342 Abs. 2 HGB).[368]

522. Segmentabgrenzung sowie Segmentbilanzierungs- und Segmentbewertungsmethoden

In der internationalen Rechnungslegung werden im Zusammenhang mit der Abgrenzung der für die Segmentberichterstattung zu bildenden Segmente zwei theoretische Konzeptionen diskutiert, der **management approach** und der **risk and reward approach**.[369]

Nach dem **management approach** ist die Segmentberichterstattung derart zu gestalten, dass der Jahresabschlussleser aus der Perspektive der Leitungsorgane Einblick in die Vermögens-, Finanz- und Ertragslage des Unternehmens bekommt. Offen gelegte Informationen werden strukturell sowie inhaltlich nach Maßgabe des internen Berichtswesens aufbereitet.[370] Die interne Organisations- und Berichtsstruktur eines Unternehmens wird sich i. d. R. nach Produkten, Regionen oder den rechtlichen Verhältnissen im Konzern richten. Als Folge der organisatorischen Ausrichtung des Unternehmens muss für die Zwecke der Segmentberichterstattung eine Abgrenzung der Berichtseinheiten nach den unternehmensinternen Kriterien erfolgen.

Nach dem **risk and reward approach** ist nicht das interne Berichtswesen maßgeblich für die Einteilung des Unternehmens in Segmente. Hier werden die Segmente so gebildet, dass sie im Hinblick auf die Risiko- und Chancenstruktur in sich homogene und im Verhältnis zueinander heterogene Risiko- und Chancengruppen repräsentieren. Hierdurch werden i. d. R. Segmente nach Produkten/Dienstleistungen oder Regionen gebildet. Ziel der Segmentbildung ist es, eine intersegmentäre sowie mehrperiodige Vergleichbarkeit herzustellen.

---

366 An dieser Regelung soll nach dem Regierungsentwurf für ein Bilanzrechtsreformgesetz vom 21.04.2004 festgehalten werden. Den betroffenen, nicht kapitalmarktorientierten Unternehmen soll nach § 297 Abs. 1 Satz 1 HGB-Entwurf vielmehr ein Wahlrecht zur Veröffentlichung einer Segmentberichterstattung eingeräumt werden.

367 Vgl. BAETGE, J./KIRSCH, H.-J./THIELE, S., Konzernbilanzen, S. 579.

368 Vgl. NAUMANN, T. K., Segmentberichterstattung, S. 2288.

369 Vgl. GEIGER, T., Prüfung der Segmentberichterstattung, S. 1904.

370 Vgl. NARDMANN, H., Segmentberichterstattung, S. 21.

Eine Segmentierung nach dem management approach und nach dem risk and reward approach führt dann zu gleichen Ergebnissen, wenn das interne Berichtswesen unter Berücksichtigung der Risiko- und Chancenstruktur der Unternehmenseinheiten gestaltet ist. Während DRS 3 bei den Anforderungen an die Segmentierung des Unternehmens zum Zwecke der Segmentberichterstattung dem management approach folgt, verlangt IAS 14.26 eine in erster Linie risikoorientierte Segmentierung entweder nach Geschäftsfeldern oder geographischen Gesichtspunkten. Nach IAS 14.27 wird indes davon ausgegangen, dass sich die interne Organisations- und Managementstruktur an der Risiko- und Chancenstruktur des Unternehmens orientiert. Aus der risikoorientierten Segmentierung ergibt sich das sog. primäre Berichtsformat entweder nach Geschäftsbereichen oder nach Regionen. Das jeweils andere Segmentierungskriterium ist maßgeblich für das sekundäre Berichtsformat. Eine Segmentberichterstattung nach IFRS hat immer beide Berichtsformate zu enthalten, wobei im Rahmen des primären Berichtsformates mehr Informationen zur Verfügung gestellt werden als durch das sekundäre Berichtsformat.[371]

Neben der Kenntnis der Vorgehensweise bei der Segmentierung ist es für den externen Bilanzanalytiker sehr wichtig, zu wissen, aus welcher Datenbasis die veröffentlichten Segmentangaben generiert worden sind. Grundsätzlich bestehen aus Sicht des bilanzierenden Unternehmens die Möglichkeiten, die Zahlen aus dem internen Berichtswesen zu übernehmen oder die Angaben aus dem konsolidierten Abschluss zu generieren. In diesem Zusammenhang sind zwei Konzeptionen zu diskutieren. Während der erste Ansatz, der sog. **autonomous entity approach**, die Lage der Unternehmensteileinheit bei wirtschaftlicher Unabhängigkeit vom Gesamtunternehmen darstellt, um eine größere Vergleichbarkeit mit rechtlich selbstständigen Unternehmen zu gewährleisten, zielt der zweite Ansatz darauf ab, die konsolidierten Daten aufzugliedern (**disaggregation approach**).[372]

Nach DRS 3.19 sind die Daten verschiedener Segmente vor Konsolidierung anzugeben, wobei innerhalb der Segmente Konsolidierungen vorzunehmen sind.[373] Die Generierung der Segmentdaten aus dem konsolidierten Abschluss ist Ausdruck des disaggregation approach, während der Ansatz von Daten verschiedener Segmente vor Konsolidierung eher darauf hinweist, dass der autonomous entity approach umgesetzt wurde.[374] Der DSR folgt tendenziell eher dem disaggregation approach.[375] Dabei wurde bewusst ein Bruch mit dem im Rahmen der Segmentabgrenzung befolgten management approach in Kauf genommen, um zu gewährleisten, dass die Segmentdaten zu den Jahresabschlussdaten übergeleitet werden können. Eine durchgängige Befolgung des management approach hätte in diesem Zusammenhang bedeutet, dass die internen Berichtsdaten veröffentlicht würden. Dies würde indes dazu führen, dass grundsätzlich auch Kostenrechnungsbestandteile, z. B. kalkulatorische Kosten, ange-

---

371 Vgl. HEUSER, P./THEILE, C., IAS Handbuch, S. 393.

372 Vgl. HALLER, A., in: Baetge u. a., Rechnungslegung nach IAS, 2. Aufl., IAS 14, Rn. 26.

373 Vgl. FÖRSCHLE, G./KRONER, M., in: Beck Bilanzkomm., 5. Aufl., § 297 HGB, Rn. 119.

374 Vgl. ALVAREZ, M., Segmentberichterstattung, S. 2060.

375 Vgl. NARDMANN, H., Segmentberichterstattung, S. 111.

setzt werden dürften. Zwar besäßen diese Angaben für den Abschlussleser möglicherweise einen hohen Informationswert, allerdings wäre die Verlässlichkeit bzw. Objektivität der Daten in diesem Fall nicht gewährleistet.

Als Folge des vom DSR bevorzugten disaggregation approach müssen die den einzelnen Segmenten zugeordneten Vermögens- und Schuldpositionen grundsätzlich mit den korrespondierenden Aufwendungen und Erträgen gezeigt werden.[376] Vermögens- und Schuldpositionen, die gemeinsam von mehreren Segmenten genutzt werden, sind mittels einer sachgerechten Schlüsselung auf mehrere Segmente zu verteilen.[377] Alle den Segmenten nicht eindeutig zurechenbaren Bestands- und Stromgrößen sind in einer Überleitungsspalte auszuweisen.

Auch IAS 14 basiert konzeptionell auf dem disaggregation approach, wonach die Segmentdaten grundsätzlich aus den konsolidierten Daten des Jahresabschlusses zu gewinnen sind (IAS 14.44 f.). Auf diese Weise wird auch hier der Einfluss kalkulatorischer Größen auf die Segmentberichterstattung vermieden.[378] Allerdings gestattet IAS 14.46, Daten des internen Berichtswesens im Anhang zu veröffentlichen, sofern dies dem Bilanzleser Informationsvorteile verschafft.

523. Segmentangaben

Die Analysemöglichkeiten im Rahmen der Untersuchung der Segmentberichterstattung hängen von den zur Verfügung gestellten Daten ab. Der Bilanzanalytiker kann nur dann zusätzliche Erkenntnisse aus der Untersuchung der segmentspezifischen Informationen gewinnen, wenn ausreichend Datenmaterial vorliegt. Nach DRS 3 sind für die berichtspflichtigen operativen Segmente folgende Angaben einschließlich der Vorjahreswerte zu veröffentlichen (DRS 3.31):[379]

- **Umsatzerlöse**

  Die Umsatzerlöse sind in Umsätze mit externen Kunden und intersegmentären Kunden zu unterteilen.

- **Ergebnis**

  Die Definition des Segmentergebnisses kann durch die Unternehmensleitung selbst bestimmt werden. Dies ermöglicht die Berücksichtigung von segmentspezifischen Gegebenheiten und kann als Ausfluss des management approach gewertet werden, da sich das Ergebnis an der Wertgröße orientieren kann, die auch zur Unternehmenssteuerung eingesetzt wird. Wird das Ergebnis der gewöhnlichen Geschäftstätigkeit gewählt, so sind zusätzlich die Zinsaufwendungen und -erträge anzugeben. Bei Veröffentlichung eines Periodenergebnisses müssen die Ertrag-

---

376 Vgl. KIND, A., Segment-Rechnung, S. 101.

377 Vgl. FÖRSCHLE, G./KRONER, M., in: Beck Bilanzkomm., 5. Aufl., § 297 HGB, Rn. 129; COENENBERG, A. G., Jahresabschluss und Jahresabschlussanalyse, S. 818.

378 Vgl. HALLER, A., in: Baetge u. a., Rechnungslegung nach IAS, 2. Aufl., IAS 14, Rn. 26.

379 Vgl. zur Kommentierung der Angaben ALVAREZ, M., Segmentberichterstattung, S. 2061 f.

steuern ausgewiesen werden (DRS 3.32 bzw. 3.33). Weiterhin sind grundsätzlich die im Ergebnis enthaltenen Abschreibungen, andere nicht zahlungswirksame Posten, das Ergebnis aus Beteiligungen an assoziierten Unternehmen sowie Erträge aus sonstigen Beteiligungen anzugeben.

■ **Vermögen einschließlich Beteiligungen**

Das Segmentvermögen muss lediglich in einem aggregierten Betrag ausgewiesen werden. Das bilanzierende Unternehmen muss das Segmentvermögen nicht in Anlagevermögen und Umlaufvermögen aufteilen.

■ **Investitionen in das langfristige Vermögen**

■ **Schulden**

Die Segmentschulden umfassen die Bestandteile des Working Capital sowie die Finanzschulden (DRS 3.8). Die Finanzschulden sind nur auf die Segmente aufzuschlüsseln, sofern dies der internen Berichtssystematik des Unternehmens entspricht. Wird z. B. intern die Ergebnisgröße EBIT verwendet, so fließen die Zinsen nicht in das Berichtsergebnis ein, weshalb in diesem Fall auch eine Schlüsselung der Finanzschulden auf die Segmente unterbleiben sollte.[380]

Die Summen der Segmentumsatzerlöse, der Segmentergebnisse, des Segmentvermögens, der Segmentschulden sowie sonstiger wesentlicher Segmentposten sind gem. DRS 3.37 zu den entsprechenden Posten des Jahresabschlusses überzuleiten. Dabei sind wesentliche Posten der Überleitungsrechnung anzugeben und zu erläutern.

Über die dargestellten Angaben hinaus sind abhängig vom angewendeten Segmentierungskriterium auf zweiter Ebene folgende Informationen zu veröffentlichen:

■ Sofern die operativen Segmente nicht leistungsbezogen abgegrenzt sind, müssen (Außen-)Umsatzerlöse, Vermögen und Investitionen in das langfristige Vermögen, jeweils unterteilt nach Produkt- und Dienstleistungsgruppen, angegeben werden (DRS 3.38).

■ Wurden die operativen Segmente nicht regional abgegrenzt, wird die Angabe absatzmarktbezogener Umsatzerlöse nach dem Standort der Kunden und die Angabe des Vermögens und der Investitionen herkunftsbezogen nach dem Standort des Vermögens verlangt (DRS 3.39).

Sonstige wichtige Angaben sind:

■ Umsatzerlöse der einzelnen Segmente mit sog. dominanten Kunden (mehr als 10 % der Umsatzerlöse des Gesamtunternehmens mit nur einem Kunden) (DRS 3.42),

■ Grundlagen zur Bestimmung der Verrechnungspreise (DRS 3.45),

■ Anpassung der Vergleichsdaten bei Durchbrechung der Stetigkeit (DRS 3.47) sowie

---

380 Vgl. NARDMANN, H., Segmentberichterstattung, S. 122.

■ allgemeine Hintergrundinformationen wie Beschreibung der Segmente, Erläuterung der Abgrenzungsmerkmale (DRS 3.25), Grundsätze für die Zusammensetzung der Segmentbeträge und des Segmentergebnisses sowie Aufteilungsgrundsätze bei von mehreren Segmenten gemeinsam genutzten Vermögensgegenständen und Schulden (DRS 3.44).

Die nach DRS 3 sowie nach IAS 14 in der Segmentberichterstattung zu veröffentlichenden Angaben sind im Wesentlichen deckungsgleich, Unterschiede bestehen in einzelnen Details. Während nach IAS 14.64 z. B. die Erträge aus Equity-Beteiligungen separat auszuweisen sind, sind diese nach DRS 3 komprimiert als Ergebnis aus Beteiligungen an assoziierten Unternehmen und als Erträge aus sonstigen Beteiligungen zu zeigen. Das Segmentergebnis ist nach IAS 14.16 als segmentspezifisches Betriebsergebnis und somit enger als nach DRS 3 definiert.[381] Eine engere Definition nach IFRS gilt auch für das anzugebende Segmentvermögen und die anzugebenden Segmentschulden, da nach IFRS beim Segmentvermögen der Ausweis des betriebsnotwendigen Vermögens und bei den Segmentschulden der Betrag ohne die dem Working Capital zuzurechnenden Steuerschulden und Finanzschulden verlangt wird. Die Angaben über sog. dominante Kunden sind nach IFRS nicht erforderlich. Gleichfalls werden keine ausführlichen Angaben zur Segmentabgrenzung, zur Aufteilung von Segmentvermögen und -schulden sowie zu den zugehörigen Erträgen und Aufwendungen und zur Überleitung der Positionen gefordert. Bei Durchbrechung der Stetigkeit der Bilanzierungs- und Bewertungsmethoden werden nach IFRS umfangreichere Angaben als nach deutschem Recht verlangt.[382]

Neben den genannten Pflichtbestandteilen der Segmentberichterstattung ist die Veröffentlichung zusätzlicher freiwilliger Informationen nach DRS 3 zulässig, sofern diese mit den Bilanzierungs- und Bewertungsmethoden des zugrunde liegenden Abschlusses in Einklang stehen. Auch nach IAS 14.44-46 müssen zusätzliche Segmentinformationen grundsätzlich in Einklang mit den für den Konzern- oder Einzelabschluss verwendeten Bilanzierungs- und Bewertungsmethoden stehen. Hiervon darf nach IAS 14.46 abgewichen werden, wenn die gewährten Segmentinformationen im internen Berichtssystem des Unternehmens verwandt werden und die abweichenden Bilanzierungs- und Bewertungsmethoden klar erläutert werden.

---

381 Vgl. ALVAREZ, M., Segmentberichterstattung, S. 2062.
382 Vgl. ALVAREZ, M., Segmentberichterstattung, S. 2062.

53   Bilanzanalytische Auswertung der Segmentangaben

531.   Analyse der Segmenterfolgslage und wertorientierte Rentabilitäts-analyse

Die Segmentberichterstattung liefert eine Reihe von Angaben, mit denen ähnlich wie die Erfolgslage eines gesamten Unternehmens/Konzerns die Erfolgslage eines Segmentes analysiert werden kann. Mit den veröffentlichten Informationen lassen sich vor allem umfassende Rentabilitätsanalysen auf Segmentebene erstellen. Weiterhin ermöglichen freiwillig gegebene Zusatzinformationen zur Erfolgslage der Segmente darüber hinausgehende Analysemöglichkeiten mit dem Ziel, die Wertbeiträge der einzelnen Segmente zum Gesamtunternehmenswert zu ermitteln. In jüngerer Zeit hat sich die Auswertung dieser Informationen unter dem Begriff „wertorientierte Rentabilitätsanalyse" etabliert.

Nahezu sämtliche in Abschn. 33 in diesem Kapitel genannten Rentabilitätskennzahlen können auch auf Segmentebene ermittelt werden. Die Umsatzrentabilität eines Segmentes berechnet sich beispielsweise analog zur Ermittlung der Umsatzrentabilität des Gesamtunternehmens durch Division des Segmentergebnisses und der Segmentumsatzerlöse.[383] Weiterhin kann der Segment-ROI berechnet werden, indem das Segmentergebnis durch die Buchwerte des Segmentvermögens dividiert wird. Darüber hinaus können Cashflow-Rentabilitäten sowohl vom Umsatz als auch vom investierten Gesamtkapital berechnet werden. Wenn das bilanzierende Unternehmen den Segment-Cashflow nicht angibt, kann dieser dabei näherungsweise ermittelt werden.[384] Die Bestimmung der Eigenkapitalrentabilitäten der einzelnen Segmente scheidet hingegen regelmäßig aus, da in der Segmentberichterstattung nicht nach der Kapitalherkunft differenziert werden muss.

Die Rentabilitätsanalyse auf Segmentebene wird im Folgenden am Beispiel des Bayer-Konzerns veranschaulicht.[385] Für die einzelnen Geschäftsbereiche des Bayer-Konzerns ergeben sich folgende Umsatzrentabilitäten:[386]

---

383 Vgl. KIRSCH, H., Segmentberichterstattung, S. 1514.

384 Vgl. Abschn. 532. in diesem Kapitel.

385 Zur Segmentberichterstattung des Bayer-Konzerns für das Jahr 2001 vgl. BAETGE, J./KIRSCH, H.-J./THIELE, S., Konzernbilanzen, S. 585.

386 Zu den Daten vgl. BAYER AG (Hrsg.), Finanzbericht 2001, S. 66 f. Der Umsatz entspricht dabei jeweils der Summe aus Außen- und Innenumsatz des betreffenden Segmentes.

387 Die genauen Segmentbezeichnungen aus dem Bayer-Finanzbericht lauten Pharma & Biologische Produkte, hier abgekürzt mit Pharma, Consumer Care & Diagnostika, hier abgekürzt mit Consumer Care, Kunststoffe & Kautschuk, hier abgekürzt mit Kunststoffe sowie Polyurethane & Lackrohstoffe, Farbmittel und Sondergebiete, hier abgekürzt mit Polyurethane; die anderen verwendeten Bezeichnungen entsprechen den Segmentbezeichnungen des Finanzberichtes; vgl. BAYER AG (Hrsg.), Finanzbericht 2001, S. 65.

Geschäftsfelder im Geschäftsjahr 2001[387]	Umsatz 2001 Mio. €	Operatives Ergebnis 2001 Mio. €	Umsatz-rentabilität 2001 %	Umsatz-rentabilität 2000 %
Pharma	5.767	51	0,9	18,8
Consumer Care	4.106	341	8,3	4,6
Pflanzenschutz	2.810	453	16,1	15,7
Animal Health	993	172	17,3	18,1
Kunststoffe	5.697	238	4,2	8,7
Polyurethane	5.345	46	0,9	8,5
Chemie	4.205	203	4,8	10,2
Gesamt/Durchschnitt	**28.923[388]**	**1.504[388]**	**5,2**	**11,4**

Übersicht VI-17: *Umsatzrentabilitäten der Segmente des Bayer-Konzerns in den Jahren 2000 und 2001*

In Übersicht VI-17 wird die Entwicklung der Umsatzrentabilitäten der Segmente des Bayer-Konzerns in den Jahren 2000 und 2001 dargestellt. Mit Ausnahme der Geschäftsbereiche Consumer Care und Pflanzenschutz geht die Umsatzrentabilität im betrachteten Zeitraum in allen Segmenten zurück. Aus Sicht des externen Bilanzanalytikers als besonders kritisch zu beurteilen ist der Rückgang der Umsatzrentabilität des Geschäftsbereiches Pharma um fast 18 %-Punkte von 18,8 % im Jahr 2000 auf 0,9 % im Jahr 2001. Nachdem der Geschäftsbereich Pharma im Jahr 2000 noch die beste Umsatzrentabilität aller Segmente aufweisen konnte, erzielt der Geschäftsbereich Pharma im Jahr 2001 zusammen mit dem Geschäftsbereich Polyurethane die geringste Umsatzrentabilität. Bei einer Betrachtung der Umsatzrentabilitäten des Jahres 2001 fällt auf, dass nur die Umsatzrentabilitäten der Geschäftsbereiche Consumer Care, Pflanzenschutz und Animal Health die durchschnittliche Umsatzrentabilität von 5,2 % übertreffen. Alle anderen Segmente weisen unterdurchschnittliche Werte auf.

Ein interessantes Instrument für den Bilanzanalytiker ist die Gegenüberstellung der Umsatz- und Ergebnisanteile der einzelnen Segmente. Diese erlaubt sowohl einen intersegmentären Vergleich als auch einen Vergleich im Zeitablauf. Übersicht VI-18 stellt dies exemplarisch für die Segmente des Bayer-Konzerns in den Jahren 2000 und 2001 dar:

---

388 Die Differenzen zwischen den hier gezeigten Werten für den Umsatz und das operative Ergebnis und den entsprechenden Daten des Konzernabschlusses ergeben sich aus der Überleitungsspalte sowie aus der Spalte Discontinuing Operations, vgl. BAYER AG (Hrsg.), Finanzbericht 2001, S. 66 f.

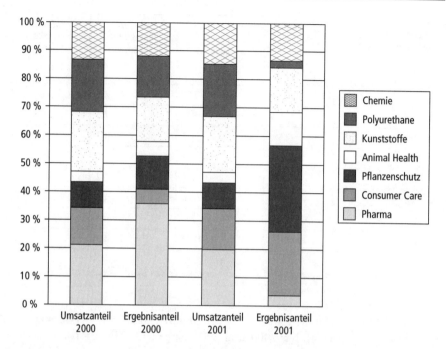

Übersicht VI-18: *Gegenüberstellung der Umsatz- und Ergebnisanteile der Segmente des Bayer-Konzerns für die Jahre 2000 und 2001*

Während die Umsatzanteile im Jahr 2001 im Vergleich zum Vorjahr weitgehend konstant geblieben sind, haben sich die Ergebnisanteile der einzelnen Segmente im betrachteten Zeitraum z. T. erheblich geändert. Der Geschäftsbereich **Pharma** erzielte im Geschäftsjahr 2000 mit einem Umsatzanteil von 21,3 % einen Anteil von 35,1 % am Gesamtergebnis aller Segmente. Verglichen mit dem Geschäftsbereich Kunststoffe, der im Jahr 2000 mit einem Umsatzanteil von 20,5 % nur unwesentlich unter dem des Pharma-Bereiches lag, indes lediglich einen Ergebnisanteil von 15,6 % erzielte, erreichte Pharma einen um 19,5 %-Punkte höheren Ergebnisanteil. Für den Bilanzanalytiker besonders bedeutsam und kritisch ist indes der dramatische Einbruch des Ergebnisanteiles des Geschäftsbereiches Pharma im Jahr 2001. Bei nur leicht rückläufigem Umsatzanteil geht der Ergebnisanteil von 35,1 % auf 3,4 % zurück. Zurückzuführen ist dieser Profitabilitätsrückgang nach Angaben aus dem Finanzbericht des Jahres 2001 im Wesentlichen auf den Vermarktungsstopp der Produkte Lipobay® und Baycol®.[389] Aus dem Finanzbericht des Jahres 2002 lässt sich entnehmen, dass dieser Profitabilitätsrückgang sich auch im Geschäftsjahr 2002 fortsetzt. Der Bereich weist nunmehr bei deutlichen Umsatzrückgängen einen operativen Verlust i. H. v. 188 Mio. € auf.[390]

---

389 Vgl. BAYER AG (Hrsg.), Finanzbericht 2001, S. 18.
390 Vgl. BAYER AG (Hrsg.), Finanzbericht 2002, S. 72.

Die negative Entwicklung des Geschäftsbereiches Pharma wird im Wesentlichen durch die Performance der Segmente Consumer Care sowie Pflanzenschutz aufgefangen. Im Geschäftsjahr 2000 erzielte der Bereich **Consumer Care** bei einem Umsatzanteil von 13,4 % einen verhältnismäßig schlechten Ergebnisanteil von nur 5,4 %. 2001 konnte bei einem leichten Anstieg des Umsatzanteiles ein Ergebnisanteil von 22,7 % erreicht werden, welcher um 17,4 %-Punkte über dem Ergebnisanteil von 2000 liegt. Ähnlich sieht dies beim Geschäftsbereich **Pflanzenschutz** aus, der seinen Ergebnisanteil ebenfalls um 17,9 %-Punkte von 12,2 % auf 30,1 % steigern konnte.

Bei den Geschäftsbereichen **Animal Health** und **Kunststoffe** haben sich verglichen mit dem Vorjahr keine wesentlichen Änderungen ergeben. Zu erwähnen ist, dass das Segment Kunststoffe einen geringeren Ergebnisbeitrag leistete, als es zum Umsatz des Gesamtkonzerns beitrug; das Segment war also wenig profitabel. Der Ergebnisbeitrag des Geschäftsbereiches **Polyurethane** ist im Jahr 2001 verglichen mit dem Geschäftsjahr 2000 eingebrochen. Der Geschäftsbereich erzielt 2001 eine ähnlich schlechte Umsatzrentabilität wie das Segment Pharma. Die Beiträge des Geschäftsbereiches **Chemie** zum Umsatz und Ergebnis sind im Zeitablauf relativ konstant geblieben.

Zusammenfassend lässt sich sagen, dass die Verschlechterung der Ergebnisse der Geschäftsbereiche Pharma und Polyurethane im Wesentlichen aufgefangen werden konnten, weil die Segmente Consumer Care und Pflanzenschutz ihre Ergebnisanteile erheblich verbessert haben. Allerdings darf dabei nicht übersehen werden, dass die Verluste der schlecht abschneidenden Geschäftsbereiche absolut gesehen aufgrund der relativen Größe dieser Bereiche nicht durch die Gewinnzuwächse der gut abschneidenden kleineren Segmente zu 100 % aufgefangen werden konnten. So ging das operative Ergebnis des Geschäftsbereiches Pharma von 1.160 Mio. € im Jahr 2000 auf 51 Mio. € im Geschäftsjahr 2001 zurück. Dies entspricht einem Ergebnisrückgang von 1.109 Mio. €. Die Bereiche Consumer Care und Pflanzenschutz verbesserten ihre Ergebnisse absolut gesehen zusammen indes nur um 215 Mio. €.[391]

---

391 Vgl. BAYER AG (Hrsg.), Finanzbericht 2001, S. 66 f.

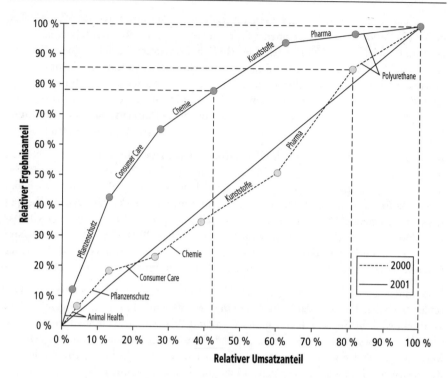

Übersicht VI-19: *ABC-Analyse der Segmente des Bayer-Konzerns hinsichtlich ihrer Umsatzrentabilitäten für die Jahre 2000 und 2001*

In Übersicht VI-19 ist auf der Abszisse der relative Umsatzanteil und auf der Ordinate der relative Ergebnisanteil abgetragen. Mit Hilfe dieser Darstellungsform kann eine ABC-Analyse der Segmente des Bayer-Konzerns hinsichtlich ihrer Umsatzrentabilität durchgeführt werden. Die Winkelhalbierende markiert die fiktive Linie der Gleichverteilung, also den Fall, dass alle Segmente proportional zum Umsatz zum Ergebnis beitragen. Sie gilt somit als Orientierungslinie, an der der Bilanzanalytiker feststellen kann, ob die für ein Segment ermittelte Strecke die gleiche Steigung aufweist wie die Winkelhalbierende oder eine größere oder geringere Steigung hat, ob das Segment also durchschnittlich, besser oder schlechter zum Ergebnis des Konzerns entsprechend seinem Umsatzanteil beigetragen hat.

Die Segmente Animal Health, Pflanzenschutz und Consumer Care subventionieren im Geschäftsjahr 2001 die Segmente Chemie, Kunststoffe, Pharma und Polyurethane. Der Geschäftsbereich Consumer Care hat sich im Jahr 2001 verglichen mit dem Jahr 2000 von einem „Subventionsempfänger" zu einem „Subventionierer" entwickelt. Pharma ist hingegen von einem „Subventionierer" im Jahr 2000 zu einem „Subventionsempfänger" im Jahr 2001 geworden.

Weiterhin gibt Übersicht VI-19 Aufschluss darüber, dass im Geschäftsjahr 2001 fast 80 % des Ergebnisses mit nur ca. 42 % des Umsatzes erwirtschaftet werden. Im Jahr 2000 bedurfte es eines Umsatzanteiles von knapp 80 %, um den gleichen 80 %-igen Ergebnisanteil zu erzielen. Interessant ist weiterhin, dass die drei Segmente Animal Health, Pflanzenschutz und Consumer Care, die im Jahr 2000 zusammen nur einen Ergebnisanteil von ca. 22 % verzeichneten, im Jahr 2001 bereits ca. 65 % des Ergebnisses erwirtschaften. Dies spricht für eine starke Performance der genannten Geschäftsbereiche im Jahr 2001. Die Subventionsempfänger des Jahres 2001 – Chemie, Kunststoffe, Pharma und Polyurethane – erzielen 2001 zwar noch einen großen Teil des Umsatzes, können indes nur unterdurchschnittlich zum Ergebnis beitragen.

Neben der Rentabilitätsanalyse auf Segmentebene lässt sich bei einem IFRS-Abschluss die Rentabilität der Equity-Gesellschaften der einzelnen Segmente, also die Rentabilität des Beteiligungsportfolios der Segmente, analysieren. Diese lässt sich mit den Angaben der Segmentberichterstattung wie folgt ermitteln:[392]

$$\text{Rentabilität der Equity-Gesellschaften} = \frac{\text{Equity-Ergebnis des Segmentes}}{\text{Equity-Buchwert des Segmentes}}$$

Kennzahl Nr. 03.11.00

Neben der Untersuchung der Segment-Umsatzrentabilitäten im intersegmentären und zeitlichen Vergleich kann die Analyse der Segment-Umsatzproduktivität pro Mitarbeiter Erkenntnisse zur Erfolgslage der Segmente liefern. Häufig werden in Geschäftsberichten freiwillig die Mitarbeiterzahlen pro Segment veröffentlicht. Um zu einer Beurteilung der durchschnittlichen Umsatzerzielung pro Mitarbeiter zu kommen, bietet es sich in diesem Fall an, die Umsatzproduktivität pro Mitarbeiter zu berechnen, die wie folgt definiert ist:[393]

$$\text{Segment-Umsatzproduktivität pro Mitarbeiter} = \frac{\text{Gesamtsegmenterlöse}}{\varnothing \text{ Beschäftigtenzahl des Segmentes}}$$

Kennzahl Nr. 03.19.02

Beim Bayer-Konzern weist das Geschäftssegment Polyurethane im Geschäftsjahr 2001 mit Umsatzerlösen von 5.345 Mio. € und einer Mitarbeiterzahl von 15.100 eine vergleichsweise hohe Umsatzproduktivität i. H. v. 353.974 € je Mitarbeiter auf. Die Umsatzproduktivität der Bereiche Pharma sowie Chemie liegen mit 215.187 € bzw. 215.641 € je Mitarbeiter am unteren Ende der Umsatzproduktivitäten aller Segmente (Pharma: Umsatzerlöse 5.767 Mio. €, Mitarbeiter 26.800; Chemie: Umsatzerlöse 4.205 Mio. €, Mitarbeiter 19.500).[394]

---

392 Vgl. KIRSCH, H., Segmentberichterstattung, S. 1514.

393 Vgl. KIRSCH, H., Segmentberichterstattung, S. 1516.

394 Vgl. BAYER AG (Hrsg.), Finanzbericht 2001, S. 66 f.

Neben den bereits erörterten Möglichkeiten zur Analyse der Erfolgslage der Segmente auf der Basis der gesetzlich geforderten Pflichtangaben bestehen in jüngerer Zeit zunehmend mehr Analysemöglichkeiten aufgrund von **freiwillig publizierten Segmentinformationen**. Viele kapitalmarktorientierte Unternehmen veröffentlichen über die Pflichtangaben hinaus eine Reihe von Zusatzinformationen im Sinne eines seitens der Anleger vielfach geforderten „Value Reporting".[395] Nicht selten werden umfangreiche Informationen zur Finanz- und Ertragskraft der Segmente gegeben, um Informationsasymmetrien zwischen dem Management und den Investoren[396] zu verringern und damit einer risikoindizierten Abwertung der Finanztitel entgegenzuwirken sowie die Kapitalkosten zu senken.[397] Außerdem vermindert es auf diese Weise das Risiko einer Übernahme aufgrund eines niedrigen Unternehmensmarktwertes.[398] Zu diesem Zweck werden häufig Angaben zum Einsatz und zur Ausgestaltung der internen Steuerungsinstrumente der Geschäftsbereiche im Sinne einer wertorientierten Unternehmensführung veröffentlicht.

Konzepte zur wertorientierten Unternehmensführung zeichnen sich dadurch aus, dass die Unternehmensleitung bestimmte Kennzahlen definiert, die als besonders aussagefähig im Hinblick auf den Erfolg der Geschäftseinheiten und damit als Maßstab für den durch ein Segment geschaffenen Unternehmenswert gelten. Die jeweils festgelegte Erfolgsgröße wird den (kalkulatorischen) Kapitalkosten des Geschäftsbereiches gegenübergestellt. Übersteigt die Erfolgsgröße die kalkulatorischen Kapitalkosten für dieses Segment, gilt es als wertgenerierende Geschäftseinheit. Der verbleibende Residualgewinn quantifiziert den in der Periode geschaffenen Wertbeitrag des Geschäftsbereichs und dient gleichzeitig zur Leistungsmessung des Managements des Geschäftsbereichs.[399]

Als mit den Kapitalkosten zu vergleichende Kennzahl kommt dabei in den meisten Fällen eine Rentabilitätskennzahl auf der Basis eines Anteiles des Segmentes am Gesamtvermögen in Betracht, da in der Segmentberichterstattung nicht nach der Kapitalherkunft differenziert wird und die Ermittlung einer Eigenkapitalrentabilität damit ausscheidet. So berechnet der RWE-Konzern für seine Kerngeschäftsfelder Strom, Gas, Wasser und Umweltdienstleistungen sowie für seine Nicht-Kerngeschäftsfelder RWE Dea Downstream, Heidelberger Druckmaschinen und HOCHTIEF den Return on Capital Employed (ROCE), der sich durch die Division des betrieblichen Segmentergebnisses und des betrieblichen Segmentvermögens ergibt.[400] Der so ermittelte ROCE wird dem segmentspezifisch ermittelten Kapitalmarktkostensatz gegenübergestellt. Der Kapitalmarktkostensatz wird als gewichteter Durchschnitt der

---

395 Vgl. BAETGE, J./NOELLE, J., Shareholder-Value-Reporting, S. 174 f.

396 Zu den Grundsätzen für das Value Reporting vgl. ARBEITSKREIS „EXTERNE UNTERNEHMENS-RECHNUNG" DER SCHMALENBACH-GESELLSCHAFT, Value Reporting, S. 2339.

397 Vgl. ARBEITSKREIS „EXTERNE UNTERNEHMENSRECHNUNG" DER SCHMALENBACH-GESELL-SCHAFT, Value Reporting, S. 2337.

398 Vgl. BAETGE, J./NOELLE, J., Shareholder-Value-Reporting, S. 174 f; COENENBERG, A. G./MATTNER, G., Segment- und Wertberichterstattung, S. 1829.

399 Zu den Residualgewinnkonzepten vgl. Abschn. 7 in diesem Kapitel.

400 Vgl. RWE AG (Hrsg.), Geschäftsbericht 2002, S. 40 f.

Kosten für das Eigen- und Fremdkapital ermittelt. Hierbei orientiert man sich bei der Ermittlung der Eigenkapitalkosten für das Jahr 2002 an der über eine risikolose Anlage von 5,5 % hinausgehenden Renditeerwartung des Marktes bei einer Investition in eine RWE-Aktie. Der Risikoaufschlag für die einzelnen Geschäftsbereiche wird segmentspezifisch (vermutlich durch Peergroup-Vergleiche) adjustiert. Die Fremdkapitalkosten orientieren sich an den langfristigen Finanzierungskonditionen im RWE-Konzern. Im Geschäftsjahr 2002 betrug der entsprechende Fremdkapitalkostensatz angabegemäß 6 %. Es wurde ein Verhältnis von Eigen- zu Fremdkapital in der Relation 40 zu 60 unterstellt. Dabei wird nicht darüber informiert, wie diese Relation bestimmt wurde, RWE gibt lediglich an, dass das angegebene Verhältnis von Eigen- und Fremdkapital nicht auf der Basis der Buchwerte aus der Bilanz ermittelt wurde.

Die Differenz zwischen ROCE und den so ermittelten Kapitalkosten ergibt den relativen Wertbeitrag. Bei Multiplikation des relativen Wertbeitrages mit dem eingesetzten betrieblichen Vermögen ergeben sich die absoluten Wertbeiträge der Segmente, die als zentrale Steuerungsgrößen zur Beurteilung von Investitionen im Konzern herangezogen werden.[401]

Nach diesem Konzept ergeben sich für die Segmente des RWE-Konzerns für das Geschäftsjahr 2002 folgende Werte:

---

401 Vgl. RWE AG (Hrsg.), Geschäftsbericht 2002, S. 40 f.; BÖRSIG, C., Wertorientierte Unternehmensführung, S. 167-175.

Wertbeiträge der Geschäftsfelder im Geschäftsjahr	Betrieb-liches Ergebnis	Betrieb-liches Vermö-gen	ROCE	Kapital-kosten	Relati-ver Wert-beitrag	Absolu-ter Wert-beitrag	Absolu-ter Wert-beitrag
	2002	2002	2002	2002	2002	2002	2001
	Mio. €	Mio. €	%	%	%	Mio. €	Mio. €
Strom	2.760	20.504	13,5	10,0	3,5	710	247
Gas	885	5.959	14,9	10,7	4,2	249	346
Wasser	963	13.200	7,3	8,0	– 0,7	– 93	– 163
Umweltdienstleistungen	98	1.689	5,8	10,0	– 4,2	– 71	12
Kerngeschäft insgesamt	**4.706**	**41.352**	**11,4**	**9,5**	**1,9**	**796**	**442**
RWE Dea Downstream	– 6	409	– 1,5	13,0	– 14,5	– 59	284
Heidelberger Druckmaschinen	257	3.449	7,5	14,0	– 6,5	– 225	16
HOCHTIEF	28	937	3,0	9,0	– 6,0	– 56	– 165
Nicht-Kerngeschäft insgesamt	**279**	**4.795**	**5,8**	**12,9**	**– 7,1**	**– 341**	**138**
Sonstige/Holding/ Konsolidierung	– 382	– 1.854	-	-	-	– 60	– 192
RWE-Konzern	**4.603**	**44.293**	**10,4**	**9,5**	**0,9**	**395**	**388**

Übersicht VI-20: *Wertbeiträge der Geschäftsfelder des RWE-Konzerns in den Jahren 2001 und 2002*[402]

Aus Übersicht VI-20 wird ersichtlich, dass im Geschäftsjahr 2002 lediglich die Geschäftsbereiche Strom und Gas einen positiven absoluten Wertbeitrag erwirtschaften. Beim Geschäftsfeld Wasser ist der Wertbeitag zwar negativ. Verglichen mit dem Vorjahr ist indes eine deutlich positive Entwicklungstendenz erkennbar. Der Bereich Umweltdienstleistungen hat 2002 ebenfalls einen negativen Wertbeitrag, wobei der Wertbeitrag im Jahr 2001 noch positiv war. Bei den Nicht-Kerngeschäftsfeldern RWE Dea Downstream und Heidelberger Druckmaschinen ist es zu einem dramatischen Einbruch der Wertbeiträge von noch positiven Werten 2001 auf z. T. stark negative Wertbeiträge 2002 gekommen. HOCHTIEF konnte seinen negativen Wertbeitrag des Jahres 2001 zwar im Jahr 2002 fast auf ein Drittel reduzieren, indes konnte kein positiver Wert erreicht werden. Sofern Bereiche erhebliche negative Wertbeiträge aufweisen, ohne dass sich ein positiver Trend im Zeitablauf zeigt, werden Zusatzinformationen benötigt, die erkennen lassen, welche Maßnahmen von der Geschäftsführung eingeleitet wurden, um die Performance des Unternehmens oder dieser Bereiche künftig zu verbessern. So wurde laut RWE-Geschäftsbericht das Geschäftsfeld RWE Dea Downstream zum 30. Juni 2002 verkauft. Für den Bereich Hei-

---

402 Zu den Daten vgl. RWE AG (Hrsg.), Geschäftsbericht 2002, S. 40. Zu beachten ist, dass die in der Tabelle angegebenen jeweiligen %-Werte des ROCE und damit auch des relativen Wertbeitrages gerundet sind.

delberger Druckmaschinen wurden umfangreiche Effizienzsteigerungs- und Kosten-senkungsmaßnahmen beschlossen.[403] Inzwischen hat RWE sowohl die Mehrheit an HOCHTIEF als auch die Mehrheit an Heidelberger Druckmaschinen über die Börse veräußert (2004).[404]

532. Einsatz von Portfoliomodellen zur Analyse der Segmente

Investoren und Finanzanalysten benötigen von den Unternehmen Informationen, die ihnen bei der Anlageentscheidung nützlich sind. Die gesetzlichen Angaben (Bilanz, GuV, Anhang, Lagebericht, Kapitalflussrechnung) beziehen sich zum größten Teil auf retrospektive Daten. Da die Anlageentscheidungen indes durch die künftig zu erwar-tende Performance des berichterstattenden Unternehmens bestimmt werden, sind diese vergangenheitsorientierten Daten allein nicht geeignet, dem Anleger eine fun-dierte Entscheidung zu ermöglichen. Stattdessen werden Informationen über die künftigen strategischen Absichten des Top-Managements benötigt. In den in Abschn. 531. in diesem Kapitel dargestellten Beispielen der BAYER AG und der RWE AG sind die Investoren vor allem daran interessiert, Erkenntnisse zu gewinnen, welche Strate-gien vom Management bez. einzelner Geschäftsbereiche bzw. bezüglich einzelner Seg-mente, die sich in einer schwierigen Erfolgslage befinden, verfolgt werden.

Im Rahmen der externen Bilanzanalyse stellt die Analyse der Investitionspolitik des Unternehmens ein geeignetes Instrument dar, Hinweise über die beabsichtigte strate-gische Behandlung von Segmenten zu erhalten.[405] Mit Hilfe des Betrages der Investi-tionen in das langfristige Segmentvermögen sowie des Betrages der Segmentabschrei-bungen, welche sowohl nach DRS 3 als auch nach IAS 14 angegeben werden müssen, lassen sich der Segment-Investitionsgrad sowie die Segment-Wachstumsquote bestim-men:[406]

$$\text{Segment-Investitionsgrad} = \frac{\text{Segmentinvestitionen}}{\text{Segment-Cashflow oder Segment-EBITDA}}$$

Kennzahl Nr. 01.09.00

$$\text{Segment-Wachstumsquote} = \frac{\text{Segmentinvestionen}}{\text{Segmentabschreibungen}}$$

Kennzahl Nr. 01.11.00

---

403 Vgl. RWE AG (Hrsg.), Geschäftsbericht 2002, S. 100 f.

404 Vgl. RWE AG (Hrsg.), Bericht über das erste Quartal 2004, S. 3 und S. 11.

405 Vgl. COENENBERG, A. G., Segmentberichterstattung, S. 593-605.

406 Vgl. COENENBERG, A. G., Segmentberichterstattung, S. 595.

Der Segment-Investitionsgrad entspricht hierbei nicht dem Kehrwert der in Kap. IV Abschn. 42 erläuterten Nettoinvestitionsdeckung, da es sich bei der Segmentangabe der Investitionen i. d. R. um zahlungswirksame Investitionen und nicht um die aus dem Anlagengitter abgeleiteten Netto-Investitionen handelt.[407] Gleiches gilt für die Segmentwachstumsquote, die nicht der in Kap. IV Abschn. 42 thematisierten Wachstumsquote entspricht.

Im Nenner des Segment-Investitionsgrades steht der Segment-Cashflow. Indes ist die Angabe des Segment-Cashflows in der Segmentberichterstattung weder nach DRS 3 noch nach IAS 14 zwingend vorgeschrieben ist. Die Angabe des Segment-Cashflows aus laufender Geschäftstätigkeit wird vom DSR allerdings empfohlen (DRS 3.36). Zur Berechnung des Segment-Investitionsgrades können hilfsweise auch die Segment-EBITDA im Nenner verwendet werden. Der Segment-Cashflow kann zudem mittels der geforderten Angaben näherungsweise wie folgt bestimmt werden:[408]

	Segmentergebnis
+	Segmentabschreibungen
±	Andere nicht zahlungswirksame Aufwendungen (+) und Erträge (–) des Segmentes
=	Segment-Cashflow

Kennzahl Nr. 03.06.00

Ein Segment-Investitionsgrad größer 1 signalisiert, dass die Investitionen des Geschäftsbereiches nicht durch den Segment-Cashflow gedeckt werden und somit finanzielle Mittel aus anderen Geschäftsbereichen oder vom Kapitalmarkt zur Finanzierung benötigt werden. Die Segment-Wachstumsquote lässt Aussagen darüber zu, in welchem Maße die Abschreibungen des Geschäftsbereiches durch Investitionen kompensiert werden. Bei einem Kennzahlenwert größer 1 liegt die Vermutung nahe, dass es sich hierbei um ein wachsendes Segment mit hohem Investitionsvolumen handelt, während ein Wert kleiner 1 eher auf ein schrumpfendes Geschäftsfeld hinweist.[409]

Mit Hilfe der Kennzahlen Segment-Investitionsgrad sowie Segment-Wachstumsquote lassen sich Analysen i. S. d. aus dem Marketing bekannten Portfoliotheorien vornehmen. Beispielsweise definiert das Boston Consulting Group- (BCG-) Portfolio vier Phasen eines Lebenszyklus von strategischen Geschäftseinheiten:[410]

- Einführungsphase („Question-Mark"),

- Wachstumsphase („Star"),

- Reifephase („Cash-Cow") und

- Sättigungsphase („Poor-Dog").

---

407 Vgl. COENENBERG, A. G./MATTNER, R., Segment- und Wertberichterstattung, S. 1833.

408 Vgl. COENENBERG, A. G., Segmentberichterstattung, S. 595.

409 Vgl. COENENBERG, A. G., Jahresabschluss und Jahresabschlussanalyse, S. 953 f.

410 Vgl. hierzu z. B. MEFFERT, H., Marketing, S. 351-353.

Üblicherweise werden die strategischen Geschäftseinheiten, die sich in unterschiedlichen Lebensphasen befinden, in ein Koordinatensystem in Form einer Vier-Felder-Matrix eingeordnet, wobei auf der Abszisse des Koordinatensystems der relative Marktanteil und auf der Ordinate das Marktwachstum abgetragen wird. Ersetzt man den relativen Marktanteil auf der Abszisse durch die oben definierte Segment-Wachstumsquote sowie das Marktwachstum auf der Ordinate durch den Segment-Investitionsgrad, so ergeben sich in Anlehnung an das obige Modell von BCG die vier Portfoliopositionen Question Mark (im Folgenden als Nachwuchs bezeichnet), Star, Cash-Cow und Poor-Dog, wie die nachstehende Übersicht veranschaulicht:

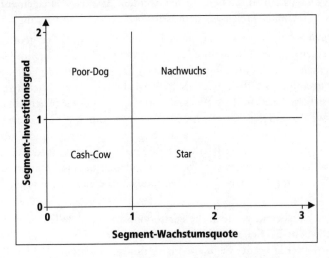

Übersicht VI-21: *Portfoliopositionen von Segmenten/Geschäftsbereichen abhängig von dem Investitionsgrad und der Wachstumsquote*[411]

Das abgebildete Koordinatensystem wird durch zwei Trennlinien in vier Felder aufgeteilt. Die vertikale Trennlinie verläuft bei einer Wachstumsquote von 1. Eine Wachstumsquote von 1 zeigt an, dass die Investitionen in diesem Geschäftsbereich den Abschreibungen entsprechen, d. h., es werden keine Erweiterungsinvestitionen getätigt, sondern lediglich Ersatzinvestitionen. Die horizontale Trennlinie verläuft bei einem Investitionsgrad von ebenfalls 1. Ein Investitionsgrad von 1 impliziert, dass der in einem Geschäftsbereich erwirtschaftete Cashflow die zu tätigenden Investitionen deckt. Der betreffende Geschäftsbereich kann sich somit unabhängig von anderen Geschäftsbereichen finanzieren. Ordnet der externe Bilanzanalytiker die einzelnen Geschäftsbereiche in das abgebildete Koordinatensystem ein und beobachtet dabei die Entwicklungen im Zeitablauf, kann er Rückschlüsse darauf ziehen, welche Bedeutung die Geschäftsbereiche für das zu analysierende Unternehmen haben und wie das Management plant, die Geschäftsbereiche in Zukunft strategisch zu behandeln:[412]

---

411 Vgl. dazu COENENBERG, A. G., Jahresabschluss und Jahresabschlussanalyse, S. 1109.

412 Zur Analyse der Investitionspolitik vgl. COENENBERG, A. G., Jahresabschluss und Jahresabschlussanalyse, S. 1007-1110.

- **Poor-Dog:** Geschäftsbereiche, die dieser Portfolioposition zugeordnet werden, weisen eine Segment-Wachstumsquote auf, die kleiner als 1 ist. Dies bedeutet, dass die Investitionen geringer als die Abschreibungen sind, der betreffende Geschäftsbereich somit schrumpft. Gleichzeitig können die getätigten Investitionen nicht durch den im Geschäftsbereich erwirtschafteten Cashflow gedeckt werden, sondern die Investitionen müssen entweder durch die Cashflows anderer Geschäftsbereiche mitfinanziert oder durch eine Außenfinanzierung, z. B. durch die Aufnahme von Fremdkapital, gedeckt werden. Stellt der externe Bilanzanalytiker fest, dass sich ein Geschäftsbereich in der Portfolioposition Poor-Dog befindet, so kann dies als ein Anzeichen gesehen werden, dass das Management versuchen wird, den Geschäftsbereich aus dem Unternehmensverbund auszugliedern.

- **Nachwuchs:** Auch die Geschäftsbereiche, die in dieses Feld eingeordnet werden, weisen einen Segment-Investitionsgrad auf, der größer als 1 ist. Im Gegensatz zu den Segmenten der Portfolioposition Poor-Dog liegt allerdings eine Segment-Wachstumsquote vor, die größer als 1 ist. Die betreffenden Geschäftsbereiche befinden sich in einer starken Wachstumsphase, wobei das Wachstum durch die Cashflows aus anderen Unternehmensteilen bzw. durch eine verstärkte Außenfinanzierung finanziert wird. Liegen die Segment-Wachstumsquote und der Segment-Investitionsgrad jeweils erheblich über dem Wert 1, so deutet dies darauf hin, dass das Top-Management den betreffenden Segmenten eine wichtige strategische Bedeutung beimisst und in den Geschäftsbereichen ein großes Zukunftspotential sieht.

- **Star:** Geschäftsbereiche, die in die Portfolioposition Star fallen, zeichnen sich wie die Nachwuchs-Bereiche durch eine Segment-Wachtumsquote aus, die größer als 1 ist. Gleichzeitig ist der Segment-Investitionsgrad kleiner als 1, d. h., die Star-Geschäftsbereiche können die erforderlichen Investitionen durch selbst erwirtschaftete Cashflows finanzieren und müssen nicht auf die Cashflows anderer Segmente zurückgreifen. Geschäftsbereiche, die sich in dieser Position befinden, sind von wesentlicher Bedeutung für das bilanzierende Unternehmen. Erstens tragen sie dazu bei, dass Einzahlungsüberschüsse erzielt werden, die z. B. für Ausschüttungen an die Anteilseigner verwendet werden können. Zweitens deutet das Vorgehen des Managements, die betreffenden Geschäftsbereiche durch Erweiterungsinvestitionen weiter auszubauen, darauf hin, dass diese Geschäftsbereiche auch in der Zukunft für das bilanzierende Unternehmen von strategischer Bedeutung sein werden.

- **Cash-Cow:** Gegenüber den Star-Geschäftsfeldern liegt die Segment-Wachstumsquote bei Geschäftsfeldern, die der Portfolioposition Cash-Cow zugeordnet werden, unter 1. Der Werteverzehr, der größer ist als die getätigten Investitionen, deutet auf einen schrumpfenden Geschäftsbereich hin. Im Gegensatz zu den Segmenten, die als Poor-Dog eingestuft werden, zeichnen sich die Cash-Cow-Geschäftsfelder durch einen Cashflow aus, der die Investitionsausgaben deutlich übersteigt, was einem Kennzahlenwert beim Segment-Investitionsgrad kleiner als

1 entspricht. In den Cash-Cow-Geschäftsbereichen wird vom Management häufig eine Abschöpfungsstrategie betrieben, durch die andere, kapitalbedürftige Segmente im Nachwuchsbereich in ihrem Kapitalbedarf versorgt werden.

Bei der Analyse der Investitionspolitik des Managements mit Hilfe des dargestellten Portfoliomodells muss der externe Bilanzanalytiker beachten, dass die Interpretationsfähigkeit des Investitionsgrades im Zeitablauf durch starke Schwankungen des Cashflows erheblich eingeschränkt werden kann.[413] Deutliche Verschiebungen von Geschäftsbereichen in der dargestellten Vier-Felder-Matrix im Zeitablauf sollten den externen Bilanzanalytiker daher veranlassen, die Ursachen dieser Verschiebungen zu untersuchen. Ein grundsätzliches Problem bei der Anwendung der Portfolio-Methode zur Untersuchung der verschiedenen Geschäftsbereiche besteht darin, dass die Abgrenzung der vier Felder recht willkürlich erfolgt.[414] Zuordnungsprobleme der Geschäftsbereiche zu Portfolio-Positionen ergeben sich vor allem dann, wenn die Segmente in Grenzbereiche der vier Felder eingeordnet werden.

Die Analysemöglichkeiten zur Investitionspolitik eines diversifizierten Unternehmens werden an einem praktischen Beispiel veranschaulicht. Analysiert man den Finanzbericht 2001 des Bayer-Konzerns, so lassen sich folgende Werte für den Investitionsgrad und die Wachstumsquote der einzelnen Segmente ermitteln:[415]

Geschäftsfelder im Geschäftsjahr	Brutto-Cash-flow	Investi-tionen	Abschrei-bungen	Seg-ment-Investi-tions-grad	Seg-ment-Wachs-tums-quote	Seg-ment-Investi-tions-grad	Seg-ment-Wachs-tums-quote
	2001	2001	2001	2001		2000	
	Mio. €	Mio. €	Mio. €				
Pharma	229	415	364	1,81	1,14	0,53	2,03
Consumer Care	534	267	291	0,50	0,92	0,52	0,75
Pflanzenschutz	550	215	247	0,39	0,87	0,59	1,63
Animal Health	163	49	40	0,30	1,23	0,31	1,25
Kunststoffe	587	592	482	1,01	1,23	0,81	1,46
Polyurethane	614	492	604	0,80	0,81	0,48	0,77
Chemie	379	483	334	1,27	1,45	0,85	1,45
Gesamt/Durchschnitt	**3.056**[416]	**2.513**[416]	**2.362**[416]	**0,82**	**1,06**	**0,61**	**1,28**

Übersicht VI-22: *Segmentinvestitionsgrade und Wachstumsquoten des Bayer-Portfolios in den Jahren 2000 und 2001*

---

413 Vgl. dazu auch MEFFERT, H., Marketing, S. 353.

414 Vgl. MEFFERT, H., Marketing, S. 353.

415 Vgl. BAYER AG (Hrsg.), Finanzbericht 2001, S. 66 f. Der Konzernabschluss wurde in Anwendung von § 292a HGB nach den Vorschriften der am Abschlussstichtag gültigen Richtlinien des IASB erstellt, vgl. BAYER AG (Hrsg.), Finanzbericht 2001, S. 54.

Die Daten der Segmente des Bayer-Konzerns aus Übersicht VI-22 werden in der folgenden Portfolio-Übersicht graphisch dargestellt:

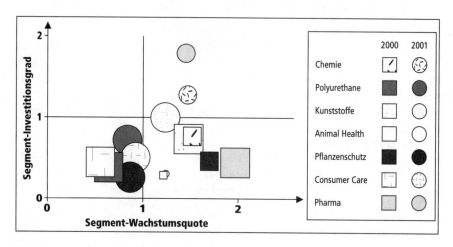

Übersicht VI-23: *Bayer-Portfolio in den Jahren 2000 und 2001*

Die Größe der Quadrate und Kreise als Repräsentanten für die Geschäftsbereiche bestimmt sich nach der Höhe des Brutto-Cashflows der Segmente, wobei zur Vereinfachung lediglich eine Klassifizierung in drei Gruppen – groß, mittel und klein – vorgenommen wurde.

Der Geschäftsbereich **Pharma** wies im Jahr 2000 einen Segment-Investitionsgrad von 0,53 sowie eine Segment-Wachstumsquote von 2,03 auf. Während der Wert der Segment-Wachstumsquote eher auf eine Nachwuchs-Position hinweist, liegt der Segment-Investitionsgrad in einem Bereich, der für ein Geschäftsfeld in der Cash-Cow-Position typisch ist. Im Geschäftsjahr 2001 übersteigt der Wert für den Segment-Investitionsgrad deutlich die Grenze von 1. Indes nimmt der Wert der Segment-Wachstumsquote von 2,03 auf 1,14 ab. Der Geschäftsbereich ist im Jahr 2001 bei einer Orientierung an der Abgrenzung der vier Felder dem Nachwuchs-Bereich zuzuordnen. Der externe Bilanzanalytiker muss bei dieser Beurteilung allerdings beachten, dass der Cashflow des Geschäftsbereiches Pharma im Verlauf der Jahre 2000 und 2001 von 1.048 Mio. € im Jahr 2000 auf 229 Mio. € im Jahr 2001 erheblich zurückgegangen ist.[417] Dem Finanzbericht des Jahres 2001 ist zu entnehmen, dass der Rückgang des Cashflows des Geschäftsbereiches Pharma zu einem großen Teil aus dem Vermarktungsstopp der Produkte Lipobay® und Baycol® resultiert.[418] Der An-

---

416 Die Differenzen zwischen den hier gezeigten Werten für den Brutto-Cashflow, die Investitionen und die Abschreibungen und den entsprechenden Daten des Konzernabschlusses ergeben sich aus der Überleitungsspalte sowie aus der Spalte Discontinuing Operations, vgl. BAYER AG (Hrsg.), Finanzbericht 2001, S. 66 f.

417 Vgl. BAYER AG (Hrsg.), Finanzbericht 2001, S. 66 f.

418 Vgl. BAYER AG (Hrsg.), Finanzbericht 2001, S. 18.

stieg des Segment-Investitionsgrades ist in erster Linie auf den Rückgang des Cash-flows zurückzuführen. Der Geschäftsbereich Pharma ist in den Jahren 2000 und 2001 daher nicht eindeutig einer Portfolioposition zuzuordnen.

Eine tendenziell ähnliche Entwicklung lässt sich bei den Geschäftsbereichen **Kunststoffe** und **Chemie** feststellen. Beide Geschäftsbereiche sind im Geschäftsjahr 2000 noch nicht eindeutig einer Portfolio-Position zuzuordnen, da die Segment-Wachstumsquote im Geschäftsjahr 2000 zwar bei beiden Geschäftsbereichen bei ca. 1,5 liegt, der Segment-Investitionsgrad indes mit ca. 0,8 nahe 1 und damit im Grenzbereich zwischen der Nachwuchs- und der Star-Position liegt. 2001 rücken beide Geschäftsbereiche in Richtung Nachwuchs-Position, denn der Schwellenwert des Segment-Investitionsgrades von 1 wird von beiden Geschäftsbereichen übertroffen. Die Investitionen werden nicht mehr durch den Mittelzufluss aus dem Cashflow gedeckt. Erneut ist dies nicht in erster Linie auf gestiegene Investitionsausgaben, sondern vielmehr auf den sinkenden Cashflow zurückzuführen. Insofern sind die Geschäftsbereiche Kunststoffe und Chemie eher dem Star-Bereich zuzurechnen.

Die Segmente **Consumer Care** und **Polyurethane** bewegen sich sowohl im Jahr 2000 als auch im Jahr 2001 im linken unteren Viertel des graphischen Raumes. Dieser ist durch Kennzahlenwerte definiert, die typisch für Cash-Cow-Geschäftsfelder sind. Sie weisen sowohl eine Segment-Wachstumsquote als auch einen Segment-Investitionsgrad kleiner als 1 auf und tragen somit zur Finanzierung von Investitionen anderer Geschäftsfelder bei, deren Investitionen nicht aus eigenerwirtschafteten Mitteln finanziert werden können und die folglich einen Segment-Investitionsgrad größer als 1 aufweisen. Das Segment **Pflanzenschutz** ist sowohl bei der Segment-Wachstumsquote als auch beim Segment-Investitionsgrad rückläufig und hat 2001 ebenfalls eine Cash-Cow-Position eingenommen. Der kleine Geschäftsbereich **Animal Health** befindet sich verglichen mit dem Vorjahr auch 2001 nahezu unverändert im Star-Bereich des Geschäftsportfolios.

Zur Analyse der Investitionspolitik des Bayer-Konzerns lässt sich zusammenfassend feststellen, dass die Geschäftsbereiche des Unternehmens in den Jahren 2000 und 2001 hauptsächlich in den Portfolio-Positionen Cash-Cow und Star vertreten sind. Indes lässt sich im gesamten Portfolio des Bayer-Konzerns im betrachteten Zeitraum kein einziges Segment eindeutig als Nachwuchs-Kandidat identifizieren.

6 Kapitalmarktorientierte Erfolgsanalyse

61 Das Ergebnis je Aktie (Earnings per Share)

Zur Beurteilung der Erfolgslage von börsennotierten Aktiengesellschaften wird von Finanzanalysten zusätzlich zu den bereits vorgestellten Kennzahlen eine Reihe weiterer, spezieller Kennzahlen vorgeschlagen: Soweit **Aktien mit Nennbetrag** ausgegeben wurden, wird der Jahresüberschuss je Aktie als Verhältnis des Jahresüberschusses zum durchschnittlichen Nominalwert des Grundkapitals einer Gesellschaft ermittelt (bezogen auf den Nennbetrag einer Aktie):

$$\text{Jahresüberschuss je Aktie} \atop \text{(Nennbetragsaktien)} = \frac{\text{Jahresüberschuss} \cdot \text{Nennbetrag je Aktie}}{\varnothing \text{ Grundkapital}} = \frac{\text{Jahresüberschuss}}{\varnothing \text{ Zahl der Aktien}}$$

Kennzahl Nr. 03.33.00

Der Jahresüberschuss je Aktie ist formal eine Variante der Eigenkapitalrentabilität.[419]

Nimmt man z. B. an, dass ein Unternehmen einen Jahresüberschuss i. H. v. 10.000 GE erwirtschaftet und ein Grundkapital i. H. v. 50.000 GE hat (1.000 Aktien à 50 GE Nennbetrag je Aktie), dann errechnet sich daraus ein Jahresüberschuss je Aktie i. H. v. 10 GE.

Haben die Aktien der emittierenden Gesellschaft keinen Nennbetrag, liegen also **Stückaktien** vor, ändert sich die Kennzahl nur insofern, als sie nicht auf einen Nennbetrag, sondern auf jede einzelne Aktie bezogen wird:

$$\text{Jahresüberschuss je Aktie} \atop \text{(Stückaktien)} = \frac{\text{Jahresüberschuss}}{\varnothing \text{ Zahl der Aktien}}$$

Kennzahl Nr. 03.33.01

Bei ein und derselben Gesellschaft dürfen gemäß § 8 Abs. 1 AktG entweder nur Aktien mit Nennbetrag oder nur Aktien ohne Nennbetrag ausgegeben werden, d. h., ein Nebeneinander beider Aktienformen ist unzulässig. Wenn Stückaktien ausgegeben werden, entfällt das bei Aktien mit Nennbetrag unter Umständen auftretende Problem, dass unterschiedliche Nennbeträge vereinheitlicht werden müssen, da alle Stückaktien einer Aktiengesellschaft dieselben „Nennbeträge" besitzen und damit zu gleichen Teilen am Grundkapital beteiligt sind. Die „Nennbeträge" von Stückaktien sind daher stets einheitlich. Ihr rechnerischer Wert kann durch die Division des Grundkapitals durch die Zahl der Aktien ermittelt werden.

Da beim Jahresüberschuss je Aktie nur das Grundkapital als ein Teil des Eigenkapitals betrachtet wird und die Rücklagen insofern nicht berücksichtigt werden, lässt sich mit dieser Kennzahl nicht die Ertragskraft eines Unternehmens als Ganzes beurteilen.[420] Will der Bilanzanalytiker nicht zu Fehlurteilen gelangen, ist vor allem bei **Betriebsvergleichen** anhand der Kennzahl „Jahresüberschuss je Aktie" Vorsicht geboten. Dies zeigt folgendes Beispiel:[421]

---

419 Vgl. KÜTING, K./WEBER, C.-P., Die Bilanzanalyse, S. 301.

420 Vgl. SCHULT, E., Bilanzanalyse, S. 101 f.; KÜTING, K./WEBER, C.-P., Die Bilanzanalyse, S. 268.

421 Ähnliche Beispiele finden sich bei COENENBERG, A. G., Jahresabschluss und Jahresabschlussanalyse, S. 1053 f. und bei KÜTING, K./WEBER, C.-P., Die Bilanzanalyse, S. 268 f.

	A-AG	B-AG
Grundkapital	50 Mio. €	150 Mio. €
Rücklagen	150 Mio. €	50 Mio. €
Eigenkapital	200 Mio. €	200 Mio. €
Jahresüberschuss	30 Mio. €	30 Mio. €
Jahresüberschuss je Aktie (Nennbetrag[422]: 5 €/Aktie)	3 €	1 €

Übersicht VI-24: *Jahresüberschuss je Aktie im Betriebsvergleich*

Das Beispiel macht deutlich, dass der Jahresüberschuss je Aktie bei gleichem Eigenkapital umso kleiner wird, je größer der Anteil des Grundkapitals am gesamten Eigenkapital ist. Im Beispiel ist das Eigenkapital der beiden Unternehmen gleich, die Eigenkapitalstruktur ist allerdings unterschiedlich. Die Kennzahl „Jahresüberschuss je Aktie" sollte daher stets gemeinsam mit der Eigenkapitalrentabilität beurteilt werden.[423] Grundsätzlich gilt indes auch für den Jahresüberschuss je Aktie und für die in den folgenden Abschnitten erläuterten kapitalmarktorientierten Rentabilitätskennzahlen, wie für Rentabilitätskennzahlen allgemein, die Arbeitshypothese G>K.[424]

Als Erweiterung der Kennzahl „Jahresüberschuss je Aktie" wird im Schrifttum vorgeschlagen, dem ausgewiesenen Grundkapital das bei Aktiengesellschaften und bei Kommanditgesellschaften auf Aktien gemäß § 160 Abs. 1 Nr. 4 AktG im Anhang auszuweisende genehmigte Kapital hinzuzurechnen, umso die mit künftigen Aktienemissionen verbundenen Kapitalverwässerungseffekte zu berücksichtigen.[425]

Bilanziert das zu analysierende Unternehmen nach den IFRS, so hat es gemäß IAS 33.66 das Ergebnis je Aktie (**earnings per share**) im Rahmen der Gewinn- und Verlustrechnung anzugeben, wenn die Anteile des Unternehmens im Sinne von IAS 33.7 öffentlich gehandelt werden oder die Vorbereitungen eines bevorstehenden Börsenganges abgeschlossen sind und das Unternehmen im Begriff ist, Stammaktien an einer Wertpapierbörse auszugeben. Die Angabepflicht umfasst das unverwässerte Ergebnis je Aktie und das verwässerte Ergebnis je Aktie. Ein Ausweis des die GuV ergänzenden Ergebnisses je Aktie im Anschluss an den Periodengewinn oder Periodenverlust bietet sich an.

---

422 Auch wenn in diesem Beispiel eine Aktie mit Nennbetrag zugrunde liegt, gilt die mangelnde Vergleichbarkeit auch für Aktien ohne Nennbetrag. Statt einer Aktie mit Nennbetrag von 5 €/ Aktie hätte auch eine Stückaktie, die mit 5 €/Aktie am Grundkapital beteiligt ist, im Beispiel unterstellt werden können: Die mangelnde Vergleichbarkeit bleibt.

423 Vgl. COENENBERG, A. G., Jahresabschluss und Jahresabschlussanalyse, S. 1045.

424 Vgl. hierzu Abschn. 31 in diesem Kapitel.

425 Vgl. SÜCHTING, J., Finanzmanagement, S. 100-110.

Das **unverwässerte Ergebnis je Aktie** (basic earnings per share) ist gemäß IAS 33.10 als das den Stammaktionären zustehende Periodenergebnis (profit or loss attributable to ordinary equity holders) im Verhältnis zur gewichteten Zahl der während der Periode ausstehenden Stammaktien (weighted average number of ordinary shares outstanding during the period) definiert. Um das unverwässerte Ergebnis je Aktie zu berechnen, ist das Periodenergebnis gemäß IAS 33.12 um die Bestandteile zu verringern, die den im Nenner erfassten Aktien nicht zustehen. Bei der Berechnung des Ergebnisses je Stammaktie sind daher die auf die Vorzugsaktien entfallenden Ergebnisanteile herauszurechnen. Der bei der Berechnung des unverwässerten Ergebnisses verwendete gewichtete Durchschnitt der während eines Geschäftsjahres ausstehenden Stammaktien ist dadurch begründet, dass die im Nenner anzugebende Zahl von Stammaktien während des Geschäftsjahres schwankt. Daher ist gemäß IAS 33.20 die Zahl der Stammaktien zu Beginn des Geschäftsjahres um die Zahl zusätzlich ausgegebener Stammaktien vom jeweiligen Zeitpunkt der Aktienausgabe an zu erhöhen und um die Zahl zurückgekaufter Stammaktien zu vermindern. Anschließend werden die Stammaktien mit einem Gewichtungsfaktor (time-weighting factor) multipliziert.[426] Der Gewichtungsfaktor lässt sich aus dem Verhältnis zwischen der Zahl der Tage, an denen die Aktien während des Geschäftsjahres im Umlauf waren, und der Summe der Tage des Geschäftsjahres (360 Tage) ermitteln.[427] Das unverwässerte Ergebnis je Aktie ergibt sich wie folgt:

$$(\text{Unverwässertes}) \text{ Ergebnis je Aktie} = \frac{\text{Auf die Stammaktien entfallendes Periodenergebnis}}{\text{Gewichtete Durchschnittszahl der Stammaktien}}$$

Kennzahl Nr. 03.33.02

Bei der Ermittlung des **verwässerten Ergebnisses je Aktie** (diluted earnings per share) sind weitere Korrekturen im Zähler und Nenner notwendig, um den Einfluss von möglichen ausstehenden Aktien offen zu legen. Diese Einflüsse möglicher ausstehender Aktien können daraus resultieren, dass andere Finanzierungstitel, wie Wandel- und Optionsanleihen, künftig in Aktien umgewandelt werden sollen.[428] Im Zähler ist das Periodenergebnis gemäß IAS 33.31 um die Beträge zu korrigieren, die aus der Ausübung von Bezugsrechten resultieren. Zu nennen sind beispielsweise Zinsaufwendungen von Wandelschuldverschreibungen. Gemäß IAS 33.33 ist das Periodenergebnis unter expliziter Berücksichtigung der korrespondierenden Steuereffekte zu korrigieren. Im Nenner ist die Zahl der Stammaktien um den gewichteten Durchschnitt der verwässerten potentiellen Stammaktien zu erhöhen.[429]

---

426 Vgl. PELLENS, B./GASSEN, J., in: Baetge u. a., Rechnungslegung nach IAS, 2. Aufl., IAS 33, Rn. 18.

427 Zu Berechnungsbeispielen vgl. IAS 33.21 sowie PELLENS, B./GASSEN, J., in: Baetge u. a., Rechnungslegung nach IAS, 2. Aufl., IAS 33, Rn. 18-23.

428 Vgl. BUSSE VON COLBE, W. U. A. (Hrsg.), Ergebnis nach DVFA/SG, S. 61.

429 Zur Berechnung vgl. IAS 33.31 sowie ausführlich PELLENS, B./GASSEN, J., in: Baetge u. a., Rechnungslegung nach IAS, 2. Aufl., IAS 33, Rn. 27-32.

Wegen der Manipulierbarkeit des Jahresüberschusses durch bilanzpolitische Maßnahmen sollte bei der Analyse börsennotierter Aktiengesellschaften neben dem Jahresüberschuss je Aktie auch der Cashflow je Aktie ermittelt werden. Vor allem Kleinaktionäre können sich durch die Verwendung des Cashflows im Zähler der Kennzahl besser gegen bilanzpolitische Maßnahmen des Managements schützen.[430] Der Cashflow je Aktie ist wie folgt definiert:

$$\text{Cashflow je Aktie (Nennbetragsaktien)} = \frac{\text{Cashflow} \cdot \text{Nennbetrag je Aktie}}{\varnothing \text{ Grundkapital}} = \frac{\text{Cashflow}}{\varnothing \text{ Zahl der Aktien}}$$

Kennzahl Nr. 03.33.03

Haben die Aktien der emittierenden Gesellschaft keinen Nennbetrag, liegen also Stückaktien vor, ist die Kennzahl „Cashflow je Aktie" zu modifizieren, weil sie nicht mehr auf einen Nennbetrag bezogen werden kann:

$$\text{Cashflow je Aktie (Stückaktien)} = \frac{\text{Cashflow}}{\varnothing \text{ Grundkapital}}$$

Kennzahl Nr. 03.33.04

Da der Jahresüberschuss und der Cashflow häufig durch außerordentliche Aufwendungen und Erträge beeinflusst werden und der Finanz- und Verbunderfolg vielfach erheblich zum Periodenergebnis beiträgt, empfiehlt es sich aus Sicht des externen Bilanzanalytikers, den ordentlichen Betriebserfolg im Zähler der Kennzahl zu verwenden. Der ordentliche Betriebserfolg weist gegenüber der Verwendung des Jahresüberschusses oder des Cashflows im Zähler der Kennzahl den Vorteil auf, dass er nur die nachhaltigen Erfolgsbestandteile umfasst, die aus der eigentlichen betrieblichen Tätigkeit resultieren und somit ein besserer Indikator für die künftige Ertragskraft des zu analysierenden Unternehmens ist.[431] Der Ordentliche Betriebserfolg je Aktie ist definiert als:

$$\text{Ordentlicher Betriebserfolg je Aktie (Nennbetragsaktien)} = \frac{\text{Ordentlicher Betriebserfolg} \cdot \text{Nennbetrag je Aktie}}{\varnothing \text{ Grundkapital}}$$
$$= \frac{\text{Ordentlicher Betriebserfolg}}{\varnothing \text{ Zahl der Aktien}}$$

Kennzahl Nr. 03.33.05

---

430 Zum Cashflow vgl. Abschn. 25 in diesem Kapitel.
431 Vgl. zum ordentlichen Betriebserfolg Kap. II Abschn. 332.

Im Fall von Stückaktien ergibt sich:

$$\frac{\text{Ordentlicher Betriebserfolg je Aktie}}{\text{(Stückaktien)}} = \frac{\text{Ordentlicher Betriebserfolg}}{\varnothing \text{ Zahl der Aktien}}$$

Kennzahl Nr. 03.33.06

62 Die Dividendenrentabilität

Das Ergebnis je Aktie gibt an, welche Ausschüttung und somit welche Verzinsung (eventuell vor Ertragsteuern) des gezeichneten Kapitals möglich gewesen wäre; es gibt aber nicht an, wie hoch die Verzinsung des gezeichneten Kapitals tatsächlich war. Die tatsächliche Verzinsung des eingesetzten Kapitals durch Ausschüttungen des Unternehmens wird durch die Dividendenrentabilität beschrieben. Aufgrund des Wegfalls des körperschaftsteuerlichen Anrechnungsverfahrens durch das Steuersenkungsgesetz (StSenkG) im Jahre 2000 ist bei der Dividendenrentabilität eine Steuergutschrift nicht mehr zu berücksichtigen.[432]

$$\text{Dividendenrentabilität} = \frac{\text{Dividende je Aktie}}{\text{Preis je Aktie (Börsenkurs)}}$$

Kennzahl Nr. 03.34.00

Die Dividendenrentabilität ist als Entscheidungskriterium bei der Aktienanalyse insofern problematisch, als allein auf Dividendenzahlungen abgestellt wird und Kursbewegungen der Aktie sowie eventuell anfallende Bezugsrechte vernachlässigt werden. Beispielsweise werden stark wachsende Unternehmen mit guten Zukunftsperspektiven, zugleich aber mit hohem Finanzbedarf und dementsprechend hohem Thesaurierungssatz grundsätzlich eine niedrigere Dividendenrentabilität erzielen als ausschüttungsfreudige Unternehmen ohne sinnvolle interne Investitionsalternative. Die künftige Ertragskraft des Unternehmens wird bei der Dividendenrentabilität also nur sehr mittelbar berücksichtigt. Dennoch kann eine erwartete hohe künftige Dividendenrentabilität dazu beitragen, Kursrisiken abzufangen.[433]

63 Das Kurs-Gewinn-Verhältnis (Price-Earnings-Ratio)

Die Ertragskraft des gesamten Unternehmens wird durch die Price-Earnings-Ratio (PER) gemessen, welche auch als Kurs-Gewinn-Verhältnis (KGV) bezeichnet wird. Das KGV wird als Quotient aus Börsenkurs bzw. Preis je Aktie und dem Jahresüberschuss je Aktie ermittelt:

---

432 Vgl. STEINER, M./BRUNS, C., Wertpapiermanagement, S. 270.
433 Vgl. STEINER, M./BRUNS, C., Wertpapiermanagement, S. 219.

$$\text{Kurs-Gewinn-Verhältnis} = \frac{\text{Preis je Aktie (Börsenkurs)}}{\text{Jahresüberschuss je Aktie}}$$

Kennzahl Nr. 03.35.00

Bei der Kennzahl Kurs-Gewinn-Verhältnis stehen im Unterschied zu den bisher dargestellten Rentabilitätskennzahlen die Ergebnisgröße im Nenner und das Kapital im Zähler der Kennzahl; es handelt sich also um eine reziproke Rentabilitätskennzahl.[434] Innerhalb der Definition des KGV gibt es bei der Wahl des „Ergebnisses je Aktie" eine Reihe von Alternativen. Häufig wird hier das „Ergebnis je Aktie nach DVFA/ SG" verwendet, das für den Vergleich von Unternehmen vorgeschlagen wird.[435] Das KGV sollte vom externen Bilanzanalytiker auch auf der Basis des Cashflows ermittelt werden, da der Cashflow vom Management nicht derartig stark durch bilanzpolitische Maßnahmen beeinflusst werden kann wie der Jahresüberschuss.

$$\text{Kurs-Cashflow-Verhältnis} = \frac{\text{Preis je Aktie (Börsenkurs)}}{\text{Cashflow je Aktie}}$$

Kennzahl Nr. 03.35.01

Beim **Kurs-Cashflow-Verhältnis (K-CF-V)** handelt es sich um einen Multiplikator, der den Börsenkurs bzw. Preis je Aktie ins Verhältnis zum pro Aktie erzielten Cashflow setzt. Ein Wert des K-CF-V von 10 bedeutet, dass der Börsenkurs den in der Periode erzielten Cashflow um den Faktor 10 übersteigt. Das K-CF-V wird i. d. R. mit dem durchschnittlichen K-CF-V einer Branche oder des Gesamtmarktes verglichen.[436] Grundsätzlich eignet sich das K-CF-V sowohl zum zwischenbetrieblichen Vergleich als auch zur Beurteilung eines Unternehmens im Zeitvergleich.

Ein **niedriges K-CF-V** wird als Indiz für eine Unterbewertung der Aktie und damit als ein Kaufsignal gewertet; ein **hohes K-CF-V** kennzeichnet ein relativ teures Aktienengagement.[437] Bei der Analyse von börsennotierten Aktiengesellschaften stellt das K-CF-V eine wertvolle Ergänzung der Cashflow-Eigenkapitalrentabilität dar, da sich das K-CF-V auf das investierte Kapital (den Börsenkurs der Aktie) und nicht auf das nominelle bzw. bilanzielle Eigenkapital bezieht.[438]

---

434 Vgl. GRÄFER, H., Bilanzanalyse, S. 116; BAETGE, J./JERSCHENSKY, A., Rentabilitätsanalyse, S. 420.

435 Vgl. GRÄFER, H., Bilanzanalyse, S. 115. Zum Ergebnis nach DVFA/SG vgl. BUSSE VON COLBE, W. U. A. (Hrsg.), Ergebnis nach DVFA/SG. Zur Problematik des Ergebnisses nach DVFA/SG vgl. GÖCKEN, U./SCHULTE, K.-W., Fundamentale Aktienanalyse, S. 22-24.

436 Vgl. KÜTING, K./WEBER, C.-P., Die Bilanzanalyse, S. 269; PERRIDON, L./STEINER, M., Finanzwirtschaft der Unternehmung, S. 231.

437 Vgl. KÜTING, K./WEBER, C.-P., Die Bilanzanalyse, S. 269; GRÄFER, H., Bilanzanalyse, S. 116; STEINER, M./BRUNS, C., Wertpapiermanagement, S. 216.

438 Vgl. COENENBERG, A. G., Jahresabschluss und Jahresabschlussanalyse, S. 1046.

Zwischen dem Börsenkurs der Aktie, dem Cashflow je Aktie und dem K-CF-V besteht dabei folgende Beziehung:

$$\text{Preis je Aktie (Börsenkurs)} = \text{K-CF-V} \cdot \text{Cashflow je Aktie}$$

$$= \frac{\text{Börsenkurs}}{\text{Cashflow je Aktie}} \cdot \text{Cashflow je Aktie}$$

Multipliziert man den Börsenkurs mit der Zahl der Aktien, ergibt sich:

$$\text{Börsenkurs} \cdot \text{Zahl der Aktien} = \text{K-CF-V} \cdot \text{Cashflow je Aktie} \cdot \text{Zahl der Aktien}$$

$$= \text{Börsenwert des Unternehmens}$$

$$= \text{K-CF-V} \cdot \text{Cashflow}$$

Dazu ist anzumerken, dass durch die Multiplikation mit der Zahl der Aktien implizit unterstellt wird, alle Aktien seien gleich viel wert. Diese Prämisse ist z. B. beim Erwerb von Mehrheitsbeteiligungen nicht korrekt, da Mehrheitsanteile wegen der Möglichkeit, die Geschäftspolitik aktiv beeinflussen zu können, höher bewertet werden müssen als Minderheitsanteile.[439] Die Umformung verdeutlicht, dass aus einem relativ hohen K-CF-V auf hohe Erfolgserwartungen der Börse für dieses Unternehmen geschlossen werden kann.[440] Das K-CF-V dient daher als Anhaltspunkt dafür, wieweit die Cashflows der Vergangenheit von der Börse für nachhaltig befunden werden und welche Risikoposition dem Unternehmen beigemessen wird, denn je ungünstiger die Risikoposition des Unternehmen ist, umso geringer ist das K-CF-V.

Da der Jahresüberschuss und der Cashflow häufig durch einen hohen relativen Ergebnisbeitrag des Finanz- und Verbunderfolges sowie einen hohen relativen Ergebnisbeitrag des außerordentlichen Erfolges gekennzeichnet sind, stellt die Verwendung des ordentlichen Betriebserfolges je Aktie im Nenner der Kennzahl für den Bilanzanalytiker eine aufschlussreiche Alternative dar, die Bewertung der Aktien am Kapitalmarkt zu analysieren.[441] Das **Kurs-Ordentlicher Betriebserfolg-Verhältnis** wird analog zum KGV und zum K-CF-V berechnet:

$$\text{Kurs-Ordentlicher Betriebserfolg-Verhältnis} = \frac{\text{Preis je Aktie (Börsenkurs)}}{\text{Ordentlicher Betriebserfolg je Aktie}}$$

Kennzahl Nr. 03.35.02

---

439 Vgl. etwa HELBLING, C., Unternehmensbewertung und Steuern, S. 508-510.

440 Vgl. GRÄFER, H., Bilanzanalyse, S. 116; STEINER, M./BRUNS, C., Wertpapiermanagement, S. 216.

441 Zur Vorteilhaftigkeit der Verwendung des ordentlichen Betriebserfolges je Aktie vgl. Abschn. 61 in diesem Kapitel.

7   Der Economic Value Added (EVA) als Erfolgsindikator

71   Vorbemerkung

Das Zusammenwachsen der internationalen Kapitalmärkte hat zu einem starken Wettbewerb der Unternehmen um Eigenkapital geführt. Bei diesem Wettbewerb treffen potentielle und aktuelle Anteilseigner die Entscheidung über den Kauf oder den Verkauf von Unternehmensanteilen anhand des Wertes des Unternehmens aus ihrer Sicht.[442] Das Top-Management wird dadurch gezwungen, die Unternehmenspolitik auf die Steigerung des Unternehmenswertes aus Sicht der Aktionäre auszurichten. Hierzu dient die Implementierung eines wertorientierten Unternehmenssteuerungskonzeptes mit den Zielen, neue Eigenkapitalgeber zu gewinnen, aktuelle Eigenkapitalgeber zu halten, die Eigenkapitalkosten zu senken und eine Übernahme des Unternehmens zu verhindern.[443] Zur wertorientierten Unternehmensführung zählt allerdings nicht nur der Einsatz der entsprechenden Steuerungskonzepte innerhalb des Unternehmens, sondern auch die Information im Geschäftsbericht, wie diese Steuerungskonzepte eingesetzt werden. Da die klassischen Erfolgskennzahlen als nur eingeschränkt geeignet zur wertorientierten Unternehmensführung angesehen werden,[444] wurden neue Kennzahlen-Konzepte entwickelt. Beispielsweise arbeitete die Unternehmensberatungsgesellschaft STERN STEWART & CO. das Kennzahlenkonzept **Economic Value Added (EVA)**[445] aus, das in der Praxis eine breite Anwendung bei der wertorientierten Unternehmensführung gefunden hat.[446] Auch einige deutsche Unternehmen verwenden den EVA zur internen Unternehmenssteuerung und veröffentlichen den Kennzahlenwert in ihren Geschäftsberichten.[447] Im Folgenden soll geklärt werden, ob die vom bilanzierenden Unternehmen veröffentlichte Kennzahl EVA im Rahmen der externen Bilanzanalyse als ein zuverlässiger Erfolgsindikator verwandt werden kann. Dabei wird auch untersucht, ob der externe Bilanzanalytiker den Kennzahlenwert eigenständig, d. h., mit dem ihm vorliegenden Datenmaterial berechnen kann, wenn das bilanzierende Unternehmen den EVA nicht ausweist.

72   Die Konzeption des EVA

Der Kennzahl EVA basiert auf dem Gedanken des **Residualgewinns** bzw. des **Übergewinns**. Der Residualgewinn bzw. der Übergewinn zeichnet sich gegenüber dem bilanziellen Gewinn dadurch aus, dass nur der Teil des Umsatzes werthaltig ist, der über

---

442 Vgl. BAETGE, J./NOELLE, J., Shareholder -Value-Reporting, S. 174.

443 Vgl. BAETGE, J./NOELLE, J., Shareholder -Value-Reporting, S. 175; vgl. dazu auch Abschn. 531. in diesem Kapitel.

444 Vgl. HOSTETTLER, S., Economic Value Added, S. 236.

445 EVA ist ein eingetragenes Warenzeichen der U. S.-amerikanischen Unternehmensberatungsgesellschaft Stern Stewart.

446 Vgl. dazu das Basiswerk: STEWART, G. B., Quest for Value.

447 Vgl. FISCHER, T. M./RÖDL, K., Strategische und wertorientierte Managementkonzepte in der Unternehmenspublizität, S. 429.

die Ansprüche aller Kapitalgeber (sowohl Fremd- als auch Eigenkapitalgeber) hinausgeht. Der Übergewinn ist im Gegensatz zum bilanziellen Gewinn der bereinigte Gewinn nach Steuern, der nach Abzug der Fremd- und Eigenkapitalkosten verbleibt. Der EVA ist somit jener Gewinnteil, der über die Verzinsung des Fremdkapitals und über die risikoangepasste Rendite auf das Eigenkapital hinaus erzielt wird. Dieser geschaffene Wert steht allein den Eigentümern zu. Formal ergibt sich damit ein doppelter Effekt der Vergütung für die Eigenkapitalgeber: Zum einen werden sie für das überlassene Eigenkapital entschädigt (Ausgleich der Eigenkapitalkosten) und zum anderen werden sie mit einem eventuell neu geschaffenen Unternehmensmehrwert entlohnt.[448]

Im Unterschied zu den Residualgewinnkonzepten werden im externen Rechnungswesen nur die Zinsen auf das Fremdkapital abgezogen, nicht indes die Zinsen auf das Eigenkapital. Aus betriebswirtschaftlicher und volkswirtschaftlicher Sicht ist ein positives Ergebnis allerdings erst dann erwirtschaftet, wenn die von der Gesellschaft generierten Erträge über den gesamten Kapitalkosten liegen. Die Gewinnschwelle auf der Basis der handelsrechtlichen Zahlen stellt somit aus Sicht der Befürworter der Residualgewinnkonzepte eine „**falsche Nulllinie**" dar.[449]

Der Economic Value Added ist eine umfassende Kennzahl, die die betrieblichen Entscheidungsbereiche **Investitionen**, **Steuern**, **Finanzierung** und **operative Entscheidungen** vereint. Berechnet wird der Economic Value Added aus der Erfolgsgröße **N**et **O**perating **P**rofit **a**fter **T**axes (NOPAT), der Kapitalgröße **Capital** sowie dem Kapitalkostensatz **c***.[450] Anhand dieser drei Kernelemente werden die Werttreiber des Economic Value Added transparent:

- Durch **Operative Entscheidungen** kann das Management den Netto-Betriebsgewinn nach Steuern (NOPAT) steigern.

- **Investitions**- oder **Desinvestitionsentscheidungen** müssen derart getroffen werden, dass das Nettovermögen (Capital) den höchstmöglichen NOPAT abwirft.

- Mit Hilfe von **Finanzierungsentscheidungen** kann der Kapitalkostensatz c* optimiert, d. h. verringert werden.

Untersucht der externe Bilanzanalytiker die Kennzahlenwerte des EVA im Zeitverlauf, so erhält er Informationen darüber, welche Unternehmen bzw. Unternehmensbereiche wertsteigernd (positiver EVA) bzw. wertvernichtend (negativer EVA) sind.

---

448 Vgl. BEHRINGER, S./OTTERSBACH, J. H., Wertorientierte Unternehmensführung, S. 99.

449 Vgl. RÖTTGER, B., Konzept des Added Value, S. 16; COPELAND, T./KOLLER, T./MURRIN, J., Unternehmenswert, S. 17.

450 Vgl. BÖCKING, H.-J./NOWAK, K., Konzept des EVA, S. 282.

73   Der Begriff des EVA

Die Kennzahl Economic Value Added wird definiert als „operating profits less the cost of all the capital employed to produce those earnings"[451]; anders fomuliert entspricht der Economic Value Added dem „residual income left over from operating profits after the cost of capital has been subtracted"[452]. Unter dem Economic Value Added versteht man demnach die periodenbezogene Differenz zwischen dem aus dem eingesetzten Kapital erwirtschafteten operativen Ergebnis (NOPAT) und den Kapitalkosten (Capital · c*). Dieser Zusammenhang wird durch die **Capital-Charge-Formel** ausgedrückt:[453]

$$EVA = NOPAT - Capital \cdot c^*$$

Kennzahl Nr. 03.36.00

- ▪ **EVA**: Differenz aus dem operativen Ergebnis und den Kapitalkosten. Die Kapitalkosten ergeben sich durch Multiplikation des eingesetzten Nettobetriebsvermögens mit dem Kapitalkostensatz.

- ▪ **NOPAT**: Betrieblicher Gewinn nach Abzug der adjustierten Steuern vor Finanzierungskosten (vor allem Zinsen auf Fremdkapital).

- ▪ **Capital**: Betriebsnotwendiges Vermögen, welches zur Erwirtschaftung des NOPAT erforderlich ist.

- ▪ **Kapitalkostensatz c***: Gewichteter Kapitalkostensatz des Eigen- und Fremdkapitals zu Marktwerten.

Der Economic Value Added lässt sich durch Umformung der Capital-Charge-Formel auch mit der sog. **Value-Spread-Formel** berechnen:[454]

$$EVA = (r - c^*) \cdot Capital$$

Kennzahl Nr. 03.36.01

- ▪ **Rendite r**: Verhältnis von NOPAT und Capital, das die interne Rendite der operativen Prozesse darstellt.

Mit Hilfe der **Value-Spread-Formel** können wertschaffende von wertvernichtenden Unternehmen bzw. Unternehmensbereichen unterschieden werden. Ein Unternehmen ist immer dann wertschaffend und erzielt damit einen Vermögenszuwachs für die Investoren, wenn die interne Rendite der operativen Prozesse r größer ist als der Kapitalkostensatz c*, der Klammerausdruck also größer null ist.[455] Umgekehrt ist ein

---

451 Vgl. STEWART, G. B., Quest for Value, S. 2.

452 Vgl. STERN, J. M., EVA Roundtable, S. 49.

453 Vgl. STEWART, G. B., Quest for Value, S. 137.

454 Vgl. STEWART, G. B., Quest for Value, S. 136 f.

455 Vgl. HOSTETTLER, S., EVA als neues Führungsinstrument, S. 310.

Unternehmen wertvernichtend, wenn der Kapitalkostensatz c* größer als die interne Rendite der operativen Prozesse r ist, der Klammerausdruck also kleiner null ist. Bei einem negativen Economic Value Added hat sich aus Sicht der an dem Unternehmen beteiligten Investoren das ursprünglich investierte Kapital zu Buchwerten nicht risikoadäquat verzinst.[456] Diese Zusammenhänge werden durch folgende Tabelle verdeutlicht:

r > c*	EVA > 0	Unternehmen ist wertsteigernd
r = c*	EVA = 0	Grenzunternehmen
r < c*	EVA < 0	Unternehmen ist wertvernichtend

Übersicht VI-25: *Zusammenhang zwischen der internen Rendite der operativen Prozesse r und dem Kapitalkostensatz c** [457]

Die Bildung der Kennzahl EVA lässt allein noch kein Urteil über die Erfolgslage eines Unternehmens bzw. eines Unternehmensbereiches zu, da ein Maßstab fehlt, an dem die absolute Erfolgskennzahl EVA gemessen werden kann. Zu ihrer Beurteilung bedarf es somit eines **Kennzahlenvergleiches**, denn jede betriebswirtschaftliche Beurteilung setzt einen Vergleich voraus.[458] Neben einem Zeitvergleich kommt beim EVA-Konzept ein Betriebsvergleich nur dann in Frage, wenn der Economic Value Added nicht mehr als absolute Größe dargestellt wird, sondern unter Bezugnahme auf das Capital eines Basisjahres relativiert wird und somit eine Rentabilitätskennzahl darstellt.[459]

$$\text{EVA-Rentabilität} = \frac{\text{NOPAT} - \text{Capital} \cdot c^*}{\text{Capital}_{\text{Basisjahr}}}$$

Kennzahl Nr. 03.37.00

456 Vgl. GRETH, M., Economic Value Added, S. 73; WURL, H.-J./KUHNERT, M./HEBELER, C., Traditionelle Formen der kurzfristigen Erfolgsrechnung, S. 1363.

457 Abbildung in Anlehnung an BÖCKING, H.-J./NOWAK, K., Konzept des EVA, S. 283.

458 Vgl. VODRAZKA, K., Vergleichsrechnungen, Sp. 1997 f.

459 Vgl. BEHRINGER, S./OTTERSBACH, J. H., Wertorientierte Unternehmensführung, S. 101; GÜNTHER, T., Unternehmenswertorientiertes Controlling, S. 236.

74 Die ökonomische Aufbereitung des zugrunde liegenden Datenmaterials

Auf der Basis des betrieblichen Rechnungswesens werden beim EVA-Konzept der betriebliche Gewinn vor Finanzierungskosten und nach Abzug der adjustierten Steuern (NOPAT) sowie das betriebsnotwendige Vermögen, welches zur Erwirtschaftung des NOPAT erforderlich ist (Capital), ermittelt. Dabei wird der NOPAT aus dem Jahresergebnis der GuV und das Capital aus dem Vermögen der Bilanz generiert. Grundlage für die ökonomische Aufbereitung des zugrunde liegenden Datenmaterials bildet also das sog. „Accounting Model", welches dem Jahresabschluss entspricht.

Da die zugrunde liegenden buchhalterischen Größen in Bezug auf die Wertschaffung einer Periode kein realistisches Abbild geben und je nach angewandten Rechnungslegungsstandards (wie HGB, IFRS, U. S. GAAP) unterschiedliche Qualitäten aufweisen, empfiehlt STERN STEWART & CO., die Größen NOPAT und CAPITAL bez. operativer, steuerlicher, finanzieller und bewertungstechnischer Verzerrungen zu bereinigen. Die Anpassungen (sog. Conversions) vom **„Accounting Model"** zum **„Economic Model"** für die Ermittlung des NOPAT und des Capital sollen dabei in **maximal vier Stufen** vorgenommen werden,[460] wodurch das buchhalterische, eher an den Interessen der Gläubiger ausgerichtete Accounting Model in das markt- und investorenorientierte Economic Model als Zahlenmodell der Eigentümer umgewandelt werden soll. Das transformierte Economic Model zeichnet sich nach Ansicht der Befürworter des EVA-Konzeptes durch eine strikte Aktionärsorientierung aus.[461]

Im Folgenden werden die vier Anpassungsstufen, die Operating Conversion, die Funding Conversion, die Tax Conversion sowie die Shareholder Conversion beschrieben,[462] wobei jeweils kritisch untersucht wird, ob der externe Bilanzanalytiker die vorzunehmenden Anpassungen mit den ihm zur Verfügung stehenden Daten tatsächlichen (nach-)vollziehen kann.

1. Stufe: Operating Conversion
Bei der Operating Conversion wird der NOPAT des Accounting Model um alle **nicht operativen Ertrags- und Aufwandskomponenten** und das Capital des Accounting Model um alle **nicht operativen Vermögenskomponenten** bereinigt.[463] Der EVA umfasst dann diejenigen Erfolgsbestandteile, die aus der eigentlichen (operativen) Geschäftstätigkeit des Unternehmens zugeflossen sind. Dargestellt werden soll der richtige, nachhaltig erzielbare Erfolg, der aus der eigentlichen absatz- und produktionswirtschaftlichen Tätigkeit des Unternehmens resultiert. Daneben werden Vermögensgegenstände des Accounting Model, die nicht der betrieblichen Leistungserstellung dienen, eliminiert.

---

460 Vgl. HOSTETTLER, S., Economic Value Added, S. 97-105.

461 Vgl. z. B. HOSTETTLER, S., Economic Value Added, S. 79, EHRBAR, A., Economic Value Added, S. 25-48.

462 Zu den einzelnen Anpassungsstufen vgl. HOSTETTLER, S., Economic Value Added, S. 97-105.

463 Vgl. auch im Folgenden HOSTETTLER, S., EVA als neues Führungsinstrument, S. 311.

Operating Conversion	
NOPAT	Capital
■ Eliminierung der Finanzerträge und Finanzaufwendungen, ■ Eliminierung der Restrukturierungsaufwendungen sowie ■ Eliminierung der nicht operativen Erträge und außergewöhnlichen Aufwendungen.	■ Eliminierung der Wertpapiere des Umlaufvermögens sowie ■ Eliminierung des nicht operativ notwendigen Vermögens, z. B. Anlagen im Bau, da sie für den operativen Prozess noch nicht zur Verfügung stehen.

Übersicht VI-26: *Anpassungen im Rahmen der Operating Conversion*

Der externe Bilanzanalytiker kann die Anpassungen der Operating Conversion anhand der veröffentlichten Jahresabschlussinformationen vornehmen. Bei der Berechnung des NOPAT kann er sich an dem aus der Erfolgsquellenanalyse bekannten ordentlichen Betriebserfolg orientieren.[464] Auch wenn der NOPAT grundsätzlich aus dem Jahresabschluss abgeleitet werden kann, ist es im Rahmen der externen Bilanzanalyse nicht möglich, den absolut richtigen NOPAT zu ermitteln, da diverse bilanzpolitische Maßnahmen einschließlich Sachverhaltsgestaltungen aus dem Jahresabschluss nicht erkennbar sind.[465] Aufgrund dieser Manipulationsanfälligkeit der Jahresabschlusszahlen sollten bei der Bestimmung des nachhaltig zu erzielenden Ergebnisses, das heißt bei der Abgrenzung der operativen und außerordentlichen Erfolgskomponenten, vor allem die GuV-Posten „Sonstige betriebliche Erträge" und „Sonstige betriebliche Aufwendungen" kritisch daraufhin untersucht werden, ob sie tatsächlich als nachhaltig anzusehen sind.[466] Probleme treten indes nicht nur bei der Bestimmung des NOPAT auf, auch das betriebsnotwendige Vermögen kann von einem externen Bilanzanalytiker nicht exakt bestimmt werden, sondern sein Wert kann nur geschätzt werden.[467]

2. Stufe: Funding Conversion

Durch die Funding Conversion soll die vollständige Erfassung sämtlicher Finanzierungsmittel sowie die Bereinigung der Finanzierungsstruktur erreicht werden. Vor allem versteckte Finanzierungsarten wie Miet- und Leasinggeschäfte werden analog zu den fremdfinanzierten Vermögensgegenständen dem Capital hinzugerechnet, da die Vermögensgegenstände beim EVA-Konzept unabhängig von ihrer Finanzierungsform dargestellt werden sollen.[468]

---

464 Vgl. zum ordentlichen Betriebserfolg Kap. II Abschn. 332.

465 Vgl. Abschn. 24 in diesem Kapitel.

466 Vgl. Abschn. 412.2 in diesem Kapitel.

467 Vgl. Abschn. 336. in diesem Kapitel.

468 Vgl. HOSTETTLER, S., EVA als neues Führungsinstrument, S. 311.

Funding Conversion	
NOPAT	Capital

■ Jede beim Capital korrigierte Position muss auch auf der Seite des NOPAT korrigiert werden, wie
  – in Leasingraten integrierte Zinszahlungen,
  – Vorzugsdividenden.
	■ Alle Finanzierungsmittel müssen erfasst werden, d. h., auch geleastes bzw. gemietetes Vermögen muss hinzugerechnet werden.

Übersicht VI-27: Anpassungen im Rahmen der Funding Conversion

Ob ein außenstehender Bilanzanalytiker die im Rahmen der Funding Conversion vorgesehenen Anpassungen zielgerecht durchführen kann, erscheint fraglich. Als äußerst schwierig, wenn nicht unmöglich, dürfte sich vor allem die Hinzurechnung der nicht aktivierten geleasten Vermögensgegenstände erweisen, da der Wert der nicht aktivierten geleasten Vermögensgegenstände aus den veröffentlichten Informationen regelmäßig nicht zu entnehmen ist.[469]

3. Stufe: Tax Conversion

Das Ziel der Tax Conversion ist, die ertragsteuerliche Belastung des operativen Gewinnes eines Unternehmens unter der Annahme der vollständigen Eigenfinanzierung zu ermitteln. Zu eliminieren sind alle Steuern, die auf die nicht betrieblichen Erträge und die nicht betrieblichen Aufwendungen entfallen. Der durch Nutzung von Fremdkapital entstandene Steuervorteil muss dem Steueraufwand hinzugerechnet werden, da der Steuervorteil, der sich durch die steuerliche Abzugsfähigkeit des Fremdkapitals von der steuerlichen Bemessungsgrundlage ergibt, bereits im Kapitalkostensatz c* berücksichtigt wird.[470] Daneben werden nur zahlungswirksame Steuern berücksichtigt, so dass die latenten Steuern grundsätzlich zu eliminieren sind.[471]

Tax Conversion	
NOPAT	Capital
■ Die steuerliche Vorteilhaftigkeit der Fremdfinanzierung, das Tax-Shield, muss im NOPAT korrigiert werden und im Kapitalkostensatz c* berücksichtigt werden. ■ Der latente Steueraufwand oder Steuerertrag ist zu eliminieren.	■ Die latenten Steuern sind zu eliminieren.

Übersicht VI-28: Anpassungen im Rahmen der Tax Conversion

---

469 Vgl. HOSTETTLER, S., Economic Value Added, S. 125.

470 Vgl. PFAFF, D./BÄRTL, O., Wertorientierte Unternehmensführung – Ein kritischer Vergleich, S. 92.

471 Vgl. EIDEL, U., Unternehmensbewertung und Performance-Messung, S. 234.

Versucht ein externer Bilanzanalytiker die Anpassungen der Tax Conversion durchzuführen, können sich Probleme bei der Bestimmung des aus der Fremdfinanzierung entstehenden Tax-Shields ergeben. So ist davon auszugehen, dass ein international tätiger Konzern in vielen Ländern mit sehr unterschiedlichen Steuersystemen steuerpflichtig ist. Der externe Bilanzanalytiker kann das Tax-Shield aus diesem Grund allenfalls näherungsweise bestimmen.

4. Stufe: Shareholder Conversion

Im Rahmen der Shareholder Conversion werden die Größen des EVA auf eine strenge aktionärsorientierte Sichtweise ausgerichtet. Die Belange eines risikofreudigen Eigentümers werden vom EVA-Konzept durch die Aktivierung sog. Equity Equivalents erfüllt. Als Equity Equivalents werden diejenigen Vermögenswerte eines Unternehmens bezeichnet, die in dem traditionellen Jahresabschluss aufgrund der angewandten Rechnungslegungsgrundsätze nicht berücksichtigt werden dürfen. Dies sind zum einen Vermögensgegenstände bzw. -werte, die aufgrund des Vorsichtsprinzips nicht oder nur unter restriktiven Bedingungen aktiviert werden dürfen, obwohl sie betriebswirtschaftlich Investitionscharakter haben, wie Forschungs- und Entwicklungsaufwendungen sowie Markterschließungskosten. Zum anderen resultieren die Equity Equivalents aus unterschiedlichen Bewertungsmethoden.[472] Während sich die kontinentaleuropäische Rechnungslegung am **Prinzip der Anschaffungs- oder Herstellungskosten** orientiert, das Ausfluss eines starken Gläubigerschutzgedankens ist, ist für einen Investor eher die Bewertung zum Fair Value (zum beizulegenden Zeitwert) entscheidungsrelevant.[473] Mit einem solchen Fair Value-Accounting wird daher im Rahmen der Shareholder Conversion das Ziel verfolgt, Vermögenswerte und Schulden möglichst zeitnah zu bewerten.

Betrachtet man die in der folgenden Übersicht VI-29 dargestellten erforderlichen Anpassungen der Shareholder Conversion, so ist offenkundig, dass diese Anpassungen von einem externen Bilanzanalytiker kaum durchgeführt werden können. Der externe Bilanzanalytiker ist vor allem nicht dazu in der Lage, die beizulegenden Zeitwerte der in der Bilanz ausgewiesenen Vermögenswerte zu bestimmen.

In Bezug auf die dargestellten Anpassungen hängt die **Aussagefähigkeit** der Performance-Kennzahl EVA insgesamt erheblich von der Qualität und der Zahl der vorgenommenen Anpassungen ab. STERN STEWART & CO. hat weltweit bis zu 164[474] mögliche Anpassungen identifiziert, um aus den Daten des Rechnungswesens eine betriebswirtschaftliche und rein investororientierte Datenbasis zur Berechnung des EVA zu generieren.[475] Bei der folgenden Darstellung konnte nur auf die wesentlichen Anpassungen eingegangen werden, da STERN STEWART & CO. die Liste sämtlicher Anpassungen nicht veröffentlicht hat.

---

472 Vgl. HOSTETTLER, S., Economic Value Added, S. 103-105.

473 Vgl. KNAUS, M., Fair Value-Bewertung, S. 52.

474 Vgl. STEWART, G. B., EVA: Fact and Fantasy, S. 73.

475 Vgl. HOSTETTLER, S., Economic Value Added, S. 97 f.

Shareholder Conversion	
NOPAT	Capital
■ Aufwendungen für Forschung und Entwicklung, Markteinführungen oder Schulungen werden nicht mehr als Aufwand, sondern analog zu den Investitionen in Sachanlagen wie Investitionen in die Zukunft betrachtet. Sie werden gemäß dem EVA-Konzept daher als Capital angesehen und über die geschätzte Nutzungsdauer linear abgeschrieben. ■ Bezüglich der Goodwill-Abschreibungen ist korrespondierend zu den Anpassungen beim Capital vorzugehen. Im Geschäftsjahr vorgenommene Goodwill-Abschreibungen sind zu eliminieren.	■ Versteckte Reserven, wie Lagerreserven, übermäßige Delkredererückstellungen oder Rückstellungen für latente Steuern, werden dem Capital hinzugefügt. ■ Der gesamte Goodwill und die bisherigen Goodwill-Abschreibungen werden dem Capital hinzugerechnet, da davon ausgegangen wird, dass der Goodwill nichts anderes als eingekauften Shareholder Value darstellt. Durch die Hinzurechnung des Goodwill wird sichergestellt, dass der originäre, durch das operative Geschäft entstandene, und der derivative, durch Zukäufe erworbene Goodwill, gleich behandelt werden.

Übersicht VI-29: *Anpassungen im Rahmen der Shareholder Conversion*

Abhängig von der Zahl der Anpassungen wird zwischen dem Basis EVA, dem Standardisierten EVA, dem Maßgeschneiderten EVA sowie dem Echten EVA unterschieden.[476] Der **Basis EVA** legt die unangepassten, buchhalterischen Größen des Rechnungswesens zugrunde und ist damit der einfachste EVA. Für die Berechnung des **Standardisierten EVA** nimmt STERN STEWART & CO. auf der Grundlage der veröffentlichten Buchführungsdaten einige Standardanpassungen vor. Der **Maßgeschneiderte EVA** wird an die jeweilige Oganisationsstruktur, an die jeweiligen Geschäftsstrategien und an die praktizierte Rechnungslegungspolitik angepasst. Der **Echte EVA** basiert laut STERN STEWART & CO. auf einer Messung des ökonomischen Gewinns mit allen relevanten Anpassungen, allerdings wird die komplexe Datengenerierung unter Wirtschaftlichkeitsüberlegungen als nicht unbedingt notwendig angesehen. Empfohlen wird von STERN STEWART & CO. daher der Maßgeschneiderte EVA, da dieser den Trade-off zwischen Einfachheit, Klarheit und Präzision von allen vier Qualitätsstufen am besten aussaldiert. Nach Ansicht der Beratungsgesellschaft empfiehlt es sich, für jedes Unternehmen eine individuell maßgeschneiderte EVA-Kennzahl zu verwenden.[477] Im Unterschied zum Standardisierten EVA fließen beim Maßgeschneiderten EVA zusätzlich zu den veröffentlichten Unternehmensinformationen auch interne Daten mit ein. Wie bei der Darstellung der Funding-, der Tax- und der Shareholder-Conversion bereits angedeutet wurde, eignet sich der Maßgeschneiderte EVA aufgrund dieser notwendigen Einbeziehung von internem Datenmaterial indes nicht als Instrument der externen Bilanzanalyse. Der außenstehende

---

476 Vgl. auch im Folgenden EHRBAR, A., Economic Value Added, S. 176-179; BÖCKING, H.-J./ NOWAK, K., Konzept des EVA, S. 285.

477 Vgl. EHRBAR, A., Economic Value Added, S. 177 f.

Bilanzanalytiker ist ohne die Hilfe der zu untersuchenden Gesellschaft regelmäßig nur in der Lage, einen der jeweiligen Unternehmenssituation **nicht angepassten EVA**, den sog. **Standardisierten EVA**, zu ermitteln.

Berechnet das bilanzierende Unternehmen selbst den Wert der Kennzahl EVA und veröffentlicht diesen in seinem Geschäftsbericht, ergeben sich für den externen Bilanzanalytiker ähnliche Probleme wie bei der eigenen externen Bestimmung der Kennzahl EVA. Zwar muss er bei einem veröffentlichten EVA die beschriebenen Anpassungen nicht eigenständig durchführen, indes ergeben sich durch die Manipulationsspielräume, die das Management bei der Berechnung des EVA besitzt, große Unsicherheiten hinsichtlich der Zuverlässigkeit des veröffentlichten Kennzahlenwertes: Eine Überprüfung mit Hilfe des einem außenstehenden Bilanzanalytiker zur Verfügung stehenden Datenmaterials ist kaum möglich. Wenn die Kennzahl bei unterschiedlichen Unternehmen nicht auf der Basis der gleichen Anpassungen berechnet wird, besteht zudem die Gefahr, dass die Vergleichbarkeit des EVA im Betriebsvergleich erheblich leidet.

75   Die Berechnung der Basisgrößen

751.   Die Berechnung des NOPAT

Der NOPAT bildet die Erfolgsgröße des EVA-Konzeptes und ist definiert als Jahresüberschuss nach Abzug adjustierter Steuern sowie vor Finanzierungskosten.[478] Der NOPAT stellt ein in Richtung Cashflow modifiziertes Betriebsergebnis dar. Als einziger nicht finanzwirksamer Aufwand werden die Abschreibungen nicht korrigiert und korrespondierend hierzu die Investitionen nicht abgezogen. Für die Abschreibungen wird angenommen, dass sie in gleicher Höhe als Ersatzinvestitionen in das Unternehmen zurückfließen und somit den langfristigen Unternehmenserfolg sichern. Dieses Vorgehen weist u. E. gegenüber dem Cashflow den Nachteil auf, dass die Auswirkungen einer bilanzpolitisch motivierten Abschreibungspolitik im NOPAT verbleiben.[479]

Der Jahresüberschuss wird unter Berücksichtigung der vier Conversions (Operating Conversion, Funding Conversion, Tax Conversion sowie Shareholder Conversion) in den NOPAT transformiert. Der NOPAT wird demnach wie folgt ermittelt:

---

478 Vgl. STEWART, G. B., Quest for Value, S. 86.
479 Vgl. zum Cashflow Abschn. 25 in diesem Kapitel.

	Jahresüberschuss
+	Nichtbetriebliche Aufwendungen (z. B. Finanzierungsaufwendungen)
−	Nichtbetriebliche Erträge (z. B. Erträge aus nicht betriebsnotwendigen Finanzanlagen)
=	Betriebsergebnis nach Operating Conversion
±	Durchführung der Funding Conversion (z. B. Eliminierung der Zinsen aus Leasing- und Mietgeschäften)
=	Betriebsergebnis nach Operating und Funding Conversion
±	Durchführung der Tax Conversion (z. B. Eliminierung der Steuern aus nichtbetrieblichen Aufwendungen, Eliminierung latenter Steuern)
−	Steuervorteil aus Fremdfinanzierung (Tax-Shield)
=	Betriebsergebnis nach Operating, Funding und Tax Conversion
±	Durchführung der Shareholder Conversion (z. B. Korrektur der Forschungs- und Entwicklungsaufwendungen, Abschreibungen des derivativen GoF, Korrektur der Lifo-Reserve)
=	**NOPAT**

Übersicht VI-30: *Ermittlungsschema des NOPAT*

752. Die Berechnung des Capital

Das Capital umfasst das betriebsnotwendige Vermögen, welches zur Erwirtschaftung des NOPAT erforderlich ist. Das Capital wird ausgehend von der Summe der Aktiva unter Berücksichtigung der vier Conversions wie folgt ermittelt:

	Aktiva
±	Durchführung der Operating Conversion (Eliminierung aller nicht betriebsnotwendigen Vermögenspositionen, wie Wertpapiere des Umlaufvermögens und im Bau befindliche Anlagen)
=	Aktiva nach Operating Conversion
±	Durchführung der Funding Conversion (z. B. Hinzurechnung von Leasing- und Mietobjekten, Eliminierung nicht zinstragender kurzfristiger Verbindlichkeiten)
=	Aktiva nach Operating und Funding Conversion
±	Durchführung der Tax Conversion (z. B. Korrektur der latenten Steuern)
=	Aktiva nach Operating, Funding und Tax Conversion
±	Durchführung der Shareholder Conversion (z. B. Aktivierung der Forschungs- und Entwicklungsaufwendungen, der Aufwendungen für Schulungen, für Markteinführungen, für Restrukturierungen, außerdem Bewertung der betrieblichen Vermögensgegenstände mit dem Marktwert, Zurechnung auch des originären Goodwill und aller bisherigen Abschreibungen auf den GoF)
=	**Capital**

Übersicht VI-31: *Ermittlungsschema des Capital*

753. Die Berechnung des Kapitalkostensatzes c*

Der Kapitalkostensatz c* dient beim EVA-Konzept der Ermittlung des Übergewinnes, indem vom Betriebsergebnis nach Steuern das Kapitalentgelt subtrahiert wird. Der Kapitalkostensatz c* wird nach dem **Weighted Average Cost of Capital** (WACC)-Ansatz ermittelt und stellt die Mindestrenditeforderung der Eigen- und Fremdkapitalgeber dar. Das Fremdkapital (FK) und das Eigenkapital (EK) werden jeweils zu ihren Marktwerten berücksichtigt und mit den risikoäquivalenten Renditeforderungen der Eigenkapitalgeber (r_{EK}) und Fremdkapitalgeber (r_{FK}) gewichtet.[480] Der Kapitalkostensatz c* ist somit als Opportunitätskostensatz zu verstehen, da sich seine Höhe nach derjenigen Rendite richtet, die die Kapitalgeber mit der aus ihrer Sicht besten alternativen Investition mit vergleichbarem Risiko erzielen könnten. Somit fungiert der Kapitalkostensatz c* als „benchmark for assessing rates of return on capital employed"[481]. Der Kapitalkostensatz c* wird nach der folgenden Formel berechnet:

$$c^* = r_{FK} \cdot \frac{FK}{GK} + r_{EK} \cdot \frac{EK}{GK}$$

Die **Fremdkapitalkosten** lassen sich aus den mit den Fremdkapital-Gebern vereinbarten Zinsen ermitteln.[482] In der Regel wird ein durchschnittlicher Zinssatz b für das Fremdkapital, vermindert um den Steuervorteil durch die Fremdfinanzierung, verwendet:

$$r_{FK} = (1 - \text{Steuersatz}) \cdot b$$

Versucht der externe Bilanzanalytiker den Fremdkapitalkostensatz zu bestimmen, muss er sowohl beim durchschnittlichen Zinssatz b als auch beim Steuersatz auf Näherungswerte zurückgreifen, da sich weder der durchschnittliche Zinssatz noch der Steuersatz unmittelbar aus dem Geschäftsbericht ergeben.

Die **Eigenkapitalkosten** lassen sich mit dem Capital Asset Pricing Model (CAPM) bestimmen. Das CAPM wurde in den sechziger Jahren von SHARPE, LINTNER und MOSSIN entwickelt, um die Preisbildung auf dem Kapitalmarkt für risikobehaftete Kapitalanlagen zu erklären.[483] Das CAPM beschreibt die Renditeerwartung für ein

---

480 Zum Konzept der gewogenen durchschnittlichen Kapitalkosten vgl. ausführlich BAETGE, J./ NIEMEYER, K./KÜMMEL, J., Darstellung der Discounted-Cashflow-Verfahren, S. 271 f.

481 Vgl. STEWART, G. B., Quest for Value, S. 431.

482 Vgl. BALLWIESER, W., Unternehmensbewertung mit Discounted Cashflow-Verfahren, S. 86. Zu den Problemen bei der Bestimmung der Fremdkapitalkosten vgl. BUSSE VON COLBE, W., Fremd- und Eigenkapitalkosten, S. 99 f.

483 Vgl. SHARPE, W. F., Capital Asset Prices, S. 425-442; LINTNER, J., The Valuation of Risk Assets and the Selection of Risky Investments in Stock Portfolios and Capital Budgets, S. 13-37, MOSSIN, J., Equilibrium in a Capital Asset Market, S. 768-783.

risikobehaftetes Wertpapier als die Summe aus dem Zinssatz einer risikolosen Kapitalmarktanlage und einer Risikoprämie.[484] Die risikoäquivalente Renditeforderung der Anteilseigner setzt sich zusammen aus einem sicheren Basiszinsfuß und einem Risikozuschlag. So ergibt sich der Risikozuschlag nach dem CAPM, indem die Entlohnung für die Risikoübernahme auf dem Kapitalmarkt (r_M - i*) mit dem Maß für das systematische Risiko ß des zu bewertenden Unternehmens multipliziert wird.

$$r_{EK} = i^* + \beta \cdot (r_M - i^*)$$

Sollen risikoäquivalente Renditeforderungen der Eigentümer mit Hilfe des CAPM bestimmt werden, setzt dies die Kenntnis der folgenden Parameter voraus:

- Risikoloser Zinssatz (i*),
- Betafaktor des zu analysierenden Unternehmens (ß),
- Erwartungswert der Rendite des Marktportfolios (r_M).

Der **Zinssatz einer risikolosen Kapitalmarktanlage** wird näherungsweise durch die Rendite lang laufender staatlicher Schuldverschreibungen (Bundesanleihen) bestimmt.[485]

Der **Betafaktor** des zu analysierenden Unternehmens beschreibt die Sensitivität der erwarteten Eigenkapitalrendite des Unternehmens im Verhältnis zur Marktrendite. Bei einem Betafaktor von eins verhält sich die Eigenkapitalrendite des Unternehmens proportional zur Marktrendite.[486] Bei einem Betafaktor größer eins ist die Eigenkapitalrendite im Verhältnis zur Marktrendite volatiler und reagiert somit überproportional auf Veränderungen der Marktrendite.[487] Die Höhe des Betafaktors wird von der Branche, der Relation von fixen bzw. variablen Kosten an den Gesamtkosten (operating leverage) und der Relation von Eigen- und Fremdkapital (financial leverage) des Unternehmens bestimmt.[488] Für zahlreiche kapitalmarktorientierte Unternehmen werden die Betafaktoren berechnet sowie in Informationssystemen und in Finanzzeitungen veröffentlicht.[489] Für alle anderen Unternehmen und Geschäftseinheiten müssen Analogie- oder Analyseansätze herangezogen werden. Dabei greifen Analogieansätze auf Marktdaten vergleichbarer börsennotierter Gesellschaften zurück, während Analyseansätze bewertungsrelevante Faktoren und deren Einfluss auf die Marktdaten ermitteln.[490]

---

484 Vgl. Arbeitskreis „Finanzierung" der Schmalenbach-Gesellschaft, Wertorientierte Unternehmenssteuerung mit differenzierten Kapitalkosten, S. 547 f.

485 Vgl. Copeland, T./Koller, T./Murrin, J., Unternehmenswert, S. 278.

486 Vgl. Mandl, G./Rabel, K., Unternehmensbewertung, S. 297.

487 Vgl. Küting, K./Eidel, U., Marktwertansatz, S. 228.

488 Vgl. Eidel, U., Unternehmensbewertung und Performance-Messung, S. 291.

489 Die Betawerte der Gesellschaften des 30er DAX werden täglich im Handelsblatt und in der Börsenzeitung veröffentlicht. Zu den Betawerten unterschiedlicher Branchen vgl. Drukarczyk, J./Schüler, A., Kapitalkosten deutscher Aktiengesellschaften, S. 344.

490 Vgl. Arbeitskreis „Finanzierung" der Schmalenbach-Gesellschaft, Wertorientierte Unternehmenssteuerung mit differenzierten Kapitalkosten, S. 549-558.

Der **Erwartungswert der Rendite des Marktportfolios** wird als langfristiger Durchschnittswert der Renditen eines marktrepräsentierenden Aktienindexes gebildet. Die zugrunde liegende Zeitspanne sollte möglichst langfristig gewählt sein, damit Schwankungen, die auf ungewöhnliche Ereignisse zurückzuführen sind, geglättet werden.[491]

Für den externen Bilanzanalytiker ist ebenso wie die Bestimmung des Fremdkapitalkostensatzes auch die Ermittlung des Eigenkapitalkostensatzes nicht ohne Probleme möglich. Schwierigkeiten ergeben sich vor allem hinsichtlich des zu verwendenden Betafaktors, wenn ein Unternehmen zu analysieren ist, für das kein Betafaktor veröffentlicht ist. Verwendet der externe Bilanzanalytiker in diesem Fall als Näherungslösung einen branchenüblichen Betafaktor, so muss er sich bewusst sein, dass dieser von dem tatsächlichen Betafaktor des zu analysierenden Unternehmens erheblich abweichen kann.

76 Kritische Würdigung des EVA-Konzeptes

Das EVA-Konzept, das ursprünglich zur (internen!) wertorientierten Unternehmenssteuerung entwickelt wurde, eignet sich für die externe Bilanzanalyse nur sehr bedingt. Zwar stellt das EVA-Konzept einen sehr interessanten Ansatzpunkt dar, die tatsächliche Ertragskraft des Unternehmens zu analysieren, indem nicht auf die buchhalterischen Daten des Accounting Model, sondern auf die tatsächlichen Werte des Economic Model zurückgegriffen wird. Allerdings ist dieser Übergang vom Accounting Model zum Economic Model vom externen Bilanzanalytiker nicht (nach-)vollziehbar. Der Bilanzanalytiker kann aufgrund des Manipulationsspielraums, den das Management bei der Vornahme der erforderlichen Anpassungen besitzt, nicht darauf vertrauen, dass der im Geschäftsbericht ausgewiesene Kennzahlenwert ein den tatsächlichen Verhältnissen entsprechendes Bild der Erfolgslage des Unternehmens widerspiegelt. Der veröffentlichte Kennzahlenwert ist somit nicht objektivierbar. Zudem ist bei der Interpretation des EVA zu beachten, dass die Abschreibungen als nicht zahlungswirksamer Aufwandsposten den NOPAT wesentlich verzerren können. Im Rahmen der externen Bilanzanalyse kann aufgrund der zur Verfügung stehenden Daten deswegen allenfalls der sog. Standardisierte EVA verwendet werden. Dieser Standardisierte EVA sollte u. E. allein durch die Anpassungen der Operating Conversion berechnet werden, wobei als NOPAT z. B. der ordentliche Betriebserfolg nach Ertragsteuern zu verwenden ist[492] und als Capital das durchschnittliche betriebsnotwendige Vermögen.[493] Setzt der externe Bilanzanalytiker den so berechneten standardisierten EVA ins Verhältnis zum durchschnittlichen betriebsnotwendigen Vermögen,

---

491 Vgl. COPELAND, T./KOLLER, T./MURRIN, J., Unternehmenswert, S. 279.

492 Zum ordentlichen Betriebserfolg vor Ertragsteuern vgl. Kap. II Abschn. 332. Der ordentliche Betriebserfolg nach Ertragsteuern kann näherungsweise durch die betragsproportionale Verteilung der Ertragsteuern auf die vier verschiedenen Erfolgsquellen ermittelt werden. Vgl. Abschn. 23 in diesem Kapitel.

493 Zur Berechnung des betriebsnotwendigen Vermögens vgl. Abschn. 336. in diesem Kapitel.

ergibt sich eine Rentabilitätskennzahl, die eine sinnvolle Ergänzung zu anderen Rentabilitätskennzahlen wie der Eigenkapitalrentabilität oder dem Return on Investment darstellt. Sie berechnet sich wie folgt:

$$\text{Standardisierte EVA-Rentabilität} = \frac{\text{Ordentlicher Betriebserfolg (nach Ertragsteuern)} - \varnothing \text{ betriebsnotwendiges Vermögen} \cdot \text{gewogener Kapitalkostensatz}}{\varnothing \text{ betriebsnotwendiges Vermögen}}$$

Kennzahl Nr. 03.37.01

Diese EVA-Rentabilitätskennzahl ähnelt der in Abschn. 336. in diesem Kapitel berechneten Betriebsrentabilität (Kennzahl Nr. 03.14.00). Der zusätzliche Informationsgehalt der EVA-Kennzahl begründet sich dadurch, dass nur der Teil des ordentlichen Betriebserfolges in den Zähler der Rentabilitätskennzahl einfließt, der über die Kapitalkosten der Eigen- und Fremdkapitalgeber hinaus erzielt wird. Sichtbar wird also, ob das zu analysierende Unternehmen im betrachteten Zeitraum dazu in der Lage war, einen zusätzlichen Wert zu generieren. Gegenüber der Betriebsrentabilität weist die Standardisierte-EVA-Rentabilität indes den Nachteil auf, dass die Bestimmung des Eigenkapital- und Fremdkapitalkostensatzes für den externen Bilanzanalytiker mit erheblicher Unsicherheit verbunden ist. Da die Kapitalkosten vom externen Bilanzanalytiker nur näherungsweise bestimmt werden können, ist die Verlässlichkeit der Kennzahl stark beeinträchtigt.

8   Die Wertschöpfungsanalyse

81   Untersuchungsgegenstand und Zweck der Wertschöpfungsanalyse

Im Kap. II Abschn. 3 wurde die Gewinn- und Verlustrechnung als ein vorwiegend auf die Anteilseigner ausgerichtetes Rechnungslegungsinstrument analysiert. Durch die Gegenüberstellung von Aufwendungen und Erträgen in der GuV wird das Jahresergebnis der Anteilseigner bestimmt. Allerdings sind nicht nur die Anteilseigner, sondern auch andere gesellschaftliche Gruppen an dem Unternehmen in gewisser Weise „beteiligt".[494] Einerseits erhalten die Arbeitnehmer für ihre Leistungen Arbeitserträge, andererseits beziehen die Fremdkapitalgeber Zinserträge aus dem Unternehmen. Außerdem partizipiert der Staat am Unternehmen, indem er von dem Unternehmen Steuerzahlungen verlangt und/oder Subventionen und Zuschüsse an das Unternehmen zahlt. Addiert man die „Erträge" der vier am Unternehmen „beteiligten" Gruppen, so erhält man den Beitrag des Unternehmens an dem gesamtwirtschaftlichen Nettoinlandsprodukt, der auch als **Wertschöpfung** bezeichnet wird.[495]

---

494 Zu dem in diesem Zusammenhang diskutierten Shareholder-Value-Ansatz vgl. etwa BÜHNER, R., Shareholder Value, S. 749-769; KÜTING, K./HÜTTEN, C./LORSON, P., Shareholder-Value, S. 1805-1809; BAETGE, J., Gesellschafterorientierung, S. 103-117.

495 Vgl. STATISTISCHES BUNDESAMT (Hrsg.), Statistisches Jahrbuch 1996, S. 637. Zum Begriff der Wertschöpfung vgl. HALLER, A., Wertschöpfungsrechnung, S. 30-36.

Auch für die international vergleichende Bilanzanalyse spielt die Wertschöpfungsanalyse eine große Rolle.[496] Im Gegensatz zur GuV nach HGB ist die GuV des Einzelabschlusses in der französischen Rechnungslegung z. B. analog einer volkswirtschaftlichen Gesamtrechnung aufgebaut und die GuV somit nach den vier am Unternehmen „beteiligten" Gruppen gegliedert.[497]

Im Folgenden wird dargestellt, dass mit Hilfe der Wertschöpfungsrechnung einerseits die Einkommensverteilung und andererseits die Fertigungstiefe analysiert werden kann.

Die Wertschöpfung kann entweder von der **Entstehungsseite** (reale Methode oder Subtraktionsmethode) oder von der **Verteilungsseite** (personale oder Additionsmethode) betrachtet werden.[498] Mit der **Subtraktionsmethode** (Entstehungsseite der Wertschöpfung) wird die Wertschöpfung als Differenz von Produktionswert (definiert als Gesamtleistung zuzüglich der wertschöpfungsrelevanten Teile der sonstigen betrieblichen Erträge) und Vorleistungen ermittelt:[499]

Wertschöpfung (Entstehungsseite) = Produktionswert – Vorleistungen

---

Kennzahl Nr. 03.38.00^E

Mit der **Additionsmethode** (Verteilungsseite der Wertschöpfung) wird die Wertschöpfung aus der Summe der Eigenkapitalerträge (z. B. dem Jahresüberschuss), der Arbeitserträge (z. B. Löhne, Pensionen), der Fremdkapitalerträge (Zinsen) und der Gemeinerträge (z. B. Steuern) berechnet:[500]

	Eigenkapitalerträge
+	Arbeitserträge
+	Fremdkapitalerträge
+	Gemeinerträge
=	Wertschöpfung (Verteilungsseite)

Kennzahl Nr. 03.38.00^V

Dabei stimmt die Wertschöpfung auf der Entstehungsseite mit der Wertschöpfung auf der Verteilungsseite überein. Denn nur derjenige Beitrag zum gesamtwirtschaftlichen Nettoinlandsprodukt, der im Unternehmen entstanden ist, kann an die am Unternehmen „Beteiligten" verteilt werden. Bestimmt man die Wertschöpfung auf der

---

496 Vgl. REHKUGLER, H./PODDIG, T., Bilanzanalyse, S. 153; HALLER, A., Wertschöpfungsrechnung, S. 1-3 und S. 14-28.

497 Vgl. RICHARD, J./BECHTEL, W., Die Krise des französischen Rechnungswesens, S. 609 f.

498 Vgl. ARBEITSKREIS „DAS UNTERNEHMEN IN DER GESELLSCHAFT", Das Unternehmen in der Gesellschaft, S. 163.

499 Das hochgestellte „E" der Kennzahlennummer bezeichnet die Entstehungsseite der Wertschöpfung.

500 Das hochgestellte „V" der Kennzahlennummer bezeichnet die Verteilungsseite der Wertschöpfung.

Entstehungsseite, so kann man daraus die Fertigungstiefe ablesen. Mit der Verteilungsseite kann dagegen die Einkommensverteilung im Unternehmen interpretiert werden. In diesem Sinne ist sowohl die Entstehungsseite als auch die Verteilungsseite der Wertschöpfung von Bedeutung. Da eine Wertschöpfungsrechnung gesetzlich nicht vorgeschrieben ist, veröffentlichen nur wenige Unternehmen eine Wertschöpfungsrechnung.[501] Umfangreiche Angaben zur Wertschöpfungsrechnung macht z. B. die DEUTSCHE LUFTHANSA AG in ihrem Geschäftsbericht 2003.

Für die Entstehungsseite der Wertschöpfungsrechnung des Lufthansa Konzerns ergeben sich für die Jahre 2002 und 2003 die folgenden Daten:

Wertschöpfung des Lufthansa Konzerns: I. Entstehung in Mio. €	2002	2003
Umsatzerlöse	16.971	15.957
Bestandsveränderung und aktivierte Eigenleistungen	16	29
Sonstige betriebliche Erträge	2.102	1.728
Zinserträge	143	184
Beteiligungserträge	46	60
Unternehmensleistung	**19.278**	**17.958**
Materialaufwand	7.196	7.205
Abschreibung auf Finanzanlagen und Wertpapiere des Umlaufvermögens	161	160
Beteiligungsverkäufe	109	198
Sonstiger betrieblicher Aufwand	4.398	4.114
Vorleistungen	**11.864**	**11.677**
Brutto-Wertschöpfung	**7.414**	**6.281**
Abschreibungen	1.243	1.930
Netto-Wertschöpfung	**6.171**	**4.351**

Übersicht VI-32: *Wertschöpfung des Lufthansa Konzerns: Entstehungsrechnung*[502]

Für die Verteilungsseite werden die folgenden Angaben gemacht:

501 Grundsätzlich zum Ort des Ausweises einer Wertschöpfungsrechnung HALLER, A., Wertschöpfungsrechnung, S. 538-545.
502 Vgl. DEUTSCHE LUFTHANSA AG (Hrsg.), Geschäftsbericht 2003, S. 98.

Wertschöpfung des Lufthansa Konzerns: II. Verwendung in Mio. €	2002	2003
Personalaufwand	4.660	4.612
Zinsaufwand	558	524
Steuerergebnis	231	193
Fremdanteile am Gewinn	5	6
Konzernergebnis	717	− 984
Netto-Wertschöpfung	**6.171**	**4.351**

Übersicht VI-33: *Wertschöpfung des Lufthansa Konzerns: Verwendungsrechnung*[503]

Aufgrund der häufig nicht publizierten Wertschöpfungsrechnung muss die Wertschöpfungsrechnung indes i. d. R. vom Bilanzanalytiker aus der Gewinn- und Verlustrechnung ermittelt werden. Sollte dagegen wie im Fall der LUFTHANSA AG freiwillig eine Wertschöpfungsrechnung aufgestellt worden sein, so kann der externe Bilanzanalytiker die Ergebnisse direkt zur Interpretation verschiedener Kennzahlen heranziehen. Bei der Aufstellung der Wertschöpfungsrechnung durch den externen Bilanzanalytiker aus den Aufwendungen und Erträgen der Gewinn- und Verlustrechnung ergeben sich indes verschiedene **Probleme**.[504] So kann die Wertschöpfungsrechnung extern kaum erstellt werden, wenn die Gewinn- und Verlustrechnung nicht nach dem Gesamtkostenverfahren (§ 275 Abs. 2 HGB), sondern nach dem Umsatzkostenverfahren (§ 275 Abs. 3 HGB) aufgestellt worden ist.[505]

Im Folgenden wird zunächst gezeigt, wie die Wertschöpfung aus der Gewinn- und Verlustrechnung ermittelt werden kann. Anschließend wird die Wertschöpfung vor dem Hintergrund verschiedener Kennzahlen interpretiert.

82 Die externe Ermittlung der Wertschöpfung in der Entstehungsrechnung

821. Die externe Ermittlung der Wertschöpfung in der Entstehungsrechnung auf der Basis einer Gewinn- und Verlustrechnung nach dem Gesamtkostenverfahren

Veröffentlicht das zu analysierende Unternehmen nicht freiwillig eine Wertschöpfungsrechnung, so kann der Bilanzanalytiker die Wertschöpfungsrechnung nur extern aus der Gewinn- und Verlustrechnung ermitteln. **Ausgangspunkt** zur Bestimmung

---

503 Vgl. DEUTSCHE LUFTHANSA AG (Hrsg.), Geschäftsbericht 2003, S. 98.

504 Vgl. HALLER, A., Wertschöpfungsrechnung, S. 528-538.

505 Das Gesamtkostenverfahren sollte besser als Produktionserfolgsrechnung, das Umsatzkostenverfahren besser als Absatzerfolgsrechnung bezeichnet werden, vgl. BAETGE, J./KIRSCH, H.-J./THIELE, S., Bilanzen, S. 561.

der Wertschöpfung aus der Gewinn- und Verlustrechnung nach dem Gesamtkostenverfahren ist der **Produktionswert**. Der Produktionswert setzt sich aus den Umsatzerlösen, den Bestandsveränderungen an fertigen und unfertigen Erzeugnissen und Leistungen, den anderen aktivierten Eigenleistungen und Teilen der sonstigen betrieblichen Erträge zusammen.[506] Während die **Umsatzerlöse** unverändert in die Wertschöpfungsrechnung einbezogen werden können, wird im Schrifttum verlangt, dass die **Bestandsveränderungen** und die **anderen aktivierten Eigenleistungen** nicht zu handelsrechtlichen Herstellungskosten, sondern zu kostenrechnerischen Herstellkosten in die Wertschöpfungsrechnung eingehen sollen.[507]

Zwar ist es betriebswirtschaftlich sinnvoll, die in die Bestandsveränderungen und in die anderen aktivierten Eigenleistungen einbezogenen Abschreibungen nicht in Bezug auf die historischen Anschaffungs- bzw. Herstellungskosten, sondern in Bezug auf die Wiederbeschaffungskosten zu berechnen, damit inflationäre Tendenzen und der technische Fortschritt berücksichtigt werden. Auch kalkulatorische Kosten wie Eigenkapitalzinsen, Unternehmerlöhne und Eigenmieten sollten bei der Berechnung der Bestandsveränderungen und der anderen aktivierten Eigenleistungen bei betriebswirtschaftlichen Kalkülen berücksichtigt werden. Die Berücksichtigung von kalkulatorischen Abschreibungen, Eigenkapitalzinsen, Mieten und Unternehmerlöhnen ist aber in der Wertschöpfungsrechnung nicht sinnvoll, da hiermit die Wertschöpfung künstlich erhöht würde, ohne dass auf der Verteilungsseite ein Anspruch auf eine höhere Ausschüttung bzw. Auszahlung besteht. Außerdem sind kostenrechnerische Herstellkosten wegen der fehlenden Objektivierung im Sinne von intersubjektiver Nachprüfbarkeit und Willkürfreiheit abzulehnen. Weiterhin kennt der externe Bilanzanalytiker die kostenrechnerischen Herstellkosten und ihre innerbetrieblich festgelegte Ermittlungsmethode nicht.

Die Höhe der Bestandsveränderungen und der anderen aktivierten Eigenleistungen ist indes auch im Handelsrecht durch die Wahl der Herstellungskostenbestandteile gemäß § 255 Abs. 2 HGB stark beeinflussbar, wenn auch die Bestandteile der Herstellungskosten gemäß § 284 Abs. 2 Nr. 1 HGB im Anhang anzugeben sind.[508] Problematisch ist auch, dass die Umsatzerlöse Gewinnbestandteile enthalten, während die Bestandsveränderungen und die anderen aktivierten Eigenleistungen ohne Gewinnanteil im Jahresabschluss ausgewiesen werden.[509]

---

506 Vgl. KÜTING, K./WEBER, C.-P., Die Bilanzanalyse, S. 311 f.; COENENBERG, A. G., Jahresabschluss und Jahresabschlussanalyse, S. 1065.

507 Vgl. WEILAND, H., Die Wertschöpfungsrechnung als Informationsinstrument, S. 57. Zu den Unterschieden zwischen Herstellungskosten und Herstellkosten vgl. BAETGE, J./UHLIG, A., Ermittlung der handelsrechtlichen „Herstellungskosten", S. 274-280.

508 Wieweit börsennotierte Unternehmen dieser Pflicht zur Berichterstattung nachkommen, erhebt ARMELOH für das Geschäftsjahr 1995, vgl. ARMELOH, K.-H., Die Berichterstattung im Anhang, S. 122-127.

509 Vgl. KELLER, M., Betriebliche Wertschöpfung, S. 290.

Der Posten der **sonstigen betrieblichen Erträge** hat den Charakter eines Sammelpostens, der alle Erträge enthält, die keinem anderen Ertragsposten zuzuordnen sind. Die sonstigen betrieblichen Erträge dürfen nur zum Teil in den Produktionswert einbezogen werden, da unter den sonstigen betrieblichen Erträgen auch Liquidations- und Bewertungserträge erfasst werden, die nicht als Beitrag zur Wertschöpfung anzusehen sind. Erträge aus dem Abgang von und aus Zuschreibungen zu Gegenständen des Anlagevermögens sind genauso wie Erträge aus der Herabsetzung von Pauschalwertberichtigungen oder aus der Auflösung von Rückstellungen bzw. des Sonderpostens mit Rücklageanteil nicht dem zu analysierenden Geschäftsjahr, sondern vorangegangenen Geschäftsjahren zurechenbar.[510] Die für die Vorperiode(n) ermittelte(n) Wertschöpfung(en) müsste(n) nachträglich verändert werden. Insofern haben die Liquidations- und Bewertungserträge keinen Einfluss auf die Wertschöpfung des zu analysierenden Geschäftsjahres, so dass sie als nicht wertschöpfungsrelevante Erträge aus den sonstigen betrieblichen Erträgen eliminiert werden müssen.

Erträge aus der Auflösung des **Sonderpostens mit Rücklageanteil** sind gemäß § 281 Abs. 2 Satz 2 HGB als „davon"-Vermerk zu den sonstigen betrieblichen Erträgen in der Gewinn- und Verlustrechnung oder im Anhang anzugeben; soweit können diese Erträge ohne Probleme von den sonstigen betrieblichen Erträgen abgezogen werden. Die **Zuschreibungen** auf Vermögensgegenstände des Anlagevermögens werden im Anlagengitter dargestellt und können so ebenfalls von den sonstigen betrieblichen Erträgen abgezogen werden. Erträge und Aufwendungen, die einem anderen Geschäftsjahr zuzurechnen sind (**periodenfremde Erträge und Aufwendungen**), müssen gemäß § 277 Abs. 4 Satz 3 i. V. m. Satz 2 HGB hinsichtlich ihres Betrages und ihrer Art im Anhang erläutert werden, soweit die ausgewiesenen Beträge nicht von untergeordneter Bedeutung sind. Da gemäß § 277 Abs. 4 Satz 3 i. V. m. Satz 2 HGB lediglich eine Erläuterungspflicht besteht, müssen die wesentlichen periodenfremden Aufwendungen und Erträge hinsichtlich ihres Betrages und ihrer Art nur verbal angegeben werden.[511] Deshalb ist es für den externen Bilanzanalytiker i. d. R. nicht möglich, wesentliche aperiodische Erträge aus den sonstigen betrieblichen Erträgen zu eliminieren. Für das Unternehmen unwesentliche, indes für den Posten „sonstige betriebliche Erträge" wesentliche aperiodische Beträge brauchen nicht gesondert angegeben zu werden und können deshalb ohnehin nicht aus den sonstigen betrieblichen Erträgen eliminiert werden. **Subventionen und Zuschüsse** Dritter stellen keine eigene Leistung des Unternehmens dar und gehören deshalb nicht zur Wertschöpfung des Unternehmens. Allerdings wird in Geschäftsberichten i. d. R. die Höhe von Subventionen und Zuschüssen nicht angegeben, so dass diese Werte vom externen Bilanzanalytiker ebenfalls nicht aus den sonstigen betrieblichen Erträgen herausgerechnet werden können.

---

510 Vgl. BAETGE, J./KIRSCH, H.-J./THIELE, S., Bilanzen, S. 582 f.; COENENBERG, A. G., Jahresabschluss und Jahresabschlussanalyse, S. 455-458 f.

511 Der Umfang der Berichterstattungspflicht gemäß § 277 Abs. 4 Satz 3 HGB wird im Schrifttum allerdings kontrovers diskutiert, vgl. m. w. N. ARMELOH, K.-H., Die Berichterstattung im Anhang, S. 78, Fn. 83.

Insgesamt ergeben sich erhebliche Probleme bei der Zuordnung der wertschöpfungsrelevanten Bestandteile der sonstigen betrieblichen Erträge zum Produktionswert. Wenn die wertschöpfungsrelevanten Bestandteile nicht getrennt erfasst werden können, sollte der Gesamtbetrag der sonstigen betrieblichen Erträge grundsätzlich nicht zum betrieblichen Produktionswert gezählt werden. Damit wird der Produktionswert zwar i. d. R. zu niedrig ausgewiesen, indes wird einer vorsichtigen Ermittlung der Wertschöpfung entsprochen, indem auf jeden Fall alle nicht wertschöpfungsrelevanten Bestandteile herausgerechnet werden.

Vom Produktionswert sind die **Vorleistungen** abzuziehen, um die betriebliche Wertschöpfung zu errechnen. Als Vorleistungen gelten die Aufwendungen für Roh-, Hilfs- und Betriebsstoffe, die Aufwendungen für bezogene Waren und Leistungen sowie die Abschreibungen.

Von den **Abschreibungen** sind grundsätzlich nur diejenigen Abschreibungen den Vorleistungen zuzurechnen, die den **verbrauchsbedingten Werteverzehr** widerspiegeln.[512] Die handelsrechtlichen Abschreibungen sind i. d. R. kein Maßstab für den verbrauchsbedingten Werteverzehr der Vermögensgegenstände des Anlagevermögens. Da die verbrauchsbedingten Abschreibungen nicht bekannt sind und außerdem eine Schätzung der verbrauchsbedingten Abschreibungen sehr subjektiv wäre,[513] sind die handelsrechtlichen Abschreibungen aus Objektivierungsgründen als Ansatz für den Werteverzehr des Anlagevermögens in der Wertschöpfungsrechnung heranzuziehen.

Wie bereits angedeutet wurde, wird im Schrifttum z. T. die Verwendung kalkulatorischer Abschreibungen aus der Kostenrechnung gefordert.[514] Kalkulatorische Abschreibungen sind aber, falls sie dem externen Bilanzanalytiker überhaupt vorliegen, nicht objektivierbar und deshalb für die Berechnung der Wertschöpfung abzulehnen.[515] Abschreibungen, die aus rein **steuerrechtlichen Gründen** vorgenommen wurden, dürfen auf keinen Fall als Maßstab für den tatsächlichen Werteverzehr angesehen werden, da sie vor allem wirtschaftspolitisch motiviert sind; sie zählen deshalb nicht zu den Vorleistungen. Steuerrechtliche Abschreibungen werden unter den Abschreibungen gemäß § 275 Abs. 2 Nr. 7 a) HGB in der Gewinn- und Verlustrechnung erfasst. Insofern müssen sie zur Bestimmung der Wertschöpfung von diesen Abschreibungen abgezogen werden, sofern sie im Geschäftsbericht angegeben werden. Dasselbe gilt für **außerplanmäßige Abschreibungen**, die ebenso wie Zuschreibungen eigentlich anderen Geschäftsjahren zuzurechnen sind. Auch die **Abschreibungen zur Vorwegnahme künftiger Wertschwankungen** auf das Umlaufvermögen[516] betreffen nicht das zu analysierende Geschäftsjahr. Außerplanmäßige Abschreibungen und Abschreibungen zur Vorwegnahme künftiger Wertschwankungen sind deshalb

---

512 Vgl. Arbeitskreis „Das Unternehmen in der Gesellschaft", Das Unternehmen in der Gesellschaft, S. 163.

513 Vgl. zur Analyse des Anlagevermögens bereits Kap. IV Abschn. 4.

514 Vgl. Weiland, H., Die Wertschöpfungsrechnung als Informationsinstrument, S. 58.

515 Zu den Objektivierungsanforderungen an die Wertschöpfung vgl. Reichmann, T./Lange, C., Wertschöpfungsrechnung und handelsrechtliche Gewinnermittlung, S. 950.

516 Vgl. Schulte, K.-W., Imparitätsprinzip und Niederstwertvorschrift, S. 509 f.

ebenfalls von den Abschreibungen gemäß § 275 Abs. 2 Nr. 7 a) HGB abzuziehen. Steuerliche und außerplanmäßige Abschreibungen sowie Abschreibungen zur Vorwegnahme künftiger Wertschwankungen des Geschäftsjahres führen zu geringeren Wertansätzen der Vermögensgegenstände. In den Folgejahren fallen dadurch weniger Abschreibungen an. Die Wertschöpfung wird in den Folgejahren zu hoch ausgewiesen, da die ausgewiesenen Abschreibungen niedriger sind als die dem Werteverzehr entsprechenden Abschreibungen.[517] Werden indes die steuerlichen Abschreibungen nicht direkt vom Wert der Vermögensgegenstände abgezogen, sondern in den Sonderposten mit Rücklageanteil gebucht, so werden im Posten „Abschreibungen" gemäß § 275 Abs. 2 Nr. 7 a) HGB nur die handelsrechtlichen Abschreibungen angegeben. Damit werden die Abschreibungen künftiger Geschäftsjahre nicht durch die steuerrechtlichen Abschreibungen des Geschäftsjahres oder der Vorjahre verzerrt. In diesem Fall darf der Bilanzanalytiker die gesamten Abschreibungen gemäß § 275 Abs. 2 Nr. 7 a) HGB den Vorleistungen hinzurechnen.

Die wertschöpfungsrelevanten Teile der **sonstigen betrieblichen Aufwendungen** müssen als Vorleistungen vom Produktionswert abgezogen werden. Ebenso wie die sonstigen betrieblichen Erträge nur zum Teil in den Produktionswert einfließen, werden nur bestimmte Teile der sonstigen betrieblichen Aufwendungen bei den Vorleistungen berücksichtigt. Die unter den sonstigen betrieblichen Aufwendungen auszuweisenden negativen Liquidations- und Bewertungserfolgsbeiträge sind nicht wertschöpfungsrelevant, da sie nicht das zu analysierende Geschäftsjahr betreffen. Auch bei den sonstigen betrieblichen Aufwendungen ergibt sich das Problem, die nicht wertschöpfungsrelevanten Bestandteile zu quantifizieren. Falls die nicht wertschöpfungsrelevanten negativen Liquidations- und Bewertungserfolgsbeiträge nicht einzeln bestimmbar sind, sollten die gesamten sonstigen betrieblichen Aufwendungen als Vorleistungen angesehen werden. Damit wird die Wertschöpfung allerdings zu gering berechnet.

Liegen keine detaillierten Informationen über einzelne Bestandteile der Vorleistungen vor, dann sollten alle wertschöpfungsrelevanten Vorleistungen vom Produktionswert abgezogen werden. In jedem Fall sind die Vergütungen für Mitglieder eines Aufsichtsrates, eines Beirates oder einer ähnlichen Einrichtung, die gemäß § 285 Nr. 9 a) HGB im Anhang anzugeben sind, von den sonstigen betrieblichen Aufwendungen abzuziehen, da diese Vergütungen in der Verteilungsrechnung als Arbeitserträge einzustufen sind.[518]

Im **Ergebnis** zeigt die Entstehungsrechnung für eine Gewinn- und Verlustrechnung nach dem Gesamtkostenverfahren folgendes Bild:

---

517 Vgl. Küting, K./Weber, C.-P., Die Bilanzanalyse, S. 316 f.; a. A. Rehkugler. H./Poddig, T., Bilanzanalyse, S. 154-156; Coenenberg, A. G., Jahresabschluss und Jahresabschlussanalyse, S. 1067.

518 Vgl. Küting, K./Weber, C.-P., Die Bilanzanalyse, S. 317; Coenenberg, A. G., Jahresabschluss und Jahresabschlussanalyse, S. 1067.

Umsatzerlöse (§ 275 Abs. 2 Nr. 1 HGB)
± Erhöhung oder Verminderung des Bestandes an fertigen und unfertigen Erzeugnissen
  (§ 275 Abs. 2 Nr. 2 HGB)
+ Andere aktivierte Eigenleistungen (§ 275 Abs. 2 Nr. 3 HGB)
+ Wertschöpfungsrelevante Teile der sonstigen betrieblichen Erträge (§ 275 Abs. 2 Nr. 4 HGB)
+ Aktivierte Aufwendungen für die Ingangsetzung und Erweiterung des Geschäftsbetriebes
  (§ 269 HGB)

= Produktionswert

− Aufwendungen für Roh-, Hilfs- und Betriebsstoffe und für bezogene Waren
  (§ 275 Abs. 2 Nr. 5 a) HGB)
− Aufwendungen für bezogene Leistungen (§ 275 Abs. 2 Nr. 5 b) HGB)
− Abschreibungen auf immaterielle Vermögensgegenstände des Anlagevermögens und Sach-
  anlagen sowie auf aktivierte Aufwendungen für die Ingangsetzung und Erweiterung des
  Geschäftsbetriebes (§ 275 Abs. 2 Nr. 7 a) HGB)
+ Allein nach steuerrechtlichen Vorschriften vorgenommene Abschreibungen
  (§ 281 Abs. 2 Satz 1 HGB)
+ Außerplanmäßige Abschreibungen auf das Anlagevermögen (§ 253 Abs. 2 Satz 3 HGB)
+ Abschreibungen zur Vorwegnahme künftiger Wertschwankungen auf das Umlaufvermögen
  (§ 253 Abs. 3 Satz 3 HGB)
− Wertschöpfungsrelevante Teile der sonstigen betrieblichen Aufwendungen
  (§ 275 Abs. 2 Nr. 8 HGB)

= Wertschöpfung (Kennzahl Nr. 03.38.00^{E,G})

Übersicht VI-34: *Entstehungsrechnung der Wertschöpfung bei Anwendung des Gesamt-kostenverfahrens*[519]

822. Die externe Ermittlung der Wertschöpfung in der Entstehungsrechnung auf der Basis einer Gewinn- und Verlustrechnung nach dem Umsatzkostenverfahren

Wird die Gewinn- und Verlustrechnung nach dem Umsatzkostenverfahren aufgestellt, ergeben sich erheblich mehr Probleme, die wertschöpfungsrelevanten Bestandteile aus der Gewinn- und Verlustrechnung herauszufiltern als bei einer Gewinn- und Verlustrechnung nach dem Gesamtkostenverfahren. Während die **Umsatzerlöse** beim Umsatzkostenverfahren wie beim Gesamtkostenverfahren auszuweisen sind, sind die Bestandsveränderungen und die anderen aktivierten Eigenleistungen beim Umsatzkostenverfahren nicht separat auszuweisen. Die **Bestandsveränderungen** für unfertige Erzeugnisse und unfertige Leistungen lassen sich u. U. aus der Differenz der Werte der aktuellen Bilanz und der Werte der Vorjahresbilanz ermitteln.[520] Hingegen

---

519 Das hochgestellte „E" bei der Kennzahlennummer bezeichnet die Entstehungsseite der Wertschöpfung; das hochgestellte „G" die Anwendung beim Gesamtkostenverfahren.

520 Im Fall mittelgroßer und kleiner Kapitalgesellschaften muss der Posten unfertige Erzeugnisse und unfertige Leistungen nach § 266 Abs. 1 Satz 3 HGB nicht separat ausgewiesen werden.

lassen sich die Bestandsveränderungen für fertige Erzeugnisse nur bestenfalls aus dem Vergleich der Bilanz mit der Vorjahresbilanz **schätzen**, da die fertigen Erzeugnisse i. d. R. gemeinsam mit den Handelswaren ausgewiesen werden (§ 266 Abs. 2 B. I. 3. HGB). Außerdem erhält der Bilanzanalytiker im Fall des Umsatzkostenverfahrens keine Informationen über **andere aktivierte Eigenleistungen**. Dies hat zur Folge, dass der externe Bilanzanalytiker den Produktionswert beim Umsatzkostenverfahren nicht verlässlich bestimmen kann.

Auch die **Vorleistungen**, die zur Bestimmung der Wertschöpfung vom Produktionswert abzuziehen sind, lassen sich beim Umsatzkostenverfahren nur schwierig ermitteln. Während die **Abschreibungen** auf Vermögensgegenstände des Anlagevermögens genauso wie beim Gesamtkostenverfahren aus dem Anlagengitter bestimmt werden können, werden bei Anwendung des Umsatzkostenverfahrens die unüblichen Abschreibungen auf Vermögensgegenstände des Umlaufvermögens i. S. d. § 275 Abs. 2 Nr. 7 b) HGB nicht angegeben. Insofern können die unüblichen Abschreibungen nicht aus den Vorleistungen eliminiert werden. Die **Materialaufwendungen** des Geschäftsjahres können bei mittelgroßen und großen Kapitalgesellschaften gemäß § 285 Nr. 8 a) HGB der separaten Angabe im Anhang entnommen werden. Bei den **sonstigen betrieblichen Aufwendungen** ergibt sich das Problem, dass Werte ausgewiesen werden, die den einzelnen betrieblichen Aufgabenbereichen nicht zuordenbar sind. Bestimmte Aufwendungen – etwa fremde Personalaufwendungen für Reparaturen – die direkt den einzelnen betrieblichen Aufgabenbereichen zuzuordnen sind, können deshalb nicht den Vorleistungen zugerechnet werden.

Da bei Anwendung der Gewinn- und Verlustrechnung nach dem Umsatzkostenverfahren weder der Produktionswert noch die Vorleistungen zuverlässig zu bestimmen sind, kann die Wertschöpfung beim Umsatzkostenverfahren extern nicht ermittelt werden. Das Umsatzkostenverfahren ist wegen der Aufgliederung der Aufwendungen nach betrieblichen Aufgabenbereichen für die Wertschöpfungsanalyse deshalb nicht geeignet. Der Bilanzanalytiker ist in diesem Fall darauf angewiesen, dass das zu analysierende Unternehmen bei Anwendung des Umsatzkostenverfahrens freiwillig eine Wertschöpfungsrechnung aufstellt und veröffentlicht.[521]

---

521 Zu einem empirischen Befund über die Bereitschaft, freiwillig eine Wertschöpfungsrechnung in den Lagebericht aufzunehmen, vgl. KRUMBHOLZ, M., Die Qualität publizierter Lageberichte, S. 218-220. Von 161 Unternehmen aus den Bereichen Industrie und Handel, deren Geschäftsberichte im Jahr 2003 im Rahmen des Wettbewerbs „Der beste Geschäftsbericht" des manager magazins analysiert worden sind, haben lediglich 18 % in ihren Geschäftsberichten 2002 freiwillig eine Wertschöpfungsrechnung veröffentlicht.

83 Die externe Ermittlung der Wertschöpfung in der Verteilungsrechnung

831. Die Ermittlung der Wertschöpfung in der Verteilungsrechnung auf der Basis der Gewinn- und Verlustrechnung nach dem Gesamtkostenverfahren

In der Verteilungsrechnung wird die Unternehmenswertschöpfung auf die

■ Arbeitnehmer und die Mitglieder eines Aufsichtsorgans,

■ Eigenkapitalgeber,

■ Fremdkapitalgeber und auf die

■ Allgemeinheit

aufgeteilt. Die **Arbeitserträge** bestehen aus den Löhnen und Gehältern der im Unternehmen Beschäftigten (§ 275 Abs. 2 Nr. 6 a) HGB) sowie aus den sozialen Abgaben und den Ausgaben für die Altersversorgung (§ 275 Abs. 2 Nr. 6 b) HGB). Zusätzlich gehören zu den Arbeitserträgen die Vergütungen für die derzeitigen Mitglieder eines Aufsichtsorgans. Die Höhe dieser Vergütungen ist gemäß § 285 Nr. 9 a) HGB im Anhang anzugeben. Gegebenenfalls muss der Zinsanteil der Zuführungen zu den Pensionsrückstellungen, falls er nicht unter den Personalaufwendungen, sondern unter den sonstigen Zinsen und ähnlichen Aufwendungen erfasst wurde, in der Wertschöpfungsrechnung zu den Arbeitserträgen addiert und von den Zinserträgen abgezogen werden.[522] Dies ist möglich, wenn der Anhangangabepflicht gefolgt wird, die nach der überwiegenden Meinung in der Literatur für den Ausweis des Zinsanteiles bei den Zuführungen zu den Pensionsrückstellungen besteht.[523]

Problematisch ist, dass verschiedene Aufwendungen, die dem Personalbereich zuzurechnen sind, nicht als solche erkennbar sind. So können Personalaufwendungen für Sozialpläne unter den außerordentlichen Aufwendungen ausgewiesen sein. Nach KÜTING/WEBER sind – u. E. zu Recht – auch die Personalaufwandsbestandteile der Aufwandsrückstellungen den Arbeitserträgen zuzurechnen.[524] Aufwandsrückstellungen dienen der periodengerechten Erfolgsermittlung, d. h., sie sollen Verpflichtungen des Kaufmanns gegenüber sich selbst dem Geschäftsjahr zuordnen, in dem die Verpflichtungen mit den zugehörigen Aufwendungen verursacht wurden.[525] Würde etwa eine Aufwandsrückstellung für eine unterlassene Instandhaltungsmaßnahme nicht gebildet, würde das Periodenergebnis zu hoch ausfallen. Die Instandhaltungsauszahlungen der späteren Periode stellen damit eine Nachleistung der späteren Periode gegenüber

---

522 Vgl. KÜTING, K./WEBER, C.-P., Die Bilanzanalyse, S. 319.

523 Vgl. FÖRSCHLE, G., in: Beck Bilanzkomm., 5. Aufl., § 275 HGB, Rn. 138; KIRSCH, H.-J/SIEFKE, K., in: Baetge/Kirsch/Thiele, § 275 HGB, Rn. 144. Vgl. auch SCHRUFF, L., Zum Ausweis des Zinsanteiles bei der Zuführung zur Pensionsrückstellung, S. 401-426; außerdem vgl. Abschn. 412.3 in diesem Kapitel.

524 Vgl. KÜTING, K./WEBER, C.-P., Die Bilanzanalyse, S. 319.

525 Zu den Voraussetzungen zur Bildung von Aufwandsrückstellungen vgl. BAETGE, J./KIRSCH, H.-J./THIELE, S., Bilanzen, S. 393-398.

der zu analysierenden Periode dar. Aus diesem Grund sind Instandhaltungsaufwendungen innerhalb der sonstigen betrieblichen Aufwendungen als erforderliche Vorleistungen anzusehen. Die Personalaufwandsbestandteile von Aufwandsrückstellungen tragen daher zur Wertschöpfung der zu analysierenden Periode bei und zählen dementsprechend zu den in dieser Periode zu erwirtschaftenden Arbeitserträgen.

Die **Eigenkapitalerträge** stimmen mit dem Jahresergebnis überein. Indes müssen Liquidations- und Bewertungserfolge und Erfolge aus Beteiligungen aus dem Jahresergebnis eliminiert werden, damit die Wertschöpfung des Geschäftsjahres nicht durch periodenfremde Aufwendungen und Erträge beeinträchtigt wird. Sonst würde die Verteilungsrechnung nicht zur gleichen Wertschöpfung führen wie die Entstehungsrechnung. Das Jahresergebnis teilt sich auf in Dividendenzahlungen und in die Zuführung zu den Rücklagen.

Die **Fremdkapitalerträge** werden in der Gewinn- und Verlustrechnung unter dem Posten „Zinsen und ähnliche Aufwendungen" ausgewiesen. Ggf. werden dort auch Aufwendungen zur Bedienung von Genussrechts- oder Genussscheinkapital erfasst.[526] Wird das Genussrechts- oder Genussscheinkapital als Eigenkapital angesehen, dürfen die Zinsen auf das Genussscheinkapital, wenn sie entgegen der überwiegenden Meinung im Schrifttum unter den Zinsen und ähnlichen Aufwendungen ausgewiesen werden,[527] nicht den Fremdkapitalerträgen zugerechnet werden. Vielmehr müssen die Zinsen auf Genussscheinkapital, das als Eigenkapital gilt, den Eigenkapitalerträgen zugerechnet werden. Sonst würden in der Verteilungsrechnung die Fremdkapitalerträge zu hoch und die Eigenkapitalerträge zu niedrig ausgewiesen werden. Dabei wird die Höhe der gesamten Wertschöpfung allerdings nicht beeinflusst, lediglich die Aufteilung der Wertschöpfung in Fremdkapitalerträge und in Eigenkapitalerträge ändert sich.

Die **Gemeinerträge** setzen sich aus den „Steuern vom Einkommen und Ertrag" (§ 275 Abs. 2 Nr. 18 HGB) und den „sonstigen Steuern" (§ 275 Abs. 2 Nr. 19 HGB) zusammen. Zu den Gemeinerträgen sind auch die offen von den Umsatzerlösen abzusetzenden Verbrauchs- bzw. Verkehrssteuern und Monopolabgaben zu rechnen.[528] Subventionen und staatliche Zuschüsse sind schließlich von den Steuern und Abgaben abzuziehen, soweit sie nicht bereits den Vorleistungen zugerechnet wurden.

Werden Arbeitserträge, Eigenkapitalerträge, Fremdkapitalerträge und Gemeinerträge zusammengefasst, so erhält man die Wertschöpfung von der Verteilungsseite:

---

526 Zu Genussrechten und Genussscheinen vgl. THIELE, S., Das Eigenkapital im handelsrechtlichen Jahresabschluß, S. 225-229; BAETGE, J./KIRSCH, H.-J./THIELE, S., Bilanzen, S. 465-467.

527 Vgl. HFA DES IDW, Behandlung von Genußrechten im Jahresabschluß von Kapitalgesellschaften, S. 422; KÜTING, K./KESSLER, H./HARTH, H.-J., Genußrechtskapital in der Bilanzierungspraxis, S. 21 f.; THIELE, S., Das Eigenkapital im handelsrechtlichen Jahresabschluß, S. 229.

528 Vgl. FÖRSCHLE, G., in: Beck Bilanzkomm., 5. Aufl., § 275 HGB, Rn. 66.

	Löhne und Gehälter (§ 275 Abs. 2 Nr. 6 a) HGB)
+	Soziale Abgaben und Aufwendungen für Altersversorgung und für Unterstützung (§ 275 Abs. 2 Nr. 6 b) HGB)
+	Vergütungen für die Mitglieder eines Aufsichtsrates, eines Beirates oder einer ähnlichen Einrichtung (§ 285 Nr. 9 a) HGB) (Arbeitserträge)
+	Zinsen und ähnliche Aufwendungen (§ 275 Abs. 2 Nr. 13 HGB) (Fremdkapitalerträge)
+	Steuern vom Einkommen und Ertrag (§ 275 Abs. 2 Nr. 18 HGB)
+	Sonstige Steuern (§ 275 Abs. 2 Nr. 19 HGB) (Gemeinerträge)
+	Jahresüberschuss/Jahresfehlbetrag (§ 275 Abs. 2 Nr. 20 HGB) (Eigenkapitalerträge)
=	Wertschöpfung (Kennzahl Nr. 03.38.00^{V,G})

Übersicht VI-35: *Verteilungsrechnung der Wertschöpfung bei Verwendung des Gesamtkostenverfahrens*[529]

Abgesehen von den skizzierten Problemen und Ungenauigkeiten bei der Ermittlung der Wertschöpfung muss die Wertschöpfung der Verteilungsrechnung mit der Wertschöpfung der Entstehungsrechnung übereinstimmen.

832. Die Ermittlung der Wertschöpfung in der Verteilungsrechnung auf der Basis der Gewinn- und Verlustrechnung nach dem Umsatzkostenverfahren

Bei einem Unternehmen, das seine Gewinn- und Verlustrechnung nach dem Umsatzkostenverfahren aufstellt,[530] kann zwar kein Produktionswert ermittelt werden, dennoch lässt sich die Wertschöpfung über die Verteilungsrechnung schätzen. Die Ermittlung der Verteilungsseite der Wertschöpfung ist allerdings beim Umsatzkostenverfahren problematisch, wenn die Zinsaufwendungen und die sonstigen Steuern den einzelnen betrieblichen Aufgabenbereichen zugeordnet sind.[531] Denn dann sind die gesamten Zinsen zur Bestimmung der Fremdkapitalerträge und die gesamten Steuern zur Bestimmung der Gemeinerträge nicht zu ermitteln. Werden die Zinsaufwendungen und die sonstigen Steuern indes getrennt ausgewiesen, lässt sich die folgende Verteilungsrechnung aufstellen:

---

529 Das hochgestellte „V" bei der Kennzahlennummer bezeichnet die Verteilungsseite der Wertschöpfung; das hochgestellte „G" die Anwendung beim Gesamtkostenverfahren.

530 Zur GuV nach dem Umsatzkostenverfahren vgl. Kap. II Abschn. 31.

531 Vgl. GRÄFER, H., Bilanzanalyse, S. 251 f.

Löhne und Gehälter (§ 285 Nr. 8 b) HGB)

+ Soziale Abgaben und Aufwendungen für Altersversorgung und für Unterstützung (§ 285 Nr. 8 b) HGB)

+ Vergütungen für die Mitglieder eines Aufsichtsrates, eines Beirates oder einer ähnlichen Einrichtung (§ 285 Nr. 9 a) HGB)
(Arbeitserträge)

+ Zinsen und ähnliche Aufwendungen (§ 275 Abs. 3 Nr. 12 HGB)
(Fremdkapitalerträge)

+ Steuern vom Einkommen und Ertrag (§ 275 Abs. 3 Nr. 17 HGB)

+ Sonstige Steuern (§ 275 Abs. 3 Nr. 18 HGB)
(Gemeinerträge)

+ Jahresüberschuss/Jahresfehlbetrag (§ 275 Abs. 3 Nr. 19 HGB)
(Eigenkapitalerträge)

= Wertschöpfung (Kennzahl Nr. 03.38.00^{V,U})

Übersicht VI-36: *Verteilungsrechnung der Wertschöpfung bei Verwendung des Umsatzkostenverfahrens*[532]

84 Die Analyse eines Unternehmens anhand von Wertschöpfungskennzahlen

Die Wertschöpfung (Kennzahl Nr. 03.38.00) ist als absolute Zahl ein Indikator für die **Größe des Unternehmens**. Es wird hier eine absolute Zahl als Grundvariante gewählt, da es für die Wertschöpfung eine Reihe von gleichwertigen Bezugsgrößen gibt, d. h., es gibt keine Verhältniskennzahl, von der bei der Wertschöpfungsanalyse ausgegangen werden könnte. Würde man den Produktionswert zur Beurteilung der Größe des Unternehmens heranziehen, so würden auch die von anderen Unternehmen erbrachten Vorleistungen berücksichtigt. Dann würde ein Handelsunternehmen, das vor allem Vorleistungen in Form von Handelswaren verkauft, i. d. R. als gleich groß eingeschätzt wie ein vom Produktionswert gleich großes Industrieunternehmen, obwohl im Industrieunternehmen ein größerer Anteil an der volkswirtschaftlichen Wertschöpfung erbracht wird, indem Roh-, Hilfs- und Betriebsstoffe zu Fertigerzeugnissen verarbeitet werden. Aus diesem Grunde sollte für den zwischenbetrieblichen Vergleich bei der Bestimmung der Betriebsgröße auf die Wertschöpfung Bezug genommen werden. Hierbei kann der Bilanzanalytiker auf eine Wertschöpfungsgröße vor Abschreibungen zurückgreifen, wenn der Unternehmensvergleich nicht durch eine unterschiedliche Kapitalintensität der Produktion beeinflusst werden soll.[533] Das Wachstum der Wertschöpfung des zu analysierenden Unternehmens sollte mit dem Unternehmenswachstum anderer Unternehmen und mit dem gesamtwirtschaftlichen Wachstum verglichen werden. Mit diesem Vergleich lässt sich feststellen, ob das Unternehmen schneller oder langsamer wächst als die Branche oder als andere

---

532 Das hochgestellte „V" bei der Kennzahlennummer bezeichnet die Verteilungsseite der Wertschöpfung; das hochgestellte „U" die Anwendung beim Umsatzkostenverfahren.

533 Vgl. KÜTING, K./WEBER, C.-P., Die Bilanzanalyse, S. 324.

Vergleichsunternehmen bzw. als die Volkswirtschaft. Allgemein gilt, dass ein Unternehmen umso leistungsfähiger und damit umso bestandsfester ist, je höher die von ihm erwirtschaftete Wertschöpfung ist. Daher lautet die Arbeitshypothese für die Wertschöpfung G>K.

Mit Hilfe der Wertschöpfungsrechnung kann auch die **Einkommensverteilung** im zu analysierenden Unternehmen untersucht werden. Dazu setzt man die Arbeitserträge, die Fremdkapitalerträge, die Gemeinerträge und die Eigenkapitalerträge ins Verhältnis zur Wertschöpfung. Eine Kennzahl, die den Anteil der Arbeitserträge an der Wertschöpfung widerspiegelt, ist die **betriebliche Lohnquote:**[534]

$$\text{Betriebliche Lohnquote} = \frac{\text{Arbeitserträge}}{\text{Wertschöpfung}}$$

Kennzahl Nr. 03.38.01

Liegt eine konstante Wertschöpfung bei einem Unternehmen vor, dann kann eine steigende Lohnquote einerseits durch die Ausdehnung der Beschäftigungsmenge und andererseits durch den Anstieg von Löhnen und Gehältern verursacht sein. Steigt die betriebliche Lohnquote bei einem Unternehmen im Zeitablauf an, so muss zwangsläufig der Anteil der anderen Ertragsbestandteile sinken. Langfristig wird eine steigende betriebliche Lohnquote vor allem negative Einflüsse auf den Anteil der Eigenkapitalerträge an der Wertschöpfung haben, da i. d. R. die Fremdkapitalerträge vertraglich und die Gemeinerträge gesetzlich fixiert sind. Eine steigende Lohnquote kann zu geringeren Eigenkapitalrenditen führen und so zur Verlagerung des Unternehmens oder von Unternehmensteilen in Regionen oder Länder, in denen die betriebliche Lohnquote aufgrund eines geringeren Lohnniveaus niedriger ist.

Die folgende Übersicht zeigt die Entwicklung der betrieblichen Lohnquote für verschiedene westdeutsche Branchen für die Jahre 1996 bis 2000:

---

534 Die Arbeitserträge entsprechen der Summe aus Löhnen und Gehältern, sozialen Abgaben und Aufwendungen für Altersversorgung und für Unterstützung sowie der Vergütung für die Mitglieder eines Aufsichtsrates, eines Beirates oder einer ähnlichen Einrichtung, vgl. Abschn. 831. in diesem Kapitel.

Jahr	1996	1997	1998	1999	2000
Chemie	77,8	73,1	68,9	71,7	66,7
Maschinenbau	87,8	83,3	83,4	84,5	83,6
Straßenfahrzeugbau	89,9	86,0	81,2	84,3	86,0
Elektrotechnik	85,6	82,9	87,8	82,9	84,0
Ernährungsgewerbe	70,1	69,7	69,7	72,2	71,7
Baugewerbe	90,3	90,3	89,5	91,6	91,6
Großhandel	68,0	68,4	69,8	67,7	67,8
Einzelhandel	76,7	75,8	75,9	78,4	75,1
Ø deutscher Unternehmen	76,4	73,9	73,2	74,1	73,3

Übersicht VI-37: *Betriebliche Lohnquote deutscher Branchen in %*[535]

Anhand der **Mitarbeiterproduktivität** lässt sich feststellen, wie hoch die durchschnittliche Wertschöpfung pro Mitarbeiter ist: [536]

$$\text{Mitarbeiterproduktivität} = \frac{\text{Wertschöpfung}}{\text{Ø Beschäftigtenzahl}}$$

Kennzahl Nr. 03.38.02

Die Mitarbeiterproduktivität beschreibt damit das höchstmögliche Durchschnittsgehalt pro Mitarbeiter, wenn die Eigenkapital-, Fremdkapital- und Gemeinerträge gleich null wären. Ist die Mitarbeiterproduktivität aufgrund einer hohen Wertschöpfung je Mitarbeiter besonders hoch, so können die Mitarbeiter mit hohen Löhnen und Gehältern an der betrieblichen Wertschöpfung teilhaben.

Eine Kennzahl, die den Anteil der Wertschöpfung am Produktionswert des zu analysierenden Unternehmens angibt, ist die **Fertigungstiefe**:[537]

---

535 Die Wertschöpfung wird als Summe aus Personalaufwand, Zinsaufwand, Steuern und dem Jahresüberschuss berechnet. Die Arbeitserträge entsprechen der Summe aus Löhnen und Gehältern, sozialen Abgaben und freiwilligen sozialen Aufwendungen. Zu den Daten vgl. DEUTSCHE BUNDESBANK (Hrsg.), Monatsbericht April 2002, S. 48-57; DEUTSCHE BUNDESBANK (Hrsg.), Monatsbericht April 2003, S. 64-71 sowie ergänzende schriftliche Angaben der Deutschen Bundesbank, die auf Anfrage erteilt wurden.

536 Vgl. COENENBERG, A. G., Jahresabschluss und Jahresabschlussanalyse, S. 1073.

537 Bei einer Gewinn- und Verlustrechnung, die nach dem Umsatzkostenverfahren aufgestellt wird, wäre für die Kennzahl „Fertigungstiefe" die Wertschöpfung auf die Umsatzerlöse zu beziehen.

$$\text{Fertigungstiefe} = \frac{\text{Wertschöpfung}}{\text{Gesamtleistung}}$$

Kennzahl Nr. 03.38.03

Die Fertigungstiefe gibt an, wie viel Prozent des Produktionswertes im Unternehmen selbst erarbeitet werden. In Handelsunternehmen ist die Fertigungstiefe regelmäßig sehr gering, da die Produktionsleistung im Handelsunternehmen in der Sortimentierung und im Verkauf liegt und die Handelswaren nicht selbst bearbeitet werden. In Industrieunternehmen hängt die Fertigungstiefe von der Stärke der vertikalen Integration ab. So versuchen einige Unternehmen der Automobilindustrie, möglichst vom Motor bis zu den Sitzen alles in eigener Regie zu fertigen, während andere Unternehmen nur noch die Entwicklung der Fahrzeuge übernehmen und die Einzelteile von Zulieferern kaufen. Gerade im zwischenbetrieblichen Vergleich der Fertigungstiefe lässt sich feststellen, wieweit das zu analysierende Unternehmen mit der Wirtschaftstätigkeit anderer Unternehmen verknüpft ist. Diese Integration in den volkswirtschaftlichen Güterkreislauf auf der Beschaffungsseite kann für das zu analysierende Unternehmen zu erheblichen Problemen führen. Wenn beispielsweise die Zulieferungen aufgrund von Konkursen der Zulieferbetriebe oder aufgrund von Streiks ausfallen, ist ggf. die gesamte Produktion gestört. Außerdem führt eine niedrige Fertigungstiefe bei starker internationaler Verflechtung zu Wechselkursrisiken. Daher geht eine niedrigere Fertigungstiefe einher mit einem hohen Risiko auf der Beschaffungsseite. Indes kann ein Unternehmen mit geringer Fertigungstiefe auf Nachfrageschwankungen flexibler reagieren. Steigt beispielsweise die Nachfrage kurzfristig an, so kann das Unternehmen zusätzlich Rohstoffe von den Zulieferern kaufen, ohne seine Kapazitäten erhöhen zu müssen. Die Zulieferer müssen dagegen diese Rohstoffe vorrätig halten und so einen Teil des Risikos übernehmen. Eine hohe Fertigungstiefe führt zu einem hohen Koordinationsaufwand, der nicht über den Markt, sondern innerbetrieblich gelöst werden muss. Häufig ist eine hohe Fertigungstiefe mit einem großen Anteil der fixen Kosten an den Gesamtkosten verbunden, der bei sinkender Beschäftigung nur schwierig abzubauen ist.

Die folgende Übersicht zeigt die Entwicklung der Fertigungstiefe für verschiedene westdeutsche Branchen für die Jahre 1996 bis 2000:

Jahr	1996	1997	1998	1999	2000
Chemie	30,5	30,1	33,5	30,6	30,4
Maschinenbau	35,7	36,0	34,9	35,9	34,9
Straßenfahrzeugbau	24,2	23,8	23,7	21,7	20,1
Elektrotechnik	33,6	32,7	29,5	31,0	29,1
Ernährungsgewerbe	20,4	19,8	20,2	19,9	19,5
Baugewerbe	37,2	36,8	36,8	35,2	35,2
Großhandel	12,3	12,2	12,3	12,7	11,9
Einzelhandel	17,0	16,9	16,6	16,1	16,4
Ø deutscher Unternehmen	24,9	24,9	25,1	24,9	24,0

Übersicht VI-38: *Fertigungstiefe deutscher Branchen in %*[538]

Die Wertschöpfung und die betriebliche Lohnquote des Philipp Holzmann Konzerns verändern sich in den Geschäftsjahren 1994 und 1995 wie folgt:		
Wertschöpfung **(Kennzahl Nr. 03.38.00)**	**1994**	**1995**
	3.604.542 TDM	3.053.271 TDM
Betriebliche Lohnquote **(Kennzahl Nr. 03.38.01)**	**1994**	**1995**
	87,6 %	106,5 %

Das Sinken der Wertschöpfung resultiert vor allem aus dem negativen Ergebnis des Geschäftsjahres 1995 sowie der daraus resultierenden geringen Steuerzahlung. Abgeschwächt wird die Verringerung durch die ansteigenden Aufwendungen für Personal und Kapital. Die betriebliche Lohnquote steigt aufgrund des erhöhten Personalaufwandes und der verringerten Wertschöpfung. Die betriebliche Lohnquote i. H. v. über 100 % verdeutlicht, dass der Philipp Holzmann Konzern 1995 mehr Personalaufwendungen zu tragen hat, als an gesamter Wertschöpfung erwirtschaftet wird.

---

538 Die Wertschöpfung wird als Summe aus Personalaufwand, Zinsaufwendungen, Steuern und dem Jahresüberschuss berechnet. Die Gesamtleistung setzt sich aus den Umsatzerlösen und den Bestandsveränderungen einschließlich der anderen aktivierten Eigenleistungen zusammen. Zu den Daten vgl. DEUTSCHE BUNDESBANK (Hrsg.), Monatsbericht April 2002, S. 48-57; DEUTSCHE BUNDESBANK (Hrsg.), Monatsbericht April 2003, S. 64-71 sowie ergänzende schriftliche Angaben der Deutschen Bundesbank, die auf Anfrage erteilt wurden.

Im Zusammenhang mit der betrieblichen Lohnquote werden die Mitarbeiterproduktivität und die Fertigungstiefe des Philipp Holzmann Konzerns analysiert, die sich im betrachteten Zeitraum wie folgt verändern:

Mitarbeiterproduktivität (Kennzahl Nr. 03.38.02)	1994	1995
	83,3 TDM	64,5 TDM

Fertigungstiefe (Kennzahl Nr. 03.38.03)	1994	1995
	32,4 %	26,1 %

Die Mitarbeiterproduktivität des Philipp Holzmann Konzerns verschlechtert sich aufgrund der sinkenden Wertschöpfung und der gleichzeitig von 43.264 auf 47.355 steigenden durchschnittlichen Mitarbeiterzahl. Trotzt der steigenden Personalaufwendungen, die als Signal für einen höheren Eigenanteil an der erwirtschafteten Gesamtleistung gesehen werden können, sinkt die Fertigungstiefe von 32,4 % auf 26,1 %. Dies resultiert daraus, dass die Wertschöpfung insgesamt aufgrund des negativen Jahresergebnisses sinkt.

9 Teilurteil zur Erfolgslage des Philipp Holzmann Konzerns

Anhand der Erfolgsquellenanalyse für die Geschäftsjahre 1994 und 1995 ist festzustellen, dass sich die Erfolgslage des Philipp Holzmann Konzerns im Geschäftsjahr 1995 im Vergleich zum noch gerade befriedigenden Geschäftsjahr 1994 deutlich verschlechtert hat, was in dem merklich gesunkenen und nunmehr negativen ordentlichen Betriebserfolg zum Ausdruck kommt. Dieser ist 1995 im Vergleich zum Vorjahr sehr deutlich um 677,6 Mio. DM auf – 439,1 Mio. DM zurückgegangen.[539] Der Philipp Holzmann Konzern war damit im Gegensatz zum Geschäftsjahr 1994 nicht in der Lage, einen positiven nachhaltigen Erfolg aus der ordentlichen Geschäftstätigkeit zu erwirtschaften. Die Höhe des im Geschäftsjahr 1995 realisierten Verlustes ist als Indiz für eine Bestandsgefährdung zu interpretieren. Wie im Geschäftsjahr 1994 hatte auch 1995 der außerordentliche Erfolg keine Bedeutung für die Erfolgslage des Philipp Holzmann Konzerns.

Auch die Rentabilitätsanalyse verdeutlicht, dass sich die Erfolgslage des Philipp Holzmann Konzerns im Geschäftsjahr 1995 im Vergleich zur noch gerade befriedigenden Situation des Geschäftsjahres 1994 deutlich verschlechtert hat. Die gängigen Rentabilitätskennzahlen haben sich 1995 im Vergleich zum Vorjahr und im Vergleich zu ausgewählten Unternehmen der Baubranche[540] sehr deutlich und überdurchschnittlich verschlechtert. Während die einzelnen Kennzahlenausprägungen des Philipp

---

539 Vgl. dazu Abschn. 22 in diesem Kapitel.

540 Die Unternehmen, deren Durchschnittswerte mit denen des Philipp Holzmann Konzerns verglichen werden, sind im Einzelnen die BILFINGER & BERGER BAUAKTIENGESELLSCHAFT, die DYCKERHOFF AG, die HEILIT & WOERNER BAU-AG, die HOCHTIEF AG und die WALTER BAU-AG.

Holzmann Konzerns im Geschäftsjahr 1994 nur geringfügig unter und im Fall der Eigenkapitalrentabilität sogar über dem jeweiligen Durchschnitt der ausgewählten Vergleichsunternehmen lagen, liegen aufgrund der negativen Entwicklung im Geschäftsjahr 1995 alle Rentabilitätskennzahlen des Philipp Holzmann Konzerns weit unter dem Durchschnitt der Baubranche. So ist die Gesamtkapitalrentabilität auf der Basis der nachhaltigen Erfolgsquellen des Philipp Holzmann Konzerns 1995 im Vergleich zum Vorjahr merklich um 4,3 %-Punkte auf – 1,4 % gesunken. Ebenso ist die Umsatzrentabilität des Philipp Holzmann Konzerns im Vergleich zum Vorjahr sehr merklich um 5,0 %-Punkte auf – 3,9 % gefallen. Dagegen sind die durchschnittliche Gesamtkapitalrentabilität sowie die durchschnittliche Umsatzrentabilität der Vergleichsunternehmen lediglich geringfügig gefallen und liegen noch deutlich im positiven Bereich. Die Kennzahlenwerte des Philipp Holzmann Konzerns, die nunmehr alle negativ sind, zeigen, dass die erfolgswirtschaftliche Situation des Unternehmens zum Ende des Geschäftsjahres 1995 als angespannt zu bezeichnen ist.

Kapitel VII:
Die Bildung eines Gesamturteils

1   Probleme der Bildung eines Gesamturteils

Im siebten und letzten Schritt der Bilanzanalyse[1] muss der Bilanzanalytiker die durch
die Bildung und Interpretation von einzelnen Kennzahlen gewonnenen Teilurteile zu
einem Gesamturteil über die wirtschaftliche Lage des zu analysierenden Unternehmens i. S. d. Zielsetzung der Bilanzanalyse zusammenfassen.

Der Bilanzanalytiker hat dabei zusammenfassend zu beurteilen, wieweit das Unternehmen das Ziel, die Verdienstquelle zu sichern, realisieren konnte und wie die Erfolgsaussichten des Unternehmens entsprechend dem Ziel, Geld zu verdienen, auf der
Basis von Jahresabschlüssen zu beurteilen sind.[2] Am Ende des Analyseprozesses fällt
der Bilanzanalytiker also ein im Hinblick auf das Analyseziel zusammenfassendes Urteil über die Lage des zu analysierenden Unternehmens.

Hierbei hat der Bilanzanalytiker das **Ganzheitlichkeitsprinzip**[3] zu beachten, welches
besagt, dass für das Gesamturteil alle für die Beurteilung der wirtschaftlichen Lage relevanten Kennzahlen der Vermögens-, der Finanz- und der Erfolgslage des Unternehmens heranzuziehen sind. Ferner hat der Bilanzanalytiker mögliche Ursachen für eine
im Soll/Ist-, Zeit- oder Betriebsvergleich ermittelte positive oder negative Veränderung bzw. Abweichung der Kennzahlen zu ergründen. Dies wird durch die Nutzung
zusätzlicher quantitativer und qualitativer Informationen, die vor allem im Anhang
und im Lagebericht gegeben werden,[4] erleichtert. Denn die bei der Kennzahlenbildung und -auswahl genutzten quantitativen Informationen aus Bilanz und GuV sind
durch eine Transformation von Geschäftsvorfällen auf der Basis gesetzlich kodifizierter eindeutiger oder mit Wahlrechten ausgestatteter Abbildungsregeln in Jahresabschlusszahlen entstanden und bedürfen somit teilweise einer Erläuterung, Ergänzung

---

1   Zu den einzelnen Schritten der Bilanzanalyse vgl. Kap. I Abschn. 4.
2   Zu den finanziellen Zielen vgl. Kap. I Abschn. 1.
3   Vgl. hierzu Kap. I Abschn. 44.
4   Vgl. BAETGE, J./KIRSCH, H.-J./THIELE, S., Bilanzen, S. 689 und S. 721.

und Korrektur, die aufgrund der Informationen im Anhang und im Lagebericht erfolgen. Ferner gibt es Informationen, die für die Gesamturteilsbildung wichtig sind, die allerdings nicht in quantitativer Form gegeben werden (können). Hierbei handelt es sich z. B. um personelle Veränderungen in der Unternehmensleitung oder um verbale Erläuterungen der wirtschaftlichen Rahmenbedingungen (etwa der seinerzeitige Hinweis auf eine positive Entwicklung der Ertragskennzahlen durch die Sonderkonjunktur Ost nach der Wiedervereinigung Deutschlands). Informationen der letztgenannten Art können beispielsweise aus Aktionärsbriefen, Anzeigen, Pressemitteilungen oder dem allgemeinen Teil des jährlich veröffentlichten Geschäftsberichtes und damit aus Quellen entnommen werden, die ohne gesetzliche Verpflichtung veröffentlicht werden.[5] Diese zusätzlichen freiwillig zur Verfügung gestellten Informationen sind indes nicht Gegenstand der Prüfung durch den Abschlussprüfer gemäß §§ 316-324 HGB und sind daher entsprechend vorsichtig zu interpretieren.

Der Bilanzanalytiker muss also auf die in dem zweiten Schritt der Bilanzanalyse – der „Verschaffung eines Überblicks über die wirtschaftlichen und rechtlichen Rahmenbedingungen" – erhobenen Informationen zurückgreifen.[6] Bei der Gesamturteilsbildung vermag er dann zu entscheiden, wie genau und wie sicher die wirtschaftliche Lage des Unternehmens im Jahresabschluss und damit in den für die Gesamturteilsbildung verwendeten Kennzahlen abgebildet wird.

Weiterhin muss der Bilanzanalytiker bereits bei der Bildung und Auswahl der Kennzahlen beachten, dass das anschließende Gesamturteil möglichst unbeeinflusst von bilanzpolitischen Gestaltungsmöglichkeiten ist und möglichst objektiv gefällt werden kann, d. h., das **Neutralisierungsprinzip** und das **Objektivierungsprinzip** sind zu berücksichtigen.[7]

Unter der Objektivierung der Urteilsbildung ist zum einen die Objektivierung des Weges, auf dem der Bilanzanalytiker zu einem Gesamturteil über das zu analysierende Unternehmen kommt, zu verstehen. Das heißt, die Vorgehensweise des Bilanzanalytikers bei der Gesamturteilsbildung muss von einem Dritten nachzuvollziehen sein. Daher ist es wichtig, dass der Bilanzanalytiker – zumindest beim Betriebsvergleich – für jedes Unternehmen, das er beurteilt, die gleichen Kriterien heranzieht und diese auch gleich gewichtet. Denn nur so ist gewährleistet, dass die Gesamturteile über verschiedene Unternehmen vergleichbar sind und dass verschiedene Bilanzanalytiker bez. desselben Unternehmens zu demselben Ergebnis kommen.

Zum anderen gehört zur Objektivierung der Urteilsbildung, dass der Bilanzanalytiker ein ganzheitliches und objektives Verfahren zur Gesamturteilsbildung anwendet. Ein Verfahren zur Gesamturteilsbildung ist dann objektiv, wenn die Auswahl, Gewichtung und Zusammenfassung der Urteilskriterien unabhängig von subjektiven Emp-

---

5   Vgl. BAETGE, J./ARMELOH, K.-H./SCHULZE, D., Anforderungen an die Geschäftsberichterstattung, S. 176.

6   Zu den sieben Schritten der Bilanzanalyse vgl. Übersicht I-6.

7   Zum Neutralisierungsprinzip vgl. Kap. I Abschn. 452. und 54 sowie Kap. III Abschn. 41, zum Objektivierungsprinzip vgl. Kap. I Abschn. 46 und 54.

findungen und Erfahrungen des Bilanzanalytikers auf einer breiten empirischen Basis und mit mathematisch-statistischen Methoden erfolgt. Die Kriterien bei der Gesamturteilsbildung stellen dabei die bei der Bilanzanalyse ermittelten Kennzahlen dar.

Bei der Zusammenfassung der Informationen des Jahresabschlusses zu Kennzahlen, zu Teilurteilen und schließlich zu einem Gesamturteil begegnet der Bilanzanalytiker einer Reihe von Problemen:

- Bestimmte wirtschaftliche Aktivitäten und Merkmale des Unternehmens, die mitbestimmend für seine wirtschaftliche Lage sind, schlagen sich nicht oder nur indirekt in der Finanzbuchführung nieder, z. B. Forschungs- und Entwicklungsleistungen, Werbung, Qualität des Personals, Kreditlinien.

- Bei der Erstellung des Jahresabschlusses werden die Informationen von einer großen Zahl in der Finanzbuchführung erfasster Geschäftsvorfälle auf wenige Jahresabschlussgrößen verdichtet.

- Das HGB, vor allem aber die internationalen Rechnungslegungsstandards IFRS und U. S. GAAP enthalten zahlreiche Ansatz- und Bewertungswahlrechte sowie Ermessensspielräume, die von einem Unternehmen zur Bilanzpolitik genutzt werden können.[8] Ferner hat ein Unternehmen die Möglichkeit, durch bilanzpolitisch motivierte Sachverhaltsgestaltungen die Abbildung der wirtschaftlichen Lage im Jahresabschluss in seinem Sinne zu beeinflussen.[9] Die von einem Unternehmen durchgeführten bilanzpolitischen Maßnahmen müssen bei der Bildung der Kennzahlen so weit wie möglich eliminiert werden (Neutralisierungsprinzip). Diese Bereinigungen sind besonders wichtig bei einem Betriebs- und/oder Zeitvergleich, damit die Vergleichbarkeit zwischen Unternehmen bzw. Abschlüssen eines Unternehmens aus verschiedenen Perioden verbessert wird.

- Die Zahl der potentiellen Kennzahlen ist sehr groß. Will der Bilanzanalytiker alle in den Kap. II bis Kap. VI dieses Buches erläuterten Kennzahlen bilden, erhält er einen unüberschaubaren „Zahlenfriedhof", dessen Interpretation und Zusammenfassung zu einem Gesamturteil problematisch bzw. schwierig und eventuell sogar unmöglich ist. Der Bilanzanalytiker muss somit die für sein Analyseziel relevanten Kennzahlen unter den zahlreichen möglichen Kennzahlen mit objektiven Methoden auswählen.

- In der Regel führen nicht alle berechneten Kennzahlen zu einem eindeutigen Analyseergebnis. Vielmehr führen verschiedene Kennzahlen zu widersprüchlichen Urteilen über die Teillagen eines Unternehmens, oder die Werte einzelner Kennzahlen zur Beurteilung einer Teillage sind widersprüchlich. So kann eine Renditekennzahl auf eine gute Erfolgslage hindeuten, während gemäß einer Vermögensstrukturkennzahl die Vermögenslage eines Unternehmens negativ zu beurteilen wäre. Hier steht der Bilanzanalytiker vor dem Problem, die widersprüch-

---

8   Vgl. Kap. III Abschn. 31.
9   Vgl. SELCHERT, F. W., Windowdressing, S. 1933 sowie Kap. III Abschn. 31.

lichen Kennzahlenaussagen zu gewichten und zu einem einheitlichen – aber doch objektiven – Gesamturteil über die wirtschaftliche Lage des Unternehmens zusammenzuführen.

■ Bereits in jeder einzelnen Kennzahl werden verschiedene Informationen verdichtet. Darüber hinaus stehen verschiedene Einzelkennzahlen zum Teil in sehr komplexen rechentechnischen oder auch sachlogischen Beziehungen zueinander. Die Kennzahlen sollten daher nicht einzeln abschließend, sondern ganzheitlich interpretiert werden. Das heißt, der Bilanzanalytiker sollte die Wirkungen von Kennzahlenänderungen auf alle anderen für das Gesamturteil heranzuziehenden (bzw. herangezogenen) Kennzahlen der Vermögens-, Finanz- und Erfolgslage einbeziehen.

■ Schließlich stellt der Jahresabschluss eine vergangenheitsbezogene Rechnung dar. Die in dem Jahresabschluss dargestellte wirtschaftliche Lage ist zum Zeitpunkt der Vorlage des Jahresabschlusses und somit erst recht zum Zeitpunkt der Analyse dieses Abschlusses Vergangenheit. Die Vergangenheit eines Unternehmens steht indes mit dessen Zukunft in einem unmittelbaren und untrennbaren Zusammenhang, so dass das Ziel der Bilanzanalyse, Erkenntnisse über den Status quo sowie die Zukunft eines Unternehmens zu ermitteln, dennoch erreicht werden kann.[10]

Zur Ermittlung eines Gesamturteils im Sinne der Zielsetzung der Bilanzanalyse ist es daher notwendig, die Vielzahl der isoliert betrachteten Kennzahlen zu aggregieren und zu systematisieren, um eine möglichst vollständige und ausgewogene Sicht der in Wechselwirkung stehenden Kennzahlen und der aus ihnen resultierenden Teilurteile zu erreichen. Dabei sollte der Bilanzanalytiker nicht nur seine Erfahrungen und sein, wie LEFFSON es formuliert, „Fingerspitzengefühl für ökonomische Sachverhalte"[11] heranziehen, sondern geeignete Kennzahlen bzw. ein geeignetes Kennzahlensystem verwenden.

Im Schrifttum und in der Praxis wurden in der Vergangenheit verschiedene Kennzahlensysteme entwickelt, die einem Bilanzanalytiker bei der Lösung der genannten Probleme behilflich sind und die eine Gesamturteilsbildung ermöglichen (sollen). Die bestehenden Kennzahlensysteme werden hier nach dem Grad der Objektivität des Gesamturteils in drei Gruppen unterteilt, und zwar in Kennzahlensysteme, mit denen sich

(1) ein subjektives Gesamturteil,

(2) ein quasi-objektives Gesamturteil oder

(3) ein objektives Gesamturteil

ermitteln lässt.

---

10   Vgl. auch Kap. I Abschn. 52.
11   LEFFSON, U., Bilanzanalyse, S. 209 f.

Die meisten der traditionellen Kennzahlensysteme lassen sich der ersten Gruppe zuordnen. Traditionelle Kennzahlensysteme verdichten eine mehr oder weniger große Zahl von Kennzahlen auf eine transparente, aber subjektiv festgelegte Art und Weise zu einer Spitzenkennzahl.[12] Wie die möglichen Ausprägungen dieser Spitzenkennzahl indes zu interpretieren sind, bleibt dem einzelnen Bilanzanalytiker überlassen. Die Auswahl der Kennzahlen für derartige Systeme erfolgt demnach quasi-objektiv, während das eigentliche Gesamturteil subjektiv von jedem einzelnen Bilanzanalytiker aufgrund seiner Erfahrung gebildet wird. Dritte kämen bei gleicher Datenlage zwar zu denselben Ausprägungen der ausgewählten Kennzahlen, aber wegen der fehlenden einheitlichen – auf jeden Fall aber subjektiven – Gewichtung der Einzelkennzahlen nur zufällig zu demselben Gesamturteil über die wirtschaftliche Lage des zu analysierenden Unternehmens. Traditionelle Kennzahlensysteme helfen dem Bilanzanalytiker allerdings bei der Sammlung und Systematisierung von Informationen.

Scoring-Modelle sind Kennzahlensysteme, die quasi-objektive Aussagen über zu analysierende Unternehmen ermöglichen. Bei diesen Verfahren sind sowohl die Kennzahlen als auch die Gewichte der Einzelkennzahlen quasi-objektiv ausgewählt. Aus diesem Grund gelangen verschiedene Bilanzanalytiker in Form eines Gesamtpunktwertes zu demselben Gesamturteil bez. ein und desselben Unternehmens für das gleiche Geschäftsjahr. Nach diesen Gesamtpunktwerten lässt sich dann eine eindeutige Reihung der Unternehmen vornehmen. Diese Reihung ist indes nur quasi-objektiv, da die Auswahl und Gewichtung der Kennzahlen und Merkmale bei Scoring-Modellen nur durch eine Gruppe von Bewertern gemeinsam – nämlich abgestimmt in einem Normungs-Team – vorgenommen werden.

Systeme, die mit Hilfe von modernen Verfahren der Bilanzanalyse, wie der Multivariaten Diskriminanzanalyse, der Logistischen Regressionsanalyse oder der Künstlichen Neuronalen Netze, auf der Basis eines sehr großen Datensatzes an Jahresabschlüssen von solventen und später insolvent gewordenen Unternehmen entwickelt wurden, gehören der dritten Gruppe von Kennzahlensystemen an, die objektive Aussagen über den Gesundheitszustand und damit über die Basis für künftige Entwicklungsmöglichkeiten von Unternehmen ermöglichen. Das heißt, die Reihung von Unternehmen beispielsweise durch ein Künstliches Neuronales Netz erfolgt vor dem Hintergrund eines objektiven Kriteriums (z. B. nach dem kardinal skalierten Abstand von einer Insolvenz) und mit Hilfe einer großen Zahl repräsentativ ausgewählter gesunder und kranker Beispielunternehmen, deren finanzielles Schicksal bekannt ist.

Im Folgenden werden die Unternehmen, deren künftiges finanzielles Schicksal aufgrund vorliegender Jahresabschlüsse bekannt ist, als (tatsächlich) **gesund** bzw. solvent oder als (tatsächlich) **krank** bzw. später insolvent bezeichnet, während Unternehmen, deren finanzielles Schicksal noch nicht bekannt ist, die indes mit dem entwickelten Klassifikator als solvent oder insolvenzgefährdet klassifiziert wurden, als **„gesunde"**

---

12 Vgl. Baetge, J./Huß, M./Niehaus, H.-J., Die Beurteilung der wirtschaftlichen Lage, S. 20.

bzw. „**kranke**" Unternehmen bezeichnet werden. Ersteres hat insofern den Charakter einer Tatsachenbeschreibung, während Letzteres das Urteil des entwickelten Systems darstellt.

Mit diesen Systemen kann eine empirisch fundierte, objektive Auswahl, Gewichtung und Zusammenfassung von Kennzahlen quasi als ein Symptom-Muster für Insolvenzgefährdungen erfolgen.

Im folgenden Abschn. 2 werden zunächst traditionelle Kennzahlensysteme im Allgemeinen und zwei bekannte Kennzahlensysteme im Besonderen vorgestellt, das Return on Investment-Kennzahlensystem (ROI-Kennzahlensystem) und das Rentabilitäts-Liquiditäts-Kennzahlensystem (RL-Kennzahlensystem). Beide gehören zu den Verfahren, mit denen ein subjektives Gesamturteil gewonnen werden kann. Zusätzlich wird ein System präsentiert, dessen Kennzahlen nicht nur quasi-objektiv, sondern mit Hilfe eines mathematisch-statistischen Verfahrens, der Multivariaten Diskriminanzanalyse, objektiv ausgewählt, aber nicht gewichtet wurden. Dieses System wurde in Ergänzung zu der Diskriminanzfunktion[13], aus der es abgeleitet wurde, entwickelt. Anschließend wird in Abschn. 3 die Entwicklung von Scoring-Modellen zunächst allgemein beschrieben, bevor das Saarbrücker Modell als ein quasi-objektives Scoring-Modell dargestellt wird. Wie Kennzahlensysteme für eine objektive Beurteilung von Unternehmen mit Hilfe moderner Verfahren der Bilanzanalyse entwickelt werden können und wie ein solchermaßen entwickeltes Kennzahlensystem aussehen kann, ist Gegenstand des Abschn. 4. Neben statistischen Verfahren, wie der Multivariaten Diskriminanzanalyse oder der Logistischen Regressionsanalyse, werden dabei auch die Künstliche Neuronale Netzanalyse und deren Erweiterungen um Fuzzy-Logik-Regelsysteme dargestellt.

2 Subjektive Gesamturteilsbildung mit traditionellen Kennzahlensystemen

21 Überblick über traditionelle Kennzahlensysteme

Kennzahlensysteme – zum Teil auch als Kennzahlenkombinationen bezeichnet[14] – sind allgemein dadurch charakterisiert, dass in ihnen Einzelkennzahlen zu einem System von gegenseitig abhängigen oder einander ergänzenden Kennzahlen zusammengefasst werden.[15] Kennzahlensysteme ordnen die bislang isoliert nebeneinander stehenden Einzelkennzahlen, wobei, von einer obersten Kennzahl oder wenigen oberen Kennzahlen ausgehend, diese in eine Vielzahl weiterer Kennzahlen aufgefächert werden. In der Praxis haben Kennzahlensysteme zunehmend an Bedeutung gewonnen

---

13   Vgl. NIEHAUS, H.-J., Früherkennung von Unternehmenskrisen, S. 182-184.

14   Vgl. BUCHNER, R., Finanzwirtschaftliche Statistik und Kennzahlenrechnung, S. 36.

15   Vgl. STAEHLE, W. H., Das Du-Pont-System und verwandte Konzepte der Unternehmenskontrolle, S. 317.

und werden heute sowohl unternehmensintern zur Planung, Steuerung und Kontrolle eines Unternehmens als auch unternehmensextern für die Jahresabschlussanalyse verwendet.[16]

Mit Hilfe von Kennzahlensystemen kann der Nachteil einer isolierten Interpretation einzelner Kennzahlen vermieden werden, nämlich dass über das zu analysierende Unternehmen gegensätzliche (Teil-)Urteile gefällt werden. Vielmehr ermöglichen Kennzahlensysteme dem Bilanzanalytiker, die Wirkungen einer Änderung im Jahresabschluss auf sämtliche für die Gesamturteilsbildung relevanten Kennzahlen zu ermitteln und zusammengefasst zu beurteilen. Kennzahlensysteme sollen mithin eine ganzheitlichere Betrachtung des Unternehmens mit Hilfe aller gebildeten Kennzahlen erlauben und dadurch eine Verbesserung der Zusammenfassung der Teilurteile zu einem Gesamturteil ermöglichen.

Aufgabe der Kennzahlensysteme ist es damit, die beziehungslos nebeneinander stehenden Einzelkennzahlen zu ordnen, umso betriebswirtschaftlich (mehr oder weniger) sinnvolle Aussagen über das Unternehmen und/oder einen Teil des Unternehmens anschaulich zu vermitteln.[17] Bei analytisch-deduktiven Kennzahlensystemen wird hierzu eine eindimensionale Kennzahl in weitere Unterkennzahlen zerlegt, bis ein multidimensionales Kennzahlensystem entstanden ist. Mit Hilfe eines solchen Kennzahlensystems wird versucht, die betriebswirtschaftlichen Interdependenzen und Ursache-Wirkungs-Zusammenhänge von Einzelkennzahlen deutlich zu machen und somit letztendlich die Qualität der Gesamtaussage über das Unternehmen im Hinblick auf das Analyseziel zu erhöhen.

Abhängig von der Art des Aufbaus des Kennzahlensystems, d. h. abhängig von der Anordnung der Einzelkennzahlen innerhalb eines Kennzahlensystems, spricht man von einem Rechensystem oder von einem Ordnungssystem.[18]

In einem **Rechensystem** wird eine Spitzenkennzahl durch Addition, Subtraktion, Multiplikation oder Division in Unterkennzahlen zerlegt. Während die Spitzenkennzahl als Maßgröße der Erreichung eines Oberzieles des Unternehmens Informationen verdichtet, stellen die Unterkennzahlen Unterziele dar, die zum Oberziel in einer Mittel-Zweck-Beziehung stehen.[19] In einem solchermaßen aufgebauten Kennzahlensystem werden die Ursache-Wirkungs-Zusammenhänge zwischen den Kennzahlen der jeweiligen Stufen graphisch durch Kanten dargestellt. Das in Abschn. 22 in die-

---

16 Vgl. zur Verwendung der Kennzahlenanalyse in der externen bzw. internen Unternehmensanalyse REICHMANN, T., Controlling mit Kennzahlen und Managementberichten, S. 25-30. Zum EVA-Konzept vgl. LEYSINGER, M., Der neue Maßstab für den Unternehmenserfolg, S. 243-246; WECHSLER, G., EVA als neues Finanzführungsinstrument, S. 819-826 sowie Kap. VI Abschn. 7. Zum Balanced-Score-Card-Konzept vgl. KAPLAN, R. S./NORTON, D. P., The Balanced Scorecard.

17 Vgl. STAEHLE, W. H., Das Du-Pont-System und verwandte Konzepte der Unternehmenskontrolle, S. 317.

18 Zum Aufbau von Kennzahlensystemen vgl. ausführlich KÜTING, K./WEBER, C.-P., Die Bilanzanalyse, S. 28-31.

19 Vgl. REICHMANN, T., Controlling mit Kennzahlen und Managementberichten, S. 24.

sem Kapitel näher erläuterte DuPont-Kennzahlensystem (ROI-Kennzahlensystem) ist das klassische Beispiel für ein solches Rechensystem. In Übersicht VII-1 wird exemplarisch gezeigt, wie sich Ursachen für Veränderungen durch eine rechentechnische Auffächerung der im DuPont-Kennzahlensystem obersten Kennzahl des Return on Investment (ROI) in die beiden multiplikativ verknüpften Komponenten Umsatzrentabilität und Kapitalumschlaghäufigkeit erkennen lassen.

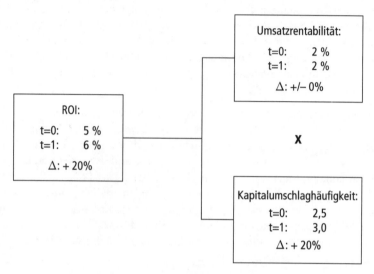

Übersicht VII-1: *Aufbau eines einfachen Kennzahlensystems*[20]

Die Erhöhung des ROI (von 5 % auf 6 %) ist, wie sich der Übersicht VII-1 entnehmen lässt, auf eine Erhöhung der Kapitalumschlaghäufigkeit (von 2,5 auf 3,0) bei konstanter Umsatzrentabilität (von 2 %) zurückzuführen. Durch die multiplikative Verknüpfung der beiden Unterkennzahlen wirkt sich die Erhöhung der Kapitalumschlaghäufigkeit um 20 % unmittelbar auf die oberste Kennzahl, den ROI, aus.

In einem **Ordnungssystem** werden Kennzahlen verschiedenen Gruppen (z. B. Aufgabenbereichen) sachlogisch zugeordnet, ohne dass eine rechentechnische Beziehung zwischen den einzelnen Kennzahlen hergestellt wird. Die Kennzahlen werden nach betriebswirtschaftlichen Zusammenhängen geordnet. Die Interdependenzen zwischen den Kennzahlen sind bei Ordnungssystemen daher nicht quantifizierbar. Das in Abschn. 23 dieses Kapitels näher erläuterte Rentabilitäts-Liquiditäts-Kennzahlensystem (RL-Kennzahlensystem) von REICHMANN/LACHNIT ist ein derartiges Ordnungssystem.[21] Im RL-Kennzahlensystem werden jeweils Erfolgs- und Liquiditätskennzahlen in einen logischen Zusammenhang gestellt und gruppiert, ohne dass die Kennzahlen rechentechnisch zu einer zentralen Erfolgs- bzw. Liquiditätsgröße verknüpft werden (können).

---

20 Vgl. ähnlich HAUSCHILDT, J., Erfolgs-, Finanz- und Bilanzanalyse, S. 19 f.
21 Vgl. REICHMANN, T./LACHNIT, L., Planung, Steuerung und Kontrolle, S. 712 f.

So wird das erwirtschaftete ordentliche Ergebnis auf die Ausprägungen der Eigenkapitalrentabilität, der Gesamtkapitalrentabilität, des Return on Investment, der Kapitalumschlaghäufigkeit und der Umsatzrentabilität zurückgeführt.

22 Das ROI-Kennzahlensystem

221. Die Komponenten des ROI-Kennzahlensystems

Der Return on Investment – kurz ROI genannt – stellt die Spitzenkennzahl des ROI-Systems dar. Der ROI ist wie folgt definiert:[22]

$$ROI = \frac{Erfolg}{Gesamtkapital}$$

Der ROI gibt den Erfolg pro Einheit des gesamten investierten Kapitals des Unternehmens an. Er stellt eine statische Rentabilitätskennzahl dar.[23] Eine Erhöhung des ROI ist grundsätzlich positiv zu bewerten, so dass für den ROI die Hypothese G>K gilt. Aufgrund der im ROI verdichteten Informationen bez. der wirtschaftlichen Lage, vor allem der Ertragskraft eines Unternehmens, ist eine isolierte Interpretation des ROI oder seiner Änderungen wenig aussagekräftig. Vielmehr bedarf es hierfür einer Ursachenanalyse, bei der die Spitzenkennzahl ROI in weitere Einzelkennzahlen gegliedert wird.

Zum einen lässt sich der ROI durch einfache Erweiterung von Zähler und Nenner des ROI mit dem Eigenkapital in das Produkt der Kennzahlen „Eigenkapitalrentabilität" (EKR) und „Eigenkapitalquote" (EKQ) zerlegen:

$$ROI = \frac{Erfolg}{Gesamtkapital} \cdot \frac{Eigenkapital}{Eigenkapital}$$

$$ROI = \frac{Erfolg}{Eigenkapital} \cdot \frac{Eigenkapital}{Gesamtkapital}$$

$$ROI = EKR \cdot EKQ$$

Zum anderen kann der ROI durch Erweiterung von Zähler und Nenner mit dem Umsatz in das Produkt aus „Umsatzrentabilität" (UR) und „Kapitalumschlaghäufigkeit" (KUH) zerlegt werden:

---

22 Im Gegensatz zur bisherigen Darstellung wird die Erfolgsgröße beim ROI in Kennzahlensystemen aus Gründen der Vereinfachung nicht zum durchschnittlichen Eigenkapital in Beziehung gesetzt. Da die in diesem Kapitel behandelten Kennzahlen bereits in den vorangegangenen Kapiteln eingeführt worden sind, verzichten wir hier auf die Angabe der jeweiligen sechsstelligen Ordnungsziffer.

23 Vgl. BAETGE, J., Ergebnisse der empirischen Bilanzforschung, S. 55.

$$ROI = \frac{Erfolg}{Gesamtkapital} \cdot \frac{Umsatz}{Umsatz}$$

$$ROI = \frac{Erfolg}{Umsatz} \cdot \frac{Umsatz}{Gesamtkapital}$$

$$ROI = \quad UR \quad \cdot \quad KUH$$

Aus den genannten Einzelkennzahlen lässt sich das als Rechensystem aufgebaute ROI-Schema abbilden:

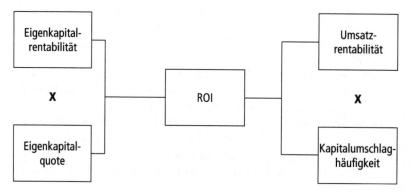

Übersicht VII-2: *ROI-Schema*

Mit der linken Seite des ROI-Schemas wird der ROI in die zwei Kennzahlen zerlegt, die die zwei wesentlichen monetären Ziele eines Unternehmens widerspiegeln, und zwar „Geld verdienen" und „Verdienstquelle sichern".[24] So ist das Management eines Unternehmens bestrebt, eine angemessene Verzinsung des von den Anteilseignern eingesetzten Kapitals, des Eigenkapitals, zu erwirtschaften. Die Verzinsung des Eigenkapitals kann mit Hilfe der Eigenkapitalrentabilität[25] gemessen werden. Darüber hinaus sollte das Management das Ziel verfolgen, die finanzielle Stabilität des Unternehmens zu sichern, indem es zumindest das nominelle Kapital des Unternehmens erhält. Die finanzielle Stabilität lässt sich mit Hilfe der Eigenkapitalquote[26] messen.

Abhängig von seinem Analyseziel mögen die Interessen des Bilanzanalytikers zwar tendenziell mehr auf die Eigenkapitalrentabilität als Indikator für die Ertragskraft oder auf die Eigenkapitalquote als Indikator für die finanzielle Stabilität eines Unternehmens gerichtet sein. Allerdings sind sowohl für die Analyse der Ertragskraft als auch für die Analyse der finanziellen Stabilität – wenn auch mit unterschiedlicher

---

24   Zu den monetären Zielen eines Unternehmens vgl. ausführlich BAETGE, J./KIRSCH, H.-J./ THIELE, S., Bilanzen, S. 6-12.

25   Zur Eigenkapitalrentabilität vgl. Kap. VI Abschn. 333.

26   Zur Eigenkapitalquote vgl. ausführlich Kap. III Abschn. 42 und Kap. V Abschn. 22.

Gewichtung – grundsätzlich beide Kennzahlen relevant. Denn „Gewinnerzielung ist nicht alles, aber ohne Gewinnerzielung ist alles nichts."[27] Analoges lässt sich über das Ziel der finanziellen Stabilität sagen. Einerseits wird das Verdienstziel nämlich nur dann langfristig erfüllt, wenn die finanzielle Stabilität des Unternehmens gesichert ist. Andererseits kann die finanzielle Stabilität des Unternehmens nur dann gesichert werden, wenn mit dem Unternehmen Gewinne erwirtschaftet werden, die die Anteilseigner zumindest zum Teil entnehmen können.

Die Definitionen der Kennzahlen Eigenkapitalrentabilität und Eigenkapitalquote lassen indes erkennen, dass die Zielerreichungen beider Kennzahlen zum Teil konkurrierend zueinander sind. So führt eine Erhöhung des Eigenkapitals durch Thesaurierung des Jahresergebnisses in Folgejahren c. p. zu einer Verringerung der Eigenkapitalrentabilität, gleichzeitig aber auch zu einer Erhöhung der Eigenkapitalquote und einer Verbesserung der finanziellen Stabilität.

Die alleinige Angabe des Wertes der Spitzenkennzahl, nämlich des ROI, lässt somit einen Bilanzanalytiker beim Branchenvergleich nicht erkennen, in welcher Relation die monetären Ziele „Geld verdienen" und „Verdienstquelle sichern" zueinander stehen. Ein ROI von 5 % lässt sich bei einem Unternehmen nämlich sowohl dann erreichen, wenn es eine Eigenkapitalquote von 5 % und eine Eigenkapitalrentabilität von 100 % aufweist, als auch dann, wenn seine Eigenkapitalquote 100 % und seine Eigenkapitalrentabilität 5 % beträgt. In der folgenden Übersicht VII-3 werden auf den beiden ROI-Isoquanten (Linien gleich hoher ROI-Prozentsätze) jeweils alle denkbaren Kombinationen von Eigenkapitalrentabilitäten und Eigenkapitalquoten dargestellt, die zu einem ROI von 5 % bzw. 15 % führen (unter der Annahme eines gegebenen Jahresergebnisses und eines gegebenen Gesamtkapitals).

---

27   KOCH, H., Unternehmenstheorie als Entscheidungshilfe, S. 67.

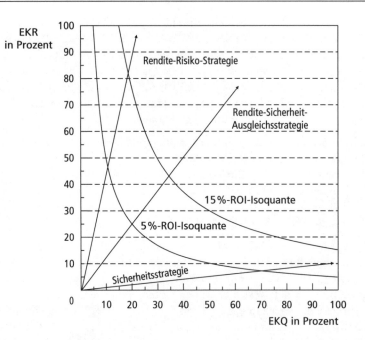

Übersicht VII-3: *EKR-EKQ-Kombinationen, die zu einem ROI von 5 % bzw. von 15 % führen*

Bei einem Zeitvergleich des ROI, der Eigenkapitalrentabilität und der Eigenkapitalquote kann darüber hinaus ermittelt werden, welche von den drei typischen Strategien ein Unternehmen verfolgt.[28] Zu unterscheiden ist zwischen (1) einer extremen Sicherheitsstrategie, (2) einer einseitigen Rendite-Risiko-Strategie und (3) einer Rendite-Sicherheit-Ausgleichsstrategie. Eine Sicherheitsstrategie verfolgt ein Unternehmen, wenn die ROI-Steigerung in einer Erhöhung der Eigenkapitalquote bei ungefähr konstanter Eigenkapitalrentabilität begründet ist. Von einer Rendite-Risiko-Strategie ist hingegen dann auszugehen, wenn die ROI-Steigerung aus einer Steigerung der Eigenkapitalrentabilität resultiert, wobei die Eigenkapitalquote auf niedrigem Niveau gehalten wird. Im Fall der Rendite-Sicherheit-Ausgleichsstrategie erfolgt die Steigerung des ROI schließlich gleichermaßen aus einer Steigerung der Eigenkapitalquote und der Eigenkapitalrentabilität.

In der folgenden Übersicht VII-4 sind die durchschnittlichen Eigenkapitalquoten, Eigenkapitalrentabilitäten und ROI ausgewählter deutscher Branchen für die Jahre 1996 bis 2000 dargestellt:[29]

---

28   Vgl. hierzu BAETGE, J., Rating von Unternehmen anhand von Bilanzen, S. 6 f.

29   Zu den Daten vgl. DEUTSCHE BUNDESBANK (Hrsg.), Monatsbericht April 2002, S. 48-57; DEUTSCHE BUNDESBANK (Hrsg.) Monatsbericht April 2003, S. 64-71 sowie ergänzende schriftliche Angaben der Deutschen Bundesbank, die auf Anfrage erteilt wurden.

EKR	1996	1997	1998	1999	2000
Chemie	9,3	12,8	20,5	15,0	17,2
Maschinenbau	12,3	22,3	16,5	13,0	13,2
Straßenfahrzeugbau	5,2	8,7	10,3	7,9	8,2
Elektrotechnik	11,4	14,5	6,3	13,2	10,0
Ernährungsgewerbe	18,6	19,3	21,3	16,9	18,8
Baugewerbe	30,7	43,8	63,2	33,3	25,0
Großhandel	17,7	18,9	18,4	19,5	16,5
Einzelhandel	187,5	212,0	170,0	161,9	120,0
Ø deutscher Unternehmen	15,1	19,2	20,4	18,0	18,4

x

ROI	1996	1997	1998	1999	2000
Chemie	3,4	4,6	7,2	5,0	5,5
Maschinenbau	2,4	4,6	3,9	3,4	3,2
Straßenfahrzeugbau	1,2	2,1	2,8	2,2	1,8
Elektrotechnik	2,7	3,6	1,5	3,3	2,2
Ernährungsgewerbe	3,6	3,9	4,1	3,2	3,7
Baugewerbe	1,3	1,3	1,6	0,6	0,5
Großhandel	2,5	2,8	2,8	3,0	2,6
Einzelhandel	3,8	4,3	3,8	3,7	3,7
Ø deutscher Unternehmen	2,6	3,3	3,6	3,2	3,2

EKQ	1996	1997	1998	1999	2000
Chemie	36,9	36,1	34,9	33,3	32,1
Maschinenbau	19,2	20,7	23,3	25,8	24,5
Straßenfahrzeugbau	24,0	24,3	26,7	27,2	22,4
Elektrotechnik	23,7	25,0	24,7	25,1	22,1
Ernährungsgewerbe	19,2	20,1	19,1	19,0	19,6
Baugewerbe	4,2	2,9	2,6	1,8	1,9
Großhandel	14,1	14,9	15,4	15,5	15,6
Einzelhandel	2,0	2,0	2,2	2,3	3,1
Ø deutscher Unternehmen	16,9	17,4	17,6	17,5	17,2

Übersicht VII-4: *Durchschnittliche Eigenkapitalrentabilitäten, Eigenkapitalquoten und ROI von ausgewählten Branchen*

Am Beispiel der Chemiebranche lässt sich die Entwicklung des ROI gut illustrieren. Von 1996 bis 1998 ist der durchschnittliche ROI der Unternehmen der Chemiebranche von 3,4 % auf 7,2 % gestiegen, während er im folgenden Jahr 1999 wieder auf einen Zwischenwert von 5,0 % zurückgegangen ist. Die positive Entwicklung des ROI bis zum Jahr 1998 ist durch die deutliche Erhöhung der Eigenkapitalrentabilität von 9,3 % im Jahre 1996 auf 20,5 % im Jahre 1998 begründet. Die Eigenkapitalquote hat sich hingegen im Betrachtungszeitraum geringfügig von 36,9 % auf 34,9 % vermindert und sich damit gegenläufig zum ROI und zur Eigenkapitalrentabilität entwickelt. Der Rückgang des ROI im Jahr 1999 ist vor allem auf den Rückgang der Eigenkapitalrentabilität von 20,5 % im Jahre 1998 auf 15,0 % im Jahre 1999 zurückzuführen. Ferner mindert auch die weiterhin rückläufige Eigenkapitalquote den ROI des Jahres 1999 im Vergleich zum Vorjahr. In Übersicht VII-5 ist der Verlauf des ROI der Chemiebranche im EKR-EKQ-Diagramm dargestellt:

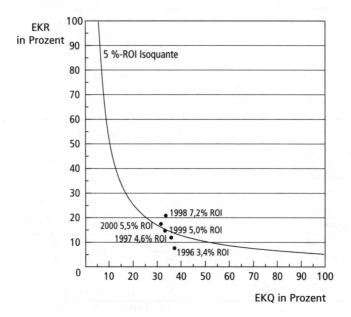

Übersicht VII-5: *Verlauf des ROI in der Chemiebranche von 1996 bis 2000*

Neben der Zerlegung des ROI in Eigenkapitalrentabilität und Eigenkapitalquote lässt sich der ROI auch in die Umsatzrentabilität und die Kapitalumschlaghäufigkeit aufspalten, wie oben bereits rechnerisch hergeleitet und auf der rechten Seite in Übersicht VII-2 dargestellt wurde. Durch die Erweiterung des ROI um den Umsatz sowohl im Zähler als auch im Nenner wird die statische Rentabilitätskennzahl in eine dynamische Rentabilitätskennzahl transformiert.[30]

Ähnlich wie die Eigenkapitalquote und die Eigenkapitalrentabilität lassen sich auch die Umsatzrentabilität (UR) und die Kapitalumschlaghäufigkeit (KUH) in ein ROI-Diagramm einzeichnen. Wir erhalten das UR-KUH-Diagramm. Durch die Erweiterung des ROI um den Umsatz erhält man eine Messzahl, die „die Dynamik des Umsatzgeschehens in die Ermittlung und Interpretation des Rentabilitätsquotienten einbezieht"[31].

---

30   Vgl. VELLMANN, K., in: Küting/Weber, HdK, 1. Aufl., Kap. II, Rn. 638.

31   VELLMANN, K., in: Küting/Weber, HdK, 1. Aufl., Kap. II, Rn. 638 f.

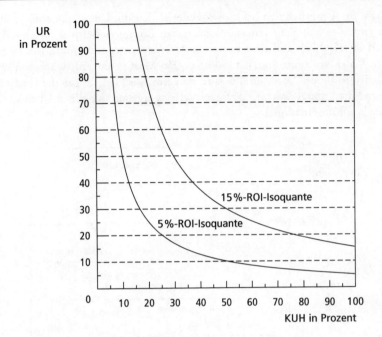

Übersicht VII-6: *UR-KUH-Kombinationen, die zu einem ROI von 5 % bzw. von 15 % führen*

Die ROI-Isoquanten in einem UR-KUH-Diagramm stellen alle möglichen Kombinationen von Umsatzrentabilitäten und Kapitalumschlaghäufigkeiten dar, die zu einem bestimmten gleichen ROI (ROI-Isoquante) führen. Somit zeigt die Zerlegung des ROI in die Umsatzrentabilität und die Kapitalumschlaghäufigkeit, ob eine Veränderung des ROI durch Änderung der Umsatzrentabilität oder des Kapitalumschlages begründet ist. Hier kann eine weitere Ursachenanalyse ansetzen. Eine geringere Umsatzrentabilität kann z. B. durch eine Erhöhung der Kosten, aber auch durch eine Verminderung der Umsatzerlöse verursacht sein. Eine Verminderung der Umsatzerlöse mag ihre Ursache im Verlust von Marktanteilen haben. Ebenfalls denkbar sind indes auch vom Unternehmen aus Wettbewerbszwängen heraus veranlasste Preissenkungen (Setzen von Kampfpreisen), deren umsatzschmälernder Einfluss durch Mehrabsatz (in Stück) nicht ausgeglichen werden konnte.

Vor allem bei Unternehmen im Einzelhandel stellen die Umsatzrentabilität und die Kapitalumschlaghäufigkeit zentrale Größen dar. Ein gutes Beispiel für eine Analyse des ROI im Hinblick auf diese beiden Größen stellt der weltgrößte Einzelhandelskonzern Wal-Mart Stores Inc. dar. So ist es Wal-Mart gelungen, zwischen 1999 und 2003[32] den ROI von 7,6 % auf 8,6 % zu steigern. Wird der ROI in die Umsatzrentabilität und die Kapitalumschlaghäufigkeit zerlegt, ergeben sich die in Übersicht VII-7 dargestellten Kombinationen:

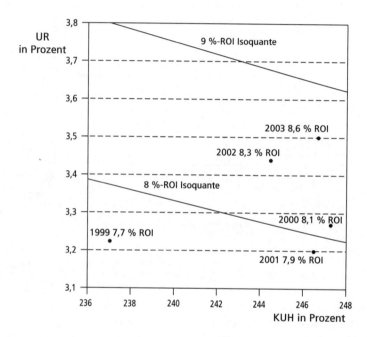

Übersicht VII-7: *Verlauf des ROI des U. S.-Einzelhandelkonzerns Wal-Mart von 1999 bis 2003[33]*

Die Zerlegung des ROI in die Umsatzrentabilität und die Kapitalumschlaghäufigkeit ermöglicht es dem Bilanzanalytiker, die Ursachen für den Anstieg des ROI genauer zu untersuchen. So wird deutlich, dass der starke Anstieg des ROI von 7,6 % auf 8,1 % im Jahr 2000 im Wesentlichen auf der höheren Kapitalumschlaghäufigkeit basiert, während der Anstieg des ROI in den folgenden Jahren auf die steigende Umsatzrentabilität zurückzuführen ist.

---

32 Vgl. im Folgenden WAL-MART STORES INC. (Hrsg.), Geschäftsbericht 2000, S. 26 f.; WAL-MART STORES INC. (Hrsg.), Geschäftsbericht 2001, S. 24 f.; WAL-MART STORES INC. (Hrsg.), Geschäftsbericht 2002, S. 24 f.; WAL-MART STORES INC. (Hrsg.), Geschäftsbericht 2003, S. 30 f.; WAL-MART STORES INC. (Hrsg.), Geschäftsbericht 2004, S. 33 f. Zu beachten ist, dass das Geschäftsjahr bei Wal-Mart jeweils am 31.01. des jeweiligen Folgejahres endet, so dass z. B. das Geschäftsjahr 1999 vom 01.02.1999 bis zum 31.01.2000 reicht.

33 Aufgrund des verwendeten Maßstabes erscheinen die konvex verlaufenden Isoquanten in dieser Abbildung als Geraden.

222. Beispiel zur Interpretation des ROI-Schemas

Anhand des folgenden Beispiels werden die EKR-EKQ-Strategien und der mit ihnen erzielbare ROI veranschaulicht.

Wir verweisen hier aber zusätzlich auf Kap. VI Abschn. 333.3, wo mit Hilfe des später in Abschn. 4 dieses Kapitels dargestellten Bilanzbonitätsratings deutlich gemacht wird, dass es zur Bildung eines ganzheitlichen Urteils nicht genügt, die EKR und die EKQ in einem gesunden Verhältnis zu halten, sondern dass es dem Unternehmer darauf ankommen sollte, die EKR zu maximieren und dabei ein gerade noch akzeptables, maximales Bestandsrisiko für das Unternehmen nicht zu überschreiten.

Im Gegensatz zum Leverage-Effekt, bei dem ein vom Verschuldungsgrad und von der Eigenkapitalquote unabhängiger konstanter Fremdkapitalzinssatz unterstellt wird, wird hier von einer dynamischen Betrachtung mit einem (evtl.) veränderlichen Fremdkapitalzinssatz ausgegangen. Ergänzend wird gezeigt, dass die Rentabilitätskennzahl ROI als Kombination von Eigenkapitalrentabilität und Eigenkapitalquote bereits eine bessere (ganzheitlichere) Beurteilung eines Unternehmens erlaubt als die alleinige Betrachtung der EKR (nach dem Leverage-Theorem).[34]

Bei dem Beispiel gilt für das Unternehmen folgende Ausgangssituation (A):

Ergebnis vor Zinsaufwand:	110.000 €
Ergebnis nach Zinsaufwand:	50.000 €
Eigenkapital:	250.000 €
Fremdkapital:	750.000 € (zu 8 % p. a./variabel)
Gesamtkapital:	1.000.000 €

Ausgangssituation A	$ROI = EKR \cdot EKQ$ $ROI = \dfrac{50.000}{250.000} \cdot \dfrac{250.000}{1.000.000}$ $ROI = 20\,\% \cdot 25\,\% = 5\,\%$

---

34 Beispiel entnommen aus: BAETGE, J., Notwendigkeit und Möglichkeiten der Eigenkapitalstärkung, S. 228-236.

Für eine geplante Erweiterungsinvestition und deren Finanzierung schätzt das Unternehmen folgende Plandaten:

Investitionssumme:	500.000 €	
Fremdkapitalaufnahme:	500.000 €	(zu 8 % p. a./variabel)
Geplantes Gesamtergebnis vor Zinsaufwand:	250.000 €	
Geplantes Gesamtergebnis nach Zinsaufwand:	150.000 €	

Abhängig von dem Grad der Fremdfinanzierung der geplanten Investition und der Entwicklung der wirtschaftlichen Rahmenbedingungen werden im Beispiel folgende Fälle unterschieden:

	„günstige" Entwicklung	„ungünstige" Entwicklung
100 % Fremdfinanzierung	Fall B	Fall C
75 % Fremdfinanzierung	Fall D	Fall E
0 % Fremdfinanzierung	Fall F	Fall G

Bei Realisierung der Investition gemäß der geplanten Größen ergibt sich (B):

Gesamtergebnis vor Zinsaufwand:	250.000 €	
Gesamtergebnis nach Zinsaufwand:	150.000 €	
Eigenkapital:	250.000 €	
Fremdkapital:	1.250.000 €	(zu 8 % p. a./variabel)
Gesamtkapital:	1.500.000 €	

Fall	
B	$ROI = EKR \cdot EKQ$ $ROI = \dfrac{150.000}{250.000} \cdot \dfrac{250.000}{1.500.000}$ $ROI = 60\% \cdot 16,67\% = 10\%$

Tritt aber der Fall ein, dass sich die geplanten Daten aufgrund einer negativen Veränderung der wirtschaftlichen Gegebenheiten nicht realisieren lassen, dann möge das Gesamtergebnis vor Zinsaufwand – z. B. bedingt durch einen Absatzrückgang – nur noch 120.000 € betragen. Zusätzlich wird angenommen, dass auch noch der Fremdkapitalzinssatz in dieser ungünstigen Absatzsituation auf 10 % p. a. ansteigt. Aus dieser Situation resultieren folgende Daten (C):

Ergebnis vor Zinsaufwand:	120.000 €	
Ergebnis nach Zinsaufwand:	– 5.000 €	(nicht auf das Eigenkapital weiterverrechnet)
Eigenkapital:	250.000 €	
Fremdkapital:	1.250.000 €	(zu 10 % p. a./variabel)
Gesamtkapital:	1.500.000 €	

Fall C	$ROI = \quad EKR \quad \cdot \quad EKQ$ $ROI = \dfrac{-5.000}{250.000} \cdot \dfrac{250.000}{1.500.000}$ $ROI = \quad -2\,\% \quad \cdot \quad 16,67\,\% \quad = -0,33\,\%$

In den beiden folgenden Fallvarianten D und E wird unterstellt, dass der Unternehmer die Erweiterungsinvestition von 500.000 € mit 25 % Eigenkapital und nur mit 75 % Fremdkapital finanziert und damit die Eigenkapitalquote der Ausgangssituation beibehält. Für die geplante Investition ergeben sich dann folgende Ausgangsdaten:

Investitionssumme:	500.000 €	
Fremdkapitalaufnahme:	375.000 €	(zu 8 % p. a./variabel)
Eigenkapitalerhöhung:	125.000 €	
Geplantes Gesamtergebnis vor Zinsaufwand:	250.000 €	
Geplantes Gesamtergebnis nach Zinsaufwand:	160.000 €	

Bei einer plankonformen Realisierung der Investition und einem unterstellten Fremdkapitalzinssatz von 8 % p. a. ergeben sich folgende Daten (D):

Gesamtergebnis vor Zinsaufwand:	250.000 €	
Gesamtergebnis nach Zinsaufwand:	160.000 €	
Eigenkapital:	375.000 €	
Fremdkapital:	1.125.000 €	(zu 8 % p. a./variabel)
Gesamtkapital:	1.500.000 €	

Fall	$ROI = EKR \cdot EKQ$
D	$ROI = \dfrac{160.000}{375.000} \cdot \dfrac{375.000}{1.500.000}$
	$ROI = 42,67\,\% \cdot 25\,\% = 10,67\,\%$

Der Fall D zeigt also einen um 0,66 %-Punkte höheren ROI als der Fall B, wenn auch die EKR 17,33 %-Punkte niedriger ist als im Fall B; die EKQ im Fall D ist indes um 8,33 %-Punkte höher als im Fall B.

Auch der Fall D möge nicht eintreten, sondern eine entsprechende Verschlechterung der wirtschaftlichen Gegebenheiten wie beim Übergang von Fall B auf Fall C tritt ein. Diesmal ergeben sich folgende Wirkungen auf die Ist-Daten (E):

Gesamtergebnis vor Zinsaufwand:	120.000 €	
Gesamtergebnis nach Zinsaufwand:	7.500 €	
Eigenkapital:	375.000 €	
Fremdkapital:	1.125.000 €	(zu 10 % p. a./variabel)
Gesamtkapital:	1.500.000 €	

Fall	$ROI = EKR \cdot EKQ$
E	$ROI = \dfrac{7.500}{375.000} \cdot \dfrac{375.000}{1.500.000}$
	$ROI = 2\,\% \cdot 25\,\% = 0,5\,\%$

Durch die höhere EKQ im Fall E im Vergleich zu Fall C erhält man c. p. einen höheren ROI (0,5 %) als im Fall C (ROI = – 0,33 %). Im EKR/EKQ-Diagramm lassen sich die verschiedenen Fälle folgendermaßen darstellen:

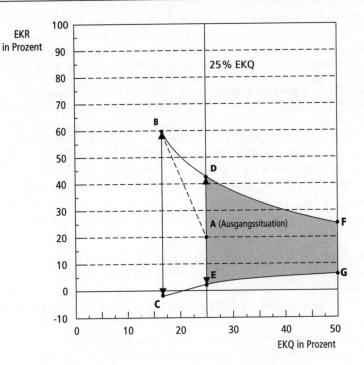

Übersicht VII-8: *Mögliche Konsequenzen einer EKQ-Reduktion*

Punkt A beschreibt die Ausgangssituation des Unternehmens vor Durchführung der geplanten Erweiterungsinvestition. Bei **Punkt B** schafft es das Unternehmen, die geplanten Werte zu realisieren. Der ROI erhöht sich von 5 % auf 10 %, die EKR steigt auf 60 % (vorher 20 %) und die EKQ sinkt von 25 % auf 16,67 %. Der Weg von Punkt A nach Punkt B im EKR-EKQ-Diagramm ist gekennzeichnet durch eine EKR-Dominanz bei akzeptierter EKQ-Reduktion. Verschlechtern sich die wirtschaftlichen Rahmenbedingungen entgegen der Planung und wird nur ein Gesamtergebnis vor Abzug der Fremdkapitalzinsen von 120.000 € erzielt, bei einem gleichzeitigen Anstieg des Fremdkapitalzinssatzes um 2 %-Punkte auf 10 % p. a., dann erzielt das Unternehmen einen Verlust von 5.000 €. Dieser Verlust führt dann zu einem negativen ROI von – 0,33 % und einer negativen EKR von – 2 % (**Punkt C**).

Nach empirischen Analysen[35] haben sich bundesdeutsche Durchschnitts-Unternehmen sowie die Branche des verarbeitenden Gewerbes mit einer EKQ von 25 % bereits als recht bestandsfest erwiesen. Aus Sicht der empirischen Bestandsfestigkeit dieser Branche wäre es dementsprechend wünschenswert gewesen, nur solche höheren EKR

---

35 Vgl. m. w. N. NIEHAUS, H.-J., Früherkennung von Unternehmenskrisen, S. 78; BAETGE, J., Möglichkeiten der Früherkennung negativer Unternehmensentwicklungen, S. 792-799. Vgl. zur empirisch-statistischen Jahresabschlussanalyse in diesem Zusammenhang auch FEIDICKER, M., Kreditwürdigkeitsprüfung; KRAUSE, C., Kreditwürdigkeitsprüfung mit Neuronalen Netzen und HÜLS, D., Früherkennung insolvenzgefährdeter Unternehmen.

und ROI-Niveaus anzustreben, bei denen die zuvor bereits erreichte EKQ von 25 % erhalten geblieben wäre. Das heißt, dass bei Erfüllung dieser 25 %-EKQ-Bedingung ein Streben auf eine höhere ROI-Isoquante im Diagramm bestenfalls vom Punkt A ausgehend senkrecht nach oben hätte führen dürfen (von Punkt A nach Punkt D).

Die anteilige Eigenkapitalfinanzierung der Erweiterungsinvestition bei den **Punkten D und E** in Höhe von 25 % reduziert das Risiko des Unternehmens im Beispiel wesentlich. Mit Punkt D wird sogar – im Vergleich zu Fall B – ein etwas höheres ROI-Niveau von 10,67 % erreicht. Bei der konstant gehaltenen EKQ von 25 % ergibt sich eine EKR von 42,67 % (bei Punkt B 60 %) und ein ROI von 10,67 % (bei Punkt A 5 %). Verschlechtern sich die wirtschaftlichen Gegebenheiten wie zuvor von Punkt B nach Punkt C durch einen Anstieg des Fremdkapitalzinssatzes auf 10 % p. a. und einen Rückgang des Gesamtergebnisses vor Zinsen auf 120.000 €, dann geht bei einer konstanten EKQ von 25 % der ROI nur auf 0,5 % und die EKR auf 2 % zurück (Punkt E).

Der Vergleich der vollständig fremdfinanzierten Zusatzinvestition, die zu einem Rückgang der EKQ auf 16,67 % (Punkte B und C) führt, mit der anteilig eigenfinanzierten Investition bei konstanter EKQ von 25 % (Punkte D und E) zeigt, dass bei der Letzteren die Streuung der EKR erheblich geringer ist (von Punkt D nach Punkt E). Die Gefahr, in die Verlustzone zu geraten, ist nicht so groß wie bei der vollständig fremdfinanzierten Zusatzinvestition. Insofern gewährt eine EKQ von 25 % in dem Fallbeispiel eine höhere Bestandsfestigkeit als eine EKQ von 16,67 %.

Die Übersicht VII-8 zeigt durch den grau unterlegten Chancen-/Risiken-Korridor, wie sich die Chancen bzw. die Risiken bei gleichen externen Bedingungen und unter der Prämisse einer mindestens 25 % EKQ bei Variation der EKQ verändern können. Bei einer EKQ von 50 % – die Investition wird zu 100 % mit Eigenkapital finanziert – sinkt die EKR im Chancen-Fall (**Punkt F**) auf 25,33 %, aber selbst im Risiko-Fall (**Punkt G**) ergibt sich eine positive EKR von 6 %. Die Eigenkapitalquote beeinflusst also entscheidend das mögliche Endergebnis bei der Wahrnehmung einer Leverage-Chance. Eine ganzheitliche Betrachtung des Unternehmens mit der Kennzahl ROI = EKR · EKQ führt also zu einer bestandsfesteren Entscheidung bei der Wahrnehmung von (zusätzlichen) Investitionschancen als eine alleinige Beurteilung einer Investition anhand der Rendite (EKR). Mit steigender Eigenkapitalquote verringert sich für den Unternehmer die Gefahr des nachträglich eintretenden Leverage-Risikos, allerdings zu Lasten der A-priori-Leverage-Chance höherer Renditen. Dieser Einfluss einer steigenden Eigenkapitalquote auf die Chancen und Risiken des Unternehmens zeigt sich in der Übersicht in der von Punkt C nach Punkt E flacher verlaufenden Kurve (Leverage-Risiko) und in der von Punkt B nach Punkt D steiler verlaufenden Kurve (Leverage-Chance). Gleichzeitig zeigt der senkrechte Abstand zwischen den Punkten B und C, wie die EKR dramatisch „abstürzen" kann, wenn die EKQ zu klein ist; der senkrechte Abstand zwischen D und E zeigt dagegen, dass der „Absturz" der EKR moderater ausfällt, wenn die EKQ höher ist. Der schraffierte Korridor rechts von der Strecke DAE zeigt, dass die „Absturzmöglichkeiten" für die EKR unter sonst gleichen Investitionsbedingungen abnehmen, wenn eine größere EKQ bei der Zusatzinvestition realisiert werden kann.

Die Beobachtung, dass die EKR für das optimistische Szenario (B bzw. D) für zunehmende EKQ stärker abnimmt, als sie im pessimistischen Szenario (C bzw. E) zunimmt, zeigt, dass die Chance bei einer positiven wirtschaftlichen Entwicklung durch eine Erhöhung der EKQ schneller schrumpft, als die Sicherheit gegenüber einer negativen Entwicklung zunimmt. Demnach scheint – zumindest im vorliegenden Investitionsbeispiel – bei 25 % EKQ eine gute Relation von Chance und Risiko gewahrt zu sein.[36]

23 Das RL-Kennzahlensystem

Das Rentabilitäts-Liquiditäts-Kennzahlensystem (RL-Kennzahlensystem) wurde von REICHMANN und LACHNIT als Ordnungssystem entwickelt. Das RL-Kennzahlensystem besteht aus zwei Teilen, dem Rentabilitätsteil mit der zentralen Größe „Jahresüberschuss/Jahresfehlbetrag" und dem Liquiditätsteil mit der zentralen Größe „liquide Mittel".[37] Diese Spitzenkennzahlen werden sachlogisch weiter aufgefächert.

Für externe Adressaten steht das RL-Kennzahlensystem als RL-Jahresabschluss-Kennzahlensystem in modifizierter Form mit den Spitzenkennzahlen „ordentliches Ergebnis" und „liquide Mittel" zur Verfügung.[38]

Mit Hilfe des RL-Jahresabschluss-Kennzahlensystems sollen Aussagen über die Lage des Unternehmens im Zeit-, Konkurrenten- und Branchenvergleich ermöglicht werden, ohne von einer rechentechnischen Beziehung der verglichenen Größen, wie sie im DuPont-Kennzahlensystem (ROI-Kennzahlensystem) vorliegt, abhängig zu sein. Mit dem RL-System soll kein zusammengefasstes Gesamturteil über das Unternehmen abgegeben werden.

Eine vereinfachte Darstellung des RL-Jahresabschluss-Kennzahlensystems zeigt Übersicht VII-9:

---

36 Vgl. aber auch Kap. VI Abschn. 333.3 zur Bildung eines ganzheitlichen Urteils bei dem Versuch der Wahrnehmung einer Leverage-Chance.

37 Vgl. REICHMANN, T., Controlling mit Kennzahlen und Managementberichten, S.32-37.

38 Vgl. REICHMANN, T., Controlling mit Kennzahlen und Managementberichten, S. 72-76, MEYER, C., Betriebswirtschaftliche Kennzahlen und Kennzahlen-Systeme, S. 117-122.

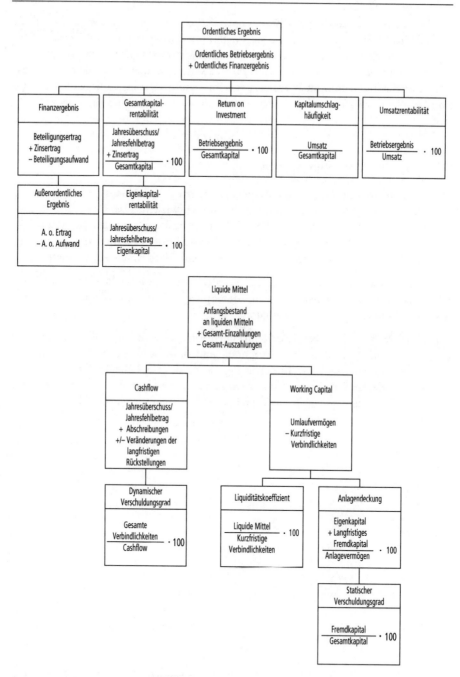

Übersicht VII-9: *Das RL-Jahresabschluss-Kennzahlensystem*[39]

---

39   Vgl. REICHMANN, T., Controlling mit Kennzahlen und Managementberichten, S. 72-76.

24 Ein Kennzahlensystem auf der Basis empirisch-statistischer Bilanzforschung

Ein Kennzahlensystem mit Kennzahlen, die empirisch ermittelt und besonders zur Früherkennung von Unternehmenskrisen geeignet sind, ist von BAETGE entwickelt worden.[40]

Bei einer Untersuchung, die von der Bayerischen Vereinsbank zusammen mit dem Institut für Revisionswesen der Westfälischen Wilhelms-Universität Münster durchgeführt wurde, konnte mit Hilfe des statistischen Verfahrens der Multivariaten Diskriminanzanalyse eine lineare Diskriminanzfunktion entwickelt werden, die kranke Unternehmen von gesunden Unternehmen mittels vier Kennzahlen trennt. Dabei konnten 82 % bis 86 % aller später kranken Unternehmen bereits drei Jahre vor der Bestandsgefährdung als solche identifiziert werden, während nur 6,75 % bis 9 % der später kranken Unternehmen fälschlich als „gesund" beurteilt wurden. Dabei wurde allerdings für 25 % der Unternehmen kein Urteil festgelegt (Graubereich).[41]

Zwei der Kennzahlen, die sich als besonders trennfähig erwiesen haben, sind eine Bilanzpolitik neutralisierende Eigenkapitalquote und eine Variante der Cashflow-Eigenkapitalrentabilität:[42]

$$\text{Eigenkapitalquote} = \frac{\text{Eigenkapital}}{\text{Gesamtkapital} - \text{flüssige Mittel} - \text{Immobilien}}$$

$$\text{Cashflow-Eigenkapitalrentabilität} = \frac{\text{Cashflow I}}{\text{Eigenkapital}}$$

Der Cashflow I ist dabei wie folgt definiert:[43]

	Betriebsergebnis
±	Normalabschreibungen (+)/Zuschreibungen (–)
±	Zuführungen zu (+)/Auflösung von (–) Pensionsrückstellungen
=	Cashflow I

---

40 Vgl. dazu ausführlich BAETGE, J., Ergebnisse der empirischen Bilanzforschung, S. 52-71.

41 Vgl. BAETGE, J., Ergebnisse der empirischen Bilanzforschung, S. 63. Vgl. ausführlich zur Diskriminanzanalyse Abschn. 41 in diesem Kapitel sowie NIEHAUS, H.-J., Früherkennung von Unternehmenskrisen.

42 Vgl. BAETGE, J., Ergebnisse der empirischen Bilanzforschung, S. 61 f.; NIEHAUS, H.-J., Früherkennung von Unternehmenskrisen, S. 104 f.

43 Die Cashflow-Varianten I und II, die für diese Untersuchung ausgewählt wurden, stimmen nicht mit den Cashflow-Varianten 1 und 2 überein, die für das BP-14 ausgewählt wurden. Zur Definition der BP-14-Cashflows vgl. Abschn. 432.1 in diesem Kapitel.

In den ermittelten Kennzahlen werden die von jeder Unternehmensleitung zu verfolgenden Ziele „Geld verdienen" und „Verdienstquelle sichern" deutlich. Als Indikator für die Ertragskraft des Unternehmens dient dabei die Variante der Cashflow I-Rentabilität, während sich die Sicherung der Verdienstquelle in der modifizierten Eigenkapitalquote ausdrückt. Diese empirisch ermittelten Kennzahlen zeigen eine gewisse Unempfindlichkeit gegenüber bilanzpolitischen Maßnahmen. So sind durch den Abzug der Immobilien vom Gesamtkapital Unternehmen, die Sale-and-lease-back anwenden, mit anderen Unternehmen, die kein Sale-and-lease-back anwenden, weitgehend vergleichbar. Und mit einem Cashflow als Erfolgsindikator werden die für Bilanzpolitik anfälligen Abschreibungen bzw. Zuschreibungen und Rückstellungsänderungen eliminiert.

Durch eine multiplikative Verknüpfung der beiden Kennzahlen erhält der Bilanzanalytiker eine Art ROI, aus dem durch weitere rechentechnische Aufspaltung eine Art Kapitalrückflussquote als Indikator für die Liquidität des Unternehmens ermittelt werden kann. Übersicht VII-10 zeigt ein von BAETGE entwickeltes Kennzahlensystem, das auf den beschriebenen, empirisch ermittelten Kennzahlen basiert:

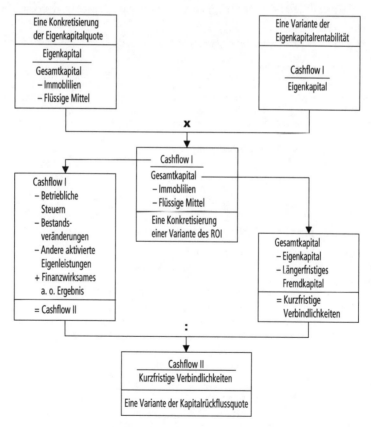

Übersicht VII-10: *Ein Kennzahlensystem auf der Basis empirischer Bilanzforschung*[44]

Bei dem hier vorgestellten Kennzahlensystem ist bewusst keine Gewichtung und auch keine rechnerische Zusammenfassung der Kennzahlen zu einem Gesamturteil vorgenommen worden, obwohl sich die hier verwendeten Kennzahlen bei empirisch-statistischen Analysen als besonders trennfähig erwiesen haben. Insoweit ist die Gesamturteilsbildung dem Bilanzanalytiker überlassen und damit subjektiv.

25 Würdigung der traditionellen Kennzahlensysteme

Der Vorteil von Kennzahlensystemen des Typs Ordnungssystem[45] liegt zum einen in der systematischen Betrachtung von Kennzahlen und den Ursachen ihrer Veränderung, die durch die Analyse mehrerer isolierter Kennzahlen nur schwierig zu erkennen sind. Zum anderen können Unternehmen anhand der Spitzenkennzahl im Zeit- und Betriebsvergleich beurteilt werden. Bei einem Teil der Kennzahlensysteme des Typs Rechensystem besteht indes die Gefahr, dass bei bloßer Betrachtung der jeweiligen Spitzenkennzahl komplexe wirtschaftliche Zusammenhänge unter zu hohem Informationsverlust auf einen Wert verdichtet werden. Dabei wird u. U. ein sehr abstraktes Modell des wirtschaftlichen Geschehens eines Unternehmens gebildet, das den Vorteil der Einfachheit und Überschaubarkeit, aber den Nachteil des Informationsverlustes hat. So können Ursachen einer Veränderung der Spitzenkennzahl übersehen werden. Ebenso kann es geschehen, dass mehrere Veränderungen von untergeordneten Kennzahlen zu einer rechentechnischen Kompensation bei der Spitzenkennzahl geführt haben. Anhand dieser Beispiele wird deutlich, dass bei der Anwendung eines jeden Kennzahlensystems, vor allem aber bei Rechensystemen, das sog. **Pyramiden-Konzept** (vgl. Übersicht VII-43) befolgt werden muss, nach dem nicht nur die Spitzenkennzahl betrachtet werden darf, sondern auch die hierarchisch nachfolgenden Kennzahlen genau analysiert werden müssen. Nur so lassen sich bei der Anwendung von Kennzahlensystemen die Nachteile der Betrachtung einzelner Kennzahlen zumindest teilweise aufheben. Durch die systematische Aufgliederung der Spitzenkennzahl sollten die Ursache-Wirkungs-Zusammenhänge zwischen den Kennzahlen auch optisch dargestellt werden. Der durch die Aggregation von Informationen zu einer Spitzenkennzahl entstehende Informationsverlust wird durch die Aufgliederungsmöglichkeit in der Pyramide (fragengeleitetes Vorgehen[46]) aufgehoben. Die Ursache-Wirkungs-Zusammenhänge zwischen den Kennzahlen werden dem Bilanzanalytiker sofort ersichtlich, und er kann etwa in dem oben vorgestellten einfachen Kennzahlensystem in Übersicht VII-1 mit einem Blick erkennen, dass die Steigerung der Spitzenkennzahl ROI (von 5 % auf 6 %) auf die Veränderung der Kapitalumschlaghäufigkeit zurückzuführen ist.

---

44 Vgl. BAETGE, J., Ergebnisse der empirischen Bilanzforschung, S. 68.

45 Zu den verschiedenen Typen von Kennzahlensystemen vgl. Abschn. 21 in diesem Kapitel.

46 Vgl. HAUSCHILDT, J., Überlegungen zu einem Diagnosesystem für Unternehmenskrisen, S. 201 f.

Die Grenzen der Aussagefähigkeit von traditionellen Kennzahlensystemen liegen darin, dass in jedem traditionellen Kennzahlensystem lediglich bestimmte Kennzahlen enthalten sind, die zwar in einem sachlogischen oder rechnerischen Zusammenhang stehen, bei denen es aber weder einen theoretischen noch einen empirischen Nachweis dafür gibt, dass mit dem Kennzahlensystem ein hinreichend ganzheitliches und sicheres sowie genaues Urteil über das analysierte Unternehmen erreicht werden kann. Darüber hinaus beschränken sich die meisten traditionellen Kennzahlensysteme auf die Analyse einzelner Teillagen eines Unternehmens. So erlaubt das ROI-Kennzahlensystem ein Urteil über die Ertragskraft anhand der EKR und der UR in Verbindung mit der KUH sowie ein Urteil über die finanzielle Stabilität anhand der EKQ. Allerdings enthält das ROI-Kennzahlensystem z. B. keine Aussage über die für die finanzielle Stabilität äußerst wichtige kurzfristige Fremdkapitalquote. So wäre es katastrophal, wenn das gesamte Fremdkapital kurzfristig rückzahlbar wäre.[47] Darüber findet sich im ROI-Kennzahlensystem aber keine Information. Da für die Beurteilung eines Unternehmens u. a. auch die Solidität seiner Finanzierung relevant ist, darf diese für die Bildung eines Urteils über die Gesamtlage des Unternehmens nicht vernachlässigt werden.[48] Die traditionellen Kennzahlensysteme verstoßen, soweit sich das von uns überblicken lässt, allesamt gegen das Ganzheitlichkeitsprinzip der Bilanzanalyse.

Ferner gibt es bei den auf subjektiven Erfahrungen von Experten begründeten und insofern „gesetzten" Kennzahlensystemen entweder keine objektiven Gewichte, die im richtigen Verhältnis (fehlerminimierend) bestimmen, welchen Beitrag die einzelnen Kennzahlen für die Gesamturteilsfindung liefern, oder die Kennzahlen werden wegen fehlender Gewichtung gleichgewichtet. In anderen Kennzahlen-Systemen werden die Teilurteile nicht auf eine durch Dritte nachvollziehbare Weise zu einem Gesamturteil verdichtet. Das Gesamturteil bleibt in allen diesen Fällen subjektiv.

Die oben aufgeführten Kennzahlensysteme können demnach lediglich den Weg zu einem Gesamturteil für die wirtschaftliche Lage eines Unternehmens **quasi** objektivieren, indem die Regeln zur Bildung des Gesamturteils für jeden Bilanzanalytiker, der das Kennzahlensystem benutzt, festgelegt, d. h. „genormt" werden, ohne dass sich diese Regeln begründen lassen. Jeder Bilanzanalytiker, der eines der vorgestellten Kennzahlensysteme verwendet, wird – wenn er die „Normen" beachtet – zwar zu den gleichen Kennzahlenwerten gelangen, doch bleibt der Mangel, dass kein fehlerminimierendes und insofern objektives Gesamturteil damit abgegeben wird. Außerdem enthält ein Teil der Kennzahlensysteme keine einzelne Spitzenkennzahl, die für ein Gesamturteil herangezogen werden könnte. Das gilt für das RL-System und das von BAETGE empirisch gewonnene Kennzahlensystem. Der andere Teil der Systeme, die eine Spitzenkennzahl berechnen, liefert keinen objektiven Bezugsrahmen für die Interpretation dieser Spitzenkennzahl. Das gilt z. B. für das ROI-Schema. So kann ein

---

47   Beim Philipp Holzmann Konzern ist 1995 ein Großteil der Verbindlichkeiten kurzfristiger Natur, vgl. PHILIPP HOLZMANN AG (Hrsg.), Geschäftsbericht 1995, S. 67.

48   Vgl. BAETGE, J., Ergebnisse der empirischen Bilanzforschung, S. 65; vgl. auch Kap. VI Abschn. 333.3.

ROI von 5 % ein guter Wert sein, der auf ein leistungsstarkes Unternehmen hindeutet, weil dieser Wert deutlich über dem Branchendurchschnitt von 1 % liegt. Er kann aber auch ein Indiz für den Niedergang eines Unternehmens sein, da die Konkurrenz dieses Unternehmens einen ROI von 20 % bis 30 % erzielt. Die Wertung der Ausprägung der Spitzenkennzahl bzw. der Kennzahlen eines Kennzahlensystems im Hinblick auf die Zielsetzung des Bilanzanalytikers muss demnach von diesem außerhalb des Systems vorgenommen werden.[49] Festzuhalten bleibt, dass Gesamturteile auf der Basis traditioneller Kennzahlensysteme immer subjektiv oder bestenfalls quasi-objektiv im Sinne von intersubjektiv nachprüfbar sind.

Da traditionelle Kennzahlensysteme betriebswirtschaftliche Zusammenhänge für ein bestimmtes Unternehmen transparent machen, können sie indes eine wertvolle Unterstützung bei der Bildung des Gesamturteils sein. Im Hinblick auf eine konkrete Fragestellung der Analyse, z. B. die Beurteilung der Kreditwürdigkeit, sollten die Kennzahlensysteme allerdings in jedem Fall entweder mindestens durch ein Scoring-Modell oder besser noch durch ein Verfahren zur objektiven, auf das Analyseziel hin ausgelegten Gesamturteilsbildung ergänzt bzw. ersetzt werden.

26 Zusammenfassendes Gesamturteil über die wirtschaftliche Lage des Philipp Holzmann Konzerns

Um ein Gesamturteil über die wirtschaftliche Lage des Philipp Holzmann Konzerns zu ermitteln, muss der Bilanzanalytiker die Teilurteile über die Vermögens-, Finanz- und Erfolgslage zu einem Gesamturteil aggregieren.

Über die Finanzierungssituation des Philipp Holzmann Konzerns lässt sich nach der Kennzahlenanalyse zusammenfassend festhalten, dass die längerfristige Finanzierungssituation 1995 als kritisch einzustufen ist. Die Kennzahlen liegen auf einem sehr schlechten Niveau, was vor allem durch den Branchenvergleich zum Ausdruck kommt.

Auch bez. der Liquiditätssituation lässt sich festhalten, dass die merkliche Verschlechterung im Geschäftsjahr 1995 zu einer als angespannt zu bezeichnenden Liquiditätssituation führt. Vor dem Hintergrund der erheblichen Ertragsschwäche des Konzerns erscheint die kurzfristige Sicherstellung der Zahlungsfähigkeit des Konzerns in höchstem Maße gefährdet.

Die Erfolgsquellenanalyse macht deutlich, dass die Erfolgslage des Philipp Holzmann Konzerns 1995 durch hohe Verluste im Rahmen der ordentlichen Geschäftstätigkeit geprägt ist und daher als sehr angespannt anzusehen ist. Der hohe Verlust deutet auf eine fundamentale und vermutlich nachhaltige Ertragsschwäche und eine merkliche Bestandsgefährdung hin.

---

49   Vgl. Küting, K./Weber, C.-P., Die Bilanzanalyse, S. 37.

Auch die Beurteilung der Rentabilität des Philipp Holzmann Konzerns verdeutlicht, dass sich die Erfolgslage des Philipp Holzmann Konzerns im Geschäftsjahr 1995 im Vergleich zur gerade noch befriedigenden Situation des Geschäftsjahres 1994 deutlich verschlechtert hat. Da die Werte der Rentabilitätskennzahlen negativ sind und deutlich unter dem Branchendurchschnitt liegen, muss festgehalten werden, dass der Konzern unter einer erheblichen Ertragsschwäche leidet.

Die Kennzahlenanalyse für die Jahre 1994 und 1995 lässt insgesamt offensichtlich werden, dass sich die wirtschaftliche Lage des Philipp Holzmann Konzerns im Geschäftsjahr 1995 im Vergleich zu 1994 sowie im Vergleich zur Baubranche ganz erheblich verschlechtert hat. Die Kennzahlen signalisieren eine deutliche Bestandsschwächung. Diese Entwicklung ist vor allem durch ertragswirtschaftliche Schwächen verursacht, die das Sicherungspotential des Unternehmens bereits merklich reduziert haben. Daneben ist die wirtschaftliche Lage durch eine angespannte Liquiditätssituation gekennzeichnet.

3 Quasi-objektive Gesamturteilsbildung mit Scoring-Modellen

31 Die Konzeption quasi-objektiver Verfahren

Mit Scoring-Modellen, die auch als Nutzwertanalysen oder Punktbewertungsmodelle bezeichnet werden,[50] soll eine Menge von (Handlungs-)Alternativen bewertet werden.[51] Mit einem Scoring-Modell können mehrere zu beurteilende Objekte in eine Rangfolge gebracht werden, indem den Objekten bzw. den Merkmalen dieser Objekte abhängig von gegebenen Präferenzen Nutzwerte zugeordnet werden.[52] Dieses Verfahren wird vor allem dann angewendet, wenn Alternativen nur durch mehrere zu gewichtende Merkmale gemeinsam beurteilt werden können.[53] Ein Scoring-Modell zur Unternehmensbeurteilung, in das Jahresabschluss-Kennzahlenwerte eingehen, setzt voraus, dass die Kennzahlen von dem (oder den) Ersteller(n) des Scoring-Modells, meist von einer Expertengruppe, auf der Basis von Erfahrungen vorab ausgewählt und gewichtet werden. Mit dem Scoring-Modell selbst kann – anders als mit der Multivariaten Diskriminanzanalyse oder der Künstlichen Neuronalen Netzanalyse[54] – diese Auswahl nicht getroffen werden. Auch die Gewichte, mit denen die Kennzahlen in das Gesamturteil eingehen, müssen bei der Erstellung des Scoring-Modells beispielsweise von einer Expertengruppe oder dem Ersteller des Modells festgelegt werden. Ein Scoring-Modell zur Unternehmensbeurteilung gewährleistet somit lediglich, dass alle mit diesem Modell zu beurteilenden Unternehmen nach den gleichen Krite-

---

50 Vgl. ADAM, D., Planung und Entscheidung, S. 413.
51 Vgl. WEBER, M./KRAHNEN, J./WEBER, A., Scoring-Verfahren, S. 1621.
52 Vgl. ZANGEMEISTER, C., Nutzwertanalyse in der Systemtechnik, S. 45.
53 Vgl. BLOHM, H./LÜDER, K., Investition, S. 177.
54 Vgl. Abschn. 4 in diesem Kapitel.

rien beurteilt werden und das Gesamturteil durch eine gleiche Gewichtung der Kriterien gebildet wird. Eine sachlich objektive Auswahl und Gewichtung der Merkmale sowie eine sachlich objektive Zusammenfassung der gewichteten Merkmale zu einem Gesamturteil wird nicht angestrebt, kann aber auch nicht gewährleistet werden. Die Gesamtbeurteilung eines Unternehmens mit einem Scoring-Modell und der Weg zu diesem Gesamturteil sind daher nur quasi-objektiviert. Das Urteil und die Verdichtung der einzelnen Informationen sind zwar intersubjektiv nachprüfbar, aber das Ergebnis des Scoring-Modells ist nicht objektiv richtig, da die Beurteilung auf der subjektiven Auswahl und Gewichtung der Merkmale durch den bzw. die Modellentwickler beruht.[55] Denn es ist weder gewährleistet, dass in die Bildung eines Gesamturteils über ein Unternehmen mit Hilfe eines auf Jahresabschlusskennzahlen basierenden Scoring-Modells alle relevanten Kennzahlen i. S. d. Ganzheitlichkeitsprinzips[56] eingehen, noch ist gewährleistet, dass die ausgewählten Kennzahlen fehlerminimierend gewichtet werden. Bei korrekter Anwendung ermöglicht ein Scoring-Modell aber zumindest, dass vergleichbare Beurteilungen vorgenommen werden können.[57] Im Folgenden wird die grundsätzliche Vorgehensweise bei der Entwicklung eines Scoring-Modells erläutert.

Ein Scoring-Modell wird in den folgenden sechs Schritten entwickelt und angewendet:[58]

(1) Auswahl der Merkmale zur Beurteilung der Unternehmen,

(2) Gewichtung der Merkmale,

(3) Bestimmung der Merkmalsausprägungen,

(4) Bestimmung der Teilurteile (Teilnutzen), d. h. Bewertung der Ausprägungen,

(5) Ermittlung des Gesamturteils (Gesamtnutzens) eines Unternehmens sowie

(6) vergleichende Beurteilung von Unternehmen.

Ad (1) Auswahl der Merkmale zur Beurteilung der Unternehmen

Mit den Merkmalen bzw. den Kriterien sollen die verschiedenen Unternehmen beurteilt werden. Für die Beurteilung der Unternehmen sind Merkmale heranzuziehen, die Rückschlüsse auf die wirtschaftliche Lage eines Unternehmens erlauben. Solche Merkmale können z. B. Jahresabschlusskennzahlen, aber auch qualitative Teilurteile über die Qualifikation des Managements, die Branchenkonjunktur und die Abhängigkeit von Kunden sein. Für jedes der gewählten Merkmale sollte eine Maßskala angegeben werden (nominal, ordinal oder kardinal (d. h. intervall- oder verhältnisskaliert)), mit der die Ausprägungen des jeweiligen Merkmals gemessen werden können.[59]

---

55 Vgl. WEBER, M./KRAHNEN, J./WEBER, A., Scoring-Verfahren, S. 1621.

56 Vgl. zum Ganzheitlichkeitsprinzip Kap. I Abschn. 46 und 54.

57 Vgl. WEBER, M./KRAHNEN, J./WEBER, A., Scoring-Verfahren, S. 1621.

58 Vgl. ZANGEMEISTER, C., Nutzwertanalyse von Projektalternativen, S. 164 f.; BLOHM, H./LÜDER, K., Investition, S. 177; ADAM, D., Planung und Entscheidung, S. 413.

59 Vgl. BLOHM, H./LÜDER, K., Investition, S. 178.

Die Merkmale können hierarchisch angeordnet sein.[60] Zum Beispiel könnten bei der Beurteilung der Unternehmensbonität die Oberkriterien Management, Bilanzbonität, Markt und Branche mit jeweils mehreren Unterkriterien definiert werden. Bei der Bilanzbonität wären als Unterkriterien beispielsweise verschiedene Kennzahlen der Vermögens-, Finanz- und Erfolgslage heranzuziehen.

Die Merkmale müssen unabhängig voneinander sein, d. h., die Ausprägung eines Merkmals darf nicht von der Ausprägung eines anderen Merkmals abhängen. Dies wird bei komplexen Problemen in der Realität indes oft nicht vollständig zu erreichen sein.[61] Zum Beispiel hat die Qualität des Managements auch Auswirkungen auf die bilanzielle Lage des Unternehmens; umgekehrt beeinflusst die bilanzielle Lage des Unternehmens auch die Beurteilung der Qualität des Managements.

Ad (2)   Gewichtung der Merkmale

Da die Merkmale nach der Einschätzung des Beurteilenden jeweils einen unterschiedlichen Einfluss auf die Gesamtbeurteilung haben können, müssen sie gewichtet werden. Der Beurteilende bzw. die das Scoring-Modell aufstellende Expertengruppe gewichtet die Merkmale auf der Grundlage der subjektiven Einschätzung oder Erfahrung. Formal werden die Merkmale mit Hilfe von Skalierungsverfahren gewichtet.[62] Ein mögliches Verfahren ist dabei die indirekte Intervallskalierung, bei der den Merkmalen zunächst Rangziffern zugewiesen werden. Das nach Meinung des Beurteilenden wichtigste Merkmal bekommt die Rangziffer 1, das zweitwichtigste die Rangziffer 2 usw., bis allen Merkmalen eine Rangziffer zugewiesen wurde. Diese ordinale Skalierung wird dann in eine Intervallskala transformiert. Sind für den Beurteilenden die Unterschiede in der Gewichtung zwischen aufeinander folgenden Merkmalen gleich, können die Gewichte durch die Funktion

$$g_i = n + 1 - r_i \qquad (i = 1,...,n)$$

Legende:

g_i	≙	Gewichte der Merkmale
r_i	≙	Rangziffer
n	≙	Zahl der Merkmale

berechnet werden. Anschließend werden die Gewichte auf 1 oder 100 normiert.[63]

---

60   Vgl. ZANGEMEISTER, C., Nutzwertanalyse von Projektalternativen, S. 164; ADAM, D., Planung und Entscheidung, S. 414 f.

61   Vgl. ZANGEMEISTER, C., Nutzwertanalyse von Projektalternativen, S. 163; SCHNEEWEISS, C., Nutzwertanalyse, S. 14; ADAM, D., Planung und Entscheidung, S. 414-415.

62   Vgl. zu Skalierungsverfahren BLOHM, H./LÜDER, K., Investition, S. 180-183; ADAM, D., Planung und Entscheidung, S. 416-418.

63   Vgl. BLOHM, H./LÜDER, K., Investition, S. 180 f.

Ad (3)   Bestimmung der Merkmalsausprägungen

Die Ausprägung eines Merkmals kann nominal, ordinal oder kardinal skaliert sein. Auch wenn eine kardinale Skalierung bei möglichst vielen Merkmalen wünschenswert ist, so können doch bei nicht quantitativen Daten, wie bei der Managementqualität, nur ordinale oder nominale Skalierungen angewendet werden. Bei ordinaler und nominaler Skalierung müssen Klassen von Ausprägungen definiert werden.[64] Für das Kriterium „persönliche Eignung des Managements" als mögliches Unterkriterium zur Managementqualität könnten z. B. die Klassen „ausgezeichnet", „gut", „mittelmäßig" und „schlecht" gebildet werden.

Ad (4)   Bestimmung der Teilurteile (Teilnutzen), d. h. Bewertung der Ausprägungen

Die Ausprägungen der Merkmale müssen von einem Bewerter einzeln bewertet werden. Dazu werden den Merkmalsausprägungen von ihm Teilurteile (Teilnutzenwerte) zugeordnet, wobei als Hilfsmittel ein Bewertungsschema dienen kann. In einem solchen Bewertungsschema sind die Ausprägungen der Merkmale in den im Schritt (3) gebildeten Klassen erläutert und jeweils einem bestimmten Intervall von Teilurteilen (Teilnutzenwerten) zugeordnet.[65]

Die Merkmalsausprägungen können auch über eine Funktion in Teilurteile (Teilnutzenwerte) transformiert werden. Auf der Ordinate einer solchen graphisch dargestellten Transformationsfunktion sind die Teilurteile (Teilnutzenwerte) abgetragen, auf der Abszisse die Merkmalsausprägungen. Die Transformationsfunktion kann diskret, stückweise konstant oder stetig sein. Für die diskrete Transformationsfunktion ist nur eine ordinale Skalierung der Ausprägungen der Merkmale notwendig. Jeder Ausprägungsklasse ist dabei ein bestimmtes Teilurteil (ein bestimmter Teilnutzenwert) zugeordnet. Für die stückweise konstante Transformationsfunktion ist eine kardinale Skalierung der Ausprägungen notwendig. Die Ausprägungen werden in Intervalle eingeteilt, für die die Teilurteile (Teilnutzenwerte) konstant bleiben. Auch für die stetige Transformationsfunktion ist eine kardinale Skalierung der Ausprägungen erforderlich. Bei diesem Funktionstyp wird jeder Ausprägung ein anderes Teilurteil (ein anderer Nutzenwert) zugeordnet. Also wird unterstellt, dass der Beurteilende in jeder noch so kleinen Differenz in den Ausprägungen eine Bewertungsänderung (Nutzenveränderung) sieht und diese auch quantifizieren kann.[66]

Ad (5)   Ermittlung des Gesamturteils (Gesamtnutzens) eines Unternehmens

Nachdem die Merkmale aufgestellt, gewichtet und ihre Ausprägungen in Teilurteile bzw. Teilnutzenwerte transformiert wurden, müssen die Teilurteile bzw. die Teilnutzenwerte noch für jedes zu beurteilende Objekt zu einem Gesamturteil (Nutzenwert) zusammengefasst werden. Dies kann geschehen, indem die Teilur-

---

64   Vgl. BLOHM, H./LÜDER, K., Investition, S. 183 f.
65   Vgl. ZANGEMEISTER, C., Nutzwertanalyse von Projektalternativen, S. 165-167. ZANGEMEISTER verwendet statt Teilnutzen den Begriff Zielwert.
66   Vgl. BLOHM, H./LÜDER, K., Investition, S. 185-187.

teile bzw. Teilnutzenwerte mit den Gewichten für die Merkmale multipliziert und dann additiv verknüpft werden. Voraussetzung für eine additive Verknüpfung der gewichteten Merkmale ist, dass die Teilurteile bzw. Teilnutzen anhand einer einheitlichen Kardinalskala gemessen werden.[67] Sofern die Merkmalsgewichte so normiert wurden, dass sie sich zu eins ergänzen und z. B. die Urteilsskala bzw. die Nutzenskala von null bis zehn reicht, kann ein Gesamturteil bzw. ein Nutzenwert von 8,25 so interpretiert werden, dass dieses Objekt 82,5 % des maximal möglichen Gesamturteils bzw. Nutzwertes erreicht hat. Auch kann aufgrund der metrischen Skalierung angegeben werden, um wie viel Prozent ein Objekt besser oder schlechter als ein anderes ist.[68] Ob diese numerische Relation indes die tatsächliche Relation, in der zwei Unternehmen zueinander stehen, repräsentiert, ist davon abhängig, ob die empirische Eigenschaft, die gemessen werden soll, tatsächlich mindestens auf Intervallskallenniveau gemessen werden kann.[69]

Ad (6)   Vergleichende Beurteilung von Unternehmen

Mit dem ermittelten Gesamturteilswert bzw. dem ermittelten Nutzenwert können alle zu beurteilenden Objekte, z. B. Unternehmen bei der Bonitätsprüfung, in eine widerspruchsfreie Rangfolge gebracht werden. Ab welchem Gesamturteilswert bzw. Gesamtnutzenwert (sog. Cut-off) ein Unternehmen nicht mehr als kreditwürdig beurteilt wird, kann vom Entscheider subjektiv aufgrund seiner Erfahrung festgelegt werden.

Im folgenden Abschn. 32 wird ein in der Praxis angewandtes Scoring-Modell zur Beurteilung von Unternehmen vorgestellt. In der Kreditwirtschaft verwendete Scoring-Modelle zur Beurteilung der Kreditwürdigkeit von Firmenkunden sind leider nicht in allen Details publiziert worden, so dass sich deren Beschreibung hier erübrigt. Allerdings steht der im Folgenden dargestellte Scoring-Ansatz für das Grundprinzip solcher Modelle.

32   Das Saarbrücker Modell

321. Überblick

Mit dem Saarbrücker Modell von KÜTING wurden 1993 erstmals 150 Konzernabschlüsse beurteilt und die Ergebnisse im „Blick durch die Wirtschaft" veröffentlicht. Ausgangspunkt für den Ansatz des Saarbrücker Modells ist die oft geäußerte Kritik an der auf Jahresabschlusskennzahlen basierenden Bilanzanalyse, dass die Zahlen des Jahresabschlusses vielfältigen bilanzpolitischen Einflüssen unterliegen. Durch diverse Wahlrechte und Ermessensspielräume hat der Bilanzierende die Möglichkeit, be-

---

67   Vgl. SCHNEEWEISS, C., Nutzwertanalyse, S. 15; BAMBERG, G./COENENBERG, A. G., Betriebswirtschaftliche Entscheidungslehre, S. 55 f.

68   Vgl. BLOHM, H./LÜDER, K., Investition, S. 188 f.

69   Vgl. zur Messtheorie allgemein ORTH, B., Theorie des Messens; für eine Untersuchung, ob sich die Bestandsgefährdung von Unternehmen als Wahrscheinlichkeit messen lässt, vgl. JERSCHENSKY, A., Messung des Bonitätsrisikos, S. 51-63.

stimmte Jahresabschlusspositionen und somit bestimmte Kennzahlen nach seinen Wünschen zu beeinflussen, so dass die Lage des Unternehmens besser (z. B. um eine Krise zu verschleiern) oder schlechter (z. B. um geringere Dividenden zahlen oder geringere Lohnerhöhungen gewähren zu müssen) dargestellt wird, als sie tatsächlich ist.[70] Mit dem Saarbrücker Modell wird versucht, die von einem Unternehmen vorgenommene Bilanzpolitik in die Beurteilung dieses Unternehmens einzubeziehen. Dazu wird die traditionelle Kennzahlenrechnung (quantitative Bilanzanalyse) ergänzt um eine Analyse des Anhangs mit dem Ziel, Hinweise auf bilanzpolitische Maßnahmen zu finden (qualitative Bilanzanalyse).[71]

322. Quantitative Bilanzanalyse des Saarbrücker Modells

Mit dem ersten Teil des Saarbrücker Modells, der quantitativen Bilanzanalyse, wird die Ertragsstärke eines Unternehmens auf der Basis von Kennzahlen beurteilt. Dazu werden die Ausprägungen der folgenden vier Kennzahlen zu einem Wert verdichtet.[72]

$$
\text{Eigenkapitalquote (EKQ)} = \frac{\text{Korrigiertes Eigenkapital}}{\text{Korrigiertes Gesamtkapital}}
$$

$$
\text{Return on Investment (ROI)} = \frac{\text{Korrigierter Jahresüberschuss}}{\text{Korrigiertes Gesamtkapital}}
$$

$$
\text{Cashflow zu Umsatz (CFU)} = \frac{\text{Cashflow}}{\text{Nettoumsatzerlöse}}
$$

$$
\text{Cashflow zu Gesamtkapital (CFK)} = \frac{\text{Cashflow}}{\text{Korrigiertes Gesamtkapital}}
$$

Übersicht VII-11: *Kennzahlen des Saarbrücker Modells*

Die Kennzahlenbestandteile sind wie folgt definiert:[73]

---

70 Vgl. KÜTING, K./WEBER, C.-P., Die Bilanzanalyse, S. 395-398.

71 Vgl. KÜTING, K./WEBER, C.-P., Die Bilanzanalyse, S. 400 und S. 414. Zu einer empirischen Erhebung der Qualität der Anhangberichterstattung vgl. die Monographie von ARMELOH, K.-H., Die Berichterstattung im Anhang; BAETGE, J./ARMELOH, K.-H./SCHULZE, D., Anforderungen an die Geschäftsberichterstattung, S. 176-180; BAETGE, J./ARMELOH, K.-H./SCHULZE, D., Empirische Befunde über die Qualität der Geschäftsberichterstattung, S. 212-219; BAETGE, J./BRÖTZMANN, I., Geschäftsberichterstattung, S. 9-39.

72 Vgl. KÜTING, K./WEBER, C.-P., Die Bilanzanalyse, S. 415 und S. 417. Die Kennzahlenbezeichnungen dieses und der im Folgenden noch vorgestellten Rating-Systeme werden von den Autoren übernommen.

73 Vgl. KÜTING, K./WEBER, C.-P., Die Bilanzanalyse, S. 416.

Eigenkapital laut Bilanz
− Ausstehende Einlagen auf das gezeichnete Kapital
+ 60 % des Sonderpostens mit Rücklageanteil
− Dividendenausschüttung des Mutterunternehmens
− Restbuchwerte aktivierter Geschäfts- oder Firmenwerte
− Nicht gedeckte Pensionsverpflichtungen
= Korrigiertes Eigenkapital

Übersicht VII-12: *Korrigiertes Eigenkapital des Saarbrücker Modells*

Bilanzsumme
− Ausstehende Einlagen auf das gezeichnete Kapital
+ Offen von den Vorräten abgesetzte erhaltene Anzahlungen
− Restbuchwerte aktivierter Geschäfts- oder Firmenwerte
= Korrigiertes Gesamtkapital

Übersicht VII-13: *Korrigiertes Gesamtkapital des Saarbrücker Modells*

Jahresüberschuss vor Steuern vom Einkommen und Ertrag
+ Außerordentliche Aufwendungen
− Außerordentliche Erträge
+ Fremdkapitalzinsen
+ Abschreibungen des Geschäftsjahres auf Geschäfts- oder Firmenwerte
= Korrigierter Jahresüberschuss

Übersicht VII-14: *Korrigierter Jahresüberschuss des Saarbrücker Modells*

Jahresüberschuss vor Steuern vom Einkommen und Ertrag
− Außerordentliche Erträge
+ Außerordentliche Aufwendungen
+ Abschreibungen des Geschäftsjahres
− Zuschreibungen des Geschäftsjahres
± Veränderungen des Sonderpostens mit Rücklageanteil
± Veränderungen der Rückstellungen für Pensionen und ähnliche Verpflichtungen
= Cashflow

Übersicht VII-15: *Cashflow des Saarbrücker Modells*

Die Aggregation zu einem Gesamtwert erfolgt mit Hilfe der Scoring-Methode. Dazu wurden die Ausprägungen jeder der vier Kennzahlen in mehrere Intervalle oder Klassen aufgeteilt.[74] Jedem Intervall ist ein bestimmter Punktwert zugewiesen. Die Wahl der Punktwerte begründen KÜTING/WEBER mit langjährigen Erfahrungen.[75]

---

74 Vgl. KÜTING, K., Die Ertragsstarken bilanzieren eher konservativ, S. 7; KÜTING, K., Gute Bilanzen, S. 7; KÜTING, K./WEBER, C.-P., Die Bilanzanalyse, S. 417; zur Erläuterung von Verfahren zur Bestimmung der Teilnutzenwerte vgl. den vierten Schritt des Scoring-Modells in Abschn. 31 in diesem Kapitel.

75 Vgl. KÜTING, K./WEBER, C.-P., Die Bilanzanalyse, S. 417.

EKQ in %		ROI in %		CFU in %		CFK in %		Punkt-zahl
	≤ 0		≤ 0		≤ 0		≤ 0	0
> 0	≤ 8	> 0	≤ 2	> 0	≤ 4	> 0	≤ 4	25
> 8	≤ 15	> 2	≤ 4,5	> 4	≤ 6,5	> 4	≤ 8	50
> 15	≤ 22	> 4,5	≤ 6	> 6,5	≤ 8,5	> 8	≤ 10	75
> 22	≤ 28	> 6	≤ 8	> 8,5	≤ 10,5	> 10	≤ 12	100
> 28	≤ 37	> 8	≤ 11	> 10,5	≤ 13	> 12	≤ 14	125
> 37	≤ 45	> 11	≤ 14	> 13	≤ 17	> 14	≤ 16	150
> 45	≤ 55	> 14	≤ 17	> 17	≤ 21	> 16	≤ 19,5	175
> 55	≤ 70	> 17	≤ 20	> 21	≤ 30	> 19,5	≤ 23	200
> 70	≤ 85	> 20	≤ 27	> 30	≤ 48	> 23	≤ 28	225
> 85		> 27		> 48		> 28		250

Übersicht VII-16: *Intervalle und Punkte des Saarbrücker Modells*[76]

Für jede der vier Kennzahlen beträgt die niedrigste Punktzahl null und die höchste Punktzahl 250. Die Punktwerte der Intervalle, in die die vier Kennzahlenwerte eines zu beurteilenden Unternehmens fallen, werden zu einem Gesamtpunktwert addiert, wobei jede Kennzahl das gleiche Gewicht erhält. Maximal kann ein Unternehmen also 1.000 Punkte erreichen. Anhand des Gesamtpunktwertes wird die Ertragsstärke eines Unternehmens beurteilt. Die Ertragsstärke ist in fünf Klassen eingeteilt:[77]

Gesamtpunktwert (GPW)				Urteil über die Ertragsstärke
800	<	GPW	≤	1.000	außergewöhnlich hoch
600	<	GPW	≤	800	überdurchschnittlich
400	<	GPW	≤	600	durchschnittlich
250	<	GPW	≤	400	unterdurchschnittlich
0	≤	GPW	≤	250	außergewöhnlich gering

Übersicht VII-17: *Klassen der Ertragsstärke*

---

76 Zu den Kennzahlenabkürzungen vgl. Übersicht VII-11.
77 Vgl. KÜTING, K./WEBER, C.-P., Die Bilanzanalyse, S. 417.

323. Qualitative Bilanzanalyse des Saarbrücker Modells

Gegenstand des zweiten Teils des Saarbrücker Modells, der qualitativen Bilanzanalyse, ist die Analyse der Bilanzpolitik. Dabei soll herausgefunden werden, ob ein Unternehmen eher konservativ, also rücklagenbildend, oder eher progressiv, also ergebnisverbessernd, bilanziert. Dahinter steht die Annahme, dass ein Unternehmen in Zeiten, in denen es ihm gut geht, eher konservativ bilanzieren wird, um stille Rücklagen zu bilden. Umgekehrt wird ein Unternehmen in schlechten Zeiten eher eine progressive Bilanzpolitik verfolgen, um seine schlechte Lage durch stille Auflösung stiller Rücklagen zu verbergen. Das heißt, die guten Kennzahlenwerte eines konservativ bilanzierenden guten Unternehmens sind tendenziell noch besser, die schlechten Kennzahlenwerte eines progressiv bilanzierenden schlechten Unternehmens sind tendenziell noch schlechter.[78]

Um eine Aussage über die Richtung der Bilanzpolitik treffen zu können, wird im Saarbrücker Modell zunächst ein Vergleichsmaßstab, die sog. „deutsche Normbilanzierung", aufgestellt. Diese deutsche Normbilanzierung wird aus dem Bilanzierungsverhalten deutscher Unternehmen empirisch ermittelt. Eine Bilanzierungsmaßnahme wird i. d. R. als typisch betrachtet, wenn 75 % der untersuchten Unternehmen diese Maßnahme ergreifen.[79] In Übersicht VII-18 ist das im Saarbrücker Modell identifizierte typische Bilanzierungsverhalten deutscher Unternehmen[80] aufgeführt:

---

78   Vgl. KÜTING, K., Gute Bilanzen, S. 7.

79   Vgl. KÜTING, K., Die Ertragsstarken bilanzieren eher konservativ, S. 7; KÜTING, K., 200 Geschäftsberichte auf dem Prüfstand, S. 62; ENZWEILER, T./FRIESE, U./NITSCHKE, R., 200 Bilanzen im Test, S. 80.

80   Die Aufstellung wurde übernommen aus KÜTING, K./WEBER, C.-P., Die Bilanzanalyse, S. 418.

1.	Ingangsetzungs- und Erweiterungsaufwendungen werden nicht aktiviert.
2.	Ein Geschäfts- oder Firmenwert aus der einzelgesellschaftlichen Rechnungslegung wird sofort als Aufwand gebucht.
3.	Ansatz der Herstellungskosten erfolgt mit der steuerlichen Wertuntergrenze.
4.	Fremdkapitalzinsen werden nicht in die Herstellungskosten einbezogen.
5.	Die Abschreibung auf bewegliche Wirtschaftsgüter des Anlagevermögens wird nach der gebrochenen Abschreibungsmethode vorgenommen (erst geometrisch degressiv, dann linear).
6.	Von der Vereinfachungsregel, wonach von den in der ersten Hälfte des Geschäftsjahres angeschafften beweglichen Wirtschaftsgütern des Anlagevermögens die volle und von den in der zweiten Jahreshälfte angeschafften Gütern die halbe Jahresabschreibung abgesetzt werden darf, wird Gebrauch gemacht.[81]
7.	Es werden weder außerordentlich kurze noch außerordentlich lange Nutzungs- dauern bei der Abschreibungsermittlung zugrunde gelegt.
8.	Steuerliche Sonderabschreibungen übersteigen nicht 15 % der gesamten Jahresabschrei- bung.
9.	Geringwertige Wirtschaftsgüter werden sofort abgeschrieben.
10.	Abschreibungen auf den nahen Zukunftswert werden nicht in Ansatz gebracht.
11.	Verzicht auf Anwendung der Lifo-Methode; allerdings zunehmende Tendenz erkennbar.
12.	Verzicht auf Anwendung der Festbewertung.
13.	Keine Vornahme von Bewertungswechseln im Zeitablauf.
14.	Im Rahmen der Langfristfertigung wird die Completed-Contract-Methode angewendet.
15.	Im Rahmen der einzelgesellschaftlichen Rechnungslegung werden keine aktivischen laten- ten Steuern erfasst.
16.	Pensionsverpflichtungen werden in voller Höhe passiviert.
17.	Der Zinssatz für Pensionsrückstellungen beträgt 6 %.
18.	Es werden keine Aufwandsrückstellungen gemäß § 249 Abs. 2 HGB gebildet.
19.	Volle (einmalige) Verrechnung des Geschäfts- oder Firmenwertes aus der Konsolidierung gegen die Konzernrücklagen.

Übersicht VII-18: Typisches Bilanzierungsverhalten deutscher Unternehmen

---

81 Die Vereinfachungsregel ist indes mit der Veröffentlichung des Haushaltsbegleitgesetzes 2004 vom 29.12.2003 für Veranlagungszeiträume ab 2004 nicht mehr gültig. Vgl. HBeglG 2004, BGBl. 2003 I, S. 3076.

Im Anschluss an die Ermittlung des deutschen Normbilanzierungsverhaltens wurde das bei den untersuchten Unternehmen festgestellte, von der Normbilanzierung abweichende Bilanzierungsverhalten aufgeteilt in Maßnahmen, die eher progressiv, und in Maßnahmen, die eher konservativ zu deuten sind. Daraus wurden zwei Checklisten zur Bilanzierungs- und Bewertungspolitik entwickelt, die als Hilfsmittel dienen, um die Bilanzierungsstrategie identifizieren zu können. Mit diesen Checklisten werden die Auswirkungen der identifizierten Maßnahmen progressiver bzw. konservativer Bilanzpolitik auf den Jahreserfolg generell und im laufenden Jahr durch subjektiv gewichtete Kennzeichnungen dargestellt.[82]

Anhand dieser Checklisten kann ein Vergleich des tatsächlichen Bilanzierungsverhaltens eines Unternehmens mit der deutschen Normbilanzierung vorgenommen werden. Dabei wird ermittelt, ob das Unternehmen „nie", „sehr selten", „selten", „häufiger", „oft" oder „sehr oft" von der Normbilanzierung abweicht. Danach wird analysiert, ob ein konservatives oder ein progressives Bilanzierungsverhalten „ausschließlich", „eindeutig überwiegend" oder „überwiegend" zu beobachten ist oder ob eine bestimmte Bilanzierungsstrategie „nicht eindeutig" festgestellt werden kann.[83]

324. Würdigung des Saarbrücker Modelles

Die erheblichen bilanzpolitischen Möglichkeiten, die deutschen Unternehmen durch Ermessensspielräume und Wahlrechte bei der Bilanzierung eingeräumt werden, machen es notwendig, bilanzpolitische Maßnahmen zu identifizieren und bei der Jahresabschlussanalyse zu berücksichtigen. Da bilanzpolitische Maßnahmen mangels der erforderlichen Angaben im Anhang oft nicht quantifizierbar sind, wird mit dem Saarbrücker Modell versucht, eine Tendenzaussage über die Art der durchgeführten Bilanzpolitik eines Unternehmens (progressiv, konservativ) zu treffen, um daraus schließen zu können, ob das Ergebnis der vorangegangenen Kennzahlenanalyse unverändert herangezogen werden kann oder ob das Unternehmen zu gut oder zu schlecht dargestellt wird.

Die quantitative Analyse des Saarbrücker Modells stützt sich auf die oben dargestellten vier Kennzahlen, die aufgrund langjähriger Erfahrungen ausgewählt wurden. Mit diesen vier Kennzahlen wird ein quasi-objektives Urteil über die Ertragsstärke der Unternehmen abgegeben. Diese vier Kennzahlen geben sicherlich einen zutreffenden Hinweis auf die Ertragsstärke von Unternehmen, dennoch ist ihre Auswahl und Gewichtung erfahrungsgestützt subjektiv und somit nicht optimal, z. B. im Sinne von (α- und β-)fehlerminimierend.[84] Außerdem wäre für eine Unternehmensbeurteilung wünschenswert, wenn auch z. B. die Bestandsfestigkeit beurteilt würde, da nur ein bestandsfestes Unternehmen langfristig Erträge erwirtschaften kann. Mit der Be-

---

82 Vgl. KÜTING, K./WEBER, C.-P., Die Bilanzanalyse, S. 419-422.

83 Vgl. KÜTING, K./WEBER, C.-P., Die Bilanzanalyse, S. 419.

84 Zum α- und β-Fehler bei modernen Verfahren der Bilanzanalyse vgl. Abschn. 41 in diesem Kapitel.

schränkung auf lediglich vier Kennzahlen ist eine umfassende Unternehmensbeurteilung i. S. d. Ganzheitlichkeitsprinzips nicht gewährleistet, aber wohl auch nicht angestrebt, denn nach KÜTING/WEBER wird explizit ein Gesamturteil (lediglich) über die Ertragsstärke angestrebt.[85] Zudem werden die Kennzahlenwerte über Intervalle in Punktwerte umgerechnet, was einen Informationsverlust bedeutet, da unterschiedliche Kennzahlenwerte in einem Intervall zu dem gleichen Punktwert führen.

Die Ergebnisse der qualitativen Bilanzanalyse, d. h. die ermittelten bilanzpolitischen Aktivitäten des analysierten Unternehmens, sollen die Beurteilung der Ertragsstärke des Unternehmens durch die quantitative Bilanzanalyse, d. h. durch die Kennzahlenrechnung, ergänzen. Wünschenswert wäre ein zusammengefasstes Urteil über die Bilanzpolitik aus der qualitativen Bilanzanalyse, das mit dem Ergebnis der quantitativen Analyse zu einem Gesamturteil über die Lage des Unternehmens integriert würde. Eine Zusammenfassung der beiden Analyseergebnisse wird indes nicht vorgenommen, ist aber auch schwierig, da der Einfluss einer in der qualitativen Bilanzanalyse festgestellten Bilanzpolitik auf das Ergebnis der Kennzahlenrechnung quantifiziert werden müsste. Dies könnte durch eine Erweiterung des bisher auf die quantitative Bilanzanalyse beschränkten Scoring-Verfahrens geschehen. Indes sagen KÜTING/WEBER, dass aufgrund der unterschiedlichen Zielsetzungen, die mit bestimmten bilanzpolitischen Maßnahmen verfolgt werden, ein eindeutiger Zusammenhang zwischen einer festgestellten Bilanzpolitik und der Lage des Unternehmens nur eingeschränkt hergestellt werden kann und daher auf ein integriertes Gesamturteil von den Autoren bewusst verzichtet wird.[86] Daher können die hochinteressanten Erkenntnisse der qualitativen Bilanzanalyse bisher nur als Hinweise verwendet werden, wie die Ergebnisse der quantitativen Bilanzanalyse zu werten sind.

4 Objektive Gesamturteilsbildung mit modernen Verfahren der Bilanzanalyse

41 Multivariate Diskriminanzanalyse

Die Multivariate Diskriminanzanalyse (MDA) ist ein Verfahren, mit dem Gruppenzugehörigkeiten anhand von mehreren Variablen bestimmt werden können. Mit der MDA wird analysiert, anhand welcher Variablen bestimmte Gruppen besonders gut zu unterscheiden sind.[87] Angewendet auf die Fragestellung der Unternehmensbeurteilung mit Hilfe von Jahresabschlusskennzahlen lassen sich mit der Diskriminanzanalyse Unternehmen der Gruppe der gesunden oder der Gruppe der kranken Unternehmen zuordnen. Die Variablen, anhand derer die Gruppenzugehörigkeit ermittelt wird, sind bei der Bilanzanalyse Jahresabschlusskennzahlen. Multivariat bedeutet, dass mehrere Kennzahlen gleichzeitig zur Klassifikation herangezogen werden. Be-

---

85   Vgl. KÜTING, K./WEBER, C.-P., Die Bilanzanalyse, S. 415.

86   Vgl. KÜTING, K./WEBER, C.-P., Die Bilanzanalyse, S. 413.

87   Vgl. BACKHAUS, K. U. A., Multivariate Analysemethoden, S. 156.

nutzt man nur eine Kennzahl zur Trennung von gesunden und kranken Unternehmen, handelt es sich um eine univariate Diskriminanzanalyse. Da eine einzige Kennzahl indes nicht die gesamte wirtschaftliche Lage eines Unternehmens i. S. d. Ganzheitlichkeitsprinzips abbilden kann, sollten mehrere Kennzahlen herangezogen und somit die MDA angewendet werden. Bereits 1968 wurde die MDA von ALTMAN[88] für die Klassifikation von gesunden und kranken Unternehmen mit Hilfe von Jahresabschlusskennzahlen entwickelt und im Firmenkundenkreditgeschäft von Banken eingesetzt.

Die MDA unterliegt einigen Voraussetzungen, die erfüllt sein müssen, damit eine (bayes-)optimale Klassifikation erreicht werden kann. Die Kennzahlenausprägungen müssen normalverteilt, multivariat trennfähig und linear unabhängig sein. Außerdem müssen die Varianz-Kovarianz-Matrizen der gesunden und der kranken Unternehmen gleich sein.[89] Bei empirischen Untersuchungen zur Bilanzanalyse ist die Normalverteilungsannahme meist nicht erfüllt.[90] Auch die Annahme der Gleichheit der Varianz-Kovarianz-Matrizen ist selten erfüllt.[91] Diese Verletzungen der Voraussetzungen können dazu führen, dass die MDA nur suboptimale Ergebnisse liefert. Die MDA ist indes vergleichsweise robust gegen eine Verletzung dieser Annahmen.[92] So haben Studien, in denen Diskriminanzfunktionen zur Unternehmensbeurteilung entwickelt wurden, gezeigt, dass diese Diskriminanzfunktionen trotz der Verletzung der Anwendungsvoraussetzungen an Kontrollstichproben sehr gute Klassifikationsergebnisse liefern.[93] In einer Untersuchung von HÜLS wurden die Ergebnisse der linearen MDA mit den Ergebnissen des Kendall-Verfahrens[94] verglichen. Das Kendall-Verfahren ist ein verteilungsfreies Verfahren der Diskriminanzanalyse, setzt also keine Normalverteilung der Kennzahlen voraus. Trotz der Verletzung der Normalverteilungsannahme bei der MDA wurden die Unternehmen mit diesem Verfahren deutlich besser klassifiziert als bei Anwendung des Kendall-Verfahrens.[95]

---

88 Vgl. ALTMAN, E. I., Prediction of Corporate Bankruptcy, S. 589-609.

89 Vgl. FISHER, R. A., The Use of Multiple Measurement in Taxonomic Problems, S. 179-188.

90 Vgl. WEIBEL, P. F., Die Bonitätsbeurteilung im Kreditgeschäft der Banken, S. 188-189; GEBHARDT, G., Insolvenzprognosen aus aktienrechtlichen Jahresabschlüssen, S. 191 f.; FOUQUET, K. P., Sanierungswürdigkeitsanalyse, S. 206-210; NIEHAUS, H.-J., Früherkennung von Unternehmenskrisen, S. 92; FEIDICKER, M., Kreditwürdigkeitsprüfung, S. 85; STIBI, B., Statistische Jahresabschlussanalyse als Instrument der steuerlichen Betriebsprüfung, S. 135; HÜLS, D., Früherkennung insolvenzgefährdeter Unternehmen, S. 111-119. Aufrechterhalten wurde die Normalverteilungsannahme bei HORRIGAN, J. O., Some Empirical Bases, S. 559; LÖBLER, H./PERLITZ, M., Die Prognose von Personalbestandsveränderungen, S. 117 f.; LEKER, J., Fraktionierende Frühdiagnose von Unternehmenskrisen, S. 190, 198 und S. 206.

91 Vgl. HÜLS, D., Früherkennung insolvenzgefährdeter Unternehmen, S. 251 f.

92 Vgl. FAHRMEIR, L./HÄUSSLER, W./TUTZ, G., Diskriminanzanalyse, S. 357-435.

93 Vgl. NIEHAUS, H.-J., Früherkennung von Unternehmenskrisen, S. 139; FEIDICKER, M., Kreditwürdigkeitsprüfung, S. 88. Für einen Vergleich der verschiedenen Untersuchungen mit der Multivariaten Diskriminanzanalyse vgl. LEKER, J., Fraktionierende Frühdiagnose von Unternehmenskrisen, S. 98-129; REHKUGLER, H./PODDIG, T., Bilanzanalyse, S. 323-331.

94 Vgl. KENDALL, M. G., Discrimination and Classification, S. 165-185; KENDALL, M. G., Multivariate Analysis, S. 162-168.

95 Vgl. HÜLS, D., Früherkennung insolvenzgefährdeter Unternehmen, S. 263-266.

Für die Anwendung der MDA zur Unternehmensbeurteilung wird eine große Zahl von Jahresabschlüssen von gesunden, d. h. solventen Unternehmen, und von kranken Unternehmen, d. h. von Unternehmen, von denen bekannt ist, dass sie innerhalb von drei Jahren insolvent geworden sind, benötigt. Diese Jahresabschlüsse werden auf zwei Stichproben, die Lernstichprobe und die Kontrollstichprobe, verteilt. Mit Hilfe der Lernstichprobe wird die Diskriminanzfunktion ermittelt. Bevor schließlich die Klassifikationsleistung der ermittelten Diskriminanzfunktion an den Datensätzen der Kontrollstichprobe geprüft werden kann, ist zunächst ein Trennwert zu bestimmen, der eine Zuordnung der Unternehmen zu der Gruppe der gesunden bzw. der kranken Unternehmen erst ermöglicht. Im Folgenden werden diese drei Schritte der MDA konkretisiert.

Im **ersten Schritt** der Anwendung der MDA zur Trennung von gesunden und kranken Unternehmen wird die Diskriminanzfunktion ermittelt. Dazu werden aus jedem Jahresabschluss der Lernstichprobe die Werte der zuvor definierten – einschließlich der Bilanzpolitik neutralisierenden – Kennzahlen berechnet. Mit Hilfe aller Kennzahlenwerte wird bestimmt, welche Kennzahlen aus dem sehr großen Kennzahlenkatalog in welcher Gewichtung die Unternehmen der Lernstichprobe am besten trennen. Dies kann z. B. mit der schrittweisen Diskriminanzanalyse geschehen. Bei diesem Verfahren wird zunächst die Kennzahl in die Diskriminanzfunktion aufgenommen, die den größten Unterschied zwischen gesunden und kranken Unternehmen aufweist. Im nächsten Schritt wird durch die MDA jene Kennzahl identifiziert, die zusammen mit der zuvor gewählten Kennzahl die beiden Gruppen von Unternehmen am besten trennt. Diese Art des Vorgehens wird fortgeführt, bis die Aufnahme einer neuen Kennzahl zu keiner signifikanten Verbesserung der Klassifikationsleistung mehr führt.[96] Die ermittelte Diskriminanzfunktion gewichtet die ausgewählten Kennzahlen und verknüpft sie linear miteinander zu einer linearen Funktion der folgenden Form:

$$D = a_0 + a_1 \cdot x_1 + a_2 \cdot x_2 + \dots + a_m \cdot x_m$$

Der Diskriminanzwert D (D-Wert) eines Unternehmens ergibt sich als Summe der mit den zugehörigen Gewichten a_1 bis a_m multiplizierten Kennzahlenwerte x_1 bis x_m aus den Jahresabschlussdaten des Unternehmens und eines absoluten Gliedes a_0. Mit der ermittelten Diskriminanzfunktion ist es bereits möglich, für Unternehmen, deren finanzielles Schicksal nicht bekannt ist, den D-Wert zu ermitteln. Allerdings fehlt ein Wert, der die Trennung der Unternehmen in „gesunde" und „kranke" Unternehmen anhand des ermittelten D-Wertes ermöglicht. Im **zweiten Schritt** der MDA wird dieser kritische Trennwert (Cut-off) bestimmt. Alle Unternehmen, deren D-Wert größer als der kritische Trennwert ist, werden als „gesund" bezeichnet, alle Unternehmen, deren D-Wert kleiner als der kritische Trennwert ist, werden als „krank" bezeichnet.

---

96 Vgl. NIEHAUS, H.-J., Früherkennung von Unternehmenskrisen, S. 133; HÜLS, D., Früherkennung insolvenzgefährdeter Unternehmen, S. 169-171; BACKHAUS, K. U. A., Multivariate Analysemethoden, S. 216.

Je nach Wahl des Trennwertes werden unterschiedlich viele Unternehmen fehlklassifiziert. Zwei **Arten von Fehlklassifikationen** sind möglich. Zum einen können kranke Unternehmen fälschlich als „gesund" klassifiziert werden. Diesen Fehler bezeichnen wir als α-Fehler. Er gibt den Anteil der tatsächlich kranken Unternehmen an, die anhand des D-Wertes als „gesund" eingestuft wurden. Zum anderen können tatsächlich gesunde Unternehmen fälschlich als „krank" beurteilt werden. Diesen Fehler bezeichnen wir als β-Fehler, der den Anteil der tatsächlich gesunden Unternehmen angibt, die aufgrund der jeweiligen D-Werte als „krank" eingestuft wurden. α- und β-Fehler sollten an einer möglichst großen, repräsentativen Kontrollstichprobe von möglichst Tausenden von Jahresabschlüssen solcher Unternehmen, deren tatsächliches Schicksal (gesund oder krank) bekannt ist, ermittelt werden. Für eine gegebene Diskriminanzfunktion kann die Höhe des α-Fehlers und des β-Fehlers durch eine Verschiebung des Trennwertes verändert werden. Indes hat dabei eine Verminderung des einen Fehlers immer eine Erhöhung des anderen Fehlers zur Folge. Die Übersicht VII-19 stellt beispielhaft die Verteilungen der D-Werte der gesunden und kranken Unternehmen der Kontrollstichprobe als Dichtefunktion dar und zeigt die beschriebenen Auswirkungen des Trennwertes auf α- und β-Fehler.

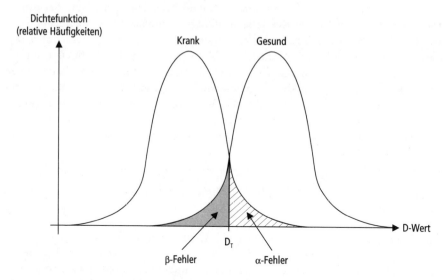

Übersicht VII-19: *Verteilungen der gesunden und der kranken Unternehmen*

In Übersicht VII-19 werden alle Unternehmen, die einen D-Wert rechts vom Trennwert D_T aufweisen, als „gesund" klassifiziert. Alle Unternehmen, die einen D-Wert links vom Trennwert D_T aufweisen, werden als „krank" klassifiziert. Verschiebt man den Trennwert nach rechts wie in Übersicht VII-20, wird der Bereich des α-Fehlers kleiner, da insgesamt mehr Unternehmen als „krank" beurteilt werden und darunter auch tatsächlich kranke Unternehmen sind, die bei der ursprünglichen Lage des Trennwertes fälschlich als „gesund" klassifiziert wurden.

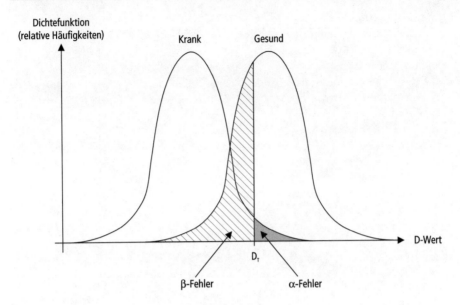

Übersicht VII-20: *Verschiebung des Trennwertes*

Der Bereich des β-Fehlers wird indes größer, da unter den nun zusätzlich als „krank" beurteilten Unternehmen auch einige tatsächlich gesunde Unternehmen sind. Wird der Trennwert nach links verschoben, nimmt entsprechend der β-Fehler ab (aber der α-Fehler zu).

Verschiebt man den Trennwert kontinuierlich vom Minimum des D-Wertes zu seinem Maximum, dann ergeben sich für eine gegebene Diskriminanzfunktion verschiedene Kombinationen von α-Fehlern und β-Fehlern (αβ-Kombinationen), die in einem αβ-Diagramm als αβ-Fehlerfunktion dargestellt werden können. Übersicht VII-21 enthält eine αβ-Fehlerfunktion. Der grau unterlegte Bereich wird als Fehlerfläche[97] der Diskriminanzfunktion bezeichnet.

---

97   Vgl. UTHOFF, C., Erfolgsoptimale Kreditwürdigkeitsprüfung, S. 94 f.

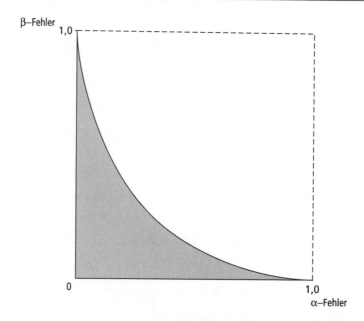

β–Fehler

α–Fehler

Übersicht VII-21: *αβ-Fehlerfunktion eines Klassifikators[98]*

Für die **Festlegung des kritischen Trennwertes** einer Diskriminanzfunktion existieren mehrere Regeln. Eine Möglichkeit, den kritischen Trennwert und damit die zu konkretisierende αβ-Fehlerkombination zu bestimmen, ist, den Gesamtfehler, der bei der Klassifikation mit der Diskriminanzfunktion begangen wird, zu minimieren. Dabei stellt der Gesamtfehler die absolute Zahl aller Fehlklassifikationen bei der Festlegung eines bestimmten Trennwertes dar. Mit dem relativen Gesamtfehler wird das Verhältnis aller fehlklassifizierten Unternehmen (tatsächlich kranke als „gesund" und tatsächlich gesunde als „krank") zu den insgesamt mit dem Klassifikator klassifizierten Unternehmen bezeichnet. Das bedeutet, dass bei der Minimierung des Gesamtfehlers nicht berücksichtigt wird, welche Art von Fehlklassifikation begangen wird, da die Zahl der gesamten Fehlurteile minimiert werden soll. Dieses Verfahren, den kritischen Trennwert zu bestimmen, sollte nicht angewendet werden, wenn die Zahl der Fälle in den einzelnen Gruppen sehr unterschiedlich ist und die Konsequenzen, d. h. die Fehlerkosten, die mit einem α-Fehler und einem β-Fehler verbunden sind, differieren. Dies ist bei deutschen Unternehmen der Fall: 2003 wurden nur ca. 1,3 % aller deutschen Unternehmen insolvent.[99] Außerdem betragen die durchschnittlichen Ausfallkosten im Jahr 2003 mehr als 700.000 € je insolventes Unternehmen,[100] während die durchschnittlichen Opportunitätskosten für einen abgelehnten Kreditantrag wesentlich niedriger sind. Ist die Zahl der kranken Unternehmen wesentlich

---

98 Vgl. UTHOFF, C., Erfolgsoptimale Kreditwürdigkeitsprüfung, S. 26.
99 Vgl. STATISTISCHES BUNDESAMT (Hrsg.), Statistisches Jahrbuch 2003, S. 138-140.
100 Vgl. VVC (Hrsg.), Insolvenzen in Europa, S. 11.

kleiner als die Zahl der gesunden Unternehmen, z. B. 1 %, kann eine Minimierung des Gesamtfehlers dazu führen, dass sämtliche tatsächlich kranken Unternehmen als „gesund" beurteilt werden.[101] Der Gesamtfehler würde nur 1 % betragen, aber der α-Fehler wäre 100 % und der β-Fehler wäre in diesem Fall gleich null. Wäre in diesem Beispiel an alle Unternehmen aufgrund der Klassifikation ein Kredit vergeben worden, wären sehr hohe Kreditausfallkosten die Folge gewesen (Folge des α-Fehlers). Sind die Opportunitätskosten für einen fälschlich abgelehnten Kredit (Folge des β-Fehlers) vergleichsweise gering, wäre es besser, den β-Fehler zu Gunsten des α-Fehlers zu erhöhen, so dass weniger kranke, aber mehr gesunde Unternehmen fehlklassifiziert werden.[102]

Eine andere Möglichkeit, den kritischen Trennwert zu ermitteln, ist, für einen der beiden Fehler ein bestimmtes Niveau vorzugeben. Auf diese Weise lassen sich zudem die Klassifikationsleistungen verschiedener Diskriminanzfunktionen vergleichen. Im Fall der Kreditwürdigkeitsprüfung liegt es nahe, den α-Fehler auf einem niedrigen Niveau festzulegen, um die höheren Ausfallkosten zu reduzieren. So ergab sich in einer Untersuchung von FEIDICKER am Institut für Revisionswesen der Westfälischen Wilhelms-Universität Münster, dass dem α-Fehler eine mehr als fünfmal so hohe Kostenbelastung zukam wie dem β-Fehler. Der α-Fehler wurde in dieser Studie gemäß den vorliegenden Bedingungen auf 8,75 % gesetzt.[103] In den nachfolgenden Studien am Institut für Revisionswesen wurde immer zunächst der β-Fehler bei einem α-Fehler von 8,75 % ermittelt, um verschiedene Diskriminanzfunktionen (oder später auch Künstliche Neuronale Netze) eindeutig lediglich an der Höhe ihres β-Fehlers miteinander vergleichen zu können. Die Funktion mit dem geringsten β-Fehler bei einem α-Fehler von z. B. 8,75 % klassifiziert die Unternehmen für diese Höhe des α-Fehlers am besten. Für einen anderen α-Fehler kann indes eine andere Funktion den niedrigsten β-Fehler aufweisen.[104] Daher muss der Anwender einer Diskriminanzfunktion entscheiden, welche $\alpha\beta$-Fehlerkombination er zulassen will.

Eine dritte Möglichkeit, den kritischen Trennwert zu bestimmen, besteht in der Minimierung der Gesamtfehlerkosten. Sind mit α-Fehler und β-Fehler unterschiedlich hohe Kosten der Fehlklassifikation verbunden und sind die Gruppen der gesunden und der kranken Unternehmen unterschiedlich groß, sollte dies bei der Bestimmung des kritischen Trennwertes berücksichtigt werden, indem mit Hilfe eines Erfolgsmodells jene $\alpha\beta$-Fehlerkombination gesucht wird, bei der die Gesamtfehlerkosten minimiert werden. Die Kosten des α-Fehlers, die entstehen, wenn ein tatsächlich krankes Unternehmen fälschlich als „gesund" beurteilt wird, sind z. B. die durchschnittlichen Kreditausfallkosten eines Kreditinstituts je Firmenkunde. Die Kosten des β-Fehlers, die aus der Klassifikation eines gesunden Unternehmens als „krank" resultieren, sind

---

101 Vgl. dazu die empirische Untersuchung von HÜLS, D., Früherkennung insolvenzgefährdeter Unternehmen, S. 203-205.

102 Vgl. zur Konzeption der erfolgsorientierten Entwicklung eines Klassifikators UTHOFF, C., Erfolgsoptimale Kreditwürdigkeitsprüfung, S. 17-31.

103 Vgl. FEIDICKER, M., Kreditwürdigkeitsprüfung, S. 212-214.

104 Vg. UTHOFF, C., Erfolgsoptimale Kreditwürdigkeitsprüfung, S. 89-94.

z. B. die Kosten der Nachbearbeitung aller als „krank" beurteilten Unternehmen durch Kreditsachbearbeiter sowie die Opportunitätskosten für einen entgangenen Gewinn, falls der Kredit auch nach der Prüfung durch Kreditsachbearbeiter abgelehnt wird. Die unterschiedliche Größe der Gruppen der gesunden und kranken Unternehmen wird mittels der A-priori-Wahrscheinlichkeit, d. h. der zuvor ermittelten Wahrscheinlichkeit, dass ein Firmenkunde des Kreditinstituts gesund oder krank ist, in die Berechnung der Gesamtfehlerkosten einbezogen.[105]

Je nachdem, mit welcher Regel der kritische Trennwert bestimmt wird, ergeben sich andere Werte für den Gesamtfehler bzw. den α- und β-Fehler. Die Art der Festlegung des Trennwertes hat somit unmittelbar Einfluss auf die im dritten Schritt der MDA zu ermittelnde Klassifikationsleistung der Diskriminanzfunktion.[106]

Im **dritten Schritt** der MDA wird die ermittelte Diskriminanzfunktion an den Datensätzen der möglichst großen Kontrollstichprobe getestet. Die Kontrollstichprobe sollte ausschließlich Daten enthalten, die nicht zur Entwicklung der Diskriminanzfunktion verwendet wurden. Werden α-Fehler und β-Fehler der Diskriminanzfunktion anhand der Kontrollstichprobe ermittelt, erhält man mit einer solchen großen und repräsentativen Stichprobe eine zuverlässige Einschätzung, wie gut die Diskriminanzfunktion neue unbekannte Datensätze klassifiziert.

Obwohl auch bei der Beurteilung von Unternehmen mit Hilfe der MDA noch Fehler gemacht werden, bestehen doch wesentliche Vorteile gegenüber der traditionellen Bilanzanalyse. Dies wird im Folgenden anhand eines Beispiels erläutert.[107] Dazu wurden die Werte von zwei Kennzahlen für 24 zufällig ausgewählte Unternehmen berechnet. Zwölf dieser Unternehmen sind auch drei Jahre später noch gesund, die anderen zwölf sind krank, d. h., sie werden drei Jahre später insolvent. In Übersicht VII-22 sind die Ausprägungen der kurzfristigen Fremdkapitalquote (FKQ (kfr.)) und des Cashflow2-Return on Investment (CF2-ROI) von diesen 24 Unternehmen in einem Koordinatensystem abgetragen. Die Kennzahlen-Kombinationen der gesunden Unternehmen sind durch weiße, die der kranken Unternehmen durch schwarze Quadrate dargestellt.

---

105 Vgl. Hüls, D., Früherkennung insolvenzgefährdeter Unternehmen, S. 221-223.

106 Vgl. Hüls, D., Früherkennung insolvenzgefährdeter Unternehmen, S. 176.

107 Vgl. zu diesem Beispiel auch Baetge, J. u. a., Rationalisierung des Firmenkundenkreditgeschäfts, S. 8 f.; Baetge, J./Hüls, D./Uthoff, C., Bilanzbonitätsanalyse, S. 322 f.; Baetge, J./Sieringhaus, I., Bilanzbonitäts-Rating, S. 226-231; Baetge, J./Kruse, A./Uthoff, C., Bonitätsklassifikationen von Unternehmen mit Neuronalen Netzen, S. 273 f.

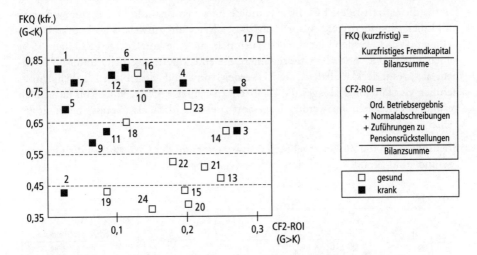

Übersicht VII-22: *Ausprägungen einer kurzfristigen Fremdkapitalquote und eines Cash-flow2-Return on Investment für zwölf gesunde und zwölf kranke Unternehmen*

Versucht man zunächst nur, die Unternehmen univariat, d. h. mit nur einer Kennzahl, z. B. anhand der kurzfristigen FKQ mit möglichst wenigen Fehlklassifikationen in „gesund" und „krank" zu trennen (univariate Diskriminanzanalyse), so ergibt sich mit der „Methode des Augenmaßes", d. h. durch genaues Hinschauen, ein Trennwert von ungefähr 66 % (vgl. Übersicht VII-23):

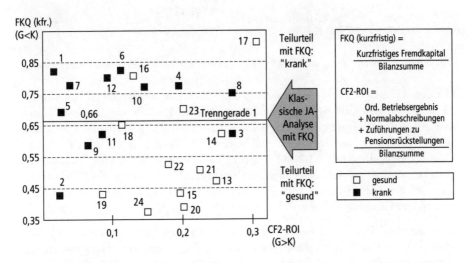

Übersicht VII-23: *Univariate Trennung mit einer kurzfristigen Fremdkapitalquote*

Da für die kurzfristige FKQ die Hypothese gilt, dass gesunde Unternehmen durchschnittlich eine niedrigere Ausprägung dieser Kennzahl aufweisen als kranke Unternehmen (G<K), werden hier alle Unternehmen, die eine kurzfristige FKQ über 66 % haben, als „krank" und alle Unternehmen, die eine kurzfristige FKQ unter 66 % haben, als „gesund" klassifiziert. Dabei werden von zwölf tatsächlich kranken Unternehmen vier fälschlich als „gesund" beurteilt (α-Fehler = 4/12). Von zwölf tatsächlich gesunden Unternehmen werden insgesamt drei fälschlich als „krank" beurteilt (β-Fehler = 3/12).

Ebenso können die 24 Unternehmen univariat anhand des CF2-ROI in die Gruppen „gesund" und „krank" klassifiziert werden (vgl. Übersicht VII-24):

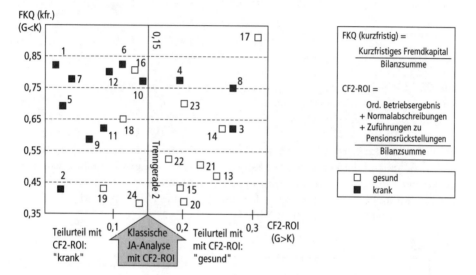

Übersicht VII-24: *Univariate Trennung mit einem Cashflow2-Return on Investment*

Mit dem Versuch der Fehlerminimierung ergibt sich hier ein Trennwert von ungefähr 15 %. Da für den CF2-ROI die Hypothese gilt, dass gesunde Unternehmen durchschnittlich einen höheren Wert dieser Kennzahl aufweisen als kranke (G>K), werden alle Unternehmen, die einen CF2-ROI unter 15 % aufweisen, als „krank" und alle Unternehmen, die einen CF2-ROI über 15 % aufweisen, als „gesund" klassifiziert. Dabei werden von zwölf später tatsächlich kranken Unternehmen drei fälschlich als „gesund" beurteilt (α-Fehler = 3/12). Von zwölf tatsächlich gesunden Unternehmen werden vier fälschlich als „krank" beurteilt (β-Fehler = 4/12).

In Übersicht VII-25 sind beide Trenngeraden eingezeichnet (zweifache univariate Trennung). Die vier Felder, die durch die beiden Trenngeraden gebildet werden, sind mit den römischen Ziffern I bis IV bezeichnet. Die Unternehmen in Feld I werden mit beiden Kennzahlen als „krank", die Unternehmen in Feld III werden mit beiden Kennzahlen als „gesund" beurteilt. Für die Unternehmen in diesen Feldern ergeben sich also bei der zweimaligen univariaten Klassifikation (mit zwei Kennzahlen) eindeutige Urteile. Die Unternehmen in Feld II hingegen werden mit der kurzfristigen FKQ als „gesund", mit dem CF2-ROI aber als „krank" beurteilt. Ebenso werden die Unternehmen in Feld IV mit beiden Kennzahlen unterschiedlich beurteilt, nämlich mit der kurzfristigen Fremdkapitalquote als „krank" und mit dem CF2-ROI als „gesund". Für die Unternehmen in den Feldern II und IV ergeben sich also widersprüchliche Teilurteile bei der zweifachen univariaten Klassifikation. Diese Situation in den Feldern II und IV ist typisch für die traditionelle Bilanzanalyse. Und je mehr Kennzahlen zur Beurteilung herangezogen werden, desto mehr Teilurteils-Widersprüche ergeben sich für den traditionellen Bilanzanalytiker. Bei der traditionellen Bilanzanalyse können diese Widersprüche nur durch subjektive Dominanzentscheidungen aufgelöst werden.

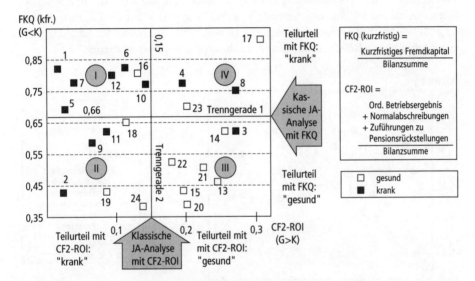

Übersicht VII-25: *Zweifache univariate Trennung mit einer kurzfristigen Fremdkapitalquote und einem Cashflow2-Return on Investment*

Dagegen löst die einmalige **bivariate** Diskriminanzanalyse dieses Problem der Widersprüchlichkeit von Teilurteilen für den Fall der Trennung mit zwei Kennzahlen, indem sie die Werte beider Kennzahlen zu einer einzigen Diskriminanzfunktion, d. h. zu einem einzigen D-Wert, verknüpft und aus den D-Werten einen Trennwert (D_T) auswählt. Dieser Trennwert lässt sich graphisch mit einer Trenngeraden veranschaulichen, die so durch den Merkmalsraum gelegt wird, dass möglichst wenige Unternehmen falsch klassifiziert werden (vgl. Übersicht VII-26). Die Trenngerade steht in Höhe des Trennwertes senkrecht auf der Diskriminanzfunktion, die in diesem Fall aus den beiden gewichteten Kennzahlen kurzfristige FKQ und CF2-ROI besteht.[108] Bei der in Übersicht VII-26 dargestellten Trennung werden von zwölf, drei Jahre spä-

---

108 Vgl. zur geometrischen Ableitung der Diskriminanzfunktion BACKHAUS, K. U. A., Multivariate Analysemethoden, S. 173-176.

ter tatsächlich insolventen Unternehmen nur noch zwei fälschlich als „gesund" klassifiziert (α-Fehler = 2/12). Von den zwölf Unternehmen, die tatsächlich nach drei Jahren noch gesund geblieben sind, werden ebenfalls nur noch zwei fälschlich als „krank" klassifiziert (β-Fehler = 2/12). Mit der einmaligen bivariaten Diskriminanzanalyse gelingt es also zum einen, widersprüchliche Teilurteile zu einem eindeutigen Gesamturteil zu verknüpfen, und zum anderen, die Fehlklassifikationen deutlich zu reduzieren. Außerdem ergeben sich betriebswirtschaftlich sinnvolle Urteile, wie die Klassifikation des Unternehmens Nr. 17 zeigt. Dieses Unternehmen hat zwar eine sehr hohe kurzfristige FKQ, aber auch einen sehr hohen CF2-ROI und wurde bivariat richtigerweise als „gesund" klassifiziert, was bei Betrachtung der hohen Leverage-Chance betriebswirtschaftlich sehr plausibel ist. Denn der Leverage-Effekt besagt, dass sich unter der Voraussetzung einer Gesamtkapitalrentabilität, die höher als der Fremdkapitalzins ist, eine zunehmende Verschuldung positiv auf die Eigenkapitalrentabilität auswirkt (Leverage-Chance).[109] Daher kann eine hohe Verschuldung bei gleichzeitig hohen Renditen insgesamt durchaus positiv gewertet werden.

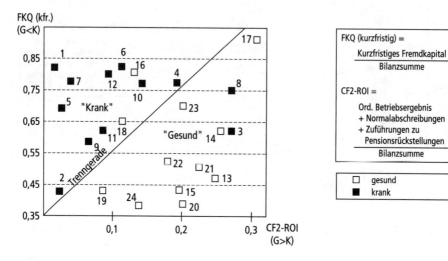

Übersicht VII-26: *Bivariate Trennung*

Was in diesem Beispiel nur anhand von zwei Kennzahlen (bivariat) dargestellt wurde, ist natürlich auch für eine Vielzahl von Kennzahlen (multivariat) möglich. Je mehr Kennzahlen man hinzuzieht, desto eher können alle Informationsbereiche des Jahresabschlusses abgegriffen werden, so dass ein umfassendes Gesamturteil über ein Unternehmen im Sinne des Ganzheitlichkeitsprinzips möglich ist. Bei einer Vergrößerung der berücksichtigten Kennzahlenmenge werden zudem der α-Fehler und der β-Fehler immer kleiner. Indes sollte die Zahl der Kennzahlen in einer Diskriminanzfunktion (oder auch in einem Künstlichen Neuronalen Netz) aus Gründen der Überschaubar-

---

109 Vgl. WÖHE, G./BILSTEIN, J., Grundzüge der Unternehmensfinanzierung, S. 411 f.; vgl. aber auch Kap. VI Abschn. 333.3 zur Rentabilitätsanalyse.

keit und betriebswirtschaftlichen Interpretierbarkeit begrenzt werden. Denn ein Gesamturteil, das sich aus den Werten von z. B. 30 oder mehr einzelnen Kennzahlen zusammensetzt, kann vom Bilanzanalytiker nicht mehr nachvollzogen werden, zumal der potentielle Differenz-Trennbeitrag (= Reduktion von α- und β-Fehler) mit jeder weiteren Kennzahl abnimmt. Wenn alle Informationsbereiche des Jahresabschlusses bereits durch mehrere Kennzahlen abgedeckt sind, muss also vor der Aufnahme weiterer Kennzahlen genau abgewogen werden, ob eine allenfalls minimale Verbesserung der Klassifikationsleistung durch diese Kennzahl(en) eine Verschlechterung der Interpretierbarkeit aufwiegt.

Folgende Übersicht stellt die Ergebnisse der am Institut für Revisionswesen der Westfälischen Wilhelms-Universität Münster auf der Grundlage der MDA durchgeführten Forschungen dar:

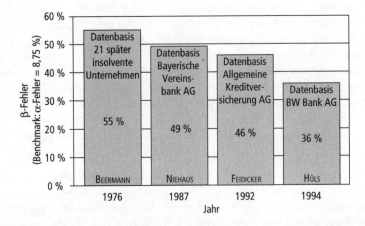

Übersicht VII-27: *Forschungsergebnisse bei der Früherkennung von Unternehmenskrisen auf der Grundlage der MDA[110]*

Bei einem konstant gehaltenen α-Fehler von 8,75 % konnte der β-Fehler im Zeitraum von 1976 bis 1994 von 55 % auf 36 % reduziert werden. Gründe für die stetige Verbesserung der Klassifikationsleistung der MDA waren einerseits die erhebliche Vergrößerung der der MDA zugrunde liegenden Datenbasis, andererseits die Ausweitung des Kennzahlenkataloges unter Einbeziehung kreativer und damit Bilanzpolitik neutralisierender Kennzahlen.

---

110 Vgl. BAETGE, J., Früherkennung von Unternehmenskrisen, S. 2282. Zu den jeweiligen Forschungsergebnissen bzw. Klassifikationsleistungen vgl. BEERMANN, K., Prognosemöglichkeiten von Kapitalverlusten; NIEHAUS, H.-J., Früherkennung von Unternehmenskrisen; FEIDICKER, M., Kreditwürdigkeitsprüfung; HÜLS, D., Früherkennung insolvenzgefährdeter Unternehmen.

42 Logistische Regressionsanalyse

Die Logistische Regressionsanalyse[111] stellt ein weiteres statistisches Verfahren zur objektiven Gesamturteilsbildung auf der Basis von Jahresabschlüssen dar.[112] Wie bereits mit der Multivariaten Diskriminanzanalyse (MDA) wird mit Hilfe des Regressionsansatzes der Zusammenhang zwischen einer abhängigen Variablen und mehreren unabhängigen Variablen untersucht. Im Fall der Bilanzanalyse stellt die abhängige Variable den Zustand des Unternehmens (bestandsfest/bestandsgefährdet) dar und die erklärenden Variablen stellen die Jahresabschlusskennzahlen dar. Ziel des Regressionsansatzes ist, die Gewichte der abhängigen Variablen so zu bestimmen, dass eine gute Modellanpassung, d. h. eine möglichst gute Übereinstimmung mit dem tatsächlich richtigen Zustand des untersuchten Unternehmens und damit eine hohe Trennfähigkeit des Klassifikators, erreicht wird.

Da die Regressionsanalyse – im Gegensatz zur MDA – weder eine gemeinsame, d. h. multivariate, Normalverteilung der einzelnen Variablen noch gleiche Varianz-Kovarianzmatrizen der jeweiligen Gruppen verlangt[113] und diese z. T. sehr strengen Annahmen für reale Datensätze i. d. R. nicht erfüllt sind, wird in der Literatur die Meinung vertreten, dass die Regressionsanalyse der MDA vorzuziehen sei.[114] Indes haben zahlreiche empirische Untersuchungen mit sehr großen Jahresabschluss-Datensätzen gesunder und kranker Unternehmen erwiesen, dass auch die MDA relativ robust gegenüber der Verletzung dieser Annahmen ist.[115] Der Vorteil der Regressionsanalyse besteht somit lediglich darin, dass die Erfüllung der Prämissen erst gar nicht geprüft werden muss.

Bei der Regressionsanalyse können verschiedene Ansätze unterschieden werden. Zur Gesamturteilsbildung im Sinne einer Ermittlung von Ausfallwahrscheinlichkeiten von Unternehmen ist die Logistische Regressionsanalyse besonders geeignet, da sie gut zur Schätzung von Gruppenzugehörigkeitswahrscheinlichkeiten verwendet werden kann.[116] Im Gegensatz zur linearen Einfachregression, mit der konkrete Schätzungen für die abhängige Variable abgegeben werden und so die Unterschiede zwischen den verschiedenen Gruppen identifiziert werden, wird mit der Logistischen Regressionsanalyse versucht, die Eintrittswahrscheinlichkeiten der Beobachtungswerte

---

111 Zur allgemeinen Anwendung verschiedener Formen der Regressionsanalyse vgl. BACKHAUS, K. U. A., Multivariate Analysemethoden, S. 45-116; FAHRMEIR, L./KAUFMANN, H./KREDLER, C., Regressionsanalyse, S. 93-168.

112 Vgl. HARTMANN-WENDELS, T. U. A., Externes Rating, S. 145-150; JACOBS, O. H./OESTREICHER, A./PIOTROWSKI-ALLERT, S., Einstufung des Fehlerrisikos im handelsrechtlichen Jahresabschluß, S. 523-549.

113 Vgl. BACKHAUS, K. U. A., Multivariate Analysemethoden, S. 418. Vgl. zu den Voraussetzungen der MDA auch Abschn. 41 in diesem Kapitel.

114 Vgl. HARTMANN-WENDELS, T. U. A., Externes Rating, S. 146.

115 Vgl. FEIDICKER, M., Kreditwürdigkeitsprüfung, S. 142 m. w. N.; HÜLS, D., Früherkennung insolvenzgefährdeter Unternehmen, S. 121; KRAUSE, C., Kreditwürdigkeitsprüfung mit Neuronalen Netzen, S. 23 f.

116 Zur ausführlichen Darstellung des Verfahrens der logistischen Regression vgl. BACKHAUS, K. U. A., Multivariate Analysemethoden, S. 417-477.

(„Ausfall" des Unternehmens, „kein Ausfall" des Unternehmens) der binären abhängigen Variable zu ermitteln. Durch die Verwendung des logistischen Ansatzes wird erreicht, dass die geschätzten Werte für die Eintrittswahrscheinlichkeiten nicht außerhalb des zulässigen Bereiches [0;1] liegen können.

Im Rahmen der Logistischen Regressionsanalyse werden zunächst die verschiedenen Einflussgrößen, in diesem Fall die Kennzahlen, durch eine Linearkombination zu einer (latenten) Variablen „Z" aggregiert, aus der dann in einem weiteren Schritt mittels einer logistischen Funktion die Wahrscheinlichkeit ermittelt wird. Die latente Variable stellt damit die Verbindung zwischen der binären abhängigen und den beobachteten unabhängigen Variablen dar.[117] Die Ausprägungen dieser latenten Variable werden oft auch als „Logits" oder „Logitwerte" bezeichnet. Im Gegensatz zur klassischen, linearen Regressionsanalyse stellt die Logistische Regressionsanalyse ein nicht lineares Analyseverfahren dar, da zur Ermittlung der Wahrscheinlichkeit p für das Ereignis „Ausfall" aus der latenten Variablen „Z" auf die (s-förmige) logistische Funktion zurückgegriffen wird.[118]

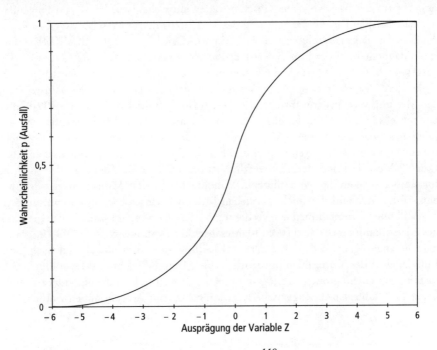

Übersicht VII-28: *Verlauf der logistischen Funktion[119]*

---

117 Vgl. BACKHAUS, K. U. A., Multivariate Analysemethoden, S. 420-422.

118 Vgl. BACKHAUS, K. U. A., Multivariate Analysemethoden, S. 11.

119 Vgl. BACKHAUS, K. U. A., Multivariate Analysemethoden, S. 424.

Die Ausfallwahrscheinlichkeit lässt sich mit dem logistischen Regressionsansatz wie folgt definieren:[120]

$$p\,(\text{Ausfall}) = \frac{1}{1 + e^{-z}}$$

$$\text{mit} \quad z = a_0 + \sum_{i=1}^{n} a_i \cdot x_i$$

Legende:

p	$\,\hat{=}\,$	Wahrscheinlichkeit
z	$\,\hat{=}\,$	(latente) Variable, Einflussstärke
n	$\,\hat{=}\,$	Zahl der Merkmale
a_i	$\,\hat{=}\,$	Regressionskoeffizient
x_i	$\,\hat{=}\,$	Kennzahlenwert

Mithilfe der Logistischen Regressionsanalyse sind Modelle zur Analyse von Unternehmen auf der Basis von Jahresabschlussdaten entwickelt worden.[121] Im Folgenden wird als Beispiel für die Verwendung des Verfahrens der logistischen Regression zur Analyse von Jahresabschlüssen das Produkt RiskCalc[TM] von MOODY'S|KMV dargestellt, das gemeinsam mit der BAETGE & PARTNER GMBH & CO. KG sowie OLIVER, WHYMAN & COMPANY für viele westeuropäische Länder entwickelt worden ist. Das RiskCalc[TM] ist ein weltweit eingesetztes, länderspezifisch entwickeltes Instrument zur Messung von Ausfallwahrscheinlichkeiten (Probabilities of Default = PD-Werte) bei mittelständischen, nicht börsennotierten Unternehmen, das ausschließlich auf Jahresabschlussdaten basiert. Als Ausfall wird der Zahlungsverzug eines Unternehmens von mehr als 90 Tagen bezeichnet. Für die Entwicklung der europäischen Risk-Calc[TM]-Modelle stand dem Entwicklungsteam, in dem Doktoranden des Instituts für Revisionswesen der Westfälischen Wilhelms-Universität Münster mitgewirkt haben, eine Datenbank mit mehr als sieben Millionen Jahresabschlüssen von mehr als 1,5 Millionen Unternehmen zur Verfügung.[122] In Deutschland sind zur Entwicklung des Klassifikators mehr als 110.000 Jahresabschlüsse von mehr als 24.000 Unternehmen herangezogen worden. Bei der Entwicklung von RiskCalc[TM] sind nach einer Einzelanalyse der Kennzahlen hinsichtlich ihrer Trennfähigkeit und Hypothesenkonformität aus einem großen Katalog von möglichen Kennzahlen die besonders trennfähigen Kennzahlen in die logistische Regressionsfunktion aufgenommen worden. Da-

---

120 Vgl. im Folgenden BACKHAUS, K. U. A., Multivariate Analysemethoden, S. 423 f.

121 Vgl. HARTMANN-WENDELS, T. U. A., Externes Rating, S. 145-150, JACOBS, O. H./OESTREI-CHER, A./PIOTROWSKI-ALLERT, S., Einstufung des Fehlerrisikos im handelsrechtlichen Jahresabschluß, S. 523-549.

122 Informationen zu RiskCalc[TM] im Internet unter http://www.moodyskmv.com/products/RiskCalc_private.html (Stand: 15. August 2004). Für eine detaillierte Beschreibung des deutschen RiskCalc[TM]-Modells vgl. ESCOTT, P./GLORMANN, F./KOCAGIL, A. E., Moody's Risk-Calc[TM] für nicht börsennotierte Unternehmen, S. 1-24; BAETGE, J., Früherkennung von Unternehmenskrisen, S. 2283-2285.

bei sind die ausgewählten Kennzahlen durch mathematische Transformationen vergleichbar gemacht worden. Das deutsche RiskCalc^TM-Modell umfasst die in Übersicht VII-29 angegebenen Kennzahlen.[123]

Informations-bereich	Kennzahl	Definition	Hypo-these
Kapitalbindung	Kapitalbindungsdauer	((Akzepte + Verbindlichkeiten aus Lieferungen und Leistungen) · 360) / Umsatz	G<K
Verschuldung	Fremdkapitalstruktur	(Verbindlichkeiten aus Lieferungen und Leistungen + Akzepte + Bankverbindlichkeiten) / (Fremdkapital – erhaltene Anzahlungen)	G<K
	Nettoverschuldungs-quote	(Kfr. Fremdkapital – flüssige Mittel) / Bilanzsumme	G<K
Kapitalstruktur	Eigenkapitalquote	(Eigenkapital – Immaterielle Vermögensgegenstände) / (Bilanzsumme – immaterielle Vermögensgegenstände – flüssige Mittel – Grundstücke und Bauten)	G>K
Finanzkraft	Finanzkraft	Ertragswirt. Cashflow / (Fremdkapital – erhaltene Anzahlungen)	G>K
Rentabilität	EBITD-ROI	(Jahresüberschuss + Zinsaufwendungen + Steuern vom Einkommen und Ertrag + Abschreibungen) / Bilanzsumme	G>K
	Umsatzrentabilität	Ordentliches Betriebsergebnis / Umsatz	G>K
Produktivität	Personalaufwands-quote	Personalaufwand / Gesamtleistung	G<K
Wachstum	Umsatzwachstum	Umsatz der aktuellen Periode / Umsatz der Vorperiode	

Übersicht VII-29: *Kennzahlen des deutschen RiskCalc^TM-Modells*[124]

Die ermittelten Kennzahlen decken sieben Informationsbereiche des Jahresabschlusses ab, die sich ihrerseits wiederum der Vermögens-, Finanz- und Erfolgslage zuordnen lassen. Sie erfüllen daher die Anforderungen des Ganzheitlichkeitsprinzips. Ferner werden auch das Neutralisierungsprinzip und das Objektivierungsprinzip beachtet, da die meisten dieser neun Kennzahlen Bilanzpolitik neutralisierend gebildet wurden und die Kennzahlen auf der Basis eines großen Datenbestandes ausgewählt wurden. Die neun Kennzahlen sind in einem logistischen Modell zusammengefasst, anhand dessen durch Vergleich mit den vorgelegten realen Ergebnissen die optimalen Kennzahlengewichte ermittelt wurden. Anhand des Modells mit den neun Kennzahlen ist es möglich, unbekannte Unternehmen zu analysieren und für sie eine objektive Ausfallwahrscheinlichkeit zu ermitteln.

Die Vorteile der Logistischen Regressionsanalyse gegenüber den anderen Verfahren sind die hohe Transparenz sowie die einfache Interpretierbarkeit des Ansatzes und der ermittelten Ergebnisse.[125]

---

123 Vgl. MOODY'S|KMV (Hrsg.), RiskCalc Germany Fact Sheet.

124 Vgl. ESCOTT, P./GLORMANN, F./KOCAGIL, A. E., Moody's RiskCalc^TM für nicht börsennotierte Unternehmen, S. 20.

125 Vgl. BAETGE, J., Früherkennung von Unternehmenskrisen, S. 2285.

43   Künstliche Neuronale Netzanalyse

431. Grundlagen der Künstlichen Neuronalen Netzanalyse

Neben der in Übersicht VII-26 dargestellten linearen Trennung bietet die Künstliche Neuronale Netzanalyse (KNNA) mit einer nicht linearen Trennung eine Möglichkeit, den α-Fehler bzw. den β-Fehler im Vergleich zur MDA noch weiter zu reduzieren. So kann in dem oben dargestellten Beispiel von Übersicht VII-26 der β-Fehler auf 1/12 gesenkt werden, wenn statt einer einzigen Trenngeraden eine nicht lineare Trennlinie verwendet wird, wie sie in der folgenden Übersicht VII-30 eingezeichnet ist, die durch ein Künstliches Neuronales Netz erzeugt worden sein könnte.

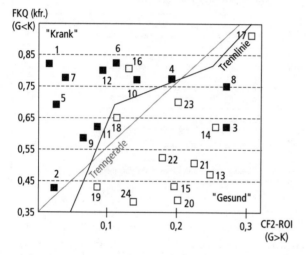
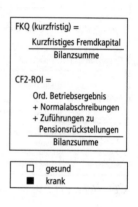

Übersicht VII-30: *Lineare versus nicht lineare Trennung*

Im Gegensatz zu einer Trennung mit der linearen Diskriminanzanalyse durch eine einzige Trenngerade erfolgt die Trennung der beiden Gruppen von Unternehmen (gesund oder krank) durch die KNNA somit genauer.

Künstliche Neuronale Netze sind ein Abbild (Modell) von biologischen neuronalen Netzen. Sie bilden ein System zur Informationsverarbeitung und werden zur Lösung von Problemen in den unterschiedlichsten Disziplinen, z. B. der Biologie, der Medizin, der Psychologie, der Informatik, der Mathematik, der Physik und der Elektrotechnik, eingesetzt.[126] Mit Künstlichen Neuronalen Netzen lässt sich die Bonitätsbeurteilung von Unternehmen sehr erfolgreich bearbeiten.[127] Hierbei macht man sich die Eignung von Künstlichen Neuronalen Netzen zur Lösung von Klassifikationsaufgaben zu Nutze. Bei der Bilanzbonitätsbeurteilung erfolgt die Klassifikation der Un-

---

126 Vgl. ZELL, A., Simulation Neuronaler Netze, S. 23 f.

127 Vgl. zu betriebswirtschaftlichen Anwendungen neuronaler Netze CORSTEN, H./MAY, C., Neuronale Netze in der Betriebswirtschaft; BACKHAUS, K. U. A., Multivariate Analysemethoden, S. 737-793.

ternehmen in die Gruppen „gesund" und „krank" anhand von Kennzahlenwerten aus den Jahresabschlussdaten der zu klassifizierenden Unternehmen, die zu einem einzigen Wert, dem sog. N-Wert, zusammengefasst werden. Welche Kennzahlen in diesen Neuronalen Netz-Wert eingehen und wie diese zu gewichten und zusammenzufassen sind, so dass möglichst viele Unternehmen richtig beurteilt werden, lernt das Künstliche Neuronale Netz anhand einer großen und möglichst repräsentativen Zahl von Beispielfällen. Die Beispiele sind die Jahresabschlüsse bzw. die aus den Jahresabschlussdaten berechneten Kennzahlenvektoren gesunder bzw. gesund gebliebener und daher solventer Unternehmen und kranker bzw. später insolvent gewordener Unternehmen.

Die KNNA unterliegt weniger strengen Anwendungsvoraussetzungen als die MDA, z. B. müssen die Kennzahlenwerte nicht normalverteilt sein, um optimale Klassifikationsergebnisse zu erzielen. Ein weiterer Vorteil von Künstlichen Neuronalen Netzen ist, dass sie quantitative und qualitative Daten simultan verarbeiten können.[128] Dadurch werden sie dem Anspruch an das Gesamturteil über die wirtschaftliche Lage eines Unternehmens gerecht, in das neben den aus Jahresabschlusskennzahlen gewonnenen Informationen weitere Informationen über die rechtlichen und wirtschaftlichen Rahmenbedingungen des Unternehmens eingehen sollten.[129]

Ähnlich wie ein menschliches Gehirn besteht ein Künstliches Neuronales Netz aus Zellen (Neuronen), die miteinander verbunden sind und Informationen in Form von Signalen senden und empfangen. Ein Künstliches Neuronales Netz besteht meist aus mehreren Schichten von Neuronen. Die Neuronen der Eingabeschicht nehmen im Fall der Bilanzbonitätsbeurteilung die Kennzahlenwerte auf und geben sie an die Neuronen der nachfolgenden versteckten Schicht(en) weiter. Analysen haben ergeben, dass 3-Schichten-Netze mit einer Eingabeschicht, einer versteckten Schicht und einer Ausgabeschicht die besten Klassifikationsergebnisse zeigten.[130] Die versteckte Schicht verarbeitet die Kennzahlenwerte im Inneren des Netzes und leitet sie schließlich an die Ausgabeschicht. Diese Schicht gibt das Ergebnis der Berechnungen, den Netz-Wert, aus.[131] In Übersicht VII-31 ist die Struktur eines dreischichtigen Künstlichen Neuronalen Netzes dargestellt.

---

128 Vgl. UTHOFF, C., Erfolgsoptimale Kreditwürdigkeitsprüfung, S. 157 f.

129 Vgl. Kap. I Abschn. 56 sowie den Lösungsansatz von UTHOFF, C., Erfolgsoptimale Kreditwürdigkeitsprüfung.

130 Vgl. KRAUSE, C., Kreditwürdigkeitsprüfung mit Neuronalen Netzen, S. 170-174; REHKUGLER, H./PODDIG, T., Klassifikation von Jahresabschlüssen, S. 15.

131 Vgl. ZELL, A., Simulation Neuronaler Netze, S. 73 f.

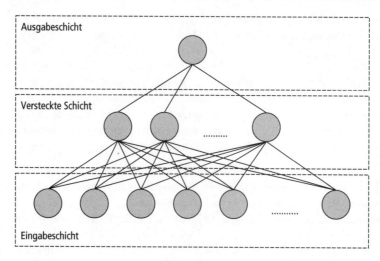

Übersicht VII-31: *Aufbau eines Künstlichen Neuronalen Netzes*

Die Neuronen eines Künstlichen Neuronalen Netzes sind biologischen Nervenzellen nachempfunden, die aus Dendriten, einem Zellkörper und einem Axon mit Synapsen bestehen. Übersicht VII-32 zeigt den prinzipiellen Aufbau eines biologischen und eines künstlichen Neurons.

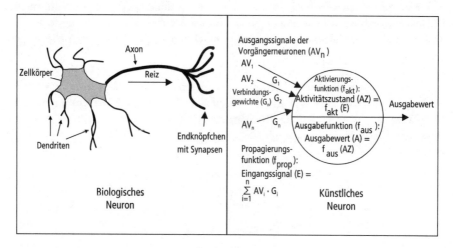

Übersicht VII-32: *Biologisches und Künstliches Neuron*

Die Dendriten eines Neurons nehmen die Ausgangssignale der Vorgängerneuronen auf. Bei einem Künstlichen Neuron wird durch eine Propagierungsfunktion das Eingangssignal des Neurons i. d. R. als Summe der gewichteten Ausgangssignale der Vorgängerneuronen berechnet. Im Zellkörper wird der Aktivierungszustand des Neurons mittels einer Aktivierungsfunktion aus dem Eingangssignal und eventuell dem alten

554

Aktivierungszustand bestimmt. Von uns verwendete Aktivierungsfunktionen sind die lineare oder die sigmoide Funktion.[132] Das Ausgangssignal des Neurons, das das Axon an die nachfolgenden Neuronen abgibt, wird über eine Ausgabefunktion aus dem neuen Aktivierungszustand des Neurons ermittelt. Oft wird hier die Identitätsfunktion verwendet, d. h., der Ausgabewert entspricht dem Aktivierungszustand des Neurons.[133]

Bei den biologischen Neuronen ist das Axon über Synapsen mit Dendriten anderer Neuronen verbunden. Die biologischen Synapsen werden im KNN durch die Verbindungsgewichte zwischen den Künstlichen Neuronen repräsentiert. Je stärker ein Verbindungsgewicht ist, desto wichtiger ist der Informationsstrom zwischen den betreffenden Neuronen. Die Verbindungsgewichte werden im KNN zunächst mit Initialgewichten versehen. Das KNN lernt, indem die Verbindungsgewichte zwischen den Neuronen abhängig von bestimmten Lernregeln und abhängig von dem mit der Anpassung der Gewichte erzielten Effekt auf die Klassifikationsgüte verändert werden. Lernregeln schreiben dem Netz vor, wie es lernen soll, aus einer bestimmten Eingabe die gewünschte Ausgabe zu erzeugen.[134]

Eine Lernregel, die besonders geeignet ist, Klassifikationsprobleme zu lösen, ist der Backpropagation-Algorithmus.[135] Für den Fall der Klassifikation von gesunden und kranken Unternehmen wird zunächst aus den Kennzahlenwerten, die von der Eingabeschicht (aus dem Jahresabschluss) aufgenommen werden, über die verborgene(n) Schicht(en) bis hin zur Ausgabeschicht ein Wert berechnet, der mit dem gewünschten Ausgabewert „gesund" oder „krank" (kodiert mit 0 und 1) verglichen wird (überwachtes Lernen). Die Differenz zwischen dem tatsächlichen Ausgabewert und dem bekannten Ausgabewert, d. h. dem Wert des dem Unternehmen entsprechenden bekannten Zustandes, soll minimiert werden. Dazu werden die Verbindungsgewichte zwischen den Neuronenschichten ausgehend von der Ausgabeschicht rückwärts durch das Netz korrigiert (backpropagation).[136]

Der Datenbestand, der der KNNA zugrunde liegt, wird – anders als bei der MDA – in drei Stichproben, die Lernstichprobe, die Teststichprobe und die Validierungsstichprobe, aufgeteilt. Die Datensätze der **Lernstichprobe** werden dem Netz wieder und wieder präsentiert, damit es an diesen Daten, also an den Kennzahlenwerten gesunder und kranker Unternehmen, lernt, diese Unternehmen möglichst gut zu klassifizieren. Mit Hilfe der Daten der **Teststichprobe** können verschiedene Netzparame-

132 Vgl. UTHOFF, C., Erfolgsoptimale Kreditwürdigkeitsprüfung, S. 173.

133 Vgl. NAUCK, D./KLAWONN, F./KRUSE, R., Neuronale Netze und Fuzzy-Systeme, S. 21-23; ZELL, A., Simulation Neuronaler Netze, S. 71-73.

134 Vgl. ZELL, A., Simulation Neuronaler Netze, S. 71-73.

135 Vgl. BECKER, J./PRISCHMANN, M., Anwendungen konnektionistischer Systeme, S. 20; KRAUSE, C., Kreditwürdigkeitsprüfung mit Neuronalen Netzen, S. 210-215.

136 Zum Backpropagation-Algorithmus vgl. RUMELHART, D. E./HINTON, G. E./WILLIAMS, R. J., Learning Internal Representations, S. 322-328; RITTER, H./MARTINETZ, T./SCHULTEN, K., Neuronale Netze, S. 53-60; ROJAS, R., Theorie der neuronalen Netze, S. 149-172; ZELL, A., Simulation Neuronaler Netze, S. 105-126.

ter eingestellt werden.[137] Zum Beispiel kann anhand der Teststichprobe geprüft werden, ab welcher Zahl von Lernschritten das Training des Netzes gestoppt werden sollte, da sich die Klassifikationsleistung des Netzes gemessen am Testdatensatz nicht mehr verbessert, sondern verschlechtert. Wenn das Lernen beendet wird (stopped learning), ist ein KNN aufgrund seiner Generalisierungsfähigkeit in der Lage, auch unbekannte Datensätze erfolgreich zu klassifizieren, was an einer großen neutralen Validierungsstichprobe zu überprüfen ist.[138]

Übersicht VII-33 zeigt, wie der β-Fehler der Teststichprobe bei vorgegebenem α-Fehler, z. B. von einem α-Fehler in Höhe von 8,75 %, wieder steigt, nachdem die optimale Zahl der Lernschritte bei ZL_{opt} erreicht wurde. Das Lernen des KNN wird beendet.

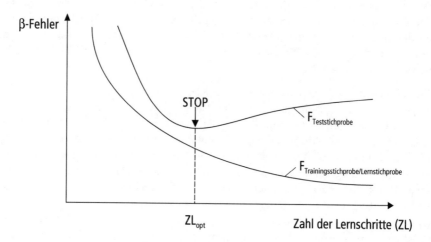

Übersicht VII-33: *Optimale Zahl der Lernschritte (α-Fehler = konstant)*

Zu einer Verschlechterung der Klassifikationsleistung bei zu vielen Lernschritten kommt es, wenn das Netz die Struktur der Daten der Lernstichprobe zu gut (auswendig) lernt und daher Unternehmen, die nicht in der Lernstichprobe, sondern in der Teststichprobe enthalten sind, schlechter klassifiziert. Das Netz würde bei weiteren Lernschritten mit der Lernstichprobe seine Generalisierungsfähigkeit immer weiter verlieren, es käme zum sog. Overtraining[139].

Übersicht VII-34 zeigt sowohl im rechten als auch im linken Bild die gleichen angenommenen Kennzahlenkombinationen (k_1/k_2) von tatsächlich gesunden (weiße Quadrate) und tatsächlich kranken, d. h. später insolvent gewordenen, Unternehmen (schwarze Quadrate). Eine maximale Anpassung an die Lerndaten ist im rechten Bild durch eine Schlangenlinie dargestellt. Das linke Bild zeigt die Trennung von gesun-

---

137 Vgl. zu den Netzparametern bei der KNNA ERXLEBEN, K. U. A., Klassifikation von Unternehmen, S. 1240-1253.

138 Vgl. NAUCK, D./KLAWONN, F./KRUSE, R., Neuronale Netze und Fuzzy-Systeme, S. 30.

139 Vgl. ZIMMERMANN, H. G., Neuronale Netze als Entscheidungskalkül, S. 58 f.

den und kranken Unternehmen mit einem KNN, das noch fähig ist zu generalisieren, mit der S-förmigen Trennlinie. Allerdings müssen hierbei auch Fehler zugelassen werden. Deshalb befinden sich im linken Bild schwarze Quadrate oberhalb und weiße Quadrate unterhalb der S-förmigen Trennlinie. Obwohl im rechten Bild kein tatsächlich krankes Unternehmen in der Lernstichprobe fälschlich (mehr) als „gesund" beurteilt wurde, wird schnell ersichtlich, dass das KNN in diesem Fall die Besonderheiten der Unternehmen der Lernstichprobe auswendig gelernt hat. Das Netz, symbolisiert durch die geschlängelte Trennlinie, hat im rechten Bild seine Generalisierungsfähigkeit verloren.

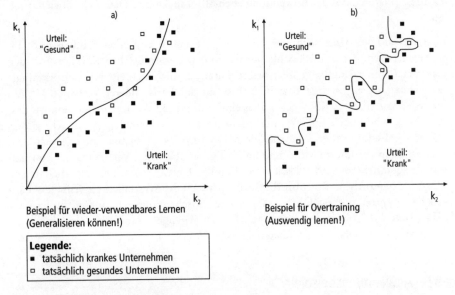

Übersicht VII-34: Overtraining

Neben der Ermittlung der optimalen Zahl von Lernschritten wird anhand der Teststichprobe auch geprüft, ob die Klassifikationsleistung des Netzes sich bei Hinzunahme oder Weglassen bestimmter Neuronen verbessert oder verschlechtert (Pruning).[140] Dabei ist das Ziel bei der Schaffung eines KNN, dass weder zu wenige noch zu viele Kennzahlen berücksichtigt werden. Werden nur wenige Kennzahlen vom KNN berücksichtigt, besteht die Gefahr, dass nicht alle Informationsbereiche abgedeckt sind und ein umfassendes Urteil über das Unternehmen im Sinne des Ganzheitlichkeitsprinzips nicht möglich ist. Werden indes zu viele Kennzahlen ausgewählt, kann das ermittelte Urteil nur mit sehr vielen (und daher weniger bedeutsamen) Einflussfaktoren erklärt bzw. erläutert werden. Verschiedene Untersuchungen am Institut für Revisionswesen der Westfälischen Wilhelms-Universität Münster haben gezeigt,

---

140 Zu verschiedenen Pruning-Algorithmen vgl. BAETGE, J./KRUSE, A./UTHOFF, C., Bonitätsklassifikationen von Unternehmen mit Neuronalen Netzen, S. 276. Für ein Beispiel eines Pruning-Algorithmus vgl. Abschn. 432.1 in diesem Kapitel.

dass beim Einsatz der KNNA zwischen zehn und zwanzig Kennzahlen zu zuverlässigen Klassifikationsergebnissen bei der Entwicklung von Bilanzbonitätsindikatoren führen.[141]

Die dritte Stichprobe, die **Validierungsstichprobe**, dient der abschließenden Feststellung der Klassifikationsleistung des fertigen Netzes bzw. dem Vergleich von linearer MDA und nicht linearer MDA sowie dem Vergleich von MDA, Logistischer Regressionsanalyse und KNNA. Die Klassifikationsleistung jeder mathematisch-statistischen Methode und auch des Netzes wird also an Daten gemessen, die nicht für die Entwicklung der Methode bzw. des Netzes benutzt wurden. Dies ist notwendig, da die Klassifikatoren bei der Anwendung ebenfalls unbekannte Daten klassifizieren sollen.

Eine Vielzahl von Untersuchungen hat beim Test an sehr großen Validierungsstichproben ergeben, dass die Klassifikationsergebnisse der ermittelten KNN, wenn auch manchmal nur geringfügig, stets besser waren als die mit dem gleichen Tranings-Lern-Datensatz ermittelten Klassifikatoren auf der Basis anderer Verfahren.[142] Ein spezieller Vorteil eines KNN gegenüber einer linearen Diskriminanzfunktion ist, dass mit einem KNN auch (unbekannte) nicht lineare Zusammenhänge mit sehr gutem Erfolg abgebildet werden können. Die MDA kann zwar ebenfalls nicht linear sein, doch ist die nicht lineare MDA sehr anfällig gegenüber einer Verletzung der Normalverteilungsannahme und klassifiziert fremde Daten schlechter als die lineare MDA.[143] Sämtliche am Institut für Revisionswesen der Westfälischen Wilhelms-Universität Münster durchgeführten Vergleiche zwischen linearen und nicht linearen MDA sind zu Gunsten der linearen MDA ausgegangen, sämtliche Vergleiche zwischen MDA und KNNA zu Gunsten der KNNA.

432. Anwendungsbeispiele

432.1 Das BP-14 als Beispiel für ein Verfahren der Künstlichen Neuronalen Netzanalyse

Ein Beispiel eines konkreten Künstlichen Neuronalen Netzes (KNN) zum Bilanzbonitätsrating ist das Backpropagation-Netz BP-14, welches 1995 am Institut für Revisionswesen der Westfälischen Wilhelms-Universität Münster entwickelt und das später in BBR Baetge-Bilanz-Rating® (BBR) umbenannt wurde.[144] Bei dem BP-14 han-

---

141 Vgl. BAETGE, J./KRAUSE, C., Kreditmanagement mit Neuronalen Netzen, S. 397; UTHOFF, C., Erfolgsoptimale Kreditwürdigkeitsprüfung, S. 250-263; JERSCHENSKY, A., Messung des Bonitätsrisikos, S. 199 und S. 215-217; BAETGE, J./THUN, C., Bilanzbonitäts-Rating, S. 165 f.

142 Vgl. BAETGE, J./KRAUSE, C., Kreditmanagement mit Neuronalen Netzen, S. 403; BAETGE, J./KRUSE, A./UTHOFF, C., Bonitätsklassifikationen von Unternehmen mit Neuronalen Netzen, S. 274; BISCHOFF, R./BLEILE, C./GRAALFS, J., Neuronale Netze, S. 382 f.; PYTLIK, M., Diskriminanzanalyse und Künstliche Neuronale Netze zur Klassifizierung von Jahresabschlüssen, S. 291; JERSCHENSKY, A., Messung des Bonitätsrisikos, S. 157 m. w. N.

143 Vgl. LACHENBRUCH, P. A./SNEERINGER, C./REVO, L. T., Robustness of the Linear and Quadratic Discriminant Function, S. 53.

delt es sich um ein KNN, genauer um ein Multilayer-Perceptron, das mit dem Back-propagation-Algorithmus trainiert wurde. Bei der KNNA für das BP-14 wurden aus 259 Kennzahlen 14 Kennzahlen als „optimal" ausgewählt. Bei der Bilanzanalyse eines unbekannten Unternehmens gehen die Werte dieser 14 Kennzahlen in das BP-14 ein und werden zu einem Bilanzbonitätsindex, dem sog. N-Wert des Unternehmens, verdichtet.

Für die **Entwicklung des BP-14** mit Hilfe der KNNA stand eine große Menge an Jahresabschlüssen von gesunden bzw. solventen Unternehmen und von kranken bzw. später insolventen Unternehmen zur Verfügung. Diese Datenmenge wurde in eine Lernstichprobe, eine Teststichprobe und eine Validierungsstichprobe aufgeteilt.[145] Der Entwicklung des BP-14 lagen insgesamt 10.515 Jahresabschlüsse gesunder und 912 Jahresabschlüsse kranker Unternehmen zugrunde. In die Lernstichprobe wurden je 393 Jahresabschlüsse gesunder und kranker Unternehmen aufgenommen. Diese jeweils drei aufeinander folgenden Jahresabschlüsse stammten von 131 gesunden und von 131 kranken Unternehmen. Die restlichen Jahresabschlüsse wurden nach dem Zufallsprinzip auf die Teststichprobe und die Validierungsstichprobe aufgeteilt. In der Teststichprobe befanden sich dann 5.061 Jahresabschlüsse gesunder Unternehmen und 260 Jahresabschlüsse kranker Unternehmen. Die Validierungsstichprobe bestand aus 5.061 Jahresabschlüssen gesunder und 259 Jahresabschlüssen kranker Unternehmen.[146]

Das Vorgehen während der Entwicklung des KNN kann mit der Funktion eines Filters bzw. eines Trichters verglichen werden (vgl. Übersicht VII-35). Ziel der KNNA ist, aus einer großen Menge an möglichen Kennzahlen jene Kennzahlen herauszufiltern, die besonders gut in der Lage sind, schon Jahre vor der Insolvenz gesunde von kranken Unternehmen zu unterscheiden. Bei dieser Vorgehensweise wird implizit das für die Bilanzanalyse überaus bedeutsame Ganzheitlichkeitsprinzip[147] berücksichtigt. Aus einem großen Kennzahlenkatalog werden Kennzahlen aller Informationsbereiche des Jahresabschlusses herausgefiltert, da nur so ein zuverlässiges Gesamturteil über die wirtschaftliche Lage von Unternehmen und somit eine zuverlässige Trennung in „gesunde" und „kranke" Unternehmen möglich ist. Außerdem werden diese Kennzahlen so gewichtet und zu einem Wert zusammengefasst, dass die Klassifikationsleistung

---

144 Zur Anwendung des BP-14 vgl. BAETGE, J./HÜLS, D./UTHOFF, C., Früherkennung der Unternehmenskrise, S. 21-29; BAETGE, J./JERSCHENSKY, A., Moderne Verfahren der Jahresabschlußanalyse, S. 1581-1591. Bereits 1993 und 1994 wurden mit Vorgängersystemen des BP-14 die größten deutschen Unternehmen klassifiziert, vgl. ZDRAL, W., Fitness-Test für Firmen, S. 20-30; ZDRAL, W., Obduktion mit neuronalem Netz, S. 32-34; ZDRAL, W., Die Top 100 auf dem Prüfstand, S. 20-26; BAETGE, J., Rating von Unternehmen anhand von Bilanzen, S. 1-10; BAETGE, J., Qualitäts-TÜV, S. 27 f.

145 Vgl. zur Bedeutung der Stichproben Abschn. 431. in diesem Kapitel.

146 Vgl. BAETGE, J./HÜLS, D./UTHOFF, C., Bilanzbonitätsanalyse mit Künstlichen Neuronalen Netzen, S. 23.

147 Zum Ganzheitlichkeitsprinzip vgl. Kap. I Abschn. 46 sowie 54.

des Netzes optimiert wird. Daher wurden im Vorfeld der KNNA 259, zum großen Teil Bilanzpolitik konterkarierende[148] Kennzahlen gebildet, aus denen in monatelanger Analysearbeit vom KNN die relevanten Kennzahlen herausgesucht wurden.

50 Kennzahlen mussten schon bei statistischen Voruntersuchungen wegen im Datensatz festgestellten Verstößen gegen die Hypothesen (=Falsifizierungen) oder weil zu viele Werte für diese Kennzahlen fehlten (=missing values) aus der Menge der möglichen Kennzahlen entfernt werden. Die Hypothesenverstöße ergaben sich entweder aus einer ungeeigneten oder aus einer falschen Definition einer Kennzahl, beispielsweise bei der Anwendung einer rein branchenbezogenen Kennzahl auf den für die deutsche Wirtschaft branchenübergreifenden Datensatz.

Bei der Entwicklung des BP-14 verblieben nach dem Hypothesentest noch 209 Kennzahlen, deren Werte für jeden der vorhandenen Jahresabschlüsse berechnet wurden.

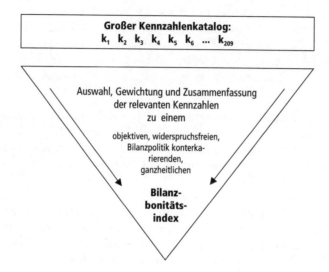

Übersicht VII-35: *Vorgehensweise bei der Entwicklung eines KNN zur Bilanzanalyse*

Diese 209 Kennzahlenwerte stellten für jeden Jahresabschluss den Eingabevektor für das Start-Netz dieser Untersuchung dar. Die vielen tausend analysierten Netze hatten drei Schichten, eine Eingabeschicht, eine versteckte Schicht und eine Ausgabeschicht. Die Ausgabeschicht bestand aus einem Neuron, die versteckte Schicht aus zwei Neuronen. Für die 209 Kennzahlen wurden 209 Neuronen in die Eingabeschicht des Startnetzes der KNNA aufgenommen. Die Kennzahlenwerte der Lernstichprobe wurden dem Netz zusammen mit dem tatsächlich richtigen Zustand als Ausgabewert **gesund** oder **krank** wieder und wieder präsentiert, damit das Netz lernen konnte, gesunde und kranke Unternehmen richtig zu klassifizieren. Das Lernen, d. h. die An-

---

148 Vgl. Kap. III Abschn. 4.

passung der Verbindungsgewichte zwischen den Neuronen der verschiedenen Schichten, erfolgte mit Hilfe des Backpropagation-Algorithmus. Mit sog. Pruning-Algorithmen wurde die Kennzahlenmenge reduziert. Zunächst wurde ein **gewichtsorientiertes Pruning** durchgeführt, bei dem die Verbindungen zwischen Neuronen mit den kleinsten Gewichten (d. h. Kennzahlen mit dem geringsten Einfluss auf das „Urteil") abgeschnitten wurden. Zu Beginn des gewichtsorientierten Pruning waren alle 209 Neuronen der Eingabeschicht mit den zwei Neuronen der versteckten Schicht verbunden, so dass zwischen diesen Schichten 418 Verbindungen existierten. Die zugehörigen 418 Verbindungsgewichte wurden zunächst mit zufällig gewählten Werten belegt. Dem Netz wurden die Datensätze der Lernstichprobe dann wieder und wieder präsentiert, damit das Netz deren Struktur lernen, d. h. seine Verbindungsgewichte entsprechend anpassen, konnte. Innerhalb eines Trainingszyklus verarbeitete das Netz bis zu 50.000 Datensätze. Damit es nicht zu einem Overtraining[149] kam, wurde die Klassifikationsleistung des Netzes jeweils nach 10.000 Datensätzen an der Teststichprobe geprüft. Die Klassifikationsleistung des Netzes wurde anhand des β-Fehlers bei einem α-Fehler von 8,75 %[150] gemessen.[151] Nahm der β-Fehler bei dem konstant gehaltenen α-Fehler von 8,75 % wieder zu, wurde der Trainingszyklus abgebrochen. Nach jedem Trainingszyklus wurden zehn Prozent der Verbindungen mit den betragsmäßig kleinsten Gewichten entfernt. Vor jedem neuen Trainingszyklus wurden die Verbindungsgewichte des verkleinerten Netzes wieder zufällig belegt. Das Training wurde nicht fortgesetzt, wenn bei einem α-Fehler von 8,75 % der β-Fehler eines verkleinerten Netzes an den Daten der Teststichprobe signifikant über dem β-Fehler des größeren Vorgängernetzes lag.[152]

Nach dem gewichtsorientierten Pruning verblieb ein Netz mit 50 Eingangsneuronen (=Kennzahlen) und 62 Verbindungen. Für das **relevanzorientierte Pruning** wurden die 50 Eingangsneuronen wieder vollständig mit der versteckten Schicht verbunden. Beim relevanzorientierten Pruning wurde ein Neuron entfernt, das heißt, die betreffende Kennzahl nicht aufgenommen, wenn die Klassifikationsleistung des Netzes ohne dieses Neuron besser war als mit diesem Neuron. Störende Neuronen wurden also entfernt, wichtige Neuronen beibehalten. Die Klassifikationsleistung wurde wieder an der Teststichprobe anhand des β-Fehlers bei einem α-Fehler von 8,75 % gemessen. War die Differenz zwischen dem β-Fehler des Netzes ohne ein bestimmtes Neuron und dem β-Fehler des Netzes mit diesem Neuron (Relevanz des Neurons) positiv, wurde das Neuron im Netz belassen, war die Differenz negativ, wurde das gesamte Neuron entfernt, d. h., beide Verbindungen wurden getrennt. Das Künstliche

---

149 Vgl. Abschn. 431. in diesem Kapitel und dort die Übersichten VII-33 und VII-34.

150 Dieser α-Fehler ergab sich in einer Untersuchung von FEIDICKER und wurde seitdem am IRW als Benchmark benutzt, um verschiedene Bilanzbonitätsbeurteilungssysteme anhand des β-Fehlers vergleichen zu können, vgl. FEIDICKER, M., Kreditwürdigkeitsprüfung, S. 212-214.

151 Vgl. Abschn. 41 in diesem Kapitel.

152 Zum gewichtsorientierten Pruning bei der Entwicklung des BP-14 vgl. BAETGE, J./HÜLS, D./ UTHOFF, C., Früherkennung der Unternehmenskrise, S. 24 f.

Neuronale Netz mit der besten Klassifikationsleistung war schließlich ein Netz mit 14 Kennzahlen, das BP-14, mit einem β-Fehler an der Teststichprobe von 32,96 %.[153]

Für die abschließende Prüfung der Klassifikationsleistung des BP-14 wurde der β-Fehler bei einem α-Fehler von 8,75 % an der großen, repräsentativen und für das Netztraining nicht verwendeten Validierungsstichprobe gemessen. Die Validierungsstichprobe enthielt 5.320 Jahresabschlüsse, die dem Netz bisher noch nicht präsentiert wurden. An diesen Daten ergab sich bei Anwendung des BP-14 ein β-Fehler von 33,55 %.[154] Das bedeutet, dass 91,25 % der tatsächlich kranken Unternehmen und 66,45 % der tatsächlich gesunden Unternehmen mit dem BP-14 richtig beurteilt werden. Damit kann eine Aussage über die Güte der Klassifikation von Daten, die dem Netz unbekannt sind, getroffen werden. Dies ist unerlässlich, da das Netz in der Anwendung neue Unternehmen anhand von deren neuen und unbekannten Jahresabschlüssen beurteilen muss.

Die 14 Neuronen in der Eingabeschicht des BP-14 repräsentieren die Werte der folgenden **14 Kennzahlen**. Dabei sind die Bestandsgrößen jeweils keine Durchschnittsgrößen, sondern aus Vereinfachungsgründen jeweils der Endbestand des untersuchten Jahres. Die Verwendung von Jahresendbeständen hat vor allem den Vorteil, dass für die praktische Entwicklung einer Multivariaten Diskriminanzfunktion oder eines Künstlichen Neuronalen Netzes und der Analyse von Unternehmen mit diesen Verfahren weniger aufeinander folgende Jahresabschlüsse benötigt werden.

---

153 Zum relevanzorientierten Pruning bei der Entwicklung des BP-14 vgl. BAETGE, J./HÜLS, D./ UTHOFF, C., Früherkennung der Unternehmenskrise, S. 25 f.

154 Vgl. BAETGE, J./HÜLS, D./UTHOFF, C., Früherkennung der Unternehmenskrise, S. 27.

		Informations-bereich	Signum	Definition	Hypo-these
Kennzahlen der	Vermögenslage	Kapitalbindungs-dauer	KBD1	((Akzepte + Verbindlichkeiten aus Lieferungen und Leistungen) · 360) / Gesamtleistung	G<K
			KBD2	((Akzepte + Verbindlichkeiten aus Lieferungen und Leistungen) · 360) / Umsatz	G<K
		Kapitalbindung	KB	(Kfr. Bankverbindlichkeiten + kfr. Verbindlichkeiten aus Lieferungen und Leistungen + Akzepte + kfr. Sonstige Verbindlichkeiten) / Umsatz	G<K
		Verschuldung	FKQ	(Kfr. Fremdkapital – erhaltene Anzahlungen) / Bilanzsumme	G<K
			FKS	(Verbindlichkeiten aus Lieferungen und Leistungen + Akzepte + Bankverbindlichkeiten) / (Fremdkapital – erhaltene Anzahlungen)	G<K
		Kapitalstruktur	EKQ1	(Wirtschaftliches Eigenkapital – immaterielle Vermögensgegenstände) / (Bilanzsumme – immaterielle Vermögensgegenstände – flüssige Mittel – Grundstücke und Bauten)	G>K
			EKQ2	(Wirtschaftliches Eigenkapital + Rückstellungen) / (Bilanzsumme – flüssige Mittel – Grundstücke und Bauten)	G>K
	Finanzlage	Finanzkraft	FINK1	Ertragswirt. Cashflow / (Fremdkapital – erhaltene Anzahlungen)	G>K
			FINK2	Ertragswirt. Cashflow / (Kfr. Fremdkapital + mfr. Fremdkapital – erhaltene Anzahlungen)	G>K
		Deckungsstruktur	AD	Wirtschaftliches Eigenkapital / (Sachanlagevermögen – Grundstücke und Bauten)	G>K
	Ertragslage	Rentabilität	UR	Ordentliches Betriebsergebnis / Umsatz	G>K
			CF1-ROI	Ertragswirt. Cashflow / Bilanzsumme	G>K
			CF2-ROI	(Ertragswirt. Cashflow + Zuführungen zu den Pensionsrückstellungen) / Bilanzsumme	G>K
		Aufwands-struktur	PAQ	Personalaufwand / Gesamtleistung	G<K

Legende:

KBD1	≙	Kapitalbindungsdauer 1	FINK1	≙	Finanzkraft 1
KBD2	≙	Kapitalbindungsdauer 2	FINK2	≙	Finanzkraft 2
KB	≙	Kapitalbindung	AD	≙	Anlagendeckung
FKQ	≙	Fremdkapitalquote	UR	≙	Umsatzrentabilität
FKS	≙	Fremdkapitalstruktur	CF1-ROI	≙	Cashflow1-ROI
EKQ1	≙	Eigenkapitalquote 1	CF2-ROI	≙	Cashflow2-ROI
EKQ2	≙	Eigenkapitalquote 2	PAQ	≙	Personalaufwandsquote

Übersicht VII-36: *Kennzahlen des BP-14[155]*

Die 14 Kennzahlen des BP-14 stammen aus insgesamt acht Informationsbereichen des Jahresabschlusses. Diese Informationsbereiche ergaben sich durch eine Cluster-analyse, die im Vorfeld der Entwicklung des BP-14 mit den zur Verfügung stehenden

---

155 Die Bezeichnungen, d. h. das jeweilige Signum der Kennzahlen, wurden gegenüber den Kenn-zahlenbezeichnungen aus früheren Veröffentlichungen zum BP-14 geändert, damit sich die Kennzahlen leichter einprägen lassen.

Kennzahlen durchgeführt wurde. Dabei handelt es sich um die Cluster bzw. Informationsbereiche Kapitalbindungsdauer, Kapitalbindung, Verschuldung, Kapitalstruktur, Finanzkraft, Deckungsstruktur, Rentabilität und Aufwandsstruktur. BP-14 deckt alle mit der Clusteranalyse separat ermittelten Informationsbereiche des Jahresabschlusses mit jeweils mindestens einer Kennzahl ab, was vor dem Hintergrund des bereits dargestellten Ganzheitlichkeitsprinzips von entscheidender Bedeutung ist. Wie Übersicht VII-36 zeigt, erlaubt das BP-14 damit ein umfassendes Urteil über die Vermögens-, Finanz- und Ertragslage von Unternehmen.

Gemäß dem **Neutralisierungsprinzip** konterkariert das BP-14 die Bilanzpolitik durch die allein verfahrensgesteuerte und damit fehlerminimierende Auswahl entsprechender Kennzahlen. Außerdem handelt es sich um eine umfassende Auswahl aus dem Kennzahlenkatalog, denn jeder Informationsbereich wurde beim Pruning von der KNNA (selbstständig) berücksichtigt. Das BP-14 schwächt die Wirkung bilanzpolitischer Maßnahmen durch die überwiegende Auswahl kreativ definierter Kennzahlen, die Bilanzpolitik konterkarieren, ab. Diese von uns als „intelligent" bezeichneten Kennzahlen sind so definiert, dass sich für die Ausprägung der jeweiligen Kennzahl kaum ein Unterschied daraus ergibt, ob ein Unternehmen eine bestimmte bilanzpolitische Maßnahme ergriffen hat oder nicht. Unter den bei der KNNA ausgewählten 14 Kennzahlen befinden sich überwiegend solche „intelligenten" Kennzahlen, woraus sich schließen lässt, dass gerade mit Hilfe solcher Kennzahlen gesunde von kranken Unternehmen gut getrennt werden können. Die 14 in Übersicht VII-36 zusammengestellten Kennzahlen des BP-14 werden im Folgenden erläutert.[156]

Die erste Kennzahl des Informationsbereiches Kapitalbindungsdauer, die **Kapitalbindungsdauer 1** (KBD1), gibt Aufschluss darüber, wie viele Tage das Unternehmen benötigen würde, um seinen Verbindlichkeiten aus Lieferungen und Leistungen und seinen Wechselverpflichtungen aus seiner Gesamtleistung nachzukommen. Je höher diese Kennzahl ist, desto länger dauert es, bis aus der Gesamtleistung die genannten Verbindlichkeiten getilgt werden könnten. Daher gilt für KBD1 die Hypothese, dass gesunde Unternehmen eine kleinere Ausprägung dieser Kennzahl aufweisen als kranke Unternehmen (G<K).

Für die zweite Kennzahl des Informationsbereiches Kapitalbindungsdauer, die **Kapitalbindungsdauer 2** (KBD2), gilt Entsprechendes wie für die KBD1, nur dass hier anstelle der Gesamtleistung der Umsatz im Nenner herangezogen wird. Das heißt, die Bezugsgröße besteht nur aus den Umsätzen ohne Bestandsveränderungen und ohne den Betrag an anderen aktivierten Eigenleistungen. Um zu einer Verbesserung der KBD2 zu gelangen, ist es im Vergleich zur KBD1 also nötig, dass die Produkte auch am Markt abgesetzt werden; eine Produktion auf Lager reicht nicht aus. Wieder gilt die Hypothese, dass die Kennzahlenwerte gesunder Unternehmen niedriger sein werden als die kranker Unternehmen, also G<K.

---

156 Zu den Erläuterungen der Kennzahlen vgl. HÜLS, D., Früherkennung insolvenzgefährdeter Unternehmen, S. 84-108; BAETGE, J./KRUSE, A./UTHOFF, C., Bonitätsklassifikationen von Unternehmen mit Neuronalen Netzen, S. 277; BAETGE, J./JERSCHENSKY, A., Moderne Verfahren der Jahresabschlussanalyse, S. 1582; WILHELM, W., Wie gut sind die Blue Chips, S. 110.

Die Kennzahl des Informationsbereiches Kapitalbindung, die wie der Informationsbereich auch mit **Kapitalbindung** (KB) bezeichnet wird, gibt den Teil des Umsatzes
an, der in kurzfristigen Bankverbindlichkeiten, kurzfristigen Kreditoren, Akzepten
und sonstigen kurzfristigen Verbindlichkeiten gebunden ist, d. h. demnächst zur Tilgung dieser Verbindlichkeiten benötigt wird, und daher nicht mehr frei zur Verfügung steht. Ebenso wie bei den Kennzahlen zur Kapitalbindungsdauer gilt die Hypothese G<K.

Mit der ersten Kennzahl des Informationsbereiches Verschuldung, der kurzfristigen
Fremdkapitalquote (FKQ), wird der Anteil des kurzfristigen Fremdkapitals (Restlaufzeit bis zu einem Jahr) am Gesamtkapital angegeben. Die FKQ gibt also den Grad
der kurzfristigen Verschuldung an. Dieser Teil des Gesamtkapitals steht dem Unternehmen nicht mehr lange zur Verfügung, sondern es werden demnächst in dieser
Höhe liquide Mittel aus dem Unternehmen abfließen. Ein hoher Wert dieser Kennzahl weist auf die Gefahr hin, dass die nötigen liquiden Mittel nicht rechtzeitig verfügbar sind. Daher kann hier die Hypothese aufgestellt werden, dass die Werte dieser
Kennzahl bei gesunden Unternehmen niedriger sein werden als bei kranken Unternehmen (G<K).

Indem im Nenner der FKQ die Bilanzsumme des BP-14 verwendet wird, finden ausstehende Einlagen, Forderungen gegenüber haftenden und nicht haftenden Gesellschaftern sowie erhaltene Anzahlungen keine Berücksichtigung. Diese Positionen
werden bei der Bestimmung der Bilanzsumme des BP-14 von der Summe der Passiva
abgezogen. Bilanzpolitische Maßnahmen, die sich auf die Bilanzsumme auswirken,
werden konterkariert und die ermittelten Kennzahlenwerte werden vergleichbarer. So
werden die erhaltenen Anzahlungen von der Summe der Passiva abgezogen, damit es
nicht zu einer Benachteiligung von Branchen kommt, bei denen erhaltene Anzahlungen von großer Bedeutung sind. Das gilt vor allem für Anlagenbauer und Unternehmen der Baubranche. Außerdem spielt es dadurch keine Rolle, ob die erhaltenen Anzahlungen offen von den Vorräten abgesetzt oder ob sie unter den Verbindlichkeiten
gesondert ausgewiesen werden (Wahlrecht gemäß § 268 Abs. 5 Satz 2 HGB).

Die zweite Kennzahl des Informationsbereiches Verschuldung, die **Fremdkapitalstruktur** (FKS), gibt den Anteil der Kreditoren, Akzepte und Bankverbindlichkeiten
am Fremdkapital an. Neben diesen Positionen werden zum Fremdkapital des BP-14
noch die Hälfte des Sonderpostens mit Rücklageanteil, die Rückstellungen, die kurzfristigen Darlehen nicht haftender Gesellschafter, die Verbindlichkeiten gegen verbundene Unternehmen und Beteiligungsunternehmen, die sonstigen Verbindlichkeiten und der passivische Rechnungsabgrenzungsposten gezählt. Somit gibt die FKS
den Teil des Fremdkapitals an, der tatsächlich in liquiden Mitteln an außenstehende
Gläubiger abfließen wird. Haben z. B. zwei Unternehmen in gleicher Höhe Fremdkapital und besteht dieses Fremdkapital bei dem einen Unternehmen zum größten Teil
aus Bankverbindlichkeiten und Kreditoren, während das zweite Unternehmen auch
einen großen Posten Rückstellungen bilanziert hat, fällt die FKS bei dem zweiten Unternehmen geringer aus als bei dem ersten. Die geringere FKS ist in diesem Fall positiv zu werten, da mit Rückstellungen nicht zwingend ein künftiger Liquiditätsabfluss
verbunden sein muss, sofern in den Rückstellungen Aufwandsrückstellungen, d. h.

Verpflichtungen des Unternehmens gegen sich selbst, enthalten sind. Aus den gleichen Gründen wie bei der FKQ werden die erhaltenen Anzahlungen im Nenner der FKS vom Fremdkapital abgezogen. Für die FKS gilt die Hypothese, dass gesunde Unternehmen niedrigere Werte dieser Kennzahl aufweisen als kranke Unternehmen (G<K).

Die erste Kennzahl des Informationsbereiches Kapitalstruktur, die **Eigenkapitalquote 1** (EKQ1), gibt den Anteil des Eigenkapitals am Gesamtkapital an. Hier werden das Wirtschaftliche Eigenkapital (vgl. Übersicht VII-37), d. h. das Kapital, das dem Unternehmen frei und langfristig zur Verfügung steht, sowie die Bilanzsumme des BP-14 (vgl. die Ausführungen zur FKQ) zugrunde gelegt. Die Hypothese bei der EKQ1 lautet, dass gesunde Unternehmen höhere Werte dieser Kennzahl aufweisen als kranke Unternehmen (G>K).

	Gezeichnetes Kapital
−	Ausstehende Einlagen
+	Rücklagen
±	Gewinnvortrag (+)/Verlustvortrag (−)
±	Jahresüberschuss (+)/Jahresfehlbetrag (−)
+	50 % des Sonderpostens mit Rücklageanteil
+	Mittel- und langfristige Darlehen nicht haftender Gesellschafter
−	Forderungen an Gesellschafter
=	Wirtschaftliches Eigenkapital

Übersicht VII-37: *Wirtschaftliches Eigenkapital des BP-14*[157]

Sowohl im Zähler als auch im Nenner werden bei dieser besonderen Eigenkapitalquote die immateriellen Vermögensgegenstände abgezogen. Für nicht entgeltlich erworbene immaterielle Vermögensgegenstände des Anlagevermögens besteht nach § 248 Abs. 2 HGB ein Aktivierungsverbot, welches aber durch Sachverhaltsgestaltung seitens des Bilanzierenden umgangen werden kann. Für den in den immateriellen Vermögensgegenständen enthaltenen Geschäfts- oder Firmenwert (GoF) besteht nach § 255 Abs. 4 HGB ein Ansatzwahlrecht, das in praxi je nach Lage des Unternehmens unterschiedlich ausgenutzt wird. Außerdem streut die Abschreibungsdauer des GoF in praxi ganz beträchtlich. Für die Bilanzierung im Konzernabschluss besteht nach § 309 Abs. 1 Satz 1 und 2 HGB analog zum Einzelabschluss ein Wahlrecht, den Geschäfts- oder Firmenwert zu aktivieren und in den folgenden Jahren zu je einem Viertel oder aber über die geplante Nutzungsdauer abzuschreiben oder nach § 309 Abs. 1 Satz 3 HGB den Geschäfts- oder Firmenwert im Konzernabschluss offen mit den Rücklagen zu verrechnen.[158] Durch Eliminierung der immateriellen Vermögensgegenstände einschließlich des GoF soll der Einfluss der diesbezüglichen bilanzpolitischen Maßnahmen verhindert werden. Da im Einzelfall nicht bekannt ist, in welcher Höhe immaterielle Vermögensgegenstände nur durch Sachverhaltsgestal-

---

157 Im Fall eines Konzernabschlusses ist das wirtschaftliche Eigenkapital um konzernspezifische Bestandteile des bilanziellen Eigenkapitals, wie den Ausgleichsposten für Anteile anderer Gesellschafter und den Unterschiedsbetrag aus der Kapitalkonsolidierung, zu ergänzen.

158 Vgl. auch Kap. IV Abschn. 41.

tungen aktiviert werden konnten, werden die gesamten immateriellen Vermögensgegenstände abgezogen. Die Jahresabschlüsse der analysierten Unternehmen werden auf diese Weise vergleichbarer gemacht.

Außerdem werden im Nenner der EKQ1 die Grundstücke und Bauten herausgerechnet. Dies geschieht ebenfalls, um den Einfluss von sachverhaltsgestaltender Bilanzpolitik auf die Kennzahlenausprägungen zu verringern. Die Eigenkapitalquote könnte ansonsten durch die Politik des Sale-and-lease-back, d. h. durch Verkauf und anschließendes Mieten von Grundstücken und Gebäuden, künstlich erhöht werden, wenn aus dem Verkaufserlös Kredite getilgt werden. Die Bilanzsumme würde sich verringern, so dass der prozentuale Anteil des Eigenkapitals an der Bilanzsumme steigen würde. Damit Unternehmen, die kein Sale-and-lease-back realisiert haben, bei der Bilanzanalyse nicht wesentlich schlechter gestellt werden als Unternehmen, die diese sachverhaltsgestaltende Maßnahme genutzt haben, werden bei der EKQ1 die fortgeführten Anschaffungs- und Herstellungskosten der Grundstücke und Bauten von der Bilanzsumme abgezogen. Da im Einzelfall nicht bekannt ist, welcher Teil des Postens Grundstücke und Bauten überhaupt für Sale-and-lease-back-Maßnahmen in Frage käme und wie hoch die entsprechenden Marktpreise sind, was von Bedeutung ist, da die Verkaufserlöse zur Schuldentilgung zur Verfügung stünden, führt die Subtraktion des gesamten Postens Grundstücke und Bauten im Nenner natürlich nur zu einer Annäherung an die gewünschte Vergleichbarkeit mit Unternehmen, die Sale-and-lease-back betrieben haben. Die durch das Pruning vorgenommene Wahl dieser Kennzahl aus einer großen Zahl von alternativen Eigenkapitalquoten durch die KNNA in das BP-14 zeigt indes, dass diese modifizierte Eigenkapitalquote gesunde von kranken Unternehmen besser trennt als herkömmlich gebildete Eigenkapitalquoten.

Auch die flüssigen Mittel (Schecks, Kassenbestand, Guthaben bei Kreditinstituten sowie Wertpapiere des Umlaufvermögens (einschließlich eigener Anteile)) werden im Nenner der EKQ1 subtrahiert. Dadurch soll vermieden werden, dass sich die Eigenkapitalquoten von zwei Unternehmen nur deswegen unterscheiden, weil ein Unternehmen zum Jahresabschlussstichtag entweder eine hohe Liquiditätsreserve hält oder Fremdkapital aufgenommen hat, um seine Liquidität kurzfristig zu verbessern (Windowdressing). Durch die hohe Liquiditätsreserve oder die Aufnahme von Fremdkapital erhöht sich die Bilanzsumme, so dass die Eigenkapitalquote geringer ausfällt als ohne diese beiden Formen der Liquiditätspolitik. Werden die flüssigen Mittel, die dem Unternehmen zur Verfügung stehen, von der Bilanzsumme abgezogen, wird der Effekt auf die Eigenkapitalquote konterkariert. Da nicht bekannt ist, ob Windowdressing betrieben wurde und wenn ja, in welcher Höhe, werden bei der EKQ1 die gesamten flüssigen Mittel von der Bilanzsumme abgezogen. Auch diese Variation der EKQ1 wurde bei der KNNA ausgewählt, weil damit offenbar gesunde und kranke Unternehmen besser unterschieden werden können.

Bei der zweiten Kennzahl zum Informationsbereich Kapitalstruktur, der **Eigenkapitalquote 2** (EKQ2), gilt ebenfalls die Hypothese G>K. Aus den gleichen Gründen wie bei der EKQ1 werden die Grundstücke und Bauten und die flüssigen Mittel im Nenner herausgerechnet. Im Zähler werden bei der EKQ2 die Rückstellungen zum Wirtschaftlichen Eigenkapital addiert. Dies geschieht, da die überwiegend langfristigen Rückstellungen i. d. R. für längere Zeit unabhängig von den Entscheidungen der Fremdkapitalgeber zur Verfügung stehen (temporäres Eigenkapital (LE COUTRE)). Außerdem bestehen bei Ansatz und Bewertung von Rückstellungen Wahlrechte und Ermessensspielräume, die von den Unternehmen häufig bilanzpolitisch genutzt werden. So dotieren gesunde Unternehmen die Rückstellungen häufig vorsichtig, also eher zu hoch, und stellen sich damit schlechter dar als ihre wirtschaftliche Lage eigentlich ist. Kranke Unternehmen hingegen bilden eher zu geringe Rückstellungen bzw. lösen Rückstellungen auf, um einen höheren Jahreserfolg ausweisen zu können. Durch die Addition von Wirtschaftlichem Eigenkapital und Rückstellungen im Zähler hat eine (bilanzpolitische) Veränderung der Rückstellungen, die zu einer entsprechenden Veränderung des Aufwandes und somit zu einer Veränderung des Wirtschaftlichen Eigenkapitals führt, keinen Einfluss auf die Zählergröße. Bilanzpolitische Maßnahmen bei den Rückstellungen schlagen also wenig auf die EKQ2 durch, da sich die Veränderungen der Rückstellungen und des Wirtschaftlichen Eigenkapitals ausgleichen. Mit der Hinzurechnung der Rückstellungen zum Eigenkapital wird auch berücksichtigt, dass gesunde Unternehmen meist noch stille Rücklagen in den Rückstellungen haben, während kranke Unternehmen diese Rücklagen bereits über die Jahre aufgelöst haben, um Verluste zu verstecken.

Die erste Kennzahl des Informationsbereiches Finanzkraft, die **Finanzkraft 1** (FINK1), gibt an, welcher Teil des Fremdkapitals durch den erwirtschafteten Zahlungsmittelüberschuss getilgt werden kann. Daher gilt die Hypothese, dass gesunde Unternehmen eine höhere Ausprägung dieser Kennzahl aufweisen als kranke Unternehmen (G>K). Im Zähler steht hier der ertragswirtschaftliche Cashflow des BP-14 (vgl. Übersichten VII-38 und VII-39), da dieser gegenüber bilanzpolitischen Maßnahmen weniger anfällig ist als z. B. der Jahresüberschuss.

GKV	UKV
Umsatzerlöse	

GKV	UKV
± Bestandsveränderungen	− Herstellungskosten der zur Erzielung der
+ Andere aktivierte Eigenleistungen	Umsatzerlöse erbrachten Leistungen
− Materialaufwand	− Vertriebskosten
− Personalaufwand	− Allgemeine Verwaltungskosten
− Normalabschreibungen	− Forschungs- und Entwicklungskosten

+	Sonstige betriebliche Erträge
+	Erträge aus der Auflösung von Rückstellungen und Wertberichtigungen
−	Erträge aus Anlagenabgängen
−	Erträge aus Zuschreibungen
−	Erträge aus der Auflösung von Sonderposten
−	Sonstige aperiodische Erträge
−	Sonstige betriebliche Aufwendungen
+	Verluste aus Anlagenabgängen
+	Aufwendungen aus der Einstellung in Sonderposten
+	Sonstige aperiodische Aufwendungen
+	Erträge aus Wertpapieren und Ausleihungen
+	Zinserträge
−	Zinsaufwendungen
−	Sonstige Steuern
=	Ordentliches Betriebsergebnis

Übersicht VII-38: *Ordentliches Betriebsergebnis des BP-14*

	Ordentliches Betriebsergebnis (inklusive Zinsergebnis, vermindert um außerordentliche Bestandteile)
+	Normalabschreibungen
=	Ertragswirtschaftlicher Cashflow des BP-14

Übersicht VII-39: *Ertragswirtschaftlicher Cashflow des BP-14*

In den ertragswirtschaftlichen Cashflow des BP-14 geht (bei der hier vorgenommenen direkten Berechnung) zunächst das ordentliche Betriebsergebnis ein, d. h. das Ergebnis, das mit dem eigentlichen Geschäftszweck des Unternehmens erwirtschaftet wurde (inklusive Zinsergebnis). Das ordentliche Betriebsergebnis wird um außerordentliche Bestandteile wie Erträge aus der Auflösung von Sonderposten, Rückstellungen und Wertberichtigungen bereinigt. Somit ist das Betriebsergebnis des BP-14 nicht identisch mit dem handelsrechtlichen Betriebsergebnis, wenn auf der Grundlage der §§ 247 Abs. 3 und 273 Satz 1 HGB aus rein steuerlichen Gründen (Steuerstundung von bestimmten außergewöhnlichen Erträgen) Sonderposten in der Handelsbilanz gebildet und in den Folgejahren ertragswirksam aufgelöst werden.[159] Auch Erträge aus der Auflösung von in Vorjahren zu hoch dotierten Rückstellungen erhöhen das Betriebsergebnis nicht. Denn gerade eine solche Auflösung stiller Rücklagen

---

159 Zum Sonderposten mit Rücklageanteil vgl. FEDERMANN, R., Bilanzierung nach Handelsrecht und Steuerrecht, S. 252-261; BAETGE, J./KIRSCH, H.-J./THIELE, S., Bilanzen, S. 532-536.

deutet oft auf den Versuch hin, eine schlechte Ertragslage zu verschleiern. Da auch bei der Forderungsbewertung bilanzpolitischer Spielraum besteht, werden Erträge aus der Auflösung von zu hoch dotierten Wertberichtigungen ebenfalls aus dem Betriebsergebnis herausgerechnet. Zudem wird für den ertragswirtschaftlichen Cashflow des BP-14 der Abschreibungsaufwand dem ordentlichen Betriebsergebnis wieder hinzugerechnet, da bei der Bemessung der Abschreibungshöhe großer bilanzpolitischer Spielraum besteht. Dieser Spielraum entsteht zum einen dadurch, dass verschiedene Abschreibungsverfahren angewendet werden dürfen. Zum anderen müssen Nutzungsdauer und Restbuchwert eines abnutzbaren Anlagegutes geschätzt werden.[160] Aus dem gleichen Grund wie bei der Fremdkapitalstruktur FKS werden auch bei der FINK1 die erhaltenen Anzahlungen im Nenner vom Fremdkapital subtrahiert.

Mit der zweiten Kennzahl des Informationsbereiches Finanzkraft, der **Finanzkraft 2** (FINK2), wird der Teil der kurz- und mittelfristigen Verschuldung berechnet, der durch den erwirtschafteten Zahlungsmittelüberschuss getilgt werden kann. Aus dem gleichen Grund wie bei der FINK1 steht wieder der ertragswirtschaftliche Cashflow des BP-14 (vgl. Übersichten VII-38 und VII-39) im Zähler. Die Hypothese für diese Kennzahl lautet also wieder G>K, da gesunde Unternehmen eher weniger Fremdkapital und/oder einen höheren Cashflow haben werden als kranke Unternehmen.

Die Kennzahl zur Deckungsstruktur, die **Anlagendeckung** (AD), gibt an, wie gut das langfristig gebundene Sachanlagevermögen durch das Wirtschaftliche Eigenkapital, d. h. das Kapital, das dem Unternehmen frei und langfristig zur Verfügung steht (vgl. Übersicht VII-37), gedeckt ist. Also kann die Hypothese aufgestellt werden, dass gesunde Unternehmen eher höhere Werte dieser Kennzahl aufweisen werden als kranke Unternehmen (G>K). Ist der Wert dieser Kennzahl größer als eins, kann auch ein Teil des Finanzanlagevermögens und des Umlaufvermögens mit Eigenkapital finanziert werden. Die Grundstücke und Bauten werden wiederum im Nenner vom Sachanlagevermögen subtrahiert, um Auswirkungen von Sale-and-lease-back-Maßnahmen auf den Kennzahlenwert weitgehend zu eliminieren (vgl. die Ausführungen zur EKQ1).

Die erste Kennzahl des Informationsbereiches Rentabilität, die **Umsatzrentabilität** (UR), gibt die Höhe des ordentlichen Betriebsergebnisses (vgl. Übersicht VII-38) im Verhältnis zum Umsatz an. Sie gibt also Aufschluss über den Umsatzanteil, der als Betriebsergebnis (betrieblicher „Gewinn") nach Abzug der ordentlichen betrieblichen Aufwendungen verbleibt. Hier gilt die Hypothese, dass die Werte dieser Kennzahl bei gesunden Unternehmen höher ausfallen werden als bei kranken Unternehmen (G>K).

Die zweite Kennzahl zur Rentabilität, der **Cashflow1-Return on Investment** (CF1-ROI), gibt den erwirtschafteten Zahlungsmittelüberschuss im Verhältnis zu dem insgesamt eingesetzten Kapital an. Wiederum wird im Nenner die Bilanzsumme des BP-14 verwendet (vgl. die Ausführungen zur FKQ). Die Kennzahl beziffert den prozentualen Rückfluss des insgesamt eingesetzen Kapitals. Je höher dieser Rückfluss ist,

---

160 Zu planmäßigen Abschreibungen vgl. WÖHE, G., Bilanzierung und Bilanzpolitik, S. 422-450; BAETGE, J./KIRSCH, H.-J./THIELE, S., Bilanzen, S. 201-219.

desto besser hat das Unternehmen sein Kapital investiert, d. h., desto höher ist die Verzinsung des eingesetzten Kapitals. Daher gilt wieder die Hypothese G>K. Wie bei den Kennzahlen zur Finanzkraft FINK1 und FINK2 steht auch hier der ertragswirtschaftliche Cashflow des BP-14 im Zähler (vgl. Übersichten VII-38 und VII-39).

Für die dritte Rentabilitätskennzahl, den **Cashflow2-Return on Investment** (CF2-ROI), gilt Entsprechendes wie für den CF1-ROI. Auch für diese Kennzahl wird die Hypothese G>K aufgestellt. Indes werden bei dieser Kennzahl im Zähler die Zuführungen zu den Pensionsrückstellungen zum ertragswirtschaftlichen Cashflow des BP-14 addiert, da bei der Bemessung der Pensionsrückstellungen ebenso wie bei der Bemessung der Abschreibungen erhebliche Bilanzpolitik betrieben werden kann. Bilanzpolitisches Potential liegt hier zum einen darin, dass ein Passivierungswahlrecht für Altzusagen, mittelbare Neuzusagen und ähnliche Verpflichtungen besteht. Zum anderen ist die Rückstellungsdotierung von der Wahl des Diskontierungszinsfußes und dem Verfahren zur Zuführungsbemessung abhängig.[161] Da die Zuführungen zu den Pensionsrückstellungen aber nicht immer ermittelt werden können bzw. nicht angegeben werden, wurde vom BP-14 offenbar zusätzlich die Kennzahl CF1-ROI gewählt, bei der die Zuführungen zu den Pensionsrückstellungen nicht zum ertragswirtschaftlichen Cashflow des BP-14 addiert werden.

Die Kennzahl des Informationsbereiches Aufwandsstruktur, die **Personalaufwandsquote** (PAQ), gibt den Anteil des Personalaufwandes an der Gesamtleistung an. Also lässt sich eine Aussage darüber treffen, ob der Personalaufwand in einem angemessenen Verhältnis zu der erwirtschafteten Gesamtleistung steht. Die Hypothese für diese Kennzahl lautet, dass gesunde Unternehmen einen niedrigeren Kennzahlenwert aufweisen als kranke Unternehmen (G<K).

In der folgenden Übersicht VII-40 sind nochmals zusammenfassend die bilanzpolitischen Möglichkeiten eines Unternehmens und die entsprechenden Gegenmaßnahmen in den Definitionen der Kennzahlen des BP-14 aufgeführt.

---

161 Zu den erheblichen bilanzpolitischen Möglichkeiten bei den Pensionsrückstellungen vgl. HARDES, W., Bilanzpolitik mit Pensionsrückstellungen, S. 92-203; BAETGE, J./KIRSCH, H.-J./ THIELE, S., Bilanzen, S. 385-390; THOMS-MEYER, D., Grundsätze ordnungsmäßiger Bilanzierung für Pensionsrückstellungen, S. 27-165 sowie Kap. V Abschn. 242.

Bilanzpolitischer Spielraum bez.	Art der Gegenmaßnahme	Bei welcher Kennzahl
Abschreibungen	Hinzurechnung der Normalabschreibungen beim ertragswirtschaftlichen Cashflow. Eliminierung der außerplanmäßigen Abschreibungen aus dem ordentlichen Betriebsergebnis und somit auch aus dem Cashflow.	FINK1 FINK2 UR CF1-ROI CF2-ROI
Erhaltene Anzahlungen	Kürzung des Fremdkapitals und der Bilanzsumme um die erhaltenen Anzahlungen.	FKQ FKS EKQ1 EKQ2 FINK1 FINK2 CF1-ROI CF2-ROI
Forderungsbewertung	Kürzung des ordentlichen Betriebsergebnisses und des Cashflows um die Erträge aus der Auflösung von Wertberichtigungen auf Forderungen.	FINK1 FINK2 UR CF1-ROI CF2-ROI
Immaterielle Vermögensgegenstände (inklusive Geschäfts- oder Firmenwert)	Kürzung des wirtschaftlichen Eigenkapitals im Zähler und der Bilanzsumme im Nenner um die immateriellen Vermögensgegenstände.	EKQ1
Pensionsrückstellungen	Hinzurechnung der Zuführungen zu den Pensionsrückstellungen zum ertragswirtschaftlichen Cashflow. Eliminierung der Erträge aus der Auflösung von Pensionsrückstellungen aus dem ordentlichen Betriebsergebnis und somit auch aus dem ertragswirtschaftlichen Cashflow. Hinzurechnung der Rückstellungen zum wirtschaftlichen Eigenkapital.	FINK1 FINK2 UR CF1-ROI CF2-ROI EKQ2
Sale-and-lease-back-Politik	Kürzung der Bilanzsumme im Nenner um die Grundstücke und Bauten in Höhe der Buchwerte.	EKQ1 EKQ2 AD
Sonderposten mit Rücklageanteil	Eliminierung der Erträge aus der Auflösung von Sonderposten mit Rücklageanteil und der Aufwendungen aus der Einstellung in Sonderposten mit Rücklageanteil.	FINK1 FINK2 UR CF1-ROI CF2-ROI
Windowdressing	Kürzung der Bilanzsumme im Nenner um die flüssigen Mittel.	EKQ1 EKQ2

Übersicht VII-40: *Maßnahmen zur Neutralisierung von Bilanzpolitik in den vom BP-14 ausgewählten Kennzahlen[162]*

---

162 Zu den Kennzahlenabkürzungen und -definitionen vgl. Übersicht VII-36.

Der Neutralisierungsgedanke ließe sich über die bisher vom BP-14 berücksichtigten bilanzpolitischen Maßnahmen hinaus, z. B. bezüglich der folgenden sachverhaltsgestaltenden Maßnahmen, erweitern: Asset Backed Securities, Factoring, Securitization und Vorrats-Lagerpolitik bei Anwendung des Lifo-Verfahrens. Beim BP-14 ist dies aber bisher nicht geschehen, d. h., intelligente Kennzahlen, die solche bilanzpolitisch motivierten Sachverhaltsgestaltungen berücksichtigen, sind vom BP-14 nicht ausgewählt worden, da das Datenmaterial durch diese Sachverhaltsgestaltungen (noch) nicht stark beeinflusst war.

Als Ergebnis einer Bilanzbonitätsbeurteilung mit dem BP-14 erhält der Bilanzanalytiker den N-Wert für das betrachtete Unternehmen. Da die 14 Kennzahlen aus allen acht Informationsbereichen des Jahresabschlusses stammen, bekommt der Bilanzanalytiker ein i. S. d. Ganzheitlichkeitsprinzips umfassendes Bild der Vermögens-, Finanz- und Ertragslage, wie sie im Jahresabschluss abgebildet ist. Das heißt, Veränderungen von einem auf das andere Jahr sowie bilanzpolitische Maßnahmen werden mit ihren Auswirkungen auf die wirtschaftliche Lage des Unternehmens erfasst, so dass eine zuverlässige Gesamtbeurteilung möglich ist.

Der N-Wert wird auf einer Skala von + 10 bis – 10 abgetragen. Diese Skala ist in sechs Güteklassen und vier Risikoklassen unterteilt. Die Güteklassen geben den Grad der Bestandssicherheit des Unternehmens, die Risikoklassen den Grad der Bestandsgefährdung des Unternehmens an. In Übersicht VII-41 sind die Zusammenhänge im BP-14 schematisch dargestellt.[163]

Lage	Informationsbereich	Kennzahl	BP-14	Skala	Klasse	Urteil	Bestandsrisiko (%)
Vermögenslage	Kapitalbindungsdauer	KBD1		10	AA	ausgezeichnete Bestandssicherheit	0,02
		KBD2		8			
	Kapitalbindung	KB			A	sehr gute Bestandssicherheit	0,12
				6			
	Verschuldung	FKQ			BB	gute Bestandssicherheit	0,12
		FKS		4			
		EKQ1	Bonitätsindex		B	befriedigende Bestandssicherheit	0,35
	Kapitalstruktur	EKQ2		2			
					CC	ausreichende Bestandssicherheit	0,66
Finanzlage	Finanzkraft	FINK1	N-Wert	0			
		FINK2			C	kaum ausreichende Bestandssicherheit	0,86
	Deckungsstruktur	AD		– 2			
					I	leichte Bestandsgefährdung	2,09
		UR		– 4			
Ertragslage	Rentabilität	CF1-ROI			II	mittlere Bestandsgefährdung	3,09
		CF2-ROI		– 6			
					III	hohe Bestandsgefährdung	7,44
	Aufwandsstruktur	PAQ		– 8			
					IV	sehr hohe Bestandsgefährdung	15,23
				– 10			

(Güteklassen: Klassen AA bis C; Risikoklassen: Klassen I bis IV)

Übersicht VII-41: *Zusammenhänge im BP-14*[164]

---

163 Für eine Untersuchung, wie sich die Bestandsgefährdung von Unternehmen als Wahrscheinlichkeit messen lässt, vgl. JERSCHENSKY, A., Messung des Bonitätsrisikos, S. 51-63.

164 Zu den Kennzahlenabkürzungen und -definitionen vgl. Übersicht VII-36.

Zu jeder Güteklasse und jeder Risikoklasse wurde die zugehörige Insolvenzwahrscheinlichkeit ermittelt. Dazu wurden einige Tausend repräsentative Jahresabschlüsse mit BP-14 klassifiziert. Der Anteil der Jahresabschlüsse kranker Unternehmen in dieser Menge betrug ein Prozent. Dies entspricht der für 1995 ermittelten A-priori-Insolvenzwahrscheinlichkeit in Deutschland.[165] Aus der Zuweisung der kranken bzw. später insolventen Unternehmen zu den zehn Klassen wurde die A-posteriori-Insolvenzwahrscheinlichkeit, d. h. die Wahrscheinlichkeit, dass ein Unternehmen, das vom BP-14 dieser Klasse zugewiesen wird, insolvent wird, in jeder Klasse auf der Basis des Bayes-Theorems ermittelt. In Übersicht VII-42 ist zu sehen, dass die Insolvenzwahrscheinlichkeit von den Güteklassen hin zu den Risikoklassen erheblich zunimmt. Ein Unternehmen, das z. B. einen N-Wert von plus sieben hat und daher in die Güteklasse A klassifiziert wird, hat ein Bestandsrisiko von 0,12 %. Ein Unternehmen hingegen, das einen N-Wert von minus neun hat, weist eine Bestandsgefährdung von 15,23 % auf.

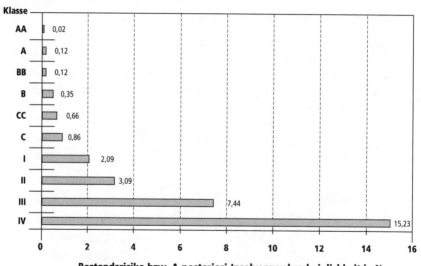

Übersicht VII-42: *Bestandsrisiko bzw. A-posteriori-Insolvenzwahrscheinlichkeiten*

Die Verteilung der Bestandsrisiken bzw. der A-posteriori-Wahrscheinlichkeiten zeigt, dass mit dem Bonitätsindex (N-Wert) des BP-14 nicht nur zweiwertige Aussagen („Unternehmen x ist gesund" bzw. „Unternehmen y ist krank") möglich sind, sondern dass der Bonitätsindex eine differenzierte Beurteilung von Unternehmen ermöglicht. Der niedrigstmögliche N-Wert von – 10 stellt die höchstmögliche von uns zu messende Bestandsgefährdung dar. Noch niedrigere Werte können bei unserem Klassifikator nicht erreicht werden, so wie der absolute „Nullpunkt", nämlich die Insol-

---

165 Vgl. ANGELE, J., Insolvenzen, S. 230.

venz, mit den der Ermittlung des N-Wertes zugrunde zu legenden Jahresabschluss-zahlen eines lebenden Unternehmens nicht erreicht werden kann. Die Insolvenz stellt für unsere Messung des Bestandsrisikos also lediglich einen objektiven Bezugspunkt, quasi den Nullpunkt, dar.

Je weiter sich ein Unternehmen von dem niedrigstmöglichen N-Wert (– 10) in positi-ver Richtung entfernen kann, desto weniger ist es in seinem Bestand gefährdet und desto besser ist sein Gesundheitszustand, d. h., desto leistungsfähiger und bestands-fester ist es. Daher ist es durchaus sinnvoll, je nach Anwendungsproblem nicht nur den unteren Teil der N-Wert-Skala, d. h. die Risikoklassen, zu betrachten, sondern auch den oberen Teil der N-Wert-Skala und damit die Güteklassen differenziert zu analysieren. Denn, wie die obige Diskussion der Kennzahlen des BP-14 gezeigt hat, ist ein Unternehmen umso bestandsfester, je rentabler es ist und je höher zugleich sei-ne finanzielle Stabilität ist. Der Bilanzbonitätsindex eignet sich daher nicht nur zur Beurteilung der Bestandsgefährdung von Unternehmen, sondern ebenso zur Beurtei-lung der Bestandsfestigkeit und damit des Gesundheitszustandes von Unternehmen. Ein Bezug zur Insolvenz besteht für gesunde Unternehmen nur insoweit, als die In-solvenz als objektiver Bezugspunkt für die Messung der Bestandsfestigkeit dient.

Der in den meisten Fällen interessierende Messbereich für die Bestandsfestigkeit von zu analysierenden Unternehmen wird zudem deutlich oberhalb der negativen N-Wer-te mit A-posteriori-Insolvenzwahrscheinlichkeiten von 1 % und weniger liegen. Ähn-lich wie bei der Fiebermessung 0° Celsius lediglich als Referenzpunkt dient, der Arzt sich nur für den relevanten „Arbeits"-Bereich zwischen 35° Celsius und 42° Celsius interessiert und die wenigsten seiner Patienten die 40° Celsius erreichen, werden die wenigsten Unternehmen in den Risikoklassen des BP-14 liegen. Vielmehr gewinnen für den Bilanzanalytiker die Güteklassen eine besondere Bedeutung. Allerdings inter-essieren z. B. den Kreditprüfer und den Kreditüberwacher im Hinblick auf die poten-tiellen Kreditausfälle auch die Firmenkunden in den Risikoklassen.

Die Werte der Kennzahlen des BP-14 und der N-Wert des Philipp Holzmann Konzerns entwickeln sich im Geschäftsjahr 1995 im Vergleich zu 1994 wie folgt:[166]

		Signum	Hypothese	1994	1995	Veränderung gegenüber Vorjahr
Kennzahlen der	Vermögenslage	KBD1	G<K	66,7 Tage	72,4 Tage	+5,7 Tage
		KBD2	G<K	70,0 Tage	75,3 Tage	+5,3 Tage
		KB	G<K	33,8 %	46,9 %	+13,1 %-Punkte
		FKQ	G<K	61,0 %	68,7 %	+7,7 %-Punkte
		FKS	G<K	50,0 %	62,8 %	+12,8 %-Punkte
		EKQ1	G>K	35,2 %	21,2 %	−14,0 %-Punkte
		EKQ2	G>K	73,0 %	55,2 %	−17,8 %-Punkte
	Finanzlage	FINK1	G>K	8,7 %	−0,7 %	−9,4 %-Punkte
		FINK2	G>K	9,6 %	−0,8 %	−10,4 %-Punkte
		AD	G>K	278,5 %	207,2 %	−71,3 %-Punkte
	Ertragslage	UR	G>K	2,3 %	−3,9 %	−6,2 %-Punkte
		CF1-ROI	G>K	6,7 %	−0,6 %	−7,3 %-Punkte
		CF2-ROI	G>K	6,9 %	−0,3 %	−7,2 %-Punkte
		PAQ	G<K	28,4 %	27,8 %	−0,6 %-Punkte
N-Wert				−0,46	−4,68	−4,22 Punkte

Bei der Analyse der 14 Kennzahlen des BP-14 fällt auf, dass sich – bis auf die Personalaufwandsquote (PAQ) – alle Kennzahlenwerte des Philipp Holzmann Konzerns im Jahr 1995 verschlechtert haben. Bereits ohne Kenntnis des N-Wertes wird deutlich, dass die Bestandssicherheit des Philipp Holzmann Konzerns erheblich abgenommen hat. Dies wird bei der Betrachtung des vom BP-14 ermittelten N-Wertes noch deutlicher: Der N-Wert des Philipp Holzmann Konzerns beträgt im Geschäftsjahr 1994 – 0,46 und liegt damit in der Güteklasse C. Unternehmen dieser Güteklasse weisen eine kaum ausreichende Bestandsfestigkeit auf. Im Geschäftsjahr 1995 verschlechtert sich der N-Wert des Philipp Holzmann Konzerns im Vergleich zum Vorjahr sehr deutlich um 4,22 Punkte auf nunmehr – 4,68 und rutscht in die Risikoklasse II ab. Unternehmen innerhalb dieser Klasse ist eine mittlere Bestandsgefährdung beizumessen. Das damit verbundene Bestandsrisiko ist mit 3,09 % fast viermal so hoch wie das Bestandsrisiko im Jahr zuvor (0,86 %).

Wie bei der Interpretation der Ergebnisse des BP-14 vorzugehen ist, kann mit der Form einer Pyramide beschrieben werden (Pyramiden-Konzept). Eine Veränderung des N-Wertes vom Vorjahr zum aktuellen Jahr kann der Bilanzanalytiker über Veränderungen einzelner Kennzahlen der wichtigsten Informationsbereiche bis zu den Positionen des Jahresabschlusses, die in die Kennzahlen einfließen, zurückverfolgen. In

---

166 Zu den Kennzahlenabkürzungen und -definitionen vgl. Übersicht VII-36. Vgl. für die Werte das Erfassungsschema im Anhang 2, Spalte Modifizierter Konzernabschluss 1994 und 1995.

Übersicht VII-43 wird dies am Beispiel der Kennzahlen der Informationsbereiche Rentabilität und Verschuldung dargestellt. Hat sich z. B. der N-Wert im Vergleich zum Vorjahr verschlechtert, können zunächst die Veränderungen der Kennzahlen aus den Informationsbereichen mit dem größten Einfluss betrachtet werden.

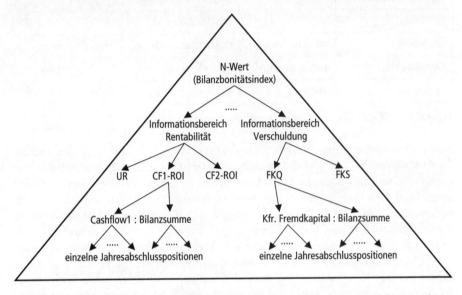

Übersicht VII-43: *BP-14-Pyramide für die Informationsbereiche Rentabilität und Verschuldung*[167]

Mit einer **statistischen Sensitivitätsanalyse** wurde festgestellt, wie stark der Einfluss der einzelnen Informationsbereiche auf den N-Wert ist. Dabei wurde für die Gesamtheit der repräsentativen Datensätze, die der Entwicklung des BP-14 zugrunde lagen, untersucht, wie stark sich der N-Wert verändert, wenn die Kennzahlenwerte eines Informationsbereiches verändert werden und die Kennzahlenwerte der anderen Informationsbereiche gleich bleiben. Die Untersuchung ergab, dass über alle untersuchten Unternehmen im Durchschnitt betrachtet die Informationsbereiche Rentabilität und Verschuldung den größten Einfluss auf den N-Wert haben. Somit wird ein Unternehmen (gemessen an allen Unternehmen des Datenbestandes) dann als gut beurteilt, wenn es zugleich die Ziele „Geld verdienen" (hohe Rentabilität) und „Verdienstquelle sichern" (niedrige Verschuldung) gut erreicht hat, was sich durch einen Vergleich der Kennzahlenwerte mit den in der BP-14-Auswertung angegebenen Durchschnittswerten aller Unternehmen des Portfolios gut feststellen lässt. Veränderungen des N-Wertes lassen sich also betriebswirtschaftlich plausibel nachvollziehen.[168]

---

167 Zu den Kennzahlenabkürzungen und -definitionen vgl. Übersicht VII-36.

168 Vgl. BAETGE, J./KRUSE, A./UTHOFF, C., Bonitätsklassifikationen von Unternehmen mit Neuronalen Netzen, S. 279.

Positiver Einfluss auf den N-Wert		Negativer Einfluss auf den N-Wert	
Informationsbereich des Jahresabschlusses (Cluster)	Einflussstärke	Informationsbereich des Jahresabschlusses (Cluster)	Einflussstärke
Rentabilität	hoch	Verschuldung	hoch
Finanzkraft	mittel bis hoch	Kapitalbindungsdauer	mittel bis hoch
Kapitalstruktur	niedrig bis mittel	Kapitalbindung	niedrig bis mittel
Deckungsstruktur	niedrig	Aufwandsstruktur	niedrig

Übersicht VII-44: *Einflussstärke der Informationsbereiche*[169]

Neben dieser statistischen Sensitivitätsanalyse, die zeigt, welche Kennzahlen und Informationsbereiche über die Gesamtheit der untersuchten Unternehmen betrachtet den durchschnittlich höchsten Einfluss auf die N-Wert-Entwicklung haben, kann mit dem BP-14 auch eine individuelle Sensitivitätsanalyse durchgeführt werden. Mit Hilfe der von der BAETGE & PARTNER GMBH & CO. KG entwickelten **individuellen Sensitivitätsanalyse** wird für die Entwicklung jedes einzelnen analysierten Unternehmens von einem bestimmten Jahr auf das nächste Jahr untersucht, welche Kennzahlen die Veränderung des N-Wertes in dieser Zeitspanne zu wie viel Prozent beeinflusst haben. Für jede Kennzahl wird bei der individuellen Sensitivitätsanalyse für jedes betrachtete Jahr berechnet, zu wie viel Prozent sie den N-Wert positiv oder negativ beeinflusst hat. Damit wird das Urteil des BP-14 für den Bilanzanalytiker transparent gemacht. Der Beitrag einer einzelnen Kennzahl k_1 zu der gesamten N-Wert-Änderung eines Unternehmens von einem Jahr t auf das nächste Jahr t+1 wird ermittelt, indem die Kennzahl k_1 mit dem tatsächlich realisierten Wert aus t+1 variiert wird, während die restlichen Kennzahlen k_2 bis k_{14} den Wert aus t beibehalten. Mit diesen Werten für die 14 Kennzahlen wird dann eine Veränderung des N-Wertes für k_1 zwischen den Zeitpunkten t und t+1 berechnet. Die Differenz zwischen dem N-Wert$_{Variation k1}$ zum Zeitpunkt t+1 und dem N-Wert aus t wird also allein durch die Veränderung der Kennzahl k1 verursacht. Genauso wird für alle weiteren Kennzahlen verfahren. Damit wird für jede Kennzahl der Teil der gesamten N-Wert-Änderung von t nach t+1 berechnet, den sie verursacht hat. Der relative Anteil jeder Kennzahl an der gesamten N-Wert-Änderung berechnet sich aus dem Quotienten der durch die Kennzahl verursachten absoluten N-Wert-Änderung und der gesamten absoluten N-Wert-Änderung. Die gesamte N-Wert-Änderung entspricht also 100 %. Im Fall einer negativen N-Wert-Änderung wird diese gleich – 100 % gesetzt. Dies dient der graphischen Darstellung, wie sie beispielhaft in Übersicht VII-45 abgebildet ist. Negative Veränderungen werden ausgehend von der 0 %-Marke nach links, positive Veränderungen nach rechts abgetragen. Die Kennzahlen werden bei den individuellen Sensitivitätsanalysen jeweils in der Reihenfolge ihrer Einflussstärke auf die Veränderung des N-Wertes des Unternehmens vom Jahr t auf das Jahr t+1 angeordnet. Außer-

---

169 Zu den Kennzahlenabkürzungen und -definitionen vgl. Übersicht VII-36.

dem stehen die Kennzahlen, die die gleiche Entwicklungsrichtung wie der N-Wert aufweisen, oben, die Kennzahlen, die sich gegenläufig entwickeln, unten. Die relativen N-Wert-Änderungen der einzelnen Kennzahlen addieren sich zu 100 %.

In dem Beispiel in Übersicht VII-45[170] beträgt die gesamte N-Wert-Änderung vom Jahr t auf das Jahr t+1 – 1,17 N-Wert-Punkte. In diesem Fall hatte die Kennzahl EKQ 1 den stärksten Einfluss auf die N-Wert-Änderung für t+1 (23,05 %). Der Bilanzanalytiker hat also allen Anlass, sich den Zähler und den Nenner der EKQ1 anzusehen und herauszufinden, welches die Detailursachen der EKQ1-Reduktion sind und welche Maßnahmen gegen eine weitere Verschlechterung der EKQ1 ergriffen werden können oder besser noch, wie sich die EKQ1 künftig wieder verbessern lässt. In Übersicht VII-45 findet sich auch ein Einfluss von 12,62 % auf die Verschlechterung des N-Wertes durch die Erhöhung der FKQ, so dass zusammen mit der Verschlechterung der EKQ1 die Erhöhung der FKQ zur Verschlechterung der Bonität in t+1 zu mehr als einem Drittel beigetragen hat. Aber auch im Renditebereich lässt sich ca. ein Drittel der Verschlechterung der Bonität ausmachen. Die UR trägt mit 12,53 %, der CF2-ROI mit 11,74 % und der CF1-ROI mit 8,76 % zur Verschlechterung des N-Wertes bei (zusammen 33,03 %). Ein weiteres Drittel der Verschlechterung ist durch die KB, die FINK1 und die FINK2 zu erklären.

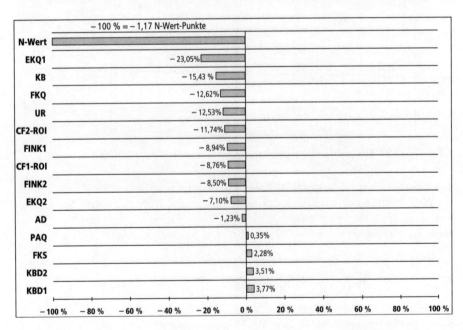

Übersicht VII-45: *Beispiel für die individuelle Sensitivität von Jahr t auf das Jahr t+1*

---

170 Zu den Kennzahlenabkürzungen und -definitionen vgl. Übersicht VII-36.

Um die Robustheit des BP-14 gegenüber bilanzpolitischen Maßnahmen real zu testen, wurden in einer Studie des Instituts für Revisionswesen der Westfälischen Wilhelms-Universität Münster 700 Geschäftsberichte von großen börsennotierten Unternehmen auf Bilanzpolitik untersucht.[171] Dabei wurden insgesamt 47 Einzelfälle von quantifizierbarer Bilanzpolitik festgestellt, die sich elf verschiedenen bilanzpolitischen Maßnahmen zuordnen ließen.[172] In der folgenden Übersicht ist dargestellt, welche N-Wert-Änderungen maximal durch die elf Maßnahmen ausgelöst wurden:

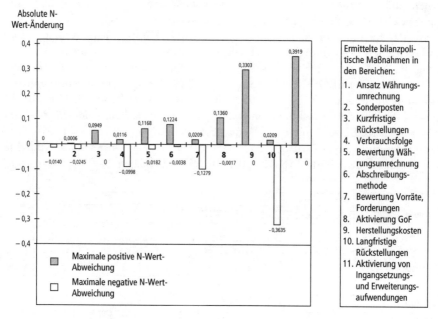

Übersicht VII-46: *Einfluss von Bilanzpolitik auf das Urteil des BP-14*

Aus Übersicht VII-46 lässt sich ablesen, dass selbst die stärkste Beeinflussung durch die Aktivierung von Ingangsetzungs- und Erweiterungsaufwendungen den N-Wert nur um 0,3919 Punkte in positiver Richtung beeinflussen konnte. Das BP-14 kann somit als sehr robust gegenüber bilanzpolitischen Maßnahmen bezeichnet werden.

432.2 Weitere Anwendungsbeispiele

Mit dem Verfahren der Künstlichen Neuronalen Netzanalyse wurden zur Klassifizierung von Unternehmen neben dem BP-14 noch weitere Projekte am Institut für Revisionswesen der Westfälischen Wilhelms-Universität Münster durchgeführt. Dabei ist im Folgenden indes zu beachten, dass die Resultate dieser Projekte aufgrund der abweichenden Datengrundlagen nicht unmittelbar miteinander vergleichbar sind.

---

171 Vgl. BAETGE, J., Bilanzbonitätsbeurteilung, S. 42-49.

172 Vgl. zu den Maßnahmen im Einzelnen Übersicht VII-40.

1997 entwickelte UTHOFF erstmals einen objektiven und zuverlässigen Klassifikator für die Kreditwürdigkeitsprüfung anhand von quantitativen und qualitativen Daten der betroffenen Unternehmen mit Hilfe der KNNA.[173] Auf der Basis von Daten aus Jahresabschlüssen und Wirtschaftsauskünften der Vereine Creditreform e. V. entwickelte er einen erfolgsoptimalen Klassifikator, indem er mit den durch die Annahme oder Ablehnung eines Kreditkunden entstehenden Aufwendungen und Erträgen die ökonomischen Konsequenzen der Kreditvergabe berücksichtigte. Beispiele für solche Aufwendungen und Erträge sind die zu erwartenden Kreditausfallkosten sowie die erzielten oder entgangenen Zinserträge. Ziel der Entwicklung des Klassifikators war, im Prozess der Kreditvergabe bei einer Vielzahl von Fällen weitere detaillierte Informationshandlungen durch qualifizierte Kreditprüfer zu vermeiden und stattdessen das KNN eine standardisierte Vorbeurteilung vornehmen zu lassen.

JERSCHENSKY legte in einer weiteren Untersuchung den Fokus auf das Bonitätsrisiko von Unternehmen aus der Sicht von Beteiligungsgesellschaften.[174] Beteiligungsgesellschaften zeichnen sich dadurch aus, dass sie sich zeitlich befristet mit Eigenkapital an anderen Unternehmen beteiligen. Für seine Analyse stand ihm ebenfalls ein großer Datenbestand an Jahresabschlüssen zur Verfügung. Auf der Basis der KNNA entwickelte er als Instrument zur Beurteilung der Bestandsfestigkeit von Unternehmen einen Klassifikator, mit dem die Höhe der Ausfallwahrscheinlichkeit objektiv, zuverlässig und schnell ermittelt werden kann.

Der von JERSCHENSKY entwickelte Klassifikator hat die Form eines Mixture-of-Experts-Netzes.[175] Durch die Prinzipien der Modularisierung und Hierarchisierung, die auch bei biologischen Neuronalen Netzen bekannt sind, gelang es JERSCHENSKY, mit drei spezialisierten Teilnetzen, den sog. „Experten-Netzen", die von einem „Gating-Netz" koordiniert werden, neben den bereits behandelten Kennzahlen weitere Kontextvariablen zu berücksichtigen. Hierbei handelt es sich um die Branche, die Unternehmensgröße und Konjunkturindikatoren. JERSCHENSKY zeigte, dass die Klassifikatorleistung sowohl bei der Teststichprobe als auch bei der Validierungsstichprobe durch diese Modellkonstellation deutlich gesteigert werden kann.[176]

KRUSE benutzte 1999 in ihrer Untersuchung die KNNA zur Entwicklung von Klassifikatoren für die Fragestellung der Antragsprüfung von privaten Kreditkartenkunden und der Kreditkartenüberwachung.[177] Ein Kunde gilt dabei dann als insolvent, wenn er im Untersuchungszeitraum nachhaltig zahlungsunfähig geworden ist. KRUSE verwendete dabei eine Datenbasis, die einerseits originäre Kundendaten aus Kreditkartenanträgen sowie mikrogeographische Daten, wie Alter und Beruf, und andererseits Daten aus Kredittransaktionen, z. B. Höhe und Datum des Umsatzes, umfasst.

---

173 Vgl. UTHOFF, C., Erfolgsoptimale Kreditwürdigkeitsprüfung.

174 Vgl. JERSCHENSKY, A., Messung des Bonitätsrisikos.

175 Vgl. JERSCHENSKY, A., Messung des Bonitätsrisikos, S. 189-194 m. w. N.

176 Vgl. JERSCHENSKY, A., Messung des Bonitätsrisikos, S. 223.

177 Vgl. hierzu und im Folgenden KRUSE, A., Antragsprüfung und Kartenüberwachung von privaten Kreditkartenkunden.

Mit den aus einer speziellen Datenbank gewonnenen mikrogeographischen Merkmalen über die Adressen der Antragsteller lässt sich bei der Antragsprüfung die Klassifikationsleistung gemessen an der Fehlerfläche um 1,31 %-Punkte auf 13,94 % verbessern.[178] Bei der Kartenüberwachung verbessert sich die Fehlerfläche bei Verwendung der mikrogeographischen Daten sogar um 4,34 %-Punkte auf 9,16 %. Die Untersuchung zeigt zudem, dass durch zusätzliche Berücksichtigung des Umsatzverhaltens von Kreditkartenkunden eine drohende Insolvenz mit noch höherer Zuverlässigkeit erkannt werden kann.

Mit dem Verfahren der KNNA wurden durch GLORMANN und THUN auch Bilanzbonitätsklassifikatoren speziell für U. S.-amerikanische und schweizerische Unternehmen unter Berücksichtigung der speziellen länderspezifischen Rechnungslegungsregeln entwickelt.[179] Auch hier ist es das Ziel, Kennzahlen herauszufiltern, mit denen gesunde von kranken Unternehmen objektiv anhand empirisch-statistischer Verfahren unterschieden werden können, und zwar bei der Analyse von GLORMANN auf der Basis von Jahresabschlüssen nach U. S. GAAP und bei der Analyse von THUN auf der Basis von schweizerischen Jahresabschlüssen. In seiner Untersuchung erzielte GLORMANN eine Klassifikationsleistung gemessen an der Fehlerfläche von 13,83 %, THUN erreichte eine Fehlerfläche auf dem Validierungsdatenbestand von 11,46 %.[180]

Übersicht VII-47 stellt die Ergebnisse der am Institut für Revisionswesen der Westfälischen Wilhelms-Universität Münster auf der Grundlage der KNNA durchgeführten Forschungen hinsichtlich der Früherkennung von Unternehmenskrisen dar.

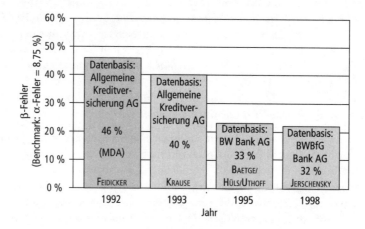

Übersicht VII-47: *Forschungsergebnisse bei der Früherkennung von Unternehmenskrisen auf der Grundlage der KNNA[181]*

---

178 Zum Konzept der Fehlerfläche vgl. Abschn. 41 in diesem Kapitel.

179 Vgl. GLORMANN, F., Bilanzrating von US-GAAP Abschlüssen; THUN, C., Entwicklung von Bilanzbonitätsklassifikatoren.

180 Vgl. GLORMANN, F., Bilanzrating von US-GAAP Abschlüssen, S. 271; THUN, C., Entwicklung von Bilanzbonitätsklassifikatoren, S. 203.

Ausgehend von dem von FEIDICKER verwendeten Datensatz konnte KRAUSE in einer ersten Untersuchung auf der Grundlage der KNNA den β-Fehler im Vergleich zur MDA bei wiederum konstant gehaltenem α-Fehler von 8,75 % um sechs Prozentpunkte senken. Mit dem 1995 entwickelten BP-14 konnte der β-Fehler um weitere knapp sieben Prozentpunkte auf 33 % reduziert werden. JERSCHENSKY konnte den β-Fehler 1998 um einen weiteren Prozentpunkt auf knapp 32 % vermindern. Die anderen in diesem Abschnitt dargestellten Untersuchungen sind aufgrund abweichender Analysegegenstände (UTHOFF, KRUSE), abweichender zugrunde liegender Rechnungslegungsregeln (GLORMANN, THUN) und/oder abweichender Beurteilungsmaßstäbe (KRUSE, THUN) nicht mit den in Übersicht VII-47 dargestellten Forschungsergebnissen vergleichbar und daher in Übersicht VII-47 nicht berücksichtigt.

Gegenüber den besten Ergebnissen, die mit der Multivariaten Diskriminanzanalyse erzielt wurden, konnte bei konstant gehaltenem α-Fehler von 8,75 % durch die Verwendung der KNNA der β-Fehler um weitere vier Prozentpunkte reduziert werden.

433. Erweiterung der Künstlichen Neuronalen Netzanalyse um Fuzzy-Regelsysteme

Künstliche Neuronale Netze können mit wissensbasierten Fuzzy-Regelsystemen zu **Neuro-Fuzzy-Systemen** kombiniert werden.[182] Wissensbasierte Fuzzy-Regelsysteme stellen Verfahren der Künstlichen Intelligenz dar und gehören zur Klasse der Expertensysteme. Expertensysteme zeichnen sich dadurch aus, dass sie von Experten erhobenes Wissen z. B. in Form von Wenn-Dann-Regeln explizit abbilden und so die Urteilsfähigkeit eines Experten nachbilden können.[183] Ein einfaches Beispiel für eine solche Wenn-Dann-Regel stellt Übersicht VII-48 dar. Die Regel verwendet die Kennzahlen Eigenkapitalrentabilität und Verschuldungsgrad, ohne allerdings das Leverage-Theorem[184] zu berücksichtigen.

Wenn	Eigenkapitalrentabilität ist *hoch* UND
	Verschuldungsgrad ist *niedrig*,
Dann	Bestandsfestigkeit ist *gut*.

Übersicht VII-48: *Beispiel einer Wenn-Dann-Regel*[185]

---

181 Vgl. BAETGE, J., Früherkennung von Unternehmenskrisen, S. 2283. Zu den jeweiligen Forschungsergebnissen bzw. Klassifikationsleistungen vgl. FEIDICKER, M., Kreditwürdigkeitsprüfung; BAETGE, J./HÜLS, D./UTHOFF, C., Früherkennung der Unternehmenskrise; JERSCHENSKY, A., Messung des Bonitätsrisikos.

182 Vgl. hierzu und im Folgenden HEITMANN, C., Beurteilung der Bestandsfestigkeit, m. w. N. sowie BAETGE, J./HEITMANN, C., Fuzzy Rule-Based Indicator.

183 Für die Darstellung weiterer Wissensrepräsentationsformen vgl. GABRIEL, R., Wissensbasierte Systeme in der betrieblichen Praxis, S. 38-43; HARMON, P./KING, D., Expertensysteme, S. 40-55; PUPPE, F., Einführung in die Expertensysteme, S. 15-36.

184 Vgl. PERRIDON, L./STEINER, M., Finanzwirtschaft der Unternehmung, S. 487-495; vgl. auch Kap. VI Abschn. 333.2.

185 Vgl. HEITMANN, C., Beurteilung der Bestandsfestigkeit, S. 59.

Die Expertensysteme sind in der Lage, das sprachlich unscharfe Wissen eines Experten adäquat mit Hilfe der Fuzzy-Set-Theorie (Theorie der unscharfen Mengen)[186] mathematisch abzubilden und zu quantifizieren.[187] Aus den Ausprägungen der numerischen Eingabewerte werden Zugehörigkeitsgrade zu den sprachlichen Termen, z. B. „niedrig, „mittel" und „hoch", berechnet.

Damit wird es möglich, die Ausprägungen sowohl quantitativer als auch qualitativer Merkmale über die Bestandsfestigkeit eines Unternehmens auf der Basis des Expertenwissens zu bewerten.[188] Verschiedene Untersuchungen[189] haben gezeigt, dass solche wissensbasierten Fuzzy-Regelsysteme grundsätzlich als Verfahren zur Gesamturteilsbildung im Rahmen der Bilanzanalyse geeignet sind.[190]

Da wissensbasierte Fuzzy-Regelsysteme indes selbst kein Wissen akquirieren und kein bereits veraltetes Wissen aktualisieren können, ist die Qualität der Urteilsbildung mit Hilfe eines wissensbasierten Fuzzy-Regelsystems von der Qualität des zugrunde gelegten Expertenwissens bzw. dessen Abbildung im System abhängig. Durch die ergänzende Verfahrenskomponente der KNN auf der Basis von empirischen Daten lässt sich die Urteilsbildung objektivieren und in Bezug auf die Klassifikationsleistung verbessern. Ziel der Kombination von Fuzzy-Systemen mit KNN zu einem Neuro-Fuzzy-System ist, den Vorteil wissensbasierter Fuzzy-Regelsysteme, nämlich das Gesamturteil durch Aufdeckung „der zugrunde liegenden Entscheidungsregeln und ökonomischen Zusammenhänge"[191] nachvollziehen und interpretieren zu können, mit der Lern- und Generalisierungsfähigkeit Künstlicher Neuronaler Netze zu verbinden. Neuro-Fuzzy-Systeme integrieren dabei erstmals heuristische, d. h. auf Vermutungen und subjektiven Schätzungen bzw. Beobachtungen basierende, Verfahren mit empirisch-induktiven Verfahren zur Bilanzanalyse und können damit sowohl externes Wissen als auch empirisches Datenmaterial verarbeiten.[192]

Für die konkrete Integration von wissensbasierten Fuzzy-Regelsystemen und Künstlichen Neuronalen Netzen besteht einerseits die Möglichkeit, das wissensbasierte Fuzzy-Regelsystem und das KNN in ein einheitliches System zu überführen (hybride Neuro-Fuzzy-Systeme). Andererseits können das wissensbasierte Fuzzy-Regelsystem

---

186 Vgl. zur Fuzzy-Set-Theorie ZADAH, L. A., Fuzzy Sets, S. 339; ALTROCK, C. v., Fuzzy Logic-Technologie, S. 6-16.

187 Vgl. ausführlich zur Eignung der Fuzzy-Set-Theorie in betriebswirtschaftlichen Modellen HEITMANN, C., Beurteilung der Bestandsfestigkeit, S. 27-32; BRÜNING, A.-G./HÖNERLOH, A., Fuzzy-Ansätze für betriebswirtschaftliche Probleme, S. 75-89; POPP, H., Anwendungen der Fuzzy-Set-Theorie, S. 268-385.

188 Vgl. HEITMANN, C., Beurteilung der Bestandsfestigkeit, S. 6.

189 Vgl. SCHEFFELS, R., Fuzzy-Logik in der Jahresabschlußprüfung; BARCZEWSKI, T. U. A., A Fuzzy System for Credit Analysis; MÜLLER, C., Entwicklung eines wissensbasierten Systems; WOLZ, M., Krisenwarnfunktion des Abschlußprüfers; GÜLLICH, H.-P., Fuzzy-Expertensysteme zur Beurteilung von Kreditrisiken; BLOCHWITZ, S./EIGERMANN, J., Unternehmensbeurteilung; BAETGE, J./HEITMANN, C., Fuzzy Rule-Based Indicator.

190 Vgl. HEITMANN, C., Beurteilung der Bestandsfestigkeit, S. 22.

191 Vgl. COENENBERG, A. G., Jahresabschluss und Jahresabschlussanalyse, S. 943.

192 Vgl. HEITMANN, C., Beurteilung der Bestandsfestigkeit, S. 88 f. und S. 255.

und das Künstliche Neuronale Netz als eigenständige Systeme erhalten bleiben, die dann zwar unabhängig voneinander, aber füreinander arbeiten (kooperative Neuro-Fuzzy-Systeme).[193]

Neuro-Fuzzy-Systeme als Grundlage der empirischen Bilanzanalyse sind noch ein sehr junges Forschungsgebiet. Nach ersten rudimentären Analysen[194] stammt die erste umfassende deutschsprachige Arbeit zum Einsatz von Neuro-Fuzzy-Systemen zur Bilanzanalyse von HEITMANN.[195] Auf der Basis eines großen empirischen Datenbestandes von Jahresabschlüssen hat er einen Lageindikator zur Beurteilung der Bestandsfestigkeit entwickelt, der mit einer Fehlerfläche von 11,76 % fast gleich gute Ergebnisse liefert wie das BP-14 mit dem alleinigen Einsatz von KNN. Durch die Verwendung von Wenn-Dann-Regeln bietet das von HEITMANN entwickelte hybride System die Möglichkeit, das vom System gefällte Urteil auf andere Weise als mit der individuellen Sensitivitätsanalyse beim BP-14[196] – nämlich anhand der Wenn-Dann-Regeln – nachzuvollziehen und zu interpretieren.

44   Würdigung der modernen Verfahren der Bilanzanalyse

Die große Zuverlässigkeit der mit den objektiven Verfahren ermittelten Gesamturteile über die Lage der Unternehmen zeigt, wie wichtig es ist, aus der großen Menge an möglichen Kennzahlen die relevanten Kennzahlen objektiv, d. h. gestützt auf (1) ein mathematisch-statistisches Verfahren und (2) eine sehr große repräsentative Datenbasis auszuwählen und dabei (3) ein objektives Optimierungskriterium – z. B. eine Fehlerminimierung oder auch eine Kostenminimierung bez. Fehlklassifikationen –, zugrunde zu legen. Die Auswahl der relevanten Kennzahlen, ihre Gewichtung und Zusammenfassung zu einem optimalen Gesamturteil kann mit Hilfe der MDA, der Logistischen Regressionsanalyse, der KNNA oder auch hybrider Verfahren sachlich richtig, d. h. objektiv auf der Basis von empirisch-statistisch verlässlichen Grundlagen gelöst werden.

Das Besondere am BP-14 sowie auch an den anderen dargestellten Verfahren ist, dass die relevanten Kennzahlen mit einem mathematisch-statistischen Verfahren auf einer sehr großen empirisch-statistischen Basis ausgewählt, gewichtet und zusammengefasst werden. Dabei erweisen sich Bilanzpolitik neutralisierende Kennzahlen, sog. „intelligente" Kennzahlen als besonders trennfähig zur Unterscheidung von gesunden und kranken Unternehmen. Durch die empirisch-statistische Ermittlung der Klassifikatoren ist das damit erzielte Gesamturteil frei von subjektiven Einflüssen des Bilanzanalytikers. Die Auswirkungen von Bilanzpolitik werden bei dieser Art der Auswertung durch die Auswahl der zumeist „intelligenten" Kennzahlen erheblich gemildert. Au-

---

193 Vgl. HEITMANN, C., Beurteilung der Bestandsfestigkeit, S. 25 f. m. w. N.

194 Vgl. PACHECO, R. U. A., Financial Diagnosis Through a Hybrid Intelligent System; PIRAMUTHU, S., Financial credit-risk evaluation with neutral and neurofuzzy systems.

195 Vgl. HEITMANN, C., Beurteilung der Bestandsfestigkeit.

196 Vgl. Abschn. 432.1 in diesem Kapitel.

ßerdem ist das Gesamturteil, das diese Verfahren liefern, nachvollziehbar, da die Einflussstärken der verschiedenen Informationsbereiche und Kennzahlen bekannt sind und da sich das Gesamturteil, der N-Wert, bis auf die Ebene einzelner Bilanzpositionen zurückführen lässt (Pyramiden-Konzept) (vgl. Übersicht VII-43). Bei der Anwendung der KNNA wird – ohne Zutun des Forschers – allein vom Verfahren gewährleistet, dass sämtliche Informationsbereiche des Jahresabschlusses über entsprechende Kennzahlen in die Gesamturteilsbildung eingehen. Der Anwender verfügt somit über ein System, das dem Objektivierungsprinzip, dem Ganzheitlichkeitsprinzip und dem Neutralisierungsprinzip genügt, d. h., das bei der Analyse von Unternehmen die Jahresabschlussdaten objektiv, umfassend und neutralisierend erfasst und verarbeitet.

Zudem ist bei allen vorgestellten Systemen eine objektive, zielbezogene Interpretation des Gesamturteils, hier in Form einer A-posteriori-Insolvenzwahrscheinlichkeit, möglich. Da es ein grundlegendes Ziel jeder Unternehmensleitung ist, den Unternehmensbestand zu sichern und ein bestimmtes, vorgegebenes Bestandsrisiko für das Unternehmen bei allem Renditestreben nicht zu überschreiten, und erst die Erreichung des Zieles der Bestandsfestigkeit das Erreichen weiterer Unternehmensziele ermöglicht,[197] ist ein Gesamturteil auf der Basis dieser Verfahren für jeden Bilanzanalytiker von hoher Bedeutung. Die Beurteilung der Bestandsfestigkeit eines Unternehmens spielt somit bei nahezu allen Bilanzanalysezielen eine wichtige Rolle. Beispielsweise muss die Bestandsgefährdung eines Unternehmens auch dann berücksichtigt werden, wenn die Bilanzanalyse im Rahmen eines Unternehmenskaufes durchgeführt wird und die künftigen Erträge des zu analysierenden Unternehmens im Vordergrund stehen. In diesem Fall wird die A-posteriori-Insolvenzwahrscheinlichkeit benötigt, um das Risiko quantifizieren zu können, das mit dem Kauf bzw. mit der Zahlung des Kaufpreises eingegangen wird.

5 Zusammenfassung und Ausblick

Im siebten und letzten Schritt der Bilanzanalyse, der Bildung eines Gesamturteils über das zu analysierende Unternehmen, muss der Bilanzanalytiker

- das Objektivierungsprinzip,

- das Neutralisierungsprinzip und
- das Ganzheitlichkeitsprinzip

beachten. Bereits in Kap. I Abschn. 1 wurde darauf hingewiesen, dass die grundlegenden finanziellen Ziele eines Unternehmens sind, Geld zu verdienen und die Verdienstquelle zu sichern (vgl. Übersicht I-1). Wieweit das Unternehmen sein Ziel, Geld zu verdienen, erreicht hat, spiegelt sich in der mit der Bilanzanalyse ermittelten Erfolgslage des Unternehmens wider. Der Erfüllungsgrad des Zieles, die Verdienstquelle zu sichern, ist an der mit der Bilanzanalyse ermittelten Vermögens- und Fi-

---

197 Vgl. Baetge, J./Zülch, H., Vermögenslage, Sp. 2519.

nanzlage des Unternehmens zu erkennen. Damit der Bilanzanalytiker beurteilen kann, wieweit das Unternehmen die beiden finanziellen Ziele erreicht hat, muss er sich ein umfassendes Urteil über die Vermögens- und Finanzlage (finanzwirtschaftliche Analyse) sowie über die Erfolgslage des Unternehmens (erfolgswirtschaftliche Analyse) bilden (vgl. Übersicht I-2). Dies ist nur möglich, wenn bei der Gesamturteilsbildung sowohl das Objektivierungsprinzip als auch das Neutralisierungsprinzip und das Ganzheitlichkeitsprinzip beachtet werden, indem alle relevanten und zugleich möglichst die Bilanzpolitik neutralisierenden Kennzahlen der drei Teillagen herangezogen werden.

Dem **Objektivierungsprinzip** ist dann genüge getan, wenn die Kennzahlen nicht subjektiv nach der Erfahrung des Bilanzanalytikers, sondern mit bzw. von objektiven Verfahren auf der Basis eines sehr großen Datensatzes von Jahresabschlüssen gesunder und kranker Unternehmen ausgewählt, gewichtet und zusammengefasst werden. Nur so können die relevanten Kennzahlen bestimmt werden, und zwar anhand des Kriteriums der möglichst hohen Zuverlässigkeit bei der Krisenfrüherkennung mit Hilfe von entsprechenden Krankheitssymptom-Mustern. Da aufgrund von Ansatz- und Bewertungswahlrechen, Ermessensspielräumen sowie bilanzpolitisch motivierten Sachverhaltsgestaltungen ein Unterschied zwischen der von dem Unternehmen signalisierten Lage bzw. dessen signalisierter Bestandsfestigkeit und der tatsächlichen Lage bestehen kann (vgl. Übersicht I-7), muss bei der Gesamturteilsbildung das **Neutralisierungsprinzip** beachtet werden, d. h., bilanzpolitische Maßnahmen müssen so weit wie möglich mit Hilfe sog. „intelligenter" Kennzahlen konterkariert werden. Denn nur dann kann der Bilanzanalytiker ein der Realität möglichst stark angenähertes Bild von der Lage bzw. der Bestandsfestigkeit des Unternehmens erhalten (vgl. Übersicht I-8). Die mathematisch-statistischen Verfahren wählen solche Kennzahlen automatisch in die Klassifikatoren.

Damit das Urteil des Bilanzanalytikers wirklich die gesamte Vermögens-, Finanz- und Erfolgslage des Unternehmens umfasst, muss er das **Ganzheitlichkeitsprinzip** beachten, d. h., alle relevanten Kennzahlen der drei Teillagen bzw. der zugehörigen Informationsbereiche müssen für die Analyse herangezogen werden. So hat beispielsweise das BP-14 für jeden Informationsbereich eine bis drei Kennzahl(en) ausgewählt.

Zur Bildung eines Gesamturteils existieren verschiedene Verfahren, die die genannten drei Prinzipien in unterschiedlichem Maße erfüllen. Traditionelle Kennzahlensysteme verstoßen gegen das Ganzheitlichkeitsprinzip, da sie nicht sicherstellen können, dass alle für die Gesamtlage des Unternehmens relevanten Kennzahlen ausgewählt worden sind. Außerdem erfolgt die subjektiv-erfahrungsgestützte Kennzahlenauswahl oftmals auf der Beurteilung von Teillagen. Werden die Kennzahlen jeweils auf der Basis individueller, subjektiver Erfahrungen ausgewählt, dann wird jeder Bilanzanalytiker zu einem anderen Urteil bez. des gleichen Unternehmens kommen. Wird die Auswahl der Kennzahlen dagegen von einem Experten(team) für alle anschließenden Bilanzanalysen verbindlich festgelegt, dann wird ein und dasselbe Unternehmen für ein bestimmtes Geschäftsjahr von verschiedenen Bilanzanalytikern gleich beurteilt. Allerdings sind diese Urteile nur quasi-objektiviert. Denn jeder Bilanzanalytiker berechnet mit dem von den Experten festgelegten Analysesystem die gleichen Kennzahlen und erhält für diese die gleichen Ergebnisse. Die Bildung des Gesamturteils aus diesen Kennzahlen ist (nur) quasi-objektiv, da neben der Auswahl und Gewichtung der Kennzahlen auch die zusammenfassende Rechenvorschrift von dem Experten(team) festgelegt worden ist. Bei Kennzahlensystemen, die nicht nur eine Spitzenkennzahl haben, kommt dagegen nicht jeder Bilanzanalytiker zum gleichen Gesamturteil. Daher ist bei den traditionellen Kennzahlensystemen auch das Objektivierungsprinzip nicht bzw. nur in sehr geringem Maße erfüllt. Das Neutralisierungsprinzip ist je nach Wahl der Kennzahlen in das Kennzahlensystem mehr oder weniger gut erfüllt.

Bei Scoring-Modellen ist zwar sowohl der Weg zu einem Gesamturteil als auch die Bildung eines Gesamturteils festgelegt, indes ebenfalls nur quasi-objektiviert. Durch ein standardisiertes Verfahren kommt jeder Bilanzanalytiker zwar zum gleichen Urteil, die Auswahl der Kennzahlen sowie deren Gewichtung und Zusammenfassung bleiben indes die subjektive Entscheidung des oder der Entwickler(s) des Scoring-Modells. Daher ist weder das Objektivierungsprinzip noch das Ganzheitlichkeitsprinzip vollständig erfüllt. Beim Saarbrücker Modell wird in besonderem Maße versucht, dem Neutralisierungsprinzip zu genügen, indes werden die dort getroffenen Beobachtungen bez. der Bilanzpolitik von Unternehmen nicht mit den Ergebnissen der Kennzahlenberechnung zu einem Gesamturteil zusammengefasst, sondern separat ermittelt und separat beurteilt. Außerdem ist weder das Ganzheitlichkeitsprinzip noch das Objektivierungsprinzip erfüllt.

Nach unserem Urteil erfüllen moderne Verfahren der Bilanzanalyse die drei genannten Prinzipien am besten. Denn die Auswahl, Gewichtung und Zusammenfassung der Kennzahlen erfolgt aus einem großen Kennzahlenkatalog anhand von Tausenden von Beispielfällen mit mathematisch-statistischen Verfahren und mit hoher Zuverlässigkeit bez. der Krisenfrüherkennung. Somit genügen die modernen Verfahren der Bilanzanalyse dem **Objektivierungsprinzip**. Sofern der Kennzahlenkatalog alle Informationsbereiche des Jahresabschlusses abdeckt und auch Kennzahlen enthält, die Bilanzpolitik konterkarieren, genügen die modernen Verfahren der Bilanzanalyse auch dem **Neutralisierungsprinzip** und dem **Ganzheitlichkeitsprinzip**.

Das hier geforderte Ganzheitlichkeitsprinzip bezieht sich nur auf Jahresabschlusskennzahlen. Das Ganzheitlichkeitsprinzip wird von der rein bilanzanalytischen, quantitativen Ebene auf eine Ebene, die sowohl quantitative Bilanzdaten als auch qualitative Daten umfasst, erweitert, wenn auch Informationen aus Bereichen außerhalb des Jahresabschlusses (beispielsweise über die Wettbewerbssituation oder die Managementqualität) für alle Unternehmen der Lern-, der Test- und der Validierungsstichprobe vorliegen und so zur Gesamturteilsbildung herangezogen werden können. Problematisch bei der Nutzung qualitativer Daten ist allerdings, dass die Ausprägungen i. d. R. nur sehr subjektiv erhoben und dementsprechend auch nur sehr subjektiv beurteilt werden können, denn es existieren keine „Grundsätze ordnungsmäßiger Dokumentation und Recherche" für qualitative Unternehmensmerkmale wie die Grundsätze ordnungsmäßiger Buchführung für Jahresabschlüsse. Untersuchungen am Institut für Revisionswesen der Westfälischen Wilhelms-Universität Münster in Zusammenarbeit mit dem Verband der Vereine Creditreform e. V. haben indes ergeben, dass sich die Klassifikationsleistung von modernen Bonitätsbeurteilungssystemen in gewissem Maße[198] verbessern lässt, wenn neben den Jahresab-schlusskennzahlen auch qualitative Merkmale aus Handelsauskünften simultan aus-gewertet werden. Indes ist die Unternehmensbeurteilung allein anhand von Jahresab-schlusskennzahlen einer alleinigen Beurteilung anhand von qualitativen Merkmalen weit überlegen.[199]

---

198 Wenige %-Punkte β-Fehler-Reduktion bei einem α-Fehler von 8,75 %.

199 Vgl. UTHOFF, C., Erfolgsoptimale Kreditwürdigkeitsprüfung, S. 266-272; BAETGE, J./UT-HOFF, C., Sicheres Kreditgeschäft, S. 10-14.

Anhang

Anhang 1: Das Erfassungsschema für die Bilanz und die Gewinn- und Verlustrechnung sowie das Anlagengitter, die Haftungsverhältnisse und die Zusatzinformationen

Posten	Aktivseite	Originärer Konzernabschluss ... in ...	Umbuchungen in ...		Modifizierter Konzernabschluss ... in ...
			Soll	**Haben**	
1001	Ausstehende Einlagen			a)	
1002	Aufwendungen für Ingangsetzung und Erweiterung des Geschäftsbetriebes				
	Anlagevermögen				
	Immaterielle Vermögensgegenstände				
1101	Konzessionen, Rechte, Lizenzen				
1102	Geschäfts- oder Firmenwert				
1103	Geleistete Anzahlungen auf immaterielle Vermögensgegenstände				
	Sachanlagen				
1104	Grundstücke und Bauten				
1105	Technische Anlagen und Maschinen				
1106	Andere Anlagen, Betriebs- und Geschäftsausstattung				
1107	Geleistete Anzahlungen und Anlagen im Bau				
	Finanzanlagen				
1108	Anteile an verbundenen Unternehmen				
1109	Ausleihungen an verbundene Unternehmen				
1110	Beteiligungen				
1111	Ausleihungen an Beteiligungsunternehmen				
1112	Wertpapiere des Anlagevermögens				

Übersicht A-1-1: *Erfassungsschema für die Bilanz (Aktivseite)*

Posten	Aktivseite	Originärer Konzern-abschluss ... in ...	Umbuchungen in ...		Modifi-zierter Konzern-abschluss ... in ...
			Soll	Haben	
1113	Sonstige Ausleihungen				
	Summe Anlagevermögen				
	Umlaufvermögen				
	Vorräte				
1201	Roh-, Hilfs- und Betriebsstoffe				
1202	Unfertige Erzeugnisse/Leistungen				
1203	Fertige Erzeugnisse und Waren				
1204	Geleistete Anzahlungen				
1205	Nicht abgerechnete Arbeiten				
1206	Auf der Aktivseite ausgewiesene erhaltene Anzahlungen	b)			
	Forderungen und Sonstige Vermögens-gegenstände				
1301	Forderungen aus Lieferungen und Leistungen				
1301a	■ davon Restlaufzeit über 1 Jahr				
1302	Forderungen gegen verbundene Unternehmen				
1302a	■ davon Restlaufzeit über 1 Jahr				
1303	Forderungen gegen Beteiligungsunternehmen				
1303a	■ davon Restlaufzeit über 1 Jahr				
1304	Sonstige Vermögensgegenstände				
1304a	■ davon Restlaufzeit über 1 Jahr				
	Sonstige Aktiva				
1305	Wertpapiere des Umlaufvermögens				
1305a	■ davon eigene Anteile			c)	
1306	Kasse, Guthaben bei Kreditinstituten, Schecks				
1401	Forderungen an haftende Gesellschafter				
1402	Forderungen an nicht haftende Gesellschafter				
1501	Steuerabgrenzungsposten/Aktivische latente Steuern	d)			
1502	Aktivische Rechnungsabgrenzungsposten – Disagio	d)			
1503	Aktivische Rechnungsabgrenzungsposten – Sonstige	d)			
	Summe Umlaufvermögen				
	Summe Aktiva				
1501	Steuerabgrenzungsposten/Aktivische latente Steuern			d)	

Fortsetzung der Übersicht A-1-1

Posten	Aktivseite	Originärer Konzern-abschluss ... in ...	Umbuchungen in ...		Modifi-zierter Konzern-abschluss ... in ...
			Soll	**Haben**	
1502	Aktivische Rechnungsabgrenzungsposten – Disagio			d)	
1503	Aktivische Rechnungsabgrenzungsposten – Sonstige			d)	

Legende:

a) ≙ Die ausstehenden Einlagen werden in das Eigenkapital umgebucht.

b) ≙ Die auf der Aktivseite ausgewiesenen erhaltenen Anzahlungen werden in die Verbindlichkeiten umgebucht.

c) ≙ Die eigenen Anteile werden in das Eigenkapital umgebucht.

d) ≙ Die aktivischen Rechnungsabgrenzungsposten werden in das Umlaufvermögen umgebucht.

Anmerkung: Die *kursiv* dargestellten davon-Vermerke sind nicht in die Ermittlung der Zwischensummen einzubeziehen.

Fortsetzung der Übersicht A-1-1

Posten	Passivseite	Originärer Konzern-abschluss ... in ...	Umbuchungen in ...		Modifi-zierter Konzern-abschluss ... in ...
			Soll	**Haben**	
	Eigenkapital				
3001	Gezeichnetes Kapital				
3002	Kapitalrücklage				
3003	Gewinnrücklagen				
3003a	■ davon Rücklage für eigene Anteile				
3004	Ergebnisvortrag aus dem Vorjahr				
3005	Jahresergebnis/Bilanzergebnis				
3006	Ausschüttung/Entnahmen				
3007	Einlagen				
3008	Anteile haftender Gesellschafter				
3009	Ausgleichsposten für Anteile anderer Gesell-schafter				
3010	Unterschiede aus der Kapitalkonsolidierung				
1001	Ausstehende Einlagen	a)			
1305a	Im Umlaufvermögen gehaltene eigene Anteile	c)			
	Summe Eigenkapital				
3101	**Sonderposten**				
	Rückstellungen				
3201	Pensionsrückstellungen				
3202	Sonstige langfristige Rückstellungen				
3202a	■ davon Aufwandsrückstellungen				

Übersicht A-1-2: Erfassungsschema für die Bilanz (Passivseite)

Posten	Passivseite	Originärer Konzern-abschluss ... in ...	Umbuchungen in ...		Modifi-zierter Konzern-abschluss ... in ...
			Soll	Haben	
3203	Steuerrückstellungen/Rückstellungen für latente Steuern				
3204	Sonstige kurzfristige Rückstellungen				
3204a	▤ davon Aufwandsrückstellungen				
	Summe Rückstellungen				
	Verbindlichkeiten				
3301	Verbindlichkeiten nicht haftender Gesellschaf-ter				
3301a	▤ davon Restlaufzeit bis 1 Jahr				
3301b	▤ davon Restlaufzeit über 5 Jahre				
3302	Sonstige Darlehen/Anleihen				
3302a	▤ davon Restlaufzeit bis 1 Jahr				
3302b	▤ davon Restlaufzeit über 5 Jahre				
3303	Verbindlichkeiten gegenüber Kreditinstituten				
3303a	▤ davon Restlaufzeit bis 1 Jahr				
3303b	▤ davon Restlaufzeit über 5 Jahre				
3304	Erhaltene Anzahlungen			b)	
3304a	▤ davon Restlaufzeit bis 1 Jahr				
3304b	▤ davon Restlaufzeit über 5 Jahre				
3305	Verbindlichkeiten aus Lieferungen und Leistungen				
3305a	▤ davon Restlaufzeit bis 1 Jahr				
3305b	▤ davon Restlaufzeit über 5 Jahre				
3306	Wechselverbindlichkeiten				
3306a	▤ davon Restlaufzeit bis 1 Jahr				
3306b	▤ davon Restlaufzeit über 5 Jahre				
3307	Verbindlichkeiten gegenüber verbundenen Unternehmen				
3307a	▤ davon Restlaufzeit bis 1 Jahr				
3307b	▤ davon Restlaufzeit über 5 Jahre				
3308	Verbindlichkeiten gegenüber Beteiligungs-unternehmen				
3308a	▤ davon Restlaufzeit bis 1 Jahr				
3308b	▤ davon Restlaufzeit über 5 Jahre				
3309	Sonstige Verbindlichkeiten				
3309a	▤ davon aus Steuern				
3309b	▤ davon im Rahmen der sozialen Sicherheit				
3309c	▤ davon Restlaufzeit bis 1 Jahr				
3309d	▤ davon Restlaufzeit über 5 Jahre				

Fortsetzung der Übersicht A-1-2

Posten	Passivseite	Originärer Konzern-abschluss ... in ...	Umbuchungen in ...		Modifi-zierter Konzern-abschluss ... in ...
			Soll	Haben	
3401	Passivische Rechnungsabgrenzungsposten			e)	
	Summe Verbindlichkeiten				
3401	Passivische Rechnungsabgrenzungsposten		e)		
	Summe Passiva				

Legende:

a)	≙	Die ausstehenden Einlagen werden in das Eigenkapital umgebucht.
b)	≙	Die auf der Aktivseite ausgewiesenen erhaltenen Anzahlungen werden in die Verbindlichkeiten umgebucht.
c)	≙	Die eigenen Anteile werden in das Eigenkapital umgebucht.
e)	≙	Die passivischen Rechnungsabgrenzungsposten werden in die Verbindlichkeiten umgebucht.

Fortsetzung der Übersicht A-1-2

Posten	Gewinn- und Verlustrechnung nach dem Gesamtkostenverfahren gemäß § 275 Abs. 2 HGB	Originärer Konzern-abschluss ... in ...	Umbuchungen in ...		Modifi-zierter Konzern-abschluss ... in ...
			Soll	Haben	
7001	Umsatzerlöse				
7002	Bestandsveränderungen				
7003	Andere aktivierte Eigenleistungen				
7007	Sonstige betriebliche Erträge				
7007a	■ davon Zuschreibungen auf das Anlage-vermögen			g)	
7007b	■ davon Erträge aus der Auflösung des Sonderpostens			g)	
7007c	■ davon Zulagen und Zuschüsse, sofern nicht nachhaltig			f)	
7007d	■ davon ungewöhnliche, einmalige oder periodenfremde Erträge, z. B. Erträge aus Währungsumrechnung/Anlagenabgang, Erträge aus der Auflösung von Rückstel-lungen			f)	
7007e	■ davon im Geschäftsjahr aktivierte Auf-wendungen für die Ingangsetzung und Erweiterung des Geschäftsbetriebs			g)	
7008	Materialaufwand				
7009	Personalaufwand				

Übersicht A-1-3: *Erfassungsschema für die Gewinn- und Verlustrechnung nach dem Gesamtkostenverfahren*

Posten	Gewinn- und Verlustrechnung nach dem Gesamtkostenverfahren gemäß § 275 Abs. 2 HGB	Originärer Konzernabschluss ... in ...	Umbuchungen in ...		Modifizierter Konzernabschluss ... in ...
			Soll	**Haben**	
7010	Abschreibungen auf immaterielle Vermögensgegenstände des Anlagevermögens und Sachanlagen				
7010a	▪ davon außerplanmäßige Abschreibungen auf immaterielle Vermögensgegenstände des Anlagevermögens und Sachanlagen			h)	
7010b	▪ davon Abschreibungen auf aktivierte Aufwendungen für die Ingangsetzung und Erweiterung des Geschäftsbetriebs			i)	
7010c	▪ davon rein steuerliche Abschreibungen, soweit sie aktivisch vorgenommen wurden			j)	
7012	Unübliche Abschreibungen auf Vermögensgegenstände des Umlaufvermögens			i)	
7013	Sonstige betriebliche Aufwendungen				
7013a	▪ davon Einstellung in den Sonderposten			l)	
7013b	▪ davon ungewöhnliche, einmalige oder periodenfremde Aufwendungen, z. B. Aufwendungen aus Währungsumrechnung/Anlagenabgang			k)	
7026	Sonstige Steuern	m)			
	Ordentlicher Betriebserfolg (GKV)				
7014	Erträge aus Gewinnübernahme				
7015	Erträge aus Beteiligungen				
7016	Erträge aus Wertpapieren und Ausleihungen				
7017	Zinserträge				
7018	Abschreibungen auf Finanzanlagen und Wertpapiere				
7019	Zinsaufwendungen				
7020	Aufwendungen aus Verlustübernahme				
	Finanz- und Verbunderfolg				
7023	Sonstige außerordentliche Erträge				
7024	Sonstige außerordentliche Aufwendungen				
7007c	Zulagen und Zuschüsse, sofern nicht nachhaltig			f)	
7007d	Ungewöhnliche, einmalige oder periodenfremde Erträge, z. B. Erträge aus Währungsumrechnung/Anlagenabgang, Erträge aus der Auflösung von Rückstellungen			f)	
7010a	Außerplanmäßige Abschreibungen auf immaterielle Vermögensgegenstände des Anlagevermögens und Sachanlagen	h)			

Fortsetzung der Übersicht A-1-3

Posten	Gewinn- und Verlustrechnung nach dem Gesamtkostenverfahren gemäß § 275 Abs. 2 HGB	Originärer Konzernabschluss ... in ...	Umbuchungen in ...		Modifizierter Konzernabschluss ... in ...
			Soll	Haben	
7013b	Ungewöhnliche, einmalige oder periodenfremde Aufwendungen, z. B. Aufwendungen aus Währungsumrechnung/Anlagenabgang		k)		
	Außerordentlicher Erfolg				
7007a	Zuschreibungen auf das Anlagevermögen			g)	
7007b	Erträge aus Auflösung Sonderposten			g)	
7007e	Im Geschäftsjahr aktivierte Aufwendungen für die Ingangsetzung und Erweiterung des Geschäftsbetriebs			g)	
7010b	Abschreibungen auf aktivierte Aufwendungen für die Ingangsetzung und Erweiterung des Geschäftsbetriebs		i)		
7010c	Rein steuerliche Abschreibungen, soweit sie aktivisch vorgenommen wurden		i)		
7012	Unübliche Abschreibungen auf Vermögensgegenstände des Umlaufvermögens		i)		
7013a	Aufwendungen aus der Einstellung in den Sonderposten		l)		
	Bewertungserfolg				
7025	Steuern vom Einkommen und Ertrag				
7026	Sonstige Steuern			m)	
	Jahresüberschuss/-fehlbetrag				
7027	Gewinnabführung/Verlustausgleich				
7028	Gewinn-/Verlustvortrag				
7029	Entnahmen/Einstellung Rücklagen				
	Bilanzgewinn/-verlust				

Legende:

f)	≙	Diese Posten der sonstigen betrieblichen Erträge werden in den außerordentlichen Erfolg umgebucht.
g)	≙	Diese Posten der sonstigen betrieblichen Erträge werden in den Bewertungserfolg umgebucht.
h)	≙	Dieser Posten der Abschreibungen auf immaterielle Vermögensgegenstände des Anlagevermögens und Sachanlagen wird in den außerordentlichen Erfolg umgebucht.
i)	≙	Diese Posten der Abschreibungen auf immaterielle Vermögensgegenstände des Anlagevermögens und Sachanlagen werden in den Bewertungserfolg umgebucht.
k)	≙	Dieser Posten der sonstigen betrieblichen Aufwendungen wird in den außerordentlichen Erfolg umgebucht.
l)	≙	Dieser Posten der sonstigen betrieblichen Aufwendungen wird in den Bewertungserfolg umgebucht.
m)	≙	Dieser Posten der sonstigen Steuern wird in den ordentlichen Betriebserfolg umgebucht.

Fortsetzung der Übersicht A-1-3

Posten	Gewinn- und Verlustrechnung nach dem Umsatzkostenverfahren gemäß § 275 Abs. 3 HGB	Originärer Konzern- abschluss in TDM	Umbuchungen in TDM		Modifi- zierter Konzern- abschluss in TDM
			Soll	Haben	
7001	Umsatzerlöse				
7004	Herstellungskosten der zur Erzielung der Umsatzerlöse erbrachten Leistungen				
7005	Vertriebskosten				
7006	Allgemeine Verwaltungskosten				
7007	Sonstige betriebliche Erträge				
7007a	■ davon Zuschreibungen auf das Anlage- vermögen		g)		
7007b	■ davon Erträge aus der Auflösung des Sonderpostens		g)		
7007c	■ davon Zulagen und Zuschüsse, sofern nicht nachhaltig		f)		
7007d	■ davon ungewöhnliche, einmalige oder periodenfremde Erträge, z. B. Erträge aus Währungsumrechnung/Anlagenabgang, Erträge aus der Auflösung von Rückstel- lungen		f)		
7007e	■ davon im Geschäftsjahr aktivierte Auf- wendungen für die Ingangsetzung und Erweiterung des Geschäftsbetriebs		g)		
7013	Sonstige betriebliche Aufwendungen				
7013a	■ davon Einstellung in den Sonderposten			l)	
7013b	■ davon ungewöhnliche, einmalige oder periodenfremde Aufwendungen, z. B. Aufwendungen aus Währungsumrech- nung/Anlagenabgang			k)	
7010a	Außerplanmäßige Abschreibungen auf imma- terielle Vermögensgegenstände des Anlage- vermögens und Sachanlagen			h)	
7010b	Abschreibungen auf aktivierte Aufwendungen für die Ingangsetzung und Erweiterung des Geschäftsbetriebs			i)	
7010c	Rein steuerliche Abschreibungen, soweit sie aktivisch vorgenommen wurden			i)	
7012	Unübliche Abschreibungen auf Vermögensge- genstände des Umlaufvermögens			i)	
7026	Sonstige Steuern		m)		
	Ordentlicher Betriebserfolg (UKV)				
7014	Erträge aus Gewinnübernahme				
7015	Erträge aus Beteiligungen				
7016	Erträge aus Wertpapieren und Ausleihungen				
7017	Zinserträge				
7018	Abschreibungen auf Finanzanlagen und Wert- papiere				

Übersicht A-1-4: *Erfassungsschema für die Gewinn- und Verlustrechnung nach dem Umsatzkostenverfahren*

Posten	Gewinn- und Verlustrechnung nach dem Umsatzkostenverfahren gemäß § 275 Abs. 3 HGB	Originärer Konzern- abschluss in TDM	Umbuchungen in TDM		Modifi- zierter Konzern- abschluss in TDM
			Soll	**Haben**	
7019	Zinsaufwendungen				
7020	Aufwendungen aus Verlustübernahme				
	Finanz- und Verbunderfolg				
7023	Sonstige außerordentliche Erträge				
7024	Sonstige außerordentliche Aufwendungen				
7007c	Zulagen und Zuschüsse, sofern nicht nachhal- tig			f)	
7007d	Ungewöhnliche, einmalige oder perioden- fremde Erträge, z. B. Erträge aus Währungsum- rechnung/Anlagenabgang, Erträge aus der Auflösung von Rückstellungen			f)	
7010a	Außerplanmäßige Abschreibungen auf imma- terielle Vermögensgegenstände des Anlage- vermögens und Sachanlagen		h)		
7013b	Ungewöhnliche, einmalige oder perioden- fremde Aufwendungen, z. B. Aufwendungen aus Währungsumrechnung/Anlagenabgang		k)		
	Außerordentlicher Erfolg				
7007a	Zuschreibungen auf das Anlagevermögen			g)	
7007b	Erträge aus Auflösung Sonderposten			g)	
7007e	Im Geschäftsjahr aktivierte Aufwendungen für die Ingangsetzung und Erweiterung des Geschäftsbetriebs			g)	
7010b	Abschreibungen auf aktivierte Aufwendungen für die Ingangsetzung und Erweiterung des Geschäftsbetriebs		i)		
7010c	Rein steuerliche Abschreibungen, soweit sie aktivisch vorgenommen wurden		i)		
7012	Unübliche Abschreibungen auf Vermögensge- genstände des Umlaufvermögens		i)		
7013a	Aufwendungen aus der Einstellung in den Son- derposten		l)		
	Bewertungserfolg				
7025	Steuern vom Einkommen und Ertrag				
7026	Sonstige Steuern			m)	
	Jahresüberschuss/-fehlbetrag				
7027	Gewinnabführung/Verlustausgleich				
7028	Gewinn-/Verlustvortrag				
7029	Entnahmen/Einstellung Rücklagen				
	Bilanzgewinn/-verlust				

Fortsetzung der Übersicht A-1-4

Legende:

f)	≙	Diese Posten der sonstigen betrieblichen Erträge werden in den außerordentlichen Erfolg umgebucht.
g)	≙	Diese Posten der sonstigen betrieblichen Erträge werden in den Bewertungserfolg umgebucht.
h)	≙	Dieser Posten der Abschreibungen auf immaterielle Vermögensgegenstände des Anlagevermögens und Sachanlagen wird in den außerordentlichen Erfolg umgebucht.
i)	≙	Diese Posten der Abschreibungen auf immaterielle Vermögensgegenstände des Anlagevermögens und Sachanlagen werden in den Bewertungserfolg umgebucht.
k)	≙	Dieser Posten der sonstigen betrieblichen Aufwendungen wird in den außerordentlichen Erfolg umgebucht.
l)	≙	Dieser Posten der sonstigen betrieblichen Aufwendungen wird in den Bewertungserfolg umgebucht.
m)	≙	Dieser Posten der sonstigen Steuern wird in den ordentlichen Betriebserfolg umgebucht.

Anmerkung: Die *kursiv* dargestellten davon-Vermerke sind nicht in die Ermittlung der Zwischensummen einzubeziehen.

Fortsetzung der Übersicht A-1-4

Posten	Anlagengitter	... in ...
5001 (1002)	IEA Anfangsbestand (Berichtsjahr/AK/HK)	
5001 (1101-1103)	IVG Anfangsbestand (Berichtsjahr/AK/HK)	
5001 (1104-1107)	SAV Anfangsbestand (Berichtsjahr/AK/HK)	
5001 (1108-1114)	FAV Anfangsbestand (Berichtsjahr/AK/HK)	
5002 (1002)	IEA Zugänge (Berichtsjahr/AK/HK)	
5001 (1101-1103)	IVG Zugänge (Berichtsjahr/AK/HK)	
5001 (1104-1107)	SAV Zugänge (Berichtsjahr/AK/HK)	
5001 (1108-1114)	FAV Zugänge (Berichtsjahr/AK/HK)	
5003 (1002)	IEA Abgänge (Berichtsjahr/AK/HK)	
5001 (1101-1103)	IVG Abgänge (Berichtsjahr/AK/HK)	
5001 (1104-1107)	SAV Abgänge (Berichtsjahr/AK/HK)	
5001 (1108-1114)	FAV Abgänge (Berichtsjahr/AK/HK)	
5004 (1002)	IEA Zuschreibungen (Berichtsjahr)	
5001 (1101-1103)	IVG Zuschreibungen (Berichtsjahr)	
5001 (1104-1107)	SAV Zuschreibungen (Berichtsjahr)	
5001 (1108-1114)	FAV Zuschreibungen (Berichtsjahr)	
5005 (1002)	IEA Kumulierte Abschreibungen	
5001 (1101-1103)	IVG Kumulierte Abschreibungen	
5001 (1104-1107)	SAV Kumulierte Abschreibungen	
5001 (1108-1114)	FAV Kumulierte Abschreibungen	
5006 (1002)	IEA Abschreibungen (Berichtsjahr)	
5001 (1101-1103)	IVG Abschreibungen (Berichtsjahr)	
5001 (1104-1107)	SAV Abschreibungen (Berichtsjahr)	
5001 (1108-1114)	FAV Abschreibungen (Berichtsjahr)	

Legende:

IEA	≙	Ingangsetzungs- und Erweiterungsaufwendungen
IVG	≙	Immaterielle Vermögensgegenstände
SAV	≙	Sachanlagevermögen
FAV	≙	Finanzanlagevermögen

Übersicht A-1-5: *Erfassungsschema für das Anlagevermögen*

Posten	Haftungsverhältnisse	... in ...
6001	Wechselobligo	
6002	Sonstige Haftungsverhältnisse	
6003	Leasingverpflichtungen	
6004	Sonstige finanzielle Verpflichtungen	
6005	Nicht passivierte Verpflichtungen	

Übersicht A-1-6: *Erfassungsschema für die Haftungsverhältnisse*

Zusatzinformationen zum Konzernabschluss	
Erläuterungen	Quantitative Auswirkungen in ...
1. Bewertungs- und Bilanzierungsmethoden	
1.1 ...	
1.2 ..	
2. Änderung der Bewertungs- und Bilanzierungsmethoden im Vergleich zum Vorjahr	
3. Bilanzpolitisch motivierte sachverhaltsgestaltende Maßnahmen	
4. Sonstige Zusatzinformationen	
Arbeitnehmer (durchschnittlich)	

Übersicht A-1-7: *Erfassungsschema für Zusatzinformationen zum Konzernabschluss*

Anhang 2: Vorstellung und Erfassung der Daten des Philipp Holzmann Konzerns

Die nachstehenden Übersichten wurden aus den Geschäftsberichten der PHILIPP HOLZMANN AG der Jahre 1994 und 1995 entnommen.[1] Sie zeigen die Konzernbilanzen und die Konzern-GuV der beiden Geschäftsjahre 1994 und 1995. Der Anhang des Geschäftsjahres 1995 einschließlich der Vorjahreszahlen für das Geschäftsjahr 1994 (alle Zahlenangaben in TDM) wird im Anschluss an die Konzernbilanz und die Konzern-GuV ebenfalls wiedergegeben. In den Übersichten zur Konzernbilanz und zur Konzerngewinn- und Verlustrechnung sind in der mit Anhang überschriebenen Spalte (in Klammern) die Ziffern angegeben, unter denen die Bilanz- und GuV-Posten im Anhang erläutert werden.

Konzernbilanz der PHILLIP HOLZMANN AG

	Aktiva	Anhang	1994	1995
A.	**Anlagevermögen**	(6)		
I.	Immaterielle Vermögensgegenstände		167.403	173.140
II.	Sachanlagen		1.817.761	2.493.063
III.	Finanzanlagen		530.498	540.320
	Summe Anlagevermögen		**2.515.662**	**3.206.523**
B.	**Umlaufvermögen**			
I.	Vorräte	(7)		
	1. Nicht abgerechnete Bauarbeiten, unfertige Leistungen und Erzeugnisse, fertige Erzeugnisse sowie zum Verkauf bestimmte Grundstücke und Gebäude		6.919.595	8.005.855
	2. Erhaltene Abschlagszahlungen		− 5.088.139	− 5.229.119

---

1 Vgl. dazu PHILIPP HOLZMANN AG (Hrsg.), Geschäftsbericht 1994 sowie PHILIPP HOLZMANN AG (Hrsg.), Geschäftsbericht 1995.

	3. Übrige Vorräte		150.805	190.822
	Summe Vorräte		**1.982.261**	**2.967.558**
II.	Forderungen und sonstige Vermögensgegenstände	(8)	3.787.906	4.025.149
III.	Wertpapiere	(9)	644.670	588.777
IV.	Liquide Mittel	(9)	1.608.624	1.144.971
C.	**Rechnungsabgrenzungsposten**	(10)	5.446	11.343
	Bilanzsumme		**10.544.569**	**11.944.321**

	Passiva	Anhang	1994	1995
A.	**Eigenkapital**	(11)		
I.	Gezeichnetes Kapital		219.375	219.375
II.	Kapitalrücklage		1.438.340	1.289.790
III.	Gewinnrücklagen		309.967	1.038
IV.	Ausgleichsposten aus der Konsolidierung		34.271	31.504
V.	Anteile anderer Gesellschafter		79.772	92.860
	Bilanzgewinn		59.231	–
	Summe Eigenkapital		**2.140.956**	**1.634.567**
B.	**Sonderposten mit Rücklageanteil**	(12)	18.870	27.227
C.	**Rückstellungen**	(13)	2.088.200	2.290.961
D.	**Verbindlichkeiten**	(14)	6.295.976	7.988.992
E.	**Rechnungsabgrenzungsposten**		567	2.574
	Bilanzsumme		**10.544.569**	**11.944.321**

Konzern-Gewinn- und Verlustrechnung der PHILIPP HOLZMANN AG

		Anhang	1994	1995
1.	Umsatzerlöse	(16)	10.583.588	11.274.667
2.	Erhöhung des Bestands an nicht abgerechneten Bauarbeiten, unfertigen Leistungen und Erzeugnissen, fertigen Erzeugnissen sowie zum Verkauf bestimmten Grundstücken und Gebäuden		468.919	336.734
3.	Andere aktivierte Eigenleistungen	(17)	58.288	104.792
4.	Sonstige betriebliche Erträge	(18)	391.133	404.831
5.	Materialaufwand	(19)	− 6.861.370	− 7.526.826
6.	Personalaufwand	(20)	− 3.157.947	− 3.252.847
7.	Abschreibungen auf immaterielle Vermögensgegenstände des Anlagevermögens und Sachanlagen	(21)	− 367.919	− 378.681
8.	Sonstige betriebliche Aufwendungen	(22)	− 850.786	− 1.363.928
9.	Beteiligungsergebnis	(23)	35.759	30.766
10.	Zinsergebnis	(24)	488	− 1.798
11.	Abschreibungen auf Finanzanlagen und auf Wertpapiere des Umlaufvermögens	(25)	− 23.371	− 12.788
12.	**Ergebnis der gewöhnlichen Geschäftstätigkeit**		**276.782**	**− 385.078**
13.	Steuern	(26)	− 156.774	− 57.680
14.	**Jahresfehlbetrag (1994: Jahresüberschuss)**	(27)	**120.008**	**− 442.758**
15.	Verlustvortrag (1994: Gewinnvortrag)		16.077	− 8.237
16.	Entnahme aus Rücklagen		16.786	484.982
17.	Einstellung in andere Gewinnrücklagen		− 80.882	− 13.536
18.	Konzernfremden Gesellschaftern zustehender Gewinn		− 25.237	− 23.635
19.	Auf konzernfremde Gesellschafter entfallender Verlust		12.479	3.184
20.	**Bilanzgewinn**		**59.231**	**0**

Konzernanhang [...] der PHILIPP HOLZMANN AG

Allgemeine Angaben

(1) Rechtliche Grundlagen und formale Darstellung

Der Konzernabschluss [...] der Philipp Holzmann AG [ist][2] nach den Rechnungslegungsvorschriften des Handelsgesetzbuchs aufgestellt und in Tausend DM veröffentlicht.

[...]

Die Gliederung der Bilanz ist um die bauspezifischen Positionen „nicht abgerechnete Bauarbeiten" und „zum Verkauf bestimmte Grundstücke und Gebäude", davon abgesetzte „erhaltene Abschlagszahlungen" sowie „Forderungen/Verbindlichkeiten gegen Arbeitsgemeinschaften" erweitert.

Die Gewinn- und Verlustrechnung ist nach dem Gesamtkostenverfahren aufgestellt. Soweit es die gesetzlichen Vorschriften vorsehen, haben wir Posten in der Bilanz und der Gewinn- und Verlustrechnung zusammengefasst, um dort die Übersichtlichkeit der Darstellung zu erhöhen. Die Unterpositionen sind im Anhang gesondert ausgewiesen und erläutert.

Die Aufstellung „Entwicklung des Anlagevermögens" geht von den ursprünglichen Anschaffungs- oder Herstellungskosten der einzelnen Positionen aus. Diesen sind die zugehörigen kumulierten Abschreibungen gegenübergestellt, zum besseren Verständnis in Form der Bruttodarstellung. Für geringwertige Wirtschaftsgüter wird im Jahr der Anschaffung und gleichzeitiger Abschreibung der Abgang unterstellt.

Die Vergleichbarkeit mit den Vorjahreszahlen ist auch mit erstmals in den Konzernabschluss einbezogenen Gesellschaften, darunter die zum 31.12.1995 konsolidierten Gesellschaften der Vebau-Gruppe, durch zusätzliche Angaben bei nennenswerten Abweichungen einzelner Positionen gegeben.

(2) Konsolidierungskreis

Der Konzernabschluss umfasst neben der Philipp Holzmann AG 100 (1994: 88)[3] inländische und 163 (1994: 142) ausländische Konzernunternehmen. Als assoziierte Unternehmen gemäß § 311 HGB werden 13 (1994: 14) Beteiligungen behandelt. Weiterhin haben wir sieben (1994: fünf) Projektgemeinschaften, an denen wir als BGB-Gesellschafter mit 50 Prozent beteiligt sind, nach der Methode der Quotenkonsolidierung einbezogen und sechs (1994: –) Projektgemeinschaften vollkonsolidiert.

Das Geschäftsjahr aller konsolidierten Gesellschaften ist das Kalenderjahr.

---

2   Anpassung durch die Verf.
3   Die Vorjahreszahlen wurden von den Verf. eingefügt.

Nicht konsolidiert wurden gemäß § 295 Absatz 1 HGB die Unterstützungskassen sowie nach § 296 Absatz 2 HGB die Gesellschaften mit – auch zusammengefasst – untergeordneter Bedeutung für die Vermögens-, Finanz- und Ertragslage des Konzerns.

[...]

(3) Konsolidierungsgrundsätze

Bei der Kapitalkonsolidierung der Konzernunternehmen kommt die Buchwertmethode zum Zeitpunkt des Erwerbs oder der erstmaligen Konsolidierung zur Anwendung durch Verrechnung der Beteiligungsbuchwerte mit dem anteiligen Eigenkapital der konsolidierten Unternehmen. Aktive Unterschiedsbeträge sind den zugehörigen Vermögensgegenständen der Tochtergesellschaften zugeordnet, als Firmenwert aus der Kapitalkonsolidierung aktiviert und abgeschrieben oder mit den Rücklagen verrechnet. Passive Unterschiedsbeträge werden in den Ausgleichsposten aus der Konsolidierung eingestellt oder zur Nachholung von Rückstellungen verwandt.

Die assoziierten Unternehmen werden gemäß der Equity-Methode konsolidiert nach den bei der Kapitalkonsolidierung angewandten Grundsätzen.

Die Quotenkonsolidierung der Projektgemeinschaften erfolgt nach § 310 HGB, wobei die Posten des Jahresabschlusses entsprechend unserem Beteiligungsverhältnis übernommen wurden.

Forderungen und Verbindlichkeiten, Aufwendungen und Erträge sowie Zwischengewinne aus konzerninternen Lieferungen und Leistungen werden eliminiert.

(4) Bilanzierungs- und Bewertungsmethoden

Die Jahresabschlüsse der Philipp Holzmann AG und der einbezogenen inländischen und ausländischen Konzernunternehmen sind nach einheitlichen Bilanzierungs- und Bewertungsmethoden aufgestellt. Dabei kommen, auch bei den ausländischen Gesellschaften, der Imparitäts- und Realisationsgrundsatz uneingeschränkt zur Anwendung. Die Abschlüsse der ausländischen Unternehmen wurden, soweit notwendig, formell und materiell angepasst.

Entgeltlich erworbene **immaterielle Vermögensgegenstände** werden zu Anschaffungskosten angesetzt und kurzfristig linear abgeschrieben. Aus der Konsolidierung entstandene Firmenwerte, soweit nicht mit Rücklagen verrechnet, wurden aktiviert. Sie werden in den folgenden Geschäftsjahren planmäßig entsprechend der voraussichtlichen Nutzungsdauer abgeschrieben, wenn nicht eine schnellere Tilgung geboten ist.

Das **Sachanlagevermögen** ist mit den Anschaffungs- oder Herstellungskosten aktiviert abzüglich planmäßiger Abschreibungen auf der Grundlage der steuerlich zulässigen Höchstbeträge. Außerplanmäßige Abschreibungen erfolgen, wenn und soweit ein niedrigerer Wert geboten ist. Die steuerlichen Sonderabschreibungen, insbesondere die in den neuen Bundesländern, wurden von den Konzerngesellschaften in unterschiedlichem Umfang vorgenommen. Im Interesse der Einheitlichkeit der Bewertung haben wir im Konzernabschluss den Sonderposten nach § 4 FördG nicht angesetzt. Bei den mit Investitionszuschüssen geförderten Sachanlagen wurden die Zugänge entsprechend gekürzt. Die Herstellungskosten unseres Anlagevermögens enthalten keine Verwaltungskosten oder Fremdkapitalzinsen.

Die Abschreibung des beweglichen Anlagevermögens wir grundsätzlich nach der degressiven Methode vorgenommen mit Übergang zum linearen Verfahren, wenn sich dadurch der Absetzungsbetrag erhöht. Geringwertige Wirtschaftsgüter werden im Jahr der Anschaffung voll abgeschrieben.

Die **Anteile an verbundenen Unternehmen** und die **Beteiligungen** sind mit ihren Anschaffungskosten angesetzt abzüglich vorgenommener Abschreibungen, die **assoziierten Unternehmen** wurden nach der Equity-Methode bewertet. Die **Wertpapiere des Anlagevermögens** im Konzernabschluss stehen nach dem Niederstwertprinzip zu Anschaffungskosten oder dem niedrigeren Jahresschlusskurs nach dem Zeitpunkt des Erwerbs zu Buch.

Der Wertansatz des Bestands an **nicht abgerechneten Bauarbeiten, unfertigen Leistungen und Erzeugnissen, fertigen Erzeugnissen sowie zum Verkauf bestimmten Grundstücken und Gebäuden** ist unverändert aus aktivierungspflichtigen Herstellungskosten und Anschaffungskosten hergeleitet. Darin sind Löhne und Gehälter, Material, Nachunternehmerarbeiten und andere Fremdleistungen, nach steuerlichen Vorschriften anzusetzende allgemeine Betriebskosten, lineare Abschreibungen der eingesetzten Bau- und Transportgeräte sowie Erwerbskosten für Grundstücke enthalten, bei Projektgeschäften wurden auf den Zeitraum der Herstellung entfallende Fremdkapitalzinsen in die Herstellungskosten einbezogen. Übersteigen die derart für jedes einzelne Objekt ermittelten Kosten die uns zu vergütende zugehörige Leistung, bildet diese die Obergrenze für die Bewertung. Die **Roh-, Hilfs- und Betriebsstoffe** sind zu Anschaffungs- oder Herstellungskosten aktiviert oder zu dem handelsrechtlich gebotenen oder ertragsteuerlich zulässigen niedrigeren Wert. Angemessene Bewertungsabschläge tragen möglichen Verwertungsrisiken Rechnung.

Bei den **Forderungen** und **sonstigen Vermögensgegenständen** wurde durch Wertabschläge Vorsorge für mögliche Einzelrisiken getroffen. Zur Absicherung des allgemeinen Kreditrisikos bei Forderungen aus Alleingeschäften und Gemeinschaftsgeschäften ist bei diesen Bilanzpositionen eine pauschale Wertberichtigung vorgenommen worden. Nicht ablösbare Sicherheitseinbehalte unserer Auftraggeber und über die vereinbarte Zahlungsfrist hinaus bestehende offene Forderungen haben wir der voraussichtlichen Restlaufzeit entsprechend abgezinst.

Unser Bestand an **Wertpapieren** des Umlaufvermögens ist mit den Anschaffungskosten oder dem niedrigsten Jahresschlusskurs seit dem Erwerb bewertet.

Die **Rückstellungen für Pensionen und ähnliche Verpflichtungen** sind nach versicherungsmathematischen Grundsätzen ermittelt und decken den Teilwert der gegebenen Zusagen in vollem Umfang.

Die **übrigen Rückstellungen** sind unter vorsichtiger Abwägung aller erkennbaren Risiken gebildet.

Die **Verbindlichkeiten** sind mit dem Rückzahlungsbetrag angesetzt.

(5) Währungsumrechnung

Im Konzernabschluss wurden die Vermögensgegenstände und die Verbindlichkeiten zum Jahresschlusskurs und die Aufwendungen und Erträge mit Durchschnittskursen bewertet. Umrechnungsdifferenzen sind innerhalb der sonstigen Aufwendungen und Erträge verrechnet. [...]

Erläuterungen und Angaben zur Bilanz[4]

(6) Anlagevermögen

Die Entwicklung des Anlagevermögens des Konzerns [...] ist [...] [im Anlagengitter][5] dargestellt. Dabei wird von den ursprünglichen Anschaffungs- und Herstellungskosten und den zugehörigen kumulierten Abschreibungen der einzelnen Positionen ausgegangen. In der Spalte Veränderungen sind Anpassungsbeträge aus Änderungen des Konsolidierungskreises sowie Währungsdifferenzen aus der Umstellung auf die neuen Jahresschlusskurse enthalten.

Der Firmenwert aus der Kapitalkonsolidierung im Konzernabschluss betrifft weitgehend die in Vorjahren einbezogenen Unternehmen. Die Zugänge entstanden durch die erstmalige Konsolidierung von neuen Gesellschaften, insbesondere der Vebau-Gruppe.

[...]

Unter den Anteilen an verbundenen Unternehmen sind im Konzernabschluss die nicht konsolidierten Gesellschaften ausgewiesen. Bei den assoziierten Unternehmen handelt es sich um nach der Equity-Methode konsolidierte Gesellschaften.

---

4 Anpassung durch die Verf.
5 Einfügung durch die Verf.

Anlagengitter des PHILIPP HOLZMANN AG 1994

(Alle Angaben in TDM)	Historische AK/HK 1.1.1994	Veränderungen	Zugänge	Abgänge	Zuschreibungen	Umbuchungen	Abschreibungen (kumuliert)	Restbuchwert 31.12.1994	Restbuchwert 31.12.1993	Abschreibungen 1994
Konzessionen, gewerbliche Schutzrechte und ähnliche Rechte und Werte sowie Lizenzen an solchen Rechten und Werten	13.805	66	5.390	1.226	–	18	11.480	6.573	4.776	3.597
Geschäfts- oder Firmenwert	273.936	441	58.455	–	–	–	173.617	159.215	123.377	22.617
Geleistete Anzahlungen	11	–	1.604	–	–	–	–	1.615	11	–
Immaterielle Vermögensgegenstände	**287.752**	**507**	**65.449**	**1.226**	**0**	**18**	**185.097**	**167.403**	**128.164**	**26.214**
Grundstücke und grundstücksgleiche Rechte und Bauten einschließlich der Bauten auf fremden Grundstücken	1.435.240	17.795	80.141	27.383	157	42.569	502.799	1.045.720	963.789	44.220
Technische Anlagen und Maschinen	1.504.993	19.696	138.884	125.120	–	27.281	1.094.067	471.667	480.459	186.218
Andere Anlagen, Betriebs- und Geschäftsausstattung	567.186	12.787	122.218	73.380	–	3.837	413.033	219.615	198.407	109.105
Geleistete Anzahlungen und Anlagen im Bau	81.763	– 122	80.559	7.505	–	– 73.705	231	80.759	81.531	–
Sachanlagen	**3.589.182**	**50.156**	**421.802**	**233.388**	**157**	**– 18**	**2.010.130**	**1.817.761**	**1.724.186**	**339.543**
Anteile an verbundenen Unternehmen	88.506	– 44.597	18.234	644	–	865	7.551	54.913	80.569	971
Ausleihungen an verbundene Unternehmen	1.672	23	10	168	–	–	–	1.537	1.669	–
Beteiligungen an assoziierten Unternehmen	118.384	– 3.142	11.573	33.163	–	–	7.854	85.798	113.033	2.508
Beteiligungen	233.017	10.358	26.843	3.295	–	– 865	21.760	244.298	220.140	10.047
Ausleihungen an Unternehmen, mit denen ein Beteiligungsverhältnis besteht	6.818	97.405	33.989	11.337	–	–	–	126.875	6.818	–
Wertpapiere des Anlagevermögens	11.238	7	2.865	1.608	–	–	1.243	11.259	9.917	104
Sonstige Ausleihungen	24.620	– 318	152	17.839	–	–	797	5.818	23.822	–
Finanzanlagen	**484.355**	**59.736**	**93.666**	**68.054**	**0**	**0**	**39.205**	**530.498**	**455.968**	**13.630**
Gesamt	**4.361.289**	**110.399**	**580.917**	**302.668**	**157**	**0**	**2.234.432**	**2.515.662**	**2.308.318**	**379.387**

Anlagengitter des PHILIPP HOLZMANN AG 1995

(Alle Angaben in TDM)	Historische AK/HK 1.1.1995	Veränderungen	Zugänge	Abgänge	Zuschreibungen	Umbuchungen	Abschreibungen (kumuliert)	Restbuchwert 31.12.1995	Restbuchwert 31.12.1994	Abschreibungen 1995
Konzessionen, gewerbliche Schutzrechte und ähnliche Rechte und Werte sowie Lizenzen an solchen Rechten und Werten	18.053	830	6.835	644	–	412	15.887	9.599	6.573	4.452
Geschäfts- oder Firmenwert	332.832	224	49.861	1.459	–	–	220.666	160.792	159.215	46.978
Geleistete Anzahlungen	1.615	–	1.501	56	–	– 311	–	2.749	1.615	–
Immaterielle Vermögensgegenstände	**352.500**	**1.054**	**58.197**	**2.159**	**0**	**101**	**236.553**	**173.140**	**167.403**	**51.430**
Grundstücke und grundstücksgleiche Rechte und Bauten einschließlich der Bauten auf fremden Grundstücken	1.548.519	507.387	267.361	32.898	–	39.116	631.740	1.697.745	1.045.720	49.518
Technische Anlagen und Maschinen	1.565.734	84.167	125.555	103.618	–	21.646	1.204.204	489.280	471.667	165.524
Andere Anlagen, Betriebs- und Geschäftsausstattung	632.648	– 14	116.889	85.290	–	5.200	443.924	225.509	219.615	109.540
Geleistete Anzahlungen und Anlagen im Bau	80.990	1.885	66.803	2.303	–	– 66.063	783	80.529	80.759	552
Sachanlagen	**3.827.891**	**593.425**	**576.608**	**224.109**	**0**	**– 101**	**2.280.651**	**2.493.063**	**1.817.761**	**325.134**
Anteile an verbundenen Unternehmen	62.464	– 14.628	32.119	5.429	–	3.660	8.934	69.252	54.913	1.105
Ausleihungen an verbundene Unternehmen	1.537	8.549	14.530	15	–	–	–	24.601	1.537	–
Beteiligungen an assoziierten Unternehmen	93.652	– 10.600	21.803	2.822	–	–	10.267	91.766	85.798	2.532
Beteiligungen	266.058	1.884	26.982	9.605	–	– 2.774	26.916	255.629	244.298	8.272
Ausleihungen an Unternehmen, mit denen ein Beteiligungsverhältnis besteht	126.875	– 800	31.134	73.252	–	– 65.233	–	18.724	126.875	–
Wertpapiere des Anlagevermögens	12.502	847	5.313	4.219	–	– 886	1.448	12.109	11.259	269
Sonstige Ausleihungen	6.615	505	178	3.495	–	65.233	797	68.239	5.818	1
Finanzanlagen	**569.703**	**– 14.243**	**132.059**	**98.837**	**0**	**0**	**48.362**	**540.320**	**530.498**	**12.179**
Gesamt	**4.750.094**	**580.236**	**766.864**	**325.105**	**0**	**0**	**2.565.566**	**3.206.523**	**2.515.662**	**388.743**

(7) Vorräte

(Alle Angaben in TDM)	1994	1995
Nicht abgerechnete Bauarbeiten	4.599.869	4.516.792
Fertige und unfertige Leistungen und Erzeugnisse	1.134.082	1.229.308
Zum Verkauf bestimmte Grundstücke und Gebäude	1.185.644	2.259.755
	6.919.595	8.005.855
Erhaltene Abschlagszahlungen	− 5.088.139	− 5.229.119
Gesamt	**1.831.456**	**2.776.736**

Wie in den Vorjahren entfallen vom Bestand an **nicht abgerechneten Bauarbeiten** die größten Anteile auf die Muttergesellschaft und J.A. Jones. Die **fertigen und unfertigen Leistungen und Erzeugnisse** betreffen vor allem die Steinmüller- und die Scheu+Wirth-Gruppe. Als **zum Verkauf bestimmte Grundstücke und Gebäude** sind Projektgeschäfte bilanziert. Die erstmalige Einbeziehung der Vebau-Gruppe in den Konzernabschluss verursachte mit 828 Millionen DM im Wesentlichen die starke Steigerung gegenüber dem Vorjahresbetrag.

[...]

(8) Forderungen und sonstige Vermögensgegenstände

(Alle Angaben in TDM)	1994	1995
Forderungen aus Lieferungen und Leistungen	1.601.932	1.712.208
davon mit einer Restlaufzeit > 1 Jahr	(66.585)	(77.745)
Forderungen gegen Arbeitsgemeinschaften	623.818	529.929
davon mit einer Restlaufzeit > 1 Jahr	(6.398)	(6.831)
Forderungen gegen verbundene Unternehmen	108.385	139.349
davon mit einer Restlaufzeit > 1 Jahr	(105)	(3.689)
Forderungen gegen Unternehmen, mit denen ein Beteiligungsverhältnis besteht	249.114	162.508
davon mit einer Restlaufzeit > 1 Jahr	(100.953)	(126.389)
Sonstige Vermögensgegenstände	1.204.657	1.481.155
davon mit einer Restlaufzeit > 1 Jahr	(194.887)	(288.097)
Gesamt	**3.787.906**	**4.025.149**
davon mit einer Restlaufzeit > 1 Jahr	**(368.928)**	**(502.751)**

Die **Forderungen aus Lieferungen und Leistungen** sind aus abgerechneten Alleingeschäften entstanden. **Forderungen gegen Arbeitsgemeinschaften** ergaben sich aus unseren Gesellschafterleistungen und aus laufender Verrechnung mit Gemeinschaftsbaustellen. In den **Forderungen gegen verbundene Unternehmen** und **Unternehmen, mit denen ein Beteiligungsverhältnis besteht**, sind im Abschluss der Philipp Holzmann AG Betriebsmittelkredite, die Salden aus laufender Verrechnung und über die Muttergesellschaft zu zahlende Steuern einschließlich der Umsatzsteuer auf zum Jahresende abgerechnete Lieferungen und Leistungen bilanziert. Wie bisher stellten wir unseren Tochtergesellschaften die für ihre Aktivitäten benötigten finanziellen Mittel zur Verfügung. Knapp 90 Prozent der Forderungen gegen verbundene Unternehmen entfallen auf konsolidierte Unternehmen. Als **sonstige Vermögensgegenstände** sind insbesondere die abgeführte Umsatzsteuer auf Voraus- und Abschlagszahlungen, Vorsteueransprüche, anrechenbare Körperschaft- und Kapitalertragsteuer, Forderungen aus der Projektfinanzierung, Vorlagen für Sozialkassen des Baugewerbes, abgegrenzte Zinserträge aus festverzinslichen Wertpapieren und Termingeldern sowie verschiedene andere Forderungen ausgewiesen.

(9) Wertpapiere und liquide Mittel

[...]

Die **sonstigen Wertpapiere** enthalten marktgängige festverzinsliche Titel, Aktien und Anteile an Sondervermögen. Wie in Vorjahren betrifft der Bilanzbetrag im Konzern größtenteils die Obergesellschaft und Steinmüller. Der nach § 280 Absatz 3 HGB anzugebende Betrag der im Berichtsjahr unterlassenen Zuschreibungen beläuft sich [...] im Konzern [...] auf 3,6 Millionen DM (1994: 4,4 Millionen DM). Er resultiert aus Kurssteigerungen in früheren Jahren abgeschriebener Wertpapiere.

Die **liquiden Mittel** enthalten vor allem Guthaben bei Kreditinstituten sowie Kassenbestände, Bundesbank- und Postbankguthaben. [...] Der Rückgang im Vergleich zum Vorjahresbetrag geht auf die Muttergesellschaft zurück und ist begründet in der Finanzierung unseres laufenden Geschäfts und der Beteiligungsgesellschaften.

(10) Rechnungsabgrenzungsposten

Die aktiven Rechnungsabgrenzungsposten im Konzern beinhalten abgegrenzte Ausgaben unter Einschluss eines Disagios von 706.000 DM (1994: 500.000 DM).

(11) Eigenkapital

Das **gezeichnete Kapital** unserer Gesellschaft beträgt 219.375.000 DM.

[...]

Gewinnrücklagen:

(Alle Angaben in TDM)	1994	1995
Gesetzliche Rücklage	782	–
Rücklage für eigene Aktien	–	1.038
Rücklage für Auslandsrisiken	30.950	–
Andere Gewinnrücklagen	278.235	–
Gesamt	**309.967**	**1.038**

Die **Rücklage für Auslandsrisiken** der Muttergesellschaft von 31,0 Millionen DM wurde nach dem Wegfall ihrer ursprünglichen Gründe gemeinsam mit dem Betrag von 323,7 Millionen DM aus den **anderen Gewinnrücklagen** aufgelöst, um den Jahresfehlbetrag von 354,7 Millionen DM auszugleichen.

In Höhe unseres Bestands an eigenen Aktien wurde eine **Rücklage für eigene Aktien** durch Entnahme aus den anderen Gewinnrücklagen gebildet.

[...]

(12) Sonderposten mit Rücklageanteil

[...]

Die **Sonderposten** des Konzerns betreffen die Tochtergesellschaften, nachdem im Rahmen der Konsolidierung Bewertungswahlrechte wahrgenommen wurden mit entsprechender Auswirkung auf den latenten Steueraufwand.

[...]

(13) Rückstellungen

(Alle Angaben in TDM)	1994	1995
Rückstellungen für Pensionen und ähnliche Verpflichtungen	450.420	477.984
Steuerrückstellungen	375.910	349.200
Sonstige Rückstellungen	1.261.870	1.463.777
Gesamt	**2.088.200**	**2.290.961**

[Die Rückstellungen für Pensionen und ähnliche Verpflichtungen betrugen 1993 423.636 TDM.][6]

Die **Steuerrückstellungen** der Muttergesellschaft sind nach der Auflösung eines Teils der nicht mehr benötigten Vorsorge für die Betriebsprüfung und infolge des negativen Ergebnisses um rund 64 Millionen DM zurückgegangen. Im Konzern liegt der Betrag ebenfalls unter der Vorjahreszahl. Hier ist der Rückgang durch die Bilanzbeträge erfolgreicher Tochtergesellschaften und wegen latenter Steuern geringer. Letztere betragen nach Saldierung aktiver und passiver Steuerabgrenzungsposten 32,6 Millionen DM (1994: 19,7 Millionen DM).

Die **sonstigen Rückstellungen** umfassen vor allem Kosten für Auftragsabwicklungen einschließlich Gewährleistungsrisiken, mögliche Verluste im Auftragsbestand, Personalaufwendungen, Jubiläumsverpflichtungen, Mietgarantien, Vertragsstrafen, Prozess- und sonstige Risiken verschiedener Art. Die Erhöhung der Bilanzbeträge [...] des Konzerns resultiert vor allem aus der Vorsorge für Risiken des Projektgeschäfts.

---

6   Einfügung durch die Verf.

(14) Verbindlichkeiten

(Alle Angaben in TDM)	1994	1995
Verbindlichkeiten gegenüber Kreditinstituten davon mit einer Restlaufzeit ≤ 1 Jahr	1.421.865 (585.996)	3.248.820 (2.211.330)
Erhaltene Anzahlungen auf Bestellungen davon mit einer Restlaufzeit ≤ 1 Jahr	1.436.976 (1.048.473)	1.372.370 (1.178.428)
Verbindlichkeiten aus Lieferungen und Leistungen davon mit einer Restlaufzeit ≤ 1 Jahr	1.432.764 (1.394.259)	1.603.418 (1.554.426)
Verbindlichkeiten gegenüber Arbeitsgemeinschaften davon mit einer Restlaufzeit ≤ 1 Jahr	566.823 (563.270)	692.377 (675.956)
Verbindlichkeiten aus der Annahme gezogener Wechsel und der Ausstellung eigener Wechsel davon mit einer Restlaufzeit ≤ 1 Jahr	57.983 (57.595)	61.137 (60.908)
Verbindlichkeiten gegenüber verbundenen Unternehmen davon mit einer Restlaufzeit ≤ 1 Jahr	19.887 (18.855)	78.847 (77.774)
Verbindlichkeiten gegenüber Unternehmen, mit denen ein Beteiligungsverhältnis besteht davon mit einer Restlaufzeit ≤ 1 Jahr	321.700 (321.691)	82.024 (82.024)
Sonstige Verbindlichkeiten davon mit einer Restlaufzeit ≤ 1 Jahr	1.037.978 (976.857)	849.999 (789.004)
Summe **davon mit einer Restlaufzeit ≤ 1 Jahr**	**6.295.976** **(4.966.996)**	**7.988.992** **(6.629.850)**

Von den Verbindlichkeiten haben im Konzern 259,5 Millionen DM (1994: 218,0 Millionen DM) [...] eine Restlaufzeit von mehr als 5 Jahren. Davon entfallen auf Verbindlichkeiten gegenüber Kreditinstituten 205,8 Millionen DM (1994: 87,5 Millionen DM) [...], [auf erhaltene Anzahlungen und Bestellungen 0 Millionen DM][7] (1994: 75,0 Millionen DM), auf Lieferungs- und Leistungsverbindlichkeiten 1,2 Millionen DM (1994: 1,3 Millionen DM) [...], auf Verbindlichkeiten gegenüber verbundene Unternehmen 1,0 Millionen DM (1994: 1,0 Millionen DM) und auf sonstige Verbindlichkeiten 51,5 Millionen DM (1994: 53,2 Millionen DM).

[...]

Unter den **sonstigen Verbindlichkeiten** sind vor allem Verpflichtungen aus Lohn und Gehaltsabrechnungen, Verbindlichkeiten aus abgerechneten Gemeinschaftsgeschäften, Umsatz- und sonstige Steuerschulden sowie verschiedene andere Verpflichtungen ausgewiesen. Vom Gesamtbetrag entfallen im Konzern auf Steuern 200,9 Millionen DM (1994: 249,5 Millionen DM) und auf Verbindlichkeiten im Rahmen der sozialen Sicherheit 113,8 Millionen DM (1994: 107,0 Millionen DM). [...]

---

7 Einfügung durch die Verf.

(15) Haftungsverhältnisse und sonstige finanzielle Verpflichtungen

(Alle Angaben in TDM)	1994	1995
Bürgschaften	2.181.009	1.049.108
davon wegen verbundener Unternehmen	(45.192)	(102.660)
Wechselobligo	1.967	1.899
Haftungsverhältnisse aus der Bestellung von Sicherheiten für fremde Verbindlichkeiten	25.945	54.460
Verbindlichkeiten aus Gewährleistungsverträgen	20	443
Summe	**2.208.941**	**1.105.910**

Die **Verbindlichkeiten aus Bürgschaften** der Muttergesellschaft wurden für Verpflichtungen und Eventualverbindlichkeiten von Konzernunternehmen und Beteiligungsgesellschaften übernommen. Sie dienen der Konzernfinanzierung, der Finanzierung von Projektgemeinschaften und der Unterstützung der allgemeinen Geschäftstätigkeit von Tochter- und Beteiligungsgesellschaften. Das Volumen dokumentiert die Finanzierung des Konzerns durch die Muttergesellschaft. Der Betrag der Bürgschaften des Konzerns entspricht inhaltlich demjenigen der Obergesellschaft, vermindert um die für konsolidierte Unternehmen übernommenen Bürgschaften. Der Rückgang gegenüber dem Vorjahresbetrag entstand vor allem aus der erstmaligen Einbeziehung der Vebau-Gruppe, wodurch die mit den Bürgschaften gesicherten Verbindlichkeiten in der Konzernbilanz enthalten sind.

Pfandrechte oder ähnliche Rechte zur Sicherung von Verbindlichkeiten bestehen im Konzern in Höhe von 695,0 Millionen DM (1994: 421,1 Millionen DM). Die nicht bilanzierten mittelbaren Verpflichtungen aus Unterstützungszusagen betragen unter Berücksichtigung des Steuereffekts im Konzern 110,1 Millionen DM (1994: 122,0 Millionen DM) [...]; die Gesamtsumme der sonstigen finanziellen Verpflichtungen beläuft sich im Konzern auf 256,5 Millionen DM (1994: 230,6 Millionen DM) [...]. Sie stammt aus dem Bestellobligo, Jahresbeträgen aus Leasing-, Pacht- und Mietverpflichtungen sowie zukünftigen Beiträgen an den Pensions-Sicherungs-Verein und sonstigen Einzahlungsverpflichtungen.

Geschäfte über Finanz-Derivate werden nur auf der Basis von zu sichernden Grundgeschäften abgeschlossen. Der Umfang ist im Verhältnis zum Finanzvolumen gering.

Erläuterungen zur Gewinn- und Verlustrechnung

(16) Umsatzerlöse

Jahresleistung

(Alle Angaben in Mio. DM)	1994	1995
Inland		
Wirtschaftsbau	5.050	5.003
Öffentlicher Bau	2.164	2.259
Wohnungsbau	1.374	1.812
Anlagenbau	478	634
	9.066	9.708
Ausland		
Amerika	2.032	2.032
Europa	1.497	1.667
Afrika	157	145
Asien und Australien	338	542
	4.024	4.386
Gesamt	**13.090**	**14.094**

[...]

Wie bisher bringen wir wegen der höheren Aussagekraft anstelle der Umsatzerlöse eine Aufteilung der im Geschäftsjahr erbrachten Leistung, und zwar für das Inland nach Sparten und für das Ausland unter geographischen Gesichtspunkten. Die Konzernzahlen enthalten unsere anteilige Leistung aller verbundenen Unternehmen und Beteiligungsgesellschaften, die Leistung von Gemeinschaftsgeschäften ist ebenfalls jeweils in Höhe unserer Beteiligung enthalten.

(17) Andere aktivierte Eigenleistungen

Wie im Vorjahr enthält diese Position selbsterstellte Gebäude des Anlagevermögens und Betriebsausstattungen, vor allem inländischer Tochtergesellschaften und der Obergesellschaft.

(18) Sonstige betriebliche Erträge

Als sonstige betriebliche Erträge sind Buchgewinne aus Anlagenabgängen und Wertpapierverkäufen, Auflösungen von Sonderposten mit Rücklageanteil (1994: 3,2 Millionen DM; 1995: 2,5 Millionen DM) und Rückstellungen, Schadenersatzleistungen und Kostenerstattungen, Zahlungseingänge auf abgeschriebene Forderungen, Erträge aus Kursgewinnen, Nebenumsätze und verschiedene andere Erträge zusammengefasst.

(19)Materialaufwand

(Alle Angaben in TDM)	1994	1995
Aufwendungen für Roh-, Hilfs- und Betriebsstoffe und für bezogene Waren	2.031.665	2.211.258
Aufwendungen für bezogene Leistungen	4.829.705	5.315.568
Gesamt	**6.861.370**	**7.526.826**

[...]

(20)Personalaufwand und Mitarbeiter

(Alle Angaben in TDM)	1994	1995
Löhne und Gehälter	2.582.390	2.650.387
Soziale Abgaben und Aufwendungen für Altersversorgung und Unterstützung	575.557	602.460
Gesamt	**3.157.947**	**3.252.847**

[...]

Mitarbeiter (Anteil aller Beteiligungsgesellschaften im Jahresdurchschnitt):

	1994	1995
Gewerbliche Mitarbeiter		
Inland	16.843	16.440
Ausland	12.310	15.696
Angestellte		
Inland	8.709	9.061
Ausland	5.402	6.158
Gesamt	**43.264**	**47.355**

(21)Abschreibungen

Die **Abschreibungen auf immaterielle Vermögensgegenstände des Anlagevermögens und Sachanlagen** betreffen im Konzern [...] vor allem technische Anlagen und Maschinen, insbesondere Baugeräte sowie Betriebs- und Geschäftsausstattung. [...] Mehrabschreibungen aufgrund steuerrechtlicher Vorschriften wurden im Konzern in Höhe von 938.000 DM (1994: 1,4 Millionen DM) [...] vorgenommen. Die Auswirkungen der steuerlichen Sonderabschreibungen des Berichtsjahres und der Vorjahre auf das Jahresergebnis sind unbedeutend.

(22)Sonstige betriebliche Aufwendungen

Unter den **sonstigen betrieblichen Aufwendungen** zusammengefasst sind die nicht zu anderen Aufwandsarten gehörenden Verwaltungskosten, Ausgaben für Mieten, Pachten, Werbung und sonstige Dienstleistungen, Versicherungsprämien, Gebühren, Provisionen, Beiträge an Verbände und andere Institutionen, sonstige Personalaufwendungen, der Saldo aus Neubildung und Verbrauch allgemeiner Rückstellungen, Verluste aus dem Abgang von Gegenständen des Anlage- und Umlaufvermögens, Wertminderungen des Umlaufvermögens sowie Einstellungen in Sonderposten mit Rücklageanteil (1995: 901 TDM; 1994: 10,5 Millionen DM). Besonders in der Muttergesellschaft, aber auch im Konzern hat sich in dieser Position die Risikovorsorge für das Projektgeschäft ausgewirkt.

(23) Beteiligungsergebnis

(Alle Angaben in TDM)	1994	1995
Erträge aus Ergebnisabführungsverträgen	486	912
Erträge von verbundenen Unternehmen	7.202	8.728
Aufwendungen aus Verlustübernahme	– 12.718	– 9.504
Erträge von Beteiligungsgesellschaften	40.736	30.557
Weiterbelastete Steuern an Organgesellschaften	53	73
Gesamt	**35.759**	**30.766**

[...]

(24) Zinsergebnis

(Alle Angaben in TDM)	1994	1995
Erträge aus anderen Wertpapieren und Ausleihungen des Finanzanlagevermögens	2.095	2.657
Sonstige Zinsen und ähnliche Erträge	167.109	180.867
Zinsen und ähnliche Aufwendungen	– 168.716	– 185.322
Gesamt	**488**	**– 1.798**

Unter den **sonstigen Zinsen und ähnlichen Erträgen** sind Zinsen aus Bankguthaben, festverzinslichen Wertpapieren, Fonds, Betriebsmittelkrediten und kurzfristigen Darlehen sowie Dividenden auf Aktien des Umlaufvermögens ausgewiesen. [...] Der Konzern hat von nicht konsolidierten verbundenen Unternehmen 12,6 Millionen DM (1994: 6,4 Millionen DM) vereinnahmt [...]. **Zinsen und ähnliche Aufwendungen** entstanden wie im Vorjahr vor allem in der Obergesellschaft und in Projektgemeinschaften und daneben in zahlreichen inländischen und ausländischen Konzernunternehmen. An verbundene nicht konsolidierte Unternehmen wurden vom Konzern 7,0 Millionen DM (1994: 1,8 Millionen DM) vergütet [...].

(25) Abschreibungen auf Finanzanlagen und auf Wertpapiere des Umlaufvermögens

In dieser Position der Muttergesellschaft sind Abschreibungen für drei Tochtergesellschaften sowie Aufwendungen aus Abschreibungen auf niedrigere Jahresschlusskurse bei Wertpapieren enthalten.

(26) Steuern

(Alle Angaben in TDM)	1994	1995
Steuern vom Einkommen und vom Ertrag	122.831	85.526
Auflösung nicht mehr benötigter Steuerrückstellungen	–	– 65.000
Sonstige Steuern	33.943	41.154
Auflösung nicht mehr benötigter Steuerrückstellungen	–	– 4.000
Gesamt	156.774	57.680

[...]

Die **sonstigen Steuern** des Konzerns [...] umfassen die Vermögenssteuer, Gewerbekapitalsteuer, Grundsteuer, Kraftfahrzeugsteuer und diesen vergleichbare ausländische Steuern.

(27) Jahresfehlbetrag (1994: Bilanzgewinn)

[...] Im Konzern beträgt der Jahresfehlbetrag rund 443 Millionen DM. Dieser wird unter Einbeziehung des Verlustvortrags, Einstellung in andere Gewinnrücklagen sowie auf konzernfremde Gesellschafter entfallende Ergebnisse und durch Entnahmen aus den Kapitalrücklagen von rund 149 Millionen DM sowie aus den anderen Gewinnrücklagen von rund 309 Millionen DM ausgeglichen.

(1994: Der Bilanzgewinn beträgt nach der Erhöhung der Gewinnrücklagen in der Muttergesellschaft und im Konzern 59.231.250 DM.)

Sonstige Angaben

[...]

Die Gesamtbezüge des Vorstands belaufen sich 1995 auf 3.337.000 DM (1994: 6.227.000 DM). Die Vergütung an den Aufsichtsrat beträgt 108.000 DM (1994: 1.097.000 DM). Ehemalige Vorstandsmitglieder oder deren Hinterbliebene erhielten 2.992.000 DM (1994: 4.194.000 DM); für diesen Personenkreis sind Rückstellungen und Anwartschaften im Betrag von 26.052.000 DM (1994: 26.856.000 DM) gebildet. Vorschüsse und Kredite an Vorstandsmitglieder oder Aufsichtsratsmitglieder bestehen nicht, Haftungsverhältnisse zugunsten dieses Personenkreises wurden nicht eingegangen.

Erfassung und Modifikation des Konzernabschlusses des Philipp Holzmann Konzerns

Die Konzernabschlüsse des Philipp Holzmann Konzerns für die Geschäftsjahre 1994 und 1995 sind in das in Kapitel II vorgestellte Erfassungsschema zu übertragen. Die sich aus dem Erfassungsschema ergebenden modifizierten Konzernabschlüsse für die beiden Geschäftsjahre bilden die Grundlage, auf der in den Kapiteln IV bis VI konkrete Kennzahlen für den Philipp Holzmann Konzern berechnet werden.

Posten	Aktivseite	Originärer Konzern-abschluss 1994 in TDM	Umbuchungen in TDM		Modifi-zierter Konzern-abschluss 1994 in TDM
			Soll	Haben	
1001	Ausstehende Einlagen	0		0[a)]	–
1002	Aufwendungen für Ingangsetzung und Erweiterung des Geschäftsbetriebes	0			0
	Anlagevermögen				
	Immaterielle Vermögensgegenstände				
1101	Konzessionen, Rechte, Lizenzen	6.573			6.573
1102	Geschäfts- oder Firmenwert	159.215			159.215
1103	Geleistete Anzahlungen auf immaterielle Vermögensgegenstände	1.615			1.615
	Sachanlagen				
1104	Grundstücke und Bauten	1.045.720			1.045.720
1105	Technische Anlagen und Maschinen	471.667			471.667
1106	Andere Anlagen, Betriebs- und Geschäftsausstattung	219.615			219.615
1107	Geleistete Anzahlungen und Anlagen im Bau	80.759			80.759
	Finanzanlagen				
1108	Anteile an verbundenen Unternehmen	54.913			54.913
1109	Ausleihungen an verbundene Unternehmen	1.537			1.537
1110	Beteiligungen	330.096			330.096
1111	Ausleihungen an Beteiligungsunternehmen	126.875			126.875
1112	Wertpapiere des Anlagevermögens	11.259			11.259
1113	Sonstige Ausleihungen	5.818			5.818
	Summe Anlagevermögen	**2.515.662**		0	**2.515.662**
	Umlaufvermögen				
	Vorräte				
1201	Roh-, Hilfs- und Betriebsstoffe	99.808			99.808
1202	Unfertige Erzeugnisse/Leistungen	1.134.082			1.134.082
1203	Fertige Erzeugnisse und Waren	1.185.644			1.185.644
1204	Geleistete Anzahlungen	50.997			50.997

Übersicht A-2-1: *Erfassungsschema für das Geschäftsjahr 1994 (Aktivseite)*

Posten	Aktivseite	Originärer Konzern-abschluss 1994 in TDM	Umbuchungen in TDM		Modifi-zierter Konzern-abschluss 1994 in TDM
			Soll	Haben	
1205	Nicht abgerechnete Arbeiten	4.599.869			4.599.869
1206	Auf der Aktivseite ausgewiesene erhaltene Anzahlungen	– 5.088.139	5.088.139[b)]		–
	Forderungen und Sonstige Vermögens-gegenstände				
1301	Forderungen aus Lieferungen und Leistungen	2.225.750			2.225.750
1301a	■ davon Restlaufzeit über 1 Jahr	*72.983*			*72.983*
1302	Forderungen gegen verbundene Unternehmen	108.385			108.385
1302a	■ davon Restlaufzeit über 1 Jahr	*105*			*105*
1303	Forderungen gegen Beteiligungsunternehmen	249.114			249.114
1303a	■ davon Restlaufzeit über 1 Jahr	*100.953*			*100.953*
1304	Sonstige Vermögensgegenstände	1.204.657			1.204.657
1304a	■ davon Restlaufzeit über 1 Jahr	*194.887*			*194.887*
	Sonstige Aktiva				
1305	Wertpapiere des Umlaufvermögens	644.670		0	644.670
1305a	■ davon eigene Anteile	*0*		*0[c)]*	–
1306	Kasse, Guthaben bei Kreditinstituten, Schecks	1.608.624			1.608.624
1401	Forderungen an haftende Gesellschafter	0			0
1402	Forderungen an nicht haftende Gesellschafter	0			0
1501	Steuerabgrenzungsposten/Aktivische latente Steuern	–	0[d)]		0
1502	Aktivische Rechnungsabgrenzungsposten – Disagio	–	500[d)]		500
1503	Aktivische Rechnungsabgrenzungsposten – Sonstige	–	4.946[d)]		4.946
	Summe Umlaufvermögen	**8.023.461**	**5.093.585**	**0**	**13.117.046**
1501	Steuerabgrenzungsposten/Aktivische latente Steuern	0		0[d)]	–
1502	Aktivische Rechnungsabgrenzungsposten – Disagio	500		500[d)]	–
1503	Aktivische Rechnungsabgrenzungsposten – Sonstige	4.946		4.946[d)]	–
	Summe Aktiva	**10.544.569**	**5.093.585**	**5.446**	**15.632.708**

Legende:

–	≙	Der Posten wird im originären Konzernabschluss an anderer Stelle ausgewiesen bzw. der Posten wurde für die Ermittlung des modifizierten Konzernabschlusses umgebucht und an anderer Stelle ausgewiesen.
a)	≙	Die ausstehenden Einlagen werden in das Eigenkapital umgebucht.
b)	≙	Die auf der Aktivseite ausgewiesenen erhaltenen Anzahlungen werden in die Verbindlichkeiten umgebucht.
c)	≙	Die eigenen Anteile werden in das Eigenkapital umgebucht.
d)	≙	Die aktivischen Rechnungsabgrenzungsposten werden in das Umlaufvermögen umgebucht.

Fortsetzung der Übersicht A-2-1

Posten	Passivseite	Originärer Konzern-abschluss 1994 in TDM	Umbuchungen in TDM Soll	Umbuchungen in TDM Haben	Modifi-zierter Konzern-abschluss 1994 in TDM
	Eigenkapital				
3001	Gezeichnetes Kapital	219.375			219.375
3002	Kapitalrücklage	1.438.340			1.438.340
3003	Gewinnrücklagen	309.967			309.967
3003a	■ davon Rücklage für eigene Anteile	*0*			*0*
3004	Ergebnisvortrag aus dem Vorjahr	0			0
3005	Jahresergebnis/Bilanzergebnis	59.231			59.231
3006	Ausschüttung/Entnahmen	0			0
3007	Einlagen	0			0
3008	Anteile haftender Gesellschafter	0			0
3009	Ausgleichsposten für Anteile anderer Gesellschafter	79.772			79.772
3010	Unterschiede aus der Kapitalkonsolidierung	34.271			34.271
1001	Ausstehende Einlagen	–	0[a]		0
1305a	Im Umlaufvermögen gehaltene eigene Anteile	–	0[c]		0
	Summe Eigenkapital	**2.140.956**	**0**		**2.140.956**
3101	**Sonderposten**	18.870			18.870
	Rückstellungen				
3201	Pensionsrückstellungen	450.420			450.420
3202	Sonstige langfristige Rückstellungen	0			0
3202a	■ davon Aufwandsrückstellungen	*k. A.*			*k. A.*
3203	Steuerrückstellungen/Rückstellungen für latente Steuern	375.910			375.910
3204	Sonstige kurzfristige Rückstellungen	1.261.870			1.261.870
3204a	■ davon Aufwandsrückstellungen	*k. A.*			*k. A.*
	Summe Rückstellungen	**2.088.200**			**2.088.200**
	Verbindlichkeiten				
3301	Verbindlichkeiten nicht haftender Gesellschafter	0			0
3301a	■ davon Restlaufzeit bis 1 Jahr	*0*			*0*
3301b	■ davon Restlaufzeit über 5 Jahre	*0*			*0*
3302	Sonstige Darlehen/Anleihen	0			0
3302a	■ davon Restlaufzeit bis 1 Jahr	*0*			*0*
3302b	■ davon Restlaufzeit über 5 Jahre	*0*			*0*
3303	Verbindlichkeiten gegenüber Kreditinstituten	1.421.865			1.421.865
3303a	■ davon Restlaufzeit bis 1 Jahr	*585.996*			*585.996*
3303b	■ davon Restlaufzeit über 5 Jahre	*87.500*			*87.500*
3304	Erhaltene Anzahlungen	1.436.976		5.088.139[b]	6.525.115
3304a	■ davon Restlaufzeit bis 1 Jahr	*1.048.473*			*1.048.473*

Übersicht A-2-2: Erfassungsschema für das Geschäftsjahr 1994 (Passivseite)

Posten	Passivseite	Originärer Konzern-abschluss 1994 in TDM	Umbuchungen in TDM		Modifi-zierter Konzern-abschluss 1994 in TDM
			Soll	Haben	
3304b	▪ davon Restlaufzeit über 5 Jahre	*75.000*			*75.000*
3305	Verbindlichkeiten aus Lieferungen und Leistungen	1.999.587			1.999.587
3305a	▪ davon Restlaufzeit bis 1 Jahr	*1.957.529*			*1.957.529*
3305b	▪ davon Restlaufzeit über 5 Jahre	*1.300*			*1.300*
3306	Wechselverbindlichkeiten	57.983			57.983
3306a	▪ davon Restlaufzeit bis 1 Jahr	*57.595*			*57.595*
3306b	▪ davon Restlaufzeit über 5 Jahre	*0*			*0*
3307	Verbindlichkeiten gegenüber verbundenen Unternehmen	19.887			19.887
3307a	▪ davon Restlaufzeit bis 1 Jahr	*18.855*			*18.855*
3307b	▪ davon Restlaufzeit über 5 Jahre	*1.000*			*1.000*
3308	Verbindlichkeiten gegenüber Beteiligungs-unternehmen	321.700			321.700
3308a	▪ davon Restlaufzeit bis 1 Jahr	*321.691*			*321.691*
3308b	▪ davon Restlaufzeit über 5 Jahre	*0*			*0*
3309	Sonstige Verbindlichkeiten	1.037.978			1.037.978
3309a	▪ davon aus Steuern	*249.500*			*249.500*
3309b	▪ davon im Rahmen der sozialen Sicherheit	*107.000*			*107.000*
3309c	▪ davon Restlaufzeit bis 1 Jahr	*976.857*			*976.857*
3309d	▪ davon Restlaufzeit über 5 Jahre	*53.200*			*53.200*
3401	Passivische Rechnungsabgrenzungsposten	–		567[e)]	567
	Summe Verbindlichkeiten	**6.295.976**		**5.088.706**	**11.384.682**
3401	Passivische Rechnungsabgrenzungsposten	567	567[e)]		–
	Summe Passiva	**10.544.569**	**567**	**5.088.706**	**15.632.708**

Legende:

–	≙	Der Posten wird im originären Konzernabschluss an anderer Stelle ausgewiesen bzw. der Posten wurde für die Ermittlung des modifizierten Konzernabschlusses umgebucht und an anderer Stelle ausgewiesen.
k. A.	≙	Keine Angabe; d. h., dem Konzernabschluss sind zu diesem Posten keine Informationen zu entnehmen.
a)	≙	Die ausstehenden Einlagen werden in das Eigenkapital umgebucht.
b)	≙	Die auf der Aktivseite ausgewiesenen erhaltenen Anzahlungen werden in die Verbindlichkeiten umgebucht.
c)	≙	Die eigenen Anteile werden in das Eigenkapital umgebucht.
e)	≙	Die passivischen Rechnungsabgrenzungsposten werden in die Verbindlichkeiten umgebucht.

Fortsetzung der Übersicht A-2-2

Posten	Gewinn- und Verlustrechnung nach dem Gesamtkostenverfahren gemäß § 275 Abs. 2 HGB	Originärer Konzernabschluss 1994 in TDM	Umbuchungen in TDM		Modifizierter Konzernabschluss 1994 in TDM
			Soll	Haben	
7001	Umsatzerlöse	10.583.588			10.583.588
7002	Bestandsveränderungen	468.919			468.919
7003	Andere aktivierte Eigenleistungen	58.288			58.288
7007	Sonstige betriebliche Erträge	391.133	3.357		387.776
7007a	■ davon Zuschreibungen auf das Anlagevermögen	*157*	*157$^{g)}$*		–
7007b	■ davon Erträge aus der Auflösung des Sonderpostens	*3.200*	*3.200$^{g)}$*		–
7007c	■ davon Zulagen und Zuschüsse, sofern nicht nachhaltig	*k. A.*	*k. A.$^{f)}$*		–
7007d	■ davon ungewöhnliche, einmalige oder periodenfremde Erträge, z. B. Erträge aus Währungsumrechnung/Anlagenabgang, Erträge aus der Auflösung von Rückstellungen	*k. A.*	*k. A.$^{f)}$*		–
7007e	■ davon im Geschäftsjahr aktivierte Aufwendungen für die Ingangsetzung und Erweiterung des Geschäftsbetriebs	*0*	*0$^{g)}$*		–
7008	Materialaufwand	6.861.370			6.861.370
7009	Personalaufwand	3.157.947			3.157.947
7010	Abschreibungen auf immaterielle Vermögensgegenstände des Anlagevermögens und Sachanlagen	367.919		1.400	366.519
7010a	■ davon außerplanmäßige Abschreibungen auf immaterielle Vermögensgegenstände des Anlagevermögens und Sachanlagen	*0*		*0$^{h)}$*	–
7010b	■ davon Abschreibungen auf aktivierte Aufwendungen für die Ingangsetzung und Erweiterung des Geschäftsbetriebs	*0*		*0$^{j)}$*	–
7010c	■ davon rein steuerliche Abschreibungen, soweit sie aktivisch vorgenommen wurden	*1.400*		*1.400$^{j)}$*	–
7012	Unübliche Abschreibungen auf Vermögensgegenstände des Umlaufvermögens	0		0$^{i)}$	–
7013	Sonstige betriebliche Aufwendungen	850.786		10.500	840.286
7013a	■ davon Einstellung in den Sonderposten	*10.500*		*10.500$^{j)}$*	–
7013b	■ davon ungewöhnliche, einmalige oder periodenfremde Aufwendungen, z. B. Aufwendungen aus Währungsumrechnung/Anlagenabgang	*k. A.*		*k. A.$^{k)}$*	–
7026	Sonstige Steuern	–	33.943$^{m)}$		33.943
	Ordentlicher Betriebserfolg (GKV)				**238.506**
7014	Erträge aus Gewinnübernahme	486			486
7015	Erträge aus Beteiligungen	47.991			47.991

Übersicht A-2-3: *Erfassungsschema für das Geschäftsjahr 1994 (Gewinn- und Verlustrechnung)*

Posten	Gewinn- und Verlustrechnung nach dem Gesamtkostenverfahren gemäß § 275 Abs. 2 HGB	Originärer Konzern-abschluss 1994 in TDM	Umbuchungen in TDM		Modifi-zierter Konzern-abschluss 1994 in TDM
			Soll	Haben	
7016	Erträge aus Wertpapieren und Ausleihungen	2.095			2.095
7017	Zinserträge	167.109			167.109
7018	Abschreibungen auf Finanzanlagen und Wert-papiere	23.371			23.371
7019	Zinsaufwendungen	168.716			168.716
7020	Aufwendungen aus Verlustübernahme	12.718			12.718
	Finanz- und Verbunderfolg				**12.876**
7023	Sonstige außerordentliche Erträge	0			0
7024	Sonstige außerordentliche Aufwendungen	0			0
7007c	Zulagen und Zuschüsse, sofern nicht nachhal-tig	–		k. A.[f]	k. A.
7007d	Ungewöhnliche, einmalige oder perioden-fremde Erträge, z. B. Erträge aus Währungsum-rechnung/Anlagenabgang, Erträge aus der Auflösung von Rückstellungen	–		k. A.[f]	k. A.
7010a	Außerplanmäßige Abschreibungen auf imma-terielle Vermögensgegenstände des Anlage-vermögens und Sachanlagen	–	0[h]		0
7013b	Ungewöhnliche, einmalige oder perioden-fremde Aufwendungen, z. B. Aufwendungen aus Währungsumrechnung/Anlagenabgang	–	k. A.[k]		k. A.
	Außerordentlicher Erfolg				**0**
7007a	Zuschreibungen auf das Anlagevermögen	–		157[g]	157
7007b	Erträge aus Auflösung Sonderposten	–		3.200[g]	3.200
7007e	Im Geschäftsjahr aktivierte Aufwendungen für die Ingangsetzung und Erweiterung des Geschäftsbetriebs	–		0[g]	0
7010b	Abschreibungen auf aktivierte Aufwendungen für die Ingangsetzung und Erweiterung des Geschäftsbetriebs	–	0[l]		0
7010c	Rein steuerliche Abschreibungen, soweit sie aktivisch vorgenommen wurden	–	1.400[i]		– 1.400
7012	Unübliche Abschreibungen auf Vermögensge-genstände des Umlaufvermögens	–	0[i]		0
7013a	Aufwendungen aus der Einstellung in den Son-derposten	–	10.500[l]		– 10.500
	Bewertungserfolg				**– 8.543**
7025	Steuern vom Einkommen und Ertrag	122.831			122.831

Fortsetzung der Übersicht A-2-3

Posten	Gewinn- und Verlustrechnung nach dem Gesamtkostenverfahren gemäß § 275 Abs. 2 HGB	Originärer Konzern-abschluss 1994 in TDM	Umbuchungen in TDM		Modifi-zierter Konzern-abschluss 1994 in TDM
			Soll	Haben	
7026	Sonstige Steuern	33.943		33.943$^{m)}$	–
	Jahresüberschuss/-fehlbetrag	**120.008**			**120.008**
7027	Gewinnabführung/Verlustausgleich	– 12.758			– 12.758
7028	Gewinn-/Verlustvortrag	16.077			16.077
7029	Entnahmen/Einstellung Rücklagen	– 64.096			– 64.096
	Bilanzgewinn/-verlust	**59.231**			**59.231**

Legende:

–	≙	Der Posten wird im originären Konzernabschluss an anderer Stelle ausgewiesen bzw. der Posten wurde für die Ermittlung des modifizierten Konzernabschlusses umgebucht und an anderer Stelle ausgewiesen.
k. A.	≙	Keine Angabe; d. h., dem Konzernabschluss sind zu diesem Posten keine Informationen zu entnehmen.
f)	≙	Diese Posten der sonstigen betrieblichen Erträge werden in den außerordentlichen Erfolg umgebucht.
g)	≙	Diese Posten der sonstigen betrieblichen Erträge werden in den Bewertungserfolg umgebucht.
h)	≙	Dieser Posten der Abschreibungen auf immaterielle Vermögensgegenstände des Anlagevermögens und Sach-anlagen wird in den außerordentlichen Erfolg umgebucht.
i)	≙	Diese Posten der Abschreibungen auf immaterielle Vermögensgegenstände des Anlagevermögens und Sach-anlagen werden in den Bewertungserfolg umgebucht.
k)	≙	Dieser Posten der sonstigen betrieblichen Aufwendungen wird in den außerordentlichen Erfolg umgebucht.
l)	≙	Dieser Posten der sonstigen betrieblichen Aufwendungen wird in den Bewertungserfolg umgebucht.
m)	≙	Dieser Posten der sonstigen Steuern wird aus dem Steueraufwand in den ordentlichen Betriebserfolg umge-bucht.

Anmerkung: Die *kursiv* dargestellten Davon-Vermerke sind nicht in die Ermittlung der Zwischensummen einzubeziehen.

Fortsetzung der Übersicht A-2-3

Posten	Anlagengitter	1994 in TDM
5001 (1002)	IEA Anfangsbestand (Berichtsjahr/AK/HK)	0
5001 (1101-1103)	IVG Anfangsbestand (Berichtsjahr/AK/HK)	288.259
5001 (1104-1107)	SAV Anfangsbestand (Berichtsjahr/AK/HK)	3.639.338
5001 (1108-1114)	FAV Anfangsbestand (Berichtsjahr/AK/HK)	544.091
5002 (1002)	IEA Zugänge (Berichtsjahr/AK/HK)	0
5001 (1101-1103)	IVG Zugänge (Berichtsjahr/AK/HK)	65.449
5001 (1104-1107)	SAV Zugänge (Berichtsjahr/AK/HK)	421.802
5001 (1108-1114)	FAV Zugänge (Berichtsjahr/AK/HK)	93.666
5003 (1002)	IEA Abgänge (Berichtsjahr/AK/HK)	0
5001 (1101-1103)	IVG Abgänge (Berichtsjahr/AK/HK)	1.226
5001 (1104-1107)	SAV Abgänge (Berichtsjahr/AK/HK)	233.388
5001 (1108-1114)	FAV Abgänge (Berichtsjahr/AK/HK)	68.054

Übersicht A-2-4: *Erfassungsschema für das Geschäftsjahr 1994 (Anlagengitter)*

Posten	Anlagengitter	1994 in TDM
5004 (1002)	IEA Zuschreibungen (Berichtsjahr)	0
5001 (1101-1103)	IVG Zuschreibungen (Berichtsjahr)	0
5001 (1104-1107)	SAV Zuschreibungen (Berichtsjahr)	157
5001 (1108-1114)	FAV Zuschreibungen (Berichtsjahr)	0
5005 (1002)	IEA Kumulierte Abschreibungen	0
5001 (1101-1103)	IVG Kumulierte Abschreibungen	185.097
5001 (1104-1107)	SAV Kumulierte Abschreibungen	2.010.130
5001 (1108-1114)	FAV Kumulierte Abschreibungen	39.205
5006 (1002)	IEA Abschreibungen (Berichtsjahr)	0
5001 (1101-1103)	IVG Abschreibungen (Berichtsjahr)	26.214
5001 (1104-1107)	SAV Abschreibungen (Berichtsjahr)	339.543
5001 (1108-1114)	FAV Abschreibungen (Berichtsjahr)	13.630

Legende:

IEA	≙	Ingangsetzungs- und Erweiterungsaufwendungen
IVG	≙	Immaterielle Vermögensgegenstände
SAV	≙	Sachanlagevermögen
FAV	≙	Finanzanlagevermögen

Fortsetzung der Übersicht A-2-4

Posten	Haftungsverhältnisse	1994 in TDM
6001	Wechselobligo	1.967
6002	Sonstige Haftungsverhältnisse	2.206.974
6003	Leasingverpflichtungen	0
6004	Sonstige finanzielle Verpflichtungen	230.600
6005	Nicht passivierte Verpflichtungen	122.000

Übersicht A-2-5: *Erfassungsschema für das Geschäftsjahr 1994 (Haftungsverhältnisse)*

Zusatzinformationen zum Konzernabschluss des Philipp Holzmann Konzerns 1994	
Erläuterungen	Quantitative Auswirkungen in TDM
1. Bewertungs- und Bilanzierungsmethoden	
1.1 Geschäfts- oder Firmenwert	
Der verbleibende Unterschiedsbetrag aus der Kapitalkonsolidierung wird entweder als Geschäfts- oder Firmenwert aktiviert oder mit den Rücklagen verrechnet.	
1.2 Vorräte	
Die Bewertung der Vorräte erfolgt zur steuerrechtlichen Untergrenze der Herstellungskosten. Bei den Projektgeschäften werden auch die auf die Herstellung entfallenden Fremdkapital-zinsen in die Herstellungskosten einbezogen.	
Unterschiedsbetrag zwischen der Bewertung der Vorräte nach einem Verbrauchsfolge-verfahren und dem Börsen- oder Marktpreis zum Abschlussstichtag	0
1.3 Wertpapiere des Umlaufvermögens	
Der Betrag der im Geschäftsjahr aus steuerlichen Gründen unterlassenen Zuschreibungen (§ 280 Abs. 3 HGB)	4.400
1.4 Rückstellung für Pensionen und ähnliche Verpflichtungen	
Die Rückstellung deckt den Teilbetrag der gegebenen Zusagen in vollem Umfang.	
Wert der nicht ausgewiesenen Rückstellung, der sog. Fehlbetrag, gemäß Art. 28 Abs. 2 EGHGB	0
2. Änderung der Bewertungs- und Bilanzierungsmethoden im Vergleich zum Vorjahr	
Der Geschäftsbericht enthält keine Informationen zu Änderungen der Bewertungs- und Bilanzierungsmethoden.	
3. Bilanzpolitisch motivierte sachverhaltsgestaltende Maßnahmen	
Der Geschäftsbericht enthält keine Informationen zu bilanzpolitisch motivierten sachverhalts-gestaltenden Maßnahmen (wie Sale-and-lease-back oder Asset Backed Securities).	
4. Sonstige Zusatzinformationen	
Beim Philipp Holzmann Konzern waren 1994 durchschnittlich 43.264 Mitarbeiter beschäftigt.	

Übersicht A-2-6: *Erfassungsschema für das Geschäftsjahr 1994 (Zusatzinformationen)*

Erfassungsschema für das Geschäftsjahr 1995:

Posten	Aktivseite	Originärer Konzern-abschluss 1995 in TDM	Umbuchungen in TDM		Modifi-zierter Konzern-abschluss 1995 in TDM
			Soll	Haben	
1001	Ausstehende Einlagen	0		0[a)]	–
1002	Aufwendungen für Ingangsetzung und Erweiterung des Geschäftsbetriebes	0			0
	Anlagevermögen				
	Immaterielle Vermögensgegenstände				
1101	Konzessionen, Rechte, Lizenzen	9.599			9.599
1102	Geschäfts- oder Firmenwert	160.792			160.792
1103	Geleistete Anzahlungen auf immaterielle Vermögensgegenstände	2.749			2.749
	Sachanlagen				
1104	Grundstücke und Bauten	1.697.745			1.697.745
1105	Technische Anlagen und Maschinen	489.280			489.280
1106	Andere Anlagen, Betriebs- und Geschäftsausstattung	225.509			225.509
1107	Geleistete Anzahlungen und Anlagen im Bau	80.529			80.529
	Finanzanlagen				
1108	Anteile an verbundenen Unternehmen	69.252			69.252
1109	Ausleihungen an verbundene Unternehmen	24.601			24.601
1110	Beteiligungen	347.395			347.395
1111	Ausleihungen an Beteiligungsunternehmen	18.724			18.724
1112	Wertpapiere des Anlagevermögens	12.109			12.109
1113	Sonstige Ausleihungen	68.239			68.239
	Summe Anlagevermögen	**3.206.523**			**3.206.523**
	Umlaufvermögen				
	Vorräte				
1201	Roh-, Hilfs- und Betriebsstoffe	103.984			103.984
1202	Unfertige Erzeugnisse/Leistungen	1.229.308			1.229.308
1203	Fertige Erzeugnisse und Waren	2.259.755			2.259.755
1204	Geleistete Anzahlungen	86.838			86.838
1205	Nicht abgerechnete Arbeiten	4.516.792			4.516.792
1206	Auf der Aktivseite ausgewiesene erhaltene Anzahlungen	– 5.229.119	5.229.119[b)]		–
	Forderungen und Sonstige Vermögensgegenstände				
1301	Forderungen aus Lieferungen und Leistungen	2.242.137			2.242.137
1301a	▪ davon Restlaufzeit über 1 Jahr	*84.576*			*84.576*
1302	Forderungen gegen verbundene Unternehmen	139.349			139.349
1302a	▪ davon Restlaufzeit über 1 Jahr	*3.689*			*3.689*

Übersicht A-2-7: *Erfassungsschema für das Geschäftsjahr 1995 (Aktivseite)*

Posten	Aktivseite	Originärer Konzernabschluss 1995 in TDM	Umbuchungen in TDM		Modifizierter Konzernabschluss 1995 in TDM
			Soll	Haben	
1303	Forderungen gegen Beteiligungsunternehmen	162.508			162.508
1303a	■ davon Restlaufzeit über 1 Jahr	*126.389*			*126.389*
1304	Sonstige Vermögensgegenstände	1.481.155			1.481.155
1304a	■ davon Restlaufzeit über 1 Jahr	*288.097*			*288.097*
	Sonstige Aktiva				
1305	Wertpapiere des Umlaufvermögens	588.777		1.038	587.739
1305a	■ davon eigene Anteile	*1.038*		*1.038$^{c)}$*	–
1306	Kasse, Guthaben bei Kreditinstituten, Schecks	1.144.971			1.144.971
1401	Forderungen an haftende Gesellschafter	0			0
1402	Forderungen an nicht haftende Gesellschafter	0			0
1501	Steuerabgrenzungsposten/Aktivische latente Steuern	–	0$^{d)}$		0
1502	Aktivische Rechnungsabgrenzungsposten – Disagio	–	706$^{d)}$		706
1503	Aktivische Rechnungsabgrenzungsposten – Sonstige	–	10.637$^{d)}$		10.637
	Summe Umlaufvermögen	**8.723.455**		**5.239.424**	**13.965.879**
1501	Steuerabgrenzungsposten/Aktivische latente Steuern	0		0$^{d)}$	–
1502	Aktivische Rechnungsabgrenzungsposten – Disagio	706		706$^{d)}$	–
1503	Aktivische Rechnungsabgrenzungsposten – Sonstige	10.637		10.637$^{d)}$	–
	Summe Aktiva	**11.944.321**		**5.228.081**	**17.172.402**

Legende:

–	≙	Der Posten wird im originären Konzernabschluss an anderer Stelle ausgewiesen bzw. der Posten wurde für die Ermittlung des modifizierten Konzernabschlusses umgebucht und an anderer Stelle ausgewiesen.
a)	≙	Die ausstehenden Einlagen werden in das Eigenkapital umgebucht.
b)	≙	Die auf der Aktivseite ausgewiesenen erhaltenen Anzahlungen werden in die Verbindlichkeiten umgebucht.
c)	≙	Die eigenen Anteile werden in das Eigenkapital umgebucht.
d)	≙	Die aktivischen Rechnungsabgrenzungsposten werden in das Umlaufvermögen umgebucht.

Fortsetzung der Übersicht A-2-7

Posten	Passivseite	Originärer Konzern-abschluss 1995 in TDM	Umbuchungen in TDM		Modifi-zierter Konzern-abschluss 1995 in TDM
			Soll	Haben	
	Eigenkapital				
3001	Gezeichnetes Kapital	219.375			219.375
3002	Kapitalrücklage	1.289.790			1.289.790
3003	Gewinnrücklagen	1.038			1.038
3003a	▪ davon Rücklage für eigene Anteile	*1.038*			*1.038*
3004	Ergebnisvortrag aus dem Vorjahr	0			0
3005	Jahresergebnis/Bilanzergebnis	0			0
3006	Ausschüttung/Entnahmen	0			0
3007	Einlagen	0			0
3008	Anteile haftender Gesellschafter	0			0
3009	Ausgleichsposten für Anteile anderer Gesell-schafter	92.860			92.860
3010	Unterschiede aus der Kapitalkonsolidierung	31.504			31.504
1001	Ausstehende Einlagen	–	0[a)]		0
1305a	Im Umlaufvermögen gehaltene eigene Anteile	–	1.038[c)]		– 1.038
	Summe Eigenkapital	**1.634.567**	**1.038**		**1.633.529**
3101	**Sonderposten**	27.227			27.227
	Rückstellungen				
3201	Pensionsrückstellungen	477.984			477.984
3202	Sonstige langfristige Rückstellungen	0			0
3202a	▪ davon Aufwandsrückstellungen	*k. A.*			*k. A.*
3203	Steuerrückstellungen/Rückstellungen für latente Steuern	349.200			349.200
3204	Sonstige kurzfristige Rückstellungen	1.463.777			1.463.777
3204a	▪ davon Aufwandsrückstellungen	*k. A.*			*k. A.*
	Summe Rückstellungen	**2.290.961**			**2.290.961**
	Verbindlichkeiten				
3301	Verbindlichkeiten nicht haftender Gesellschaf-ter	0			0
3301a	▪ davon Restlaufzeit bis 1 Jahr	*0*			*0*
3301b	▪ davon Restlaufzeit über 5 Jahre	*0*			*0*
3302	Sonstige Darlehen/Anleihen	0			0
3302a	▪ davon Restlaufzeit bis 1 Jahr	*0*			*0*
3302b	▪ davon Restlaufzeit über 5 Jahre	*0*			*0*
3303	Verbindlichkeiten gegenüber Kreditinstituten	3.248.820			3.248.820
3303a	▪ davon Restlaufzeit bis 1 Jahr	*2.211.330*			*2.211.330*
3303b	▪ davon Restlaufzeit über 5 Jahre	*205.800*			*205.800*

Übersicht A-2-8: *Erfassungsschema für das Geschäftsjahr 1995 (Passivseite)*

Posten	Passivseite	Originärer Konzern-abschluss 1995 in TDM	Umbuchungen in TDM		Modifi-zierter Konzern-abschluss 1995 in TDM
			Soll	Haben	
3304	Erhaltene Anzahlungen	1.372.370		5.229.119[b)]	6.601.489
3304a	▪ davon Restlaufzeit bis 1 Jahr	*1.178.428*			*1.178.428*
3304b	▪ davon Restlaufzeit über 5 Jahre	*0*			*0*
3305	Verbindlichkeiten aus Lieferungen und Leistungen	2.295.795			2.295.795
3305a	▪ davon Restlaufzeit bis 1 Jahr	*2.230.382*			*2.230.382*
3305b	▪ davon Restlaufzeit über 5 Jahre	*1.200*			*1.200*
3306	Wechselverbindlichkeiten	61.137			61.137
3306a	▪ davon Restlaufzeit bis 1 Jahr	*60.908*			*60.908*
3306b	▪ davon Restlaufzeit über 5 Jahre	*0*			*0*
3307	Verbindlichkeiten gegenüber verbundenen Unternehmen	79.947			79.947
3307a	▪ davon Restlaufzeit bis 1 Jahr	*77.774*			*77.774*
3307b	▪ davon Restlaufzeit über 5 Jahre	*1.000*			*1.000*
3308	Verbindlichkeiten gegenüber Beteiligungs-unternehmen	82.024			82.024
3308a	▪ davon Restlaufzeit bis 1 Jahr	*82.024*			*82.024*
3308b	▪ davon Restlaufzeit über 5 Jahre	*0*			*0*
3309	Sonstige Verbindlichkeiten	849.999			849.999
3309a	▪ davon aus Steuern	*200.900*			*200.900*
3309b	▪ davon im Rahmen der sozialen Sicherheit	*113.800*			*113.800*
3309c	▪ davon Restlaufzeit bis 1 Jahr	*789.004*			*789.004*
3309d	▪ davon Restlaufzeit über 5 Jahre	*51.500*			*51.500*
3401	Passivische Rechnungsabgrenzungsposten	–		2.574[e)]	2.574
	Summe Verbindlichkeiten	**7.988.992**		**5.231.693**	**13.220.685**
3401	Rechnungsabgrenzungsposten passiv	2.574	2.574[e)]		–
	Summe Passiva	**11.944.321**		**5.228.081**	**17.172.402**

Legende:

–	≙	Der Posten wird im originären Konzernabschluss an anderer Stelle ausgewiesen bzw. der Posten wurde für die Ermittlung des modifizierten Konzernabschlusses umgebucht und an anderer Stelle ausgewiesen.
k. A.	≙	Keine Angabe; d. h., dem Konzernabschluss sind zu diesem Posten keine Informationen zu entnehmen.
a)	≙	Die ausstehenden Einlagen werden in das Eigenkapital umgebucht.
b)	≙	Die auf der Aktivseite ausgewiesenen erhaltenen Anzahlungen werden in die Verbindlichkeiten umgebucht.
c)	≙	Die eigenen Anteile werden in das Eigenkapital umgebucht.
e)	≙	Die passivischen Rechnungsabgrenzungsposten werden in die Verbindlichkeiten umgebucht.

Fortsetzung der Übersicht A-2-8

Posten	Gewinn- und Verlustrechnung nach dem Gesamtkostenverfahren gemäß § 275 Abs. 3 HGB	Originärer Konzernabschluss 1995 in TDM	Umbuchungen in TDM		Modifizierter Konzernabschluss 1995 in TDM
			Soll	Haben	
7001	Umsatzerlöse	11.274.667			11.274.667
7002	Bestandsveränderungen	336.734			336.734
7003	Andere aktivierte Eigenleistungen	104.792			104.792
7007	Sonstige betriebliche Erträge	404.831	2.500		402.331
7007a	▪ davon Zuschreibungen auf das Anlagevermögen	0	$0^{g)}$		–
7007b	▪ davon Erträge aus der Auflösung des Sonderpostens	2.500	$2.500^{g)}$		–
7007c	▪ davon Zulagen und Zuschüsse, sofern nicht nachhaltig	k. A.	k. A. $^{f)}$		–
7007d	▪ davon ungewöhnliche, einmalige oder periodenfremde Erträge, z. B. Erträge aus Währungsumrechnung/Anlagenabgang, Erträge aus der Auflösung von Rückstellungen	k. A.	k. A. $^{f)}$		–
7007e	▪ davon im Geschäftsjahr aktivierte Aufwendungen für die Ingangsetzung und Erweiterung des Geschäftsbetriebs	0	$0^{g)}$		–
7008	Materialaufwand	7.526.826			7.526.826
7009	Personalaufwand	3.252.847			3.252.847
7010	Abschreibungen auf immaterielle Vermögensgegenstände des Anlagevermögens und Sachanlagen	378.681		938	377.743
7010a	▪ davon außerplanmäßige Abschreibungen auf immaterielle Vermögensgegenstände des Anlagevermögens und Sachanlagen	0		$0^{h)}$	–
7010b	▪ davon Abschreibungen auf aktivierte Aufwendungen für die Ingangsetzung und Erweiterung des Geschäftsbetriebs	0		$0^{j)}$	–
7010c	▪ davon rein steuerliche Abschreibungen, soweit sie aktivisch vorgenommen wurden	938		$938^{j)}$	–
7012	Unübliche Abschreibungen auf Vermögensgegenstände des Umlaufvermögens	0		$0^{i)}$	–
7013	Sonstige betriebliche Aufwendungen	1.363.928		901	1.363.027
7013a	▪ davon Einstellung in den Sonderposten	901		$901^{l)}$	–
7013b	▪ davon ungewöhnliche, einmalige oder periodenfremde Aufwendungen, z. B. Aufwendungen aus Währungsumrechnung/Anlagenabgang	k. A.		k. A. $^{k)}$	–
7026	Sonstige Steuern	–	$37.154^{m)}$		37.154
	Ordentlicher Betriebserfolg (GKV)				**– 439.073**

Übersicht A-2-9: *Erfassungsschema für das Geschäftsjahr 1995 (Gewinn- und Verlustrechnung)*

Posten	Gewinn- und Verlustrechnung nach dem Gesamtkostenverfahren gemäß § 275 Abs. 3 HGB	Originärer Konzern-abschluss 1995 in TDM	Umbuchungen in TDM		Modifi-zierter Konzern-abschluss 1995 in TDM
			Soll	Haben	
7014	Erträge aus Gewinnübernahme	912			912
7015	Erträge aus Beteiligungen	39.358			39.358
7016	Erträge aus Wertpapieren und Ausleihungen	2.657			2.657
7017	Zinserträge	180.867			180.867
7018	Abschreibungen auf Finanzanlagen und Wert-papiere	12.788			12.788
7019	Zinsaufwendungen	185.322			185.322
7020	Aufwendungen aus Verlustübernahme	9.504			9.504
	Finanz- und Verbunderfolg				**16.180**
7023	Sonstige außerordentliche Erträge	0			0
7024	Sonstige außerordentliche Aufwendungen	0			0
7007c	Zulagen und Zuschüsse, sofern nicht nachhal-tig	–		k. A.[f)]	k. A.
7010a	Außerplanmäßige Abschreibungen auf imma-terielle Vermögensgegenstände des Anlage-vermögens und Sachanlagen	–	0[h)]		0
7013b	Ungewöhnliche, einmalige oder perioden-fremde Aufwendungen, z. B. Aufwendungen aus Währungsumrechnung/Anlagenabgang	–	k. A.[k)]		k. A.
	Außerordentlicher Erfolg				**0**
7007a	Zuschreibungen auf das Anlagevermöegn	–		0[g)]	0
7007b	Erträge aus Auflösung Sonderposten	–		2.500[g)]	2.500
	Im Geschäftsjahr aktivierte AUfwendungen für die Ingangsetzung und Erweiterung des Geschäftsbetriebs	–		0[g)]	0
7010b	Abschreibungen auf aktivierte Aufwendungen für die Ingangsetzung und Erweiterung des Geschäftsbetriebs	–	0[i)]		0
7010c	Rein steuerliche Abschreibungen, soweit sie aktivisch vorgenommen wurden	–	938[i)]		– 938
7012	Unübliche Abschreibungen auf Vermögensge-genstände des Umlaufvermögens	–	0[i)]		0
7013a	Aufwendungen aus der Einstellung in den Son-derposten	–	901[l)]		– 901
	Bewertungserfolg				**661**
7025	Steuern vom Einkommen und Ertrag	20.526			20.526
7026	Sonstige Steuern	37.154		37.154[m)]	–
	Jahresüberschuss/-fehlbetrag	**– 442.758**			**– 442.758**

Fortsetzung der Übersicht A-2-9

Posten	Gewinn- und Verlustrechnung nach dem Gesamtkostenverfahren gemäß § 275 Abs. 3 HGB	Originärer Konzern-abschluss 1995 in TDM	Umbuchungen in TDM		Modifizierter Konzern-abschluss 1995 in TDM
			Soll	Haben	
7027	Gewinnabführung/Verlustausgleich	– 20.451			– 20.451
7028	Gewinn-/Verlustvortrag	– 8.237			– 8.237
7029	Entnahmen / Einstellung Rücklagen	471.446			471.446
	Bilanzgewinn/-verlust	**0**			**0**

Legende:

–	≙	Der Posten wird im originären Konzernabschluss an anderer Stelle ausgewiesen bzw. der Posten wurde für die Ermittlung des modifizierten Konzernabschlusses umgebucht und an anderer Stelle ausgewiesen.
k. A.	≙	Keine Angabe; d. h., dem Konzernabschluss sind zu diesem Posten keine Informationen zu entnehmen.
f)	≙	Diese Posten der sonstigen betrieblichen Erträge werden in den außerordentlichen Erfolg umgebucht.
g)	≙	Diese Posten der sonstigen betrieblichen Erträge werden in den Bewertungserfolg umgebucht.
h)	≙	Dieser Posten der Abschreibungen auf immaterielle Vermögensgegenstände des Anlagevermögens und Sachanlagen wird in den außerordentlichen Erfolg umgebucht.
i)	≙	Diese Posten der Abschreibungen auf immaterielle Vermögensgegenstände des Anlagevermögens und Sachanlagen werden in den Bewertungserfolg umgebucht.
k)	≙	Dieser Posten der sonstigen betrieblichen Aufwendungen wird in den außerordentlichen Erfolg umgebucht.
l)	≙	Dieser Posten der sonstigen betrieblichen Aufwendungen wird in den Bewertungserfolg umgebucht.
m)	≙	Dieser Posten der sonstigen Steuern wird aus dem Steueraufwand in den ordentlichen Betriebserfolg umgebucht.
Anmerkung:		Die *kursiv* dargestellten Davon-Vermerke sind nicht in die Ermittlung der Zwischensummen einzubeziehen.

Forsetzung der Übersicht A-2-9

Posten	Anlagengitter	1995 in TDM
5001 (1002)	IEA Anfangsbestand (Berichtsjahr/AK/HK)	0
5001 (1101-1103)	IVG Anfangsbestand (Berichtsjahr/AK/HK)	353.554
5001 (1104-1107)	SAV Anfangsbestand (Berichtsjahr/AK/HK)	4.421.316
5001 (1108-1114)	FAV Anfangsbestand (Berichtsjahr/AK/HK)	555.460
5002 (1002)	IEA Zugänge (Berichtsjahr/AK/HK)	0
5001 (1101-1103)	IVG Zugänge (Berichtsjahr/AK/HK)	58.197
5001 (1104-1107)	SAV Zugänge (Berichtsjahr/AK/HK)	576.608
5001 (1108-1114)	FAV Zugänge (Berichtsjahr/AK/HK)	132.059
5003 (1002)	IEA Abgänge (Berichtsjahr/AK/HK)	0
5001 (1101-1103)	IVG Abgänge (Berichtsjahr/AK/HK)	2.159
5001 (1104-1107)	SAV Abgänge (Berichtsjahr/AK/HK)	224.109
5001 (1108-1114)	FAV Abgänge (Berichtsjahr/AK/HK)	98.837
5004 (1002)	IEA Zuschreibungen (Berichtsjahr)	0
5001 (1101-1103)	IVG Zuschreibungen (Berichtsjahr)	0
5001 (1104-1107)	SAV Zuschreibungen (Berichtsjahr)	0
5001 (1108-1114)	FAV Zuschreibungen (Berichtsjahr)	0

Übersicht A-2-10: *Erfassungsschema für das Geschäftsjahr 1995 (Anlagengitter)*

Posten	Anlagengitter	1995 in TDM
5005 (1002)	IEA Kumulierte Abschreibungen	0
5001 (1101-1103)	IVG Kumulierte Abschreibungen	236.553
5001 (1104-1107)	SAV Kumulierte Abschreibungen	2.280.651
5001 (1108-1114)	FAV Kumulierte Abschreibungen	48.362
5006 (1002)	IEA Abschreibungen (Berichtsjahr)	0
5001 (1101-1103)	IVG Abschreibungen (Berichtsjahr)	51.430
5001 (1104-1107)	SAV Abschreibungen (Berichtsjahr)	325.134
5001 (1108-1114)	FAV Abschreibungen (Berichtsjahr)	12.179

Legende:

IEA	≙	Ingangsetzungs- und Erweiterungsaufwendungen
IVG	≙	Immaterielle Vermögensgegenstände
SAV	≙	Sachanlagevermögen
FAV	≙	Finanzanlagevermögen

Fortsetzung der Übersicht A-2-10

Posten	Haftungsverhältnisse	1995 in TDM
6001	Wechselobligo	1.899
6002	Sonstige Haftungsverhältnisse	1.104.011
6003	Leasingverpflichtungen	0
6004	Sonstige finanzielle Verpflichtungen	256.500
6005	Nicht passivierte Verpflichtungen	110.100

Übersicht A-2-11: *Erfassungsschema für das Geschäftsjahr 1995 (Haftungsverhältnisse)*

Zusatzinformationen zum Konzernabschluss des Philipp Holzmann Konzerns 1995	
Erläuterungen	Quantitative Auswirkungen in TDM
1. Bewertungs- und Bilanzierungsmethoden	
1.1 Geschäfts- oder Firmenwert	
Der verbleibende Unterschiedsbetrag aus der Kapitalkonsolidierung wird entweder als Geschäfts- oder Firmenwert aktiviert oder mit den Rücklagen verrechnet.	
1.2 Vorräte	
Die Bewertung der Vorräte erfolgt zur steuerrechtlichen Untergrenze der Herstellungskosten. Bei den Projektgeschäften werden auch die auf die Herstellung entfallenden Fremdkapitalzinsen in die Herstellungskosten einbezogen.	
Unterschiedsbetrag zwischen der Bewertung der Vorräte nach einem Verbrauchsfolgeverfahren und dem Börsen- oder Marktpreis zum Abschlussstichtag	0
1.3 Wertpapiere des Umlaufvermögens	
Der Betrag der im Geschäftsjahr aus steuerlichen Gründen unterlassenen Zuschreibungen (§ 280 Abs. 3 HGB)	3.600
1.4 Rückstellung für Pensionen und ähnliche Verpflichtungen	
Die Rückstellung deckt den Teilbetrag der gegebenen Zusagen in vollem Umfang.	
Wert der nicht ausgewiesenen Rückstellung, der sog. Fehlbetrag, gemäß Art. 28 Abs. 2 EGHGB	0
2. Änderung der Bewertungs- und Bilanzierungsmethoden im Vergleich zum Vorjahr	
Der Geschäftsbericht enthält keine Informationen zu Änderungen der Bewertungs- und Bilanzierungsmethoden.	
3. Bilanzpolitisch motivierte sachverhaltsgestaltende Maßnahmen	
Der Geschäftsbericht enthält keine Informationen zu bilanzpolitisch motivierten sachverhaltsgestaltenden Maßnahmen (wie Sale-and-lease-back oder Asset Backed Securities).	
4. Sonstige Zusatzinformationen	
Beim Philipp Holzmann Konzern waren 1995 durchschnittlich 47.355 Mitarbeiter beschäftigt.	

Übersicht A-2-12: *Erfassungsschema für das Geschäftsjahr 1995 (Zusatzinformationen)*

Anhang 3: Allgemeiner Kennzahlenkatalog

Der nachstehende Katalog enthält in allgemeiner Form alle Kennzahlen, die in den Kapiteln II bis VI dargestellt worden sind. Die Kennzahlen des RiskCalc[TM] und des BP-14 werden in dem Kennzahlenkatalog nicht aufgeführt.[1]

Jede Kennzahl wurde sechsstellig kodiert (siehe hierzu im einzelnen Kap. III Abschn. 2) Die Nummer einer Kennzahl wird in Spalte (1) des Kennzahlenkataloges ausgewiesen. Spalte (2) enthält die Bezeichnung der Kennzahl und ihre Definition. In Spalte (3) wird – soweit möglich – zu jeder Kennzahl eine Arbeitshypothese ausgewiesen, die angibt, ob ein hoher Kennzahlenwert eher positiv (G>K, d. h., gesunde Unternehmen weisen höhere Kennzahlenwerte aus als kranke Unternehmen) oder eher negativ (G<K, d. h., gesunde Unternehmen weisen niedrigere Kennzahlenwerte auf als kranke Unternehmen) zu interpretieren ist. In Spalte (4) wird auf den Abschnitt des Buches verwiesen, in dem die betreffende Kennzahl erläutert wird.

Bezüglich der Erklärungen der im Kennzahlenkatalog verwendeten Abkürzungen wird auf das Abkürzungsverzeichnis bzw. auf den in Spalte (4) des Katalogs angegebenen Buchabschnitt verwiesen.

---

1   Für einen Überblick über die Kennzahlen des RiskCalc[TM] und des BP-14 vgl. Übersicht VII-29 in Kap. VII Abschn. 42 bzw. Übersicht VII-36 in Kap. VII Abschn. 432.1.

(1) Kenn-zahlen-nummern	(2) Kennzahlenbezeichnung und Kennzahlendefinition	(3) Arbeits-hypothese	(4) Abschnitt im Buch
01.01.00	$\text{Anlagenintensität} = \dfrac{\text{Anlagevermögen}}{\text{Gesamtvermögen}}$	–	Kap. IV Abschn. 3
01.02.00	$\text{Sachanlagenintensität} = \dfrac{\text{Sachanlagevermögen}}{\text{Gesamtvermögen}}$	–	Kap. IV Abschn. 3
01.03.00	$\text{Umlaufintensität} = \dfrac{\text{Umlaufvermögen}}{\text{Gesamtvermögen}}$	–	Kap. IV Abschn. 3
01.04.00	$\text{Neuproduktrate} = \dfrac{\text{Umsatz mit den in den letzten drei Jahren neu eingeführten Produkten}}{\text{Gesamtumsatz}}$	–	Kap. IV Abschn. 41
01.05.00	$\text{Anlagenabnutzungsgrad} = \dfrac{\text{Kumulierte Abschreibungen auf das Sachanlagevermögen}}{\text{Historische AK/HK des Sachanlagevermögens zum Ende des Geschäftsjahres}}$	–	Kap. IV Abschn. 42
01.06.00	$\text{Abschreibungsquote} = \dfrac{\text{Jahresabschreibungen auf das Sachanlagevermögen}}{\text{Historische AK/HK des Sachanlagevermögens zum Ende des Geschäftsjahres}}$	–	Kap. IV Abschn. 42

Übersicht A-3-1:   Allgemeiner Kennzahlenkatalog (Fortsetzung der Übersicht auf den folgenden Seiten)

(1)	(2)	(3)	(4)
Kennzahlennummern	**Kennzahlenbezeichnung und Kennzahlendefinition**	**Arbeitshypothese**	**Abschnitt im Buch**
01.07.00	$\text{Investitionsquote} = \dfrac{\text{Nettoinvestitionen in das Sachanlagevermögen}}{\text{Historische AK/HK des Sachanlagevermögens zum Beginn des Geschäftsjahres}}$	G>K	Kap. IV Abschn. 42
01.08.00	$\text{Nettoinvestitionsdeckung} = \dfrac{\text{Cashflow}}{\text{Nettoinvestitionen in das Sachanlagevermögen}}$	–	Kap. IV Abschn. 42
01.09.00	$\text{Segment-Investitionsgrad} = \dfrac{\text{Segmentinvestitionen}}{\text{Segment-Cashflow oder Segment-EBITDA}}$	–	Kap. VI Abschn. 532.
01.10.00	$\text{Wachstumsquote} = \dfrac{\text{Nettoinvestitionen in das Sachanlagevermögen}}{\text{Jahresabschreibungen auf das Sachanlagevermögen}}$	G>K	Kap. IV Abschn. 42
01.11.00	$\text{Segment-Wachstumsquote} = \dfrac{\text{Segmentinvestitionen}}{\text{Segmentabschreibungen}}$	–	Kap. VI Abschn. 532.
01.12.00	$\text{Umschlaghäufigkeit der Vorräte} = \dfrac{\text{Umsatzerlöse}}{\varnothing \text{ Bestand an Vorräten}}$	G>K	Kap. IV Abschn. 51
01.13.00	$\text{Umschlagdauer der Vorräte} = \dfrac{\varnothing \text{ Bestand an Vorräten}}{\text{Umsatzerlöse}} \cdot 360 \text{ Tage}$	G<K	Kap. IV Abschn. 51

Fortsetzung Übersicht A-3-1

(1) Kennzahlennummern	(2) Kennzahlenbezeichnung und Kennzahlendefinition	(3) Arbeitshypothese	(4) Abschnitt im Buch
01.14.00	$\text{Vorratsintensität} = \dfrac{\varnothing \text{ Bestand an Vorräten}}{\text{Gesamtvermögen}}$	G<K	Kap. IV Abschn. 51
01.15.00	$\text{Umschlaghäufigkeit der Forderungen} = \dfrac{\text{Umsatzerlöse}}{\varnothing \text{ Bestand an Forderungen aus Lieferungen und Leistungen}}$	G>K	Kap. IV Abschn. 52
01.16.00	$\text{Kundenziel} = \dfrac{\varnothing \text{ Bestand an Forderungen aus Lieferungen und Leistungen}}{\text{Umsatzerlöse}} \cdot 360 \text{ Tage}$	G<K	Kap. IV Abschn. 52
01.17.00	$\text{Konzernverflechtung (Forderungen)} = \dfrac{\text{Forderungen gegen verbundene Unternehmen}}{\text{Forderungen}}$	–	Kap. IV Abschn. 52
02.01.00	$\text{Eigenkapitalquote (Grundvariante)} = \dfrac{\text{Eigenkapital}}{\text{Gesamtkapital}}$	G>K	Kap. III Abschn. 22 und 432. Kap. V Abschn. 22

Fortsetzung Übersicht A-3-1

(1) Kennzahlennummern	(2) Kennzahlenbezeichnung und Kennzahlendefinition	(3) Arbeitshypothese	(4) Abschnitt im Buch
02.01.01	$$\text{Eigenkapitalquote} = \frac{\text{Eigenkapital} - \text{Ingangsetzungs- und Erweiterungsaufwendungen} - \text{Geschäfts- oder Firmenwert} - \text{Disagio} - \text{aktivische latente Steuern}}{\text{Gesamtkapital} - \text{Ingangsetzungs- und Erweiterungsaufwendungen} - \text{Geschäfts- oder Firmenwert} - \text{Disagio} - \text{aktivische latente Steuern}}$$	G>K	Kap. III Abschn. 423.
02.01.02	$$\text{Eigenkapitalquote} = \frac{\text{Eigenkapital} + 60\ \%\ \text{des Sonderposten mit Rücklageanteil}}{\text{Gesamtkapital}}$$	G>K	Kap. III Abschn. 423.
02.01.03	$$\text{Eigenkapitalquote} = \frac{\text{Eigenkapital} + 60\ \%\ \text{des Sonderposten mit Rücklageanteil}}{\text{Gesamtkapital} - \text{Grundstücke und Bauten}}$$	G>K	Kap. III Abschn. 423.
02.01.04	$$\text{Eigenkapitalquote} = \frac{\text{Wirtschaftliches Eigenkapital} - \text{immaterielle Vermögensgegenstände}}{\text{Gesamtkapital} - \text{immaterielle Vermögensgegenstände} - \text{erhaltene Anzahlungen} - \text{flüssige Mittel} - \text{Grundstücke und Bauten}}$$	G>K	Kap. V Abschn. 22
02.02.00	$$\text{Fremdkapitalquote (Grundvariante)} = \frac{\text{Fremdkapital}}{\text{Gesamtkapital}}$$	G<K	Kap. V Abschn. 22
02.03.00	$$\text{Statischer Verschuldungsgrad (Grundvariante)} = \frac{\text{Fremdkapital}}{\text{Eigenkapital}}$$	G<K	Kap. V Abschn. 22

Fortsetzung Übersicht A-3-1

(1) Kenn-zahlen-nummern	(2) Kennzahlenbezeichnung und Kennzahlendefinition	(3) Arbeits-hypothese	(4) Abschnitt im Buch
02.04.00	Verschuldungskoeffizient (Grundvariante) $= \dfrac{\text{Eigenkapital}}{\text{Fremdkapital}}$	G>K	Kap. V Abschn. 22
02.05.00	Kurzfristige Fremdkapitalquote $= \dfrac{\text{Kurzfristiges Fremdkapital}}{\text{Gesamtkapital}}$	G<K	Kap. V Abschn. 22
02.06.00	Selbstfinanzierungsgrad $= \dfrac{\text{Gewinnrücklagen}}{\text{Eigenkapital}}$	–	Kap. V Abschn. 232.1
02.07.00	Rücklagenquote $= \dfrac{\text{Gesamte Rücklagen}}{\text{Eigenkapital}}$	–	Kap. V Abschn. 232.2
02.08.00	Verbindlichkeitenstruktur (Grundvariante) $= \dfrac{\text{Verbindlichkeiten mit bestimmter Fristigkeit}}{\text{Verbindlichkeiten}}$	–	Kap. V Abschn. 241.1
02.08.01	Verbindlichkeitenstruktur (kurzfristig) $= \dfrac{\text{Kurzfristige Verbindlichkeiten}}{\text{Verbindlichkeiten}}$	G<K	Kap. V Abschn. 241.1
02.08.02	Verbindlichkeitenstruktur (mittelfristig) $= \dfrac{\text{Mittelfristige Verbindlichkeiten}}{\text{Verbindlichkeiten}}$	–	Kap. V Abschn. 241.1

Fortsetzung Übersicht A-3-1

(1) Kenn-zahlen-nummern	(2) Kennzahlenbezeichnung und Kennzahlendefinition	(3) Arbeits-hypothese	(4) Abschnitt im Buch
02.08.03	Verbindlichkeitenstruktur (langfristig) $= \dfrac{\text{Langfristige Verbindlichkeiten}}{\text{Verbindlichkeiten}}$	G>K	Kap. V Abschn. 241.1
02.09.00	Verschuldungsstruktur (Grundvariante) $= \dfrac{\text{Verbindlichkeiten gegenüber einem (mehreren) Kapitalgeber(n)} \; (\text{z. B. Verbindlichkeiten gegenüber Kreditinstituten})}{\text{Gesamtkapital}}$	–	Kap. V Abschn. 241.3
02.10.00	Rückstellungsstruktur (Grundvariante) $= \dfrac{\text{Rückstellungen mit bestimmter Fristigkeit}}{\text{Rückstellungen}}$	–	Kap. V Abschn. 242.
02.11.00	Goldene Finanzierungsregel (langfristig) $= \dfrac{\text{Langfristiges Vermögen}}{\text{Langfristiges Kapital}} \leq 1$	G<K	Kap. V Abschn. 32
02.11.01	Goldene Finanzierungsregel (kurzfristig) $= \dfrac{\text{Kurzfristiges Vermögen}}{\text{Kurzfristiges Kapital}} \geq 1$	G>K	Kap. V Abschn. 32
02.12.00	Goldene Bilanzregel $= \dfrac{\text{Wirtschaftliches Eigenkapital + langfristiges Fremdkapital}}{\text{Anlagevermögen}} \geq 1$	G>K	Kap. V Abschn. 32
02.13.00	Anlagendeckung $= \dfrac{\text{Wirtschaftliches Eigenkapital}}{\text{Anlagevermögen}}$	G>K	Kap. V Abschn. 32

Fortsetzung Übersicht A-3-1

(1) Kennzahl-nummer	(2) Kennzahlenbezeichnung und Kennzahlendefinition	(3) Arbeits-hypothese	(4) Abschnitt im Buch
02.14.00	Liquidität 1. Grades $=\dfrac{\text{Liquide Mittel}}{\text{Kurzfristige Verbindlichkeiten}}$	G>K	Kap. V Abschn. 33
02.15.00	Liquidität 2. Grades $=\dfrac{\text{Liquide Mittel + kurzfristige Forderungen}}{\text{Kurzfristige Verbindlichkeiten}}$	G>K	Kap. V Abschn. 33
02.16.00	Liquidität 3. Grades $=\dfrac{\text{Liquide Mittel + kurzfristige Forderungen + Vorräte}}{\text{Kurzfristige Verbindlichkeiten}}$	G>K	Kap. V Abschn. 33
02.17.00	Kurzfristiges Vermögen − Kurzfristige Verbindlichkeiten = Working Capital	G>K	Kap. V Abschn. 33
02.18.00[D]	Einzahlungswirksame Erträge − Auszahlungswirksame Aufwendungen = Cashflow	G>K	Kap. II Abschn. 42
02.18.00[I]	Jahresüberschuss /Jahresfehlbetrag − Einzahlungsunwirksame Erträge + Auszahlungsunwirksame Aufwendungen = Cashflow	G>K	Kap. II Abschn. 42

Fortsetzung Übersicht A-3-1

(1)	(2)	(3)	(4)
Kennzahl-nummer	**Kennzahlenbezeichnung und Kennzahlendefinition**	**Arbeits-hypothese**	**Abschnitt im Buch**
02.18.01[1]	Jahresüberschuss/Jahresfehlbetrag (nach EESt) + Abschreibungen auf immaterielle Vermögensgegenstände des Anlage-vermögens und Sachanlage + Abschreibungen auf Finanzanlagen und auf Wertpapiere des Umlaufvermögens + Einstellungen in den Sonderposten mit Rücklageanteil – Zuschreibungen – Erträge aus der Auflösung des Sonderpostens mit Rücklageanteil ± Zunahme (+)/Abnahme (–) der Rückstellungen ± Bestandserhöhungen (+)/Bestandminderungen (–) an fertigen und unfertigen Erzeugnissen – Andere aktivierte Eigenleistungen + Außerordentliche Aufwendungen – Außerordentliche Erträge ± Zunahme (–)/Abnahme (+) der Forderungen aus Lieferungen und Leistungen ± Zunahme (–)/Abnahme (+) der geleisteten Anzahlungen ± Zunahme (–)/Abnahme (+) der aktivischen Rechnungsabgrenzungsposten ± Zunahme (+)/Abnahme (–) der Verbindlichkeiten aus Lieferungen und Leistungen ± Zunahme (+)/Abnahme (–) der erhaltenen Anzahlungen auf Bestellungen ± Zunahme (+)/Abnahme (–) der passivischen Rechnungsabgrenzungsposten ± Zunahme (+)/Abnahme (–) der Rückstellung für latente Steuern ± Zunahme (–)/Abnahme (+) der aktivischen Steuerabgrenzung = Cashflow	G>K	Kap. II Abschn. 43

Fortsetzung Übersicht A-3-1

649

(1) Kennzahl-nummer	(2) Kennzahlenbezeichnung und Kennzahlendefinition	(3) Arbeits-hypothese	(4) Abschnitt im Buch
02.18.02[1]	Jahresüberschuss/Jahresfehlbetrag + Abschreibungen − Zuschreibungen ± Zunahme (+)/Abnahme (−) der Rückstellungen für Pensionen und ähnliche Verpflichtungen und anderer langfristiger Rückstellungen = Cashflow	G>K	Kap. II Abschn. 43 Kap. VI Abschn. 337.
02.19.00	Dynamischer Verschuldungsgrad = $\dfrac{\text{Effektivverschuldung}}{\text{Cashflow}}$	G<K	Kap. V Abschn. 422.
02.20.00	Dynamischer Liquiditätsgrad = $\dfrac{\text{Cashflow aus laufender Geschäftstätigkeit}}{\text{Kurzfristige Verbindlichkeiten − liquide Mittel}}$	G>K	Kap. V Abschn. 434.
02.21.00	Cash Burn Rate = $\dfrac{\text{Finanzmittelbestand am Ende der Periode}}{\text{Negativer Cashflow aus laufender Geschäftstätigkeit}}$	–	Kap. V Abschn. 434.
02.22.00	Kapitalbindung = $\dfrac{\begin{array}{c}\text{Kurzfristige Bankverbindlichkeiten}\\ + \text{ kurzfristige Verbindlichkeiten aus Lieferungen und Leistungen}\\ + \text{ Akzepte} + \text{ kurzfristige sonstige Verbindlichkeiten}\end{array}}{\text{Umsatz}}$	G<K	Kap. III Abschn. 53

Fortsetzung Übersicht A-3-1

(1) Kennzahl-nummer	(2) Kennzahlenbezeichnung und Kennzahlendefinitionen	(3) Arbeits-hypothese	(4) Abschnitt im Buch
03.01.00	Ergebnisbeitrag des ordentlichen Betriebserfolges $= \dfrac{\text{Ordentlicher Betriebserfolg}}{\text{Jahresergebnis vor Ertragsteuern}}$	G>K	Kap. VI Abschn. 22
03.02.00	Ergebnisbeitrag des Finanz- und Verbunderfolges $= \dfrac{\text{Finanz- und Verbunderfolg}}{\text{Jahresergebnis vor Ertragsteuern}}$	–	Kap. VI Abschn. 22
03.03.00	Ergebnisbeitrag des außerordentlichen Erfolges $= \dfrac{\text{Außerordentlicher Erfolg}}{\text{Jahresergebnis vor Ertragsteuern}}$	–	Kap. VI Abschn. 22
03.04.00	Ergebnisbeitrag des Bewertungserfolges $= \dfrac{\text{Bewertungserfolg}}{\text{Jahresergebnis vor Ertragsteuern}}$	–	Kap. VI Abschn. 22
03.05.00	Ordentlicher Betriebserfolg + Planmäßige Abschreibungen auf immaterielle Vermögensgegenstände des Anlagevermögens und Sachanlagen ± Zunahme (+)/Abnahme (–) der Rückstellungen für Pensionen und ähnliche Verpflichtungen und anderer langfristiger Rückstellungen = Operativer Cashflow	G>K	Kap. II Abschn. 43

Fortsetzung Übersicht A-3-1

(1) Kennzahl-nummer	(2) Kennzahlenbezeichnung und Kennzahlendefinitionen	(3) Arbeits-hypothese	(4) Abschnitt im Buch
03.06.00	Segmentergebnis + Segmentabschreibungen ± Andere nicht zahlungswirksame Aufwendungen und Erträge des Segmentes = Segment-Cashflow	–	Kap. VI Abschn. 532.
03.07.00	Jahresüberschuss/Jahresfehlbetrag ± Außerordentliches Ergebnis ± Ertragsteuern + Zinsaufwand + Abschreibungen auf Anlagevermögen + Abschreibungen auf den aus der Konsolidierung entstandenen Goodwill = EBITDA	G>K	Kap. II Abschn. 43
03.08.00	$\text{Rentabilität} = \dfrac{\text{Ergebnisgröße (z. B. Jahresergebnis)}}{\text{Einflussgröße (z. B. Eigenkapital)}}$	G>K	Kap. VI Abschn. 32
03.09.00	$\text{Umsatzrentabilität (Grundvariante)} = \dfrac{\text{Jahresüberschuss/Jahresfehlbetrag}}{\text{Umsatzerlöse}}$	G>K	Kap. VI Abschn. 332.

Fortsetzung Übersicht A-3-1

(1) Kennzahl-nummer	(2) Kennzahlenbezeichnung und Kennzahlendefinitionen	(3) Arbeits-hypothese	(4) Abschnitt im Buch
03.09.01	Umsatzrentabilität (ordentlicher Betriebserfolg) $= \dfrac{\text{Ordentlicher Betriebserfolg laut Erfolgsquellenanalyse}}{\text{Umsatzerlöse}}$	G>K	Kap. VI Abschn. 332.
03.10.00	Eigenkapitalrentabilität (Grundvariante) $= \dfrac{\text{Jahresüberschuss/Jahresfehlbetrag}}{\varnothing\ \text{Eigenkapital}}$	G>K	Kap. II Abschn. 22; Kap. VI Abschn. 333.1
03.10.01	Eigenkapitalrentabilität (WEK) $= \dfrac{\text{Jahresüberschuss/Jahresfehlbetrag}}{\varnothing\ \text{wirtschaftliches Eigenkapital}}$	G>K	Kap. VI Abschn. 333.1
03.10.02	Eigenkapitalrentabilität (ordentlicher Betriebserfolg) $= \dfrac{\text{Ordentlicher Betriebserfolg}}{\varnothing\ \text{wirtschaftliches Eigenkapital}}$	G>K	Kap. III Abschn. 43; Kap. VI Abschn. 333.1
03.10.03	$EKR = GKR + (GKR - i) \cdot V$	G>K	Kap. VI Abschn. 333.2
03.10.04	Cashflow-Eigenkapitalrentabilität $= \dfrac{\text{Cashflow}}{\varnothing\ \text{Eigenkapital}}$	G>K	Kap. VI Abschn. 337.

Fortsetzung Übersicht A-3-1

653

(1) Kennzahl-nummer	(2) Kennzahlenbezeichnung und Kennzahlendefinitionen	(3) Arbeitshypothese	(4) Abschnitt im Buch
03.10.05	$\text{Cashflow-Eigenkapitalrentabilität} = \dfrac{\text{Cashflow}}{\varnothing \text{ wirtschaftliches Eigenkapital}}$	G>K	Kap. III Abschn. 43
03.11.00	$\text{Rentabilität der Equity-Gesellschaften} = \dfrac{\text{Equity-Ergebnis des Segmentes}}{\text{Equity-Buchwerte des Segmentes}}$	G>K	Kap. VI Abschn. 531.
03.12.00	$\text{Gesamtkapitalrentabilität (Grundvariante)} = \dfrac{\text{Jahresüberschuss/Jahresfehlbetrag} + \text{Fremdkapitalzinsen}}{\varnothing \text{ Gesamtkapital}}$	G>K	Kap. VI Abschn. 334.
03.12.01	$\text{Gesamtkapitalrentabilität (vor Steuern vom Einkommen und Ertrag)} = \dfrac{\text{Jahresüberschuss/Jahresfehlbetrag} + \text{Steuern vom Einkommen und Ertrag} + \text{Fremdkapitalzinsen}}{\varnothing \text{ Gesamtkapital}}$	G>K	Kap. VI Abschn. 334.
03.12.02	$\text{Gesamtkapitalrentabilität (nachhaltige Erfolgsquellen)} = \dfrac{\text{Ordentlicher Betriebserfolg} + \text{Finanz- und Verbunderfolg} + \text{Fremdkapitalzinsen}}{\varnothing \text{ Gesamtkapital}}$	G>K	Kap. VI Abschn. 334.
03.12.03	$\text{Cashflow-Gesamtkapitalrentabilität} = \dfrac{\text{Cashflow} + \text{Fremdkapitalzinsen}}{\varnothing \text{ Gesamtkapital}}$	G>K	Kap. VI Abschn. 337.

Fortsetzung Übersicht A-3-1

(1) Kennzahl-nummer	(2) Kennzahlenbezeichnung und Kennzahlendefinitionen	(3) Arbeits-hypothese	(4) Abschnitt im Buch
03.13.00	ROI (Grundvariante) $= \dfrac{\text{Jahresüberschuss/Jahresfehlbetrag}}{\varnothing\text{ Gesamtkapital}}$	G>K	Kap. VI Abschn. 335.
03.13.01	ROI $=$ EKR $\cdot$ EKQ $= \dfrac{\text{Jahresergebnis}}{\varnothing\text{ Eigenkapital}} \cdot \dfrac{\varnothing\text{ Eigenkapital}}{\varnothing\text{ Gesamtkapital}}$	G>K	Kap. VI Abschn. 333.3
03.13.02	Cashflow-ROI $= \dfrac{\text{Cashflow}}{\varnothing\text{ Gesamtkapital}}$	G>K	Kap. VI Abschn. 337.
03.13.03	Cashflow-ROI $= \dfrac{\text{Cashflow}}{\text{Umsatz}} \cdot \dfrac{\text{Umsatz}}{\varnothing\text{ Gesamtkapital}}$	G>K	Kap. VI Abschn. 337.
03.14.00	Betriebsrentabilität (betriebsnotwendiges Vermögen) $= \dfrac{\text{Ordentlicher Betriebserfolg}}{\varnothing\text{ betriebsnotwendiges Vermögen}}$	G>K	Kap. VI Abschn. 336.
03.14.01	Betriebsrentabilität (langfristiges Kapital) $= \dfrac{\text{Ordentlicher Betriebserfolg}}{\varnothing\text{ langfristiges Kapital}}$	G>K	Kap. VI Abschn. 336.
03.15.00	Kennzahl der Ertrags- und Aufwandsstrukturanalyse $= \dfrac{\text{Ertrags- und Aufwandsgröße (z. B. Materialaufwand)}}{\substack{\text{Den Zähler beeinflussende}\\ \text{Ertrags- und Aufwandsgröße}\\ \text{(meist Gesamtleistung oder Umsatz)}}}$	–	Kap. VI Abschn. 413.

Fortsetzung Übersicht A-3-1

(1) Kennzahl-nummer	(2) Kennzahlenbezeichnung und Kennzahlendefinitionen	(3) Arbeits-hypothese	(4) Abschnitt im Buch
03.16.00	Abhängigkeit von einer Sparte/Region (Grundvariante) $= \dfrac{\text{Umsatz dieser Sparte oder Region}}{\text{Umsatzerlöse}}$	–	Kap. VI Abschn. 414.
03.16.01	Spartenabhängigkeit $= \dfrac{\text{Umsatz einer Sparte}}{\text{Umsatzerlöse}}$	–	Kap. VI Abschn. 414.
03.16.02	Exportabhängigkeit $= \dfrac{\text{Auslandsumsatz}}{\text{Umsatzerlöse}}$	–	Kap. VI Abschn. 414.
03.16.03	Exportabhängigkeit einer Sparte $= \dfrac{\text{Auslandsumsatz einer Sparte}}{\text{Umsatz dieser Sparte}}$	–	Kap. VI Abschn. 414.
03.17.00	Personalaufwandsquote (GKV) $= \dfrac{\text{Personalaufwand}}{\text{Gesamtleistung}}$	G<K	Kap. VI Abschn. 415.1
03.17.01	Personalaufwandsquote (UKV) $= \dfrac{\text{Personalaufwand}}{\text{Umsatzerlöse}}$	G<K	Kap. VI Abschn. 415.1
03.17.02	Modifizierte Personalaufwandsquote (GKV) $= \dfrac{\text{Personalaufwand}}{\varnothing \text{ Beschäftigtenzahl}} \cdot \dfrac{\varnothing \text{ Beschäftigtenzahl}}{\text{Gesamtleistung}}$ $= \dfrac{\text{Lohniveau}}{\text{Produktivität der Belegschaft (GKV)}}$	G<K	Kap. VI Abschn. 415.1

Fortsetzung Übersicht A-3-1

(1) Kennzahl-nummer	(2) Kennzahlenbezeichnung und Kennzahlendefinitionen	(3) Arbeits-hypothese	(4) Abschnitt im Buch
03.17.03	Modifizierte Personalaufwandsquote (UKV) $= \dfrac{\text{Personalaufwand}}{\varnothing \text{ Beschäftigtenzahl}} \cdot \dfrac{\varnothing \text{ Beschäftigtenzahl}}{\text{Umsatzerlöse}}$ $= \dfrac{\text{Lohnniveau}}{\text{Produktivität der Belegschaft (UKV)}}$	G<K	Kap. VI Abschn. 415.1
03.18.00	Lohnniveau $= \dfrac{\text{Personalaufwand}}{\varnothing \text{ Beschäftigtenzahl}}$	G<K	Kap. VI Abschn. 415.1
03.19.00	Produktivität der Belegschaft (GKV) $= \dfrac{\text{Gesamtleistung}}{\varnothing \text{ Beschäftigtenzahl}}$	G>K	Kap. VI Abschn. 415.1
03.19.01	Produktivität der Belegschaft (UKV) $= \dfrac{\text{Umsatzerlöse}}{\varnothing \text{ Beschäftigtenzahl}}$	G>K	Kap. VI Abschn. 415.1
03.19.02	Segment-Umsatzproduktivität pro Mitarbeiter $= \dfrac{\text{Gesamtsegmenterlöse}}{\varnothing \text{ Beschäftigtenzahl des Segmentes}}$	G>K	Kap. VI Abschn. 531.
03.20.00	Materialaufwandsstruktur $= \dfrac{\text{Materialaufwand}}{\text{Summe der Aufwendungen}}$	G<K	Kap. VI Abschn. 415.2
03.21.00	Materialaufwandsquote (GKV) $= \dfrac{\text{Materialaufwand}}{\text{Gesamtleistung}}$	G<K	Kap. VI Abschn. 415.2

Fortsetzung Übersicht A-3-1

(1) Kennzahl-nummer	(2) Kennzahlenbezeichnung und Kennzahlendefinitionen	(3) Arbeits-hypothese	(4) Abschnitt im Buch
03.21.01	Materialaufwandsquote (UKV) = $\dfrac{\text{Materialaufwand}}{\text{Umsatzerlöse}}$	G<K	Kap. VI Abschn. 415.2
03.22.00	Material- und Personalaufwandsquote (GKV) = $\dfrac{\text{Materialaufwand + Personalaufwand}}{\text{Gesamtleistung}}$	G<K	Kap. VI Abschn. 415.2
03.22.01	Material- und Personalaufwandsquote (UKV) = $\dfrac{\text{Materialaufwand + Personalaufwand}}{\text{Umsatzerlöse}}$	G<K	Kap. VI Abschn. 415.2
03.23.00	Abschreibungsaufwandsquote (GKV) = $\dfrac{\text{Abschreibungen auf das Sachanlagevermögen und auf immaterielle Vermögensgegenstände}}{\text{Gesamtleistung}}$	G<K	Kap. VI Abschn. 415.3
03.23.01	Abschreibungsaufwandsquote (UKV) = $\dfrac{\text{Abschreibungen auf das Sachanlagevermögen und auf immaterielle Vermögensgegenstände}}{\text{Umsatzerlöse}}$	G<K	Kap. VI Abschn. 415.3
03.24.00	Herstellungsaufwandsquote = $\dfrac{\text{Herstellungskosten der zur Erzielung der Umsatzerlöse erbrachten Leistungen}}{\text{Umsatzerlöse}}$	G<K	Kap. VI Abschn. 415.4

Fortsetzung Übersicht A-3-1

(1) Kennzahl-nummer	(2) Kennzahlenbezeichnung und Kennzahlendefinitionen	(3) Arbeits-hypothese	(4) Abschnitt im Buch
03.25.00	Vertriebsaufwandsquote = $\dfrac{\text{Vertriebskosten}}{\text{Umsatzerlöse}}$	G<K	Kap. VI Abschn. 415.5
03.26.00	Verwaltungsaufwandsquote = $\dfrac{\text{Allgemeine Verwaltungskosten}}{\text{Umsatzerlöse}}$	G<K	Kap. VI Abschn. 415.6
03.27.00	Verwaltungsaufwandsstruktur = $\dfrac{\text{Allgemeine Verwaltungskosten}}{\text{Summe der Aufwendungen}}$	G<K	Kap. VI Abschn. 415.6
03.28.00	F & E-Aufwandsquote = $\dfrac{\text{Forschungs- und Entwicklungskosten}}{\text{Umsatzerlöse}}$	–	Kap. VI Abschn. 415.7
03.29.00	Tatsächliche Steuerquote = $\dfrac{\text{Steuern vom Einkommen und vom Ertrag}}{\text{Jahresüberschuss vor Steuern}}$	–	Kap. VI Abschn. 415.8
03.30.00	Konzernsteuerquote = $\dfrac{\text{Tatsächlicher + latenter Steueraufwand}}{\text{Jahresüberschuss vor Steuern}}$	–	Kap. VI Abschn. 415.8
03.31.00	Steueraufwandsquote = $\dfrac{\text{Steuern vom Einkommen und vom Ertrag}}{\text{Umsatzerlöse}}$	–	Kap. VI Abschn. 415.8

Fortsetzung Übersicht A-3-1

(1) Kennzahl-nummer	(2) Kennzahlenbezeichnung und Kennzahlendefinitionen	(3) Arbeits-hypothese	(4) Abschnitt im Buch
03.32.00	Ausschüttungsquote $= \dfrac{\text{Ausschüttung}}{\text{Jahresüberschuss}}$	–	Kap. VI Abschn. 423.
03.33.00	Jahresüberschuss je Aktie (Nennbetragsaktien) $= \dfrac{\text{Jahresüberschuss} \cdot \text{Nennbetrag je Aktie}}{\varnothing\,\text{Grundkapital}} = \dfrac{\text{Jahresüberschuss}}{\varnothing\,\text{Zahl der Aktien}}$	G>K	Kap. VI Abschn. 61
03.33.01	Jahresüberschuss je Aktie (Stückaktien) $= \dfrac{\text{Jahresüberschuss}}{\varnothing\,\text{Zahl der Aktien}}$	G>K	Kap. VI Abschn. 61
03.33.02	(Unverwässertes) Ergebnis je Aktie $= \dfrac{\text{Auf die Stammaktien entfallendes Periodenergebnis}}{\text{Gewichtete Durchschnittszahl der Stammaktien}}$	G>K	Kap. VI Abschn. 61
03.33.03	Cashflow je Aktie (Nennbetragsaktien) $= \dfrac{\text{Cashflow} \cdot \text{Nennbetrag je Aktie}}{\varnothing\,\text{Grundkapital}} = \dfrac{\text{Cashflow}}{\varnothing\,\text{Zahl der Aktien}}$	G>K	Kap. VI Abschn. 61
03.33.04	Cashflow je Aktie (Stückaktien) $= \dfrac{\text{Cashflow}}{\varnothing\,\text{Zahl der Aktien}}$	G>K	Kap. VI Abschn. 61
03.33.05	Ordentlicher Betriebserfolg je Aktie (Nennbetragsaktien) $= \dfrac{\text{Ordentlicher Betriebserfolg} \cdot \text{Nennbetrag je Aktie}}{\varnothing\,\text{Grundkapital}} = \dfrac{\text{Ordentlicher Betriebserfolg}}{\varnothing\,\text{Zahl der Aktien}}$	G>K	Kap. VI Abschn. 61

Fortsetzung Übersicht A-3-1

(1) Kennzahl-nummer	(2) Kennzahlenbezeichnung und Kennzahlendefinitionen	(3) Arbeits-hypothese	(4) Abschnitt im Buch
03.33.06	Ordentlicher Betriebserfolg je Aktie (Stückaktien) $= \dfrac{\text{Ordentlicher Betriebserfolg}}{\varnothing \text{ Zahl der Aktien}}$	G>K	Kap. VI Abschn. 62
03.34.00	Dividendenrentabilität $= \dfrac{\text{Dividende je Aktie}}{\text{Preis je Aktie (Börsenkurs)}}$	G>K	Kap. VI Abschn. 63
03.35.00	Kurs-Gewinn-Verhältnis $= \dfrac{\text{Preis je Aktie (Börsenkurs)}}{\text{Jahresüberschuss je Aktie}}$	G>K	Kap. VI Abschn. 63
03.35.01	Kurs-Cashflow-Verhältnis $= \dfrac{\text{Preis je Aktie (Börsenkurs)}}{\text{Cashflow je Aktie}}$	G>K	Kap. VI Abschn. 63
03.35.02	Kurs-Ordentlicher Betriebserfolg-Verhältnis $= \dfrac{\text{Preis je Aktie (Börsenkurs)}}{\text{Ordentlicher Betriebserfolg je Aktie}}$	G>K	Kap. VI Abschn. 63
03.36.00	$EVA = NOPAT - Capital \cdot c^{*}$	G>K	Kap. VI Abschn. 73
03.36.01	$EVA = (r - c^{*}) \cdot Capital$	G>K	Kap. VI Abschn. 73

Fortsetzung Übersicht A-3-1

(1) Kennzahl-nummer	(2) Kennzahlenbezeichnung und Kennzahlendefinitionen	(3) Arbeits-hypothese	(4) Abschnitt im Buch
03.37.00	EVA-Rentabilität $= \dfrac{\text{NOPAT} - \text{Capital} \cdot c^*}{\text{Capital}_{\text{Basisjahr}}}$	G>K	Kap. VI Abschn. 73
03.37.01	Standardisierte EVA-Rentabilität $= \dfrac{\text{Ordentlicher Betriebserfolg (nach Ertragsteuern)} - \varnothing \text{ betriebsnotwendiges Vermögen} \cdot \text{gewogener Kapitalkostensatz}}{\varnothing \text{ betriebsnotwendiges Vermögen}}$	G>K	Kap. VI Abschn. 76
03.38.00^E	Wertschöpfung (Entstehungsseite) = Produktionswert – Vorleistungen	G>K	Kap. VI Abschn. 81
03.38.00^V	Eigenkapitalerträge + Arbeitserträge + Fremdkapitalerträge + Gemeinerträge = Wertschöpfung (Verteilungsseite)	G>K	Kap. VI Abschn. 81
03.38.01	Betriebliche Lohnquote $= \dfrac{\text{Arbeitserträge}}{\text{Wertschöpfung}}$	–	Kap. VI Abschn. 84
03.38.02	Mitarbeiterproduktivität $= \dfrac{\text{Wertschöpfung}}{\varnothing \text{ Beschäftigtenzahl}}$	–	Kap. VI Abschn. 84
03.38.03	Fertigungstiefe $= \dfrac{\text{Wertschöpfung}}{\text{Gesamtleistung}}$	–	Kap. VI Abschn. 84

Fortsetzung Übersicht A-3-1

Anhang 4: Kennzahlen für den Philipp Holzmann Konzern

Nachstehender Kennzahlenkatalog enthält die im vorliegenden Buch für die Analyse der Konzernabschlüsse des Philipp Holzmann Konzerns verwendeten Kennzahlen sowie die ermittelten Kennzahlenwerte. Soweit nicht anders angegeben, sind alle Angaben in TDM. Der Berechnung dieser Kennzahlenwerte liegen die in Anhang 2 im Erfassungsschema für die Jahre 1994 und 1995 dargestellten Informationen zugrunde. Zum Teil sind für die Berechnung der Kennzahlenwerte dabei auch Durchschnittswerte erforderlich. Die Durchschnittswerte zum Ende des Geschäftsjahres 1995 lassen sich ebenfalls mit den in Anhang 2 dargestellten Informationen bestimmen. Die für die Ermittlung der Durchschnittswerte für 1994 erforderlichen Daten des Philipp Holzmann Konzerns für das Geschäftsjahr 1993 sind in folgender Übersicht dargestellt:

	1993
Forderungen aus Lieferungen und Leistungen	2.002.094
Wirtschaftliches Eigenkapital	1.340.480
Gesamtkapital	13.691.304
Betriebsnotwendiges Vermögen	11.670.773
Langfristiges Kapital	1.946.827

Übersicht A-4-1: *Ausgewählte Daten des Philipp Holzmann Konzerns für das Geschäftsjahr 1993*

$$\text{Anlagenintensität (1994)} = \frac{\text{Anlagevermögen}}{\text{Gesamtvermögen}} = \frac{2.515.662}{15.632.708} = 16,1\ \%$$

$$\text{Anlagenintensität (1995)} = \frac{\text{Anlagevermögen}}{\text{Gesamtvermögen}} = \frac{3.206.523}{17.172.402} = 18,7\ \%$$

Kennzahl Nr. 01.01.00

$$\text{Anlagenabnutzungsgrad (1994)} = \frac{\text{Kumulierte Abschreibungen auf das Sachanlagevermögen}}{\text{Historische AK/HK des Sachanlagevermögens zum Ende des Geschäftsjahres}}$$

$$= \frac{2.010.130}{3.827.891} \qquad = 52,5\ \%$$

$$\text{Anlagenabnutzungsgrad (1995)} = \frac{\text{Kumulierte Abschreibungen auf das Sachanlagevermögen}}{\text{Historische AK/HK des Sachanlagevermögens zum Ende des Geschäftsjahres}}$$

$$= \frac{2.280.651}{4.773.714} \qquad = 47,8\ \%$$

Kennzahl Nr. 01.05.00

$$\text{Nettoinvestitionsdeckung (1994)} = \cfrac{\text{Cashflow}}{\begin{array}{c}\text{Nettoinvestitionen}\\\text{in das Sachanlagevermögen}\end{array}}$$

$$= \frac{537.925}{421.802 - (233.388 - 192.617) - (18 - 2)} = 141,2\,\%$$

$$\text{Nettoinvestitionsdeckung (1995)} = \cfrac{\text{Cashflow}}{\begin{array}{c}\text{Nettoinvestitionen}\\\text{in das Sachanlagevermögen}\end{array}}$$

$$= \frac{- 23.725}{576.608 - (224.109 - 186.589) - (101 - 53)} = -4,4\,\%$$

Kennzahl Nr. 01.08.00

$$\begin{array}{c}\text{Umschlaghäufigkeit}\\\text{der Forderungen (1994)}\end{array} = \cfrac{\text{Umsatzerlöse}}{\begin{array}{c}\text{Durchschnittlicher Bestand an Forderungen}\\\text{aus Lieferungen und Leistungen}\end{array}} = \frac{10.583.588}{2.113.922} = 4,8$$

$$\begin{array}{c}\text{Umschlaghäufigkeit}\\\text{der Forderungen (1995)}\end{array} = \cfrac{\text{Umsatzerlöse}}{\begin{array}{c}\text{Durchschnittlicher Bestand an Forderungen}\\\text{aus Lieferungen und Leistungen}\end{array}} = \frac{11.274.667}{2.242.137} = 5,0$$

Kennzahl Nr. 01.15.00

$$\begin{array}{c}\text{Eigenkapitalquote}\\\text{(Grundvariante) (1994)}\end{array} = \frac{\text{Eigenkapital}}{\text{Gesamtkapital}} = \frac{2.140.956}{15.632.708} = 13,7\,\%$$

$$\begin{array}{c}\text{Eigenkapitalquote}\\\text{(Grundvariante) (1995)}\end{array} = \frac{\text{Eigenkapital}}{\text{Gesamtkapital}} = \frac{1.633.529}{17.172.402} = 9,5\,\%$$

Kennzahl Nr. 02.01.00

$$\text{Eigenkapitalquote (1994)} = \frac{\text{Wirtschaftliches Eigenkapital} - \text{immaterielle Vermögensgegenstände}}{\begin{array}{c}\text{Gesamtkapital} - \text{erhaltene Anzahlungen} \\ - \text{immaterielle Vermögensgegenstände} - \text{flüssige Mittel} \\ - \text{Grundstücke und Bauten}\end{array}}$$

$$= \frac{2.150.391 - 167.403}{\begin{array}{c}15.632.708 - 6.525.115 - 167.403 \\ - 2.253.294 - 1.045.720\end{array}} = 35{,}2\ \%$$

$$\text{Eigenkapitalquote (1995)} = \frac{\text{Wirtschaftliches Eigenkapital} - \text{immaterielle Vermögensgegenstände}}{\begin{array}{c}\text{Gesamtkapital} - \text{erhaltene Anzahlungen} \\ - \text{immaterielle Vermögensgegenstände} - \text{flüssige Mittel} \\ - \text{Grundstücke und Bauten}\end{array}}$$

$$= \frac{1.648.181 - 173.140}{\begin{array}{c}17.172.402 - 6.601.489 - 173.140 \\ - 1.733.748 - 1.697.745\end{array}} = 21{,}2\ \%$$

Kennzahl Nr. 02.01.04

$$\text{Fremdkapitalquote (Grundvariante) (1994)} = \frac{\text{Fremdkapital}}{\text{Gesamtkapital}} = \frac{13.491.752}{15.632.708} = 86{,}3\ \%$$

$$\text{Fremdkapitalquote (Grundvariante) (1995)} = \frac{\text{Fremdkapital}}{\text{Gesamtkapital}} = \frac{15.538.873}{17.172.402} = 90{,}5\ \%$$

Kennzahl Nr. 02.02.00

$$\text{Selbstfinanzierungsgrad (1994)} = \frac{\text{Gewinnrücklagen}}{\text{Eigenkapital}} = \frac{309.967}{2.140.956} = 14{,}5\ \%$$

$$\text{Selbstfinanzierungsgrad (1995)} = \frac{\text{Gewinnrücklagen}}{\text{Eigenkapital}} = \frac{1.038}{1.633.529} = 0{,}1\ \%$$

Kennzahl Nr. 02.06.00

666

$$\text{Rücklagenquote (1994)} = \frac{\text{Gesamte Rücklagen}}{\text{Eigenkapital}} = \frac{1.438.340 + 309.967}{2.140.956} = 81{,}7\,\%$$

$$\text{Rücklagenquote (1995)} = \frac{\text{Gesamte Rücklagen}}{\text{Eigenkapital}} = \frac{1.289.790 + 1.038}{1.633.529} = 79{,}0\,\%$$

Kennzahl Nr. 02.07.00

$$\text{Verbindlichkeitenstruktur (kurzfristig) (1994)} = \frac{\text{Kurzfristige Verbindlichkeiten}}{\text{Verbindlichkeiten}} = \frac{4.966.996}{11.384.115} = 43{,}6\,\%$$

$$\text{Verbindlichkeitenstruktur (kurzfristig) (1995)} = \frac{\text{Kurzfristige Verbindlichkeiten}}{\text{Verbindlichkeiten}} = \frac{6.629.850}{13.220.685} = 50{,}1\,\%$$

Kennzahl Nr. 02.08.01

$$\text{Goldene Bilanzregel (1994)} = \frac{\text{Wirtschaftliches Eigenkapital + langfristiges Fremdkapital}}{\text{Anlagevermögen}}$$

$$= \frac{2.150.391 + (450.420 + 218.000)}{2.515.662} = 112{,}1\,\%$$

$$\text{Goldene Bilanzregel (1995)} = \frac{\text{Wirtschaftliches Eigenkapital + langfristiges Fremdkapital}}{\text{Anlagevermögen}}$$

$$= \frac{1.648.181 + (477.984 + 259.500)}{3.206.523} = 74{,}4\,\%$$

Kennzahl Nr. 02.12.00

$$\text{Anlagendeckung (1994)} = \frac{\text{Wirtschaftliches Eigenkapital}}{\text{Anlagevermögen}} = \frac{2.150.391}{2.515.662} = 85,5\,\%$$

$$\text{Anlagendeckung (1995)} = \frac{\text{Wirtschaftliches Eigenkapital}}{\text{Anlagevermögen}} = \frac{1.648.181}{3.206.523} = 51,4\,\%$$

Kennzahl Nr. 02.13.00

$$\text{Liquidität 1. Grades (1994)} = \frac{\text{Liquide Mittel}}{\text{Kurzfristige Verbindlichkeiten}}$$

$$= \frac{644.670 + 1.608.624}{4.966.996} = 45,4\,\%$$

$$\text{Liquidität 1. Grades (1995)} = \frac{\text{Liquide Mittel}}{\text{Kurzfristige Verbindlichkeiten}}$$

$$= \frac{587.739 + 1.144.971}{6.629.850} = 26,1\%$$

Kennzahl Nr. 02.14.00

$$\text{Liquidität 2. Grades (1994)} = \frac{\text{Liquide Mittel + kurzfristige Forderungen}}{\text{Kurzfristige Verbindlichkeiten}}$$

$$= \frac{2.253.294 + 2.409.208}{4.966.996} = 93,9\,\%$$

$$\text{Liquidität 2. Grades (1995)} = \frac{\text{Liquide Mittel + kurzfristige Forderungen}}{\text{Kurzfristige Verbindlichkeiten}}$$

$$= \frac{1.732.710 + 2.329.340}{6.629.850} = 61,3\,\%$$

Kennzahl Nr. 02.15.00

Liquidität 3. Grades (1994) $= \dfrac{\text{Liquide Mittel + kurzfristige Forderungen + Vorräte}}{\text{Kurzfristige Verbindlichkeiten}}$

$$= \frac{2.253.294 + 2.409.208 + 7.070.400}{4.966.996} \qquad = 236{,}2\,\%$$

Liquidität 3. Grades (1995) $= \dfrac{\text{Liquide Mittel + kurzfristige Forderungen + Vorräte}}{\text{Kurzfristige Verbindlichkeiten}}$

$$= \frac{1.732.710 + 2.329.340 + 8.196.677}{6.629.850} \qquad = 184{,}9\,\%$$

Kennzahl Nr. 02.16.00

Cashflow (1994) $=$ Jahresüberschuss bzw. Jahresfehlbetrag + Abschreibungen − Zuschreibungen ± Zunahme (+)/Abnahme (−) der Rückstellungen für Pensionen und ähnliche Verpflichtungen und anderer langfristiger Rückstellungen

$$= \qquad 120.008 + 391.290 - 157 + 26.794 \qquad = 537.925$$

Cashflow (1995) $=$ Jahresüberschuss bzw. Jahresfehlbetrag + Abschreibungen − Zuschreibungen ± Zunahme (+)/Abnahme (−) der Rückstellungen für Pensionen und ähnliche Verpflichtungen und anderer langfristiger Rückstellungen

$$= \qquad - 442.758 + 391.469 - 0 + 27.564 \qquad = - 23.725$$

Kennzahl Nr. 02.18.02[I]

Dynamischer Verschuldungsgrad (1994) $= \dfrac{\text{Effektivverschuldung}}{\text{Cashflow}} = \dfrac{11.219.021}{537.925} = 20{,}9$

Dynamischer Verschuldungsgrad (1995) $= \dfrac{\text{Effektivverschuldung}}{\text{Cashflow}} = \dfrac{13.778.936}{- 23.725} = - 580{,}8$

Kennzahl Nr. 02.19.00

669

$$\text{Ergebnisbeitrag des ordentlichen Betriebserfolges (1994)} = \frac{\text{Ordentlicher Betriebserfolg}}{\text{Jahresergebnis vor Ertragsteuern}}$$

$$= \frac{238.506}{242.839} = 98,2\,\%$$

$$\text{Ergebnisbeitrag des ordentlichen Betriebserfolges (1995)} = \frac{\text{Ordentlicher Betriebserfolg}}{\text{Jahresergebnis vor Ertragsteuern}}$$

$$= \frac{-439.073}{-422.232} = 104,0\,\%$$

Kennzahl Nr. 03.01.00

$$\text{Ergebnisbeitrag des Finanz- und Verbunderfolges (1994)} = \frac{\text{Finanz- und Verbunderfolg}}{\text{Jahresergebnis vor Ertragsteuern}}$$

$$= \frac{12.876}{242.839} = 5,3\,\%$$

$$\text{Ergebnisbeitrag des Finanz- und Verbunderfolges (1995)} = \frac{\text{Finanz- und Verbunderfolg}}{\text{Jahresergebnis vor Ertragsteuern}}$$

$$= \frac{16.180}{-422.232} = -3,8\,\%$$

Kennzahl Nr. 03.02.00

$$\text{Ergebnisbeitrag des außerordentlichen Erfolges (1994)} = \frac{\text{Außerordentlicher Erfolg}}{\text{Jahresergebnis vor Ertragsteuern}} = \frac{0}{242.839} = 0,0\,\%$$

$$\text{Ergebnisbeitrag des außerordentlichen Erfolges (1995)} = \frac{\text{Außerordentlicher Erfolg}}{\text{Jahresergebnis vor Ertragsteuern}} = \frac{0}{-422.232} = 0,0\,\%$$

Kennzahl Nr. 03.03.00

$$\text{Ergebnisbeitrag des Bewertungserfolges (1994)} = \frac{\text{Bewertungserfolg}}{\text{Jahresergebnis vor Ertragsteuern}} = \frac{-8.543}{242.839} = -3,5\%$$

$$\text{Ergebnisbeitrag des Bewertungserfolges (1995)} = \frac{\text{Bewertungserfolg}}{\text{Jahresergebnis vor Ertragsteuern}} = \frac{661}{-422.232} = -0,2\%$$

Kennzahl Nr. 03.04.00

$$\begin{aligned}\text{Operativer Cashflow (1994)} = \quad &\text{Ordentlicher Betriebserfolg} \\ &+ \text{planmäßige Abschreibungen auf immaterielle Ver-} \\ &\text{mögensgegenstände des Anlagevermögens und Sachanlagen} \\ &\pm \text{Zunahme (+)/Abnahme (–) der Rückstellungen für Pensionen und} \\ &\text{ähnliche Verpflichtungen und anderer langfristiger Rückstellungen}\end{aligned}$$

$$= \qquad 238.506 + 366.519 + 26.784 \qquad = 631.809$$

$$\begin{aligned}\text{Operativer Cashflow (1995)} = \quad &\text{Ordentlicher Betriebserfolg} \\ &+ \text{planmäßige Abschreibungen auf immaterielle Ver-} \\ &\text{mögensgegenstände des Anlagevermögens und Sachanlagen} \\ &\pm \text{Zunahme (+)/Abnahme (–) der Rückstellungen für Pensionen und} \\ &\text{ähnliche Verpflichtungen und anderer langfristiger Rückstellungen}\end{aligned}$$

$$= \qquad -439.073 + 377.743 + 27.564 \qquad = -33.766$$

Kennzahl Nr. 03.05.00

$$\text{Umsatzrentabilität (Grundvariante) (1994)} = \frac{\text{Jahresüberschuss/Jahresfehlbetrag}}{\text{Umsatzerlöse}} = \frac{120.008}{10.583.588} = 1,1\%$$

$$\text{Umsatzrentabilität (Grundvariante) (1995)} = \frac{\text{Jahresüberschuss/Jahresfehlbetrag}}{\text{Umsatzerlöse}} = \frac{-442.758}{11.274.667} = -3,9\%$$

Kennzahl Nr. 03.09.00

$$\text{Umsatzrentabilität} \atop \text{(ordentlicher Betriebserfolg) (1994)} = \frac{\text{Ordentlicher Betriebserfolg} \atop \text{laut Erfolgsquellenanalyse}}{\text{Umsatzerlöse}} = \frac{238.506}{10.583.588} = 2,3\,\%$$

$$\text{Umsatzrentabilität} \atop \text{(ordentlicher Betriebserfolg) (1995)} = \frac{\text{Ordentlicher Betriebserfolg} \atop \text{laut Erfolgsquellenanalyse}}{\text{Umsatzerlöse}} = \frac{-439.073}{11.274.667} = -3,9\,\%$$

Kennzahl Nr. 03.09.01

$$\text{Eigenkapitalrentabilität} \atop \text{(ordentlicher Betriebserfolg) (1994)} = \frac{\text{Ordentlicher Betriebserfolg}}{\varnothing \text{ wirtschaftliches Eigenkapital}}$$

$$= \frac{238.506}{(1.340.480 + 2.150.391)/2} = 13,7\,\%$$

$$\text{Eigenkapitalrentabilität} \atop \text{(ordentlicher Betriebserfolg) (1995)} = \frac{\text{Ordentlicher Betriebserfolg}}{\varnothing \text{ wirtschaftliches Eigenkapital}}$$

$$= \frac{-439.073}{(2.150.391 + 1.648.181)/2} = -23,1\,\%$$

Kennzahl Nr. 03.10.02

672

$$\text{Gesamtkapitalrentabilität (nachhaltige Erfolgsquellen) (1994)} = \frac{\text{Ordentlicher Betriebserfolg} + \text{Finanz- und Verbunderfolg} + \text{Fremdkapitalzinsen}}{\varnothing\ \text{Gesamtkapital}}$$

$$= \frac{238.506 + 12.876 + 168.716}{13.691.304 + 15.632.708)/2} = 2,9\ \%$$

$$\text{Gesamtkapitalrentabilität (nachhaltige Erfolgsquellen) (1995)} = \frac{\text{Ordentlicher Betriebserfolg} + \text{Finanz- und Verbunderfolg} + \text{Fremdkapitalzinsen}}{\varnothing\ \text{Gesamtkapital}}$$

$$= \frac{-\ 439.073 + 16.180 + 185.322}{(15.632.708 + 17.172.402)/2} = -\ 1,4\ \%$$

Kennzahl Nr. 03.12.02

$$\text{ROI (Grundvariante) (1994)} = \frac{\text{Jahresüberschuss/Jahresfehlbetrag}}{\varnothing\ \text{Gesamtkapital}}$$

$$= \frac{120.008}{(13.691.304 + 15.632.708)/2} = 0,8\ \%$$

$$\text{ROI (Grundvariante) (1995)} = \frac{\text{Jahresüberschuss/Jahresfehlbetrag}}{\varnothing\ \text{Gesamtkapital}}$$

$$= \frac{-\ 442.758}{(15.632.708 + 17.172.402)/2} = -\ 2,7\ \%$$

Kennzahl Nr. 03.13.00

$$\begin{aligned} \text{Betriebsrentabilität} \\ \text{(betriebsnotwendiges Vermögen) (1994)} \end{aligned} = \frac{\text{Ordentlicher Betriebserfolg}}{\varnothing \text{ betriebsnotwendiges Vermögen}}$$

$$= \frac{238.506}{(11.670.773 + 13.252.883)/2} = 1,9\,\%$$

$$\begin{aligned} \text{Betriebsrentabilität} \\ \text{(betriebsnotwendiges Vermögen) (1995)} \end{aligned} = \frac{\text{Ordentlicher Betriebserfolg}}{\varnothing \text{ betriebsnotwendiges Vermögen}}$$

$$= \frac{-439.073}{(13.252.883 + 14.563.188)/2} = -3,2\,\%$$

Kennzahl Nr. 03.14.00

$$\begin{aligned} \text{Betriebsrentabilität} \\ \text{(langfristiges Kapital) (1994)} \end{aligned} = \frac{\text{Ordentlicher Betriebserfolg}}{\varnothing \text{ langfristiges Kapital}}$$

$$= \frac{238.506}{(1.946.827 + 2.809.376)/2} = 10,0\,\%$$

$$\begin{aligned} \text{Betriebsrentabilität} \\ \text{(langfristiges Kapital) (1995)} \end{aligned} = \frac{\text{Ordentlicher Betriebserfolg}}{\varnothing \text{ langfristiges Kapital}}$$

$$= \frac{-439.073}{(2.809.376 + 2.371.013)/2} = -17,0\,\%$$

Kennzahl Nr. 03.14.01

$$\begin{aligned} \text{Personalaufwandsquote} \\ \text{(GKV) (1994)} \end{aligned} = \frac{\text{Personalaufwand}}{\text{Gesamtleistung}} = \frac{3.157.947}{11.110.795} = 28,4\,\%$$

$$\begin{aligned} \text{Personalaufwandsquote} \\ \text{(GKV) (1995)} \end{aligned} = \frac{\text{Personalaufwand}}{\text{Gesamtleistung}} = \frac{3.252.847}{11.716.193} = 27,8\,\%$$

Kennzahl Nr. 03.17.00

$$\text{Materialaufwandsquote (GKV) (1994)} = \frac{\text{Materialaufwand}}{\text{Gesamtleistung}} = \frac{6.861.370}{11.110.795} = 61,8\ \%$$

$$\text{Materialaufwandsquote (GKV) (1995)} = \frac{\text{Materialaufwand}}{\text{Gesamtleistung}} = \frac{7.526.826}{11.716.193} = 64,2\ \%$$

Kennzahl Nr. 03.21.00

$$\text{Material- und Personalaufwandsquote (GKV) (1994)} = \frac{\text{Materialaufwand} + \text{Personalaufwand}}{\text{Gesamtleistung}}$$

$$= \frac{6.861.370 + 3.157.947}{11.110.795} = 90,2\%$$

$$\text{Material- und Personalaufwandsquote (GKV) (1995)} = \frac{\text{Materialaufwand} + \text{Personalaufwand}}{\text{Gesamtleistung}}$$

$$= \frac{7.526.826 + 3.252.847}{11.716.193} = 92,0\ \%$$

Kennzahl Nr. 03.22.00

$$\text{Abschreibungsaufwands-quote (GKV) (1994)} = \frac{\text{Abschreibungen auf das Sachanlagevermögen und auf immaterielle Vermögensgegenstände}}{\text{Gesamtleistung}}$$

$$= \frac{366.519}{11.110.795} \qquad = 3,3\,\%$$

$$\text{Abschreibungsaufwands-quote (GKV) (1995)} = \frac{\text{Abschreibungen auf das Sachanlagevermögen und auf immaterielle Vermögensgegenstände}}{\text{Gesamtleistung}}$$

$$= \frac{377.743}{11.716.193} \qquad = 3,2\,\%$$

Kennzahl Nr. 03.23.00

$$\text{Tatsächliche Steuerquote (1994)} = \frac{\text{Steuern vom Einkommen und vom Ertrag}}{\text{Jahresüberschuss vor Ertragsteuern}}$$

$$= \frac{122.831}{120.008 + 122.831} \qquad = 50,6\,\%$$

$$\text{Tatsächliche Steuerquote (1995)} = \frac{\text{Steuern vom Einkommen und vom Ertrag}}{\text{Jahresüberschuss vor Ertragsteuern}}$$

$$= \frac{20.526}{-442.758 + 20.526} \qquad = -4,9\,\%$$

Kennzahl Nr. 03.29.00

$$\begin{array}{c}\text{Wertschöpfung} \\ \text{(Verteilungsseite) (1994)}\end{array} = \begin{array}{l}\text{Eigenkapitalerträge} + \text{Arbeitserträge} \\ + \text{Fremdkapitalerträge} + \text{Gemeinerträge}\end{array}$$

$$= 120.008 + 3.159.044 + 168.716 + 156.774 = 3.604.542$$

$$\begin{array}{c}\text{Wertschöpfung} \\ \text{(Verteilungsseite) (1995)}\end{array} = \begin{array}{l}\text{Eigenkapitalerträge} + \text{Arbeitserträge} \\ + \text{Fremdkapitalerträge} + \text{Gemeinerträge}\end{array}$$

$$= -442.758 + 3.253.027 + 185.322 + 57.680 = 3.053.271$$

Kennzahl Nr. 03.38.00^V

$$\text{Betriebliche Lohnquote (1994)} = \frac{\text{Arbeitserträge}}{\text{Wertschöpfung}} = \frac{3.159.044}{3.604.542} = 87,6\,\%$$

$$\text{Betriebliche Lohnquote (1995)} = \frac{\text{Arbeitserträge}}{\text{Wertschöpfung}} = \frac{3.253.027}{3.053.271} = 106,5\,\%$$

Kennzahl Nr. 03.38.01

$$\text{Mitarbeiterproduktivität (1994)} = \frac{\text{Wertschöpfung}}{\varnothing\;\text{Beschäftigtenzahl}} = \frac{3.604.542}{43.264} = 83,3\;\text{TDM}$$

$$\text{Mitarbeiterproduktivität (1995)} = \frac{\text{Wertschöpfung}}{\varnothing\;\text{Beschäftigtenzahl}} = \frac{3.053.271}{47.355} = 64,5\;\text{TDM}$$

Kennzahl Nr. 03.38.02

$$\text{Fertigungstiefe (1994)} = \frac{\text{Wertschöpfung}}{\text{Gesamtleistung}} = \frac{3.604.542}{11.110.795} = 32,4\,\%$$

$$\text{Fertigungstiefe (1995)} = \frac{\text{Wertschöpfung}}{\text{Gesamtleistung}} = \frac{3.053.271}{11.716.193} = 26,1\,\%$$

Kennzahl Nr. 03.38.03

Anhang 5: Vorschriften des IASB

IAS/IFRS*	Titel	Anmerkung	Gültigkeit **	Zugehörige(r) SIC/IFRIC
IAS 1	Darstellung des Abschlusses (Presentation of Financial Statements)	überarbeitet 2003 (revised 2003)	01.01.2005	SIC-27, SIC-29, IFRIC 1
IAS 2	Vorräte (Inventories)	überarbeitet 2003 (revised 2003)	01.01.2005	–
IAS 3	Konzernabschlüsse (Consolidated Financial Statements)	aufgehoben, ersetzt durch IAS 27 und IAS 28	–	–
IAS 4	Abschreibungen (Depreciation Accounting)	zurückgezogen; in wesentlichen Teilen ersetzt durch IAS 16, IAS 22 und IAS 38	–	–
IAS 5	Angabepflichten im Abschluss (Information to be Disclosed in Financial Statements)	aufgehoben, ersetzt durch IAS 1	–	–
IAS 6	Rechnungslegung bei Preisänderungen (Accounting Responses to Changing Prices)	aufgehoben, ersetzt durch IAS 15	–	–
IAS 7	Kapitalflussrechnungen (Cash Flow Statements)	überarbeitet 1992 (revised 1992)	01.01.1994	–
IAS 8	Bilanzierungs- und Bewertungs- methoden, Schätzungsänderungen und Fehler (Accounting Policies, Changes in Accounting Estimates and Errors)	überarbeitet 2003 (revised 2003)	01.01.2005	IFRIC 1
IAS 9	Forschungs- und Entwicklungs- aufwendungen (Research and Development Costs)	aufgehoben, ersetzt durch IAS 38	–	–

Übersicht A-5-1: *Vorschriften des IASB (Stand 30. Juni 2004)*

IAS/ IFRS*	Titel	Anmerkung	Gültigkeit **	Zugehörige(r) SIC/IFRIC
IAS 10	Ereignisse nach dem Bilanzstichtag (Events After the Balance Sheet Date)	überarbeitet 2003 (revised 2003)	01.01.2005	–
IAS 11	Fertigungsaufträge (Construction Contracts)	überarbeitet 1993 (revised 1993)	01.01.1995	–
IAS 12	Ertragsteuern (Income Taxes)	überarbeitet 2000 (revised 2000)	01.01.2000	SIC-21, SIC-25
IAS 13	*Darstellung der kurzfristigen Vermögenswerte und Schulden (Presentation of Current Assets and Current Liabilities)*	*aufgehoben, ersetzt durch IAS 1*	–	–
IAS 14	Segmentberichterstattung (Segment Reporting)	überarbeitet 1997 (revised 1997)	01.08.1998	–
IAS 15	*Informationen über die Auswirkungen von Preisänderungen (Information Reflecting the Effects of Changing Prices)*	*aufgehoben*	–	–
IAS 16	Sachanlagen (Property, Plant and Equipment)	überarbeitet 2003 (revised 2003)	01.01.2005	IFRIC 1
IAS 17	Leasingverhältnisse (Leases)	überarbeitet 2003 (revised 2003)	01.01.2005	SIC-15, SIC-27
IAS 18	Erträge (Revenue)	überarbeitet 1993 (revised 1993)	01.01.1995	SIC 27, SIC-31
IAS 19	Leistungen an Arbeitnehmer (Employee Benefits)	überarbeitet 2000 (revised 2000)	01.01.2001	–
IAS 20	Bilanzierung und Darstellung von Zuwendungen der öffentlichen Hand (Accounting for Government Grants and Disclosure of Government Assistance)	umgegliedert 1994 (reformatted 1994)	01.01.1984	SIC-10
IAS 21	Auswirkungen von Änderungen der Wechselkurse (The Effects of Changes in Foreign Exchange Rates)	überarbeitet 2003 (revised 2003)	01.01.2005	SIC-7
IAS 22	*Unternehmenszusammenschlüsse (Business Combinations)*	*aufgehoben, ersetzt durch IFRS 3*	–	–
IAS 23	Fremdkapitalkosten (Borrowing Costs)	überarbeitet 1993 (revised 1993)	01.01.1995	IFRIC 1

Übersicht A-5-1: *Vorschriften des IASB (Stand 30. Juni 2004) (Fortsetzung)*

IAS/ IFRS*	Titel	Anmerkung	Gültigkeit **	Zugehörige(r) SIC/IFRIC
IAS 24	Angaben über Beziehungen zu nahestehenden Unternehmen und Personen (Related Party Disclosures)	überarbeitet 2003 (revised 2003)	01.01.2005	–
IAS 25	*Bilanzierung von Finanz- investitionen (Accounting for Investments)*	*aufgehoben, ersetzt durch IAS 39 und IAS 40 (ab 01.01.2001)*	*–*	*–*
IAS 26	Bilanzierung und Bericht- erstattung von Altersversorgungsplänen (Accounting and Reporting by Reti- rement Benefit Plans)	umgegliedert 1994 (reformatted 1994)	01.01.1988	–
IAS 27	Konsolidierte Abschlüsse und Ein- zelabschlüsse (Consolidated and Separate Finan- cial Statements)	überarbeitet 2003 (revised 2003)	01.01.2005	SIC-12
IAS 28	Anteile an assoziierten Unterneh- men (Investments in Associates)	überarbeitet 2003 (revised 2003)	01.01.2005	–
IAS 29	Rechnungslegung in Hochinflationsländern (Financial Reporting in Hyperinfla- tionary Economies)	umgegliedert 1994 (reformatted 1994)	01.01.1990	–
IAS 30	Angaben im Abschluss von Banken und ähnlichen Finanzinstitutionen (Disclosure in the Financial State- ments of Banks and Similar Finan- cial Institutions)	umgegliedert 1994 (reformatted 1994)	01.01.1991	–
IAS 31	Anteile an Joint Ventures (Interests in Joint Ventures)	überarbeitet 2003 (revised 2003)	01.01.2005	SIC-13
IAS 32	Finanzinstrumente: Angaben und Darstellung (Financial Instruments: Disclosure and Presentation)	überarbeitet 2003 (revised 2003)	01.01.2005	–
IAS 33	Ergebnis je Aktie (Earnings per Share)	überarbeitet 2003 (revised 2003)	01.01.2005	–
IAS 34	Zwischenberichterstattung (Interim Financial Reporting)	–	01.01.1999	–
IAS 35	*Einstellung von Bereichen (Discontinuing Operations)*	*aufgehoben, ersetzt durch IFRS 5*	*(bis Geschäfts- jahr 2004)*	*–*

Übersicht A-5-1: *Vorschriften des IASB (Stand 30. Juni 2004) (Fortsetzung)*

IAS/IFRS*	Titel	Anmerkung	Gültigkeit **	Zugehörige(r) SIC/IFRIC
IAS 36	Wertminderung von Vermögenswerten (Impairment of Assets)	überarbeitet 2004 (revised 2004)	31.03.2004	IFIRC 1
IAS 37	Rückstellungen, Eventualschulden und Eventualforderungen (Provisions, Contingent Liabilities and Contingent Assets)	–	01.07.1999	IFRIC 1
IAS 38	Immaterielle Vermögenswerte (Intangible Assets)	überarbeitet 2004 (revised 2004)	31.03.2004	SIC-32
IAS 39	Finanzinstrumente: Ansatz und Bewertung (Financial Instruments: Recognition and Measurement)	überarbeitet 2003 (revised 2003) ergänzt 2004 (amended 2004)	01.01.2005	–
IAS 40	Als Finanzinvestitionen gehaltene Immobilien (Investment Property)	überarbeitet 2003 (revised 2003)	01.01.2005	–
IAS 41	Landwirtschaft (Agriculture)	–	01.01.2003	–
IFRS 1	Erstmalige Anwendung der International Financial Reporting Standards (First-time Adoption of International Financial Reporting Standards)	–	01.01.2004	–
IFRS 2	Aktienbasierte Entlohnung (Share-based Payment)	–	01.01.2005	–
IFRS 3	Unternehmenszusammenschlüsse (Business Combinations)	–	31.03.2004***	–
IFRS 4	Versicherungsverträge (Insurance Contracts)	–	01.01.2005	–
IFRS 5	Zum Verkauf stehende langfristige Vermögenswerte und eingestellte Geschäftsbereiche (Non-current Assets Held for Sale and Discontinued Operations)	–	01.01.2005	–

Übersicht A-5-1: *Vorschriften des IASB (Stand 30. Juni 2004) (Fortsetzung)*

IAS/ IFRS*	Titel	Anmerkung	Gültigkeit **	Zugehörige(r) SIC/IFRIC
Legende:				

Legende:

*) Kursiv geschriebene Standardnummnern weisen auf einen zurückgezogenen, aufgehobenen oder ersetzten Standard hin.

**) Gültig für Geschäftsjahre, die am jeweils angegebenen Datum oder später beginnen. Sofern Standards überarbeitet oder umgegliedert wurden, bezieht sich das angegebene Datum auf die erstmalige Anwendung der überarbeiteten bzw. umgegliederten Fassung.

***) IFRS 3 ist grundsätzlich auf Unternehmenszusammenschlüsse anzuwenden, die am oder nach dem 31. März 2004 stattfinden.

Übersicht A-5-1: *Vorschriften des IASB (Stand 30. Juni 2004) (Fortsetzung)*

Quellenverzeichnis

Verzeichnis der Kommentare und Handbücher zur Bilanzierung

ADLER, HANS/DÜRING, WALTHER/SCHMALTZ, KURT, Rechnungslegung und Prüfung der Unternehmen, 5. Aufl., Stuttgart 1987/1992 (zitiert: ADS, 5. Aufl.).

ADLER, HANS/DÜRING, WALTHER/SCHMALTZ, KURT, Rechnungslegung und Prüfung der Unternehmen, 6. Aufl., Stuttgart 1995/2001 (zitiert: ADS, 6. Aufl.).

BAETGE, JÖRG/DÖRNER, DIETRICH/KLEEKÄMPER, HEINZ/WOLLMERT, PETER/KIRSCH, HANS-JÜRGEN (Hrsg.), Rechnungslegung nach International Accounting Standards (IAS), Loseblatt, 2. Aufl., Stuttgart 2002 (zitiert: BEARBEITER, in: Baetge u. a., Rechnungslegung nach IAS, 2. Aufl.).

BAETGE, JÖRG/KIRSCH, HANS-JÜRGEN/THIELE, STEFAN (Hrsg.), Bilanzrecht, Loseblatt, Bonn/Berlin 2002 (zitiert: BEARBEITER, in: Baetge/Kirsch/Thiele).

BERGER, AXEL/ELLROTT, HELMUT/FÖRSCHLE, GERHART/HENSE, BURKHARD (Hrsg.), Beck'scher Bilanzkommentar, 5. Aufl., München 2003 (zitiert: BEARBEITER, in: Beck Bilanzkomm., 5. Aufl.).

CASTAN, EDGAR/HEYMANN, GERD/ORDELHEIDE, DIETER/PFITZER, NORBERT/SCHEFFLER, EBERHARD (Hrsg.), Beck'sches Handbuch der Rechnungslegung, Loseblatt, München 1986 (zitiert: BEARBEITER, in: Beck HdR).

HOFBAUER MAX A./KUPSCH, PETER (Hrsg.), Bonner Handbuch der Rechnungslegung, Loseblatt, 2. Aufl., Berlin 2000 (zitiert: BEARBEITER, in: Bonner HdR, 2. Aufl.).

KÜTING, KARLHEINZ/WEBER, CLAUS-PETER (Hrsg.), Handbuch der Konzernrechnungslegung, 1. Aufl., Stuttgart 1989 (zitiert: BEARBEITER, in: Küting/Weber, HdK, 1. Aufl.).

KÜTING, KARLHEINZ/WEBER, CLAUS-PETER (Hrsg.), Handbuch der Konzernrechnungslegung – Konzernabschluss, Bd. II, 2. Aufl., Stuttgart 1998 (zitiert: BEARBEITER, in: Küting/Weber, HdK, 2. Aufl.).

KÜTING, KARLHEINZ/WEBER, CLAUS-PETER (Hrsg.), Handbuch der Rechnungslegung – Einzelabschluss, Loseblatt, 5. Aufl., Stuttgart 2002 (zitiert: BEARBEITER, in: Küting/Weber, HdR-E, 5. Aufl.).

LÜDENBACH, NORBERT/HOFFMANN, WOLF-DIETER (Hrsg.), Haufe IAS/IFRS-Kommentar, 2. Aufl., Freiburg u. a. 2004 (zitiert: BEARBEITER, in: Haufe IAS/IFRS-Kommentar, 2. Aufl.).

WYSOCKI, KLAUS V./SCHULZE-OSTERLOH, JOACHIM (Hrsg.), Handbuch des Jahresabschlusses in Einzeldarstellungen, Loseblatt, Köln 1984 (zitiert: BEARBEITER, in: HdJ).

Verzeichnis der Aufsätze und Monographien

ADAM, DIETRICH, Planung und Entscheidung, 4. Aufl., Wiesbaden 1996 (Planung und Entscheidung).

ALTMAN, EDWARD I., Financial Ratios, Discriminant Analysis and the Prediction of Corporate Bankruptcy, in: The Journal of Finance 1968, S. 589-609 (Prediction of Corporate Bankruptcy).

ALTROCK, CONSTANTIN V., Fuzzy Logic, Band 1: Technologie, 2. Aufl., München/ Wien 1995 (Fuzzy Logic-Technologie).

ALVAREZ, MANUEL, Segmentberichterstattung nach DRS 3 – Vergleich zu IAS 14 und SFAS 131, in: DB 2002, S 2057-2065 (Segmentberichterstattung).

AMEN, MATTHIAS, Erstellung von Kapitalflußrechnungen, München/Wien 1994 (Erstellung von Kapitalflußrechnungen).

AMEN, MATTHIAS, Die Kapitalflußrechnung als Rechnung zur Finanzlage – Eine kritische Betrachtung der Stellungnahme HFA 1/1995: „Die Kapitalflußrechnung als Ergänzung des Jahres- und Konzernabschlusses", in: WPg 1995, S. 498-509 (Die Kapitalflußrechnung als Rechnung zur Finanzlage).

ANGELE, JÜRGEN, Insolvenzen 1994, in: Wirtschaft und Statistik 1995, S. 225-230 (Insolvenzen).

ARBEITSKREIS „DAS UNTERNEHMEN IN DER GESELLSCHAFT": BETRIEBSWIRTSCHAFTLICHER AUSSCHUSS DES VERBANDES DER CHEMISCHEN INDUSTRIE E. V., Das Unternehmen in der Gesellschaft, in: DB 1975, S. 161-173 (Das Unternehmen in der Gesellschaft).

ARBEITSKREIS „EXTERNE UNTERNEHMENSRECHNUNG" DER SCHMALENBACH-GESELLSCHAFT, Empfehlungen zur Vereinheitlichung von Kennzahlen in Geschäftsberichten, in: DB 1996, S. 1989-1994 (Empfehlungen zur Vereinheitlichung von Kennzahlen in Geschäftsberichten).

ARBEITSKREIS „EXTERNE UNTERNEHMENSRECHNUNG" DER SCHMALENBACH-GESELLSCHAFT, Grundsätze für das Value Reporting, in: DB 2002, S. 2337-2340 (Value Reporting).

ARBEITSKREIS „FINANZIERUNG" DER SCHMALENBACH GESELLSCHAFT, Wertorientierte Unternehmenssteuerung mit differenzierten Kapitalkosten, in: ZfbF 1996, S. 543-578 (Wertorientierte Unternehmenssteuerung mit differenzierten Kapitalkosten).

ARBEITSKREIS „IMMATERIELLE WERTE IM RECHNUNGSWESEN" DER SCHMALENBACH-GESELLSCHAFT FÜR BETRIEBSWIRTSCHAFT E. V., Kategorisierung und bilanzielle Erfassung immaterieller Werte, in: DB 2001, S. 989-995 (Kategorisierung).

ARBEITSKREIS „IMMATERIELLE WERTE IM RECHNUNGSWESEN" DER SCHMALENBACH-GESELLSCHAFT FÜR BETRIEBSWIRTSCHAFT E. V., Freiwillige externe Berichterstattung über immaterielle Werte, in: DB 2003, S. 1233-1237 (Immaterielle Werte).

ARMELOH, KARL-HEINZ, Der Anhang, in: Der Geschäftsbericht, hrsg. v. Baetge, Jörg/ Kirchhoff, Klaus-Rainer, Wien 1997, S. 209-285 (Der Anhang).

ARMELOH, KARL-HEINZ, Die Berichterstattung im Anhang, Düsseldorf 1998 (Die Berichterstattung im Anhang).

BACKHAUS, KLAUS, Gewinnrealisierung im Anlagengeschäft vor dem Hintergrund nationaler und internationaler Rechnungslegungsvorschriften, in: Rechnungslegung, Prüfung und Beratung, Herausforderungen für den Wirtschaftsprüfer, Festschrift zum 70. Geburtstag von Rainer Ludewig, hrsg. v. Baetge, Jörg u. a., Düsseldorf 1996, S. 21-51 (Gewinnrealisierung im Anlagengeschäft).

BACKHAUS, KLAUS U. A., Multivariate Analysemethoden, 10. Aufl., Berlin u. a. 2003 (Multivariate Analysemethoden).

BACKHAUS, KLAUS, Industriegütermarketing, 7. Aufl., München 2003 (Industriegütermarketing).

BAETGE, JÖRG, Möglichkeiten der Objektivierung des Jahreserfolges, Düsseldorf 1970 (Möglichkeiten der Objektivierung des Jahreserfolges).

BAETGE, JÖRG, Kapital und Vermögen, in: Handwörterbuch der Betriebswirtschaft, hrsg. v. Grochla, Erwin/Wittmann, Waldemar, Stuttgart 1975, Sp. 2089-2096 (Kapital und Vermögen).

BAETGE, JÖRG, Rechnungslegungszwecke des aktienrechtlichen Jahresabschlusses, in: Bilanzfragen, Festschrift zum 65. Geburtstag von Ulrich Leffson, hrsg. v. Baetge, Jörg/Moxter, Adolf/Schneider, Dieter, Düsseldorf 1976, S. 11-30 (Rechnungslegungszwecke).

BAETGE, JÖRG, Früherkennung negativer Entwicklungen der zu prüfenden Unternehmung mit Hilfe von Kennzahlen, in: WPg 1980, S. 651-665 (Früherkennung negativer Entwicklungen).

BAETGE, JÖRG, Die Ergebnisse der empirischen Bilanzforschung als Grundlage für die Entwicklung eines kennzahlenorientierten Controlling-Konzeptes, in: Der Integrationsgedanke in der Betriebswirtschaftslehre, Festschrift zum 70. Geburtstag von Helmut Koch, hrsg. v. Delfmann, Werner u. a., Wiesbaden 1989, S. 51-71 (Ergebnisse der empirischen Bilanzforschung).

BAETGE, JÖRG, Möglichkeiten der Früherkennung negativer Unternehmensentwicklungen mit Hilfe statistischer Jahresabschlußanalysen, in: ZfbF 1989, S. 792-811 (Möglichkeiten der Früherkennung negativer Unternehmensentwicklungen).

BAETGE, JÖRG, Notwendigkeit und Möglichkeiten der Eigenkapitalstärkung mittelständischer Unternehmen, in: Rechnungslegung, Finanzen, Steuern und Prüfung in den neunziger Jahren, hrsg. v. Baetge, Jörg, Düsseldorf 1990, S. 205-240 (Notwendigkeit und Möglichkeiten der Eigenkapitalstärkung).

BAETGE, JÖRG, Qualitäts-TÜV, in: Top Business, Heft 11/1994, S. 27 f. (Qualitäts-TÜV).

BAETGE, JÖRG, Rating von Unternehmen anhand von Bilanzen, in: WPg 1994, S. 1-10 (Rating von Unternehmen anhand von Bilanzen).

BAETGE, JÖRG, Möglichkeiten der Objektivierung der Redepflicht, in: Internationale Wirtschaftsprüfung, Festschrift zum 65. Geburtstag von Hans Havermann, hrsg. v. Lanfermann, Josef, Düsseldorf 1995, S. 1-35 (Möglichkeiten der Objektivierung der Redepflicht).

BAETGE, JÖRG, Herstellungskosten – Vollaufwand versus Teilaufwand, in: Rechnungslegung, Prüfung und Beratung, Herausforderungen für den Wirtschaftsprüfer, Festschrift zum 70. Geburtstag von Rainer Ludewig, hrsg. v. Baetge, Jörg u. a., Düsseldorf 1996, S. 53-84 (Vollaufwand versus Teilaufwand).

BAETGE, JÖRG, Bilanzbonitätsbeurteilung mit modernen Verfahren der Jahresabschlußanalyse unter besonderer Berücksichtigung von Bilanzpolitik, in: Sonderdruck zur Akademischen Feier am 5. Februar 1997 aus Anlaß der Verleihung der Ehrendoktorwürde an Prof. Dr. Jörg Baetge und Helmut Maucher, hrsg. v. Fachbereich Betriebswirtschaftslehre der European Business School Oestrich-Winkel, Oestrich-Winkel 1997, S. 27-52 (Bilanzbonitätsbeurteilung).

BAETGE, JÖRG, Der risikoorientierte Prüfungsansatz im internationalen Vergleich, in: Rechnungswesen und Controlling, Festschrift zum 65. Geburtstag von Anton Egger, hrsg. v. Bertl, Romuald/Mandl, Gerwald, Wien 1997, S. 437-456 (Der risikoorientierte Prüfungsansatz).

BAETGE, JÖRG, Aktuelle Ergebnisse der empirischen Insolvenzforschung auf der Basis von Jahresabschlüssen, in: Beiträge zum neuen Insolvenzrecht, hrsg. v. Baetge, Jörg, Düsseldorf 1998, S. 105-121 (Aktuelle Ergebnisse der empirischen Insolvenzforschung).

BAETGE, JÖRG, Gesellschafterorientierung als Voraussetzung für Kunden- und Marktorientierung, in: Marktorientierte Unternehmensführung. Festschrift zum 60. Geburtstag von Heribert Meffert, hrsg. v. Bruhn, Manfred/Steffenhagen, Hartwig, 2. Aufl., Wiesbaden 1998, S. 103-117 (Gesellschafterorientierung).

BAETGE, JÖRG, Die Früherkennung von Unternehmenskrisen anhand von Abschlusskennzahlen – Rückblick und Standortbestimmung, in: DB 2002, S. 2281-2287 (Früherkennung von Unternehmenskrisen).

BAETGE, JÖRG/ARMELOH, KARL-HEINZ/SCHULZE, DENNIS, Anforderungen an die Geschäftsberichterstattung aus betriebswirtschaftlicher und handelsrechtlicher Sicht, in: DStR 1997, S. 176-180 (Anforderungen an die Geschäftsberichterstattung).

BAETGE, JÖRG/ARMELOH, KARL-HEINZ/SCHULZE, DENNIS, Empirische Befunde über die Qualität der Geschäftsberichterstattung börsennotierter Kapitalgesellschaften, in: DStR 1997, S. 212-219 (Empirische Befunde über die Qualität der Geschäftsberichterstattung).

BAETGE, JÖRG/ARMELOH, KARL-HEINZ/SCHULZE, DENNIS, Sonstige Angaben im Geschäftsbericht, in: Der Geschäftsbericht, Die Visitenkarte des Unternehmens, hrsg. v. Baetge, Jörg/Kirchhoff, Klaus-Rainer, Wien 1997, S. 285-303 (Sonstige Angaben im Geschäftsbericht).

BAETGE, JÖRG/BALLWIESER, WOLFGANG, Zum bilanzpolitischen Spielraum der Unternehmensleitung, in: BFuP 1977, S. 199-215 (Zum bilanzpolitischen Spielraum der Unternehmensleitung).

BAETGE, JÖRG/BALLWIESER, WOLFGANG, Probleme einer rationalen Bilanzpolitik, in: BFuP 1978, S. 511-530 (Probleme einer rationalen Bilanzpolitik).

BAETGE, JÖRG/BEUTER, HUBERT B./FEIDICKER, MARKUS, Kreditwürdigkeitsprüfung mit Diskriminanzanalyse, in: WPg 1992, S. 749-761 (Kreditwürdigkeitsprüfung).

BAETGE, JÖRG/BRÖTZMANN, INGO, Die Geschäftsberichterstattung – Anforderungen und empirische Befunde, in: Werte, Wettbewerb und Wandel, hrsg. v. Albach, H./Kraus, W., Wiesbaden 2003, S. 9-39 (Geschäftsberichterstattung).

BAETGE, JÖRG/BRUNS, CARSTEN, Erfolgsquellenanalyse, in: BBK 1996, Fach 19, S. 387-402 (Erfolgsquellenanalyse).

BAETGE, JÖRG/COMMANDEUR, DIRK, Vergleichbar – vergleichbare Beträge in aufeinanderfolgenden Jahresabschlüssen, in: Handwörterbuch unbestimmter Rechtsbegriffe im Bilanzrecht des HGB, hrsg. v. Leffson, Ulrich/Rückle, Dieter/Großfeld, Bernhard, Köln 1986, S. 326-335 (Vergleichbar).

BAETGE, JÖRG/FEIDICKER, MARKUS, Vermögens- und Finanzlage, Prüfung der, in: Handwörterbuch der Revision, hrsg. v. Coenenberg, Adolf Gerhard/Wysocki, Klaus v., 2. Aufl., Stuttgart 1992, Sp. 2086-2107 (Vermögens- und Finanzlage).

BAETGE, JÖRG/FISCHER, THOMAS R., Zur Aussagefähigkeit der Gewinn- und Verlustrechnung nach neuem Recht, in: ZfB 1987, Ergänzungsheft 1, S. 175-201 (Aussagefähigkeit der Gewinn- und Verlustrechnung).

BAETGE, JÖRG/FISCHER, THOMAS R., Externe Erfolgsanalyse auf der Grundlage des Umsatzkostenverfahrens, in: BFuP 1988, S. 1-21 (Externe Erfolgsanalyse auf der Grundlage des Umsatzkostenverfahrens).

BAETGE, JÖRG/FISCHER, THOMAS R./PASKERT, DIERK, Der Lagebericht. Aufstellung, Prüfung und Offenlegung, Stuttgart 1989 (Der Lagebericht).

BAETGE, JÖRG/HEITMANN, CHRISTIAN, Creating a Fuzzy Rule-Based Indicator for the Review of Credit Standing, in: sbr 2000, S. 318-343 (Fuzzy Rule-Based Indicator).

BAETGE, JÖRG/HÜLS, DAGMAR/UTHOFF, CARSTEN, Bilanzbonitätsanalyse mit Hilfe der Diskriminanzanalyse nach neuem Bilanzrecht, in: Controlling 1994, S. 320-327 (Bilanzbonitätsanalyse).

BAETGE, JÖRG/HÜLS, DAGMAR/UTHOFF, CARSTEN, Bilanzbonitätsanalyse mit Künstlichen Neuronalen Netzen, in: Berichte über die Gesellschaft zur Förderung der Westfälischen Wilhelms-Universität e. V. 1994/95, S. 22-26 (Bilanzbonitätsanalyse mit Künstlichen Neuronalen Netzen).

BAETGE, JÖRG/HÜLS, DAGMAR/UTHOFF, CARSTEN, Früherkennung der Unternehmenskrise, in: Forschungsjournal Westfälische Wilhelms-Universität Münster, Heft 2/1995, S. 21-29 (Früherkennung der Unternehmenskrise).

BAETGE, JÖRG/HUSS, MICHAEL/NIEHAUS, HANS-JÜRGEN, Die Beurteilung der wirtschaftlichen Lage eines Unternehmens mit Hilfe der statistischen Jahresabschlußanalyse, in: Betriebswirtschaftliche Steuerungs- und Kontrollprobleme, hrsg. v. Lück, Wolfgang, Wiesbaden 1988, S. 19-31 (Die Beurteilung der wirtschaftlichen Lage).

BAETGE, JÖRG/JERSCHENSKY, ANDREAS, Beurteilung der wirtschaftlichen Lage von Unternehmen mit Hilfe von modernen Verfahren der Jahresabschlußanalyse, Bilanzbonitäts-Rating von Unternehmen mit Künstlichen Neuronalen Netzen, in: DB 1996, S. 1581-1591 (Moderne Verfahren der Jahresabschlußanalyse).

BAETGE, JÖRG/JERSCHENSKY, ANDREAS, Rentabilitätsanalyse, in: BBK 1997, Fach 19, S. 413-422 (Rentabilitätsanalyse).

BAETGE, JÖRG/KIRSCH, HANS-JÜRGEN/THIELE, STEFAN, Bilanzen, 7. Aufl., Düsseldorf 2003 (Bilanzen).

BAETGE, JÖRG/KIRSCH, HANS-JÜRGEN/THIELE, STEFAN, Konzernbilanzen, 7. Aufl., Düsseldorf 2004 (Konzernbilanzen).

BAETGE, JÖRG/KÖSTER, HARALD, Grundzüge der Bilanzanalyse, in: BuW 1991, S. 389-396 (Grundzüge der Bilanzanalyse).

BAETGE, JÖRG/KRAUSE, CLEMENS, Die Berücksichtigung des Risikos bei der Unternehmensbewertung, in: BFuP 1994, S. 433-456 (Die Berücksichtigung des Risikos bei der Unternehmensbewertung).

BAETGE, JÖRG/KRAUSE, CLEMENS, Kreditmanagement mit Neuronalen Netzen, in: Technologie-Management und Technologien für das Management, hrsg. v. Zahn, Erich, Stuttgart 1994, S. 383-409 (Kreditmanagement mit Neuronalen Netzen).

BAETGE, JÖRG/KRUSE, ARIANE/UTHOFF, CARSTEN, Bonitätsklassifikationen von Unternehmen mit Neuronalen Netzen, in: Wirtschaftsinformatik, Heft 34/1996, S. 273-281 (Bonitätsklassifikationen von Unternehmen mit Neuronalen Netzen).

BAETGE, JÖRG/LAMMERSKITTEN, PETER, Publizität und Finanzierung, in: Handwörterbuch des Bank- und Finanzwesens, hrsg. v. Büschgen, Hans Egon, Stuttgart 1976, Sp. 1469-1486 (Publizität und Finanzierung).

BAETGE, JÖRG/LUTTER, MARCUS (Hrsg.), Abschlussprüfung und Corporate Governance, Köln 2003 (Corporate Governance).

BAETGE, JÖRG/NIEHAUS, HANS-JÜRGEN, Moderne Verfahren der Jahresabschlußanalyse, in: Bilanzanalyse und Bilanzpolitik, hrsg. v. Baetge, Jörg, Düsseldorf 1989, S. 139-174 (Jahresabschlußanalyse).

BAETGE, JÖRG/NIEMEYER KAI/KÜMMEL, JENS, Darstellung der Discounted-Cashflow-Verfahren (DCF-Verfahren) mit Beispiel, in: Praxishandbuch der Unternehmensbewertung, hrsg. v. Peemöller, Volker H., Herne/Berlin 2001, S. 263-360 (Darstellung der Discounted-Cashflow-Verfahren).

BAETGE, JÖRG/NOELLE, JENNIFER, Shareholder-Value Reporting sowie Prognose- und Perfomancepublizität, in: KoR 2001, Heft 4, S. 174-180 (Shareholder-Value-Reporting).

BAETGE, JÖRG/SIEFKE, MICHAEL, Analyse der horizontalen Bilanzstruktur, in: BBK 1996, Fach 19, S. 349-352 (Analyse der horizontalen Bilanzstruktur).

BAETGE, JÖRG/SIEFKE, MICHAEL, Kapitalstrukturanalyse, in: BBK 1996, Fach 19, S. 343-348 (Kapitalstrukturanalyse).

BAETGE, JÖRG/SIERINGHAUS, ISABEL, Bilanzbonitäts-Rating von Unternehmen, in: Handbuch Rating, hrsg. v. Büschgen, Hans Egon/Everling, Oliver, Wiesbaden 1996, S. 221-249 (Bilanzbonitäts-Rating).

BAETGE, JÖRG/THIELE, STEFAN, Gesellschafterschutz versus Gläubigerschutz – Rechenschaft versus Kapitalerhaltung, in: Handelsbilanzen und Steuerbilanzen. Festschrift zum 70. Geburtstag von Heinrich Beisse, hrsg. v. Budde, Wolfgang Dieter/Moxter, Adolf/Offerhaus, Klaus, Düsseldorf 1997, S. 11-24 (Gesellschafterschutz versus Gläubigerschutz).

BAETGE, JÖRG/THIELE, STEFAN, Bilanzanalyse, in: Handwörterbuch des Bank- und Finanzwesens, hrsg. v. Gerke, Wolfgang/Steiner, Manfred, 3. Aufl., Stuttgart 2001, Sp. 320-333 (Bilanzanalyse).

BAETGE, JÖRG/THUN, CHRISTIAN, Bilanzbonitäts-Rating eines technologieorientierten Unternehmens, in: Technology-Rating: Neue Entscheidungshilfen für Hightech-Investoren, hrsg. v. Everling, Oliver/Riedel, Sven-Matthias/Weimerskirsch, Pierre, Wiesbaden 2000, S. 159-186 (Bilanzbonitäts-Rating).

BAETGE, JÖRG/UHLIG, ANNEGRET, Zur Ermittlung der handelsrechtlichen „Herstellungskosten" unter Verwendung der Daten der Kostenrechnung, in: WiSt 1985, S. 274-280 (Ermittlung der handelsrechtlichen „Herstellungskosten").

BAETGE, JÖRG/UTHOFF, CARSTEN, Risikomanagement – Sicheres Kreditgeschäft, in: Creditreform – Das Unternehmermagazin, Heft 3/1997, S. 10-14 (Sicheres Kreditgeschäft).

BAETGE, JÖRG/ZÜLCH, HENNING, Vermögenslage, in: Handwörterbuch der Rechnungslegung und Prüfung, hrsg. v. Ballwieser, Wolfgang u. a., 3. Aufl., Stuttgart 2002, Sp. 2518-2539 (Vermögenslage).

BAETGE, JÖRG/ZÜLCH, HENNING/MATENA, SONJA, Fair Value-Accounting – Ein Paradigmenwechsel auch in der kontinentaleuropäischen Rechnungslegung?, in: StuB 2002, S. 417-422 (Fair Value-Accounting)

BAETGE, JÖRG U. A., Rationalisierung des Firmenkundenkreditgeschäfts auf der Basis empirisch-statistisch gewonnener Bilanzbonität, in: vbo-Informationen 1994, S. 4-25 (Rationalisierung des Firmenkundenkreditgeschäfts).

BAETGE, JÖRG U. A., Die Auswahl prüfungsbedürftiger Betriebe im Rahmen der steuerlichen Außenprüfung, in: DB 1995, S. 585-594 (Die Auswahl prüfungsbedürftiger Betriebe im Rahmen der steuerlichen Außenprüfung).

BALLWIESER, WOLFGANG, Die Analyse von Jahresabschlüssen nach neuem Recht, in: WPg 1987, S. 57-68 (Die Analyse von Jahresabschlüssen nach neuem Recht).

BALLWIESER, WOLFGANG, Die Einflüsse des neuen Bilanzrechts auf die Jahresabschlußanalyse, in: Bilanzanalyse und Bilanzpolitik, hrsg. v. Baetge, Jörg, Düsseldorf 1989, S. 15-49 (Jahresabschlußanalyse).

BALLWIESER, WOLFGANG, Bilanzanalyse, in: Handwörterbuch des Rechnungswesens, hrsg. v. Chmielewicz, Klaus/Schweitzer, Marcell, 3. Aufl., Stuttgart 1993, Sp. 211-229 (Bilanzanalyse).

BALLWIESER, WOLFGANG, Unternehmensbewertung mit Discounted Cash Flow-Verfahren, in: WPg 1998, S. 81-92 (Unternehmensbewertung mit Discounted Cash Flow-Verfahren).

BALLWIESER, WOLFGANG/HÄGER, RALF, Jahresabschlüsse mittelgroßer Kapitalgesellschaften: Ausweis, Gestaltung, Berichterstattung, Ergebnisse einer Untersuchung von 150 mittelgroßen Kapitalgesellschaften, Düsseldorf 1991 (Jahresabschlüsse mittelgroßer Kapitalgesellschaften).

BALLWIESER, WOLFGANG/KUHNER, CHRISTOPH, Rechnungslegungsvorschriften und wirtschaftliche Stabilität, Bergisch Gladbach 1994 (Rechnungslegungsvorschriften und wirtschaftliche Stabilität).

BALLWIESER, WOLFGANG/LEUTHIER, RAINER, Betriebswirtschaftliche Steuerberatung, Grundprinzipien, Verfahren und Probleme der Unternehmensbewertung (Teil I und II), in: DStR 1986, S. 545-551 und S. 604-610 (Unternehmensbewertung).

BALZER, ARNO/EHREN, HARALD, Prüfer auf der Watchlist, in: manager magazin, Heft 3/1998, S. 64-72 (Prüfer auf der Watchlist).

BAMBERG, GÜNTER/COENENBERG, ADOLF GERHARD, Betriebswirtschaftliche Entscheidungslehre, 11. Aufl., München 2002 (Betriebswirtschaftliche Entscheidungslehre).

BARCZEWSKI, THOMAS U. A., A Fuzzy System for Credit Analysis in a German Credit Insurance Company, in: EUFIT '96 – Fourth European Congress on Intelligent Techniques and Soft Computing 1996, Vol. 3, hrsg. v. ELITE Foundation, Aachen 1996, S. 2215-2218 (A Fuzzy System for Credit Analysis).

BARTRAM, WERNER, Dynamische Liquiditätsanalysen mit Hilfe von Kapitalflußrechnungen, in: BBK 1991, Fach 29, S. 609-624 (Dynamische Liquiditätsanalysen mit Hilfe von Kapitalflußrechnungen).

BASEL COMMITTEE ON BANKING SUPERVISION (Hrsg.), International Convergence of Capital Measurement and Capital Standards – A Revised Framework, June 2004, http://www.bafin.de/internationales/basel_2/040600_convergence_en.pdf (Stand: 15. August 2004) (International Convergence of Capital Measurement and Capital Standards).

BAUER, WALTER, Die Bewegungsbilanz und ihre Anwendbarkeit, insbesondere als Konzernbilanz, in: ZfhF 1926, S. 485-544 (Die Bewegungsbilanz und ihre Anwendbarkeit).

BEA, FRANZ XAVER, Rentabilität, in: Handwörterbuch des Rechnungswesens, hrsg. v. Chmielewicz, Klaus/Schweitzer, Marcell, 3. Aufl., Stuttgart 1993, Sp. 1717-1728 (Rentabilität).

BEAVER, WILLIAM H., Financial Ratios as Predictors of Failures, in: Empirical Research in Accounting. Selected Studies, Supplement to Journal of Accounting Research 1966, S. 71-111 (Financial Ratios).

BECKER, JÖRG/PRISCHMANN, MARTIN, Anwendungen konnektionistischer Systeme, Arbeitsbericht Nr. 9 des Instituts für Wirtschaftsinformatik, Münster 1992 (Anwendungen konnektionistischer Systeme).

BEERMANN, KLAUS, Prognosemöglichkeiten von Kapitalverlusten mit Hilfe von Jahresabschlüssen, Düsseldorf 1976 (Prognosemöglichkeiten von Kapitalverlusten).

BEERMANN, THOMAS, Annäherung von IAS- an HGB-Abschlüsse für die Bilanzanalyse, Stuttgart 2001 (Annäherung von IAS- an HGB- Abschlüsse).

BEHRINGER, STEFAN, Cash-flow und Unternehmensbeurteilung, 8. Aufl., Berlin 2003 (Cash-flow und Unternehmensbeurteilung).

BEHRINGER, STEFAN/OTTERSBACH, JÖRG H., Wertorientierte Unternehmensführung mit dem Economic Value Added (EVA), in: StB 2001, S. 98-107 (Wertorientierte Unternehmensführung).

BERBLINGER, JÜRGEN, Marktakzeptanz des Rating durch Qualität, in: Handbuch Rating, hrsg. v. Büschgen, Hans Egon/Everling, Oliver, Wiesbaden 1996, S. 21-110 (Marktakzeptanz des Rating durch Qualität).

BERENS, WOLFGANG/HOFFJAN, ANDREAS, Jahresabschlußpolitische Sachverhaltsgestaltungen, in WISU 1999, S. 1282-1294 (Jahresabschlußpolitische Sachverhaltsgestaltungen).

692

BERNARDS, OLIVER, Zur Bilanzanalyse diversifizierter Unternehmen, in: BB 1995, S. 1283-1287 (Bilanzanalyse diversifizierter Unternehmen).

BERNSTEIN, LEOPOLD A., Financial Statement Analysis, Theory, Application, and Interpretation, 6. Aufl., Homewood/Boston 1997 (Financial Statement Analysis).

BIEG, HARTMUT/HOSSFELD, CHRISTOPHER, Der Cash-flow nach DVFA/SG, in: DB 1996, S. 1429-1434 (Der Cash-flow nach DVFA/SG).

BIENER, HERBERT, AG, KGaA, GmbH, Konzerne, Rechnungslegung, Prüfung und Publizität nach den Richtlinien der EG, Köln 1978 (AG, KGaA, GmbH, Konzerne, Rechnungslegung, Prüfung und Publizität).

BIENER, HERBERT/BERNEKE, WILHELM, Bilanzrichtlinien-Gesetz, Düsseldorf 1986 (Bilanzrichtlinien-Gesetz).

BISCHOFF, RAINER/BLEILE, CLEMENS/GRAALFS, JÜRGEN, Der Einsatz Neuronaler Netze zur betriebswirtschaftlichen Kennzahlenanalyse, in: Wirtschaftsinformatik 1991, Heft 5, S. 375-385 (Neuronale Netze).

BLOCHWITZ, STEFAN/EIGERMANN, JUDITH, Unternehmensbeurteilung durch Diskriminanzanalyse mit qualitativen Merkmalen, in: ZfbF 2000, S. 58-73 (Unternehmensbeurteilung).

BLOHM, HANS/LÜDER, KLAUS, Investition, 8. Aufl., München 1995 (Investition).

BLUMERS, WOLFGANG/BEINERT, STEFANIE/WITT, SVEN-CHRISTIAN, Individuell gesteuerter Gewinnfluss zur Gesellschafterebene bei Kapitalgesellschaften (Teil I), in DStR 2002, S. 565-570 (Gewinnfluss zur Gesellschafterebene).

BÖCKING, HANS-JOACHIM, Zum Verhältnis von Rechnungslegung und Kapitalmarkt – Vom „financial accounting" zum „business reporting", in: ZfbF-Sonderheft 40, hrsg. v. Ballwieser, Wolfgang/Schildbach, Thomas, 1998, S. 17-53 (Zum Verhältnis von Rechnungslegung und Kapitalmarkt).

BÖCKING, HANS-JOACHIM/NOWAK, KARSTEN, Das Konzept des Economic Value Added, in: FB 1999, S. 281-288 (Konzept des EVA).

BÖNING, DIETER-JOBST, Zum Aussagewert von Cash-flow-Kennziffern, in: DB 1973, S. 437-440 (Aussagewert von Cash-flow-Kennziffern).

BÖRNER, DIETRICH, Bilanzpolitik im Spannungsfeld der Jahresabschlußaufgaben. Zur Zukunft des deutschen Einzelabschlußrechts, in: Rechnungslegung, Prüfung und Beratung, Herausforderungen für den Wirtschaftsprüfer, Festschrift zum 70. Geburtstag von Rainer Ludewig, hrsg. v. Baetge, Jörg u. a., Düsseldorf 1996, S. 143-179 (Bilanzpolitik im Spannungsfeld der Jahresabschlußaufgaben).

BÖRSIG, CLEMENS, Wertorientierte Unternehmensführung bei RWE, in: ZfbF 2000, S. 167-175 (Wertorientierte Unternehmensführung).

BORN, KARL, Unternehmensanalyse und Unternehmensbewertung, Stuttgart 1995 (Unternehmensanalyse und Unternehmensbewertung).

BORN, KARL, Bilanzanalyse international. Deutsche und ausländische Jahresabschlüsse lesen und beurteilen, 2. Aufl., Stuttgart 2001 (Bilanzanalyse international).

BPV, Vergleich der Steuerlast von international tätigen Großunternehmen und eher standortgebundenen kleinen und mittleren Betrieben, unveröffentlichte Studie, Münster 1997 (Vergleich der Steuerlast).

693

BRÖTZMANN, INGO, Bilanzierung von güterwirtschaftlichen Sicherungsbeziehungen nach den Regelungen des IAS 39 zum Hedge Accounting, Münster 2004 (Bilanzierung von güterwirtschaftlichen Sicherungsbeziehungen).

BRÜCKS, MICHAEL/WIEDERHOLD, PHILIPP, IFRS 3 Business Combinations, in: KoR 2004, S. 185-203 (IFRS 3 Business Combinations).

BRÜNING, ANN-GELA/HÖNERLOH, ALBRECHT, Ausgewählte Fuzzy-Ansätze für betriebswirtschaftliche Probleme, in: AFN-Jahrbuch 1995, hrsg. v. Arbeitsgemeinschaft Fuzzy-Logik und Softcomputing Norddeutschland, Wolfenbüttel 1995, S. 75-89 (Fuzzy-Ansätze für betriebswirtschaftliche Probleme).

BUCHNER, ROBERT, Grundzüge der Finanzanalyse, München 1981 (Grundzüge der Finanzanalyse).

BUCHNER, ROBERT, Finanzwirtschaftliche Statistik und Kennzahlenrechnung, München 1985 (Finanzwirtschaftliche Statistik und Kennzahlenrechnung).

BÜHNER, ROLF, Shareholder Value. Eine Analyse von 50 großen Aktiengesellschaften in der Bundesrepublik Deutschland, in: DB 1993, S. 749-769 (Shareholder Value).

BUSSE VON COLBE, WALTHER, Aufbau und Informationsgehalt von Kapitalflußrechnungen, in: ZfB 1966, Ergänzungsheft 1, S. 82-114 (Aufbau und Informationsgehalt von Kapitalflußrechnungen).

BUSSE VON COLBE, WALTHER, Kapitalflußrechnung, in: Handwörterbuch des Rechnungswesens, hrsg. v. Chmielewicz, Klaus/Schweitzer, Marcell, 3. Aufl., Stuttgart 1993, Sp. 1074-1085 (Kapitalflußrechnung).

BUSSE VON COLBE, WALTHER, Die Entwicklung des Jahresabschlusses als Informationsinstrument, in: Ökonomische Analyse des Bilanzrechts – Entwicklungslinien und Perspektiven – Tagung des Ausschusses Unternehmensrechnung im Verein für Socialpolitik am 12. und 13. März 1993 in München, in: ZfbF-Sonderheft 32, hrsg. v. Wagner, Franz W., 1993, S. 11-29 (Die Entwicklung des Jahresabschlusses als Informationsinstrument)

BUSSE VON COLBE, WALTHER, Fremd- und Eigenkapitalkosten als Elemente der kalkulatorischen Zinsen, in: KRP 1998, S. 99-100 (Fremd- und Eigenkapitalkosten).

BUSSE VON COLBE WALTHER U. A. (Hrsg.), Ergebnis nach DVFA/SG, Gemeinsame Empfehlung der DVFA und der Schmalenbach-Gesellschaft zur Ermittlung eines von Sondereinflüssen bereinigten Jahresergebnisses je Aktie (joint recommendation), 2. Aufl., Stuttgart 1996 (Ergebnis nach DVFA/ SG).

BUSSE VON COLBE, WALTHER U. A., Konzernabschlüsse, 7. Aufl., Wiesbaden 2003 (Konzernabschlüsse).

C&L DEUTSCHE REVISION (Hrsg.), Konzernabschlüsse '95, Düsseldorf 1997 (Konzernabschlüsse '95).

CAMP, ROBERT C., Benchmarking, The search for industry best practices that lead to superior performance, Milwaukee 1989 (Benchmarking).

CLEMM, HERMANN, Bilanzpolitik und Ehrlichkeits- („true and fair view"-)Gebot, in: WPg 1980, S. 357-366 (Bilanzpolitik und Ehrlichkeits- („true and fair view"-)Gebot).

CLEMM, HERMANN, Die Jahresabschlußanalyse als Grundlage für die Lageberichtsprüfung und die Berichterstattung des Abschlußprüfers, in: Bilanzanalyse und Bilanzpolitik, hrsg. v. Baetge, Jörg, Düsseldorf 1989, S. 53-78 (Jahresabschlußanalyse).

COENENBERG, ADOLF GERHARD, Externe Ergebnisquellenanalyse für große Kapitalgesellschaften nach dem HGB 1985, in: Unternehmenserfolg, Planung – Ermittlung – Kontrolle; Walther Busse von Colbe zum 60. Geburtstag, hrsg. v. Domsch, Michel, Wiesbaden 1988, S. 89-106 (Ergebnisquellenanalyse).

COENENBERG, ADOLF GERHARD, Einheitlichkeit oder Differenzierung von internem und externem Rechnungswesen: Die Anforderungen der internen Steuerung, in: DB 1995, S. 2077-2083 (Einheitlichkeit oder Differenzierung von internem und externem Rechnungswesen).

COENENBERG, ADOLF GERHARD, Segmentberichterstattung als Instrument der Bilanzanalyse, (2. Teil des Beitrages „Kapitalflussrechnung und Segmentberichterstattung als Instrumente der Bilanzanalyse), in: Der Schweizer Treuhänder 2001, S. 593-605 (Segmentberichterstattung).

COENENBERG, ADOLF GERHARD, Jahresabschluss und Jahresabschlussanalyse, 19. Aufl., Stuttgart 2003 (Jahresabschluss und Jahresabschlussanalyse).

COENENBERG, ADOLF GERHARD/GÜNTHER, EDELTRAUD, Prüfung der Ertragslage, in: Handwörterbuch der Revision, hrsg. v. Coenenberg, Adolf Gerhard/Wysocki, Klaus v., 2. Aufl., Stuttgart 1992, Sp. 476-488 (Prüfung der Ertragslage).

COENENBERG, ADOLF GERHARD/MATTNER, GERHARD, Segment- und Wertberichterstattung in der Jahresabschlussanalyse, in: BB 2000, S. 1827-1834 (Segment- und Wertberichterstattung).

COENENBERG, ADOLF GERHARD/MEYER, MARTIN A., Kapitalflussrechnung als Instrument der Unternehmensanalyse und Unternehmenssteuerung, in: Spezialisierung und Internationalisierung, Entwicklungstendenzen der deutschen Betriebswirtschaftslehre, Festschrift für Günter Wöhe, München 2004 (Kapitalflussrechnung als Instrument der Unternehmensanalyse).

COPELAND, TOM/KOLLER, TIM/MURIN, JACK, Unternehmenswert: Methoden und Strategien für eine wertorientierte Unternehmensführung 2. Aufl., Frankfurt am Main/New York 1998 (Unternehmenswert).

CORSTEN, HANS/MAY, CONSTANTIN, Neuronale Netze in der Betriebswirtschaft, Anwendung in Prognose, Klassifikation und Optimierung, Wiesbaden 1996 (Neuronale Netze in der Betriebswirtschaft).

DEIMLING, HELMUT/RUDOLPH, RAINER W., Analyse des nicht betriebsnotwendigen Vermögens und der eigenkapitalersetzenden Fremdmittel, in: Aktuelle Fachbeiträge aus Wirtschaftsprüfung und Beratung. Festschrift zum 65. Geburtstag von Hans Luik, hrsg. v. Schitag Ernst & Young-Gruppe, Stuttgart 1991, S. 289-301 (Analyse des nicht betriebsnotwendigen Vermögens).

DELLMANN, KLAUS/KALINSKI, RÜDIGER, Die Rechnungslegung zur Finanzlage der Unternehmung, in: DBW 1986, S. 174-187 (Die Rechnungslegung zur Finanzlage der Unternehmung).

DEUTSCHE BÖRSE AG (Hrsg.), Börsenordnung für die Frankfurter Wertpapierbörse, zuletzt geändert: 1. Juli 2003, Frankfurt am Main (Börsenordnung für die Frankfurter Wertpapierbörse).

DEUTSCHE BUNDESBANK (Hrsg.), Jahresabschlüsse westdeutscher Unternehmen 1971–1991, Frankfurt am Main 1993 (Jahresabschlüsse westdeutscher Unternehmen 1971–1991).

DEUTSCHE BUNDESBANK (Hrsg.), Monatsbericht November 1996, Frankfurt am Main 1996 (Monatsbericht November 1996).

DEUTSCHE BUNDESBANK (Hrsg.), Monatsbericht November 1997, Frankfurt am Main 1997 (Monatsbericht November 1997).

DEUTSCHE BUNDESBANK (Hrsg.), Monatsbericht Januar 1998, Frankfurt am Main 1998 (Monatsbericht Januar 1998).

DEUTSCHE BUNDESBANK (Hrsg.), Monatsbericht April 2002, Frankfurt am Main 2002 (Monatsbericht April 2002).

DEUTSCHE BUNDESBANK (Hrsg.), Monatsbericht April 2003, Frankfurt am Main 2003 (Monatsbericht April 2003).

DEUTSCHE BUNDESBANK (Hrsg.), Verhältniszahlen aus Jahresabschlüssen deutscher Unternehmen von 1998 bis 2000, Frankfurt am Main 2003 (Verhältniszahlen aus Jahresabschlüssen deutscher Unternehmen 1998-2000).

DÖHLE, PATRICIA/PAPENDICK, ULRICH, Die Blendwerk AG, in: manager magazin 05/2003, S. 128-138 (Die Blendwerk AG).

DOHRN, MATTHIAS, Entscheidungsrelevanz des Fair Value-Accounting am Beispiel von IAS 39 und IAS 40, Köln 2004 (Entscheidungsrelevanz des Fair Value-Accounting).

DRUKARCZYK, JOCHEN, Finanzierungstheorie, München 1980 (Finanzierungstheorie).

DRUKARCZYK, JOCHEN, Finanzierung, 4. Aufl., Stuttgart 1989 (Finanzierung, 4. Aufl.).

DRUKARCZYK, JOCHEN, Finanzierung, 9. Aufl., Stuttgart/Jena 2003 (Finanzierung).

DRUKARCZYK, JOCHEN/SCHÜLER, ANDREAS, Kapitalkosten deutscher Aktiengesellschaften – eine empirische Untersuchung, in: FB 2003, S. 337-347 (Kapitalkosten deutscher Aktiengesellschaften).

DUN & BRADSTREET DEUTSCHLAND GMBH (Hrsg.), Update, Ausgabe 4, März 1997, Frankfurt am Main 1997 (Update).

E. I. DUPONT NEMOURS AND COMPANY, Executive Committee, Control Charts, A Description of the DuPont Chart System for Appraising Operating Performance, 3. Aufl., Wilmington/Delaware 1959 (Description of the DuPont Chart System for Appraising Operating Performance).

EBERLEIN, JANA/WALTHER, URSULA, Änderung der Ausschüttungspolitik von Aktiengesellschaften im Lichte der Unternehmenssteuerreform, in: BFuP 2001, S. 464-475 (Ausschüttungspolitik).

ECKSTEIN, HANS-MARTIN/FUHRMANN, SVEN, Steuerliche Nichtanerkennung von Drohverlustrückstellungen – Abgrenzung zu anderen Rückstellungen, in: DB 1998, S. 529-536 (Steuerliche Nichtanerkennung von Drohverlustrückstellungen).

EGGER, ANTON, Rentabilität, in: Lexikon des Rechnungswesens, hrsg. v. Busse von Colbe, Walther, 3. Aufl., München/Wien 1994, S. 526-528 (Rentabilität).

EHRBAR, AL, EVA – Economic Value Added: Der Schlüssel zur wertsteigernden Unternehmensführung, Wiesbaden 1999 (Economic Value Added).

EIDEL, ULRIKE, Moderne Verfahren der Unternehmensbewertung und Performance-Messung: Kombinierte Analysemethoden auf Basis von US-GAAP-, IAS- und HGB-Abschlüssen, 2. Aufl., Herne/Berlin 2000 (Unternehmensbewertung und Performance-Messung).

EISENHOFER, ARNO, Zum Begriff der Gesamtkapitalrentabilität, in: ZfB 1972, S. 249-262 (Begriff der Gesamtkapitalrentabilität).

ENZWEILER, TASSO/FRIESE, ULRICH/NITSCHKE, RALF, 200 Bilanzen im Test, in: Capital, Heft 10/1997, S. 60-100 (200 Bilanzen im Test).

ERXLEBEN, KARSTEN U. A., Klassifikation von Unternehmen. Ein Vergleich von Neuronalen Netzen und Diskriminanzanalyse, in: ZfB 1992, S. 1237-1261 (Klassifikation von Unternehmen).

ESCOTT, PHIL/GLORMANN, FRANK/KOCAGIL, AHMET E., Moody's RiskCalc^{TM} für nicht börsennotierte Unternehmen: Das deutsche Modell, 2001, http://www.moodyskmv.com/research/whitepaper/720441.pdf (Stand: 15. August 2004) (Moody's RiskCalc^{TM} für nicht börsennotierte Unternehmen).

EVERLING, OLIVER, Ratingagenturen an nationalen und internationalen Finanzmärkten, in: Handbuch Rating, hrsg. v. Büschgen, Hans Egon/Everling, Oliver, Wiesbaden 1996, S. 3-17 (Ratingagenturen).

FAHRMEIR, LUDWIG/HÄUSSLER, WALTER/TUTZ, GERHARD, Diskriminanzanalyse, in: Multivariate statistische Verfahren, hrsg. v. Fahrmeir, Ludwig/Hamerle, Alfred/Tutz, Gerhard, 2. Aufl., Berlin/New York 1996, S. 357-435 (Diskriminanzanalyse).

FAHRMEIR, LUDWIG/KAUFMANN, HEINZ/KREDLER, CHRISTIAN, Regressionsanalyse, in: Multivariate statistische Verfahren, hrsg. v. Fahrmeir, Ludwig/Hamerle, Alfred/Tutz, Gerhard, 2. Aufl., Berlin/New York 1996 (Regressionsanalyse).

FEDERMANN, RUDOLF, Außerordentliche Erträge und Aufwendungen in der GuV-Rechnung, in: BB 1987, S. 1071-1078 (Außerordentliche Erträge und Aufwendungen).

FEDERMANN, RUDOLF, Bilanzierung nach Handelsrecht und Steuerrecht, 11. Aufl., Berlin 2000 (Bilanzierung nach Handelsrecht und Steuerrecht).

FEIDICKER, MARKUS, Kreditwürdigkeitsprüfung, Düsseldorf 1992 (Kreditwürdigkeitsprüfung).

FEY, DIRK, Imparitätsprinzip und GoB-System im Bilanzrecht, Berlin 1987 (Imparitätsprinzip und GoB-System).

FISCHER, OTFRIED, Die Handelsauskunftei – ihre Leistungen und Bedeutung, Freiburg im Breisgau 1977 (Die Handelsauskunftei).

FISCHER THOMAS M./RÖDL, KARIN, Strategische und wertorientierte Managementkonzepte in der Unternehmenspublizität, in: KoR 2003, S. 424-432 (Strategische und wertorientierte Managementkonzepte in der Unternehmenspublizität).

FISCHER, THOMAS R./PASKERT, DIERK, Inhalt und Struktur des Anhangs von Kapitalgesellschaften, in: BuW 1991, S. 293-299 (Inhalt und Struktur des Anhangs).

697

FISHER, RONALD A., The Use of Multiple Measurements in Taxonomic Problems, in: Annals of Eugenics 1936, S. 179-188 (The Use of Multiple Measurements in Taxonomic Problems).

FITZPATRICK, PAUL J., A Comparison of the Ratios of Successful Industrial Enterprises with those of Failed Companies, in: The Certified Public Accountant 1932, S. 598-605, 656-665 und S. 727-731 (A Comparison of the Ratios of Successful Industrial Enterprises with those of Failed Companies).

FOUQUET, KLAUS PETER, Sanierungswürdigkeitsanalyse. Die Beurteilung der Vorteilhaftigkeit von Unternehmenssanierungen aus der Sicht des Sanierungskreditgebers, Betriebswirtschaftliche Schriften zur Unternehmensführung, Band 48, Gelsenkirchen 1987 (Sanierungswürdigkeitsanalyse).

FRANKE, GÜNTER/HAX, HERBERT, Finanzwirtschaft des Unternehmens und Kapitalmarkt, 5. Aufl., Berlin u. a. 2004 (Finanzwirtschaft des Unternehmens und Kapitalmarkt).

FRIEDERICH, HARTMUT, Grundsätze ordnungsmäßiger Bilanzierung für schwebende Geschäfte, Düsseldorf 1975 (Grundsätze ordnungsmäßiger Bilanzierung für schwebende Geschäfte).

GABRIEL, ROLAND, Wissensbasierte Systeme in der betrieblichen Praxis, Hamburg/New York 1990 (Wissensbasierte Systeme in der Praxis).

GEBHARDT, GÜNTHER, Insolvenzprognosen aus aktienrechtlichen Jahresabschlüssen, Wiesbaden 1980 (Insolvenzprognosen aus aktienrechtlichen Jahresabschlüssen).

GEBHARDT, GÜNTHER, Kapitalflußrechnungen als Mittel zur Darstellung der „Finanzlage", in: WPg 1984, S. 481-491 (Kapitalflußrechnungen als Mittel zur Darstellung der „Finanzlage").

GEBHARDT, GÜNTHER, Empfehlungen zur Gestaltung informativer Kapitalflussrechnungen nach internationalen Grundsätzen, in: BB 1999, S. 1314-1321 (Kapitalflußrechnungen).

GEBHARDT GÜNTHER/HEILMANN, AARON, Compliance with German and International Accounting Standards in Germany: Evidence from Cash Flow Statements, in: The Economics and Politics of Accounting, International Perspectives on Research, Trends, Policy, and Practice, hrsg. v. Leuz, Christian/Pfaff, Dieter/Hopwood, Anthony, Oxford 2004, S. 218-238 (Compliance with German Accounting Standards).

GEIGER, THOMAS, Ansatzpunkte zur Prüfung der Segmentberichterstattung nach SFAS 131, IAS 14 und DRS 3, in: BB 2002, S. 1903-1909 (Prüfung der Segmentberichterstattung).

GLORMANN, FRANK, Bilanzrating von US-GAAP Abschlüssen, Düsseldorf 2001 (Bilanzrating von US-GAAP Abschlüssen).

GÖCKEN, ULRIKE/SCHULTE, KARL-WERNER, Fundamentale Aktienanalyse: Die Praxis deutscher Kreditinstitute, Bergisch-Gladbach/Köln 1990 (Fundamentale Aktienanalyse).

GRÄFER, HORST, Bilanzanalyse, 7. Aufl., Herne/Berlin 1997 (Bilanzanalyse, 7. Aufl.).

GRÄFER, HORST, Bilanzanalyse, 8. Aufl., Herne/Berlin 2001 (Bilanzanalyse).

GRAMLICH, DIETER, Neuere Ansätze des betrieblichen Finanzmanagements, in: DB 1998, S. 377-381 (Neuere Ansätze des betrieblichen Finanzmanagements).

GRETH, MICHAEL, Managemententlohnung aufgrund des Economic Value Added (EVA), in: Unternehmenswertorientierte Entlohnungssysteme, hrsg. v. Pellens, Bernhard, Stuttgart 1998, S. 69-100 (Economic Value Added).

GROB, HEINZ-LOTHAR, Investitionsrechnung mit vollständigen Finanzplänen, München 1989 (Investitionsrechnung mit vollständigen Finanzplänen).

GRÜNBERGER, DAVID/GRÜNBERGER, HERBERT, Business Combinations Phase II – Weitere Begleitregelungen beschlossen, in: StuB 2003, S. 413-415 (Business Combinations Phase II).

GÜLLICH, HANS-PETER, Fuzzy-Expertensysteme zur Beurteilung von Kreditrisiken, Wiesbaden 1997 (Fuzzy-Expertensysteme zur Beurteilung von Kreditrisiken).

GÜNTER, THOMAS, Unternehmenswertorientiertes Controlling, München 1997 (Unternehmenswertorientiertes Controlling).

GUHR, HANS-MARTIN, Gewinn und Cash Flow als Bewertungskriterien, in: Aktienanalyse, hrsg. v. Siebert, Georg, Frankfurt am Main 1972, S. 26-53 (Gewinn und Cash Flow als Bewertungskriterien).

HAASE, KLAUS DITTMAR, Stichwort „Segmentpublizität, Prüfung der", in: Handwörterbuch der Revision, hrsg. v. Coenenberg, Adolf Gerhard/Wysocki, Klaus v., 2. Aufl., Stuttgart 1992, Sp. 1758-1763 (Segmentpublizität).

HÄRLE, DIETRICH, Finanzierungsregeln und ihre Problematik, Wiesbaden 1961 (Finanzierungsregeln und ihre Problematik).

HÄUSLER, HARALD/HOLZER, H. PETER, Entwicklung und Status der Kapitalflußrechnung in der modernen Praxis, in: DB 1988, S. 1405-1411 (Entwicklung und Status der Kapitalflußrechnung).

HAGEMEISTER, CHRISTINA, Bilanzierung von Sachanlagevermögen nach dem Komponentenansatz des IAS 16, Düsseldorf 2004 (Bilanzierung von Sachanlagevermögen).

HALLER, AXEL, Wertschöpfungsrechnung, Stuttgart 1997 (Wertschöpfungsrechnung).

HALLER, AXEL/DIETRICH, RALPH, Intellectual Capital Bericht als Teil des Lageberichts, in: DB 2001, S. 1045-1052 (Intellectual Capital).

HALLER, AXEL/JAKOBY, STEPHAN, Verbreitung und Entwicklungsstand der Finanzierungsrechnung in Deutschland – Eine empirische Analyse, in: DB 1994, S. 641-649 (Finanzierungsrechnung).

HANNEMANN, SUSANNE/PFEFFERMANN, PETRA, IAS-Konzernsteuerquote: Begrenzte Aussagekraft für die steuerliche Performance eines Konzerns, in: BB 2003, S. 727-733 (IAS-Konzernsteuerquote).

HAPPE, PETER, Grundsätze ordnungsmäßiger Buchführung für Swapvereinbarungen, Düsseldorf 1996 (Grundsätze ordnungsmäßiger Buchführung für Swapvereinbarungen).

HARDES, WOLFGANG, Bilanzpolitik mit Pensionsrückstellungen, München 1984 (Bilanzpolitik mit Pensionsrückstellungen).

HARMON, PAUL/KING, DAVID, Expertensysteme in der Praxis: Perspektiven, Werkzeuge, Erfahrungen, 3. Aufl., München, Wien 1989 (Expertensysteme).

HARRMANN, ALFRED, Cash-flow – Ermittlung, Bedeutung und Aussagefähigkeit, in: DB 1986, S. 2612-2616 (Cash-flow).

HARTMANN-WENDELS, THOMAS U. A., Externes Rating für mittelständische Unternehmen – Nutzung der logistischen Regressionsanalyse für ein Ratingsystem im Praxiseinsatz, in: DB 2004, S. 145-151 (Externes Rating).

HAUSCHILDT, JÜRGEN, Entwicklungslinien der Bilanzanalyse, in: ZfbF 1971, S. 335-351 (Entwicklungslinien der Bilanzanalyse).

HAUSCHILDT, JÜRGEN, Überlegungen zu einem Diagnosesystem für Unternehmenskrisen, in: Krisendiagnose durch Bilanzanalyse, hrsg. v. Hauschildt, Jürgen, Köln 1988, S. 200-242 (Überlegungen zu einem Diagnosesystem für Unternehmenskrisen).

HAUSCHILDT, JÜRGEN, Erfolgsspaltung, Aussagefähigkeit und Grenzen, in: Bilanzanalyse nach neuem Recht, hrsg. v. Coenenberg, Adolf Gerhard, 2. Aufl., Landsberg am Lech 1990, S. 189-208 (Erfolgsspaltung).

HAUSCHILDT, JÜRGEN, Erfolgsanalyse, in: Handwörterbuch des Rechnungswesens, hrsg. v. Chmielewicz, Klaus/Schweitzer, Marcell, 3. Aufl., Stuttgart 1993, Sp. 544-553 (Erfolgsanalyse).

HAUSCHILDT, JÜRGEN, Erfolgs-, Finanz- und Bilanzanalyse, 3. Aufl., Köln 1996 (Erfolgs-, Finanz- und Bilanzanalyse).

HAUSCHILDT, JÜRGEN/LEKER, JENS, Bilanzanalyse unter dem Einfluß moderner Analyse- und Prognoseverfahren, in: BFuP 1995, S. 249-268 (Bilanzanalyse unter dem Einfluß moderner Analyse- und Prognoseverfahren).

HAUSCHILDT, JÜRGEN/RÖSLER, JOACHIM/GEMÜNDEN, HANS-GEORG, Der Cash Flow – Ein Krisensignalwert?, in: DBW 1984, S. 353-370 (Der Cash Flow).

HAYN, SVEN/WALDERSEE, GEORG GRAF, IAS/US-GAAP/HGB im Vergleich, Synoptische Darstellung für den Einzel- und Konzernabschluss, 4. Aufl., Stuttgart 2004 (IAS/US-GAAP/HGB).

HEINEN, EDMUND, Grundlagen betriebswirtschaftlicher Entscheidungen, 3. Aufl., Wiesbaden 1976 (Grundlagen betriebswirtschaftlicher Entscheidungen).

HEINHOLD, MICHAEL, Bilanzpolitik, in: Handwörterbuch der Betriebswirtschaft, hrsg. v. Wittmann, Waldemar u. a., 5. Aufl., Stuttgart 1993, Sp. 525-543 (Bilanzpolitik).

HEINRICH, LUTZ J., Informationsmanagement. Planung, Überwachung und Steuerung der Informationsinfrastruktur, 7. Aufl., München/Wien 2002 (Informationsmanagement).

HEITMANN, CHRISTIAN, Beurteilung der Bestandsfestigkeit von Unternehmen mit Neuro-Fuzzy, Frankfurt am Main u. a. 2002 (Beurteilung der Bestandsfestigkeit).

HELBLING, CARL, Bilanz- und Erfolgsanalyse, 9. Aufl., Bern u. a. 1997 (Bilanz- und Erfolgsanalyse).

HELBLING, CARL, Unternehmensbewertung und Steuern, 9. Aufl., Düsseldorf 1998 (Unternehmensbewertung und Steuern).

HERRMANN, DAGMAR, Das Verhältnis zwischen Handels- und Steuerbilanz, in: BuW 1992, S. 209-217 (Das Verhältnis zwischen Handels- und Steuerbilanz).

HERRMANN, DAGMAR, Die Änderung von Beteiligungsverhältnissen im Konzernabschluß, Düsseldorf 1994 (Änderung von Beteiligungsverhältnissen im Konzernabschluß).

HERZIG, NORBERT, Die Zukunft der steuerlichen Gewinnermittlung im Lichte der Internationalisierung der Rechnungslegung, in: Übergang der Rechnungslegung vom HGB zu den IFRS, hrsg. v. Baetge, Jörg/Kirsch, Hans-Jürgen, Düsseldorf 2004, S. 43-82 (Zukunft der steuerlichen Gewinnermittlung).

HERZIG, NORBERT/DEMPFLE, URS, Konzernsteuerquote, betriebliche Steuerpolitik und Steuerwettbewerb, in: DB 2002, S. 1-8 (Konzernsteuerquote).

HEUSER, PAUL J./SEITZ, HUBERT, Außerordentliche Aufwendungen und außerordentliche Erträge nach der 4. EG-Richtlinie – Änderung des Begriffsinhalts und der Rechnungslegung –, in: GmbHR 1979, S. 152-155 (Außerordentliche Aufwendungen und außerordentliche Erträge).

HEUSER, PAUL J./THEILE CARSTEN, IAS Handbuch. Einzel- und Konzernabschluss, Köln 2003 (IAS Handbuch).

HFA DES IDW, Zur Behandlung von Genußrechten im Jahresabschluß von Kapitalgesellschaften, Stellungnahme Hauptfachausschuß 1/1994, in: WPg 1994, S. 419-423 (Behandlung von Genußrechten im Jahresabschluß von Kapitalgesellschaften).

HFA DES IDW, Die Kapitalflußrechnung als Ergänzung des Jahres- und Konzernabschlusses, Stellungnahme HFA 1/1995, in: WPg 1995, S. 210-213 (Die Kapitalflußrechnung als Ergänzung des Jahres- und Konzernabschlusses).

HFA DES IDW, Zum Grundsatz der Bewertungsstetigkeit, Stellungnahme Hauptfachausschuss 3/1997, in: WPg 1997, S. 540-542 (Grundsatz der Bewertungsstetigkeit).

HFA DES IDW, Verlautbarung des HFA „Auswirkungen der steuerlichen Nichtanerkennung von Rückstellungen für drohende Verluste aus schwebenden Geschäften auf den handelsrechtlichen Jahresabschluß", in: WPg 1998, S. 113 f. (Auswirkungen der steuerlichen Nichtanerkennung von Rückstellungen für drohende Verluste aus schwebenden Geschäften auf den handelsrechtlichen Jahresabschluß).

HFA DES IDW, IDW Standard: Grundsätze zur Durchführung von Unternehmensbewertungen (IDW S1), in: WPg 2000, S. 825-842 (Grundsätze zur Durchführung von Unternehmensbewertungen).

HINZ, MICHAEL, Sachverhaltsgestaltungen im Rahmen der Jahresabschlußpolitik, Düsseldorf 1994 (Sachverhaltsgestaltungen im Rahmen der Jahresabschlußpolitik).

HÖNIG, ROGER, Handhabung und Auswirkungen der steuerlichen Neuregelung von Drohverlustrückstellungen, in: DB 1997, S. 2554-2556 (Handhabung und Auswirkungen der steuerlichen Neuregelung von Drohverlustrückstellungen).

HOFFMANN, KARSTEN, Sachverhaltsgestaltende Jahresabschlußpolitik im Einzelabschluss bei gegebener Unternehmenskonstitution, Frankfurt a. M. 1994 (Sachverhaltsgestaltende Jahresabschlußpolitik).

HOMMELHOFF, PETER, Der Jahresabschluß als Überwachungs- und Kontrollinstrument der Gesellschafter in der GmbH, in: Der Jahresabschluß im Widerstreit der Interessen, hrsg. v. Baetge, Jörg, Düsseldorf 1983, S. 241-268 (Der Jahresabschluß als Überwachungs- und Kontrollinstrument).

HORRIGAN, JAMES O., Some Empirical Bases of Financial Ratio Analysis, in: The Accounting Review 1965, S. 558-568 (Some Empirical Bases).

HOSTETTLER, STEPHAN, „Economic Value Added" als neues Führungsinstrument: Einsatzmöglichkeiten des EVA-Konzeptes aus Sicht des Verwaltungsrates, in: Der Schweizer Treuhänder 1995, S. 307-315 (EVA als neues Führungsinstrument).

HOSTETTLER, STEPHAN, Economic Value Added (EVA): Darstellung und Anwendung auf Schweizer Aktiengesellschaften, 4. Aufl., Bern/Stuttgart/Wien 2000 (Economic Value Added).

HÜLS, DAGMAR, Früherkennung insolvenzgefährdeter Unternehmen, Düsseldorf 1995 (Früherkennung insolvenzgefährdeter Unternehmen).

HUSMANN, RAINER, Betriebswirtschaftliche Abgrenzung des Konsolidierungskreises zur konzernbilanzanalytischen Untersuchung, in: BB 1997, S. 2043-2048 (Betriebswirtschaftliche Abgrenzung des Konsolidierungskreises zur konzernbilanzanalytischen Untersuchung).

HUSMANN, RAINER, Defizite der handelsrechtlichen Konzernrechnungslegung aus der Sicht des Bilanzanalysten, in: DStR 1997, S. 1659-1664 (Defizite der handelsrechtlichen Konzernrechnungslegung).

IASB, International Financial Reporting Standards (IFRSs^{TM}), London 2004 (International Financial Reporting Standards).

IDW (Hrsg.), WP-Handbuch 2000, Band I, bearbeitet v. Geib, Gerd u. a., 12. Aufl., Düsseldorf 2000 (WP-Handbuch 2000, Bd. I).

IDW (Hrsg.), WP-Handbuch 2002, Band II, bearbeitet v. Gelhausen, Hans Friedrich u. a., 12. Aufl., Düsseldorf 2002 (WP-Handbuch 2002, Bd. II).

IDW, Grundsätze ordnungsmäßiger Berichterstattung bei Abschlußprüfungen (IDW PS 450), in: WPg 2003, S. 1127-1141 (Grundsätze ordnungsmäßiger Berichterstattung bei Abschlußprüfungen).

IHDE, GÖSTA-BERND, Betriebsvergleich, in: Handwörterbuch der Wirtschaftswissenschaft, Band 1, hrsg. v. Albers, Willi u. a., Stuttgart u. a. 1977, Sp. 578-584 (Betriebsvergleich).

INSTITUT DER DEUTSCHEN WIRTSCHAFT KÖLN (Hrsg.), Zahlen zur wirtschaftlichen Entwicklung der Bundesrepublik Deutschland 1997, Köln 1997 (Zahlen zur wirtschaftlichen Entwicklung der Bundesrepublik Deutschland).

JACOBS, OTTO H., Bilanzanalyse, 2. Aufl., München 1994 (Bilanzanalyse).

JACOBS, OTTO H./OESTREICHER, ANDREAS/PIOTROWSKI-ALLERT, Susanne, Einstufung des Fehlerrisikos im handelsrechtlichen Jahresabschluß, in: ZfbF 1999, S. 523-549 (Einstufung des Fehlerrisikos im handelsrechtlichen Jahresabschluß).

JACOBS, OTTO H./STAIGER, JÜRGEN, EDV-gestützte Jahresabschlußanalyse – Die Jahresabschlußanalyse mit Hilfe von Kennzahlen, in: WiSt 1987, S. 551-554 (Die Jahresabschlußanalyse mit Hilfe von Kennzahlen).

JERSCHENSKY, ANDREAS, Messung des Bonitätsrisikos von Unternehmen, Düsseldorf 1998 (Messung des Bonitätsrisikos).

JUESTEN, WOLFGANG, VILLIEZ, CHRISTIAN FREIHERR V., Cash-flow und Unternehmensbeurteilung: Ermöglicht die Cash-flow-Rechnung eine Schnell-Analyse?, Berlin 1992 (Cash-flow und Unternehmensbeurteilung).

KAAS, KLAUS PETER, Empirische Preisabsatzfunktionen bei Konsumgütern, Berlin/Heidelberg/New York 1977 (Empirische Preisabsatzfunktionen bei Konsumgütern).

KÄFER, KARL, Praxis der Kapitalflußrechnung, Stuttgart 1969 (Praxis der Kapitalflußrechnung).

KÄFER, KARL, Kapitalflußrechnungen, 2. Aufl., Stuttgart 1984 (Kapitalflußrechnungen).

KALABUCH, JUTTA, Der Stetigkeitsgrundsatz in der Einzelbilanz nach Handels- und Ertragsteuerrecht, Münster 1994 (Stetigkeitsgrundsatz).

KALINSKI, RÜDIGER, Die Rechnungslegung zur Finanzlage der Unternehmung, Kiel 1986 (Die Rechnungslegung zur Finanzlage der Unternehmung).

KALUSSIS, DEMETRE, Betriebsvergleich, in: Handwörterbuch der Betriebswirtschaft, hrsg. v. Grochla, Erwin/Wittmann, Waldemar, 4. Aufl., Stuttgart 1974, Sp. 683-694 (Betriebsvergleich).

KAPLAN, ROBERT S./NORTON, DAVID P., The Balanced Scorecard, Boston 1997 (The Balanced Scorecard).

KEITZ, ISABEL VON, Praxis der IASB-Rechnungslegung: Derzeit (noch) uneinheitlich und HGB-orientiert, in: DB 2003, S. 1801-1806 (Praxis der IASB-Rechnungslegung).

KEITZ, ISABEL VON, Praxis der IASB-Rechnungslegung, Stuttgart 2003 (IASB-Rechnungslegung).

KELLER, MICHAEL, Betriebliche Wertschöpfung, Ermittlung an Hand veröffentlichter Jahresabschlüsse in: DB 1973, S. 289-291 (Betriebliche Wertschöpfung).

KENDALL, MAURICE G., Discrimination and Classification, in: Multivariate Analysis, hrsg. v. Krishnaiah, Paruchuni R., New York/London 1966, S. 165-185 (Discrimination and Classification).

KENDALL, MAURICE G., Multivariate Analysis, 2. Aufl., London/High Wycombe 1980 (Multivariate Analysis).

KERTH, ALBIN/WOLF, JAKOB, Bilanzanalyse und Bilanzpolitik, 2. Aufl., München 1993 (Bilanzanalyse und Bilanzpolitik).

KIND, ALEXANDER, Segment-Rechnung und -Bewertung, St. Gallen 2000 (Segment-Rechnung).

KIRSCH, HANNO, Segmentberichterstattung nach IAS 14 als Basis eines kennzahlengestützten Unternehmenscontrolling, in: DB 2001, S. 1513-1518 (Segmentberichterstattung).

KIRSCH, HANS-JÜRGEN, Die „Anwendung" von International Accounting Standards in Konzernabschlüssen deutscher Mutterunternehmen, in: DB 1995, S. 1773-1778 (Die „Anwendung" von International Accounting Standards).

KIRSCH, HANS-JÜRGEN/KRAUSE, CLEMENS, Kritische Überlegungen zur Discounted Cash Flow-Methode, in: ZfB 1996, S. 793-812 (Kritische Überlegungen zur Discounted Cash Flow-Methode).

KNAUS, MICHAEL, Fair Value-Bewertung und Grundsatz der Kapitalerhaltung, in: RWZ 2001, S. 50-54 und S. 83-87 (Fair Value-Bewertung).

KNOBBE-KEUK, BRIGITTE, Bilanz- und Unternehmenssteuerrecht, 9. Aufl., Köln 1993 (Bilanz- und Unternehmenssteuerrecht).

KNÜPPE, WOLFGANG, Grundsätze ordnungsmäßiger Abschlußprüfung für Forderungen, Düsseldorf 1984 (Grundsätze ordnungsmäßiger Abschlußprüfung für Forderungen).

KOCH, HELMUT, Die Problematik des Niederstwertprinzips, in: WPg 1957, S. 1-7, S. 31-35 und S. 60-63 (Die Problematik des Niederstwertprinzips).

KOCH, HELMUT, Unternehmenstheorie als Entscheidungshilfe, Wiesbaden 1987 (Unternehmenstheorie als Entscheidungshilfe).

KÖHLER, RICHARD, Ermittlungsziele und Aussagefähigkeit von Cash Flow-Analysen, in: WPg 1970, S. 385-398 (Ermittlungsziele und Aussagefähigkeit von Cash Flow-Analysen).

KRALICEK, PETER, Kennzahlen für Geschäftsführer, 3. Aufl., Wien 1995 (Kennzahlen für Geschäftsführer).

KRAUSE, CLEMENS, Kreditwürdigkeitsprüfung mit Neuronalen Netzen, Düsseldorf 1993 (Kreditwürdigkeitsprüfung mit Neuronalen Netzen).

KRAWITZ, NORBERT, Die Abgrenzung des Konsolidierungskreises, in: WPg 1996, S. 342-357 (Die Abgrenzung des Konsolidierungskreises).

KRAWITZ, NORBERT, Betriebswirtschaftliche Anmerkungen zum Halbeinkünfteverfahren, in: DB 2000, S. 1721-1727 (Halbeinkünfteverfahren).

KRIETE, THOMAS/PADBERG, THOMAS/WERNER, THOMAS, EBIT – eine „neue" Kennzahl in Jahresabschluss und -abschlussanalyse, in: StuB 2002, S. 1090-1094 (EBIT).

KRIZ, JÜRGEN/LISCH, RALF, Methoden-Lexikon für Mediziner, Psychologen, Soziologen, München/Weinheim 1988 (Methoden-Lexikon).

KROPFF, BRUNO, Sinn und Grenzen von Bilanzpolitik, in: Der Jahresabschluß im Widerstreit der Interessen, hrsg. v. Baetge, Jörg, Düsseldorf 1983, S. 179-211 (Sinn und Grenzen von Bilanzpolitik).

KROPP, MATTHIAS/KLOTZBACH, DANIELA, Der Exposure Draft zu IAS 39 "Financial Instruments" – Darstellung und kritische Würdigung der geplanten Änderungen des IAS 39, in: WPg 2002, S. 1010-1031 (Exposure Draft zu IAS 39).

KRÜGER, RALF, Der Jahresabschluß aus der Sicht des Aufsichtsrates, in: Der Jahresabschluß im Widerstreit der Interessen, hrsg. v. Baetge, Jörg, Düsseldorf 1983, S. 269-296 (Der Jahresabschluß aus der Sicht des Aufsichtsrates).

KRUMBHOLZ, MARCUS, Die Qualität publizierter Lageberichte, Düsseldorf 1994 (Die Qualität publizierter Lageberichte).

KRUSCHWITZ, LUTZ, Irrelevanz der Dividendenpolitik, in: WISU 1990, S. 420-425 (Irrelevanz der Dividendenpolitik).

KRUSE, ARIANE, Antragsprüfung und Kartenüberwachung von privaten Kreditkartenkunden mit Künstlichen Neuronalen Netzen, Hamburg 2000 (Antragsprüfung und Kartenüberwachung von privaten Kreditkartenkunden).

KÜTING, KARLHEINZ, Die Erfolgsspaltung – ein Instrument der Bilanzanalyse, in: BB 1981, S. 529-535 (Die Erfolgsspaltung).

KÜTING, KARLHEINZ, Die Rentabilitätsrechnung als Instrument der Bilanzanalyse, in: WiSt 1984, S. 125-130 (Rentabilitätsrechnung).

KÜTING, KARLHEINZ, Grundlagen der qualitativen Bilanzanalyse (Teil I und II), in: DStR 1992, S. 691-695 und S. 728-733 (Grundlagen der qualitativen Bilanzanalyse).

KÜTING, KARLHEINZ, Die Ertragsstarken bilanzieren eher konservativ, in: Blick durch die Wirtschaft vom 15. Dezember 1993, S. 7 (Die Ertragsstarken bilanzieren eher konservativ).

KÜTING, KARLHEINZ, Gute Bilanzen sind in Wahrheit noch viel besser, in: Blick durch die Wirtschaft vom 29. November 1994, S. 7 und vom 30. November 1994, S. 7 (Gute Bilanzen).

KÜTING, KARLHEINZ, Kaum noch aussagefähige Unternehmensvergleiche möglich. Eine eindeutige Regelung für den Ausweis „Sonstiger Steuern" ist überfällig, in: Blick durch die Wirtschaft vom 02.09.1994, S. 1 und S. 8 (Kaum noch aussagefähige Unternehmensvergleiche möglich).

KÜTING, KARLHEINZ, 200 Geschäftsberichte auf dem Prüfstand. Wie Capital Unternehmen bewertet, in: Capital, Heft 10/1996, S. 61-70 (200 Geschäftsberichte auf dem Prüfstand).

KÜTING, KARLHEINZ, Die handelsbilanzielle Erfolgsspaltungs-Konzeption auf dem Prüfstand, in: WPg 1997, S. 693-702 (Die handelsbilanzielle Erfolgsspaltungs-Konzeption auf dem Prüfstand).

KÜTING, KARLHEINZ, Möglichkeiten und Grenzen der betragsmäßigen Erfolgsanalyse, in: WPg 1998, S. 1-10 (Möglichkeiten und Grenzen der betragsmäßigen Erfolgsanalyse).

KÜTING, KARLHEINZ, Bilanzpolitik, in: Saarbrücker Handbuch der betriebswirtschaftlichen Beratung, 2. Aufl., hrsg. v. Küting, Karlheinz, Berlin 2000, S. 581-660 (Bilanzpolitik).

KÜTING, KARLHEINZ, Der Geschäfts- oder Firmenwert – ein Spielball der Bilanzpolitik in deutschen Konzernen, in: Die AG 2000, S. 97-106 (Geschäfts- oder Firmenwert).

KÜTING, KARLHEINZ, Von der Bilanzanalyse zur Unternehmensanalyse – dargestellt am Beispiel der Beurteilung von Unternehmen der neuen Ökonomie, in: DStR 2002, Beihefter zu Heft 32, S. 1-20 (Unternehmensanalyse).

KÜTING, KARLHEINZ/BRAKENSIEK, SONJA, Special Purpose Entities in der US-amerikanischen Rechnungslegung, in: StuB 2002, S. 209-215 (Special Purpose Entities).

KÜTING, KARLHEINZ/DAWO, SASCHA, Bilanzpolitische Gestaltungspotenziale im Rahmen der International Financial Reporting Standards (IFRS), in: StuB 2002, S. 1205-1213 (Bilanzpolitische Gestaltungspotentiale).

KÜTING, KARLHEINZ/EIDEL, ULRIKE, Marktwertansatz contra Ertragswert- und Discounted Cash-Flow-Verfahren, in: FB 1999, S. 225-231 (Marktwertansatz).

KÜTING, KARLHEINZ/HEIDEN, MATTHIAS, Zur Systematisierung von Pro-Forma-Kennzahlen, in: DStR 2003, S. 1544-1552 (Pro-Forma-Kennzahlen).

KÜTING, KARLHEINZ/HÜTTEN, CHRISTOPH/LORSON, PETER C., Shareholder-Value: Grundüberlegungen zu Benchmarks der Kommunikationsstrategie in der externen Berichterstattung, in: DStR 1995, S. 1805-1809 und S. 1846-1851 (Shareholder-Value).

KÜTING, KARLHEINZ/KESSLER, HARALD/HARTH, HANS-JÖRG, Genußrechtskapital in der Bilanzierungspraxis, Eine empirische Untersuchung zur Resonanz der HFA-Stellungnahme 1/1994 unter Berücksichtigung bilanzpolitischer Gesichtspunkte, in: BB 1996, Beilage 4 zu Heft 8, S. 1-24 (Genußrechtskapital in der Bilanzierungspraxis).

KÜTING, KARLHEINZ/KOCH, CHRISTIAN, Zur Problematik der Erfolgsquellenanalyse im internationalen Vergleich. Anmerkungen zur Berichtspraxis bei sonstigen betrieblichen und außerordentlichen Aufwendungen bzw. Erträgen, in: StuB 2002, S. 1033-1037 (Erfolgsquellenanalyse).

KÜTING, KARLHEINZ/WEBER, CLAUS-PETER, Der Konzernabschluss, 8. Aufl., Stuttgart 2003 (Der Konzernabschluss).

KÜTING, KARLHEINZ/WEBER, CLAUS-PETER, Die Bilanzanalyse, 7. Aufl., Stuttgart 2004 (Die Bilanzanalyse).

KÜTING, KARLHEINZ/WEBER, CLAUS-PETER/PILHOFER, JOCHEN, Umsatzrealisation als modernes bilanzpolitisches Instrument im Rahmen des Gewinnmanagements (earnings management), in: FB 2002, S. 310-329 (Umsatzrealisation als modernes bilanzpolitisches Instrumentarium).

KUSSMAUL, HEINZ, Die Kapitalflußrechnung, Grundlagen, Formen Voraussetzungen, Ausgestaltung, in: WiSt 1985, S. 439-445 (Die Kapitalflußrechnung).

LACHENBRUCH, PETER A./SNEERINGER, CHERYL/REVO, LAWRENCE T., Robustness of the Linear and Quadratic Discriminant Function to Certain Types of Non-Normality, in: Communications in Statistics 1973, S. 39-56 (Robustness of the Linear and Quadratic Discriminant Function).

LACHNIT, LAURENZ, Wesen, Ermittlung und Aussage des Cash Flows, in: ZfbF 1973, S. 59-77 (Wesen, Ermittlung und Aussage des Cash Flows).

LACHNIT, LAURENZ, Technik und Aussage der Bilanzanalyse, in: WISU 1976, S. 13-16 (Bilanzanalyse).

LACHNIT, LAURENZ, Systemorientierte Jahresabschlußanalyse, Wiesbaden 1979 (Systemorientierte Jahresabschlußanalyse).

LACHNIT, LAURENZ, Erfolgsspaltung auf der Grundlage der GuV nach Gesamt- und Umsatzkostenverfahren, in: WPg 1991, S. 773-783 (Erfolgsspaltung auf der Grundlage der GuV nach Gesamt- und Umsatzkostenverfahren).

LACHNIT, LAURENZ/AMMANN, HELMUT/MÜLLER, STEFAN, Wesen und Besonderheiten der Konzernabschlußanalyse, in: DStR 1997, S. 383-388 (Wesen und Besonderheiten der Konzernabschlußanalyse).

LACHNIT, LAURENZ/MÜLLER, STEFAN, Bilanzanalytische Behandlung von Geschäfts- oder Firmenwerten, in: KoR 2003, S. 540-550 (Geschäfts- oder Firmenwerte).

LACHNIT, LAURENZ/MÜLLER, STEFAN, Bilanzanalytische Behandlung von Pensions- verpflichtungen, in: DB 2004, S. 497-506 (Bilanzanalytische Behandlung von Pensionsverpflichtungen).

LANGE, CHRISTOPH, Jahresabschlußinformationen und Unternehmensbeurteilung, Stuttgart 1989 (Jahresabschlußinformationen und Unternehmensbeurteilung).

LE COUTRE, WALTER, Bilanzrecht und Gesellschaftsbilanzen, Wiesbaden 1949 (Bilanz- recht und Gesellschaftsbilanzen).

LEFFSON, ULRICH, Die Grundsätze ordnungsmäßiger Buchführung, Düsseldorf 1964 (Die Grundsätze ordnungsmäßiger Buchführung, 1. Aufl.).

LEFFSON, ULRICH, Cash Flow – weder Erfolgs- noch Finanzierungsindikator!, in: Ak- tuelle Fragen der Unternehmensfinanzierung und Unternehmensbewertung, Fest- schrift zum 70. Geburtstag von Kurt Schmaltz, hrsg. v. Forster, Karl-Heinz/Schuhma- cher, Peter, Stuttgart 1970, S. 108-127 (Cash Flow).

LEFFSON, ULRICH, Bilanzanalyse, 3. Aufl., Stuttgart 1984 (Bilanzanalyse).

LEFFSON, ULRICH, Die Grundsätze ordnungsmäßiger Buchführung, 7. Aufl., Düssel- dorf 1987 (Die Grundsätze ordnungsmäßiger Buchführung).

LEFFSON, ULRICH, Wirtschaftsprüfung, 4. Aufl., Wiesbaden 1988 (Wirtschaftsprü- fung).

LEHMANN, STEFAN, Neue Wege in der Bewertung börsennotierter Aktiengesellschaften: Ein Cash-flow-orientiertes Ertragswertmodell, Wiesbaden 1994 (Neue Wege in der Bewertung börsennotierter Aktiengesellschaften).

LEITNER, FRIEDRICH, Bilanztechnik und Bilanzkritik, 5. Aufl., Berlin/Leipzig 1922 (Bilanztechnik und Bilanzkritik).

LEKER, JENS, Fraktionierende Frühdiagnose von Unternehmenskrisen, Bilanzanalysen in unterschiedlichen Krisenstadien, Köln 1993 (Fraktionierende Frühdiagnose von Unternehmenskrisen).

LEKER, JENS/WIEBEN, HANS-JÜRGEN, Unternehmensbeurteilung unter Anwendung traditioneller und neuer Verfahren der Bilanzanalyse, in: DB 1998, S. 585-590 (Unter- nehmensbeurteilung unter Anwendung traditioneller und neuer Verfahren der Bilanz- analyse).

LENZ, HANSRUDI/FOCKEN, ELKE, Die Prüfung der Segmentberichterstattung, in: WPg 2002, S. 853-863. (Segmentberichterstattung).

LEONARDI, HILDEGARD, Externe Erfolgsanalysen auf der Grundlage handelsrechtlicher Jahresabschlüsse, Bergisch Gladbach/Köln 1990 (Externe Erfolgsanalysen auf der Grundlage handelsrechtlicher Jahresabschlüsse).

LEWIS, THOMAS G., Steigerung des Unternehmenswertes: Total Value Management, 2. Aufl., Landsberg am Lech 1995 (Steigerung des Unternehmenswertes).

LEYSINGER, MICHAEL, Der neue Maßstab für den Unternehmenserfolg: Economic Val- ue Added, in: Der Schweizer Treuhänder 1997, S. 243-246 (Der neue Maßstab für den Unternehmenserfolg).

LINTNER, JOHN, The Valuation of Risk Assets and the Selection of Risky Investments in Stock Portfolios and Capital Budgets, in: The Review of Economics and Statistics 1965, S. 13-37 (The Valuation of Risk Assets and the Selection of Risky Investments in Stock Portfolios and Capital Budgets).

LINSSEN, THOMAS, Anforderungen an eine branchenbezogene Jahresabschlußanalyse zur Früherkennung von Unternehmenskrisen, Arbeitspapiere des Instituts für Revisionswesen der Westfälischen Wilhelms-Universität Münster, hrsg. v. Baetge, Jörg, Münster 1996 (Anforderungen an eine branchenbezogene Jahresabschlußanalyse).

LIPPMANN, KLAUS, Der Beitrag des ökonomischen Gewinns zur Theorie und Praxis der Erfolgsermittlung, Düsseldorf 1970 (Der Beitrag des ökonomischen Gewinns zur Theorie und Praxis der Erfolgsermittlung).

LÖBLER, HELGE/PERLITZ, MANFRED, Die Prognose von Personalbestandsveränderungen von Unternehmen mit Hilfe der empirischen Bilanzanalyse, in: ZfbF 1983, S. 113-134 (Die Prognose von Personalbestandsveränderungen).

LORSON, PETER, Erfolgsrechnung und Überwachung in globalen Konzernen, in: DB 1996, S. 2505-2511 (Erfolgsrechnung und Überwachung in globalen Konzernen).

LÜDENBACH, NORBERT/HOFFMANN, WOLF-DIETER, Verbindliches Mindestgliederungsschema für die IFRS-Bilanz, in: KoR 2004, S. 89-94. (Mindestgliederungsschema).

MADDEN, BARTLEY J., CFROI Valuation: A Total System Approach to Valuing the Firm, Oxford u. a. 1999 (CFROI Valuation).

MAHER, MICHAEL W./STICKNEY, CLYDE P./WEIL, ROMAN L., Managerial Accounting, 7. Aufl., Fort Worth u. a. 2001 (Managerial Accounting).

MANDL, GERWALD/RABEL, KLAUS, Unternehmensbewertung, Wien 1997 (Unternehmensbewertung).

MARTEN, KAI-UWE/QUICK, REINER/RUHNKE, KLAUS, Wirtschaftsprüfung. Grundlagen des betriebswirtschaftlichen Prüfungswesens nach nationalen und internationalen Normen, 2. Aufl., Stuttgart 2003 (Wirtschaftsprüfung).

MASON, PERRY, „Cash Flow" Analysis and the Funds Statement, Accounting Research Study No. 2, hrsg. v. American Institute of CPAs, New York 1961 („Cash Flow" Analysis).

MAUL, KARL-HEINZ/MENNINGER, JUTTA, Das „Intellectual Property Statement" – eine notwendige Ergänzung des Jahresabschlusses?, in: DB 2000, S. 529-533 (Intellectual Property Statement).

MAYER, ANDREAS, Auswirkungen des Bilanzrichtlinien-Gesetzes auf die externe Analyse der Einzelabschlüsse von Kapitalgesellschaften, Frankfurt am Main u. a. 1989 (Auswirkungen des Bilanzrichtlinien-Gesetzes).

MAYER, KARIN, Gestaltung und Informationsgehalt veröffentlichter Kapitalflußrechnungen börsennotierter deutscher Industrie- und Handelsunternehmen, Frankfurt am Main 2002 (Kapitalflußrechnungen).

MEFFERT, HERIBERT, Betriebswirtschaftliche Kosteninformationen, Wiesbaden 1968 (Betriebswirtschaftliche Kosteninformationen).

MEFFERT, HERIBERT, Marketing – Grundlagen marktorientierter Unternehmensführung, 9. Aufl., Wiesbaden 2000 (Marketing).

MELLEROWICZ, KONRAD, Der Wert der Unternehmung als Ganzes, Essen 1952 (Der Wert der Unternehmung als Ganzes).

MENN, BERND-JOACHIM, Die spartenorientierte Kapitalergebnisrechnung im Bayer-Konzern, in: Das Rechnungswesen im Konzern, hrsg. v. Küting, Karlheinz/Weber, Claus-Peter, Stuttgart 1995, S. 215-234 (Die spartenorientierte Kapitalergebnisrechnung im Bayer-Konzern).

MEYER, CLAUS, Betriebswirtschaftliche Kennzahlen und Kennzahlen-Systeme, Stuttgart 1994 (Betriebswirtschaftliche Kennzahlen und Kennzahlen-Systeme).

MEYER-PARPART, WOLFGANG, Ratingkriterien für Unternehmen, in: Handbuch Rating, hrsg. v. Büschgen, Hans Egon/Everling, Oliver, Wiesbaden 1996, S. 111-173 (Ratingkriterien für Unternehmen).

MOCHTY, LUDWIG, Zur theoretischen Fundierung des risikoorientierten Prüfungsansatzes, in: Jahresabschluß und Jahresabschlußprüfung, Festschrift zum 60. Geburtstag von Jörg Baetge, hrsg. v. Fischer, Thomas R./Hömberg, Reinhold, Düsseldorf 1997, S. 731-780 (Theoretische Fundierung des risikoorientierten Prüfungsansatzes).

MODIGLIANI, FRANCO/MILLER, MERTON, The Cost of Capital, Corporation Finance and the Theory of Investment, in: American Economic Review 1958, S. 261-297 (The Cost of Capital).

MODIGLIANI, FRANCO/MILLER, MERTON, Dividend Policy, Growth and Evaluation of Shares, in: The Journal of Business 1961, S. 411-433 (Dividend Policy, Growth and Evaluation of Shares).

MOODY'S KMV (Hrsg.), RiskCalc Germany Fact Sheet, http://www.moodyskmv.com/products/FactSheet_Germany.pdf (Stand: 15. August 2004) (RiskCalc Germany Fact Sheet).

MORGENSTERN, OSKAR, Über die Genauigkeit wirtschaftlicher Beobachtungen, 2. Aufl., Wien/Würzburg 1965 (Über die Genauigkeit wirtschaftlicher Beobachtungen).

MOSSIN, JAN, Equilibrium in a Capital Asset Market, in: Econometrica 1966, S. 768-783 (Equlibrium in a Capital Asset Market).

MOXTER, ADOLF, Fundamentalgrundsätze ordnungsmäßiger Rechenschaft, in: Bilanzfragen. Festschrift zum 65. Geburtstag von Ulrich Leffson, hrsg. v. Baetge, Jörg/Moxter, Adolf/Schneider, Dieter, Düsseldorf 1976, S. 87-100 (Fundamentalgrundsätze ordnungsmäßiger Rechenschaft).

MOXTER, ADOLF, Grundsätze ordnungsmäßiger Unternehmensbewertung, Wiesbaden 1976 (Grundsätze ordnungsmäßiger Unternehmensbewertung).

MOXTER, ADOLF, Bilanzlehre, Band I, Einführung in die Bilanztheorie, 3. Aufl., Wiesbaden 1984 (Bilanzlehre, Bd. I).

MOXTER, ADOLF, Bilanzlehre, Band II, Einführung in das neue Bilanzrecht, 3. Aufl., Wiesbaden 1986 (Bilanzlehre, Bd. II).

MOXTER, ADOLF, Zur Abgrenzung von Verbindlichkeitsrückstellungen und (künftig grundsätzlich unzulässigen) Verlustrückstellungen, in: DB 1997, S. 1477-1484 (Abgrenzung von Verbindlichkeitsrückstellungen und Verlustrückstellungen).

MOXTER, ADOLF, Bilanzrechtsprechung, 5. Aufl., Tübingen 1999 (Bilanzrechtsprechung).

MOXTER, ADOLF, Grundsätze ordnungsgemäßer Rechnungslegung, Düsseldorf 2003 (Grundsätze ordnungsgemäßer Rechnungslegung).

MÜLHAUPT, LUDWIG, Der Bindungsgedanke in der Finanzierungslehre unter besonderer Berücksichtigung der holländischen Finanzierungsliteratur, Wiesbaden 1966 (Der Bindungsgedanke in der Finanzierungslehre).

MÜLLER, CHRISTIAN, Entwicklung eines wissensbasierten Systems zur Unterstützung analytischer Prüfungshandlungen im Rahmen der Jahresabschlußprüfung, Frankfurt am Main u. a. 1996 (Entwicklung eines wissensbasierten Systems).

MÜLLER, ROLF, Die Konzernsteuerquote – Modephänomen oder ernst zu nehmende neue Kennziffer?, in DStR 2002, S. 1684-1688 (Konzernsteuerquote).

NAHLIK, WOLFGANG, Praxis der Jahresabschlußanalyse, Recht, Risiko, Rentabilität, Wiesbaden 1989 (Praxis der Jahresabschlußanalyse).

NARDMANN, HENDRIK, Die Segmentberichterstattung – Anforderungen nach DRS 3 im internationalen Vergleich, Herne u. a. 2002 (Segmentberichterstattung).

NAUCK, DETLEF/KLAWONN, FRANK/KRUSE, RUDOLF, Neuronale Netze und Fuzzy-Systeme, 2. Aufl., Braunschweig/Wiesbaden 1996 (Neuronale Netze und Fuzzy-Systeme).

NAUMANN, THOMAS, Standardentwurf zur Segmentberichterstattung, in: BB 1999 S. 2288-2290 (Segmentberichterstattung).

NETH, MANFRED, Die Berechnung der Herstellungskosten als bilanzpolitisches Mittel, Düsseldorf 1971 (Herstellungskosten als bilanzpolitisches Mittel).

NIEHAUS, HANS-JÜRGEN, Früherkennung von Unternehmenskrisen, Düsseldorf 1987 (Früherkennung von Unternehmenskrisen).

NIEHUS, RUDOLF J., Aufwendungen und Erträge aus der „nicht gewöhnlichen Geschäftstätigkeit" der Kapitalgesellschaft, Abgrenzungsfragen zum Ausweis der außerordentlichen Posten nach neuem Recht, in: DB 1986, S. 1293-1297 (Aufwendungen und Erträge aus der „nicht gewöhnlichen Geschäftstätigkeit").

NIEMEYER, KAI, Bilanzierung von Finanzinstrumenten nach International Accounting Standards (IAS). Eine kritische Analyse aus kapitalmarktorientierter Sicht, Düsseldorf 2003 (Bilanzierung von Finanzinstrumenten).

ORDELHEIDE, DIETER, Bilanzen in der Investitionsplanung und -kontrolle, Zur Berücksichtigung von Kommunikationsrisiken und -kosten bei der Entwicklung der finanziellen Zielfunktion der Unternehmung, in: Aktuelle Fragen der Finanzwirtschaft und der Unternehmensbesteuerung, Festschrift zum 70. Geburtstag von Erich Loitlsberger, hrsg. v. Rückle, Dieter, Wien 1991, S. 507-534 (Bilanzen in der Investitionsplanung und -kontrolle).

ORTH, BERNHARD, Theorie des Messens, Stuttgart 1974 (Theorie des Messens).

PACHECO, ROBERTO U. A., Financial Diagnosis Through a Hybrid Intelligent System, in: EUFIT '96 – Fourth European Congress on Intelligent Techniques and Soft Computing 1996, Vol. 3, hrsg. v. ELITE Foundation, Aachen 1996, S. 2227-2231 (Financial Diagnosis Through a Hybrid Intelligent System).

PAPE, JOCHEN/BOGAJEWSKAJA, JANINA/BORCHMANN, THOMAS, Der Standardentwurf des IASB zur Änderung von IAS 32 und IAS 39 – Darstellung und kritische Würdigung –, in: KoR 2002, S. 219-234 (Financial Instruments).

PEEMÖLLER, VOLKER H., Bilanzanalyse und Bilanzpolitik, 3. Aufl. Wiesbaden 2003 (Bilanzanalyse und Bilanzpolitik).

PELLENS, BERNHARD, Konzernabschlußanalyse, in: Lexikon des Rechnungswesens, hrsg. v. Busse von Colbe, Walther, 3. Aufl., München/Wien 1994, S. 375-379 (Konzernabschlußanalyse).

PERRIDON, LOUIS/STEINER, MANFRED, Finanzwirtschaft der Unternehmung, 12. Aufl., München 2003 (Finanzwirtschaft der Unternehmung).

PFAFF, DIETER/BÄRTL, OLIVER, Wertorientierte Unternehmensführung – Ein kritischer Vergleich ausgewählter Konzepte, in: ZfbF 1999, Sonderheft 41, S. 85-115 (Wertorientierte Unternehmensführung – Ein kritischer Vergleich).

PFITZER, NORBERT, § 321 – Die Redepflicht des Abschlußprüfers, in: Rechnungslegung und Prüfung 1996, hrsg. v. Baetge, Jörg, Düsseldorf 1996, S. 121-210 (Die Redepflicht des Abschlußprüfers).

PFLEGER, GÜNTER, Die neue Praxis der Bilanzpolitik. Strategien und Gestaltungsmöglichkeiten im handels- und steuerrechtlichen Jahresabschluß, 4. Aufl., Freiburg/Breisgau 1991 (Praxis der Bilanzpolitik).

PFUHL, JOERG M., Die Kapitalflußrechnung als Instrument der Bilanzanalyse (Teil I), in: DStR 1991, S. 1638-1643 (Die Kapitalflußrechnung als Instrument der Bilanzanalyse, Teil I).

PFUHL, JOERG M., Die Kapitalflußrechnung als Instrument der Bilanzanalyse (Teil II), in: DStR 1991, S. 1670-1674 (Die Kapitalflußrechnung als Instrument der Bilanzanalyse, Teil II).

PFUHL, JOERG M., Konzernkapitalflußrechnung, Stuttgart 1994 (Konzernkapitalflußrechnung).

PHILLIPS, JOHN/PINCUS, MORTON/REGO, SONJA OLHOFT, Earnings Management: New Evidence Based on Deferred Tax Expense, in: The Accounting Review 2003, Volume 78, No. 2, S. 491-521 (Earnings Management).

PILHOFER, JOCHEN, Konzeptionelle Grundlagen des neuen DRS 2 zur Kapitalflußrechnung im Vergleich mit den international anerkannten Standards, in: DStR 2000, S. 292-304 (Konzeptionelle Grundlagen des neuen DRS 2).

PILHOFER, JOCHEN, Umsatz- und Gewinnrealisierung im internationalen Vergleich. Bilanzpolitische Gestaltungsmöglichkeiten nach HGB, US-GAAP und IFRS, Herne/Berlin 2002 (Umsatz- und Gewinnrealisierung).

PILTZ, DETLEV, Die Unternehmensbewertung in der Rechtsprechung, 3. Aufl., Düsseldorf 1994 (Die Unternehmensbewertung in der Rechtsprechung).

PIRAMUTHU, SELWYN, Financial credit-risk evaluation with neural and neurofuzzy systems, in: European Journal of Operation Research 1999, S. 310-321 (Financial credit-risk evaluation with neural and neurofuzzy systems).

PLAUT, TIMOTHY/SANNE, STEFAN, Bilanzanalyse aus der Sicht des internationalen Anlegers, in: ZfbF-Sonderheft 29/1991, S. 157-164 (Bilanzanalyse aus der Sicht des internationalen Anlegers).

POPP, HERIBERT, Anwendungen der Fuzzy-Set-Theorie in Industrie- und Handelsbetrieben, in: Wirtschaftsinformatik 1994, S. 268-385 (Anwendungen der Fuzzy-Set-Theorie).

POTTHOFF, ERICH, Die Prüfung des Jahresabschlusses durch den Aufsichtsrat, in: Rechnungslegung, Prüfung und Beratung, Herausforderungen für den Wirtschaftsprüfer, Festschrift zum 70. Geburtstag von Rainer Ludewig, hrsg. v. Baetge, Jörg u. a., Düsseldorf 1996, S. 831-853 (Die Prüfung des Jahresabschlusses durch den Aufsichtsrat).

POTTHOFF, ERICH, Überwachung durch den Aufsichtsrat – Eine Gestaltungsaufgabe der Betriebswirtschaftslehre, in: Festband zur Akademischen Feier am 18. Dezember 1996 aus Anlaß der Verleihung der Ehrendoktorwürde an Prof. Dr. Erich Potthoff, hrsg. v. der Wirtschaftswissenschaftlichen Fakultät der Westfälischen Wilhelms-Universität Münster, Münster 1997, S. 25-49 (Überwachung durch den Aufsichtsrat).

PREISER, ERICH, Der Kapitalbegriff und die neuere Theorie, in: Die Unternehmung im Markt. Festschrift zum 75. Geburtstag von Wilhelm Rieger, Stuttgart/Köln 1953, S. 14-38 (Der Kapitalbegriff und die neuere Theorie).

PUPPE, RANK, Einführung in die Expertensysteme, 2. Aufl., Berlin u. a. 1991 (Einführung in die Expertensysteme).

PYTLIK, MARTIN, Diskriminanzanalyse und Künstliche Neuronale Netze zur Klassifizierung von Jahresabschlüssen: Ein empirischer Vergleich, in: Europäische Hochschulschriften, Reihe 5, Volks- und Betriebswirtschaft, Bd. 1688, Frankfurt am Main u. a. 1995 (Diskriminanzanalyse und Künstliche Neuronale Netze zur Klassifizierung von Jahresabschlüssen).

RAPPAPORT, ALFRED, Strategic analysis for more profitable acquisitions, in: Harvard Business Review 1979, S. 99-110 (Strategic analysis for more profitable acquisitions).

REHKUGLER, HEINZ/PODDIG, THORSTEN, Klassifikation von Jahresabschlüssen mittels Multilayer-Perceptrons - Erste Ergebnisse und weiterführende Fragestellungen, Bamberger Betriebswirtschaftliche Beiträge Nr. 87/1992, Bamberg 1992 (Klassifikation von Jahresabschlüssen).

REHKUGLER, HEINZ/PODDIG, THORSTEN, Bilanzanalyse, 4. Aufl., München/Wien 1998 (Bilanzanalyse).

REICHMANN, THOMAS, Controlling mit Kennzahlen und Managementberichten, 6. Aufl., München 2001 (Controlling mit Kennzahlen und Managementberichten).

REICHMANN, THOMAS/LACHNIT, LAURENZ, Planung, Steuerung und Kontrolle mit Hilfe von Kennzahlen, in: ZfbF 1976, S. 705-723 (Planung, Steuerung und Kontrolle).

REICHMANN, THOMAS/LANGE, CHRISTOPH, Wertschöpfungsrechnung und handelsrechtliche Gewinnermittlung: Brutto- oder Netto-Wertschöpfung?, in: DB 1981, S. 949-953 (Wertschöpfungsrechnung und handelsrechtliche Gewinnermittlung).

REINHART, ALEXANDER, Die Auswirkungen der Rechnungslegung nach International Accounting Standards auf die erfolgswirtschaftliche Abschlußanalyse von deutschen Jahresabschlüssen, Frankfurt am Main 1998 (Erfolgswirtschaftliche Abschlußanalyse).

REUTER, EDZARD, Analyse von Weltabschlüssen nach dem Bilanzrichtlinien-Gesetz, in: ZfB 1988, S. 285-303 (Analyse von Weltabschlüssen nach dem Bilanzrichtlinien-Gesetz).

RICHARD, JACQUES/BECHTEL, WILFRIED, Jahresabschlußinformationen für globale Märkte und die aktuelle Krise des französischen Rechnungswesens, in: Jahresabschluß und Jahresabschlußprüfung, Festschrift zum 60. Geburtstag von Jörg Baetge, hrsg. v. Fischer, Thomas R./Hömberg, Reinhold, Düsseldorf 1997, S. 601-635 (Die Krise des französischen Rechnungswesens).

RICHTER, MICHAEL, Die Bewertung des Goodwill nach SFAS No. 141 und SFAS No. 142 – Eine kritische Würdigung des impairment only-Ansatzes, Düsseldorf 2003 (Bewertung des Goodwill).

RIEBELL, CLAUS, Die Konzernbilanzanalyse, Stuttgart 1992 (Die Konzernbilanzanalyse).

RIEBELL, CLAUS, Die Praxis der Bilanzauswertung, 7. Aufl., Stuttgart 2001 (Die Praxis der Bilanzauswertung).

RIEBELL, CLAUS/GRÜN, DIETRICH-JÜRGEN, Cash-Flow und Bewegungsbilanz: Instrumente zur Analyse des Jahresabschlusses, 3. Aufl., Stuttgart 1999 (Cash-Flow und Bewegungsbilanz)

RIEGER, WILHELM, Einführung in die Privatwirtschaftslehre, 2. Aufl., Erlangen 1959 (Einführung in die Privatwirtschaftslehre).

RITTER, HELGE/MARTINETZ, THOMAS/SCHULTEN, KLAUS, Neuronale Netze, 2. Aufl., Bonn/München 1991 (Neuronale Netze).

RÖTTGER, BERNHARD, Das Konzept des Value Added als Maßstab für finanzielle Performance: Darstellung und Anwendung auf deutsche Aktiengesellschaften, Kiel 1994 (Konzept des Added Value).

ROGLER, SILVIA, Gewinn- und Verlustrechnung nach dem Umsatzkostenverfahren, Wiesbaden 1990 (Gewinn- und Verlustrechnung nach dem UKV).

ROJAS, RAUL, Theorie der neuronalen Netze, 4. Aufl., Berlin/Heidelberg 1996 (Theorie der neuronalen Netze).

RUHWEDEL, FRANCA/SCHULTZE, WOLFGANG, Value Reporting: Theoretische Konzeption und Umsetzung bei den DAX 100-Unternehmen, in: ZfbF 2002, S. 602-633 (Value Reporting).

RUMELHART, DAVID E./HINTON, GEOFFREY E./WILLIAMS, R. J., Learning Internal Representations by Error Propagation, in: Parallel Distributed Processing, Explorations in the Microstructure of Cognition. Vol. 1, hrsg. v. Rumelhart, David E./McClelland, James L., Cambridge (MA) 1986, S. 318-362 (Learning Internal Representations).

RUMMEL, KURT, Einheitliche Kostenrechnung auf der Grundlage einer vorausgesetzten Proportionalität der Kosten zu betrieblichen Größen, 3. Aufl., Düsseldorf 1949 (Einheitliche Kostenrechnung).

SHARPE, WILLIAM F., Capital Asset Prices. A Theory of Market Equilibrium under Conditions of Risk, in: JoF 1964, S. 425-442 (Capital Asset Prices).

SCHEDLBAUER, HANS, Bilanzanalyse in der Praxis, in: DB 1978, S. 2425-2430 (Bilanzanalyse in der Praxis).

SCHEFFELS, ROLF, Fuzzy-Logik in der Jahresabschlußprüfung. Entwicklung eines wissensbasierten Systems zur Analyse der Vermögens-, Finanz- und Ertragslage, Wiesbaden 1996 (Fuzzy-Logik in der Jahresabschlußprüfung).

SCHEFFLER, WOLFRAM, Besteuerung von Unternehmen I. Ertrag-, Substanz- und Verkehrsteuern, 6. Auflage, Heidelberg 2003 (Besteuerung).

SCHEIBE-LANGE, INGRID, Die Informationsanforderungen der Gewerkschaften an die Rechnungslegung, in: Der Jahresabschluß im Widerstreit der Interessen, hrsg. v. Baetge, Jörg, Düsseldorf 1983, S. 47-67 (Informationsanforderungen der Gewerkschaften).

SCHEREN, MICHAEL, Konzernabschlußpolitik, Stuttgart 1993 (Konzernabschlußpolitik).

SCHILDBACH, THOMAS, Der handelsrechtliche Jahresabschluss, 6. Aufl., Herne/Berlin 2000 (Der handelsrechtliche Jahresabschluss).

SCHILDBACH, THOMAS, Der Konzernabschluß nach HGB, IAS und US-GAAP, 6. Aufl., München/Wien 2001 (Der Konzernabschluß nach HGB, IAS und US-GAAP).

SCHMALENBACH, EUGEN, Dynamische Bilanz, 4. Aufl., Leipzig 1926 (Dynamische Bilanz, 4. Aufl.).

SCHMALENBACH, EUGEN, Dynamische Bilanz, 11. Aufl., Köln/Opladen 1953 (Dynamische Bilanz).

SCHMALENBACH, EUGEN, Kostenrechnung und Preispolitik, 8. Aufl., Köln/Opladen 1963 (Kostenrechnung und Preispolitik).

SCHMALENBACH, EUGEN, Die Beteiligungsfinanzierung, 9. Aufl., bearb. v. Bauer, Richard, Köln/Opladen 1966 (Die Beteiligungsfinanzierung).

SCHMIDT, REINHARD H., Grundzüge der Investitions- und Finanzierungstheorie, 2. Aufl., Wiesbaden 1986 (Grundzüge der Investitions- und Finanzierungstheorie).

SCHMIDT, REINHARD H./TERBERGER, EVA, Grundzüge der Investitions- und Finanzierungstheorie, 3. Aufl., Wiesbaden 1996 (Grundzüge der Investitions- und Finanzierungstheorie).

SCHNEEWEISS, CHRISTOPH, Kostenwirksamkeitsanalyse, Nutzwertanalyse und Multi-Attributive Nutzentheorie, in: WiSt 1990, S. 13-18 (Nutzwertanalyse).

SCHNEIDER, DIETER, Erste Schritte zu einer Theorie der Bilanzanalyse, in: WPg 1989, S. 633-642 (Erste Schritte zu einer Theorie der Bilanzanalyse).

SCHNEIDER, DIETER, Investition, Finanzierung und Besteuerung, 7. Aufl., Wiesbaden 1992 (Investition, Finanzierung und Besteuerung).

SCHNEIDER, DIETER, Betriebswirtschaftslehre, Band 2: Rechnungswesen, 2. Aufl., München/Wien 1997 (Rechnungswesen).

SCHNEIDER, HANS-KARL, Methoden und Methodenfragen der Volkswirtschaftslehre, in: Kompendium der Volkswirtschaftslehre, hrsg. v. Ehrlicher, Werner u. a., Band 1, Göttingen 1967, S. 1-14 (Methoden und Methodenfragen der Volkswirtschaftslehre).

SCHNETTLER, ALBERT, Betriebsvergleich, Grundlagen, Technik und Anwendung zwischenbetrieblicher Vergleiche, 1. Aufl., Stuttgart 1933 (Betriebsvergleich, 1. Aufl.).

SCHNETTLER, ALBERT, Betriebsanalyse, Stuttgart 1958 (Betriebsanalyse).

SCHNETTLER, ALBERT, Betriebsvergleich, Grundlagen und Praxis zwischenbetrieblicher Vergleiche, 3. Aufl., Stuttgart 1961 (Betriebsvergleich).

SCHÖNBRODT, BERND, Erfolgsprognosen mit Bilanzkennzahlen, Frankfurt am Main/Bern 1981 (Erfolgsprognosen mit Bilanzkennzahlen).

SCHOENFELD, HANNS MARTIN W., Humanvermögen, in: Handwörterbuch des Rechnungswesens, hrsg. v. Chmielewicz, Klaus/Schweitzer, Marcell, 3. Aufl., Stuttgart 1993, Sp. 889-896 (Humanvermögen).

SCHOPPEN, WILLI, Darstellung der Finanzlage mit Hilfe der Kapitalflußrechnung, Düsseldorf 1982 (Kapitalflußrechnung).

SCHOTT, GERHARD, Kennzahlen, 6. Aufl., Wiesbaden 1991 (Kennzahlen).

SCHRUFF, LOTHAR, Zum Ausweis des Zinsanteils bei der Zuführung zur Pensionsrückstellung, in: Jahresabschluß und Jahresabschlußprüfung, Festschrift zum 60. Geburtstag von Jörg Baetge, hrsg. v. Fischer, Thomas R./Hömberg, Reinhold, Düsseldorf 1997, S. 401-426 (Zum Ausweis des Zinsanteils bei der Zuführung zur Pensionsrückstellung).

SCHRUFF, WIENAND, Einflüsse der 7. EG-Richtlinie auf die Aussagefähigkeit des Konzernabschlusses, Berlin 1984 (Einflüsse der 7. EG-Richtlinie).

SCHRUFF, WIENAND/ROTHENBURGER, MANUEL, Zur Konsolidierung von Special Purpose Entities im Konzernabschluss nach US-GAAP, IAS und HGB, in: WPg 2002, S. 755-765 (Special Purpose Entities).

SCHULT, EBERHARD, Bilanzanalyse, 11. Aufl., Hamburg 2003 (Bilanzanalyse).

SCHULTE, KARL-WERNER, Imparitätsprinzip und Niederstwertvorschrift, in: WPg 1979, S. 505-510 (Imparitätsprinzip und Niederstwertvorschrift).

SCHULZE-TILLING, JÜRGEN, Konzeption einer Checkliste für das Firmenkundenkreditgeschäft vor dem Hintergrund der Insolvenzursachenforschung, Arbeitspapiere des Instituts für Revisionswesen der Westfälischen Wilhelms-Universität Münster, hrsg. v. Baetge, Jörg, Münster 1995 (Checkliste für das Firmenkundenkreditgeschäft vor dem Hintergrund der Insolvenzursachenforschung).

SCHUSTER, LEO, Jahresabschlußanalyse, in: Handwörterbuch der Betriebswirtschaft, hrsg. v. Wittmann, Waldemar u. a., 5. Aufl., Stuttgart 1993, Sp. 2062-2074 (Jahresabschlußanalyse).

SELCHERT, FRIEDRICH WILHELM, Probleme der Unter- und Obergrenze von Herstellungskosten, in: BB 1986, S. 2298-2306 (Probleme der Herstellungskosten).

SELCHERT, FRIEDRICH WILHELM, Windowdressing – Grenzbereich der Jahresabschlußgestaltung, in: DB 1996, S. 1933-1940 (Windowdressing).

SIEFKE, MICHAEL, Externes Rechnungswesen als Datenbasis der Unternehmenssteuerung. Vergleich mit der Kostenrechnung und Shareholder-Value-Ansätzen, Wiesbaden 1999 (Externes Rechnungswesen als Datenbasis der Unternehmenssteuerung).

SIEGEL, THEODOR, Gewinnverwendungspolitik und Steuern, in: Handwörterbuch der Betriebswirtschaft, hrsg. v. Wittmann, Waldemar u. a., 5. Aufl., Stuttgart 1993, Sp. 1481-1495 (Gewinnverwendungspolitik und Steuern).

SIEGEL, THEODOR, Wahlrecht, in: Handwörterbuch unbestimmter Rechtsbegriffe im Bilanzrecht des HGB, hrsg. v. Leffson, Ulrich/Rückle, Dieter/Großfeld, Bernhard, Köln 1986, S. 416-427 (Wahlrecht).

SIENER, FRIEDRICH, Der Cash-Flow als Instrument der Bilanzanalyse, Stuttgart 1991 (Der Cash-Flow als Instrument der Bilanzanalyse).

SIGLE, HERMANN, Bilanzstrukturpolitik, in: Handwörterbuch des Rechnungswesens, hrsg. v. Chmielewicz, Klaus/Schweitzer, Marcell, 3. Aufl., Stuttgart 1993, Sp. 239-249 (Bilanzstrukturpolitik).

SPRENGER, REINHARD, Grundsätze gewissenhafter und getreuer Rechenschaft im Geschäftsbericht, Wiesbaden 1976 (Grundsätze gewissenhafter und getreuer Rechenschaft im Geschäftsbericht).

STAEHLE, WOLFGANG H., Kennzahlen und Kennzahlensysteme als Mittel der Organisation und Führung von Unternehmen, Wiesbaden 1969 (Kennzahlen und Kennzahlensysteme).

STAEHLE, WOLFGANG H., Das Du-Pont-System und verwandte Konzepte der Unternehmenskontrolle, in: Erfolgskontrolle im Marketing, hrsg. v. Böcker, Franz/Dichtl, Erwin, Berlin 1975, S. 317-336 (Das Du-Pont-System und verwandte Konzepte der Unternehmenskontrolle).

STAHN, FRANK, Zum praktischen Entwicklungsstand der Konzernkapitalflußrechnung – Eine empirische Untersuchung vor dem Hintergrund der Stellungnahme HFA 1/1995 und dem betriebswirtschaftlichen Forschungsstand zur Konzern-Kapitalflußrechnung, in: WPg 1996, S. 649-657 (Konzernkapitalflußrechnung in Deutschland).

STATISTISCHES BUNDESAMT (Hrsg.), Statistisches Jahrbuch für die Bundesrepublik Deutschland 1996, Wiesbaden 1996 (Statistisches Jahrbuch 1996).

STATISTISCHES BUNDESAMT (Hrsg.), Statistisches Jahrbuch für die Bundesrepublik Deutschland 2002, Wiesbaden 2002 (Statistisches Jahrbuch 2002).

STATISTISCHES BUNDESAMT (Hrsg.), Statistisches Jahrbuch für die Bundesrepublik Deutschland 2003, Wiesbaden 2003 (Statistisches Jahrbuch 2003).

STEINER, MANFRED/BRUNS, CHRISTOPH, Wertpapiermanagement, 8. Aufl., Stuttgart 2002 (Wertpapiermanagement).

STERN, JOEL M., EVA Roundtable, in: Journal of Applied Corporate Finance 1994, Vol. 7, No. 2, S. 46-70 (EVA Roundtable).

STERZENBACH, HORST WERNER, Operationale Konzeptionen zur Ermittlung des unternehmungserhaltenden Gewinns, Münster 1971 (Operationale Konzeptionen zur Ermittlung des unternehmungserhaltenden Gewinns).

STEWART G. BENNETT, Quest for Value: The EVA^{TM} Management Guide, New York 1991 (Quest for Value).

STEWART, G. BENNETT, EVA^TM: Fact and Fantasy, in: Journal of Applied Corporate Finance 1994, Vol. 7, No. 2, S. 71-84 (EVA: Fact and Fantasy).

STIBI, BERND, Statistische Jahresabschlußanalyse als Instrument der steuerlichen Betriebsprüfung, Düsseldorf 1994 (Statistische Jahresabschlußanalyse als Instrument der steuerlichen Betriebsprüfung).

STIBI, EVA, Prüfungsrisikomodell und risikoorientierte Abschlußprüfung, Düsseldorf 1995 (Prüfungsrisikomodell und risikoorientierte Abschlußprüfung).

STRECK, MICHAEL/BINNEWIES, BURKHARD, Das verfassungswidrige Fiskalspiel mit dem Körperschaftssteuerguthaben, in: DB 2003, S. 1133-1134 (Körperschaftsteuerguthaben).

STÜDEMANN, KLAUS, Die cash-flow-Untersuchung als Mittel der Unternehmensanalyse, in: WPg 1970, S. 392-398 (Die cash-flow-Untersuchung als Mittel der Unternehmensanalyse).

SÜCHTING, JOACHIM, Finanzmanagement, Theorie und Politik der Unternehmensfinanzierung, 6. Aufl., Wiesbaden 1995 (Finanzmanagement).

TACKE, HELMUT R., Aussagekraft und Anwendung des Cash flow, in: BBK 1994, Fach 19, S. 305-310 (Aussagekraft und Anwendung des Cash flow).

TANSKI, JOACHIM S., Vorsicht vor dem Reiz der Scheinwelt EBITDA, in: ProFirma 2003, S. 60-63 (Scheinwelt EBITDA).

THIELE, STEFAN, Das Eigenkapital im handelsrechtlichen Jahresabschluß, Düsseldorf 1998 (Das Eigenkapital im handelsrechtlichen Jahresabschluß).

THIELE, STEFAN/TSCHESCHE, FRANK, Zur Bilanzierungspraxis der DAX-Unternehmen im Geschäftsjahr 1996 – Mehr „Einblick" durch internationale Rechnungslegungsnormen?, in: DB 1997, S. 2497-2502 (Bilanzierungspraxis der DAX-Unternehmen im Geschäftsjahr 1996).

THOMS-MEYER, DIRK, Grundsätze ordnungsmäßiger Bilanzierung für Pensionsrückstellungen, Düsseldorf 1996 (Grundsätze ordnungsmäßiger Bilanzierung für Pensionsrückstellungen).

THUN, CHRISTIAN, Entwicklung von Bilanzbonitätsklassifikatoren auf der Basis schweizerischer Jahresabschlüsse, Hamburg 2000 (Entwicklung von Bilanzbonitätsklassifikatoren).

UHLENBRUCK, WILHELM, Die Insolvenzgründe (Verfahrensauslöser) nach der Insolvenzordnung – Drohende und eingetretene Zahlungsunfähigkeit sowie Überschuldung (§§ 17 bis 19 InsO) –, in: Beiträge zum neuen Insolvenzrecht, hrsg. v. Baetge, Jörg, Düsseldorf 1998, S. 17-41 (Insolvenzgründe).

UTHOFF, CARSTEN, Erfolgsoptimale Kreditwürdigkeitsprüfung auf der Basis von Jahresabschlüssen und Wirtschaftsauskünften mit Künstlichen Neuronalen Netzen, Stuttgart 1997 (Erfolgsoptimale Kreditwürdigkeitsprüfung).

VERLAG HOPPENSTEDT GMBH (Hrsg.), Handbuch der Großunternehmen 1996, Darmstadt u. a. 1996 (Handbuch der Großunternehmen).

VODRAZKA, KARL, Vergleichsrechnungen, in: Handwörterbuch des Rechnungswesens, hrsg. v. Chmielewicz, Klaus/Schweitzer, Marcell, 3. Aufl., Stuttgart 1993, Sp. 1997-2005 (Vergleichsrechnungen).

VOGT, STEFAN, Die Maßgeblichkeit des Handelsbilanzrechts für die Steuerbilanz, Düsseldorf 1991 (Die Maßgeblichkeit des Handelsbilanzrechts für die Steuerbilanz).

VOLK, GERRIT, Jahresabschluß und Information, Heidelberg 1990 (Jahresabschluß und Information).

VOLLRODT, WERNER, Cash-Flow-Analyse, in: Wissenschaftliche Betriebsführung und Betriebswirtschaftslehre, Festschrift zum 75. Geburtstag von Otto R. Schnutenhaus, hrsg. v. Kroeber-Riel, Werner/Meyer, Carl W., Berlin 1969, S. 241-250 (Cash-Flow-Analyse).

VVC (Hrsg.), Die Wirtschaftsauskunftei, Neuss o. J. (Die Wirtschaftsauskunftei).

VVC (Hrsg.), Insolvenzen in Europa, Jahr 2003/04 – Eine Untersuchung der Creditreform Wirtschafts- und Konjunkturforschung, Neuss 2004, http://www.creditreform.de/angebot/Downloads_Analysen/Wirtschaftsanalysen/Europa3.pdf (Stand: 15. August 2004) (Insolvenzen in Europa).

WAGENHOFER, ALFRED, Bilanzierung und Bilanzanalyse, 5. Aufl., Wien 1995 (Bilanzierung und Bilanzanalyse).

WAGENHOFER, ALFRED, Internationale Rechnungslegungsstandards – IAS/IFRS, 4. Aufl., Frankfurt/Wien 2003 (Internationale Rechnungslegungsstandards).

WAGENHOFER, ALFRED/EWERT, RALF, Externe Unternehmensrechnung, Berlin 2003 (Externe Unternehmensrechnung).

WAGNER, JÜRGEN, Die Aussagefähigkeit von cash-flow-Ziffern für die Beurteilung der finanziellen Lage einer Unternehmung, in: DB 1985, S. 1601-1607 und S. 1649-1653 (Die Aussagefähigkeit von cash-flow-Ziffern).

WAGNER, WOLFGANG, Ansatz und Bewertung im Status – Rechnungslegung im Insolvenzverfahren, in: Beiträge zum neuen Insolvenzrecht, hrsg. v. Baetge, Jörg, Düsseldorf 1998, S. 43-70 (Ansatz und Bewertung im Status).

WATSON, GREGORY H., Benchmarking – Vom Besten lernen, Landsberg am Lech 1993 (Benchmarking).

WEBER, EBERHARD, Die Bewertung von ausländischen Unternehmen, in: DStR 1993, S. 1270-1276 (Bewertung von ausländischen Unternehmen).

WEBER, HELMUT K., Bilanzanalyse mit dem Ziel der Rentabilitätsermittlung, in: DB 1980, S. 1453-1460 (Bilanzanalyse mit dem Ziel der Rentabilitätsermittlung).

WEBER, MARTIN/KRAHNEN, JAN/WEBER, ADELHEID, Scoring-Verfahren – häufige Anwendungsfehler und ihre Vermeidung, in: DB 1995, S. 1621-1626 (Scoring-Verfahren).

WECHSLER, GEORG, EVA als neues Finanzführungsinstrument, in: Der Schweizer Treuhänder 1997, S. 819-826 (EVA als neues Finanzführungsinstrument).

WEHRHEIM, MICHAEL, Die Erfolgsspaltung als Krisenindikator, in: DStR 1997, S. 508-513 (Die Erfolgsspaltung als Krisenindikator).

WEIBEL, PETER F., Die Bonitätsbeurteilung im Kreditgeschäft der Banken, 2. Aufl., Bern/Stuttgart 1978 (Die Bonitätsbeurteilung im Kreditgeschäft der Banken).

WEILAND, HEINER, Die Wertschöpfungsrechnung als Informationsinstrument kleinerer und mittlerer Unternehmen, in: Die Information über Steuer und Wirtschaft 1996, S. 54-58 und S. 87-92 (Die Wertschöpfungsrechnung als Informationsinstrument).

WEISE, INGOLF, GoB-konforme Abbildung von reserveauflösenden Sachverhaltsgestaltungen im Jahresabschluß, Hamburg 1999 (GoB-konforme Abbildung von reserveauflösenden Sachverhaltsgestaltungen im Jahresabschluß).

WERNER, UTE, Die Berücksichtigung nichtnumerischer Daten im Rahmen der Bilanzanalyse, in: WPg 1990, S. 369-376 (Nichtnumerische Daten im Rahmen der Bilanzanalyse).

WILHELM, JOCHEN, Ausschüttungspolitik, in: Handwörterbuch der Betriebswirtschaft, hrsg. v. Wittmann, Waldemar u. a., 5. Aufl., Stuttgart 1993, Sp. 213-227 (Ausschüttungspolitik).

WILHELM, WINFRIED, Wie gut sind die Blue Chips?, in: manager magazin, Heft 9/1997, S. 102-111 (Wie gut sind die Blue Chips?).

WINKELJOHANN, NORBERT, Basel II und Rating: Auswirkungen auf den Jahresabschluss und dessen Prüfung, in: WPg 2003, S 385-395 (Basel II und Rating).

WÖHE, GÜNTER, Bilanzierung und Bilanzpolitik, 9. Aufl., München 1997 (Bilanzierung und Bilanzpolitik).

WÖHE, GÜNTER, Einführung in die allgemeine Betriebswirtschaftslehre, 21. Aufl., München 2002 (Allgemeine Betriebswirtschaftslehre).

WÖHE, GÜNTER/BILSTEIN, JÜRGEN, Grundzüge der Unternehmensfinanzierung, 9. Aufl., München 2002 (Grundzüge der Unternehmensfinanzierung).

WOLZ, MATTHIAS, Die Krisenwarnfunktion des Abschlußprüfers, Wiesbaden 1996 (Krisenwarnfunktion des Abschlußprüfers).

WOTSCHOFSKY, STEFAN, Teilsteuerrechnung – Eine Idee mit Erfolg, in: DStR 2001, S. 652-655 (Teilsteuerrechnung).

WURL, HANS-JÜRGEN/KUHNERT, MARCUS/HEBELER, CHRISTIAN, Traditionelle Formen der kurzfristigen Erfolgsrechnung und der „Economic Value Added"-Ansatz – Ein kritischer Vergleich unter dem Aspekt der Unternehmenssteuerung – , in: WPg 2001, S. 1361-1372 (Traditionelle Formen der kurzfristigen Erfolgsrechnung).

WYSOCKI, KLAUS V., Das Postulat der Fristenkongruenz als Spielregel, Stuttgart 1962 (Das Postulat der Fristenkongruenz als Spielregel).

WYSOCKI, KLAUS V., DRS 2: Neue Regeln des Deutschen Rechnungslegungs Standards Committee zur Aufstellung von Kapitalflussrechnungen, in: DB 1999, S. 2373-2378 (DRS 2).

WYSOCKI, KLAUS V./WOHLGEMUTH, MICHAEL, Konzernrechnungslegung, 4. Aufl., Düsseldorf 1996 (Konzernrechnungslegung).

ZADAH, LOFTI A., Fuzzy Sets, in: Information and Control 1995, S. 338-353 (Fuzzy Sets).

ZANGEMEISTER, CHRISTOF, Nutzwertanalyse von Projektalternativen, in: IO 1971, S. 159-168 (Nutzwertanalyse von Projektalternativen).

ZANGEMEISTER, CHRISTOF, Nutzwertanalyse in der Systemtechnik, 4. Aufl., München 1976 (Nutzwertanalyse in der Systemtechnik).

ZDRAL, WOLFGANG, Fitness-Test für Firmen, in: Top Business, Heft 11/1993, S. 20-30 (Fitness-Test für Firmen).

ZDRAL, WOLFGANG, Obduktion mit neuronalem Netz, in: Top Business, Heft 11/1993, S. 32-34 (Obduktion mit neuronalem Netz).

ZDRAL, WOLFGANG, Die Top 100 auf dem Prüfstand, in: Top Business Heft, 11/1994, S. 20-26 (Die Top 100 auf dem Prüfstand).

ZELL, ANDREAS, Simulation Neuronaler Netze, Bonn u. a. 1994 (Simulation Neuronaler Netze).

ZIEGLER, HASSO, Neuorientierung des internen Rechnungswesens für das Unternehmens-Controlling im Hause Siemens, in: ZfbF 1994, S. 175-188 (Neuorientierung des internen Rechnungswesens).

ZIESEMER, STEFAN, Rechnungslegungspolitik in IAS-Abschlüssen und die Möglichkeiten ihrer Neutralisierung, Düsseldorf 2002 (Rechnungslegungspolitik in IAS-Abschlüssen).

ZIMMERER, CARL, Einige Aspekte der praktischen Durchführung von Unternehmensbewertungen, in: ZfB 1961, S. 170-175 (Unternehmensbewertungen).

ZIMMERMANN, HANS GEORG, Neuronale Netze als Entscheidungskalkül, in: Neuronale Netze in der Ökonomie, hrsg. v. Rehkugler, Heinz/Zimmermann, Hans Georg, München 1994, S. 1-87 (Neuronale Netze als Entscheidungskalkül).

ZIOLKOWSKI, ULRICH, Erfolgsspaltung: Aussagefähigkeit und Grenzen, in: Bilanzanalyse nach neuem Recht, hrsg. v. Coenenberg, Adolf Gerhard, 2. Aufl., Landsberg am Lech 1990, S. 153-188 (Erfolgsspaltung).

ZÜLCH, HENNING, Die Bilanzierung von Investment Properties nach IAS 40, Düsseldorf 2003 (Die Bilanzierung von Investment Properties).

ZÜLCH, HENNING/LIENAU, ACHIM, Die Bedeutung der Steuerabgrenzung für die fair-value-Bilanzierung nicht-finanzieller Vermögenswerte nach den Rechnungslegungsvorschriften des IASB, in: WPg 2004, S. 565-576 (Bedeutung der Steuerabgrenzung für die fair-value-Bilanzierung).

Verzeichnis der Geschäftsberichte

BASF AG (Hrsg.), Finanzbericht 2002, Ludwigshafen 2003 (Finanzbericht 2002).

BASF AG (Hrsg.), Finanzbericht 2003, Ludwigshafen 2004 (Finanzbericht 2003).

BASF AG (Hrsg.), Geschäftsbericht 2002, Ludwigshafen 2003 (Geschäftsbericht 2002).

BAYER AG (Hrsg.), Finanzbericht 2001, Leverkusen 2002 (Finanzbericht 2001).

BAYER AG (Hrsg.), Finanzbericht 2002, Leverkusen 2003 (Finanzbericht 2002).

BAYER AG (Hrsg.), Geschäftsbericht 2003, Leverkusen 2004 (Geschäftsbericht 2003).

BMW AG (Hrsg.), Geschäftsbericht 2003, München 2004 (Geschäftsbericht 2003).

CLAAS KGAA MBH (Hrsg.), Geschäftsbericht 2003, Harsewinkel 2004 (Geschäftsbericht 2003).

DEUTSCHE BANK AG (Hrsg.), Geschäftsbericht 1996, Frankfurt am Main 1997 (Geschäftsbericht 1996).

DEUTSCHE LUFTHANSA AG (Hrsg.), Geschäftsbericht 1992, Köln 1993 (Geschäftsbericht 1992).

DEUTSCHE LUFTHANSA AG (Hrsg.), Geschäftsbericht 2003, Köln 2004 (Geschäftsbericht 2003).

DIS AG (Hrsg.), Geschäftsbericht 2002, Düsseldorf 2003 (Geschäftsbericht 2002).

GILDEMEISTER AG (Hrsg.), Geschäftsbericht 2002, Bielefeld 2003 (Geschäftsbericht 2002).

HEIDELBERGER ZEMENT AG (Hrsg.), Geschäftsbericht 1994, Heidelberg 1995 (Geschäftsbericht 1994).

HEIDELBERGER ZEMENT AG (Hrsg.), Geschäftsbericht 1996, Heidelberg 1997 (Geschäftsbericht 1996).

HENKEL KGAA (Hrsg.), Geschäftsbericht 1992, Düsseldorf 1993 (Geschäftsbericht 1992).

HENKEL KGAA (Hrsg.) Geschäftsbericht 2002, Düsseldorf 2003 (Geschäftsbericht 2002).

HENKEL KGAA (Hrsg.), Geschäftsbericht 2003, Düsseldorf 2004 (Geschäftsbericht 2003).

HOCHTIEF AG (Hrsg.), Geschäftsbericht 1996, Essen 1997 (Geschäftsbericht 1996).

HOECHST AG (Hrsg.), Geschäftsbericht 1995, Frankfurt am Main 1996 (Geschäftsbericht 1995).

IVG HOLDING AG (Hrsg.), Geschäftsbericht 1995, Bonn 1996 (Geschäftsbericht 1995).

PHILIPP HOLZMANN AG (Hrsg.), Geschäftsbericht 1994, Frankfurt am Main 1995 (Geschäftsbericht 1994).

PHILIPP HOLZMANN AG (Hrsg.), Geschäftsbericht 1995, Frankfurt am Main 1996 (Geschäftsbericht 1995).

PHILIPP HOLZMANN AG (Hrsg.), Geschäftsbericht 1997, Frankfurt am Main 1998 (Geschäftsbericht 1997).

RWE AG (Hrsg.), Geschäftsbericht 2002, Essen 2003 (Geschäftsbericht 2002).

RWE AG (Hrsg.), Geschäftsbericht 2003, Essen 2004 (Geschäftsbericht 2003).

RWE AG (Hrsg.), Jahresabschluss 2003, Essen 2004 (Jahresabschluss 2003).

RWE AG (Hrsg.), Bericht über das erste Quartal 2004, Essen 2004 (Bericht über das erste Quartal 2004).

SCHERING AG (Hrsg.), Geschäftsbericht 2002, Berlin 2003 (Geschäftsbericht 2002).

SCHERING AG (Hrsg.), Geschäftsbericht 2003, Berlin 2004 (Geschäftsbericht 2003).

STINNES AG (Hrsg.), Geschäftsbericht 2002, Mülheim an der Ruhr 2003 (Geschäftsbericht 2002).

VOLKSWAGEN AG (Hrsg.), Geschäftsbericht 1997, Wolfsburg 1998 (Geschäftsbericht 1997).

WAL-MART STORES INC. (Hrsg.), Geschäftsbericht 2000, Bentonville 2000 (Geschäftsbericht 2000).

WAL-MART STORES INC. (Hrsg.), Geschäftsbericht 2001, Bentonville 2001 (Geschäftsbericht 2001).

WAL-MART STORES INC. (Hrsg.), Geschäftsbericht 2002, Bentonville 2002 (Geschäftsbericht 2002).

WAL-MART STORES INC. (Hrsg.), Geschäftsbericht 2003, Bentonville 2003 (Geschäftsbericht 2003).

WAL-MART STORES INC. (Hrsg.), Geschäftsbericht 2004, Bentonville 2004 (Geschäftsbericht 2004).

WALTER BAU-AG VEREINIGT MIT DYWIDAG, Geschäftsbericht 2003, Augsburg 2004 (Geschäftsbericht 2003).

Verzeichnis der Rechtsquellen der EG/EU

Verordnung (EG) Nr. 1606/2002 des Europäischen Parlaments und des Rates vom 19.07.2002 betreffend die Anwendung internationaler Rechnungslegungsstandards, in: Amtsblatt der EG vom 11.09.2002, Nr. L 243 (Verordnung (EG) Nr. 1606/2002).

Gesetzesverzeichnis

Abgabenordnung (AO) vom 16.03.1976, BGBl. I 1976, S. 613-700, zuletzt geändert durch Gesetz vom 31.07.2003, BGBl. I 2003, S. 1550-1552 .

Aktiengesetz (AktG) vom 06.09.1965, BGBl. I 1965, S. 1089-1184, zuletzt geändert durch Gesetz vom 19.07.2002, BGBl. I 2002, S. 2681-2687.

Einführungsgesetz zum Handelsgesetzbuche (EGHGB) vom 10.05.1897, RGBl. 1897 S. 437, zuletzt geändert durch Gesetz vom 19.07.2002, BGBl. I 2002, S. 2681-2687.

Einkommensteuergesetz (EStG) in der Fassung der Bekanntmachung vom 19.10.2002, BGBl. I 2002, S. 4210-4211, berichtigt BGBl. I 2003, S. 179, zuletzt geändert durch Gesetz vom 29.12.2003, BGBl. I 2003, S. 3076-3087, berichtigt BGBl I 2004, S. 69.

Gesetz betreffend die Gesellschaften mit beschränkter Haftung (GmbHG) in der Fassung der Bekanntmachung vom 20.05.1898, RGBl. 1898, S. 846, zuletzt geändert durch Gesetz vom 19.07.2002, BGBl. I 2002, S. 2681-2687.

Gesetz über das Kreditwesen (Kreditwesengesetz – KWG) in der Fassung der Bekanntmachung vom 09.09.1998, BGBl. 1998, S. 2776-2819, zuletzt geändert durch Gesetz vom 22.08.2002, BGBl. I 2002, S. 3387-3389 (KWG).

Gesetz über den Wertpapierhandel (Wertpapierhandelsgesetz – WpHG) in der Fassung der Bekanntmachung vom 09.09.1998, BGBl. I 1998, S. 2708, zuletzt geändert durch Gesetz vom 23.07.2002, BGBl. I 2002, S. 2778.

Gesetz über die Deutsche Bundesbank (BBankG) in der Fassung der Bekanntmachung vom 22.10.1992, BGBl. I 1992, S. 1782-1792, BGBl. III 1992, 7620-1, zuletzt geändert durch Gesetz vom 23.03.2002, BGBl. I 2002, S. 1159-1162.

Gesetz über die Rechnungslegung von bestimmten Unternehmen und Konzernen (Publizitätsgesetz – PublG) vom 15.08.1969, BGBl. I 1969, S. 1189-1199, zuletzt geändert durch Gesetz vom 27.04.1998, BGBl. I 1998, S. 786-794.

Gesetz über Sonderabschreibungen und Abzugsbeträge im Fördergebiet (Fördergebietsgesetz) vom 23.09.1993, BGBl. I 1993, S. 1654-1656, zuletzt geändert durch Siebente Zuständigkeitsanpassungs-Verordnung vom 29.10.2001, BGBl. I 2001, S. 2785-2850.

Gesetz zum Abbau von Steuervergünstigungen und Ausnahmeregelungen (Steuervergünstigungsabbaugesetz – StVergAbG) in der Fassung der Bekanntmachung vom 20.05.2003, BGBl. I 2003, S. 660-667.

Gesetz zur Änderung steuerrechtlicher Vorschriften und zur Errichtung eines Fonds „Aufbauhilfe"(Flutopfersolidaritätsgesetz) in der Fassung der Bekanntmachung vom 19.09.2002, BGBl. I 2002, S. 3651-3653.

Gesetz zur Kontrolle und Transparenz im Unternehmensbereich (KonTraG) vom 27.04.1998, BGBl. I 1998, S. 786-794.

Gesetz zur Reform der Steuersätze und zur Reform der Unternehmensbesteuerung (Steuersenkungsgesetz – StSenkG) vom 23.10.2000, BGBl. I 2000, S. 1433-1466 .

Gesetz zur weiteren Reform des Aktien- und Bilanzrechts, zu Transparenz und Publizität (Transparenz- und Publizitätsgesetz – TransPuG) vom 19.07.2002, BGBl. I 2002, S. 2681-2687.

Gewerbesteuergesetz (GewStG) in der Fassung der Bekanntmachung vom 15.10.2002, BGBl. I 2002, S. 4167-4180, zuletzt geändert durch Gesetz vom 16.05.2003, BGBl. I 2003, S. 660-667 .

Handelsgesetzbuch (HGB) vom 10.05.1897, RGBl. 1897, S. 219-436, zuletzt geändert durch Gesetz vom 06.04.2004, BGBl. I 2004, S. 550-556.

Haushaltsbegleitgesetz 2004 (HBeglG 2004) vom 29.12.2003, BGBl. I 2003, S. 3076-3092.

Insolvenzordnung (InsO) vom 05.10.1994, BGBl. I 1994, S. 2866-2910, zuletzt geändert durch Gesetz vom 12.12.2001, BGBl. I 2001, S. 3574-3583 .

Körperschaftsteuergesetz (KStG) in der Fassung der Bekanntmachung vom 15.10.2002, BGBl. I 2002, S. 4144-4166, zuletzt geändert durch Gesetz vom 16.05.2003, BGBl. I 2003, S. 660-667.

Solidaritätszuschlaggesetz (SolZG) in der Fassung der Bekanntmachung vom 15.10.2002, BGBl. I 2002, S. 4130-4132, zuletzt geändert durch Gesetz vom 23.12.2002, BGBl. I 2002, S. 4621-4636.

Verzeichnis der Verwaltungsanweisungen

Gewerbesteuer-Richtlinien (GewStR) vom 21. 12. 1998, BStBl. I 1999, Sondernummer 2, S. 91-143.

Verzeichnis der Gesetzesmaterialien

BT-Drucksache 13/9712 vom 28.01.1998: Gesetzentwurf der Bundesregierung – Entwurf eines Gesetzes zur Kontrolle und Transparenz im Unternehmensbereich (KonTraG).

BT-Drucksache 14/8769 vom 11.04.2002: Gesetzentwurf der Bundesregierung – Entwurf eines Gesetzes zur weiteren Reform des Aktien- und Bilanzrechts, zu Transparenz und Publizität (Transparenz- und Publizitätsgesetz).

BT-Drucksache 326/04 vom 30.04.2004: Entwurf eines Gesetzes zur Einführung internationaler Rechnungslegungsstandards und zur Sicherung der Qualität der Abschlussprüfung (Bilanzrechtsreformgesetz – BilReG).

Stichwortverzeichnis

Zu einzelnen Kennzahlen verweisen wir auch auf Anhang 3 dieses Buches.
Dort werden alle im Buch erläuterten Kennzahlen mit Verweisen auf die
entsprechenden Kapitel und Abschnitte des Buches dokumentiert.

Notizen